Annette Meyhöfer

Eine Wissenschaft des Träumens

Sigmund Freud und seine Zeit

Knaus

FSC
Mix
Produktgruppe aus vorbildlich
bewirtschafteten Wäldern und
anderen kontrollierten Herkünften

Zert.-Nr. SGS-COC-1940
www.fsc.org
© 1996 Forest Stewardship Council

Verlagsgruppe Random House FSC-DEU-0100
Das für dieses Buch verwendete FSC-zertifizierte Papier *EOS*
liefert Salzer, St. Pölten

1. Auflage
Copyright © 2006 by Albrecht Knaus, München, in der
Verlagsgruppe Random House GmbH
Umschlaggestaltung: semper smile Werbeagentur, München
Satz: Greiner & Reichel, Köln
Druck und Einband: GGP Media GmbH, Pößneck
Printed in Germany
ISBN-10: 3-8135-0228-7
ISBN-13: 978-3-8135-0228-2

www.knaus-verlag.de

Für W. T.

INHALTSVERZEICHNIS

DER STOFF ZUM TRÄUMEN

FRÜHE UNORDNUNG

Er wurde mit einer Glückshaube geboren, wie der Lieblingsheld seiner Jugend, David Copperfield. Der Legende nach waren jene Kinder, deren Kopf bei der Geburt noch von den Überresten der Eihaut bedeckt war, zu Höherem bestimmt, manchmal sogar mit übernatürlichen Fähigkeiten gesegnet, jedenfalls begabt zu besonderem Glück. Nach der Freudschen Familiensaga hatte eine alte Frau der jungen Mutter dies bekräftigt und dem Kleinen eine große Zukunft vorausgesagt. Sicherlich kamen solche Prophezeiungen häufig vor, «es gibt», schrieb er später, «so viel erwartungsfrohe Mütter und so viel alte Bäuerinnen oder andere alte Weiber, deren Macht auf Erden vergangen ist, und die sich darum der Zukunft zugewendet haben».[1] Und die Freuds schienen des Glücks noch viel bedürftiger, als es die meisten ohnehin sind.

Am 6. Mai 1856, abends um halb sieben, kam er zur Welt, in der Schlossergasse 117, in Freiberg im nordöstlichen Mähren, dem heutigen Příbor. Eine Woche später wurde Sigismund Schlomo Freud, so benannt nach dem kürzlich verstorbenen Großvater, rituell beschnitten; in der Familienbibel ist es festgehalten. Der Vater, Jacob Freud, war damals Anfang vierzig, ein Wollhändler aus dem galizischen Tysmenitz, nahe dem Karpatenbogen; etwas mehr als zehn Jahre zuvor hatte er sich in Mähren niedergelassen. Die Mutter, Amalia Nathanson mit Mädchennamen, war gerade 21 und ebenfalls in Galizien geboren, in Brody, doch aufgewachsen in Odessa und Wien. Sie war Jacobs zweite Frau, vielleicht sogar die dritte. Wie so viele Familiengeschichten jener Zeit, zumal die der Juden auf Wanderschaft, bleibt auch die der Freuds in Dunkel gehüllt, trotz all der akribischen Recherchen, die bisher angestellt wurden.

Sigmund Freud selber glaubte von seiner väterlichen Familie zu wissen, «daß sie lange Zeiten am Rhein (in Köln) gelebt hat, aus Anlaß einer Judenverfolgung im 14. oder 15. Jahrhundert nach dem Osten floh und im Laufe des 19. Jahrhunderts die Rückwanderung von Litauen über Galizien nach dem deutschen Österreich antrat».[2] Jacob Freud stammte nach Meinung des Sohnes aus einem chassidischen Milieu, dem er sich aber schon lange entfremdet hatte. Über die Zahl seiner Geschwister ist nichts Genaues bekannt, ein Bruder lebte wohl in Breslau, ein anderer, Josef, in Wien. Vermutlich begann seine Wanderung nach Westen 1838, zusammen mit seinem Großvater mütterlicherseits, Siskind Hofmann. Sechs Jahre später, 1844, ersuchten die beiden Händler «von Tüchern, Wolle, Honig, Talg etc.» in Freiberg erstmals um «Duldung», das heißt um Aufenthalts- und Gewerberecht. Bei seiner Hochzeit mit Amalia Nathanson gab er an, seit 1852 Witwer zu sein; aus der ersten Ehe mit einer Sally Kanner hatte er zwei erwachsene Söhne, Emanuel und Philipp.[3] Wenn es tatsächlich zwischen diesen beiden Frauen, Sally und Amalia, noch eine andere, eine gewisse Rebekka, gegeben haben sollte, so kann die Verbindung nur von kurzer Dauer gewesen sein.

Aber die Freiberger Verhältnisse waren ohnehin geheimnisvoll genug für das Sigismund Schlomo genannte Kind. Seine Halbbrüder waren im Alter der Mutter, in ihren frühen Zwanzigern, so daß ihm der Vater eher wie ein Großvater erscheinen mußte. Emanuel, der Ältere, hatte selbst bereits zwei Kinder, Johann, später John genannt, und Pauline – dies waren also sein Neffe, ein Jahr älter als er selbst, und seine ein Jahr jüngere Nichte. Sicherlich war der Altersunterschied zwischen Jacob Freud und Amalia nicht ungewöhnlich. Nur warum hatte eine junge Frau aus Wien einen Mann geheiratet, dem sie in ein Nest von gerade 4500 Einwohnern, 200 Kilometer von der Hauptstadt entfernt, und in eine ungewisse Zukunft folgen mußte?

Sie war eine «große Schönheit», behauptete später ihr Enkel Martin, Sigmund Freuds ältester Sohn; zumindest scheint sie in ihrer Jugend recht hübsch, sogar attraktiv gewesen zu sein.

Er selbst hat sich kaum je über die Mutter geäußert, allenfalls indirekt und niemals über ihr Wesen und ihren Charakter. Niemanden hat er so diskret behandelt. Die detailliertesten Portraits von Amalia Freud haben ihre Enkel gezeichnet, und diese waren, glaubhaft oder nicht, alles andere als schmeichelhaft. Eine typische ostgalizische Jüdin sei sie gewesen, sehr gefühlsbetont, leicht hinweggerissen von ihren Emotionen, von großem Lebenshunger und unbezwingbarem Geist, jedenfalls nie völlig assimiliert, nicht das, was man unter einer «Dame» verstand.[4] In den Augen von Freuds Nichte, Judith Bernays Heller, die als Kind eine Weile bei den Großeltern gelebt hatte, war sie eine herrschsüchtige Tyrannin, hektisch, launisch, anspruchsvoll und ungeheuer eitel. Doch sie war auch eine tüchtige und zupackende Frau, die ihre große Familie zusammenzuhalten verstand und bis ins hohe Alter eine eindrucksvolle Erscheinung blieb, mit gut geformten Gesichtszügen und grauen Haaren *à la Pompadour*, die der Friseur jeden Morgen frisch zu legen hatte. Und sie konnte im Kreis ihrer zahlreichen Freunde und Bekannten charmant und witzig sein, war selbstironisch und, vielleicht ihre höchste Tugend, nie zum Jammern aufgelegt.[5]

Jedenfalls muß schon die junge Amalia Freud eine höchst vitale Person gewesen sein, da ihr Mann weit häufiger in den Wolken und immer ein wenig in Distanz zu seiner Familie zu leben schien. «Tiefe Weisheit und phantastisch leichten Sinn» hat ihm der Sohn später liebevoll spöttisch attestiert, der Vater sei «ein interessanter Mensch» und «innerlich sehr glücklich» gewesen.[6] Und so sahen ihn auch seine Kindeskinder: als einen liebenswürdigen, großzügigen Mann, freundlich und humorvoll, der niemals seine Ruhe verlor, der, ganz im Gegensatz zu seiner Frau, nie die Stimme erhob, sondern das Leben offenbar mit einem Augenzwinkern betrachtete: «Ist nicht alles, was wir hier tun oder sagen, ein großer Spaß?»[7] Möglicherweise hatte er auch die junge Amalia damit beeindrucken können, und schließlich war er durchaus stattlich mit seinem Franz-Joseph-Bart, groß und breitschultrig, ein gebildeter und belesener Autodidakt, der seinen Ältesten bis zur Gymnasialzeit zu Hause unterrichtete.

Vielleicht hatte man die Ehe, wie damals üblich, arrangiert, vielleicht war Jacob Freud ursprünglich recht wohlhabend gewesen; Sigmund Freud behauptete es jedenfalls. Und seine älteste Schwester Anna, die mit der Wahrheit allerdings nicht immer auf bestem Fuß stand, deklarierte den Vater sogar zum Besitzer einer Tuchfabrik. Tatsächlich sind Jacob Freuds Vermögensverhältnisse zur Freiberger Zeit mehr als ungewiß. Die Familie lebte, als Sigmund Freud geboren wurde, in einem Zimmer von kaum 40 Quadratmetern im ersten Stock der Schlosserei Zajíc, und sie vergrößerte sich rasch. Kaum anderthalb Jahre nach dem ersten wurde ein zweiter Sohn geboren, Julius, der jedoch nur sechs Monate überlebte. Aber schon Ende 1858 kam Anna zur Welt. Immerhin leistete man sich ein Kindermädchen, eine katholische Tschechin, Monika Zajíc, vielleicht eine Verwandte des Schlossers, vielleicht aber auch ganz anders – nämlich Resi Wittek – mit Namen.[8]

Es gibt nichts als Mutmaßungen. Aus Träumen und vagen Erinnerungen hat Freud selbst das große Reich der Phantasie, das die Kindheit ist, rekonstruiert; und seine Biographien folgten ihm darin, nahmen ihn beim Wort, zweifelten ihn an, korrigierten, widerlegten ihn, auf der nicht enden wollenden Suche nach immer neuen Fakten über eine verlorene Zeit. Doch was verraten Dokumente und Tatsachen, auch die allerletzten, die am besten gesicherten, im Grunde über jenen, für den sie allein Bedeutung haben? «Vielleicht ist es überhaupt zweifelhaft, ob wir bewußte Erinnerungen aus der Kindheit haben oder vielmehr bloß an die Kindheit. Unsere Kindheitserinnerungen zeigen uns die ersten Lebensjahre, nicht wie sie waren, sondern wie sie späteren Erweckungszeiten erschienen sind»[9], schrieb Freud noch 1899, als er schon begonnen hatte, jene frühesten, zum größten Teil der Amnesie verfallenen «prähistorischen» Jahre als die entscheidenden, die wichtigsten im Leben zu deuten. Sie mag glücklich gewesen sein, diese Zeit in Freiberg, als er in den Wäldern und auf den Wiesen mit John und Pauline spielte. Oder so gewöhnlich unglücklich wie die Kindheit der meisten. Gewiß aber waren die ersten Jahre voller Rätsel, voller Zweifel, voller Verluste für diesen «erstgeborenen Sohn einer jugendlichen Mutter».[10]

Zu gerne möchte man jene Worte, die Freud auf Goethe münzte, auf ihn selbst anwenden – daß wer «der unbestreitbare Liebling der Mutter» gewesen ist, «fürs Leben jenes Eroberergefühl» behalte, «jene Zuversicht des Erfolgs, welche nicht selten wirklich den Erfolg nach sich zieht»[11]. Ja, er war Amalias «Goldjunge», ihr «goldiger», ihr «goldener» Sigi, so nannte sie ihn noch in späten Jahren. Aber wie rasch war ihm damals das Brüderchen gefolgt, das ihm die nährende Zuwendung, die Aufmerksamkeit der Mutter entzog; wie rasch war es aus seiner Kinderwelt wieder verschwunden. Ob er dies wahrnahm, mit seinen kaum zwei Jahren, oder ob er von Julius' Tod nur aus den Erzählungen der Erwachsenen wußte? Doch als Ende 1858 die Schwester Anna geboren wurde, plagten ihn – so erschien es dem vierzigjährigen Freud – seltsame Träume und Phantasien: Die Mutter ist weg, er heult verzweifelt, bis ihm Halbbruder Philipp einen Kasten aufsperrt; auch darin ist sie nicht. Er weint weiter, bis sie endlich, schlank und schön, zur Tür hereinkommt. Um dieselbe Zeit, da Amalia Freud im Wochenbett lag, verschwand, so rekonstruierte er, die Frau, ob nun Monika Zajíc oder Resi Wittek, die sich um ihn gekümmert hatte: ein häßliches älteres, aber kluges Weib, das ihn oft in die Kirche mitgenommen, ihm vom lieben Gott und der Hölle erzählt hatte, ihn lobte wegen seiner Fähigkeiten und schimpfte wegen seiner Ungeschicktheit. Man hatte all seine Kreuzerl und Zehner, auch Spielzeug, das ihm gehörte, bei ihr gefunden, und Philipp hatte sie wegen Diebstahls bei der Polizei angezeigt, sie «einkasteln» lassen, wie er zu scherzen pflegte.[12] Aber welche Rolle hatte dieser Bruder damals überhaupt gespielt, unverheiratet und Amalia Freud so nahe im Alter?

Bald danach, 1859, ging die Zeit in Freiberg, die Zeit der Geheimnisse, zu Ende. Die Freuds verließen den Ort, an dem der Vater so lange ansässig gewesen war – wegen einer neuen Welle des Antisemitismus, wegen des Niedergangs der Textilbranche? Vielleicht. Mehr als ein «vielleicht» gibt es in dieser Geschichte nicht, keinen Beleg für Verfolgungen und Haßaktionen gegen die Juden in Mähren zu jener Zeit und insbesondere gegen jene gerade mal 130 in Freiberg, keinen Beweis dafür, daß Jacob Freuds Geschäft eine ungünstige Wendung nahm aufgrund einer Katastrophe in dem Industriezweig. Im Gegenteil, die Textilbranche hatte gerade zu prosperieren begonnen: Ein Kollege von Jacob Freud, Ignaz Fluß, blieb in Freiberg und brachte es zu einem ansehnlichen Vermögen. Der Vater von Stefan Zweig, ebenfalls aus Mähren und aus einer Textilhändlerfamilie stammend, kaufte einen Webstuhl und wurde Millionär. Solche Karrieren waren nicht selten, viel häufiger aber waren Kleingewerbetreibende wie Jacob Freud dem verspäteten, aber um so entschiedener betriebenen Industrialisierungs- und Modernisierungsprozeß nicht gewachsen; unglückliche Investitionen und mangelndes Geschick konnten jederzeit in den Bankrott führen. Im Freudschen Familienroman brachte dieses Jahr 1859 eine besonders dramatische Wende: Die Familie zerfiel.

Der Vater hatte sich schon im Februar von der Freiberger Tuchmacherinnung ein Zeugnis ausstellen lassen, dem zufolge er sich als «routinirter Commissionär und reeler Kaufmann», als Wohltäter und «friedlicher moralischer und ehrlicher Menschenfreund» erwiesen habe, dessen «Abzug» man mit Bedauern sah.[13] Er wollte sich in der Messestadt Leipzig niederlassen, Frau und Kinder sollten etwas später nachkommen. Ob ihn seine erwachsenen Söhne dahin begleiteten oder ob sie direkt nach England, nach Manchester, emigrierten, ist unklar. Nach einer anderen Version waren sie sogar schon früher ausgewandert, möglicherweise gar nach Transvaal in Südafrika, um dort eine Straußenfarm zu betreiben, ein Unternehmen, das jedoch rasch zusammenbrach, so daß der Vater zu ihrer finanziellen Rettung sein Freiberger Geschäft auflösen mußte. Wahrscheinlich wollte Jacob Freud die Söhne nur vor dem drohenden österreichischen Militärdienst bewahren. Doch warum mußte dann die ganze Familie ihre Heimat verlassen? Für den dreijährigen Freud bedeutete dies zweifellos eine weitere schwierige Trennung, die schwierigste von allen. Er verlor seine Gefährten: John, mit dem er sich prügelte, mit dem er sich verbündete, und die kleine Pauline, die ihrer beider kindliche Sexualneugier erregte. Die heikle familiäre Balance zerbrach, auch wenn ihn der Weggang des geheimnisvollen Philipp weniger gedauert haben mag; Emanuel und dessen Frau Maria vermißte er sicherlich. Nun war er allein mit dem «alten» Mann Jacob, mit seiner jungen Mutter und der Schwester, der schon bald weitere Kinder folgten.

Er hatte seinen Traumspielplatz in den Freiberger Wäldern verloren, und der Umzug nach Leipzig sollte nur der erste Ortswechsel sein, ein Intermezzo. Vergeblich ersuchte Jacob Freud in der Stadt, die trotz gesetzlicher Gleichstellung das Wohnrecht für Juden streng reglementierte, um eine Aufenthaltsbewilligung. Er konnte nicht nachweisen, daß seine Geschäfte umfangreich genug und damit von Nutzen für die Stadt seien; er war nur ein kleiner Händler, der nichts zu seinen Gunsten vorbringen konnte – «im Gegentheil scheint seine Vergangenheit anzurathen, daß unser Platz vor einem solchen Geschäftsmann bewahrt werde»[14], beschied die Leipziger Handelsdeputation. Das bedeutete nicht, daß er für unredlich galt, nur scheint es die Mär vom Freiberger Wohlleben zu widerlegen. Am 19. August 1859 wurde er aufgefordert, mit seiner Familie Leipzig zu verlassen. Im Herbst brachen sie auf nach Wien. Ihr Zug ging über Breslau, wo Sigmund Freud auf dem Bahnhof zum erstenmal im Leben Gasflammen sah. In der Erinnerung erschienen sie ihm wie «brennende Geister in der Hölle».[15]

«Als die Juden fuhren über das Rote Meer, waren alle Kaffeehäuser in der Leopoldstadt leer», so ging ein Wiener Lied aus jener Zeit. Martin Freud erinnerte sich noch daran, überzeugt, daß es für seinen Vater ein Schock gewesen sein mußte, in das «überfüllte und nicht besonders saubere Judenviertel» zu kommen, dessen Bewohner «nicht von der besten Art» waren.[16] Sigmund Freud selbst hat über seine erste Zeit in Wien nur gesagt: «Dann kamen lange harte Jahre; (…) sie waren nicht wert, sich etwas daraus zu merken.»[17] Die Leopoldstadt, benannt nach jenem Kaiser, der 1669/70 die Juden aus Wien vertrieben hatte, war «ein freiwilliges Ghetto»; so beschrieb sie Joseph Roth, der 1913, mehr als fünfzig Jahre nach Freud, auf dem legendären Nordbahnhof am Praterstern ankam, mit jenem nicht enden wollenden Zug vor allem aus dem Osten, aus Galizien stammender Juden, und der wie die meisten gleich dort, im II. Bezirk, dem ehemaligen «Unteren-Werd-Ghetto», geblieben war. Ferdinand III. hatte, nach mittelalterlichem Vorbild, 1624 die Juden, die «unter dem Schutz des kaiserlichen Hauses» standen, dahin umgesiedelt, in das kaum bewohnte, als nicht besonders gesund geltende Auengebiet unmittelbar jenseits der Mauern Wiens, doch auf der anderen Seite des Donaukanals und nur über eine Holzbrücke mit der inneren Stadt verbunden. Dennoch hatten damals die Fischer entlang des Kanals protestiert gegen die Eindringlinge, und die Wiener Stadtoberen wollten sich mit der Zwangsaussiedlung der Juden nicht begnügen, zumal das Ghetto mit drei Synagogen, einem Krankenhaus und, fast einzigartig für jene Zeit, einem Budget für die Reinigung der Gassen und Straßen sich rasch zu einer prosperierenden Vorstadt mit stetig wachsender Einwohnerzahl entwickelte: Immer mehr Juden aus dem Osten flüchteten sich vor den Pogromen in Polen, Rußland, der Ukraine auf die Insel im Strom.

Aber schon 1670 mußten die mehr als 1600 dort lebenden Menschen auf Erlaß des unter dem Einfluß seiner Frau, einer «kompromißlosen Katholikin», stehenden Leopolds I. den «Unteren Werd» verlassen. Eine Synagoge wurde niedergerissen und, zu Ehren des Kaisers, die Leopoldskirche errichtet. Neun Jahre später wütete die Pest in Wien, und Abraham a Sancta Clara predigte gegen die an allem Unheil Schuldigen, die «ehrvergessenen, gottlosen, gewissenlosen, boshaften, schalkhaften, verruchten und verfluchten Gesellen und Bösewichte, Kotkäfer und Galgenzeiserl, Blutegel, Bluthunde»[18]. Eine kleine Zahl von Juden, darunter der Bankier Oppenheimer und sein Neffe und Nachfolger Samuel Wertheimer, kehrte schon bald zurück; Wien brauchte Geld für den Kampf gegen die Türkenbelagerung. Doch erst mehr als ein Jahrhundert danach gewährte das Toleranzpatent Josephs II., dessen Mutter Maria Theresia ihre «Hofjuden» nur hinter einer spanischen Wand zu empfangen pflegte, den Juden die «Rechte und Vorrechte der übrigen Untertanen»; das heißt, man gestand ihnen, von aufklärerischem Geist und ökonomischem Interesse beseelt, ihre Bürgerpflichten zu. Sie mußten Militärdienst leisten, durften keine neuen Synagogen mehr errichten, sollten Reformschulen besuchen, wo zwar immer noch die Bibel, jedoch in deutscher Sprache, studiert wurde, und sie mußten deutsche Familiennamen annehmen.

Aber trotz all dieser Einschränkungen – und mit etlichen Jahren Verspätung im Vergleich zu Berlin und anderen Städten – entwickelte sich nach dem Wiener Kongreß ein neuer Geist, eine neue Blüte des kulturellen und gesellschaftlichen Lebens. Jüdische Bankiers wie die Rothschilds wurden in den Adelsstand erhoben, Fanny von Arnstein eröffnete, nach dem Vorbild der Rahel Varnhagen und Henriette Herz, ihren glanzvollen Salon. Jüdische Intellektuelle beteiligten sich schließlich an der 1848er Revolution, in deren Gefolge es zu einer fast völligen Emanzipation kommen sollte. Amalia Freud, die damals schon in Wien lebte, soll ein Bild aus jener Zeit aufbewahrt haben, das von Kugeln durchlöchert war.

Hatte es vor 1848 – offiziell – nur 179 «Tolerierte» gegeben, so lebten 1857 wieder 6000 Juden in Wien. Und gut die Hälfte von ihnen hatte sich wieder in der Leopoldstadt niedergelassen. Aber zu jener Zeit, als die Freuds dort ankamen, war die «Mazzesinsel», wie sie im Volksmund genannt wurde, kein Ghetto mehr, auch kein freiwilliges. Viele Juden wohnten in Häusern, in denen auch Christen lebten. Johann Strauß, selbst jüdischer Herkunft, hatte hier gewohnt und hier, auf der Vergnügungsinsel der Wiener, zusammen mit Joseph Lanner seine ersten Auftritte gehabt. Nestroy hatte bis 1860 das berühmte Carltheater geleitet, und 1865 wurde der Cavaliere Suppe Demelli, der Operettenkönig Franz von Suppé, Kapellmeister am

Leopoldstädter Theater. Dennoch überwiegen auf den Listen berühmter Persönlichkeiten die jüdischen Namen: Hier wuchsen Arnold Schönberg und Lise Meitner auf; hier wurde Arthur Schnitzler geboren, hier verbrachte er, zur selben Zeit wie der nur sechs Jahre ältere Freud, seine Kindheit. Damals, so erinnert er sich in seiner Autobiographie *Jugend in Wien*, war die Leopoldstadt ein «vornehmes und angesehenes Viertel», und «insbesondere ihre Hauptstraße, in der auch das Carltheater stand, wußte etwas von ihrem Glanz auch über die spärlichen Stunden hinaus zu bewahren, da in Equipagen und Fiakern die große, die elegante, die leichtlebige Welt von den Pferderennen oder von Blumenfesten aus der ‹Hauptallee› zurückgesaust kam»[19].

Aber Schnitzlers Vater Johann, der einst auf einem Leiterwagen aus Ungarn nach Wien gekommen war und sein Studium als Hauslehrer finanziert hatte, gehörte zu den angesehensten Ärzten der Stadt; die Familie wohnte in der Praterstraße, die einmal als eine der vornehmsten Adressen Wiens galt. Der Kern der «Mazzesinsel» war jedoch ein Armenviertel, wo die Wohnungen eng und düster und dennoch für die meisten zu teuer waren, so daß untervermietet wurde und manchmal nur ein Kreidestrich den Raum begrenzte, der dem «Zimmerherrn» und dem «Bettgeher» überlassen war. Und die Wohnungsnot, die in ganz Wien herrschte, wurde immer schlimmer. Überall aus dem Vielvölkerstaat strömten, von Anmut und von Hoffnung getrieben, die Massen in die Hauptstadt, um ihr altes Elend gegen ein neues einzutauschen. Bis 1910 wuchs die Gesamtbevölkerung auf zwei Millionen Menschen und die Zahl der Juden auf gut 200000. Immerhin blieb den Freuds wohl der schlimmste Mangel erspart, sie hatten nach den – so wenig zuverlässigen – Erinnerungen der ältesten Tochter Anna sogar viele Zimmer. In Wahrheit bezogen sie die erste größere Wohnung, in der Kaiser-Josef-Straße, vermutlich erst in den siebziger Jahren und wechselten davor häufig ihr Domizil.[20] Wovon Jacob Freud die Familie ernährte, ist ungewiß. Ein Eintrag im Wiener Handelsregister wurde nicht gefunden, vielleicht war er für andere Wollhändler tätig, vielleicht halfen die Nathansons gelegentlich, und später kam Geld von den Söhnen in England.

Dabei vergrößerte sich die Familie ständig weiter; 1860 wurde Rosa geboren, danach, fast Jahr um Jahr aufeinanderfolgend, Maria, Mitzi genannt, dann Adolfine – Dolfi – und Pauline und schließlich, 1866, zehn Jahre nach Sigmund, wieder ein Sohn, Alexander. Jedenfalls waren sie alles andere als wohlhabend; auch hier hat Anna Freud sich die Vergangenheit geschönt. Gewiß, in der Kaiser-Josef-Straße hatten sie angeblich zwei Wohnräume, drei Schlafzimmer und ein «Kabinett», das konnten sich die wenigsten Juden der Leopoldstadt leisten, doch nahmen diesen Luxus neun Personen in Anspruch. Judith Bernays Heller erinnerte sich, daß sie später, zu Beginn der neunziger Jahre, mit dem Großvater in einem Zimmer schlafen mußte, während sich die drei jungen Frauen, die noch zu Hause geblieben waren, einen Raum mit Amalia teilten. Sigmund Freud war jedenfalls vermutlich schon Student, als er zum erstenmal ein Zimmer für sich allein hatte, das besagte «Kabinett», einen schmalen engen Raum mit einem kleinen Fenster auf die Straße. Ein Badezimmer gab es in solchen Wohnungen nicht, aber darüber verfügten selbst wohlhabendere Familien selten. Wie die Freuds ließen auch die Schnitzlers am Wochenende in einer Holzwanne oder einem Zuber heißes Wasser aus der Badeanstalt herbeischaffen. Die ganze Stadt krankte an den mangelhaften hygienischen Zuständen. Amalia Freud zog sich schließlich, wie der Sohn es dezent ausdrückte, eine Lungeninfiltration zu, vermutlich eine veritable Tuberkulose. Diese war so verbreitet und gefürchtet, daß man sie noch lange Zeit auch *Morbus Vindobonensis* nannte, die Wiener Krankheit.

Aber trotz der Enge und der wirtschaftlichen Not versuchte man, den bürgerlichen Schein zu wahren. Einmal wurde sogar, wie in allen guten Mittelstandsfamilien, ein Klavier angeschafft, das jedoch, da der hoffnungsvolle, aber weder musikalische noch musikliebende Sohn bei seinen Studien nicht gestört werden durfte, wieder fortgebracht werden mußte. Und Jacob Freud ließ auch, es muß gegen Ende der 6oer Jahre gewesen sein, ein Portrait seiner sieben Kinder anfertigen, wenngleich der unbekannte Künstler, der damit beauftragt worden war, kaum Handwerk oder gar Talent mitzubringen schien: Wie Puppen sehen vor allem die Mädchen aus, mit ihren viel zu großen Köpfen auf den kleinen Körpern. Wenigstens hatte der Maler gnädigerweise die Löcher in seinen Schuhsohlen übersehen, spottete Sigmund Freud. Doch nie sollte es den Kindern fehlen an dem, worauf jüdische Familien traditionell größten Wert legten, was für sie, so der Historiker George Mosse, gleichbedeutend mit ihrem Jüdischsein war: an Möglichkeiten, sich zu bilden. Einmal, erinnert sich Freud in der *Traumdeutung*, machte sich der Vater sogar den Scherz, Anna und ihm «ein Buch mit farbigen Tafeln (Beschreibung einer Reise in Persien) zur Vernichtung zu überlassen. Es war erzieherisch kaum zu rechtfertigen». Aber damals, er war etwa fünf Jahre alt, begann Freuds Leseleidenschaft zu erwachen, seine Gier, Bücher zu besitzen und zu sammeln. Der Scherz des Vaters war höhere Klugheit, seine Kinder sollten ganz selbstverständlich mit Büchern aufwachsen; nie hätte es dieser Mann an Achtung vor der Schrift, vor dem Wissen fehlen lassen. Nur ein einziges Mal, aber daran erinnerte sich Freud bitter, machte ihm der Vater Vorwürfe, weil er ein «ansehnliches Konto beim Buchhändler und keine Mittel, es zu begleichen» hatte.[21]

Die finanziellen Opfer, welche die Freuds vor allem für ihren begabten Ältesten aufbrachten, müssen beträchtlich gewesen sein. Aber solche Väter wie Jacob Freud waren keine Seltenheit. Gustav Mahlers Vater las, wenn er mit seinem Wagen Waren auslieferte, französische Philosophen. Der Vater des späteren Sozialistenführers Victor Adler begeisterte sich, obwohl aus einer orthodoxen Familie stammend, für die Werke der französischen Aufklärung. Als er nach seiner Beteiligung an der gescheiterten Revolution von 1848 seine Intellektuellenkarriere aufgeben mußte, um als Kaufmann Geld zu verdienen, wollte er wenigstens seinen Kindern ermöglichen, was ihm verwehrt geblieben war: an allen geistigen Freuden teilzuhaben und sich in allen Studien zu bilden. Selbst die Töchter waren in jüdischen Haushalten nicht ausgeschlossen von diesem Bildungs-programm. Anders als ihre Mitschülerinnen, die bestenfalls Mädchenbücher lasen, fanden sie meist früh Zugang zur Literatur, auch zur zeitgenössischen, und diskutierten mit ihren Freundinnen über Lyrik und Musik. Anna Freud interessierte sich mit vierzehn oder fünfzehn für Dumas und Balzac; sie mußte die Bücher jedoch unter der Bettdecke verstecken. Zu unmoralisch für ein junges Mädchen, hatte ihr älterer Bruder beschieden: «Anna, das darfst du noch nicht lesen.»[22]

Karl Kraus, dessen Vater seine Polemiken und satirischen Schriften finanziell unterstützte, hat zynisch bemerkt, daß es den auf Bildung so Bedachten nur darum ging, den Vater oder Großvater vergessen zu machen, der bloß ein einfacher Händler gewesen war. Doch ohne jene tradierte Achtung vor Gelehrsamkeit, die in den großbürgerlichen Salons ebenso zu Hause war wie in den Zimmern der Leopoldstadt, hätte man sich schwerlich in einer Hochkultur assimilieren können, die man zum größten Teil selber geschaffen hatte. Und worauf hätten jene, denen der wirtschaftliche Aufstieg verwehrt war, ihre Hoffnungen für ihre Kinder setzen sollen, wenn nicht auf die Macht des Wissens, den einzigen Ausweg aus der Misere und das einzig mögliche Entreebillett für ein besseres Leben? Als Sigmund Freud 1891 seinen 35. Geburtstag feierte, schenkte ihm der Vater die Philippsonsche Familienbibel mit der Widmung: «Mein geliebter Sohn, es war in deinem siebten Lebensjahr, daß der Geist des Allmächtigen dich überkam und dich drängte zu lernen. Der Geist des Allmächtigen spricht zu dir und sagt: ‹Lies in Meinem Buch; wenn Du so tust, so eröffnen sich dir die Quellen des Wissens und Verstehens.›»[23]

Dabei hatte, wie in den meisten assimilierten oder um Assimilation bemühten Familien, die Religion kaum eine Rolle in Freuds Erziehung gespielt, auch wenn er später gern behauptete, die frühe Bibellektüre habe ihn stark beeinflußt. Aber sie war nur eine weitere Quelle ästhetischer und wissenschaftlicher Bildung. Die Philippson-Bibel war das Werk eines aufgeklärten Rabbiners, der nicht nur das Alte Testament ins Deutsche übersetzt, sondern es auch mit ausführlichen Kommentaren zur Religionsgeschichte und zur antiken Historie versehen hatte. Und mehr noch als diese Texte beeindruckten den Jungen die Illustrationen, an die 500 Holzschnitte von ägyptischen Tiergottheiten und alten persischen Standarten, die ihm in seinen Träumen erschienen und seine Phantasie beflügelten. Auch für die Freuds wurde die Religion zu dem, was sie für die wohlhabenderen Wiener Juden längst war, zu einem «pieux souvenir de famille», wie der Gräzist und Philosoph Theodor Gomperz sie nannte, zu einer frommen Erinnerung. Auch für Jacob Freud, der nur ein paar Dekaden zuvor Tysmenitz verlassen hatte, und für seine Frau Amalia, die ihre galizische Herkunft nie verleugnen konnte, war die völlige Assimilation ohne Taufe das Ideal; auch sie verstanden sich «in scharfem Gegensatz zu den jüdischen Einwanderern aus dem Osten» in ihrem Kaftan, mit den Schläfenlocken und ihren orthodoxen Riten.

Allerdings studierte Jacob Freud auch in Wien noch immer den Talmud, und man hielt die traditionellen Feiertage ein. Damit unterschieden sich die Freuds von vielen anderen aus Mähren, Böhmen oder Ungarn zugewanderten Juden. Schon Arthur Schnitzlers Großeltern feierten nicht mehr das Laubhüttenfest und heiligten nicht mehr den Sabbat, selbst wenn seine Großmutter einen guten Teil des Tages im Tempel beim Gebet verbrachte. Theodor Herzls Familie ließ den Sohn zwar die Bar-Mizwa begehen, doch zog man es vor, diese «Confirmation» zu nennen. Als in späteren Jahren der Oberrabbiner von Wien, Moritz Güdemann, den Zionistenführer einmal kurz vor Weihnachten besuchte, erblickte er im Salon einen riesigen geschmückten Christbaum; danach soll er Herzls Wohnung nicht mehr betreten haben. Auch Amalia Freud feierte begeistert Weihnachten und Silvester, erinnern sich später die Enkel. Aber zumindest zu Lebzeiten Jacob Freuds beging man noch den traditionellen Seder, die Zeremonie zu Beginn des Passah-Festes; eindrucksvoll trug er dabei das Ritual vor, das er auswendig kannte. Der Sohn hatte nur Spott übrig für Feiertage und Speisevorschriften. Man mache der Religion mit Unrecht den Vorwurf, daß sie metaphysischen Wesens sei und ihr die sinnliche Gewißheit fehle, schrieb er seinem engsten Freund Eduard Silberstein. «Die Religion wendet sich vielmehr ausschließlich an die Sinne, und selbst der Gottesleugner, der das Glück hat, einer leidlich frommen Familie anzugehören, kann den Feiertag nicht leugnen, wenn er einen Neujahrsbissen zum Munde führt. Man kann sagen, daß die Religion, mäßig genossen, die Verdauung reizt, aber im Übermaße sie schädigt.» Nichts war, frei nach Goethe, schwerer zu ertragen als eine Reihe von schönen Tagen: «Der Mensch verdirbt sich den Magen.» Dabei wirkten «die Ostern verstopfend durch ungesäuertes Brot und harte Eier. Jom Kippur ist ein so funester Tag, nicht so sehr durch Gottes Zorn, als durch das Zwetschkenmus, das die Ausleerungen betreibt (...). Heute aber lehrt mich das Röcheln von 2 Fischen und einer Gans draußen in der Küche, daß der Versöhnungstag bevorsteht.» Gewiß mache der Magen, so der jugendliche Zyniker, «Revolution, wenn man die Religion abschaffen würde».[24]

Dennoch war Freuds Jugend in Wien eine «typisch» jüdische. Mit gerade neun, ein Jahr vor dem gewöhnlichen Eintrittsalter, bestand der begabte Junge die Aufnahmeprüfung am Sperlgymnasium, das damals noch in der Taborstraße lag. Erst in den siebziger Jahren zog die Schule um, in die Kleine Sperlgasse 2a und 2c, dorthin, wo sich einst das legendäre Vergnügungsetablissement «Sperl» befunden hatte, von Johann Strauß in einem Walzer und in einer Polka verewigt. Hier hatte die «Fiaker-Milli» gesungen und ihren Cancan getanzt, der so berühmt war, daß Hugo von Hofmannsthal und Richard Strauss ihr in der Oper *Arabella* ein Denkmal setzten. Hier, in dem Gebäude der alten Schule, richteten die Nazis nach 1938, als die Leopoldstadt wieder zum Ghetto geworden war, ein Deportationssammellager ein. Zwischen 1870 und 1910 waren fünfundsiebzig Prozent aller Schüler des Sperlgymnasiums jüdischer Herkunft, viele davon, wie Freud, Söhne von Kaufleuten und Händlern aus den Kronländern. Er wurde schnell Klassenbester. Damit wäre es eigentlich möglich gewesen, eine Erlassung des Schulgeldes zu beantragen, doch findet sich nirgendwo ein Vermerk darüber.

In dem kleinen Aufsatz *Zur Psychologie des Gymnasiasten* beschrieb Freud jene Jahre auf dem Sperlgymnasium als die Zeit der «Ahnungen und Irrungen, (...) schmerzhaften Umbildungen und beseligenden Erfolge»; eine ganze «untergegangene Kulturwelt» sah er darin, die ihm die erste Berührung mit den Wissenschaften brachte und ein Trost blieb «in den Kämpfen des Lebens». Dabei nahm den Schüler oft weniger die Beschäftigung mit dem Unterrichtsstoff als die mit den Lehrern in Anspruch, diesen Ersatzvätern in der zweiten Hälfte der Kindheit, da die «ursprüngliche Hochschätzung des Vaters untergraben» wird und man beginnt, ihn zu kritisieren, sozial einzuordnen und für die Enttäuschung, daß er nicht mächtig, weise und reich ist, büßen zu lassen. All die widerstreitenden Gefühle zwischen Auflehnung und Unterwerfung konnten sich nun auf die Lehrer richten.[25] Besonders eng schloß Freud sich seinem Religions- und Hebräischlehrer Samuel Hammerschlag an, in dessen Seele «ein starker Funke von dem Geiste der großen jüdischen Wahrheitsbekenner und Propheten»[26] glühte. Das meiste, was er bei ihm gelernt hatte, vergaß er später, doch blieb er auch nach der Schulzeit mit Hammerschlag und dessen Familie befreundet, die ihn, den Studenten, den jungen Arzt, wiewohl selber in bescheidenen Verhältnissen lebend, sogar finanziell unterstützte. «Er hat mich rührend lieb», schrieb Freud 1883 seiner Braut über den alten Lehrer, «ich stehe seit Jahren wie ein Sohn zu ihm.»[27]

Als er zehn oder zwölf war, hatte ihm Jacob Freud eine Geschichte aus seiner Jugend erzählt: An einem Samstag war er in den Straßen seines Geburtsorts spazierengegangen, schön gekleidet, mit einer neuen Pelzmütze auf dem Kopf. Da kam ein Christ daher, haute ihm mit einem Schlag die Mütze in den Kot und rief dabei: «Jud, herunter vom Trottoir.» Was der Vater dann getan habe? Jacob Freud antwortete gelassen: «Ich bin auf den Fahrweg gegangen und habe die Mütze aufgehoben.» Er hatte dem Sohn mit seiner Geschichte zeigen wollen, wieviel besser dieser es doch habe. Zu Freuds Schulzeiten war kaum etwas von jenem Antisemitismus zu spüren, der schon so bald wieder seine ganze Macht zeigen sollte. Nicht einmal das Wort habe es damals gegeben, meinte Arthur Schnitzler, man sprach statt dessen von «Judenfressern». Aber Freud empfand die Demütigung und das wenig heldenhafte Benehmen des «großen starken Mannes, der mich Kleinen an der Hand führte», als unerträglich. Er flüchtete sich in eine Rachephantasie: Vor ihm entstand, wie er in der *Traumdeutung* erzählt, jene Szene, da der Vater des semitischen Hannibal, Hamilkar Barkas, den Sohn vor dem Hausaltar schwören läßt, an den Römern Vergeltung zu üben.[28] Und noch andere Helden und Identifikationsfiguren bevölkerten fortan die Imagination des ehrgeizigen Jungen: Napoleons General Masséna, der Wien erobert, sein Quartier in der Leopoldstadt genommen hatte und fälschlicherweise für einen Juden gehalten worden war, Menasse mit ursprünglichem Namen. Oder der Puritaner Oliver Cromwell, der den König hinrichten ließ und den Juden, nach dreihundert Jahren der Verbannung, nach England zurückzukehren erlaubte. Auch Alexander der Große, Mitwisser oder sogar Mittäter beim Mord an seinem Vater Philipp von Makedonien, gehörte zu diesen Heroen; angeblich war es Sigmund Freud, der diesen Namen für den kleinen Bruder auswählte.

Seiner Braut Martha erzählte er später, er sei, obwohl man es ihm kaum ansehe, schon in der Schule «immer ein kühner Oppositionsmann» gewesen, stets bereit, ein Extrem zu bekennen – und dafür auch zu büßen. Erst als er Primus wurde und man ihm Vertrauen schenkte, hätten die Klagen aufgehört.[29] Aber der Zögling Freud hatte auch im Betragen stets hervorragende Noten. Seine Rebellion, wenn es denn eine war, blieb eine innere, ihm selbst vermutlich kaum bewußte, die mehr einer Flucht glich. Die Schule, seine Leidenschaft fürs Lernen, seine Vertiefung in die Bücher waren für ihn die einzige Möglichkeit, der Enge, dem Lärm zu Hause zu entkommen; den zerrissenen Gefühlen für den Vater, dessen Schwäche er sich nicht länger verbergen konnte, den er rächen und zugleich übertrumpfen wollte, aber auch den Ohnmachtsempfindungen gegenüber der Mutter, die von ihren Schwangerschaften, der Sorge um die kleineren Kinder, von ihrer Krankheit völlig in Anspruch genommen war und die, nicht anders als ihr Mann, all ihre Sehnsucht nach dem besseren Leben, all ihren unterdrückten Ehrgeiz auf den Ältesten projizierte. Freuds frühe Größenphantasien waren ein Versuch, die großen Erwartungen zu ertragen, die in ihn gesetzt wurden.

Aber die Familie hatte ja nichts als ihre Hoffnungen, und gerade jetzt brauchte sie diese so dringlich. 1866 war Jacob Freuds Bruder Josef in Wien wegen Betrugs zu zehn Jahren schweren Kerkers verurteilt worden. Er hatte falsche Rubelnoten verbreitet. Man nahm an, daß diese in England hergestellt worden waren, und damit gerieten laut Polizeibericht auch die «in Manchester lebenden Brudersöhne des Josef Freud», Emanuel und Philipp, unter Verdacht, die angeblich in einem Brief behauptet hatten, «Geld wie Sand am Meer» zu besitzen.[30] Dem war gewiß nicht so, auch wenn sie es, der Ältere zumal, mit den Jahren in England zu einigem Wohlstand gebracht hatten. Und nun stand möglicherweise die ganze Familie unter Beobachtung. Bei Sigmunds Eltern soll sogar eine Hausdurchsuchung stattgefunden haben. Er erinnerte sich in einer Traumassoziation, daß der Vater zwar zu sagen pflegte, sein Bruder Josef sei kein schlechter Mensch, bloß ein Schwachkopf, doch sei er damals «aus Kummer in wenigen Tagen grau» geworden.[31] Allein der Glaube an die Zukunft ließ die elende Gegenwart, erfüllt von Not und nunmehr auch noch von Schande, vergessen. Und hatte nicht, bei einem Ausflug in den nahen Prater, ein Stegreifdichter dem elf- oder zwölfjährigen Sigmund in ein paar Reimen prophezeit, er werde es dereinst zum «Minister» bringen? Das Kind mit der Glückshaube war zu Höherem bestimmt, kein Zweifel, und die Zeit schien allen Versprechungen günstig: «Es war die Zeit des Bürgerministeriums, der Vater hatte kurz vorher die Bilder der bürgerlichen Doktoren Herbst, Giskra, Unger, Berger u. a. nach Hause gebracht, und wir hatten diesen Herren zur Ehre illuminiert. Es waren sogar Juden unter ihnen;

jeder fleißige Judenknabe trug also das Ministerportefeuille in seiner Schultasche.» Wie jeder von Napoleons Soldaten den Marschallstab im Tornister getragen hatte.[32]

Aber dies eine Mal schien der unermüdliche Hoffer Jacob Freud, der ewige Projekteschmied, nicht bloß seinen Illusionen zu erliegen. So wie er glaubten die meisten Juden, daß ihren Kindern die Zukunft offenstand. Gewiß, die jüdischen Minister in der Regierung waren Konvertiten, wie Julius Glaser und Josef Unger, nur so hatten sie eine Karriere machen können, die für ihre ehemaligen Glaubensbrüder, die sich der Taufe verweigerten, unerreichbar blieb. Aber die vom Bürgerministerium dekretierte Verfassung von 1867 garantierte den Juden endlich Gleichheit vor dem Gesetz und bürgerliche Rechte, ein Höhepunkt im langen Kampf um Emanzipation. Zwar waren sie nach wie vor, sofern sie nicht konvertierten, ausgeschlossen von der Beamtenlaufbahn, aber sie strömten nunmehr in Scharen in die freien Berufe. An der Universität nahm die Zahl jüdischer Studenten derart zu, daß in den achtziger Jahren fast die Hälfte aller Wiener Anwälte, Ärzte und Journalisten Juden waren. Nur die Skeptiker, die Weitblickenderen blieben bei ihren Zweifeln. So glaubte Theodor Gomperz, immerhin aus einer der prominentesten Familien Wiens stammend und ein Gelehrter von Weltruf, nicht daran, daß er einmal an der Universität anerkannt werden würde. Seine akademische Karriere hatte durch das Konkordat von 1855 – das der katholischen Kirche allen Einfluß auf das Schulwesen sicherte – eine schwere Zäsur erfahren. Als er schließlich, nach Jahren als Privatgelehrter, Ordinarius für Alte Geschichte wurde, bot man ihm sogar einen Adelstitel an; als guter Liberaler lehnte er aber ab, genauso wie sein nichtjüdischer Kollege, der Professor für Physik und Philosophie Ernst Mach.

Es war eine trügerische Welt der Sicherheit. «Nicht ungestraft habe ich meine Kindheit und meine erste Jünglingszeit in einer Atmosphäre verbracht, die durch den sogenannten Liberalismus der 60er und 70er Jahre bestimmt war», schrieb Arthur Schnitzler in seiner Autobiographie. «Der eigentliche Grundirrtum dieser Weltanschauung scheint mir darin bestanden zu haben, daß gewisse Werte von vornherein als fix und unbestreitbar angenommen wurden, daß in den jungen Leuten der falsche Glaube erweckt wurde, sie hätten irgendwelchen klar gesetzten Zielen auf einem vorbestimmten Wege zuzustreben, um dann ohne weiters ihr Haus und ihre Welt auf sicherem Grunde aufbauen zu können. Man glaubte damals zu wissen, was das Wahre, Gute und Schöne war, und das ganze Leben lag in großartiger Einfachheit dar.»[33] Die Liberalen jener Zeit, wiewohl nach dem Trauma von 1848 weder blinde Fortschrittsgläubige noch glühende Utopisten, waren sicher, daß der Feudalismus an sein Ende gekommen war. Sie übersahen allerdings, daß sie, wie Carl Schorske über das Wien des Fin de siècle schrieb, 1861 «beinahe aus Versehen» an die Macht gekommen waren, die sie von Anfang an mit dem Adel und der kaiserlichen Bürokratie teilen mußten. Ihre neue Spitzenstellung im Staat verdankten sie weniger der eigenen Stärke als den Stößen, die äußere Feinde der alten Ordnung der Monarchie versetzt hatten. Zwar war Kaiser Franz Joseph nach 1848 zu immer mehr Konzessionen und diversen Verfassungsexperimenten bereit gewesen, doch erst die Niederlagen von Solferino 1859 gegen Frankreich und Piemont und vor allem die gegen die Preußen 1866 führten zur verspäteten Umwandlung des Kaiserreichs in eine konstitutionelle Monarchie. «Casca il mondo» hatte der Sekretär des Papstes Pius IX. angesichts der Niederlage von Königgrätz ausgerufen.

Aber die alte Welt zerbrach nicht, noch nicht. Sie gewann sogar bald schon neue, nicht einmal dem Kaiser erwünschte Verbündete. Die Gesellschaft hielt sich nicht an die Emanzipations- und Bildungsprogramme des Liberalismus. Österreich sei durch eine langjährige Zurückhaltung in die Lage gebracht worden, heute mit demjenigen Liberalismus Epoche zu machen, der in Deutschland in der Hauptsache schon seit zwanzig Jahren, in vielen seiner Teile bereits seit fünfzig Jahren, zu einem überwundenen Standpunkte gehörte, hatte der Zyniker Bismarck über die Zeit des Bürgerministeriums bemerkt. Im Grunde blieb der Einfluß der Liberalen stets begrenzt auf die deutsche Mittelschicht und die deutschen Juden. Diese aber hatten wie keine andere gesellschaftliche Gruppe ihr eigenes Schicksal damit verbunden; ihr Glück stand und fiel mit dem des kosmopolitischen liberalen Staates mit starker zentralistischer Ausrichtung. «Dem Juden war der Liberalismus mehr als eine politische Doctrin, ein bequemes Prinzip und eine populäre Tagesmeinung», schrieb der streitbare Rabbiner und Publizist Joseph Bloch, «er war sein geistiges Asyl, sein schützender Port nach tausendjähriger Heimatlosigkeit, die endliche Erfüllung der vergeblichen Sehnsucht seiner Ahnen, sein Freiheitsbrief nach einer Knechtschaft namenloser Härte und Schmach, seine Schutzgöttin, seine Herzenskönigin, welcher er diente mit der ganzen Glut seiner Seele, für die er stritt auf den Barrikaden und in den Volksversammlungen, in dem Parlament, in der Literatur und in der Tagespresse; ihretwegen ertrug er willig den Zorn der Mächtigen!»[34] In seiner kurzen, kaum zwei Dekaden währenden Blüte führte der österreichische Liberalismus nur zu einigen wenigen Fortschritten in der Politik – die Regierung klammerte sich geradezu an das alte undemokratische Klassenwahlrecht –, dafür aber zu entscheidenden Entwicklungen in Kultur und Wirtschaft, ja sogar zu einer späten industriellen Revolution. Doch auch der *laissez-faire*-Kapitalismus jener Jahre sollte sich rächen, und zwar abermals an jenen, die man als ewige Sündenböcke identifiziert hatte.

Nein, Jacob Freud hatte sich keinen verrückten Utopien hingegeben, nicht mehr als diese ganze Stadt, dieses aus Illusionen, Täuschungen und Enttäuschungen gebildete Wien, «weder jeune cocotte noch vieille pieuse», wie Freuds späterer Schüler Hanns Sachs sagte. Das Symbol dafür war die Ringstraße. Hier, in der Neugestaltung Wiens, hatte sich das liberale Bürgertum am stärksten ausgelebt, sich seine machtvollste Selbstdarstellung geschaffen. Die Ringstraßen-Zeit wurde für Österreich zum Begriff für eine Epoche, wie das Viktorianische in England, die Gründerzeit in Deutschland, das «Seconde Empire» für die Franzosen. Sie stand für Befreiung und Modernisierung – und, nur wenige Jahre später, für den Niedergang liberaler Kultur. Bereits 1857 hatte der Kaiser angekündigt, die alten Wälle und Militäranlagen um die Innere Stadt schleifen zu lassen. Wien sollte erweitert und ein Boulevard angelegt werden, der es mit den Pariser Vorbildern aufnehmen konnte. 1865 wurde der Pracht-Corso eingeweiht, die Fertigstellung der einzelnen Bauten dauerte noch bis 1889: «Keine Paläste, Festungen und Kirchen beherrschen die Ringstraße», so Schorske, «sondern die Zentren einer konstitutionellen Regierung und einer aufgeklärten Kultur.»[35] In der Architektur, die wie überall in Europa ganz im Zeichen des Historismus stand, feierte das Bürgertum seinen «Sieg» über die alte Macht von Kaiser und Kirche. Der später so oft kritisierte Pluralismus des Baustils, den damals selbst Jacob Burckhardt als Fortschritt gegenüber der einstigen Uniformität begrüßte, hatte Methode: Das neogotische Rathaus sollte an die mittelalterliche freie Stadtgemeinde erinnern, das Burgtheater an den Frühbarock, die Universität dagegen wurde im Renaissance-Stil neu gebaut. Das Parlament mit seinen antikisierenden, als klassisch-griechisch geltenden Elementen gemahnte an die Entstehung der Demokratie in Athen. Zwischen jenen Institutionen des Verfassungsstaates und seinen Bildungsstätten, zwischen den Palais der alten Aristokratie und des neuen Industrie- und Geldadels, der verächtlich so genannten Ringstraßenbarone, nobilitierten sich die Fassaden der Mietshäuser des zu Macht und Reichtum gekommenen Bürgertums. Das alte Zentrum der Macht in der Inneren Stadt sollte durch den Ringstraßenbau degradiert werden zu einem Museum feudaler Zeiten. Zugleich wollte man sich ein Bollwerk schaffen gegen die Vorstädte der Kleinbürger und Arbeiter. Was einst ein Gürtel militärischer Absonderung gewesen war, wurde nun zu einem der gesellschaftlichen Trennung – und am Ende zum Symbol für die Entfernung von der wirklichen Macht: Als ob, nach dem berühmten Wort des Architekten Adolf Loos, «ein moderner Potemkin» jemanden glauben machen wollte, er sei «in eine Stadt von lauter Nobili versetzt» worden.

Schon der sechzehnjährige Freud fand dieses Wien «ekelhaft», und auch später drückte er, der für eine Weile seine Wohnung und Praxis am Schottenring hatte, immer wieder seine Abneigung aus gegen die Stadt, durch die er nach der Arbeit so oft spazierenging. Der Stephansdom war für ihn nur «der abscheuliche Turm». Seinen Kindern, die beeindruckt waren von den schönen Häusern am Ring, von den hervorspringenden Verzierungen und den zahllosen Schornsteinen, erzählte er gern das Märchen vom Kaffeekränzchen bei des Teufels Großmutter: Die «alte Dame» flog aus irgendeinem Grund mit einem Tablett über Wien, mit «Töpfen, Krügen, Tassen und Untertassen in teuflischem Dekor». Und dieses Tablett kippte aus irgendeinem Grund um, das Kaffeegeschirr verteilte sich über die Dächer der Stadt, und jedes Stück blieb stecken.[36] Ein anderer glaubte noch viele Jahre später an die Magie und Macht der Fassade; wie aus Tausendundeiner Nacht erschienen ihm die Bauten der Ringstraße, Gottfried Sempers Burgtheater und das von dem Dänen Theophil Hansen entworfene Parlament. Ein «hellenistisches Wunderwerk auf deutschem Boden» nannte es der junge Adolf Hitler, als er 1907 nach Wien kam.[37]

Liebeleien und die Mühen der Adoleszenz

Im Sommer 1872 kehrt Freud in die Welt seiner Kindheit zurück, nach Freiberg. In diesen wenigen Wochen, in denen er auf einsamen Spaziergängen «die wiedergefundenen herrlichen Wälder» durchstreift, gibt er sich dem Bau von Luftschlössern hin. Seltsamerweise betreffen diese nicht die Zukunft, sondern suchten «die Vergangenheit zu verbessern».[1] Er träumt: Was wäre, wenn der Vater geblieben, wenn er mehr Glück in seinem Geschäft gehabt hätte, so wie der erfolgreiche Färbereibesitzer Ignaz Fluß, bei dessen Familie er zu Gast ist. Wenn er hätte auf dem Lande aufwachsen und das Mädchen heiraten können, das ihm dann über Jahre vertraut gewesen wäre? Das Mädchen Gisela, an das er nun kaum ein neutrales, geschweige liebenswürdiges Wort zu richten, dem er sich kaum zu nähern wagt, diese «wilde thrakische Schönheit» von vermutlich gerade dreizehn Jahren, mit langem schwarzem Haar, mit Adlernase und gepreßtem Mund und mit «einem manchmal ganz gleichgültigen Gesichtsausdruck», die Tochter seiner Gastgeber.[2] Nicht einmal ihren Namen mag er aussprechen, ohnehin nennen Freund Silberstein und er ihre Angebeteten lieber ihre «Prinzipien». Sein «Prinzip» tauft er die «Ichthyosaura», nach der Fischechse, einem ausgestorbenen Flußwesen, oder auch den «saurischen Mythos»; dazu hatte ihn neben ihrem Familiennamen vermutlich das damals in Schüler- und Studentenkreisen beliebte Gedicht von Joseph Victor von Scheffel, *Der Ichthyosaurus*, inspiriert:

> Es rauscht in den Schachtelhalmen,
> Verdächtig leuchtet das Meer,
> Da schwimmt mit Tränen im Auge
> Ein Ichthyosaurus daher …

Nein, niemand darf von seiner Schwärmerei wissen, vor allem das Mädchen nicht, nur dem Freund vertraut er an, daß er eine Zuneigung gefaßt habe, weich gemacht durch das Wiedersehen mit der Heimat, durch die Erinnerung an ein Idyll, das es vielleicht nie gab.

Denn noch auf eine ganz andere, weiter reichende Weise versucht Freud, die Vergangenheit zu korrigieren. Zeitweise scheint seine Neigung weniger der jungen Gisela als deren Mutter zu gelten – dieser so liebenswürdigen Wirtin, die ihn in die engste Familie zog und ihn umsorgte, als er seiner Zahnschmerzen wegen reinen Spiritus getrunken hatte und an heftiger Übelkeit litt: «Solche Freundlichkeit und Güte kann ich unmöglich verdienen (...). Sie sieht wohl ein, daß ich stets einer Aufmunterung bedarf zu sprechen oder zuzugreifen, und läßt es nie daran fehlen.» Vor allem bewundert er, daß diese einfache Bürgersfrau sich eine Bildung angeeignet hat, «deren sich ein 19jähriges Salondämchen nicht zu schämen brauchte», daß sie ihre Klassiker gelesen hat, sich aber auch auf allen anderen Gebieten und sogar in der Politik auskennt und an der Führung der Fabrik genauso wie ihr Mann beteiligt ist. «Andere Mütter – und warum verbergen, daß die unsrigen darunter sind? wir werden sie deshalb nicht weniger lieben – kümmern sich nur um die leiblichen Angelegenheiten ihrer Söhne, über die geistige Entwicklung derselben ist ihnen die Kontrolle aus der Hand genommen»[3], schreibt er Silberstein. Er hatte begonnen, seinen Namen Sigismund in Sigmund zu ändern.

Doch das Geheimnis, das er aus seiner Neigung für die «Ichthyosaura» machte, alarmierte seine Biographen. Als erster kam ihm sein Schüler Siegfried Bernfeld auf die Spur, der hinter dem Patienten, von dem Freud 1899 in seinem Aufsatz *Über Deckerinnerungen* berichtete, diesem etwa 38jährigen, akademisch gebildeten, an einer kleinen Phobie leidenden Mann, den schlecht getarnten Autor selbst entdeckte. Vermutlich wollte er damals, so kurz vor der Veröffentlichung der *Traumdeutung*, in der er sich mehr oder weniger schonungslos entblößte, alle weiteren Mutmaßungen über seine Person verhindern. Warum sonst sollte er, ein über vierzigjähriger, seit dreizehn Jahren verheirateter Mann, sich jener Maske bedienen, um ein Erlebnis aus seiner Adoleszenz zu deuten, das sich doch kaum unterschied von den gewöhnlichen Krisen jener meist so trübseligen, von Pickeln und Liebeskummer beherrschten Lebensphase? Seiner Frau Martha hatte er schon während ihrer Verlobungszeit davon erzählt. Die Welt durfte zwar erfahren, daß sich hinter der Gedankenschüchternheit, dem unsinnigen Hamlettum des Pubertierenden, eine arge sexuelle Aggression verbarg, daß der «nichtsnutzige Jüngling» damals geflohen war vor seinen «grobsinnlichen» Phantasien, die um die Brautnacht, um den Akt der Defloration kreisten; aber sie mußte nicht wissen, daß der Taugenichts Freud hieß.[4]

Als Gisela Fluß mit ihrer Familie 1873, ein Jahr nach der Begegnung in Freiberg, nach Wien kommt, da will er sie nicht sehen, will sich dem «hydrographischen System, das die Flüsse bilden», fernhalten. Auf seine Neigung zu ihr habe er, wie er Silberstein mitteilt, nicht deshalb verzichtet, weil eine andere ihren Platz eingenommen hätte, sondern weil dieser leer bleiben solle – beziehungsweise «weil es keinen leeren Raum in der Natur gibt, wollen wir sagen, daß er sich mit etwas anderem wie mit Luft gefüllt hat».[5] Das allzu lange Spiel hat ihn ermüdet und in die Irre geleitet. Wie es bei Scheffel heißt:

Es starb zur selbigen Stunde
Die ganze Saurierei,
Sie kamen zu tief in die Kreide,
da war es natürlich vorbei.

Aber noch zwei Jahre danach, 1875, als er von der bevorstehenden Heirat Giselas erfährt, schreibt er ein wütendes Spottgedicht, das *Hochzeitscarmen*. Die «thrakische» Schönheit will ihm nunmehr kugelförmig erscheinen, mit kürbisartigem Kopf, worin «unansehnlich und machtlos im schmalen Gehirn die Vernunft thront». Dem glücklichen Paar wünscht er:

Segen erfülle ihr Haus, nie raste am Herd der Braten,
nie sei leer des Papiers die eiserngefestete Kassa,
und so mögen sie beide das Los vollenden des Lebens
gleich den Insekten und Würmern,
die unsere Erde bevölkern,
ungestörter Atmung begabt und Nahrungsaufnahme,
nie von dem Geiste berührt ...

Wie Prospero in Shakespeares *Sturm* will er den Zauberstab versenken, der all die Wirrungen hervorgerufen hat, «eine neue Zeit ohne geheim wirkende Kräfte breche herein, die keiner Poesie und Phantasie bedarf», keiner Ausflüge ins Alluvium oder Diluvium, in die «grausige Urvergangenheit, da wilde Geschöpfe, vom Menschen ungestraft, am Sauerstoff der Atmosphäre zehrten».[6] Vom ersten Entwurf zu diesen wüsten Hexametern sind einige wenige Zeilen erhalten, in denen der böse Spötter ganz anders spricht, nämlich von «entsetzlichem Jammer» und von Zyankali, Äther, Arsen, «ganz weißem und echtem». Darum bittet er den Freund, und um «einen Revolver dazu, von 6 gezogenen Läufen – bleierne Kugeln mit Schrot, doch alles gut und solide – denn nicht ertrag ich das garstige Schicksal».[7]

Sicherlich steckte in jenen Übertreibungen einer Liebe, die vor allem aus Sehnsucht nach Liebe bestand, ein Gutteil pubertärer Koketterie, aber auch wirklicher Kummer und Angst vor dem Verlust verbargen sich darunter, ebenso wie all die Unsicherheit, die Zuflucht sucht im intellektuellen Spiel, und all die Aggression, auch die gegen sich selbst, gegen die eigene blödsinnige Schüchternheit. Vielleicht war sogar die ganze Verehelichung der sechzehnjährigen Ichthyosaura, die nunmehr einen anderen küßt, nur eine Phantasie Freuds. Er machte sich damit das Mädchen, dem er sich nicht zu nähern wagte, unerreichbar, und setzte seinen jugendlichen Träumereien ein Ende, indem er seine Fluß-Echse auf alle Zeit ins Reich der Mythologie verbannte. Das vermutete zumindest der Herausgeber der Briefe, Walter Boehlich, da sich nirgendwo ein Hinweis auf eine Heirat fand, wohl aber ein späterer Eintrag im Trauungsbuch der

Kultusgemeinde der Leopoldstadt, daß die ledige Gisela Fluß am 27. Februar 1881 mit dem Pressburger Kaufmann Emil Popper die Ehe schloß. Vielleicht hatte sich der frühere Hochzeitsplan auch ganz einfach zerschlagen.[8]

Seine Verlustangst überträgt Freud nunmehr auf den Freund, den engsten, den innigsten seiner Jugend. Er hatte Eduard Silberstein, einen aus Rumänien stammenden Juden, ein halbes Jahr jünger als er selbst, vermutlich in der Schule oder in Roznau kennengelernt, einem Kurort nicht weit von Freiberg, wohin sich Amalia Freud wegen ihres Lungenleidens in jenen Jahren öfter zurückzog. Jedenfalls standen sie einander schon 1870 so nahe, daß die Freuds, wie immer in finanziellen Schwierigkeiten, daran dachten, Eduard und seinen Bruder als Pensionäre aufzunehmen. Daraus wurde nichts. «Wir waren Freunde in einer Zeit, da man in der Freundschaft nicht einen Sport und nicht einen Vorteil sieht, sondern den Freund braucht, um mit ihm zu leben», beschrieb er später ihr Verhältnis zueinander.[9] Zusammen lernten sie Spanisch, ohne Lehrer, ohne Lexikon, nur mit Hilfe eines Lesebuchs. Und sie schufen sich eine Art Privatmythologie, indem sie die «Academia Castellana» gründeten und sich mit Geheimnamen ansprachen, Cervantes' humoristisch-philosophischem *Gespräch der Hunde* entliehen. Silberstein war Berganza, der geschwätzigere, lebensfreudigere, während Freud die Rolle des moralisierenden Cipion übernahm, den der Autor sagen läßt: «Halte deine Zunge in Zaum, denn sie ist die Anstifterin des größten Unglücks im Leben.»

Ende 1871 hatte ihre regelmäßige intensive Korrespondenz begonnen, von der nur Freuds Briefe erhalten sind. Manche davon sind kleine literarische Versuche, «Meisterstücke von Unsinn», verspielt und altklug, auch albern und kitschig; andere mehr bekenntnishaft und von den gewöhnlichen Torheiten und Kränkungen der Adoleszenz handelnd. Aber nun, nachdem er das zarte Pflänzchen seiner ersten Neigung, seine Ichthyosaura, so pathetisch begraben hat, glaubte er, auch an seinem «querido Berganza» zweifeln zu müssen, der weder einen längeren

Brief noch die versprochene Photographie von sich schickt. Er mahnt ihn, häufiger und pünktlicher zu schreiben. «Es ist aber das untrügliche Kennzeichen des in sich zerfahrenen und den Freunden entfremdeten Menschen, daß ihm das Briefschreiben zur Last wird», doziert er nörgelnd. «Die selbstlose Teilnahme an allem, was den andern angeht und befällt, ist ja oft die einzige, sicherlich aber wertvollste Leistung eines Freundes.»[10] Ein andermal träumt Freud von einem gemeinsamen Leben mit Silberstein, gemeinschaftlichen Studienreisen, geheimen Spaziergängen, vielleicht mit Prinzipien.

Seine Briefe sind Werbungen, Beschwörungen, in denen Neigung und Furcht sich eng umschlingen. Immer wieder muß er dem anderen – und sich selbst – versichern, daß ihre Freundschaft nie enden werde, «kleben wir doch aneinander, als ob die Natur uns als Blutsverwandte auf diese Erde gesetzt hätte».[11] Die Furcht, den Freund zu verlieren, womöglich an ein «Prinzip», verbirgt er hinter altväterlichem Moralisieren: Der junge Mann war aus vielen Gründen, nicht unbedingt nur aus moralischen, ein Kind seiner Zeit, ein guter Viktorianer. Arthur Schnitzler durchtanzte seine Jugend als einen Kongreß der süßen Mädels, der Fännchens, Mitzis und Annerls, und führte Buch über sein Geschlechtsleben, mit Strichlisten und peniblen Koitusbilanzen. Doch neben einem Schnitzler gab es immer auch einen Freud – und neben einem flotten Eduard, der zuerst in Anna Freud verliebt war und dann in eine Fanny und schließlich in alle Mädchen weit und breit, immer auch einen keuschen Sigismund, dem zuviel Romantik gefährlich erscheint. «Übrigens muß ein Mensch nicht alles wollen, und wenn mir Damengesellschaft beschwerlich bleibt, so freue ich mich dafür, daß sie Dir umso leichter ist.»[12] Wie sollte einem, der aufgewachsen war in einem von Frauen bestimmten Haushalt, auch der Umgang mit jenen Wesen leichtfallen, die seine Kindheit, seine Jugend, sein ganzes bisheriges Leben dominiert hatten und noch immer beherrschten? Ein bißchen Eifersucht auf den unbekümmerten Silberstein kann er nicht leugnen, schließlich hält er sich für wenig attraktiv. Dazu kommt die bitterliche

Armut. Geldnot wirkt nicht besonders anziehend auf das andere Geschlecht, das mit Küssen allein sich nie begnügt. Und so glaubt er, allem jugendlichen Leichtsinn, allen Vergnügungen entsagen zu müssen.

Doch er hat noch seinen Witz. Den verliert der gestrenge junge Mann, der Balzac und Dumas zensiert und sich Gedanken über die Sittlichkeit der *Kameliendame* und «dieser ganzen französischen Mordbrandehebruchtirolerei»[13] macht, auch dann nicht, wenn er den Freund wieder einmal mahnen muß: «Die Gleichgiltigkeit, mit der Du mir vom ersten Kuß Deines Prinzips erzählst, gilt mir in doppelter Hinsicht als ein böses Zeichen, vorerst, daß Du so leicht Küsse nimmst, und zuzweit, daß Du Küsse so leicht nimmst. Es ist meine Pflicht, Dich aufmerksam zu machen auf eine Berechnung des berühmten Statistikers Malthus, der nachwies, daß sich die Küsse in einer ungemein rasch aufsteigenden Proportion zu vermehren streben, so daß nach kurzer Zeit vom Beginn der Reihe an gerechnet das kleine Areal des Gesichtchens ihnen nicht genügt und sie zur Auswanderung gezwungen werden.»[14] Bekanntlich hatte Malthus die These aufgestellt, daß alle Lebewesen die Neigung haben, sich in höherem Maße zu vermehren, als es die ihnen zur Verfügung stehende Nahrungsmenge zuläßt. Sicherlich spielen dem jungen Freud hier die eigenen erotischen Phantasien den üblichen Streich: Der andere könnte womöglich das tun, was er sich verboten hat. Aber hinter dieser ironisch ummäntelten Projektion steckte auch eine ganz reale Sorge, immerhin war er nun Student der Medizin im zweiten Semester. Doch mußte man nicht die Universität besuchen, um von den Gefahren zu wissen, die dem ausschweifenden Küsser drohten. Man mußte wohl auch nicht so weit gehen wie Schnitzlers Vater, der, nachdem er das Tagebuch des damals Sechzehn- oder Siebzehnjährigen entdeckt hatte, dem Sohn die drei großen Atlanten seines Kollegen, des Dermatologen Moriz Kaposi, über venerische Krankheiten durchzublättern gab.

Aber sein Eduard will gar nicht auf Freud hören, er ist einfach zu leichtsinnig und flirtet sogar mit einer gerade Sechzehnjährigen. Natürlich reizt ihn dabei die «Opposition gegen die scheinbare und scheinheilige Solidität und Blutlosigkeit der sogenannten guten Gesellschaft»; das versteht Freud. Dennoch fühlt sich Cipion verpflichtet, seinen Berganza an seine Verantwortung zu erinnern: Anders als der Mann, der seine verlorene Achtung immer noch durch Arbeit zurückgewinnen könne, trage das Mädchen «den Maßstab der Ethik nicht in sich», sondern sei darauf angewiesen, sich innerhalb der Grenzen von Sitte und Anstand zu halten – mögen diese auch noch so fragwürdig sein. «Wie oft haben wir über die elende Erziehung besonders der Mädchen geklagt und ihre Untüchtigkeit zu den ernsten Arbeiten des Lebens bedauert. Was soll ein armes Weib von den Mühen des Lebens als Frau und Mutter halten, wenn sie an die Schmeicheleien denkt, mit denen man sie als Jungfrau unterhalten und verdorben hat.»[15] So schreibt der künftige Sexualrevolutionär ...

Der junge Mann ahnt sehr wohl, daß seine Nöte und Ängste keine bloßen Kopfgeburten sind. Deutlich spürt er das Nachbeben der Verhältnisse. Darum flirtet er mit der Politik. Und dieser Flirt ist ernster zu nehmen als das Zittern um eine urweltliche Ichthyosaura. Seine Revolution sollte schließlich ganz anderer Art sein, aber nicht minder erschütternd für die Gesellschaft. Einstweilen kann er sich nur an die Bücher und Theorien halten, die ihm ein anderer Schulfreund, Heinrich Braun, weiterreicht. Der spätere sozialdemokratische Politiker und Publizist hatte damit «eine Menge von revolutionären Neigungen» in ihm geweckt.[16] So ist Freud eine Zeitlang, das bekennt er nicht ohne Stolz, «sozialistischen Bestrebungen sehr wenig abhold». Denn auch wenn er, wie er zugeben muß, keine davon besonders gut kennt, «es ist wirklich sehr viel faul in diesem ›Kerker‹, Erde genannt, was durch menschliche Einrichtungen zu bessern wäre, in Erziehung, Güterverteilung, Form des Struggle for existence ...»[17]

Sein Abitur hatte Freud 1873, kurz nach seinem 17. Geburtstag, «mit Auszeichnung» bestanden. Dennoch war er mit sich selbst unzufrieden. Die Lateinaufgabe, die Übersetzung einer Vergil-Stelle, hatte er zu leicht genommen, weil er den Text gerade erst gelesen hatte. Besser gelang ihm die Griechischprüfung, natürlich kannte er auch die ihm vorgelegten 33 Verse aus Sophokles' *König Ödipus* mehr oder weniger auswendig und machte kein Geheimnis daraus. Immerhin erhielt er ein «lobenswert» für die Arbeit. Am besten aber, mit einem «ausgezeichnet», schnitt er mit seiner Deutscharbeit über «ein hochsittliches Thema» ab, nämlich «Über die Rücksichten bei der Wahl des Berufes»; der Professor hatte sogar ausdrücklich seinen Stil gelobt, der zugleich «korrekt und charakteristisch» sei, also das, was Herder einen «idiotischen Stil» nannte. Nach dieser «Marter» – so nannten sie in der Schule die Matura – fiel ihm die Berufswahl schwer; auf keinen Fall mochte Freud in Mittelmäßigkeit enden.[1] Der Vater wollte seine Entscheidung nicht beeinflussen und verlangte – ungeachtet der beengten Verhältnisse – von seinem Sohn lediglich, den eigenen Neigungen zu folgen. Ursprünglich hatte Freud, bestärkt durch Heinrich Braun, Jura studieren wollen, um mit dem Freund arbeiten und dessen «Partei» treu bleiben zu können. Nur hatte dieser in der vorletzten Klasse die Schule – «leider nicht freiwillig» – verlassen. So entschied er sich schließlich für Medizin, angeblich unter dem Eindruck eines Vortrags über Goethes Naturverständnis, aber auch angezogen von den neuen Lehren Charles Darwins.

Doch da die Zukunftsaussichten für Juristen aus jüdischer Familie, die sich zumeist allenfalls freiberuflich, als Rechtsanwälte niederlassen konnten, mehr als unsicher waren, erschien dies bei einem Arme-Leute-Kind auch als ein Entschluß der Vernunft. Denn eine besondere Neigung zum Beruf des Arztes verspürte Freud nicht, bloß «eine Art von Wißbegierde».[2] Er wollte «ein Gelehrter, ein Professor» werden, dem übermächtig werdenden Bedürfnis nachgebend, «etwas von den Rätseln der Welt zu verstehen und vielleicht etwas zu ihrer Lösung beizutragen».[3] Immerhin hatte die medizinische Fakultät damals den höchsten Anteil jüdischer Studenten – und sie galt als eine der angesehensten, weit über Wien hinaus: Ihre Professoren, die zumeist aus Deutschland stammten, waren berühmt, wie Carl Claus, der Zoologe und Leiter des Instituts für vergleichende Anatomie, der Physiologe Ernst von Brücke, Hermann Nothnagel, der Chef der inneren Medizin, und der Chirurg und Brahms-Freund Theodor Billroth. Im Herbst 1873, in seinem ersten Semester, belegte der Student Freud 23 Wochenstunden: Vorlesungen in Anatomie und Chemie sowie Praktika in beiden Fächern. Im Sommersemester kamen Botanik, Mikroskopie und Mineralogie dazu, außerdem Kurse bei Claus über «Biologie und Darwinismus» und bei Brücke über «Die Physiologie von Stimme und Sprache».[4]

Aber Zoologie und Chemie vermögen seine Wißbegierde und Weltneugier kaum zu befriedigen. So besucht er schließlich im Herbst 1874 die Vorlesungen des Philosophen Franz von Brentano, eines ehemaligen katholischen Priesters, der aus Protest gegen das päpstliche Unfehlbarkeitsdogma seine Stellung an der Universität Würzburg aufgegeben und gerade begonnen hatte, in Wien zu lehren. Freud hört ihn über Metaphysik, über John Stuart Mills Utilitarismus und schließlich über Psychologie und Logik. Brentano ging es darum, die Philosophie auf eine naturwissenschaftliche Grundlage zu stellen: Er «ist Gottesgläubiger, Teleolog (!) und Darwinianer, und ein verdammt gescheiter, ja genialer Kerl»[5], schwärmt sein Student über den Mann, zu dessen Schülern auch der Philosoph Edmund Husserl, der spätere tschechische Präsident Thomas Masaryk und der Anthroposoph Rudolf Steiner gehörten. Eine Zeitlang spielt Freud mit dem Gedanken, ein Doktorat in Philosophie zu erlangen, vielleicht schon im folgenden Wintersemester 1875/76. Mit seinem Freund und Kommilitonen Joseph Paneth liest er Ludwig Feuerbach, den er unter allen Philosophen am meisten bewundert und verehrt – jenen Feuerbach, der die Religion vor den Theologen retten wollte und mit seinem wichtigsten Buch, *Das Wesen des Christentums*, das Ziel verfolgte, die Vernichtung einer Illusion, und zwar einer grundverderblichen, voranzutreiben.

Die beiden Studenten schreiben über die «Grundlagen der materialistischen Ethik», beschäftigen sich mit Spinozas Gottesbeweis und überreichen Brentano einen Brief «mit Einwänden». Er lädt die jugendlichen «Materialisten» daraufhin ein, ihn zu besuchen, und gibt ihnen ein Leseprogramm auf: Den Spinoza sollen sie lassen und statt dessen mit Descartes beginnen, danach Locke und Leibniz lesen, Hume und den unausstehlichen, aber unvermeidlichen kindischen Sophisten Kant; aber bloß die Finger weg von dessen Nachfolgern, Fichte, Schelling, Hegel, diesen «Schwindlern»! Denn wenn man sich «auf diese schlüpfrigen Wege des Verstandes» begebe, gehe es einem «wie dem Irrenarzt, der anfangs wohl merkt, daß es dort toll zugeht, aber sich später daran gewöhnt und nicht selten selbst einen Span holt».[6] Lieber sollen sie den Positivisten Auguste Comte studieren. Nach der Diskussion mit Brentano ist Freud, der fesche, trotzige Materialist, verunsichert; angesichts seiner Hilflosigkeit gegen des Professors Argumente über das «luftige Dasein Gottes»[7] fühlt er sich, wenngleich «nur notgedrungen», eher als Theist, beinahe als Konvertierer, der sich nun eindringlicher mit logischen und psychologischen Problemen auseinandersetzen muß.[8] Fünfzehn Monate später beginnt sein Interesse an der Philosophie zu erlöschen, obwohl er weiterhin Brentanos Vorlesungen besucht.

Freud war ein ungewöhnlich fleißiger Student, eines jener «menschlichen Geschöpfe, die man den größeren Teil des Tages zwischen zwei Möbeln, einem vertikal ausgebildeten, dem Sessel, und einem horizontal sich erstreckenden, dem Tisch, auffinden kann, und von denen, wie die Kulturhistoriker einig sind, alle Zivilisation zuerst ausging, weil sie mit Recht auf das Prä-

dikat ‹seßhaft› oder ‹ansässig› Anspruch machen».⁹ So spottet
er über sich selbst bei Silberstein, der viel mehr dem Leben zugewandt ist – zwar nicht mehr den «Lotte- und Wertherkämp-
fen», doch nunmehr der Politik. Aber Freud fürchtete auch und
nicht zu Unrecht, sich zu sehr zu zersplittern. Er beschäftigt sich
mit Mathematik, studiert die Werke von Hermann von Helmholtz und liest neben seinen Philosophen und den medizinischen
und naturwissenschaftlichen Büchern die neuere Literatur, und
zwar alles, was ihm seiner Meinung nach zu deren Kenntnis
fehlt, unter anderem auch Gustav Freytag und Friedrich Hebbel. Von dessen *Judith* ist er besonders angetan «ein sexuelles
Problem, eine überstarke Frau trotzt einem übergewaltigen
Mann und rächt sich an ihm für die durch das Geschlecht ihr zu
Teil gewordene Inferiorität».¹⁰

Freud war inzwischen auch Mitglied des «Lesevereins der
deutschen Studenten» und hätte sich beinahe mit einem Ver-
einsbruder duellieren müssen. Er hatte, ein «grüner Junge, der
materialistischen Lehren voll», in einer Diskussion einen sehr
einseitigen Standpunkt vertreten und wurde daraufhin von Victor Adler mit der Bemerkung heruntergemacht, auch er habe
in seiner Jugend Schweine gehütet und sei dann reumütig ins
Vaterhaus zurückgekehrt. Freud erwiderte grob: Nun, da er
dies wisse, sei er über den Ton von Adlers Reden nicht mehr erstaunt. Es kam zum Tumult, er weigerte sich, seine Sottise zu-
rückzunehmen. Glücklicherweise war Adler verständig genug,
das Ansinnen einer Forderung abzulehnen.¹¹ Der Verein, pan-
germanisch, ja antisemitisch, dem auch Gustav Mahler zeitweilig angehörte, machte damals «stark in vaterländischer Politik
und reformatorischen Bewegungen»¹²; Freud selbst hatte keine klare politische Meinung, war aber nun, wie er Silberstein
schrieb, Republikaner aus Vernunftgründen. Allein die «elen-
dige, seichte, weltmännische, frivole Skepsis»¹³ anderer Mitglieder mißfiel ihm. Um so begeisterter war er, als der Verein
1875 beschloß, den jüdischen Eisenbahnindustriellen Victor
Ofenheim aus seiner Mitgliedsliste zu streichen.

Der «famose Ofenheim», Ritter von Ponteuxin, eine der

schillerndsten Persönlichkeiten der Gründerjahre und beteiligt an mehreren Großunternehmen und Banken, stand 1872 wegen «Übelständen» bei der Lemberg-Czernowitzer Eisenbahn vor Gericht. Der Feuilletonist, Satiriker und «Wiener Spaziergänger» Daniel Spitzer schrieb damals über ihn, der «Herr Generaldirektor» sei nun schon zweimal versetzt worden, «erst in den Ritterstand und dann in den Anklagestand». Am besten, der Mann, der sich nach seiner Herkunft vom Schwarzen Meer, Pontus Euxinus, benannt hatte, wählte nun das Meer der Vergessenheit. Als 1873, während der Weltausstellung, in Wien die Börse zusammenbrach, wurde Ofenheim zu einem der Sündenböcke gemacht; der fragwürdige Prozeß gegen ihn endete schließlich 1875 mit seinem Freispruch. Einen Vortrag gegen die «ganze Ofenheim-Clique» im «Leseverein» fand Freud besonders klar und schön, «angemessen grob und sehr berechtigt».[14]

Freud identifizierte sich, wie die meisten assimilierten Juden der Zeit, mit deutscher Bildung und Kultur, diesem idealisierten Deutschtum, das Schiller und Goethe meinte, Lessing und Kant. Um so enttäuschter sei er gewesen, schrieb er später, als ihm an der Universität zugemutet wurde, sich als «minderwertig und nicht volkszugehörig» zu fühlen, weil er Jude war. Doch habe er sich seiner Abkunft nie geschämt, sondern eben auf die «verweigerte Volksgemeinschaft» verzichtet und sich dadurch frühzeitig mit seinem Los vertraut gemacht, «in der Opposition zu stehen und von der ‹kompakten Majorität›» – nach Ibsens Wort – «in Bann getan» zu werden: «Eine gewisse Unabhängigkeit des Urteils wurde so vorbereitet.»[15] Vielleicht hatte er, als er dies 1925 schrieb, seine früheren Äußerungen bereits vergessen, als er die gängigen antisemitischen Ressentiments gegen die «Börsenjuden» und ihre armen Brüder, die «Kaftanjuden», nachplapperte. Vielleicht hatte ihn die Affäre Ofenheim auch so erregt, weil sein Vater die Reste seines kleinen Kapitals im Börsenkrach von 1873 verloren hatte.[16] In jedem Fall war die Ambivalenz gegenüber der eigenen Herkunft kennzeichnend für die assimilierten Juden jener Zeit. Einmal, im Zug von Freiberg nach Wien, hatte Freud sich, wie er Giselas Bruder, seinem Freund Emil Fluß, berichtet, in Gesellschaft eines «hoch-ehrwürdigen alten Juden und einer entsprechenden alten Jüdin samt melancholisch-schmachtendem Töchterlein und einem frechen hoffnungsvollen Sohn» befunden – und diese Gemeinschaft war ihm unerträglich gewesen: «Der Mann war ein Typus. Der Junge, mit dem er sich über Religion unterhielt, war es ebenfalls. Er war vom Holz, aus dem das Schicksal die Schwindler schneidet, wenn die Zeit gekommen ist: pfiffig, verlogen, von den teueren Verwandten im Glauben erhalten, er sei ein Talent, dabei ohne Grundsätze und Weltanschauung.»[17]

Der «kühne Oppositionsmann» befand sich mit derlei Äußerungen in bester Gesellschaft: Karl Kraus, Peter Altenberg, nicht zu reden von Otto Weininger, sie alle polemisierten derart gegen die «Krämerjuden». Der Antisemitismus sei erst dann zu Ansehen und Erfolg gekommen, als die Juden sich seiner angenommen hätten, so ging, nach Arthur Schnitzler, ein böses Scherzwort. Das schien der Preis der Assimilation zu sein, den zu zahlen so viele gern bereit waren. Theodor Herzl, vier Jahre jünger als Freud, spazierte in den ersten Studienjahren «mit der blauen Albenkappe» seiner deutschnationalen Burschenschaft und einem Stock mit Elfenbeingriff, auf den das Motto F. C. W. (Floriat Vivat Crescat) eingraviert war, stolz unter seinen Couleurbrüdern herum – bis die «Albia» ihn im Zuge des an den Universitäten erstarkten Antisemitismus schließlich «schaßte».

Bereits Ende 1875 war es zu ersten Demonstrationen gegen die Juden in den Hörsälen gekommen. Die heftigsten Reaktionen riefen die Reden Theodor Billroths sowie seine 1876 erscheinende kulturhistorische Studie *Über das Lehren und Lernen der medicinischen Wissenschaft an den Universitäten der deutschen Nation* hervor, die aus einer Unzufriedenheit mit der liberalen Kulturpolitik heraus entstanden waren. Der «fanatische Germane», wie er sich selbst bezeichnete, der «Columbus der Medizin», später führend im Kampf gegen den Antisemitismus, polemisierte darin gegen die Scharen ungarischer und galizischer Juden an der Universität, gegen das «leider nicht ganz auszurottende Unkraut der Wiener Studentenschaft». Eine ima-

47

ginäre Schranke sollte die «deutsche Elite» der medizinischen Fakultät von diesen sozialen Aufsteigern trennen, die, «selbst wenn sie schöner und besser in deutscher Sprache dichten und denken als manche Germanen reinsten Wassers», doch niemals wie Deutsche empfinden konnten. Von da an war der Ruf «Juden hinaus» immer häufiger zu hören.[18] Burschenschaften wie die «Albia» begannen ihre jüdischen Mitglieder auszuschließen, und die «Teutonia» führte einen «Arierparagraphen» ein. Billroth hatte den empfindlichsten Punkt der assimilierten Juden getroffen, ihr Deutschtum. Victor Adler und andere Mitglieder des «Lesevereins» protestierten heftig gegen seine Unterstellungen, indem sie erklärten, die Juden seien nicht nur loyal gegenüber dem deutschen Nationalismus, sondern auch ein wichtiger Faktor in der kulturellen Entwicklung der deutschen Nation.

Adler erarbeitete und unterzeichnete noch 1882, zusammen mit seinem Jugendfreund und späteren Parteigenossen Engelbert Pernerstorfer, dem Historiker Heinrich Friedjung und vielen früheren Mitgliedern des «Lesevereins», das *Linzer Programm,* ein Bekenntnis zu Radikaldemokratie, Sozialreform und Nationalismus. Es war nicht explizit antisemitisch, trug mit dem Verbot des Hausierens aber auch den Beschwerden und Forderungen der «christlichen» Handwerkerschaft Rechnung. Mitverfaßt und unterschrieben hatte das Programm zudem Georg Ritter von Schönerer, der mächtigste und konsequenteste Antisemit, den Österreich hervorbrachte, Hitlers großes Vorbild. Nachdem sich seine Ideen 1889 in dem berüchtigten «Judenpunkt» durchgesetzt hatten, distanzierten sich Adler und seine Freunde von dem Programm. Billroth empörte sich öffentlich darüber, daß bei der Besetzung der Professuren an deutschen Universitäten die «krumme Nase» entscheide und Juden regelmäßig übergangen würden.

Während sich der «Leseverein» immer stärker politisiert, zieht Freud sich mehr und mehr in die Wissenschaft zurück. Im Sommer 1875 reist er für sieben Wochen nach England, zu Emanuel in Manchester, wo er auch Philipp trifft. Beide Brüder nähmen jetzt «eine allgemein geachtete Stellung ein, geachtet, nicht wegen ihres Vermögens, denn sie sind nicht reich, sondern wegen ihres persönlichen Charakters», schreibt er Silberstein. «Sie sind shopkeepers, d. i. Kaufleute, die einen Laden haben, der ältere verkauft Tuchwaren, der jüngere jewellry, in dem Sinn, den das Wort in England zu haben scheint», Bijouteriewaren aller Art. Er sieht seinen Neffen John wieder, inzwischen ein Engländer in jeder Hinsicht, «mit einer die gewöhnliche Geschäftsbildung übertreffenden Sprachen- und technischen Kenntnis». Seine Nichten, Pauline und die zwei Jahre jüngere Bertha, die er erst jetzt kennenlernt, erscheinen ihm «liebenswürdig», aber besonders eingenommen ist er von Emanuels Jüngstem, Samuel, genannt Sam, den er als einen «‹sharp und deep› Burschen» bezeichnet. Überhaupt zieht ihn dies England so sehr an, daß er dort, «trotz Nebel, Regen, Trunkenheit und Konservatismus», viel lieber wohnen wollte als in Wien: Vielleicht weht ihn ja ein günstiger Wind nach Beendigung der Studien dorthin, so schreibt er nach seiner Rückkehr an Silberstein – «beim Schein der elenden, Augen zerstörenden Petroleumlampe (in England brennt jeder Bettler Gas)».[19]

Der zerstreute Student Freud ist nunmehr entschlossen, sich einem eher praktischen Ideal zu widmen: «Voriges Jahr hätte ich auf die Frage, was mein höchster Wunsch sei, geantwortet: Ein Laboratorium und freie Zeit oder ein Schiff auf dem Ozean mit allen Instrumenten, die der Forscher braucht, jetzt schwanke ich, ob ich nicht lieber sagen sollte: ein Großes Spital und reichlich Geld, um einige von den Übeln, die unsern Körper heimsuchen, einzuschränken oder aus der Welt zu schaffen.»[20] Jedenfalls scheint sein jugendlicher Übereifer, mit dem er sich auf Philosophie und Metaphysik gestürzt hatte, nunmehr gebremst, seine Begeisterung für Brentano gehört der Vergangenheit an. Er bewirbt sich 1876 für ein Reisestipendium nach Triest, wo Carl Claus, der Propagandist Darwins, eine Versuchsstation für Meeresbiologie eingerichtet hat.

Freud schneidet Aale auf. Er soll die kürzlich geäußerte Behauptung des polnischen Zoologen Szymon Syrski überprüfen, der die Hoden des Aals gefunden haben wollte; denn «lange

49

Zeit war von dieser Bestie nur das Weibchen bekannt, schon Aristoteles wußte nicht, woher die Männchen nehmen, und ließ deshalb die Aale aus dem Schlamm entstehen». Und da es in der Zoologie «keine Geburtsscheine gibt», muß der Anatom sie sezieren, über 400 werden es am Ende sein, doch alle, die er aufgeschnitten hat, sind «vom zarteren Geschlecht». Für Silberstein fügt er seinem Brief kleine Zeichnungen hinzu, von Triest, von der Forschungsstation und von seinen Opfern – und sogar von einem menschlichen Wesen jenes Geschlechts, das er so zart gar nicht finden kann, das ihn zutiefst beunruhigt, besonders jener neue Typus, der ihm hier begegnet, «schlank, groß, schmal von Antlitz, mit länglicher Nase, dunklen Augenbrauen und der kleinen hochgehobenen Oberlippe». Also nicht wirklich schön «in unserm deutschen Sinne», viel zu bleich und mit einer höchst suspekten, in die «bedenklichen Klassen der Gesellschaft» übergreifenden Coiffure, einer das Auge fast bedeckenden Haarsträhne, wie «ein freimaurerisches Erkennungszeichen». Dennoch erschienen diese Frauen ihm am ersten Tag wie lauter italienische Göttinnen, aber seither ist ihm keine mehr begegnet, seitdem gehört eine schöne *donna* zu den seltensten Dingen, die er auf der Straße sieht. Freud arbeitet, von Ende März bis Ende April und noch einmal im September, fast zehn Stunden täglich im Labor: «Da es nicht gestattet ist, Menschen zu sezieren, habe ich eigentlich gar nichts mit ihnen zu tun.»[21]

Seine Forschungsergebnisse sind enttäuschend, Syrskis Theorien lassen sich weder bestätigen noch widerlegen. Dennoch schlägt Carl Claus die Arbeit seines Studenten, *Beobachtungen über Gestaltung und feineren Bau der als Hoden beschriebenen Lappenorgane des Aals,* der k. u. k. Akademie der Wissenschaften zur Veröffentlichung vor – ohne sie überhaupt gelesen zu haben. Noch mehr als sechzig Jahre später hat er diese Kränkung nicht vergessen, nennt den einstigen Lehrer gewissenlos genug, sein Werk nicht überprüft zu haben. Aber in jenem Herbst 1876 schien Freud seine Bestimmung gefunden zu haben: Er beginnt eine Famulatur am Physiologischen Institut Ernst von Brückes. Dort findet er das ersehnte Laboratorium und «endlich Ruhe und volle Befriedigung, auch die Personen, die ich respektieren und zu Vorbildern nehmen konnte»[22]; er befreundet sich mit Brückes Assistenten Ernst von Fleischl-Marxow und lernt den Arzt und Physiologen Josef Breuer kennen. Sie werden in den nächsten Jahren seine wichtigsten Gesprächs- und Arbeitspartner. Ernst von Brücke ist der charismatische Lehrer, nach dem er gesucht hat, die größte Autorität, die, nach eigenem Bekenntnis, je auf ihn wirkte, ein geistiger Übervater: ein preußisch-protestantischer Asket, präzise und sogar pedantisch, der alles verkörperte, was Freud an seinem leichtlebigen, nachgiebigen Vater vermißte. Der kleine Mann mit dem mächtigen Kopf und dem roten Haar war, wiewohl ein begabter Maler und an allem Kulturellen interessiert, ein kühler Verstandesmensch. Als 1873 sein Sohn starb, verbannte er alle Photographien aus der Wohnung und verbot Familie und Freunden, den Namen des Toten zu erwähnen. Freud erzählt noch in der *Traumdeutung* von einer Begegnung mit dem Meister, als er, der Student, einmal zu spät zum Frühdienst kam. Es war nicht das erste Mal, und was Brücke ihm zu sagen hatte, war «karg und bestimmt», aber auf die Worte kam es gar nicht an: «Das Überwältigende waren die fürchterlichen Augen, mit denen er mich ansah, und vor denen ich verging (...). Wer sich an die bis ins hohe Alter wunderschönen Augen des großen Meisters erinnern kann und ihn je in Zorn erlebt hat, wird sich die in Affekte des jugendlichen Sünders von damals leicht versetzen können.»[23]

In den vierziger Jahren hatte Brücke, der vor allem durch Untersuchungen des Auges, der Verdauung und der Stimme berühmt wurde, mit Hermann von Helmholtz, Emil du Bois-Reymond und Carl Ludwig eine Art Privatklub gebildet, aus dem schließlich die «Berliner Physikalische Gesellschaft» hervorging. Als Programm und gleichsam Gegenentwurf zum Vitalismus, der damals populären romantischen Naturphilosophie und -mystik, hatte Du Bois-Reymond ausgegeben, «die Wahrheit geltend zu machen, dass im Organismus keine anderen Kräfte wirksam sind als die gemeinen physikalisch-chemischen». Als Brücke nach Wien berufen wurde, bespöttelten ihn die Berliner als ihren «Gesandten im Fernen Osten». Sein Laboratorium war, obwohl von Weltruf, in einer düsteren ehemaligen Waffenfabrik untergebracht, ohne fließendes Wasser und ohne Gas oder gar Elektrizität. Zum Erhitzen benutzte man einen Spiritusbrenner, das Wasser wurde im Hof, wo in einem Schuppen auch die Versuchstiere untergebracht waren, aus einem Ziehbrunnen gepumpt. Fast sechs Jahre verbrachte Freud an diesem Ort, er nannte sie einmal die glücklichsten seines Lebens.[24]

Die Forschungen Brückes, die Theorien von Helmholtz, vor allem die aus der Thermodynamik, beeinflussen den späteren Psychoanalytiker bis in die neunziger Jahre und weit darüber hinaus; seinen «Hausgötzen» nennt er Helmholtz. Dabei werden dem jungen Studenten zunächst nur bescheidene histologische Arbeiten aufgegeben, bei denen es jedoch um nichts Geringeres als die Frage geht, ob das Nervensystem höherer Wesen anders zusammengesetzt sei als das niedriger Kreaturen – also eine Überprüfung der Darwinschen Theorien. Wieder einmal werden ihm Fische vorgesetzt. 1877 veröffentlicht Freud eine Arbeit *Über den Ursprung der hinteren Nervenwurzeln im Rückmark von Ammocoetes/Petromyzon Planeri*. Ein Jahr später reicht er eine Studie über Spinalganglien und Rückenmark selbigen Tieres, des Bachneunauges, ein, danach darf er sich mit den Nerven des Flußkrebses beschäftigen. Als er 1878 für kurze Zeit in ein anderes Laboratorium versetzt wird, um sich auf seinen «eigentlichen Beruf – Tiere schinden oder Menschen quälen» – vorzubereiten, will er sich am liebsten für «das erste Glied der Alternative» entscheiden.[25] Der Arztberuf rückt ihm immer ferner, er sitzt über seinem Mikroskop und beobachtet, getreu der Anweisung seines Lehrers Brücke, der einmal einem Studenten, dessen Arbeit mit den Worten «Oberflächliche Beobachtung ergibt ...» begonnen hatte, an den Rand schrieb: «Man soll nicht oberflächlich beobachten.»[26]

So brauchte der arbeitsame Student Freud schließlich acht Jahre, bis er sein Doktorat erwerben konnte, gut drei mehr als gewöhnlich erforderlich. Sogar der notorische Bummler

Schnitzler, der jene frohe Zeit von «Jubel, Lärm und wüster Trinkerei», von «völligem Gesauf, (…) Wortschwall, Händeklatschen, Liedersingen»[27] und zarten Mädchenblumen in einem Gedicht verulkte, absolvierte sein Medizinstudium in sechs Jahren. Freud, der von Alkohol wenig hielt, konnte sich kaum den Gang ins Kaffeehaus leisten. Einmal mußte er deshalb sogar ein Rendezvous mit Silberstein ausfallen lassen, weil ihm zwei Zähne abgebrochen waren, die zu reparieren viel Geld kostete. Aber die fürs Medizinstudium vorgesehenen fünf Jahre waren für ihn einfach zu wenig, er wollte seine wissenschaftlichen Kenntnisse ausdehnen. Natürlich mußte auch er, wie fast alle anderen, sein Studium unterbrechen, um zwischen 1879 und 1880 seinen Militärdienst abzuleisten. Dabei hatte er kaum Verpflichtungen, außer in Spitälern zu assistieren und ein paar Kranke zu behandeln – ein gewöhnlicher «Mosesdragoner», wie die militärärztlichen Eleven, unter denen besonders viele Juden waren, mit einem damals üblichen Kommißwitz genannt wurden. Meist konnte er während dieser Zeit sogar zu Hause wohnen, nur seinen 24. Geburtstag verbrachte er im Arrest, wegen mehrfachen unerlaubten Fernbleibens vom Dienst.

Dennoch wurde der Soldat Freud von seinen Vorgesetzen wegen seines Pflichtgefühls, seiner Fürsorglichkeit und Verläßlichkeit und seines ehrenhaften, heiteren und zugleich festen Charakters belobigt. Und er konnte sogar ein wenig Geld verdienen in dieser Zeit: Franz Brentano hatte ihn Theodor Gomperz empfohlen, der damals die Werke John Stuart Mills herausgab. Freud hatte, als er Brentano zum ersten Mal über den utilitaristischen Philosophen und Ökonomen hörte, sogar gehofft, sich dessen Gedanken, seinem unbedingten Liberalismus «mit Eifer» hingeben zu können. Nun gab ihm Gomperz einige Essays zu übersetzen, doch der «leblose Stil» langweilte ihn. Als er aber das philosophische Werk gelesen hatte und dieses witzig, treffend und lebhaft fand, kam er zu dem Schluß, daß Mill vielleicht «der Mann des Jahrhunderts war, der es am besten zustande gebracht, sich von der Herrschaft der gewöhnlichen Vorurteile frei zu machen».[28]

Nach dem Militärdienst beginnt er endlich, seine Rigorosa abzulegen; immerhin hatten die führenden Physiologen, Helmholtz, Du Bois-Reymond und Brücke, alle ein medizinisches Doktorat. Und seine Bekannten glaubten schon, er werde nie fertig. Deshalb will er nun schnell seine Prüfungen machen. Auch dem geliebten Tarockspiel will er abschwören, bis er Doktor ist, um der vielen Zeit willen, die er damit verbringt, vor allem aber des Geldes wegen, das er dabei ausgibt. Er ist unter Zeitdruck und ein wenig ängstlich, da er das für ihn längst unbedeutend gewordene Wissen über Botanik und Zoologie sowie die medizinischen Spezialfächer nacharbeiten muß. Doch Ende März 1881 erhält er sein Doktordiplom. Danach arbeitet er sofort wieder in Brückes Laboratorium und avanciert zum Demonstrator mit Lehrtätigkeiten. Auf eine Assistentenstelle kann er kaum hoffen, da die beiden aktuellen Assistenten, sein Freund Ernst von Fleischl-Marxow und Sigmund Exner, gerade zehn Jahre älter sind als er. Die Wendung kommt 1882, als der verehrte Lehrer Brücke «den großmütigen Leichtsinn» Jacob Freuds korrigiert und seinen Schüler mahnt, mit Rücksicht auf seine finanzielle Lage die Forscherlaufbahn aufzugeben.[29] Freud verläßt das Laboratorium und tritt am 31. Juli 1882 als zweiter Aspirant ins Allgemeine Krankenhaus ein, um sich dort endlich jene klinische Erfahrung anzueignen, die er braucht, um sich als Arzt mit einer Privatpraxis niederlassen zu können. Die Trennung von Brücke, der Verzicht auf wissenschaftliche Forschung, hoffentlich kein endgültiger, fällt ihm schwer, ist aber unvermeidlich. Freud hat sich verliebt.

Er konnte es nicht fassen, dies mußte ein «gaukelnder Traum» sein, aus dem zu erwachen er sich fürchtete. Doch die Freunde versicherten es ihm, alles war reinste Wirklichkeit, und er selbst erinnerte sich an Einzelheiten, «so reizend, so fremdartig beglückend, wie die Traumphantasie sie nie zu ersinnen mag». So mußte es wohl wahr sein: «Martha ist mein.»[1] Er kannte sie, als er ihr dies schrieb, im Juni 1882, gerade zwei Monate, seit zwei Tagen waren sie heimlich verlobt. Seine Schwestern hatten sie eines Abends eingeladen, und an diesem Abend war er, entgegen seinen Gewohnheiten, nicht gleich in seinem «Kabinett» verschwunden, er konnte das «kleine Mädchen», das mit so feinen Fingern einen Apfel schälte, das so zierlich dabei plauderte, gar nicht mehr aus den Augen lassen. Schon bald schickt er ihr täglich eine Rose, dahin ist alle Schüchternheit, alles Hamlettum. Noch sträubt sie sich ein wenig, sie geht mit ihm spazieren, ein Eichenlaubsträußchen, das er ihr pflückt, weist sie zurück. Als er ihr den *David Copperfield* schickt, unterschreibt sie ihren Dank zum erstenmal mit «Martha». Auch sie macht ihm kleine Geschenke, einen Kuchen, einen Mandelzweig, einen Ring ihres Vaters. Er läßt ihn für sie nachbilden, nun sind sie, nach einem verstohlenen Händedruck unter dem Tisch, verlobt. Heimlich natürlich, wie dürfte er hoffen, sie je zur Frau zu gewinnen, ein armer Schlucker, ein Forschungsgehilfe mit nichts als der Sehnsucht nach einer glorreichen Zukunft?[2]

Martha Bernays ist zwanzig, als er ihr zum erstenmal begegnet, fünf Jahre jünger als er, klein und schlank, nicht eigentlich attraktiv, doch apart mit ihrem blassen, ernsten Gesicht, dem strengen Mittelscheitel, ein charmantes, liebenswertes, gebildetes Mädchen. «Ich weiß wol, Du bist nicht schön im Sinne der

Maler und Bildhauer, wenn Du auf strenge Correctheit im Wortgebrauche dringen willst, muß ich gestehen, Du bist nicht schön», schreibt er ihr. Er kann nicht schmeicheln, aber wieviel Zauber drückt sich in ihrem Gesicht, in ihrer Gestalt aus, wieviel erkennt er darin, «was nur auf das Gute, Edle u. Vernünftige in der Seele meines Marthchens zu deuten ist». Denn immer war er «unempfindlich oder wenigstens unterempfindlich gegen bloße Formenschönheit». Doch will er ihr nicht verhehlen, «falls doch ein Restchen Eitelkeit in Deinem Mädchenköpfchen wohnt – daß es Leute giebt, die Dich für schön, selbst für auffällig schön erklären». Ihre Augen, ihre Stirn sind von «edler reiner Schönheit», aber zum Glück hat die Natur sie bewahrt vor den Gefahren bloßer Äußerlichkeiten, ihr einen Mund und eine Nase geschenkt, die «fast männlich ausdrucksvoll» sind. Denn die Schönheit hält doch nur ein paar Jahre, und sie wollen ja ein ganzes langes Leben miteinander aushalten: «Ist die Glätte u. Frische der Jugend weg, dann ist nur mehr das Schönheit, wo Güte u. Verstand die Züge verklären u. dann holt mein Marthchen die anderen ein.»[3]

Ob ihr diese Werbung gefallen haben mag? Aber der junge Mann von 26 Jahren hatte ja kaum gesellschaftliche Erfahrung und noch weniger mit Frauen, mit diesen vielleicht gar keine. Was konnte man in jenen Tagen schon anstellen, das nicht gleich in Widerspruch zu den Forderungen der Gesellschaft, der Moral, der eigenen Gesundheit geriet? Arthur Schnitzler hatte seinem Vater einst vorgehalten, wie schwer man es als junger Mann doch habe: Verführung und Ehebruch waren unerlaubt, Affären mit Kokotten und Schauspielerinnen bedenklich und vor allem teuer, und wenn man ein Mädchen verführte, konnte man leicht bei ihr hängenbleiben. Also blieben nur die Dirnen, was doch, selbst wenn man sich gesundheitlich schützte, eine recht widerwärtige Angelegenheit war. Johann Schnitzler erledigte das Problem des Sohns mit einer Handbewegung und dem Rat: «Man tut es ab.»

Und so hatte Freud es vermutlich auch gehalten, hatte es abgetan, auch wenn er später gegenüber der Schülerin und Freun-

din Marie Bonaparte sagte, er sei nicht unberührt in die Ehe gegangen. Ein Bekannter jener Tage, der Dozent für innere Medizin Karl Bettelheim, Onkel des Kinderpsychiaters Bruno Bettelheim, berichtete sogar von gemeinsamen Bordellbesuchen in
Paris. Doch könnten diese – wenn überhaupt – erst 1885, über
drei Jahre nach der Begegnung mit Martha, stattgefunden haben. Viel eher scheint der junge Freud, der Angst und der ewigen Geldnot gehorchend, ein strengerer Viktorianer gewesen
zu sein als die meisten jener angeblich so prüden Zeit, in der,
wie zu allen Zeiten, Tabus vor allem dazu da waren, umgangen
und gebrochen zu werden. Aber der Mann, der zwanzig Jahre
später die herrschende «kulturelle Sexualmoral» anprangern
sollte, war noch mit fast dreißig geplagt von den Skrupeln und
Selbstzweifeln des Adoleszenten, ein gutaussehender Mann mit
fast ein wenig weichen Zügen, der sein Gesicht plebejisch fand:
Nicht einmal die feinste Wäsche könnte dies verbergen, die Natur hatte ihm den Stempel des Genies versagt. So fragt er, ganz
ohne Koketterie, die Braut, ob er denn wirklich «von außen so
sympathisch» sei. Er mochte es nicht glauben, viel eher merke man ihm doch «was Fremdartiges» an – «und das hat seinen
Grund darin, daß ich in der Jugend nicht jung war und jetzt, wo
das reife Alter beginnt, nicht recht altern kann».[4]

Freud wußte, auch nachdem er die Forschung der üblichen
Medizinerlaufbahn geopfert hatte, nicht, wie er die Zukunft gestalten sollte – nur daß er diese auf jeden Fall mit Martha teilen
wollte. Schon kurz nach ihrer Verlobung möbliert er das künftige Idyll: «Zwei oder drei Zimmerchen, um darin zu wohnen
und zu essen und einen Gast zu empfangen, (…) ein Herd, auf
dem das Feuer für die Mahlzeiten nicht ausgeht, (…) Tische
und Stühle, Betten, Spiegel, eine Uhr, die die Glücklichen an
den Lauf der Zeit erinnert, ein Lehnstuhl für eine Stunde be-
haglicher Träumerei». Aber wie sollte man die «kleine Welt von
Glück» und «ernster Arbeit» finanzieren?[5] Sie hatten doch,
fragte man sie danch, zum Miteinanderleben nichts als ihre Liebe. Denn Martha stammte zwar aus einer hochangesehenen
Rabbiner- und Gelehrtenfamilie, doch war ihr Vater, Berman

Bernays, bloß ein Kaufmann gewesen und beinahe so glücklos wie Jacob Freud. Allein die Vernunft mußte es ihrer Mutter Emmeline daher verbieten, die Tochter einem derart unsicheren Kandidaten wie dem jungen Arzt anzuvertrauen, ohne Vermögen, ohne Lebensplan und noch dazu aus recht obskuren Verhältnissen. Zweifellos fühlten sich die Bernays' trotz ihrer geringen Mittel den Freuds gesellschaftlich überlegen. Überdies war die aus einer schwedischen Kaufmannsfamilie stammende Emmeline Philipp, so ihr Geburtsname, eine orthodoxe Jüdin, die selbstverständlich den «Scheitel» trug, ihr Haar bei der Hochzeit geopfert hatte, um fortan eine Perücke aufzusetzen. Ihr Schwiegervater, Isaak Bernays, war Oberrabbiner von Hamburg gewesen, obwohl er sich nach sephardischer Tradition lieber einen «Chacham» nannte, einen Weisen. Er fühlte sich dem Geist der Humanität verpflichtet und beschäftigte sich vor allem in seinen letzten Lebensjahren mit jüdischer Religionsphilosophie, doch er war ein Reformer, der sich um die Armenschulen bemühte und den damals für Juden klassischen, Arithmetik und Hebräischunterricht umfassenden Lehrplan um Geographie, Naturwissenschaften, Geschichte und Deutsch erweiterte. Auch in Predigten ließ er das Deutsche zu. Als er 1849 starb, schrieb Heinrich Heine einen Nachruf; Isaaks Vetter, Carl Ludwig Bernays, hatte als Herausgeber der jüdischen Zeitung *Vorwärts* in Paris als einer der ersten seine Gedichte gedruckt, durch ihn hatte der Schriftsteller damals Karl Marx seine Grüße entbieten lassen. Angeblich waren die Bernays' sogar weitläufig mit Heine verwandt.

Freud war stolz auf die Abkunft der Braut. Als sie im Sommer 1882 nach Hamburg, nach Wandsbek, reist, besucht er sie heimlich. Ein alter jüdischer Händler, bei dem er Briefpapier mit ihren innig verschlungenen Initialen, M und S, bestellt, erzählt ihm von dem berühmten Rabbi Bernays, der die Religion aus der starren Dogmatik gelöst, sie zu einem «Gegenstand des Nachsinnens» gemacht habe – «zur Befriedigung des verfeinerten künstlerischen Geschmacks und gesteigerter logischer Anforderungen» – und der dabei alles andere als ein Asket gewesen sei: Denn der Jude sei die «höchste Blüte des Menschen und für den Genuß geschaffen».[6] Auch Isaak Bernays' Söhne kannte der alte Graveur, zumindest drei von ihnen, unter denen sich das reiche Wissen des Sprachforschers und Schriftauslegers aufgeteilt zu haben schien: Jacob, der Älteste, war Philologe geworden und in Breslau, Bonn und Heidelberg tätig, ein Freund Theodor Mommsens und Paul Heyses, populär durch seine Untersuchungen zu Aristoteles und seine Neudeutung der Katharsis, damals nachgerade ein Modewort der Zeit, das für Freud besondere Bedeutung gewinnen sollte. Der jüngere Bruder, Michael Bernays, hatte sich einen Namen gemacht als Goethe- und Shakespeare-Forscher und sogar, nach seiner Taufe, eine Professur in München erhalten. Zeitweilig war er Vorleser Ludwigs II.

Auch an einen dritten Sohn, der nach Wien gegangen und dort gestorben war, erinnerte sich der Händler. Dieser Mann sei ernst und verschlossen gewesen, er «erfaßte das Leben noch tiefer, als Wissenschaft und Kunst es vermögen», so Freud, «er war rein menschlich und schuf neue Schätze, anstatt die alten auszulegen. Ehre seinem Andenken, der mir Marthchen geschenkt hat».[7] Berman Bernays war Besitzer einer Handlung für «Leinen-Stickereien und Weißwaren», aber die Familie lebte im Gängeviertel, wo die Häuser baufällig und die sanitären Verhältnisse für die zahlreichen Bewohner, darunter besonders viele Juden, katastrophal waren. Wegen der Nähe zum Hafen breiteten sich Prostitution und Kriminalität aus. Marthas Vater war nicht besonders erfolgreich, und auch er hatte, wie Jacob Freud, eine große Familie zu ernähren. Von den sieben Kindern, die ihm Emmeline geboren hatte, waren drei schon im Kindbett gestorben, ein viertes, Isaak, ging wegen eines schweren Hüftleidens an Krücken und wurde nur siebzehn Jahre alt. Dieser Sohn war der Liebling der Mutter, den ihr die anderen, Elias, Eli genannt, 1859 geboren, die ein Jahr später folgende Martha und die Jüngste, Minna, kaum zu ersetzen vermochten.

Eine Weile hatte Berman Bernays nach dem Ruin seines Geschäfts als Anzeigenakquisiteur gearbeitet, sich dann auf den Handel mit Wertpapieren eingelassen. Schon im Dezember 1867 hatte er seine Zahlungsunfähigkeit erklären müssen, seine Schulden betrugen rund 60000 Mark. Schließlich wurde er 1868 sogar wegen betrügerischen Bankrotts zu einer einjährigen Haftstrafe verurteilt und nur aufgrund von Bittgesuchen ein wenig früher entlassen. Da seine Familie jedoch so angesehen war, bot ihm seine frühere Firma eine Stelle in Wien an, und 1869 zogen die Bernays' um. Bereits nach kurzer Zeit erlangte der Vater eine ebenso lukrative wie prestigeträchtige Position bei dem Nationalökonomen und Universitätsprofessor Lorenz Ritter von Stein, doch im Dezember 1879 brach er auf der Straße zusammen die Diagnose lautete auf Herzlähmung. Der neunzehnjährige Eli konnte die Sekretariatsstelle seines Vaters übernehmen, ansonsten hatte Berman Bernays der Familie fast nichts hinterlassen. So bestimmte seine Witwe Sigmund Pappenheim, einen reichen jüdischen Kaufmann, den Vater jener Frau, die als Anna O. in die Geschichte der Psychoanalyse eingehen sollte, zum Vormund ihrer beiden minderjährigen Töchter.[8]

Das Ringlein, das Martha ihm geschenkt hatte, war schon bald zerbrochen; bei einer kleinen Operation hatte Freud vor Schmerz mit der Faust auf den Tisch geschlagen. Er versucht jedoch, die düsteren Ahnungen, das Verlöbnis könne kein gutes Ende nehmen, gar nicht erst zuzulassen, und will das Unterpfand ihrer Neigung nun um so sorgfältiger hüten. Einen richtigen Verlobungsring kann er der Braut erst anderthalb Jahre später, 1883, schenken. In Wahrheit plagen ihn schon kurz nach ihrem Verlöbnis Zweifel. Martha hat noch andere Verehrer, darunter einen Vetter in Hamburg, der Komponist und Musiker ist. Sie soll sogar beinahe einen älteren Kaufmann geheiratet haben, aber ihr Bruder riet ihr von einer Ehe ohne Liebe ab. In Wien geht sie mit dem Maler Fritz Wahle spazieren, der eigentlich mit einer ihrer Kusinen verlobt ist. Sogar einen Kuß soll sie ihm erlaubt haben, ausgerechnet an einem Tag, als sie sich gegen Freud so spröde benahm. Dabei war Wahle einer seiner Freunde, einer der wenigen, die in sein Verhältnis zu Martha eingeweiht waren. Aber nun kommt es zum Streit, der Maler droht mit Mord und anschließendem Selbstmord, wenn Freud das Mädchen nicht glücklich macht. Schließlich zeigt er ihm sogar einen Liebesbrief an sie, Freud erleidet einen Weinkrampf. In eine solch peinliche Situation hat der einstige Freund ihn gebracht, das kann er ihm nicht verzeihen, «wehe ihm, wenn er mir Feind wird; ich bin aus härterem Stoff als er». Er beendet seinen Brief mit dem Kriegsruf der lombardischen Könige, wenn ihnen die eiserne Krone aufgesetzt wurde: «Guai a chi la tocca!» – «Wehe dem, der sie berührt!»[9] Nach wochenlangem Drängen kann er Martha zwar dazu bringen, ihre Freundschaft mit Wahle zu beenden, vergessen kann er jedoch nicht: Wenn die Erinnerung zu ihm spricht, dann möchte er, besäße er nur die Macht dazu, am liebsten die ganze Welt zertrümmern, auf daß sie neu entstünde, selbst wenn sie sein Marthchen und ihn nicht mehr hervorbrächte. Denn wie gefährlich sind doch diese Künstler, eine «generelle Feindschaft» besteht zwischen ihnen und «uns Arbeitern im Detail», da jene «in ihrer Kunst einen Dietrich besitzen, während wir gewöhnlich vor den seltsamen Zeichen des Schlosses ratlos dastehen u. uns quälen müssen, auch erst für eins den passenden Schlüssel zu finden».[10]

Seine Unerfahrenheit rächte sich, immer wieder ist er von Zweifeln geplagt und sucht, mitunter fordernd, sogar tyrannisch, vollste Sicherheit in ihr Verhältnis zu bringen, das doch im Dunkel des Geheimnisses bleiben muß, vielleicht für lange Zeit. Dabei hat er Angst, Martha könne ihn wegen seiner Kühnheiten verlachen. Jeder Brief ist auch ein Triumph über die eigene Schüchternheit, über seine Befangenheit und vermeintliche Steifheit. Am Ende sind es 1500 Briefe, die er ihr in den Jahren ihrer Verlobung, zwischen 1882 und 1886, schreibt. Manche davon gehören zu den schönsten der Weltliteratur, andere sind fast schmerzlich kitschig, so wie dies eben ist unter ein wenig lächerlichen Liebenden. Sie erzählen auch von unterdrückter Leidenschaftlichkeit und Sexualität, von jenem Zwang, der den jungen Leuten auferlegt war, die erst in so späten Jahren zu selbständiger Geltung und zum Erwerb zugelassen werden.

Und Abstinenz über das zwanzigste Jahr hinaus konnte zu Schädigungen wie Nervosität führen, hielt Freud mehr als zwanzig Jahre später fest. Für Künstler war sie fast unmöglich, ein enthaltsamer junger Gelehrter jedoch konnte die freien Kräfte für sein Studium gewinnen. So quält er sich selbst und die Braut mit seiner Angst, die jene törichte Furcht aller Liebenden, verlassen und betrogen zu werden, noch überstieg. Sogar das Schlittschuhlaufen wollte er ihr verbieten, sie hätte sich dabei auf den Arm eines anderen Mannes stützen können.

Vor allem aber untersagt er ihr den Umgang mit einer Freundin, die «vor der Ehe geheiratet» hat; seine Martha sollte nicht mit einem so schlechten Beispiel ihres Geschlechts in Berührung kommen. Wie sehr ihn das Problem der Abstinenz tatsächlich beschäftigte, wird in jenem Brief deutlich, den er, angeregt von einer *Carmen*-Aufführung, im August 1883 der Verlobten über die «Psychologie des gemeinen Mannes» schreibt: «Das Gesindel lebt sich aus und wir entbehren. Wir entbehren, um unsere Integrität zu erhalten, wir sparen mit unserer Gesundheit, unserer Genußfähigkeit, unseren Erregungen, wir heben uns für etwas auf, wissen selbst nicht für was – und diese Gewohnheit gibt uns den Charakter der Verfeinerung. Wir empfinden auch tiefer und dürfen uns darum nur wenig zumuten; warum betrinken wir uns nicht? Weil uns die Unbehaglichkeit und Schande des Katzenjammers mehr Unlust als das Betrinken Lust verschafft; warum verlieben wir uns nicht jeden Monat aufs neue? Weil bei jeder Trennung ein Stück unseres Herzens abgerissen werden würde.» Und er spielt pathetisch an auf Heinrich Heines Gedicht von jenen Asra, welche sterben, wenn sie lieben.[11]

Manchmal scheint der Furor dieser Liebe mehr von der Literatur als vom Leben inspiriert; da wird er zum Troubadour für seine Märchenprinzessin, sein «Prinzeßchen», von dessen Lippen Rosen und Perlen fließen. Sie ist sein «sweet darling girl», sie ist, mit Shakespeare, seine «süße Cordelia». Er ist begeistert, daß auch sein Freund Josef Breuer seine Ehefrau Mathilde so nennt. Oder er schildert seiner Martha Szenen à la Dickens, von bitterlicher Armut und rührender Liebe, ein literarisierendes Abbild seiner wirklichen, seiner erbärmlichen Situation. Oft sind ihre Antworten zu zahm für seinen überempfindlichen Sinn, aber dann wieder ist er außer sich vor Glück über eine ihrer Liebesbotschaften: Wenn er Orden zu vergeben, so müßte sein Prinzeßchen für ihren letzten Brief den schönsten tragen, «den der weißen Brieftaube am roten Band».

Sie waren aufgewachsen in einem Jahrhundert der Briefkultur, in der Nachfolge von Goethes Werther. Briefe waren das einzige Kommunikationsmittel jener Zeit, aber selbst wenn die Liebenden einander täglich sahen, verlangten sie nach schriftlicher Versicherung ihrer Neigung, bedurften sie der Selbstversicherung. Das gehörte zur Konvention. Und das Postwesen, rascher funktionierend als heute, machte dies möglich, beinahe zur Pflicht. Der Herausgeber einer deutschen Briefsammlung konnte sogar feststellen, man werde «in der weiten Welt der zivilisierten Nationen niemanden mehr finden, der nicht Tag für Tag vor der Notwendigkeit stehe, sich schriftlich auszutauschen».[12] Briefe waren der Treibstoff der Leidenschaft, dafür gab es sogar eine ganze Literatur von Anleitungen und Ratgebern. Für die Liebenden war es das Unterpfand ihrer Neigung, einander, wenn möglich täglich, zu unterrichten, von ihren Gefühlen, ihren Befindlichkeiten, ihren oft ganz profanen Sorgen. Ob sie denn gegen ihre Blässe – vielleicht sogar Bleichsucht – Eisenpillen nehme, fragt Freud die Verlobte; und Rotwein soll sie trinken, das befiehlt er ihr. Und stets ist er bekümmert, verunsichert, wenn ihre Antwort zu lange auf sich warten läßt. Aber jene beiden hatten ja nichts anderes als ihre Briefe. Freud hatte einen viel schärferen Rivalen als einen Komponisten oder einen Maler, und er hatte diese Konkurrenz unterschätzt.

Es war Marthas Mutter, die schließlich die Liebenden voneinander trennte. Die Sommerreise nach Wandsbek 1882, da er sie, noch heimlich und ausgerechnet mit dem Namen Dr. Wahle getarnt, hatte besuchen können, war nur das Vorspiel zu einem viel längeren Abschied gewesen. Emmeline Bernays hatte Ende 1882, nachdem sich ihr Sohn Eli mit Freuds Schwester Anna verlobt hatte, von dem heimlichen Verhältnis ihrer Tochter erfahren, ihr Entschluß, endgültig nach Hamburg zurückzukehren, war da schon gefaßt. Im Sommer 1883 zog sie mit den Töchtern nach Wandsbek um. In den kommenden Jahren sollte Freud die Braut nur wenige Male sehen, fast immer fehlte es an Geld für die Reise. Zum Zeichen ihrer innigen Verbundenheit, gegen alle Widerstände, beginnen die beiden kurz nach ihrer Trennung eine Geheimchronik, eine Art gemeinsames Tagebuch: «Ein Theil Mut und Kühnheit steckt in mir, die nicht leicht abzuschrecken oder auszutilgen sind», so lautet seine erste Eintragung. «Wenn ich mich selbst einer strengen Prüfung unterziehe, strenger als die Geliebte sie anstellen wollte, sage ich mir, daß mir die Natur viele Talente versagt hat und nicht viel, nein nur sehr wenig, Talent, was die Menschen bezwingt, zugestanden hat. Aber sie gab mir die unerschrockene Liebe zur Wahrheit, den kühlen Blick des Forschers, die rechte Wertschätzung des Lebens und die Kunst, mich zu mühen und Vergnügen an der Arbeit zu finden. Im ganzen genug der höchsten Eigenschaften, meine sonstige Armseligkeit erträglich zu finden (...).»[13]

Das Puppenheim, das Freud für sie beide, für diese aus unglücklichen Verhältnissen stammenden, von frühen Verlusten und Trennungen geprägten Kinder, entworfen hatte, nun schien es nicht mehr als ein Kartenhaus. Und sie hatten wenig Zeit gehabt, wenig gemeinsame Erinnerungen; ihre Liebe muß sich nähren von so überschwenglichen, so oft unerträglichen Phantasien. Das wußte er, der die Kränkung durch ihre Freundschaft mit Wahle nicht vergessen konnte, nur zu gut. Seine Briefe waren immer auch Mutmaßungen über die eigene Person und Ausdruck seines Ringens um Identität. Die ferne Braut war sein Spiegel, in dem er sich in immer neuen Rollen reflektierte, als Liebender voll leidenschaftlicher Wildheit, als Wissenschaftler und Forscher, voller Ungeduld und Zorn gegen die «Narren», die Unvernünftigen, rebellisch und ängstlich zugleich, ein Ehrgeiziger, der sich immer der Faulheit schalt. Ihr wagte er, seine – wechselnden – Wahrheiten zuzumuten, nie hatte er sie als sein «liebliches Spielzeug verzärteln» wollen, sondern sie stets als ernst und aufrichtig gesehen, als einen Ebenbürtigen, einen «theuren Freund», vor dem man nichts zu verbergen hatte. Für seine Martha gab er wirklich den «kühnen Oppositionsmann»: Auf einer Zugfahrt von Leipzig nach Dresden, wo er seine «englischen Brüder» treffen sollte, hatte er in dem stickigen Waggon ein Fenster öffnen wollen, die Mitreisenden beschwerten sich, und schon bald fiel aus dem Hintergrund die Äußerung: «Das ist ein elender Jude.» Vor einem Jahr, so schrieb er Martha, wäre er vor Aufregung ganz unfähig gewesen, ein Wort zu sagen, aber jetzt war doch alles ganz anders, hatte er «keine Furcht vor dem Gesindel», verbietet dem einen das Wort, einem anderen droht er Tätlichkeiten an. Ein Schaffner schlichtet endlich den Streit: «Ich glaube doch, ich habe mich brav gehalten und die mir zu Gebot stehenden Mittel mutig genützt. Ich bin ja kein Riese, habe keine Mähne, die ich sträuben, kein Gebiß, das ich fletschen kann, keine Stimme wie ein Stentor, sehe nicht einmal distinguiert aus.»[14]

Aber er berichtet ihr auch von seinen Nöten und geheimen Ängsten: von dem Onkel in Breslau, den er nur dreimal gesehen hat und für einen recht gewöhnlichen Menschen hielt, von dessen Kindern nur eine Tochter gesund war; ein Sohn hatte einen Wasserkopf und war schwachsinnig, zwei andere Kinder waren wahnsinnig. Das bedeutete sicherlich eine erbliche Belastung – diese Geschichten waren so häufig in jüdischen Familien. Aber er hatte sich doch auch Freunde erworben, Männer darunter, die er einst für unnahbar gehalten und nur von weitem zu bewundern gewagt hatte. Und vor allem, er hatte sich sein «süßes Mädchen» gewonnen, das ihn vor dem Schlimmsten, dem Verlassensein, schützte. Was bedeutete dagegen der Ruhm, von dem er geträumt hatte? Er gehörte nicht zu jenen, die den Gedanken nicht ertragen können, «daß der Tod sie wegspülen werde, ohne daß sie ihren Namen auf einen Felsen an der Brandung gekritzelt hätten».[15]

Von Anfang an mußte sein Prinzeßchen gefestigter gewesen sein als dieser in seinen Ansichten und sogar in seinen Liebesbeteuerungen ewig schwankende Endzwanziger. Vielleicht glaubte sie an sein Genie, jedenfalls war sie souverän und selbstbewußt in ihrer Liebe zu einem Mann ohne Aussichten, diese zu besiegeln. Sie blieb geduldig und taktvoll, ja diplomatisch genug, um seine Gemütsschwankungen zu ertragen, seine Euphorie einzudämmen und seine Wut zu besänftigen, all die Vorwürfe wegen eines etwas zu spät erwiderten Briefes, eines falsch angeschlagenen Tons. Dabei hat sie sich gewiß gewehrt gegen ihren «kleinen Monatszank» und ihn, der so oft die Hoffnung zu verlieren drohte, immer wieder aus seiner Verzweiflung gerettet. Auf die härteste Probe stellte er ihre Liebe, als er sie in den Konflikt mit der Mutter Emmeline zu treiben suchte. Kaum zwei Monate nach ihrer Verlobung schrieb er ihr: «Du bist nur mehr Gast im Vaterhause, wie ein Kleinod, das ich versetzt habe und auslösen werde, sobald ich reich geworden bin.»[16] Aber nun, 1883, wird der Ton schärfer. Er wendet sich an die vier Jahre jüngere Minna, die gleichfalls ihren Verlobten, den Philosophen und Sanskritforscher Ignaz Schönberg, einen seiner Freunde, in Wien hatte zurücklassen müssen. Nein, er sei Emmeline keineswegs feindlich gesinnt, schreibt er ihr: «Ich sehe sie mit großer geistiger und moralischer Kraft unter uns stehen, hoher Leistungen fähig, ohne Spur der lächerlichen Schwächen alter Frauen, aber es ist nicht zu verkennen, daß sie gegen uns Stellung nimmt wie ein alter Mann. Dafür, daß ihre Kraft und Anmut so lange ausgehalten, fordert sie noch immer ihren vollen Teil am Leben – keinen Altersteil –, will sie Mittelpunkt, Herrscherin, Selbstzweck sein.»[17] Aber was kann dieser Bräutigam in den Augen der damals Dreiundfünfzigjährigen schon verlangen? Emmeline Bernays selber hatte neun Jahre auf ihren Mann warten müssen. Doch Freud spielt wütend die Jugend gegen das Alter aus: Als Mutter müßte sie doch froh sein, ihre drei Kinder glücklich zu wissen und «ihre Bedürfnisse den Bedürfnissen dieser zu opfern». Aber diese Frau, «blendend, aber fremd», verlange Anbetung, hinter ihrer Herzlichkeit verberge sich Ablehnung; so habe sie auch seinen kleinen Bruder Alexander außerordentlich rücksichtslos behandelt. Nichts als ein «Betrug» sei ihr so lange geplanter Umzug nach Hamburg gewesen, Emmeline Bernays war die «rücksichtsloseste Feindin» der Liebe zwischen Martha und ihm.[18] Nach der Abreise der Familie hatte er der Braut sogar damit gedroht, ihr Verhältnis als gescheitert zu betrachten, wenn sie die Rechtmäßigkeiten seiner Forderungen nicht einsehe und sich nicht gegen die Mutter wehre: «Wir unterbrechen dann unsern Briefverkehr, ich habe dann weiter nichts zu fordern, mein stürmisch begehrendes Herz ist dann todt, ich habe dann nichts zu thun als meine Pflicht auf einem verlorenen Posten, und Du wirst, wenn die Zeit des Erfolges gekommen ist, einen anspruchslosen und nachsichtigen Lebensgefährten in mir finden (...). Wenn Du nicht bist, wofür ich Dich gehalten, so war es meine Schuld, ohne Dich zu kennen, um Dich zu werben.» Schließlich sieht er die Unangemessenheit seiner Reaktion ein, resigniert will er verzichten auf das, was er verlangt hatte, «ich brauche keinen Kampfgenossen, wie ich ihn mir in Dir zu schaffen gemeint habe, ich bin stark genug, einsam zu kämpfen (...). Ich merke, ich gewinne nicht, was ich wünsche in Dir, ich verliere nur noch die Geliebte, wenn ich so fortsetze».[19] Aber seine Vorwürfe enden nicht, schließlich richten sie sich gegen Marthas religiöse Erziehung: Wie die Mutter befolgte sie die jüdischen Rituale und Speisevorschriften. So schreibt sie ihm am Sabbat heimlich im Garten mit Bleistift, wagt nicht, in Gegenwart ihrer Mutter zur Feder zu greifen. Und warum überhaupt müssen sein «geliebtes Marthchen und die kranke Minna einer frommen Tollheit zuliebe einen ganzen Tag lang sich kasteien?» Daß Marthas Blässe und ihre dunklen Augenringe, derentwegen er sich immer wieder sorgt, vielleicht weniger seiner drängenden Leidenschaft und seinen so seltenen, doch so begehrlichen Umarmungen geschuldet sein könnten als seinen Vorwürfen gegen die Mutter – auf diese Idee kommt er nicht. Statt dessen schreibt er ihr triumphierend, «was für eine Heidin aus Martha noch werden wird».[20]

Aber sie bleibt hartnäckig, loyal gegen den Bräutigam und gegen die Mutter. Wieviel anders ist dagegen Minna, die Emmeline offen kritisiert: «Das ist schon so der Unterschied zwischen Euch», bekommt Martha dann von ihrem ungeduldigen Bräutigam zu hören. «Du liebst sie nicht sehr u. schonst sie möglichst, sie liebt sie u. schont sie nicht.»[21] Er haßt ihr Ausweichen, schließlich will sie seinem Drängen nachgeben und spielt eine Zeitlang mit dem Gedanken, eine Stellung in Wien anzunehmen; die Freuds, die Hammerschlags und Fleischl sollen dabei helfen. Der Gedanke wird jedoch verworfen, mit der Zeit verstand Martha immer besser, daß den dramatischen Ausbrüchen dieses Liebeswüterichs, der jedes Mißverständnis zur Tragödie steigert, stets Niedergeschlagenheit, Reue und manchmal sogar Einsicht folgen.

Dennoch hat sie sicherlich mehr als einmal unter seiner fast aggressiven Wahrheitsliebe gelitten, seinem Zwang, zwischen den Zeilen ihrer Briefe zu lesen, sie auszuforschen, diesem überflüssigen und quälenden Mißtrauen, durch das er sie den Freunden und der eigenen Familie zu entfremden sucht. Erst spät, im Februar 1886, ein halbes Jahr vor ihrer Hochzeit, gesteht er ihr, daß er, der so lange an ihr gedeutet und sie getadelt habe, sich nichts anderes wünsche, als sie zu haben, wie sie ist. Doch von der Rolle seiner künftigen Ehefrau hat er klare Vorstellungen, und Martha, in den Konventionen ihrer Zeit erzogen, dürfte diesem kaum widersprochen haben. Jedenfalls hält Freud gar nichts von den Thesen John Stuart Mills, daß die Frau in der Ehe berufstätig sein und so viel erwerben können solle wie der Mann: «Wir dürften ziemlich einig darin sein, daß das Zusammenhalten des Hauses und die Pflege und Erziehung der Kinder einen ganzen Menschen erfordert und fast jeden Erwerb ausschließt.» Mill habe ganz einfach vergessen, daß die Frau «etwas anderes – wir wollen uns hüten zu sagen etwas Geringeres, eher das Gegenteil» – ist als der Mann: «Es ist auch ein gar zu unlebensfähiger Gedanke, die Frauen genauso in den Kampf ums Dasein zu schicken wie die Männer. Soll ich mir mein zartes, liebes Mädchen zum Beispiel als Konkurrenten denken»?[22] Nein, sie soll der unbeeinträchtigten stillen Häuslichkeit leben, «ein robustes Weibchen, das im Notfalle den Mann u die Dienstboten eigenhändig zur Tür hinauswerfen kann», war nie sein Ideal: «Ich schwärme nur für etwas Zartes an dem ich zu pflegen u zu schonen habe.»[23] Selbst wenn eine veränderte Erziehung den Frauen eigenen Erwerb sichern könnte, so müßten all diese Reformen an ihnen selber scheitern, die von Natur durch Schönheit und Liebreiz und Güte zu anderem bestimmt seien: «Gesetzgebung und Brauch haben den Frauen viel vorenthaltene Rechte zu geben, aber die Stellung der Frau wird keine andere sein können, als sie ist, in jungen Jahren ein angebetetes Liebchen, und in reiferen ein geliebtes Weib.»[24]

WEGE ZUM RUHM

Ein Zaubermittel

Diesmal mußte es gelingen, mehr als einen «solchen glücklichen Wurf» brauchten sie nicht, um endlich an die Einrichtung ihres Hauses denken zu können. Freud hatte von «Cocain» gelesen, «dem wirksamen Bestandteil der Cocablätter, welche manche Indianerstämme kauen, um sich kräftig für Entbehrungen und Strapazen zu machen». Ein deutscher Arzt hatte dieses Mittel an Soldaten erprobt und herausgefunden, «daß es wunderbar kräftig und leistungsfähig mache». Nun wollte Freud es bei Herzerkrankungen, nervösen Schwächezuständen und insbesondere beim Morphiumentzug anwenden, schrieb er im April 1884 an Martha. Doch sein «Weibchen» sollte nur nicht zu fest auf den Erfolg setzen: «Du weißt das Temperament des Forschers braucht zwei Grundeigenschaften: Sanguinisch beim Versuch, kritisch bei der Arbeit.»[1]

Noch immer konnte er sich nicht mit einer Zukunft als Arzt abfinden. Als Aspirant nahm er die niedrigste Stellung in der medizinischen Hierarchie ein, arbeitete zunächst in Billroths chirurgischer Abteilung und bewarb sich schließlich um eine Stelle in der medizinischen Klinik. Er wollte so schnell wie möglich praktische Erfahrungen erwerben, um sich endlich selbständig machen zu können, wahrscheinlich sogar in England. Aber Hermann Nothnagel, dieser «germanische Waldmensch», ganz blondes Haar und mit zwei mächtigen Warzen an Wange und Nasenwurzel, konnte ihm auf eine Stelle als Assistent oder gar Sekundärarzt wenig Hoffnung machen; er blieb ein Praktikant, der weiterhin um Gotteslohn arbeiten mußte. Das Allgemeine Krankenhaus war mit einer Fläche von fast einem Quadratkilometer eine kleine Stadt für sich, zeitweise beherbergte es mehr als 3000 Patienten, die aus aller Welt kamen. So hervorragend sein Ruf war, so haarsträubend war sein Zustand, es gab kaum Gasbeleuchtung, Operationen wurden manchmal bei Kerzenlicht durchgeführt. Freud blieb gut sechs Monate bei Nothnagel, in den folgenden beiden Jahren durchlief er die von Theodor Meynert geleitete Psychiatrie, die Abteilung für Haut- und Geschlechtskrankheiten, die Augenklinik und schließlich die zweite dermatologische Station unter dem berühmten Moriz Kaposi, Entdecker des nach ihm benannten Sarkoms. Der Aspirant Freud, der vorwiegend im «Journal», in der Aufnahme, Dienst tat, verdiente kaum mehr als ein Gaslaternenanzünder; erst im Sommer 1884, als seine Vorgesetzten wegen einer Cholera-Epidemie nach Montenegro abberufen und er für ein paar Wochen zum Leiter der Vierten Medizinischen Abteilung befördert wurde, stieg sein Gehalt kurzfristig auf 41 Gulden. Am Ende seiner Krankenhausjahre verdiente er 30 Gulden, gerade die Hälfte dessen, was sein tägliches Mittagessen, eine Portion Kalbfleisch für 60 Kreuzer, und am Abend Gepökeltes und Käse für 36 Kreuzer, ihn im Monat kosteten.[2] Das Leben war nichts als «Jagen nach Geld, Stellung und Namen».[3]

Und wie gerne wollte er seiner Braut gelegentlich ein kleines Geschenk machen, ein paar Gulden nur, für ein Jerseyjäckchen – «sind sie noch modern?» Aber auch die Familie mußte finanziell unterhalten werden, die Mutter litt schwer unter ihrer Tuberkulose und bedurfte immer wieder der Erholung auf dem Land. Und die Schwestern sahen so abgezehrt aus, daß er sich schämte, bei einer Essenseinladung einen Braten zu essen, derweil sie hungerten. Nur Anna, die Älteste, war einstweilen versorgt, 1883 hatte sie Eli Bernays geheiratet. Im selben Jahr hatte sich Mitzi, die in Paris als Kindermädchen in Stellung war, mit einem entfernten Verwandten, einem «Phantasielügner» und «Halbasiaten»[4] aus Bukarest, Maurice oder Moritz Freud, verlobt, der als Teppichhändler tätig war; erst 1886 ließen sie sich trauen. Aber Pauli, Rosa und vor allem Dolfi, die jüngste, die beste unter den Schwestern, so inniglich und empfindsam und dabei zu unsicher, um sich einen Verehrer, gar einen gebildeten Mann, wie sie ihn sich ersehnte, zu finden – was sollte aus ihnen werden? Der kleine Bruder Alexander verdiente als Angestellter von Eli Bernays nicht genug. Und der Vater, dieser «größte Optimist unter uns jungen Leuten»[5], schwebte wie immer in Plänen und Hoffnungen, daher mußten die Brüder aus England helfen: Wie schön, wenn der Mensch Geld hätte. Manchmal verdiente Freud ein wenig dazu, durch Veröffentlichungen oder die Behandlung von Privatpatienten; außerdem unterrichtete er amerikanische Ärzte «in einer Art Pidgin-Englisch». Doch ohne die finanzielle Hilfe seiner Freunde, Josef Breuers, Fleischls, des alten Lehrers Hammerschlag und Joseph Paneths, hätte er kaum überleben, geschweige denn seine stets bedürftige Familie unterstützen können. Sie müssen an den ehrgeizigen jungen Mann geglaubt haben, der mit knapp 27 zum erstenmal sein Elternhaus verließ, um das kleine Spitalzimmer, das ihm seit 1883 zustand, zu beziehen. Über seinem Schreibtisch hatte er zwei von der Braut gestickte Votivtafeln aufgehängt, deren Inschriften «Travailler sans raisonner», nach Voltaires *Candide*, und «En cas de doute abstiens-toi» lauteten. Später ließ er Martha noch eine dritte anfertigen, mit dem Motto seines verehrten Lehrers Jean-Martin Charcot: «Il faut avoir la foi». Und Freud schien trotz seiner Unentschlossenheit, den guten Glauben seiner Freunde zu rechtfertigen, schon allein durch seinen Fleiß. Neben dem Klinikdienst arbeitete er weiterhin, wann immer er konnte, im Laboratorium; so blieb er Brücke treu. Nur untersuchte er nun nicht mehr Fische, sondern das menschliche Nervensystem, die *Medulla oblongata*, das höchst komplizierte kleine Organ zwischen Stammhirn und Rückenmark, «ein sehr ernsthaftes und schönes Objekt».

Er entwickelte sogar, einer Anregung des Psychiaters und Hirnforschers Paul Flechsig folgend, ein neues Präparierverfahren, indem er die Gewebeschnitte mit Goldchloridlösung für die mikroskopische Untersuchung härtete und färbte. Selbst Brücke würdigte die Methode, und Breuer rief begeistert aus: «Jetzt haben Sie die Waffe, ich wünsche Ihnen einen glücklichen Krieg.»[6] Freud überredete seine Freunde, das neue Färbeverfahren in der Pathologie an verschiedenen Körperteilen zu

erproben; aber die Methode war kompliziert und nicht verläßlicher als die bisher üblichen. Nothnagel riet ihm ausdrücklich
von weiteren Publikationen über Hirnanatomie und Histologie
ab, mit denen er sich im Winter für die Privatdozentur bewer-
ben wollte. Er mußte mehr klinische Praxis vorweisen können. Am besten sollte er doch in die Provinz gehen und Geld erwerben, um dann, wenn Breuer sich zurückgezogen hätte, nach
Wien zurückzukehren. Auch nach Buenos Aires oder Madrid
könnte er ihn empfehlen.

Aber obwohl er seiner Martha bekannte, daß die Wissenschaft ihr «ärgster Feind» war, erlag er immer wieder dem «un-
widerstehlichen Reiz», sich ohne Entgelt der Lösung medizinischer Fragen zu widmen. Zwar wollte er sich enger an die
Klinik fesseln und gedachte, «die Wissenschaft auszubeuten»,
statt sich zu ihren Gunsten ausbeuten zu lassen.[7] Ende April
1884 bestellte er bei Merck in Darmstadt auf Kredit ein Gramm
Kokain, das damals etwas mehr als drei Gulden kostete. Er
wollte an sich selbst erproben, was er in der *Deutschen Medizinischen Wochenzeitschrift* von der Wirkung des Alkaloids
gelesen hatte. Darin versprach der Militärarzt Theodor Aschenbrandt die «Hebung aller geistigen Kräfte, Stärkung des Körpers
gegen Strapazen und Hintansetzung des Hungergefühles»; bei
einer Herbstübung der bayerischen Truppen hatte er in sechs
Fällen den Erschöpften jeweils einen Eßlöffel mit 20 Tropfen Ko-
kainlösung (0,5 : 10) verabreicht, einige Minuten später seien sie
aufgestanden und hätten, mit Gepäck, mehrere Kilometer frisch
und munter zurückgelegt. Am 30. April konnte Freud dem Dr.
Aschenbrandt nur zustimmen, er war übermüdet und verstimmt
an jenem Tag, doch nachdem er die – geringe – Dosis von 0,05
Gramm in 1 % wässriger Lösung eingenommen hatte, empfand
er eine plötzliche Aufheiterung und ein Gefühl von Leichtigkeit,
eine Art von Euphorie, die sich von der des gesunden «normalen» Menschen in gar nichts unterschied. Und dabei hatte dieses
«Zaubermittel» nicht die unangenehmen Neben- und Nachwirkungen des Alkohols, auch nicht die anregenden Kräfte von Tee
und Kaffee: Man ist eben einfach normal.[8]

Als Freud das Kokain «entdeckte», war es bereits zur Modedroge geworden. Erstmals hatte der italienische Seefahrer Amerigo Vespucci 1504 das grüne Kraut beschrieben, das die Ureinwohner Perus kauten und das vermutlich schon seit 2500 v. Chr. angebaut wurde zur Stärkung der Läufer und Krieger, aber auch zum religiösen Rausch. Die spanischen Eroberer erkannten bald die arbeitsfördernde Wirkung der Droge auf die Indios. Die Pflanzungen wurden enteignet und unter wohlhabenden Bürgern aufgeteilt, den ersten Koksbaronen der Geschichte. Im 19. Jahrhundert schließlich taumelte Europa, die ganze Welt in den großen Rausch: «Von zwei Kokablättern getragen», fühlte sich der italienische Nervenarzt Paolo Mantegazza «durch 77 348 Welten» fliegen, eine prächtiger als die andere. Aus England wurde das «Nähr- und Heilmittel» jedem Alpenklub und den Touristen ganz allgemein empfohlen. Schließlich gelang es dem Chemiker Albert Niemann, den Wirkstoff zu isolieren, so daß schon 1862 die Pharmafirma Merck mit der industriellen Produktion hatte beginnen können. Ein Jahr später mixte der korsische Apotheker Angelo Mariani aus Bordeaux und Kokain einen neuen Wundertrunk, den Absinth der gehobenen Boheme und der gutsituierten Stände. Er hatte seinen «Wein» an einer depressiven Schauspielerin ausprobiert, mit Erfolg, so daß Literaten wie Anatole France, Henrik Ibsen, Jules Verne und Alexandre Dumas sich an den «süßen Flaschen» zu entzücken begannen. Arthur Conan Doyle, der schon 1886 seinen Sherlock Holmes zum Kokainisten werden ließ, huldigte dem «Vin Mariani» ebenso wie der russische Zar Alexander II., Queen Victoria oder der amerikanische Präsident William McKinley; Papst Leo XIII. bedachte den Erfinder des beseligenden Getränks als «Wohltäter der Menschheit» mit einer römisch-katholischen Goldmedaille. Auf Plakaten wurde, mit der Empfehlung von mehr als 7000 prominenten Ärzten aus Europa und Amerika, der «nährende, stärkende, erfrischende Trunk» angepriesen. Und im Mai 1885, ein Jahr nach Freuds «Entdeckung», entwickelte der amerikanische Apotheker John Styth Pemberton eine verbesserte, um ein angebliches Aphrodisiakum angereicherte Variante – als Nerventonikum und Mittel gegen die Morphinsucht. Schließlich ersetzte er unter dem Druck der wachsenden Temperenzlerbewegung den Alkohol durch einen Sirup; 1903 mußte dem «Coca-Cola» auch das Kokain entzogen werden.

Aus Wien empfahl sich im Sommer 1884 ein zagender, nörgelnder, ängstlicher Liebender, der weder in den Kreisen der Boheme noch in der besseren Gesellschaft verkehrte, der fernen Braut als hemmungslos leidenschaftlicher Kerl: «Wehe, Prinzeßchen, wenn ich komme. Ich küsse Dich ganz rot und füttere Dich ganz dick, und wenn Du unartig bist, wirst Du sehen, wer stärker ist, ein kleines sanftes Mädchen, das nicht ißt, oder ein großer wilder Mann, der Cocain im Leibe hat.»[9] Bald schickte er ihr kleine Mengen der Droge nach Wandsbek. An sich selbst hatte Freud, während jener Jahre der Entsagung und des Frondiensts im Spital so oft von Migränen und melancholischen Zuständen geplagt, das neue Mittel gut ein Dutzend Mal probiert, stets in niedriger Dosierung. Die wohltuende Wirkung auf seine Arbeitsfähigkeit und Stimmung hatte er dabei immer wieder festgestellt. Auch Kollegen, die ihm als Probanden dienten, bestätigten ihm diesen Effekt. Vor allem gegen Übelkeit und Magenverstimmungen schien Kokain zu helfen. Mit einem Bekannten, dem Augenarzt Carl Koller, hatte er mit Hilfe eines Dynamometers zur Messung der Muskelkraft und Ermüdung sogar Selbstversuche im Labor angestellt. So konnte Freud in seinem Artikel *Über Coca*, der im Juli 1884 erschien, zu dem Schluß kommen, daß «die Kokainstimmung (…) hervorgebracht würde nicht so sehr durch direkte Erregung als durch den Wegfall deprimierender Elemente des Gemeingefühls». Dazu empfahl er weitere Forschungen: Das Mittel könnte bei der Behandlung von Neurasthenie und Verdauungsstörungen und vielfältiger anderer Leiden ebenso eingesetzt werden, auch zur Alkohol- und Morphiumentwöhnung. Überdies schien es bei lokaler Anwendung eine anästhesierende Wirkung zu haben, er selber hatte nach der Einnahme ein pelziges, schweres Gefühl auf der Zunge verspürt.[10]

Er war zu ungeduldig, hingerissen von der Sucht nach Erfolg, und zu sehr am Einfluß der Droge auf das Nervensystem, insbesondere das eigene, interessiert, um aus seinen teilweise richtigen Beobachtungen auch die richtigen Schlüsse zu ziehen. So fiel der Ruhm einem anderen zu, ihm blieben nur Vorwürfe und Schuldgefühle. Bereits im Mai 1884 hatte er seinen Freund Ernst von Fleischl zum erstenmal mit Kokain behandelt. Obwohl er es ihm angeblich nur in Tropfenform verabreichte, ging dieser bald, vermutlich unter tätiger Mithilfe Freuds und jedenfalls auf dessen Rat, zu Spritzen über. Der dilettierende Drogendoktor beharrte zwar darauf, niemals eine andere Form als die orale Einnahme empfohlen zu haben, doch noch 1885, als der Zustand seines Patienten bereits mehr als bedenklich war, riet er in einem Vortrag im «Verein für Psychiatrie und Neurologie» unbedenklich dazu, «Kokain in subkutanen Injektionen von o.o3 – o.o5 Gr. pro dosi zu geben und sich vor der Häufung der Dosen nicht zu scheuen».[11] Ernst von Fleischl-Marxow, Physiker und Physiologe, «ein ganz ausgezeichneter Mensch, an dem Natur und Erziehung ihr Bestes getan haben, reich, in allen Leibesübungen ausgebildet, mit dem Stempel des Genies in seinen energischen Zügen, schön, feinsinnig, mit allen Talenten begabt», ein origineller Denker und ein Exzentriker, der sich einen Papagei hielt, «ein impertinent schön gefärbtes Tier», hatte sich als Fünfundzwanzigjähriger beim Sezieren eine Blutvergiftung zugezogen.[12] Ein Daumen mußte amputiert werden, es bildeten sich jedoch immer neue Nervengeschwülste, die weitere Operationen notwendig machten. Um sich von dem Dauerschmerz abzulenken, studierte er in seinen schlaflosen Nächten Mathematik und Physik, später kam Sanskrit dazu. Und er begann, sich mit Morphium zu betäuben. Er wurde süchtig.

Nun konnte Freud, angeregt durch eine Studie in einer amerikanischen Zeitschrift, dem Idol, dem Freund, um dessen Zuwendung er so gebarmt hatte, endlich zu Hilfe eilen und ihn mit dem Segen seines behandelnden Arztes, Josef Breuer, aus seiner Abhängigkeit erretten. Schon acht Tage nach Beginn der so erfolgversprechenden Therapie fand man ihn fast bewußtlos vor Schmerzen. Aber Fleischl teilte entschlossen, wenn nicht gar begeistert Freuds optimistische Ansicht über das angebliche Antidot, obwohl sein Zustand sich immer weiter verschlechterte und er Nächte im warmen Bad verbringen mußte, während der Freund im Nebenzimmer wachte: «Jede Note der tiefsten Verzweiflung wurde angeschlagen.»[13]

Inzwischen, im Januar 1885, hat Freud begonnen, Trigeminusneuralgien durch Kokaineinspritzungen in den Nerv zu behandeln, nun versucht er das gleiche an den schmerzenden Nervenknoten des Freundes, der mittlerweile immer höhere Dosen seines «Medikaments» benötigt: In drei Monaten hat er dafür 1800 Mark ausgegeben, sich also etwa ein Gramm reines, unverschnittenes Kokain pro Tag verabreicht, hundertmal so viel wie Freud bei seinem ersten Versuch und mehr als genug, um eine neue Sucht zu entwickeln, ohne die alte nach dem Morphium darum aufgegeben zu haben. Nun warnt Freud sogar Martha, sie möge sich nicht an das Mittel gewöhnen, das er ihr immer noch in kleinen Mengen schickt. Zu erschütternd, zu erregend sind die Nächte bei Fleischl. Ob er so etwas jemals wieder erleben wird, all die Gespräche, die Erklärungen, die klugen Urteile des Freundes, seine rastlose Tätigkeit und seine hochgradige Erschöpfung, das ganze Ensemble, gehalten durch Morphium und Kokain? Im Zustand chronischer Vergiftung und schließlich im Delirium tremens sieht Fleischl weiße Schlangen über seine Haut kriechen. Im Sommer 1885 gibt Freud ihm noch sechs Monate zu leben. Es wurden sechs Jahre der Qual und des Schmerzes für den Mann, den er liebte «als kostbares Stück der Schöpfung», dessen Untergang ihn berührte, «wie einen alten Griechen die Zerstörung eines heiligen und berühmten Tempels ergriffen hätte»[14].

Während Freud seine Versuche an Fleischl machte, experimentierte Carl Koller an Fröschen. Er hatte die entscheidende Anregung der theoretischen wie praktischen Coca-Studien verstanden und gefunden, wonach er lange gesucht hatte, einem wirksamen Lokalanästhetikum für die Chirurgie. Freud gab, rührend um Ironie bemüht, der Braut die Schuld am wieder einmal versäumten Ruhm: Mitten in der Arbeit hatte sich ihm die Möglichkeit aufgetan, die so lange, zwei ganze Jahre Entbehrte wiederzusehen. Jedenfalls reiste er im Spätsommer 1884 nach Wandsbek, nicht ohne vorher seinen Freund und Tarockpartner, den Augenarzt Leopold Königstein, auf die betäubenden Eigenschaften des Kokains aufmerksam gemacht zu haben. Doch nicht dieser, sondern Koller, dem Freud eine Probe des Mittels überlassen hatte, machte die entscheidenden Versuche am Frosch- und dann am Menschenauge – sie sollen nicht mehr als eine Stunde beansprucht haben – und konnte seine Ergebnisse bereits im September vorstellen: Tröpfelte man einige Stäubchen Kokain, in einer kleinen Menge destilliertem Wasser gelöst, auf die Hornhaut, so ließ sich diese, ohne Schmerzempfindung oder einen Reflex, mit dem Kopf einer Stecknadel berühren. Ausdrücklich würdigte er in seinem Vortrag in der «Gesellschaft der Ärzte» die interessante therapeutische Arbeit seines Kollegen, Dr. Sigmund Freud. Als dessen erster Biograph, Fritz Wittels, ihm 1923 unterstellte, es habe ihn seinerzeit schwer getroffen, daß ein anderer den ihm gebührenden Ruhm erntete, protestierte er heftig: Die Arbeit über Koka sei «ein Allotrion» gewesen, mit dem er ohnedies bald habe abschließen wollen, ein Vergnügen, ein Unfug, der ihn von ernster Pflichterfüllung abgehalten habe. Erst Jahre später äußerte er sich verbittert über Carl Koller als jenen Mann, der eine «pathologische Persönlichkeit» und «allgemein unbeliebt» gewesen sei und ihm Ehre und Gewinn gestohlen habe.[15]

Doch im Januar 1885 kann Freud sich Ärger und Zorn nicht leisten, er hat sich endlich um eine Privatdozentur beworben. Und für Koller steht noch viel mehr auf dem Spiel, er muß ein Duell ausfechten mit einem Assistenten Billroths, der ihn einen «Saujuden» genannt hat. Alle Freunde und Kollegen hätten den Schimpf ebenso pariert, mit einem Schlag ins Gesicht, und als Reserveoffizieren blieb den Kontrahenten nichts als der Waffengang. Freud schickt Koller zur Stärkung eine Flasche Wein und bittet ihn, nach dem glücklichen Ausgang des Duells, das «vertraute ›Du‹ als Zeichen aufrichtiger Freundschaft» anzunehmen.[16] Drei Monate später rettet der Freund dank seiner Entdeckung Jacob Freud vor der Erblindung. Er hatte, mit Sigmund Freud als Assistenten, die Anästhesie bei der Glaukom-Operation übernommen, die Leopold Königstein erfolgreich ausführte. So waren die drei Männer wieder zusammengekommen, die an der Einführung des Kokains in der Chirurgie beteiligt waren – eine kleine Genugtuung für den verhinderten Pionier, auf den schon bald Vorwürfe und kaum verhüllte Beschuldigungen niedergehen sollten.

Die nach Alkohol und Morphium «dritte Geißel der Menschheit» habe er gefunden, leichtsinnig und verantwortungslos sei er damit umgegangen. Das Allheilmittel, legal und inzwischen auch viel billiger zu erwerben, war in den gängigen Medikationen gegen Bagatellerkrankungen wie Husten, Schnupfen, Kopfschmerzen enthalten. Nun wurde es verteufelt als gefährliche und giftige Droge, die mit hoher Wahrscheinlichkeit süchtig machte. Freud erprobt sie weiter, an Kaninchen, Nervösen und Hundswütigen – und vor allem an sich selber. Er hält Vorträge darüber und schreibt ein Gutachten für eine Pharmafirma, die ein Konkurrenzprodukt zum Merckschen Kokain herausgebracht hat. Noch 1887 sucht er sich zu rechtfertigen für die Therapie im Fall Fleischl: Nur wer dem Dämon Sucht bereits verfallen, schon Morphinist sei, mißbrauche das «dargebotene Stimulans». Noch bis weit in die neunziger Jahre macht er von seinem Therapeutikum Gebrauch, empfiehlt auch seinen Patienten die Kokaineinpinselung der Nase als Kur gegen Entzündungen der Stirn- und Nebenhöhle, gegen Migräne und andere Erkrankungen von unklarer Diagnostik. Aber im Grunde war sein Forscherinteresse an diesem Gegenstand in jenem Frühjahr 1885 bereits erloschen: «In der Ferne leuchtete der große Name Charcots ...»[17]

Pariser Leben

Im Januar 1886, da ist er schon drei Monate Eleve in der Salpêtrière, wird Freud zum Diner in Jean-Martin Charcots Privatwohnung gebeten, in dies Zauberschloß mit wunderbar verschwenderischen Zimmern voller Gobelins, Bilder und Kuriositäten, mit Antikenstücken aus China und Indien. «Il y aura du monde» hatte auf der Einladung gestanden, und trotz Neugier und Befriedigung graut ihm ein wenig vor dem Debüt in der großen Gesellschaft. Woran muß er nicht alles denken, was braucht er nicht alles, weiße Handschuhe und Krawatte, ein neues Hemd, einen ordentlichen Bartschnitt *à la française* und, natürlich, «etwas Cocain, um das Maul öffnen zu können». Ganze vierzehn Francs kostet ihn die Vorbereitung auf den Abend, aber dafür sieht er in seiner tadellosen Toilette «sehr schön» aus und macht sich selbst «einen günstigen Eindruck». Ganz behaglich hat er sich gleich gefühlt unter all den berühmten Ärzten, den Wissenschaftlern und Künstlern, hat ganz ungezwungen mit ihnen geplaudert, sein Bier getrunken und, stets die Zigarre im Mund, gedampft «wie ein Schornsteinfeger». Mit seinen Leistungen – «oder vielmehr mit den Leistungen des Cocains» – kann er sehr zufrieden sein, auch mit denen bei den Damen Charcot, obwohl er mit Mademoiselle Jeanne, die dem genialen Vater geradezu lächerlich ähnlich sieht, kaum gesprochen hat. Wäre er nicht schon verliebt, schreibt er seinem «Weibchen» in Wandsbek, und «sonst ein rechter Abenteurer», die Versuchung hereinzufallen wäre stark gewesen, «denn nichts ist gefährlicher, als wenn ein junges Mädchen die Züge eines Mannes trägt, den man bewundert».[1]

Im März 1885 hatte sich Freud, nach einigem Zögern, für das von der Universität ausgeschriebene und mit 600 Gulden dotierte Stipendium beworben, um «drei bis vier Monate bei Prof. Charcot in Paris an dem reichen Material der Salpêtrière die Nervenkrankheiten zu studieren»[2], denen im Allgemeinen Krankenhaus in Wien damals wenig Aufmerksamkeit gewidmet wurde. Er wollte sich weiterhin mit der Gehirnanatomie beschäftigen, die jedoch schon allein aus wirtschaftlichen Gründen, nämlich zur Vorbereitung auf seine Privatpraxis, kein Fortschritt im Vergleich zur Physiologie war, deshalb mußte er seine Kenntnisse in Neurologie und Psychiatrie erweitern. So wartete er bänglich auf die Entscheidung des Vergabekomitees, und endlich, im Juni, nach eifrigem Antichambrieren und langem Streit um den geeigneten Kandidaten, wurde ihm sein Wunsch erfüllt. In jenen Wochen hatte er gerade eine Vertretung übernommen in einer privaten Nervenheilanstalt, deren Patienten derart vornehm waren, daß die Ärzte Zylinder und weiße Handschuhe tragen mußten, lauter reiche Leute, Grafen, Comtessen, Barone, sogar «zwei Durchläuchte», einer davon ein Sohn von Napoleons ehemaliger Frau Marie Louise, doch allesamt so schäbig aussehend, schwachsinnig und exzentrisch zugleich. Aber die Arbeit war wenig anstrengend, man aß gut und verdiente recht anständig; der leitende Professor hatte sogar versprochen, ihm Patienten zur Elektrotherapie zu überweisen. Nun konnte er mit dem ganzen Geld aus dem Stipendium nach Wandsbek zu seinem Prinzeßchen reisen und dann weiter nach Paris, um «ein großer Gelehrter» zu werden und «mit einem großen, großen Nimbus» nach Wien zurückzukehren – «und dann heiraten wir bald, und ich kuriere alle unheilbaren Nervenkranken, und Du erhältst mich gesund, und ich küsse Dich, bis Du stark und heiter und glücklich bist – und wenn sie nicht gestorben sind, so leben sie heute noch».[3]

Ganz beiläufig erwähnte Freud in seinem Brief, daß er am Tag der Entscheidung auch als Dozent approbiert wurde und eine Woche später seine öffentliche Antrittsvorlesung halten sollte – im Hörsaal des Brückeschen Instituts, wo er einst als hoffnungsvoller Praktikant seine ersten Arbeiten gemacht hatte. Nun war er, nach acht Jahren des Studiums und drei Jahren klinischer Ausbildung, endlich in den niedersten Stand der akademischen Aristokratie erhoben worden. Der Titel des Privatdozenten war ein rein formaler, wichtig allenfalls, das Praxisschild des niedergelassenen Arztes zu schmücken; ansonsten durfte er Vorlesungen halten, für die er weder Geld noch Einfluß in der Fakultät erhielt. Der Ruhm war noch immer ein Märchen aus fernen Zeiten, aber dessen Held war nun entschlossen, ein neues Kapitel darin zu beginnen, mit einem hochdramatischen Auftakt, einem Autodafé. Schon Ende April, als er auf die Befürwortung seines Reiseantrags kaum hoffen durfte, hatte er das Vorhaben begonnen, «welches eine Reihe von noch nicht geborenen, aber zum Unglück geborenen Leuten schwer empfinden wird», seine künftigen Biographen. Alle Papiere aus vierzehn Jahren, alle Briefe, ausgenommen die Familienbriefe und, natürlich, die seiner Martha, alle Aufzeichnungen und Manuskripte hat er vernichtet, alle alten Freundschaften sich noch einmal vor Augen geführt, alle Gedanken und Gefühle über die Welt – und nichts war wert fortzubestehen: «Das Zeug legt sich um einen herum wie der Flugsand um die Sphinx, bald wären nur mehr meine Nasenlöcher aus dem Papier geragt; ich kann nicht reifen und nicht sterben ohne die Sorge, wer mir in die alten Papiere kommt. Überdies alles, was hinter dem großen Einschnitt in meinem Leben zu liegen fällt, hinter unserer Liebe und meiner Berufswahl, ist lang tot und soll ihm ein ehrliches Begräbnis nicht vorenthalten sein. Die Biographen aber sollen sich plagen, wir wollen's ihnen nicht zu leicht machen ...»[4]

Doch zunächst irrte der Held selber über seine Entwicklung. Sechshundert Gulden, soviel Geld, wie er nie besessen, reichen doch nicht aus, ein noch so bescheidenes Pariser Leben zu gestalten. Wieder einmal steht er in der Schuld der Freunde, muß das Darlehen, das sein Freund und Nachfolger in Brückes Abteilung, Joseph Paneth, ihm gewährt hat, angreifen. Und die Stadt, in der er im Oktober, nach sechs glücklichen Wochen in Wandsbek, eintrifft, ist ihm fremd, ein «verworrener Traum» mit ihren Obelisken mit den Vogelköpfen und den Hieroglyphen; sein «deutsch-kleinstädtisches» Herz ist nicht mit ihm angekommen, es sehnt sich nach dem schönen September in Wandsbek. In der Klinik wird er zunächst kaum beachtet; dies Paris ist eine «riesige, geputzte Sphinx, welche alle Fremden frißt, die ihre Rätsel nicht lösen können». Die Menschen sind ihm unheimlich, Leute von ganz anderer Art: «Ich glaube sie alle von tausend Dämonen besessen und höre, wie sie anstatt ‹Monsieur› und ‹Voilà l'Echo de Paris› schreien ‹A la lanterne› und ‹A bas dieser und jener›. Ich glaube, sie haben weder Scham noch Grauen, sie drängen sich ebenso – Frauen und Männer – um alle Nuditäten wie um die Leichen in der Morgue. (...) Es ist das Volk der psychischen Epidemien, der historischen Massenkonvulsionen.»[5]

Aber wenn er die noblen Damen sieht, die außer ihrer eigenen Welt und der ihrer Männer nichts zu kennen scheinen, befallen auch ihn Wut und revolutionäre Gedanken. Er muß dann nur an seine Schwester Maria, die «arme Mitzi» denken, die sich hier als Gouvernante hatte verdingen müssen. Allein die Antikensammlung des Louvre zieht ihn an, wenngleich mehr aus historischen als aus ästhetischen Gründen; das ist eine andere, endlich seine Traumwelt, mit assyrischen Königen, geflügelten Mannstieren mit schön frisierten Haaren und wirklichen Sphingen. Schließlich wagt Freud sich sogar ins Theater, in ein Stück von Victorien Sardou, um die legendäre Sarah Bernhardt zu sehen, «ein merkwürdiges Wesen», unglaublich, was für Stellungen sie annimmt, wie sie mit jedem Glied und Gelenk agiert, «ich kann mir denken, daß sie im Leben gar nicht anders zu sein braucht als auf der Bühne».[6]

Alles wird anders, als er mit einem Empfehlungsschreiben des Wiener Nervenarztes Moritz Benedikt und der Absichtserklärung, seine Vorlesungen ins Deutsche zu übersetzen, sich endlich bei Charcot einführen kann, endlich von dem Mann wahrgenommen wird, den er von Anfang an bewundert und fast inbrünstig verehrt hat. Nun wird Paris ein Fest fürs Leben, auch für ihn, der sich nur schwer losreißen kann für den weihnachtlichen Besuch in Wandsbek. «Nach manchen Vorlesungen gehe ich fort wie aus Notre-Dame», schreibt er Martha. Dabei sei sein Hirn gesättigt wie nach einem Theaterabend. Charcot reißt seine Ansichten einfach um; «ob die Saat einmal Früchte bringen wird ...»?[7] Jedenfalls hat kein anderer Mensch je so auf ihn gewirkt. Jean-Martin Charcot, geboren 1825, in seiner Jugend ein armer Teufel, der seinen Reichtum vor allem seiner Frau, einer Millionenerbin, verdankte, galt als einer der berühmtesten Ärzte seiner Zeit. Aus der ganzen Welt pilgerten Patienten, «die Kranken aus Samarkand und von den Antillen», in sein Sprechzimmer am Faubourg Saint Germain, zu seinen Vorlesungen, den berühmten «leçons du mardi», in denen er seine Fälle vorstellte, strömte *tout Paris*. Denn dieser «genial nüchterne Mensch», wie Freud ihn nannte, war ein begnadeter Selbstdarsteller. Obwohl «klein von Wuchs, mit Athletenbrust und Stiernacken», bot er, so der Arzt und Schriftsteller Axel Munthe, einen imponierenden Anblick: «Ein weißes, glattrasiertes Gesicht, eine niedere Stirn, kalte, durchdringende Augen, eine Adlernase, sensible, grausame Lippen, die Maske eines römischen Kaisers! War er zornig, so sprühten seine Augen furchtbare Blitze. Wer je diesen Blick zu spüren bekam, wird ihn kaum vergessen.»[8]

Seinen Ruf verdankte er der Beschäftigung mit der rätselhaftesten aller Nervenkrankheiten, der seit der Antike mythenumwobenen Hysterie, die unter den Ärzten des 19. Jahrhunderts stark in Mißkredit geraten war, da sie ihren Symptomen zumeist völlig hilflos gegenüberstanden. Außerdem galt sie als typische Frauenkrankheit, leitete ihr Name sich doch von dem griechischen *hystera*, Gebärmutter, her, diesem, wie Platon schrieb, «Tier, das glühend nach Kindern verlangt». Bleibt die Bestie nach der Pubertät lange unbefruchtet, «so erzürnt sie sich, durchzieht den ganzen Körper, verstopft die Luftwege, hemmt die Atmung und drängt auf diese Weise den Körper in die größten Gefahren und erzeugt allerlei Krankheiten». Am liebsten fresse sie das Gehirn, weil die weiße Masse an Sperma erinnere, glaubten manche Ärzte in der Antike und empfahlen daher zur Therapie den Beischlaf. Oder sie versuchten, das Tier wieder nach unten zu locken, indem sie die Vagina mit guten Düften beräucherten und den Mund mit schlechten, mit Bibergeil und zerstoßenem Pferdehuf. Im Mittelalter kehrte die Hysterie als Besessenheit wieder, Frauen wurden zu Dämoninnen, der Teufel höchstpersönlich war nun schuld; es begann die große Hexenjagd, die noch bis ins 17. und 18. Jahrhundert andauern sollte. Obwohl anatomisch bewiesen war, daß der Uterus nicht wandern konnte, wurden noch bis ins 19. Jahrhundert Hysterektomien gegen die Krankheit durchgeführt, deren Bild sich gewandelt hatte. Doch blieb die Hysterie das Leiden der Frauen, des nervösen Geschlechts. Die Damen hatten eben ihre *vapeurs*, ihre kleinen Ohnmachten; bei schwereren Fällen, wenn plötzlich Krämpfe, Erstickungsgefühle oder unerklärliche Schmerzen auftraten, bediente man sich sogar noch immer mittelalterlicher Foltermethoden und preßte ihnen einen schweren Holzblock auf den Bauch.

Aber die meisten Ärzte, und gerade die aufgeklärten unter ihnen, hielten ihre Patientinnen schlichtweg für Simulantinnen. Wie sollte man auch eine Krankheit diagnostizieren, die, epidemisch verbreitet, wuchernd wie ein Schimmelpilz, ihre Formen stets wechselte, die «wie ein Quecksilberkügelchen (…) die Färbung der umgebenden Kultur und der Sitten» übernahm, sich über Jahrhunderte «als ein ständig sich verstellendes, sich veränderndes, in Nebel verhülltes Phänomen» zeigte? Die heute aus den Diagnoseverzeichnissen gänzlich verbannte Hysterie war die Krankheit, die ihre Ursachen verschleierte und zum Imitator großer Krankheiten wurde; so konnte sie aus einem jahrtausendealten Systempool, dem «kollektiven Gedächtnis der Kultur in Fragen des korrekten Verhaltens im Krankheitsfall», schöpfen. Allein das schauspielerische Element, das Histrionische, all das, was als unecht, übertrieben, theatralisch galt, schien ein Merkmal der hysterischen Person zu sein. Und wer verstand sich darauf besser als die Frauen, diese Schauspielerinnen *par excellence*?[9]

Charcot aber gab der Krankheit ihre Würde zurück, begeisterte sich Freud. Er hatte damit begonnen, die Salpêtrière, das ehemalige, unter Ludwig XIII. erbaute Arsenal für Salpeter, das zum Asyl für Bettler, Prostituierte und Geisteskranke und schließlich zum größten Armenhaus für die Frauen von Paris geworden war, in das wichtigste neurologische Forschungszentrum Europas umzuwandeln. Das zweistöckige, verwitterte und von Höfen umschlossene Gebäude erinnerte Freud an das Allgemeine Krankenhaus. Nur waren hier, wo noch bis in die zweite Hälfte des 19. Jahrhunderts an die 5000 Personen unter den entsetzlichen Bedingungen einer Irrenanstalt gehaust hatten, mittlerweile Laboratorien und Ausbildungsstätten und vor allem eigene Stationen für Epileptiker und Hysteriker eingerichtet worden. In dem Saal, wo Charcot seine Vorlesungen hielt, hing ein Bild des «Bürgers» Philippe Pinel, der während der Revolution den armen Irren der Salpêtrière die Fesseln hatte abnehmen lassen. Charcot, der «Napoleon der Neurosen», befreite die Hysteriker von dem Verdacht des Simulantentums, indem er ihr Leiden als echte Krankheit mit körperlichen Symptomen anerkannte, verursacht durch Erbschäden oder traumatische Verletzungen des Nervensystems. Er erstellte eine vollständige Beschreibung ihrer Erscheinungsformen, der kleinen harmloseren Anfälle ebenso wie der *grande hystérie* – mit dem *globus hystericus*, dem Kloßgefühl im Hals, und dem *arc de cercle*, bei dem der Rücken brückenartig durchgebogen wurde. Damit hatte er ein Regelwerk geschaffen, das endlich eine Diagnostik ermöglichte. Und er hatte die Hysterie der Männer entdeckt, die, zumeist aus der Arbeiterklasse stammend, zuvor einfach als Alkoholiker oder Opfer einer Bleivergiftung abgestempelt worden waren. Ganz besonders freute sich Charcot, wenn er dem Publikum einen preußischen Grenadier mit einer echten «Reflexepilepsie» vorführen konnte, galt die Hysterie doch vielen als die Krankheit der Franzosen, dieses nervösen Volks schlechthin ...

Aber so befreiend Charcot auf die Vorurteile seiner Zeit wirkte, so fragwürdig waren seine Methoden. Er hatte entdeckt, daß die hysterischen Lähmungen und sonstigen Anfälle, die er zuvor von den organischen Leiden gesondert hatte, sich durch

Hypnose künstlich reproduzieren ließen. Damit schien bewiesen, daß diese Symptome Folgen von Vorstellungen waren, die in Augenblicken besonderer Disposition das Gehirn des Kranken beherrschten. So ließ sich das unklare Krankheitsbild, das alte ungestalte Sammelsurium an Symptomen, durch eine kohärente, konzeptionell elegante Ordnung ersetzen. Die Methode war nicht neu. Schon einmal, gegen Ende des 18. Jahrhunderts, war die Hypnose – in der Vorform des Mesmerismus – zur großen Mode in der Gesellschaft, vor allem in Paris, geworden. In Scharen eilten die Kranken, die Nervösen und die Neugierigen damals zu dem Arzt Franz Anton Mesmer, der, als Wundertäter gefeiert und als Scharlatan verschrien, die Lehre von einem unsichtbaren, die Natur und den Menschen durchströmenden «Fluidum» propagierte, den «animalischen Magnetismus», den er angeblich beeinflussen konnte, um Krankheiten zu heilen. Ähnliche Wundertaten schien Charcot in der Salpêtrière zu vollbringen, wenn er seine Fälle vorführte und Patienten dazu brachte, auf allen vieren zu kriechen oder wütend zu bellen, indem er ihnen suggerierte, sie seien Hunde. Nach seiner Theorie ließen sich nur Hysteriker hypnotisieren, jener künstlich hervorgerufene, krankhafte Zustand war für ihn eine Neurose, eine Nervenkrankheit mit körperlichen Symptomen.

Freud war nicht unvertraut mit Charcots Verfahren. In der Privatklinik, in der er für ein paar Wochen gearbeitet hatte, experimentierte man mit der Hypnose als Behandlungsform. Und schon als Student hatte er sich «für hypnotische Phänomene interessiert» und eine Vorstellung des berühmten dänischen Magnetiseurs Carl Hansen besucht, der, ganz professoral im Frack, mit Brille und Vollbart, mit einem Vortrag über die Geschichte des Magnetismus zu beginnen pflegte, um dann seine Kunst vorzuführen, «empfängliche» Personen in völlige, kataleptische Starre zu versetzen oder sie zu absurden Handlungen zu bringen: So sollten sie beispielsweise ein Tuch im Arm für ein Kind halten. Damals war Freud von der Echtheit dieses «Wunders» nicht ganz so überzeugt, wie er später behauptete; seinem Freund Silberstein, der ebenfalls in Hansens Vorstellung ging, riet er ausdrücklich zur Skepsis. Schließlich erhielt der Magnetiseur, nachdem die Polizei bei einer seiner Vorstellungen eingeschritten war, auf Anraten einer Ärztekommission in Wien Auftrittsverbot – wegen Gesundheitsgefährdung.[10] Nun hatte Charcot dies Spektakel von der Bühne ins Labor verlegt. Das hatten zwar auch einige deutsche Ärzte, angeregt durch Hansen, versucht, doch daraus weder eine kohärente Theorie noch das grandiose erotische Schauspiel entwickelt, das in Paris geboten wurde. Manche jener Patientinnen, die auf des Meisters Befehl den *arc de cercle* vorführten oder in Verrenkungen verfielen, waren zu regelrechten Stars geworden, wie die legendäre Blanche Wittman, die Königin der Salpêtrière, Sarah Bernhardt der Hysterie, auf Gemälden und zahllosen Photos verewigt. Léon Daudet, den Freud bei Charcots Diner kennengelernt hatte und der Schriftsteller war wie sein berühmter Vater Alphonse Daudet, nahm den «Napoleon der Neurosen» als Vorbild für die Romanfigur eines finsteren Arztes, der seine Patienten wie Marionetten manipuliert. Aber Charcots Puppen mochten sich zuweilen auch verselbständigen und angesichts der Aufmerksamkeit, die den «großen Anfällen» galt, zu geschickten Nachahmern und Simulanten werden. Da die meisten der Unterschicht entstammten, bot die Klinik ihnen beinahe so etwas wie eine Karrieremöglichkeit. Blanche Wittman, die später als Labortechnikerin und Röntgenschwester arbeitete, behauptete in der Öffentlichkeit stets, ihre Anfälle seien echt gewesen. Nur einem Arzt soll die *reine des hystériques*, die an Strahlenkrebs starb und zur Märtyrerin der Radiologie wurde, gestanden haben, sie sei sich auch in der Hypnose stets ihres «Aktes» bewußt gewesen.[11]

Freud waren auch hysterische Phänomene durchaus bekannt. Schon in den frühen achtziger Jahren hatte ihm Josef Breuer die Geschichte einer Patientin anvertraut, deren unerklärliche Kopfschmerzen, Lähmungen, Seh- und Sprachstörungen er mittels Hypnose therapierte. Sie war eine Freundin Marthas, die Anna O., Bertha Pappenheim, die Tochter ihres ehemaligen Vormunds. Aber erst Charcots Experimente und

Theorien, die ihn anfänglich noch ein wenig befremdet hatten, fesselten sein Interesse. Ob er, der so wenig Lebenserfahrene, damals das Theatralische daran durchschaute? Wohl kaum. Aber sicherlich dürfte ihm nicht entgangen sein, daß Charcot seine Patienten hinter der Bühne auch nur mit den damals üblichen Methoden behandelte. Neben Medikamenten, Wasser- und Elektrotherapie kam dabei die gute alte Zwangsjacke zum Einsatz, aber auch leichte bis mittelschwere Folter: Manchen seiner Patientinnen ließ er ein Ovarienkompressorium, einen schweren Gürtel aus Leder und Metall, umschnallen; den Männern wurden die Hoden gequetscht. Dabei machte der allmächtige Arzt niemals Visiten, sondern empfing ausschließlich in seinem Ordinationszimmer. Auf den Stationen wurden die Patienten hingegen nur allzuoft von Pfuschern hypnotisiert. Kritiker warfen ihm nicht zu Unrecht vor, daß er sich nur für die komplexesten Fälle interessierte – um sie dann in seinen Krankenberichten so zu vereinfachen, daß sie in sein Schema paßten. Freud hatte ihm sogar die Geschichte der Anna O. vorgetragen, aber Charcot hatte genug an seinem eigenen Patientenmaterial. Doch egal, ebenso wie die neue Lehre zog ihn der Lehrer an. Er hatte ein neues Vorbild, ein neues Idol gefunden, und dieser große Mann verkehrte ganz privat mit ihm, hatte ihm sogar gestanden, daß er die selben Schwierigkeiten habe, die Krawatte zu binden, wie er selbst. 1893, in seinem Nachruf, beschreibt er den einst als genial und nüchtern Gepriesenen als eine eher künstlerische Natur. Ein unermüdlicher Arbeiter und fesselnder Lehrer, weniger ein Denker als ein «visuel», ein Seher, sei er gewesen, der sich die Dinge immer wieder beschaute, bis sich das Chaos ordnete zu einem Muster.[12]

Aber jetzt mußte die neue Lehre erst einmal in Wien, in Deutschland bekanntgemacht werden. Im Dezember hatte der Meister Freuds Bitte, den dritten Band der *Leçons sur les maladies du système nerveux* übersetzen zu dürfen, nachgegeben, das brachte sicherlich einige hundert Gulden, das wirkte glückverheißend auf die Praxis, das würde seinen Ruf in Wien steigern. Paris hatte ihn kühner gemacht; zwar klagte er nach wie vor darüber, daß es ihm an Begabung mangle, aber unter günstigsten Bedingungen konnte er mehr leisten als Nothnagel, dem er sich nun «weit überlegen» glaubt, vielleicht sogar Charcot erreichen. Als dieser ihn zum zweiten Mal einlädt, braucht er zwar immer noch ein wenig von seinem «Zaubermittel», um die Schüchternheit zu überwinden, doch als einer der Assistenten der Salpêtrière von einem neuen Krieg gegen Deutschland spricht, da erwidert er stolz, er sei weder Österreicher noch Deutscher – sondern *juif*. Hatte nicht Breuer ihm schon vor einiger Zeit gesagt, daß in ihm unter der Hülle der Schüchternheit ein maßlos kühner und furchtloser Mensch stecke? Er hatte nicht gewagt, dies Kompliment anzunehmen, aber nun ist Freud so, «als hätte ich den ganzen Trotz und die ganze Leidenschaft unserer Ahnen, als sie ihren Tempel verteidigten, geerbt».[13]

WIENER HYSTERIE

Am Ostersonntag 1886, dem 25. April, erschien in der *Neuen Freien Presse* eine Annonce: «Herr Dr. Sigmund Freud, Dozent für Nervenkrankheiten an der Universität, ist von seiner Studienreise nach Paris und Berlin zurückgekehrt und ordiniert Rathausstrasse Nr. 7, von 1 bis 2 ½ Uhr.»[1] Die Anzeige hatte ihn 20 Gulden gekostet, dazu verschickte er 200 Karten an verschiedene Ärzte. Er hatte wenig Hoffnung, es in Wien auszuhalten, und in den ersten Wochen kaum Patienten. In der Regel waren es fünf, zwei davon hatte ihm Breuer überwiesen, ansonsten behandelte er «einen Gratis, einen Schnorrer – und einen Schadchen», einen jüdischen Heiratsvermittler.[2] Wie sollte er dieses Wien, das so sehr auf ihn drückte, erobern? Was für ein Esel war er gewesen, Paris zu verlassen, bei Charcot hätte er nur ein Wort sagen brauchen, um mit den Kranken machen zu können, was er wollte. Aber es fehlte ihm der mutige Leichtsinn, sich auf ein längeres Abenteuer einzulassen. Er wollte doch nun endlich seine Martha heiraten, wenn möglich noch im Frühjahr – das Leben war zu lange schon nichts als Warten und Arbeiten gewesen. Alte Leute waren sie dabei geworden. Dennoch hatte er, bevor er sich in Wien niederließ, noch einen Umweg über Berlin gemacht, um dort für ein paar Wochen in der Klinik des Spezialisten Adolf Baginski Anomalien bei Kindern zu untersuchen. Er wäre auf der Reise gestorben, wenn er von Paris direkt nach dem ekelhaften Wien hätte gehen müssen. Aber Berlin war kalt, da war «kein Abenteuer (...), kein Glanz, kein éclat, wie wir ihn in Paris zu haben pflegten». Allein die Arbeit mit den Kindern tröstet ihn ein wenig, «ein anmutigeres Material (...) als die großen Ausgaben der Kranken». Am liebsten möchte er «als Maria Stuart unter den Nervenärzten» seufzen: «In meinem Frankreich war's doch schöner»³; das Zitat lautet ein wenig anders und stammt aus *Don Carlos*. Seine Courage, sein toller Mut sind fast gänzlich aufgezehrt. Wie soll er in Wien einigermaßen menschlich leben, dazu braucht man tausend, zweitausend Gulden, und er kann doch nicht zu den Wucherern gehen. Vielleicht muß er doch auswandern nach Amerika, nach Australien, er gesteht Wien nur eine Probezeit zu, bloß allein will und kann er nicht länger sein. Immerhin gibt es auch Tage, an denen die Praxis besser geht und voller Leute ist; auch Nothnagel und der Gynäkologie-Professor Rudolf Chrobak schicken ihm Patienten. Aber die Bezahlung ist alles andere als glänzend, und wie soll er Geld zurücklegen, wenn er sich, um einen entfernter wohnenden Kranken zu besuchen, einen Wagen nehmen muß – wofür wieder alles draufgeht, was er an drei Tagen am Nachtmahl eingespart hat. Nebenbei arbeitet er in der neu eingerichteten Nervenabteilung des Öffentlichen Kinder-Krankeninstituts, führt weiterhin anatomische Untersuchungen in Meynerts Laboratorium durch und bereitet einen Bericht über seine Pariser Studien für die «Gesellschaft der Ärzte» vor. Ein Vortrag über Hypnotismus im Physiologischen Club findet Beifall, und im Juli ist seine Charcot-Übersetzung fertig. Sie wird von seinem Kollegen, dem Hals-Nasen-Ohren-Arzt Arthur Schnitzler, der sich damals auch mit Hypnose beschäftigte, hoch gelobt; aber der begrüßt nicht den Forscher und Arzt, sondern den Übersetzer und Stilisten, der so «ausgezeichnete» Arbeit geleistet habe.

Der «Kampf mit Wien» kann beginnen, er ist, glaubt Freud im Mai, schon «im besten Gange», spätestens in sechs Monaten wird er Martha sein Weib heißen, obwohl ihm der väterliche Freund Breuer so dringlich von einer übereilten Hochzeit abrät, ihn beschwört, sich diesen Plan noch für mindestens zwei Jahre aus dem Kopf zu schlagen. Aber Martha, die sein alles geworden war, fehlt ihm doch in allem, «als Geliebte, als Weib, als Kamerad, als Arbeitskraft», er konnte die Entsagung kaum mehr ertragen, und sein Prinzeßchen drohte ein «altes Mädchen» zu werden.⁴ Freud ist entschlossen zu heiraten, und sie beginnen mit peniblen Berechnungen der Kosten für Miete und Ausstattung ihrer künftigen Wohnung. Doch auf den Kampf, den er nun zu führen hat, ist Freud nicht vorbereitet.

Im Juni erreicht ihn die Mitteilung, daß er im August zu Manövern einberufen wird; das bedeutet einen Monat Verdienstausfall. Und das bißchen Geld, das Martha aus dem Nachlaß ihres Onkels Jacob Bernays als Mitgift in die Ehe bringen könnte, hatte sie zum Großteil ihrem Bruder Eli zur Verwaltung anvertraut. Der Geschäftsmann hatte es angelegt, auf Zinsen und Wertzuwachs hoffend, und konnte es nicht sofort freimachen, war selbst auch zu dieser Zeit nicht flüssig genug, es ihr aus eigenen Mitteln auszuzahlen. Freud war sicher, daß dieser es verspekuliert, ja, daß er das Geld veruntreut hatte. Martha sollte daher Druck auf den Bruder ausüben, sie glaubte jedoch an dessen Ehrlichkeit. Seine Braut stellte sich also auf die Seite dieses Gauners, den er schon lange in üblem Verdacht hatte. Seinem kleinen Bruder war er 1882 das Lehrlingssalär für neun Wochen schuldig geblieben, so daß Alexander, auf Freuds Druck, die Stelle aufgab. Beinahe hätte dieser Schuft auch das Eheversprechen, das er der Schwester Anna gegeben hatte, gebrochen – nun wollte er auch noch seine Heirat verhindern. Freud wollte die Geldaffäre sogar Elis Vorgesetztem melden, Martha stellte er ein Ultimatum: Sie sollte den Bruder in einem wütenden Brief als «Schurken» betiteln. Statt dessen schrieb er selbst an Eli, der daraufhin das Geld herbeischaffte, nicht ohne die Schwester über die «Brutalität» ihres Verlobten zu unterrichten. Sie war wütend, daß Freud wegen ein paar schäbiger Gulden einen solchen Aufstand machte; er verlangte von ihr im Gegenzug, jeglichen Kontakt mit Eli abzubrechen.[5]

Sie überwanden auch diesen, ihren schwersten Konflikt, und im Juli kam sogar ein vorzeitiges Hochzeitsgeschenk, 1250 Gulden von einer Tante der Braut. Ein Onkel steuerte weitere 800 Mark bei, jetzt konnten sie sich die Möbel leisten, die sie brauchten.[6] Im August, kurz bevor er zu seinen Manövern im mährischen Olmütz einzurücken hatte, mietete Freud eine Wohnung am Schottenring, in dem neuen «Kaiserlichen Stiftungshaus», allgemein nur «Sühnhaus» genannt; es war an der Stelle errichtet worden, wo 1881 Hunderte von Wienern beim Brand des Ringtheaters den Tod gefunden hatten. Aber nun intervenierte Emmeline Bernays. In dem «Saunest», wo Freud unter Generälen, deren Aufzug ihn an Papageien oder an die «rotblauen Schwielen des Mandrills» erinnerte[7], vier Wochen lang den «Sanität» spielte, erreichte ihn ihre aggressive Mahnung, die Hochzeit aufzuschieben: «Laß erst wieder Ruhe und Frieden in Dein jetzt vollkommen zerstörtes Gemüt eintreten. Du hast durchaus keinen Grund zu diesem an's Krankhafte streifenden Unmuth und Kleinmuth, so kannst Du weder verdienen noch studieren (...). Die ewigen Zahlen schlage Dir aus dem Sinn, und werde vor allen Dingen wieder ein vernünftiger Mann, augenblicklich bist du wie ein verzogenes Kind, dem nicht sein Wille geschieht, da weint es, und glaubt dadurch alles zu erreichen.»[8]

Am 11. September 1886, einen Tag nach seiner Entlassung aus dem Militärdienst, reiste Freud nach Wandsbek. Das Geld dafür mußte er sich von Minna leihen, von seinen Ersparnissen hatte er seiner Braut eine schöne goldene Uhr gekauft. In den Nächten vor der Hochzeit lehrte ihn Marthas Onkel, Elias Philipp, die hebräischen Gebete, die er dabei aufsagen mußte. Er hatte unbedingt in Deutschland heiraten wollen, wo die Ziviltrauung anerkannt wurde; erst kurz vor dem Termin erfuhr er, daß diese in Österreich nicht gültig war. Dabei hatte er sogar, nur um der Zeremonie zu entgehen, mit dem Gedanken gespielt, zum Protestantismus zu konvertieren, doch das verhinderte Josef Breuer. So mußte Freud, glücklicherweise im kleinsten Kreis, am 14. September 1886 eine Trauung nach jüdischem Ritus über sich ergehen lassen. Dann reiste das frischvermählte Paar an die Ostsee. Das war, so scherzte er in einem Brief an die Schwiegermutter, der Beginn «des hoffentlich dreißigjährigen Krieges zwischen Sigm. und Martha».[9]

Freud hatte schon in Paris begonnen, seine Erschöpfungszustände und seine Müdigkeit in einem neuen Licht zu sehen, als «ein Stück leichte Krankheit». Vermutlich hatte er sogar eine «sehr anständige neuropathologische Belastung», er brauchte ja nur an den unglücklichen Bruder des Vaters in Breslau mit seinen schwachsinnigen Kindern zu denken und an den Sohn eines anderen – ebenfalls «sehr unglücklichen» – Onkels in Wien, der als Epileptiker gestorben war. Dabei hatte er sich seine Familie immer als eine «nervös unschuldige» vorgestellt, nun mußte er auch seinem Halbbruder Emanuel, seiner Schwester Rosa und sich selbst die «schönste Neigung zur Neurasthenie» diagnostizieren. Aber als Nervenarzt fürchtete er sich vor derlei Geschichten «ungefähr soviel, wie der Matrose vor dem Meer».[10] Und so erkühnte sich Freud, am 15. Oktober, zwei Wochen nach seiner Rückkehr von der Hochzeitsreise, mit einem Bericht über männliche Hysterie vor die «Gesellschaft der Ärzte» zu treten, die damals angesehenste medizinische Standesorganisation. Im Grunde oblag es ihm nur, über seine bei Charcot erworbenen Kenntnisse zu referieren, also stellte er dessen Beobachtungen über die *grande* und die *petite hystérie* dar, hob seine Erkenntnisse über all jene hervor, die bisher als Simulanten gegolten hatten. Denn die Ärzte, hoffentlich erregte er damit keinen Widerspruch, hatten von jener Krankheit, die oft mit Nervosität gleichgesetzt wurde, gewöhnlich einen sehr unklaren Begriff, hielten sie im allgemeinen für ein Frauenleiden. Aber Charcot hatte nachgewiesen, daß Männer dafür genauso anfällig waren, sogar viel häufiger den schweren Typus der *grande hystérie* entwickelten. Freud konnte dies an einem Fall illustrieren, den er in der Salpêtrière studiert hatte, der Geschichte eines jungen Arbeiters, der von einem Gerüst gestürzt war und seither an einer Lähmung des Arms sowie einer Reihe anderer hysterischer Symptome litt.[11]

«Aber Herr Kollege, wie können Sie solchen Unsinn reden!», soll einer der Versammelten, ein alter Chirurg, ausgerufen haben. «Hysteron (sic!) heißt doch der Uterus. Wie kann denn ein Mann hysterisch sein?» Insgesamt fand der Vortrag, so Freud, «eine üble Aufnahme», man erachtete seine Thesen für «unglaubwürdig».[12] So erklärte sein erster Gegenredner, ein Nervenarzt, er habe schon vor sechzehn Jahren zwei Fälle von männlicher Hysterie dargestellt. Auch sein alter Lehrer und

Gönner Theodor Meynert bemerkte, daß er seit zehn Jahren in seiner Klinik Patienten beobachte, die, nach einem traumatischen Unfall, unter epileptischen Anfällen und Bewußtseinsstörungen litten. Freud könne gern zu ihm kommen, um an seinem Material die Stichhaltigkeit der vorgetragenen Behauptungen zu überprüfen, so daß eine exaktere Demonstration möglich wäre. Als Haupteinwand gegen das Referat machte schließlich der Vorsitzende der Gesellschaft, der Internist Heinrich von Bamberger, geltend, daß nichts Neues darin zu finden und in Wien all das längst bekannt sei.[13]

In der Tat gab es zu jener Zeit bereits zahlreiche Untersuchungen zum Thema, umstritten war es dennoch. So hatte im frühen 19. Jahrhundert ein französischer Arzt noch unmißverständlich erklärt, ein Mann könne kein Hysteriker sein, weil er keine Gebärmutter habe. Zeigten Männer dennoch Symptome einer derartigen Erkrankung, so wurden sie als verweiblicht oder homosexuell stigmatisiert. Selbst ein Assistent Charcots schloß sich dieser Auffassung an: «Man kann sich eine parfümierte und pomadisierte femmelette vorstellen, die an diesem bizarren Gebrechen leidet, daß aber ein robuster Arbeiter Nerven und Vapeurs wie eine Dame der Gesellschaft haben soll, das ist zuviel.»[14] Dabei entstammten die männlichen Hysteriker in der Salpêtrière, ähnlich wie die Frauen, den unteren Schichten. Charcot glaubte sogar, daß die Hysterie ihre größte Verbreitung in der Arbeiterklasse habe und man sie bei den Handwerkern suchen müsse, «bei den Zerlumpten, Ausgestossenen, Bettlern und Landstreichern», ja in den Armenasylen, den Zuchthäusern und im Bagno. Denn diese Menschen waren «vielleicht mehr als andere dem erschütternden Einflusse peinlicher Gemüthsbewegungen, der Angst, welche den Kampf ums Dasein begleitet, und der niederdrückenden Wirkung der übermäßigen körperlichen Arbeit preisgegeben». Seiner Meinung nach waren diese viel schwerer zu behandeln als die Frauen, weil auch ihre Anfälle, alles andere als zarte Ohnmachten, spektakulärer, athletischer, akrobatischer, wilder waren. So gab es auch unter ihnen Stars, den «wilden Mann» zum Beispiel, einen ehemaligen Kettensträfling, dessen rechter Arm, auf den das Bild eines Gefängnisdirektors tätowiert war, gelähmt schien, und der später auf Jahrmärkten auftrat. Oder den jungen Schlosser, dessen rechten Hoden Charcot als hysterogene Zone entdeckt hatte: Durch entsprechendes Kneifen oder Drücken ließen sich seine Anfälle, bei denen er sich heftig verdrehte und alle ihm zugänglichen Gegenstände zerriß, einleiten und wieder beenden.[15] Ganz im Gegensatz zur französischen Schule betrachteten amerikanische Neurologen die männliche Hysterie, die man lieber Neurasthenie, nervöse Erschöpfung oder «American Nervousness» nannte, als eine Krankheit der Ober- und Mittelschicht, der Banker und Anwälte. Angeblich litten diese besonders unter der Industrialisierung der Städte, der Beschleunigung des Lebens und der wachsenden Verantwortung, waren überarbeitet und neigten zu maßlosem Ehrgeiz, manchmal auch zu Drogen-, Sex- und Alkoholexzessen. Zur Therapie wurden ihnen Reisen, Abenteuer und Leibesübungen empfohlen, schließlich konnte man doch Männer nicht zu Ruhe- und Mastkuren zwingen, wie man sie den Frauen angedeihen ließ. Den jungen Teddy Roosevelt schickte man, um ihn von ihren «nervösen Krisen» zu kurieren, zum Pferdezureiten nach Dakota.[16]

So hatte Freuds Vortrag, wie schon seine Coca-Studie, zwar nichts völlig Neues zu bieten, doch herrschte allgemeine Unsicherheit über das Krankheitsbild, über den Patientenstand und vor allem über die auslösenden Ursachen der Hysterie. Der junge Privatdozent, in Wien als exakter Physiologe ausgebildet, hatte sich erdreistet, als Charcots Botschafter die Größen des Fachs zu belehren, die von ihm doch eher eine Bestätigung dafür erwartet hatten, daß die Pariser neurologische Schule kaum Neueres zu bieten hatte als die ihrige. Er hatte nur in den höchsten Tönen von seinem Lehrer gesprochen, das vertrugen sie schlecht. Freud hatte außerdem darauf verwiesen, daß Charcot die nach Eisenbahnunfällen auftretenden Störungen und pathologischen Zustände als Hysterien behandelte, worin ihm amerikanische Ärzte zustimmten. Auch darüber waren die Wiener informiert. Für ihn, der jahrelang unter einer Eisenbahnphobie litt – die letztlich wohl mehr eine Furcht war, zu spät zu kommen und den Zug zu versäumen –, war dieses Phänomen von besonderem Interesse. Seine Ängste teilte er jedoch mit vielen Zeitgenossen, denen das zu Beginn des Jahrhunderts erfundene neue Verkehrsmittel unheimlich blieb und die nach Bahnfahrten über Schwindelanfälle und andere Beschwerden klagten.

Und Zugunglücke waren keine Seltenheit, einem, dem schwersten, dem Einsturz der Brücke über den schottischen Tay, bei dem ein Zug ins eiskalte Wasser stürzte und 75 Menschen starben, hatte Theodor Fontane seine Ballade gewidmet, die mit den Worten endet: «Tand, Tand ist das Gebilde von Menschenhand.» Erstmals hatten englische Ärzte in den achtziger Jahren Fälle von traumatischer Hysterie beschrieben, die durch Eisenbahnunfälle ausgelöst worden waren; die Symptome wurden unter dem Namen «railway spine» – Eisenbahnrücken – zusammengefaßt. Charcot wandte seine Trauma-Theorie auch auf Industrieunfälle und Verletzungen an, führte sie allerdings überwiegend auf Veranlagung und Vererbung zurück, auf Alkoholismus, Hysterie, Epilepsie, Wahnsinn in der Familie.[17]

Der letzte Diskussionsredner in der «Gesellschaft der Ärzte» ging ausdrücklich auf den «railway spine» und die Trauma-Theorie ein. Und wenn er sie auch nicht grundsätzlich verwarf, blieb er doch äußerst skeptisch: Wer konnte schon wissen, was die wirkliche Ursache jener rätselhaften Krankheit war? Freud hatte sich, wieder einmal, von seinem Enthusiasmus hinreißen lassen und Erklärungsversuche für Phänomene angeboten, deren Erforschung noch ganz am Anfang stand. Er hatte sich allein auf Charcots Autorität gestützt, von der er so geblendet war, daß er persönliche Erfahrung verallgemeinerte, ein neurologischer Praktiker ohne Krankenmaterial. Er muß dies gespürt haben, denn unaufgefordert präsentierte er fünf Wochen später eine eigene Untersuchung, einen Fall «klassischer hysterischer Hemianästhesie» – halbseitiger Lähmung – bei einem Mann: Der 29jährige Ziseleur August P. litt nach einer schweren Auseinandersetzung mit seinem Bruder unter Zuckungen und Krämpfen, sein Gesichtsfeld war gestört, seine linke Kopfhälfte reizunempfindlich, sein linkes Bein gehorchte ihm nicht mehr. Diesmal klatschte die «Gesellschaft», unter dem Vorsitz Sigmund Exners, seines ehemaligen Kollegen in Brükkes Laboratorium, dem Erfahrungsbericht und «interessanten Vortrag» Beifall – aber «der Eindruck, daß die großen Autoritäten, meine Neuigkeiten abgelehnt hätten, blieb unerschüttert». Meynert versperrte ihm sogar das hirnanatomische Laboratorium, daraufhin habe er sich aus dem akademischen Vereinsleben zurückgezogen, schreibt Freud in seiner *Selbstdarstellung* von 1925, und «die ‹Gesellschaft der Ärzte› seit einem Menschenalter nicht mehr besucht».[18] Seine Erinnerung trog ihn, gleichwohl mag ihm jenes erste Jahr als selbständiger Arzt tatsächlich als das «düsterste und erfolgloseste» seines Lebens erschienen sein. Es folgten noch vier weitere magere Jahre, in denen er fast nichts veröffentlichte, doch die Lektion, die ihn dieser unglückliche Beginn gelehrt hatte, zu beherzigen begann: Eine Theorie mochte gut sein, und der Respekt vor Autoritäten zu den «besten Eigenschaften der menschlichen Natur» gehören, aber all das hatte zurückzustehen vor dem «Respekt vor den Tatsachen». Endlich hatte er Charcots Mahnung verstanden: «La théorie, c'est bon, mais ça n'empêche pas d'exister» – die Theorie ist gut und schön, aber das hindert die Dinge nicht daran zu existieren.

Wenn er von der Behandlung Nervenkranker leben und seine wachsende Familie ernähren wollte, mußte Freud, wie jeder andere Arzt, Behandlungserfolge vorweisen können. Aber in den Anfangsjahren hatte er in seinem «therapeutischen Arsenal» nur zwei Waffen, eine nahezu konventionelle und eine experimentelle, beide gleichermaßen schwach und fehlerbehaftet. So arbeitete er, streng nach dem Handbuch des deutschen Neurologen Wilhelm Heinrich Erb von 1882, zunächst mit Elektrotherapie. Dabei wurden den Patienten an verschiedenen Körperteilen Elektroden angelegt und schwache Stromstöße verabreicht, die ein leichtes Prickeln oder Zucken in den Muskeln erzeugten. Dies war neben den klassischen Wasserbehandlungen oder dem Weir-Mitchell-System, der Ruhe- und

Mastkur, die gängige Behandlungsmethode nicht nur für nervöse Leiden. Freud erkannte jedoch bald, daß sie eigentlich niemals half, sie war eine «phantastische Konstruktion», die nicht mehr Beziehung zur Realität hatte als etwa ein «‹ägyptisches› Traum-Buch», wie es damals so häufig verkauft wurde. Wieder mußte er wieder eine Schicht des naiven Autoritätsglaubens abtragen.[19]

Er begann, sich als Hypnotiseur zu versuchen, und fand sein ideales Medium in der Baronin Anna von Lieben, «einer vornehmen, genial begabten Hysterika, die mir überlassen worden war, weil man nichts mit ihr anzufangen wußte».[20] Seine Patientin, damals um die 40 Jahre alt, «eine Person von ganz ungewöhnlicher, insbesondere künstlerischer Begabung, deren hochentwickelter Sinn für Form sich in vollendet schönen Gedichten kundgab»[21], stammte aus einer der reichsten und vornehmsten jüdischen Familien Wiens. Ihr Vater war der Baron Eduard von Todesco, ihre Mutter Sophie eine Schwester von Theodor Gomperz. Bereits mit fünfzehn Jahren hatte sie nach einer Verkühlung, die Schmerzen im Unterleib nach sich zog, pathologische Symptome entwickelt, Neuralgien und hysterische Anfälle. Danach hatte sie sich in die Obhut ihrer Tante Josephine von Wertheimstein zurückgezogen, die nicht nur einen der glanzvollsten Salons Wiens führte, sondern auch einen der berüchtigtsten, der als wahre Brutstätte von Nervenkrankheiten galt. In ihren frühen Zwanzigern war sie fast ein Jahr lang bettlägerig; die Eltern wollten sie gegen ihren Willen mit einem reichen Adeligen verheiraten. Schließlich entschied sie sich 1870 für den mehr als zehn Jahre älteren jüdischen Bankier Leopold von Lieben, doch änderte sie, unbekümmert um den Mann und die in rascher Folge geborenen Kinder, zwei Töchter und zwei Söhne, ihren exzentrischen Lebensstil nicht, lebte von Kaviar und Champagner und hielt sich, als Nachtmensch, zur Unterhaltung einen Schachspieler, der stets vor ihrem Zimmer zu warten hatte. 1882 wurde Anna von Lieben, die nur während ihrer Schwangerschaften frei schien von ihren hysterischen Anfällen und Schmerzen, schließlich morphiumsüchtig.

Vielleicht hatte ihr Schwager, Franz Brentano, darauf gedrängt, sie dem unbekannten jungen Nervenarzt zu «überlassen». Er hatte 1880 Ida, eine Schwester des Barons von Lieben, geheiratet und sich schon früher als sein ehemaliger Schüler mit hypnotischen Phänomen beschäftigt.[22] Freud hatte einiges nachzuholen, in der Praxis nutzte ihm Charcots experimentelle Anwendung der Hypnose, die künstliche Erzeugung und Beendung hysterischer Zustände, wenig. Er begann sich für die mit Paris konkurrierende Schule von Nancy zu interessieren und entschloß sich im Herbst 1887, Hippolyte Bernheims Buch *De la suggestion et des applications à la therapeutique* zu übersetzen, ganz im Sinne der darin dargestellten «mächtigen therapeutischen Methode, (...) welche sogar für die Bekämpfung gewisser nervöser Störungen die passendste, dem Mechanismus dieser Störungen adäquateste zu sein scheint».[23] Bernheim, Professor an der medizinischen Fakultät von Nancy, hatte das Verfahren der «hypnotischen Suggestion» durch den Landarzt Ambroise Liébeault entdeckt, der in seiner «Klinik», nämlich in seinem Garten, wo stets reges Gedränge herrschte, manchmal mehrere Dutzend Kranke an einem Vormittag mit sanfter Stimme in den Schlaf «redete», um dann einige, meist recht allgemeine Empfehlungen zu geben: «Sie werden gesund werden; die Verdauung wird sich bessern; Sie werden gut schlafen ...»[24]

Im Krankenhaus rationalisierte man diese Methode, indem man die Patienten gruppenweise in Zimmern zusammenlegte, so daß der Hypnotiseur noch besser von der «ansteckenden» Wirkung der Suggestion profitieren konnte und «der Reihe nach in kürzester Zeit sieben oder acht Patienten einzuschläfern» vermochte: Sie stürzten «zu Boden wie die Fliegen». Der Arzt sollte bei diesem «Kampf der Gehirne» mit ruhiger und kalter Sicherheit vorgehen, damit der Kranke nicht mit Widerstand, mit einer Gegensuggestion reagieren konnte, den Schlaf verweigerte oder immer wieder erwachte – oder, wie gerade der Hysteriker, mit «boshafter Genugtuung» sich verhärtete und seine Leiden durch wuchernde Symptome verlängerte. Solche Patienten sollten am besten einfach als geheilt entlassen werden.[25]

Zum Garanten für die «Echtheit» der Suggestion wurde die Beobachtung erhoben, die Konzentration auf die Aktionen und die Physiognomie der Versuchsperson, worin sich der «innere Kampf» zwischen dem Willen des Kranken und der ihm eingegebenen Idee abzeichnen sollte – als ob dieser auf einer Bühne stünde, Schauspieler und Zuschauer zugleich im großen «Gehirntheater», dem Träumen so ähnlich. «Tout est dans la suggestion», das war Bernheims Parole.[26]

1889 glaubte Freud, Anna von Lieben durch die Hypnosetherapie «eine menschenwürdige Existenz ermöglicht», sie aus ihrem elenden Zustand herausgehoben zu haben. Ihre regelmäßigen Rückfälle erklärte er sich damit, daß sie nie einen «Grad von Somnambulismus mit Amnesie» erreicht hatte. Er mußte seine Technik verbessern, darum reiste er im gleichen Jahr – mit seiner Patientin – nach Nancy, wo er den «rührenden alten Liébeault» bei seiner Arbeit mit den Armen beobachtete und im Krankenhaus die erstaunlichen Experimente Bernheims erlebte. Er sah zu, wie dieser einem Mann, den er in somnambulen Zustand versetzt hatte, alle möglichen Erlebnisse suggerierte; beim Erwachen konnte der Patient sich an nichts erinnern. Erst auf Drängen Bernheims gab er nach und nach und immer vollständiger seine Erinnerungen wieder – er mußte um diese also auch vorher gewußt haben: Sie waren ihm nur unzugänglich, er wußte nicht, daß er sie wisse. Aber auch Bernheim war, trotz wiederholter Versuche, nicht imstande, Anna von Lieben in jene tiefe Hypnose zu versetzen, die Freud damals für ein Allheilmittel hielt. Der große Fachmann rechtfertigte sich damit, daß er seine Erfolge nur im Spital, nicht an Privatpatienten erziele.[27]

Freuds Kranke litt weiterhin unter Halluzinationen, Schmerzen und Krämpfen. Wegen ihrer zwei- oder dreimal im Jahr auftretenden Gesichtsneuralgie ließ sie sich sogar fast alle Zähne ziehen, auch das half nicht. Er versuchte, in der Hypnose jene traumatische Szene wiederzubeleben, die ihr Leiden ausgelöst hatte. Sie erinnerte sich an eine besonders kränkende Bemerkung ihres Mannes, die wie ein Schlag ins Gesicht gewesen war.

Danach hörten die Schmerzen auf. Freud verstand, daß man ihr Gelegenheit geben mußte, «sich die Reminiszenz, die sie gerade quälte, (...) in der Hypnose abzusprechen».[28] Sie schrieb über ihre Therapie ein Gedicht – *Krankengeschichte*:

> Jugend, die zu früh begraben,
> Muß noch einmal Leben haben,
> Einmal noch den Odem trinken,
> Um für immer zu versinken.[29]

Bis 1893 blieb sie in seiner Behandlung. Ihre chronischen Schmerzen und wiederkehrenden Anfälle dauerten bis zu ihrem Tod. Im Oktober 1900, mit 53 Jahren, starb sie an Herzversagen. Anna von Lieben, die er 1895 in den gemeinsam mit Breuer verfaßten *Studien über Hysterie* nur am Rande, unter dem Namen Cäcilie M., auftreten läßt, war Freuds «Primadonna» gewesen, seine erste Lehrmeisterin.

KRANKENNOVELLEN

In Nancy hatte er die stärksten Eindrücke von der Möglichkeit
mächtiger seelischer Vorgänge empfangen, aber sein Vertrauen
in die hypnotische Suggestion war gleichwohl erschüttert worden, alles war wieder nur ein Anfang gewesen. Anna von Lieben
wies ihm den Weg, und der führte ihn zurück zu dem Freund,
dem Lehrer Josef Breuer, zurück in die Jahre 1882 und 1883,
als sie lange Gespräche führten über *moral insanity* und Nervenkrankheiten, merkwürdige Fälle, bei denen auch Marthas
Freundin Bertha Pappenheim alias Anna O. «auf's Tapet» kam.
1880 hatte Breuer begonnen, sie zu behandeln, ein Mädchen
von gerade 21 Jahren aus einer reichen jüdisch-orthodoxen
Familie, das, weil ihr die Eltern eine ihrem Intellekt entsprechende Bildung verwehrten, sich schon früh aus der Monotonie
des Alltags in Tagträumereien, in ihr «Privattheater», geflüchtet
hatte. Sie bot das ganze bunte Bild hysterischer Symptome, die
sich dramatisch steigerten. Sie halluzinierte von Schlangen und
Totenköpfen, und sie verlernte langsam das Sprechen. Allenfalls
in Fremdsprachen vermochte sie sich, auf Drängen des Arztes,
auszudrücken, bis sich ihr Zustand langsam besserte.
Doch als im Frühjahr 1881 ihr Vater starb, den sie während
seiner schweren Erkrankung, einer komplizierten Rippenfell-
entzündung, gepflegt hatte, erkannte sie niemanden mehr außer
Breuer, aß nur noch, wenn dieser sie fütterte. Es bestand Selbst-
mordgefahr, so daß Breuer sie in ein Sanatorium verlegen ließ.
Dabei war sie, des Tags von ihren Halluzinationen gehetzt, am
Abend, in der Nacht, wenn sie davon erzählen konnte, vollkommen klar, ruhig, heiter. Das Reden, zumeist durch Hypnose in Gang gebracht, ließ ihre Symptome verschwinden, sie
nannte es spöttisch *chimney sweeping* – Kaminfegen – oder

ihre *talking cure*, ihre Redekur. Sie erzählte traurige kleine Phantasien, schwarze düstere Geschichten, aber sobald sie sich ausgesprochen hatte, schien sie befreit von Grauen und Angst. Auch die mit einem realen oder imaginierten Ereignis in Zusammenhang stehenden körperlichen Symptome verschwanden, sobald sie in der «Redekur» ihr erstmaliges Auftreten rekonstruiert hatte.[1]

Es stellte sich schließlich heraus, daß all ihre Symptome sich zurückführen ließen auf Erlebnisse am Krankenbett des Vaters. Im Winter 1881/82 jedoch lebte Bertha Pappenheim nunmehr gleichsam in zwei Welten: im Wachzustand, bei Tag, wie alle anderen in der Gegenwart und nachts unter der Hypnose in der Vergangenheit, in jenen Monaten, da sie den Vater pflegte. All die halluzinatorischen Erinnerungen, die sie Breuer mitteilte, waren wahr, ihre Mutter bestätigte es ihm. Indem sie davon erzählte, Erlebtes und Empfundenes «abreagierte», wie ihr Arzt dies nannte, befreite sie sich nach und nach von ihrer Krankheit. Anna O. war genesen, im Sommer 1882 beendete sie ihre Behandlung, begab sich zur Wiederherstellung ihres seelischen Gleichgewichts auf eine längere Reise und erfreute sich seither «vollständiger Gesundheit». Breuer hatte gefunden, was er, nach dem nicht zuletzt auf Jacob Bernays zurückgehenden Modewort, das «kathartische Verfahren» nannte, eine Therapie, die dem Kranken die Möglichkeit gab, starke Emotionen, die im «normalen» Leben unterdrückt, «auf falsche Bahnen geraten und dort gleichsam eingeklemmt» waren, wiederzubeleben und sich so davon zu befreien.[2]

Nur war Bertha Pappenheim keineswegs geheilt, ihre längere Reise ging in die Schweiz, nach Kreuzlingen, zu Dr. Robert Binswanger ins Sanatorium Bellevue. Dorthin hatte Breuer seine Patientin überwiesen, die von Chloral abhängig war, das er ihr gegen ihre Schlafstörungen verschrieben hatte, und schließlich auch von Morphium, das sie wegen ihrer heftigen Gesichtsschmerzen brauchte. Die Entwöhnung wollte Breuer nicht mit ihr durchführen, er fühlte sich machtlos gegen ihre Aufregungszustände. Sie wurde auch im Bellevue von Schmerzen geplagt und schien noch immer unfähig, deutsch zu sprechen oder zu verstehen. 1883 gestand Breuer Freud, sie sei «ganz zerrüttet». Aber sie erholte sich wieder. Neue Sanatoriumsaufenthalte folgten. 1888 übersiedelte sie nach Frankfurt, und sie begann wieder, ihre melancholischen Geschichten zu erzählen. Unter einem Pseudonym veröffentlichte sie eine Sammlung, *In der Trödelbude*. Im selben Jahr fing sie an, sich sozial zu engagieren. Sie arbeitete in Armenküchen für jüdische Einwanderer aus dem Osten, in Flickschulen und in einem Mädchenklub, später wurde sie Leiterin eines Waisenhauses. Sie übersetzte Mary Wollstonecrafts *Verteidigung der Rechte der Frauen*, eine der ersten feministischen Kampfschriften, und veröffentlichte 1900 ihr wichtigstes Werk, *Die Judenfrage in Galizien*, über den Zusammenhang zwischen Armut, mangelnder Bildung und dem Mädchenhandel, der «weißen Prostitution».[3] Aus Anna O. war, wie Freud später schrieb, eine Frau geworden, die «bedeutsamer Leistungen»[4] fähig war, eine kämpferische Schriftstellerin, Gründerin des «Jüdischen Frauenbundes», die erste Sozialarbeiterin des modernen Deutschland. Über die Psychoanalyse sagte Bertha Pappenheim nur, sie sei «in der Hand des Arztes, was die Beichte in der Hand des katholischen Arztes ist; es hängt von dem Anwender und der Anwendung ab, ob sie ein gutes Instrument oder ein zweischneidiges Schwert ist».[5]

Freud selbst hat an dem Mythos Anna O. fleißig mitgeschrieben. Stefan Zweig erzählte er 1932, am Abend jenes Tages, da all ihre Symptome bewältigt schienen, sei Breuer wieder zu ihr gerufen worden und habe sie verworren, sich in Unterleibskrämpfen windend, vorgefunden. «Jetzt kommt das Kind, das ich von Dr. Br. habe», sagte sie ihm, der «in konventionellem Entsetzen» die Flucht ergriff und die Kranke einem Kollegen überließ. Danach habe sie noch monatelang in einem Sanatorium um ihre Gesundung gekämpft. Ein wenig boshaft und reichlich dunkel kommentierte Freud das Verhalten des einstigen Freundes: «In diesem Moment hatte er den Schlüssel in der Hand, der den Weg zu den Müttern geöffnet hätte, aber er ließ ihn fallen.»[6] Denn in der ganzen Geschichte der Anna O.

ging es weniger um jene schattenhaften Gestalten, sondern um die Väter und Ersatzväter, die Ärzte. Breuer hatte, als er den Fall für die 1895 erschienenen *Studien über Hysterie* darstellte, nur angemerkt, das sexuale Element sei im Leben seiner Patientin erstaunlich unentwickelt gewesen, nie habe sie eine Liebe gehabt. Vielleicht hatte er Freud mehr anvertraut über jenes «Element», ihn jedenfalls dringlich gebeten, Martha die Geschichte ihrer Freundin erst nach der Heirat zu erzählen. Die unschuldige Braut sah viel klarer als ihr Verlobter: «Mir hat es oft schon auf der Zunge gelegen, Dich darum zu fragen, weshalb er Bertha aufgegeben hat.» Zwar hätte man dies einfach als Eingeständnis seines Unvermögens, sie wirklich zu heilen, werten können, aber merkwürdig blieb es doch: Denn «der armen Bertha ist nie ein Mann näher getreten als ihr jeweiliger Arzt, das heißt die hätte als Gesunde schon das Zeug dazu, dem vernünftigsten Manne den Kopf zu verdrehen, ist das ein Unglück mit den Mädchen, nicht wahr?»[7]

Doch damals, frisch aus der Schule Charcots gekommen, sah Freud noch keine Verbindung zwischen Hysterie und Sexualität, eine solche Vorstellung erschien ihm als eine Art Schimpf, und nicht anders empfanden es wohl die Patientinnen selber. Er wollte, ebenso wie Breuer, die *secrets d'alcôve* aus Theorie und Praxis heraushalten, dabei wußte der erfahrenere ältere Arzt genau, daß die Konflikte der Nervösen auf eben jene Geheimnisse des Ehebetts zurückzuführen waren. Freud hatte auch Charcots Bemerkung vergessen: «Mais dans des cas pareils, c'est toujours la chose génitale, toujours ... toujours ... toujours.» Er war taub gegen den Zynismus des Gynäkologen Chrobak, der ihm eine Patientin mit Angstanfällen überwiesen hatte, die wegen der Impotenz ihres Mannes nach achtzehn Jahren Ehe noch *virgo intacta* war. Das einzige Rezept, das nach Chrobaks Meinung dagegen half, konnten die Ärzte nicht verordnen: «Penis normalis dosim repetatur!» Freud hatte das erotische Theater der Hysterie nicht verstanden.[8]

Doch er lernte zuzuhören. Er begann, die «kathartische Therapie», die gemeinsame Entdeckung einer genialen Kranken und eines verständnisvollen Arztes, anzuwenden, und er begriff, daß er den Geschichten seiner Patienten lauschen mußte, so langweilig, so belanglos und voll der Wiederholungen diese auch sein mochten. Emmy von N., der er die ersten seiner Fallbeschreibungen in den *Studien über Hysterie* widmete, wurde geradezu ärgerlich, wenn er sie mit seinen bohrenden Fragen unterbrach. Er sollte sie erzählen lassen, was sie ihm zu sagen hatte. So hörte er sich die Geschichten aus ihrer Kindheit und Jugend und aus ihrer Ehe an, doch noch immer versuchte er am Ende jeder Behandlung, ihre Erinnerungen – und damit hoffentlich auch ihre Symptome – «wegzuwischen», in Bernheimscher Manier wegzusuggerieren. Aber sie zwang ihm ihren Rhythmus auf, und bald schon konnte sie auch im wachen Zustand, während Freud sie massierte, von Erinnerungen und neuen Eindrücken reden, sich ganz unerwartete Reminiszenzen «absprechen», indem sie sich einfach ihrem Gedankenstrom überließ: «Es ist, als hätte sie sich mein Verfahren zu eigen gemacht und benützte die anscheinend ungezwungene und vom Zufalle geleitete Konversation zur Ergänzung der Hypnose.»[9] Nur wußte sie von diesem Verfahren damals mehr als ihr schüchterner junger Arzt.

Emmy von N. – Fanny Moser mit wirklichem Namen – war eine der reichsten Frauen Europas, eine «etwa 40jährige Dame» von ungewöhnlicher Bildung und Intelligenz, aus altem deutsch-schweizerischen Adel stammend, Erbin des Vermögens ihres mehr als vierzig Jahre älteren Mannes, eines Uhrenfabrikanten und Waggonbauers. Sie war 23 gewesen, als sie den 65jährigen Heinrich Moser geheiratet hatte, jünger als seine Kinder aus erster Ehe, die sie als unerwünschte Stiefmutter ablehnten. Sie hatte bis dahin ohnehin so viel Unglück ertragen, daß es für ein Leben, zumindest für eine Krankengeschichte, reichte. Von ihren dreizehn Geschwistern lebten, als sie 1888 nach Wien zur Behandlung kam, nur noch vier; mit fünfzehn hatte sie ihre Mutter nach einem Schlaganfall auf dem Boden liegend gefunden, vier Jahre später entdeckte sie beim Nachhausekommen ihren Leichnam. Erst in der Ehe schien ihr ein wenig Glück zuteil zu werden, 1872 kam ihre Tochter Fanny zur Welt, zwei Jahre später Mentona. Einige Tage nach deren Geburt jedoch starb ihr Mann an plötzlichem Herzversagen; kaum vier Jahre waren sie verheiratet gewesen. Seine Kinder aus erster Ehe beschuldigten sie, ihn vergiftet zu haben, die Leiche wurde exhumiert, Beweise wurden nicht gefunden, der Verdacht blieb.

Nach dem Tod ihres Mannes begann sie zu reisen, meist in Kurorte oder Bäder, eine chronisch Kranke, eine Exzentrikerin, von der Aura des Skandals umgeben, eine Philanthropin und Kunstmäzenin, die in ihrem Salon die Psychiater Auguste Forel und Eugen Bleuler und den Philosophen Ludwig Klages empfing, den Mann, der Freud der «Pfuscherpsychologie» zieh.[10] Sie litt, als sie ihre Behandlung in Wien begann, an Schlaflosigkeit, unerklärlichen Schmerzen und konvulsiven Tics, einem seltsamen Schnalzen beim Sprechen. Sie halluzinierte von Ratten und Schlangen, so daß Freud sie schließlich von ihren Töchtern trennte und in einem Sanatorium unterbrachte, wo er sie täglich besuchte. Fanny verstrickte ihn in einen Machtkampf, dessen Bedeutung er erst viel später verstand. Sie weigerte sich zu essen, er drohte mit dem Abbruch der Kur. Ihre Versprechen, gefügig zu sein, waren nie von Dauer, sie wollte sich nicht belehren lassen. Als er ihr, nachdem sich ihr Zustand gebessert hatte, eine Reise erlaubte, verfiel sie, aus Schuldgefühl und Selbstvorwurf, wieder in ihre alten Leiden – und kehrte, für eine Zeit, zu ihm zurück.

Im Frühjahr 1891 bat sie ihn, in die Schweiz, auf ihr Schloß zu kommen, da ihre älteste Tochter inzwischen an ganz ähnlichen Störungen litt wie sie selber. Aber auch sie hatte wieder ein Symptom entwickelt, eine Phobie vor Eisenbahnfahrten. Die war ihm nicht fremd, doch deutete er sie als Vorwand, sich nicht wieder nach Wien, in seine Behandlung zu begeben. Er hypnotisierte sie, und diesmal zwang Freud ihr seinen Willen auf und brachte sie, die missionarische Abstinenzlerin, dazu, ihn um ein Glas Rotwein zu bitten. Das war das Ende der Behandlung. Doch erbat sie sich 1893 von ihm die Erlaubnis, einen anderen Hypnotiseur aufzusuchen. Er verzichtete schriftlich auf dies Vorrecht.[11] Fanny Moser hatte ihn gelehrt, daß die Hypnose, auch wenn sie im Dienst der Katharsis angewendet wurde, keinen Heilerfolg brachte, daß selbst die schönsten Resultate «weggewischt» wurden, wenn das persönliche Verhältnis zwischen Arzt und Patient sich trübte. Er begriff allmählich, daß selbst den Beichten seiner Kranken nicht zu trauen war. Man mußte lernen, ihre Mienen zu studieren, wie schon Bernheim vorgeschlagen hatte. Arthur Schnitzler war in seinem *Anatol*-Zyklus aus jener Zeit zu einem radikaleren Schluß gekommen: «Daß die Weiber auch in der Hypnose lügen ...»

Der in seinen Konventionen befangene Freud war noch immer naiv genug zu glauben, daß seine dramatische Heldin ein Opfer ihrer Tugend wurde und um der Töchter willen, die einst das väterliche Vermögen erben sollten, darauf verzichtete, sich wieder zu verheiraten. Er ahnte zwar einen Zusammenhang zwischen Sexualität und Neurose, gewiß hatte ihr Verzicht auf ihre Bedürfnisse sie krank gemacht. Doch konnte und mochte er sich nicht vorstellen, daß es Kompromisse gab, daß auch Frauen, gar eine Dame von solch «sittlichem Ernst», pflichtbewußt und fast männlich intelligent, ein Doppelleben führen konnten. Wann Fanny Moser dies begonnen hatte, läßt sich nicht genau sagen. Sie suchte weiterhin nach Heilung, eine jener Frauen, die ihre Ärzte wechseln wie ihre Liebhaber. Und nicht alle seine Kollegen waren so puritanisch gesinnt wie Freud. Eine Weile lebte seine ehemalige Patientin schließlich mit einem jungen italienischen Arzt zusammen, einem «nichtssagenden, geckenhaft gekleideten Menschen, mit Brillantnadel in der Krawatte».[12]

Die Geschichte hatte gleichwohl ein ironisches Nachspiel für Freud. 1918 ersuchte ihn Fanny Mosers ältere Tochter, deren Hysterie er einst auf das Mißverhältnis zwischen ihrem unangemessenen Ehrgeiz und ihrer kärglichen Begabung zurückgeführt hatte, um ein Gutachten über den Geisteszustand der Mutter. Die Siebzigjährige, eine weißhaarige, sehr korpulente Dame, schwerfällig und gebrechlich, hatte sich in einen viel Jüngeren verliebt und wollte ihn heiraten, einen Betrüger, dem sie bedenkenlos Blankoschecks ausgestellt hatte und von dem sie sich zu riskanten Spekulationen, sogar zum Verkauf ihres Schlosses verleiten ließ. Ihre Tochter Fanny, inzwischen selbst Ärztin, wollte der Mutter, dieser rücksichtslos grausamen Tyrannin, die ihre Kinder verstoßen und im Elend gelassen habe, die Verfügung über das Erbe entziehen. Freud, noch immer loyal gegen die ehemalige Patientin, antwortete der Kollegin, daß die Mutter ein Opfer ihrer Ambivalenz, ihrer Haßliebe zu den Töchtern geworden und «dieser edle Charakter in dem ungelösten Konflikt ihres Lebens zu Grunde gegangen» sei.[13]

Seine Emmy von N. lebte noch sechs Jahre, zumeist in dem Wahn, völlig verarmt zu sein und nicht einmal Geld für die nächste Mahlzeit zu haben. In ihrem Testament hinterließ sie den Töchtern nur den Pflichtteil; die ältere, die sich als Ärztin und Forscherin einen Ruf erwarb, prozessierte erfolglos dagegen.[14] Ihre Schwester Mentona, die Rebellin der Familie, war zu jener Zeit Leiterin der Frauenabteilung der Kommunistischen Partei der Schweiz und übersiedelte 1926 in die Sowjetunion. 1950 lud Wilhelm Pieck, der Präsident der DDR, die Schwerkranke, die den Großteil ihres Erbes der Partei zur Verfügung gestellt hatte und fast mittellos in Zürich lebte, nach Berlin ein. Als sie 1971 mit fast hundert Jahren starb, erhielt sie eine Bestattung im Ehrenhain in der Gedenkstätte der Sozialisten auf dem Friedhof Berlin-Friedrichsfelde.[15]

Im ausgehenden 19. Jahrhundert, im goldenen Zeitalter der Hysterie, waren nur wenige bereit, in dieser Krankheit, die sich so oft in Lähmungen und Gehhemmungen äußerte, ein Aufbegehren gegen Erziehung und Moral zu erkennen. Erst viel später wurde die «Hysterikerin, die das Wunderbare wollte» als Vorläuferin des Feminismus reklamiert. Immerhin hatten Breuer wie Freud diese Spur aufgenommen und waren ihren Patientinnen, wenn auch zögerlich und mit allen Vorurteilen der Zeit behaftet, ein Stück gefolgt. So erkannte Freud, daß die dreißigjährige englische Gouvernante, die Lucy R. der *Studien*, die unter chronischem Schnupfen litt und von verbrannten Mehlspeisen halluzinierte, nicht allein an dem Konflikt verzweifelte zwischen ihrer Verpflichtung gegenüber den ihr anvertrauten Kindern und ihrem Wunsch, die Stelle aufzugeben. Sie hatte, als sich dieses Problem ihr zum erstenmal deutlicher zeigte, gerade einen Kuchen gebacken und ihn verbrennen lassen. Doch zu alledem nährte sie in sich die heimliche Hoffnung, die Liebe ihres Dienstherrn, eines Witwers, zu gewinnen und ihn zu heiraten. Nun glaubte sie, überall Zigarren zu riechen, auf der Couch des starken Rauchers Freud tat sie dies ganz sicherlich. Jedenfalls führte er sie auf den rechten Weg der Pflicht zurück, obwohl er zugeben mußte, daß ihr Geruchssinn am Ende der neunwöchigen Kur nicht ganz wiederhergestellt war. Aber er hatte erkannt, daß der Mechanismus, der die Hysterie erzeugte, eine Form von Abwehr war, die aus einem «Akte moralischer Zaghaftigkeit» und aus Selbstschutz entstand und durchaus zweckmäßig, also den Verhältnissen angepaßt sein konnte: Viel häufiger mußte man, so Freud, zu dem Schluß kommen, daß ein größeres Maß von «moralischem Mute ein Vorteil für das Individuum gewesen wäre».[16]

Freud hatte die Hypnose noch immer nicht völlig aufgegeben. Im Oktober 1892 versprach er Theodor Gomperz, mit dieser Therapie seine Frau Elise sicher heilen zu können. Sie war schon seit 1886 seine Patientin, Charcot höchstpersönlich hatte ihrem Mann geraten, seinen Schüler Freud zu konsultieren, als dieser sich ob ihrer Nervosität, «Erbteil eines uralten Culturvolkes und des großstädtischen Lebens», zu sorgen begann. Aber Theodor Gomperz war skeptisch gegenüber Freuds «Heilmittel», «so unheimlich und noch so wenig erprobt», ein Medikament, das man noch nicht zu dosieren wußte und das bei unangemessenem Gebrauch als Gift wirken konnte. Schließlich gab er der «Schule der Hallucination» die Schuld an der Reizbarkeit und Überempfindlichkeit seiner Frau, «immer nur Ohrenbeichte u. Hypnose – davon haben wir keine Wunder gesehen; ich konnte nur stets zunehmende Verschlimmerung constatiren». Dennoch blieb Elise Gomperz ihrem Arzt treu verbunden und wurde eine großzügige Gönnerin; Jahre später konsultierte auch ihr Sohn Heinrich ihn.[17]

Freud war kein Sozialrevolutionär, sondern Arzt, und ein sehr unsicherer dazu. So klagte Arthur Koestlers Mutter über den «ekelhaften Kerl», der ihr 1899 den Nacken massierte und dabei alberne Fragen stellte; nach drei Sitzungen hatte sie genug von ihm.[18] Er wußte, daß er manchmal nicht mehr als Trostpflästerchen verteilen konnte. Selbst im Falle der Elisabeth von R. schien dies das einzige Heilmittel, über das er verfügte. Sie war, Ilona Weiss mit wirklichem Namen, die jüngste von drei Töchtern einer wohlhabenden ungarischen Familie. Wie Bertha Pappenheim hatte sie ihren kranken Vater bis zu seinem Tod gepflegt, zwei Jahre danach klagte sie über chronische Beinschmerzen und Gehprobleme bis hin zu zeitweiliger Bewegungsunfähigkeit, eine nahezu klassische Hysterikerin. Freud hatte herzliches Mitleid mit der jungen Frau, die, ehrgeizig und liebebedürftig, in fast völliger Abgeschiedenheit lebte, als Stütze ihrer leidenden Mutter. Ihre beiden Schwestern waren verheiratet, die mittlere starb bei der Geburt ihres zweites Kindes, und Ilona Weiss machte dafür den Witwer verantwortlich, denselben Mann, den sie zuvor hochgeschätzt hatte. Als Nervenarzt, als Forscher wollte Freud sich mit einer banalen Leidensgeschichte nicht zufriedengeben. Zum Zwecke der Bewußtseinserweiterung versuchte er es wieder einmal mit Hypnose, aber seine Patientin war dafür völlig unzugänglich. So bediente er sich des Kunstgriffs, den er bei Bernheim beobachtet hatte. Er drückte ihr die Hand auf den Kopf und forderte sie auf, ihm in vollster Aufrichtigkeit alles mitzuteilen, was ihr in diesem Augenblick in den Sinn kam, und nichts auszulassen, egal, wie peinlich, unsinnig oder unwichtig ihr ein Gedanke oder Einfall auch erscheinen mochte. Ilona Weiss ließ ihn jene Technik entdecken, die er die «freie Assoziation» nannte.

Nach langem Schweigen begann seine Patientin zu erzählen, von einer ersten gescheiterten Liebe, von Sehnsucht und Hoffnung, die sie der Pflicht gegen den kranken Vater geopfert hatte. Aber wiewohl hier ein ähnlicher Mechanismus wie im Fall der englischen Gouvernante zu erkennen war, die Verdrängung einer erotischen Vorstellung und die Konversion des Affekts in ein körperliches Mißempfinden, hörten ihre Schmerzen nicht auf. Die Geschichte war Freud nicht plausibel genug. Die Patientin, die manchmal erzählte, als läse sie aus einem Bilderbuch, blieb viel zu widerspenstig, zu verschwiegen. Aber der entschlossene Arzt ließ in seinem Druck nicht nach, und endlich kam er zu seinem Ziel: Ilona Weiss war verliebt in den Schwager. Als sie am Totenbett der Schwester stand, schoß es ihr, «wie ein greller Blitz durchs Dunkel», durch den Kopf, daß der heimlich angebetete Mann ja nun wieder frei war, frei für sie. So hatte sich «die Mühe des Analytikers reichlich gelohnt»[19], für den Therapeuten aber kam eine böse Zeit. Die uneinsichtige Patientin wollte ihm nicht glauben. Er mußte ihr, seines Deutungstriumphs gewiß, die Möglichkeit geben, ihre aufgespeicherte Erregung abzureagieren. Vielleicht wäre die Ehe die beste Therapie gewesen, aber Ilona Weiss' Mutter, die er darob befragte, hielt eine Verbindung mit dem Witwer für ausgeschlossen. Der fortgeschrittene Sommer, wenn Freud gewohnheitsmäßig die Stadt verließ, drängte dazu, die Behandlung zu beenden, auch wenn die Patientin ihre verhaltenen Gefühle noch nicht völlig abreagiert hatte. Von ihrer Mutter erfuhr er einige Wochen später, daß sie wieder heftige Schmerzen gehabt habe und ihrem indiskreten Arzt zürne, die Kur also wohl gründlich mißlungen sei. Freud verzichtete auf eine Antwort, da er überzeugt war, daß sich alles «zurechtschütteln» werde. Im Frühjahr 1894 besuchte er einen Hausball, auf dem er die einstige Kranke «im raschen Tanz dahinfliegen» sah. Später verheiratete sie sich «aus freier Neigung mit einem Fremden»[20] – Freud hatte sein *happy end* bekommen. Ilona Weiss wollte sich später nur an einen «jungen bärtigen Nervenspezialisten» erinnern, der ihr einzureden versucht hatte, sie sei in ihren Schwager verliebt, «aber das war nicht wirklich so».[21]

Freud konnte dennoch eine gewisse Beunruhigung über seine Darstellung des Falls nicht verschweigen. Er war schließlich nicht immer Psychotherapeut gewesen, sondern Neuropathologe, auf Lokaldiagnosen und Elektroprognostik spezialisiert. Die nutzten wenig bei Studium und Behandlung der Hysterie.

Aber jetzt lasen sich seine Krankengeschichten wie «Novellen», ohne den tiefen Ernst der Wissenschaft. Nun, das lag eben in der «Natur des Gegenstandes», der aufgrund der «innigen Verbindung zwischen Leidensgeschichte und Krankheitssymptomen» einer so eingehenden Darstellung bedurfte, «wie man sie vom Dichter zu erhalten gewohnt ist»[22]. Nur so konnte man Einsicht in die Hysterie gewinnen. Immerhin hatten Breuer und er einige Grundzüge jener Krankheit erkannt, auch wenn es noch Jahre dauern sollte, bis Freud daraus die entsprechenden Schlüsse zu ziehen vermochte. Schon in der 1893 erschienenen «Vorläufigen Mitteilung» *Über den psychischen Mechanismus hysterischer Phänomene* hatten die beiden Ärzte die denkwürdige Grundthese aufgestellt, «der Hysterische leide größtenteils an Reminiszenzen».[23] Diesen Erinnerungen lagen psychische Traumen zugrunde, die nicht genügend «abreagiert» worden waren, weil das, wie beim Verlust einer geliebten Person, unmöglich schien oder weil der Kranke sie vergessen und aus seinem bewußten Denken verdrängen wollte. Dabei war das Trauma nach ihrer Theorie gar nicht der eigentliche *agent provocateur*, der das Symptom auslöste, bis es sich schließlich verselbständigte. Viel eher glich ein psychisches Trauma beziehungsweise die Erinnerung daran einem Fremdkörper, der noch lange Zeit nach seinem Eindringen in die Gegenwart wirksam blieb.[24] Getreu dem von Helmholtz postulierten «Ersten Hauptsatz der Thermodynamik» mußte der aufgestaute Affekt, die Erregungssumme, einer anderen Verwendung zugeführt, die unverträgliche Vorstellung durch Konversion ins zumeist Körperliche unschädlich gemacht werden. Die «kathartische Methode» vermochte, so glaubten die beiden Hysterie-Physiologen, die Erinnerung an das traumatisierende Erlebnis wieder voll zu erwecken, sie konnte durch Abreagieren oder «Abfuhr» die hysterischen Symptome verschwinden lassen, wenn es gelang, auch die damaligen Gefühlen des Kranken zum Sprechen zu bringen. Man konnte die Gegenwart nur korrigieren, wenn man sich mit der Vergangenheit beschäftigte.

Als Arzt mit einer unsicheren Praxis war Freud damals vor

allem an therapeutischen Erfolgen interessiert. Nur zu oft bedrängte er noch immer seine Patientinnen mit seinen Fragen und ließ sich trotz aller Skepsis auf rasche Deutungen ein. Deshalb gefiel ihm die Geschichte von der wundersamen Heilung der Wirtstochter Katharina ganz besonders, die knappste und schönste seiner Krankennovellen. Auf einer Bergwanderung auf die Rax, bei der er eigentlich Neurosen und Hysterien vergessen wollte, war er dem 18jährigen Mädchen begegnet. Es hatte ihn im Gasthof bedient und erfahren, daß er Arzt war. So vertraute sie ihm mutig ihre Nöte an, erzählte von Panikzuständen, Schwindel, Erstickungsgefühlen. Sie hatte, als sie sechzehn war, den Onkel in intimer Situation mit einer Kusine entdeckt. Danach waren ihre Schwindelanfälle erstmals aufgetreten, drei Tage lang mußte sie erbrechen. Als sie der Tante davon erzählte, kam es zu schrecklichen Szenen. Schließlich verließ diese den Mann und übernahm eine andere Wirtschaft; die Kusine war inzwischen schwanger geworden. Spontan erinnerte sich Katharina daran, daß der Onkel auch ihr, sie war damals gerade vierzehn, nachgestellt hatte. Aber erst der Anblick des koitierenden Paares rief den Ekel und die Angst wieder wach, die sie damals verspürt hatte. Nach dieser Aussprache, die nur einen Nachmittag dauerte, war Freuds «Patientin» wie verwandelt, erleichtert, mit frischen Augen. Das war in der Tat ein schöner Fall: Wieviel einfacher ließ sich mit diesem Alpenkind doch sprechen als mit den prüden Damen in der Stadtpraxis. In einer Fußnote zu einer Neuauflage der *Studien* wies Freud 1924 darauf hin, daß Katharina – Aurelia Kronich mit wirklichem Namen – nicht die Nichte der Wirtin, sondern deren Tochter war. Der eigene Vater hatte also versucht, sie zu verführen; aus Gründen der Diskretion hatte Freud die «nicht so belanglose» Entstellung damals vorgenommen. Katharinas Hysterie war, ganz klar, eine «Reproduktion jener Angst, die bei jedem der sexuellen Traumen auftrat». Ihre ganze Gewalt konnte diese erst gewinnen, «wenn sich der Jungfrau oder Frau das Verständnis des sexuellen Lebens erschlossen hat». Doch die Geschichte sollte ihn nicht loslassen.[25]

Damals war der so schöne Fall für Freud vor allem eine Bestätigung seines therapeutischen Fortschritts. Denn seine Patienten mußten ja, wie er schon in Bernheims Klinik gesehen hatte, wissen um all das, was sie sonst nur unter Hypnose mitzuteilen vermochten. Mächtiger als die kathartische Arbeit schien die persönliche affektive Beziehung zwischen Arzt und Patient. Einmal hatte ihm eine Patientin, eine seiner «gefügigsten», als sie aus der Hypnose erwachte, sogar die Arme um den Hals geschlungen. Erst der Eintritt eines Dienstmädchens enthob ihn der peinlichen Situation, die er, nüchtern genug, nicht seiner «persönlichen Unwiderstehlichkeit» zuschreiben mochte. Die Hypnose hatte ihm das seltsame, das mystische Kräftespiel, das hier zu wirken schien, nur verschleiert. Er mußte dem viel mühevolleren, gewundeneren und längeren Weg folgen, den ihm seine Lehrmeisterinnen gewiesen hatten. Als einziges Erbe aus Bernheims Labor behielt er «die Lagerung des Patienten auf dem Ruhebett» bei, hinter dem er saß, so daß er jenen sah, aber selbst nicht gesehen werden konnte.[26] Auf diese Weise konnte er seine Kranken studieren wie durch ein Mikroskop – und sich selbst zum Instrument der Erkenntnis machen. Er hätte es auch nicht ertragen, stundenlang angestarrt zu werden. Befragt, warum Arzt und Patient jenen schwierigen Weg gehen sollten und auf welche Weise er denen, die sich auf die mit Teppichen – einen davon, den ersten, hatte ihm sein Schwager Moritz geschenkt – bedeckte Couch betten ließen, denn helfen könne, hatte er nur eine Antwort: Er konnte nichts ändern an den Verhältnissen, die sie krank gemacht hatten. Er konnte nur helfen, «hysterisches Elend in gemeines Unglück zu verwandeln»[27].

Der einzige andere: Wilhelm Fliess

Auf dem Weg zur Psychoanalyse ließ Freud den Mentor zurück. Als die *Studien über Hysterie* 1895 erschienen, hatten sie sich, Josef Breuer und er, nach mehr als fünfzehn Jahren der Freundschaft einander bereits entfremdet. Noch 1887 hatte Freud seine Erstgeborene nach ihrer Patin, Breuers Frau, Mathilde genannt. Kaum zwei Jahre später zeichneten sich erste Differenzen ab. Freud warf dem «verehrtesten Freund und liebsten aller Männer» vor, so gar nicht an seinen «Stern, und sei es auch nur ein kleiner Meteorit» glauben zu wollen.[1] Er war der Anerkennung nur allzu bedürftig in jenen Jahren, da er sich ausgeschlossen fühlte von der wissenschaftlichen Gemeinde und nichts Nennenswertes publizierte. Erst 1891 veröffentlichte er eine zusammen mit seinem Freund, dem Kinderarzt Oskar Rie, verfaßte Studie über Gehirnlähmungen bei Kindern und ein «kleines kritisch-spekulatives Buch» über Sprachstörungen, *Zur Auffassung der Aphasien,* worin er versuchte, die gängige Auffassung, jener Erkrankung lägen ganz bestimmte Verletzungen des Hirns zugrunde, ein wenig zu erschüttern. Er widmete es Josef Breuer – und ärgerte sich, daß dieser ihm so wenig gedankt, nur seinen schönen Stil gelobt hatte. Fortan häuften sich die Klagen über den Freund und Helfer in schwierigen Lebenslagen, den Mann, der, vierzehn Jahre älter als er, ihn in all der Zeit väterlich unterstützt hatte mit Rat und Geld, der an ihn geglaubt hatte, als dies kaum einer tat. Offiziell machte Freud ihre wissenschaftlichen Differenzen verantwortlich für die Entzweiung. Die Entwicklung der Psychoanalyse habe ihn die Freundschaft mit Breuer gekostet: «Es wurde mir nicht leicht, diesen Preis dafür zu zahlen, aber es war unausweichlich.»[2]

Schon 1892 berichtete er von «Kämpfen mit dem Herrn

Kompagnon», der, vorsichtiger als er, zurückscheute vor einer Publikation, zu der er nur eine Fallstudie, die Geschichte der Anna O., beizutragen hatte.³ Freud hingegen, der Mann der absoluten und exklusiven Formulierungen, dem die Generalisation ein Bedürfnis war, fürchtete, daß sie von anderen überholt werden könnten. Überall in Wien schien ihm Breuer nun im Weg zu stehen. Ihre frühen Meinungsverschiedenheiten hatten sich, so Freud, an theoretischen Problemen entzündet: Breuer glaubte, ganz Physiologe, daß die hysterische Symptombildung in außergewöhnlichen, «hypnoiden» Seelenzuständen, in Momenten der Schmerzunempfindlichkeit oder in Tagträumereien ihren Ursprung habe, während er, Freud, hinter dem so geheimnisvollen «Kräftespiel» mehr und mehr Vorgänge zu erkennen glaubte, die auch im «normalen» Leben wirkten, Verdrängung und Abwehr. Doch waren in ihrer beider Arbeit beide Theorien keineswegs sorgsam voneinander geschieden, das Vokabular stammte aus Brückes Laboratorium, aus den positivistisch-materialistischen Auffassungen jener Zeit. Und Freud blieb sein Leben lang ehrgeizig bemüht, die Psychoanalyse auf eine physiologisch-neurologische, eine naturwissenschaftliche Grundlage zu stellen.

Auch schienen sich die beiden Autoren durchaus darin einig zu sein, daß die Sexualität als Quelle physischer Traumen und als Motiv der «Abwehr», der Verdrängung aus dem Bewußtsein eine Hauptrolle bei der Entstehung der Hysterie spielte. Allein, sie wollten das Vertrauen ihrer Patientinnen, die aus der gebildeten und lesenden Schicht kamen, nicht mißbrauchen und verzichteten darauf, ihre «stark sexualen Beobachtungen», die Geheimnisse aus dem intimsten Leben der Kranken, mit ihrem Buch öffentlich zu machen.⁴ Breuer hat diese Ätiologie nie geleugnet, schließlich hatte er Freud darauf aufmerksam gemacht, und er verteidigte ihn ausdrücklich gegen jene Kollegen, die, gleichsam im Zustand der Hysterie, die Sexualität der Frauen und Mädchen, von der man wenig genug wußte, verdrängten. Aber er warnte auch vor einer Überschätzung des sexuellen Hintergrunds; bisher war dies nur eine Hypothese und mußte nicht auf jedes Symptom zutreffen. Freud behauptete, daß Breuer zwar vor der Öffentlichkeit zu seinen Ansichten konvertiert sei, privat aber zu ihm gesagt habe: «Ich glaub' es ja doch nicht.»[5] Allerdings gab der einstige Freund zu, daß der Jüngere ihn, «im vollsten Schwunge seines Intellekts», inzwischen überflügelt habe: «Ich sehe ihm schon nach, wie die Henne dem Falken.» Ihr wissenschaftlicher Verkehr war jedenfalls beendet, persönlich blieb eine innere Reserve, auf beiden Seiten, die bei Freud rasch in Verbitterung und kleinliche Rachsucht umschlug. Dem Hausarzt der Wiener Gesellschaft war Freuds Lust, «d'épater le bourgeois», fremd. Dem Nervenarzt mit dem so schwankenden Einkommen fiel es schwer, den Preis zu zahlen, den er Breuer schuldig zu sein glaubte.

Denn mehr noch als die geistigen Anleihen drückten Freud die finanziellen. Diese waren wenigstens konkret – und beträchtlich, weit über 2000 Gulden schuldete er Breuer noch 1898. Dabei war er einst stolz darauf gewesen, daß er einem Menschen so viel wert war, der sich so ums Geld plagte; «ordentlich Respekt» vor sich selber hatte er bekommen.[6] Nun empfand er es als «geringschätzige Herablassung und tiefe Kränkung», daß Breuer einen Großteil der Summe, die er ihm als erste Rate auf seine Schulden übersandt hatte, nicht annehmen wollte: «Man kommt dazu, für Wohltaten sehr undankbar zu sein.»[7] Außerdem hatte er von einer Patientin gehört, daß Breuer nicht mehr mit ihm verkehre, weil er mit seiner Lebensführung und Geldwirtschaft nicht einverstanden sei; der Mann war wirklich von «neurotischer Unaufrichtigkeit». Er versuchte, ihm aus dem Weg zu gehen, nur um eine freundliche Begrüßung zu vermeiden. Man konnte ihm ohnehin nichts recht machen, müßte sich nur täglich fragen, ob man «an moral insanity leide oder an paranoia scientifica»[8]

Freud war unsicher, wie eh und je von Zweifeln und Selbstzweifeln erfüllt, und daher um so entschlossener, seine neuesten Erkenntnisse voranzutreiben. Er konnte keinen Widerspruch dulden. Davon erlebte er in den wissenschaftlichen Kreisen Wiens bereits genug. Breuer hingegen wollte nicht noch einmal eine «solche Tortur» durchmachen, wie er sie im Fall Anna O. erlebt hatte; das bedeutete für Freud Verrat. Breuer wollte eben nicht ernst machen mit seiner Entdeckung, hatte die Forschung abgebrochen, als er auf das sexuelle Moment traf; das Ehebett sollte ungelüftet bleiben. Er aber begnügte sich mit einem «flüchtigen Aperçu» über die «chose génitale», er wollte seinen Beobachtungen gegen allen wissenschaftlichen Widerstand den Rang einer anerkannten Wahrheit erobern: «Es ist der Unterschied zwischen einem leichten Flirt und einer rechtschaffenen Ehe mit all ihren Pflichten und Schwierigkeiten. Epouser les idées ... das ist eine wenigstens im Französischen gebräuchliche Redewendung.»[9]

Längst war ein anderer Stern an seinem Freundeshimmel, an seinem Wissenschaftshorizont aufgegangen. Der Berliner Hals-Nasen-Ohren-Arzt Wilhelm Fließ war 1887 zu einem Studienaufenthalt nach Wien gekommen und hatte, wohl auf Breuers Empfehlung hin, Freuds neurologische Vorlesungen besucht. Im November schrieb ihm Freud einen Brief aus geschäftlichem Anlaß, es ging um eine Patientin, doch mit der «Hoffnung auf Fortsetzung des Verkehrs». So begann eine Freundschaft, eine Wahlverwandtschaft, die über zehn Jahre andauern sollte. Noch korrespondierten sie nur sporadisch, aber schon ein Jahr nach der ersten Begegnung schickte Freud ihm seine Bernheim-Übersetzung und ein Portraitphoto, um das Fließ ihn gebeten hatte. Zu Beginn der neunziger Jahre wagte er es sogar, ihm Entwürfe und Manuskripte zu überlassen, da waren sie schon zum vertrauten Du übergegangen. Bald wurde aus dem «lieben und verehrten Freund» der «Carissimo Guglielmo», der liebste, der teure Wilhelm: «Man hat doch immer noch Platz für einen Freund, der nicht wie Breuer zuviel Mitleid in seine Zuneigung mengt.»

Und dieser Fließ, schwärmte er nach einem Besuch in Berlin, war ein «ganz singulärer Mensch, die Gutmütigkeit selbst, (...) nötigenfalls auch die Güte selbst bei all seinem Genie. Dabei die Sonnenklarheit, die Courage.» Wäre sein fünftes Kind ein Bub anstelle der kleinen Sophie geworden, er hätte ihn Wilhelm genannt. Nur einen Fehler konnte er an ihm entdecken: Fließ rauchte nicht.[10] Freud war sich sicher, in dem zwei Jahre Jüngeren ein *Alter ego* gefunden zu haben, einen Mann, Jude wie er selbst, ausgebildet nach den Lehren der Helmholtzschen Physiologie, der ebenso am Rande, wenn nicht außerhalb der akademischen Wissenschaften seine Forschungen betrieb und besessen war von einer Theorie. Zudem arbeitete Fließ als Spezialist für Erkrankungen der Nase mit jenem Wundermittel, als dessen Entdecker Freud einst hatte zu frühem Ruhm kommen wollen; seine Patienten behandelte er gerne mit Kokain-Einpinselungen. Er war überzeugt, mit dieser Kur, nötigenfalls unterstützt durch chirurgische Eingriffe, auch eine Reihe anderer Beschwerden kurieren zu können, Kopfschmerzen, Neuralgien, Funktionsstörungen des Herzens, der Atmungsorgane und des Verdauungstrakts. All diese Symptome ließen sich zeitweise zum Verschwinden bringen, wenn man die Nase kokainisierte. Selbst für nervöse Leiden schien Fließ diese Therapie geeignet. So entwickelte er seine Theorie der «nasalen Reflexneurose», wonach die Nase als Zentralorgan entweder infolge einer Infektion oder durch eine rein funktionelle Erkrankung eigentlicher Urheber einer ganzen Vielzahl organischer und psychischer Symptome sein soll. Diesen Umstand erklärte er durch ihre innigliche Verbindung mit den Genitalien, war doch zu beobachten, daß während der Menstruation die Nasenmuscheln anschwollen und daß eine Kokainisierung derselben sogar zum Abortus führen konnte.

Mit der Hypothese, ein Organ könne Beschwerden verschiedenster Art verursachen, befand sich Fließ immerhin in guter alter medizinischer Tradition. Einzigartig war allein die Lokalisierung des Bösewichts, sensationell waren die Folgerungen, die Fließ in seinem Buch *Die Beziehung zwischen Nase und weiblichen Geschlechtsorganen* daraus zog: Für ihn war die «menstruelle Blutung des Weibes» Ausdruck eines Vorgangs, von dem beide Geschlechter aufgrund ihrer doppelgeschlechtlichen Anlage betroffen waren und der nicht erst mit der Pubertät begann. Frauen wie Männer waren demnach Perioden unterworfen, neben dem gewöhnlich 28tägigen einem 23tägigen Zyklus, welche nicht allein das Sexualleben bestimmten, sondern den Aufbau und Abbau des gesamten Organismus und damit ebenso den Tag der Geburt wie den des Todes. Diese von der Mutter ans Kind weitergegebenen Perioden konnten ebensowenig neu entstehen oder vergehen wie die Energie überhaupt, so daß ihre Existenz nicht auf den Menschen beschränkt blieb, vielmehr die ganze organische Welt, den ganzen Kosmos umgriff.

Nun gediehen im ausgehenden 19. Jahrhundert Wissenschaftsgläubigkeit und Esoterik in schönstem Neben- und Miteinander, ernsthafte Forscher widmeten sich dem Spiritualismus, man versuchte, mit mathematischer Exaktheit parapsychologische Phänomene zu ergründen, die «direkte» Wirkung der Psyche auf biologische und physikalische Systeme nachzuweisen und zu erklären. Auf seiner Suche nach dem «mystischen» Kräftespiel im Seelenleben mußte Freud sich angezogen fühlen von Fließ, der auf ganz ähnlichen Gebieten wie er selber zu arbeiten schien. Dieser Mann strebte wie einst Cyrano de Bergerac «von der Nase zu den Sternen»![11] Nein, ganz ohne Ironie, der «Kepler der Biologie» entzückte ihn.[12]

Zweifellos war Fließ ein origineller Denker, hochgebildet, charmant und faszinierend. Selbst Freuds späterer Schüler, der nüchterne, klarsichtige Karl Abraham, sollte seiner Anziehung erliegen. Und Freud, der mit Breuer seinen letzten Lehrmeister verloren hatte, wollte sich gern inspirieren lassen von den hochfliegenden Ideen des Freundes. Längst stand er nicht mehr auf dem festen Boden des Brückeschen Laboratoriums, Charcots Überzeugung von der Vererbung der Hysterie hatte er ebenso verworfen wie Hypnose und kathartische Therapie, die Traumatheorie weckte zumindest Zweifel. Aber welcher Art war die Beziehung zwischen Sexualität und Neurose? Noch konnte er sich nur an Hilfskonstruktionen klammern, an halbfertige Entwürfe, die er dem fleißigen und scharfsinnigen Leser und Kritiker Fließ zur Prüfung überließ. Und sie beginnen, sich zu wissenschaftlichen Diskussionen zu treffen, die sie, die beiden Einzelgänger, ihre «Kongresse» nennen. Den ersten halten sie

1890 in Salzburg ab. Es wäre leicht gewesen, sich in Wien zu verabreden, schließlich hatte Fließ 1892 eine Wienerin geheiratet, Ida Bondy, eine Schwester von Oskar Ries späterer Ehefrau. Aber niemals hätten sie dort so ungestört, so intim miteinander verkehren können, wie es ihnen, wie es vor allem Freud ein Bedürfnis ist. Ida Fließ scheint gegen ihre Freundschaft ein Mißtrauen entwickelt zu haben, bald schon sieht er in ihr eine Feindin. So verabreden sie sich, auf zwei oder drei Tage, in München, in Dresden, in Breslau. Freud lechzt nach diesen Begegnungen, die ihm notwendig sind wie die Befriedigung von Hunger und Durst, die ihn aufleben lassen und die er doch immer wieder verschiebt – aus familiären oder wirtschaftlichen Gründen und um jenes «virtuellen Kongresses» willen, des Monologs zu zweien, den sie in ihren Briefen fortsetzen.

Das Schreiben ist für Freud, wie schon in der Korrespondenz mit Silberstein und in der noch viel intensiveren mit der Braut, die beste, bald schon die einzige Möglichkeit, seine Selbstreflexionen und Selbstentwürfe, seine Erinnerungen und Träume zu prüfen, sie gleichsam zu objektivieren im idealen Spiegel des anderen. Die Fernbeziehung gibt ihm die Freiheit, all seine Gedanken, die intimsten, die ihm selbst unheimlichen, zu offenbaren, ohne auf das Bild des Freundes, des Partners, den Schatten der Realität fallen zu lassen. Und Freuds Briefe werden so schwärmerisch wie ehedem, so drängend, mahnend und fordernd, so klagend und bittend und um Aufmerksamkeit heischend, als erlebte er eine zweite, eine dritte Adoleszenz, mit all den Torheiten einer jungen Liebe, mit all den dunklen Ahnungen und unausgegorenen Plänen. Fließ wird ihm unentbehrlich, «der einzige Andere, der alter»[13]. Man könnte diese Beziehung eine *folie à deux* nennen, wäre sie nicht mehr der Wahn eines einzelnen, Freuds, der in singulärer Verblendung an den Freund und seine verrückte Wissenschaft glaubte: «Ich lebe da verdrossen und in Dunkelheit, bis du kommst; ich schimpf' mich aus, entzünde mein flackerndes Licht an Deinem ruhigen, fühle mich wieder wohl, und nach Deiner Abreise habe ich wieder Augen bekommen zu sehen, und was ich sehe, ist schön und gut.»[14]

Es waren Jahre der Krise, der «sozialen und wissenschaftlichen Windstille», in denen jene seltsame Freundschaft, fast eine Abhängigkeitsbeziehung, reifte. Freud litt unter Herzrhythmusstörungen und pektanginösen Schmerzen, unter Angstzuständen und melancholischen Stimmungen. Im Herbst 1893 waren diese Beschwerden erstmals aufgetreten, vermutlich infolge eines Grippeanfalls. Das nahm auch Breuer an, den er, trotz aller Ressentiments, immer wieder als Arzt konsultierte. Fließ glaubte, daß es sich um eine Nikotinvergiftung handelte; mit 24 Jahren hatte Freud begonnen zu rauchen, Zigaretten zunächst, dann ausschließlich Zigarren, 20 Stück am Tag. Er versuchte, sich einzuschränken, das Rauchen ganz und gar aufzugeben, immer wieder. Was nutzte es? Das Herzelend wurde größer denn je, fast zwei Drittel des Tages empfand er «beständige Herzspannung – Pressung – Brennung, heißes Laufen in den linken Arm (…) und dabei ein Druck auf die Stimmung, der sich im Ersatz der gangbaren Beschäftigungsdelirien durch Toten- und Abschiedsmalereien äußerte». Zum Tode seines Lehrers Billroth im Frühjahr 1894 schrieb er: «Beneidenswert, sich nicht überlebt zu haben.» Doch dann gingen die Beschwerden wieder einmal vorüber und ließen einen Menschen zurück, «der sich wieder langes Leben und unverminderte Rauflust zutraut» und vor allem nach wie vor Rauchlust empfand. Manchmal nahm Freud Digitalis gegen seine Beschwerden, das half, aber es peinigte ihn, «der sich alle Stunden des Tages mit dem Verständnis der Neurosen quält», nicht genau zu wissen, ob er an einer «logischen oder an einer hypochondrischen Verstimmung» litt. Besser wäre jedenfalls eine «wirkliche» Erkrankung, warum war Breuer nicht zu einer eindeutigen Diagnose gelangt? Auch das nahm er ihm übel, außerdem kümmerte er sich nicht genug um ihn, ließ sich manchmal über zwei Wochen lang nicht sehen.[15]

Doch nicht minder verstimmte ihn Fließ mit seinem Nikotinverbot, das «greuliche Elend der Abstinenz» machte ihn komplett arbeitsunfähig und depressiv. Also fing er wieder an zu rauchen, die Zigarre war nun mal sein wichtigstes Stimulans, Alkohol brachte ihm gar nichts, jede Spur davon machte ihn ganz dumm. Seine Briefe gleichen Krankenberichten; detailliert schildert er Fließ seine diversen Symptome, vor allem die häufigen Naseninfektionen mit eingedicktem Eiter. Er pinselt kräftig Kokain ein, dann entleert sich der Eiter und geht in «Borken» ab, manchmal hält er sich ganze Tage unter Kokain – als müsse er die Theorien des Freundes am eigenen Leib beziehungsweise an der eigenen Nase bestätigen. Mehrfach ließ er sich von seinem «Heiler», seinem «Magier», dem «liebsten Zauberer» auch operieren, um dann wieder an den ärztlichen Künsten von Fließ zu zweifeln: Warum litt dieser große Kenner der Nase ständig unter Kopfschmerzen, unter Migräneanfällen, warum unterwarf er sich, obwohl er doch seine «kritischen Perioden» kannte, selbst immer wieder dem Chirurgen? Manchmal versuchte er ihn zu mahnen, möglicherweise hatten auch Fließ' Beschwerden eine nervöse Ursache: «Wieder und wieder operieren, zum Teufel, nun werd' einmal fertig.» Wäre er nur «Doktor», ein Arzt und Heilkünstler, um dergleichen zu verstehen und seinen liebsten Wilhelm nicht fremden Händen überlassen zu müssen: «Leider bin ich es nicht, Du weißt es. Ich muß mich auf Dich verlassen, hierin wie in allem übrigen; ich muß hoffen, daß Du auch Dich zu behandeln verstehst und auch bei Dir denselben Erfolg haben kannst wie bei anderen (mich eingeschlossen).»[16]

Sein Schüler und Biograph Ernest Jones war überzeugt, daß Freud fast die gesamten neunziger Jahre über eine ausgesprochene Psychoneurose durchmachte, die sich in seinen körperlichen Symptomen äußerte. Max Schur, Freuds späterer Arzt, glaubte hingegen, daß er damals eine Myokardschädigung erlitten hatte, wahrscheinlich eine Koronarthrombose in einer kleinen Arterie oder eine Herzmuskelentzündung mit zeitweilig erhöhter Nikotinempfindlichkeit. Ein Indiz dafür waren ihm die Angstgefühle des Patienten – damals, als die Kardiologie noch nicht über das entsprechende diagnostische Instrumentarium verfügte, galten diese als eines der wichtigsten Anzeichen einer Herzkrankheit. Zwar kannte man die Symptome der Angina pectoris, Freuds Lehrer Nothnagel hatte diese nicht nur genau studiert, er beschrieb seinen eigenen tödlichen Anfall

1905 sogar bis zu dem Moment, da er das Bewußtsein verlor. Dennoch zögerten viele Ärzte, wie auch Breuer, sich auf eine Herzerkrankung festzulegen. Und Freud klagte eher selten über Angst, viel häufiger litt er unter seinen Stimmungsschwankungen, dem fast zwanghaften Gedanken, die Aufgabe, die er sich gestellt hatte, nicht bewältigen zu können. Vielleicht hatte er noch «4–5–8 Jahre an wechselnden Beschwerden mit guten Zeiten», die Zigarre läßt er sich jedenfalls nicht nehmen, das wäre ein «sacrifizio dell'intelletto», die brauchte er zum Arbeiten, und dann würde er «zwischen 40 und 50 an einer Herzruptur schön plötzlich verenden»[17]. Das wäre gar nicht schlecht, wenn es nur nicht schon zu nahe an der Vierzig wäre.

Nur Martha sollte davon nichts wissen, sie war nicht die «Vertraute seiner Sterbedelirien», das wäre «für alle Fälle überflüssig»[18]. Fließ sollte bloß nicht in ihrer Gegenwart davon sprechen, sie hatte ohnehin schon ein so «gequältes Leben», sah zwar «wohl und heiter», aber «wenig befriedigend» aus. Sie waren eben im Begriff, alt zu werden, wenn auch «etwas vorzeitig für die Kleinen»[19]. Als Freud dies schrieb, war Martha gerade in ihren frühen Dreißigern, erschöpft von ihren so rasch aufeinanderfolgenden Schwangerschaften, von der Sorge um die immer wieder kränkelnden und kranken Kinder. Aus den dreien, die sie sich einst gewünscht hatten, waren inzwischen fünf geworden, das sechste folgte im nächsten Jahr. Und immer noch mußte Martha, um ihrem Sigi die ersehnte Behaglichkeit zu verschaffen, äußerst knapp wirtschaften. Zuzeiten ging es Freud nicht besser als seinem Vater Jacob, aber ein Arzt mußte gut, vornehm und korrekt, wenn auch nicht unbedingt elegant angezogen sein, er mußte in «einem schmucken Zweispänner», einem Fiaker, zu seinen Patienten fahren, auch wenn er sich dies gar nicht leisten konnte – zu sehr hätte es die *amour propre* der Klientel gekränkt, wenn ihr Doktor nur einen Einspänner oder gar den Omnibus benutzt hätte.[20]

1891, nach der Geburt ihres dritten Kindes, waren die Freuds aus dem Sühnhaus in die Berggasse 19 gezogen. Die Wohnung mit der repräsentablen Adresse am Schottenring war zu klein geworden, und Freud hatte eines Tages das Haus in der steilen Straße, zwischen Naschmarkt und Votivkirche, ganz zufällig entdeckt oder, besser, wiederentdeckt. Hier, in derselben Wohnung, die sie nun beziehen sollten, hatte der Mann gelebt, mit dem er sich einst hatte duellieren wollen, hier hatte er Victor Adler 1881 oder 1882 zusammen mit dem Schulfreund Heinrich Braun, seinem Schwager, besucht. In den Räumen, in denen Freud zeitweilig seine Ordination einrichtete, war Friedrich Adler geboren worden, der zeitweilig Mitarbeiter seines Vaters und Sekretär der Sozialistischen Partei werden sollte und 1916 aus Protest gegen Österreichs Kriegspolitik den Ministerpräsidenten Karl von Stürgkh erschoß. Martha hatte Einwände gehabt, die Gegend gehörte trotz ihrer Nähe zur Universität nicht zu den begehrtesten Wohnvierteln Wiens, das Stiegenhaus war düster, aber was blieb ihr anderes übrig, als die Spitzendeckchen auf den bequemen Möbeln zu verteilen, die Makart-Sträuße zu arrangieren, die Familienbilder aufzuhängen und ihrem Mann auch in der Berggasse pünktlich um ein Uhr das Mittagessen auf den Tisch zu stellen. So war sie erzogen worden, so wollte sie es, selbst wenn sie alles andere war als das graumäusige, demütige Heimchen am Herd, kein Abbild der ewig putzenden, aufräumenden Ehefrau, die nicht einen Augenblick ausruht, solange noch ein Kissen aufzuschütteln ist. Sie war eine gütige, liebenswerte und loyale Frau, die es verstand, vor allem in den frühen Jahren ihrer Ehe für die Wahrung einer respektablen Häuslichkeit zu sorgen, hinter der sich die Armut nur allzu dicht verbarg. Sicherlich hielt sie auf Nettigkeit und Ordnung, und manchmal schimpfte sie ihren Mann aus, weil er etwas verschüttet oder seine Sachen herumliegen lassen hatte. «Es heißt allgemein, daß ich sehr unter dem Pantoffel stehe», klagte Freud amüsiert, im Grunde aber glücklich, daß seine tüchtige, disziplinierte Martha ihm die Misere des Alltags fernhielt und trotz aller Nöte, aller Sorgen eine Atmosphäre von Frieden und *joie de vivre*, eine «kleine Welt von Glück», um ihn schuf.

Aber die Schwangerschaften hatten ihren Tribut gefordert, nicht nur körperlich. Aus der einst erträumten Arbeitsgemein-

schaft war ganz selbstverständlich eine Arbeitsteilung geworden, die Vertraute seiner Ideen und Pläne, der er stets über seine neuesten Forschungen zu berichten pflegte, hatte er verloren an die gefürchteten und doch unvermeidlichen Rivalen, die
«gefährlichen Nebenbuhler im Haus- und Kinderwesen», die
nun alle Hilfe, alle Liebe für sich verlangten, auf daß der Mann
sich «wieder Freunde, Wirtshaus, allgemeine Interessen» suchte.[21] So sollte es in ihrem Haushalt nicht sein, hatte er der Braut
einst versichert, doch nun gab es Zeiten, da das Leben für Freud
aus nichts anderem als Kinderstube und Ordinationszimmer zu
bestehen schien. Dabei liebte er seine «Küchlein» über alles, und
die «Henne» dazu. Schwärmerisch hatte er 1887, ein Jahr nach
der Heirat, die Geburt Mathildes begrüßt, seines «furchtbar
häßlichen» Töchterchens, das nach drei Tagen schon viel schöner, ihm auffallend ähnlich, ja eigentlich recht schön geworden
war, so daß bereits «zwei Bewerbungen um ihre kleine Hand
eingelaufen» seien. Und gutmütig war das Kind und von dem
«festen Willen, satt zu werden»; auch das hatte sie wohl von
ihm. Und wie tapfer die Mutter bei der Geburt war, brav und
liebenswürdig, ohne ein Zeichen von Ungeduld und schlimmer Laune; wenn sie schreien mußte, entschuldigte sie sich immer bei Arzt und Hebamme.[22] Mit ähnlicher Begeisterung hieß
Freud auch die nächsten Kinder willkommen, Jean-Martin,
1889 geboren, schon mit zwei Jahren allerliebst, zärtlich und
verständig, eigentlich verstand er bereits alles, natürlich bis auf
fachliche und wissenschaftliche Dinge. Vierzehn Monate später
war ihm der hübsche Oliver gefolgt, und wiederum nach vierzehn Monaten der dritte Sohn Ernst; ein Jahr danach, 1893,
kam Sophie zur Welt.

Die Namen der Kinder hatte Freud nicht nach der Mode des
Tages gewählt und auch nicht, wie in jüdischen Familien damals üblich, nach verstorbenen Verwandten, sondern nach ihm
teuren Personen: die Töchter nach ihren Patinnen, nach Mathilde Breuer und nach Sophie Paneth, der Frau des Freundes
und Kollegen Joseph Paneth, die Söhne nach seinen Lehrern
und Vorbildern, nach Jean-Martin Charcot, nach Oliver Crom-

well und Ernst von Brücke. Besonders der Name Oliver, Reminiszenz an seine jugendliche Heldenschwärmerei und an seine «englischen» Brüder, war ihm wichtig gewesen, ein Jahr lang hatte er sich mit dem Vorsatz getragen, das Kind, sollte es ein Sohn werden, so zu heißen. Es waren hochsymbolische Namen, sie standen für sein Kämpfertum, für seinen Forscherdrang, für all die Hoffnungen, die er in die Kleinen setzte, bis dahin sein einziges Versprechen auf die Zukunft. Regelmäßig berichtete er Fließ über die Fortschritte seines «Gesindels», über Mathildes Begeisterung für Mythologie und Olis aufs nächste gerichteten Sinn, über Martins Anfälle von «Dichteritis». Er schickte ihm immer wieder Proben von der Kunst seines Ältesten, wie ein paar Verse über die Verführung der Gans durch den Fuchs:

Ich liebe Dich
herzinniglich,
komm, küsse mich,
Du könntest mir von allen
Tieren am besten gefallen.[23]

War der Kleine nicht ein «komischer Kauz»? So «feinsinnig und gutmütig in seinen Privatverhältnissen, ganz in eine humoristisch phantastische Welt eingesponnen», während Oliver sich entrüstete über all die orthographischen Fehler in den Produktionen des Bruders und, ganz auf die Realität und seine Wahrnehmungen konzentriert, in der Sommerfrische lieber die Berge ordnete, wie in Wien die Stadt- und Tramwaylinien; ein so amüsantes Volk und «bereits zivilisierte und genußfähige Menschen».[24] Und wie hübsch sein Sopherl bei der Hochzeit seiner Schwester Rosa aussah, eigentlich die Schönste, mit gebrannten Haaren und einem Vergißmeinnichtkranz auf dem Kopf. Soviel Freude hätte er an den Kleinen haben können, wenn es nicht so viele Sorgen gäbe.

Es plagte ihn ja nicht nur die ewige Not ums liebe Geld, da «brandschatzt» er gelegentlich die Freunde. Auch Fließ wollte er um einen Beitrag angehen, als er sich 1892, «von gestern auf heute», in die Lage versetzt sah, seiner Schwester Anna und ihrem Mann Eli, die inzwischen ganz verarmt waren, zur Ausreise nach Amerika zu verhelfen. Gern nahm er deren zweite Tochter Lucia für eine Weile bei sich auf, die Älteste Hella wohnte bei seinen Eltern. Aber wie sollte Martha mit all dem fertig werden, wenn die Kinderstube doch die meiste Zeit einem Lazarett glich, worin Scharlach, Angina, Masern, Grippe wüteten? Mit fünf Jahren erkrankte Mathilde an Diphtherie. Zwar hatte Emil von Behring 1892 ein Antitoxin gegen die so oft tödlich verlaufende Erkrankung erfunden, aber es war noch nicht genügend erprobt. Nur eine Erdbeere, die es sich gewünscht hatte, rettete dem Kind das Leben. Es verschluckte sich, und durch den Hustenanfall löste sich der Belag. So ging zumindest die Familiensaga. Aber vier Jahre später erkrankte sie erneut an der Infektion, beinahe wollte Freud sie damals schon verloren geben.

Unter all den trüben Gedanken, die ihn in jenen Jahren befielen, aber kam, gleich an zweiter Stelle nach Weib und Kindern, die Sorge, er könne die «sexuelle These» nicht mehr erweisen; und man wollte doch nicht gleich und ganz und gar sterben. Noch während er mit Breuer um die Hysterie rang, versuchte er sich in Erklärungen der Angstneurose und der Neurasthenie. Beide rühren, davon war er schon 1892 überzeugt, von Störungen des Sexuallebens her, von der Impotenz des Mannes, von anderen ehelichen Traumen wie dem *Coitus interruptus* oder dem *Coitus reservatus* mit Kondom oder von der völligen Enthaltsamkeit. Insbesondere die Angst war demnach zurückzuführen auf eine Hemmung der Libido, im Grunde war sie nichts anderes als aufgestaute, nicht abgeführte und in körperliche Symptome verwandelte sexuelle Erregung. Dabei konnte die Angstneurose, die sich in Phobien oder Anfällen mit Herzklopfen, Schwitzen und schnellem Atmen äußerte, gelegentlich die Form einer periodischen Verstimmung annehmen. Auch die Hypochondrie zählte Freud später zum Kreis dieser sogenannten «Aktualneurosen», deren Ursache nicht in der Vergangenheit, sondern in der Gegenwart gesucht werden mußte, und deren Symptomatik viel Ähnlichkeit hatte mit Vergiftungserscheinungen oder den Qualen des Entzugs, vielleicht sogar direkt auf eine toxische Störung des Sexualchemismus zurückzuführen war.

Freud selbst lebte in jener Zeit, nach der Geburt von Sophie, mit Martha in Abstinenz. Fließ wußte das ja, und deshalb mußte er auch ihren geplanten «Kongreß» im Sommer 1893 absagen, hatte sich ihm doch gerade wieder ein überraschendes «Stückchen Hauspsychologie» offenbart. Mit seinem Freund Oskar Rie hatte er eine komplizierte Bergtour auf die Rax gemacht, saß frohgemut in der Schutzhütte, «als plötzlich jemand ins Zimmer trat, hochgerötet von der Hitze des Tages, den ich anfangs wie eine Erscheinung anstarrte und dann als meine eigene Frau agnostizieren mußte», seine Martha, die doch gar nicht klettern konnte und Berge überhaupt nicht mochte. Und nun wollte sie, entzückt über Aussicht und Herberge, ein paar Tage mit ihm hier verbringen, er fühlte sich verpflichtet, ihr dies zu ermöglichen. Sie hatte doch in den sechs Jahren, da Kind auf Kind folgte, so wenig Abwechslung und Erholung gehabt und war so dankbar, lebte als Frau wieder auf, weil sie dank ihrer Enthaltsamkeit ein Jahr kein Baby zu erwarten hatte. Längst war Geburtenkontrolle üblich zu jener Zeit, selbst in gutviktorianischen Familien hatte der Mann den «Rückzug» zu praktizieren. Am besten nahm man dabei eine saubere Serviette mit ins Bett, die er während des Akts in der Hand halten sollte, um sich ihr im gegebenen Fall zu bedienen, empfahlen die Ärzte.[25] Das Gummikondom war dank Charles Goodyears Verfahren der Vulkanisierung von Kautschuk seit den vierziger Jahren ein Massenprodukt, verläßlicher und billiger als die Vorgänger aus Tierdarm oder Leder, und bekam bald Konkurrenz durch Scheidenschwämme – «Pariser Schwämmchen» – und Pessare, chemische Zäpfchen und Tampons. Bereits in den siebziger Jahren boten englische Drogisten mehr als tausend verschiedene Verhütungsmittel an, und schließlich erfand 1883 der deutsche Arzt Wilhelm Peter Mensinga das erste Diaphragma. Die Enthaltsamkeit galt somit als letzte Notlösung, hochgeschätzt von Priestern und Pfarrern.

Viele Paare hielten sich auch an die Kalendermethode, den Geschlechtsverkehr nach Terminplan, so populär wie unzuverlässig. Das alles würde sein neuer Kepler in Berlin schon richten mit seiner «praktischen Physik», hoffte Freud. Er war und blieb überzeugt davon: Alle «Mittel, die sich bisher zur Verhütung der Konzeption ergeben haben, verkümmern den sexuellen Genuß, stören die feinere Empfindlichkeit beider Teile oder wirken selbst direkt krankmachend».[26] Wenn es Fließ gelänge, mittels seiner Periodenlehre «den vom Herr eingesetzten Koitus zu verbessern, so wäre alles andere ein Schmarren dagegen». Dann käme er gerne nach Berlin, um mit ihm den Platz im Tiergarten auszusuchen, auf dem er stehen wollte, unter all den «Puppen», den Askaniern, Wittelsbachern und Hohenzollern mitsamt ihrem Anhang aus Kunst und Wissenschaft.[27] Sogar das dazu passende Preisgedicht in Hexametern schrieb er, anläßlich der Geburt von Fließ' Sohn Conrad, 1899 dem Zahlenmagier:

Heil
Dem wackeren Sohn, der auf des Vaters Geheiß
zum richtigen Zeitpunkt erschienen,
ihm Gehilfe zu sein und Mitarbeiter der heiligen
    Ordnung.
Heil aber auch dem Vater, der kürzlich vorher sich
    in der Rechnung
Gefunden,
die Macht zu dämmen des Frauengeschlechts
und sein Teil Gesetzesfolgschaft zu tragen;
nicht mehr bezeugt durch den sinnlichen Schein
    wie die Mutter,
ruft die höheren Mächte er auch für sein Anrecht,
    den Schluß,
den Glauben und Zweifel;
also steht kraftgerüstet, dem Aufwand des Irrtums
    gewachsen,
am Ausgang der Vater von unendlich gereifter
    Entwicklung.

Stimmen möge die Rechnung, als Arbeitserbe
     vom Vater
sich übertragen dem Sohn und durch der Jahrhunderte
     Scheidung
knüpfen zur Einheit im Geist, was im Wechsel des
     Lebens zerfällt.[28]

Für Freud kam die Rechnung zu spät. Im Frühjahr 1895 war
Martha wieder schwanger.

VERFÜHRUNGEN

Dieses Jahr, 1895, sollte das dramatischste seiner bisherigen Laufbahn werden, sein *annus horribilis*, in dem er beinahe seinen Ruf, so kümmerlich und fragwürdig er war, ganz und gar eingebüßt hätte, und sein *annus mirabilis*, in dem sein Ruhm und der Weg in die Unsterblichkeit begannen, das eigentliche Geburtsjahr der Psychoanalyse. Mit Blut und Schrecken fing es an. Im Februar hatte Fließ in Wien eine von Freuds Patientinnen an der Nase operiert. Emma Eckstein war knapp dreißig Jahre alt, als sie in seine Praxis kam, und wie so viele seiner Patientinnen Tochter einer angesehenen jüdischen Familie; der Vater, Chemiker und Erfinder, besaß eine Pergamentfabrik. Eine ihrer fünf Schwestern, die Sozialistin Therese Schlesinger, saß später, 1919, als eine der ersten Frauen im Parlament, ihr Bruder Gustav Eckstein war zeitweise Mitarbeiter von Karl Kautsky.[1] Im Haus ihres anderen Bruders, des von Freud hochgeschätzten Orientalisten und Universalgelehrten Friedrich Eckstein, verkehrten Karl Kraus, Adolf Loos und Peter Altenberg. Die junge Frau litt unter hysterischen Angstanfällen und schmerzhaften, oft blutigen Nasenausscheidungen. Deshalb hatte Freud, wiewohl überzeugt vom psychischen Ursprung ihrer Erkrankung, den Spezialisten Fließ konsultiert. Doch hörten nach dem Eingriff die Schmerzen und Blutungen nicht auf, dazu hatte sich ein übler Geruch eingestellt.

Im März bittet Freud daher seinen Jugendfreund, den HNO-Arzt Ignaz Rosanes, die Kranke zu untersuchen. Als dieser ihr die Nasenöffnung reinigt, entdeckt er einen Faden und entfernt schließlich einen halben Meter Gaze, die Fließ in der Wunde vergessen hatte. Ein Blutstrom schießt aus Emma Ecksteins Nase, sie wird weiß, die Augen quellen hervor, der Puls ist kaum

spürbar; Rosanes stoppt die Blutung rasch mit frischer Jodoformgaze. Freud aber wird beim Anblick des Fremdkörpers beinahe ohnmächtig und flüchtet ins Nebenzimmer, wo ihm die «tapfere Doktorin» ein Gläschen Cognac verabreicht, so daß er wieder zu sich kommt. Seine Patientin hat selbst während der «Verblutungsszene» ihre Besinnung nicht verloren und empfängt ihn mit den Worten: «Das ist das starke Geschlecht.»[2]
Er konnte den Anblick von Blut ohnehin nur schwer ertragen, aber in jenem Augenblick hatten ihn seine Gefühle überwältigt, das schlechte Gewissen gegenüber der Kranken, die er nicht ernst genug genommen, zu leichtfertig für abnorm erklärt hatte und, mehr noch, die Sorge um den guten Ruf des Freundes, dem das Malheur bei der Operation geschehen war. Wie würde Fließ auf die Nachricht reagieren, was würden die anderen, die Kollegen, daraus machen? Freud gibt sich selbst die Schuld, den Freund zur Operation gedrängt zu haben. Sogar Rosanes macht er einen Vorwurf, weil dieser die Patientin nicht nach Entdeckung des Fadens sofort in eine Klinik gebracht hat, um sie weiterzubehandeln. Nein, Fließ mußte unschuldig sein, er hatte alles so gut gemacht, das Mißgeschick hätte jedem geschehen können, und natürlich machte ihm keiner einen Vorwurf, welchen auch? Sogar Breuer nennt den beinahe tödlichen Kunstfehler ein «minimales Versehen», er hat außerdem die «ganze Nase» akzeptiert und sich zur Sexualitätslehre bekannt. Im übrigen erholte sich die Eckstein, auch wenn infolge des Zwischenfalls nervöse Störungen und nächtliche hysterische Anfälle auftraten, aber um die wird Freud sich nun kümmern.
Er leidet in diesen Wochen wieder unter Migräne und Herzbeschwerden, dem ganzen Spektakel – natürlich eine Folge seines «Nasenzustandes», eines Eiterherds, «dem es jetzt beliebt hat, (...) als Privat-Ätna einen Ausbruch zu produzieren». Er muß wieder kräftig Kokain einpinseln. Der Freund schlägt ihm vor, zur Behandlung nach Berlin zu kommen, aber ihm fehlt das Geld für die eigene Gesundheit. Er würde wohl doch relativ jung sterben. Also braucht er noch mehr Kokain, und er fängt

auch nach vierzehn Tagen der Abstinenz wieder an zu rauchen: Er muß den «physischen Kerl» gut behandeln, sonst arbeitet er nichts. Und ein Mensch wie er kann «ohne Steckenpferd, ohne herrschende Leidenschaften, ohne einen Tyrannen (...) nicht leben»; in dessen Dienst kennt er «auch kein Maß» und schreibt noch nach zehn- bis elfstündiger Patientenarbeit an seinem Entwurf einer *Psychologie für Neurologen*. Sein Ehrgeiz bleibt es, darin eine «quantitative Betrachtung, eine Art ökonomische Betrachtung der Nervenkraft» einzuführen, ein Neuronenmodell der psychischen Maschinerie, ganz ohne experimentelle Basis. Doch zusätzlich zu dieser physiologischen Erklärung will er aus der Psychopathologie auch einen Gewinn für die «normale» Psychologie herausschälen, ohne die, wie er immer deutlicher erkennt, eine befriedigende Konzeption der neuropsychotischen Störungen unmöglich ist. Er hat nur die Nachtstunden, von elf bis zwei Uhr morgens, für diese Arbeit des Phantasierens, Übersetzens und Erratens, die ihn so sehr erfreut und so sehr quält. Für die gewöhnliche Praxis fühlt er sich oft zu erschöpft, aber dann wiederum ist ihm die Neurosenarbeit eine «große Freude». Fast all seine Nachtgedanken findet er bei seinen Patienten bestätigt.[3]

Die «arme Eckstein» aber hat nach wie vor Schwellungen und Blutungen, die Ärzte sind ratlos, ein Spezialist nennt die ganze Operation unverantwortlich. Fließ verlangt daraufhin das Zeugnis eines Wiener Kollegen, um sich zu rehabilitieren. Freud ist beleidigt ob eines solchen Ansinnens, für ihn bleibt der Freund der Arzt, dem man vertrauensvoll sein Leben und das der Seinigen in die Hände legt. Und ihr gemeinsamer «Quälgeist» zieht doch keinen von ihnen beiden zur Verantwortung, vielmehr ehrt sie Fließ' Andenken, ein liebes, anständiges Mädel, das auch weiterhin in Therapie bleibt. Allerdings ist ihr Gesicht, trotz Freuds gegenteiliger Beteuerung, entstellt und fällt nach der einen Seite ein, wo Fließ ihr, wie ihre Nichte, eine Kinderärztin berichtete, den Knochen weggemeißelt hat. Freud kann die unselige Operation nicht vergessen, bis in seine Träume verfolgt sie ihn. So wird Emma Eckstein in dieser Zeit seine wichtigste Patientin, seine Mithelferin, die Katalysatorin seiner bedeutendsten und seiner gefährlichsten Ideen, der Traumtheorie und der Verführungstheorie.

Im Juli lebt Freud «auf dem Himmel», einem recht bescheidenen Himmel, denn für eine größere Reise mit der Familie ist nicht genug Geld da. So mietet man sich ganz in der Nähe ein, auf dem Cobenzl, einem Hügel gleich hinter dem Kahlenberg in den Ausläufern des Wienerwalds, in einem ehemaligen Vergnügungslokal in der Himmelstraße, das sich Schloß Bellevue nennt. Freud träumt. Er träumt jenen historischen Traum, der zum Paradigma seiner Theorien werden soll. Er war immer ein guter Schläfer und ein lebhafter Träumer, hatte sich schon früher manchmal Notizen gemacht über seine ungefügigen nächtlichen Phantasien, aber diesmal schreibt er gleich am Morgen des 24. Juli 1895 seinen Traum nieder von «Irmas Injektion», so klar und so geheimnisvoll zugleich: In einer großen Halle, ähnlich jenen Räumen im Bellevue, werden Gäste zu einem Empfang erwartet, darunter auch Irma, die er jedoch sofort beiseite nimmt, um ihr Vorwürfe zu machen, daß sie seine «Lösung» nicht akzeptiert. Wenn sie noch Schmerzen habe, sei es ihre Schuld. Sie klagt, daß ihre Beschwerden schlimmer denn je seien, würgende Schmerzen in Hals, Magen und Leib. Tatsächlich sieht sie zum Erschrecken aus, bleich und gedunsen, so daß er fürchtet, etwas Organisches übersehen zu haben. Er schaut ihr in den Hals, sie sträubt sich ein wenig, wie Frauen, die ein künstliches Gebiß tragen, aber das hat sie doch gar nicht nötig! Nachdem er einen großen Fleck und «merkwürdige krause Gebilde, die offenbar den Nasenmuscheln nachgebildet sind, ausgedehnte weißgraue Schorfe» entdeckt hat, ruft er schnell den Dr. M. hinzu, der so ganz anders aussieht als sonst, bleich und bartlos, außerdem hinkt er. Zugleich erscheinen in der Traumszene seine Freunde Otto und Leopold, um die Kranke zu untersuchen. Vielleicht hat sie Tuberkulose, jedenfalls eine Infektion, ohne Zweifel, diagnostiziert Dr. M., doch das mache nichts. Da noch eine Dysenterie, ein heftiger Durchfall, dazukomme, scheide sich das Gift von selbst aus. Und nun wissen die vier Ärzte sofort, woher jene Entzündung rührt: Otto hat ihr unlängst eine Injektion gegeben, «mit einem Propylpräparat, Propylen (...) Propionsäure (...) Trimethylamin». Das macht man nicht leichtfertig: «Wahrscheinlich war die Spritze auch nicht rein.»[4]

Am selben Tag, dem 24. Juli, wenige Stunden nachdem Freud den Traum notiert hat, schreibt er Fließ, seinem «Dämon», der sich gar nicht darum kümmern will, was er treibt: Sind sie nur «Unglücksfreunde»? Oder wollen sie auch ihre ruhigeren Zeiten miteinander teilen? Seinen Traum und dessen Deutung aber verschweigt er. Natürlich sind die Mediziner darin leicht zu identifizieren, Otto und Leopold, das sind die Freunde und Tarockpartner Oskar Rie und Ludwig Rosenberg, beide Kinderärzte. Der Dr. M. ist kein anderer als Breuer, der angesehene Diagnostiker, der kluge Arzt, der manchmal besorgniserregend schlecht aussieht, der ewige Mahner, der Freuds Gedankenflügen nicht hatte folgen können, der nicht hatte glauben wollen an seine Theorie der Hysterie, der Therapeut, der die Behandlung der Anna O. abbrach, als die Sexualität ins Spiel kam. Aber was hat die chemische Formel Trimethylamin zu bedeuten, die er im Traum fettgedruckt vor sich sah? Er muß an den Freund denken, der ihm damals seine Ideen über Sexualchemie und -stoffwechsel mitgeteilt hat, den großen Kenner der Nase und der höchst merkwürdigen Beziehungen der Nasenmuscheln zu den weiblichen Genitalien.

Freud deutet den Traum, Szene für Szene, Wort für Wort; das ist die «Erstlingsfrucht der technischen Neuerung», der freien Assoziation, die er gerade anstelle der Hypnose eingeführt hat. Manches kann er problemlos zurückführen auf Ereignisse in seiner ärztlichen Laufbahn, die ihn bedrücken, derentwegen er sich Vorwürfe macht: Die Injektion, die der Patientin, allzu leichtfertig vielleicht, gegeben wurde, erinnert ihn an die unglückselige Kokainaffäre, an den Freund Fleischl, den er von der Morphiumsucht hatte heilen wollen und der sich das Substitut, das vermeintliche Gegengift, so rasch zu spritzen begann. Was wurden ihm damals für Vorwürfe gemacht, und braucht er nicht immer noch, aus Sorge um die eigene Gesundheit, regelmäßig Kokain, um seine Nasenschwellungen zu unterdrücken? Auch an seine 82jährige Patientin muß Freud denken, der er seit längerer Zeit zweimal täglich Morphium injiziert, stolz, dabei niemals gefehlt zu haben, doch jedesmal besorgt, ob die Spritze wirklich steril ist. Alles scheint sich so zu erklären, der weiße Fleck in Irmas Hals gemahnt ihn an jene Zeit der Angst und des Schreckens, als seine Mathilde Diphtherie hatte: Klang nicht das Wort «Dysenterie» von ferne ganz ähnlich? Aber noch eine andere Kranke kommt ihm in den Sinn, die er einmal mit Sulfonal behandelt hatte, was zu einer schweren, schließlich tödlich verlaufenden Intoxikation führte. Die Patientin hieß Mathilde wie die Tochter, wie Breuers Frau, die sich einst so liebevoll um ihn gekümmert, die ihm das erste Praxisschild geschenkt hatte. Und nun zerbrach die Freundschaft mit ihrem Mann, und damit auch mit ihr.

Er scheint in jenem Traum und in den Assoziationen, die ihm dazu entstehen, immer wieder nach Gelegenheiten zu suchen, sich Vorwürfe zu machen wegen mangelnder ärztlicher Gewissenhaftigkeit, unzulänglicher Hilfeleistung und allgemeiner Unaufmerksamkeit. Er muß sich Behandlungsfehler eingestehen, zu schnell hatte er manchmal, wie im Falle Irmas, seinen Patienten den verborgenen Sinn ihrer Symptome mitgeteilt. In seiner «unvermeidlichen Ignoranz» wollte er Heilerfolge produzieren, und wenn sie sich nicht einstellten, schob er die Schuld auf die uneinsichtigen, ungefügigen Kranken, obwohl er doch selbst unsicher war hinsichtlich der Diagnostik und Therapie. Natürlich stand jene Irma für die unglückliche Emma Eckstein, dies war der Schlüssel zur Deutung der Geschichte. Aber noch andere Bilder, noch andere Personen schieben sich ihm vor die Traum- oder vielmehr Alptraumpatientin. Denn Irma, so erscheint es ihm, ist eine junge Witwe, deren neurotische Symptome, nach seiner damaligen Theorie, auf ihre sexuelle Enthaltsamkeit zurückgingen, und sie ist eine enge Freundin der Familie. Im Traum hatte er sich für Irma die Züge Anna Hammerschlag-Lichtheims ausgeborgt, der Tochter seines alten Religionslehrers, deren Mann nach kaum einjähriger Ehe gestorben war. Er hatte nämlich den Verdacht, daß auch diese zurückhaltende, selbstbeherrschte Frau, Patin seiner Tochter Anna, an Hysterie litt. Und noch eine andere junge Witwe aus dem Freundeskreis kommt ihm in den Sinn, Sophie Schwab-Paneth, Hammerschlags Nichte und die Frau seines Freundes Joseph Paneth, der fünf Jahre zuvor, 1890, an Tuberkulose verstorben war. Die hochbegabte, an leichten nervösen Zuständen leidende Frau, eine klassische «Hysterika», war seine Patientin geworden, intelligenter und gefügiger als die Traum-Irma, ihren Ärzten niemals eine Last, niemals pflichtvergessen in ihrer Lebensführung, die ideale Kranke. Zu allerletzt fällt ihm noch eine Person ein, die er keineswegs zur Patientin haben möchte, weil sie zu viel Scheu hat – noch so eine schwierige Kranke, für gewöhnlich bleich und manchmal, in ihren besseren Zeiten, gedunsen. Auf diese Frau lassen sich natürlich auch Irmas Klagen über Leibschmerzen zurückführen, handelt es sich doch um keine andere als seine eigene Gattin, Martha. Vernachlässigt er sie vielleicht, die in zwei Tagen Geburtstag hat und erbärmlich unter ihrer neuerlichen Schwangerschaft leidet? Auch dafür muß er sich verantwortlich fühlen.

Nun hat Freud endlich alles beisammen, um seinem Traum einen Sinn zu geben. Er wollte nichts anderes als sich von Schuld freisprechen, gegenüber seinen Nächsten, seinen Freunden, seinen Kranken. Er wollte die Verantwortung für das Leiden seiner Patienten anderen zuschieben: Breuer, der seine Methode nicht anerkannte, Oskar Rie, der ihr skeptisch gegenüberstand. Schließlich machte er sogar seinen Hysterikerinnen selber Vorwürfe, daß sie nicht auf ihn hörten. Der ganze Traum war demnach ein Plädoyer in eigener Sache, ein so sehr um seine Kranken besorgte Arzt konnte für nicht schuldig befunden werden. Natürlich war diese Interpretation keine lückenlose Beweisführung, das gestand er freimütig ein, als er sie für die *Traumdeutung* niederschrieb. Rücksicht und Diskretion hielten ihn davon ab, Gedankenzusammenhänge, um die er wohl wußte, weiterzuverfolgen. Sein Schüler Karl Abraham vermutete 1908 ganz eindeutige sexuelle Motive hinter «Irmas Injektion»: Alles, die Spritze, das Trimethylamin, wies doch «auf den Verdacht syphilitischer Infektion bei der Patientin» hin. Freud reagierte postwendend: Davon konnte im Paradigma nicht die Rede sein, «sexueller Größenwahn steckt dahinter; die drei Frauen, Mathilde, Sophie, Anna, sind die drei Patinnen meiner Töchter, und ich habe sie alle! Für die Witwenschaft gäbe es natürlich eine einfache Therapie. Allerlei Intima natürlich.»[5]

Aber dies konnte Freud nur schreiben, nachdem er durch seine eigene Schule gegangen war, seine Theorie des Sexualtriebs entwickelt hatte. Damals stand er noch ganz am Anfang, hatte vielleicht noch nicht einmal begriffen, auch nicht begreifen wollen, daß er in jenem Traum nicht nur sich selbst hatte lossprechen wollen von Schuld, sondern dem Freund ein Alibi geben wollte, der in seinem Leben «eine so große Rolle» spielte, dessen Zustimmung er so sehr bedurfte, wenn er sich mit seinen Ansichten ganz verlassen fühlte. Fließ durfte im Falle der Emma Eckstein nicht gefehlt haben. Er hatte ihm, als er, nach einem kurzen Venedig-Ausflug, weiter nach Berlin fuhr, um sich von ihm operieren zu lassen, ganz sicherlich von seiner Traumanalyse erzählt, auch von jener großen Idee, die ihm entstanden war: daß das Motiv des Traums ein Wunsch sei, sein Inhalt eine Wunscherfüllung. Aber Freud war kein neuer Kekulé, dem sich einst im Traum die Struktur des Benzolrings offenbart hatte. Er war, im Sommer 1895, ein erschöpfter, unsicherer Arzt, getrieben von Neugier und Entdeckerwut, gepeinigt von Einsamkeitsphantasien und wirklicher Isolation und besorgt um den Freund, den einzigen anderen. Im Oktober schreibt er ihm, daß er die komischsten Bestätigungen seiner Auffassung erhalte. Aber noch ahnt er nicht die Bedeutung seiner Idee. Erst fünf Jahre später deklariert er jene Julinacht im Bellevue zu einem historischen Ereignis. «Glaubst Du eigentlich», fragt er Fließ im Juni 1900, «daß an dem Haus dereinst auf einer Marmortafel zu lesen sein wird:

HIER ENTHÜLLTE SICH AM 24. JULI 1895
DEM DR. SIGMUND FREUD
DAS GEHEIMNIS DES TRAUMES?«[6]

Noch zögert er, sich seinen Träumereien hinzugeben, noch kann er keinen rechten Zusammenhang mit Neuronentheorie und Neurosenlehre finden. So viele Gedanken beschäftigen ihn gleichzeitig, so viele Neuigkeiten, auch theoretische, drängen sich ihm auf, über die er doch nichts Sicheres sagen kann: Das hieße, «einen sechsmonatlichen Fötus zum Ball zu schicken».[7]

Aber einer Idee, die ihm im Herbst 1895 immer deutlicher zu werden scheint, kann er sich nicht erwehren, endlich glaubt er, das «große klinische Geheimnis» entdeckt zu haben: «Die Hysterie ist die Folge eines präsexuellen Sexualschrecks. Die Zwangsneurose ist die Folge einer präsexuellen Sexuallust, die sich später in Vorwurf verwandelt.» «Präsexuell», das hieß vor der Pubertät; die fraglichen Ereignisse wirken also «erst als Erinnerungen».[8] Vom Traum war er wieder zum Trauma zurückgekehrt, zu den Theorien Charcots und den Vermutungen Breuers. Und wieder spielte die Eckstein eine Schlüsselrolle. Sie konnte nämlich nicht allein in einen Laden gehen. Als sie zwölf war, kurz nach Eintreten der Pubertät, wollte sie einmal etwas einkaufen und lief erschreckt davon, als sie die beiden Kommis lachen sah. Freud glaubte, daß in jenem so harmlosen Augenblick die Erinnerung an eine frühere, aus ihrem achten Lebensjahr stammende Idee in ihr wach wurde. Damals hatte man sie zu einem Greißler geschickt, um Naschwerk einzukaufen, der «Edle» kniff sie dabei in die Genitalien. Dies erschien ihm typisch für die Hysterie: Überall fand sich eine verdrängte Erinnerung, die nachträglich zum Trauma wurde.

Schon während seiner Pariser Lehrjahre war Freud vermutlich Fällen von Kindesmißbrauch begegnet; französische Psychiater und Ärzte beschäftigten sich bereits seit Beginn des 19. Jahrhunderts mit diesem Tabuthema. Er besuchte damals die Vorlesungen und Demonstrationen des Professors für Gerichtsmedizin, Paul Camille Hippolyte Brouardel, den er in Charcots

Salon kennengelernt hatte. Der Gegenstand dieser Kurse war, wie er der Braut schrieb, «für zarte Nerven» kaum geeignet; aber neben den Theorien seines großen Lehrers beeindruckten ihn jene Reden und Demonstrationen am meisten, in denen Brouardel am Leichenmaterial der Morgue zu zeigen pflegte, «wieviel es Wissenswertes für den Arzt gäbe, wovon doch die Wissenschaft kein Notiz zu nehmen pflegte». Oft waren es Fälle von Mißbrauch an Kindern, die er vorstellte, begangen von Eltern und Lehrern.[9]

Nun liefert die Praxis Freud immer neue Beweise für die Theorie von der Verführung Minderjähriger, schon im November kann er Fließ berichten, daß ein Fall «das Erwartete» ergeben hat: «Sexualschreck, i. e. infantiler Mißbrauch bei *männlicher* Hysterie.» Und am 1. Januar 1896 schickt er ihm ein Manuskript über die «Abwehrneurosen», ein «Weihnachtsmärchen» nennt er es ironisch. Darin entwickelt er einen für die klassischen Typen der Hysterie, Zwangsneurose und Paranoia allgemeingültigen Krankheitsverlauf, beginnend mit dem zu verdrängenden, vorzeitigen, traumatischen Sexualerlebnis, das bei einem späteren Anlaß in der Erinnerung wiedererweckt und erneut verdrängt werde, woraufhin es zur Symptombildung komme. Jetzt ist Freud auch klar, warum die Hysterie soviel häufiger Frauen betreffen muß: Diese setzt nämlich ein primäres Unlusterlebnis voraus, also eines passiver Natur. Die Frauen waren Opfer einer sexuellen Attacke geworden.[10]

Freud ist wieder einmal im vollen Schwung seiner Gedanken, seine Stimmung scheint außerordentlich gehoben, seit sein Töchterchen Anna sich am 3. Dezember «um 3 ½ Uhr in die Ordination gedrängt» hat. Wäre es ein Junge gewesen, hätte er Fließ sofort telegraphiert, denn der hätte natürlich seinen Namen, Wilhelm, getragen. Aber er ist voller Stolz auf seine Kleine, so ein «nettes und komplettes Frauenzimmerchen», das «eine Steigerung der ärztlichen Beschäftigung auf das Doppelte des gewöhnlichen Bestandes gebracht» hat, er hat schon Mühe kann nachzukommen, kann Unvorteilhaftes ablehnen und seine Preise diktieren.[11] Er wird zugleich auch immer sicherer in der Beurteilung und Behandlung der Neurose, und allmählich wird man sogar in Wien darauf aufmerksam, daß bei ihm etwas zu holen ist. Jetzt ist er, der als junger Mensch «keine andere Sehnsucht (...) als die nach philosophischer Erkenntnis» kannte, endlich im Begriff, sich diesen Traum zu erfüllen, indem er, der «Therapeut wider Willen», von der Medizin zur Psychologie übergeht, überzeugt, Hysterie und Zwangsneurose «definitiv» heilen zu können.[12]

Am 21. April 1896 hält er vor seinen Kollegen im Verein für Psychiatrie und Neurologie seinen Vortrag über die *Ätiologie der Hysterie*. Darin vergleicht er seine ärztliche Tätigkeit mit der des Forschers, der sich nicht damit begnügt, «ein Trümmerfeld mit Mauerresten, Bruchstücken von Säulen, von Tafeln mit verwischten und unlesbaren Schriftzeichen» interessiert zu beschauen, sondern zu Schaufel und Spaten greifen muß, um unter den sichtbaren Resten das Vergrabene aufzudecken, um neue, im glücklichen Falle «bilingue Inschriften» zu finden, die ihm ein Alphabet und eine Sprache enthüllen und Aufschluß geben über die Ereignisse der Vorzeit: «Saxa loquuntur!» Genauso müsse der Arzt Erinnerungsschichten abtragen und Assoziationsketten zurückverfolgen bis in jene prähistorische Zeit der Kindheit, von der dem Kranken nur Spuren im Gedächtnis geblieben seien, die er nicht wahrhaben wolle, gegen die er sich empöre. Aber nichts anderes seien hysterische Symptome als «Abkömmlinge unbewußt wirkender Erinnerungen».[13] Und jedesmal werde der Arzt dabei auf ein oder mehrere Erlebnisse von vorzeitiger sexueller Erfahrung, die der frühesten Jugend angehören, stoßen. So hatte er es bei all seinen Fällen gefunden, bei ganzen achtzehn Patienten, die entweder Opfer sexueller Attentate seitens der Erwachsenen geworden waren oder mit diesen, Kindermädchen, Gouvernanten, Lehrern oder nahen Anverwandten, ein «förmliches Liebesverhältnis», oft über Jahre, unterhalten hatten. Manchmal gab es sogar Kinderverhältnisse, zumeist mit Geschwistern; aber auch solchen Beziehungen war fast immer ein Akt der Verführung vorausgegangen. Das hält Freud, ausdrücklich sagt er es den Kollegen, für eine «wichtige Enthüllung, für die Auffindung eines caput Nili der Neuropathologie»[14]. Der Vortrag fand, so berichtet er später an Fließ, «bei den Eseln eine eisige Aufnahme», und das, nachdem er ihnen die Lösung eines mehrtausendjährigen Problems aufgezeigt hatte. Aber viele, die glaubten, die sagenhaften Quellen des Nils entdeckt zu haben, waren nicht weiter als ins Reich der Legenden und Mythen gelangt. Der Vorsitzende des Vereins der Neurologen, Richard von Krafft-Ebing, einer der einflußreichsten und mit seiner *Psychopathia sexualis* meistgelesenen Psychiater der Zeit, sagte über Freuds Enthüllung nur: «Es klingt wie ein wissenschaftliches Märchen.»[15]

EINE REVOLUTION DES SEELENLEBENS

DER UNBEKANNTE PATIENT

Im Frühsommer 1896 erkrankte Freuds Vater schwer. Sein Zustand, «mit Herzkollapsen, Blasenlähmung und ähnlichem», war so wacklig, daß der Sohn den lang geplanten, den ersehnten Kongreß mit Fließ absagte, das «brennende Bedürfnis, wieder einmal ganz zu leben mit dem Kopf und dem Herzen zugleich», der Sorge um den «Alten» opferte, dessen letzte Zeit, obwohl er «geistig überfrisch und euphorisch» und ein «Riesenkerl» war, gekommen schien. Sie trafen sich schließlich dennoch für drei Tage Ende August in Salzburg, danach reiste Freud, wie schon im Jahr zuvor, mit dem Bruder Alexander nach Italien. Das bevorstehende Ende des Vaters deprimierte ihn nicht wirklich, er hatte seine Ruhe wohlverdient, litt wenig und löschte «mit Anstand und Würde aus», ein langes Krankenlager sollte ihm wohl erspart bleiben.[1] Doch der rasche Tod, den ihm der Sohn wünschte, war Jacob Freud nicht vergönnt, sein Siechtum zog sich noch über fast vier Monate hin – er «schrumpft stetig ein bis zu einer Pneumonie und einem großen Termin». In den letzten Wochen war er zeitweise geistig verwirrt, hatte Hirnblutungen und Fieber, dazu kam schließlich ein Lungenödem.[2] Am 23. Oktober 1896 starb der Vater. Das ganze fiel in Freuds «kritische Zeit», wieder einmal litt er unter Naseneiterung und Herzbeschwerden und war überzeugt, daß sein «Termin» mit 51 Jahren kommen werde. Bis dahin, bis zu der «berühmten Altersgrenze», wollte er es gerne noch aushalten.

Zur Beerdigung, mit der die Familie ohnehin unzufrieden war, weil er sie still und einfach halten wollte, kam Freud zum Ärger der Seinen zu spät, er hatte beim Friseur zu lange warten müssen. In der Nacht nach dem Begräbnis hat er einen «netten Traum» von einem Lokal – dem Friseurladen natürlich – und

einer Tafel, gleich den Rauchverbotsschildern in den Warte-
sälen der Bahnhöfe, auf der zu lesen war:

«Es wird gebeten
die Augen zuzudrücken.»

Der Doppelsinn dieser Worte war klar, man sollte seine Pflicht
gegen den Toten erfüllen: als hätte er dies nicht getan und
bedürfte der Nachsicht. Es sprach daraus die «Neigung zum
Selbstvorwurf, die sich regelmäßig bei den Überlebenden ein-
stellt», die Irritation darüber, daß ihn der Tod des Mannes, der
sich einst von einem Antisemiten so sehr hatte demütigen lassen und den er manchmal, ob seiner ewigen Projektemache-
rei und seiner Unfähigkeit, die Familie zu versorgen, ein wenig
verachtete, doch stark ergriff, auf beinahe unerklärliche Weise,
«auf irgendeinem der dunkeln Wege hinter dem offiziellen Bewußtsein». Denn er hatte ihn doch «sehr geschätzt, sehr genau
verstanden, und er hatte viel in meinem Leben gemacht (...). Er
war lange ausgelebt, als er starb, aber im Innern ist wohl alles
Frühere bei diesem Anlaß aufgewacht». Ja, der Sohn hatte nun
«ein recht entwurzeltes Gefühl».[3]
  Mit vierzig Jahren fing Freud an, die eigene Existenz neu zu
überdenken, sich selbst zu beobachten und zu erforschen, Träume, Erinnerungen, Ahnungen, scheinbar belanglose Alltags-
handlungen zu analysieren. Als er 1920, viele Jahre später,
Ernest Jones zum Tode dessen Vaters kondolierte, schrieb er:
«Ich war so alt wie Sie, als mein Vater starb (43), und es revo-
lutioned meine Seele.»[4] Er hatte sich geirrt, er war 43, als er die
Traumdeutung beendete, als das Buch erschien, das das Wissen um die Psyche revolutionieren sollte. Erst nach der Niederschrift seines *opus magnum* glaubte er verstanden zu haben,
daß es ein Stück seiner Selbstanalyse war, eine Reaktion auf den
Tod des Vaters, «also auf das bedeutsamste Ereignis, den ein-
schneidendsten Verlust im Leben eines Mannes»[5].
  Sicherlich war er über Jacob Freuds Sterben erschüttert,
mehr als er geahnt hatte. Aber er hatte sich, schon seit den frü-

hen Jahren, seit der Pubertät, immer wieder ausschweifenden Selbstbeobachtungen hingegeben, seine Gedanken über sich selbst den Freunden und der Braut zugemutet, jene Mischung aus Größenwahn und Zweifelsucht, die so vielen, weit über die Jugend hinaus, vertraut ist. Als er begann, die Suche nach dem eigenen Ich gründlicher, systematischer, konsequenter zu betreiben, seine zu einem Kampf von herkulischem Ausmaß mythisierte Selbstanalyse in Angriff nahm, stand hinter ihm bereits ein ganzes Heer von Erforschern ihres Selbst, ein jeder ein kleiner Rousseau, ein neuer Werther, besessen von dem Dämon «Selbstbewußtsein» und entschlossen zur Entblößung des eigenen Herzens. Sie konnten sich berufen auf die lange Geschichte der Konfessionen, von Marc Aurel bis Montaigne, von Augustinus bis zu La Rochefoucauld, doch wie nie zuvor unterwarfen sich im 19. Jahrhundert, diesem «Zeitalter der Introversion», neben den üblichen Verdächtigen, den Philosophen, Literaten und Künstlern, «gewöhnliche» Männer und Frauen, die keineswegs daran dachten, die bürgerliche Konvention zu sprengen, dem Diktat des «Erkenne dich selbst». In Tagebüchern, Autobiographien und Memoiren, in Briefen und Selbstporträts wurden sie zu Historikern ihres so wandelbaren, so unfaßbaren Ichs, das sie formten nach ihren eigenen Anschauungen und nach der gesellschaftlichen Mode, als mutige Bekenner, entschlossene Analytiker, diskrete Strategen und ängstliche Heimlichtuer, gefühlige Prahler oder einfach nur nüchterne Beobachter.

Manchen diente die Autobiographie ausdrücklich zur Therapie, zur Heilung durch das Selbst. Theodor Fontane, der nach dem Triumph der *Effie Briest* unter schwerer Schlaflosigkeit litt, begann 1892, mit 72 Jahren, auf Anordnung eines Arztes die Erinnerungen an seine *Kinderjahre* niederzuschreiben, worin er sich mit dem bewunderten Vater auseinandersetzen konnte.[6] Und lange bevor Freud der Methode einen Namen gab und sie zu einem therapeutischen Verfahren entwickelte, hatten sich professionelle und dilettierende Schriftsteller von ihren Assoziationen leiten lassen. Oft ist darauf hingewiesen worden, daß Freud die frühe Lektüre von Ludwig Börnes *Die Kunst, in drei*

Tagen ein Original-Schriftsteller zu werden den Weg zur freien Assoziation und Selbstanalyse aufzeigte, mit dem ironischen Imperativ: «Nehmt einige Bogen Papier und schreibt drei Tage hintereinander, ohne Falsch und Heuchelei, Alles nieder, was Euch durch den Kopf geht.» Charles Baudelaire hatte sich in dem fragmentarischen Versuch *Mon cœur mis à nu* vorgenommen, einfach anzufangen, egal wo, egal wie, und weiterzumachen von Tag zu Tag, allein der Inspiration, die ihm Tag und Umstände eingaben, gehorchend.

Auch Versuche, die Selbsterforschung in den Dienst der Wissenschaft zu stellen, wie Freud es schließlich tat, hatte es schon zuvor gegeben. Der Schweizer Psychiatrieprofessor und Direktor der Landesheilanstalt «Burghölzli», Auguste Forel, beschrieb in seinem 1889 erschienenen Hypnosehandbuch eine Form des «Zwangsschlafs», der ihn in seinem früheren nachmittäglichen Hospitaldienst regelmäßig überwältigte und der begleitet war von Lähmungserscheinungen und Halluzinationen, so daß er bald Angst bekam, aus diesem Zustand der «Autohypnose» nicht mehr herauszukommen, und es schließlich vermied, sich hinzulegen. Sein Nachfolger Eugen Bleuler unternahm ganz bewußt Selbstversuche mit Hypnose, um die klinischen Beobachtungen an Patienten nachvollziehen zu können; die «Selbstfühlung» sollte ihn unabhängig machen von deren oft unzuverlässigen Berichten.

1896 gebraucht Freud zum erstenmal in einem deutschsprachigen Aufsatz das Wort «Psychoanalyse» für seine «mühselige, aber vollkommen verläßliche» Methode der Untersuchung und Therapie der Neurosen. Aber noch hält er an der Verführungstheorie fest, sucht nach neuen Beweisen und meint schließlich, sogar in der eigenen Familie «alle diese grotesken und doch tragischen Mißverhältnisse» aus früher Kinderzeit, die er in seinem Vortrag beschrieben hatte, wiederzufinden: «Leider ist mein eigener Vater einer von den Perversen gewesen und hat die Hysterie meines Bruders (dessen Zustände sämtlich Identifizierung sind) und einiger jüngerer Schwestern verschuldet.» Bedenklich erscheint ihm allein die Häufigkeit dieser Verhältnisse.[7] Aber seine Patienten bringen ihm weitere Bestätigungen, immer entdeckt er in ihren Analysen einen Nächststehenden, Vater oder Bruder, als den Schuldigen. Einer seiner «hysterischen Männer», der seine älteste Schwester in eine Psychose mit kompletter Verworrenheit gebracht hatte, war selbst das Opfer eines Verführers, des eigenen Onkels, eines genialen Menschen, aber schweren Quartalssäufers, der sich auch an einer jüngeren, noch nicht ein Jahr alten Schwester des Patienten verging: So steigerte sich in der nächsten Generation die Neurose zur Psychose, «was man Degeneration heißt» – «einfach indem ein zarteres Alter herangezogen wird».[8]

Zeitweise scheint Freud sogar wieder daran zu glauben, daß die Vererbung in der Entstehung der Neurosen eine besondere Rolle spiele, eine Theorie, die sein Meister Charcot vertrat und die er eigentlich gerade zu verwerfen begonnen hat, auch gegen den allgemeinen Konsens unter den Kollegen, welche die Heredität für die einzige oder wenigstens die Hauptursache psychischer Erkrankungen halten. «Geisteskrankheit ist eine Hirnkrankheit», hatte Krafft-Ebing in seinem *Lehrbuch der Psychiatrie* 1879 verkündet. 1895 definierte er Nervosität und Neurasthenie als «eine meist angeborene krankhafte Veranlagung, seltener erworbene krankhafte Veränderung des Zentralen Nervensystems», befördert durch Schlafmangel, schlechte Ernährung und Alkoholismus sowie den «antihygienischen» Charakter der modernen Zivilisation mit ihrer Hast, ihrer demokratischen Politik und ihrer Frauenemanzipation. All das zusammen führe zu «materiellen, wenn auch noch so feinen Veränderungen im Nervensystem», zu einer Unordnung, in der sich die «Bilanz zwischen Production und Verbrauch von Nervenkraft» nicht mehr herzustellen vermag. Für Freud bleibt die Vererbung allenfalls ein «Multiplikator», der ausschlaggebend ist für den Umfang der Neurose. Der Brücke-Schüler und Charcot-Eleve kann die materialistische Anschauung nicht völlig aufgeben. Im Grunde schafft er es nie, auf das physiologische Fundament, so vage seine Erkenntnisse darüber notwendigerweise bleiben müssen, ganz und gar zu verzichten.

Aber in diesen Jahren der tastenden Selbstprüfung, des Forschens nach einer allgemeinen Theorie der Psyche sucht er, fast verzweifelt, nach Sicherheit. Warum also nicht auf die alten Ideen zurückgreifen? Auch von der Historie erhofft er sich Nutzen und Beistand, nachdem ihm aufgegangen ist, daß seine «ganze neue Hysterie-Urgeschichte bereits bekannt und hundertfach publiziert ist, allerdings vor mehreren Jahrhunderten», daß nämlich die mittelalterlichen Hexen unter der Folter ganz ähnliche Geständnisse machten wie seine Patienten, indem sie erzählten, der Teufel habe von ihnen Besitz ergriffen und mit ihnen Unzucht getrieben. Wieder einmal hat Emma Eckstein ihn auf diese Idee gebracht, und zwar mit einer Phantasie, «wo ihr der Diabolus Nadeln in die Finger sticht und auf jeden Blutstropfen ein Zuckerl legt»; das bestätigt natürlich auch, daß Fließ an ihren Blutungen völlig unschuldig war. Nun muß Freud unbedingt den *Malleus maleficarum* studieren, den *Hexenhammer,* das von den Dominikanern Heinrich Institoris und Jacob Sprenger Ende des 15. Jahrhunderts verfaßte Handbuch der Inquisition. Sie war ja im Grunde ganz richtig, seine Idee, daß Hexenwahn und Hexenverfolgung in das Krankheitsbild der Hysterie gehörten und eine jener Formen waren, in denen sie sich, der Zeit gemäß, geradezu epidemisch äußerte. Für Freud war sie nur ein Beweis für das infantile Sexual-Trauma seiner Kranken.

Gerade hat er wieder eine Hysterie ganz sicher zurückgeführt auf einen Mißbrauch, verübt an dem damals elf Monate alten Kind. Überall wimmelt es in den Erzählungen seiner Patientin von entsprechenden Details, die Geschichte von den Hexen muß einfach stimmen: «Das ‹Fliegen› ist erklärt, der Besen, auf dem sie reiten, ist wahrscheinlich der große Herr Penis.» An das Fliegen, an das Schweben erinnern doch auch die akrobatischen Kunststücke der Hysteriker. Und dazu noch eine Geschichte von der Eckstein, «eine Szene von Mädchenbeschneidung», vom «Abschneiden eines kleinen Labium (das heute noch kürzer ist), Aufsaugen des Blutes, wonach das Kind das Stückchen Haut zu essen bekommt». Könnten die Perversionen nicht Reste eines «uralten Sexualkultus» sein, «der einmal vielleicht noch im semitischen Orient (...) Religion war»[9]?

Während dieser ganzen Zeit, da seine Gedanken wirr dahinzufliegen scheinen, versorgt er seinen Zauberer in Berlin fleißig mit Zahlenmaterial, mit den Terminen von Marthas Menstruationen und Nebenmenstruationen, den Erkrankungen seiner Kinder, mit Daten aus der Familienhistorie und aus der Geschichte seiner Patienten. Er spielt mit Formeln, mit Perioden, die sich summieren und multiplizieren lassen. Vielleicht kann er so seinen psychologischen Oberbau auf die «Organgrundlage» stellen, indem er annimmt, daß die Entbindung eines «männlichen 23tägigen Stoffs» von beiden Geschlechtern als Lust, die eines weiblichen 28tägigen als Unlust empfunden wird. Wenn er nur die Geometrie zu dieser Algebra hätte! Vielleicht interessiert es den Freund, wie er dazu gekommen ist: «Ich merkte, daß ich an deutlich 28tägigen Terminen ohne sexuelle Lust und impotent bin, was sonst doch nicht der Fall ist.»[10] Hexentanz und Zahlenmagie, Sexualchemie und Neuronentheorie, alles gärt und brodelt bei ihm, es wird nur ein neuer Schub abgewartet – allein die unklare Erwartung, etwas Wesentliches könnte in nächster Zeit noch dazukommen, hindert ihn noch daran, die große vorläufige Gesamtdarstellung seiner «Psychologie» zu schreiben.

Viel mehr drängt es ihn daher, mit der Traum-Arbeit zu beginnen, inzwischen hat er sich ein wenig mit der Literatur zum Thema beschäftigt, und es geht ihm wie dem Rumpelstilzchen: «‹Ach wie bin ich froh, daß es niemand weiß, niemand weiß –›. Niemand hat eine Ahnung davon, daß der Traum kein Unsinn, sondern eine Wunscherfüllung ist.» Er träumt von «überzärtlichen Gefühlen» für seine Tochter Mathilde; das zeigt ihm, natürlich, den erfüllten Wunsch, «einen ‹pater› als Urheber der Neurose zu ertappen». Das macht seinen immer noch sich regenden Zweifeln ein Ende. Denen an der Verführungstheorie, denen an der Traumtheorie? Er fühlt sich wie «in einer Puppenhülle, weiß Gott, was für ein Vieh da herauskriecht». Vielleicht hat er eine Art Zusammenbruch, vielleicht erlebt er nun an sich selbst jenen Widerstand, den er von seinen Patienten kennt. Im Juni 1897 macht Freud «irgendetwas Neurotisches» durch: «komische Zustände, die dem Bewußtsein nicht faßbar sind. Dämmergedanken, Schleierzweifel, kaum hie und da ein Lichtstrahl». Jedenfalls stellt sich «irgendetwas aus den tiefsten Tiefen» seiner eigenen Neurose dem «Fortschritt im Verständnis der Neurosen» entgegen, und es hat, auf seltsame Art, auch mit Fließ zu tun.[11] Aber seine «kleine Hysterie» löst sich allmählich ein Stück, vieles steckt noch fest. Er selbst ist in diesem Sommer sein «Hauptpatient». Und die Analyse wird ihm schwerer als irgendeine andere, sie lähmt die ganze Arbeit, aber sie muß doch gerade darum gemacht werden, als «notwendiges Zwischenstück».

Am 21. September 1897 bekennt Freud dem Freund in Berlin: «Ich glaube an meine Neurotica nicht mehr.» Das ist der berühmte, der berüchtigte Widerruf. Es waren zunächst ganz praktische Gründe, die ihn dazu bewogen hatten, die Verführungstheorie aufzugeben. Er war enttäuscht, daß es ihm nicht gelungen war, seine Analysen wirklich zum Abschluß zu bringen, und ihm gerade die Patienten, die er am besten im Griff zu haben glaubte, davonliefen. Vielleicht hatte er sich zu rasch von ihren Geschichten hinreißen lassen, in denen doch jedesmal der Vater als pervers beschuldigt wurde; sogar den eigenen Vater hatte er dessen angeklagt. Allein die ungeheure, die unerwartete Verbreitung der Hysterie hätte ihn mißtrauisch machen müssen, da «solche Verbreitung der Perversion gegen Kinder wenig wahrscheinlich ist». Und der Mißbrauch müßte «unermeßlich häufiger sein als die Hysterie», weil nicht alle, die ihm zum Opfer fielen, daran krank wurden, sondern viele sich durchaus zu «normal gebliebenen Individuen» entwickelten. Die Erkrankung trat doch nur ein, «wo sich die Ereignisse gehäuft haben und ein die Abwehr schwächender Faktor hinzugetreten ist». Niemals aber, nicht einmal im «verworrensten Delirium», ließ sich den Patienten das «Geheimnis der Jugenderlebnisse» völlig entlocken, niemals überwand das Unbewußte ganz den «Widerstand des Bewußten». So verzweifelt Freud an seiner therapeutischen Arbeit, die diese ungebärdige Macht doch hatte bändigen sollen. Damit war seiner so verführerischen Theorie jede Grundlage entzogen, Freud hatte den Boden der Realität verloren: «Demnach blieb die Lösung übrig, daß die sexuelle Phantasie sich regelmäßig des Themas der Eltern bemächtigt.» Und er hatte diesen Phantasien geglaubt, den Geschichten von verführten, mißhandelten Kindern.

Der sogenannte Widerruf war Freuds Sündenfall, für den er bis heute zu büßen hat. Er scheint, zumindest von seinen hartnäckigen und zahlreichen Gegnern, auf ewig angeklagt zu sein, das Leiden seiner Patienten verleugnet und sie noch einmal mißbraucht zu haben, um seiner bürgerlichen Reputation, seiner Karriere willen oder einfach nur um sich selbst und die Familie vor der Wahrheit zu schützen und das Andenken Jacob Freuds nicht zu beflecken. So begann, einer neuen Hysterie gleich, der «Krieg um Freud», den Mann, der gesagt hatte, «daß es im Unbewußten ein Realitätszeichen nicht gibt, (...) daß man die Wahrheit und die mit Affekt besetzte Fiktion nicht unterscheiden kann»[12].

Später nennt er die Verführungstheorie einen «Irrtum, (...) der für die junge Forschung fast verhängnisvoll wurde». Hätte er an ihr festgehalten, wäre die Psychoanalyse niemals entstanden. Aber noch gut zwei Jahre nach jenem historischen Brief kommt er auf die «Väterätiologie» zurück. Er berichtet von einer Patientin, die mit gerade zwei Jahren von ihrem Vater, einem «Mädchenstecher», dem blutige Verletzungen ein erotisches Bedürfnis waren, defloriert und mit Gonorrhöe infiziert wurde, so daß sie lebensgefährlich erkrankte. Ein neues Motto für seine Arbeit fällt ihm ein, eine Zeile aus Goethes Mignon-Lied: «Was hat man Dir, Du armes Kind, getan?» Er bestritt niemals die Realität sexueller Attacken gegen Kinder. Er hatte aber ihre Häufigkeit und ihre Bedeutung überschätzt, er war zu leichtgläubig, zu wenig mißtrauisch gewesen, aber auch bemüht, offen, unparteiisch und aufnahmefähig für alle Neuheiten zu bleiben, die ihm die Praxis brachte. Und daran sollte sich nichts ändern. Noch in einer seiner letzten Arbeiten, dem Fragment gebliebenen *Abriß der Psychoanalyse*, geschrieben 1938, ein Jahr vor seinem Tod, weist er ausdrücklich hin auf die «Wirkungen gewisser Einflüsse (...), die nicht alle Kinder betreffen, obwohl sie häufig genug vorkommen, wie der sexuelle Mißbrauch von Kindern durch Erwachsene, ihre Verführung durch andere wenig ältere Kinder (Geschwister)», und die zu dem späteren neurotischen Zwang führen können.[13]

Damals, im Herbst 1897, hätte er am liebsten die ganze Arbeit im Stich gelassen. Er war völlig ratlos und von einer inneren Leere erfüllt, schien doch alles davon abzuhängen, ob die Lösung für das rätselhafte Kräftespiel von Verdrängung und Hysterie aufging: «Die Erwartung des ewigen Nachruhms war so schön und des sicheren Reichtums, die volle Unabhängigkeit, das Reisen, die Hebung der Kinder über die schweren Sorgen, die mich um meine Jugend gebracht haben.»[14] Nach wie vor mußte Freud immer wieder um seine Praxis und den Unterhalt der Familie bangen. Seine sogenannte bürgerliche Karriere war nichts als ein ferner Traum. Zwar hatten Hermann Nothnagel und ausgerechnet Freuds Widersacher Richard von Krafft-Ebing ihn für eine Professur vorgeschlagen, aber sie hatten ihm zugleich wenig Hoffnung gemacht: Er kannte ja die Schwierigkeiten, einstweilen konnte man damit nur erreichen, daß sein Name «auf's Tapet» gebracht war. Er wußte nur zu gut um die antisemitische Stimmung in der Universität, die 1896 einen weiteren Höhepunkt erlebt hatte mit den sogenannten «Waidhofener Beschlüssen», mittels derer die deutsch-österreichische Studentenschaft die Juden, diese «ethisch tieferstehenden Subjekte», ehrlos von Geburt an und jeder feineren Regung unfähig, ein für allemal als satisfaktionsunfähig erklärte.

Und diese Stimmung beherrschte die ganze Stadt: 1895 war Karl Lueger, der Führer der Christlichsozialen Partei, mit Hilfe seiner antisemitischen Parolen, die vor allem im Kleinbürgertum so wirksam waren, zum Bürgermeister von Wien gewählt worden. Freuds einziger Trost war damals, daß sein Bezirk liberal geblieben war und daß der Kaiser Franz Joseph den neuen «Herrn von Wien» nicht im Amt bestätigte. Aus Freude hatte er sich an jenem Tag sogar, trotz Fließ' strikten Nikotinverbots, eine Zigarre angezündet. Aber 1897, nachdem Lueger noch dreimal gewählt worden war, hatte der «Judenkaiser» nachgeben müssen. Wie konnte Freud auf eine akademische Karriere hoffen, ein Jude, ein seit der Kokain-Affäre ohnedies berüchtigter Mann, der offen über mißbrauchte Kinder gesprochen hatte und nach wie vor über sexuelle Intima redete, auch wenn er nun gar nicht mehr recht weiterwußte?

Alles droht ihm zu zerfallen, vielleicht mußte er doch reumütig konvertieren, sich endgültig zum Glauben an die Vererbungslehre bekennen, die er zugunsten seiner Neurotica hatte verdrängen wollen? Sogar die Fließschen Perioden erscheinen ihm nunmehr unsicher, er wird wohl, in seiner geistigen Unzulänglichkeit, kaum in der Lage sein, sie zu begreifen; sie gänzlich anzuzweifeln wagt er – noch – nicht. Dennoch will er sich um Heiterkeit bemühen, ein Trost ist ihm geblieben: «In diesem Umsturz aller Werte ist allein das Psychologische unberührt geblieben. Der Traum steht ganz sicher da.»[15] Nur schade, daß man vom Traumdeuten nicht leben kann. Doch nun, ein Jahr nach dem Tod des Vaters, beginnt seine geistige Revolution. Jetzt kann er, aller Fesseln des Materialismus, der Physiologie, der Arithmetik ledig, befreit von Trauma- und Verführungstheorie, sich seinen Träumen hingeben. Und er hat in diesem Herbst 1897 einen wahren Schub an Träumen, vier Tage lang, in denen sich seine Selbstanalyse, die er für unentbehrlich hält, fortsetzt und ihm die wichtigsten Aufschlüsse und Anhaltspunkte liefert. Nun weiß er, daß «der Alte keine aktive Rolle» bei ihm spielte, daß seine «Urheberin» in sexuellen Dingen ein altes, häßliches Weib war, die diebische Kinderfrau, die ihm soviel vom lieben Gott und der Hölle erzählte, die ihn in rötlichem Wasser badete und ihm eine so hohe Meinung von seinen Fähigkeiten beibrachte. Und noch viel mehr verraten ihm seine Träume, von Kindereifersucht und bösen Wünschen gegen den kleinen Bruder, der so früh verstarb und von dessen Tod ihm der «Keim zu Vorwürfen» blieb, von der Haßliebe zu dem Neffen John, dem «Genossen seiner Untaten», den er einmal, zum Ärger des Vaters, schlug, nur weil dieser ihn vorher geschlagen hatte, mit dem er, bei einem Besuch der englischen Verwandten in Wien, als Vierzehnjähriger die «Cäsar und Brutus»-Szene aus Schillers *Räuber* nachspielte, John in der Rolle des Cäsar, er selbst in der des Brutus. Und wie grausam waren sie damals in Freiberg gegen die kleine Pauline, seine Nichte, gewesen. «Dieser Neffe und dieser jüngere Bruder», da ist er sicher, «bestimmen nun das Neurotische, aber auch das Intensive an allen meinen Freundschaften.»

Auch an die Reise von Leipzig nach Wien erinnert er sich nun dank seiner Träume, das ist das Wichtigste. Zwar irrt er sich im Alter, er glaubt, er sei damals zwei oder zweieinhalb Jahre alt gewesen – in Wirklichkeit war er bereits drei oder dreieinhalb. Doch auf dieser Reise, während einer Übernachtung, sah er die Mutter «nudam», da erwachte seine «Libido gegen matrem». Noch weiß er nichts Genaues von den Szenen, die dieser Geschichte zugrunde liegen, aber von der «intellektuellen Schönheit der Arbeit» kann er Fließ gar keine Vorstellung geben. Ewig will er, wenn die Geschichte stimmt, «dem Andenken des alten Weibes dankbar sein», das seine sexuelle Neugier, den kindlichen Forschertrieb erweckte und ihm «in so früher Lebenszeit die Mittel zum Leben und Weiterleben vorbereitet hat». Und es ist ja alles wahr, die Mutter bestätigt es ihm, jetzt fällt ihm auch die Geschichte von dem Kasten wieder ein, die schreckliche Angst, die Mutter sei verschwunden wie kurz zuvor die Alte, die sein Bruder Philipp ihrer Diebereien wegen hatte «einkasteln» lassen. All diese Offenbarungen muß er nun in seiner Analyse systematisch bearbeiten, leicht ist es nicht, aber eine gute Übung, ganz ehrlich mit sich zu sein: «Und manche liebe Schatten steigen auf», wie Goethe in der «Zueignung» des *Faust* schrieb, «gleich einer alten, halbverklungnen Sage, kommt erste Liebe' und Freundschaft mit herauf.» Auch früher Schrecken, früher Hader, «manches traurige Lebensgeheimnis geht hier auf seine ersten Wurzeln», es ist nicht leicht sich einzugestehen, welch «bescheidener Herkunft» all sein Stolz, all seine Vorzüge sind.[16]

Ein Jahr nach dem Tod Jacob Freuds scheint der Weg zu den Müttern endlich frei, ein «einziger Gedanke von bleibendem Wert» ist ihm jetzt aufgegangen: «Ich habe die Verliebtheit in die Mutter und die Eifersucht gegen den Vater auch bei mir gefunden und halte sie jetzt für ein allgemeines Ereignis früher Kindheit.» Das erkläre auch, trotz aller verstandesgemäßen Einwände gegen den Glauben an ein unüberwindbares Fatum, die «packende Macht des Königs Ödipus», über den er einst seine Griechisch-Matura-Arbeit geschrieben hatte. Nun verstehe man, «warum das spätere Schicksalsdrama so elend scheitern mußte». Was waren dagegen all die neueren Tragödien, die doch nur von «willkürlichem Einzelzwang» handelten? Diesen Zwang der griechischen Sage aber kenne jeder, weil er ihn in sich verspürt habe: «Jeder der Hörer war einmal im Keime und in der Phantasie ein solcher Ödipus, und vor der hier in die Realität gezogenen Traumerfüllung schaudert jeder zurück mit dem ganzen Betrag der Verdrängung, der seinen infantilen Zustand von seinem heutigen trennt.»

Freud ist wieder einmal im vollen Schwung. Flüchtig geht ihm durch den Kopf, daß sich das Zaudern des «Hysterikers Hamlet» genauso erklären läßt, durch die Qual der Erinnerung, die Leidenschaft, die er für die Mutter empfand, die Todeswünsche gegen den Vater: «So macht Gewissen Feige aus uns allen», heißt es bei Shakespeare. Was war das Gewissen anderes als unbewußtes Schuldgefühl?[17] Es packe und zerre ihn durch alle Zeiten, in rascher Gedankenverbindung, schreibt er Fließ, «die Stimmungen wechseln wie die Landschaften vor dem Eisenbahnfahrenden». Nur hat sich Freud, ohne Baedeker, ohne Kompaß und ohne Karten, zu einer Reise aufgemacht, deren Ziel er nicht genau kennt und die ihn in Regionen führt, die zu erkunden die meisten lieber vermeiden. Immer wieder träumt er gegen Ende des Jahres 1897 von Rom, dem Ort einer «tief neurotischen» Sehnsucht, geboren aus den Schwärmereien des Gymnasiasten, der wie einst Hannibal den Vater für all die Erniedrigungen, die er erduldet hatte, rächen, der größer und mächtiger sein wollte. Aber wie der Held seiner Jugend war

Freud auf seinen Italienreisen bis dahin nie weiter gelangt als bis zum Trasimenischen See. Würde es ihm ebenso ergehen wie Hannibal? Oder wie dem biblischen Moses, der «das gelobte Land» nur von ferne sehen durfte? Oder wie dem armen Juden aus der Anekdote, der ohne Billett nach Karlsbad reisen will und bei jeder Kontrolle härter behandelt wird? Und der einem Bekannten, der ihn auf einer seiner Leidensstationen nach dem Ziel seiner Reise fragt, antwortet: «Wenn's meine Konstitution aushält – nach Karlsbad.»

Ein paar Anhaltspunkte, ein paar Rahmenmotive hat Freud wenigstens schon beisammen, und seine Weggefährten sind seine Patienten, deren Phantasien und Träume seine Vermutungen bestätigen, ihn zu Korrekturen, zu Kursänderungen veranlassen. Ihren Widerstand, ihr Sträuben, ihren Trotz, ihre Verlogenheit und ihr Simulantentum, all das, was die Fortsetzung der Arbeit behindert, erlebt er an sich selbst, als Beweis für die frühe Determinierung, für die Macht der Verdrängung. Die therapeutische Arbeit wird zum wichtigsten Prüfstein für die Selbstanalyse, für jenes in sich so paradoxe Unternehmen, das eigene Ich mit der Distanz und der Kälte eines Fremden zu prüfen. Ein im Grunde unmögliches Unterfangen: Als Baudelaire sein Herz entblößte, bezeichnete er die «Verdunstung und Sammlung des Ichs» als eigentliches Ziel seines Unternehmens. Der Selbstanalytiker mußte sich zerlegen, sich auflösen, um aus den Überresten ein Ich zu rekonstruieren, geformt aus Erinnerungen, Phantasien, Träumen, die, einem Palimpsest gleich, immer wieder überschrieben werden.

Neben dem «Patientenmaterial» hat Freud nur den anderen, den «alter» in Berlin, als korrigierendes Gegenüber, als kritischen Spiegel. Zeitweise ist seine Selbstanalyse eine Analyse in Briefen, nur ist der Freund immer in seine Rechenaufgaben versponnen und antwortet oft zu spät, zu zögerlich, noch gar nichts hat er zu Ödipus, zu Hamlet gesagt. Er äußert sich, wie in ihren Gesprächen auch, nur zu dem, was ihn selbst angeht, ohne auf das Mitgeteilte zu reagieren. Manches davon ist sicherlich anregend, neuerdings beschäftigt sich Fließ mit der Bisexualität und der Bilateralität. «Bi-Bi», tönt es Freud nach ihrem letzten «Kongreß» in Breslau in den Ohren. Aber genügt es nicht, daß in einem Wesen Männliches und Weibliches sich vereinen? Warum muß Fließ postulieren, daß jede der beiden Körperhälften, die rechte wie die linke, beiderlei Geschlechtsorgane enthalte? Trägt nicht die linke Seite des Mannes einen Hoden wie die rechte? Von sich selbst weiß Freud nur, daß er vor Jahren zwei linke Hände hatte. Hingegen muß er Fließ danken, daß dieser ihn auf Conrad Ferdinand Meyer aufmerksam gemacht hat, vor allem auf die Inzestfabel *Die Richterin*: Nichts anderes geschieht doch im «Familienroman» der Neurotiker, die sich einbilden, nicht von ihren Eltern abzustammen, sondern von einer höhergestellten Person, oder die, in einer anderen Variante, ihre Geschwister zu Bastarden und sich selbst zum einzigen legitimen Kind erklären. Größensucht, Inzestwunsch, Geschwisterrivalität drücken sich in diesen Phantasien aus, all das, was er an sich selbst diagnostizieren mußte. Aber vielleicht hat er sich auch wieder einmal zu schnell hinreißen und sich, begierig nach Lösungen des Rätsels Psyche, verführen lassen von den alten Sagen. Hat er sein «wissenschaftliches Märchen» etwa nur darum halb und halb überwunden, um sich sofort in die Arme des griechischen Mythos zu werfen?

Freud unterbricht seine Selbstanalyse zeitweilig, um an seinem Traum-Buch zu arbeiten, das doch nichts als ein Produkt derselben ist. Im März 1898 schickt er Fließ ein Manuskript, ein Fragment, noch hat er sich nicht mit der einschlägigen Literatur beschäftigt. Aber hoffentlich findet der Freund seine Darstellung nicht zu freimütig, zu indiskret. Manche seiner Träume sind wirklich nicht publizierbar, weil ihr Hintergrund zu intim ist, mit Mutter und Frau zu tun hat, «und man seiner Frau für alle ihre Mühe und Plage doch nicht öffentlich derartige Vorwürfe machen kann». Die arme Martha ist zwar ein wenig entlastet durch ihre Schwester Minna, die 1896 in den Freudschen Haushalt gezogen ist, kränkelt aber seit Annas Geburt immer wieder und leidet zeitweise sogar an einer Schreibhemmung. Tatsächlich wirft ihm Fließ vor, bei wenigstens einer seiner Geschichten das gebotene Schamgefühl verletzt zu haben. Aber ein schöner Traum und keine Indiskretion – das trifft eigentlich nicht zusammen, wehrt sich Freud.

Dennoch will er die anstößige Darstellung opfern. Es dämmern ihm neue Gedanken; manche verfolgt er nicht weiter wie die über die Sucht nach Alkohol, Morphin, Tabak, die nur «Ersatz und Abkömmling» einer einzigen großen Gewohnheit zu sein scheint, der «Ursucht» der Masturbation. Die Rolle, die diese Sucht bei den Hysterikern spiele, sei «ganz ungeheuer», vielleicht hemme gerade das die Analyse und Selbstanalyse, vielleicht sei die Sucht gar nicht therapierbar. Andere Fäden nimmt Freud lieber auf. Er beginnt, noch so eine alte Phantasie, über das nachzudenken, was er später die «anale Phase» in der Libidoentwicklung nennen wird, ein «neuer Midas», dem sich ein jedes in «Dreck auflöst», vor allem das Geld: Aber gehen nicht «alle Geburtsgeschichten, Fehlgeburt, Periode über das Wort ‹Abort› (Abortus) auf den Lokus zurück?» Fortan schickt er Fließ neben den Träumen regelmäßig seine «drekkologischen» Berichte.[18] Und er fängt an, sich genauer mit den Fehlleistungen zu beschäftigen, mit dem Vergessen und Vertauschen von Namen. Noch ist das alles zu unausgegoren, genauso wie das Traum-Buch, was er dazu bisher verfaßt, ist «ganz dem Unbewußten nachgeschrieben nach dem Prinzip von dem Sonntagsreiter», der, gefragt, wohin er denn reite, antwortet: «Weiß ich, frag das Pferd.»

Das ist ein Bild, das er mehr als zwanzig Jahre später wieder aufnehmen wird, in *Das Ich und das Es*, seiner Neustrukturierung des «psychischen Apparats». Alles ist in diesen Anfängen schon da, doch es ordnet sich nur mühsam. Noch mehr als ein Jahr, bis in den Spätsommer 1899, arbeitet er, immer wieder mit Unterbrechungen, an seinem Traum-Buch. Das Schreiben ist natürlich auch eine Selbsttherapie, und die Kur scheint ihm recht zu bekommen, er fühlt sich viel normaler als vor vier, fünf Jahren, obwohl die Arbeit unmenschliche Kräfte verlangt, alles Denken, alles Fühlen aufzusaugen scheint, «eine Art Neoplasmengewebe, das sich ins Menschliche infiltriert und es dann ersetzt». Die Metapher klingt, mit dem Wissen um Freuds Leben und Sterben, gespenstisch, wie aus der Chronik eines angekündigten Todes: «Ich bin ganz Karzinom geworden», schreibt er Fließ im Februar 1899, «heute soll ich ins Theater; es ist aber lächerlich, gleichsam als wollte man aufs Karzinom transplantieren. Da haftet nichts, meine Lebensdauer ist von nun an die des Neoplasmas.»[19]

Sicherlich, vieles ist nun schon ganz deutlich, wie der Zusammenhang zwischen Traum und hysterischem Anfall. Beide sind erfüllte Wünsche, aber während sich im Traum, fern der Realität, ein verdrängter Gedanke äußern kann, muß im neurotischen Symptom, mitten im Leben, auch der verdrängende Gedanke eine Wunscherfüllung finden, als Strafe oder Selbstbestrafung, letzte Ersetzung der Selbstbefriedigung, der Onanie. Aber wie soll er das umsetzen, in Buch und Praxis? Rom ist noch weit. Bisher tut sich ihm nur ein Gemeinplatz auf: Es gibt einen Wunsch, den der Traum immer erfüllt, das ist der Wunsch zu schlafen, man träumt, um nicht erwachen zu müssen. Und darum der ganze Lärm? Dank aber gebührt dem Freund, daß er ihm den «Göttertrank» geschickt hat: «Das Neugebilde trinkt in seinen letzten Entwicklungsstadien gerne Wein.»[20]

Allerdings kann Freud den «göttlichen Marsala» nur tropfenweise genießen, Martha hat die Flaschen gezählt und verwahrt, damit er sich nicht dem «tröstenden Trunk» ergibt. Und er will sich ja, obwohl er sich derart sehnt nach dem süßen, kräftigen Saft, kein neues Laster zulegen, dazu schämt er sich zu sehr. Dabei kann er manchmal kaum zwei Stunden der Arbeit am Traum widmen, ohne «Freund Marsala» zu Hilfe zu rufen, der ihm dann vorzaubert, sein Werk sei gar nicht so öde, wie es dem Nüchternen erscheint. Wenn es doch nur «Punsch mit Lethe» wäre, wenn er sein «Schmerzenskind» einmal nur vergessen könnte.[21] In schöpferischem Rausch schreibt er Ende August, Anfang September 1899 das letzte, das schwierigste Kapitel, seine Theorie des psychischen Apparats. Hoffentlich streicht Fließ ihm nicht die neuen Träume, die er eingefügt hat, es ist nichts wirklich Intimes darin, nichts vom «persönlichen

Sexuellen», und schließlich, «pour faire une omelette il faut casser des œufs». Der «Dreck» ist doch unvermeidlich «und bittet um humane Behandlung». Alles andere möge ihm der Freund ruhig vorwerfen, den elend schlechten Stil, die «witzelnden, Bilder suchenden Umschreibungen», die «gewundenen, auf indirekten Worten stolzierenden, nach dem Gedanken schielenden Sätze», die sein eigenes Formgefühl beleidigen. Auch mit der ganzen Struktur des Buchs ist Freud, wie sein gestrenger Kritiker, sein Zensor in Berlin, nicht zufrieden, vor allem das erste Kapitel über Literatur, über den Stand der Traum-Forschung mißfällt ihm. Aber diese Konzession mußte er den «Wissenschaftlern» machen, um ihnen nicht gleich das Beil in die Hand zu drücken, sein armes Kind zu erschlagen. Aber gut, nun ist das Ganze eben eine Art «Spaziergangsphantasie» geworden: «Anfangs der dunkle Wald der Autoren (die die Bäume nicht sehen), aussichtslos, irrwegereich. Dann ein verdeckter Hohlweg, durch den ich den Leser führe – mein Traummuster mit seinen Sonderbarkeiten, Details, Indiskretionen, schlechten Witzen –, und dann plötzlich die Höhe und die Aussicht und die Anfrage: Bitte, wohin wünschen Sie jetzt zu gehen?»[22]

DIE MACHT DER TRÄUME

Freud hatte nicht zuviel versprochen, sein Buch, wissenschaftliche Abhandlung und intime, ja poetische Autobiographie zugleich, öffnet dem Leser die «reichste Aussicht nach verschiedenen Richtungen».[1] Die *Traumdeutung* war die «via regia zur Kenntnis des Unbewußten im Seelenleben», und wer seinem Königsweg folgen wollte, konnte sich an die schmale, geregelte Spur der theoretischen Erklärungen halten oder jene verworrenen Pfade mit ihm gehen, die von der Gegenwart, von seiner beruflichen und persönlichen Laufbahn im katholischen, antisemitischen Wien zurückführten in die Vergangenheit, in Jugend und frühe Kindheit. Man konnte den Ariadnefaden seiner Assoziationen ergreifen, um in einem kleinen Pandämonium der Zeit, voller Klatsch und Bösartigkeiten gegen Kollegen und Politiker, genüßlich zu verweilen oder sich mitten hineinziehen zu lassen in das Spiegelkabinett des Dr. Freud, eines ehrgeizigen, zornigen, rachsüchtigen Mannes, eines von Liebe und Haß verzehrten Kindes. Nichts war in der Selbstanalyse geblieben von Jean Pauls Paradies der Erinnerung, schon mit dem Motto lud Freud zu einer Höllenfahrt ein: Statt des harmloseren Goethe-Worts vom «armen Kind» wählte er ein Zitat aus Vergils *Aeneis*, den Haßschwur der rasenden Juno gegen den Sohn der Venus, der seinen Sieg, die Gründung Roms, mit Strömen von Blut erkaufen soll: «Flectere si nequeo superos, acheronta movebo» – «Weigern's die droben, so werd ich des Abgrunds Kräfte bewegen.»

So bescheiden wie siegesgewiß bittet Freud seine Leser, für eine Weile seine Interessen zu den ihrigen zu machen, sich mit ihm in die kleinsten Details seines Lebens zu versenken: «... Solche Übertragung fordert gebieterisch das Interesse für die besteckte Bedeutung der Träume.»² Er hatte ja keine andere Wahl – wollte er eine allgemeine Theorie des Seelenlebens bieten, mußte er seine eigene Psyche offenlegen. Hätte er sich allein an die Träume seiner Neurotiker gehalten, wie leicht hätte man sein Material mit Bannworten wie «abnorm», «degeneriert» oder «erblich belastet» zurückverwiesen in die geschlossene Abteilung der Geistesstörungen. Also mußte er, peinlich, aber unvermeidlich, sich selbst entblößen und zugleich um Milde ersuchen, daß er dies nicht vollständig getan, manchen Indiskretionen die Spitzen abgebrochen hatte, sicherlich zum «entschiedensten Nachteil» seiner Arbeit. Doch so quälend seine Auslassungen und Ersetzungen für all die Voyeure und Detektive, seine Biographen, auch sein mögen, selten hat sich ein Autor schonungsloser dargestellt – nicht Goethe, von dessen «Bruchstücken einer großen Konfession» Freud mit Recht sagte, daß *Dichtung und Wahrheit* nur ein Weg gewesen sei, sich selbst zu verbergen, und schon gar nicht der zwischen Selbstmitleid und Selbstverklärung schwülstelnde Rousseau. Und so wenig wie sich selbst konnte Freud all jenen Nachsicht gewähren, die sich in seinen Mitteilungen wiedererkennen mußten, sie mochten ihm verzeihen. Zumindest im Traumleben sollte Gedankenfreiheit herrschen.

Dafür muß er sich, im ersten Kapitel, der «schrecklichen Strafe» unterziehen, die Arbeiten seiner Vorgänger kritisch vorzustellen, die trotz mehrtausendjährigen Bemühens keine Bresche in den «dunklen Wald» zu schlagen vermocht hatten. Wenn sie in neuerer Zeit überhaupt bereit waren, dem Träumen einen Sinn zu unterstellen, waren sie kaum weiter gekommen als die Alten, die ägyptischen Priester, die griechischen und römischen Orakel und Seher oder die antiken Philosophen, die sich bereits an systematischen Interpretationen des Gedankenspuks, ob gottgegeben oder Werk der träumenden Seele, erprobt hatten. Auch im Talmud findet sich die Anweisung: «Ein Traum, den man nicht deutet, ist wie ein Brief, den man nicht liest.» Und zuhauf hatten sich seit jeher die Schriftsteller und Künstler in das Studium der Träume vertieft. Einer von Freuds Lieblingsautoren, Georg Christoph Lichtenberg, hatte gar ausdrücklich die Erforschung der Träume als Weg zur Selbsterkenntnis empfohlen.

Die Romantik mit ihrem Kult der «Nachtseite der Natur» erhob den Traum, diesen Strom scheinbar zusammenhanglosen Unsinns, in den Rang einer Gegenwirklichkeit, wahrer als das Leben selbst; und so erschien er auch dem Dichter und Naturschwärmer Henry David Thoreau. Dem Freiherrn von Hardenberg, Novalis, war gar das wache Denken nicht mehr als ein «Traum des Fühlens, ein erstorbenes Fühlen, ein blassgraues, schwaches Leben». Friedrich Schlegel bezeichnete den Traum in seinen Vorlesungen zur *Psychologie des Lebens* etwas weniger radikal als «Faden eines andern dunklen Bewußtseins, eines nicht nach der logischen Ordnung, nicht in Begriffen, noch auch jederzeit in deutlichen Worten dahin wandelnden und sich fortwebenden bildlichen Denkens, welches scheinbar in regellosem Spiel umherirrt, eigentlich aber nur einem andern und eignen Gesetz der bildlichen Ähnlichkeit oder der Wahlverwandtschaft des innern Gefühls folgt»[3].

Aber Freud, dieser so belesene Cicerone durch Coleridges «Dämmerreiche des Bewußtseins», wollte sich die Poeten und Philosophen nicht zum Weggefährten und Bundesgenossen wählen, da deren Nähe, deren Konkurrenz dem Wissenschaftler so gefährlich war. Die Schellingianer, was hatten sie, mit ihrer Wertschätzung des Traumlebens, schon anderes gefunden als den Nachklang antiker Mythen von der Göttlichkeit des Traums? Nietzsche wollte er nicht lesen, aus Furcht vor Übereinstimmungen, behauptete er. Er hätte sonst feststellen müssen, daß jener, fast radikaler noch als er selbst, den Traum zu einem Erkenntnismodell erhoben hatte, das keiner Logik oder Grammatik folgt und Zeichen jenseits der Konvention ästhetisch verwendet. Durch den Traum werde der Menschen zu der bis dahin noch nicht begriffenen tieferen Einsicht geführt, daß es nur den Trieb zur Metaphernbildung, nicht den zur Wahrheit gebe; durch ihn werde er zurückgeleitet auf die Stufen eines «älteren Menschentums», das, wie die Künste, keine Unterscheidung zwischen innen und außen zulasse. Diese Formel immerhin griff Freud auf.[4]

Im Frühjahr 1899 mußte er erstaunt bemerken, wieviel so ein Dichter über die Dinge wußte. Er hatte im Theater Arthur Schnitzlers *Paracelsus* gesehen und die berühmten Zeilen gehört:

«Es fließen ineinander Traum und Wachen,
Wahrheit und Lüge. Sicherheit ist nirgends.
Wir wissen nichts vom andern, nichts von uns;
Wir spielen immer, wer es weiß, ist klug.»[5]

Er kannte natürlich Theodor Gomperz' Buch über antike Traumdeutungen, Zauberei und Aberglauben schon aus jener Zeit, da er, jung und zaghaft, mit diesem «Großen im Reiche der Denkarbeit» ein paar Worte wechseln durfte. Und er war ehrlich genug, in späteren Ausgaben die *Phantasien eines Realisten* des Technikers, Erfinders und Sozialutopisten Josef Popper-Lynkeus zu würdigen, die ihm gleichen Jahr erschienen wie sein eigenes Werk und in denen Freud den Hauptcharakter der eigenen Lehre wiederfand: Ein Traum, wiewohl darin Zeit und Raum oft durcheinandergerüttelt werden, habe immer Sinn, wenn auch manchmal einen ganz versteckten, etwas Unkeusches, eine gewisse Heimlichkeit.[6]

Die übrige Wissenschaft hingegen hatte nicht nur keinen Fortschritt in der Erkenntnis der Traumprobleme gebracht, jeder neue Autor faßte diese wieder ganz vom Ursprung an, nach Belieben und Fortune, so daß auf jede These eine Widerlegung folgte. Manche waren seiner Wahrheit sogar recht nahegekommen. Der Philosophieprofessor Karl Albrecht Scherner hatte die Bedeutung der Symbole im Traum hervorgehoben, der französische Historiker, Archivar und Universalgelehrte Alfred Maury, einer der ersten Schlafforscher, hatte Experimente angestellt zum Einfluß sensorischer Reize. Angeregt hatte ihn dazu ein Traum, in dem er in den Wirren der Französischen Revolution unter die Guillotine geführt wird und schon das Fallbeil spürt;

ein Teil des Bettgestells war ihm auf den Hals gefallen. Der Marquis d'Hervey de Saint-Denis, ein Sinologe und Filmpionier, war wiederum so besessen von der Idee, Träume nach wissenschaftlichen Regeln zu deuten, daß er glaubte, sie nach Belieben beschleunigen und steuern zu können. Freud würdigte diese Einzelleistungen, aber weder gaben sie Aufschluß über den geheimen Sinn des Traums, noch hatten seine Vorläufer eine wirkliche Deutungsmethode entwickelt.

Dazu taugte die populäre Symbolik, die den Trauminhalt einfach in einen anderen, verständlicheren und in gewisser Hinsicht analogen Inhalt übertrug, so wenig wie die Dechiffrierung, die vorgab, jedes Zeichen wie bei einer Geheimschrift mittels eines bestimmten Schlüssels in ein anderes, bekanntes ersetzen zu können. Nach diesen Verfahren blieb alles der Kunst des Deuters überlassen, wie sie der biblische Joseph dem Traum des Pharao von den sieben fetten und den sieben mageren Kühen angedeihen ließ. Freuds Verfahren der freien Assoziation war weit unbequemer, weil es die Einfälle des Träumers berücksichtigte und der Verschiedenheit, die derselbe Trauminhalt bei der einen oder der anderen Person, in den einen oder den anderen Zusammenhängen annahm, gerecht zu werden suchte. Er mußte die Tat des Jean-François Champollion wiederholen, dem es, nachdem Napoleons Soldaten in Nordägypten den Stein von Rosette mit seiner mehrsprachigen Inschrift entdeckt hatten, 1822 gelungen war, die Hieroglyphen zu übersetzen. Er hatte erkannt, daß sie nicht oder nicht nur in verschlüsselter Form den Gegenstand ausdrückten, den die Bilder darzustellen schienen, sondern daß man sie bald als Worte, bald als Lautgruppen oder auch einzelne Laute lesen mußte.

Ein solches Bilderrätsel war für Freud der Traum, ein Rebus, das nicht als «zeichnerische Komposition» zu deuten, vielmehr in all seinen Einzelheiten auf eine Silbe, ein Wort, einen Gedanken zurückzuführen war, bis diese am Ende sich zum «schönsten und sinnreichsten Dichterspruch» zusammenfanden. So unterscheidet Freud zwischen dem «manifesten Trauminhalt», wie er dem Erwachenden in der Erinnerung erscheint, lückenhaft, trügerisch und unsinnig, und den «latenten Traum-gedanken», aus denen die nächtliche Phantasie entstanden ist und die darunter, verborgen, entstellt und verschleiert, auf-scheinen. Diese muß er, das Verfahren der Traumbildung oder Traumarbeit gewissermaßen umkehrend, mittels Analyse und freier Assoziation freilegen. Allein in den Träumen der Kinder, die rätsellos und fast langweilig sind, wagen sich die latenten Gedanken noch unverhüllt ans Licht. Freud erzählt von seiner kleinen Tochter, die eines Nachts, nachdem sie wegen Übelkeit einen Tag lang hatte fasten müssen, ausrief: «Anna F.eud, Er(d) beer, Hochbeer, Eier(s)peis, Papp» – ein Speisezettel, der alles umfaßte, was ihr begehrenswert schien.[7]

Dem Erwachsenen, geübt, seine Begierden zu verbergen, bleibt jene Gedankenfreiheit sogar im Traum verwehrt, gemäß Mephistos Warnung: «Das Beste, was du wissen kannst, darfst du den Buben doch nicht sagen.» Ähnlich wie der politische Schriftsteller muß der Träumer seine wahren Ideen entstellen und verharmlosen, um der gefürchteten Zensur zu entgehen. Unter dem Diktat der inneren Kontrollinstanz wird er zum Heuchler und Heimlichtuer. Daher variiert Freud seinen ersten Hauptsatz: «Der Traum ist die (verkleidete) Erfüllung eines (un-terdrückten, verdrängten) Wunsches.»[8] Seine Anregungen ent-nimmt der Träumer regelmäßig Erlebnissen der allerjüngsten Vergangenheit, den «Tagesresten», die oft scheinbar gleichgül-tig und manchmal auch bedrückend sein können, wie im Traummuster von «Irmas Injektion», das einerseits an die Vor-bereitungen zu Marthas Geburtstag gemahnte, andererseits an ein Gespräch über eine Patientin mit Oskar Rie anknüpfte – und damit an die leisen Vorwürfe des Freundes gegen seine Be-handlungsmethode, die Freud daraus entnahm. Die Deutung aber führt zurück in die Vergangenheit, in die Frühzeit, da die ersten Wünsche sich regten, die ersten Konflikte sich anbahn-ten. Auch wenn jene dem Vergessen, der Verdrängung anheim-gefallen sind, gibt es keine «harmlosen Träume». Allein der «Traumzensor», erfinderisch und raffiniert, wacht darüber, daß dieses problematische Material sich nicht im manifesten

Inhalt offenbart. Seine wichtigsten Instrumentarien sind «Verdichtung», «Verschiebung» und die «Rücksicht auf Darstellbarkeit», die Verwandlung von Gedanken in Bilder, von Kinderszenen in jüngst Erlebtes.

Dabei ist das Hauptwerkzeug der Traumarbeit das erstgenannte, die Verknappung der so reichen Gedanken zu einer Szene, einem einzigen Bild, einem Satz oder einem bloßen Wort. Die «Sammelperson» Irma hatte ihre Züge von verschiedenen Frauen geborgt. Im sogenannten «Onkeltraum», nur bestehend aus zwei Gedanken, zwei Bildern – «Freund R. ist mein Onkel. Ich empfinde große Zärtlichkeit für ihn» –, verhält es sich ganz ähnlich: Die Person erinnert, oberflächlich, an den Bruder des Vaters, den Betrüger und Falschmünzer Josef, den «Schwachkopf», aber wie auf nachträglich bearbeiteten Familienphotos schieben sich über dessen Gesicht die Bilder zweier Freunde, von denen einer wie Freud selbst Kandidat auf eine Beförderung zum Professor ist, der andere schon einmal bei Gericht angezeigt war. Manchmal genügt, noch ein berühmter Traum, ein Wort nur, der Neologismus «Autodidasker», den Deuter in hochkomplexen Assoziationen – über die Namen zweier Politiker, des Führers der deutschen Nationalliberalen, Eduard Lasker, und des Sozialisten Ferdinand Lassalle – an seinen Bruder Alexander zu gemahnen: Jene beiden fanden ja aufgrund ihrer sexuellen Verstrickungen den Tod, Lassalle bekanntlich im Duell, Lasker infolge einer «beim Weib erworbenen Infektion (Lues)», und Freud sich Sorgen macht um den noch immer unverheirateten Jüngsten der Familie. Was bedeutet dieser Traum anderes als «cherchez la femme»?[9]

Sein eigentliches Meisterwerk vollbringt jedoch der Zensor, der innere Widerstandskämpfer, in der sogenannten «Verschiebung», indem er gerade die aufrührendsten Affekte, die intensivsten Leidenschaften und tiefsten Wünsche in banale, nahezu gleichgültige Einzelheiten und Empfindungen zumeist aus der jüngsten Vergangenheit wandelt. Er kann dem Träumer Zärtlichkeit vorgaukeln, die jener nie empfand, nicht für den bösen Onkel, nicht für die Freunde. Und es bedarf allen Mutes, aller unbarmherzigen Ehrlichkeit gegen sich selbst, um dahinter den aus früher Kindheit und Jugend stammenden krankhaften Ehrgeiz zu erkennen, genährt von den Familienlegenden um die Prophezeiung der alten Bäuerin und von den Versprechungen des Stegreifdichters im Prater auf das Ministerportefeuille; um die Rachsucht zu entlarven, die Freud empfand gegen jene, die ihm den Aufstieg verwehrten oder zumindest erschwerten, die Kollegen und die Politiker. Wünsche sind nicht angenehm, sie verlangen Opfer, sie sind rücksichtslos und mörderisch

Immer wieder kreist der träumende Freud um seine Ruhmsucht, immer wieder findet er unter den täuschenden Verharmlosungen des Zensors peinlich feindselige Regungen. Im nächtlichen Spuk kehrt er zurück in Brückes Labor, wo er dem toten Ernst von Fleischl begegnet. Zusammen mit dem Freund, dessen Nachname mit denselben Konsonanten beginnt, Wilhelm Fließ, trifft er in einer nachfolgenden Szene den ebenfalls verstorbenen P., Joseph Paneth, der eine Geschichte nicht versteht, die Fl. vom Tod seiner Schwester erzählt. Wie kann er sie auch verstehen, wenn er gar nicht mehr am Leben ist? «Non vixit», sagt der Träumer dazu, sogleich den Irrtum bemerkend. Statt des «Er hat nicht gelebt» sollte es ja eigentlich heißen: «Er lebt nicht» – «non vivit». Aber da erscheint Freund P. auch schon ganz bleich und verschwommen, mit krankhaften blauen Augen, vernichtet durch Freuds Blick. So waren sie, Fleischl und Paneth, also nur Revenants, Personen, die man durch einen Wunsch beseitigen konnte; ein ungemein erfreulicher Gedanke, erscheint es ihm.

Einen «schönen», einen charakteristischen Traum, voller Rätsel und Entstellungen, voller Verdichtungen und Verschiebungen, nennt Freud jene eigentliche Alptraumszenerie, vordergründig eine Umwandlung der Szene, da er selbst, der Famulant, der seinen Labordienst zu spät angetreten hatte, unter dem Zorn, unter den «fürchterlichen blauen Augen» Ernst von Brückes zu vergehen glaubte. Aber warum dann jene zärtlichen und zugleich feindseligen Gefühle gegen Paneth, warum das schreckliche Wort «non vixit»? Es erinnert ihn an eine ähnlich lautende Inschrift auf dem Postament des Kaiser-Josef-Denkmals in der Hofburg, an die Enthüllung des Fleischl-Denkmals in der Universität. Der erste Gedanke war demnach: Was hätte sich Paneth für Verdienste um die Wissenschaft erwerben können, wäre er nicht vor der Zeit verstorben? So hatte der Träumer ihm ein Ehrenmal setzen wollen, doch weil jener böse Wünsche hegte, mußte er ihn zugleich vernichten. Denn sein Nachfolger in Brückes Labor, der sich in einer ähnlichen Situation wie er selber befand und ohne Aussicht auf ein Vorankommen war, äußerte darüber laut seinen Unmut. Sein Verlangen nach Beförderung, nach der Stelle des schwerkranken Fleischl, hatte eine «anstößige Nebenbedeutung», die Freud nicht unbekannt war.

Ähnlich mörderische Wünsche hatte er einst selbst gehegt, sogar eine Mitschuld an Fleischls Tod hatte er sich geben müssen. Die Kokain-Affäre spielte schon im Irma-Traum eine Rolle und tauchte nun immer wieder, mehr oder weniger entstellt, in seinen nächtlichen Phantasien auf. Und hatte er nicht heimlich über Paneth gedacht: «Weil er nicht warten konnte, daß ihm der andere den Platz räume, darum ist er selbst hinweggeräumt worden?» Hatte Paneth nicht für seine bösen Gedanken die gerechte Strafe empfangen, die doch im Grunde auch ihm selbst, Freud, gebührte? Andere Schuldgefühle galten dem Freund Fließ, dem er, selbst mit einem schmerzhaften Leiden, einem Furunkel am Skrotum behaftet, nicht beiseite gestanden hatte, als dieser sich einer Operation unterziehen mußte. Zugleich war er damals gereizt, daß man ihn in dieser Angelegenheit zu strenger Verschwiegenheit verpflichtete, ihm also – nicht zu Unrecht – mangelnde Diskretion unterstellte. Aber wie konnte er, gegen Ende des Traums, solche Freude, solche Befriedigung empfinden? So naiv egoistisch sein wie in der Anekdote, da der Ehemann sagt: «Wenn einer von uns stirbt, übersiedle ich nach Paris»?

Alle Spuren führen zurück in die Pubertät, da er, im Spiel mit dem Neffen John, die Rolle des Brutus übernommen hatte, den Shakespeare sagen ließ: «Weil Cäsar mich liebte, wein' ich um ihn; weil er glücklich war, freue ich mich; weil er tapfer war, ehr' ich ihn; weil er herrschsüchtig war, erschlug ich ihn.» Sie führen noch weiter zurück in die Freiberger Zeit, da er diesen Neffen verprügelte. Waren nicht alle seine Freunde nur Inkarnationen dieser «ersten Gestalt, die ‹früh sich einst dem trüben Blick gezeigt›», und damit Wiedergänger seines Kindertyrannen? Freud kann zu keinem anderen Schluß kommen: «Ein intimer Freund und ein gehaßter Feind waren mir immer notwendige Bedürfnisse meines Gefühlslebens.» Nicht selten fand er dies «Ideal» in ein und derselben Person wieder, manchmal verteilte er seine Gefühle. Flüchtig erscheint hinter der Gestalt des Freundes P. ein anderer, der den gleichen Vornamen trägt, Josef Breuer, der Mann, den er in jener Zeit mit Zorn und Verachtung belegte, als er selbst Wilhelm Fließ umwarb und sich ganz an ihn zu binden suchte. Aber waren seine Gefühle noch dieselben, mischte sich nicht auch die alte Ambivalenz in diese Freundschaft? Hier läßt Diskretion – oder mangelnde Einsicht? – den Traumdeuter schweigen, der doch nicht zurückschreckt vor der Erkenntnis: «Es ist niemand unersetzbar.» Als er Fließ die Seiten über absurde Träume schickte, hatte er kein Hehl daraus gemacht, daß er sich in der «Non vixit»-Phantasie freute, ihn überlebt zu haben: War es nicht arg, so etwas anzudeuten, für jeden Wissenden heraussagen zu müssen? In der *Traumdeutung* beläßt es der Autor bei einer Andeutung: So wie er sich den Freundfeind der Kindheit immer wieder erschuf in seinen späteren Beziehungen, in «aufeinanderfolgenden Inkarnationen», wird er sich auch den Freund zu ersetzen wissen, den zu verlieren er im Begriff ist.[10]

Ja, es erforderte wirklich «schwere Selbstüberwindung», die eigenen Träume zu deuten und mitzuteilen: «Man muß sich selbst als den einzigen Bösewicht enthüllen unter all den Edlen, mit denen man das Leben teilt.»[11] Es kostete Freud die Freundschaft mit Sophie Paneth, daß er ihren verstorbenen Mann, den großzügigen Freund und Helfer in den Jahren der Not, im «Non vixit»-Traum nicht minder schonungslos, wenn nicht gar boshaft darstellte. Vielleicht zerbrach an seiner Freimütigkeit, noch bevor es zum Konflikt und öffentlichen Streit kam, letztendlich auch die Beziehung zu dem «einzigen anderen», zu Fließ. Aber er fühlte sich als Forscher, der mit seinen Bekenntnissen für den Wahrheitsanspruch seiner Theorien haftete, verpflichtet, noch weiter hinabzusteigen in die inneren Kreise der Hölle. Schließlich war er der Mann, der den «Augiasstall der Irrtümer und Vorurteile in der Neurosenlehre» auszumisten hatte, ein neuer Herkules – als solcher erscheint er sich selbst im «Ekeltraum». Da findet er sich auf einer Anhöhe wieder, vor einer sehr langen Bank, an deren Ende sich ein großes Abortloch auftut, «mit Häufchen Kot von allen Größen und Stufen der Frische». Er uriniert auf die Bank, ein langer Harnstrahl spült alles weg. Im Traum war ihm nichts davon eklig.

Denn was war die Bank anderes als jenes Möbel, das ihm einst eine Patientin geschenkt hatte, die Couch, auf die er seine Kranken bettete, die ihn ehrten, ihm dankbar waren? Selbst das «Museum menschlicher Exkremente» war eine schöne Reminiszenz, namlich an die Reisen nach Italien, wo die Toiletten in kleinen Städten nicht anders aussehen. Und nur aufgrund seiner erfolgreichen Tätigkeit als Therapeut und Analytiker konnte er sich diese Fluchten von Wien, diese Ausflüge in ein sonnigeres Leben gestatten. Alles in diesem Traum deutete auf eine Größenphantasie hin, er war Gulliver, der im Land der Liliputaner mit einem Harnstrahl den Brand löscht, er war der «Übermensch bei Meister Rabelais», Gargantua, der, auf Notre-Dame reitend, Rache nimmt an den Parisern und auf ihre Stadt pißt. Er war der Mann, dem sich alles in Dreck verwandelte, damit er diesen um so gründlicher wegschaffen konnte. Und er war der unsichere junge Arzt, geängstigt von der Sphinx Paris, gebannt vom Ruhm Charcots, der an seinen freien Nachmittagen auf den Türmen der Kirche zwischen den wasserspeienden Ungetümen und Teufelsfratzen umherkletterte.[12] Er war der Dozent in Wien, der sich ekelte vor den Lobliedern, die ihm am Abend zuvor ein Schüler gesungen hatte: ein Mann, noch immer zerrissen zwischen Selbstüberschätzung und Kleinheitssucht, in dem das Kind von einst fortlebte, der kleine Bettnässer, der, als er für sein Versehen Vorwürfe bekam, dem Vater ein neues, schönes rotes Bett kaufen wollte, der Sieben- oder Achtjährige, der wider alle Gebote der Diskretion sein Bedürfnis im Schlafzimmer der Eltern, in deren Anwesenheit verrichtete. Damals hatte der Vater gesagt: «Aus dem Buben wird nichts werden.»[13]

Das mußte er als furchtbare Kränkung seines Ehrgeizes empfunden haben, gegen die nur das Wünschen half; in vielen Träumen kehrt ihm diese Szene zurück, verknüpft mit einer Aufzählung seiner Leistungen und Erfolge. Sie ist auch der Schlüssel zu seinem «revolutionären Traum» vom Grafen Thun. Freud war, so die Vorgeschichte, dem österreichischen Ministerpräsidenten im Sommer 1898 auf dem Bahnhof begegnet. Er selbst wollte in die Sommerfrische zu seiner Familie nach Aussee reisen, Franz Graf Thun, Führer der Fraktion des böhmischen Hochadels, ein feudalkonservativer Bürokrat alter Schule, von der Opposition nur als «Graf Nichtsthun» verspottet, fuhr zum Kaiser nach Ischl. In übermütiger, frecher Stimmung sang sich Freud die Arie aus *Figaros Hochzeit* vor: «Will der Herr Graf ein Tänzchen wagen, soll er' nur sagen, ich spiel' ihm auf.» Aber seine gute Laute, befeuert durch die Erinnerung an eine Aufführung von Beaumarchais' vorrevolutionärer Komödie, die er in Paris gesehen hatte, war dahin, als ein hoher Beamter, Regierungsvertreter bei den medizinischen Prüfungen und wegen seiner Leistungen in dieser Rolle als «Regierungsbeischläfer» verulkt, ein Coupé erster Klasse verlangte und auch bekam – während Freud, der ebenfalls den vollen Preis gezahlt hatte, sich mit einem Abteil in einem Wagen ohne Toilette begnügen mußte. Er rächte sich dafür mit dem Vorschlag, ein Loch im Boden anbringen zu lassen für etwaige Bedürfnisse der Reisenden. Am frühen Morgen weckte ihn tatsächlich der Harndrang aus einem Traum, in dem ein Graf, Thun oder sein ebenso konservativer Vorgänger, Eduard Graf Taaffe, eine Rede vor einer Studentenversammlung hält. Er soll dabei etwas über die Deutschen sagen und erklärt höhnisch den Huflattich zu deren Lieblingsblume, indem er sich ein Blattgerippe in sein Knopfloch steckt. Der Träumer, verwundert über seine eigene Gesinnung, fährt auf, als sei er mitten in der Aula, deren Zugänge besetzt sind. Er muß fliehen, bahnt sich den Weg durch schön eingerichtete Regierungsräume, bis er auf einem Gang eine Haushälterin, ein älteres, dickes Frauenzimmer, trifft, das ihm mit seiner Lampe den Weg leuchten will. Er lehnt ab, steigt die Treppe hinunter und findet einen schmalen, steil aufsteigenden Weg, dem er folgt.

Der ebenso phantasievolle Träumer wie Traumdeuter fühlte sich an die Revolution von 1848 erinnert, die sich nun gerade zum fünfzigsten Mal jährte, und dachte an einen Besuch in einem Städtchen in der Wachau, wo einer ihrer Führer, der aus Mähren stammende jüdische Arzt Adolf Fischhof, wohnte, wie er damals fälschlicherweise glaubte. Er dachte auch an seinen Besuch in England, an die Rosenkriege, an einen Schülerprotest gegen einen unliebsamen Lehrer, an die roten Nelken der Sozialisten, die weißen der Antisemiten in Wien. Aber noch war ihm die Bedeutung der Blume unklar, bis er sich den Huflattich, nicht ganz richtig, als «pisse-en-lit» übersctzte, eigentlich das französische Wort für Löwenzahn. Von da war es nicht weit zur Flatulenz und zur Erinnerung an jenes Motto, das ihm für eine Darstellung seiner Therapie der Hysterie einst in den Sinn gekommen war: «Afflavit et dissipati sunt.» So stand es, in der korrekten Form («Deus afflavit et dissipati sunt» – «Gott blies, und sie wurden zerstreut»), auf den englischen Medaillen zum Gedenken an die Vernichtung der Armada.

Erst der letzte Teil des Traums führte Freud zur Lösung: Darin ist er wieder auf dem Bahnhof, mit einem älteren Herrn, von dem er eigentlich nicht erkannt werden will, doch stellt sich dieser blind, wenigstens auf einem Auge, und er muß ihm als Krankenpfleger ein Uringlas reichen. Das führt ihn wieder einmal zu den demütigenden Kindheitsszenen zurück, zu dem aus der Psychoanalyse bekannten «intimen Zusammenhang des Bettnässens mit dem Charakterzug des Ehrgeizes». Nun ist also doch etwas aus ihm geworden, hält er dem Vater vor, dem älteren Mann im Traum. Dank des Kokains, auf dessen betäubende Wirkung er hingewiesen hatte, wurde dieser vor der Erblindung gerettet. Und wieviel stolzer noch ist der Sohn auf seine Erkenntnisse über die Hysterie, seine wahrhaft revolutionären Leistungen. In einer langen Fußnote bekennt er sich sogar zu dem Gefühl «trauriger Genugtuung, daß der Vater in seinen letzten Lebenstagen wie ein Kind das Bett beschmutzt hat». Im Grunde geht der ganze «rebellische, majestätsbeleidigende (...) Inhalt des Traums» zurück auf die Auflehnung des Kindes gegen die väterliche Autorität, «aus deren Machtvollkommenheit im Laufe der menschlichen Kulturgeschichte die anderen sozialen Obrigkeiten hervorgegangen sind», der Fürst, der Landesvater, ja Gottvater persönlich.[14]

Die Assoziationsketten, die Freud sich bildet, vom Huflattich zum Bettseicher, vom Augiasstall zur Couch, sind so gewitzt, so sophistisch und mitunter so absurd wie der Traum selbst mit seiner verrückten, alle Kausalität, alle Raum- und Zeitgesetze sprengenden Logik. Der Gedankenfabrikant schafft sich hier sein eigenes Goethesches «Weber-Meisterstück», wo ein Tritt tausend Fäden regt, ein Schlag tausend Verbindungen schlägt. Aber unter dem Mikroskop des Traumdeuters findet sich ein Grundmuster, das immer wieder variiert wird, in immer neuen Farben, in grellen Kontrasten oder nur in Nuancen von Grau: die uralte Dichotomie von Liebe und Haß, von Eros und Thanatos. In mehr als nur einem Traum setzt Freud dem Vater ein Denkmal, stellt ihn auf ein Podest. Er ist der Mann, der die Magyaren geeinigt hat, und auch der Befreier Italiens, hatte er doch auf dem Totenbett Garibaldi so ähnlich gesehen mit seinen infolge postmortaler Temperatursteigung glühend roten Wangen. Freud sieht ihn in jener Szene auf einem Stuhl oder zweien stehend, vor einer Menschenmenge wie im Reichstag. Zur Zeit, da er dies träumte, waren die Ungarn durch parlamentarische Obstruktion in schwerer Krise – aber was für ein Wort! Litt doch Jacob Freud in den letzten Wochen seines Lebens unter völliger Darmlähmung, also medizinischer Obstruktion. Was wünschte sich der Sohn mehr, als den Vater nach seinem Tod «groß und rein» dastehen zu lassen? Das Schuldgefühl aber, das den Überlebenden regelmäßig bedrängt, deutete zurück auf recht unreinliche Gedanken, auf die heimlichen Todeswünsche, auf all die Ambivalenz der Gefühle gegen den teuren Verstorbenen.[15]

So ist ins Nachtleben verbannt, «was einst im Wachen herrschte, als das psychische Leben noch jung und tüchtig war». Das Träumen, definiert Freud, ist «ein Stück des überwundenen Kinderseelenlebens».[16] Und überall in der Kinderstube finden sich die Waffen wieder, die eine erwachsene Menschheit abgelegt zu haben glaubte. Die Vergangenheit ist niemals tot, längst vergessene, überwunden geglaubte Wünsche steigen mächtig wieder auf. Ein neuer, irrwitziger Traum vom verstorbenen Vater gaukelt dem Sohn seltsame Zahlenspielereien vor. Er soll zahlen für eine Spitalunterbringung Jacob Freuds im Jahr 1851, aber da war er ja noch nicht einmal geboren, er muß den Toten unbedingt befragen, was damals los war, und erfährt, daß jener betrunken war und eingesperrt werden mußte. Und bald darauf hat der Vater doch geheiratet! Und wenig später, 1856, wurde er, Freud, doch erst geboren! Aber was sind schon fünf Jahre? So lange ist mancher Patient bei ihm in Behandlung. Erst kürzlich hat ihm deswegen ein Kollege Vorwürfe gemacht, derselbe, der einst, an seines Vaters Statt, Freuds Kosten übernommen hatte für Studien und Unterbringung im Spital, und mit dem er sich nunmehr überworfen hat, Josef Breuer, kein Zweifel. Noch ein anderer früher verehrter Lehrer kommt ihm in den Sinn, der große Theodor Meynert, der ihn 1886 in der «Gesellschaft der Ärzte» so erbittert angegriffen und ihm sein Laboratorium versperrt hatte, ein Mann, der in jungen Jahren sich an Chloroform zu berauschen pflegte, deshalb sogar eine Anstalt aufsuchen mußte und der ihm kurz vor seinem Tod, 1892, gestand, «einer der schönsten Fälle von männlicher Hysterie» gewesen zu sein. Solcher Klatsch scheint die beste Rache an den Autoritäten, die er einst so bewunderte.

Warum aber war der Vater nicht ein großer Mann gewesen? Wieviel schneller wäre er selbst vorangekommen, wäre er «zweite Generation, der Sohn eines Professors oder Hofrats» gewesen. So hat er sich also wieder einmal den armen Jacob Freud erhöht, nicht ohne ihn zugleich mit all seiner Verachtung zu bedenken. Aber der listige Spieler, der Traum, läßt die Strafe dafür auf dem Fuße folgen. An nichts anderes gemahnte ihn die Zahl 51, vom Jahrhundert abgelöst, als an das Alter, «in dem der Mann besonders gefährdet scheint»[17], an das Datum, von dem er in seinen Sterbephantasien delirierte, das er sich selbst gesetzt hatte, ein abergläubischer Rationalist, der unter dem Einfluß der Fließschen Rechenkunst und der kabbalistischen Tradition stand, der «spezifisch jüdischen Natur» seiner Mystik.[18]

Mit seiner Todesangst, mit seinen Selbstbestrafungsphantasien büßt er für die bösen Wünsche, die das Kind gegen den Vater, die der Erwachsene gegen dessen Stellvertreter und Nachfolger hegt. Das kennt Freud von seinen Kranken, von den Phobikern, die Angst hatten, mit der Eisenbahn zu fahren, von dem Zwangsneurotiker, der nicht mehr auf die Straße gehen konnte, weil er glaubte, alle, die ihm begegneten, umzubringen. Abreisen, wegfahren, das weiß er selbst zu gut, bedeutet im Traum sterben. Er kennt die Phantasien der Kinder, die sich ein Geschwisterchen, ein Elternteil fort, das heißt tot, wünschen. So verwischen sich die Grenzen zwischen Psychoneurotikern und Normalgebliebenen, so erweist der alte Sagenstoff sich als allgemeingültiges Gesetz: «Wie Ödipus leben wir in Unwissenheit der die Moral beleidigenden Wünsche, welche die Natur uns aufgenötigt hat, und nach deren Enthüllung möchten wir wohl alle den Blick abwenden von den Szenen unserer Kindheit.»[19] In der Nacht aber findet der verdrängte Wunsch seinen Weg, manchmal ganz unverstellt, selbst die Traumzensur ist nicht gerüstet gegen die Ungeheuerlichkeit solcher Begierden. Sie vermag nur Angst und Schrecken zu verwandeln in Schmerz, den regelmäßigen Begleiter aller Kindertotenträume der Erwachsenen. So ist der Traum der «Wächter des Schlafes, nicht sein Störer».[20]

Mit nie ruhender Aufmerksamkeit und Aufrichtigkeit, fast lustvoll, enthüllt Freud seine Aggressionen gegen den Vater, den kleinen Bruder, den Neffen, gegen all ihre Wiedergänger, die Rivalen und Freunde, die Wohltäter, die sich seinem Ehrgeiz in den Weg stellen, die vermeintlichen und wirklichen Feinde, manchmal nur Popanze, die Objekte jener Haßgefühle, die an anderer Stelle auszuleben verboten ist. Nichts aber sollen seine

Träume verraten vom zweiten Teil des Mythos, dem eigentlichen Kern der Ödipussage. Das Bild der Mutter bleibt scheinbar völlig unangetastet. Nur vorsichtig wagt sich der Rätsellöser aus der Deckung, mit einem Angsttraum aus früher Zeit, der ihm die geliebte Mutter «mit eigentümlich ruhigem, schlafendem Gesichtsausdruck» zeigte. Lange Gestalten mit Vogelschnäbeln, den Illustrationen aus der Philippsonschen Familienbibel nachgeformt, trugen sie in ein Zimmer und legten sie aufs Bett. Der Sieben- oder Achtjährige war damals aufgefahren mit dem Gedanken, sie müsse sterben, und beruhigte sich erst, als die Eltern wach wurden. Aber nun, da Freud die Lösung weiß, scheint ihm die Angst bloß vorgeschoben, im Dienste eines ganz anderen, gefährlicheren Affekts, eines «dunklen offenkundig sexuellen Gelüsts», das in den seltsamen Vögeln des Traums seinen sprachlichen Abdruck fand.[21]

Ähnlich deutet er sich auch den zweiten Traum, in dem die Mutter eine Rolle spielt und sich in ihm die «großen Bedürfnisse des Lebens» regen. Hungrig geht er darin in die Küche, um sich eine Mehlspeise geben zu lassen. Dort findet er drei Frauen, eine davon die Wirtin, die etwas in der Hand dreht, als mache sie Knödel. Aber sie weist ihn ab, er soll warten, bis sie fertig ist, so macht er sich beleidigt davon und will sich einen Überrock anziehen. Der erste, den er probiert, hat einen Pelzbesatz, paßt aber nicht, den zweiten, mit einer türkischen Zeichnung, will ihm ein Fremder streitig machen. Die drei Frauen in seinem Traum stehen Freud natürlich für die großen Schicksalsspinnerinnen, die drei Parzen. Eine davon, die Wirtin, erinnert ihn an die Mutter, die ihm das Leben gab und die erste Nahrung, die ihn in frühem Alter lehrte, «daß wir aus Erde gemacht sind und darum wieder zur Erde zurückkehren müssen». Um ihm dies zu demonstrieren, hatte sie ihre Handflächen aneinandergerieben, wie beim Teigkneten, und ihm die schwärzlichen Epidermisschuppen gezeigt, die sich dabei lösten. Erst später sollte er Worte finden für die Erkenntnis, die sie ihm schenkte: «Du bist der Natur einen Tod schuldig.»

Der zweite Teil des Traums, die Geschichte mit den Überziehern, erinnert Freud an seine Ehefrau Martha, an eine Reise, auf der sie reichlich türkische Stoffe einkaufte. Das ist also die eigentliche Lektion, die er zu lernen hat: «Carpe diem.» Das Leben ist kurz, der Tod nah, deshalb soll man sich nichts entgehen lassen, sich nehmen, was man haben kann, keine Gelegenheit versäumen. Das war auch sexuell gemeint, deshalb mußte der Traumzensor die Gedanken so sorgfältig, so kompliziert verkleiden, ohne doch die Erinnerung an jene Zeit ausschalten zu können, «da die geistige Nahrung dem Träumer allein genügen mußte». Selbst die damaligen «Abhaltungen und (…) die Drohungen mit ekelhaften sexuellen Strafen», vor denen ein «Überzieher» nur unzureichend schützte, kommen ihm in den Sinn.[22]

Nur im Schatten des Mythos zeigt sich neben dem kühnen Selbstbezichtiger und erbarmungslosen Egoisten der sehnsüchtige Freud, der nach Liebe Hungrige, der ängstlich Begehrende, der Träumer auf der Suche nach der verlorenen Zeit, nach einer Vergangenheit, die es vielleicht nie gab. In der kurzen Nachschrift von 1900, *Über den Traum*, einem Resümee seiner Theorien, erzählt er die geheimnisvolle Nachtgeschichte von der *table d'hôte*, die, offenbar ganz belanglos, ihm selbst dunkel und sinnlos und vor allem befremdlich erschien: In einer Tischgesellschaft wird Spinat gegessen, neben ihm sitzt eine Frau, E. L., die er seit langem nicht gesehen, zu der er kaum je freundschaftliche Beziehungen pflegte. Nun aber legt sie ihm die Hand aufs Knie, er wehrt sie ab, sie sagt: «Sie haben aber immer so schöne Augen gehabt.» Undeutlich sieht der Träumer eine Art Zeichnung vor sich, zwei Augen oder die Kontur eines Brillenglases. Dem Interpreten kommt Banales in den Sinn, kleine Anfälle von Geiz, die komische Sorge, an der Gasthaustafel zu kurz zu kommen, der eifersüchtige Ärger über seine «liebe Frau», die sich unlängst in einer Tischgesellschaft nicht reserviert genug gegen ihren Nachbarn zeigte. Eine Zeile aus Goethes «Wer nie sein Brot mit Tränen aß», dem Lied des Harfners, zitiert er sich: «Ihr führt ins Leben uns hinein, ihr laßt den Armen schuldig werden.»

Dann erst dämmern Erinnerungen auf, an die heimliche Verlobung mit Martha, besiegelt durch einen kleinen Händedruck unter dem Tisch, an seinen kindlichen Abscheu gegen Spinat und die üblichen mütterlichen Ermahnungen: «Sei froh, daß du Spinat hast» usw. Auch an einen schweren Zwist mit der Braut – vermutlich die leidige Affäre um die angeblich veruntreute Mitgift – denkt er. Freud muß lange extrapolieren, von Schuld zu Schulden finanzieller Art bis hin zu der höhnischen Redensart «Glauben Sie denn, daß dies oder jenes um Ihrer schönen Augen willen geschehen ist?» Er muß sich versichern, daß er für alles Gute, was ihm von anderen erwiesen wurde, teuer bezahlte – bis er endlich auf den Kerngedanken kommt, auf dem das Hauptgewicht des Traums ruht, den Wunsch, «einmal uneigennützige Liebe, die ‹nichts kostet›, zu genießen»[23].

In unentdeckten Provinzen der Psyche

Die Traumdeutung erschien am 4. November 1899. Der offizielle Veröffentlichungstermin lautete auf 1900, auf das Centenaire, ein hübsch symbolisches Datum, auch wenn Freuds geschäftstüchtiger Verleger Franz Deuticke kaum ahnen mochte, daß dieses Buch ein Jahrhundert revolutionieren sollte. Sein Autor litt schon seit Tagen unter dem üblichen, dem «pathologischen Grant», der sich an jenem 4. November zur «prächtigen Migräne» steigerte, seine Schwägerin Minna zitierte aus den *Piccolomini* die Rede der Gräfinnen Wallenstein und Terzky nach ihrem Empfang am Wiener Hof, wo man sich «in ein so lastend feierliches Schweigen» hüllte. Im Hause Freud wartete man «weiterer Ächtungen». Aber mehr als einen Monat später war bloß eine einzige Rezension erschienen, inhaltslos, aus Freuds eigenen Brocken schlecht zusammengekittet, immerhin hatte der Autor das Buch «epochal» genannt. Doch auch das «neue Jahrhundert, von dem uns am interessantesten sein dürfte, daß es unsere Todesdaten in sich schließt», wie er an Fließ schrieb, brachte nichts als ein «blödes Referat» in der *Zeit*, einem Wiener Wochenblatt, «wenig schmeichelhaft, ungemein verständnislos».[1]

Der Rezensent, Max Burckhardt, ehemaliger Direktor des Burgtheaters und einflußreiche Persönlichkeit im kulturellen Leben der Stadt, hatte Freud vorgeworfen, seine Theorie sei ein Artefakt aus Wünschen, die er selbst konstruiert und seinen Patienten unterstellt habe. Auf solche Urteile war er, wenngleich sie ihn ärgerten, gefaßt gewesen, schlimmer lastete das Schweigen der wissenschaftlichen Welt auf ihm. Vielleicht würde er «des ägyptischen Traumbuches wegen eingesperrt, gelyncht oder boykottiert»[2], hatte er gescherzt, nun schien ihm nicht einmal ein Skandälchen vergönnt zu sein. In Wien war kaum mehr als ein herablassendes «sehr interessant» zu hören, ansonsten rechnete man ihm allein die Fehler vor, falsche Zitate, Verwechslungen von Namen und Orten. Die «höheren Mächte», die akademischen Autoritäten, ließen sich nicht aufwühlen, das gefürchtete und ersehnte Gewitter blieb aus. Und nun übte sich selbst Fließ in Zurückhaltung; fast erleichtert vernahm Freud, daß der Freund andere, familiäre Sorgen hat. Aber vielleicht waren all die Bedenken, die ihm nach Abschluß des Manuskripts gekommen waren, doch nur zu berechtigt gewesen, war sein Traumkind, sein «Schmerzenskind», die «Erstlingsfrucht» seiner neuen Technik des freien Assoziierens, eine Mißgeburt, behaftet mit «2467 Fehlern»? Freud hatte darum gejammert, wie nur je eine Mutter in der Post-partum-Depression, erschöpft von der «schmerzlichen Empfindung des von sich Gebens, was einem allein zu eigen war», müde, innerlich leer, gelangweilt und von Zweifeln und ständigen Stimmungsschwankungen geplagt. Aber nun, da der «Stuß», der «Quatsch» einmal in der Welt war, wollte er sich solchen Gefühlen eigentlich gar nicht hingeben, getreu dem Wappenspruch seiner lieben Stadt Paris: «Fluctuat nec mergitur» – sie schwankt, aber geht nicht unter.

Es war eben eine «undankbare Arbeit, den Menschen etwas aufzuklären», die Welt war nicht bereit, etwas Neues zu lernen, sich neuen Problemen zu stellen. Wir sind doch schrecklich weit voraus, kündet Freud nach Berlin, um mindestens zehn, fünfzehn Jahre, glaubt er. Soll ihn doch die akademische Welt ruhig ignorieren: «Ich bin nämlich gar kein Mann der Wissenschaft, kein Beobachter, kein Experimentator, kein Denker. Ich bin nichts als ein Conquistadorentemperament, ein Abenteurer, (...) mit der Neugierde, der Kühnheit und der Zähigkeit eines solchen.» Doch würde, da ist er sicher, «keine der unentdeckten Provinzen im Seelenleben, die ich zuerst von den Sterblichen betreten», je seinen Namen tragen, je seinen Gesetzen gehorchen; man schätzt nur erfolgreiche Abenteurer. So will er sich denn abfinden mit seiner «splendid isolation».[3] Zu seinen Lebzeiten würde die Wissenschaft keine Notiz von ihm nehmen, sich allenfalls, Dezennien später, wenn ein anderer zwangsläufig auf dieselben, jetzt unzeitgemäßen Dinge stoßen sollte, seiner erinnern als eines «notwendig verunglückten Vorläufers». Aber bloß nicht darüber nachdenken, die Kranken, seine «Quälgeister», ärgern ihn schon genug und lassen ihn in ihren Rätseln herumtappen. Also spielt er, statt zu schreiben, in den freien Stunden lieber Schach, liest englische Romane, gibt sich seinen Phantasien hin, ein «genußsüchtiger Philister» auf geistiger Diät. Denn leider sind seine Freuden ja allzu eingeschränkt, «ich darf nichts Gutes rauchen, Alkohol leistet mir gar nichts, mit dem Kinderzeugen bin ich fertig, der Verkehr mit Menschen ist mir abgeschnitten».[4]

So will er denn sein Kreuz tragen, ach, schon ganz krumm ist ihm der Rücken geworden vor Anpassung an dies elende Dasein, und innerlich fühlt er sich «tief verarmt», nachdem er wieder einmal all seine Luftschlösser hat demolieren müssen. Er ist jetzt 44, «ein alter, etwas schäbiger Israelit», der Kampf, den er nun doch verloren hat, hat ihn Jahre seines Lebens gekostet. Wie hatte er sich, Tor, der er war, bloß hoffnungstrunken Vorstellungen von Freiheit und Wohlbehagen hingeben können? Inzwischen haßt er Wien «geradezu persönlich», und nun ist er auch noch ausgerechnet von Breuer gelobt worden, dem «Erfolgsanbeter, Bekenner einer der populärsten Welt-Religionen, der alle an Charakter Schwachen anhängen».[5] Ganz im Gegensatz zum sagenhaften Riesen Antaeus, der unbesiegbar blieb, solange er fest auf der Erde stand, sammelt er Kraft, sooft er den Fuß vom vaterländischen Boden abhebt. Aber Rom ist für Freud weiter weg denn je, dahin ist alle jugendliche Frische.

Die Familie ist auch kein Trost, im Gegenteil, die Kinder sind wieder einmal krank, sie haben die Windpocken. Und zu alledem ist auch noch seine Schwester Anna, zu der er nie ein besonderes Verhältnis hatte, aus New York zu Besuch, das kann nur das Schlimmste bedeuten, eine schwere Krankheit, Reichtum, Leichtsinn oder eine drohende Katastrophe im Leben ihres Mannes Eli. Aber auch um das Vergnügen, seine Befürchtungen bewahrheitet zu sehen, wird Freud betrogen. Er muß sich statt dessen wirklich sorgen um seine Schwester Pauli, die Anna nach Amerika gefolgt war und deren Mann nun schwer krank ist. Der «Nerven-Schigan», seine «neurotischen Nervenschwankungen» haben ihn fest in den Klauen, sein innerer Aggregatzustand ist so krisenhaft, daß er selbst Fließ, der einen Osterkongreß vorgeschlagen hat, ausweichen will. Allein ein Vortrag von Georg Brandes, des großen Goethe- und Shakespeare-Kenners, des geistreichen Essayisten und Biographen, bedeutet ihm ein wenig Erholung, auch wenn der Mann so schnarrend und mit fremdartigem Akzent spricht. Aber wenigstens hat er den Wienern mit ihrer «kleinen Logik», ihrer «kleinen Moral» nur Grobheiten gesagt. Darin könnte Freud richtig schwelgen, wenn nur nicht Martha, «bei der der Ehrgeiz ein sehr erhebliches Element ist», ihn dazu veranlaßt hätte, dem Redner ein Traumbuch ins Hotel zu schicken. Und der hat gar nicht reagiert, aber vielleicht liest er es ja zu Hause wirklich. In Wien jedenfalls hat Freud auf nichts mehr zu hoffen, die Kritik in der *Zeit* hat «mit all ihrer Blödheit das Buch (...) umgebracht».[6]

Dennoch ist er in all seinen trüben Stunden froh, dieses Werk, für das niemand Verständnis aufbringt und Lob allenfalls wie Almosen, hinterlassen zu können: «Solche Einsichten werden dem Sterblichen nur einmal im Leben zuteil», schreibt er später im Vorwort zur dritten englischsprachigen Auflage. In der «Katastrophe des Einsturzes» war seine Theorie vom psychischen Apparat unangetastet geblieben, unberührt sogar von all der Kritik, die er selbst dagegen aufbrachte. Denn er findet täglich neue Bestätigungen dafür, in den eigenen Phantasien, in den Erzählungen seiner Kranken, in den kleinen und größeren Fehlleistungen des Alltags, in den Witzen und Anekdoten, die er sammelt. Alles gärt und brodelt weiter in seiner Hexenküche, eine Sexualtheorie soll der *Traumdeutung* nun nachfolgen, es arbeitet heftig «im untersten Stockwerk». Alles «wogt und dämmert, eine intellektuelle Hölle, eine Schicht hinter der anderen; im dunkelsten Kern die Umrisse von Luzifer-Amor sichtbar».[7]

Natürlich war auch der Scherz über die «2467 Fehler» keiner Laune des Augenblicks geschuldet, nichts war harmlos, nichts willkürlich im Seelenleben, schon gar nicht irgendeine Zahl. Als ihm diese in den Sinn kam, hatte er gerade in der Zeitung gelesen, daß ein Oberst in den Ruhestand getreten war, den er während seines Militärdienstes ärztlich behandelte hatte, vor siebzehn Jahren, wie er glaubte. Er hatte es gleich Martha erzählt, die dazu nur spitz bemerkte: «Du müßtest also auch schon im Ruhestand sein?» Aber nun fiel ihm ein, daß er sich verrechnet hatte, in Wahrheit war das ganze schon neunzehn Jahre her, und das wußte er genau, weil er damals, 1880, seinen 24. Geburtstag, das Datum seiner Großjährigkeit, im Arrest verbracht hatte. Wenn man also zu seinem jetzigen Alter, 43, die 24 hinzuzählte, kam man auf 67. Im Wunschdenken hatte er sich noch 24 Jahre Arbeit zugebilligt, gekränkt, daß er es bisher zu nichts gebracht, und triumphierend zugleich, weil er noch so viel vor sich hatte. So hatte auch dies Stückchen Selbstanalyse wieder aufs schönste die Macht des Unbewußten bestätigt.[8]

Die gebildete Öffentlichkeit um 1900 hatte auf Freuds Theorie des Traums und des Unbewußten nicht gewartet, aber sie war auch keineswegs ahnungslos und unvorbereitet. Allein der Begriff war, bald nachdem Eduard von Hartmann 1869 sein dreibändiges Werk zur *Philosophie des Unbewußten* veröffentlicht hatte, zu einem Modewort geworden. 1882 erlebte das Buch bereits seine neunte Auflage. In den Salons beherrschten damals Richard Wagner und Hartmann die Konversation, Tristan und Instinkt. Hartmanns wichtigste Quelle war ein Werk des Arztes und Malers Carl Gustav Carus von 1846, *Psyche*, worin dieser bereits den Versuch unternommen hatte, eine vollständige Theorie des Unbewußten aufzustellen. Um diesen «Schlüssel zur Erkenntnis vom bewußten Seelenleben» zu erkunden, hatte Carus auch Träume untersucht. Hartmann wiederum teilte jenes unterirdische Reich in drei Provinzen ein: ein absolutes Unbewußtes, das die Substanz des ganzes Universums darstellen sollte, ein physiologisches, das im Rahmen der Evolution wirksam wurde, und ein relatives oder psychisches als Grundlage des geistigen Lebens. Aber seine Popularität verdankte das Werk weniger seinen von Hegel inspirierten Theorien als der Fülle von Beweismaterialien und Wahrnehmungen, von Ideenassoziationen, Witzen und Beobachtungen über Gefühlsleben und Charakter. Es gab andere, bedeutendere Vorläufer und Vorbilder. Arthur Schopenhauer, der den Traum einen kurzen Wahnsinn und den Wahnsinn einen langen Traum nannte, hatte Freud in seinem Buch zwar mehrfach erwähnt, ohne jedoch die Ähnlichkeiten im Theoretischen hervorzuheben. Erst viel später, 1920, beruft er den Philosophen zum Kronzeugen dafür, in welchem Maß das Tun und Trachten der Menschen durch sexuelle Strebungen bestimmt wird, nämlich durch den Selbsterhaltungs- und Fortpflanzungstrieb. Der Schopenhauer-Schwärmer Thomas Mann jedenfalls fühlte sich bei der Lektüre Freuds erfüllt von einem Gefühl des Wiedererkennens und der Vertrautheit.

Freud kannte und zitierte auch Lawrence Sternes *Tristram Shandy:* «Es gibt tausend unbemerkte Öffnungen, (...) durch welche ein scharfes Auge auf einmal die Seele entdecken kann; und ich behaupte, (...) daß ein vernünftiger Mann nicht seinen Hut niederlegen kann, wenn er in ein Zimmer kommt – oder aufnehmen, wenn er hinausgeht, oder es entwischt ihm etwas, das ihn verrät.»[9] Er war durchaus bereit zuzubilligen, daß der Arzt dem Dichter, vor allem dem geliebten Goethe oder Shakespeare, gelegentlich das Prioritätsrecht überlassen mußte. Wäre er ein wenig öfter ins Kaffeehaus gegangen, so hätte er eine ganze Generation von Literaten antreffen können, die in sich hinein und auf den «Dreiklang Leben, Traum und Tod» horchten. ««Heimliche Nerven!› lautete jetzt die Parole», spottete Karl Kraus 1896 in *Die demolirte Literatur,* seiner Satire über Jung-Wien: «Man fing an, ‹Seelenzustände› zu beobachten, und wollte der gemeinen Deutlichkeit der Dinge entfliehen.» Im Café Griensteidl, das in jenem Jahr abgerissen wurde, hatten sie gesessen, später frequentierten sie das Central oder den Herrenhof, Arthur Schnitzler, Hugo von Hofmannsthal, Richard Beer-Hofmann und Felix Salten, um unter der Anleitung von Hermann Bahr, der bereits Anfang der neunziger Jahre eine neue Psychologie gefordert hatte, die ihr Interesse vom Verstand auf die Nerven verlagern und symbolisch wie der Traum verfahren sollte, ihr psychisches Leben, ihr prunkvolles Reich des Innern zu erforschen und umzudichten in zarte, traurige Werke. Sie hatten die *Analyse der Empfindungen*, die erkenntnistheoretischen Postulate Ernst Machs, gelesen und zerlegten den eigenen «Elementekomplex» in Wahrnehmungen und flüchtige Sinneszustände, bis ihnen das arme Ich als eine Illusion, als «unrettbar» erschien.

Auch Freud las im Frühjahr 1900 Mach und freute sich wieder einmal wie der Zwerg im Märchen, daß die Prinzessin es nicht weiß ... Denn er war viel radikaler, er hatte das «einst allmächtige, alles andere verdeckende Bewußtsein», das konventionell mit der Psyche gleichgesetzt wurde, vom Thron gestoßen. Es sollte nur mehr die Rolle «eines Sinnesorgans zur Wahrnehmung psychischer Qualitäten»[10] spielen, war eine Provinz im weiten Land der Seele, bedrängt von außen, von den Ansprüchen und Zufälligkeiten der Wirklichkeit, und von innen, von mächtigen Begierden und Vorstellungen: «Realität – Wunscherfüllung, aus diesen Gegensätzen sprießt unser psychisches Leben», so hatte er es gegenüber Fließ formuliert.[11]

Im gefürchteten theoretischen siebten Kapitel der *Traumdeutung* entwirft Freud dann eine differenziertere Landkarte der Seele. Auf dieser erscheint das Unbewußte nicht mehr länger als das «Dämmerreich» der verdrängten, der vergessenen Gedanken, die darin ruhig schlummern und sich nur gelegentlich, in den Träumen, Fehlleistungen und Witzen der «Normalen» oder den Symptomen der Neurotiker, an die Oberwelt wagen. Es ist nicht mehr bloß Spielraum und Tummelplatz der Wahrnehmung entschwundener Vorstellungen, die jederzeit rückrufbar sind. «Man war gewohnt zu denken, daß jeder latente Gedanke dies infolge seiner Schwäche war, und daß er bewußt wurde, sowie er Kraft erhält», so charakterisiert er die früheren Auffassungen. In seiner Konzeption ist jener Teil der Psyche, der sich derart verhält, als lasse sich der unbewußte Zustand leicht mit dem bewußten vertauschen, ein Zwischenreich. Er nennt es das Vorbewußte, von der Unterwelt geschieden durch den Widerstand des inneren Zensors, der es dem dort hausenden barbarischen Gesindel nicht erlaubt, ohne Verkleidung, ohne das aus Verdichtungen, Verschiebungen, Symbolisierungen und Kompromissen gewobene Kostüm ins Licht zu treten. Den Ausdruck «Unbewußtes» will er hingegen reservieren für jene psychischen Vorgänge und Inhalte, denen der Zugang zum Bewußten viel strenger, manchmal für immer verwehrt bleibt, die man erraten, erschließen, übersetzen muß, um ihrer überhaupt habhaft zu werden, und die doch das wache Seelenleben stets zu erschüttern vermögen. Die Seele wird zum Kampfplatz, auf dem das in permanenter Aktion befindliche Unbewußte eine ebenso mächtige und stetig wirkende Gegenkraft herausfordert.

Am besten ließ sich, wie Freud es in der späteren Vorlesung tat, das Kräftemessen jener drei Systeme – Ubw, Vbw und Bw abgekürzt – mit einem bequemeren, räumlichen Bild beschreiben: Darin vergleicht Freud das Unbewußte mit einem «großen Vorraum, in dem sich die seelischen Regungen wie Einzelwesen tummeln». An diesen schließt sich ein «zweiter, engerer, eine Art Salon» an, worin auch das Bewußtsein verweilt: «Aber an der Schwelle zwischen beiden Räumlichkeiten walte ein Wächter seines Amtes, der die einzelnen Seelenregungen mustert, zensuriert und sie nicht in den Salon läßt, wenn sie sein Mißfallen erregen (...). Die Regungen im Vorraum des Unbewußten sind dem Blick des Bewußtseins, das sich ja in einem anderen Raum befindet, entzogen (...). Aber auch die Regungen, welche der Wächter über die Schwelle gelassen, sind darum nicht notwendig auch bewußt geworden; sie können es bloß werden, wenn es ihnen gelingt, die Blicke des Bewußtseins auf sich zu ziehen.»[12] Das wichtigste Instrumentarium des Zensors ist daher, neben der Entstellung, die Verdrängung – nämlich solcher Gedanken, die sich bereits an die Schwelle gewagt haben und durchaus bewußtseinsfähig sein könnten, letztlich aber doch wieder abgeschoben werden ins Unbewußte. Wie schwer dieser Widerstand, oft gnadenloser als alle sozialen Gesetze und Tabus, zu brechen war, das wußte Freud von seinen Patienten, das hatte er an sich selbst erfahren.

Das Salonmodell war natürlich eine Hilfsvorstellung, eine «psychische Topik», die sich – «vorläufig!» – bezog auf «Regionen des seelischen Apparats und nicht auf anatomische Örtlichkeiten».[13] Freud hatte sich weit entfernt vom kruden Materialismus der frühen Jahre. Der Traumdeuter mußte erkennen, daß die psychische Realität eine besondere Existenzform war, die mit der materiellen Realität nicht verwechselt werden sollte. Aber er war nicht bereit, das physiologische Laboratorium endgültig zu verlassen. Noch immer argumentierte er mit quantitativen Begriffen, mit den Gesetzen der Energielehre. Er definierte den Wunsch als eine von der Unlust ausgehende, auf die Lust zielende Strömung im Apparat. Dabei bedeutete Unlust nichts anderes als eine Erhöhung der Erregungsquantitäten, Lust hingegen eine Verminderung, denn der Organismus strebt nach energetischem Gleichgewicht. Dies herzustellen verfügt der psychische Mechanismus über zwei Regulationsprinzipien, den Primärvorgang, also die Sammlung der ungehemmten psychischen Energien im Unbewußten, die gierig und rücksichtslos nach sofortiger und voller Befriedigung drängen, und den Sekundärvorgang, im System Vbw-Bw wirkend, der mittels der bekannten Entstellungs- und Verstellungsmaßnahmen diese Leidenschaften bändigen und die Energie in kontrollierter Form abströmen lassen soll.

Freuds Verpflichtung gegenüber der Physiologie und der Physik spiegelt sich auch in seinen eigenen Träumen wider. So erscheint es ihm einmal, als habe ihm der alte Brücke irgendeine Aufgabe gestellt, sonderbarerweise die Präparation des eigenen Unterkörpers, des Beckens, der Beine. Und, noch verwunderlicher, er empfindet bei dieser Vivisektion keinerlei Ekel, selbst als das Becken schon ausgeweidet ist und er dicke fleischrote Knollen, Hämorrhoiden gleich, zu sehen bekommt. Es war nicht schwer für den Traumdeuter, darin ein Symbol für seine Selbstanalyse zu erkennen, für die Arbeit an seinem Buch und die Notwendigkeit, dabei auch Intima preiszugeben, deren Veröffentlichung er sich lieber erspart hätte. Nur darum hatte er ja so lange gezögert und das Werk immer wieder aufgeschoben, aber nun darf er es nicht länger zurückhalten, auch wenn der Weg, den er zu gehen hat, durch sumpfiges Gebiet führt und ihn am Ende, im zweiten Teil des Traums, zu einer Holzhütte bringt, ganz ähnlich einem Etruskergrab, das er besichtigt hatte und in dem nun zwei Kinder schlafend auf Bänken liegen. Vielleicht würden sie erreichen, was dem Vater versagt bleibt, schien dieser Traum zu sagen, der doch zugleich die Erfüllung seiner Wünsche versprach, die Belohnung der schweren, selbstzerstörerischen Arbeit: «Wenn du schon im Grabe weilen sollst, so sei es das Etruskergrab.»[14]

Deuticke hatte 600 Exemplare der *Traumdeutung* drucken lassen, in den ersten sechs Wochen wurden 123 davon verkauft, und es dauerte sechs Jahre, bis es gerade einmal 351 waren; erst 1909 erschien eine zweite Auflage. Von Charles Darwins *Entstehung der Arten* war 1859 die gesamte erste Auflage, 1250 Exemplare, schon am Abend des Erscheinungstermins ausverkauft. Im Frühjahr 1902 klagte Freud, daß sein Buch in anderthalb Jahren noch von keiner wissenschaftlichen Zeitschrift besprochen worden war. Er hatte die akademische Gemeinde vor den Kopf gestoßen, indem er die gängige Auffassung neurotischer Leiden als erblich, als körperlich bedingter Krankheiten und damit auch die herkömmlichen Therapien verwarf. Aber das eigentliche Skandalon des Buchs bedeutete, daß er dabei von der Psychopathologie zur «Normalpsychologie» übergewechselt war und Gesetze über das allgemeine Seelenleben entworfen hatte, die den meisten unangenehm, wenn nicht widerwärtig erscheinen mußten. Wer wollte schon wissen von seinen infantilen, seinen sexuellen Begierden und Konflikten, von «immer regen, sozusagen unsterblichen Wünschen» des Unbewußten? Freud hatte, wie er später gern stolz mit den Worten Friedrich Hebbels sagte, an den Schlaf der Welt gerührt.

Man konnte über Sexualität und Perversionen schreiben, gut, wenn man sie dabei mit lateinischen Namen belegte, wie es Krafft-Ebing 1886 in seiner *Psychopathia sexualis* getan hatte – mit dem Erfolg, daß das Buch, zur Lektüre unter der Bettdecke ebenso geeignet wie zur Diskussion in Fachkreisen, immer wieder neu aufgelegt werden mußte. Auch Freud hatte sich zurückgehalten und die sexuelle Motivation des Traums vor allem an Patientengeschichten dargelegt; das sollten ihm seine Schüler später vorwerfen, die, wie Carl Gustav Jung, das «Persönlich-Peinliche» so «schmerzhaft» vermißten. Der Leser verdiente es nicht, konnte er darauf entgegnen, «daß man sich noch weiter vor ihm auskleide».[15] Seine frühen Leser hatten gleichwohl genau bemerkt, worum es hier ging. In der Zeitung *Der Tag* verglich der wohlwollende Rezensent den «Rest von kritischer Aufmerksamkeit», der sich gegen die geistvolle Theorie wenden könnte, mit einem «Beschwichtigungshofrat, der sich bemüht, durch Verdichtung und Verhüllung dem erschreckend nackten brutalen Triebe ein Sittlichkeitsmäntelchen» umzuhängen.[16] Ganz ausdrücklich wandte sich ein Assistent an der Psychiatrischen Klinik, Emil Raimann, in einer Studie über die hysterischen Geistesstörungen gegen die Freudsche Sexualtheorie und äußerte die Vermutung, daß die Patienten von vornherein beeinflußt gewesen seien von dieser in weitesten Kreisen genau bekannten Lehre. Freud glaubte, daß sein Kontrahent sein Buch nicht einmal gelesen hatte.[17]

Als sich ihm die wissenschaftliche Welt endlich mehr oder wenig unwillig zuwandte, hatte sie sich vor allem mit methodologischen Einwänden gewappnet, um *Die Traumdeutung* als Handbuch zu verharmlosen. Die Experimentalpsychologen waren entsetzt über diesen «Einbruch in die Wissenschaft», selbst die freundlich gesonneneren lehnten die «Traumdeuterei» als wissenschaftliches Verfahren ab: Hier hatte ihrer Ansicht nach der «geistvolle Gedankenkünstler» über den Forscher triumphiert, und herausgekommen war ein Werk, wie man es auf den Jahrmärkten in den Buden der Wahrsagerinnen finden konnte. Der Psychologe William Stern, Vater des Philosophen und Schriftstellers Günther Anders, mochte zwar anerkennen, daß der Autor in der wenig bekannten Sphäre des emotionalen Lebens nach einer neuen Erklärung der Träume suche, aber seine «spezielle Tendenz, nämlich allen möglichen und unmöglichen Trauminhalten sexuellen Sinn unterzulegen», konnte letztlich nur an dem «vorwiegend von Hysterikern herrührenden Material» liegen. Das Schreibspiel freier Assoziationen, das in Form einer «sich selbst überlassenen Wachphantasie» auf unbewußte Wünsche zurückführe, fand er «verfehlt und unannehmbar»; nicht weniger als alles daran war zu bestreiten. Aber, und das war die große Gefahr, «unkritische Geister» könnten mit diesen neuen Ideen spielen und sich in «völliger Mystik und chaotischer Willkür» verlieren. Es war zu befürchten, so hieß es in einer anderen, noch deutlicheren Kritik, daß Freuds Theorie «bei weniger feinen Köpfen eine phantastische Afterpsychologie entfesselt, die mit in Deutungen schwelgendem Behagen in den dunklen Tiefen des Seelenlebens wühlt». [18]

In den Wiener Salons und Kaffeehäusern wollte man in der Tat die Probe aufs Exempel machen. Dabei schien von Freuds Traumdeutungen eine ähnlich ansteckende Wirkung auszugehen wie von einem Schnupfen. So notierte Arthur Schnitzler im März 1900 einen absurden «Exhibitionstraum», worin er «in Uniform mit Civilhosen (wie im Traumdeutungs-Buch von Freud gelesen), aber doch unentdeckt von Kaiser Wilhelm II. (dem ich begegne) von einem Thor (unter den Linden) ins andre gehe». [19] Auch seine nächtlichen Todesphantasien erinnerten verblüffend an die Vorbilder, schließlich träumte er sogar, er habe drei Träume gehabt, die ihm alle den Tod bedeuteten; er schrieb von Angstgefühlen, vor allem von der Furcht, alt zu werden, aber auch von dem Wunsch, geliebt, angebetet, bewundert zu werden, und hielt fest, er sei wieder erotisch krank. Schon ein Jahr zuvor, im September 1899, hatte Schnitzler das Schauspiel *Der Schleier der Beatrice* abgeschlossen, das die zentrale Idee der *Traumdeutung* in Verse faßt:

> Doch Träume sind Begierden ohne Mut,
> Sind freche Wünsche, die das Licht des Tags
> Zurückjagt in die Winkel unsrer Seele,
> Daraus sie erst bei Nacht zu kriechen wagen. [20]

Auch die Träume seiner Patienten zitierten Freuds eigene Geschichten. Der Philosoph Harry Gomperz, Sohn seines früheren Gönners Theodor Gomperz und seiner Langzeitpatientin Elise, hatte sich unmittelbar nach Erscheinen des Buchs an ihn gewandt, weil er auf Schwierigkeiten bei der Selbstanalyse gestoßen war. Freud hatte ihm Unterweisung in der Traumauslegung angeboten. Schon nach einer Woche begann der Schüler, dem Meister nachzuträumen. Das Geschäft des Deutens war für andere offensichtlich schwieriger als für Freud selbst, «zuviel des Neuen und Unglaublichen und zuwenig strenger Beweis». Seinen Philosophen hatte er, trotz des glänzenden Materials, nicht überzeugen können: «Die Intelligenz ist immer schwach, und der Philosoph hat es leicht, inneren Widerstand in logischen Widerspruch zu verwandeln.»[21] Harry Gomperz, der Freud gleichwohl über viele Jahre hinaus freundschaftlich verbunden blieb, nannte das «Experiment» einen «glatten Fehlschlag», weil es nichts Verdrängtes zutage fördere, sondern nur das, was ihm von jeher im Bewußtsein präsent sei.

Widerstand regte sich sogar in Freuds eigener Familie. Sein Bruder Alexander, Experte für das Transportwesen und Redakteur des *Allgemeinen Verkehrs-Anzeigers,* der wöchentlich über die Tarife der europäischen Eisenbahnen und Schiffahrtslinien berichtete, der Gefährte und Organisator seiner Reisen, verfaßte eine ironische Gegentheorie, *Die Traumdeutung von Prof. A. Freud*, eine Sammlung eigener und von Freunden beigesteuerter Träume, in denen auch der Graf Thun auftrat. Im Vorwort parodierte er fast wortgetreu Freuds Zerrissenheit zwischen unausweichlicher Indiskretion und gebotener Verschwiegenheit, um schließlich die Grundthese des «großen Collegen» zurückzuweisen beziehungsweise dahinhegend einzuschränken, «daß der Traum die Erfüllung nur derjenigen Wünsche mit sich bringt, die im Wachen nicht erfüllt wurden. Ex contrario: Erfüllte Wünsche werden nicht geträumt». Spielerisch kam er zu jenem Schluß, den Freuds Kritiker immer wieder zogen und der in den großen Kontroversen innerhalb der Psychoanalyse eine entscheidende Rolle spielte: «1. daß nicht jeder Traum eine

Wunscherfüllung ist. 2. daß man jeden Traum so oder so deuten kann.»²²

Am pointiertesten formulierte es Bertrand Russell: «Zu versuchen – wie Freud es tat –, aus den Träumen eine Wissenschaft zu machen, ist ein Fehler. Wir können nicht wissen, was ein Mensch träumt, sondern nur, was er geträumt zu haben behauptet.» So ließ sich eine Lehre, die allenthalben geprägt war von den Idiosynkrasien ihres Begründers, gelassen widerlegen. So konnte sie aus dem Reich der Wissenschaft verbannt und der Traumdeuter als Dichter apostrophiert werden, der mit unübertroffener stilistischer Eleganz kleine Novellen aus dem verdrängten Seelenleben verfaßt und den unzulässigen Anspruch auf deren Verallgemeinerbarkeit erhoben hatte. Oder er durfte als Fälscher und Lügner entlarvt werden, der ein durch exakte Zahlen und Daten weder zu beweisendes noch zu widerlegendes Material in eine Ideologie, in eine Pseudoreligion umgeschmolzen hatte. Freud konnte in jenen Monaten des Bangens und der Enttäuschung, die auf die Veröffentlichung seines Traumbuchs folgten, freilich nicht ahnen, daß ihm das schlimmste, das vernichtendste Urteil noch bevorstand. Es erreichte ihn pünktlich zu seinem 45. Geburtstag im Mai 1901, ein Danaergeschenk aus Berlin, ein Satz nur, der sich in den Händen seiner Kritiker in die gefährlichste Waffe gegen ihn verwandeln sollte: «Der Gedankenleser liest bei den anderen nur seine eigenen Gedanken.»

DIE EROBERUNG ROMS

Sie hatten sich schon seit längerem voneinander entfernt. Im Sommer 1900 trafen sich Freud und Fließ am Achensee, es wurde ihr letzter «Kongreß». Sie diskutierten über Fließ' Entdeckung der «dauernden Doppelgeschlechtlichkeit» und Freuds Behandlungsmethode, über seine Beobachtungen an Patienten. Der Freund bestand auf der Bedeutung periodischer Vorgänge für die Psyche, weder «plötzliche Verschlechterungen noch plötzliche Verbesserungen» im Zustand des Kranken seien auf die Wirkung der Analyse allein zurückzuführen. Daraufhin soll, so stellte Fließ es später dar, Freud mit unerklärlicher Heftigkeit reagiert und eine «persönliche Animosität» gegen ihn entwickelt haben; immerhin war damit die ganze Theorie und Therapie in Zweifel gezogen. Auch soll er sich nicht mit dem verbalen Schlagabtausch begnügt, sondern die mörderischen Wünsche gegen den Freund-Feind in die Tat umgesetzt haben: Er habe ihn in eine einsame Gebirgsgegend gelockt, um ihn von einem Steilhang ins daruntergelegene Wasser zu stürzen. Nur weil Fließ die Absicht erkannte, habe er entkommen können – so erzählte er die Geschichte angeblich im Familienkreis, und Peter Swales, der «Punk-Historiker» der Psychoanalyse, der unermüdliche Detektiv auf den Spuren des großen Verbrechers Freud hat sie weiter kolportiert, ein Szenario, wie von Arthur Conan Doyle ersonnen. Nur waren damals beide, Sherlock Holmes und sein ewiger Widerpart Professor Moriarty, der «Napoleon des Verbrechens», nach wildem Handgemenge in die Reichenbachfälle gestürzt.[1]

Freud erinnerte sich 1901 in der *Psychopathologie des Alltagslebens* an einen Streit über die ursprüngliche Bisexualität des Menschen und an seine Behauptung, daß die neurotischen

Probleme nur auf dem Boden dieser Theorie zu lösen seien. Damals habe Fließ mit Recht bemerkt, daß er ihm das schon vor Jahren gesagt habe. In der Tat hatte Freud, zwar skeptisch gegen die Verbindung von Bisexualität und Bilateralität, ihm im Sommer 1899 geschrieben, wie recht er wohl habe mit seiner Idee: «Ich gewöhne mich auch, jeden sexuellen Akt als einen Vorgang zwischen vier Individuen aufzufassen.»[2] Darüber werde noch viel zu reden sein. Denn Freud gehörte also das Urheberrecht an der Idee. Er buhlt, nach der Begegnung am Achensee, wieder um den anderen, der so selten schreibt; eine «besondere – etwa feminine – Seite» in ihm machte ihm den Verkehr mit dem Freund notwendig, niemand konnte Fließ ersetzen. Also schmeichelt er ihm: Ob Fließ denn schon wisse, daß der große Sexualpsychologie Havelock Ellis ihn in seiner jüngsten Veröffentlichung zitiere? Freud verschweigt, daß dies in eher kritischer Absicht geschehen war, und läßt auch unerwähnt, daß die Fließschen Theorien zur Nase und den weiblichen Sexualorganen in Wien eher skeptisch diskutiert werden.

Und er selbst? Er arbeitet an seiner kleinen Abhandlung *Über den Traum,* sammelt Material für das *Alltagsleben* und wird dabei «Professor auf dem Wege der Zerstreutheit». Doch die Praxis geht mittlerweile gut und hat ihm gerade einen neuen und «für die vorhandene Sammlung von Dietrichen glatt aufgehenden Fall eines 18jährigen Mädchens» beschert: Ida Bauer, besser bekannt unter dem Pseudonym Dora. Aber wer interessiert sich schon für seine Arbeit, es drängt ihn nicht, etwas zu veröffentlichen.[3] So lebt er bescheiden «wie ein Fremdsprachiger oder wie Humboldts Papagei»: In seinen *Ansichten der Natur* hatte Alexander von Humboldt die Sage vom Untergang des Stamms der Aturer wiedergegeben, aus dem sich nur ein alter Papagei gerettet haben soll, den niemand verstand, weil er die Sprache der Aturer redete. «Der Letzte seines Stammes – oder der Erste und vielleicht Einzige zu sein, das sind sehr ähnliche Situationen», schreibt Freud nach Berlin.[4] Er wird Ostern so wenig nach Rom gehen wie Fließ.

Auf den Geburtstagsbrief des Freundes im Mai 1901 reagiert

er ganz lapidar, Fließ' Bemerkung habe ihm «nicht die kleinste Freude» bereitet, er bleibe dem «Gedankenlesen» treu. Erst zwei Monate später, aus der Sommerfrische, gibt er ihm ausführlicher Antwort. Er kann sich nicht länger verhehlen, daß sie «ein Stück weit auseinandergeraten sind». Fließ habe, an die Grenzen seiner Scharfsichtigkeit gelangt, Partei gegen ihn genommen und all seine Bemühungen entwertet. So möge er denn auch das *Alltagsleben,* das so voll von Beziehungen auf ihn sei, von Material, das er ihm geliefert habe, und von Motiven, die auf ihn zurückgehen, ungelesen in den Papierkorb werfen. Doch eines soll er wissen: «Ich teile (...) Deine Verachtung der Männerfreundschaft nicht, wahrscheinlich weil ich in hohem Grade Partei bin. Mir hat, wie Du ja weißt, nie das Weib im Leben den Kameraden, den Freund ersetzt.»[5] Anfang September reist Freud mit seinem Bruder Alexander nach Rom.

Die Reise, so sehr ersehnt, so oft erträumt, ist «überwältigend, (...) die Erfüllung eines lange gehegten Wunsches». Rom ist «ein Höhepunkt des Lebens». Unbegreiflich, daß sie nicht Jahre früher hierhergekommen sind, schreibt er gleich am Tag ihrer Ankunft, am 2. September, an Martha. Ganz unbegründet war die Angst vor der Hitze, es ist geradezu liebenswürdig heiß, auch an die Malariagefahr glaubt er nicht mehr. Man lebt «herrgöttlich» in Rom, aber man arbeitet auch schwer, morgens um halb acht geht es los, St. Peter mit Kuppel, Sixtinische Kapelle, Rafael-Fresken, «Genüsse seltenster Art», und mittags sitzt man gegenüber dem Pantheon, davor hatte er sich also jahrelang gefürchtet. Schon am zweiten Tag legt Freud die Hand in die Bocca della verità und schwört wiederzukommen, später wirft er Münzen in die Fontana di Trevi. Alexander und er fahren auf dem Monte Pincio, dem «Praterberg von Rom», zwischen Palmen dahin, gehen in die Vatikanischen Museen, in die Kirche S. Pietro in Vincoli, um die Moses-Statue von Michelangelo zu sehen, schauen auf das Garibaldi-Denkmal, wandern zwischen den Kaiserruinen auf dem Palatin herum, machen einen Ausflug nach Tivoli – der Wein schmeckt wie «übermangansaueres Kali». Das Leben «mit Arbeit und Genuß» ist großartig.[6]

Das «Stückchen Minervatempel» auf dem Forum Romanum, schreibt er nach seiner Rückkehr an Fließ, hätte er «in seiner Erniedrigung und Verstümmelung anbeten können». Nur das «christliche Rom» konnte er nicht genießen, «die Tendenz hat mich gestört». Die «Lüge von der Erlösung der Menschheit, die so himmelragend ihr Haupt erhebt», konnte er nicht vertragen, sein Elend und das aller anderen, von denen er weiß, nicht vergessen. Das «dritte, italienische Rom» war ihm hingegen sympathisch.[7] In der *Traumdeutung* hatte er, in Erinnerung an den Helden seiner Jugend, geschrieben, daß ihm einst Hannibal und Rom «den Gegensatz zwischen der Zähigkeit des Judentums und der Organisation der katholischen Kirche» symbolisierten: «Die Bedeutung, welche die antisemitische Bewegung seither für unser Gemütsleben gewonnen hat, verhalf dann den Gedanken und Empfindungen jener früheren Zeit zur Fixierung.» Seine Träume waren «Denkmal und Symbol für mehrere andere heiß ersehnte Wünsche geworden, an deren Verwirklichung man mit der Ausdauer und Ausschließlichkeit des Puniers arbeiten möchte und deren Erfüllung zeitweilig vom Schicksal ebensowenig begünstigt scheint wie der Lebenswunsch Hannibals, in Rom einzuziehen». Er hatte in der Phantasie Rache genommen an dem Mann, der dem Vater die neue Mütze in den Kot geworfen hatte, an dem Minister, der sich weigerte, ihn zum Professor extraordinarius zu ernennen.

Ein Satz von Jean Paul war ihm dabei in den Sinn gekommen, daß es nämlich fraglich sei, «wer eifriger in seiner Stube auf und ab lief, nachdem er den Plan gefaßt hatte, nach Rom zu gehen, der Konrektor Winckelmann oder der Feldherr Hannibal»[8], der Kunstgelehrte, Altertumsforscher und Begründer der Archäologie oder der karthagische Heerführer, der die Römer nach seiner legendären Alpenüberquerung im Zweiten Punischen Krieg am Trasimenischen See vernichtend geschlagen hatte und doch nie in die Stadt seiner Träume eingezogen war. Der Protestant Winckelmann hatte, um in Rom, in der Vatikanischen Bibliothek arbeiten und studieren zu können, zum Katholizismus konvertieren müssen. Seiner Wissenschaft und deren Anerkennung ein solches Opfer zu bringen, war Freud nicht fähig; dennoch war Rom ein Sieg und ein Bekehrungserlebnis. Er kam zurück, um endlich auch den ersehnten Titel zu erobern, war dafür bereit, «mit der strengen Tugend zu brechen» und, wie alle anderen, entsprechende Schritte zu tun, also die «schiefe Ebene» der Protektion zu betreten: «Von etwas muß man sein Heil erwarten können», und er erwählt sich nun «den Titel als Heiland».

Seine Lust am Leben und Wirken hatte sich, nachdem er das gelobte Land endlich betreten hatte, deutlich gesteigert, die am Martyrium hingegen merklich verringert, obwohl die Praxis gerade wieder nicht besonders gut ging, obwohl er seine letzte Publikation, die Geschichte des Falls Dora, zurückgezogen hat; erst 1905 sollte sie als *Bruchstück einer Hysterie-Analyse* erscheinen. Was machte es, er hatte mit Fließ ohnehin seinen «letzten Publikum» verloren. Das war eine Anspielung auf Nestroy, der einmal vor einer Benefizvorstellung durchs Guckloch geschaut und im Parterre nur zwei Personen erblickt hatte und danach ausrief: «Den einen ‹Publikum› kenn ich, der hat eine Freikarte. Ob der andere Publikum auch eine Freikarte hat, weiß ich nicht.» In Wahrheit bedurfte Freud seines einen Publikums nicht mehr, er hatte sich jener sonderbaren, einer Übertragungsliebe ähnlichen neurotischen Neigung entledigt, vielleicht weil der Selbstanalytiker sich nunmehr sogar der eigenen latent homoerotischen Tendenzen innegeworden war. Wahrscheinlich hatte er auch schon mit der Veröffentlichung seines Traumbuchs und jetzt gar mit der Romreise den gestrengen und öfter ungnädigen Zensor in Berlin überwunden. Auf eine Anerkennung seiner Theorien zu seinen Lebzeiten glaubte er jedenfalls weniger denn je hoffen zu dürfen, kein Nebenmensch würde sich um ihn kümmern, aber er wollte doch Rom wiedersehen, seine Kranken pflegen und seine Kinder «bei guter Stimmung erhalten»[9].

So beginnt er zu antichambrieren, bei seinem alten Kollegen aus Brückes Labor, Sigmund von Exner, der ihm etwas von dunklen Einflüssen gegen ihn beim zuständigen Unterrichts-

minister Wilhelm von Hartel erzählt. Freud geht auch zu Nothnagel und Krafft-Ebing, die er bittet, ihren Vorschlag von ehemals zu erneuern; sie tun ihm den Gefallen. Aber nun will er
auch einen «Gegeneinfluß» geltend machen. Vielleicht kann seine ehemalige Patientin Elise Gomperz sich für ihn verwenden?
Sollte sie nur eine «halbe Zusage» erhalten, so möge sie doch
beim Minister das «Moment der Zeit betonen, die nach dem
Astronomen Seni und nach meinem Freund Fließ das Wichtigste von allen menschlichen Dingen ist». Viereinhalb Jahre hat
er schon gewartet, ein längerer Aufschub ist kaum zumutbar, er
könnte doch in der Zwischenzeit plötzlich dahinscheiden, oder
der Minister könnte in «eine Gegend des Schicksals» geraten, wo seine liebenswürdigsten Absichten für den Betroffenen
ebenso gleichgültig seien wie seine feindseligsten. Aber die Frau
Hofrat Gomperz, die «verehrte Protectrix»[10], vermochte nichts
zu erreichen, es bedurfte der Unterstützung einer anderen Patientin, Marie Ferstel, und eines Bestechungsgeschenks, um die
Beförderung durchzusetzen.

Gewöhnlich mußte ein Privatdozent acht Jahre warten, bis
er zum Professor ernannt wurde, für Freud wurden es siebzehn
Jahre, in denen Freunde und Kollegen an ihm vorbeizogen. Julius Wagner-Jauregg, sein Kommilitone, der spätere Nobelpreisträger, hatte es in nur vier Jahren geschafft, und selbst der
Freund Leopold Königstein hatte 1900 endlich den Titel erhalten. Für eine Weile sah es sogar aus, als würde ihn der kleine
Bruder überholen. Als Eisenbahnexperte galt Alexander Freud,
Dozent an der 1898 gegründeten Export-Akademie und auch
an der Orientalischen Akademie, als eine «erste Autorität» in
seinem Fach, als ein «Vertrauensmann der Regierung», der zu
allen Enqueten hinzugezogen wurde. Schon 1899 wurde ihm
der Professorentitel in Aussicht gestellt, gleichzeitig sollte der
Redakteur des *Tarif-Anzeigers* Teilhaber seines Blatts werden.
So besorgt Sigmund stets um den zehn Jahre Jüngeren war, der
sich so leicht ausnutzen ließ und immer noch in materieller Unsicherheit lebte, sowenig konnte er sich doch seine Eifersucht
auf den ersten Professor der Familie verhehlen. Er war freimü-

tig genug, seine «anstößigen und der Verdrängung bedürftigen Gedanken» in der *Psychopathologie des Alltagslebens* öffentlich zu beichten. Sogar von dem Befremden der Mutter Amalia berichtete er, daß ihr kleiner Sohn eher Professor werden sollte als ihr großer.[11] Aber obwohl sich Alexander Freud in seiner Satire zur *Traumdeutung* schon mit dem sicher erwarteten Titel geschmückt hatte, sollten sich seine schönen Hoffnungen bald zerschlagen, es war «eben alles österreichisch in Österreich». Erst 1905 wurde er zum Professor ernannt.

In seinem um die Jahrhundertwende spielenden Roman *Der Weg ins Freie* läßt Arthur Schnitzler eine seiner Figuren, einen jüdischen Arzt, zu seinem Sohn sagen: «Persönlichkeit und Leistung setzen sich am Ende immer durch. Was kann dir Arges passieren? Daß du um ein paar Jahre später die Professur kriegst als ein anderer.» Der Altphilologe und ehemalige Universitätsprofessor Wilhelm von Hartel, der wesentlich dazu beigetragen hatte, daß der jüdische Skandalautor Schnitzler 1903 den Bauernfeld-Preis für sein Werk bekam, war kein Mitglied der Christlichsozialen Partei und hatte sogar im Parlament den Antisemitismus von Lueger und Konsorten verurteilt, aber war doch auch starkem politischem Druck ausgesetzt. Karl Kraus polemisierte in der *Fackel*, die Freud damals las, immer wieder dagegen, daß Professoren nicht wegen ihrer Verdienste, sondern aufgrund von Parteieneinfluß ernannt wurden, und die Zielscheibe seiner Angriffe war ausgerechnet Hartel. Freud wußte von seinem Freund Königstein, daß dessen Ernennung aus «konfessionellen Rücksichten» verzögert worden war. In seinem Fall kam noch dazu, daß seine Theorien in der akademischen Welt ebenso Anstoß erregten wie unter den anständigen Bürgern Wiens. Er fühlte sich geächtet, aber er war entschlossen, seine Selbstbestrafungsphantasien, seine Hunger- und Todesträume zu überwinden. Seine Isolation, über die er immer wieder in den dramatischsten Tönen klagte, war alles andere als *splendid*. Ein Professorentitel, selbst der eines simplen Extraordinarius, kaum mehr Wert als der eines Privatdozenten, weil er ihm weder Einfluß in der Fakultät noch eine Bezahlung seiner Vorlesungen eintrug, konnte in dieser nach Nobilitierungen süchtigen Stadt, in der ein jeder ein «Herr Doktor» oder ein Hofrat sein mußte, der Eitelkeit seiner meist der besseren Gesellschaft entstammenden Kranken schmeicheln und sein Ordinationszimmer füllen.

Das Bestechungsgeschenk für den Minister war «ein gewisser Böcklin», und hätte er sich im Besitz seiner Patientin befunden statt in dem ihrer Tante, so wäre Freud noch drei Monate früher befördert worden. Die Baroneß von Ferstel, deren Mann, Sohn des berühmten Ringstraßen-Architekten Heinrich von Ferstel, soeben zum österreichischen Generalkonsul in Berlin ernannt worden war, rang dem Minister das Versprechen ab, den Arzt, der sie gesund machte, zum Professor zu ernennen. Dafür bot sie ihm das Bild ihrer Tante für die von ihm geförderte neue Moderne Galerie an. Der Handel war perfekt, auch wenn sie am Ende nur einen unbekannteren Emil Orlik stiften konnte. Der zu jener Zeit gerade verstorbene Mythenmaler Böcklin galt als der bedeutendste Künstler des 19. Jahrhunderts, seine *Toteninsel* gehörte zum Standardinventar eines jeden Schlafzimmers, auch Freud besaß einen Stich davon, vermutlich ein Geschenk von Fließ. Doch seine Exzellenz begnügte sich mit dem «modernen Bild» des Prager Malers und Graphikers, Mitglieds der Secession. Am 27. Februar 1902 schlug von Hartel Freuds Ernennung vor, eine Woche später unterzeichnete der Kaiser Franz Joseph.

Und Freud meldet es sogleich dem «teuren Wilhelm», der ihm aufs freundlichste gratuliert. Ja, selbst das brachte so eine Exzellenz mit sich, daß er endlich einmal wieder die «vertraute Stimme» des ehemaligen Freunds in einem Brief vernehmen darf. Er fühlt sich nunmehr verpflichtet, ihm die ganze Affäre, den «ruhmreichen Vorgang», in allen Einzelheiten zu schildern, als müßte er sein schlechtes Gewissen ob der krummen Wege, die er gegangen war, erleichtern. Seinen Stolz auf den Titel verbirgt er hinter Ironie: «Die Teilnahme der Bevölkerung ist sehr groß. Es regnet auch jetzt schon Glückwünsche und Blumenspenden, als sei der Rolle der Sexualität plötzlich von Sr. Majestät amtlich anerkannt, die Bedeutung des Traumes vom Ministerrat bestätigt und die Notwendigkeit einer psychoanalytischen Therapie der Hysterie mit 2/3 Majorität im Parlament durchgedrungen.» Er war also «wieder ehrlich geworden», man grüßte ihn wieder auf der Straße, «selbst die scheu gewordensten Verehrer». Dafür hatte er seinen Gang nach Canossa angetreten: «Andere sind ebenso klug, ohne erst nach Rom gehen zu müssen.» Was wäre ihm alles erspart geblieben, hätte er schon drei Jahre früher erkannt, «daß diese alte Welt von der Autorität regiert wird wie die neue vom Dollar». Nun hat er seine «erste Verbeugung vor der Autorität» gemacht, nun durfte er hoffen, dafür belohnt zu werden.[12] Es war einer seiner letzten Briefe an Fließ, das dramatische Nachspiel einer über zehn Jahre währenden leidenschaftlichen Freundschaft stand noch aus.

Im Herbst desselben Jahres verschickte Freud Einladungen an vier Kollegen, Alfred Adler, Max Kahane, Rudolf Reitler und Wilhelm Stekel, sie wurden für einen Mittwochabend in die Berggasse 19 gebeten. Er wollte endgültig aus seiner Isolation heraustreten. Seine Empfindlichkeit gegen die Kränkungen, die wirklichen und die eingebildeten, hatte mittlerweile nachgelassen. So entstand, ziemlich formlos und eher bescheiden, die «Psychologische Mittwoch-Gesellschaft», die Keimzelle der Psychoanalytischen Bewegung. Die Idee, einen Gesprächskreis zu etablieren, ging auf die Anregung Stekels zurück. Schon 1896 war der Psychiater, Sexualforscher und Schriftsteller, der gerade ein Buch über sexuelle Übergriffe, den *Coitus im Kindesalter*, veröffentlicht hatte, von Max Kahane auf Freud aufmerksam gemacht worden. Kahane selbst hatte einen Band von Charcots Werken übersetzt und Freuds Vorlesungen besucht, 1901 versuchte er sogar, in einem medizinischen Lehrbuch die Traumdeutung als therapeutische Methode einzuführen. Nachdem er Max Burckhardts Kritik in der *Zeit* gelesen hatte, war Stekel entschlossen, eine Gegenrezension zu schreiben, aber vorerst konsultierte er den verehrten Autor als Therapeuten, er litt unter psychologischer Impotenz. Später behauptete er, seine

Analyse sei unzulänglich gewesen. Damals aber sah er sich, so schrieb der Mann mit dem notorischen Hang zur Übertreibung in seiner Autobiographie, als «Apostel Freuds, der mein Christus war».

Rudolf Reitler war Freud zufolge der erste, der die neue Lehre in Wien praktizierte, in seiner Privat-Heilanstalt hatte er bereits vor 1902 kleine Analysen gemacht. Der interessanteste Teilnehmer der Gesellschaft war jedoch der Augenarzt, Internist und Neurologe Alfred Adler, ein Sozialist, der ein Gesundheitsbuch für das Schneiderhandwerk verfaßt und sich mehr und mehr dem Studium der Geisteskrankheiten zugewandt hatte. Nach der Lektüre der *Traumdeutung* war er vom Wert der neuen Lehre überzeugt. An jenem Mittwochabend im Herbst 1902, als diese vier Männer zum erstenmal die Bergstraße 19 aufsuchten, herrschte, so Stekel, «vollkommene Harmonie (...); wir waren wie Pioniere in einem neuentdeckten Land, und Freud war der Führer».[13] Sie sprachen über die psychoanalytischen Aspekte des Rauchens.

Eine kleine Welt von Glück

Die Freuds waren nun eine Professorenfamilie, die Vermieter und Händler erwiesen ihnen ein wenig mehr Respekt, erinnerte sich Martin, aber die akademische Welt schaute weiter auf den jüdischen Arzt in mittleren Jahren herab. An der häuslichen Routine änderte sich wenig, nur drang an den Mittwochabenden noch dickerer Tabakqualm aus Freuds Praxisräumen. Das Dienstmädchen war angehalten, vor jeden Gast einen Aschenbecher zu stellen, zumeist ein Stück aus chinesischer Jade aus Freuds Antiquitätensammlung. Dem Sohn schien es ein Wunder, daß menschliche Wesen fähig waren, hier stundenlang zu sitzen, ja sogar zu sprechen, ohne zu ersticken. Freud genoß sein Tabakskollegium. Und sein Kreis vergrößerte sich bald. Für die Familie bedeutete dies «Heraustreten aus der Isolierung», daß ihr «teures Oberhaupt» noch weniger von seiner Zeit, mit der Freud gerne ebenso großzügig umgegangen wäre wie mit dem Geld, zu vergeben hatte.

Natürlich oblag die Organisation des Haushalts weiterhin Martha, allerdings konnte sie sich seit 1896 auf die Hilfe ihrer Schwester Minna stützen, um ihrem Mann das äußerlich so stille, bescheidene und geregelte Leben zu verschaffen, dessen er bedurfte. Um acht oder neun Uhr morgens öffnete er jeden Tag seine Praxis, und pünktlich um eins, wenn das Mädchen die Suppe auftrug, kam er zum Mittagessen. Das war in den Arbeitsmonaten manchmal die einzige Gelegenheit, bei der die ganze Familie zusammentraf, und jedesmal war er irritiert, wenn eines der Kinder fehlte. Dann pflegte er mit seinem Messer oder der Gabel stumm auf den verwaisten Platz zu deuten, bis Martha ihm den Grund fürs Fernbleiben erklärte, danach aß er in stiller Konzentration weiter. Auch an der Speisenfolge sollte sich am besten wenig ändern, nach der Suppe gab es, wenigstens drei-, viermal die Woche, Fleisch und Gemüse, am liebsten Artischocken, danach ein Dessert. Im Frühjahr nahm man gerne noch einen Spargelgang ein, auf keinen Fall aber durften Huhn und Blumenkohl auf den Tisch, das verabscheute er. Nach dem Essen machte er einen raschen Marsch, zumeist zur Tabaktrafik oder zum Buchhändler, dann nahm er seine Therapiestunden wieder auf, arbeitete bis neun Uhr, gelegentlich war dem weiblichen Teil der Familie ein kleiner Abendspaziergang vergönnt, manchmal holte er Frau, Schwägerin oder Töchter auch vom Theater ab oder führte sie in ein Kaffeehaus, auf ein Eis und einen kurzen Blick in die Zeitungen. Er hatte sich für den Rest des Abends um seine Korrespondenz zu kümmern und schrieb nicht selten zehn Briefe in einer Stunde, über die er Listen führte. Erst dann mochte er sich, meist bis weit nach Mitternacht, seinen Studien und den eigenen Arbeiten zuwenden.

Diese tägliche Routine, das gutbürgerliche Leben nach der Uhr, wurde außer in den Ferienmonaten und an den Mittwochabenden nur am Dienstag und am Wochenende unterbrochen. 1897 war Freud der zwei Jahre zuvor gegründeten Wiener Dépendance der B'nai B'rith beigetreten, weil er hoffte, hier eine geistige Freistatt zu finden, einen «Kreis von auserlesenen, hochgestimmten Männern», der ihn, den ob seiner «unliebsamen Funde» Vereinsamten und «Geächteten», aufnähme.[1] So gehörten die Dienstagabende, im zweiwöchentlichen Rhythmus, oft seinen Logenbrüdern, deren humanitären Zielen von Brüderlichkeit, Gleichheit und Hilfe für die Armen und Verfolgten er nur zustimmen konnte und die ihrerseits seinen Vorträgen wohlwollend zuhörten. Dieser kleinen gebildeten Gruppe, dieser jüdischen Elite, stellte er schon Ende 1897 seine ersten Erkenntnisse über den Traum vor, hier sprach er über das Seelenleben des Kindes und die Psychopathologie des Alltagslebens und auch über den verehrten Emile Zola, den «braven Kerl», den er seit seinem *J'accuse* im Dreyfus-Prozeß so sehr bewunderte.

Am Samstag hielt Freud im Hörsaal der Psychiatrischen Klinik, ganz in der Nähe des «Narrenturms», jenem unter Kaiser

Joseph II. errichteten Rundbau, wo einst die Geisteskranken untergebracht waren und bis zur Mitte des 19. Jahrhunderts die «Irren» an die Wand gekettet wurden, seine zweistündigen Vorlesungen oder Seminarabende vor einem kleinen Kreis von Hörern. Im Mai 1900, als er über die Traumdeutung dozierte, waren es gerade drei; und als der Jurastudent Hanns Sachs sich 1904 von seinem Vetter, einem Mediziner, überreden ließ, eine von Freuds Veranstaltungen zu besuchen, standen acht oder zehn Stühle im Halbkreis nahe dem Vortragspult, ein paar Leute saßen schon da. Beinahe wäre Sachs geflüchtet aus dieser düsteren, seltsamen Umgebung, dem bedrückenden Raum mit den vielen leeren Bänken im Abenddämmer, hätte Freud nicht ihn und seinen Cousin höflich gebeten, näher zu kommen und Platz zu nehmen.[2] Er strengte seine Stimme, der das Volltönende, Metallische fehlte, ungern an, er mochte nicht den Volksredner oder Propheten spielen. Aber er verstand es, sein Publikum zu fesseln durch seinen freien, niemals abgelesenen Vortrag, durch seinen ironischen Plauderton, seine Lust an der Improvisation und die ihm eigene Kunst, nicht nur das gewöhnliche humanistische Bildungsrepertoire jederzeit herbeizuzitieren, sondern auch Witze und Anekdoten in seine Rede einzustreuen. Er behandelte seine Hörer ganz einfach wie hochintelligente Menschen, die er an seinen neuesten Erfahrungen teilnehmen lassen wollte. Einmal, in späteren Jahren, als seine Schüler Karl Abraham, Sándor Ferenczi, Hanns Sachs und Ernest Jones in der ersten Reihe saßen, verneigte er sich leicht vor ihnen mit den Worten Napoleons in Erfurt: «Un parterre de rois.»

Die amerikanische Anarchistin Emma Goldman hatte Freud Ende der neunziger Jahre gehört, als sie am Allgemeinen Krankenhaus einen Hebammenkurs besuchte. Sie schwärmte von seiner Einfachheit, seinem Ernst, seinem brillanten Geist, die ihr das Gefühl gaben, «aus einem dunklen Keller ins helle Tageslicht hinausgelassen zu werden». Zum erstenmal hatte sie die «volle Bedeutung der Verdrängung des Sexuellen und ihrer Wirkung auf das menschliche Denken und Handeln» verstanden. Freud hatte ihr geholfen, die eigenen Bedürfnisse zu verstehen.[3] Später, als ihm schon der Ruf vorausging, seinen Hörern etwas Sensationelles oder gar Obszönes zu bieten, versicherte er dem Publikum, er werde sein Bestes tun, derlei Erwartungen zu enttäuschen. Beim nächsten Mal war das Auditorium dann um ein Drittel geschrumpft. Hanns Sachs erinnerte sich, wie eindringlich Freud seine Studenten davor warnte, sich allzu schnell mit einem Ergebnis zufriedenzugeben: Er erzählte eine Anekdote von einem alten, vor vielen Jahren verstorbenen Medizinprofessor, der testamentarisch verfügt hatte, daß seine Leiche obduziert werden solle. Der Pathologe, ein bekannter Mann, sagte zu seinem Assistenten, er möge sich nur die Arterien ansehen, hart und dick wie Stricke: «Natürlich konnte der Mann damit nicht leben.» Der junge Assistent Freud hatte seinerzeit geantwortet: «Tatsächlich hat aber der Mann doch bis gestern mit diesen Blutgefäßen gelebt.»[4]

Nach seinen Vorlesungen zog es ihn, fast jeden Samstagabend, an den Spieltisch, zu den Freunden Leopold Königstein, Oskar Rie und Ludwig Rosenberg, manchmal nahm auch Arthur Schnitzlers Bruder Julius, der Chirurg geworden war, an dem «Tarock-Exzeß» teil. Das Kartenspiel war, in zahlreichen regionalen Varianten, zu dieser Zeit so beliebt, daß es beinahe zu einem Charakteristikum für sie wurde. Der Schriftsteller Fritz von Herzmanovsky-Orlando nannte jenes Land, das Musil Kakanien taufte, Tarockanien oder Tarockei. Für Freud gehörte das Tarocken fest in seinen Stundenplan, es war ihm Bedürfnis und liebste Ablenkung. Meist litt er am Sonntagmorgen an Magen- und Darmbeschwerden, vielleicht hatte er bei den Freunden zu üppig gespeist, jedenfalls mußte er an diesem Tag, dem einzigen, an dem er keine Patienten empfing und sich ganz seinen Arbeiten und seiner Korrespondenz hätte widmen können, als guter Sohn die Mutter besuchen. Und oft kam Amalia Freud mit ihrer treuen Tochter Dolfi am Abend dann zum Essen in die Berggasse. Ebenso regelmäßig erwartete sie ihren «goldenen Sigi» zu den Familientreffen in ihrer Wohnung, zu Weihnachten und Silvester, fast immer kam er zu spät. Sie wußte um seine Arbeitszeiten, aber sie lief stets unruhig hin und her und schaute nach der Tür. Wenn dann die Kinder und Enkel versuchten, sie davon abzuhalten, mußten sie mit ihren Wutanfällen rechnen.[5]

Freud war trotz dieses so streng geregelten, aber für einen Gelehrten nicht unüblichen Lebens weder ein Asket noch der Märtyrer seines Werks, zu dem er sich gern stilisierte und als den er sich zeitweise wirklich empfand. Er hatte, so Martin Freud, «ein fröhliches Herz». Er liebte es, in den Ferien, der in der Regel drei Monate dauernden Sommerfrische der Wiener, den Stadtanzug gegen die Tracht, Lederhosen und Janker, zu tauschen und mit den älteren Kindern Bergwanderungen zu machen, zu schwimmen und Boot zu fahren, mit ihnen Beeren und Schwämme zu sammeln. Oft schon früh im Jahr akquirierte er, wie er spottete, «eine auffällige Ähnlichkeit mit Kolumbus»: Er sehnte sich, wie dieser, «nach – Land»[6], freilich nicht nach Amerika, sondern nach seinen geliebten Wäldern in der Steiermark, in Tirol oder in Bayern, nach einer «entzückenden Einsamkeit», wo es «Blumen, Wasser, Schlösser, Klöster und keine Menschen» gab, wo er sich begeistern konnte an einem roten Alpenrosenfeld, einem Schneeflecken, einem Wasserfall. Als Sportsmann war er zwar begabt, doch, nach dem gestrengen Urteil seines Ältesten, nicht besonders gut, ein «ordentlicher, wenn auch etwas orthodoxer Schwimmer», der den «förmlichen Bruststil» pflegte und stets darauf bedacht war, den Bart aus dem Wasser zu halten. Aber es gefiel ihm, im Wasser zu planschen und einen Kellner mit einem Tablett mit Erfrischungen und sogar Zigarren und Streichhölzern zu sich herauswaten oder -schwimmen zu lassen. Mit dem Bergsteigen hatte er zu spät in seinem Leben begonnen, um den Ernst des Spiels richtig einschätzen zu können. Er war zu leichtherzig, was die Gefahren, und zu optimistisch, was die eigenen Kräften anbelangte. Einmal hätte er auf einer Tour mit Martin beinahe einen Hitzschlag erlitten.

Die Ferien mußten stets gut organisiert sein, auch wenn sie in den ersten Jahren, da das Geld knapp war, kaum mehr als zwei oder drei Eisenbahnstunden von Wien wegführten. Martha lernte rasch die Kunst, aus einem Dritte-Klasse-Abteil mit kargen Holzbänken ein «luxuriöses Schlafquartier» mit Decken und Kissen zu machen und selbst eine Hängematte aufzuhängen, wenn der Platz zu knapp war. Sie selber zog sich mit dem Kindermädchen, so gerade eines vorhanden war, in eine Ecke zurück und verwandelte sich bei derartigen Gelegenheiten in einen «hohen, kühl kalkulierenden preußischen Generalstabsoffizier». Freud reiste meist allein zum Urlaubsort, darauf bestand sie, er sollte sich nicht quälen müssen.[7] In späteren Jahren, als sie ein wenig besser gestellt waren, brach er oft schon zu Ostern mit Alexander auf, um ein geeignetes Quartier für die Seinen zu finden. Er machte eine besondere Kunst daraus, wie ein Pionier die Berge zu durchstreifen. Selbst bei den kleinen Ausflügen, die er mit seiner Kinderschar, seinem kleinen «Expeditionskorps», unternahm, überließ er nichts dem Zufall, sie hatten «die Wärme einer wunderbaren Geschichte, die gut konstruiert ist und der nie ein Höhepunkt fehlte». Meist galt es, etwas zu suchen, zu sammeln oder einen besonderen Ort zu erforschen. Freud war ein leidenschaftlicher Pilzesammler, für die Kinder inszenierte er die Suche wie eine kleine Jagd. Und er gewann dabei immer: Wenn er einen wirklich vollkommenen Pilz, einen Herren- oder Steinpilz zumeist, gefunden hatte, warf er seinen Hut darüber und stieß auf einer kleinen Silberpfeife ein schrilles Signal aus, woraufhin seine Truppe anrückte. Erst wenn sie vollständig versammelt war, entfernte er triumphierend den Hut, um seine Beute gebührend bewundern zu lassen.[8]

Wenn es so etwas wie eine glückliche Kindheit geben sollte, dann hatten die Freud-Kinder sie gehabt, glaubte Martin, vielleicht ein wenig von Sentimentalität erfüllt, als er das Erinnerungsbuch an den Vater schrieb. Möglicherweise hätten nicht alle seiner Geschwister zugestimmt. Weder Martha noch Sigmund Freud neigten zu Überschwenglichkeiten, sondern waren daran gewöhnt, ihre Gefühle zu kontrollieren. Die Frau, die von morgens bis in die Nacht beschäftigt war und sich kaum einen Augenblick der Ruhe gönnte, konnte sich keine Zimperlichkeiten leisten, verfiel nicht in Nervosität oder gar Panik, wenn wieder einmal eines der Kinder fieberte oder sich beim Sport verletzt hatte. Im Notfall, der im Hause Freud fast der Regelfall war, unterbrach sie ihre Näharbeit höchstens, um die Gouvernante zu bitten, den Arzt zu rufen. Aber wenn ihre Brut wirklich in Gefahr war, handelte sie, ohne nachzudenken. Einmal, als Martin und Ernst während eines Urlaubs am Gardasee mit der kleinen Anna hinausgesegelt waren und, eher unerfahrene Schiffer, in gefährliche Nähe von Felsen gerieten, nahm sie einfach das nächste Boot, um ihre Kinder sicher zurückzugeleiten – obwohl sie die einzige in der Familie war, die gar keine Übung im Segeln hatte. Und hinterher gab es keine Vorwürfe, keine Beschuldigungen. In ihrem Haushalt war es nicht üblich, irgend etwas zu dramatisieren, so daß Martin fast erschrak, als eines Nachts der Vater, mit wirrem Haar, unordentlichem Bart und in einem weißen Gewand, den Beduinen aus den Bilderbüchern gleich, vor seinem Bett stand und rief: «Sind die Äffchen wohlauf?» In der Wohnung unter ihnen hatte es eine kleine Explosion in der Gasversorgung gegeben. Es war das einzige Mal, daß der Sohn den Vater nicht korrekt gekleidet sah.

Der Mann, der den meisten so formell und zurückhaltend erschien, war gerührt, wenn er seine Anna auf dem Schoß halten konnte. Er gab manchmal, wie Hanns Sachs berichtete, einen merkwürdigen Laut von sich, wenn er die Räume der Familie betrat, einen Ausdruck der Erleichterung, ein «Mittelding zwischen Knurren und Grunzen», das vor allem für die kleine Tochter bestimmt war. Schon die Braut hatte Freud gemahnt, niemals mit Zärtlichkeiten zu kargen, was man von dem Fonds verausgabe, sei durch die Ausgabe selbst ersetzt. Die Freuds nahmen ihre Kinder einfach ernst und behandelten sie als «Menschen mit ihren eigenen Rechten», denen es nie verboten war, Fragen zu stellen, und die darauf, das war das wichtigste, auch Antworten erhielten. Martin erinnert sich an eine Episode, da der Vater ihn in sein Arbeitszimmer mitnahm, um sich in aller Ruhe von einer kleinen Auseinandersetzung auf der Eisbahn erzählen zu lassen. Er war zu Unrecht von einem anderen Schlittschuhläufer geohrfeigt worden, fühlte sich gedemütigt und verletzt in seinem «Ehrenkomplex», und Freud hörte sich seine Kindertragödie einfach nur an. Der Sohn konnte sich bloß daran erinnern, daß er nicht das moralische Recht bestritt zurückzuschlagen, wenn man geschlagen wurde.[9]

Vor allem durfte es den Kindern an nichts fehlen, so hatte Freud es sich immer gewünscht, sie sollten nicht die Entbehrungen leiden, die er in seinen jungen Jahren erfahren hatte. Geld war, wie er Fließ einmal schrieb, «Lachgas» für ihn: «Aus meiner Jugend weiß ich, daß die wilden Pferde in den Pampas, die einmal mit dem Lasso gefangen worden sind, ihr Leben über etwas Ängstliches behalten. So habe ich die hilflose Armut kennengelernt und fürchte mich beständig vor ihr.»[10] Er hatte ja nicht nur, mit wechselndem Geschick, die Frau und sechs Kinder durchzubringen, sondern auch für die Schwägerin Minna, für die Mutter und seine Schwestern mit aufzukommen, für die unverheiratete Dolfi, für die nach kurzer Ehe 1900 verwitwete Pauli und ihre kleine Tochter, später auch für Rosa, die ihren Mann 1908 verlor. Und er selbst wollte so gerne reisen, wollte seine Antiquitäten sammeln, und manchmal gefiel es ihm, der sich selbst gern als «Gelderwerbsmaschine», als «hochbegabten Tagelöhner» beschrieb und der seine Verarmungsphantasien niemals überwand, den Philanthropen im kleinen zu spielen.

Der Schweizer Schriftsteller Bruno Goetz erinnerte sich, wie er als junger Mann um 1905 Freud wegen seiner quälenden Kopfschmerzen konsultierte. Sein Arzt hatte, um ihn einzuführen, dem inzwischen nicht mehr ganz unbekannten Kollegen ein paar Gedichte von Goetz geschickt. Freud ließ sich kurz die Lebensgeschichte des potentiellen Patienten erzählen, auch ein paar sexuelle Details kamen zur Sprache, und während er ihm ein Rezept ausschrieb, befragte er ihn beiläufig nach seinen finanziellen Verhältnissen: Sicherlich habe die Strenge gegen sich selbst etwas Gutes, doch dürfe man nicht übertreiben. Wann er denn zuletzt ein Steak gegessen habe? Vor vier Wochen, gestand der Patient. Ja, das hatte er sich gedacht, erwiderte Freud etwas verlegen und gab ihm ein paar Diätratschläge und einen Umschlag: «Sie dürfen es mir nicht übelnehmen, aber ich bin ein ausgewachsener Doktor und Sie noch ein junger Student. Nehmen Sie dieses Kuvert, und gestatten Sie mir, heute ausnahmsweise einmal Ihren Vater zu spielen. Ein kleines Honorar für die Freude, die Sie mir mit Ihren Versen und Ihrer Jugendgeschichte gemacht haben.» In dem Kuvert waren zweihundert Kronen.[11] Manchmal übernahm Freud auch ganz unentgeltlich eine Behandlung oder unterstützte Patienten und Kollegen finanziell.

Er haßte es zu knausern oder nur zu sparen, im Gegensatz zu Martha, die eingedenk der so schwierigen ersten gemeinsamen Jahre und als tüchtige Wirtschafterin stets auf das Geld achtete. Aber schon in der Verlobungszeit hatte Freud seinem Prinzeßchen kundgetan, daß an drei Dingen niemals gespart werden durfte, an Gesundheit, Erziehung und Reisen, und gut gekleidet sollten die Kinder sein, das war wichtig für die Selbstachtung. Seine Kinder jedenfalls sollten nichts von den periodisch wiederkehrenden Nöten erfahren. Sie wußten nicht, wie sehr sich der Vater anstrengte, ihnen die gewohnte Sommerfrische zu ermöglichen, auch wenn es manchmal nur für einen Aufenthalt im Bellevue reichte. Um sie vor Ansteckungen zu schützen, wurden die älteren zeitweise nicht wie die anderen Kinder des Viertels in die Volksschule geschickt, sondern von einer Gouvernante unterrichtet. Dennoch blieb der Krankenstand in der Bergstraße konstant. Anna Freud spottete später darüber, daß sie «elf Zimmer und ein Badezimmer» hatten für neun Familienglieder und die Bediensteten, weswegen sie allesamt immer wieder unter Darmproblemen litten. Freud befürchtete sogar, daß Ernst, der wilde Junge, der «immer voll von Wunden wie ein Lazarus» und noch bei hohem Fieber von «unverwüstlicher Lebenskraft» war, die manische Frische und Wildheit bezeigte, die manche Schwindsüchtigen entwickelten. Die «beiden Mütter», Martha und Minna, behaupteten, daß er ihrem früh verstorbenen Bruder Isaak ähnlich sehe, ein böses Omen.[12] Als seine Mathilde sich, entgegen allen ärztlichen Prognosen, von der lebensbedrohlichen Diphtherie erholte, hatte Freud in einem plötzlichen Impuls einen Pantoffel gegen die

Wand geschleudert, woraufhin eine seiner antiken Figuren zerbrach. Ausgerechnet eine hübsche kleine Venus hatte er geopfert, «eine galante Huldigung an die Genesende».[13]

Weil die Kinder, bis auf die Älteste, leicht lispelten, wurde ein Sprachtherapeut engagiert. Und selbstverständlich wurden die Jungen aufs Gymnasium geschickt, nur Ernst besuchte eine technische Realschule. Die Töchter gingen aufs Lyzeum, um 1900 die einzige Form höherer Erziehung für Mädchen. Zwar durften diese als Externe ihre Matura am Gymnasium ablegen, doch erst nach 1901 berechtigte sie das zu einem Studium an der philosophischen oder der medizinischen Fakultät. Freud hatte, konservativer als seine Tarockfreunde Rosenberg und Rie, für keine seiner Töchter eine akademische Laufbahn im Sinn. Anny Rosenberg und Marianne Rie, die später Ernst Kris heiratete, studierte hingegen Medizin und wurden Psychoanalytikerinnen, Margarethe Rie wurde Schauspielerin. Dennoch mangelte es den Freud-Töchtern ebensowenig wie ihren Brüdern an den klassischen Bildungsmöglichkeiten, sie besuchten Ausstellungen und das Theater, nur das eigentlich unvermeidliche Klavier durfte auch in der Berggasse nicht einziehen, aber sie waren ohnehin kaum musikalischer als der Vater.

Die Sorge um seine Kinder verfolgte Freud bis in seine Träume, mal war er stolz, seine Kinder vor neurotischen Erkrankungen bewahrt zu haben, ein anderes Mal erfüllte ihn die Furcht, sie könnten sich körperlich und intellektuell zu einseitig entwickeln. Er hatte sogar seinen Freud Oskar Rie, der seit Jahren mit all ihren Krankheiten vertraut war, gebeten, ihre körperliche Erziehung, vor allem in der Pubertät, zu überwachen, falls ihm selbst etwas zustoßen sollte. Vermutlich überließ er es ihm auch, die Söhne, als sie dies kritische Alter erreichten, sexuell aufzuklären, möglicherweise drückte er ihnen das populärmedizinische Werk *Die Gesundheit* in die Hand, zu dem er selbst einen kleinen Beitrag geschrieben hatte. Das waren die üblichen Sorgen eines Vaters, warum sollten sie vor dem Haus des Neurosenforschers, des Sexualrevolutionärs haltmachen? Schwerer drückte ihn die Unsicherheit über ihre künftigen Lebensverhältnisse, er träumte, er müßte die Kinder wegen irgendwelcher dunklen Vorgänge aus Rom, aus dem gelobten Land, wegbringen. Kurz zuvor hatte er im Theater Theodor Herzls Stück *Das neue Ghetto* gesehen, eine kritische Darstellung des assimilierten bürgerlichen Milieus, ein moralisierendes Drama gegen die Dekadenz der Spekulanten und Börsianer, dessen Grundthese sich auf die vom Autor einmal geäußerte Formel bringen ließ: «Tatsächlich ist der Antisemitismus die Folge der Judenemanzipation.»

So war es für Freud offensichtlich, daß sich hinter diesem Rom-Traum «die Judenfrage» verbarg, «die Sorge um die Zukunft der Kinder, denen man ein Vaterland nicht geben kann, die Sorge, sie so zu erziehen, daß sie freizügig werden können».[14] Natürlich wuchsen sie völlig assimiliert auf, alles jüdische Brauchtum war aus dem Hause Freud verbannt, nie hatten sie eine Synagoge betreten. Zwar arbeitete Ernst später an einer Zeitschrift mit, und Martin schloß sich der kämpferischen Studentenverbindung Kadimah an, aber als er, wie es das österreichische Gesetz noch immer verlangte, 1919 die jüdische Trauungszeremonie zu absolvieren hatte, nahm er, noch unwissender als der Vater bei seiner Hochzeit, beim Betreten des Tempels den Zylinder ab, aus Respekt vor dem heiligen Ort. Sein Begleiter mußte ihm den Hut einmal, zweimal wieder aufstülpen, der Bräutigam mochte nicht glauben, daß man nach jüdischem Ritus den Kopf zu bedecken hatte. [15]

Freud ging entschlossen vor, als Martin und Oliver während der Ferien am bayerischen Thumsee 1901 von einem Trupp Antisemiten als diebische «Israeliten» beschimpft wurden; drohend schwang er seinen Stock gegen den Mob. Aber er hatte nichts aufgegeben von der gängigen Verachtung des Assimilierten für die galizischen Juden, auch das spürten die Kinder. Auf keinen Fall durften sie wegen ihres Aussehens oder ihres Benehmens diskriminiert werden, sie durften nichts gemein haben mit jenen «Karikaturen». Sie sollten sich ihrer Freiheit erfreuen und das Vertrauen, das die Eltern ihnen entgegenbrachten, als etwas Natürliches ansehen. Man konnte, so Martin, ihre Erziehung,

1 Das Geburtshaus im mährischen Freiberg, dem heutigen Příbor

2 Der 20jährige Freud (hintere Reihe, dritter von links) im Kreise der Familie, 1876

3 Charcot demonstriert einen Hysterie-Fall. Das Bild von André Brouillet hing in Freuds Sprechzimmer.

4 Ernst Wilhelm von Brücke

5 Ernst von Fleischl-Marxow

6 Die Verlobten: Minna Bernays und Sigmund Freud 1885 in Wandsbek

7 Der unentbehrliche Freund, der wichtigste Kritiker in den Jahren der Selbstanalyse: Sigmund Freud und Wilhelm Fließ

8 Josef Breuer

9 Arthur Schnitzler

10 Berta Pappenheim alias „Anna O."

11 Karl Lueger

12 Freuds Behandlungszimmer mit der berühmten analytischen Couch

13 Freud mit Martha und der jüngsten Tochter Anna

14 Freud, seine Mutter und seine Frau 1905 in der Sommerfrische in Altaussee

in Ermangelung eines besseren Wortes, wohl nur «liberal» nennen. Vor allem sollten Freuds Kinder ohne Angst aufwachsen, darauf achtete er, und Martha nicht anders. Diese angeblich ganz und gar konventionelle Frau empörte sich über ein dummes Kindermädchen, das den ihr Anvertrauten wegzuschauen befahl, als die Polizei während einer der so häufigen Unruhen an der nahe gelegenen Universität einen jungen Studenten abführte: Ein gutes Kind sollte keinen Kriminellen sehen. Martha Freud widersprach sofort, ein Mann, der in einer politischen Auseinandersetzung verhaftet wurde, konnte sehr wohl ein anständiger, ein hochgesinnter Mensch sein. Sie befolgte keine Vorschriften, sie schuf sich ihre eigenen.[16]

Und die meisten Besucher genossen den Geist der Großzügigkeit und Freiheit, der die Atmosphäre des Hauses durchdrang. Manche gerieten angesichts von «drei strammen Söhnen, der lebenssprühenden Sophie und dem Eidechsenmütterchen» Anna gar ins Schwärmen, wie der gute Pfarrer Oskar Pfister, einer von Freuds neuen Schülern. Er fühlte sich geblendet von der Schönheit dieses Familienlebens, «wie in einem sonnigen Frühlingsgarten, hörte lebensfrohe Lerchen und Amseln singen, sah leuchtende Beete und ahnte reichen Sommersegen». Und dieser Segen war allein Marthas Verdienst, die «mit ihrem milden, gütigen Wesen dem Gatten immer neue Waffen im heißen Lebenskampf reichte».[17] Sicherlich hatte sich das zarte Prinzeßchen von einst inzwischen tatsächlich in ein «robustes Weibchen» verwandelt, eine freundliche, aber bestimmte Frau in ihren frühen Vierzigern, stets gut und nach der Mode, wenn auch nicht der allerneuesten, gekleidet, belesen und gebildet, doch zu uneitel, um sich in den Vordergrund zu drängen. Daher war es nicht schwer, sie als farblose Matrone, als zwar praktisch begabte, aber weder körperlich noch geistig besonders anziehende Gattin des großen Mannes zu diffamieren. Sie hatte es ertragen, daß Freunde und Bekannte sie als arme Frau eines «widerlichen Verrückten» bemitleideten, der früher ein kluger Wissenschaftler gewesen sein mochte. Und sie ertrug es, daß man sie, nachdem der Ruhm ihr Haus endlich erreicht hatte, als prüde Gouvernante abtat, die nichts verstand von seinen Ideen, sie für eine Art von Pornographie hielt. Und seine Patientinnen, das soll sie gesagt haben, die würden sich mit den Wechseljahren schon beruhigen; schließlich hatten die Frauen immer solche Probleme gehabt.[18]

Vielleicht kokettierte Martha Freud auch nur mit ihrem vermeintlichen Unverständnis, aus Rücksicht auf die häusliche und berufliche Arbeitsteilung, die zu ihrer Zeit selbstverständlich war, die sie vereinbart hatten. So sah es jedenfalls Freuds ehemalige Schülerin, die seine enge Freundin und ein Stück weit auch die ihre wurde, die Psychoanalytikerin Lou Andreas-Salomé – mit ein wenig herablassender Bewunderung für die Frau, die, «von ihrem Wesens- und Wirkenskreis aus unbeirrbar das Ihrige erfüllt, immer bereit in Entschiedenheit und Hingabe, gleich weit entfernt von überheblicher Einmischung in des Mannes Aufgaben wie von Unsicherem oder Nebenstehendem». Durch Martha sei die Erziehung der Kinder sehr psychoanalysenfremd geblieben, was «von Freuds Seite gewiß nicht bloß Gewährenlassen» gewesen sei. Etwas gefiel ihm daran, «sein Hauswesen in dieser Ferne von offenbaren Konfliktuositäten zu wissen, etwas gefiel ihm an seiner eigenen Frau».[19]

Dem jungen Freud hatte es ein wenig gegraut vor der Klugheit seines «angebeteten Liebchens», die Frauen drohten die Männer ja nur allzu rasch zu überholen. Sein «geliebtes Weib», diese angeblich so ideale Vertreterin des schwachen Geschlechts, war zwar nicht mehr die Vertraute seiner Forschungen, aber sie kannte seine Werke, die meisten jedenfalls, und in ihren Briefen spielt sie an auf seine Studien zur Gradiva, zu Leonardo, zu Moses. Als gute Gastgeberin empfing sie seine Schüler und Kollegen, die sich nicht immer an die unausgesprochene Tischregel hielten, daß beim Essen keine Theoriedebatten stattzufinden hatten. Manchmal kümmerte sie sich auch um seine Patientinnen, die oft attraktiver waren als sie, weil sie Geld und Zeit genug hatten, sich an Körper und Seele zu pflegen, und die sich trotz alledem, trotz Bildung und manchmal auch Vermögen, nicht von ihrem Elend erlösen ließen. Eifersucht konnte sie sich nicht leisten, allenfalls tief im Innern mochte sie solche empfinden, doch sie wollte den Pakt nicht brechen, der ihr auferlegte, ihn mit seinem geliebten «Tyrannen» Arbeit zu teilen. Und der beanspruchte ihn mit den Jahren immer mehr, als zur analytischen Tätigkeit, den Krankengeschichten, den Studien, den Gesprächen und Besuchen, den Vorträgen und der umfangreichen Korrespondenz, zur späteren Herausgeberschaft und psychoanalytischen Politik auch noch die Beschäftigung mit Literatur, Religion, Erziehung, Kunst, Ethik, Mythologie, Historie und Archäologie hinzukam.

Ob Freud seine Frau noch begehrte? Vielleicht genoß er es einfach, daß sie nicht nachfragte, ihm erlaubte, wenigstens am Eßtisch und im Schlafzimmer sich den Wonnen der Gewöhnlichkeit hinzugeben. Seine Äußerungen über sein Liebesleben waren so spärlich wie widersprüchlich, es gibt allenfalls ein paar Bemerkungen gegenüber Freunden und Kollegen, aus der Laune des Augenblicks entstanden. Auch die allgemeinen Behauptungen über Frauen und Männer in seinen Arbeiten verführten zwar zu Rückschlüssen auf seine erotischen Intima, waren aber bestenfalls geeignet, den Stoff jener Legenden zu bilden, an denen bald eifrig gestrickt wurde. Er hatte, mehr als einmal, den Zustand der Verliebtheit als eine Art Zwangsneurose beschrieben, von dem die Ehe kaum Heilung versprach. Sicherlich lebten Martha und er über längere Phasen ihrer Ehe in Abstinenz, aber er war überzeugt, daß die «Ablenkung der sexuellen Triebkräfte vom sexuellen Ziele weg auf höhere kulturelle Ziele» allenfalls einer Minderheit, und dieser auch nur auf Zeit, gelang, daß die Enthaltsamkeit fast immer schädlich und krankmachend war. Selbst er vermochte nicht auf Dauer sein Heil in der Sublimierung zu finden. Die «kulturelle Sexualmoral», die den Frauen auferlegte, jungfräulich in die Ehe zu gehen, und beide, Frauen wie Männer, zur Monogamie verpflichtete, überforderte nach Freuds Meinung die Disziplin gerade derer, die Anspruch auf eine gewisse Erziehung und Kultiviertheit erhoben. Dabei mochte die Ehe allenfalls drei oder vier Jahre erotische Erfüllung bringen, allein der Zwang zur Empfängnisverhütung, das war ja seine alte Theorie, mußte den Genuß verkümmern lassen.[20] Und besonders unter den Gebildeten fielen «die zärtliche und die sinnliche Strömung» selten zusammen, der Respekt vor dem Weib beengte sie in ihrer sexuellen Betätigung, so daß sie alle ein wenig zur psychischen Impotenz neigten. Die Liebestriebe waren eben «schwer erziehbar», was die Kultur aus ihnen machte, führte notwendigerweise zu einer Einbuße an Lust.

Doch war das Wesen der Libido an sich «dem Zustandekommen der vollen Befriedigung nicht günstig», es bedurfte eines Hindernisses, um sie in die volle Höhe zu treiben, so daß weder die völlige sexuelle Freiheit noch die Ehe allein beglückend sein konnten. Anders als beim Trinker knüpfte die Gewöhnung kein zufriedenstellendes Band. Hatte man je gehört, daß ein Alkoholiker ein Bedürfnis empfand, in ein Land zu gehen, wo der Wein teurer oder der Genuß desselben gar verboten war? Im Gegenteil, «wenn man die Äußerungen unserer großen Alkoholiker, z. B. Böcklins, über ihr Verhältnis zum Wein anhört, es klingt wie die reinste Harmonie, ein Vorbild einer glücklichen Ehe»[21]. Für eine Weile gefiel Freud der Gedanke, die antike Institution einer Liebesakademie wiederzubeleben, wo man die *ars amandi* erlernen konnte. Er wollte sich gern an ein «Liebesleben der Menschen» machen, doch erst, wenn er die eigene Libido – «im gewöhnlichen Sinne» – ganz überwunden hatte. Offensichtlich hatte er das 1907, als ihm solche Pläne durch den Kopf gingen, noch nicht. Und vermutlich galt sein Begehren auch der eigenen Frau. Zwar klagt er 1911 darüber, daß die Ehe «längst amortisiert» sei, aber vier Jahre später berichtet er stolz von einem «gelungenen Coitus» mit Martha.

Man erfährt eben nur schwer die «Realität in sexualibus». Dies galt ganz besonders für ihn, dem die Frau bekanntlich auch nach jahrzehntelangem Studium ein Rätsel, ein «dark continent» blieb. Deshalb hatte er sich so schwergetan mit der Abfassung seiner Sexualtheorie, «allein mit dem ††† Weiblichen weiß ich noch gar nichts anzufangen», gestand er Fließ 1900, das dreifache Kreuzeichen gebrauchend, das einst zur

Abwehr von Unheil und Dämonen an den Haustüren angebracht worden war. Das war der Mann, der noch im hohen Alter keine Antwort wußte auf die Frage: «Was will das Weib?» Er konnte ganz unkonventionell die herrschende Doppelmoral kritisieren, die den Männern eine Affäre oder den Gang ins Bordell zubilligte, den Frauen hingegen oft keinen anderen Ausweg als die Flucht in die Neurose ließ: «Das Heilmittel gegen die aus der Ehe entspringende Nervosität wäre vielmehr die eheliche Untreue.» Nur hinderten Erziehung und Pflichtgefühl die meisten Frauen daran, sich dieses Vademekums zu bedienen: «Nichts (...) schützt ihre Tugend so sicher wie die Krankheit.»[22] Er wußte von seinen Patientinnen, daß sie ihre Schwangerschaften oft alles andere als beglückend fanden und manchmal sogar Todeswünsche gegen das Ungeborene hegten. Und er enthielt sich allen Moralisierens. Aber derselbe Freud sentimentalisierte das Verhältnis von Mutter und Sohn als «vollkommenste, am ehesten ambivalenzfreie aller menschlichen Beziehungen». Und fand die Ehe nicht eher versichert, als bis es der Frau gelungen sei, ihren Mann auch zu ihrem Kind zu machen ...[23]

Schon früh begann er, Martha seine «geliebte Alte» zu nennen, da war sie nicht einmal vierzig, aber was sollte man von einem Mann erwarten, der in Vergänglichkeitsdelirien, in abergläubischem Sterbejammer schwelgte? Natürlich kümmerte sie sich um seine Kleidung, legte ihm morgens den Anzug heraus; aber hatte sie ihn wirklich infantilisiert? Nicht mehr und nicht weniger, als Frauen dies gewöhnlich gegenüber den Männern tun, die es gar nicht anders wollen. Der große Kenner antiker Mythen, der aus der Verbindung von Mutter und Sohn ein Gesetz des allgemeinen Seelenlebens formulierte, wußte nur zu gut, daß auch der, der «die inzestuöse Fixierung seiner Libido glücklich vermieden hat, (...) dem Einfluß derselben nicht völlig entzogen» war, und daß der Mann nach dem «Erinnerungsbild der Mutter, wie es ihn seit den Anfängen der Kindheit beherrscht hat», sucht, sein Leben lang.[24] Folglich mußte man, um «im Liebesleben wirklich frei und damit auch glücklich» zu werden, «den Respekt vor dem Weibe überwunden, sich mit der Vorstellung des Inzests mit der Mutter oder Schwester befreundet haben»[25].

Aber Erinnerungen formten sich aus Realität und Wunscherfüllung, so formte sich das ganze komplizierte Seelenleben, wie er immer wieder bekundete. Er mochte nicht an das Bild der Mutter rühren, und genauso unangetastet ließ er das der eigenen Frau, abgesehen von gelegentlichen Nörgeleien über ihren gesellschaftlichen Ehrgeiz, ihre kleinen Idiosynkrasien, ihre Ordnungsliebe und ihre Empfindlichkeit gegen die Unannehmlichkeiten und Unbequemlichkeiten des Alltags. Insgesamt kam er mit seiner Frau wirklich gut aus, sagte er einmal einem seiner Schwiegersöhne, war ihr «dankbar für viele vornehme Eigenschaften, für die geratenen Kinder und dafür, daß sie weder abnorm noch viel krank war». Zu größeren Schwärmereien über seine Frau ließ sich Freud nicht hinreißen. Sie war «keine üble Lösung des Eheproblems», konstatierte er 1936, in dem Jahr, da sie ihre goldene Hochzeit begingen, «und sie ist noch heute zärtlich, gesund und leistungsfähig».[26]

Dennoch blieben ihm die Zweifel an seiner ehelichen Treue nicht erspart, die meisten gingen postum auf ihn nieder, aber zumindest Gerüchte gab es schon zu seinen Lebzeiten. Warum auch nicht, welch ein Kitzel, den großen Erforscher der Sexualität, den Apologeten erotischen Begehrens, *in flagranti* zu ertappen. Warum sollte ausgerechnet er freigesprochen werden von einer Schuld, die jeder gewöhnliche Mann, jede gewöhnliche Frau zumindest in der Phantasie und fast ein jeder auch in der Realität einmal begangen hatte? Nur holten sich die wenigsten die Geliebte, den Liebhaber ins eigene Haus. Doch so kühn oder so abgebrüht soll Freud gewesen sein. Wie leicht hätte man ihm eine Affäre mit einer seiner Patientinnen nachsagen können, er sparte nicht mit Bekundungen seiner Zuneigung für einige von ihnen, sie gefielen ihm, die attraktive Morphinistin Loe Kann, Geliebte von Ernest Jones, oder die junge amerikanische Ärztin Ruth Mack Brunswick, die Prinzessin Marie Bonaparte und, da war er schon hochbetagt, die Dichterin Hilda Doolittle. Aber so geneigt man trotz allem sein mochte, ihn von einem Vergehen gegen das Ethos des Psychoanalytikers, das von ihm selbst postulierte Gebot der Abstinenz freizusprechen, so hartnäckig und unerbittlich verdächtigte man ihn eines Verhältnisses, eines langjährigen womöglich, mit seiner Schwägerin, mit Minna, die seit 1896 ständig bei den Freuds lebte, mit der er immer wieder kleine und größere Reisen oder Kuraufenthalte zu machen pflegte.

Er hatte sie schon früh schätzen gelernt, als Vertraute und Verbündete im Kampf um die Braut, in der Auseinandersetzung mit Emmeline Bernays. Er glaubte, in ihr, die er bald «Schwester» oder «liebes Schwesterchen» nannte, eine verwandte Natur entdeckt zu haben, wild und leidenschaftlich wie er selbst, im Gegensatz zur «herzensguten» Martha. Aber er kannte die gefährlichen Wahlverwandtschaften, deshalb befand er es für besser, sich «über Kreuz» zu vertragen, deshalb gehörte er zu Martha und Minna zu ihrem Bräutigam, dem gutmütigen Ignaz Schönberg. Im Gegensatz zu seiner eigenen endete Minnas Liebesgeschichte tragisch, ihr Verlobter litt an Lungentuberkulose, angesichts des sicheren Todes hatte er ihre Verbindung nach zwei Jahren gelöst, sie freigegeben. Sie wußte sich, obwohl gerade Anfang Zwanzig, dieser Freiheit nicht zu bedienen, ihr «armer Roman» war 1886, als Schönberg starb, zu Ende, niemals würde sie sich verheiraten. Sie hatte Stellungen als Gesellschafterin und Gouvernante gehabt, bevor sie zu den Freuds zog, um dort ganz ähnliche Aufgaben zu übernehmen. Für Martha wurde sie unentbehrlich, eine Mitverwalterin des Haushalts und Hüterin und Erzieherin der Kinder, für ihn eine wichtige Gesprächspartnerin und zeitweise Privatsekretärin, seine «nächste Vertraute». Die stattliche und energische Minna, geistreich und scharfzüngig, war in Freuds Erinnerung neben Fließ die einzige Person, die an die *Traumdeutung* geglaubt hatte. Vermutlich half sie ihm dadurch sogar, die Abhängigkeit von dem Freund zu überwinden. Da er nie gerne allein reiste, wurde sie ab Ende der neunziger Jahre eine willkommene Begleiterin. Martha war zu sehr an die Betreuung der Kinder gebunden, unterwegs oft ein wenig mäkelig und nicht robust genug, um sein gewöhnliches, von seiner Besichtigungsgier diktiertes Tempo mitzumachen. Auch mit Minna war Freud nicht ganz zufrieden. Sie schätzte die Bequemlichkeit des Hotelaufenthalts zu sehr, doch er würde sie «schon ordentlich herumtreiben». Wenigstens verstand er jetzt, warum die Leute die Schwestern gelegentlich verwechselten: «Sie ist recht ähnlich wie Du», schreibt er Martha 1898, «sie wird nach der Reise ähnlich schimpfen wie Du.»

Sicherlich gaben diese Unternehmungen Gerüchten über erotische Eskapaden Nahrung, angeblich soll selbst Oskar Rie sich über den Freund erregt haben: Wegen der Kinder gehe Freud zu Martha, für das Vergnügen nehme er Minna. Das konnte vieles bedeuten, doch auch Jones fühlte sich genötigt, mehr als einmal auf die ungewöhnliche Monogamie seines Meisters und Helden hinzuweisen und jene Behauptungen, die Schwägerin habe ihm emotional die Frau ersetzt, als groben Unsinn zu deklarieren; ein Dementi, eher geeignet, die Neugier anzustacheln, denn die Mutmaßungen über den Ehebrecher Freud zum Verstummen zu bringen. Und schließlich stellte sich 1957, in dem Jahr, in dem der letzte Band von Jones' Freud-Biographie erschien, ein Zeuge zur Verfügung: Er habe Freud klagen hören über seine «alte Frau», habe selbst bemerkt, daß zwischen den beiden nur eine oberflächliche Beziehung bestand, sagte Carl Gustav Jung in einem Interview aus. Schlimmer noch: Damals, vor genau fünfzig Jahren, bei seinem ersten Besuch in der Berggasse, soll Minna, von Schuldgefühlen geplagt, ihm gebeichtet haben, daß sie in den Schwager verliebt sei und sie eine sehr intime Beziehung miteinander hätten. Jung war offensichtlich so erschüttert über dies unglaubliche Geständnis, daß er es Jahrzehnte später endlich öffentlich machen mußte. Und da er selbst immer wieder in Beziehungen und Affären mit Patientinnen verstrickt und immer noch von Zorn und Haß gegen seinen einstigen Lehrer erfüllt war, hatte er auch seine guten Gründe dafür. Nichtsdestotrotz nahm nunmehr die Ehepolizei die Fährte auf. Schließlich behauptete Peter Swales, aufgrund einer kleinen Fallgeschichte aus der *Psychopathologie des Alltagslebens* beweisen zu können, daß Minna 1900 in Meran sogar einen Schwangerschaftsabbruch vornehmen lassen mußte. Sie war in jenem Jahr in der Tat in dem Südtiroler Kurort gewesen, um eine aus ihrer Jugendzeit rührende chronische Lungenerkrankung zu kurieren. Nach ihrer Rückkehr litt sie unter Herzbeschwerden, ein Darmgeschwür wurde entdeckt, so daß sie sich erneut in eine Heilanstalt begeben mußte. Freud war in großer Sorge um sie.[27]

Alle Spekulationen über ernstere Gefühle für die Schwägerin beruhten letztlich jedoch auf den nicht minder riskanten Vermutungen über sein erotisches Leben mit Martha. Hinzu kam die seltsame Wohnsituation der Freuds. Minnas Schlafzimmer lag gleich neben dem des Ehepaars, sie mußte dasselbe sogar durchqueren, um in ihre Gemächer zu gelangen. Unklar ist jedoch, wann sie dies Zimmer bezog, ob von Anfang an oder erst später, 1920, als sie mit Anna die Räume tauschte. Aber sollte Freud ausgerechnet Tür an der Tür mit der Geliebten leben? Wahrscheinlich hatte er alles andere im Sinn, als sein bequemes häusliches Arrangement durch Lügen und Heimlichkeiten zu stören. Ob er sie überhaupt attraktiv fand, die Frau, die auf Photographien meist älter, dicklicher und plumper aussieht als Martha? Martin Freud beschrieb die Tante als eine Dame ohne Unterleib, es war unmöglich, ein Sakrileg, sie sich, selbst als die Mode kürzere Röcke erlaubte, als eine Frau vorzustellen, die Beine besaß. Sein Vater soll zu seiner Schwester Rosa schon über die junge Minna gesagt haben, daß sie «sehr häßlich, fett wie ein Nilpferd» sei.[28] Nun spielen ästhetische Gründe in Liebesdingen ohnedies eine viel geringere Rolle, als gemeinhin angenommen wird, doch selbst wenn Freud sich zu ihr hingezogen gefühlt hätte, hielten Prüderie und Ängstlichkeit die beiden, die streng erzogene Minna, eine seiner «beiden Mütter», wie er die Damen des Hauses gern nannte, und den Mann, der viktorianischer sein konnte, als die meisten Zeitgenossen es je waren, von einem nachgerade inzestuösen Verhältnis ab.

Seine Träume erzählten, auch wenn er sich über die Bedeutung derselben ausschwieg, des öfteren von sexuellem Vergnügen oder wenigstens der Sehnsucht danach. Er war empfänglich für weibliche Schönheiten, konnte sich an der Aufmerksamkeit eines jungen Mädchens erfreuen, welches «ein längst für erloschen gehaltenes Wohlgefühl» in ihm erregte. Aber die «Muse der französischen Republik», die Gräfin Anna de Noailles, von Proust bewunderte Dichterin und Königin der Pariser Salons, war nach einem Besuch bei Freud entsetzt: Niemals konnte er diese Bücher geschrieben haben, die so «sexy» waren – «Was für ein schrecklicher Mann! Ich bin sicher, daß er nie seine Frau betrogen hat! Das ist anormal und skandalös!»[29] An seinen amerikanischen Kollegen James J. Putnam schrieb Freud einmal: «Die sexuelle Moralität, wie die Gesellschaft, am extremsten die amerikanische, sie definiert, scheint mir sehr verächtlich. Ich vertrete ein ungleich freieres Sexualleben, wenngleich ich selbst sehr wenig von solcher Freiheit geübt habe. Gerade nur soweit, daß ich mir selbst bei der Begrenzung des auf diesem Gebiet Erlaubten geglaubt habe.»[30]

Ob er dabei glücklich war? Die Frage scheint sich kaum zu stellen im Falle eines Mannes, der der Welt den Satz hinterließ: Daß «der Mensch ‹glücklich› sei, ist im Plan der ‹Schöpfung› nicht enthalten».[31] Aber er hatte früh eine Definition von Glück gefunden: Es war «die nachträgliche Erfüllung eines prähistorischen Wunsches». Demnach machte Reichtum nicht glücklich, Geld war kein Kinderwunsch. Als er 1899 Heinrich Schliemanns *Ilias* las, erfreute er sich besonders an der vorangestellten Autobiographie, der Geschichte des armen Pastorensohns, der vom Vater die Sagen um Achilles und Hektor gehört hatte und nicht glauben konnte, daß das mächtige Troja vollkommen zerstört sei: Wenn er erwachsen war, wollte er es finden, die Stadt und den Schatz eines Königs. Und so kam Freud noch einmal auf seine Definition zurück: «Der Mann war glücklich, als er den Schatz des Priamos fand, denn Glück gibt es nur als Erfüllung eines Kinderwunsches.»[32]

1895 war Freud zum erstenmal nach Italien gereist, nach Venedig, dies «komische Märchen», das ihn verwirrte und wo er sich mit Alexander amüsierte wie ein Schulbub. Nur der Bruder war schuld daran, daß er seiner Martha nicht die «schönsten Sachen» mitbrachte, «wie seit 250 Jahren nicht, seit dem 30jährigen Krieg mindestens»[1]. Er hatte sich seine Lust zu schauen, seine Fähigkeit zu staunen auf allen seinen Reisen bewahrt, und schon bald brachte er wirklich die schönsten Sachen mit, kleine Geschenke für die Seinen, für sich selbst Gipse von Florentiner Statuen, das Fragment eines pompejanischen Wandbildes oder einen Januskopf, der ihn «mit seinen zwei Gesichtern sehr überlegen anschaut». Das Sammeln von Antiquitäten, die Jagd nach Schätzen aus dem alten Ägypten, aus Griechenland, Italien, Indien und China, wurde bald zu einer Obsession, einer Sucht, nur noch übertroffen von der nach Nikotin. Manchmal glaubte er, wenn er durch eine fremde Stadt ging, auf jeder Ladentafel das Wort «Antiquitäten» zu lesen; das war «die Abenteuerlust des Sammlers». Jede Neuanschaffung wurde gefeiert und mußte bestaunt werden, oft brachte er eine kleine Statue an den Eßtisch mit, damit auch die Familie sie würdigen konnte. Er war entzückt, als seine kleine, noch nicht einmal dreijährige Anna einmal eine Figur ein «altes Kind» nannte. Auch seine Patienten und die Mitglieder der Mittwoch-Gesellschaft kamen in den Genuß, sich seine Lieblingsstücke, seine «alten und dreckigen Götter», vorführen zu lassen, die sich überall im Arbeits- und Ordinationsraum, auf Schränken, in Regalen und auf seinem Schreibtisch drängten. So glich das verrauchte Sprechzimmer mit der teppichbedeckten Couch, worauf sich die Kissen türmten, einem «archäologischen Kabinett», in dem eine «heilige

Ruhe» herrschte und man sich vor den Sorgen des Alltags, der Unruhe des modernen Lebens geborgen fühlte.[2]

Manchmal stand er während der Analysestunden auf, um eine seiner Figuren oder Statuen zu liebkosen. Einem Patienten schenkte er, nachdem dieser eine Szene aus seiner «Urzeit» entdeckt und Freud selbst die Augen für seine Eisenbahnphobie und seine Hungerphantasien geöffnet hatte, ein Bild, *Ödipus und die Sphinx* – jener Durchbruch in der Therapie war für ihn ein Ereignis, «als hätte Schliemann wieder einmal das für sagenhaft gehaltene Troja aufgegraben». Später hängte er eine kleine Reproduktion von Ingres' Darstellung des Rätsellösers auf, die er von seinem Schreibtisch aus anschauen konnte. Daneben hingen, gleich über der Couch und seinem Analytikerstuhl, ein großes Bild des Felsentempels von Abu Simbel und ein Gipsabguß des griechischen «Gradiva»-Reliefs sowie ein Photo von Ernst von Fleischl. Er habe, schrieb er Stefan Zweig, «bei aller gerühmten Bescheidenheit viele Opfer» für seine Sammlung gebracht und «eigentlich mehr Archäologie als Psychologie gelesen»[3]. Das war eine Übertreibung, aber er verfolgte genau die neuesten Forschungen und Ausgrabungen, besichtigte auf seinen Reisen Etruskergräber und Tempelruinen, las historische Studien und traf sich regelmäßig zum Austausch mit seinem Freund, dem Archäologieprofessor Emanuel Löwy, der sein Interesse auf Ägypten und den Vorderen Orient lenkte. Liebevoll und sorgfältig hatte Freud seine Schätze zusammengetragen, und seine dankbaren Patienten, seine Freunde und Kollegen vergrößerten die Sammlung durch Geschenke.

Freud hatte kein Interesse an moderner Kunst und noch weniger Verständnis dafür. Als Karl Abraham ihm eine neuere Porträtzeichnung zeigte, war er «erschüttert», daß solche «Toleranz oder Sympathie für die moderne ‹Kunst› so grausam geahndet werden muß». Oskar Pfister, der ein kleines Buch über den Expressionismus geschrieben hatte, bekannte er, daß er «betreffs dieser ‹Künstler›» ein «Philister und Banause» sei, «schrecklich intolerant gegen Narren». Einmal hatte er mit Martha und Mathilde eine Klimt-Ausstellung in der Secession besucht, die Tochter war stolz darauf, die Bilder dieses Malers gesehen zu haben, der wegen seiner «unerhörten Verrücktheit» für junge Mädchen als «höchst verderblich und schädlich» galt. Sie schwärmte von einer Freundin, die ihr Zimmer ganz im Secessionsstil mit seinen neuen strengen Formen hatte einrichten lassen. Freud schien nicht einmal wahrzunehmen, daß Wien zu seiner Zeit eine kulturelle Hochblüte erlebte, mit Adolf Loos in der Architektur, in der Malerei mit Gustav Klimt, später mit Oskar Kokoschka und Egon Schiele, die mit ihren skandalösen Bildern jene Tabuthemen aufgriffen, die ihn selbst beschäftigten, Sexualität, Geschlechterkampf, Macht, Homoerotik. Von Musik verstand er nichts, Mozart mochte er immerhin so sehr, daß er, wie bekannt, eine kleine Arie aus *Figaros Hochzeit* anstimmen konnte, später brummte er seinen Hunden gelegentlich etwas aus *Don Giovanni,* seiner Lieblingsoper, vor; auch Bizets *Carmen* und Richard Wagners *Meistersinger* gingen noch an. Aber vermutlich hat er nie ein Werk von Arnold Schönberg gehört. Er kannte den Dirigenten Bruno Walter und hatte ihm helfen können, als dieser glaubte, wegen seiner Krämpfe im rechten Arm nicht mehr dirigieren zu können: Statt der monatelangen Seelenforschung, zu der er sich resigniert entschlossen hatte, empfahl ihm Freud eine Reise in den Süden. Als auch diese Ablenkung nichts zu helfen schien und er schon seinen Beruf aufgeben wollte, riet ihm sein Therapeut eindringlich, wieder mit dem Dirigieren anzufangen. Aber wie könnte er eine Störung der Aufführung verantworten? Freud übernahm die Verantwortung.[4]

Auch Walters Freund Gustav Mahler sah 1910, als seine Ehe mit Alma, der Sammlerin prominenter Männer, immer schwieriger wurde, in Freud seine letzte Hoffnung, und der war sogar bereit, ihn während seiner Ferien in Holland zu empfangen. So gingen sie einen Nachmittag lang in Leiden spazieren und analysierten den «Marien-Komplex» des Komponisten, seine unglückliche Fixierung auf seine Mutter Marie. Als Freud sich ein wenig darüber wunderte, daß der Mann mit der so dominanten Mutter eine Frau namens Alma geheiratet hatte, erfuhr er von seinem «Patienten», daß diese mit zweitem Namen Maria hieß und er sie Marie nannte. Nun erschloß sich Mahler auch, warum sich ihm beim Komponieren gerade dann, wenn er von tiefsten Gefühlen bewegt war, immer irgendeine vulgäre Melodie aufdrängte, die alles verdarb. Er erinnerte sich daran, wie brutal der Vater die Mutter oft behandelt hatte und daß er einmal in seiner Kindheit während einer besonders schrecklichen Szene zwischen den Eltern weggerannt war: In diesem Augenblick spielte ein Leierkastenmann das Lied *Oh, du lieber Augustin.*[5] So schienen Ttieftragisches und ganz Banales in seiner Seele und in seiner Kunst unlösbar verknüpft zu sein. In der 1. Sinfonie setzte er allerdings lieber «Frère Jacques» dramaturgisch ein und überließ den «lieben Augustin» Schönberg.

Freud glaubte, daß er bei Mahler viel erreicht hatte; Arthur Schnitzler erzählte es ihm. Immerhin hielt die Ehe mit Alma noch bis 1911, bis zum frühen Tod des Komponisten. In jedem Fall hatte Mahler bei Freud nichts bewirkt, was das Musikverständnis anging. Der hielt sich weiter an seine fünf Opern und schwärmte für die einstige Chansonette des «Moulin Rouge» und anderer Montmartre-Etablissements, die Diseuse und Schauspielerin Yvette Guilbert, eine Tante von Annas Freundin und seiner Patientin Eva Rosenfeld. Er hatte schon in Paris auf Anraten Madame Charcots ihre kleinen Konzerte besucht, in späteren Jahren war er bemüht, keinen der Wiener Auftritte der von Toulouse-Lautrec verewigten «Notre Dame de la Chanson» zu versäumen. Ganz besonders liebte er ihr Lied *La Soularde* über eine betrunkene alte Frau, die, von streunenden Hunden verfolgt, durch die Straßen irrt. Nach ihren Auftritten traf er Madame Yvette manchmal auf einen Tee in ihrem Hotel, und er freute sich, als sie ihm ihr Portrait mit der Widmung «A un grand savant d'une artiste» und ihre Memoiren *La Chanson de ma vie* schenkte, über die auch Kurt Tucholsky recht entzückt war, standen darin doch ganz erstaunliche Sätze: «Wenn unten die Männer ausbrechenden Aetnas glichen und die Frauen von wilden Schauern geschüttelt waren, blieb ich oben kalt; (...) ich kam mir vor wie ein Landapotheker, der mit den Pillen aus einer einzigen Büchse alle seine kranken Bauern heilt.»

Freuds Literaturgeschmack war kaum weniger konventionell, sicherlich kannte er von Schnitzler mehr als nur den *Paracelsus*, ob er jedoch den *Leutnant Gustl*, die literarische Umsetzung der freien Assoziation oder, wie man lieber sagte, des *stream of consciousness*, gelesen hat, oder *Fräulein Else*, die *Traumnovelle*, ob er überhaupt die Werke der Wiener literarischen Moderne wahrnahm, ist ungewiß. Er war, durch die gemeinsame Freundin Lou Andreas-Salomé, bekannt mit Richard Beer-Hofmann, der gelegentlich auch seine Vorlesungen besuchte. Und während eines Sanatoriumsaufenthalts hatte er Felix Salten getroffen, den Schöpfer von *Bambi* und der *Josefine Mutzenbacher*, und lobte ihn – ausgerechnet – wegen eines Artikels über Karl Lueger ob des Takts und der Würde, mit der er die «heikle Aufgabe» gelöst hatte.[6] Der wunderbare Stilist Freud schätzte, wie er selber gestand, den Inhalt eines Kunstwerks mehr als dessen formale und technische Eigenschaften, mehr die Bedeutung als die Linien und Konturen.

Er hatte seine geliebten Klassiker, Goethe, Schiller, Shakespeare, die er so mühelos zitieren konnte. Er liebte Heinrich Heine und Wilhelm Busch, und für einen Vortragsabend von Mark Twain nahm er sich sogar frei von seiner Arbeit. Noch viele Jahre später schwärmt er von dem großen Genuß, den der «alte Freund» ihm bereitet hatte, der leidenschaftliche Verteidiger ausgleichender kleiner Laster, vor allem des Rauchens. Freud konnte kühne, sogar tollkühne Pathographien von Künstlern und Schriftstellern wie Leonardo oder Dostojewski entwerfen, er gestand August Strindberg zu, daß keiner die «geheime Natur» der Fehlleistungen so klar erkannt, so lebendig dargestellt hatte, aber dies Wissen konnte nur «durch tiefgehende psychische Abnormität unterstützt» sein.[7] Der Vielleser hielt sich lieber an Autoren, die, gemessen an den ästhetischen Novitäten der Jahrhundertwende, stilistisch und formal wenig innovativ waren. Als sein Verleger, der Buchhändler Hugo Heller, unter Prominenten nach «zehn guten Büchern» fragte, gab er Werke von Rudyard Kipling und Multatuli, von Anatole France, Gottfried Keller und Conrad Ferdinand Meyer an; auch Emile Zola, der große «Menschenkenner», stand auf seiner Liste, wenngleich mit einem eher zweitrangigen Werk, *La Fécondité*, einer naiven Glorifizierung der körperlichen Liebe.[8] In späteren Jahren, als er schwerkrank war und immer neue Operationen über sich ergehen lassen mußte, versuchte Freud, sich mit klassischen Detektivromanen, mit Agatha Christie und der witzigeren, boshafteren Dorothy Sayers, zu trösten. Aber er ließ sich gelegentlich zur Lektüre der jüngsten literarischen Produktion hinreißen. Allerdings konnte er Louis-Ferdinand Célines *Reise ans Ende der Nacht* wenig abgewinnen, die «Elendsmalerei» mißfiel ihm, und von der Kunst verlangte er doch etwas anderes als Realistik.

Auf der für Heller verfertigten Liste stand auch Theodor Gomperz' dreibändige Geschichte der *Griechischen Denker,* eine philosophisch-historische Darstellung der Antike, geprägt vom Positivismus der Zeit. Der Autor hatte sich darin mit der Frage nach dem Nutzen und Nachteil der Hinwendung zur Vergangenheit auseinandergesetzt und war zu dem Schluß gekommen, daß «die gründliche Kenntnis dieser Ursprünge die unerläßliche Voraussetzung für die Befreiung von ihrem übermächtigen Einfluß» sei. Es war demnach einfach unmöglich, die Vergangenheit zu ignorieren, da alles Denken, alle begrifflichen Kategorien, alle sprachlichen Formen «in nicht geringem Maße Kunstprodukt und vor allem das Erzeugnis der großen Denker der Vergangenheit» waren: «Sollen wir das Gewordene nicht für ein Ursprüngliches, das Künstliche nicht für ein Natürliches halten, so müssen wir jenen Werdeprozeß gründlichst zu erkennen trachten.» Der hervorragende Historiker der Physik, Ernst Mach, stimmte in «hochmütiger Grobheit», so Erwin Schrödinger, mit Gomperz darin überein, daß man sich von den «spärlichen und dürftigen Überresten der antiken Wissenschaft» befreien müsse, die auf allen Gebieten eher hemmend, denn fördernd wirkten und sich auf Dauer gegenüber den neuen Entwicklungen nicht halten würden. Gerade deshalb sollte man aber die Antike am besten ignorieren.[9]

Das war die triviale Seite des wissenschaftlichen Zeitalters und zugleich eine radikale Kehrtwende gegen die naive, romantisierende Vergangenheitssucht eines ganzen Jahrhunderts, bevölkert von den Sphingen und Schimären eines Gustave Moreau oder Félicien Rops, Fernand Khnopff oder Franz von Stuck. Im Staub der Archive oder im Sand der Wüste wurde nach der eigenen Vorgeschichte gegraben, der Bürger Flaubert schwelgte, nachdem er Ägypten bereist hatte, in einem erotischen Exotismus, in seinem schwülen Karthago. In einer zeitgenössischen Karikatur auf seinen Roman wurde eine Madame befragt, ob sie «Salammbô» gelesen habe: «Nein, Monsieur, ich versteh leider kein Punisch.» Kaiser Wilhelm II., von Jugend an ein begeisterter Archäologe, förderte die großen vorderasiatischen Kampagnen der Deutschen Orientgesellschaft in Assur und Babylon und griff gelegentlich selbst zu Spaten und Schaufel, um auf Korfu, unterstützt von dem Schliemann-Mitarbeiter Wilhelm Dörpfeld, nach der Gorgo zu suchen. Und so war auch Freud infiziert von der Mode seiner Zeit. Seine Sammlung war ihm eine «Quelle außerordentlicher Erquikkung», sie wurde ihm ein unübertroffener Trost in den Jahren, da er sich mit Reisen durch sein Zimmer begnügen mußte.

Natürlich hatte er sofort die Symbolhaftigkeit seiner Sammelleidenschaft erkannt – «Saxa loquuntur!» – und bemühte immer wieder den Vergleich zwischen der Tätigkeit des Archäologen, der «aus stehengebliebenen Mauerresten die Wandungen des Gebäudes aufbaut, aus Vertiefungen im Boden die Anzahl und Stellung von Säulen bestimmt, aus den im Schutt gefundenen Resten die einstigen Wandverzierungen und Wandgemälde wiederherstellt», und der des Seelenforschers, «wenn er seine Schlüsse aus Erinnerungsbrocken, Assoziationen und aktiven Äußerungen des Analysierten zieht».[10] Man mußte die Vergangenheit freilegen, um sich von ihren quälenden Wirkungen auf die Gegenwart befreien zu können. Im besten Fall war der Analytiker so glücklich wie jene Forscher, die «die unschätzbaren, wenn auch verstümmelten Reste des Altertums aus langer Begrabenheit an den Tag zu bringen» vermochten.[11] Dann konnte er jene «Libidoantiquitäten», die dem realen Leben entzogen waren, ans Licht befördern. Aber Freud wußte auch, daß das Interesse an der Prähistorie nur allzu leicht der Verschönerung und Ausschmückung der Gegenwart diente, er wußte als gewissenhafter Archäologe um all die Fälschungen und Rekonstruktionen, die so schwer vom Authentischen zu sondern waren.

Und er konnte seinen Patienten mit der Bestimmtheit eines Expeditionsleiters erklären, ihr Erinnerungsmaterial sei noch zu bruchstückhaft, man müsse weitergraben. Einem seiner Lieblinge, dem sogenannten «Rattenmann», erläuterte er sein Verfahren und seine Theorie anhand seiner Sammlung; im Gegensatz zum Bewußten, sagte er ihm, sei das Unbewußte relativ unveränderlich – so wie die Grabfunde gerade durch die Verschüttung erhalten blieben: «Pompeji gehe erst jetzt zugrunde, seitdem es aufgedeckt sei.»[12] All diese Äußerungen standen im Gegensatz zu den eskapistischen Tendenzen seiner vergangenheitswütigen Zeitgenossen, aber auch der Rationalist Freud schuf sich seine künstlichen Paradiese, geformt aus spätkindlichen Wünschen nach einem Leben ganz anderer Art, «unerfüllbar und der Wirklichkeit unangepaßt», aus «sonderbaren geheimen Sehnsüchten» nach dem Orient und dem Mittelmeer, «vielleicht aus der Erbschaft der Ahnen» hervorsteigend, gefestigt zu einem Bollwerk gegen Schuldgefühle, Rache- und Todesphantasien.[13] Freud träumte nicht wie Theodor Herzl von einem jüdischen Heimatland, das moderne Palästina war ihm fremder als das alte Rom. Sein nahezu religiös gefärbter Altertumskult, mit all den finanziellen Opfern, den Pilgerreisen nach Italien und Griechenland, bedeutete für ihn eine Verbindung und Bekräftigung jener humanistischen Ideale, die der Gymnasiast in sich aufgesogen hatte, einen Ort des *déjà vu*, «einen neutralen Treffpunkt, wo kultivierte Juden und Nichtjuden sich für Augenblicke der Illusion hingeben konnten, von den Spannungen der Gegenwart befreit zu sein»[14], eine Welt der

Wissenschaft und der Kunst, worin «der Paria sich lange Zeit für unverletzlich halten» konnte.

Auf Hanns Sachs machte der Freudsche Haushalt, in dem nicht dramatisiert und auch nicht politisiert wurde, einen «Eindruck von Exterritorialität», wie «eine Insel, die zwar vom Festland aus leicht zugänglich, aber eben doch eine Insel ist». Aber der «Sicherheitswahn», den so viele Juden in jenen Jahren kultivierten, war nichts anderes als eine Schimäre. Es gab keine Inseln, keinen Treffpunkt im Neutralen. In einer Satire für die *Neue Freie Presse, Wie wird man berühmt?*, erzählte der Autor Joseph Oppenheimer die Geschichte eines Amerikaners, der sein Geld dafür ausgibt, daß ein Planet nach ihm benannt wird: «Es müßte ein köstliches Gefühl sein, da oben als einfacher Mitbürger schon bei Lebzeiten zwischen Venus und Mercur zu thronen, aber wer weiß, ob es bei uns jedermann, ohne Unterschied der Religion, erlaubt wäre, ein neues Gestirn auf seinen Namen zu taufen, und diesen himmlischen Hausorden ohne behördliche Bewilligung zu tragen? Zumal heutzutage, wo die konfessionellen Gegensätze sich so verschärft haben. Man kann wahrlich nicht verlangen, daß ein ahnungsloses Fräulein, welches sein Nachtgebet zum gestirnten Himmel richtet, dort mit Entsetzen plötzlich einen unvorhergesehenen Löwy schimmern sehen soll.»[15]

Das Habsburgerreich, Friedrich Hebbels «kleine Welt, in der die große ihre Probe hält», Karl Kraus' «Versuchsstation des Weltuntergangs», auf der es an allen Ecken und Enden, zwischen den Nationalitäten und den sozialen Schichten und Weltanschauungen, zu implodieren und zu explodieren drohte, wurde die «Wiege der erfolgreichsten, auf dem Antisemitismus basierenden politischen Bewegung, die im Europa des 19. Jahrhunderts entstehen sollte». Dies war vor allem das Werk jenes Mannes, Karl Lueger, dem mit seiner Christlich-sozialen Partei gelang, was ein Adolf Stoecker und andere in Berlin niemals erreicht hatten: eine Mobilisierung der Massen. Er hatte, wie der Ritter von Schönerer, als Liberaler begonnen, doch aus den Demokraten der sechziger und siebziger Jahre, die gegen die Korruption zu kämpfen angetreten waren, wurden Antisemiten, «nicht weil sich etwa unter den Juden mehr korrupte Elemente befunden hätten als unter den Andersgläubigen», wie Arthur Schnitzler schrieb, «sondern weil es der großen Masse viel einleuchtender schien und daher raschere Erfolge versprach, wenn man eine streng umschriebene Menschengruppe, und nun gar die hiefür auch ohne gelben Fleck vorbestimmte Judenschaft, kurzerhand als die korrupte denunzierte». Viel überzeugender, «als wenn man sich erst hätte die Mühe geben sollen, aus den verschiedenen Ständen und Konfessionen von Fall zu Fall irgendein verdächtiges Subjekt herauszuholen und der sittlichen Entrüstung auszuliefern»[16]. In den neunziger Jahren wurde Lueger nicht müde zu wiederholen, daß die christlichen Bevölkerungsanteile Wiens nicht mehr Herr in ihrem Haus seien, ausgebeutet von «antichristlichen» Juden, die Industrie, Handel und Bankenwesen beherrschten und den kleinen Mann, die ehrbaren Handwerker und Händler, damit bedrohten: all jene, die schon seit den frühen achtziger Jahren gegen den «unfairen» Wettbewerb jüdischer Hausierer aus Polen, Ungarn, Rußland protestierten und eine Rückkehr zu den alten Restriktionen forderten. Und damit gewann er sie, die sogenannten Fünf-Gulden-Männer, die jährlich eine Steuer in dieser Mindesthöhe entrichteten und nach der Reform des Wahlrechts ihre Stimme für die Partei ihrer Interessen abgeben durften. Der Haß, die rohe Gewalt, die Lueger entfesselte, hatten, wie Oppenheimer schrieb, eine «typisch wienerische» Seite: «Jede Bettlerin, der man eine Kupfermünze reicht, bedankt sich schon mit den Worten: ‹Küss' die Hand, gnädiger Blutsauger.›»

Anders als der dumpfe Schönerer mit seinem Antisemitismus des brutalen Kerls verstand es der intelligentere, kultiviertere Lueger, mit seinen Parolen den Mob aufzuwühlen, derweil er privatim und auch politisch nach wie vor mit seinen jüdischen Bekannten verkehrte, so daß selbst ein führender jüdischer Intellektueller wie der Sozialist Wilhelm Ellenbogen zu dem Schluß kam: «Die Partei, die jetzt Wien beherrscht, hat mit dem Antisemitismus an sich so wenig zu tun, daß sich ein Politiker einmal den Witz erlauben durfte, daß keine Partei, außer den Liberalen, so viel Juden besitze wie die antisemitische.»[17] Luegers Stellvertreter Julius Porzer stammte aus jüdischer Familie, einer der führenden Anwälte der Partei war der Enkel eines Rabbiners. Der «schöne Karl», wie man ihn nannte, hatte es ein für allemal formuliert: «Wer ein Jude ist, bestimme ich.» Trotz der Verehrung für das große Vorbild konnte dem jungen Hitler diese lasche Haltung nicht entgehen: «Im schlimmsten Falle rettete ein Guß Taufwasser immer noch Geschäft und Judentum zugleich.» Der zynische Pragmatiker Lueger wußte nur zu gut, daß das wirtschaftliche und gesellschaftliche Leben in der Stadt ohne die Juden nicht funktionieren konnte; deshalb waren seine «Wiener Juden (…) gar nicht so schlimm und wir können sie gar nicht entbehren. Meine Wiener haben fortwährend Lust, sich auszuruhen, die Juden sind die einzigen, die immer Lust haben, tätig zu sein». Mark Twain hatte nach einer Rede Luegers nur die Empfehlung abzugeben: «Hoch Lueger! Hoch die Juden!»

Aber der Mann, der von 1897 bis zu seinem Tod 1910 Bürgermeister von Wien blieb, nicht nur wegen seiner Propagandalügen ungeheuer populär, sondern auch wegen seiner Modernisierungsleistungen in Infrastruktur und Sozialfürsorgesystem der Stadt, hatte die «Judenfrage» zu einer «Norm im öffentlichen Leben Österreichs» gemacht. Dennoch waren viele, auch Felix Salten, geneigt, es ihm, dem «Menschenfänger», dem «genialischen Schauspieler», zum Vorteil anzurechnen, daß er eben «nur ein rechter Schimpfer» war und «auch in seiner stärksten Antisemitenzeit» für viele Juden eine persönliche Vorliebe behielt. «Mir galt das immer als der stärkste Beweis seiner moralischen Fragwürdigkeit», bemerkte hingegen Arthur Schnitzler. Eine Weile flirtete sogar Karl Kraus mit der Idee, Lueger werde die «jüdischen» Mißbräuche des Kapitalismus und des Journalismus wegfegen. Freud, der «Liberale alter Schule», der sich selten zur Politik äußerte, blieb unbeirrbar in seinem Haß gegen jenen Mann, mit dem ihn 1898 ein denkwürdiges Reiseerlebnis zusammengeführt hatte. Er war

mit seinem Bruder zu Ostern nach Istrien gefahren sie hatten
die archäologischen Fundstätten in Aquileja, diesem «kleinen Misthaufen» mit seinem unglaublich reichen Museum, besucht und die Karsthöhlen bei St. Cangian, und dort, in diesem
«schauerlichen Naturwunder», dem «reinen Tartarus», die
Phantasie eines Dante fast übertreffend, war ihm der «Herr von
Wien», der «Dr. Carl Lueger», begegnet. Dreieinhalb Stunden
mußte er mit ihm aushalten, bis die Höhle sie wieder ans Licht
spie.

Er wurde zornig, als ein Freund von Fließ ein «tolerantes Urteil» über «unseren Lueger» fällte und behauptete, daß doch in
Wien «alles sehr schön, reich an den besten ‹Possibilitäten› ist
und daß wir unrecht tun, so erbittert zu schimpfen». Nein, das
wußte er doch besser. Dabei änderte sich nichts an seiner ambivalenten Haltung gegenüber den nicht assimilierten Juden.
Über einen Mitreisenden während einer Bahnfahrt konnte er
bemerken, dieser müßte in seinem ganzen «Urkulturzustand»
selbst das Urteil eines Nothnagel, dieses entschiedenen Gegners
des Antisemitismus, «in betreff der Unarten der Juden modi-
fizieren»; sein ehemaliger Professor hatte nämlich zusammen
mit anderen, darunter der Friedensnobelpreisträgerin Bertha
von Suttner und Theodor Billroth, einen Verein zur Abwehr
des Antisemitismus gegründet. William Stern, sein alter Feind,
war für Freud schlicht ein «schäbiger Jude». Zugleich sammel-
te er begeistert jiddische Witze und Anekdoten über Heiratsvermittler, Schnorrer und Wunderrebbes. Einer seiner Lieb-
lingswitze handelte von dem Verhältnis zwischen Ostjuden und
Assimilierten: «Ein galizischer Jude fährt in der Eisenbahn und
hat es sich recht bequem gemacht, den Rock aufgeknöpfelt, die
Füße auf die Bank gelegt. Da steigt ein modern gekleideter Herr
ein. Sofort nimmt sich der Jude zusammen, setzt sich in bescheidene Positur. Der Fremde blättert in einem Buch, rechnet, besinnt sich und richtet plötzlich an den Juden die Frage:
‹Ich bitte Sie, wann haben wir Jomkipur (Versöhnungstag)?› –
‹Aesoi›, sagt der Jude und legt die Füße wieder auf die Bank,
ehe er Antwort gibt.» Die gleiche Geschichte erzählte Arthur

Schnitzler in *Der Weg ins Freie* mit dem Kommentar: Sie drük-
ke die ewige Wahrheit aus, «daß ein Jude vor dem anderen nie
wirklichen Respekt hat. (...) Denn alle Gefühlsbeziehungen
spielen sich in einer Atmosphäre von Intimität ab, sozusagen,
in der Respekt ersticken muß.»

Nur wenige waren wie der Rabbiner Joseph Bloch der Ansicht, daß die «altväterische Taktik, den Feind durch unsere Erscheinung und Handlungsweise zu überzeugen, daß das alles
nicht wahr ist, dessen er uns zeiht», versagt hatte und daß die
Großen wie die Kleinen litten, wobei die einen um ihre nackte
Existenz, die anderen um ihre bürgerliche Ehre und Würde
bangen mußten. Theodor Gomperz, der den Antisemitismus
verabscheute und aus einem Abendessen mit dem Hauptmann
Dreyfus einen symbolischen Akt machte, vertrat in seinem Aufsatz von 1904 über die *Grenzen der jüdischen intellektuellen
Begabung* die Ansicht, daß es dem jüdischen Geist, vielleicht
durch erworbene, vielleicht sogar durch rassische Merkmale,
an jener dunklen Seite fehle, die Voraussetzung des Genies sei:
«Für gewisse Arten von Hervorbringungen ist es in den jüdischen Köpfen zu hell.» Der notorische Verächter alles Ostjü-
dischen, Karl Kraus, der zeitweise in der *Fackel* Texte von Jörg
Lanz von Liebenfels, dem obszönen Prediger der «Rassenrein-
heit», der ihn als «blonden Juden» verehrte, oder von Houston
Stewart Chamberlain, dem Wagner-Apologeten und Hohenpriester des Germanentums, veröffentlichte, dekretierte schließlich über Lueger und die Folgen: «Einige obscure Juden werden
geprügelt, einige Lehrer nicht befördert – aber Rothschilds Gewinne aus communalen Geschäften wachsen (...). Schließlich
findet der Unparteiische heraus, daß es nur eine einzige antisemitische Tendenzlüge gibt: Die, daß alle Juden gescheite Leute seien (...).»[18]

Für Kraus blieb als einzige Lösung der «Judenfrage» die
vollständige, die extreme Assimilation, «orientalische Enclaven
in europäischer Kultur» waren ihm ein Unding: «Nur mutiges
Säubern in den eigenen Reihen, nur das Ablegen der Eigenthüm-
lichkeiten der Rasse (...) kann der Qual ein Ende machen (...).

Durch Auflösung zur Erlösung.» Seinen beißenden Spott goß er daher über den «König von Zion» aus, Theodor Herzl, in dessen Bewegung er nichts als ein reaktionäres Ghetto-Unternehmen sah, politisch gefährlich und beleidigend für den guten Geschmack: Denn was unterschied den betrunkenen Greißler in Hernals oder irgendeiner der anderen Hochburgen der Christlich-sozialen, der «Hinaus, mit euch Juden!» rief, von dem Zionisten, der im feierlichen Ton beteuerte: «Jawohl, hinaus mit uns Juden»? Lieber sollte man all das in Galizien gesammelte Geld dafür ausgeben, die Juden davon zu überzeugen, ihre anachronistische «assyrische» Haartracht und ihre überholte Kleidung und vor allem die jiddische Sprache aufzugeben: Das wäre weit weniger teuer und utopisch als «die geplante Radicalkur des Exodus». Und überhaupt, was war das für eine Philosophie, die ein Verdienst daraus machte, «keine geradlinige Nase zu besitzen»?

Für die meisten assimilierten Wiener Juden war die Idee eines eigenen Staats auf dem Boden der «unvergeßlichen historischen Heimat», in Palästina, kaum mehr als eine Spinnerei, und die Zeitungen wetteiferten darin, eine solche Utopie lächerlich zu machen. Eine Weile war es in der *Neuen Freien Presse*, deren Mitarbeiter Herzl war, verboten, das Wort «Zionismus» zu erwähnen. Die meisten jüdischen Gemeinden und Organisationen lehnten eine nationalistische Bewegung schlichtweg ab, der Antisemitismus durfte kein Grund sein, sich nicht als das österreichische Staatsvolk schlechthin zu sehen, das den herrschenden Nationalismus in den Ländern des Habsburgerreichs nicht nachahmte. So beendete der Oberrabbiner Moritz Güdemann einen Artikel über den Zionismus mit dem Grillparzer-Zitat: «Von Humanität – durch Nationalität – zur Bestialität.»

Martin Freud hat die Reaktion des jüdischen Bürgertums in Wien treffend beschrieben: «Auswandern? Wer träumte schon davon, das wunderschöne Österreich zu verlassen, wo sie unter dem Schutz eines gütigen und mächtigen Kaisers blühten? Ihre Positionen als Bankpräsidenten, Führungspersönlichkeiten von

Handels- und Industriekonzernen aufgeben? Nein! Sie wollten ihren Reichtum bewahren und ihren Kindern vermachen.»[19] Und wie konnte man sich überhaupt vorstellen, daß die Türken in einem Gebiet, von dessen etwa 700 000 Einwohnern vier Fünftel dem Islam angehörten, ihre Souveränität aufgeben wollten, um den Juden ihr Gelobtes Land zu schenken? Wer mochte glauben, daß die «christlichen» Staaten sich bemühten, einen jüdischen Staat zu errichten, oder auch nur, daß Städter sich in Kleinbauern verwandelten in einem entfernten, fast kulturlosen Land? Sigmund Freud machte sich bekanntlich größere Sorgen um die «Judenfrage», doch das Vaterland, in das er mit seinen Kindern im Traum hatte flüchten wollen, wäre niemals Palästina gewesen, allenfalls dachte er an England, wohin die Brüder sich so früh in Sicherheit gebracht hatten. Seltsamerweise hat er den Zionistenführer, neben jener beiläufigen Erwähnung seines Theaterstücks *Das neue Ghetto* in der *Traumdeutung*, niemals, weder freundlich noch mißbilligend, in seiner Korrespondenz oder in seinem Werk gewürdigt, nicht einmal namentlich genannt, obwohl Herzls Tochter Trude mit Anna befreundet war und öfter zu den Freuds nach Hause kam, obwohl er ihm 1902 ein Exemplar seines Buchs geschickt hatte, in der Hoffnung auf eine Rezension in der *Neuen Freien Presse* und mit der höflichen Bitte, «es für alle Fälle als ein Zeichen der Hochachtung zu behalten, die ich – wie so viele andere – seit Jahren dem Dichter und dem Kämpfer der Menschenrechte unseres Volkes entgegenbringe»[20].

Sicherlich war Herzl keine Figur nach seinem gutbürgerlichen Sinn: Ein einst um seine Eleganz beneideter Dandy, der erschüttert war, als ihn sein teutonisches Korps, die «Albia», für die er ein einziges Duell hatte ausfechten dürfen, ausschloß; ein Sentimentaler, der, angerührt von Wilhelm Jensens Novelle über mittelalterliche Pogrome, *Die Juden von Cölln,* glaubte, das düstere Ghetto sei verantwortlich für die – auch im ästhetischen Sinn – «häßliche» Entwicklung des Volks. Er war angewidert von dem infamen Buch des Philosophen und Nationalökonomen Eugen Dühring, *Die Judenfrage als Racen, Sitten und Culturfrage*, dieses Scharlatans, gegen den Friedrich Engels seinen *Anti-Dühring* geschrieben hatte und der wegen seiner Attacken gegen Helmholtz seine Stelle als Privatdozent an der Berliner Universität verlor. Aber Herzl glaubte, daß die Juden aus diesem Zerrbild dennoch etwas lernen konnten. Erst in Paris, wo er von 1891 bis 1895 als Korrespondent für die *Neue Freie Presse* tätig war und auch über den Dreyfus-Prozeß berichtete, änderte sich seine Sichtweise auf den Antisemitismus, vor dem er in Wien die Augen verschlossen hatte. Zwar gab er sich nach wie vor seinen üblichen dramatischen Phantastereien hin, er wollte Schönerer oder Lueger zum Duell fordern oder eine Massenkonversion zum Katholizismus herbeiführen, am besten an einem Sonntag um zwölf Uhr im Stephansdom. Aber nach der neuerlichen Verurteilung von Dreyfus in dem Revisionsverfahren von 1899 wurde ihm das Schicksal des Hauptmanns endgültig zum Symbol für das Los aller Juden in der modernen Gesellschaft, die versucht hatten, sich ihrer Umgebung anzupasssen, ihre Sprache sprachen, ihre Gedanken dachten und sich ihre Schnüre an den Rock nähten – bis ihnen «die Schnüre mit Gewalt entrissen wurden». Das liberale Projekt der Assimilation war ein für allemal gescheitert.

Dagegen hatte er, in einer Art schöpferisch-mystischer Ekstase, seinen «Judenstaat» entworfen, den Exodus sollte eine in London zu gründende «Society of Jews» organisieren, die Neubesiedlung die «Jewish Company», wobei er sich damals noch nicht ganz sicher war, welches Gebiet eigentlich besiedelt werden sollte. Er schwankte zwischen Argentinien und Palästina. Jedenfalls sollte die wiedergeborene jüdische Nation alles andere als eine bloße Verlagerung des Austroliberalismus nach Zion sein. Nebenbei hatte dieser «wandernde Staatsmann ohne Staat», dessen Vorträge und Reden in guter Tradition der österreichischen Fin-de-siècle-Theatralik standen und die Juden in Osteuropa in ihrer Not und Sehnsucht nach einem Retter tief bewegten, weiterhin als Journalist für die *Neue Freie Presse* zu arbeiten, für einen Hungerlohn und unter dem ständigen Druck, entlassen zu werden. «Er trennt sich von seiner exotischen Cravatte, die das Ensemble der ‹sonderbaren Schwermuth› stören könnte, bestellt sich beim vornehmsten Tailleur ein Gewand à la Sack und Asche und gibt auf die Frage, was ihm denn fehle, immer nur zur Antwort: Die Heimat ...!», spottete Kraus in *Eine Krone für Zion*.

Nur einmal soll Freud, der den Dreyfus-Prozeß erregt verfolgt hatte, des Berichterstatters gedacht haben. 1905 erzählte er in einer Vorlesung von einem Traum, in dem ihm Herzl als «eine majestätische Gestalt mit bleichem, dunkelgetöntem Gesicht, das ein schöner rabenschwarzer Bart umgab, mit unendlich traurigen Augen» erschienen sei. Seine Spukgestalt bemühte sich, ihm, Freud, die Notwendigkeit sofortigen Handelns auseinanderzusetzen, sollte das jüdische Volk gerettet werden. So hat es einer seiner Hörer berichtet.[21] Im Jahr zuvor, 1904, war Herzl gestorben, mit gerade 44 Jahren; die Beerdigung war ein Ereignis, das keinem Wiener entgangen sein konnte. Von überallher, aus allen Reichen und Ländern, so Stefan Zweig, strömten die Menschen in die Stadt, «ein endloser Zug» der Trauernden. Am Friedhof kam es zu Tumulten, weil zu viele plötzlich, weinend, heulend, schreiend, zu seinem Sarg wollten, in einer «Art elementarer und ekstatischer Trauer», wie der Berichterstatter sie niemals zuvor gesehen hatte und niemals mehr sah.

Jahre später, 1913, riet Freud Herzls Sohn Hans, dem designierten Kronprinzen der Bewegung, der 1923 zum Katholizismus konvertierte und wie seine Schwester Pauline Selbstmord beging, dringlich davon ab, dem Vater nachzufolgen: «Ihr Vater ist einer jener Männer, die Träume in Wirklichkeit verwandelten. Leute dieser Art, die Garibaldis, die Herzls, sind sehr selten und gefährlich. Ich würde ganz einfach sagen, daß sie sich am Gegenpol meines wissenschaftlichen Werks ansiedeln. Mein Beruf besteht darin, den Träumen ihr Geheimnis zu nehmen, sie durchsichtig und banal zu machen. Sie dagegen machen das Gegenteil, sie befehligen die Welt, während sie auf der anderen Seite des seelischen Spiegels verbleiben.»[22] Freuds Freistatt blieb seine Wissenschaft der Träume, die, da sie einen Wunsch als erfüllt darstellten, in die Zukunft zu verweisen schienen, aber diese Zukunft, vom Träumenden für Gegenwart genommen, war nach dem Ebenbild der Vergangenheit gestaltet und unzerstörbar durch die Macht des Wünschens. Nur hatte «der römische Kaiser unrecht, welcher einen Untertanen hinrichten ließ, weil dieser geträumt hatte, daß er den Imperator ermordet (...). Und selbst wenn ein Traum, der anders lautete, diese majestätsverbrecherische Bedeutung hätte, wäre es noch am Platze, des Wortes von Plato zu gedenken, daß der Tugendhafte sich begnügt, von dem zu träumen, was der Böse im Leben tut. Ich meine also, am besten man gibt die Träume frei.»[23]

Gründerjahre

DAS ENDE DER KINDERUNSCHULD

Sein schönstes Hemd hatte er sich für den Besuch angezogen, der ein Höhepunkt seines Lebens werden sollte. Endlich sollte er das Land seiner Sehnsucht, das Land der Griechen, nicht bloß mit der Seele suchen. Jetzt stieg er schon seit zwei Stunden auf der Akropolis herum, Alexander saß frech auf einem Marmorthron, er selbst hatte sich neben einem Pferd aus dem Festzug des Phidias niedergelassen, um seiner Martha zu schreiben. Aber das erste Gefühl, das ihn an diesem Nachmittag befiel, war das der Entfremdung: «Was ich da sehe, ist nicht wirklich.» So als ob jemand am Ufer des schottischen Loch Ness plötzlich das ans Land gespülte Ungeheuer vor sich erblickte und sich zugeben müßte, daß die Seeschlange wirklich existierte, an die man nicht geglaubt hatte. Diese ganze Reise war von Ahnungen und sonderbaren Gefühlen begleitet gewesen. Ursprünglich hatten Freud und der Bruder nur für ein paar Tage nach Korfu fahren wollen, doch man hatte sie vor der Hitze gewarnt, und so waren sie dem Rat, nach Athen zu gehen, gefolgt. Schon im Reisebüro hatte er eine Empfindung von Entwirklichung, alles war «too good to be true», es konnte einfach nicht wahr sein, daß sie wirklich die Akropolis sehen sollten.

Auf dem Schiff nach Athen reiste, neben den üblichen «Löwinnen in Vanilleeis», die viermal am Tag ihre Toilette wechselten, auch der berühmte Wilhelm Dörpfeld, der Nachfolger Schliemanns und Leiter aller deutschen Ausgrabungsstätten. Doch Freud, der glücklich war, ihn zu sehen, fand es zu schwierig, sich ihm zu nähern. Natürlich war jene Irritation auf der Reise, jenes Unwirklichkeitsgefühl, ein Fall von der Art derer, die am Erfolg scheitern, so analysiert Freud das Erlebnis noch mehr als dreißig Jahre später in einem Brief zu Ehren Romain

Rollands. Nichts anderes war ja all seine Reiselust als die Erfüllung des Kinderwunsches, von zu Hause wegzulaufen. Und dann, wenn man zum erstenmal all die unerreichbar scheinenden Dinge sah, das Meer, die Städte und Länder, von denen man geträumt hatte, mußte man sich doch «wie ein Held» fühlen, «der unwahrscheinlich große Taten vollbracht hat». Wie weit sie es gebracht hatten, hätte er dem kleinen Bruder damals auf der Akropolis gern gesagt, am liebsten die Worte gebraucht, mit denen sich Napoleon während der Krönung in Notre-Dame an einen seiner Brüder, vermutlich an Joseph, gewandt hatte: «Was würde Monsieur notre Père dazu sagen, wenn er jetzt dabeisein könnte?» Nun war aber doch das Wesentliche am Erfolg, es weiterzubringen als der Vater, und zugleich schien es noch immer unerlaubt, diesen übertreffen zu wollen. Zudem war Jacob Freud ein Kaufmann gewesen, ohne Gymnasialbildung: Was hätte ihm Athen bedeuten können? Im Grunde hatte eine Regung der Pietät gegen den Alten den Sohn im Genuß gestört. Aber der Kaffee in Athen war so gut, unglaublich gut, und man machte kleine Einkäufe, vor allem handelte man um Antiquitäten.[1]

Doch hatte jener Sommer der Wirrungen Freud noch eine andere, eine ganz reale Wiederbegegnung mit einem nie Vergessenen gebracht, seinem beständigen Revenant, und diese war nicht angenehm, sondern von Schuldzuweisungen und Vorwürfen geprägt. Einige davon mußte sich Freud in der Tat gefallen lassen. Er selbst hatte sich an Wilhelm Fließ gewandt, um ihn für die Mitarbeit an einer von seinem kleinen Schülerkreis geplanten Zeitschrift zu gewinnen, die der «biologischen und psychologischen Erforschung der Sexualität» gewidmet sein sollte. Kurz darauf, im Juli, zieh ihn der ehemalige Freund der Indiskretion. In einem 1903 erschienenen Buch, Otto Weiningers *Geschlecht und Charakter*, wollte er nämlich seine eigenen Ideen über Bisexualität und sexuelle Anziehung wiedergefunden haben, und nur über Freud beziehungsweise über dessen Patienten und Schüler Hermann Swoboda konnte der Autor davon Kenntnis gewonnen haben. Freud wand sich: Er hatte mit dem «Schwerkranken» Swoboda wie mit all seinen Patienten über das Thema gesprochen, und der mußte es wohl gegenüber Weininger erwähnt haben, «der sich angeblich den Tod aus Furcht vor seiner Verbrechernatur gegeben hat». Vier Monate nach Erscheinen seines Buchs, in größten Teilen ein Werk des Antisemitismus und Frauenhasses, hatte sich der gerade 23jährige jüdische Philosoph im Beethoven-Haus in Wien erschossen. Sein Traktat, als klassischer Ausdruck jüdischen Selbsthasses interpretiert, wurde bald darauf zum Kultbuch, der Autor nicht zuletzt von Karl Kraus zum Genie mythisiert.

Freud mußte nun, nachdem Fließ entsprechende Gerüchte aus Wien gehört hatte, bekennen, daß er Weininger, diesen «Einbrecher (...) mit einem gefundenen Schlüssel», wohl um 1901 selbst ins Haus gelassen hatte und sogar eine Erstfassung des berüchtigten Buchs kannte. Aber auf keinen Fall fühlte er sich des Diebstahls oder der Beihilfe schuldig, Ideen ließen sich nun einmal nicht patentieren, Fließ brauche nur bei Platon, bei Aristophanes oder den jüngsten Werken von Krafft-Ebing nachzuschlagen. Und er beklagte, daß erst durch solch kleinlichen Anlaß ihr Briefverkehr wieder in Gang gekommen sei, daß der Freund so wenig Interesse gezeigt hatte für die Seinen und für seine Arbeit. Nun jedoch hat er dies verschmerzt, eine Antwort wünscht er nicht. Nur eine Bitte hat er, ob Fließ nicht, um weitere Plagiatsstreitigkeiten zu vermeiden, seine eben fertiggestellte Abhandlung zur Sexualtheorie korrekturlesen und seine Änderungen anmerken könnte. Natürlich würde er mit der Veröffentlichung warten, bis dessen großes biologisches Werk endlich erschienen sei.

Der Ablauf des Lebens. Grundlagen zur exakten Biologie, die ausführliche Darlegung der Fließschen Ideen zur Bisexualität und Periodenlehre, das Werk eines Mathematikers, der kaum mehr als die Grundrechenarten zu beherrschen schien, erschien 1906. Das war das Nachspiel ihrer Freundschaft, kläglich und grotesk: Schon im Januar veröffentlichte der Berliner Bibliothekar Richard Pfennig eine von Fließ autorisierte und mit Material unterfütterte Polemik, *Wilhelm Fließ und seine*

Nachentdecker: O. Weininger und H. Swoboda, worin dem Zahlentrickser das geistige Eigentum an der «epochemachenden Entdeckung» der «notwendig zwiefachen Periodizität und der dauernden Zweigeschlechtlichkeit» zugerechnet wurde. Die beiden anderen, Swoboda und Weininger, hätten sich hingegen je zur Hälfte fremdes Gut geteilt, wozu ihnen ein Dritter, der Wiener Professor der Neurologie Dr. Sigmund Freud, bis in alle Details über Fließ' Forschungen unterrichtet, Zugang verschafft habe.

Im *Berliner Tageblatt* griff Wilhelm Stekel in «Die jüngste Plagiatsaffäre» ein, indem er die Verehrung bezeugte, die Freud seinem früheren Freund entgegenbrachte. Sogar eine Photographie von Fließ habe er im Mittwochszirkel anläßlich einer Debatte über periodische Vorgänge im Organismus auf den Tisch gestellt. Freud selbst wehrte sich mit zwei Briefen, einem an Karl Kraus, der damals der Psychoanalyse noch freundlich gesinnt war, und einem anderen an den Sexualforscher Magnus Hirschfeld. Ein «abscheuliches Machwerk» nannte er gegenüber dem Berliner Kollegen die Pfennigsche Polemik und Fließ' Vorwurf des geistigen Diebstahls «das Hirngespinst eines Ehrgeizigen, dem in seiner Vereinsamung der Maßstab für das, was möglich, und für das, was erlaubt ist, abhanden kam». Hirschfeld veröffentlichte den Brief, dessen Text der Verfasser ihm zur beliebigen Verwendung anheimgestellt hatte. Eine Zusammenfassung brachte auch die *Fackel*. Freud war zwar vorsichtig gegenüber Kraus, dessen Hochschätzung für Weininger er nicht zu teilen vermochte, aber dennoch mußte man etwas unternehmen gegen die Fließ-Pfennigschen Schmähungen, ging es doch nicht weniger als um die «Abwehr der Überhebung einer brutalen Persönlichkeit und die Verweisung des kleinlichen persönlichen Ehrgeizes aus dem Tempelbezirk der Wissenschaft».[2]

Dies war ein Nachspiel, aber kein Ende. Als Wissenschaftler war Fließ bald vergessen, nicht einmal Hermann Knaus, der zusammen mit seinem japanischen Kollegen Ogino Ende der zwanziger Jahre die nach ihnen benannte und so einfache wie unzuverlässige Verhütungsmethode erfand, wollte sich auf ihn berufen und lehnte seine Periodenlehre ausdrücklich ab. Der Zahlenspieler fand allenfalls in esoterischen Kreisen noch einige Jünger. Freud aber blieb darum besorgt, die Anregungen, die er ihm zu verdanken meinte, regelmäßig zu erwähnen. Als Jones ihn jedoch, nachdem er den *Ablauf des Lebens* gelesen hatte, fragte, was der Autor wohl zu einem Fall sagen würde, der seinen Berechnungen nicht folgte, antwortete er: «Das hätte Fließ nicht gestört. Er war ein ausgezeichneter Mathematiker, und er würde 23 und 28 mit der Differenz multiplizieren und das Resultat entweder dazu addieren oder davon subtrahieren; damit oder mit einer noch komplizierteren Arithmetik würde er immer zu dem gewünschten Ergebnis kommen.»[3] Freud erwähnte seine «großartige Konzeption», an deren Alleinherrschaft sich allerdings zweifeln lasse, sogar noch 1920 in *Jenseits des Lustprinzips,* seiner eigenen physiologisch-biologischen Spekulation. Privat war ihm der Name Fließ zu einem Schimpfwort geworden, zum Synonym für all seine Gegner und Abtrünnigen, ein jeder von ihnen ein Paranoiker, ein *Fließ redivivus.* Und es sollte ihm nicht erspart bleiben, noch kurz vor seinem Tod dem ewigen Revenant noch einmal zu begegnen, dem liebsten, dem teuersten Wilhelm der einstigen Korrespondenz.

Das Buch, das so lange in ihm, in seinem «untersten Stockwerk» gearbeitet und um das er mit Fließ gerungen hatte, sollte 1905 erscheinen: Seine *Drei Abhandlungen zur Sexualtheorie,* in denen endlich und auf ursprünglich gerade achtzig Seiten zu seinem vollen Recht kam, was ihn in Träumen einst verfolgt hatte, der Ödipuskomplex. Es war sein zweiter großer Streich, ungeheuer radikal für eine Zeit, in der zwar Bücher, die die Prüderie beleidigten, schon überall zu sehen waren, auch wenn in «guten Familien» die Romane und Erzählungen Maupassants oder Zolas noch immer in den Giftschrank gesperrt wurden, damit sie nicht in die Hände der jungen Damen gerieten. Aber die meisten der jungen Herren waren mit dem Thema Sexualität schon vertraut, bevor ihre Kindheit zu Ende war. Selbst im zaristischen Rußland mit seiner strengen Zensur gründeten

Studenten «Ligen für die freie Liebe». Es war eine Zeit, da überall in Literatur und Kunst das Erotische drängte und waberte, eher zart wie in Frank Wedekinds *Frühlings Erwachen* und drastischer in den «Lulu»-Stücken, grandios schwülstig in Heinrich Manns *Göttinnen* oder, als Instrument der Sozialkritik, im *Professor Unrat*, viel häufiger noch mythologisch kostümiert in der Malerei, auf den Bildern eines Franz von Stuck oder der Präraffaeliten oder im Jugendstil eines Gustav Klimt.

Aber nur zehn Jahre zuvor, 1895, war der «Sodomit» Oscar Wilde wegen Unzucht zu Gefängnis und Zwangsarbeit verurteilt worden, 1905 stand Frank Wedekind wegen der Veröffentlichung seiner *Büchse der Pandora* vor Gericht, im selben Jahr hatte Karl Kraus, der in seinen Aufsätzen zu «Sittlichkeit und Kriminalität» die sexuelle Moral anprangerte, eine Privataufführung des Stücks veranlaßt. Schnitzlers *Reigen,* als «unverkäufliches Manuskript» 1900 in einer Auflage von zweihundert Exemplaren gedruckt, wurde vier Jahre später in Deutschland verboten und erst 1920 in Berlin uraufgeführt. Bei den nachfolgenden Vorstellungen kam es immer wieder zu Tumulten. 1921 standen Direktion, Regisseur und Akteure des Berliner Kleinen Schauspielhauses vor Gericht wegen Erregung öffentlichen Ärgernisses. Sie wurden jedoch freigesprochen, da die «geschlechtliche Beiwohnung» nicht beschrieben wurde und dem Dichter nur «Mittel zum Zweck» gewesen sei.

Immerhin konnte Freud annehmen, sich im Schutz der Wissenschaft zu bewegen, mochte diese ihn anerkennen oder nicht. Doch selbst sein Kollege Havelock Ellis, den er neben anderen Pionieren in der ersten seiner Abhandlungen *Über die sexuellen Abirrungen* würdigte, konnte sich mit der Wissenschaftlichkeit seiner zwischen 1896 und 1928 veröffentlichen siebenbändigen *Studies in the Psychology of Sex* nicht verteidigen. Für den Richter war diese ein bloßer Vorwand, um eine «schmutzige Publikation» zu verkaufen. So war die Studie in den USA und England bis 1935 legal nicht erhältlich, nur Ärzte durften ein Exemplar erwerben. Darum hielt Freud es noch 1920, im Vorwort zur vierten Auflage seiner Abhandlungen, für geraten, sich gegen den Vorwurf des «Pansexualismus» zu verteidigen und Arthur Schopenhauer als Beistand zu zitieren.[4] Nur hatte Freud Schopenhauers Idee, der Mensch sei «konkreter Geschlechtstrieb, da seine Entstehung ein Kopulationsakt und der Wunsch seiner Wünsche ein Kopulationsakt ist», entscheidend erweitert. Seine Konzeption von Sexualität, sein Libido-Begriff, stand nicht mehr unter dem Primat des Fortpflanzungstriebs, sondern war eine «umfassendere nach Lust strebende Körperfunktion». Freud löste die Libido von der allzu engen Bindung an Genitalien und Geschlechtsakt, sie war für ihn nur sekundär auf die Zeugung gerichtet und umfaßte daher auch die bloß zärtlichen und freundschaftlichen Regungen, all das, was man gemeinhin Liebe nannte und was doch auch nichts anderes war als zielgehemmte, sublimierte sexuelle Strebung. Er sah darin eine Analogie zum Hunger, keine Neuerung also, vielmehr glich seine Libido-Theorie einer von allen unzweckmäßigen Einengungen befreiten Wiederherstellung der platonischen Konzeption des Eros, entstanden aus der Analyse von Kindern und Erwachsenen, welch erstere bisher völlig vernachlässigt worden war, derweil man die zweite mit moralischer Entrüstung, doch ohne Verständnis aufgenommen hatte. Doch in seinem Buch, das heute stellenweise eher komisch als kühn anmutet, wollte Freud nichts Geringeres als die sogenannten Perversionen als ein Stück des «normalen» Seelenlebens darstellen, das der Kinderzeit entstammte. So waren die drei Abhandlungen seine zweite revolutionäre Tat und blieben neben der *Traumdeutung* eines seiner Lieblingswerke, obwohl er, wie er spottete, darin doch im Grunde kaum mehr behauptet hatte, als jedes Kindermädchen wüßte – daß nämlich die kleinen Lieblinge sexuelle Gefühle hätten.

Es hatte der Reise nach Athen und des endgültigen Zerwürfnisses mit Fließ bedurft, um jenes Buch endlich an die Öffentlichkeit zu bringen. Wieder einmal mußte er sich seiner eigenen Kühnheit, seines Muts versichern, die mehr als pure Lust waren, «d'épater le bourgeois». Er hätte es sich in seinem kleinen, doch stetig wachsenden Mittwochskränzchen gemütlich machen können, seine *Psychopathologie des Alltagslebens*, die 1904 in Buchform erschien, war beinahe so etwas wie ein gesellschaftlicher Erfolg und wurde schon zu seinen Lebzeiten sein populärstes Werk. Es wurde in zwölf Sprachen übersetzt und immer wieder ergänzt um eigene oder von Schülern, Patienten oder Lesern übermittelte Geschichten, so daß es schließlich zu seinen Lebzeiten zehn Auflagen erreichte.[5] Dies hatte mit der anekdotischen Struktur des Werks zu tun, mit den zahlreichen und mitunter hochkomischen Beispielen für das scheinbar ganz harmlose Vergessen, Versprechen, Verlesen oder Verschreiben, für Irrtümer und Fehlleistungen, für die zahllosen Unzulänglichkeiten des Alltags eben, die doch, der psychoanalytischen Untersuchung zufolge, vom Unbewußten wohlmotiviert und -determiniert waren. Manche dieser Geschichtchen waren so durchschaubar wie die vom Reichstagsabgeordneten, der statt der rückhaltlosen die «rückgratlose» Treue zum Kaiser forderte. Oder vom konvertierten Juden, der beim Besuch einer christlichen Familie seine Söhne in den Garten schickte; statt «Jungen» sagte er «Juden». Andere waren verschlungener, dann wurden auch Freuds Analysen schwerer nachvollziehbar, zum Teil noch sophistischer als die seiner Träume. Aber mit diesem Buch hatte er, weit mehr als mit der Laien nur schwer zugänglichen *Traumdeutung*, die Schranke zwischen pathologischem und «normalem» Verhalten tatsächlich eingerissen. Selbst wenn Wissenschaftler wie der gute Havelock Ellis ihre Zweifel hatten, ob irgendeine geheime Emotion oder ein Wunsch sexueller oder anderer Art nun wirklich der Grund dafür war, daß man aus einem Bund den falschen Schlüssel auswählte, die Gesellschaft spielte mit und suchte nach Fehlleistungen und ihren unbewußten Ursachen.

Einen ähnlichen Erfolg sollte er mit dem 1905 veröffentlichten *Der Witz und seine Beziehung zum Unbewußten* haben, in gewisser Weise einer Anknüpfung an die *Psychopathologie* und wie diese viel gelesen wegen der darin enthaltenen Anekdoten und Witze. Aber Freud wollte mehr als den behaglichen Ruhm. Er riskierte den Skandal, setzte die mühsam erworbene

Respektabilität als Arzt und Universitätsprofessor aufs Spiel. Schließlich waren ihm seine Enthüllungen selbst ein wenig unheimlich, und so kämpft in den Abhandlungen, mitunter Zeile um Zeile, Formulierung um Formulierung, der Konquistador in ihm, der sich tapfer durch den sexuellen Dschungel schlagen muß, gegen den Viktorianer, der die Blößen, die er sich dabei unweigerlich gibt, mühsam verhüllen will; und manchmal unterliegen beide dem Sexualbürokraten. Doch wollte er, im ersten der drei Essays, dem über *Die sexuellen Abirrungen,* nicht bloß eine Neuauflage der *Psychopathia sexualis* liefern, eine Aufzählung der sogenannten Perversionen, zu denen man damals selbstverständlich die Homosexualität – oder, wie man sie lieber nannte, die Inversion – und Praktiken wie Oral- oder Analverkehr sowie Sadismus und Masochismus, Voyeurismus und Exhibitionismus rechnete. Er wollte wissenschaftlich beweisen, daß «vielleicht gerade bei den abscheulichsten Perversionen» – und ausdrücklich nennt er Leichenmißbrauch und Koprophilie – «ein Stück seelischer Arbeit geleistet» werde, «dem man trotz seines greulichen Erfolges den Wert einer Idealisierung des Triebes nicht absprechen kann». Denn «die Allgewalt der Liebe zeigt sich vielleicht nirgends stärker als in diesen ihren Abirrungen. Das Höchste und das Niedrigste hängen in der Sexualität überall am innigsten aneinander». Oder, mit seinem geliebten *Faust,* gesagt, «vom Himmel durch die Welt zur Hölle».[6]

Um zu dieser radikalen Feststellung zu gelangen, versuchte Freud, ein wenig Orientierung durch das düstere Reich der Lüste zu geben, indem er zwischen Abirrungen vom Sexualobjekt, der Person also, von welcher die geschlechtliche Anziehung ausgeht, und solchen vom Sexualziel, der Handlung, nach welcher der Trieb drängt, unterschied. Zu ersteren gehörten folglich die Homosexualität, als Abweichung vom normalen, das heißt heterosexuellen Liebesobjekt, aber auch der Verkehr mit Geschlechtsunreifen und Tieren, Praktiken also, die man so gern für ein Symptom von Geisteskrankheit halten wollte – «aber dies geht nicht an»: Fand sich doch sexueller Mißbrauch von

Kindern und Jugendlichen gerade bei Lehrern und Aufsichtspersonen in großer Häufung, weil diesen sich die beste Gelegenheit dazu bot. Ebenso wies er die gängige Auffassung zurück, daß Homosexualität ein «angeborenes Zeichen nervöser Degeneration» sei. Schließlich waren es einige herausragende Intellektuelle, Menschen von hoher ethischer Kultur, die dem «Uranismus» frönten, und gerade bei den alten Kulturvölkern war die Inversion eine überaus wichtige Institution. Damit holte Freud zu einem kräftigen Schlag gegen die romantisierte Liebe aus. Die Alte Welt hatte den Trieb gefeiert und konnte auch ein minderwertiges Objekt adeln, während die Zeitgenossen die Triebbetätigung an sich geringschätzten und sie nur durch die Vorzüge des Objekts zu entschuldigen vermochten.[7]

Auch er konnte indes keine Erklärung der Homosexualität bieten. Störungen in der Entwicklung des Geschlechtstriebs spielten sicher eine Rolle, vielleicht kam auch das Phänomen der Bisexualität in Betracht – auf die 1906 Wilhelm Fließ einen unberechtigten «Eigenthumsanspruch» erhob. In einer späteren Ergänzung erwog Freud für die Herausbildung der männlichen Homosexualität eine Fixierung auf die Mutter. Im Grunde war es auch nicht wichtig, ob die sogenannten Perversionen auf angeborene Bedingungen oder auf zufällige Erlebnisse zurückgingen. Für Freud stand fest, daß all diesen Abirrungen «etwas Angeborenes zugrunde liegt, aber etwas, was allen Menschen angeboren ist, als Anlage in seiner Intensität schwanken mag und der Hervorhebung durch Lebenseinflüsse wartet».[8] Dies galt auch für die Abweichungen vom «normalen» Sexualziel, der «Vereinigung der Genitalien in dem als Begattung bezeichneten Akte». Allein das Ekelgefühl gebot es, Oral- oder Analverkehr, jene seit Urzeiten gebräuchlichen Praktiken, zu verabscheuen. Aber was war der hochidealisierte Kuß, anatomisch gesehen, anderes als die Berührung zweier Körperteile, die nicht dem Geschlechtsapparat angehören, sondern den Eingang zum Verdauungskanal bilden. Die Grenze des Ekels blieb fließend und von Konventionen bestimmt: «... wer etwa mit Inbrunst die Lippen eines schönen Mädchens küßt, wird vielleicht das Zahnbürstchen desselben nur mit Ekel gebrauchen können, wenngleich kein Grund zur Annahme vorliegt, daß seine eigene Mundhöhle, vor der ihm nicht ekelt, reinlicher sei als die des Mädchens.»[9]

Daher dürfte bei keinem «Gesunden» irgendein für pervers geltender Anteil am Sexualleben fehlen, allein Abscheu, Scham, Moralität mochten diesen eindämmen, den Trieb in seine Schranken bannen. Aber jene Mächte waren auch «historische Niederschläge der äußeren Hemmungen», welche die Libido in der Geschichte der Menschheit durchgemacht hatte, waren Folgen von Erziehung und Beeinflussung. Im Falle seiner Neurotiker hatten sich die Neigungen, die der Perverse auslebte, in Symptome verwandelt – womit sich die Zahl der sexuellen Abweichler, wie Freud boshaft bemerkte, in ganz außerordentlicher Weise steigere. Und da nun die Neurosen Regressionen in den infantilen Zustand der Sexualität sind und «von allen ihren Ausbildungen her in lückenlosen Reihen zur Gesundheit abklingen», sind wir, so Freud, mit einem Zitat des berüchtigten Nervenarztes Paul Julius Möbius, des Verfassers der Schrift *Über den physiologischen Schwachsinn des Weibes,* «alle ein wenig hysterisch». Oder alle ein bißchen pervers.[10]

Freud gab sich nicht als Pionier, als Entdecker der infantilen Sexualität, von der sein zweiter Essay handelt. Allein die Gesetzmäßigkeit derselben hatte keiner seiner Vorgänger deutlich genug gewürdigt, aus Rücksicht gegen die herrschende Moral, aber auch weil sie wie die meisten Menschen jener Amnesie verfielen, die die ersten Jahre der Kindheit bis zum sechsten oder achten Lebensjahr ins Dunkel einer prähistorischen Zeit hüllte. Freud vermutete gerade, ein geschickter Schachzug, im infantilen Sexualerleben eine der Ursachen dafür, warum diese Zeit, bis auf einige Erinnerungsspuren, so gründlich vergessen wurde. Systematisch beschreibt er daher die Entwicklung der Sexualität von den frühkindlichen Leidenschaften und Betätigungen über die relativ ruhige Periode der Latenz bis hin zur großen Umbruchphase der Pubertät. Demnach gibt sich bereits der Säugling einer Lust hin, die, ursprünglich der Befriedigung seines Nahrungsbedürfnisses dienend und daraus entstanden, sich im «Ludeln» oder Lutschen, dem Wonnesaugen an der eigenen Lippe oder am Daumen, zu einem autoerotischen Vergnügen verselbständigt, einer Art Masturbation. Kaum anders verhält es sich nach Freud mit den meisten anderen sexuellen Betätigungen des Kindes: Sie entstehen in Anlehnung an eine lebenswichtige Körperfunktion, kennen noch kein Sexualobjekt und sind beherrscht von einer erogenen Zone, wie in diesem Fall dem Mund. Im Grunde kann jede beliebige Haut- oder Schleimhautstelle diese Funktion übernehmen, da der kindliche Geschlechtstrieb noch «nicht zentriert» ist. [11]

Gleichwohl lassen sich drei Phasen der Entwicklung unterscheiden: Auf jene erste orale oder «kannibalistische» Phase folgt die sadistisch-anale Organisation, die Analschleimhaut wird als erogene Zone entdeckt, das Kind verschafft sich Lust vor allem durch die Zurückhaltung der Exkremente. Schließlich kommt es nach diesen prägenitalen Phasen zu einer «kurzen Blütezeit der Sexualbetätigung», zumeist um das vierte Lebensjahr herum, wenn die Triebbefriedigung an den «wirklichen Geschlechtsteilen» gesucht wird. Freud nennt sie die phallische Phase, weil das Mädchen sich, nach seiner Ansicht, auf die Stimulation der Klitoris beschränkt. Aber diese erogenen Zonen, Eichel und Klitoris, spielen «gewiß nicht die erste Rolle», sind auch nicht Träger der «ältesten sexuellen Regungen», allein sie sind «zu großen Dingen in der Zukunft bestimmt», ihre Stimmulation ist der Beginn des «normalen» Geschlechtslebens. [12] Doch das kleine Kind ist noch viel schamloser, seine sexuelle Anlage ungleich bunter als zu erwarten, jedes Körperteil, jedes Erleben – und dazu bedarf es nicht der Verführung durch den Erwachsenen – kann ihm zur erotischen Befriedigung werden. Eine Kutsch- oder Eisenbahnfahrt kann es erregen, sogar die Schmerzlust bereitende Traktierung der Erziehungsfläche, des Gesäßes, sein. Das Kind ist, mit Freuds unsterblichem und unerträglich strapaziertem Wort, «polymorph pervers». [13]

Im dritten Teil der Abhandlungen, *Die Umgestaltungen der Pubertät*, beschreibt Freud die Wandlungen, die das libidinöse

Leben erfährt: Der bislang vorwiegend autoerotische Trieb findet nun ein Sexualobjekt, die erogenen Zonen und partialen Triebe ordnen sich dem «Primat der Genitalzone» unter – im besten Fall. «Normalität» ist keine Selbstverständlichkeit, sondern «nur durch das exakte Zusammentreffen der beiden auf Sexualobjekt und Sexualziel gerichteten Strömungen, der zärtlichen und der sinnlichen, gewährleistet, von denen die erstere in sich faßt, was von der infantilen Frühblüte der Sexualität erübrigt». Es ist, schreibt er, «wie der Durchschlag eines Tunnels von beiden Seiten her».[14] Denn nicht nur die Abweichung, auch die «normale» heterosexuelle Gestaltung des Sexuallebens ist bestimmt durch die infantilen Äußerungen desselben. Es drohen Fehlschläge sowohl hinsichtlich der Wahl des Sexualziels als auch der des Sexualobjekts. Die verschiedenen erogenen Zonen, die nun mehr bloß zwecks Erreichung von Vorlust erregt werden sollen, im Dienst der alleinglücklich machenden End- oder Befriedigungslust, können auf deren Kosten Eigenmacht gewinnen – wie bei vielen Perversionen, «die ein Verweilen bei vorbereitenden Akten des Sexualvorgangs darstellten», wie bei allzu ausdauernden Küssern oder den Fetischisten.[15]

Noch weitaus größere Gefahren drohen bei der Wahl des geeigneten gegengeschlechtlichen Sexualobjekts, war doch auch diese «eigentlich eine Wiederfindung» jener ersten, wichtigsten Liebesbeziehung, der des Säuglings an der Mutterbrust. Damit war die Mutter – oder die Amme –, die das Küssen, Streicheln und Wiegen des Kindes für «reine» Liebe hält, zur sexuellen Person geworden. Sie wäre vermutlich erschrocken, wenn man sie darüber aufgeklärt hätte, daß sie mit ihren Zärtlichkeiten den Sexualtrieb des Kindes geweckt, ja dessen spätere Intensität vorbereitet hatte. Verstünde sie mehr von der Natur und Bedeutung der Triebe, würde sie sich die Selbstvorwürfe ersparen: «Sie erfüllt nur ihre Aufgabe, wenn sie das Kind lieben lehrt; es soll ja ein tüchtiger Mensch mit energischem Sexualbedürfnis werden und in seinem Leben all das vollbringen, wozu der Trieb den Menschen drängt.» Zugleich warnt der Erzieher Freud vor allzu großer Verzärtelung des Kindes, da diese zu neurotischen Erkrankungen disponiere. Aber selbst wenn das glücklich vermieden sei, treten in den Phantasien der «reifenden Jugend», dem wichtigsten Spielraum ihres Geschlechtslebens, die infantilen Neigungen wieder auf, die «Sexualregung des Kindes für die Eltern, des Sohnes für die Mutter und der Tochter für den Vater». So bleibt es «eine der schmerzhaftesten psychischen Leistungen der Pubertätszeit» und zugleich Bedingung für jeden Kulturfortschritt, die inzestuösen Phantasien zu überwinden und sich von der Autorität der Eltern zu lösen. Später fügt Freud, noch etwas deutlicher, in einer Fußnote ein, daß der Ödipuskomplex der «Kernkomplex» der Neurosen sei: «Jedem menschlichen Neuankömmling ist die Aufgabe gestellt, den Ödipuskomplex zu bewältigen; wer es nicht zustande bringt, ist der Neurose verfallen.» Aber er gibt zu, daß diese Leistung im Grunde fast nicht zu erbringen sei, daß vor allem der Mann sich seiner inzestuösen Fixierung nur schwer, vielleicht nie entledigen könne.[16]

Freud wußte, wie lückenhaft sein Versuch einer großen Synthese war: Zu undeutlich waren seine Trieblehre und sogar der Begriff der Libido selbst, zu wenig war bekannt über die biologischen Vorgänge, aus denen das Wesen der Sexualität bestand. Und noch viel weniger wußte er über die Sexualität der Mädchen, das gab er offen zu. Sicherlich war sein Begriff des «normalen» erotischen Lebens beschränkt auf den heterosexuellen Akt Erwachsener, aber dennoch, er enthob sich all der üblichen Anklagen und Verteufelungen, denen etwa Homosexuelle noch bis in die neunziger Jahre des 20. Jahrhunderts, bis zur Abschaffung des Paragraphen 175, ausgesetzt waren. Er hatte es gewagt, Regungen wie Ekel, Scham und Moral, die psychischen Dämme, aber auch gesellschaftliche und kulturelle Leistungen auf die sexuelle Entwicklung zurückzuführen. Doch er mußte gestehen, daß er seine Vermutung, diese verdankten ihre Entstehung dem «zweizeitigen Ansatz» derselben, der Unterbrechung des lustvollen kindlichen Treibens durch die Latenzzeit mit dem Zwang zur Sublimierung, nur unzureichend begründen konnte. Man mußte wohl, um Genaueres über die Her-

kunft jener menschlichen Eigenschaft zu erfahren, in der Urge-
schichte forschen.

Freud hatte die Sexualität des Kindes dabei keineswegs mit
der des Erwachsenen gleichgesetzt, aber so wollten nun einmal
viele seine Abhandlungen lesen. «Die Erhebung unserer Kinder
zu Engeln war freilich erschwert», kommentierte Fritz Wittels,
Mitglied von Freuds Zirkel und sein erster Biograph, sarkastisch, «weil Engel auch keinen Stuhl oder Urin erzeugen. Darüber kam man noch hinweg. Daß man aber glauben sollte, die
‹unschuldigen› Kinder seien durch und durch sittenlose Lüstlin-
ge, war eine niederträchtige Zumutung. Denn unschuldig und
sexuell schließen sich in der vom Ministerium für Kultus und
Unterricht gebilligten Weltanschauung aus.»[17] Es war leicht,
Freud als «der Welt größten Perversen» zu brandmarken, wie
es ein fundamentalistischer amerikanischer Priester tun sollte.
Er selbst glaubte, daß kaum einer der Funde der Psychoanalyse
solche Entrüstung hervorgerufen hatte wie die Behauptung, der
Kampf mit dem «Dämon Sinnlichkeit» beginne nicht erst mit
dem Sturm und Drang der Pubertät, sondern der Mensch sei
von allem Anfang an ein sexuelles Wesen. Einmal soll ihn deshalb sogar ein Passant auf der Straße angegriffen und als niedrig denkenden, schmutzigen alten Mann beschimpft haben. Es
galt, erinnerte sich der Musikwissenschaftler Max Graf, ein
frühes Mitglied der Mittwoch-Gesellschaft, als geschmacklos,
seinen Namen in der Gesellschaft von Damen zu nennen. Geschah es dennoch, pflegten sie schicklich zu erröten; «die weniger Empfindlichen sprachen über Freud mit einem Lachen, so
als erzählten sie sich einen schmutzigen Witz»[18].

Dennoch ließ sich sein Mythos vom einsamen, verfemten
Helden, dieser Roman, aus den Jahren mit Fließ datierend, nicht
mehr fortschreiben. Es gab wohlwollende Reaktionen, sogar in
Wien und nicht nur in der *Fackel*, auch die *Klinische Rund-
schau* räumte dem Buch respektvoll ihre Rezensionsseiten ein.
Im *British Medical Journal* hieß es, gewiß könne niemand die-
se Abhandlungen lesen, ohne innerlich den Scharfsinn, den
Mut und die endlose Geduld des Autors bei der Verfolgung der

Wahrheit anzuerkennen, noch könne jemand nach Lektüre nicht deutlicher die Notwendigkeit umfassenderen Wissens und sorgfältigerer Lenkung der allmählichen Entfaltung des Sexuallebens erkennen. Man konnte dem Autor vorwerfen, daß er, wie jeder Vater seine Kinder, seine Theorien zu sehr liebte, schrieb ein anderer Rezensent. Aber man konnte, ganz gleich, wie man sich im einzelnen zu seiner Lehre stellte, nicht mehr achtlos an Freud vorbeigehen.

Ein denkwürdiger Fall

Er hielt die kleine Arbeit über «Traum und Hysterie», das Bruchstück einer Analyse, für das Subtilste, was er bis dahin geschrieben hatte, wenngleich er sicher war, daß es «noch abschreckender als gewöhnlich» auf seine Leser wirken mußte; aber «man tut seine Pflicht und schreibt ja nicht für den Tag».[1] Es sollte mehr als vier Jahre dauern, bis die Geschichte – oder wenigstens ein Teil davon – endlich an den Tag kam, eine seiner legendärsten, ein psychologischer Roman, würdig eines Schnitzler oder Hermann Broch, und zugleich eine Familiensaga, wie man sie sich nicht einmal auf der Hintertreppe erträumte. Die Heroine wurde zur Kultfigur und ist es bis heute geblieben, Dora, Märtyrerin im feministischen Pantheon, Heldin des Widerstands, die Frau, die es gewagt hatte, Freud zu kündigen und die Couch zu verlassen. Vielleicht hatte er die Geschichte deshalb im März 1902 von der Publikation zurückgezogen – und nicht nur, weil er nach dem Bruch mit Fließ seinen «letzten Publikum» verloren hatte oder um seine frisch erworbene Professorenwürde besorgt war. Der Fall Dora war das Eingeständnis eines Scheiterns, aber dem Autor der Hysterie-Studien hatte es nie an Mut gefehlt, therapeutische Fehler zu bekennen. Er mußte jedoch mit Recht fürchten, «daß es – in dieser Stadt wenigstens – viele Ärzte gibt, die – ekelhaft genug – eine solche Krankengeschichte nicht als einen Beitrag zur Psychopathologie der Neurose, sondern als einen zur ihrer Belustigung bestimmten Schlüsselroman lesen wollen».[2] Vielleicht hatte ihn sein Freund Oskar Rie gewarnt, vielleicht fürchtete er selbst, das Geheimnis seiner Patientin trotz aller Verschleierungsversuche nicht genügend wahren zu können. 1905 aber hatte sich ihre Lebenssituation geändert, sie war inzwischen verheiratet und gerade Mutter eines Sohnes geworden, ihr eigenes Interesse an den von ihm erzählten Begebenheiten konnte also verblaßt sein, das hoffte er.

Doch auch seine eigene Situation und seine Interessen hatten sich gewandelt. Der Fall, der ihm einst, 1900, für seine «Sammlung von Dietrichen» glatt aufzugehen schien und der sich dann doch sehr schnell, nach kaum drei Monaten, als völlig unzugänglich erwies, hatte nur eine Fortsetzung seiner *Traumdeutung* sein sollen – am klinischen Exempel einer zwar ungefügigen, aber doch höchst ergiebigen Patientin. Und er hielt, wie er in seiner langen und ungewöhnlich umständlichen Vorrede schreibt, nach wie vor dessen Lektüre für maßgeblich, wollte man diese Krankengeschichte, die sich um zwei große Träume organisiert, wirklich verstehen. Aber inzwischen stand er fest auf dem Boden seiner Sexualtheorie, er konnte nunmehr zugeben, daß er die erotischen Verwicklungen und Verstrickungen damals nicht recht verstanden hatte; im Grunde blieben sie ihm immer noch rätselhaft. Die Lektion jedoch, die Dora ihm erteilt hatte, war wichtig genug, um sie an ein Publikum weiterzugeben, das nicht mehr nur aus Spinnern und Voyeuren oder Kritikern der Psychoanalyse bestand, sondern ernsthaft interessiert war an Theorie und Therapie. So klein sein Wiener Mittwochs-Cercle auch sein mochte – kaum zwanzig Mitglieder wurden 1906 aufgeführt –, hier hatte er eine Art Rückhalt und ein Diskussionsforum gefunden, das ihm in jenen frühen Jahren zwar selten wirklichen Widerspruch, doch immerhin die Möglichkeit bot, sich mitzuteilen und sich gelegentlich sogar selbst zu überprüfen. Vor allem aber hatte ihm sein allwöchentliches Privatissimum, zu dem sich zeitweilig ein größeres Publikum einstellte als zu seinen Vorlesungen, vermittelt, was ihm trotz seines nicht geringen Sendungsbewusstseins des öfteren durch Selbstmitleid verstellt war: die Erkenntnis, daß die Psychoanalyse nicht länger mehr nur auf das Privatlaboratorium seiner Couch beschränkt war.

Aber dazu mußte er seine Technik auf den neuesten Stand bringen, so wie er es in den *Studien* Schritt für Schritt, Fall um

Fall getan hatte. Es genügte nicht, eine Methode zu predigen, man mußte seine Ergebnisse ständig neu überprüfen. Und jener alte Fall, der ihn offenbar nie losgelassen hatte, bot alle Möglichkeiten, das Mikroskop schärfer einzustellen, es auszurichten auf die Finessen des Verhältnisses zwischen Analytiker und Patient. Zwar behauptete er, daß in der Dora-Geschichte von Technik wenig die Rede sei, weil das «Moment der Übertragung» in der allzu kurzen Kur nicht zur Sprache kam. Doch in seinem kommentierenden Nachwort gab er offen zu, daß er selber gerade dieses wichtigsten Elements der Behandlung nicht rechtzeitig Herr geworden war, die Vorsicht vergessen hatte, auf die kleinen Zeichen der Übertragung zu achten. Und er begann ja gerade erst dieses Phänomen zu verstehen, das er zunächst als ein Symptom wie jedes andere behandelt, als eine Art Mésalliance oder falsche Verknüpfung eines verdrängten Wunsches mit der aktuellen Situation angesehen hatte. Noch in der Dora-Geschichte definiert er Übertragungen als «Neuauflagen, Nachbildungen von den Regungen und Phantasien, die während des Vordringens der Analyse erweckt und bewußt gemacht werden sollen, mit einer für die Gattung charakteristischen Ersetzung einer früheren Person durch die Person des Arztes».[3] Noch sieht er darin, in Übertragung und Gegenübertragung in der affektiven Beziehung zwischen Therapeut und Patient, nicht die strukturierende, die wesentliche Kraft der ganzen Behandlung. Er mußte sich erst seiner Macht und Ohnmacht innewerden, der eigenen Verstrickung in die Geschichte seiner Kranken. In Dora hatte Freud wieder einmal eine Lehrmeisterin gefunden.

Das «blühende Mädchen von intelligenten und gefälligen Gesichtszügen», das den Eltern so schwere Sorgen bereitete und mit achtzehn Jahren seine Patientin wurde, litt an den «allergewöhnlichsten somatischen und psychischen Symptomen», Atemnot, Husten, Migräneanfällen, Verstimmung und einer nicht ganz ernstzunehmenden Lebensmüdigkeit; ein einfacher, nicht einmal besonders interessanter Fall also, eine klassische *petite hystérie*. Aber Freud war dennoch höchst angetan, nunmehr würde er seine Neurosentheorie beweisen, seine Traumdeutung verwerten können, und vielleicht boten sich sogar einige «Durchblicke (...) auf die erogenen Zonen und die Bisexualität», wie er Fließ damals schrieb. Denn ihr Husten ließ sich zweifellos auf den «Charakter der Lutscherin» zurückführen, außerdem kämpften in ihr die Neigung zum Mann und die zur Frau.[4] Der Fall schien um so einfacher lösbar, da der Vater des Mädchens ihm ausführliche Einblicke in die Familien- und Krankengeschichte gewährt hatte. In Wirklichkeit aber waren die Dinge viel komplizierter.

Freud hatte Ida Bauer – um sie endlich mit ihrem wirklichen Namen zu nennen – bereits zwei Jahre bevor er sie in Analyse nahm kennengelernt. Schon damals litt sie immer wieder an Husten und Heiserkeit, aber man nahm von einer Behandlung Abstand, da die Anfälle, wie schon frühere Zustände, vorübergingen. Außerdem sträubte sich das sehr selbständige Mädchen, nachdem es zahlreiche Wasser- und Elektrotherapien über sich hatte ergehen lassen müssen, gegen eine neue Kur und spottete über die Bemühungen der Ärzte. Allein das Machtwort des Vaters führte sie schließlich zu Freud. Dieser kannte Philipp Bauer seit längerem, der aus Böhmen stammende jüdische Textilfabrikant, nur drei Jahre älter als er selbst, hatte ihn 1894 konsultiert, weil er unter Lähmungserscheinungen und Verworrenheit litt. Freud war sich in der Diagnose unsicher, vielleicht handelte es sich um eine Rückenmarksschwindsucht, vielleicht um diffuse vaskuläre Störungen. Endlich verriet ihm der Kranke, daß er sich eine «spezifische Infektion vor der Ehe» zugezogen hatte. Bauer hatte Syphilis im dritten Stadium. Freud drang auf eine energische Kur. Allerdings war das von Paul Ehrlich entdeckte Salvarsan erst 1910 im Handel, und Julius Wagner-Jauregg machte noch sehr unvollkommene Versuche mit seiner Malaria-Therapie, für die er 1927 den Nobelpreis erhielt. Freuds Patient, der wegen seiner Tuberkulose bereits seit 1888 mit seiner Familie in Meran lebte und wegen einer Netzhautablösung beinahe erblindet wäre, begab sich in die Kur einer zärtlichen Freundin der Familie.

Seiner Frau Käthe war er seit langem entfremdet. Sie hatte,

nachdem sie von seiner Krankheit erfahren hatte, einen Wasch-
und Reinlichkeitzwang und eine panische Angst vor Anstek-
kung entwickelt. Freud hielt sie, nach den Erzählungen von
Vater und Tochter, für eine wenig gebildete, unkluge Person,
die an einer «Hausfrauenpsychose» litt und sich ihren Möbeln
lieber widmete als ihren Kindern. Ihr Sohn Otto, etwas mehr
als ein Jahr älter als die Schwester, der spätere Sekretär und
Nachfolger Victor Adlers in der Führung der sozialdemokratischen Linken, hatte wie Ida früh von der Erkrankung des Vaters erfahren, aber er entzog sich den Familienwirren weitgehend beziehungsweise nahm, wie Freud meinte, die Partei
der Mutter: So habe die gewöhnliche sexuelle Attraktion Vater
und Tochter einerseits, Mutter und Sohn andererseits einander
näher gebracht, kommentierte der Entdecker des Ödipuskomplexes. Nur litt Ida wie die Mutter unter der Angst vor Geschlechtskrankheiten und unter einem Vaginalausfluß, den die
beiden Frauen als «Katarrh» bezeichneten.

In Meran hatten sich die Bauers mit der Familie eines Hand-
lungsreisenden, Hans Zellenka, angefreundet. Ida kümmerte
sich oft um die beiden Kinder des Paares, sie vertrat gleichsam
die Mutter, derweil die Frau Zellenka, wiewohl selbst nicht bei
bester Gesundheit, Philipp Bauer während seines schweren
Krankheitsschubs pflegte. Das war seine «Kur» – ein «gewöhnliches Liebesverhältnis», wie die Tochter bald herausfand, die
zu jener Zeit, mit etwa zwölf Jahren, einen erneuten und diesmal heftigeren hysterischen Anfall durchmachte. Gleichwohl
hielt man am bürgerlichen Schein fest. Erst 1898, in dem Jahr,
als Ida Bauer zum erstenmal in Freuds Praxis erschien, kam es
zu einer Krise. Der Herr Zellenka – Herr K. in Freuds Fallgeschichte – hatte auf einem Spaziergang am See dem Mädchen
einen Liebesantrag gemacht, sie ohrfeigte ihn und erzählte alles
der Mutter. Zur Rede gestellt, leugnete ihr Angreifer den Vorfall und beschuldigte Ida, an nichts als an Sex zu denken und sich
an einschlägiger Lektüre zu erregen; das wollte er von seiner
Frau gehört haben. Damals hatte die Sechzehnjährige erstmals
Selbstmordgedanken.[5] Die Familie zog nach Wien, die Zellen-

kas folgten bald nach. Obwohl Ida den Vater in den nächsten beiden Jahren, als sich ihre Symptome weiter verschlimmerten, immer wieder drängte, die intime Freundschaft aufzugeben, weigerte er sich, die arme, nervenleidende Frau Zellenka im Stich zu lassen, die, wie er Freud erklärte, an ihm den einzigen Halt hatte. Und schließlich brauchte auch er, dem seine Gattin nichts bedeutete, Trost. Aber seine Tochter aß nichts mehr und hatte auch schon einen Abschiedsbrief geschrieben während ihres letzten Streits war sie sogar ohnmächtig geworden und bekam Krämpfe. Nun sollte Freud sie «auf bessere Wege» bringen.[6]

Dieser war inzwischen ein wenig mißtrauisch gegen den Mann, der alle Schuld am «unerträglichen Wesen seiner Tochter» auf die putzwütige dumme Mutter zu schieben suchte. Er wollte sein Urteil über den wirklichen Sachverhalt aufschieben, und seine neue Patientin dankte es ihm mit Offenheit und erzählte ihm, daß Zellenka sie schon zuvor, als sie gerade vierzehn war, belästigt, an sich gepreßt und geküßt hatte, bevor sie sich angeekelt losreißen konnte. Freud war der Ansicht, daß sie damals schon hysterisch gewesen sei: «Anstatt der Genitalsensation, die bei einem gesunden Mädchen unter solchen Umständen gewiß nicht gefehlt hätte, stellt sich bei ihr die Unlustempfindung ein, welche dem Schleimhauttrakt des Eingangs in den Verdauungskanal zugehört, der Ekel.»[7] Sicherlich hätte sie dem Angreifer nicht nachgeben sollen, aber gemäß seiner Sexualtheorie mußte die Pubertierende, die zweifellos auch das erigierte Glied des Herrn Zellenka spürte, darauf «normal» reagieren, zumal sie, wie er durch vorsichtigstes Ausforschen herausfand, über derlei Vorgänge durchaus aufgeklärt war. Er konnte sich nun jedenfalls genauer über das Wesen des Ekels auslassen, der ja ursprünglich eine Reaktion auf den Geruch der Exkremente zu sein schien, und daran erinnerten die Genitalien, speziell das männliche: «Es ist das ‹inter urinas et faeces nascimur› des Kirchenvaters, welches dem Sexualleben anhaftet und aller idealisierenden Bemühung zum Trotze von ihm nicht abzulösen ist.»[8]

Nur mochte seine Patientin gar nicht besonders gern über den Herrn Zellenka reden, sondern lieber über den Herrn Papa und die wahre Natur seiner Freundschaft mit der schönen jungen Frau Z., die von ihrem Nervenleiden so wunderbar genesen war. Freud konnte nicht bestreiten, daß Philipp Bauer einen Zug von Falschheit besaß, schließlich hatte er ihn belogen. Aber er wollte sich auch nicht auf Idas Behauptung einlassen, die beiden Männer hätten eine Art Pakt geschlossen, in dem sie das Tauschobjekt war. Sie hatte sich doch zu einer Mitschuldigen gemacht und erst nach dem Abenteuer am See den Vater dazu gedrängt, sein Verhältnis aufzugeben, dem sie all die Jahre Vorschub geleistet hatte. Sie hatte sich um die Kinder gekümmert, während er seine Schäferstündchen mit Frau Zellenka genießen konnte. Ihre Gouvernante, die auch ihre Aufklärerin in sexuellen Dingen war, hatte ihr davon erzählt, aber die war wohl selbst verliebt in den Papa, jedenfalls blieb Ida der Geliebten des Vaters weiterhin zärtlich zugetan: «Blind nach der einen Seite, war sie scharfsichtig genug nach der anderen Seite.»[9]

Nun war Freud überzeugt, daß seine Patientin über Jahre in ihren Aggressor, Herrn Zellenka, verliebt gewesen war. Nur, warum hatte sie seine keineswegs plumpe oder anstößige Werbung am See nicht angenommen? Seine Geschenke hatte sie doch akzeptiert und mit ihm, wenn er auf Reisen war, korrespondiert. Zu jener Zeit war sie meist krank gewesen und hatte damit lediglich das Verhalten von Frau Zellenka kopiert, die wiederum stets leidend war, wenn ihr Mann zurückkehrte und sie seine ehelichen Ansprüche fürchten mußte. Krankheiten waren also nützlich, damit konnte Ida Bauer auch den Vater erpressen. Manchmal war das «roheste und banalste Urteil über das Kranksein der Hysterischen, das man von ungebildeten Angehörigen und von Pflegerinnen hören kann (...), in gewissem Sinne richtig»; sicherlich würden die Gelähmten bei einem Brand aus dem Bett springen und die verwöhnten Frauen ihr Leiden vergessen, wenn eine Katastrophe über sie hereinbräche.[10]

Er hielt daran fest, daß seine Patienten sich nur auf dem Wege der Analyse von ihren Krankheitsabsichten überzeugen ließen.

Aber dann sollten sie gefälligst seinen Interpretationen folgen und seinen Anweisungen gehorchen. Diese ungefügige Ida, die mit «ermüdender Monotonie» ihre Anklagen gegen den Vater wiederholte, mußte bezwungen, mit Argumenten niedergerungen werden. Sie glaubte, daß Frau Zellenka den Vater nur liebe, weil er ein vermögender Mann sei? Das meinte natürlich das Gegenteil, er war unvermögend, im sexuellen Sinne, also impotent. Wieso er dann ein sexuelles Verhältnis hatte? Nun, Ida wußte, daß sich andere Organe als die Genitalien für den sexuellen Verkehr in Anspruch nehmen ließen. Und woran erinnerte ihr stoßweises Husten? Sie war gedanklich unablässig mit der «Befriedigung per os» beschäftigt. Nachdem Freud ihr das erklärt hatte, hörte sie auf zu husten. Vielleicht mochte es die Leser befremden, ihnen gar davor grauen, daß er mit einem jungen Mädchen, überhaupt mit einem Weib, von solchen Dingen redete, damit vielleicht erst sexuelle Phantasien in ihr weckte? Der Leser sollte versichert sein, daß er dies stets direkt und trocken tat, den Organen wie Vorgängen ihre technischen Namen gab und sie den Kranken gegebenenfalls übersetzte: «J'appelle un chat un chat.»[11]

Ohnehin konnte in Fällen von Hysterie keine Rede sein von «Gedankenunschuld» im Sinne der Eltern oder Erzieher. Und diese vom Oralverkehr Phantasierende, ihren Husten Simulierende war in ihrer Kindheit eine «Lutscherin», eine Wonnesaugerin gewesen, hatte am Daumen genuckelt und dabei mit der anderen Hand ihren Bruder am Ohrläppchen gezupft; daran erinnerte sie sich genau, und auch wie sie an der Brust der Amme trank. Nun hatte sie also an die Stelle der Brustwarze oder des Fingers das aktuelle Sexualobjekt, den Penis, gesetzt, sich durch ihr Husten mit der Frau Zellenka identifiziert und unbewußt die Rolle der Frau eingenommen, die ihr den geliebten Vater geraubt hatte. *Quod erat demonstrandum. Per os ad oedipum.*

Aber die Verliebtheit in den Vater, die sich in den Jahren zuvor nicht gezeigt hatte, war erst nach der Szene am See zu voller Blüte erwacht. Also war sie immer noch heimlich in den Herrn Zellenka verliebt und voll des Bedauerns, ihn zurückgewiesen zu haben, doch zu stolz, ihrer Neigung nachzugeben. Zum Schutz war sie regrediert in die infantile Situation. Ida widersprach dieser Auslegung, das hatte Freud nicht anders erwartet, ihr Nein war ihm ein Ja, nur allzu bezeichnend für das Ausmaß ihrer Verdrängung. Leider ergab sich in dem «schönen, poesiegerechten Konflikt», den er für seine Patientin konstruiert hatte, eine unerwartete Komplikation. Sie fiele «mit Recht der Zensur des Dichters, der ja auch vereinfacht und abstrahiert, wo er als Psychologe auftritt, zum Opfer». Aber der allein der Wahrheit verpflichtete Seelenforscher mußte zugeben, daß sich hinter Idas Eifersucht gegen Frau Zellenka eine Regung verbarg, «die nur auf der Neigung zum gleichen Geschlecht beruhen konnte». So schwärmte die junge Frau vom «entzückend weißen Körper» ihrer Rivalin und äußerte eigentlich niemals ein böses Wort über sie, obwohl diese sie doch einst angeschwärzt hatte. Dabei hatte Ida einst, wenn sie bei den Zellenkas wohnte, das Schlafzimmer mit der Frau geteilt, der Mann war jedesmal ausquartiert worden. Sie war zur Vertrauten und Beraterin der Älteren in ehelichen Dingen geworden und mußte sich von ihr doppelt verraten fühlen. Diese hatte sie im Grunde nur benutzt, um dem Vater nahe zu sein, und die Nähe und Intimität mit Ida geopfert, um ihr Verhältnis zu schützen. Mit Recht fragte sich Freud, wie seine Patientin es wohl fertiggebracht hatte, «den Mann zu lieben, über den die geliebte Freundin so viel Schlechtes zu sagen wußte», den Herrn Zellenka. Dieses «interessante psychologische Problem» war leicht zu lösen durch die Erkenntnis, «daß im Unbewußten die Gedanken besonders bequem nebeneinander wohnen, auch Gegensätze sich ohne Widerstreit vertragen»[12].

Ansonsten waren gleichgeschlechtliche Neigungen in der Pubertät, der Zeit der schwärmerischen Freundschaften mit Schwüren und Küssen und Versprechen auf Ewigkeit, ja vollkommen üblich, bei Jungen wie bei Mädchen. Besonders typisch waren jene «männlichen oder, wie man besser sagt, gynäkophilen Gefühlsströmungen» allerdings für hysterische Mädchen.[13] Und seine Patientin lieferte ihm endlich einen Traum, der alle seine Vermutungen aufs schönste zu bestätigen schien: Darin befindet sie sich in einem brennenden Haus, der Vater steht vor ihrem Bett und weckt sie auf, die Mutter will vor allem ihr Schmuckkästchen retten, aber der Papa sein Leben und das der Kinder nicht dieser Begierde opfern. Ida hatte diesen periodisch wiederkehrenden Traum erstmals in jenem Ort am See, wo Herr Zellenka ihre Tugend beleidigt hatte. Freud brachte aus ihr heraus, daß er ihr einst ein teures Kästchen geschenkt und auch einmal plötzlich im Schlafzimmer vor ihr gestanden hatte. So intensiv war demnach ihre Neigung zu dem Herrn Zellenka, so heftig ihre Flucht in die ödipale Situation – «dieses Stück der Deutung wollte sie natürlich nicht mitmachen». Der Analytiker ließ sich dadurch nicht beeindrucken und machte mit ihr ein kleines Experiment, «das wie gewöhnlich gelang».

Er fragte sie, ob ihr unter den Gegenständen auf seinem Tisch, auf dem auch ein großer Zündholzbehälter stand, etwas auffalle. Sie bemerkte nichts Besonderes und verstand auch nicht, was die Warnung an die Kinder, nicht zu «zündeln», in Wahrheit bedeutete – nämlich, daß sie ihr Bett nicht naß machen sollten. Ja, erinnerte sie sich endlich, ihr Bruder und sie waren Bettnässer gewesen, als sie sechs, sieben Jahre alt waren. Das konnte nur bedeuten, daß sie auch masturbiert hatte, daß sie, die unter Fluor litt, es noch immer tat. Ihre heftigen Anklagen gegen den Vater, von dessen Syphilis sie wußte, waren also im Grunde Selbstbeschuldigungen. Aber das stimme doch nicht, protestierte sie, nur spielte sie während dieser Sitzung immer wieder mit ihrem Portemonnaietäschchen, öffnete es, steckte einen Finger hinein, schloß es wieder. Wie oft ging man achtlos an solcher Symbolik, von der das Leben so viel hatte, vorüber. Und wieviel schwerer hatte sich Freud seine Aufgabe, das, was die Menschen vor sich selbst verbergen, zu enthüllen, doch vorgestellt! «Wer Augen hat zu sehen und Ohren zu hören, überzeugt sich, daß die Sterblichen kein Geheimnis verbergen können. Wessen Lippen schweigen, der schwätzt mit den Fingerspitzen; aus allen Poren dringt ihm der Verrat.»[14]

Nur sah Freud in diesem Falle nichts als das, was er sehen

wollte; seine Katzen waren grau, allesamt. Später hatte er die Ahnung, daß Ida schon in dieser Phase der Analyse den Entschluß gefaßt hatte, sie zu beenden. Eines Nachmittags erzählte sie ihm nämlich, daß sie beim Erwachen aus dem Traum jedesmal Rauch zu riechen glaubte, und beide, der Herr Zellenka und der Herr Papa, waren leidenschaftliche Raucher, auch sie hatte damals am See eine Zigarette geraucht. Die «Lutscherin» sehnte sich also nach einem Kuß, und zwar nach einem solchen, der nach Rauch schmeckte. Sie wünschte sich einen Kuß von ihrem Analytiker, das gehörte zu den so schwer beweisbaren Eigentümlichkeiten der Übertragung: «Wo Rauch ist, da ist Feuer.» Und Ida wollte sich, wie damals am See, der Gefahr des Begehrens entziehen; womöglich aber auch dem Deutungsfeuer, das unablässig auf sie niederging. Doch bevor sie ihn verließ, schenkte sie Freud noch einen zweiten Traum, der komplizierter und nicht so leicht aufzulösen war wie der erste. Sie irrt darin durch eine fremde Stadt, bis sie endlich ihr Zimmer findet – und einen Brief der Mutter, die ihr den Tod des Vaters mitteilt. Nun könne sie nach Hause kommen. Aber sie findet den Bahnhof nicht, hundertmal muß sie danach fragen, gerät in einen dunklen Wald, wo ihr ein Mann begegnet und ihr seine Begleitung anträgt. Sie lehnt ab, sieht den Bahnhof und ist irgendwann zu Hause, das Dienstmädchen teilt ihr mit, daß die Mutter und die anderen schon auf dem Friedhof sind. Das war natürlich eine Rachephantasie gegen den Vater, stand doch die junge Frau eindeutig unter dem Einfluß solcher fast krankhafter Gefühle. Warum sonst hätte sie ihren Eltern überhaupt von der Werbung des Herrn Zellenka erzählt? Ein normales Mädchen wird, sollte man meinen, allein mit solchen Angelegenheiten fertig.

Er brauchte nur zwei Stunden, um ihr ihren Traum zu erklären. In der dritten nahm sie ihre Rache – an ihm. Sie teilte ihm mit, daß sie zum letztenmal erscheine; schon vor vierzehn Tagen hatte sie den Entschluß gefaßt. Sie kündigte ihm also fristgerecht wie ein Dienstmädchen, eine Gouvernante. Er spielte weiter den Herrn gegen sie: Wenn er sie nicht in Stellung halten kann, will er wenigstens über sie triumphieren. Ach, der Herr Zellenka hatte einst eine Gouvernante mit den gleichen Worten umworben wie Ida, hatte sie dann fallenlassen? Und genau zwei Wochen nach dem Kuß am See, an einem 14. Juli, hatte sie den Eltern davon erzählt? Sie hatte ihm «gekündigt», in der Hoffnung, daß er seine Werbung erneuere! Von Scheidung war zwischen den Zellenkas zeitweise die Rede gewesen? Sie wollte sich einfach nicht daran erinnern, daß sie sich eingebildet hatte, Herr Zellenka werde sie heiraten; das wußte Freud nun genau. Ida widersprach ihm nicht, wie sie es sonst getan, und nahm «auf die liebenswürdigste Weise» von ihm Abschied.

Er ahnte, daß sie, die ebenso rachsüchtig wie destruktiv war, nicht wiederkommen würde, obwohl die Kur doch gerade auf dem besten Weg war. Vielleicht hätte er ihr ein wärmeres Interesse zeigen müssen, als Ersatz für die von ihr herbeigesehnte Zärtlichkeit, statt sich mit «anspruchsloserer psychologischer Kunst» zu begnügen? Oder hätte er die Rolle eines Herrn Zellenka übernehmen sollen, eines allerdings verständigeren Mannes, der sich über die Ohrfeige hinweggesetzt und weiter um sie geworben hatte? Vielleicht hätte dies ihre Rachsucht nur noch mehr befeuert. Nein, es war nun einmal nicht allgemein zu «berechnen, bei wem und wodurch (...) Heilung möglich war». Doch wer wie er «die bösesten Dämonen, die unvollkommen gebändigt in einer menschlichen Brust wohnen, aufweckt, um sie zu bekämpfen, muß darauf gefaßt sein, daß er in diesem Ringen selbst nicht unbeschädigt bleibe».[15]

Freud hatte, fünf Vierteljahre später, die Genugtuung, daß Ida zu ihm zurückkehrte. Sie hatte von seiner Ernennung zum Professor gehört, vor genau vierzehn Tagen davon in der Zeitung gelesen. Darüber mußte er lächeln, sie dachte also immer noch wie eine Gouvernante. Und seit genau vierzehn Tagen litt sie unter einer Gesichtsneuralgie, im Grunde ging es ihr schon seit dem vergangenen Herbst schlecht, immer wieder hatte sie Anfälle von Stimmungslosigkeit gehabt. Dabei war ihr vorher recht gut gewesen, sie hatte ihr Verhältnis zu den Zellenkas geklärt, die Frau zum Eingeständnis ihrer Affäre mit Philipp Bauer gebracht. Und den Mann dazu veranlaßt, die Wahrheit über die Begegnung am See endlich einzugestehen. Danach hatte sie den Kontakt zu der Familie aufgegeben, im Herbst aber plötzlich ihren Verführer auf der Straße wiedergesehen. Er kam ihr entgegen, blieb verwirrt stehen und wurde von einem Wagen angefahren, glücklicherweise erlitt er keinen größeren Schaden. Nun hatte sie also diese Neuralgie, das war natürlich eine Form der Selbstbestrafung jener Ohrfeige wegen, die sie dem Mann einst am See erteilt hatte, die sie mit ihrem plötzlichen Abschied symbolisch auch ihrem Analytiker hatte zukommen lassen. Dieser war großzügig genug, ihr zu verzeihen, daß sie ihm die Befriedigung verwehrt hatte, sie gründlicher von ihrem Leiden zu befreien; und sogar so generös, in der Nachschrift zu dem Fall seine Fehler einzugestehen, seine mangelnde Einsicht in die Übertragung, in die Neuauflagen oder die – subtileren – Neubearbeitungen vergangener Erlebnisse während der Analyse.

Freud konnte das gelassen tun, da er nunmehr einen technischen Fortschritt zu verkünden hatte: Jener so schwierig zu erkennende, aber nicht zu umgehende Teil der Kur, «die Übertragung, die das größte Hindernis für die Psychoanalyse zu werden bestimmt ist, wird zum mächtigsten Hilfsmittel derselben, wenn es gelingt, sie jedesmal zu erraten und dem Kranken zu übersetzen».[16] Das war, wie gesagt, eine vorläufige Mitteilung, noch hatte er nicht die ganze Bedeutung derselben erkannt. Vor allem war er sich über die eigene Rolle, über die Gegenübertragung ungewiß. Sicher war er sich nur, daß ein zärtliches Nachgeben für ihn nicht ihn Frage kam. Ob er in jenem Falle gefährdet war und uneingestandene Gefühle für das junge Mädchen hegte, die er seinerseits bekämpfte, indem er Ida mit seinen Interpretationen niederzuringen suchte und ihr, sadistisch wie ein Großinquisitor, Geständnisse abzwang, die ihrer Wirklichkeit nicht entsprachen? Sicherlich war er niemals ganz gleichgültig gegen die Reize seiner weiblichen – und männlichen – Patienten, aber am wenigsten war er in diesem Fall gefeit gegen den eigenen, so mächtigen Wunsch, sich selbst seine Theorien zu beweisen. In jedem Fall hatte er versäumt, wie er später zugeben mußte, Doras Neigung zu Frau Zellenka, also ihren lesbischen Regungen, nachzuspüren, der «stärksten der unbewußten Strömungen ihres Seelenlebens».

An jenes «Rätsel» hätte er anknüpfen müssen, doch bis er «die Bedeutung der homosexuellen Strömung bei den Psychoneurotikern» zu verstehen begann, kam er oft in der Behandlung nicht weiter, geriet «in völlige Verwirrung». Dabei blieb ihm die weibliche Homosexualität, die gewiß nicht weniger häufig als die männliche vorkam, aber doch weit weniger lärmend als diese, nicht nur vom Strafgesetz übersehen, sondern auch von der psychoanalytischen Forschung, stets ein Enigma. Als ihm viele Jahre nach der Begegnung mit Ida Bauer ein in eine ältere Frau verliebtes Mädchen von den Eltern in die Praxis geschickt wurde, damit er es auf den rechten Weg zurückführe, brach er die Behandlung nach kurzer Zeit ab und riet der Patientin, sich von einer Frau analysieren zu lassen. Es lag ihm nicht, die weibliche Rolle, die Mutterrolle, in der Übertragungsbeziehung zu übernehmen, gestand er einmal der Schriftstellerin Hilda Doolittle: «Ich fühle mich so sehr als Mann.»

Als er Ida Bauer behandelte, hatte Freud noch nicht verstanden, welche Bedeutung den eigenen Problemen und Widerständen des Arztes in der Analyse zukam. Er hatte schließlich keine andere Kontrollinstanz als sich selbst und den Heilerfolg. So war der konservative Freud hochzufrieden, daß seine Patientin durch ihre Heirat und die Geburt eines Sohnes «dem Leben wiedergewonnen» war – wie es ihm ihr zweiter Traum verkündet hatte. Ob er je erfuhr, daß Ida Bauers Ehe unglücklich war, daß sie in ihren späteren Jahren ihre ganze Leidenschaft dem Bridgespiel weihte und ihre wichtigste Partnerin keine andere war als Frau Zellenka? Ihre Familie war prominent in Wien, ihr Bruder Otto als einer der führenden Politiker der zwanziger Jahre, ihr Sohn Kurt als Musiker und Mitarbeiter von Max Reinhardt und Arturo Toscanini. Und Ida Bauer konsultierte später denselben Arzt wie er selbst, Felix Deutsch, den Mann seiner Schülerin Helene Deutsch. Der identifizierte seine Patientin unschwer als die Frau, die Dora war. Sie hatte ihm nämlich stolz erzählt, daß sie einer von Freuds berühmten Fällen gewesen sei. Es war kühn gewesen, ihre Geschichte zu publizieren. Aber der Mann, der seiner Patientin seine Theorien aufgezwungen hatte, war stets bereit, diese zu revidieren und seine Erkenntnisse immer wieder zu überprüfen, ein «Wahrheitssadist» auch gegen sich selbst.

In der Schule bei Freud

Zu seinem fünfzigsten Geburtstag, 1906, überreichten die Mitglieder der Mittwoch-Gesellschaft Freud eine Medaille, die auf
der einen Seite sein Portrait zeigte und auf der anderen einer
Darstellung von Ödipus und der Sphinx, umrahmt von einem
Sophokles-Vers. Als er diesen las, wurde er blaß. Er war, so sagte er der kleinen Gruppe, als junger Student einmal unter den
Arkaden der Universität umhergegangen und hatte die Büsten
berühmter Professoren betrachtet. Und dabei hatte er sich erträumt, daß dereinst auch die seine dort stehen werde, darauf
die Worte eingraviert, die er nun gerade vor sich sah: «Der das
berühmte Rätsel löste und ein gar mächtiger Mann war.» [1]
   Seinem Cercle gehörten inzwischen neben den Gründungsmitgliedern Adler, Stekel, Reitler und Kahane Laien wie der
Buchhändler und Verleger Hugo Heller und der Musikwissenschaftler Max Graf an, der berühmt werden sollte als der Vater
des «kleinen Hans». Auch der Freund Oskar Rie besuchte den
Kreis, und angeblich soll selbst der Mode-Hysteriker Hermann
Bahr gelegentlich zu Gast gewesen sein. Für die Entwicklung
und Verbreitung der Psychoanalyse wurden die Ärzte Eduard
Hitschmann und Paul Federn besonders wichtig, nicht unbedingt Freuds Lieblingsschüler, doch seine getreuen Statthalter.
In diesen ersten Jahren kamen Isidor Sadger hinzu, ein originel-
ler Analytiker, und sein Neffe Fritz Wittels, damals noch gele-
gentlicher Mitarbeiter der *Fackel*. Regelmäßig erschienen auch
Hanns Sachs, der junge literarisch begabte Jurist, der sich in
Freuds Vorlesungen verirrt hatte und sein treuer Hörer geblie-
ben war, und schließlich, der erstaunlichste von allen, ein junger
Mann, der wegen seines Vaterkonflikts seinen ursprünglichen
Namen Rosenfeld abgelegt und in Otto Rank geändert hatte.

Er war gerade Anfang Zwanzig, ein Autodidakt, Absolvent einer Gewerbeschule, der als Glasbläser in einer Fabrik gearbeitet hatte und, ein besessener Leser, durch den Hausarzt der Familie, Alfred Adler, mit Freuds Werken bekannt geworden war. 1905 konnte er sich in der Bergstraße mit seiner Schrift *Der Künstler* vorstellen, einem Versuch, psychoanalytische Ideen in die Kulturbetrachtung einzuführen. Angetan von dem so außerordentlich verständigen Manuskript des jungen Mannes, bewog Freud ihn dazu, die Gymnasialbildung nachzuholen und die Universität zu besuchen, so daß Rank schließlich 1912 zum Dr. phil. promoviert wurde. Aber schon 1906 hatte sein Mentor und Gönner auch in finanziellen Dingen ihn zum Schriftführer seines Mittwoch-Vereins bestellt, den unentbehrlichen, den eifrigen «kleinen Rank», wie er ihn zu nennen pflegte, seinen «treuesten Helfer und Mitarbeiter», seinen Forschungsassistenten und Korrekturleser; seinen «Adoptivsohn», wie der kleine Rank sich selbst am liebsten bezeichnete.

Die Zwanglosigkeit der Gründerjahre schien allmählich vorüber, vorbei jene Zeit der «vollkommenen Harmonie», von der Stekel schwärmte. Max Graf erinnerte sich, daß es ohnehin eher steif zuging. Die Abende begannen mit einem Vortrag, danach gab es eine gesellige Viertelstunde bei Kaffee und Kuchen, Zigarren und Zigaretten lagen selbstverständlich in großen Mengen herum. Schließlich folgte die Diskussion, bei der Freud das letzte und entscheidende Wort hatte. «Es herrschte die Atmosphäre der Gründung einer Religion in diesem Raum», so Graf, «Freud selbst war ihr neuer Prophet, der die bis dahin herrschenden Methoden der psychologischen Forschung oberflächlich erscheinen ließ.»[2] Ernest Jones, der 1908 als Gast kam, sah in dieser Darstellung einer Psycho-Sekte um den Hohenpriester Freud eine Karikatur eine Überzeichnung, die jedoch in den Augen seiner Kritiker ein für allemal den Rang der Wirklichkeit einnehmen sollte. Der Prophet selbst schien eher amüsiert über seine Jünger. Die einmal im Jahr stattfindende Geschäftssitzung pflegte er gern mit den Worten «Heute müssen wir Verein spielen» zu eröffnen, und schließlich löste er 1907 seinen Verein ganz einfach auf – um ihn unmittelbar darauf neu ins Leben zu rufen. Jeder sollte die Möglichkeit haben, «ohne Trübung der persönlichen Verhältnisse zu den anderen» seine Mitgliedschaft zu überdenken.[3]

Neuen Rekruten versuchte Freud stets die Unsicherheit zu nehmen und sie an der Diskussion zu beteiligen: Man wolle sich doch nicht «in ein Oberhaus spalten, das allein das Wort führt, und in ein Unterhaus, das die Rolle des stummen Zuhörers spielt».[4] Seine kleine Gesellschaft dachte weniger fortschrittlich. Schon im Februar 1908 beantragte Federn in einer Sitzung zur Reformierung der Arbeitsordnung die «Aufhebung des geistigen Kommunismus» – kein Gedanke sollte mehr ohne die Autorisation des Urhebers verwendet werden dürfen. Freud, in Prioritätsstreitigkeiten geübt, wollte keine Gesetze erlassen, sondern es dem persönlichen Takt der Teilnehmer anheimstellen, wie ihre Beiträge zu behandeln seien; er selbst gebe im übrigen alles von ihm Gesagte preis. An jenem Abend bemerkte Max Graf, sie seien wohl nicht mehr die Gesellschaft von früher, nicht mehr Gäste des Professors, sondern in der Tat ein regelrechter Verein.[5] Aber warum sollte es ausgerechnet unter jenen Männern, die sich einer neuen Idee verschrieben hatten, anders zugehen als in jedem anderen Club? Zumal die Idee ja geradezu die Enthüllung von Gefühlen, auch feindseligen, zu verlangen schien. Der Ton der Diskussionen wurde schärfer, gereizter, egal, ob man über soziale Phänomene oder die Psychologie des Künstlers stritt, ob man Krankengeschichten besprach oder sich in Selbstbekenntnissen erging. Es gehörte dazu, daß man sich zur Masturbation oder zu sadistischen Neigungen bekannte, daß man sein Innerstes entblößte, solche Beichten wurden dankbar entgegengenommen. Anderen, Zurückhalteneren, blieb es nicht erspart, daß sie von der Gruppe ihrer dunklen und weniger dunklen Geheimnisse überführt wurden.

So war die Atmosphäre bald erfüllt von Eifersüchteleien und Rivalitäten, von verletzender Kritik und übergroßer Empfindlichkeit. Ein so vernünftiger Mann wie Hanns Sachs mochte glauben, daß die Gruppe gerade unter dem ständigen Druck einer kritischen, einer feindseligen Außenwelt zusammenhalten mußte. Auch er sollte erkennen, daß die letztlich unvermeidliche Spaltung in unterschiedliche Lager vorerst nur aufgehalten wurde, weil «die Fäden persönlicher Antipathie sich so vielfältig kreuzten und die jeweilige Konstellation so kompliziert war und so schnell wechselte».[6] Die Hauptursache jener Feindseligkeiten war, mehr oder weniger wider eigenen Willen, Freud selbst, um dessen Zustimmung und Beifall alle buhlten. Er selbst konnte, trotz aller Diskretion und allen Taktgefühls, durchaus Vergnügen daran finden, das Fegefeuer der Eitelkeiten zu schüren. Niemals sparte er an scharfen, an bösartigen Kommentaren, nur ungern schenkte er sich die naheliegenden Sottisen, von denen manche für die Allgemeinheit bestimmt waren, andere nur für den privaten Klatsch. Er konnte es sich erlauben, toleranter zu sein als seine Schüler. Warum sollte ein Vereinsmitglied mit einem besonderen, weniger psychoanalytischen denn folkloristischen Hang zu Obszönitäten ausgeschlossen werden, gab es doch genug hochangesehene Professoren und Gelehrte, deren Gedanken und Handlungen schäbig und niedrig seien und die dennoch in Amt und Würden blieben? Und er selbst hatte auch nichts gegen Casinowitze, gegen nicht ganz salonfähige Anekdoten. Einmal erzählte er Sachs auf einem nächtlichen Spaziergang die Geschichte vom «Magnatenclub» in Budapest, dem damals exklusivsten Club, zu dem nur der Hochadel Zutritt hatte. Dort wettete ein Mitglied mit einem anderen, «daß er eine tüchtige Portion Fäkalien (unter Freunden mit einem einsilbigen Wort bezeichnet) essen werde. Sie wurde ihm, selbstverständlich, auf einer goldenen Schüssel serviert, und er machte sich mit großem Eifer darüber. Auf einmal hielt er inne, spuckte und konnte nicht mehr weiteressen: Er hatte ein Haar gefunden». Freud wollte mit seiner Anekdote illustrieren, daß manche Menschen eine erstaunliche Menge ihrer moralischen Schwächen und Verfehlungen ins Auge fassen können, aber eine Kleinigkeit, die sie an der richtigen Stelle trifft, sie aus der Fassung bringen kann.

Auch seine eigene Nachgiebigkeit hatte Grenzen, sein intellektueller Kommunismus konnte, obwohl ihm öffentliche Streitigkeiten verhaßt waren, die gewöhnlichen diktatorischen Züge annehmen. Er war streng gegen jede Nachlässigkeit des Denkens, gegen den allzu leichtfertigen Umgang mit seiner Lehre, vor allem gegen die so beliebten und im Grunde von ihm inspirierten Pathographien von Künstlern oder bekannten Persönlichkeiten. Ob Kleist nun ein Onanist und latent Homosexueller gewesen sei, wisse man nicht. Der Vortragende, Isidor Sadger in diesem Falle, hatte schlichtweg eine «besondere Vorliebe fürs Brutale», und im übrigen waren solche «Elementaranalysen» ohne alle feineren Unterschiede nur dazu geeignet, ihre Arbeit noch weiter in Verruf zu bringen. Außerdem langweilte sich Freud schnell. Dann schob er, wenn ein Neuling sich über allgemeine wissenschaftliche Fragen verbreitete, seinem Nachbarn einen Zettel zu: «Werden Sie vom Lesen von Speisekarten satt?» Andere Kollegen traf es härter, der amerikanische Psychiater Morton Prince war für Freud ein «arroganter Esel, der selbst in unserer Menagerie auf einen hervorragenden Platz Anspruch hat»; Magnus Hirschfeld schlicht ein «pulpöser, unappetitlicher Kerl»[7]. Selbst sein Liebling, der kleine Rank, mit körperlichen Vorzügen nicht gerade gesegnet, mit seinen dicken Brillengläsern wie eine Eule aussehend, blieb nicht verschont: Sicherlich hätte dieser intelligente Bursche im Mittelalter einen Mäzen gefunden, aber es wäre vielleicht doch nicht so leicht gewesen, da er so häßlich sei. Und dies waren noch einige seiner harmloseren Äußerungen. Freud verstand es bald, aus seinem Hang zur Indiskretion eine Politik zu machen.

Am 3. März 1907 empfängt Freud Besuch aus Zürich, Carl Gustav Jung, Oberarzt an der Psychiatrischen Universitätsklinik Burghölzli, mit seiner Frau Emma und seinem jungen Kollegen Ludwig Binswanger. Mit Jung steht er seit einem Jahr in brieflicher Verbindung, nun will dieser endlich das ersehnte Glück einer persönlichen Unterredung genießen; er hat «sehr vieles abzureagieren». In seiner Erinnerung dauerte ihr Gesprächsmarathon dreizehn Stunden, nur unterbrochen von der Sitzung der Mittwoch-Gesellschaft und einem lästigen Essen im Familienkreis. Dabei setzt er sich über das unausgesprochene Gebot, bei Tisch keine Fachsimpeleien zu führen, einfach hinweg und macht nicht den geringsten Versuch, sich höflich mit Martha und den Kindern zu unterhalten, «beherrschend gegenwärtig (...) eher wie ein Soldat als wie ein Wissenschaftler oder Mediziner», groß und breitschultrig, mit seinem «wirklich teutonischen Kopf», dem starken Kinn, den blauen Augen. Und Freud hört diesem Mann mit unverhohlener Begeisterung zu, der sich durch nichts von seinem Interesse an der Psychoanalyse ablenken läßt, allenfalls durch die Begegnung mit dem Kaiser vielleicht. Mathilde Freud erinnerte sich, daß bei einem Einkaufsbummel mit dem Gast und seiner Frau plötzlich angekündigt wurde, Franz Joseph werde vorbeifahren, und da rannte jener mit einem kurzen «Verzeihung» los, «um sich, begeistert wie ein Junge, der Menge anzuschließen»[8].

Ludwig Binswanger erzählte, daß Freud sie am Tag nach ihrer Ankunft über ihre Träume befragte. Er selbst hatte von dem damals gerade im Umbau begriffenen Entree der Berggasse 19 und dem deshalb notdürftig verhängten alten Kronleuchter geträumt. Freuds Deutung lautete, Binswanger wünsche sich seine älteste Tochter Mathilde zu heiraten, lehne dies aber gleichzeitig ab. «In ein Haus», so Freuds Satz, «in dem ein so schäbiger Kronleuchter hängt, heirate ich nicht.» Binswanger mochte an diese Interpretation nicht recht glauben. An Jungs Traum erinnerte er sich nicht mehr, wohl aber an die Analyse: Freud las daraus, daß dieser ihn entthronen und an seine Stelle treten wolle. Binswanger blieb noch eine ganze Woche in Wien, er wollte sich von Freud selbst in dessen Lehre einführen lassen. Er war, damals gerade 26, beeindruckt von dessen «Größe und Würde», aber mehr noch von seinem Charme, seiner Offenheit und Güte, seiner Abneigung gegen alle Förmlichkeit, vom ungezwungenen Ton, den die Familie, der Professor, die liebenswürdige Frau Professor, sekundiert von Fräulein Minna, mitsamt den Kindern, pflegte.[9]

Freud seinerseits hoffte, einen neuen Schüler und Verbündeten in dem jungen Mann zu finden, dessen Onkel Otto Binswanger Ordinarius für Psychiatrie in Jena war und dessen Vater Robert Binswanger nunmehr in zweiter Generation das private Sanatorium Bellevue in Kreuzlingen bei Konstanz leitete, wohin einst Josef Breuer Bertha Pappenheim zum Morphiumentzug geschickt, wohin auch er einige seiner Patienten überwiesen hatte; in diese Anstalt am Bodensee, in der, so Joseph Roth im *Radetzkymarsch*, «verwöhnte Irrsinnige aus reichen Häusern behutsam und kostspielig behandelt wurden und die Irrenwärter zärtlich waren wie die Hebammen». Ludwig Binswangers Großvater selbigen Vornamens, der sich, aus einer jüdischen Familie stammend, in der 1848er Revolution für die Emanzipation des Glaubens eingesetzt hatte, war vom Geist der Freiheit beseelt, als er 1857 seine «Privatirrenanstalt» gründete, in der die intensive Betreuung der Patienten und die familiäre Atmosphäre wichtiger waren als die üblichen physikalischen und medikamentösen Therapien. Aber auch in dieser so fortschrittlichen Klinik wurden noch 1912 Onanisten mit einer «Sondenkur» behandelt, bei der man metallische Gegenstände in den Penis einführte, manchmal auch Katheder, durch die kaltes Wasser strömte.

Für den Enkel war es selbstverständlich, die Familientradition fortzusetzen, und zur Vorbereitung war nichts besser geeignet als die Ausbildung am Burghölzli, das 1870 zur Versorgung der Geisteskranken im Kanton Zürich gegründet worden war. Gottfried Keller, damals Staatsschreiber des Kantons, soll beim Richtfest auf den Dachfirst des Hauptgebäudes geklettert sein und ein Gedicht über das Heraufdämmern eines neuen Zeitalters vorgetragen haben. Er wandte sich auch 1879 öffentlich gegen eine Diffamierungskampagne, die den damaligen Direktor zum Rücktritt zwang. Unter dessen Nachfolger, dem Universalgelehrten, Hirnforscher und Psychiater Auguste Forel, der an der Entwicklung der Neuronentheorie beteiligt war, gewannen das Klinikum und der Zürcher Lehrstuhl für Psychiatrie an internationalem Ansehen. Nebenbei führte Forel einen erbitterten Kampf gegen Prostitution und Alkoholismus, und als er 1898 in den Ruhestand ging, schlug er als neuen Chef Eugen Bleuler vor, der in der Abstinenzfrage genauso dachte wie er. Bleuler, ein Jahr jünger als Freud, hatte wie dieser bei Charcot studiert und nach dessen Vorbild die Anstalt in ein Forschungszentrum und Lehrkrankenhaus verwandelt, an dem neue Verfahren erprobt wurden. Zugleich setzte er die Bemühungen fort, Ordnung in die Diagnostik psychischer Störungen zu bringen; er prägte die Begriffe «Ambivalenz», «Autismus» und «Schizophrenie».

Eine jener psychiatrischen Novitäten, die am Burghölzli angewandt wurden, war das sogenannte Assoziationsexperiment: Dabei las der Versuchsleiter dem Probanden eine Liste von Wörtern vor, im allgemeinen um die hundert, und dieser mußte darauf mit einem Wort oder einer Bemerkung reagieren, die ihm spontan einfielen. Das Verfahren war bereits dreißig Jahre zuvor von dem englischen Naturforscher und Schriftsteller Sir Francis Galton, einem Vetter Darwins, der unter anderem den Fingerabdruck als Möglichkeit der Personenidentifizierung einführte und berüchtigt wurde als Mitbegründer der Eugenik, als eine Art Vorläufer der Intelligenztests benutzt worden. In Deutschland wurde es vor allem im Labor des Psychiaters und Experimentalpsychologen Emil Kraepelin weiterentwickelt. Schon Galton hatte erkannt, daß viele der Assoziationen des Probanden aus der Kindheit stammten und vergessene Erinnerungen oder Gefühle hervorbrachten. Nunmehr maß man mit der Stoppuhr die Reaktionszeit des Patienten, um seinen «Widerstand» zu berechnen. Man versuchte, die Assoziationen methodologisch zu klassifizieren, und experimentierte mit äußeren Faktoren wie Müdigkeit, Alkoholisierung, Ablenkung. Vor allem sollten damit neue Erkenntnisse über die Schizophrenie oder, wie sie damals hieß, die *Dementia praecox,* gewonnen werden. 1900 schickte Bleuler seinen jungen Assistenzarzt Franz Riklin an Kraepelins Klinik, damit er die Methode erlerne. Als er 1901 nach Zürich zurückkehrte und seine Erfahrungen darlegte, nahm an der Besprechung auch der neue Assistent Jung teil, und gemeinsam arbeiteten sie schließlich das Assoziationsexperiment weiter aus.[10]

Sowohl «Gesunde», Ärzte, Pfleger und deren Familien, als auch Kranke mit unterschiedlichster Diagnostik, Hysteriker, Epileptiker, wurden dem Verfahren unterworfen, das im Grunde nur eine technisierte Abwandlung des guten alten Verhörs war. Riklin und Jung aber wollten damit einen Schlüssel zur Persönlichkeit erlangen, «einen Index für alle psychischen Vorgänge, den wir nur zu entziffern brauchen, um den ganzen Menschen zu kennen». Nach und nach wurde die ganze Klinik erfaßt. Und man begann nun auch, Träume zu deuten und Fehlleistungen zu registrieren. Man studierte Freud, wußte aber nicht recht, wie seine Technik anzuwenden war. Eugen Bleuler selbst hatte sich 1905 an den Meister gewandt, da er meist ein «solches Durcheinander» träumte, daß es ihm unmöglich war, die Nüsse zu knacken. Auch die gesamte Deutungsmacht der Klinik scheiterte an den Träumen des Direktors. So schickte er Schreibmaschinenprotokolle an Freud, mit der dringlichen Bitte, nichts davon zu publizieren, da er sonst vor seinen Ärzten «ziemlich nackend» dastehe; sie würden ihn, wie sie eigene Frau, sofort erkennen. Es begann eine Analyse in Briefen, aber auch Freud schien den erträumten Genitalflecken und realen Diarrhöen in Bleulers Morgenschlaf nicht gewachsen. Oder wollte dieser die Sexualtheorien des «verehrtesten Herrn Collegen» nicht völlig akzeptieren. Selbst die geniale Hysterie-Analyse, die Dora-Studie, die sie alle «mit Heißhunger verschlungen» hatten, blieb ihm ein wenig suspekt. Zweifellos würde Freud es immer schwerhaben, andere von der Richtigkeit seiner Ideen zu überzeugen: «Die Psychoanalyse ist weder eine Wissenschaft noch ein Handwerk», so Bleuler, «man kann sie nicht im gewöhnlichen Sinne lehren. Sie ist eine Kunst, die angeboren sein muß und nur entwickelt werden kann.» [11]

Dennoch hoffte Freud auf Zürich, hoffte, daß ihn zum erstenmal eine Universitätsklinik anerkennen würde. Und hatte Jung ihm nicht in einem seiner ersten Briefe, im Herbst 1906, geschrieben, daß Bleuler «jetzt völlig bekehrt» sei? Hatte der Absender sich nicht zu seinem eifrigsten Parteigänger am Burghölzli ernannt und im Vorwort seines im selben Jahr erschienenen Buchs *Über die Psychologie der Dementia praecox* auf seine «genialen Konzeptionen» verwiesen? Freud sollte sich nicht völlig täuschen. Einige seiner engsten Mitarbeiter und Freunde, seiner wichtigsten Kombattanten, wurden in Zürich ausgebildet; selbst Ernest Jones, dieser eifrigste aller Propagandisten, hatte, bevor er Freud zum erstenmal besuchte, sich dort eine Woche lang informiert. Der erste, der in die Berggasse kam, noch vor Jung und Binswanger, war ein wohlhabender russischer Jude, «Unterassistent» am Burghölzli, Max Eitingon, der sich bei Freud als Anhänger seiner Auffassung von Hysterie und des großen Werts seiner psychoanalytischen Methode einführte. Er wollte ihn wegen eines Falls konsultieren und traf Ende Januar in Wien ein. Die «junge Kraft» wurde von Freud herzlich willkommen geheißen, aber die Mittwoch-Gesellschaft, an deren Sitzung er teilnahm, war keineswegs so höflich zu diesem Gast aus dem Ausland, der von seinem Chef Bleuler offenbar mit einem Fragenkatalog ausgestattet worden war. In den «Protokollen» notierte Otto Rank, daß Freud aus Eitingons Äußerungen «die, wie es scheine, noch immer von den Zürchern aufrechterhaltene theoretische Leugnung der sexuellen Ätiologie der Neurosen» mit Befremden vernahm. Auf gewisse therapeutische Abweichungen, die vor allem durch Jung angeregt waren, reagierte er nur mit Erörterungen zur «Übertragung» und einem Bonmot: «Unsere Heilungen sind Liebesheilungen.»[12]

Dennoch nahm Freud sich des jungen Russen, der zwei Wochen in Wien blieb, freundlich an, machte mit ihm Spaziergänge durch die Stadt und analysierte ihn dabei. So sah, nach Jones, die erste Lehranalyse aus. Freud hatte gewisse Bedenken gegen den Mann, der sich allzusehr den «Frauenzimmern» zu widmen schien – die Praxis hielt von der Theorie ab. Aber er ließ sich nicht beirren von Jungs Behauptungen, Eitingon sei ein «absolut kraftloser Schwätzer», zu beneiden allerdings ob seiner «rückhaltlosen Abreagierung der polygamen Instinkte», zu etwas Tüchtigerem jedoch niemals in der Lage und allenfalls geeignet, einmal ein Duma-Abgeordneter zu werden, ein Mann ohne jeden Einfluß.[13] Freud und Eitingon wiederholten ihre analytischen Spaziergänge zwei Jahre später, und im selben Jahr zog der neue Schüler nach Berlin, um eine eigene Praxis zu eröffnen. In der ersten Zeit mußte er seinen Meister bitten, ihm Patienten zu überweisen. Freud half und wurde dafür immer wieder großzügig beschenkt. Der Mann aus einer reichen Pelzhändlerdynastie, «der einzige Psychoanalytiker der Welt, der private Mittel besaß», konnte es sich leisten, zeitweilig den Mäzen zu spielen. Und er wurde zu einem der großzügigsten, der wichtigsten Förderer der Psychoanalyse, zu ihrer «grauen Eminenz». Für Freud war er ein enger Freund, fast so etwas wie ein Familienmitglied, dieser «erste Bote, der bei dem Einsamen erschien» und der, wenn er wieder verlassen sein sollte, gewiß zu den letzten gehören würde, die bei ihm verharrten.[14]

Im Juni 1907 erreichte Freud der Brief eines weiteren Mitarbeiters des Burghölzli. Beigelegt hatte Karl Abraham seine Abhandlung *Über die Bedeutung sexueller Jugendtraumen für die Symptomatologie der Dementia praecox.* Freud war sehr angetan von der scharfsinnigen Erörterung. Dieser Mann, der so vorbehaltlos mit der Sexuallehre umging, interessierte ihn, auch wenn Jung ihn einen «trockenen Schleicher» nannte, einen intelligenten, aber nicht besonders originellen Arzt, hochanpassungsfähig und bei den Patienten unbeliebt, kurzum einen Bürokraten. Aber vielleicht, fragte Freud nach, gab es Gründe für solch eine reservierte Haltung, eine «geheime Wunde im Selbstgefühl», einen «Stachel der Armut und Armseligkeit» oder eine «trübe Jugend», all das, was ihm selbst so wohlbekannt war.[15]

Karl Abraham, 1877 in Bremen geboren, war der Sohn eines jüdischen Religionslehrers, der, um zu heiraten, seinen Beruf zugunsten der materiell sicheren Existenz eines Kaufmanns aufgegeben hatte; ein ungewöhnlich toleranter Vater, der, als der Sohn ihm erklärte, den Sabbat und andere jüdische Riten nicht mehr einhalten zu können, nur sagte, er müsse seinem eigenen Gewissen folgen. Nach seiner Ausbildung als Mediziner arbeitete Karl Abraham seit nunmehr drei Jahren am

Burghölzli, wo er der «einzige reichsdeutsche Assistent» war. Nachdem er aber «in Deutschland als Jude, in der Schweiz als Nicht-Schweizer» nicht über eine untergeordnete Stellung hinausgekommen war, beschloß er, noch in diesem Sommer 1907, sein Glück in Berlin zu versuchen, als «Spezialist für nervöse und psychische Krankheiten». Es fiel ihm nicht leicht, an keiner Klinik war ihm bisher soviel geboten worden wie in Bleulers Institut, doch er war verheiratet und mußte an die Zukunft denken. Freud ermutigte ihn: «Einem jugendlichen Manne wie Ihnen geschieht nichts, wenn er gewaltsam ins freie Leben ‹au grand air› gedrängt wird, und daß Sie es als Jude schwerer haben, wird wie bei uns allen die Wirkung haben, all Ihre Leistungsfähigkeit zum Vorschein zu bringen.»[16]

Er bedauerte nur, daß er ihm außer seiner Sympathie und seinen guten Wünschen nichts mit auf den Weg geben konnte, da seine «intime Freundschaft mit Dr. Fließ» in Berlin nicht mehr bestand, der ihm sicherlich viele Türen hätte öffnen können. Dennoch sollte gerade diese eine sich Abraham nur ein paar Jahre später, 1911, aufschließen, eine Patientin hatte ihn auf die Periodenlehre aufmerksam gemacht, und Freud war großmütig genug, ihm den ehemaligen Freund als «hochbedeutenden, ja faszinierenden Menschen» zu empfehlen, einen allerdings harten Mann, der sicherlich versuchen würde, seinen Gast von der Psychoanalyse abzubringen. Abraham fand Fließ weit weniger faszinierend, wenn auch originell und scharfsinnig, und die Bekanntschaft mit ihm eine der wertvollsten unter den Berliner Ärzten. Nun wurde Freud schärfer, man durfte diesen raffinierten, tückischen Menschen nicht unterschätzen: «Vergessen Sie nicht, daß wir beide an ihm das Geheimnis der Paranoia verstehen gelernt haben.»

Er hätte wissen müssen, daß Abraham keine Warnungen brauchte, nichts hätte ihn von der Psychoanalyse abgebracht. Er hatte Ende 1907 einen entschlossenen Mann kennengelernt, vielleicht nicht gerade mitreißend, ein wenig gehemmt durch die «so leicht verständlichen Lasten des Judentums und der Zukunftssorge», aber weit sympathischer, als Jung ihn beschrieben hatte. Er hatte ihn sogar gebeten, sich einen ganzen Sonntag für ihn freizunehmen, an Wochentagen hatte er ja kaum Zeit, und zum Abschied schenkte er ihm zwei kleine ägyptische Figuren aus seiner Sammlung. Abraham fühlte sich, im seltenen Genuß, von soviel Liebenswürdigkeit und Kultur umgeben gewesen zu sein, in tiefer Dankesschuld, die er durch seine wissenschaftliche Mitarbeit nach und nach abtragen wollte. Und das tat er wie kaum ein anderer aus Freuds innerem Zirkel, der «Normalste der Gruppe», wie Jones ihn nannte, ein stets um Optimismus bemühter Mann, doch einer der schärfsten Beobachter und der strengste Wächter über all jene, die es nur allzu oft an Selbstbeherrschung und gesundem Menschenverstand mangeln ließen, die, aus Überzeugung oder aus Ruhmsucht oder schlichtem Unverständnis, gegen die reine Lehre verstießen. Ein Mann, vielleicht ein wenig «zu preußisch», dem es nach schwierigen Anfängen gelang, Berlin zu einem Zentrum der Freudschen Lehre zu entwickeln, ein unermüdlicher Publizist, der neben klinischen Studien und kritischen Abhandlungen zu Theorie und Methode auch Essays über moderne Kunst und, zur Freude seines Meisters, über die altägyptische Religion veröffentlichte. Ein gefragter Therapeut und Lehranalytiker, aus dessen Schule unter anderen Melanie Klein und Karen Horney, Sándor Rado und Ernst Simmel hervorgingen. «Sie sehen», konnte er Freud schließlich sagen, «es ist selbst in Berlin kein Martyrium mehr, Ihr Anhänger zu sein.»

Abrahams Nachfolger als Assistent am Burghölzli wurde der 23jährige Ungar A. A. Brill, der im Alter von fünfzehn Jahren in die USA ausgewandert war. Schon bei seiner ersten Visite staunte er über die Ärzte, die einer älteren Frau, die regelmäßig ihr Bettuch mit Rotwein bespritzte, die Diagnose stellten, sie drücke auf diese Weise den Wunsch aus, ihre Periode möge wieder eintreten. Er war verwundert, daß über der ganzen Klinik Freuds Geist zu schweben schien. In den Tischplaudereien tauchte häufig das Wort «Komplex» auf, und wenn jemand sich versprach, wurde er sofort zur freien Assoziation aufgefordert. Dabei wurde auf die Anwesenheit von Frauen, von Arztgattinnen oder Krankenschwestern, keine Rücksicht genommen, im Gegenteil, «sie freuten sich genauso über die Aufdeckung verborgener Mechanismen wie ihre Ehemänner». Als Brill, der Freuds Apologet in Amerika und sein – da im Ungarischen so wenig zu Hause wie im Deutschen und Englischen – höchst umstrittener Übersetzer werden sollte, ihn im Frühjahr 1908, kurz nach dem ersten Psychoanalytischen Kongreß in Salzburg, zum erstenmal besuchte, kam er in Begleitung eines jungen Engländers, für den der Gastgeber schon allein durch das «Faktum seiner Nationalität» eingenommen war, Ernest Jones. Freud täuschte sich nicht, er konnte kaum einen fähigeren, zielstrebigeren, ja militanteren Verteidiger und Organisator finden. Dennoch, besonders angenehm war ihm dieser «gewiß (…) sehr interessante und wertvolle Mensch» zunächst nicht, er hatte beinahe ein «Gefühl (…) der Rassenfremdheit» gegen ihn, außerdem schien Jones ein Fanatiker zu sein, und aß zu wenig. Freud mußte an Cäsars Wort: «Laßt wohlbeleibte Männer um mich sein» denken, und hier fand er einen «hageren Cassius», den Anstifter zum Mord an Cäsar. Dieser Jones war so radikal, daß Freud sich fast wie ein Reaktionär fühlte.[17]

Der «Menschenfischer», wie sich Freud einmal nannte, war gelegentlich ein schlechter Menschenkenner. Der hitzige kleine Mann aus Wales, scharfzüngig und scharfsichtig, ein begabter Polemiker und, wie fast alle frühen Analytiker, ein unermüdlicher Arbeiter, war in der Tat ein Fanatiker, aber stets im Dienst der Sache, wenn auch nicht immer zum Gefallen des Meisters. Im Grunde hatte ihn die «Dora»-Lektüre zu Freud geführt, er mußte den großen Psychologen kennenlernen, der auf jedes Wort seiner Patienten zu horchen schien; nur von ihm konnte er dies lernen. Am Burghölzli bereitete er sich auf das erhoffte Gespräch vor und will dort auch Jung dazu gebracht haben, den Ersten Internationalen Psychoanalytischen Kongreß zu organisieren. Sein eigener Propaganda-Feldzug für Freud sollte ausgerechnet in Kanada beginnen. Jones war ein passionierter Schachspieler und Eiskunstläufer, so wie Freud und Abraham das Bergwandern liebten, begeisterte er sich für seine

Züge und drehte seine Pirouetten. Er veröffentlichte sogar eine Studie über den einst berühmtesten Schachspieler der Welt, Paul Morphy, der in Depression und Verfolgungswahn geendet war, und ein eher technisches Buch über das Eiskunstlaufen mit sorgfältigen Diagrammen und genauen Anweisungen, dessen Einleitung sich wie eine *Ars amandi* liest: «Alle Kunst, so verfeinert, verkleidet und sorgfältig ausgearbeitet ihre Technik auch sein mag, hat letztlich ihren Ursprung in der Liebe zum menschlichen Körper und in dem Wunsch, ihn zu beherrschen.»[18]

Tatsächlich waren die Frauen Jones' größte Leidenschaft, und dieser hätte er beinahe seine Karriere geopfert. Zumindest wurde seine Laufbahn als Arzt, der sich auf Psychiatrie spezialisiert hatte, schon von dem Verdacht überschattet, sich einer jungen Patientin bei der Untersuchung unsittlich genähert zu haben. Zwar konnte er die Beschuldigung erfolgreich zurückweisen, aber schon 1908 wurde ihm erneut vorgeworfen, seine Stellung in einem Londoner Kinderkrankenhaus mißbraucht zu haben, indem er eine junge Kranke, strikt nach Freudschen Prinzipien, doch entgegen allen medizinischen Vorstellungen des nachviktorianischen England, über die möglichen sexuellen Ursachen ihrer Armlähmung ausgeforscht hatte. Um dem Skandal zu entfliehen, nahm er eine Stelle an einer psychiatrischen Klinik in Toronto an. Er machte kein Hehl daraus, daß er alles andere als gefeit war gegen die erotische Anziehungskraft seiner Patientinnen; eine davon, Loe Kann, eine reiche holländische Jüdin, wurde seine langjährige Geliebte. Sie sollte später Freuds Analysandin werden. Aber bevor Jones nach Kanada ging, reiste er durch Europa, arbeitete für kurze Zeit an Emil Kraepelins Klinik und unterzog sich einer Blitzkur bei Otto Groß, der als einer der ersten auf Freuds Ideen eingegangen war. Viele hielten ihn, den Anarchisten, den Morphiumsüchtigen, den Bekannten Franz Jungs und Kafkas, für einen der genialsten Psychiater, andere schlichtweg für geisteskrank. Vielleicht analysierten sich Jones und Groß auch wechselseitig, da sich dessen Frau «energisch» in den Waliser verschaut zu haben schien, während Groß selber eine Affäre mit Frieda Weekley, geborene von Richthofen, begonnen hatte, der späteren Mrs. D. H. Lawrence.

Das schien böse enden zu wollen, und wieder einmal schürte Jung das Mißtrauen gegen den rätselvollen, unheimlichen und unverständlichen Mann aus Wales, diesen «intellektuellen Lügner». Aber Freud sah in Jones nach wie vor den fanatischen Jünger, der ihn «zaghaft belächelt» und gegen gelegentliche Schwankungen in Theorie und Therapie aus Zürich so nachsichtig war. Dieser Mann würde eher die anderen belügen als die kleine Gruppe von Analytikern. Vielleicht lagen die Probleme auch an der interessanten «Rassenmischung in unserer Schar» – «er ist Kelte und darum uns, dem Germanen und dem Mittelmeermann, nicht ganz zugänglich».[19] Doch schien Jones dem Mißtrauen ständig neue Nahrung zu gelten. Im September 1908 reiste er nach Toronto ab und befand sich schon bald in noch größeren Schwierigkeiten als in London. Sein «Harem», aus Loe Kann, zwei Schwestern und zwei Dienstboten bestehend, gab ohnehin Anlaß zu Gerüchten, und in den folgenden Jahren mußte er sich auch der Anschuldigung einer Patientin erwehren, er habe, um «ihr gutzutun», Geschlechtsverkehr mit ihr gehabt. Die örtliche Liga für Keuschheit forderte seine Entlassung, Ärztekollegium und Klinikverwaltung hielten dennoch an ihm fest. Er wollte die Frau mit Geld beschwichtigen, sie versuchte, ihn zu erschießen. Schließlich ließ Loe Kann das Haus und den Hausherrn sogar bewachen, aber die Gerüchte waren nicht zum Verstummen zu bringen. Bald wurde Jones wiederum von den Männern zweier Patientinnen gerichtlich belangt, von dem einen, weil seine Frau nach der Analyse auf einer Scheidung bestand, von dem anderen, weil seine Ehe zumindest ins Wanken geraten war.[20]

1911 gründete Jones noch von Toronto aus die Amerikanische Psychoanalytische Vereinigung, und als er 1913, nach einer kurzen Lehranalyse bei Sándor Ferenczi, in London eine Praxis eröffnete, hatte er Freuds – stets schwankendes – Vertrauen gewonnen. Dies mag nicht zuletzt daran gelegen haben, daß er, ganz im Stil des treuen, Selbstkritik übenden Parteisoldaten, bekannte, sein «Widerstand» entspringe nicht Einwänden gegen die Theorie, sondern seinem «starken Vaterkomplex». Nun durfte er gelobt werden für seine Aktivität, seine Gelehrsamkeit, sogar für die Aufrichtigkeit seines Stils nun war Freud froh, nicht auf die inneren und äußeren Stimmen gehört zu haben, die ihm seinen getreuen Jones hatten abspenstig machen wollen. Er hatte sich glänzend bewährt, und Freud hatte ihn lieb. Sie würden ein «gutes Stück zusammengehen und arbeiten». Aber erst 1929, zu seinem fünfzigsten Geburtstag, durfte Jones erfahren, daß er immer zur «engeren Familie» gezählt habe.[21]

Der Budapester Psychiater, den Jones konsultiert hatte, war 1901 gebeten worden, die *Traumdeutung* zu rezensieren, er fand das Werk, das er durchgeblättert hatte, ziemlich überflüssig. Erst als er von den Assoziationsexperimenten am Burghölzli las, begann Sándor Ferenczi, sich wirklich für Freud zu interessieren, kaufte sich eine Stoppuhr und unterzog jeden, dem er begegnete, Schriftsteller, Maler, Kellner, Garderobefrauen, dem neuen Test. Und er las die gesamte psychoanalytische Literatur und wollte nun endlich auch den Autor der *Traumdeutung* kennenlernen. Anfang 1908 empfing Freud ihn, auf Empfehlung Jungs, in der Berggasse, schon ein paar Monate später fuhren sie gemeinsam in die Sommerfrische. Ferenczi, warmherzig, liebenswert und großzügig, war ein Mann nach seinem Herzen, voller Charme, Begeisterung und Aufopferungsfähigkeit und mit einer kühnen Phantasie, einem ungehemmten Drang zur Spekulation begabt. Nach Meinung vieler war er, der 1873 Geborene und damit Älteste des Kreises um Freud, der originellste Denker des Cercle, ein hochbegabter Analytiker mit einem besonderen Gespür für die Äußerungen des Unbewußten, ein begeisternder Redner und Lehrer, kurz, das glänzendste Mitglied der Runde.

Dieser Mann mußte ihn anziehen, wenngleich Freud bald ahnte, daß all seine Vorzüge, seine Liebenswürdigkeit und seine Offenheit, zugleich Ferenczis größte Schwäche waren. Der Sohn polnisch-jüdischer Einwanderer, das achte von zwölf Kindern, hungerte nur zu sehr nach Zuneigung, nach Liebe. Sein

Vater, Baruch Fraenkel, ein begeisterter Anhänger der Revolution von 1848, die sich in Ungarn zu einem Unabhängigkeitskrieg gegen Österreich entwickelt hatte, war der aufständischen Armee beigetreten und hatte 1879 seinen Namen zu Ferenczi magyarisieren lassen. Er übernahm eine Buchhandlung in Miskolc, einer Kleinstadt im Norden, die für viele polnische Juden die erste Station in Ungarn war, und begann in den auf die gescheiterte Revolution folgenden Jahren der Unterdrückung, Schriften der ungarischen Widerstandsbewegung zu verlegen; angeblich soll der ganz junge Samuel Fischer, aus dem nicht weit entfernten Liptau stammend, bei ihm in der Lehre gewesen sein. Aber dieser beeindruckende Vater war 1888 gestorben, als Ferenczi gerade fünfzehn Jahre alt war. Die ehrgeizige Witwe führte das Geschäft weiter, mit so viel Erfolg, daß sie ihren sieben Söhnen eine gute Ausbildung und freie Berufswahl ermöglichen konnte. So wuchs Sándor Ferenczi zwischen Büchern auf, schrieb schon als Gymnasiast Gedichte im Stil Heines und litt darunter, daß seine kühle, distanzierte Mutter ihm nie die Liebe geben konnte, nach der er verlangte. Nachdem er in Wien Medizin studiert hatte, ließ er sich 1897 in Budapest nieder, arbeitete zunächst als externer Arzt in der Prostituierten-Abteilung eines Spitals, dann in der Neurologie und Psychiatrie eines Armenkrankenhauses, schließlich eröffnete er eine Privatpraxis als Allgemeinmediziner und Neuropsychiater und war als psychiatrischer Experte bei Gericht tätig.

Freud bestellte diesem anregenden Gesprächspartner für den Sommer gern ein Hotelzimmer in der Nähe des Berchtesgadener Domizils der Familie. Ihr Haus sollte ihm jederzeit offenstehen, aber er sollte seine Freiheit behalten. Das war auch eine Art Warnung an diesen Ferenczi, der in den folgenden Jahren immer wieder um eine besondere Intimität zwischen ihnen beiden rang, zu der Freud nicht bereit war. Gleichwohl hätte er ihn nur allzu gern in die engste Familie hineingezogen, ihn mit seiner Tochter Mathilde verheiratet. Als Ferenczi Anfang 1909 zu ihrer Hochzeit mit dem Kaufmann Robert Hollitscher ein «prunkvoll schönes Geschenk» schickte, dankte Freud ihm mit der Eröffnung, daß er in jenem letzten Sommer in Berchtesgaden viel lieber ihn an der Stelle des jungen Mannes gesehen hätte, den er nun zum Schwiegersohn bekam. Aber seinen eigentlichen Lieblingssohn, seinen Kronprinzen, hatte Freud sich damals längst erkoren.

Im Januar 1908 hatte Jung, als verspätetes Neujahrsgeschenk, Freud die vorläufigen Einladungen zum «1. Kongreß für Freudsche Psychologie» im April in Salzburg geschickt. Noch stand nicht mehr auf dem Programm als eine Sitzung unter Leitung des Herrn Professors. Es war eine Veranstaltung auf historischem Boden, hier hatte Freud 1890 seinen ersten «Kongreß» mit Fließ abgehalten. Immerhin kamen schließlich 42 Teilnehmer, die meisten aus Wien, aber auch die Getreuen und sogar die noch Zögerlichen aus Deutschland, der Schweiz und Ungarn. Brill vertrat die USA, und Jones hatte aus England seinen Freund und späteren Schwager, den Chirurgen Wilfried Trotter, mitgebracht. Neun Referate wurden gehalten, Freud selbst sprach über einen Fall von Zwangsneurose, auf Bitten der Zuhörer fast fünf Stunden lang; es war die Geschichte des «Rattenmanns». Er hätte sich gern Bleuler, der immerhin auch angereist war, als «Präsidenten» des Kongresses gewünscht, da er sich selber, nach den Jahren seiner *splendid isolation*, als Chef so wenig tauglich fühlte. Außerdem würden dann seine Wiener vielleicht auch besser parieren, ohnehin sollte Jung ihnen im Programm Schwierigkeiten machen, damit man nicht in Fülle ersticke. Er kochte ja in Wien allzu häufig mit Wasser. Jung war gegen den Vorschlag, Bleuler zum Präsidenten zu ernennen, da diesem alle Formen fremd und unangenehm seien. Ohnehin sollte man alles Offizielle meiden, wie bei den «mehr republikanischen Zusammenkünften» in der Schweiz. Das gefiel Freud. Er wollte nicht «als geächteter Ritter den privaten Reichstag» leiten, «der zur Verteidigung meiner Rechte gegen Kaiser und Reich einberufen wird»[22]. Am allerliebsten wäre er mit Jung in Salzburg ganz ungestört geblieben. Doch als Überraschungsgast tauchte nun auch sein Halbbruder Emanuel aus England auf, «für seine 75 Jahre unglaublich fesch, aber doch zum erstenmal deutlich gealtert». Die beiden verbrachten noch einen Tag länger in Salzburg, tranken Bier – «meist doch er» –, dann reiste Emanuel weiter nach Berlin.

Immerhin hatte man auf dem Kongreß beschlossen, künftighin eine Zeitschrift zu veröffentlichen, das *Jahrbuch für psychoanalytische und psychopathologische Forschungen*, herausgegeben von Freud und Eugen Bleuler, redigiert von Jung. Als Karl Abraham jedoch später seinen Salzburger Vortrag veröffentlichen wollte und bei Freud anfragte, unter welchem Titel er den Kongreß erwähnen sollte, bestand dieser darauf, ihn überhaupt nicht zu nennen, da es sich bei der Veranstaltung zwar um eine «verheißungsvolle Probe» gehandelt habe, die jedoch kaum für die Öffentlichkeit bestimmt sei. Gleichwohl hatte er sich danach «sehr erfrischt» gefühlt; es gab nun, trotz seines nie enden wollenden Jammerns über seine Einsamkeit, eine kleine Welt, die bereit war, ihn anzuerkennen. Natürlich war auch diese Welt überschattet von Eifersucht und Rivalität, seinem Mittwochs-Kreis, den er inzwischen in die «Wiener Psychoanalytische Vereinigung» umbenannt hatte, mißfiel, wie erwartet, seine Begeisterung für die Zürcher. Und zwischen Karl Abraham und Jung kam es zum offenen Streit. Beide hatten einen Vortrag über *Dementia praecox* gehalten, Abraham ganz auf dem Boden der Sexualtheorie, Jung seiner eigenen Idee folgend, es handle sich um einen durch ein «Psychotoxin» ausgelösten Zustand des Gehirns. Aber wiewohl Freud diese Ansicht nicht teilen konnte und im Grunde ein «ganz oder gar nicht» verlangte, wollte er den Freund, zu dem ihn soviel hinzog, beschwichtigen. Jung möge sich doch bitte nicht aus persönlichen Gründen mit Abraham entzweien, das stünde Psychoanalytikern nicht an, selbst wenn dieser es in seinem Vortrag versäumt hatte, die Quellen zu nennen, die früheren Arbeiten Bleulers und Jungs.

Noch am selben Tag schreibt er an Abraham, mit der Bitte um Toleranz gegen seinen ehemaligen Kollegen und Chef, er hatte es doch eigentlich viel leichter: «Denn erstens sind Sie völlig unabhängig, und dann stehen Sie meiner intellektuellen Konstitution durch Rassenverwandtschaft näher, während er als Christ und Pastorensohn nur gegen große Widerstände den Weg zu mir findet.» Jung beharrte darauf, Abraham des Plagiats zu bezichtigen, und dem galt seine «unverhohlene Verachtung»: Dieser Mann war eben kein Gentleman. Und das war das Schlimmste, was einem in seinen Augen passieren konnte. Abraham entschuldigte sich bei Freud, auch an Jung hatte er schon geschrieben. Nun glaubte Freud, daß der «verhaltene Antisemitismus der Schweizer» ihn schone, um sich verstärkt auf Abraham zu werfen. Man mußte aber, um als Jude irgendwo mitzutun, ein Stück Masochismus entwickeln: «Sie können sicher sein, daß wenn ich Oberhuber heißen würde, meine neuen Ideen trotz aller anderen Faktoren weit weniger Widerstand antreffen würden.» Sie waren doch nur so wenige: «Man soll nicht hadern, wenn man Troja belagert.»[23]

Der Kronprinz: C. G. Jung

Im Herbst 1908 fährt Freud nach England, 23 Jahre nach seiner ersten, so beglückenden, so entscheidenden Reise. Er besucht Emanuel in Southport, auch seinen Neffen John, den Freund-feind der Kindheit, würde er gern nach so vielen Jahren wieder-sehen. John ist verschollen, keiner weiß Genaues um seinen Ver-bleib. Vielleicht ist er in London, jedenfalls hoffte Freud, ihn dort, in der Stadt, die er jetzt zum erstenmal sieht, zu treffen, denn die «Einsamkeit in dem Getümmel», in dem allein die Ox-ford Street eine «verzehnfachte Kärntnerstraße» ist, erscheint ihm unerträglich. Wenn er nicht so sehr unter diesem bedrük-kenden Gefühl des Alleinseins litte, wie gern bliebe er an die-sem Ort, von dessen Pracht und Eleganz sich seine Lieben zu Hause gar keine Vorstellung machen können, wo die Zigarren so ausgezeichnet sind, sogar eine kleine Kürbispfeife hat er sich gekauft, und wo er Tage in den Museen und Parks schwelgen kann. In der National Portrait Gallery notiert er seine Eindrük-ke. Sie haben so oft Kindergesichter, die großen Helden, und die Maler und Künstler, die Heroen der Antike, sie erinnern doch immer wieder an daheim, an die bekannten Züge von Krafft-Ebing, von Gomperz, von Emanuel Löwy, seinem Freund; selbst der Unterrichtsminister von Hartel scheint ihm hier wi-dergespiegelt zu sein.[1] Von London geht es über Berlin weiter nach Zürich. Drei Tage bleibt er nach der Englandreise im Burg-hölzli als Gast «bei den nettesten Wirten», er besichtigt den Rohbau des neuen Hauses der Jungs in Küsnacht, die Zeit ist so verheißungsvoll. Nach seiner Rückkehr begrüßt er ihn, noch immer gut aufgelegt, als seinen «lieben Freund und Erben».[2]

Aber keine Angst, seine Vaterschaft soll Jung nicht drücken, er kann doch im Grunde wenig für ihn tun, er kann nur geben, was er hat. Und alles entwickelt sich so prächtig für den Freund, der im Dezember die Geburt seines Sohns Franz Karl, seine neue Arbeit über den Vaterkomplex und seine soziale Befreiung feiern kann. Jung hatte sich entschlossen, das Burghölzli zu verlassen und eine Privatpraxis zu eröffnen. Wenn er sich bloß mit Abraham ein wenig besser vertrüge, aber keine Sorge, den hat Freud tüchtig ausgeschimpft, ihm sogar geschrieben, er leide unter einer «Andeutung von Verfolgungscomplex». Warum regt er sich so auf, nur weil Jung eine seiner Arbeiten fürs *Jahrbuch* aufgeschoben hat? Abraham müßte es endlich einsehen: «Unsere arischen Genossen sind uns doch ganz unentbehrlich, sonst verfiele die Psychoanalyse dem Antisemitismus.»[3] Er selbst, Abraham, hatte ihm ja geschrieben, wie in Berlin über die infantile Sexualität diskutiert wurde. «Leichtsinnige Behauptungen» und «alles Unsinn» waren während einer Diskussion in der «Gesellschaft für Psychiatrie und Nervenkrankheiten» noch die mildesten Urteile, ein «streberhafter Kollege, bei dem die Konversion zum Christentum nur unvollkommen geglückt ist», sah die «deutschen Ideale», die Mutterliebe, sogar das deutsche Märchen in Gefahr, wenn alles nur sexuell sein sollte.[4] Selbst Abrahams entfernter Verwandter, Hermann Oppenheim, einer der einflußreichsten Neurologen und selbst jüdischer Abstammung, äußerte im privaten Zirkel, die Psychoanalyse eigne sich nur für eine besondere Art nach Berlin strömender Juden, für die degenerierten Ostjuden.[5] Konnte nicht nur in diesem sinnlichen Wien ein solcher Wüstling sich mit seinen pornographischen Geschichten an die Öffentlichkeit wagen, nur dort solche Ideen ausbrüten? Das war ein anderer, gern herbeizitierter Vorwurf, und zwischen den Zeilen war, so Freud, deutlich zu lesen, «daß wir Wiener nicht nur Schweine, sondern auch Juden sind».

Es gab nur allzu gute Gründe, die Zentrale der psychoanalytischen Bewegung ins nüchterne Zürich zu verlegen. Doch zugleich suchte Freud, der wie die meisten seiner Anhänger und die Mehrzahl seiner Patienten seine bitteren Erfahrungen mit dem Antisemitismus gemacht hatte, nach Rationalisierungen.

Denn etwas zog ihn hin zu diesem Jung, der allein schon durch sein imponierendes Äußeres, sein soldatisches Auftreten, durch sein Temperament, eine Beredsamkeit und durch seine abgehobenen Phantasien sich von seinen anderen Mitarbeitern unterschied, vor allem von seinen Wienern, von denen es wohl intellektuell nur der kleine Rank mit ihm aufnehmen konnte, «wenn er erst seinen Schulsack gefüllt», Matura und Studium nachgeholt hatte. Sicherlich umwarb er ihn, den Oberarzt an einer renommierten Universitätsklinik, zunächst aus pragmatischen Gründen, Jung hatte versprochen, Bleuler ganz für die «Sache» zu gewinnen. Er wollte den Kampf für ihn aufnehmen, schon 1907, auf dem Internationalen Kongreß für Neurologie und Psychiatrie in Amsterdam, mit einem Vortrag über *Die Freudsche Hysterietheorie* all seine Feinde in den Staub treten, all die Professoren und Irrenwärter, die öffentlich zum Terrorismus gegen Freud aufriefen. Er war damals kläglich gescheitert in dieser «schlimmen Mördergrube», mußte sein Referat abbrechen, weil er die Zeit nicht eingehalten hatte, und schließlich, nach wiederholten Mahnungen des Vorsitzenden, mit hochrotem Kopf den Saal verlassen. Aber was waren diese Kerle, Gauner und Schwachköpfe im Grunde für arme Teufel, gefesselt in der Angst vor ihren eigenen Verdrängungen, befangen in der Furcht, Anstoß zu erregen und ihrer Karriere zu schaden? Nein, Jung sollte nur weitermachen, sie würden ihre Zeitschrift gründen: «Man wird schimpfen, kaufen und lesen.» Und in der Erinnerung würden ihm die Jahre des Kampfes dereinst als die schönsten erscheinen. Er fühlte sich zu alt dazu, deshalb sollte Jung sich bloß nicht allzuviel aus ihm machen, er war «zu menschlich, um dazu zu taugen». Warum wollte der Freund denn bloß ein Bild von ihm? Seit fünfzehn Jahren hatte er keinem Photographen mehr freiwillig gesessen, er war eitel und vertrug die «körperliche Dekadenz» schlecht. Nun gut, eine Spontanaufnahme, die seine Söhne von ihm gemacht hatten, ganz ungekünstelt, die könnte er ihm schicken oder lieber noch einen Abdruck der Plakette, die er zu seinem fünfzigsten Geburtstag bekommen hatte.[6]

Jung ließ das Photo vergrößern und verteilte es auch an einige Kollegen, so daß Freud nun in Zürich «in manch stille Kammer» eingetreten war. Öffentlich gab er sich, so erinnerte sich A. A. Brill, als der «glühendste Freudianer»: «Er duldete kein Abweichen von Freuds Ansichten; leidenschaftlich und brillant weigerte er sich, die andere Seite zu sehen. Wer es wagte, Zweifel an dem anzumelden, was damals gewiß neu und revolutionär war, zog unverzüglich seinen Ärger auf sich.»[7] Dabei war Jung selbst, im stillen Kämmerlein, einer der größten Zweifler. Schon 1904, als er mit Franz Riklin zusammen die Studien über ihre Assoziationsexperimente auszuarbeiten begann, war er versucht gewesen, Freuds Namen gar nicht zu erwähnen. Aber schließlich widersetzte er sich dieser Einflüsterung des Teufels, nun wollte er offen Partei für Freud ergreifen, auch wenn er von dessen Auffassung, die Ursache der Neurose sei immer eine sexuelle, nicht ganz überzeugt war. Doch präsentiert er ihm schon im Oktober 1906, ein halbes Jahr nachdem er dem «hochgeehrten Herrn Professor» seine Arbeit über die *Dementia praecox* geschickt hatte, eine «hübsche» Defäkationsgeschichte, den Fall einer 20jährigen russischen Studentin mit analerotischen Neigungen aus früher Jugend und heftigem Masturbationsdrang. Bereits im Jahr zuvor hatte er sich deswegen an Freud wenden, ihm Sabina Spielrein mit der Empfehlung zur Konsultation schicken wollen, es handele sich um eine «höchst intelligente und begabte» Patientin, wenngleich von rücksichtslosem und unbilligem Wesen, ohne «jegliches Gefühl für Opportunität und äußeren Anstand, wovon natürlich viel auf russische Eigentümlichkeit muß geschoben werden».[8] Offenbar erreichte dieser Brief nie seinen Adressaten, aber nun war Freud als korrespondierender Supervisor gefragt, war er voll der Hoffnung, daß ihm Jung in den strittigen Fragen im Laufe der Jahre viel näher kommen werde, als er es jetzt noch für möglich halte.

So hatte ihr bald schon immer intensiver werdender Austausch begonnen, die Beziehung zwischen zwei Männern, die, durch einen Altersunterschied von fast zwanzig Jahren voneinander getrennt, unterschiedlicher kaum hätten sein können.

Jung, der Sohn eines protestantischen Landpfarrers, der seinen Glauben angeblich durch das von Freud übersetzte Buch von Hippolyte Bernheim über Suggestion verloren hatte, war schon früh in eine Phantasiewelt geflüchtet, die von beunruhigenden Träumen ebenso durchwirkt war wie von den mystizistischen Neigungen der Mutter. Die Ehe der Eltern war zerrüttet, die Mutter wurde sogar zeitweise in einer nahe gelegenen Anstalt untergebracht. Der Sohn litt zeitweise unter Erstickungsanfällen, fingierte manchmal auch Ohnmachten und entwickelte sich, nach dem Zeugnis seines Freundes Albert Oeri, zu einem ungeselligen, asozialen Monstrum. Zu Jungs phantastischem Familienroman gehörte außerdem die Legende, der Großvater, nach dem er benannt war, der Arzt und Freimaurer Carl Gustav Jung, sei ein unehelicher Sohn Goethes gewesen.

Als er 1895 in Basel Medizin zu studieren begann, schloß er sich einer Verbindung an, die sich der Literatur und dem Trunk widmete. Dort hielt er aus philosophischen, physikalischen und okkultistischen Versatzstücken zusammengeklaubte Vorträge gegen den Materialismus der Zeit und die «Judaisierung der Naturwissenschaften». Seine Mutter hatte zu jener Zeit begonnen, spiritistische Sitzungen abzuhalten, in denen seine Kusine als Medium diente. Nur lud der eitle junge Student leider einige Kommilitonen zu einer Séance ein, die das ganze rasch als modischen Schwindel entlarvten. Aber immerhin hatten sich auch bedeutende Wissenschaftler wie der Philosoph und Psychologe William James, der ältere Bruder des Romanciers Henry James, der Erforschung parapsychologischer Phänomene gewidmet, und so war es nicht allzu verwunderlich, daß Jung unter Eugen Bleulers Obhut seine Dissertation *Zur Psychologie sogenannter okkulter Phänomene* schrieb. Doch obwohl der Direktor ihn für ein Forschungssemester an die Salpêtrière schickte und einige der später bedeutendsten Psychologen und Analytiker am Burghölzli arbeiteten, langweilte sich Jung in dem psychiatrischen Kloster, wo der Alkoholkonsum für die Patienten ebenso wie die dort wohnenden Ärzte verboten war und man nach zehn Uhr abends nur mit Erlaubnis des Professors oder seines ersten Assistenten ausgehen durfte. 1903 heiratete er schließlich eine reiche Fabrikantentochter, Emma Rauschenbach, die seinen ersten Antrag mit den Worten abgelehnt hatte, sie wolle keinen «hergelaufenen Ideologen» zum Mann.

Von seiner Freud-Lektüre hatte er sich vor allem einen Gewinn für seine Studien zur Dementia praecox versprochen, aber nun machte ihn der Mann aus Wien nicht nur zu seinem Forschungsassistenten, seinem «stärksten Helfer», er schien sogar entschlossen, ihm ein Imperium zu Füßen zu legen, das es noch zu gründen galt und das dieser, seines Alters wegen, vielleicht nie erblicken würde. Alle Differenzen über die «††† Sexualität» schienen vergessen nach der Begegnung im Frühjahr 1907. Jung gestand, daß er nun den «erweiterten Sexualitätsbegriff (...) etwas assimiliert und an verschiedenen konkreten Fällen erprobt» habe und Freud im allgemeinen zustimme. Was machte es, daß er drei Wochen lang gezögert hatte mit diesem Schreiben, daß er von einem Aufruhr seiner Komplexe sprach und ihren Gesprächsmarathon seine «Konfirmation» nannte? Ja, daß er ausdrücklich dazu riet, die Sexualtermini nur für die extremsten Formen der Libido aufzusparen, das Publikum zu schonen, vor allem Bleuler, der wieder einmal schwankte. Jung selbst hat in seinen Erinnerungen Freud als den «ersten wirklich bedeutenden Mann», dem er begegnete, beschrieben, kein anderer habe sich an ihm, in dessen Einstellung es nichts Triviales gab, messen können. Warum er dennoch später jene Gerüchte über Minna in die Welt setzte, die so viele für Wahrheit nahmen, als den eigentlichen Grund für seine zögerliche Antwort, seinen Widerstand gegen das Schreiben? Vielleicht war er längst verstrickt in seine Beziehung zu Sabina Spielrein, die er, obschon sie womöglich übers Küssen nie hinauskamen, wie eine verbotene Affäre lebte. Ob er sich tatsächlich, wie er der Spielrein erzählt haben soll, ein wenig verguckte in die «sehr hübsche und sehr intelligente» Sophie Freud? Für deren Vater war nur wichtig, daß Jung nunmehr an ihn glaubte und auch an seine Theorie – «bis auf weiteres»[9].

Und wie er schwärmte von Freuds jüngstem Werk, der kleinen Studie über Wilhelm Jensens *Gradiva,* ihm versicherte, man müsse von den Göttern siebenfach mit Blindheit geschlagen sein, wenn man jetzt nicht endlich sehe. Er konnte gar nicht mehr verstehen, daß er einmal, «vor der Reformation seines psychologischen Denkens», anders empfunden hatte: So «verstandesmäßig unrichtig und unvollkommen, (...) recht eigentlich moralisch minderwertig, (...) wie eine große Unehrlichkeit» gegen sich selbst erschien ihm jetzt sein früheres Denken.[10] Als Freud im Juli 1907 in Ferien ging, waren ihm Jungs Nachrichten bereits zum «Bedürfnis» geworden. Er fühlte sich persönlich verarmt, wenn der andere die Korrespondenz über längere Zeit ruhen ließ.

Aber dieser Kerl war gar zu unzuverlässig, er ließ ihn allzuoft warten und präsentierte dann auch noch eine Erklärung, über die Freud eigentlich hätte erschrecken müssen: Seine Schreibfaulheit entspringe einem Selbsterhaltungskomplex, da er ihn als Menschen und Forscher grenzenlos bewundere und ihn auf eine religiös-schwärmerische Art verehre, die ihm zwar keine Beschwerden verursache, ihm aber wegen des «unverkennbar erotischen Untertons ekelhaft und lächerlich» sei. Als Knabe sei er nämlich Opfer eines homosexuellen Attentats durch einen von ihm verehrten Menschen geworden. Schon während seines Wienbesuchs habe er jenen Ekel verspürt, den er auch gegen Kollegen empfinde, die psychologisch allzu stark auf ihn übertrugen. Und deshalb fürchtete er Freuds Vertrauen. Deshalb mied er Intimitäten und alles, was sentimental oder exhibitionistisch sein könnte. So war ihm auch Freuds Deutung seines Wiener Traums, daß er mit ihm konkurrieren, ihn entthronen wolle, zu einfach gewesen. Jung hatte ihn damals als «uralten, überaus gebrechlichen Greis» neben sich gehen sehen, und nun wußte er endlich die Lösung: «Mein Traum beruhigt mich über Ihre ††† Gefährlichkeit.» Der Gedankenleser vermochte nicht, zwischen den Zeilen zu lesen; der Rätsellöser wollte geblendet sein. Nein, Freud war ganz beruhigt über diese Mitteilungen, fatal wäre ihm bloß eine Übertragung «von der Religiosität her» gewesen, da diese «nur mit dem Abfall» enden könnte. Er wollte daher sein Möglichstes tun, um sich als völlig ungeeignet zum «Kultgegenstand» zu erweisen.[11]

Er wollte nicht eingehen auf Jungs Mitteilung, daß dieser kürzlich wegen seiner Verdienste als Okkultist zum «Honorary Fellow of the American Society for Psychical Research» gewählt worden war, wollte nichts davon wissen, daß er sich mit Spuk abgab und dabei auch die Psychoanalyse zu Hilfe nahm. Jung hatte sich nach Freuds Ansicht durch seine Beichte ein Stück weit von seiner «früher sehr lebhaften Religiosität» befreit, das «gemeinsame Arbeitsziel» war ein «heilsames und bedeutend schweres Gegengewicht». Und soviel gab es noch zu tun. Die «Freud-Schlacht» mußte fortgesetzt werden, mit Jung als Feldherrn. Wie sollte man Deutschland gewinnen, wenn nicht irgendein «Oberbonze» die Psychoanalyse feierlich anerkannte, «vielleicht wäre der kürzeste Weg, den Kaiser Wilhelm, der ja alles versteht, für sie zu interessieren?» Ob Jungs Verbindungen so weit reichten? War das eine Anspielung auf seine parapsychologischen Künste oder auf den verehrten Urgroßvater Goethe? Vielleicht könnte man auch den Herausgeber der *Zukunft*, Maximilian Harden, der schon einmal einen Aufsatz von Jung über *Kryptomnesie*, das geheime verborgene Erinnerungsvermögen, veröffentlicht hatte, für die künftige Psychiatrie gewinnen[12], einen der bestgehaßten Journalisten Deutschlands, der 1906 Anklage gegen die Hofkamarilla erhoben und den einflußreichen Fürsten von Eulenburg der Homosexualität bezichtigt hatte? Ja, Freud war zum Scherzen aufgelegt. Er wollte nichts hören von Abrahams Warnungen, wollte nichts wissen von Jungs Eifersucht, seinem Neid gegen die Kollegen. Aber kurz vor dem Salzburger Kongreß mußte er ihm ein «Geheimnis» verraten, er hatte nämlich herausgefunden, daß bei der Paranoia eine homosexuelle Komponente im Spiel war. Natürlich dachte er dabei an seinen einstigen Freund Fließ, der eine «schöne Paranoia» entwickelte, nachdem er sich «der gewiß nicht geringen Neigung» zu ihm entledigt hatte. Jung verstand. Er bat Freud, ihn das «unverdiente Geschenk seiner Freundschaft», diesen Höhepunkt seines Lebens, nicht als Beziehung

Gleichberechtigter, sondern als die von Vater und Sohn genießen zu lassen.[13]

Ende 1908 erhielt Freud eine Einladung der Clark University in Worcester, aus Anlaß des zwanzigjährigen Jubiläums des «kleinen, aber ernsthaften Instituts» in Massachusetts sollte er eine Reihe von Vorträgen halten, von denen man sich wichtige Anregungen für die Psychotherapie erhoffte. Aber er hätte dafür seine Arbeit um zwei Wochen früher als sonst abbrechen müssen, die Reisekosten waren nicht üppig genug, und er war nicht so reich, für die Anregung Amerikas das Fünffache ausgeben zu können, nein, das war natürlich geprahlt, das Zweieinhalb- bis Dreifache.[14] Dennoch fühlte er sich geschmeichelt, ohnehin begann das neue Jahr vielversprechend. Jungs «Kränzchen» am Burghölzli gedieh, 26 Mitglieder waren unlängst zugegen, und aus der Schweiz, und zwar ausgerechnet aus einem Lager, in dem Anhänger zu finden er niemals gehofft hatte, kam auch ein neuer, erstaunlicher Propagandist seiner Lehre: Der 1873 geborene Oskar Pfister war Pfarrer in Zürich und hatte ihm eine Arbeit über *Wahnvorstellung und Schülerselbstmord* überreicht. Dieser allem Dogmenzwang fremde Seelsorger, dieser «prächtige Mensch», für Freuds Kinder kein «heiliger Mann», sondern ob seines gewinnenden, freundlichen Wesens eher ein «Rattenfänger von Hameln», war durch seine Arbeit mit Jugendlichen und anderen Gemeindemitgliedern geradezu prädestiniert, der Psychoanalyse auch bei Gesunden, bei «Normalen» Achtung zu verschaffen. Er selbst hatte gerade seine Geschichte des «kleinen Hans», seines Lieblings, seines Glücksfalls, beendet. Im übrigen ging die *Psychopathologie des Alltagslebens* in die dritte Auflage, so kamen sie «doch unzweifelhaft vorwärts». Und Jung würde, wenn er, Freud, der Moses sei, als Joshua «das gelobte Land der Psychiatrie, das ich nur von ferne erschauen darf, in Besitz nehmen».[15]

Im März wiederholte Stanley Hall, der Präsident der Clark University, seine Einladung, die Jubiläumsfeier war auf September verschoben, das Reisegeld erhöht worden. Freud mußte an seine ersten Praxismonate 1886 denken, als er geglaubt hatte, in Wien nicht überleben zu können, und mit seiner Braut nach Amerika auswandern wollte. Nein, diese Einladung war doch, von der Freude am *Jahrbuch* abgesehen, der stärkste Eindruck der letzten Jahre. Aber wann kam Jung endlich, wie versprochen, nach Wien, damit sie alles bereden konnten? Warum schrieb er nicht wenigstens häufiger? Jung hatte andere Sorgen. Eine Patientin, die er «vor Jahren mit der größten Hingabe aus schwerster Neurose gerissen hatte», mißbrauchte sein Vertrauen «in denkbarst verletzender Weise». Sabina Spielrein drohte mit einem wüsten Skandal, weil er, «immer in den Grenzen des Gentleman», sich dem Vergnügen verweigert hatte, ihr ein Kind zu machen. Das schmerzte, und trotz besten Gewissens fühlte man sich nicht ganz sauber: «Aber Sie wissen es ja, daß der Teufel auch das Beste zur Schmutzfabrikation verwenden kann.» Nun wenigstens wußte er jetzt, wo er ihn zu fassen hatte, wußte um die «Weisheit der Eheführung» und seine polygamen Komponenten.[16] Freud entschuldigte sich für sein Drängen und seine Empfindlichkeit bei «nachlassender Korrespondenz», deren Genese aus den Erlebnissen mit Fließ ihm so überdeutlich war. Und er tröstete: «Verleumdet und von der Liebe, mit der wir operieren, versengt zu werden, das sind unsere Berufsgefahren, derentwegen wir den Beruf wirklich nicht aufgeben werden.» Hatte nicht der «Herr Großvater» – Goethe – ganz ähnlich gesprochen: «Bist mit dem Teufel du und du, und willst dich vor der Flamme scheuen?»[17] Mehr noch als die Gerüchte um die junge Dame, die angebliche Geliebte, die inzwischen auch nach Wien gedrungen waren, irritierte ihn nämlich der theologische Ton, dessen Jung sich in seinem Brief beflissen hatte. Dieser versprach, nicht nur für den Augenblick, sondern für alle Zeit, daß nichts «Fließ-Ähnliches» geschehen werde, daß seine Zuneigung, solange sie keine Verliebtheit war, dauerhaft und verläßlich sei.

Ende März kann Freud sich endlich davon überzeugen, Carl und Emma Jung kommen für fünf Tage nach Wien. Man unterhält sich auch über Parapsychologie, die Freud für schlichten Unfug ansah. Plötzlich ertönt ein lauter Knall aus dem Bücherregal, Jung sagt einen zweiten voraus, und so geschieht es. Er fühlt sich trotz seiner «Spiritisterei» glücklich befreit vom «drückenden Gefühl» der Vaterautorität und feiert dies mit einem «großen Traum» und dem Vorschlag, neben der Psychoanalyse eine Art Psychosynthese, die mehr auf die Zukunft denn auf die Vergangenheit gerichtet sein soll, zu etablieren. Freud ist enttäuscht, daß Jung ihn ausgerechnet an dem Abend, da er ihn «förmlich als ältesten Sohn adoptierte», ihn «zum Nachfolger und Kronprinzen in partibus infidelium» – in den Gefilden der Ungläubigen – «salbte», seiner väterlichen Würde entkleidete. Aber so sind wohl die Jungen, haben ihre Freude daran, die Alten zurückzulassen. Allein der Klopfspuk wiederholt sich nicht, entgeistert scheint das Mobiliar wie Griechenlands entgötterte Natur, und auch von der sogenannten Psychosynthese hält Freud ohnehin nichts. Also muß er sich wieder die «hölzerne Vater-Brille» aufsetzen, um den «lieben Sohn» zur Vernunft zu mahnen. Er kommt ihm sogar entgegen, indem er ihm von seinem eigenen Aberglauben erzählt, seiner Idee, in einem bestimmten Alter, mit Anfang fünfzig oder in seinen frühen Sechzigern, sterben zu müssen, seiner spezifisch jüdischen Mystik. Jungs «holden Wahn» will er daher mit Interesse verfolgen.[18]

Aber der «Sohn» lebte inzwischen in ganz und gar wildem Wahne, denn angeblich verbreitete Sabina Spielrein, die Undankbare, der er aus moralischer Pflicht über Jahre zu helfen versuchte und die es nur planmäßig darauf abgesehen hatte, ihn zu verführen, nun in Zürich, er werde sich scheiden lassen; diese Russen waren eben, wie der Professor gesagt hatte, ungeduldig und ohne jede Tiefe, «ein nichtsnutziges Geschlecht». Und er wollte endlich seine Privatpraxis eröffnen und mußte auf seinen Ruf achten. Wieder wußte Freud Trost: Solche Erfahrungen waren zwar schmerzlich, aber notwendig, nur auf diese Weise lernte man das Leben kennen. Er selber war zwar nie so hereingefallen, doch einige Male sehr nahe daran gewesen und hatte «a narrow escape», geschützt durch die schwierigen Umstände, unter denen er seine Arbeit zu leisten hatte, und durch sein Alter. Aber, noch einmal, solche Erlebnisse schadeten nicht, nur so wuchs einem die harte Haut, derer man bedurfte, um der Gegenübertragung Herr zu werden: «Es ist ‹a blessing in disguise›.» Und diese Frauen, die all ihre psychischen Vollkommenheiten einsetzten, um ihren Zweck zu erreichen, boten sie nicht das «großartigste Naturschauspiel»?[19]

Sabina Spielrein, 1885 in Rostow am Don geboren, Tochter aus reicher russisch-jüdischer Familie, war 1904 nach Zürich gekommen, um Medizin zu studieren. Schon kurz darauf wurde sie mit schweren Depressionen, die abwechselten mit Lach-, Wein- und Schreikrämpfen, ins Burghölzli eingeliefert; Jung diagnostizierte eine «psychotische Hysterie» mit masochistischen Neigungen und Haßanfällen gegen den Vater. Aber ein Jahr später hatte seine Patientin ihr Studium wieder aufgenommen, hatte ihm sogar, zusammen mit seiner Frau Emma, bei seiner Habilitationsschrift geholfen, und begann 1909, sich auf ihr Abschlußexamen vorzubereiten. Diese junge Russin war sicherlich von «elementarer Leidenschaftlichkeit», zum erstenmal verliebt, verstrickt in eine Jung nicht fremde Mischung aus Mystik und Eros und von der poetischen Phantasie besessen, ihm ein Söhnchen, einen kleinen Siegfried, einen Götterabkömmling, zu schenken; er hatte dies als realen sexuellen Wunsch begriffen. Doch war sie weder oberflächlich noch eines jener «Naturkinder, die (...) nach des Dichters Worten nur zugänglich sind ‹für Suppenlogik mit Knödelargumenten›», wie Freud mit Heine gern zu sagen pflegte.[20] Davon konnte er sich inzwischen selbst überzeugen, sie hatte ihm geschrieben, er hatte sich zunächst dumm gestellt, dann aber, nachdem sie ihm genauere Aufklärung gab, «außerordentlich weise und scharfsinnig» geantwortet, wie ein Sherlock Holmes den Sachverhalt erratend, den er längst kannte, und ihr zu einer würdigeren Erledigung der Affäre geraten. Der «Sohn und Erbe» Jung, der sich so schuldbewußt an die Brust klopfte, weil er das Erbteil beinahe verschleudert hätte, möge sich also nicht länger grämen: «Kleine Laboratoriumsexplosionen werden bei der Natur des Stoffes, mit dem wir arbeiten, nie zu vermeiden sein.»[21]

Das Schönste war doch, daß nun auch Jung nach Amerika eingeladen war. Sie würden auf der «George Washington» fahren und zu Ferenczi, der sich schon früher entschlossen hatte, auf eigene Kosten mitzureisen, sehr nett sein. Jetzt beichtete Jung endlich fast all seine Sünden. In seinem Wahn, Sabina Spielrein stelle ihm sexuell nach, hatte er nämlich ihrer Mutter geschrieben, er sei nicht der Befriediger ihrer Tochter, sondern bloß ihr Arzt. Das war natürlich eine «Schufterei», die er Vater Freud nur ungern bekannte. Ob dieser ahnte, daß Jung mit seinem Brief an Frau Spielrein gleichzeitig eine Honorarforderung à Fr. 10 pro Konsultation geschickt hatte? Jedenfalls war Freud bereit, Sabina Spielrein, die sich inzwischen «in anständigster Weise» betrug, ein paar Zeilen zu schreiben, um sie von Jungs «perfect honesty» wissen zu lassen. Vielleicht war er schon zu parteiisch für ihn und im übrigen «zu sehr auf die Ratten eingestellt».[22]

Zwei Musterpatienten

Er wollte unbedingt vor ihrer Abreise seine *Bemerkungen über einen Fall von Zwangsneurose* fertigschreiben, die Geschichte seines «Angstmanns», der ihm die allerschönsten Lösungen präsentiert hatte und eigentlich «den Doktorhut wie der malade imaginaire» verdiente. Aber die Arbeit wurde ihm so schwer, zu umfangreich und dabei doch im Grunde unvollständig: «Was für Pfuschereien sind unsere Reproduktionen, wie jämmerlich zerpflücken wir diese großen Kunstwerke der psychischen Natur?»[1] Das kam ausgerechnet von dem Mann, den nicht nur Analytiker, sondern auch Literaten und literarisch Gebildete ob seiner Darstellungskunst bewunderten. Doch Freud wollte nicht nur die Genese einer klassischen Zwangsneurose beschreiben, sondern diesem Patienten mit der überbordenden Phantasie, einem anderen seiner Lieblinge, den er wider alle Regeln der psychotherapeutischen Abstinenz gelegentlich zum Essen einlud, gerecht werden. Sicherlich, auch während der Niederschrift der Geschichte des «kleinen Hans» hatte er geklagt, so wie er stets sein Mißfallen an seinen Arbeiten zu bekunden pflegte, aber wieviel leichter war es gewesen, diese *Analyse der Phobie eines fünfjährigen Knaben* darzustellen, an der er nur indirekt beteiligt war, als Ratgeber und Supervisor, und die ihm doch die Möglichkeit gewährte, «unmittelbar am Kinde jene sexuellen Regungen und Wunschbildungen zu erfahren», die er in der Theorie in den *Drei Abhandlungen* vorgeführt hatte, die er seinen entwachsenen Patienten mühsam entlocken mußte. Und damit konnte er nun 1909 das neugegründete *Jahrbuch* eröffnen.

Der kleine Hans, Herbert mit richtigem Namen, Sohn seines Anhängers und Freundes Max Graf, war nach psychoanalytischen Prinzipien, so frei wie möglich, das heißt mit nicht mehr Zwang, als Konvention und Sitte es erforderten, erzogen worden. Schon früh hatten die Eltern begonnen, Träume und Phantasien ihres kindlichen Schurken aufzuzeichnen, der gar nicht schnell genug Antworten auf seine bewußten und unbewußten Fragen bekommen konnte und ein überaus großes Interesse an seinem «Wiwimacher» zeigte, ein Exhibitionist und Voyeur, hemmungslos promisk, verliebt in die Mutter, in die Töchter und die Söhne von Freunden und Bekannten. Aber das glückliche polymorph-perverse Sexualleben des kleinen Helden endete jäh 1908, als der Fünfjährige eine lähmende Angst vor Pferden entwickelte. Der Junge, der das «Pferdspielen» mit seinen Freunden so sehr geliebt hatte, fürchtete nun, die großen Tiere könnten ihn beißen oder mit den schweren Wagen, die sie zogen, umstürzen. Schließlich mochte er das Haus kaum mehr verlassen. Der Vater vermutete zunächst, daß die Zärtlichkeiten der Mutter ihn allzu sehr erregten oder daß er sich wegen seines Masturbierens ängstigte. Ganz konventionell war ihm nämlich, als man ihn mit dreieinhalb Jahren dabei erwischte, gedroht worden, der Doktor werde ihm den «Wiwimacher» abschneiden. Auch Geschwisterrivalität wurde als Quelle seiner Angst in Betracht gezogen, etwa um die gleiche Zeit war nämlich sein Schwesterchen geboren worden, und man hat ihm das übliche Märchen vom Storch erzählt, das der schlaue kleine Sexualforscher sogleich verwarf.

Freud riet dem Vater dringlich, die Furcht des Kleinen ernst zu nehmen, sie nicht als kindliche Dummheit zu verwerfen; keine Neurose sagte etwas Dummes. Statt dessen sollte man ihn behutsam aufklären über seine Zuneigung zur Mutter, über den Unterschied der Geschlechter sowie den Zeugungsakt und die Geburt. Auch durfte man seine Angst nicht auf sein sexuelles Interesse, auf seine Onanier- und Schaulust schieben, diese hatten sich, im Gegenteil, gerade in Unlust verkehrt, die Freude am «Pferdspielen» ebenso wie die Beschäftigung mit dem «Wiwimacher» waren zur Quelle seiner Phobie geworden, die alle Empfindungen, all seinen frühreifen Forscherdrang aufzuzehren drohte. Als seine Ängste sich trotz aller dezenten Aufklärungen immer weiter verschlimmerten, brachte Max Graf den Sohn in Freuds Ordination, und dieser, ohnehin begeistert von dem drolligen Kleinen, freute sich, wie tadellos er sich benahm, «wie ein ganz vernünftiges Mitglied der menschlichen Gesellschaft».[2] Und als ein solches behandelte ihn Freud, der niemals die Ansicht teilte, die Aussagen der Kinder seien willkürlich und unverläßlich. Es gab im Psychischen nichts Willkürliches, die Kinder waren überwältigt von ihren Phantasien, so wie die Erwachsenen von ihren Vorurteilen. Auf diese Weise erfuhr Freud, was er schon wußte, daß der Kleine neben all seinen anderen Konflikten, seiner Kastrationsangst, seiner Aggression gegen die Schwester, dieser unerwünschten Konkurrentin um die Liebe der Mutter, sich vor dem Vater fürchtete, dessen schwarzer Schnurrbart ihn an die Mäuler der beißenden Pferde erinnerte, den er liebte und doch als lästigen Rivalen beseitigt wünschte. Er litt unter der ganz gewöhnlichen ödipalen Ambivalenz. Freud gab ihm behutsam einige Erklärungen, «scherzhafte Prahlereien» nannte er sie, aber Herbert war davon so bewegt, daß er den Vater fragte, ob der Professor, der alles vorher wisse, mit Gott spreche. Jedenfalls bestand er darauf, daß künftighin alles an Freud berichtet werden sollte. Er hatte den Fortgang seiner Analyse selbst in die Hand genommen und keine Scheu, den Vater zurechtzuweisen, wenn dieser etwas falsch oder vorschnell deutete.[3]

Er gab sich nunmehr seinen Phantasien über den «Lumpf», seinem Wort für Kot, hin, sowie den altersgemäßen Spekulationen über die Herkunft der Kinder aus dem Bauch der Mutter. Seine Eltern hatten ihm nämlich, zu Freuds Bedauern, nur gesagt, daß diese herausgepreßt werden, ihm weitere Aufklärung, etwa über die Existenz von Penis und Vagina, aber vorenthalten. Der wackere Forscher blieb derart zwischen Neugier und Ekel gefangen. Er wollte einerseits Kinder mit der Mutter, andererseits aber auch wieder nicht, und hätte, um mit ihr allein sein zu können, die kleine Schwester am liebsten in der Badewanne ertränkt gesehen. Als der Vater ihn wegen seiner Aggressionen tadelte, ein braver Bub dürfe sich so etwas doch nicht wünschen, antwortete er nur: «Aber denken darf er's.» Und wenn er es dachte, sollte man es doch am besten dem Professor schreiben, der voll der Bewunderung war: «Wacker, kleiner Hans!» Ein solches Verständnis der Psychoanalyse war bei kaum einem seiner erwachsenen Patienten anzutreffen, die meist zwischen Wunsch und Tat nicht zu unterscheiden wußten.[4] Und ebenso tapfer machte sich sein fünfjähriger Ödipus an die Lösung seiner Konflikte: Sollte man ihm doch nur den «Wiwimacher» wegnehmen, er würde dann einen größeren bekommen und mit der Mama Kinder haben. Den Vater ernannte er einfach zum Großvater und verheiratete ihn mit der eigenen Mutter. Mit dieser Phantasie verschwand seine Angst, so daß Freud ein wenig amüsiert mahnte: «Im übrigen mag unser kleiner Forscher nur frühzeitig die Erfahrung machen, daß alles Wissen Stückwerk ist, und daß auf jeder Stufe ein ungelöster Rest bleibt.»[5]

Dies war im Grunde die erste Kinderanalyse und ein deutliches Plädoyer gegen die herkömmlichen Erziehungsmethoden, mit denen sich Eltern und Betreuer im Grunde alle Schwierigkeiten ersparen wollten und das Kind maßregelten und züchtigten, ungeachtet dessen, ob dies seinem Entwicklungsgang frommte. Es waren klare Worte von einem Vater, den die «beiden Mütter», Martha und Minna, aus der Kinderstube fernhielten und der zu jener Zeit, da die Seinen im Alter des kleinen Herbert waren, gerade erst begonnen hatte, seine Theorien über die infantile Sexualität zu entwickeln. Freud war stolz auf die Geschichte, noch nie hatte er einen besseren Einblick in die Seele eines Kindes gewinnen können. Und er hielt diese infantile Neurose für typisch, jedesmal führten ihn seine Patienten zu ähnlichen Erlebnissen und Komplexen aus frühester Zeit. Noch stolzer war er, als ihn vierzehn Jahre später, im Frühjahr 1922, ein «stattlicher Jüngling von 19 Jahren» besuchte, der an seine Analyse keine Erinnerung mehr hatte und seine eigene Geschichte nun las wie die eines Fremden, wie die eines längst vergessenen Traums. Er trug, trotz Scheidung und Wiederverheiratung seiner Eltern, keinerlei Zeichen neurotischer Erkrankung in sich.[6] Herbert Graf wurde ein bekannter Opernregisseur und -produzent, in seinen Anfängen in Salzburg arbeitete er mit dem Sohn von Ida Bauer zusammen, in der Emigration war er an der Metropolitan Opera in New York tätig, später in London und in Zürich.

Auch in seinen *Bemerkungen über einen Fall von Zwangsneurose* versuchte Freud, trotz all seiner Schwierigkeiten und seines persönlichen Engagements, eine exemplarische Geschichte darzustellen. Noch in der Vorrede entschuldigte er sich für die unvollständigen und so «mühselig zu Tage geförderten Brocken von Erkenntnissen», doch hatte er einerseits seinen Patienten vor indiskreter Neugier zu schützen, andererseits glaubte er, das komplizierte Gefüge einer solch schweren Erkrankung nicht ganz restlos durchschaut zu haben. Dabei schienen die Ausdrucksformen der Zwangsneurose lediglich ein «Dialekt der hysterischen Sprache» zu sein, sogar ein leichter zu verstehender, weil dem Bewußtsein verwandter, aber gerade deshalb konnten die Erkrankten ihre Zustände lange Zeit verbergen. Sie kamen erst in einem ähnlich fortgeschrittenen Stadium in seine Praxis wie jene Tuberkulösen, denen jede Heilanstalt die Aufnahme verwehrte.[7] Im Herbst 1907 hatte der 29jährige Jurist Ernst Lanzer ihn aufgesucht, ein gebildeter und scharfsinniger Mann, der seit seiner Kindheit unter Zwangsvorstellungen litt, die ihn im Leben immer wieder zurückgeworfen und sich in den letzten Jahren noch verstärkt hatten. Die schlimmste gab ihm den Namen – der Rattenmann. Aber während Lanzer, der die *Psychopathologie des Alltags* gelesen hatte, freimütig von seinem Sexualleben, das er als kümmerlich empfand, zu erzählen begann, konnten sie erst zu seinen Zwangsvorstellungen vordringen, als Freud ihn gemäß der therapeutischen Grundregel aufforderte, auch wirklich alles, egal, wie unangenehm, unsinnig oder unwichtig es ihm erscheinen mochte, zu berichten. Seine Angst galt dem Vater und einer geliebten Frau; er fürchtete, daß den beiden etwas geschehen könne. Außerdem verspürte er den Impuls, sich mit dem Rasiermesser die Kehle durchzuschneiden und fühlte sich gleichzeitig wie ein Verbrecher, mußte sich immer wieder von einem Freund versichern lassen, daß er ein «tadelloser Mensch» sei. Als Kind hatte er unter quälenden Erektionen und Voyeursgelüsten gelitten, die von der Angst begleitet waren, die Eltern wüßten um seine Gedanken. Auch hatte er ständig das Gefühl, seine Phantasien könnten Folgen haben, die er unbedingt verhindern müsse. Schon früh und über lange Zeit beschäftigte ihn der Gedanke an den Tod des Vaters. Dabei erfuhr Freud zu seinem Erstaunen, daß dieser Vater, um den der Patient noch immer bangte, neun Jahre zuvor an einem Emphysem verstorben war.[8]

Lanzer hatte in diesen Kindererlebnissen den Beginn seiner Krankheit gesehen, für den Analytiker waren sie bereits die Krankheit selbst, eine vollständige Zwangsneurose. Diese wurde zum Kern und Vorbild des späteren Leidens, mit allen Färbungen des Unheimlichen und Abergläubischen sowie dem Impuls, dies abwenden zu müssen; darin hatten seine späteren «Schutzmaßregeln» ihren Ursprung. Nun konnte dieser ungewöhnlich offene Patient auch von dem unmittelbaren Anlaß, der ihn um eine Kur hatte ersuchen lassen, berichten, von seiner «großen Zwangsbefürchtung». Als Reserveoffizier hatte er jüngst während einer Waffenübung einen Hauptmann, den er als grausam fürchtete, von einer besonders schrecklichen Strafe im Orient erzählen hören. Dabei wurde dem Verurteilten ein Topf mit Ratten darin über das Gesäß gestülpt – die sich ihm in den After bohrten, wie Freud ergänzte. Lanzer befürchtete, daß dies nicht nur der Dame seines Herzens angetan werde, sondern auch dem längst verstorbenen Vater, und als er dies sagte, hatte er einen sonderbaren Gesichtsausdruck, wie ein «Grausen vor seiner ihm selbst unbekannten Lust».[9]

Gegen seine Gedanken hatte er eine hochkomplizierten Rettungsoperationen entworfen, eine absurde und heillos verworrene Geschichte, die sich in der Hauptsache um einen Zwicker und eine damit verbundene kleine finanzielle Schuld drehte, eine «Komödie des Geldzurückgebens», die selbst für Freud kaum nachvollziehbar war. Dieser war daher fast erleichtert über die nächste, die vierte Sitzung, hier fand er sich endlich auf vertrautem Terrain: Der «Rattenmann» machte sich nämlich Vorwürfe, daß er in der Stunde des Todes nicht bei seinem Vater gewesen war und statt dessen geschlafen hatte. Fast anderthalb Jahre lang verfolgte ihn danach die Phantasie, der Vater sei noch am Leben und könne gleich in sein Zimmer eintreten. Freud erklärte ihm, sein Schuldgefühl habe einen anderen, verschütteten oder unbewußten Grund in der Feindseligkeit, die sich hinter der intensiven Liebe zum Vater verbarg und die ihre Quelle in sinnlichen Begierden hatte. Obwohl sich Ernst Lanzer gegen diese Deutung sträubte, bekannte er sich schließlich auch zur Eifersucht und zu den Mordgelüsten gegen den jüngeren Bruder. Dazu zitierte er Freud das Nietzsche-Wort: «‹Das habe ich getan›, sagt mein Gedächtnis, ‹das kann ich nicht getan haben› – sagt mein Stolz und bleibt unerbittlich. Endlich – gibt das Gedächtnis nach.»[10]

Doch das Gedächtnis dieses Patienten hatte nicht nachgegeben, weil er aus den Vorwürfen, die er sich machte, zugleich Lust bezog. Jetzt konnte Freud die zwangsneurotischen Ideen auseinandernehmen, nichts sollte ihn mehr beirren in der Lösung dieses tollen und absonderlichen Rätsels: Die Selbstmordimpulse des Patienten, wie leicht waren sie zu erklären als Strafe für seine mörderischen Wünsche. Seine zeitweilige Abmagerungssucht, sein Zahlenaberglaube, sein Verstehzwang, mit dem er seine Umgebung peinlich nötigte, Worte, Silben zu wiederholen, all dies war nichts anderes als der Ausdruck seiner feindseligen, manchmal bis zu sinnloser Wut sich steigernden Regungen, des in ihm tobenden Kampfs zwischen Liebe und Haß. Damit war schließlich auch der jüngste Anlaß für die Erkrankung des Patienten erklärt: Nach dem Tod des Vaters hatte ihm die aus reicher Familie stammende Mutter mitgeteilt, ein Vetter sei bereit, ihm die Tochter zur Frau zu geben, wodurch ihm nach Beendigung seiner Studien eine glänzende Karriere in Aussicht stehe; seine Angebetete hingegen war arm. Auch der Vater hatte einst ein hübsches Mädchen aus bescheidenen Verhältnissen geliebt, bevor er die Mutter kennenlernte. Dem Konflikt, der Geliebten treu zu bleiben oder in die Fußstapfen des Vaters zu treten, der ihm noch kurz vor seinem Tod die Neigung zu dieser Frau hatte ausreden wollen, entzog er sich durch seine Krankheit, deren Hauptgewinn seine Arbeitsunfähigkeit und das Hinausschieben des Studiums waren. Diese Gefühle übertrug er auf seinen Arzt, indem er ein junges Mädchen, das er im Treppenhaus gesehen hatte, für Freuds Tochter erklärte und sich vorstellte, der reiche und vornehme Mann sei nur darum so geduldig mit ihm, weil er ihn sich zum Schwiegersohn wünsche. Im Traum sieht er die Tochter vor sich, aber sie hat «zwei Dreckspatzen» anstatt der Augen. Freud übersetzt mühelos: «Er heiratet meine Tochter nicht ihrer schönen Augen, sondern ihres Geldes wegen.»[11]

So gelingt ihm nach und nach die Auflösung der grausigen Rattenphantasie. Sein Patient hatte den Vater als Störer seiner Sexualität empfunden. Als er zum erstenmal, mehrere Jahre nach dessen Tod, mit einer Frau schlief, ging ihm durch den Kopf: «Das ist doch großartig; dafür könnte man seinen Vater ermorden!» Auch verspürte er, der seltsamerweise keine Pubertätsonanie entwickelt hatte, einen heftigen Drang zur Masturbation, dem er aus allzu großer Scham widerstand, der ihn aber bei den merkwürdigsten Anlässen befiel: so zum Beispiel, als er einmal in der Inneren Stadt einen Postillon hatte blasen hören.[12] Es stellte sich heraus, daß, wie Freud längst vermutete, der sonst nachgiebige und freundliche Vater seinen Patienten als Kind wegen eines Vergehens einmal arg verprügelt hatte. Als der Junge ihn dafür zu beschimpfen begann, hielt der Vater erschüttert inne: «Der Kleine wird entweder ein großer Mann oder ein großer Verbrecher!» Natürlich glaubte Freud an eine «sexuelle Missetat im Zusammenhange mit der Onanie». Aber die Mutter seines Patienten erinnerte sich nur daran, daß der damals Drei- oder Vierjährige bestraft werden sollte, weil er jemanden gebissen hatte, vermutlich die Kinderfrau.[13] In diesem Stadium der Analyse begann der Rattenmann, der in Träumen und Phantasien Freud und seine Familie unflätig beschimpfte, nervös im Zimmer umherzulaufen: Er hatte Angst, verprügelt zu werden.

So äußerten sich, anders als beim Hysteriker, der in seinen Kompromißbildungen «zwei Fliegen mit einem Schlag trifft», beim Zwangsneurotiker die widerstreitenden Gefühle in einem Neben- und Nacheinander, nicht ohne den Versuch einer logischen Verknüpfung, die zumeist die Beugung aller Logik erforderte.

Doch der Rätsellöser war erst zufrieden, als Lanzer einfiel, daß der Vater während seiner Unteroffizierszeit einmal in Ehrenschulden geraten war; er war eine «Spielratte» gewesen, der das Geld vielleicht niemals zurückgezahlt hatte. Der Sohn hatte diese peinliche Jugendsünde gewissermaßen auf sich genommen mit seinen seltsamen Versuchen, die eigene kleine Geldschuld zurückzugeben, und damit die Ratten-Strafe in Verbindung gebracht: von Raten zu Ratten. Willig ging Ernst Lanzer auf Freuds Wortbrücke ein, es stimmte, «er hatte sich in seinen Zwangsdelirien eine förmliche Rattenwährung eingesetzt» und sich auch für das Honorar des Professors die Formel gebildet, «soviel Ratten – soviel Gulden». Auf diese Weise hatte er sich seinen Geldkomplex umgedeutet, und nun wimmelte es geradezu von den ekligen Tieren, sie wurden zu Symbolen für den Geschlechtsverkehr und die Gefahr der syphilitischen Ansteckung, für Prostituierte, schließlich für den Penis selbst. Nachdem auch noch Ibsens Rattenmamsell aufs Tapet kam, die alte Frau, die frägt, ob es «im Haus etwas Nagendes» gebe, und der «Klein Eyolf»[14] fasziniert zum Wasser folgt, da war endlich alles heraus: Die Ratten, die schmutzigen Tiere, die sich von Exkrementen ernährten und in Kanälen lebten, standen also wie die «Lumpfe» des kleinen Hans auch für Kinder. Die sadistische Erzählung des Hauptmanns hatte die Erinnerung an infantile analerotische Phantasien und Erregungen geweckt, an die Frau, die er gebissen hatte, und auch an die Vorstellung über die Herkunft der Kinder aus dem After. Lanzer hätte außerdem gern Kinder gehabt, seine Geliebte konnte aber infolge einer gynäkologischen Operation keine bekommen; das war ein Hauptgrund seines Schwankens. Jenes «Komplexreizwort» hatte also alle lüsternen, grausamen Impulse in ihm geweckt, manchmal sogar vermischt mit Mitleid für die Ratten, die doch nur bissen, wenn sie verfolgt wurden. War er nicht selbst einst so ein schmutziger kleiner Kerl gewesen und dafür schrecklich bestraft worden? Alles war in ihm lebendig geworden, Liebe und Haß, der Zweifel an der Autorität des Vaters und der Zwang, sich diesem durch Identifikation zu unterwerfen, und schließlich die Bedenken gegenüber der Geliebten. Nachdem sein Patient diese Lösung akzeptiert hatte, war, so Freud, «das Rattendelirium beseitigt».[15] Die Behandlung hatte ein knappes Jahr gedauert.

Freuds Geschichte aber war damit noch nicht zu Ende. Zwei ihm selbst nicht unbekannte Charakteristika der Zwangsneurose hob er im theoretischen Nachwort besonders hervor, den Aberglauben, den die Kranken als solchen meist ganz und gar durchschauten, und ihre beständige Beschäftigung mit dem Tod. So war sein Patient überzeugt von der «Allmacht seiner Gedanken und Gefühle, guten und bösen Wünsche», worin ein Stück des «alten Kindergrößenwahnsinns», des primitiven Seelenlebens durchdrang. Und «seine Liebe – oder vielmehr sein Haß – sind wirklich übermächtig; sie schaffen gerade jene Zwangsgedanken, deren Herkunft er nicht versteht und gegen die er sich erfolglos wehrt».[16] Die abergläubischen Phantasien galten dabei fast unaufhörlich der Frage nach der Lebensdauer und Todesmöglichkeit anderer Menschen, aber auch dem eigenen Sterbedatum. Dessen bedurften die derart Erkrankten zur Lösung ihrer unbewußten Konflikte und vermieden so auch die Gelegenheit, Sicherheit zu finden. Ihre Ambivalenz wurde zur Zweifelsucht. Das Denken ersetzt das Handeln, was fast regelmäßig eine Folge des frühzeitigen Auftretens und der vorzeitigen Verdrängung des sexuellen Schau- und Wißtriebes ist. Die Gedanken mußten die Taten vertreten, «der Denkvorgang selber wird sexualisiert».[17] 1923, in einer Neuauflage, mußte Freud eine traurige Fußnote ans Ende der Geschichte setzen: Ernst Lanzer, «der Patient, dem die mitgeteilte Analyse seine psychische Gesundheit wiedergegeben hatte, ist wie so viele andere wertvolle und hoffnungsvolle junge Männer im Großen Krieg umgekommen».[18]

IN GROSSER MISSION

Am 29. August 1909 trifft Freud mit seinen Begleitern Ferenczi und Jung an Bord der «George Washington» in New York ein. Sie werden noch auf dem Schiff empfangen von einem Abgesandten A. A. Brills, dem russischen Kollegen Dr. Bronislav Onuf, der als psychiatrischer Berater auf Ellis Island arbeitet. New York wirkt betäubend, sie fühlen sich hilflos wie Kinder, die man an der Hand führen muß. Aber nichts, nicht einmal die berühmten «Sky-scrapers», können Freud imponieren, er hat schon soviel Schöneres gesehen, wenn auch «nichts Größeres und Wilderes». Immerhin steht er schon am ersten Tag in der Zeitung, gewiß auf Betreiben des ekelhaften William Stern, seines alten Feindes, der mit ihnen an Bord war und seine Vorträge ankündigen ließ, worauf dann eine Erwähnung des Professors Freunds und seines Freundes Jung folgte. Am nächsten Tag will er einen alten Studienfreund besuchen, aber die Familie ist bis Oktober verreist, und auch in der 119. Straße, wo seine Schwester Anna in einem «sehr bescheidenen Haus mit 3 Fenstern» wohnt, ist niemand anzutreffen, und um Eli Bernays will er sich nicht bemühen. Aber überall fühlt er sich an seine jüngsten «amerikanischen» Nichten Martha und Hella erinnert, die er zuletzt 1900 gesehen hat; es wimmelt in der Stadt von «Judenkindern, groß und klein». Selbst die Anschläge im Central Park sind, neben englisch, deutsch und italienisch, auf jiddisch mit hebräischen Buchstaben. Die Brills führen sie auch durch die «Chinesenstadt», wo «sehr viel weißes Gesindel u berittene Polizei neben den rechtmäßigen Einwohnern haust», die aber gar keine Zöpfe mehr tragen, sondern wie ägyptische Königsmumien aussehen. Doch der Geschäftsführer eines Ladens erkennt seinen Anzug sofort als echte chinesische Seide und kann sogar den Preis sagen. Das Essen, eine «Schüssel mit sonderbarem Inhalt, der wie Würmer aussah», aber aus feingeschnittenen Kartoffeln, Zwiebeln und Fleischstücken besteht, mag er nicht anrühren.

Sie besuchen Coney Island, einen «großartigen Wurstelprater», und ein Variété mit *moving pictures*, bei dem Ferenczi in seiner jungenhaften Art ganz in Aufregung gerät. Inzwischen ist auch Jones zu der Truppe gestoßen, und sie speisen in «Hammerstein's Roof garden», «natürlich von einem österreichischen Juden gehalten», auf dem Dach eines «Sky-scraper». Die Gewöhnung an die amerikanische Kost und das Eiswasser verläuft allerdings «nicht ohne Zwischenfälle»; einmal setzte Ferenczi für einen Tag aus, dann Jung, schließlich Freud selbst.[1] E. L. Doctorow hat in seinem Roman *Ragtime* jene Szene nur wenig poetisiert, da Freud seine Notdurft verrichten mußte, «und keiner schien ihm sagen zu können, wo eine Bedürfnisanstalt zu finden sei. Sie mußten alle in ein Milchrestaurant gehen und Sauerrahm mit Gemüse bestellen, damit Freud austreten konnte»?[2] Ernest Jones erinnerte sich, daß Freud sich ständig über den Mangel an öffentlichen Toiletten beklagte: «Man wird durch meilenlange Korridore geführt und schließlich bis zum untersten Keller gebracht, wo einen, wenn es allerhöchste Zeit ist, ein Marmorpalast erwartet.»[3] Jung sollte später behaupten, Freud habe einen Anfall von Inkontinenz gehabt.

So durfte der Mann, den er angeblich wie einen Vater verehrte, nicht einmal seine Badezimmergeheimnisse für sich bewahren. Aber Jung wollte ohnehin den Bruch mit Freud auf jene Meerfahrt 1909 datieren, da sich die *ménage à trois* wechselseitig analysierte. Und die Zeichen schienen ihm recht zu geben. Alles hatte damit begonnen, daß Freud in Ohnmacht fiel. Am Tag vor dem Auszug nach Amerika, am 20. August, hatten sich die drei in Bremen getroffen; Jung, der die Stadt kannte, spielte den Führer. Man besichtigte den Rathaussaal mit den Modellen von Kriegsschiffen und den Bildern von einst hier gestrandeten großen Walfischen sowie den Bleikeller unter dem Dom, in dem vor vierhundert Jahren «zufällig die Leiche eines vom

Dach gestürzten Arbeiters beigesetzt und vergessen wurde»; in Wahrheit war der Mann wohl erschossen worden. Viele Jahre später, so Freud in seinem Reisejournal für die Familie, wurde der Leichnam ohne Zeichen der Verwesung entdeckt, durch seine Eintrocknung vortrefflich erhalten, wie eine Mumie. Seither ließen sich dort, wie es hieß, allerlei Leute beisetzen, die auf diese Weise der Vergänglichkeit entgehen wollten: «Das Ganze bleibt aber doch ein Plädoyer für die gründliche Vernichtung der überflüssig gewordenen Menschen durch das Feuer.»

Bei Tisch, im sogenannten Essighaus aus dem 16. Jahrhundert, soll Jung dann über Moorleichen gesprochen haben, die man in Norddeutschland ausgegraben hatte; er wollte gar nicht davon aufhören. Und zur großen Befriedigung Freuds und Ferenczis entschloß er sich, seine Abstinenz aufzugeben, er bat nur um «etwas Zurede». Vielleicht hatten sie ihn aber auch überredet, gegen Bleulers ehernes Gebot zu verstoßen und Wein zu trinken. Freud jedoch wurde dieser Wein sauer wie Essig, er bekam einen «argen Schwitz- und Schwächeanfall» und wurde ohnmächtig – weil er zu rasch getrunken hatte oder übermüdet war von der Reise, so beruhigte er seine Frau.[4] Die Analytiker jedoch ließen sich nicht so schnell beruhigen: Hatte er Schuldgefühle, weil er über Bleulers Gebote und Jungs Abstinenz gesiegt hatte? Hatte er diesen nur darum zum Trinken überredet, weil er aus den Reden des psychoanalytischen Sohnes einen gegen ihn gerichteten Todeswunsch heraushörte? Jedenfalls, so notierte er in seinem Reisejournal, würde von nun an Jung das Trinken für ihn übernehmen.

Und der soff während der Schiffsreise wacker mit, derweil man debattierte und lachte, den ganzen Tag lang, aber das war «gar nicht anstrengend u sehr wohltuend». Man fühlte sich auf der «George Washington», wo alles so unbeschreibbar elegant war, wie bei einem sehr vornehmen Herrn auf einem Schloß. Ein Steward hatte sogar das *Alltagsleben* gelesen, vielleicht war Freud nun doch berühmt. Sie nahmen auch an einem Ball teil; ganz entzückend war es, doch das wichtigste blieb die geistige Arbeit. Dabei soll es zu jenem Vorfall gekommen sein, der Jung zufolge seiner Beziehung zu dem Älteren, Reiferen und Erfahreneren einen so «schweren Stoß» versetzte: Freud hatte einen Traum, über dessen Problem zu berichten Jung, der sonst zu allem Klatsch Bereite, mehr als einmal an verbaler Inkontinenz krankend, sich nicht befugt fühlte. Jedenfalls habe er, Jung, versucht, den Traum zu deuten, und darum Freud um ein paar Details aus seinem Privatleben gebeten. Darauf habe dieser ihn merkwürdig und voll Mißtrauen angesehen und gesagt: «Ich kann doch meine Autorität nicht riskieren!» Für Jung hatte er sie in dem Augenblick verloren: In jenem Satz lag für ihn «das Ende unserer Beziehung bereits beschlossen. Freud stellte persönliche Autorität über Wahrheit».[5] Dieser bemerkte nur, daß sie sich glänzend unterhielten, um Stoff zur Unterhaltung nie verlegen und gelegentlich fast übermächtig gut gestimmt waren. Natürlich war er neugierig, ob das so bleiben sollte: «Ça va bien pourvu que ça dure, sagte der Dachdecker, als er abzustürzen begann.» Das geht gut, solange es währt.[6]

Aber nun, nach all den Seltsamkeiten und nachdem er fünf Vorlesungen an der Clark University gehalten hatte, konnte er sich am Ende der Feierlichkeiten stolz erheben, um sich für das Ehrendoktorat zu bedanken, das ihm zusammen mit Jung verliehen worden war. «Dies ist die erste offizielle Anerkennung unserer Bemühungen», begann er seine kleine Rede. Nach Hause telegraphierte er nur: «Succesful.» Es war, so erschien es ihm später, wie die Verwirklichung eines unglaubwürdigen Tagtraums, in Worcester das Katheder zu besteigen. Seine Wissenschaft war kein Wahn mehr, sie war zu einem wertvollen Stück der Realität geworden. Natürlich war diese gerade zwanzig Jahre alte Universität keines der bedeutenden akademischen Zentren Amerikas und vermutlich hat Doctorow auch darin recht, daß nur ein paar Nervenärzte Freuds Bedeutung verstanden, er für das große Publikum «irgendein deutscher Sexualwissenschaftler» blieb, «ein Verfechter der freien Liebe, der große Worte gebrauchte, um über schmutzige Dinge zu reden».[7]

Doch Stanley Hall, Professor der Psychologie und Pädagogik und seit ihrer Gründung Rektor der Clark University, war ein ehrgeiziger Mann, voller Marotten und verrückter Launen, aber auch ein anregender Lehrer und Publizist, der die Zeichen der Zeit früh erkannte. Zur Zehnjahrfeier seiner Universität, 1899, hatte er Auguste Forel mit einem Vortrag über Hypnotismus eingeladen, und bereits 1904 hielt er eine Reihe von Vorlesungen über Sexualität, die schließlich abgebrochen werden mußten, weil zu viele Außenseiter heimlich an der Tür lauschten. Im selben Jahr erschien seine große entwicklungspsychologische Studie *Adolescence,* die ihn berühmt machte und dieses Wort praktisch in die englische Sprache einführte. Auch Freud hatte er in seiner Schrift mehrfach erwähnt. Sein Lockruf, vielleicht werde dessen Besuch eine Epoche in der Geschichte dieser Forschungen in Amerika einleiten, sollte zu einer Prophezeiung werden, die sich zehn Jahre später zu erfüllen begann.[8]

In Worcester empfing Hall die Reisetruppe in seinem Haus, das Jung «furchtbar lustig» eingerichtet fand, mit «zwei kohlpechrabenschwarzen Negern im Smoking» als Bedienung. Alle Türen standen weit offen, selbst Lokus- und Haustür. Und in den Toiletten fanden sich sogar Zigarrenkistchen.[9] Seine fünf Vorlesungen abzufassen, hatte Freud nicht so sehr in Anspruch genommen, daß er darauf seine kostbare Arbeitszeit verwendet hätte. Er hatte ja ohnedies alles im Kopf und entwarf die Vorträge auf vormittäglichen Spaziergängen mit Ferenczi. Dabei konnte er seinem Publikum nicht nur einen verhältnismäßig einfachen Überblick über die Entwicklung der Psychoanalyse geben, er amüsierte es auch, in seiner üblichen Manier, durch Plauderei und Improvisation. Eine davon verdankte er seiner ehemaligen Hörerin Emma Goldman. Seine einst so glühende Anhängerin war gekommen, um die Vorlesung des Mannes, den sie nunmehr nur den «alten Beichtstuhl» nannte, zu stören. Und darum verglich er das Verdrängte einer ungezogenen, mit den Füßen scharrenden Zuhörerin inmitten eines musterhaft ruhigen Auditoriums, die schließlich von ein paar kräftigen Männern vor die Tür gesetzt wurde. Damit sich die Störung nicht wiederhole, rückten einige der Herren ihre Stühle an die Tür – «und etablieren sich so als Widerstand».[10]

Seine Vorlesungen fanden ein freundlich-neutrales Echo in der Presse, teilweise sogar Lob; er durfte hoffen, zumindest Interesse an seiner Lehre geweckt zu haben. Aber wirklich stolz konnte er darauf sein, daß Amerikas berühmtester Philosoph und Psychologe, der Harvard-Professor William James, für einen Tag nach Worcester gekommen war, um zu hören und zu sehen, wie Freud war. Sie machten sogar einen kleinen Spaziergang miteinander, bei dem der damals schon unheilbar kranke James plötzlich stehenblieb, ihm seine Tasche gab und ihn bat, weiterzugehen. Er wollte nachkommen, sobald er seinen Anfall von *Angina pectoris* abgemacht habe. Freud konnte diese kleine Szene nie vergessen: James starb ein Jahr später an Herzversagen. Eine «ähnliche Furchtlosigkeit angesichts des nahen Lebensendes» habe er sich immer gewünscht, schrieb Freud 1925, zwei Jahre nach seiner großen Krebsoperation. Ob James ihm wirklich gesagt hatte, seiner Arbeit gehöre die Zukunft, oder ob er sie für das Gespinst eines regelrechten *halluciné* hielt, war letztlich egal; in dem pluralistisch-pragmatischen Weltbild des alten Philosophen hatten vielen Ideen Platz. So sollten die Psychoanalytiker ihre Theorien nur bis an die Grenze treiben, um ein Licht auf die menschliche Natur zu werfen.[11]

Einen wirklichen Anhänger und Vorkämpfer der Psychoanalyse in Amerika fand Freud in dem Neurologen James Jackson Putnam, der wie er selbst bei Charcot und bei Meynert studiert und schon 1904 begonnen hatte, Patienten nach der neuen Therapiemethode zu behandeln. Jones, der sich neben Brill als Freuds wichtigster Agitator in den USA sah, warnte, daß die Amerikaner zwar Neugier bekundeten, aber selten wirkliches und dauerhaftes Interesse – «ein Unterschied wie zwischen dem Gelüst des Neurasthenikers und dem echten Verlangen des normalen Liebhabers». Doch Putnam war anders; nachdem er Freud in Worcester gehört hatte, war er bereit, «ganz an die neue Theorie und den Wert ihrer Methoden der Analyse und Behandlung zu glauben»; dies um so mehr, als er die drei Männer «so freundlich, bescheiden, tolerant, ernst und aufrichtig» gefunden hatte. Er lud sie daher sogar in sein Camp in den Adirondacks ein.[12]

Doch zuvor machte die Dreierbande noch einen Ausflug zu den Niagarafällen, die «weniger brutal großartig und viel schöner sind als die Erwartung». Sie bestiegen ein «tapferes kleines Schiff», «The Maid of the Mist», und bekamen eine «Oberbekleidung wie eine Robbe», um ganz nahe an die Fälle heranzufahren; sogar auf der kanadischen Seite waren sie, wo die Leute für Freud sofort ein deutlicheres Englisch sprachen. Als sie die «Höhle der Winde» besichtigten, ebenfalls in einer Spezialkleidung «wie im Bergwerk zu Berchtesgaden», drängte ein Führer die anderen Besucher zurück und faßte ihn beim Ellbogen mit den Worten: «Laßt den Alten vorangehen!» In diesem Moment, so Doctorow, beschloß «der große Arzt, dreiundfünfzig Jahre alt», daß er «genug hatte von Amerika». Aber das wohl sonderbarste Erlebnis in diesem seltsamen Land stand ihm noch bevor, er konnte es seinen Lieben daheim gar nicht anschaulich genug beschreiben: Putnams Camp in der Waldwildnis. Wie eine Alm mit einem Gasthaus sollten sie es sich vorstellen, nur daß hier eine ganze «Gruppe von ganz roh gezimmerten Holzhäuschen» stand, jedes mit Namen, «eines, die stoob, dh die Stube, das Parlour, wo Bibliothek, Clavier, Schreibtische u Spieltische stehen, ein anderes ‹Rittersaal› mit Gschnasaltertümern mit Herd in der Mitte und herumlaufender Bank einer Bauerneßstube, die anderen Wohnhäuser. Unseres mit gerade drei Räumen heißt Chatterbox». Ausgestattet war alles «mit gesuchter aber geglückter Rohheit u Ursprünglichkeit, Waidling als Waschschüssel, Porzellanhäfen statt Gläser etc». Sie entdeckten, daß es besondere Bücher über das Camping gab, in denen all diese primitiven Einrichtungen ausführlich gelehrt wurden. Am Abend, beim *supper* in Damengesellschaft, sang Jung deutsche Lieder zur Klavierbegleitung, und mit zwei Mädchen und Ferenczi mußte Freud ein «sehr lustiges Brettspiel» lernen. Aber er vermißte schmerzlich den «barber», wie sollte er sich allein frisieren; zum Glück ging es recht ungezwungen zu, aber «vielleicht nur angeblich». Was hatte er alles zu Hause zu erzählen, doch nun würde sein Abenteuer nach einem guten Monat endlich vorbei sein.[13]

Er war sehr froh, herauszusein aus diesem Amerika, schrieb er von Bord der «Kaiser Wilhelm» an seine Tochter Mathilde, und noch froher, daß er nicht dort leben mußte. Auch fühlte er sich nicht sehr erfrischt und erholt, aber «hochinteressant» war es doch und «für unsere Sache wahrscheinlich sehr bedeutungsvoll». Alles in allem sei es wohl «ein großer Erfolg» gewesen: «Amerika war eine tolle Maschine.» Noch Wochen später nörgelte er immer wieder darüber, welch harte Zumutung dies Land für seine Gesundheit gewesen sei, es habe ihm Magen und Blase verdorben. Er konnte Amerika weder das Essen noch den Mangel an Bedürfnisanstalten verzeihen. Zu Ernest Jones, der an Freuds amerikanische Krankheit zwar nicht glauben wollte, sich aber dennoch für die Küche des Landes entschuldigte, sagte er nur: «Amerika ist ein Irrtum. Ein gigantischer Irrtum zwar – aber eben doch ein Irrtum.»[14] Wie sollte er ahnen, daß er in jenem Land seine größten Triumphe feiern sollte – «wenigstens ein Jahrzehnt» so Doctorow, «mußte noch verstreichen, bis Freud seine Rache bekommen sollte und zusehen konnte, wie seine Gedanken den Sexus in Amerika für immer zu zerstören begannen».[15]

Dennoch, Wien war deprimierend, die Praxis zwar reichlich gefüllt, aber auch öde, ohne wissenschaftliche Anreize. Zugleich fühlt er sich von der Arbeit wie betäubt, er kam kaum dazu, seine Vorlesungen niederzuschreiben; ganz wider Willen mußte er wie ein Amerikaner leben, für die Libido blieb kaum Zeit. Außerdem ärgerte er sich, schrieb er Jung einen Monat später, im November, über seine Wiener, vor allem über Stekel, dieses «absolute Schwein», jetzt «so oft, daß ich Ihnen gelegentlich einen einzigen Hintern wünsche, um sie mit einem Stecken alle auszuklopfen». Über den Schreibfehler – «Ihnen» statt «ihnen» – machte er sich in einer Randbemerkung lustig, das sei nur eine Revanche auf einen analogen Lapsus Jungs. Der hatte nämlich in seinem Brief geschrieben: «Ich habe bei meinen Schülern elend zu ringen, bis ich Ihnen beigebracht habe, daß die Psa. eine wissenschaftlich-methodische Arbeit ist, und nicht bloß ein intuitives Erraten.» Wie sollte ausgerechnet Freud eine solche Jungsche Fehlleistung nicht ernst nehmen, wie konnte er die eigene so herunterspielen? Allein die Worte aus Zürich klangen nur zu vertraut, und wie lange hatte sein Kronprinz sich nicht gemeldet? 25 Tage, Freud hatte genau nachgezählt, er vermutete schon eine 23tägige Fließsche Periode. Aber zum Glück stimmte dies ja gar nicht.[16] Und Jung beeilte sich zu antworten: Ja, es war tatsächlich ein Skandal, Freud so lange warten zu lassen. Das sollte nicht mehr vorkommen. Freud mußte in Wien doch sehr isoliert sein. Und er, Jung, hatte in Zürich fast täglich Gelegenheit zu geistigem Austausch, er konnte «in Menschen und Gesellschaft förmlich wühlen» – also denn: «Pater peccavi».[17]

VÄTER UND SÖHNE

Uneinigkeit und Streit

In den letzten Tagen des März 1910, auf dem Zweiten Psychoanalytischen Kongreß in Nürnberg, wurde Jung zum Präsidenten der neugegründeten Internationalen Psychoanalytischen Vereinigung gewählt und damit offiziell als Freuds Stellvertreter und Erbe etabliert. Die Thronrede hielt Sándor Ferenczi, der sich freiwillig erboten hatte, die Rolle des Scharfmachers zu übernehmen. Anfang des Jahres hatte Freud, der sich einst so gern über seinen «Verein» lustig machte, ihn gebeten, sich Gedanken über eine «strammere Organisation mit Vereinsformen und kleinem Beitrag» zu machen. Und dieser hatte die Anregung begeistert aufgegriffen, so konnte man endlich «unerwünschte Elemente» fernhalten, denn die psychoanalytische «Weltanschauung» durfte keineswegs zur «demokratischen Gleichmacherei» werden, vielmehr sollte, nach der platonischen Idee, die «geistige Elite der Menschheit» die Vorherrschaft erhalten; nun wollte er sich Gedanken machen über «Organisation und Propaganda».[1] Freud war es zufrieden, er hatte bereits im Herbst Jung eine Art «literarische Diktatur» für das *Jahrbuch* vorgeschlagen, die Leute konnten es doch nicht entbehren, gegängelt zu werden. Jung hingegen schien gänzlich unbekümmert, als ahnte er nicht einmal seine künftige Rolle. Er wußte, daß Freud in Nürnberg über die Chancen der Psychoanalyse zu referieren vorhatte, er selbst wollte über ihre Entwicklung sprechen. Freud gefiel die «eine hübsche Verschränkung», da Jung die Zukunft, er selbst die Vergangenheit der «Dame» repräsentiere.

Vielleicht gab den letzten Ausschlag für die Gründung der Vereinigung die Anfrage eines gewissen Apothekers Knapp aus Bern, ob die Analytiker nicht seiner neuen «Internationalen

Brüderschaft für Ethik und Kultur» unter dem Vorsitz von Albert Forel beitreten wollten. Es waren bewegte Zeiten, es gab Abstinenzler- und Freikörperkulturbewegungen, religiöse und politische, intellektuelle und künstlerische Mouvements, es gab nicht zuletzt die völkische Bewegung. Jung glaubte, man müsse der Psychoanalyse noch Zeit lassen, «von vielen Zentren aus die Völker zu infiltrieren, beim Intellektuellen den Sinn fürs Symbolische und Mythische wiederzubeleben, den Christum sachte in den weissagenden Gott der Rebe, der er war, zurückzuverwandeln, und so jene ekstatischen Triebkräfte des Christentums aufzusaugen, alles zu dem einen Ende, den Kultus und den heiligen Mythos zu dem zu machen, was sie waren, nämlich zum trunkenen Freudenfeste, wo der Mensch in Ethos und Heiligkeit Tier sein darf».[2] Freud wiederum wollte weder der Antialkoholbewegung beitreten noch irgendeiner anderen, sein «Orden» sollte «so wenig eine Religionsgemeinschaft werden wie etwa eine Freiwillige Feuerwehr». Doch Jung, das ahnte er wohl, steckte wieder einmal in einer seiner Krisen, war uneins mit sich selbst, mit Freud und mit der Psychoanalyse überhaupt, es tobte in ihm, religiös und erotisch. Wie immer versucht er, ihn zu besänftigen und seine Bedenken zu zerstreuen: «Also sei ruhig, lieber Sohn Alexandros, ich lasse Dir mehr zu erobern, als ich selbst bewältigen konnte, die ganze Psychiatrie und die Zustimmung der zivilisierten Welt, die mich als Wilden zu betrachten gewohnt ist!»[3] Der Mann, der seinem kleinen Bruder Alexander den Namen gegeben hatte, wußte nur zu gut, was aus dem Vater des Eroberers geworden war. Jung fuhr derweil nach Amerika, bis zuletzt mußte Freud um sein Erscheinen in Nürnberg zittern. Einen Tag vor dem Kongreß war der designierte Präsident zurück. Freuds Sorgen sollten jedoch jetzt erst richtig losgehen.

In seiner Propagandarede teilte Ferenczi die noch so junge Geschichte der Psychoanalyse in zwei Phasen ein, jene erste «heroische», als Freud allein gegen seine Angreifer stand, und die zweite, da die Zürcher für ihn eintraten. Nun aber sollte die Auseinandersetzung mit den zahlreichen Feinden nicht mehr als «Guerillakrieg» geführt werden. Geschlossen sollte man denen entgegentreten, die noch immer die neue Wissenschaft als Spinnerei abtaten oder als Pornographie beschimpften. Deshalb bedurfte man einer Organisation, in der, wie in einer Familie, «dem Vater keine dogmatische Autorität zukommt, sondern gerade so viel, als er durch seine Fähigkeiten und Arbeiten wirklich verdient; seine Ansprüche würden nicht blind wie göttliche Offenbarungen befolgt, sondern seien wie alles andere Gegenstand einer eingehenden Kritik, und er selbst nähme diese Kritik nicht mit der lächerlichen Überhebung des Pater familias auf, sondern würdigte sie entsprechender Beachtung». Ferenczi hatte zweifellos richtig erkannt, daß Gruppen der Familiendynamik unterliegen, und wie sehr mußte dies für jene gelten, die sich in Theorie und Praxis mit nichts anderem beschäftigten. Demnach sollten die älteren und die jüngeren Analytiker sich wie Geschwister verhalten, aber es war ein allzu frommer Wunsch, auch das hätte er wissen müssen, daß sie, frei von «kindischer Empfindlichkeit und Rachsucht», ertragen sollten, «daß man ihnen die Wahrheit ins Gesicht sagt, so bitter und ernüchternd sie auch sei».[4] Im Anschluß an diese Ausführungen folgten konkrete Verfügungen über die Internationale Psychoanalytische Vereinigung. Jung sollte ihr ständiger Präsident sein, ausgestattet mit den Befugnissen eines Zensors, dem alle Artikel und Vorträge der Mitglieder vorzulegen waren. Als Sekretär sollte Franz Riklin fungieren.

Auch Freuds eigener Vortrag über *Die zukünftigen Chancen der psychoanalytischen Therapie* war eine Kampfesrede, ein Aufruf an die Kollegen, sich angesichts der technischen Neuerungen, der Erkenntnisse über die Übertragung und Gegenübertragung, einer strengen Selbstüberprüfung und -analyse zu unterwerfen. Denn sie trafen, trotz kleiner Erfolge, noch immer auf großen Widerstand in der Gesellschaft. Doch so mächtig diese Hindernisse sein mochten, der Intellekt war auch eine Macht, und in nicht allzu naher Zukunft würden sich die Ideen der Psychoanalyse durchsetzen. Dann könnte diese ihren Beitrag leisten zu «jener Aufklärung der Masse, von der wir die gründlichste Prophylaxe der neurotischen Erkrankungen auf dem Umwege über die gesellschaftliche Autorität erwarten». Das war ein Aufruf zur Einigkeit, eine Mobilmachung im Dienste des therapeutischen wie des kulturellen Auftrags der Psychoanalyse. Freud war in der Tat überzeugt, daß seine Lehre sich gegen die Vorurteile und Ächtungen nur mit Hilfe einer straff geführten Organisation durchsetzen und gegen Mißbrauch und Scharlatanerie schützen ließ. Zu gut erinnerte er sich an jene Tage, als die Kranken ihn in seiner bescheidenen Umgebung, mit seinem geringen Ruf und Titel, ansahen «wie etwa den Besitzer eines unfehlbaren Gewinnsystems an dem Orte einer Spielbank, gegen den man einwendet, wenn der Mensch das kann, so muß er selbst anders aussehen». Damals war es wirklich nicht bequem, «psychische Operationen» durchzuführen, bedroht von den Kollegen, die, statt als Assistenten zu agieren, aufs Operationsfeld spuckten, behindert von den Angehörigen der Patienten, die kein Blut oder keine unruhige Bewegung sehen wollten. Diese Zeiten waren vorüber, doch um so mehr mussten sich die Analytiker nun um Präzision, Kompetenz und Seriosität bemühen.[5]

Beinahe wäre der von Freud beschworene gesellschaftliche und kulturelle Triumphzug gleich zu Beginn zu einem Pyrrhussieg geworden. Sein Wiener Verein, Adler und Stekel an der Spitze, war empört. Sie fühlten sich als seine ersten Anhänger, als Gründungsmitglieder einfach übergangen – und nun sollte auch noch das Zentralbüro von Wien nach Zürich verlegt werden! Fritz Wittels war entsetzt und stellte die ketzerische Frage, ob außerhalb der katholischen Ordensorganisationen etwas Derartiges jemals ausgedacht worden sei. Für ihn hatte sich Freud benommen wie der «Vater der Darwinschen Urhorde: ebenso gewalttätig und ebenso naiv». Die Wiener zogen sich zur Beratung ins Hotel zurück; plötzlich erschien Freud, um ihnen hochaufgeregt entgegenzuwerfen: «Ihr seid zum größten Teile Juden und deshalb nicht geeignet, der neuen Lehre Freunde zu erwerben. Juden müssen sich bescheiden, Kulturdünger zu sein. Ich muß den Anschluß an die Wissenschaft finden;

bin alt, will nicht immer nur angefeindet werden. Wir alle sind in Gefahr.» Und mit dramatischer Geste griff er ans Revers seiner Jacke: «Nicht einmal diesen Rock wird man mir lassen. Die Schweizer werden uns retten. Mich und Sie alle.» So begann, nach Wittels, «der dreijährige Krieg im Schoße der Psychoanalyse».[6]

Einstweilen wurde ein Kompromiß geschlossen, Jungs Amtszeit auf zwei Jahre begrenzt und jene Stadt zum offiziellen Sitz der Vereinigung bestimmt, wo der Präsident lebte, fürs erste also Zürich. Adler sollte Obmann der Wiener Vereinigung werden, Stekel sein Stellvertreter, und sie sollten eine eigene Zeitschrift bekommen, das monatlich erscheinende *Zentralblatt für Psychoanalyse*. Freud war hochzufrieden, sicherlich waren Ferenczi und er ein wenig kurzsichtig gewesen, sie hatten sich die Reaktion der Wiener nicht recht vorstellen können, aber dennoch: «Mit dem Nürnberger Reichstag schließt die Kindheit unserer Bewegung ab. (…) Ich hoffe, jetzt kommt eine reiche und schöne Jugendzeit.»[7] Ferenczi war gleichwohl ein wenig betroffen «von der tiefen Traurigkeit», die Adler angesichts der Verlegung der Zentrale nach Zürich zeigte; wie gut, daß Freud diesen Kompromiß gefunden und sein «Volk gefüttert» hatte, nun konnte er sich selbst von der «Menageriedirektion» zurückziehen. Aber er mahnte zugleich, die Zürcher, die sich so stramm und kampfeslustig gezeigt hatten, nicht unbeaufsichtigt zu lassen: «Die Spur Mystik, die sich in ihren Äußerungen verrät, muß noch mit der Zeit korrigiert werden.»[8] Freud ließ sich seine sarkastische Wohllaune nicht vermiesen, seine Wiener waren nunmehr «sehr zärtlich und haben durchaus die Republik mit dem Großherzog an der Spitze gründen wollen». Mochten die «neuesten Dioskuren», Adler und Stekel, also ruhig ihr Blättchen herausgeben, das «neben den schweren Waffen des Jahrbuchs Schwärmer- und Plänklerdienste tun soll».[9] Der «old dog» fühlte sich in diesem Frühjahr ganz besonders kräftig und wohlauf; er schrieb an seiner Studie über Leonardo und hatte auch einen neuen interessanten Patienten, einen reichen jungen Russen, der schon nach der ersten Sitzung heftig zu übertragen schien, ihn als jüdischen Schwindler schimpfte und am liebsten von hinten gebrauchen und ihm auf den Kopf scheißen wollte. Und es hatte Freuds Laune sicher nicht getrübt, daß im März der langjährige «Herr von Wien», Karl Lueger, gestorben war, auch wenn die Christlich-sozialen nach wie vor an der Macht blieben.

Allein über den «Fackel-Kraus», diese «begabte Bestie», ärgerte er sich, weil dieser «einige stupide Raketen seines Witzes» gegen die Psychoanalyse abschoß. Karl Kraus, sein einstiger Verbündeter gegen Fließ, polemisierte schon seit etlicher Zeit gegen die unter Analytikern so beliebten Pathographien von Künstlern und Schriftstellern, nun war er selbst Gegenstand einer solchen geworden. Ausgerechnet sein früherer Mitarbeiter Fritz Wittels hatte im Januar 1910 in der Vereinigung einen Vortrag über die «‹Fackel›-Neurose» gehalten, wonach Kraus, an einem nicht überwundenen Ödipuskomplex leidend, die mächtige liberale Wiener *Neue Freie Presse* als das die ganze Welt korrumpierende Organ des Vaters angriff und dieses mit seinem kleinen Organ vernichten wollte. Selbst in der Diskussionsrunde wurde Protest laut gegen diese «Analyse».[10] Kraus reagierte mit boshaftem Vergnügen auf die «geilen Rationalisten, die alles in der Welt auf sexuelle Ursachen zurückführen mit Ausnahme ihrer Beschäftigung», die es wagten, «in das Mysterium des Genies zu spucken». Er spottete über die «Kinder psychoanalytischer Eltern», die so früh welkten, daß man von Glück sagen konnte, «wenn so eins noch das Alter erreicht, wo der Jüngling einen Traum beichten kann, in dem er seine Mutter geschändet hat».[11] Er sollte in den folgenden Jahren noch höhnischere Aphorismen und Sottisen finden für die Psychoanalyse, die Krankheit, für deren Therapie sie sich halte. Freud nannte ihn schlichtweg einen «tollen Schwachsinnigen mit großer schauspielerischer Begabung», der sich auch intelligent und entrüstet zu stellen vermochte. Aber gleichwohl war er nicht unfroh, daß Fritz Wittels, der noch im Jahr seines Vortrags einen Schlüssellochroman über Kraus, *Ezechiel der Zugereiste*, veröffentlicht hatte, aus der Vereinigung austrat.

Es waren derlei Geschichten, die seine Wissenschaft diskreditierten, innerhalb der akademischen Gemeinde ohnedies, aber auch bei den Wohlgesonneneren, den Kollegen wie den interessierten Laien, die nicht wußten, ob es um die Heilung Kranker und um eine Theorie der Psyche ging oder um die Analyse von Grimms Märchen. Obwohl Freud selbst grade im Begriff war, sich zu einer seiner gewagtesten Spekulationen, der *Leonardo*-Studie, hinreißen zu lassen, konnte er keine dilettantischen Nachahmer, keine plumpen Vulgarisierer seiner so umstrittenen Lehre dulden. Auf gar keinen Fall mochte er sie in die Nähe der Kunst oder Kunstkritik gerückt sehen; er konnte sich nicht erfreuen an Bleulers Lob, er sei, unabhängig von der Größe seiner wissenschaftlichen Leistung, psychologisch gesehen ein Künstler und daher auch so besessen von der Ganzheit seines Werkes. Dabei verstand er die Kritik des Burghölzli-Direktors sehr wohl, der gegen den Universalitätsanspruch der Sexualtheorie immer skeptisch geblieben war: Freud bestand auf einem Alles oder Nichts, er machte den Ödipuskomplex zu seinem Schibboleth. So etwas konnten sich nach Bleulers Ansicht allenfalls Sekten, politische Parteien oder eben Künstler leisten. Aber Freud, der nicht wie Darwin von Anfang an eine große Anhängerschaft gewonnen hatte, der sich nicht wie Einstein auf einen etablierten wissenschaftlichen Diskurs beziehen konnte, mußte darauf beharren, daß man das ganze, immer noch im Entstehen begriffene Gebäude seiner Lehre akzeptierte. Er konnte keine Veränderungen daran zulassen; diese behielt er sich, wenn schon, selbst vor.

Er hatte Alfred Adler 1906 ausdrücklich gelobt für seinen Vortrag über die sogenannte «Organminderwertigkeit», obwohl er den Ausdruck im Grunde für nutzlos hielt. Der ehemalige Armenarzt, der als Kind selbst an Rachitis und Lungenentzündung erkrankt war, vertrat die Ansicht, daß ein «unvollkommen» entwickeltes Organ die Ursache von «Kinderfehlern» wie Eßstörungen, Stottern oder Bettnässen, aber auch Quelle aller künftigen Neurosen sei. Der organisch erschwerten Einfügung ins Leben entsprachen demnach seelische

Schwierigkeiten. Das biologische Manko konnte zwar kompensiert werden, ein Lungenflügel etwa die Leistungen des anderen mit übernehmen. Es konnte psychisch ausgeglichen werden, was oft zu bedeutenden kulturellen Leistungen führte. Aber das entwicklungsgehemmte Kind konnte genausogut in Ängstlichkeit und Pessimismus verharren, das allen Menschen eigene «Minderwertigkeitsgefühl», die «Unzulänglichkeit» fürs Leben, sich verdichten zum «Minderwertigkeitskomplex».

Dies war bei weitem nicht die biologisch-physiologische Grundlage, die sich Freud für seine Psychoanalyse erhoffte. Dennoch versuchte er zunächst, den potentiellen Konflikt zu unterdrücken, schließlich schätzte er Adler als «bedeutenden, insbesondere spekulativ veranlagten Kopf», als scharfsinnigen, originellen Denker, als anständigen Menschen, der so bald nicht von ihm abfallen werde. Im Grunde waren sie einander immer fremd geblieben, der auf Haltung und Würde bedachte Freud und der untersetzte, vierschrötige Mann, der, wie sein Schüler Manès Sperber schrieb, aussah wie die Karikatur des «ewigen Wieners» und sich auch so verhielt: ein notorischer Kaffeehausbesucher, der niemals die Virginia aus dem Mund zu nehmen schien, ein begnadeter Witzeerzähler, gemütvoll, gesellig und stets bereit, seine Umgebung mit Schumann-Liedern zu erfreuen. Schon während seiner Studienzeit hatte er sich intensiv mit dem Marxismus beschäftigt; durch seine aus Moskau stammende Frau Raissa war er besonders interessiert an der russischen Revolutionsbewegung. Mit Leo Trotzki, der damals im Café Central die *Wiener Pravda* redigierte, war er gut bekannt und amüsiert sich stets darüber, daß dessen Kinder wie gute Wiener Fiakerkutscher sprachen. Adolf Joffe, der spätere Sowjetdiplomat und Mitunterhändler des Vertrags von Brest-Litowsk, der Weggefährte und Freund Trotzkis, der nach dessen Entmachtung und Parteiausschluß 1927 Selbstmord beging, war eine Weile Adlers Patient. Aber auch wenn dieser soziologischen Faktoren in seiner Theorie einen großen Einfluß einräumte und den Ödipuskomplex eher als einen Erziehungsfehler ansah, blieb seine sogenannte «freie Psychologie» oder «Individualpsychologie», wie er sie nach dem Bruch mit Freud nannte, überwiegend biologistisch begründet: eine Art Lebensphilosophie à la Nietzsche und Bergson mit ein wenig Marx und Engels darin. Diese Theorie hatte er immer mehr verfeinert, so daß der Konflikt mit Freud letztlich unvermeidlich schien. Im Sommer 1910 fand Freud ihn verbittert und überempfindlich.

Der andere der beiden Dioskuren, Wilhelm Stekel, war ihm schon länger ein Ärgernis, nicht wegen theoretischer Differenzen, sondern ob seiner Charakterfehler, die letztlich auch seine, Freuds, Wissenschaft zu desavouieren drohten. Sprichwörtlich wurde sein «Mittwochpatient», da er in der abendlichen Runde jeden Diskussionsbeitrag mit den Worten einzuleiten pflegte: Erst heute vormittag habe er einen solchen Fall gesehen … Wie es jedoch um seine «Fälle» wirklich stand, wurde allen Vereinsmitgliedern deutlich, als er in einer Abhandlung über die Bedeutung und den psychologischen Einfluß des Namens eine Vielzahl von Patienten nannte. Freud mußte ihm daraufhin einen Verstoß gegen die ärztliche Schweigepflicht vorwerfen, Stekel konnte ihn beruhigen: Sie waren alle fiktiv. Gleichwohl hatte Stekel eine ungewöhnliche Begabung, Verdrängtes aufzudecken. Er war die «beste Spürnase für den Sinn des Unbewußten», und oft mußte Freud wider Willen eingestehen, daß seine Deutungen richtig waren. Eine Weile hatte er ihn sogar gemocht. Zu Hitschmann sagte er einmal: «Er ist nur ein Trompeter, und doch habe ich ihn lieb.» Inzwischen sah er in ihm nur mehr einen «zucht- und kritiklosen Menschen», ein *mauvais sujet* ohne Gewissen, aber man mußte ihn halten und «mit Mißtrauen von ihm lernen».[12]

Aber auch mit Jung ist Freud in diesem Sommer seines Missvergnügens, 1910, unzufrieden; der klagt ständig über zuviel Arbeit, ist ganz verstrickt in seine viel zu undeutlichen mythologischen und spiritistischen Forschungen und nimmt seine Pflichten als Präsident nicht ernst genug. Freud muß ihn wieder einmal väterlich ermahnen: «So sind die ersten Monate Ihrer Regierung, mein lieber Sohn und Nachfolger, nicht strahlend ausgefallen.» Es kränkt ihn geradezu persönlich, wie unsicher

Jung auftritt, obwohl er doch wissen müßte, daß alle eifersüchtig sind auf die Vorzüge, die er bei ihm genießt. Aber vielleicht ist das auch nur die Ungeduld des Alters, vielleicht war die Gründung der Internationalen Vereinigung überhaupt verfrüht und er zu sehr darauf bedacht, Jung an der richtigen Stelle zu sehen und sich selbst des Drucks der Verantwortung zu entledigen. Damals, kurz nach dem Nürnberger Kongreß, hatte er Jones geschrieben, er ziehe sich nun in den Hintergrund zurück, wie es sich für einen älteren Herrn gezieme. Nun muß er sich schon wieder einmischen, muß hier schlichten, dort mahnen. Jung möge also dem neuen Organ, dem Wiener *Zentralblatt*, nicht feindselig entgegentreten, sondern sich und die Seinen dafür engagieren: «Die Kunst, die Menschen zu gewinnen, muß von jemandem, der herrschen will, sorgfältig geübt werden.» Und er hatte Jung doch für sehr begabt in dieser Kunst gehalten.[13] Der antwortet gelassen, ja, sein Debüt als Präsident sei, dank der Widerstände von Adler und Stekel, eher minderwertig ausgefallen. Dabei bemühe er sich doch, möglichst liebenswürdig zu sein, aber er könne nun einmal nicht Tag und Nacht über alles wachen. Kaum drehe er sich einmal weg, breche bei den anderen der Verfolgungswahn aus. Und schuld daran sei nicht er, sondern der Fortschritt von Freuds Wissenschaft, von der selbst die Gutgesinnten noch viel zuwenig Ahnung hätten, so daß jede Äußerung auf die Goldwaage gelegt werde. Allenthalben sei von gegnerischer Seite etwas zu hören von «Sekte, Mystik, Geheimjargon, Einweihung etc». Im Grunde gedeihe die Psychoanalyse wohl nur im «engsten Konklave Gleichgesinnter», nur hier gewähre sie allein «unverpöbelten Genuß». Nach diesen Worten Jungs kann Freud wieder guter Laune sein: «Wir haben uns mit etwas eingelassen, was größer ist als wir.» Aber dennoch, für den Präsidenten der Vereinigung war das Faustrecht keine rechte Betätigung, daran sollte sich Jung halten, da mußte «die Hexe ‹Politik› und die Hexe ‹Diplomatie› und der Wechselbalg ‹Kompromiß› heran».[14]

Freuds verhaltener Zorn traf im Spätsommer einen anderen, ausgerechnet den tapferen Parteisoldaten von Nürnberg, den getreuen Ferenczi. Nach dem üblichen Familienurlaub, diesmal in Holland, reist er mit ihm über Paris, wo sie einen Blick auf das Werk eines seiner letzten «Fälle», Leonardo da Vinci, vor allem auf die *Heilige Anna Selbdritt*, geworfen haben, und über Rom nach Sizilien. Sie machen «Ruinenausflüge», schwelgen in «Farbglanz, Wolgerüchen und Aussichten» Palermos, und trotz Schirokko, trotz Cholera- und Malariagefahr hat er soviel «Wolbefinden (...) noch nicht beisammen gehabt». Dazu trägt auch Ferenczi bei, «sehr fidel, genußfähig u viel weniger bequem» als er selbst, «wie immer ein sehr angenehmer Reisegenosse» und «sehr liebenswürdig». Es tut Freud nur schrecklich leid, daß er solche Erlebnisse der Familie nicht verschaffen kann, aber um dies alles zu siebt, zu fünft oder auch nur zu dritt erleben zu können, hätte er «nicht Psychiater u angeblich Gründer einer neuen Richtung in der Psychologie, sondern Fabrikant von irgend etwas allgemein Brauchbarem, wie Klosettpapier, Zündhölzchen, Schuhknöpfen werden müssen». Und zum Umlernen war es zu spät.[15] Die Reise hatte «mehrere für die innere Ökonomie längst notwendige Wuncherfüllungen gebracht», so schreibt er nach seiner Rückkehr an Jung. «Sizilien ist das schönste Stück von Italien und hat ganz einzige Stücke des untergegangenen Griechentums erhalten, infantile Reminiszenzen, die Schlüsse auf den Kernkomplex gestatten.»[16]

Aber es war nicht nur die Ausarbeitung des Ödipuskomplexes, die ihn während der Reise beschäftigte, er hatte, kurz nachdem seine *Kindheitserinnerung des Leonardo da Vinci* in diesem Sommer erschienen war, begonnen, sich mit der Autobiographie Daniel Paul Schrebers zu beschäftigen, dieses denkwürdigen Falls von Paranoia. Mit Ferenczi diskutierte er über das 1903 veröffentlichte Buch, und dieser sollte sich später darüber beklagen, daß er nicht als Gleichwertiger, als Freund und Kollege, behandelt wurde, sondern mehr oder weniger wie ein Sekretär. Doch auch Freud war unzufrieden, auch er hätte sich einen gleichwertigen Kumpan gewünscht, der nicht unausgesetzt in geistiger Anregung zu schwimmen erwartete. Er selbst wollte während seiner Ferien nichts als ein «ganz gewöhnlicher älterer Herr» sein. Natürlich war Ferenczi ein lieber Mensch, «aber etwas ungeschickt verträumt und infantil (...) eingestellt», immerzu voll der Bewunderung, was Freud nicht mochte, denn wahrscheinlich kritisierte jener ihn, wenn er nicht aufpaßte und sich gehen ließ, im Unbewußten scharf: «Er hat sich zu sehr passiv und rezeptiv verhalten, alles für sich tun lassen wie eine Frau, und meine Homosexualität reicht doch nicht so weit, ihn dafür anzunehmen. Die Sehnsucht nach einer wirklichen Frau steigt sehr auf solchen Reisen.»[17] Vielleicht war er nur so intolerant gegen seinen anhänglichen Gefährten, weil er in der zweiten Woche ihrer Reise unter gesundheitlichen Beschwerden litt. Der «arme Konrad» plagte ihn allzusehr. Er hatte das Wort aus *Imago* übernommen, dem psychoanalytischen Roman des Landpfarrers und Heldendichters Carl Spitteler, des heute vergessenen Nobelpreisträgers von 1919; als «Konrad» pflegte darin der Held seinen Körper zu bezeichnen. Freud hatte auf Sizilien noch mehr unter seinen gewöhnlichen Darmbeschwerden gelitten, er mußte sich vorhalten: «Wer seines Konrads nicht besser Herr ist, sollte eigentlich nicht auf Reisen gehen.»

Ja, Jung hatte, glücklich, daß der Professor aus dem «Choleraland» zurück war, schon während der Amerikareise verspürt, wie enervierend Ferenczis Drängen auf Intimitäten war, sein Bedürfnis nach einem liebenden Vater. Doch immerhin gestand Freud dem Reisegefährten nunmehr zu, daß auch er sich während ihres Sizilienaufenthalts nicht ganz richtig verhalten hatte, ihn, von dem er soviel wußte, vielleicht ein wenig hätte ausschimpfen und damit die Möglichkeit einer Verständigung eröffnen können. Das war gewiß eine Schwäche von ihm, aber «ich bin auch nicht jener psa. Übermensch, den wir konstruiert haben, habe auch die Gegenübertragung nicht überwunden. Ich konnte es nicht, wie ich es bei meinen drei Söhnen nicht kann, weil ich sie gern habe u. sie mir dabei leid tun.»

Zugleich warf er Ferenczi vor, daß dieser sehr wohl sein Bedürfnis nach Zurückhaltung über die eigene Person verstanden und auf den traumatischen Anlaß zurückgeführt hatte. Warum nur hatte er sich darauf versteift? Warum seine Geheimnisse erforschen wollen? «Seit dem Fall Fließ, mit dessen Überwindung Sie mich gerade beschäftigt sahen, ist dieses Bedürfnis bei mir erloschen. Ein Stück homosex. Besetzung ist eingezogen u. das zur Vergrößerung des eigenen Ichs verwendet worden. Mir ist das gelungen, was dem Paranoiker mißlingt.» Also möge Ferenczi ihn weder mystifizieren noch weiter analysieren: «Daß Sie große Geheimnisse bei mir vermuten u. sehr neugierig auf dieselben sind, war deutlich zu sehen, aber auch leicht als infantil zu erkennen. Sowie ich Ihnen alles Wissenschaftliche mitgetheilt, so habe ich Ihnen nur wenig Persönliches verborgen (…). Meine Träume um die Zeit gingen, wie ich Ihnen andeutete, ganz auf die Fließgeschichte, an der Sie mitleiden zu lassen durch die eigene Natur der Sache schwierig war.»[18] Aber der «unverbesserliche Therapeut» Ferenczi hielt an seinem «Aufrichtigkeitsideal», seiner Aufrichtigkeitssucht fest: «Wie könnte ich mich also damit befreunden, daß Sie – Ihr zum Teil gerechtfertigtes – Mißtrauen auf das ganze männliche Geschlecht ausdehnen!»[19]

Ende Februar 1911 demissionierten Alfred Adler und Wilhelm Stekel als Obmänner der Wiener Vereinigung. Freud übernahm widerstrebend erneut den Vorsitz, sein Stellvertreter wurde der streng orthodoxe Hitschmann. Ausgerechnet er hatte die lange schwelende Krise schließlich zum Ausbruch gebracht, indem er zu einer Diskussion der Adlerschen Ideen aufforderte, die man vielleicht als Ergänzung der Freudschen Lehre verstehen könne. An zwei Abenden im Januar und Februar referierte Adler zunächst über «einige Probleme der Psychoanalyse», dann über den «männlichen Protest als Kernproblem der Neurose». Dazu konnte Freud nicht länger schweigen. Er warf ihm vor, bekannte Dinge mit neuen Namen zu versehen, denn hinter dem sogenannten «männlichen Protest» stecke letztlich doch die Verdrängung, und die gute alte Bisexualität heiße bei ihm nun «psychischer Hermaphroditismus» – «als ob es etwas ganz anderes wäre». Das war es auch: Der «männliche Protest», die Adlersche Variante des «Willens

zur Macht», der im neurotischen wie im «normalen» Seelenleben anzutreffen sei, bei Frauen ebenso wie bei Männern, war
dieser Theorie nach eine Folge von biologischen, erblichen und
konstitutionellen, von sozialen, kulturellen und insbesondere
erzieherischen Faktoren. Das war mehr als nur eine Verwässe-
rung psychoanalytischer Gesetze: Adler vernachlässigte das Sexuelle und das Unbewußte und damit den Kern der Lehre. Die
Verdrängung, die ödipalen Wünsche und Phantasien waren für
ihn bloß Teilphänomen eines größeren psychischen Dynamis-
mus, wodurch ein tieferes Verständnis für den Charakter der
Neurose möglich werden solle.[20]

So begann mit der Verleugnung der libidinösen Triebregungen die erste der beiden großen «Abfallbewegungen». Und dieser Adler verhielt sich nach Freuds Ansicht im Grunde nicht
anders als ein Kranker, der seine unbewußten Motive durch Ra-
tionalisierung zu verdecken suchte: «Adler ist hierin so konsequent, daß er die Absicht, dem Weib den Herrn zu zeigen,
oben zu sein, sogar als die stärkste Triebfeder des Sexuallebens
preist.»[21] Gegenüber Pfister sprach Freud im Februar 1911 von
einer «kleinen Krise» in Wien. Es sei Zeit gewesen, gegen Adler Front zu machen, dessen Theorien zu weit vom rechten Weg
abgingen: «Er vergißt des Apostels Paulus, dessen genauen
Wortlaut Sie besser kennen als ich, ‹Und hätte ich der Liebe
nicht›. Er hat sich ein Weltsystem ohne Liebe geschaffen, und
ich bin dabei, die Rache der beleidigten Göttin Libido an ihm zu
vollziehen.»[22] Ein paar Tage später meldete Freud sich bei Jung
als «Vollstrecker» dieser Rache, der auch im *Zentralblatt* künf-
tig der «Ketzerei» keinen Platz einräumen wollte. Und doch
klangen seine Bedenken durch. Zwar verbarg sich hinter Adlers
vermeintlicher Gedankenschärfe viel Verworrenheit, und nur
die Jüngsten unter den Zuhörern wollten ihm wohl Glauben
schenken. Aber auch unter den Älteren bekundeten manche diesen Lehren ihre Sympathie, weil sie ohne Anstößigkeiten aus-
kam. Im Grunde war es natürlich fast unglaublich, nie hätte
Freud erwartet, daß ein Psychoanalytiker dem Ich so aufsitzen
könnte, das doch nicht mehr als die Rolle des dummen Augusts

im Zirkus spielte, «der unaufhörlich grimassiert, um dem Publikum zu versichern, daß er alles so angeordnet habe, wie es geschieht. Der arme Narr!»[23] Doch selbst wenn man sich wunderte, daß eine so «trostlose Weltanschauung», ohne Raum für die Liebe, ganz gegründet auf dem Aggressionstrieb, überhaupt Beachtung finden sollte, so durfte man nicht vergessen, «daß die vom Joch ihrer Sexualität bedrückte Menschheit bereit ist, alles anzunehmen, wenn man ihr nur die ‹Überwindung der Sexualität› als Köder hinhält».[24]

Adler versprach ja nicht nur, die «Sexualregungen des Neurotikers oder Kulturmenschen» zu negieren. Für ihn waren Freuds Befunde Selbsttäuschungen der Patienten und Suggestionen des Therapeuten, der die Kranken durch «Sexualgleichnisse» wie den Ödipuskomplex in die Irre führe. Er hingegen stellte ihnen, statt sie in der verschütteten Vergangenheit nach den Trümmern der Erinnerung mühsam graben zu lassen, ein Ziel in Aussicht, das Ideal der «ganzheitlichen» Persönlichkeit. Diese Lebensaufgabe sollte sie von den krank machenden Bedrängnissen der Außenwelt befreien. Das mußte Freud, der alle Teleologie ablehnte, ganz und gar befremden. Aber diese Theorie war auch mit entscheidenden therapeutischen Neuerungen verbunden. Denn auch wenn Adler seinen Patienten eine Art «Roßkur» zumutete, schien diese doch verlockender als eine langwierige Analyse. Schon bald begann der Prediger des Gemeinschaftsgefühls einen wachsenden Kreis um sich zu scharen, zunächst noch in seinem Wiener Kaffeehaus, später auf Tourneen durch Deutschland, England und die USA. Er pries nicht nur den Kollektivsinn, er lebte ihn auch. Freud hatte recht, er mußte diesen Angriff auf seine Lehre, den er gern als «Palastrevolution» abgetan hätte, mehr fürchten als die offenen Hiebe seiner immer noch so mächtigen Gegnerschaft.

Sicherlich hätte er es sich gern erspart, den Feinden seiner jungen Theorie das «heißerwünschte Schauspiel» zu bereiten, wie «Psychoanalytiker sich untereinander zerfleischen». Aber als seine Wiener einen Kompromißversuch machten und die Unvereinbarkeit beider Ansätze nicht einsehen wollten, mußte er selbst darauf hinweisen, «daß zwei von den Beteiligten diesen Widerspruch doch finden: nämlich Adler und Freud». Am liebsten hätte er diesen höchst puerilen Gesellen, diesen Narren, «ausgeschifft». Es genügte ihm nicht, daß er Adler Ende Mai endlich aus der Vereinigung und der Redaktion des *Zentralblatts* gedrängt zu haben schien. Denn der wehrte sich mit Anwälten, verlangte eine außerordentliche Versammlung der Mitglieder und bedachte sogar Freuds getreuen Jones mit einem Brief, in dem er ihm versicherte, daß auf seiner Seite die «besten Köpfe und die Leute mit honetter Unabhängigkeit» stünden: Warum nahm Freud diese «Fechterstellungen» gegen ihn ein, dessen Propagandist er doch über so viele Jahre gewesen war, dem er dazu mitverholfen hatte, daß seine Lehren nicht länger geächtet und verlacht, sondern in klinischen und intellektuellen Kreisen ernst genommen wurden? Jones' Haltung war klar. Wie konnte eine Diskussion überhaupt lohnen, wenn über die Grundprinzipien des Gegenstands keine Einigkeit bestand: «Wenn jemand behauptet, die Erde sei eine Scheibe, kann er wohl kaum das Recht beanspruchen, Mitglied der Royal Geographic Society zu sein und ihre ganze Zeit in Beschlag zu nehmen, um sich mit seinen Ansichten breitzumachen.»[25]

Der Kampf mit Adler zog sich noch bis in den Oktober hin; zwischenzeitlich waren die Kontrahenten dazu übergegangen, sich charakterologischer Defekte und psychischer Probleme zu bezichtigen. Adler glaubte, daß Freud an ihm eine Art Kastration begehen wolle; Freud hielt seine Angriffe für die «Revolte eines abnormalen, vor Ehrgeiz wahnsinnigen Individuums», dessen Einfluß auf andere seinem Terrorismus und Sadismus zuzuschreiben sei. Schon im Spätherbst 1910, als er an seiner «Schreber»-Studie schrieb, seine Waffen mit dieser Analyse einer Paranoia schärfte, hatte er sich davon überzeugt, daß Adler an Verfolgungswahn litt. Und Ferenczi konnte er nun schreiben: «Fließ habe ich jetzt überwunden (…) Adler ist ein kleiner Fließ redivivus (…) Stekel, als Anhang zu ihm, heißt wenigstens Wilhelm.»[26]

Im Oktober 1911, auf der außerordentlichen Versammlung,

verkündete Freud den Austritt Adlers; mit ihm gingen unter anderem der Sozialdemokrat und Schulreformer Karl Furtmüller, die Ärztin Margarete Hilferding, die erste Frau in der Mittwoch-Gesellschaft, und der Professor für klassische Sprachen David Oppenheim, Onkel des umstrittenen Bioethikers Peter Singer. Wilhelm Stekel blieb und versuchte, sich Freud wieder anzunähern. Und der entgalt es ihm, wollte nun auch ein wenig freundlicher sein gegen den Mann, den er, obwohl «unverbesserlich, unerziehbar, jedem guten Geschmack ein Greuel, so recht das Kind des Unbewußten, ‹des Chaos wunderlicher Sohn›», über viele Jahre ertragen hatte, «wie eine alte Köchin, die nun schon so lange im Haus ist». Da man nicht wußte, was dieser Kerl anstellte und entstellte, schien es jedenfalls besser, ihn zu halten. Als man im Frühjahr 1911 in der Mittwoch-Gesellschaft Stekels jüngstes Werk, *Die Sprache des Traumes,* heftig diskutierte, behauptete dieser, er sei nicht angespuckt worden, es habe bloß etwas geregnet ...[27]

Immerhin fand Freud das Buch inhaltsreich – «das Schwein findet immer Trüffeln». Ansonsten war es nichts anderes als die pure Sauerei, hohl und schlampig, voller Klischees und schiefer Verallgemeinerungen: «Cacatum non est pictum», schrieb er Jung daraufhin, «geschissen ist nicht gemalt.» Für Freud war klar: Stekel repräsentierte «das unkorrigierte, perverse Unbewußte, Adler das paranoische Ich; beide zusammen ergäben etwa einen psa. Menschen».[28] Jung schürte das Feuer nicht nur gegen den absoluten, von allem guten Geschmack verlassenen «Trüffelstandpunkt» Stekels, sondern vor allem gegen Adler, dessen Schriften in Zürich von den Patienten schon als Widerstandsquellen benutzt werden würden. Aus Budapest versuchte Ferenczi zu trösten: Es habe noch keine geistige Bewegung gegeben, bei der die Persönlichkeit des Entdeckers eine so große und unentbehrliche Rolle gespielt habe, und Freud war ja nicht allein der Begründer der Psychoanalyse, «sondern auch der Arzt, der uns Ärzte behandelt», der also alle Last der Übertragungen und Widerstände auf sich nehmen müsse. Aber wenn man es mit derlei «unheilbaren oder schwer zugänglichen Ärzten» zu tun habe wie dem «infantil-perversen Stekel und dem paranoischen Adler», müsse man etwas unternehmen. Freud sollte in seinen nächsten Publikationen endlich öffentlich Stellung gegen sie beziehen.

Es dauerte schließlich noch mehr als ein Jahr, bis Freud den Schlamper, das «Schwein im Blumengarten» loswurde, nach einer üblen Szene zwischen Stekel und Victor Tausk. Der talentierte Jurist und Schriftsteller, der als Richter, Rechtsanwalt und Journalist gearbeitet hatte, war 1908 nach Wien kommen, um Analytiker zu werden. Nun wollte er den Besprechungsteil des *Zentralblatts* übernehmen, und Freud hätte, wiewohl er Tausk ein «böses Raubtier» nannte, dies gern gesehen. Doch Stekel mochte es auf keinen Fall zulassen, daß auch nur eine Zeile aus Tausks Feder in seinem Blatt erschiene. Vielleicht wollte er sogar Freud selbst aus der Zeitung drängen, beflügelt von seinen Erfolgen auf dem Gebiet der Traumdeutung und der Traumsymbolik, die er gerne damit zu kommentieren pflegte, daß ein Zwerg auf der Schulter eines Riesen weiter sehen könne als der Riese selbst. Darauf soll Freud nur erwidert haben: «Das mag wahr sein, aber nicht eine Laus auf dem Kopf eines Astronomen.»[29] Die Laus schien ihn nicht allzusehr zu kratzen, so daß er es dem Verleger überließ, sich mit ihr abzugeben. Schließlich zog sich Freud, angeblich auf dessen Drängen, ganz und gar vom *Zentralblatt* zurück, und mit ihm kündigten auch die Mitglieder der Internationalen Psychoanalytischen Vereinigung ihre Arbeit an dem Organ, dessen Erscheinen unter Stekels Ägide nur ein Jahr später eingestellt wurde. Aber schon 1913 verfügte die Bewegung über zwei neue Periodika, die von Hanns Sachs und Otto Rank herausgegebene, eher geisteswissenschaftlich orientierte *Imago* und die *Internationale Zeitschrift für ärztliche Psychoanalyse*.

Am 6. November 1912 wurde Stekels Austritt aus der Wiener Vereinigung offiziell bekanntgegeben. Freud war erleichtert: «Sie können nicht wissen», schrieb er an Abraham, «was ich unter der Aufgabe ihn gegen die ganze Welt verteidigen zu müssen gelitten habe. Er ist ein unerträglicher Mensch.»[30]

Nein, er konnte die schamlosen Lügen dieses Predigers «im Sold des Adlerismus», diesen moralisch Schwachsinnigen nicht mehr ertragen, der wohl das Schicksal eines aufgeblasenen Frosches zu erleiden hatte. In Zürich verstand Jung nur zu gut: Stekel habe «schon genug Unheil angerichtet mit seinem indezenten Bekennerfanatismus, um nicht zu sagen Exhibitionismus», schrieb er Freud im November 1912, in jenem Brief, in dem er selbst, trotzig und grob, seine Unabhängigkeit erklärte.[31] Längst hatte ein anderer Kampf, den Freud so gerne vermieden hätte, begonnen, sein bitterster. Aber er schien alle Waffen, gut geschmiedet, in der Hand zu haben.

HOMOSEXUALITÄT, PARANOIA UND
DIE WIEDERKEHR DER VERGANGENHEIT

Seine im späten Frühjahr 1910 erschienene kleine Studie über *Eine Kindheitserinnerung des Leonardo da Vinci*, die er so liebte, die er als das «einzig Schöne», das er je geschrieben hatte, bezeichnete, war nur ein Vorspiel gewesen. Nun konnte er sich dem Fall Schreber zuwenden. Beide waren angenehmere «Patienten» als seine gewöhnlichen «Narren», deren er oft müde war. Hier konnte er endlich einmal, nur auf literarische Zeugnisse gestützt, seinen Spekulationen nachgehen, seinen Ideen über die Probleme, die ihn schon seit Jahren beschäftigten, die Homosexualität und die Paranoia. Im Falle Schrebers hatte die «Inversion» an der Entstehung der Psychose ursächlich mitgewirkt; das war Freuds Extremfall. Leonardo hingegen war der Musterfall, der «seltenste und vollkommenste Typus» Sublimierung. Natürlich würde es ihm nicht gelingen, das Geheimnis der *Mona Lisa* zu lösen, und keineswegs wollte er «einen der größten Männer der italienischen Renaissance», das «allseitige Genie», in den Staub ziehen. Aber es war doch «niemand so groß, daß es für ihn eine Schande wäre, den Gesetzen zu unterliegen, die normales und krankhaftes Tun mit gleicher Strenge beherrschen».[1] Freud wurde nicht müde, seinen Lesern – und sich selbst – zu versichern, daß allein Wahrheitsliebe und Wissensdrang ihn dazu bestimmten, den großen Mann nicht mit den Idealisierungen gewöhnlicher Biographen zu betrachten. Deshalb sollte man das Büchlein ruhig für einen «psychologischen Roman» nehmen – über einen rätselhaften Menschen, dessen Anziehung auch er erlegen war, weil man in diesem Leonardo «mächtige triebhafte Leidenschaften» vermuten mußte, «die sich doch nur so merkwürdig gedämpft äußerten», weil jener, unstetig, allzuoft die Malerei der Wissenschaft geopfert, den Künstler nie recht freigelassen, sich gern mit schönen Knaben umgeben, aber in seiner sexuellen Aktivität sich wohl eher gehemmt gezeigt hatte.

Der Kindheitserinnerung zufolge, auf die sich Freuds Analyse stützte, war dem Kleinen einst ein Geier in die Wiege gestürzt, hatte ihm dem Mund mit seinem Schwanz geöffnet und war viele Male damit gegen seine Lippen gestoßen. Freud hielt dies für eine Phantasie, entstanden aus der – höchst lückenhaft erinnerten – Geschichte des unehelichen Kindes, das die ersten Jahre allein mit der Mutter lebte, bis der Vater, inzwischen mit einer jungen Frau verheiratet, es zu sich nahm. Was konnte jene Geiervision anderes bedeuten als das Saugen an der mütterlichen Brust, umgewandelt in die spätere homosexuelle Vorstellung der Fellatio? Dennoch holte Freud weit aus, forschte über Geier und anderes mythenumwobenes Getier, über Märchengestalten und ägyptische Gottheiten. Allerdings hatte Freud sich geirrt, bei dem gefiederten Wesen handelte es sich nicht um einen Geier, sondern um einen harmloseren Milan, auch Hühnergeier genannt. Der Autor hatte nur das Wort «nibbio» falsch übersetzt. Freuds ganze Vogelmythologie schien damit abgestürzt.

Er hatte unbedingt beweisen wollen, daß das «Geierkind» in den ersten, entscheidenden Jahren den Vater vermißt hatte, allein dem übermächtigen Einfluß der verlassenen Frau ausgeliefert, der es den Mann ersetzen mußte und von der es mit vielen Zärtlichkeiten bedacht wurde. Wie sehr mußte der Junge über die Rätsel der Sexualität, der eigenen Herkunft grübeln, als er, zwischen drei und fünf Jahre alt, ins Haus des Vater kam, wo er eine zweite Mutter fand, seine junge Stiefmutter. Sein «übermächtiger Forschertrieb» war nichts anderes als ein Abkömmling der frühen Sexualforschung, wie sie der kleine Hans betrieben hatte, wie alle Kinder ihr nachgingen. Für Freud war damit auch das Geheimnis des Bildes geklärt, das er in Paris noch einmal, seines intellektuellen Triumphs gewiß, besichtigt hatte, jenes erstaunliche Lächeln, das die beiden Mütter, die Jungfrau Maria und ihre Mutter, die merkwürdigerweise beide als junge Frauen dargestellt waren, auf dem Gemälde von der *Heiligen*

Anna Selbdritt zeigten: nicht mehr das unheimlich wirkende Lächeln der *Mona Lisa*, sondern ein inniges, stille Seligkeit ausdrückendes Lächeln. Es war das Lächeln der Mutter, das Leonardo wiedergefunden hatte an der schönen Florentinerin, so zärtlich wie unheilverkündend – «denn die Zärtlichkeit der Mutter wurde ihm zum Verhängnis, bestimmte sein Schicksal und die Entbehrungen, die seiner warteten».

Die meisten von Freuds Annahmen waren fragwürdig oder schlicht falsch; wahrscheinlich hatte Leonardos Vater den Sohn schon viel früher adoptiert, und es entsprach der künstlerischen Konvention der Zeit, die heilige Anna als Jugendliche darzustellen. Aber er hatte nun sein früheres Konzept der Homosexualität als Folge einer überstarken Fixierung auf die Mutter ergänzt um die Einführung des Narzißmus: So verdrängte der Sohn die Liebe zur Mutter, um sich selbst an ihre Stelle setzen, sich mit ihr zu identifizieren und seine Liebesobjekte nach dem eigenen Vorbild suchen zu können, darin jenem sagenhaften griechischen Jüngling gleich, der nichts mehr liebte als seine eigene Spiegelung. Leonardo war dieser Deutung zufolge regrediert in eine Phase zwischen dem primitiven Autoerotismus und der eigentlichen Objektliebe, so daß ihm alle anderen, und eben auch die Knaben, mit denen er sich später umgab, nur Ersatz der eigenen, so sehr geliebten Person waren. Dabei sollte dem kleinen Narziß der Ödipuskomplex keineswegs erspart bleiben. Trotz seiner eher schwankenden Vermögensverhältnisse identifizierte Leonardo sich in seiner Prunksucht mit dem vornehmen Herrn, der die Mutter, das arme Bauernmädchen, verlassen, mehrmals geheiratet und angeblich neun Söhne und zwei Töchter gezeugt hatte. Und so wie dieser Vater, mit dem er um die junge Stiefmutter rivalisieren mußte, einst ihn im Stich gelassen hatte, kümmerte sich der Sohn oft nicht um seine künstlerischen Werke, zu ungeduldig gegen die eigenen leidenschaftlichen Hervorbringungen, zu sehr von seinem Forscherdrang hinweggerissen. Seine «großartigen Leistungen» auf allen Gebieten der Wissenschaft waren für Freud zugleich Ausdruck seiner Rebellion gegen den Vater; er kannte keine

Angst vor der Obrigkeit oder der herrschenden Meinung. Er sagte jenen Satz, der Freud so sehr gefallen mußte: «Wer im Streite der Meinungen sich auf die Autorität beruft, der arbeitet mit seinem Gedächtnis, anstatt mit seinem Verstand.»[2]

Jetzt schien auch der Traum vom Fliegen geklärt zu sein; natürlich waren Leonardos aviatorische Experimente Abkömmlinge seiner Geierphantasie, all der infantilen Wünsche, es den Erwachsenen nachzumachen, sie zu übertreffen, natürlich besonders auf sexuellem Gebiet. Auch Freud setzt noch einmal zum Höhenflug an. Gleichgültig, ob irgend etwas an seinen ihm so herrlich aufgehenden Spekulationen stimmt, findet er hier zu einer der schönsten Bemerkungen über die Kindheit, jener später oft verklärten Zeit, da man sich angeblich des Augenblicks freute und wunschlos glücklich in die Zukunft sah: «Aber die Kinder selbst, wenn sie früher Auskunft geben könnten, würden wahrscheinlich anderes berichten. Es scheint, daß die Kindheit nicht jenes selige Idyll ist, zu dem wir es nachträglich entstellen, daß die Kinder vielmehr von dem einen Wunsch, groß zu werden, es den Erwachsenen gleichzutun, durch die Jahre der Kindheit gepeitscht werden. Dieser Wunsch treibt alle ihre Spiele.» Und so träumen sie vom Fliegen, «so hat also auch die Aviatik, die in unseren Zeiten endlich ihr Ziel erreicht hat, ihre infantile erotische Wurzel».[3]

Er ließ sich von Einwänden nicht beirren. Sollten seine Leser ihn doch als Visionär bezeichnen, dies eine Mal war ihm nicht bange. Die Motive, seinen kleinen «psychologischen Roman» zu schreiben, waren stärker, und sie schimmern gegen Ende des Textes durch, da er auf die biologische Forschung der Zeit verweist, welche die organische Konstitution des Menschen durch die «Vermengung männlicher und weiblicher Anlagen im stofflichen Sinne» erklären wolle: «… die Körperschönheit wie die Linkshändigkeit Leonardos gestatteten hier manche Anlehnung». Das galt den biologischen Forschungen eines Mannes, des Apologeten der Bisexualität und Bilateralität, Wilhelm Fließ, des ehemaligen Freundes, der ihn in all diesen Monaten des Jahres 1910 so sehr beschäftigte.

Als er im Dezember 1909 der Wiener Vereinigung seine *Leonardo*-Arbeit vortrug, glaubte er, die Obsession, die ihn an den einstigen Vertrauten, der eine so schöne Paranoia entwickelt hatte, fesselte, endlich überwunden zu haben. Und er war sicher, daß hinter dem Verfolgungswahn eine nicht überwundene oder latente Homosexualität lauerte. Jung behauptete später, er selbst habe Freud auf das Buch des sächsischen Juristen und ehemaligen Senatspräsidenten Daniel Paul Schreber aufmerksam gemacht. Die *Denkwürdigkeiten eines Nervenkranken* waren eine der ersten Innenansichten eines Wahnsystems, spektakulär ob der darin akribisch beschriebenen Symptome; aber auch weil dieser Patient sich nicht nur gegen seine Entmündigung, sondern gegen die Stigmatisierung durch die Außenwelt und die gängigen psychiatrischen Ansichten wehrte. Es hatte damals, so Freud, zumindest unter Psychiatern «ziemlich großes Interesse» erweckt, als Darstellung einer Paranoia, wie sie wohl bisher in diesem Umfang noch nie geboten worden war. Er widmete ihr seine *Psychoanalytischen Bemerkungen über einen autobiographisch beschriebenen Fall von Paranoia.* Gleichwohl war Schrebers Buch bald nach seinem Erscheinen 1903 aus der Öffentlichkeit verschwunden; vermutlich hatte die Familie die Auflage größtenteils aufgekauft. Zu einem «Jahrhundertbuch» wurde es weniger durch Freuds Analyse als durch die Wirkung, die es auf Intellektuelle wie Walter Benjamin und Elias Canetti ausübte. Sie sahen darin die großen Krisen des 20. Jahrhunderts vorweggenommen. Canetti erkannte in Schrebers Wahn wie vermutlich hinter jeder Paranoia die «Krankheit der Macht» und damit den Wunsch, der letzte Überlebende zu sein, «die anderen aus dem Weg zu räumen». Ähnlich argumentierte auch das Gericht, das Schrebers Entmündigung aufhob und ihm die Freiheit wiedergab: «Er halte sich für berufen, die Welt zu erlösen und ihr die verlorengegangene Seligkeit wiederzubringen.» Das aber könne er nur, «wenn er sich zuvor aus einem Manne zu einem Weibe verwandelt habe».[4] Besser ließ sich das komplizierte messianische Weltsystem, das sich Schreber geschaffen hatte, kaum zusammenfassen.

Der 1842 geborene Sohn des Arztes und Erziehungsreformers Daniel Gottlieb Moritz Schreber hatte sich, nach einer höchst erfolgreichen Laufbahn im sächsischen Gerichtswesen, 1884 als gemeinsamer Kandidat der Konservativen und der Nationalliberalen für den Reichstag aufstellen lassen, wurde jedoch von einem Sozialdemokraten geschlagen. Kurz danach erlitt er seinen ersten Zusammenbruch, einen «Anfall schwerer Hypochondrie», wie sein Arzt, der berühmte Paul Emil Flechsig, diesen Zustand beschrieb. Nach einem sechsmonatigen Aufenthalt in dessen Klinik wurde er als geheilt entlassen. 1893 wurde er zum Senatspräsidenten am Oberlandesgericht Dresden ernannt, mußte aber noch im selben Jahr erneut, wenn auch zunächst nur wegen seiner quälenden Schlaflosigkeit, die Leipziger Psychiatrische Klinik aufsuchen, wo sich sein Zustand rasch verschlechterte. Er hatte wohl auch einen Selbstmordversuch unternommen. Im nächsten Jahr wurde er in der Heilanstalt Sonnenstein-Pirna untergebracht. In jener Klinik, die später zu einer der Euthanasie-Tötungsstätten der Nazis werden sollte, blieb er fast neun Jahre lang. Über diese Zeit seiner «zweiten» Erkrankung berichten die *Denkwürdigkeiten*. Schon vor deren Erscheinen hatte er versucht, seine Entlassung durchzusetzen, aber sein Anstaltsarzt widersetzte sich dem in mehreren Gutachten, kam allerdings nicht umhin, den Zustand des Kranken, der ein vollkommen geschlossenes, höchst kunstvolles Wahngebäude entwickelt hatte, derart zu schildern, daß der hochgebildete, intelligente Patient nicht nur bei flüchtiger Betrachtung weder verwirrt noch psychisch gehemmt erschien, vielmehr in alltäglichen Dingen, etwa bei den üblichen Mahlzeiten am Familientisch, ein kundiger und interessierter Gesprächspartner war, dessen Urteilen und Ansichten man sich gerne anschloß, dessen charmante Plaudereien den Damen gefielen. Sogar in geschäftlichen Angelegenheiten der Familie hatte er in fachgemäßer Weise gewirkt. Im Juli 1902 wurde Schrebers Entmündigung aufgehoben.

Die beiden Hauptmerkmale seines Wahns waren die Erlöserphantasie, eine Art religiöser Paranoia, und der Gedanke, sich in eine Frau verwandeln zu müssen. Er hatte Halluzinationen und war von der Idee gequält, verfolgt zu werden, dem klassischem Symptom der Paranoia. Sein Hauptfeind war zunächst Flechsig, der «Seelenmord» an ihm begangen habe, aber dann waren nach und nach alle in die Verschwörung verwickelt, einschließlich Gott. Dieser war vielleicht sogar der Anstifter des Komplotts, seine Psyche zu töten und seinen Körper einer Dirne gleich preiszugeben. Er hörte Stimmen, die ihn als «Miss Schreber» verhöhnten: «Das will ein Senatspräsident gewesen sein, der sich f... läßt.» Diesen – so Freud – primären Kastrationswahn gestaltete er Ende 1895 um in die Idee, derzufolge seine Geschlechtsumwandlung ein Gebot der Weltordnung wurde: «Als weitere Folge der Entmannung konnte natürlich nur eine Befruchtung durch göttliche Strahlen zum Zwecke der Erschaffung neuer Menschen in Betracht kommen.»[5] Auch nach seiner Wiederherstellung, auch nachdem er gelernt hatte, daß die Personen, denen er begegnete, nicht «flüchtig hingemachte Männer», sondern wirkliche Menschen waren, pflegte er sich gelegentlich mit «etwas weiblichem Zierrat», Bändern und Ketten, bei halbentblößtem Oberkörper im Spiegel zu betrachten, allerdings niemals, wie er betonte, vor den Augen anderer.

Der Senatspräsident war, wie er schrieb, in seinen gesunden Tagen ein religiöser Zweifler gewesen, und auch seine sonderbare Gottesschöpfung war geprägt von ursprünglicher Skepsis. Denn dieser Gott, dessen Reich ein zweigeteiltes war, das eine, vorzugsweise für die Brünetten (Semiten) bestimmt und beherrscht von einem niederen Gott, das andere, das der Blonden (Arier), mit einem oberen Gott an der Spitze, hatte sich nach seinem Schöpfungswerk zurückgezogen von den Menschen. Er verkehrte nur noch mit den Seelenteilen oder Nerven von Leichen. Allein in außerordentlich seltenen Fällen – wie dem Schreberschen – ließ er sich von den Nerven lebendiger Menschen anziehen; so blieb Gottes Selbsterhaltungstrieb rege. Und so quälte er ihn, nötigte ihm, weil er ihn eigentlich für blödsinnig hielt, einen «Denkzwang» auf, vor allem aber drängte ihn dies perfide Wesen immer wieder zur Defäkation – «Warum sch...

Sie denn nicht?»[6] Zugleich aber hinderte er ihn daran, seinem Befehl nachzukommen, indem er immer andere Personen auf den Abtritt schickte. Das hatte Schreber unzählige, tausende Male erlebt, ein Zufall war ausgeschlossen. Vielleicht war dies Benehmen allen menschlichen Seelen eigen, warum nicht auch Gott? Oder war auch daran nur Flechsig schuld? Dem Gott versprach Schreber auch «Seligkeit», ein Leben im Jenseits, das ein Zustand ununterbrochenen Genießens sein sollte, wobei es durchaus Unterschiede gab zwischen der weiblichen und der männlichen Wollust, die zweifellos höher stand. Noch in seiner «Berufungsbegründung» von 1901 bestand er auf dem Zusammenhang von Seligkeit und Wollust, das war der Fels, auf den er seine Hoffnung einer Versöhnung mit Gott gründete. Dieser Gott verlangte geradezu nach der Pflege der Wollust, sonst drohte er mit dem Rückzug seiner «Strahlen».

Nun war Freud selig, alle Befürchtungen, dies sei der «negative Fall», bei dem die Sexualität kaum eine Rolle spiele, waren leicht zurückzuweisen. Schreber war vor seiner Erkrankung eher ein Asket gewesen, «ein sittenstrenger Mann». In seinem Wahn hatte er nicht nur die Sinnlichkeit entdeckt, nicht bloß die männliche Sexualfreiheit, «sondern weibliches Sexualgefühl, er stellte sich feminin gegen Gott ein, fühlte sich als Gottes Weib». Keinen anderen Teil seiner Phantasiegebilde hatte der Patient so ausführlich, «so aufdringlich» behandelt wie seine Verwandlung in eine Frau. Mühelos verschaffte er sich den Eindruck, er habe Brüste und ein weibliches Geschlechtsteil, auch einen besonders weiblichen Hintern: Er verlangte sogar eine Untersuchung zur Feststellung, daß sein ganzer Körper mit Wollustnerven durchzogen sei, wie beim Weibe. Der Mann, der seit 1878 verheiratet war, hatte sich nach 1895, dem Zeitpunkt seiner Versöhnung mit Gott, «die Pflege der Weiblichkeit mit vollem Bewußtsein» auf seine Fahne geschrieben».[7]

Das Problem der Paranoia hatte Freud im Grunde schon seit den neunziger Jahren beschäftigt; er hatte Fließ darüber ein Manuskript geschickt, worin er bemerkte: «Man wird paranoisch über Dinge, die man nicht verträgt, vorausgesetzt, daß man die eigentümliche psychische Disposition dazu besitzt.»[8] Kurz danach hatte er begonnen, über den Zusammenhang von Paranoia und Homosexualität nachzudenken. Aber es war, wie er dem Fall Schreber vorausschickte, für einen Arzt in der Praxis schwierig, derartige Patienten zu finden, da man sie nicht lange genug und nur mit schwachen Erfolgsaussichten in Behandlung nehmen konnte. Gewöhnlich wurden sie in Anstalten untergebracht, ohnehin ließen sie sich kaum nach den üblichen psychoanalytischen Kriterien von Übertragung und Widerstand behandeln, sie waren wahrscheinlich therapeutisch kaum beeinflußbar. Doch man konnte und mußte von ihnen lernen, man brauchte solche Analysen, um endlich alle Neurosen verstehen zu können. So war diese autobiographische Darstellung ein weiterer Glücksfall für ihn, eine «Offenbarung». Den «wunderbaren Schreber» nannte er seinen «Patienten», unseren «lieben geistreichen Freund, (...) den man zum Professor der Psychiatrie und Anstaltsdirektor hätte machen sollen».[9]

Nach seiner Sizilienreise mit Ferenczi 1910 war Freud sicher, daß der Fall, obwohl er das Buch angeblich kaum zur Hälfte durchgelesen hatte, sich leicht auf den Kernkomplex reduzieren lasse. Demnach haßte Schreber seinen ersten Psychiater, Flechsig, so tief, weil er ihn vorher, während seiner ersten Behandlung, so sehr geachtet hatte. Und «fast noch inniger» dankte seine Frau dem Professor, verehrte ihn als denjenigen, der ihr ihren Mann wiedergeschenkt habe; sie hatte sogar sein Bildnis jahrelang auf ihrem Arbeitstisch stehen. Für Freud war klar: Die Frau hatte sich in den Arzt verliebt, Schreber selbst natürlich auch, bei der Frau gibt es Enttäuschungen, die Nachkommenschaft mißlingt. Damit kommt es zum Konflikt; er haßt Flechsig als Nebenbuhler, liebt ihn aber kraft seiner Disposition und der Übertragung aus der ersten Krankheit. Als ihn seine Frau, die sonst täglich Stunden in der Klinik verweilte, vier Tage nicht besucht, erleidet er einen weiteren schweren «Nervensturz», hat in einer Nacht «eine ganz ungewöhnliche Anzahl von Pollutionen (wohl ein halbes Dutzend)». Er möchte sie, die «Verursacherin» seines Zusammenbruchs, nicht mehr sehen, die Frau, die ihn, so Freud, durch ihre bloße Anwesenheit beschützt hatte vor seinen im Grunde ja gar nicht ungewöhnlichen homosexuellen Neigungen: «Im allgemeinen schwankt der Mensch sein Leben lang zwischen heterosexuellem und homosexuellem Fühlen, und Versagung oder Enttäuschung von der einen Seite pflegt ihn zur andern hinüberzudrängen.»[10]

Davon wußte er in diesem Fall nichts Spezielles, konnte nur Vermutungen anstellen. Auffällig schien ein somatischer Faktor: Schreber war zur Zeit seiner zweiten Erkrankung 51 Jahre alt, also «in jener für das Sexualleben kritischen Lebenszeit, in welcher nach vorheriger Steigerung die sexuelle Funktion des Weibes eine eingreifende Rückbildung erfährt, von deren Bedeutsamkeit aber auch der Mann nicht ausgenommen scheint; es gibt auch für den Mann ein ‹Klimakterium› mit den abfolgenden Krankheitssymptomen».[11] In den Jahren seiner Freundschaft mit Fließ war Freud überzeugt gewesen, mit 51 sterben zu müssen. An Jung schrieb Freud vier Monate nach dem gefürchteten Datum, 1907, er begehe den «Eintritt ins klimakterische Zeitalter».[12]

In Sonnenstein-Pirna steigerte sich Schrebers Verfolgungswahn derart, daß sein angeblicher Quäler Flechsig eine «Seelenteilung» durchmachte, sich vervielfältigte, so daß es zeitweilig vierzig bis sechzig Flechsigsche Seelen gab, deren wichtigste der «obere» und der «mittlere» Flechsig waren. Glücklicherweise kam es schließlich zu einer Art «Razzia», infolge deren nur mehr der «hintere Flechsig» und die sogenannte «Je-nun-Partei» übrig blieben, die ihre Macht eingebüßt hatten, nicht aber ihre Bedeutung: Die Vorrede der *Denkwürdigkeiten* ist als «offener Brief an Herrn Geh. Rat Prof. Dr. Flechsig» adressiert. Warum aber war jener Haß erst Jahre später ausgebrochen, warum war an die Stelle des Arztes am Ende Gott getreten? Auch dies Rätsel war für Freud leicht zu lösen, nachdem die «infantile Situation fertig» war, das Dreieck von Ehefrau, Arzt, Patient, in dem der ödipale Konflikt mit dem Vater wieder lebendig wurde: Zum Glück für die Psychiatrie – oder für Freud – war dieser Vater auch Arzt. Und «kein unbedeutender Mensch», dessen Andenken von den Schreber-Vereinen festgehalten war, «dessen Bemühungen um die harmonische Ausbildung der Jugend», um Familienerziehung und Schule, um Hygiene und Körperpflege «nachhaltige Wirkung auf die Zeitgenossen geübt haben». Ausdrücklich hebt Freud seine «Ärztliche Zimmergymnastik» hervor, die auch unter Kollegen große Verbreitung fand; selbst Fontanes Effi Briest übt sich in der Schreberschen Heilgymnastik. Ein solcher Vater, da war sich Freud sicher, war nicht ungeeignet, «in der zärtlichen Erinnerung des Sohnes (...) zum Gotte verklärt zu werden», zumal Daniel Gottlieb Moritz Schreber schon früh, mit 53, verstorben war; der Sohn war damals gerade 19 gewesen. Freud hatte sich über einen Kollegen einige biographische Daten verschaffen lassen.[13]

Nun befand er sich also «auf dem wohlvertrauten Boden des Vaterkomplexes», wie im Fall des «Rattenmanns», wie die meisten seiner Behandlungen; der Vater war als Störer der frühen autoerotischen Befriedigung erkannt, die Entmannungsphantasie wies auf die Kastrationsangst hin, der «Denkzwang» auf die Drohung oder Befürchtung, durch Onanie den Verstand zu verlieren. Die «feminine Wunschphantasie» hatte schließlich noch einen weiteren Grund in der Entbehrung, die ihm im realen Leben auferlegt war. Ein Kind, ein Sohn, der ihn über den Verlust des Vaters hätte trösten können, auf den er seine «unbefriedigte homosexuelle Zärtlichkeit» hätte ableiten können, war ihm versagt geblieben. So feierte im Schreberschen Wahn die infantile Sexualbetätigung ihren Triumph in der Seligsprechung: «Die Wollust wird gottesfürchtig.»[14]

Auch für seinen Kinderwunsch hatte er sich einen Ersatz geschaffen: in seiner Idee von den «kleinen Männern», die ihm das Rückmark auspumpten, in der Regel darunter ein «kleiner Flechsig». Die Idee seiner Verwandlung in eine Frau verband sich mit der Phantasie, die Welt mit «neuen Menschen aus Schreberschem Geist» zu bevölkern. Dann war auch die gefürchtete Entmannung kein Schimpf mehr: «Das Ich ist durch den Größenwahn entschädigt, die feminine Wunschphantasie aber ist durchgedrungen, akzeptabel geworden. Kampf und Krankheit können aufhören. Nur daß die unterdes erstarkte Rücksicht auf die Wirklichkeit dazu nötigt, die Lösung in die Zukunft zu verschieben (...). Die Verwandlung in ein Weib wird voraussichtlich irgend einmal eintreten; bis dahin wird die Person des Dr. Schreber unzerstörbar bleiben.»[15] Nein, Freud war, wie er betont, nicht verantwortlich «für die Eintönigkeit der psychoanalytischen Lösungen», und es gelingen ihm einige durchaus treffende Deutungen der Paranoia, vor allem über die Rolle der Projektion, die auch im «normalen» Seelenleben eine so wichtige Funktion einnahm und sich in dieser Erkrankung am deutlichsten äußerte: Liebe, die von innen her hätte verspürt werden müssen, wird als Haß von außen wahrgenommen, bis hin zum Verlust jeglicher Realitätsbeziehung, zu Schrebers «flüchtig hingemachten Männern». Der Paranoiker hat seiner Umgebung, der Außenwelt überhaupt, seine Libido entzogen; diese innere Katastrophe wird zur Projektion des Weltuntergangs: «... seine subjektive Welt ist untergegangen, seitdem er ihr die Liebe entzogen hat.» So baut er sich die Welt neu auf in seinem Wahnsystem: «Was wir für die Krankheitsproduktion halten, die Wahnbildung ist in Wirklichkeit der Heilungsversuch, die Rekonstruktion.»[16]

Und dies Wahngebilde trug den Stempel der Zeit, jener verrückten, paranoiden Zeit. Denn unter den Verfolgern des Protestanten Schreber waren nicht nur Bären und anderes Getier, sondern auch eine Prozession von 240 Benediktinermönchen, Jesuitenpatern, Kardinälen, sogar der Papst selbst. Einmal sah er sich auch als elsässisches Mädchen, das seine Ehre gegen französische Offiziere zu verteidigen hatte. Eine andere Seele, die in seinen Kopf eindrang, war ein Wiener Nervenarzt, ein getaufter Jude und Slawophiler, der durch Schreber Deutschland slawisch machen wollte, unter der Herrschaft des Judentums. Dieser hatte sogar die Macht, ihm anstelle seines gesunden natürlichen Magens einen «Judenmagen» zu applizieren. Für Freud waren das unbedeutendere Bestandteile in dem Schreberschen, auf Sexualität und Religion gründenden Wahngebäude. Erstaunlich war nur, daß er so wenig Interesse zeigte an der

Kindheitsgeschichte des Patienten, sich mit so spärlichen Informationen begnügte; er hätte vermutlich damals auch nur wenig erfahren können über den so verehrten Gesundheits- und Erziehungsreformer Daniel Gottlieb Moritz Schreber. Aber er kam der Wahrheit erstaunlich nahe, als er gegenüber Ferenczi scherzte: «Was meinen Sie dazu, wenn der alte Doktor Schreber als Arzt ‹Wunder› getan hat? Sonst aber ein Haustyrann war, der den Sohn angebrüllt, und ihn so wenig verstanden hat wie der ‹niedere Gott› unserer Paranoiker?» Das war in eben jenem Brief, da er konstatierte, seit dem Fall Fließ habe er ein Stück homosexueller Beziehung eingezogen. «Beiträge zur Schreberdeutung» wolle er aber gern annehmen.[17]

Das 1808 geborene zeitweilige Idol der Kleingärtner, Leibarzt eines russischen Fürsten und später Leiter der Orthopädischen Klinik Leipzig, hatte nicht nur zu völliger Überwachung und strikter Regulierung aller Lebensbereiche des Kindes geraten, Vater Schreber propagierte unter anderem auch einen von ihm selbst entworfenen Streckapparat mit Gurten und Riemen, seinen «Geradhalter», zur Veredelung und Verschönerung der «rohen» Kindsnatur. Als Versuchsobjekte für die Anwendung seiner bizarren Maschinerien dienten ihm die eigenen Kinder; von einer schrecklichen «Kopfzusammenschnürungsmaschine» berichtet der Sohn in den *Denkwürdigkeiten*. Freud ahnte nicht, wie recht er hatte, als er die absurden «Wunder», die sich an seinem «Patienten» vollzogen, eine «blutige Satire auf die ärztliche Kunst des Vaters» nannte. Dabei befand sich dieser Fanatiker und Sadist durchaus im Einklang mit den pädagogischen Methoden seiner Zeit, auch seine heilgymnastischen Anleitungen entstammten den vor allem von der deutschnationalen Bewegung propagierten Idealen von Kraft und Schönheit. Seine «Gesundheitsgärten», für die er später so berühmt werden sollte, waren nur ein Nebenprodukt seiner erzieherischen Vorturnerei, die ihn schließlich beinahe das Leben kostete: Beim Sturz von einer Eisenleiter in der Leipziger Turnhalle verletzte sich Daniel Gottlieb Moritz 1860 schwer. Er starb ein Jahr später an einem Blinddarmdurchbruch.

Ob das Wissen um den alten Schreber und seine Erziehungsmethoden Freud in seiner Theorie beirrt hätte? Kaum. Sprach
dies doch für den ungewöhnlichen Vorrat an Einfällen, über die
der Paranoiker verfügte, seinen Reichtum an Sublimierungen,
aus denen er sich, nach dem Einsturz seiner Welt, eine neue, seine eigene, erschuf. Und zweifellos hätte es ihm gefallen zu hören, daß der alte Schreber sich die «Heilung Homosexueller»
zu einem besonderen Anliegen gemacht hatte; er wollte sogar
spezielle «pädiatrische Institute» einrichten. Das war eine weitere Bestätigung seiner Theorien, denn im Grunde war Freuds
Gebäude schon fertig, bevor er sich ausführlich diesem Fall widmete. Die Paranoia beruhte auf dem Kernkonflikt der homosexuellen Wunschphantasie, den Mann zu lieben. Dem Kranken
schlug die Liebe in Haß um, in Verfolgungsangst. Im Gegensatz
zu den manifest Homosexuellen, die sich oft durch außerordentliche kulturelle und gesellschaftliche Leistungen auszeich-
neten, oder zu jenen, die wie Leonardo eine so großartige, wenn
auch spannungsreiche Sublimation vollbrachten, ergab sich der
Paranoiker dem Größenwahn, der Sexualüberschätzung des eigenen Ichs. Irgendwo mußte er mit seiner Libido hin, also regredierte er von der offenen oder sublimierten Homosexualität
zum reinen Narzißmus. Dennoch erschien Freud seine Arbeit
unvollendet; gut, eine Fallstudie würde schon herauskommen,
welche die Leute glauben machte, die Theorie sei auf das Buch
hin entworfen. Nein, sein Stücklein war ihm «sauer» geworden, es würde ihm gewiß «Hohngelächter oder Unsterblichkeit
or both» eintragen.[18] Einen so kühnen Schritt in die klassische
Psychiatrie hatte er nie getan. Er hatte die Schreberschen Phantasien vom Stigma der reinen Verrücktheit befreit, aber gleichzeitig die Macht der Verhältnisse übersehen, die in diesem
Mann den Haß auf den Vater nähren mußten, auf die ganze,
grausame Welt, wie er sie als Kind und später als jahrelang in
mehr oder weniger vornehmen Anstalten Internierter erfahren
hatte.

«Ich bin ganz Schreber», schreibt Freud im Dezember 1910,
kurz vor der Beendigung seiner Arbeit an Jung.[19] Das war kein

«Madame Bovary, c'est moi», ein Satz, den Flaubert vermutlich nie gesagt hatte. Freud identifizierte sich weder mit seinem Paranoiker, noch genoß er das Glück, in schöpferischer Tätigkeit ein anderer zu sein. Er war der Kämpfe mit der «Adlerrotte» müde, all dieser Revenants des einstigen Freundes, die Erinnerungen und längst überwunden geglaubte Konflikte in ihm hervorbrachten und ihn in die Rolle des alternden Despoten drängten, des intoleranten Greises, der der Jugend nicht ihre Rechte ließ. Alles Andenken an Fließ war wieder geweckt, und zwar «eine Oktave tiefer. Dasselbe Paranoid», schrieb er dem, der der Schlimmste, der Gefährlichste unter all den Wiedergängern werden sollte, seinem Kronprinzen in Zürich.[20] Am Ende fand er, trotz aller Mängel seiner so «flüchtig hingemachten» Geschichte über Schreber, auch viel Schönes darin, der notorische Zweifler glaubte sich ganz urteilslos, ganz objektiv dank der dabei vorgefallenen Bekämpfung innerer Komplexe. Daniel Paul Schreber war 1907 erneut in eine Heilanstalt eingewiesen worden, wo er 1911 starb, im selben Jahr, da Freuds Studie über ihn erschien. Einer der letzten Sätze darin lautete: «Es bleibt der Zukunft überlassen, zu entscheinden, ob in der Theorie mehr Wahn enthalten ist, als ich möchte, oder in dem Wahn mehr Wahrheit, als andere heute glaublich finden.»[21]

OHNMACHT UND RACHE

Auf dem Dritten Psychoanalytischen Kongreß in Weimar am
21. und 22. September 1911 hielt Freud nur ein kurzes Referat,
einen Nachtrag zum Fall Schreber, in dem es um die Mythen
der Menschheit und den Totemismus ging: So wie sich in Traum
und Neurose die Gefühle und Denkweisen des Kindes wieder-
fanden, lebten darin auch die des wilden, des primitiven Menschen fort, wie Altertumswissenschaft und Ethnologie ihn bis
dahin erforscht hatten. Schon im August hatte er Ferenczi angekündigt, er sei nunmehr «ganz Totem und Tabu». Der Kongreß-
bericht zählte 55 Teilnehmer, darunter James Putnam und einen
erstaunlichen Neuzugang, die Schriftstellerin und Freundin großer Männer, Lou Andreas-Salomé, die in Begleitung ihres aktuellen Liebhabers, des schwedischen Nervenarztes Poul Bjerre,
an den Ort gekommen war, wo ihr Dämon Elisabeth Förster-
Nietzsche lebte und das Andenken des Bruders konsequent
umfälschte. Jones und Sachs, ahnungslos wie die meisten ihrer
Zeit, nutzten die Gelegenheit, sie zu besuchen und ihr von dem
Kongreß und von Freud zu erzählen, dessen Ideen denen Nietzsches in vielem ähnlich seien.

Jung konnte berichten, daß die Internationale Psychoanalytische Vereinigung inzwischen 106 Mitglieder und neue Anhänger sogar in Indien und Australien gefunden hatte. Er wurde, da
man der Wiener Opposition nun ledig war, per Akklamation als
Präsident wiedergewählt. Im Rückblick empfand Freud den
Weimarer Kongreß als eine Art Scheidewand: Davor hatte sich
die Adlersche Abfallbewegung vollzogen, danach begann die
der Schweizer. In jenem Herbst 1911 jedoch schien er ahnungslos, sein Verhältnis zu Jung ganz ungetrübt. Emma Jung sah dies
anders. Freud hatte vor dem Kongreß drei Tage in ihrem Küs-

nachter Haus verbracht, war dort auch mit Putnam zusammengetroffen und hatte ihn sechs Stunden lang analysiert. Bester Stimmung waren sie dann gemeinsam nach Weimar gefahren. Freud hatte gespottet über ihr Treiben an so historischem Ort: Was hätte wohl Jungs «Urgroßväterchen» Goethe dazu gesagt? Emma Jung aber befürchtete schon damals eine Entfremdung zwischen ihrem Mann und seinem Meister. Sie hatte sich zunächst, kaum einen Monat nach dem Kongreß, an Ferenczi gewandt, der sie lieb und scharfsinnig fand und glaubte, daß Jung wohl einen ähnlichen Vater-Sohn-Konflikt durchmache wie er auf Sizilien; Vorbehalte gegen Freuds Beharren auf der Wahrung seiner Autorität hatte er sicher nicht. Die kluge Frau mußte hingegen gespürt haben, welche Einwände Freud gegen Jungs Arbeit über *Wandlungen und Symbole der Libido* empfand. Und nun verteidigte Ferenczi, der stete Mahner, der den kampfesmüden, depressiven Freud noch im Sommer gewarnt hatte, sie müßten es noch mit «manchen Adlern» aufnehmen, den siegreichen Rivalen im Buhlen um die «väterliche» Gunst sogar ein wenig: Selbst wenn sie beide, Jung und er, zu leiden hatten an Freuds Mißtrauen, seinem Breuer-Fließ-Komplex, sollte ihnen doch ein wenig «infantile Sexualneugierde», wenn auch in sublimierter Form, gestattet sein. Es handelte sich bei ihren «Staatsaktion» wohl um ein Stück Übertragung. Natürlich schickte er ihren Brief sofort weiter nach Wien.[1]

Freud war amüsiert, eigentlich geschmeichelt. So wollte also Ferenczi doch noch über ihn triumphieren, ihm seine Geheimnisse entlocken; er sah bei Jung keinerlei Anzeichen eines Vaterkonflikts. Ein bißchen vorsichtig sollte er vielleicht sein gegenüber Jung, aber vielleicht war die ganze Geschichte nur ein Werk der «kleinen Frau». Diese wandte sich nunmehr direkt an ihn und äußerte denselben Verdacht, den sie schon Ferenczi mitgeteilt hatte: Warum war Freud so gar nicht auf das Werk ihres Mannes eingegangen, warum hatten die beiden, die an so ähnlichen entwicklungsgeschichtlichen Problematiken arbeiteten, Jung an seinen *Wandlungen und Symbole der Libido*, Freud an seiner Studie über Totemismus, sich nicht einmal gründlich ausgesprochen? Sicherlich war schon Anfang 1911 eine gewisse Gereiztheit zu verspüren gewesen, als Freud Jung seine «größere Synthese» ankündigte, mit der er im Sommer niederkommen wollte, mit der er sich auf Gebiete begeben würde, auf denen dieser ihn nicht erwartete. Prompt hatte Jung die *Traumdeutung,* die inzwischen in die dritte Auflage gegangen war, kritisiert – wie sollte er seinen Schülern die Libidodynamik vermitteln, wenn Freud darin zentrale Motive, die ihm peinlich waren, verschwieg? Freud litt derweil unter Kopfschmerzen und kleinen Gedächtnisschwächen, Jung mußte ihn ja für einen «Periodiker» halten, aber schuld an dem ganzen Spuk war eine defekte Gasleitung, und umhüllt vom Zigarrenrauch, hatte er den Gasgeruch nicht bemerkt.[2] Nun war alles wieder in Ordnung, und Jung war und blieb doch sein «Mann der Zukunft».

Emma Jung war hartnäckig. Warum war Freud so resigniert, wenn er von seinen Kindern sprach, warum noch bitterer, wenn es um seine geistigen Söhne ging? Warum sprach er so von seiner Ehe? Sie sei «längst amortisiert», die Kinder zog man groß, damit sie einem noch mehr Sorgen machten – und dennoch waren sie die einzige Freude. Warum sagte er, nun gehe es nur noch ans Sterben? Sie hatte darin sofort die Symbolik gesehen und seine Worte auf ihren Mann bezogen. Aber sie hatte auch darüber nachgedacht, ob Freuds Kindern nicht mit Analyse zu helfen sei, vor allem Martin, dem Raufer, dem Abenteurer, der in diesem Jahr beim Skifahren schwer verunglückt war, doch auch den anderen, die so oft krank waren. Das könnte wohl auch psychisch bedingt sein. Man war eben nicht ungestraft der Sohn eines großen Mannes, nachdem es schon schwer genug war, von den gewöhnlichen Vätern loszukommen. Freud hatte ihr damals, bei seinem Besuch in Küsnacht, erzählt, er habe nicht die Zeit, die Träume seiner Kinder zu analysieren, weil er Geld verdienen müsse, damit sie weiterträumen konnten. Sie hatte geantwortet, man solle gar nicht träumen, man solle leben. Ähnliches hatte sie auch an ihrem Mann Carl bemerkt, der das Geldverdienen über alles stellte; das mußte doch Zeichen eines Widerstands sein. Und, zuallerletzt, warum war Freud eigentlich so resigniert, was die Zukunft seiner Wissenschaft anging? Sicherlich freute und ehrte es sie, daß er soviel Vertrauen in ihren Mann setzte, doch sah er in ihm nicht mehr, als notwendig war, seinen «Nachfolger und Vollender» – und «schenkt man nicht oft viel, weil man viel behalten will»? Freud sollte doch den wohlverdienten Ruhm und Erfolg genießen, das «Glück des Siegers», statt sich mit seinem Rückzug zu beschäftigen. Und an ihren Carl nicht nur mit dem Gefühl des Vaters denken: «Er wird wachsen, ich aber muß abnehmen.»[3]

Martin Freud beginnt seine 1957 erschienene Biographie des Vaters mit einer Reflexion über die eigenen Chancen auf Anerkennung und Berühmtheit, die für den Sohn eines Genies soviel geringer stünden als für die Kinder gewöhnlicher Männer; sie blieben Söhne eines Genies. Jedenfalls hatte der Vater weder ihn noch die Brüder in der Wahl des Berufs beeinflußt, nur Medizin sollten sie nicht studieren. Vielleicht wollte Freud ihnen die eigenen mühevollen Erfahrungen ersparen, ohnehin schienen sie gar keine Neigung zum Arztberuf zu verspüren. Oliver, der mathematisch Begabte, hatte sich für Maschinenbau und Ingenieurswesen entschieden, sein Bruder Ernst studierte Architektur. Martin, der Träumer, der Dichter, hatte sich ausgerechnet an der Exportakademie eingeschrieben, wo sein Onkel Alexander lehrte; er mußte erst die Erfahrung machen, daß er für Buchhaltung wenig begabt war und nicht als kleiner Angestellter einer Handelsfirma enden wollte. Schließlich schlug ihm der Vater ein Jurastudium vor, wovon er einst zusammen mit seinem Freund Heinrich Braun selbst geträumt hatte. Und er half dem Sohn, der sich so rasch langweilte, fürsorglich über die Schwierigkeiten im Studium und im Leben hinweg; sein Ältester schien es schwerer zu haben als die Brüder. Jung hatte nach Martins schwerem Skiunfall, der ihn fast ein Bein gekostet hatte, vermutet, dieser sei der Lieblingssohn der Mutter. Doch das Gegenteil war der Fall, sie behandelte ihn fast ungerecht, weil er sie so sehr an ihren ewig in erotische Eskapaden verstrickten Bruder Eli erinnerte und sie ihre Nachgiebigkeit gegen diesen durch Strenge gegen sein Ebenbild kompensierte.

Emma Jung hatte richtig vermutet: Freud bezeugte seinen Kindern gegenüber eine Toleranz, die er seinen analytischen Ziehsöhnen, einem Jung, einem Ferenczi oder Rank gegenüber nicht aufzubringen vermochte. In jenem großen Gruppenexperiment, dem Spiel mit Übertragungen und Gegenübertragungen, galt hingegen die Hauptsorge des Gründungsvaters noch immer seinem Lieblingskind, der Analyse. Er konnte und wollte es sich leisten, seinen Nächsten, seinen wirklichen Söhnen und Töchtern, ihre Freiheit zu lassen. Sie waren dabei auch allesamt gut geraten, selbst Martin, der nichts im Sinn hatte als Kämpfen und Sport und schließlich sogar, unter dem Eindruck der ständigen Auseinandersetzungen zwischen jüdischen und «deutschen» Studenten, in eine schlagende Verbindung eintrat. Die 1892 gegründete Kadimah – das Wort bedeutete «vorwärts» oder «ostwärts» – war die älteste aller jüdischen Korporationen und wurde in den neunziger Jahren das Rückgrat von Herzls zionistischer Bewegung, verachtet von den meisten Assimilierten, aber auch von den Orthodoxen, die militärische Bräuche als heidnisches Element ansahen, als «Übersetzung des Schönerianischen ins Nationaljüdische», wie der Rabbi Bloch es radikal ausdrückte. Er hatte damit nicht ganz unrecht, denn die jungen Juden aus Rußland, Rumänien und Galizien, die zu den Gründungsmitgliedern zählten, hielten das Duell, zumal nach den infamen Waidhofener Beschlüssen, die ihnen die Satisfaktionsfähigkeit abgesprochen hatten, die Ehre, nicht nur für ein unverzichtbares Mittel, sich Respekt zu verschaffen und das antisemitische Klischee von der «jüdischen Feigheit» zu widerlegen; sie übernahmen paradoxerweise auch die Regeln und Bräuche der deutschnationalen Burschenschaften, zu denen das Kneipen und der Kommers, die diszipliniertere Variante des Saufens, gehörten. Sogar die Lieder, die sie zu Chanukka sangen, entstammten zumeist dem Kommersbuch, der traditionellen Sammlung deutscher Studententrinklieder.

Martin Freud war der Bewegung beigetreten, um «diejenigen bessere Manieren zu lehren, die das Demütigen und Verletzen jüdischer Studenten und auch Studentinnen für einen ausgezeichneten Sport hielten». Im Grunde waren ihm die jungen Männer völlig fremd, die immer noch in der Mehrzahl aus Galizien stammten, an Holztischen aßen und ihre Heringe ohne Messer und Gabel hinunterschlangen wie die Seehunde. Er wollte einfach nur ein «preisgekrönter Säbelfechter» werden und fürchtete den Zorn des Vaters über diesen seinen letzten Streich.[4] Aber Freud war, ganz im Gegenteil, angetan vom Schritt des Sohnes; stolz berichtete er Jung 1909 von Olis Matura und Martins erster Mensur, bei der dieser sich ganz tapfer das Gesicht hatte zerhacken lassen: «So wird das junge Volk allmählich selbständig und man ist plötzlich the old man.»

Nur einen Wunsch verwehrte er dem Sohn, zu gerne wäre dieser, als er seinen Dienst als Einjährig-Freiwilliger abzuleisten hatte, in die Kavallerie eingetreten; auf keinen Fall wollte er ein Infanterist, ein «Fußlappenindianer», werden. Freud hielt die Kavallerie für korrupt, die Aufwendungen für Pferd, Sattelzeug etc. für zu hoch. Sein Verbot sollte sich vier Jahre später als glückliche Entscheidung erweisen, als die berittenen Truppen, den modernen Waffen ihrer Gegner nicht gewachsen, zu den ersten Opfern des Krieges gehörten. So trat Martin in die Kaiserlich berittene Artillerie ein und entschädigte sich auf seine Weise, hatte bald seinen ersten «Ehrenhandel»; der Vater vermittelte und ließ seine Beziehungen spielen. Außerdem hatte ihm die Mutter eine flotte Uniform schneidern lassen, und, am wichtigsten von allem, er durfte sich ein Zimmer, einen «Schlafsalon», in der Nähe der Kaserne nehmen, dessen Wirtin mehr vom Lebenswandel der «Herrn Einjährigen Freiwilligen» zu wissen schien als der Novize selbst. Der war fast erschüttert, als er ihr einmal für den Nachmittag den Besuch einer Dame ankündigte. Er hatte auf Bedienung mit Kaffee und Kuchen gehofft, sie hatte nur gesagt: «Nun, Herr Einjährig-Freiwilliger, dann sollte ich wohl die Bettlaken und das Kissen wechseln.»[5]

Aber während Freud nach dem fatalen Skiunfall im Januar 1911 selbst dessen Kommandanten vom «unerlaubten Fernbleiben» seines Sohnes verständigte, sich für ihn entschuldigte und auch sonst immer wieder für ihn eintrat, ließ er seine analytischen Kinder die harte Hand spüren. Nach dem Briefwechsel mit Emma Jung war wieder einmal Ferenczi an der Reihe, der «liebe Sohn», den er so gerne als «selbständigen Freund» gesehen hätte, der sich aber aus Furcht vor den eigenen Komplexen in einen Befreiungskampf begeben hatte und zwischen Auflehnung und Unterwerfung schwankte. Dabei sollte der Mensch «seine Komplexe nicht ausrotten wollen, sondern sich ins Einvernehmen mit ihnen setzen», denn diese waren «die berechtigten Dirigenten seines Benehmens in der Welt». Man mußte «froh sein, wenn ein Mensch ausnahmsweise mit sich allein fertig wird». Oder: «Was einem nicht zukommt, ist Rebach.»[6] Allerdings gab er Ferenczi in einem recht, Jung war wohl gekränkt, weil er so gar nicht auf seine Libido-Wandlungen eingegangen war und auch noch auf dem gleichen Terrain arbeitete; das dämmerte ihm nun allmählich. Er wollte in Zukunft sorgfältig alle Zeichen des Allein-finden-Wollens verdecken, alles abtreten, was sich abtreten ließ.

So lobhudelte er Richtung Zürich, verteufelte sich selbst, daß er Jung mit der Totem-Arbeit auf das gleiche Gebiet, in die Religionspsychologie und Mythengeschichte, gefolgt war, und bat um Vorschläge zur Verständigung: «Wahrscheinlich werden wir aber so aneinander vorbeikommen, daß ich meine Gänge viel unterirdischer grabe als Sie Ihre Schachte ziehen, so daß ich Sie jedesmal begrüßen kann, wenn ich wieder ans Licht komme.»[7] Jung verstand: Freud war, wenn man von Konkurrenz sprechen wollte, ein gefährlicher Konkurrent. Und damit auch dieser verstand, wurde er noch deutlicher: Im zweiten Teil seines Buchs hatte er sich «recht kühn» mit der Libidotheorie auseinandergesetzt, die seiner Meinung nach um ein «genetisches Moment» erweitert werden mußte. Freud konnte und wollte nicht begreifen, was Jung mit dieser «Erweiterung» meinte; für ihn blieb der Begriff der Libido auf die Sexualität beschränkt. Er schien vergessen zu wollen, daß sein «Kronprinzip» daran immer Zweifel gehabt hatte, unter Libido jede Art von Begehren verstand. Und nun nahm dieser auch noch den

Fall Schreber, den er einst so köstlich und brillant geschrieben gefunden hatte, zum Anlaß einer Kontroverse; schrieb von dem «dröhnenden Widerhall», den die Arbeit in ihm gefunden, von all den Zweifeln, die sie in ihm geweckt hatte. Sogar an der therapeutischen Technik schien er rütteln zu wollen. Aber man mußte doch Kühle bewahren, durfte sich von den armen Neurotikern nicht verrückt machen lassen! Freud wollte gerne glauben, daß Jung nun tatsächlich in eine ähnliche Krise wie Ferenczi geraten war. Er stellte ja nicht in Abrede, daß er gerne recht behielt, das war das traurige Privileg des Alters: «Bei Euch Jungen scheint es sich um ein Unverständnis in der Behandlung des Vaterkomplexes zu handeln.»[8]

Jung wollte nicht mit dem nach Zärtlichkeiten heischenden Ferenczi verglichen werden, lieber sollte der «würdige alte Meister» sich über seine Ungebärdigkeit beklagen. Von nun an wurde der Ton schärfer. Freud warf Jung vor, über seiner «Libidoarbeit», in der er ohnehin einen Abfall von der reinen Lehre fürchtete, seine Tätigkeit als Präsident der Vereinigung zu vernachlässigen. Jung antwortete mit einem Nietzsche-Zitat: «Man vergilt einem Lehrer schlecht, wenn man immer nur der Schüler bleibt. Und warum wollt ihr nicht an meinem Kranze rupfen? Ihr verehrt mich; aber wie, wenn eure Verehrung eines Tages umfällt? Hütet euch, daß euch nicht eine Bildsäule erschlage.»[9] Der Mann, in dem sich Freud einst verjüngt gesehen und auf den er seine ehrgeizigen Hoffnungen projiziert hatte, dieser Jung begehrte nun tatsächlich auf. Und Freud wußte darauf nur mit Liebesentzug zu reagieren, dann mußte er eben seine «unbeschäftigte Libido anderswo unterbringen». Er konnte sich nicht in der Rolle des Unterdrückers sehen. Aber war nicht ihrer beider Verhältnis zur Psychoanalyse die «unerschütterliche Basis» ihrer persönlichen Beziehung, und war es nicht verlockend, «auf dieser Basis etwas Schöneres, wenn auch Labileres, von intimer Zusammengehörigkeit» aufzubauen? Warum konnte das nicht so bleiben? Aber er fühlte sich auch an den Abfall Adlers erinnert, der ihn der geistigen Unterdrückung geziehen hatte.[10] Natürlich wollte er diesen nicht nachahmen, versicherte Jung, legte jedoch seine Auffassung des Inzestproblems ganz unmißverständlich dar, in dem er lediglich ein Phantasieprodukt, eine Art flottierende Angst sehen konnte: Denn der Vater war schließlich stark genug, den kleinen Sohn mit Prügeln in Zaum zu halten, und bedurfte keiner moralischen Tabus oder Gesetze. Warum sollte der Sohn dann später, wenn er erwachsen, im reifen, gefährlichen Alter war, «reale Inzestsehnsüchte (...) nach der hängebäuchigen, krampfadrigen Mutter» hegen?[11]

Freud fand diese Ideen «noch immer nicht klar». Aber dann ereignete sich eine Groteske vor traurigem Hintergrund. Ende Mai 1912 reiste er nach Kreuzlingen zu Ludwig Binswanger, der an einem Tumor operiert worden war. Als alter Mann habe er nicht zu klagen, hatte Freud ihm geschrieben, aber gerade deshalb empfand er es besonders schmerzlich, wenn einer von seinen blühenden Jungen, einer, von denen er hoffte, daß sie sein eigenes Leben fortsetzten, ihm mitteilte, das Leben sei ihm unsicher geworden. Er hatte gleichzeitig Jung verständigt, Küsnacht lag nur sechzig Kilometer entfernt, und offenbar angenommen, daß dieser nach Kreuzlingen käme. Über Binswangers Krankheit hatte Freud auf dessen Wunsch hin jedoch geschwiegen. Aber Briefe kamen zu spät oder gar nicht an, Briefe kreuzten sich. Jeder der Beteiligten hatte schließlich eine andere Version dessen, was man unter Analytikern eine Symptomhandlung nennen könnte oder was schlichtweg Zufall war. Für Jung jedenfalls, der Freuds Brief nicht erhalten hatte, war klar, daß dieser ihn nicht hatte sehen wollen. Das nannte er, gewohnt melodramatisch, die «Geste von Kreuzlingen». Und deren Ursache war natürlich Freuds Widerstand gegen seine neue Theorie: «Ob Ihre Politik die richtige ist, wird sich durch Erfolg oder Mißerfolg meiner nächsten Arbeiten herausstellen.»[12]

Der Kampf war eröffnet, und Jung führte ihn zunächst aus der Ferne, aus Amerika, wo er im September Vorlesungen an der Fordham University hielt, einer von Jesuiten geleiteten Hochschule. Er bekannte, daß Freuds Einsichten und Erfahrungen umfassender seien als seine eigenen, aber manche seiner eigenen Formulierungen drückten die beobachteten Tatsachen besser aus; kurz, er ließ das ganze «sexuelle» Vokabular weg. Vor allem den Ödipuskomplex, sicherlich Freuds umstrittensten Fund, der für Jung nichts anderes als Ausdruck kindlichen Liebesverlangens gegen Vater und Mutter und nur seiner Intensität wegen mit jenem Wort zu belegen war. Damit wurde, so Ronald Clark, das Inzestverlangen «in eine ganz normale, gemütliche Kinderzimmer-Angelegenheit» verwandelt und im Grunde zur puren Formel bagatellisiert. James Putnam schrieb alarmiert an Jones, daß Jung die wesentlichen Elemente der Psychoanalyse verwerfe.[13] Dieser rühmte sich, durch seine Modifikationen, seine kritischen Darstellungen, vor allem durch die Vernachlässigung der Sexualität die Psychoanalyse im prüden Amerika erst populär gemacht und Freud, diesem nicht besonders asketischen Mann aus einer nicht besonders prüden Stadt, damit zu Anerkennung verholfen zu haben.

Jung hatte, bestärkt durch seine amerikanischen Erfolge, seine Waffen geschärft. Er wollte Freud baldmöglichst ein Exemplar seiner Vorlesungen schicken in der Hoffnung, daß dieser seinen Neuerungen allmählich beipflichte. Das war nichts anderes als die Ankündigung einer feindlichen Übernahme, Jung-Siegfried focht nicht mit dem Florett. Die Kreuzlinger Geste hatte ihn «nachhaltig gekränkt», er wollte nicht als «Komplexnarr» behandelt werden: «Es handelt sich bei mir nicht um Launen, sondern um das Durchsetzen dessen, was ich für wahr halte. Davon kann mich keine persönliche Rücksicht auf Sie zurückhalten.»[14] Für Freud war er fortan nur mehr der «Liebe Doktor», die Freundschaftstitulatur hatte er ihm entzogen, es war nicht mehr die Zeit der zärtlichen Begrüßungen. Aus Zürich hatte er zudem erfahren, daß man sich dort «in panikartiger Flucht vor der Sexualität» befinde. Doch auch Freud war gerüstet und hatte bereits im Sommer seine Truppen zusammengezogen – besser gesagt, der umtriebige Jones hatte sie um ihn geschart und mit Ferenczi, Abraham, Rank und Sachs, der alten Garde also, das ominöse Geheime Komitee gegründet, um dem Meister Sicherheit zu geben und ihn vor künftigen «Adlerjungen» zu schützen. Nur eine «absolute Verpflichtung», so Jones, gab es für die fünf Musketiere: nämlich jedes Abweichen von der reinen Lehre, das heißt von den Begriffen der Verdrängung, des Unbewußten, der infantilen Sexualität, zunächst in der Gruppe zu besprechen, bevor man damit an die Öffentlichkeit trat. Jones wußte, daß dies natürlich eine Idee aus dem Geist seiner Kindheit war, da er von den Paladinen Karls des Großen, von Geheimgesellschaften gelesen hatte. Spätere Kritiker hielten seinen knäbischen Einfall für die Ursache allen Übels, allen Dogmatismus und aller Orthodoxie. Das Komitee, so schien es, wurde zum Politbüro der Psychoanalyse. Aber Freud gefiel solch «knabenhafte Romantik».

Angeschlagen von den Auseinandersetzungen mit Adler und Stekel und den Querelen mit Jung, war er nicht nur amüsiert, sondern geradezu begeistert von der Idee eines solchen geheimen Konzils, das sich aus den Besten und Zuverlässigsten zusammensetzen, für die Weiterentwicklung der Psychoanalyse sorgen und sie gegen unerwünschte Personen und Zwischenfälle verteidigen würde, wenn er einmal nicht mehr da sei … Und er genoß es auch, Jones, demgegenüber er auf strikte Geheimhaltung drang, die Rolle des Zensors zu überlassen: «Ich möchte sagen», schrieb er ihm, «es würde mir das Leben und das Sterben leichter machen, wenn ich wüßte, daß eine solche Gemeinschaft zum Schutz meiner Schöpfung existiert.» Er hoffte, der zukünftige Obmann der psychoanalytischen Bewegung könnte aus diesem kleinen Kreis von Männern erwachsen, in die er trotz der «letzten Enttäuschungen über Menschen noch immer alles Vertrauen setze». So feierte er, knapp ein Jahr später, im Mai 1913, die erste «offizielle» Zusammenkunft seiner Garde, indem er jedem der fünf, der Mode der Zeit und seiner persönlichen Vorliebe folgend, eine antike griechische Gemme schenkte, die sie in Ringe fassen ließen. Er selbst trug einen Ring mit einem Jupiterkopf.[15]

Freud wußte schon in jenem Sommer 1912, daß der Bruch mit Jung bevorstand. Er hatte nicht verstanden, was dieser mit der «Kreuzlinger Geste» meinte; Jung konnte sich also nur «in florider Neurose» befinden, in rasch fortschreitender oder bereits vollentwickelter psychischer Erkrankung. Längst hatte er seine Idee aufgegeben, die vielleicht zu einem Teil immer nur ein Vorwand für seine eigene Ergriffenheit von seinem «Kronprinzen» gewesen war, daß ein Arier an der Spitze eines Vereins stehen müsse, der antisemitischen Angriffen ausgesetzt war. Wie immer die Sache mit Jung ausgehen sollte, «meine Absicht, Juden und Gojim im Dienst der Psa. zu verschmelzen, scheint zunächst mißglückt. Sie scheiden sich wie Öl und Wasser.» Bei derartigen Gedanken fühlte er sich angeblich «gemütlich ganz unbeteiligt und intellektuell überlegen».[16] Der Vertraute dieser Überlegungen, Ferenczi, wurde noch schärfer: Jung behandle die Psychoanalyse, als wäre sie eine persönliche Angelegenheit zwischen ihm und Freud. Und auch die übrigen Schweizer stünden ganz «unter seiner Suggestion und sind allesamt Antisemiten». Deshalb empfand er es als einen «großen psychischen Vorteil (...), als Jude geboren und in der Kindheit von dem atavistischen Unsinn verschont geblieben zu sein». Deshalb müsse man auch Jones, den Nichtjuden, «stets im Auge behalten und ihm die Rückzugslinie abschneiden».[17] So einig war die alte Garde, Freuds geheimes Komitee.

Dennoch konnte dieser im November gestärkt zur Obmännerkonferenz nach München fahren, die Jung wegen der Wiener Krise um Stekel und das *Zentralblatt* einberufen hatte. Man hatte sich rasch geeinigt, Stekel das Blatt zu überlassen und eine neue Zeitschrift zu gründen. Danach machten Freud und Jung einen Spaziergang, bei dem sich der Schweizer offenbar zu dem Eingeständnis bewegen ließ, die «Geste von Kreuzlingen» beruhe auf einem Mißverständnis, sogar auf einem Versäumnis seinerseits. «Er war absolut geschlagen», triumphierte Freud zwei Tage nach dem «Konzil in München» in einem Brief an Ferenczi, «beschämt, und gab dann alles zu: daß er schon lange gefürchtet, Intimität mit mir oder anderen schade seiner Selbständigkeit, und darum beschlossen, sich zurückzuziehen; daß er mich allerdings nach dem Vaterkomplex konstruiert und sich gefürchtet, was ich zu seinen Modifikationen, zu seiner besonderen Ausdrucksweise sagen würde; daß er gewiß unrecht gehabt, mißtrauisch zu sein; daß es ihn kränke, als Komplexnarr beurteilt zu werden, usw.» Und Freud hatte ihm nichts erspart. Er hatte ihm die Freundschaft, die Jung selber gesucht und so brutal zerbrochen habe, aufgekündigt, und ihm zu guter Letzt auch noch gesagt, daß er mit Männern überhaupt nicht zurechtkomme, mit ihm nicht und auch nicht mit anderen, alle stoße er nach einiger Zeit ab und benehme sich dabei «wie ein Betrunkener, der unablässig schreit: Glaubts aber ja nicht, daß ich besoffen bin». Selbst der Herrscherwürde, die er dem «Mann der Zukunft» einst verliehen, hatte er ihn entkleidet – und Jung hatte gar nicht widersprochen, so als schienen ihm die Vorwürfe fast wohl zu tun. Allerdings mochte der Gardinenprediger Freud ihm doch nicht ganz glauben, ein «Kern von Unaufrichtigkeit» war in diesem Jung.[18]

Beim anschließenden Essen war Freud jedenfalls in bester Laune und gehobener Stimmung erschienen; vielleicht war das verlorene Schaf ja doch zur Herde zurückgekehrt. Man diskutierte Karl Abrahams letzten Aufsatz über den Pharao Amenhotep IV., der sich Echnaton nannte, den Ketzerkönig, der den Kult der Sonne, also eine monotheistische Religion, eingeführt hatte. Abraham sah in ihm einen klassischen Ödipus, so fixiert auf die Mutter, daß er alle Spuren des Vaters, sogar dessen Religion zu tilgen suchte und sich einen neuen Gott, Aton, und einen neuen Namen gab. Selbst Freud sträubte sich ein wenig gegen diese Analyse des Pharao. Jung behauptete später, den Echnaton als schöpferischen und tiefreligiösen Menschen verteidigt zu haben, dessen Taten sich aus Widerständen gegen den Vater erklären ließen. In diesem Augenblick sei Freud vom Stuhl gefallen. Ob er zuvor noch die jüngsten Publikationen der Schweizer kritisierte, in denen sein Werk ignoriert wurde? Ob Jung widersprach und seine Landsleute verteidigte? So hat zumindest Jones den Vorfall dargestellt. Der kräftige Jung soll ihn danach auf eine Couch in der Halle getragen haben, wo Freud mit den Worten wieder zu sich kam: «Es muß süß sein zu sterben.»[19]

Und nie wollte Jung jenen Blick des in seinen Armen halb Erwachenden vergessen haben: «Aus seiner Hilflosigkeit heraus hat er mich so angeschaut, wie wenn ich sein Vater wäre.»[20] Freud schob alles auf seine Müdigkeit, die von einer Woche harter Arbeit herrührte, und einer schlaflos verbrachten Nacht im Zug: Das hatte zu einem Angstanfall geführt, ähnlich jenem, den er einst im Bremer Essighaus erlebt hatte, vor ihrer Grand Tour übers Meer. Aber hatte man nicht wie damals Totengespräche geführt, hatte sich nicht Jung besonders ereifert? Freud selbst hatte schon im Sommer 1912 über sein rebellisches Herz geklagt, das ihm das Rauchen und den geliebten römischen Wein verleide; psychische Einflüsse werde sich jeder dazu konstruieren, nur solle man Jung nicht zuviel beschuldigen. Er bangte um seine Tochter Mathilde, die im September wieder erkrankt war und einen Schwangerschaftsabbruch vornehmen lassen mußte, er hatte Gründe genug, sich innerlich angespannt zu fühlen. Dennoch wollte er seinem «Fall» ein wenig Aufmerksamkeit widmen; nach zwei Wochen glaubte er ihn «gut analytisch erledigt» zu haben – alle diese Geschichten wiesen auf «die Bedeutung frühzeitig erlebter Todesfälle» hin. Außerdem erinnerte ihn dies München natürlich an Fließ, wo er 1894 den schwer Erkrankten besucht hatte. Also steckte wohl hinter seiner Ohnmacht «am Grunde (...) ein Stück unbeherrschten homosexuellen Gefühls». Deutlicher wurde er in einem Schreiben an Binswanger: «Zurückgehaltene Gefühle diesmal gegen Jung wie früher gegen einen Vorgänger von ihm, spielen natürlich die Hauptrolle.» Sogar Jung selbst bekam einen Hinweis auf dies «Stückchen Neurose, um das man sich doch kümmern sollte».[21] Schließlich tröstete sich Freud mit seinem geliebten Mark Twain, der einmal während einer Europareise in amerikanischen Zeitungen für tot erklärt worden war: «Ich bin darauf gefaßt, daß ich auf Grund meines Anfalles in München für einen Kandidaten der Ewigkeit erklärt werde», schrieb er im Dezember 1912 an Binswanger. «Sie können es alle kaum erwarten, aber ich kann Ihnen antworten wie Mark Twain in einem ähnlichen Fall: ‹Nachrichten von meinem Tod stark übertrieben›.»[22]

Zwar schickte Jung ihm gleich nach den Münchner Ereignissen eine Ergebenheitsadresse, niemals wollte er von ihm lassen. Aber er konnte sich natürlich Freuds Eingeständnis seines «Neurosen-Stückchens» nicht entgehen lassen. Immerhin warnte er ihn mit den ersten Zeilen, sein Brief sei ein «unverschämter Versuch», Freud an seinen «neuen Stil» zu gewöhnen, einen Stil von «helvetischer Klotzhaftigkeit», aber ehrlichem Bemühen: «Also Vorsicht!» Freud möge denn sein sogenanntes «Stückchen Neurose» nur ernst nehmen, gehe diese doch «usque ad instar voluntariae mortis» – bis zum Abbild eines freiwilligen Todes. Argumente für diese Deutung hatte er genug, eröffnete nicht schon die *Traumdeutung* mit dem «Mollakkord des Eingeständnisses der eigenen Neurose», dem Irma-Traum, in dem der Autor sich «sehr vielsagend» mit dem Behandlungsbedürftigen identifiziere? Und wie war das mit der Amerikareise und Freuds Beharren auf seiner Autorität, seinem Widerstand gegen seine, Jungs, analytische Bemühungen? Er solle sich diesmal bloß nicht auf das «entwertende Wiener Kriterium des egoistischen Machtstrebens … oder weiß Gott was für andere Insinuationen aus dem Gebiete des Vaterkomplexes» zurückziehen. Jung hatte keine Lust mehr, sich derartiges anzuhören, sich gar wegen seiner neuen «Libidotheorie» des Analerotismus zeihen zu lassen. So mißbrauchten die Analytiker ihren Beruf erbärmlicherweise als ein «Faulbett», suhlten sich in ihren Komplextheorien wie ihre Gegner in ihrem Autoritätsglauben.[23]

Freud mochte ihm zumindest in seinen Anmerkungen über die *déformation professionelle* recht geben, stimmten ihn doch selbst die Mißbräuche seiner Lehre, der Polemik und Abwehr dienend, seit längerem nachdenklich. Aber wie sie verhüten? Vorläufig konnte er «nur das Hausmittelchen dagegen empfehlen, daß sich jeder von uns mit der eigenen Neurose eifriger beschäftige als mit der des Nächsten». Jedenfalls sei Jung durch seine, Freuds Neurose, nicht zu Schaden gekommen, auch das mußte gesagt werden.[24]

Freud betrieb seine übliche Briefpolitik, beklagte sich bei

Ferenczi, Jung sei meschugge, schwanke zwischen Zärtlichkeit und hochmütiger Überhebung und halte seine «kleinen Irrtümer für große Entdeckungen». Derweil pflegte er dem Betroffenen selbst gegenüber weiterhin einen konzilianten Ton, wollte ihm, trotz der Differenzen wegen der «Libidoerneuerung» gerne «durch alle Variationen (seiner) virtuos behandelten Leier» folgen. Aber dann unterlief Jung ein Schreibfehler, eine Petitesse im Grunde, den der Entdecker der Fehlleistungen sich jedoch genüßlich vornehmen mußte. Jener hatte nämlich geschrieben: «Selbst Adlers Spießgesellen wollen mich nicht als einen der Ihrigen erkennen» – statt «als einen der ihrigen». Diesem Satz folgte die Bemerkung, wie jämmerlich es doch anzusehen sei, daß «die Wissenschaft immer noch als Glaubensbekenntnis behandelt» werde.[25] Boshaft antwortete Freud, das Persönlichnehmen alles Objektiven sei nicht nur eine «(regressive) menschliche Eigenart, sondern auch eine ganz besondere Wiener Unart». Ob Jung nun «objektiv» genug sei, ohne Ärger sein Verschreiben zur Kenntnis zu nehmen und entsprechend zu deuten? Jung war es nicht, sondern erwies ihm einen «sonderbaren Freundschaftsdienst», indem er mit dem Vorwurf konterte, Freud behandle seine Schüler wie Patienten: «Damit erzeugen Sie sklavische Söhne oder freche Schlingel (Adler-Stekel und die ganze freche Bande, die sich in Wien breitmacht).» Er aber sei objektiv genug, diesen «Truc», dieses Spiel, zu durchschauen: Indem Freud rundherum Fehlleistungen und Symptomhandlungen nachweise, erniedrige er seine ganze Umgebung auf das Niveau von Söhnen oder Töchtern, die errötend ihr Mißverhalten bekannten. Unterdessen bleibe er selbst immer in der abgehobenen, der Vaterrolle: «Vor lauter Untertänigkeit kommt keiner dazu, den Propheten am Barte zu zupfen und sich einmal zu erkundigen, was Sie denn zu einem Patienten sagen, welcher die Tendenz hat, den Analytiker zu analysieren anstatt sich selber? Sie fragen ihn doch: ‹Wer hat denn eigentlich die Neurose?› Sehen Sie, mein lieber Herr Professor, solange Sie mit diesem Zeugs laborieren, sind mir meine Symptomhandlungen ganz wurscht, denn die wollen gar nichts bedeuten neben dem beträchtlichen Balken, den Bruder Freud im Auge trägt.» Schließlich wisse Freud nur zu gut, wie weit ein Patient mit einer Selbstanalyse komme, nämlich nicht aus der Neurose heraus. Aber wenn er denn einmal ganz komplexfrei geworden sei und nicht mehr den Vater spiele, der ständig in den Schwächen seiner Söhne wühlen müsse, wenn er sich endlich selbst in diesem Punkt aufs Korn nehme, ja, dann wolle Jung in sich gehen und seine «lasterhafte Uneinigkeit» mit sich selber und mit Papa Freud ein für allemal ausrotten. Einstweilen wolle er öffentlich zu ihm halten und ihm insgeheim in seinen Briefen sagen, was er wirklich über ihn denke. Diesen Weg hielt er für den anständigsten.[26]

Das konnte Freud nicht mehr hinnehmen. Die Zeit der Diplomatie, sowenig sie diesen Namen verdient hatte, war vorüber. Er schickte Jungs Brief an Ferenczi und zeigte ihn Rank und Sachs, vermutlich waren auch Jones und Abraham darüber im Bilde. Noch war er unsicher, wie er darauf reagieren sollte, seinen ersten Entwurf fand er zu «lammherzig». «Meine Neurose in Ehren, ich hoffe, ich beherrsche sie recht gut», schreibt er an Ferenczi. «Aber er benimmt sich wie ein florider Narr und brutaler Kerl, der er ja ist.» Und vor allem, wie konnte er behaupten, gar nicht neurotisch zu sein, weil er sich «lege artis et tout humblement» habe analysieren lassen? Von wem denn? Von jenem Fräulein Moltzer, der Krankenschwester Maria Moltzer, die Jung selbst zur Therapeutin ausgebildet hatte, diesem «Frauenzimmer, mit der er ein Verhältnis hat»?[27] Ferenczi brachte, wie so oft, das Problem auf den Punkt: Die gegenseitige Analyse war Unsinn, auch unmöglich, es mußte eine Autorität geben, die notwendige analytische Korrekturen vornehmen konnte. Gewiß war Freuds Selbstanalyse kein Vorrang oder Vorteil für ihn, sondern eine bloße Notwendigkeit; er hatte als Begründer der Schule schlichtweg keinen Analytiker. Dennoch war ihm die Fähigkeit zuzumuten, seine kleineren Symptome in Zaum zu halten, damit fertig zu werden. Seine Schüler vermochten das kaum, das hatte Ferenczi ja an sich erlebt. Jung jedenfalls war «der typische Aufwiegler und Religionsstifter», sein

Buch *Wandlungen und Symbole der Libido* abstoßend, oberflächlich und in einem «süßlich poetisierenden Ton» gehalten. Der Vater und der Kernkomplex spielten darin fast keine Rolle, um so wichtiger aber schien die «christliche Brüdergemeinschaft».[28]

Am 3. Januar schrieb Freud an Jung, es sei unter Analytikern doch ausgemacht, daß keiner sich seiner Neurosen zu schämen brauche: «Wer aber bei abnormem Benehmen unaufhörlich schreit, er sei normal, erweckt den Verdacht, daß ihm die Krankheitseinsicht fehlt. Ich schlage Ihnen also vor, daß wir unsere privaten Beziehungen überhaupt aufgeben.» Er selbst sei längst nur noch durch die Erinnerung an früher erlebte Enttäuschungen mit ihm verbunden, habe nichts dabei zu verlieren, und Jung könne nur gewinnen, da ihn, nach seinem eigenen Bekenntnis in München, eine intimere Freundschaft mit einem Mann in seiner wissenschaftlichen Freiheit hemme. So möge er sich die volle Freiheit nehmen, ihm aber die «angeblichen ‹Freundschaftsdienste›» ersparen. Wieder einmal hatten sich Briefe gekreuzt. Am selben Tag, an diesem 3. Januar 1913, hatte Jung ihm seine «analytische Fürsorge» angeboten, zu Freuds bestem natürlich, «auch wenn's weh tut». Als er Freuds Brief erhielt, konnte er nicht anders, als dessen Wunsch zu akzeptieren – doch wisse dieser wohl am besten, was das für ihn bedeute: «Der Rest ist Schweigen.»[29]

Freud feiert: im Januar die Hochzeit seiner Tochter Sophie, im Juni ein großes Fest auf dem Konstantinhügel im Prater, sein «Totemfest». Seine Getreuen hatten ihm anläßlich der Publikation seines neuesten Werks ein Ehrendiner gegeben, Loe Kann schenkte ihm eine ägyptische Figur, sein Totemtier. Die vier Essays, an denen er so lange gearbeitet hatte, sollten sein Triumph über Jung werden. Sie würden dazu dienen, «alles, was arisch-religiös ist, reinlich abzuscheiden», wie die Säure ein Salz. Dann wiederum kamen ihm Zweifel. Auch wenn Jung verrückt war, wünschte er doch keine Spaltung. Das sollte den Zürchern selbst überlassen sein, aber zweifellos würde *Totem und Tabu* den Bruch beschleunigen.[30] Er hatte noch andere Bedenken, er wußte sehr wohl, daß er sich auf eine kulturgeschichtliche Spekulation eingelassen hatte, bei der er sich leicht, zum Spott all seiner Kritiker, verspekulieren konnte: Ging es doch um nichts anderes als um eine historisch-biologische Fundierung des Ödipuskomplexes, auch wenn der Untertitel etwas verharmlosend nur «einige Übereinstimmungen im Seelenleben der Wilden und der Neurotiker» ankündigte.

Er hatte sich gründlich vorbereitet, hatte immer wieder geklagt über die Plackerei, eine Unzahl von Büchern ohne besonderes Interesse durchzuwälzen; die Arbeit war einfach eine Schweinerei. «Mitunter ist mir», schrieb er Ferenczi Ende 1911, «als hätte ich nur eine kleine Liaison anknüpfen wollen u. entdeckte in meinem Alter, daß ich ein neues Weib heiraten muß.»[31] Dabei ließ er sich vor allem von dem schottischen Anthropologen James G. Frazer leiten, der in seinem Monumentalwerk *The Golden Bough*, «Der goldene Zweig», einer Art Tour de Force durch klassische Quellen, Reiseberichte und Sagen über rituelles und tabuverhaftetes Verhalten in der Antike und in den Kulturen der «Primitiven», die Welt entmythologisieren und magische und religiöse Praktiken auf ihren Ursprung zurückführen wollte. Für Freud war das inzwischen in fast allen Teilen überholte Buch, wie für viele führende Anthropologen und Ethnologen, aber auch für Literaten wie T. S. Eliot, eine grandiose Fundgrube und Anregung. Im ersten der Essays reflektiert er über *Die Inzestscheu*, die bei den Melanesiern und Zulukaffern ebenso zu finden sei wie bei seinen Neurotikern, die komplizierte Symptome, den Tabus der Primitiven ähnlich, entwickelten, um sich ihr frühkindliches Begehren, ihre Fixierungen auf die ersten Liebesobjekte zu verbergen. Ein solches Symptom konnte, wie er im zweiten Teil, *Das Tabu und die Ambivalenz der Gefühlsregungen*, ausführt, das *Délire de toucher* sein, die Berührungsangst, an der vor allem die Zwangsneurotiker leiden. Im Grunde sei diese, die Berührung, besonders die eines Toten, das Haupt- und Kernverbot des Tabus: Die Psychoanalyse erkannte darin die Gefühlsambivalenz, die unbewußte Feindseligkeit gegen geliebte Menschen wieder, die vor allem nach deren Tod auftritt.[32] Natürlich waren Unterschiede zu machen zwischen den Neurosen, die der Verdrängung sexueller Regungen gelten, und den Tabus, die auch Aggression und Mordlust einzudämmen hatten. Aber an dem Beispiel von Tabu und Berührungsangst ließ sich erraten, welcher Art das Verhältnis der einzelnen Neurosenformen zu den Kulturbildungen sei, mit denen sie einerseits eine große Übereinstimmung verbinde, während sie auf der anderen Seite als deren Entstellungen erschienen: «Man könnte den Ausspruch wagen, eine Hysterie sei ein Zerrbild einer Kunstschöpfung, eine Zwangsneurose ein Zerrbild einer Religion, ein paranoischer Wahn ein Zerrbild eines philosophischen Systems.»[33]

In der dritten Abhandlung, *Animismus, Magie und Allmacht der Wünsche*, versucht Freud, eine Beziehung zwischen primitiven Zauberritualen und dem Wunschglauben an die «Allmacht der Gedanken» herzustellen, wie ihn vor allem kleine Kinder und Neurotiker hegten, aber auch die ganz «Normalen». Im Grunde sind jene ersten drei spekulativen Essays jedoch nur Vorspiele seiner «Synthese», seiner großen, seiner abenteuerlichen (Re)konstruktion von Inzestwunsch und Vatermord, von ersten großen Verbrechen der Menschheit. Dabei geht er in *Die infantile Wiederkehr des Totemismus* von höchst fragwürdigen, zu seiner Zeit aber durchaus gängigen Voraussetzungen aus. Er nimmt an, daß die Stämme, die an den Totemismus glaubten und ihre Herkunft von einem heiligen Objekt, meist einem Tier, manchmal einer Pflanze, ableiteten, sich als höchste Verpflichtung auferlegten, kein Mitglied ihres eigenen Clans zu heiraten. Nun muß er sich nur an seinen Liebling, den kleinen Hans, erinnern, und an die Bedeutung, die Pferde für diesen hatten, die Tiere nach psychoanalytischer Auffassung überhaupt oft für Kinder haben – als Symbole des übermächtigen, des haßgeliebten Vaters. Genau dies ist das Totemtier, Repräsentant des Vaters im Unbewußten. Freud brauchte im Grunde gar nicht auf Darwins Hypothese einer affenähnlichen primitiven Urhorde zurückzugreifen, die von einem gewalttätigen und sexuell eifersüchtigen Mann beherrscht wird. Längst ist er bei Ödipus angelangt. Was bedeutete die «berühmte und rätselhafte», mit dem Totemismus verknüpfte Exogamie, das Heiratsverbot, schließlich anderes als eine Sicherungsmaßnahme gegen den Inzest? Damit war auch ein weiteres Ingrediens jener primitiven, prähistorischen Kultur erklärt, das Mysterium des rituellen Opfermahls, die «sakramentale Tötung und gemeinsame Aufzehrung des sonst verbotenen Totemtieres»[34], ein kollektiver Akt von tiefer Ambivalenz, von Schmerz und Klage und orgiastischer Feier.

Eine solche Handlung, «vielleicht das erste Fest der Menschheit», konnte nur Wiederholung und Gedenkfeier des großen Verbrechens sein, «mit welcher so vieles seinen Anfang nahm, die sozialen Organisationen, die sittlichen Einschränkungen und die Religion».[35] Eines Tages nämlich taten sich, nach Freud, die Söhne zusammen, den wilden, eifersüchtigen Vater, der die Horde und vor allem die Frauen beherrschte, zu erschlagen und zu verzehren; so waren sie, die «kannibalen Wilden». Indem sie ihn, ganz selbstverständlich, auffraßen, identifizierten sie sich zugleich mit dem Vater und eigneten sich einen Teil seiner Stärke an. Natürlich ist Freud klug genug, auf gewisse Unbestimmtheiten und Unsicherheiten seiner Hypothese zu verweisen, die durch die komplexe Natur der Materie bedingt seien. Doch bremsen läßt er sich nun nicht mehr. Die mörderische Brüderrotte war natürlich von den gleichen Gefühlen beherrscht wie Kinder und Neurotiker. Die Söhne hatten den Vater gehaßt, der ihrem Machtbedürfnis und ihren sexuellen Begierden im Weg stand, und ihn zugleich geliebt, so daß sich nach begangener Tat Reue und Schuldgefühle einstellten, der aus der Psychoanalyse wohlbekannte «nachträgliche Gehorsam». Es entstanden die kulturbildenden Tabus, die «mit den beiden verdrängten Wünschen des Ödipuskomplexes übereinstimmen mußten», der Tötung des Vaters und des Inzests mit der Mutter. Die Mörder verzichteten auf die Früchte ihres Tuns, versagten sich die freigewordenen Frauen.[36] Der getötete Vater wurde zu Gott, in jener ersten, primitiven Form verehrt im Totemtier. So trafen im Ödipuskomplex «die Anfänge von Religion, Sittlichkeit, Gesellschaft und Kunst» zusammen. So entstand alle Kultur aus einem grandiosen Verbrechen: «Im Anfang war die Tat.»[37]

Die ungeheuerliche Tat mußte ihre Erinnerungsspuren hinterlassen, über viele Jahrtausende hinweg und noch bei Generationen, die davon gar nichts wissen konnten. Das war ganz im Sinne des französischen Biologen Jean-Baptiste Lamarck gedacht, nach dessen Evolutionstheorie erworbene Eigenschaften vererbt wurden. Das war zugleich dem guten alten Glauben an die Erbsünde gefährlich nahe. Dabei hatte Freud doch eigentlich seine schöne Rache an Jung nehmen wollen, der Gottvater zu retten suchte durch mitfühlendes Verständnis und spirituelle Tiefe, durch seinen vollkommen unwissenschaftlichen Mystizismus. Aber die Idee, den Ödipuskomplex, den Kernkomplex «historisch» zu fundieren, mußte zu verführerisch für ihn gewesen sein, solange Jung und die Seinen, mitsamt den notorischen Gegnern der Psychoanalyse, seine Theorien über das Seelenleben, die Macht des Wünschens, die inzestuösen Begierden und mörderischen Gedanken noch immer ins Reich der Phantasie verbannen und als Spintisiererei eines Pansexualisten abtun wollten. Wie sehr das Buch, das doch sein «Größtes, Bestes, vielleicht (…) einzig Gutes» sein sollte und an dem er, von Migräneanfällen und Grübelsucht geplagt, noch mehr litt als gewöhnlich, ihn mitgenommen hatte, glaubten Ferenczi und Jones deutlich zu spüren. Und sie meinten auch den Grund dafür zu kennen. Er habe in seiner Phantasie die in dem Buch beschriebenen Ereignisse selbst erlebt, die gehobene Stimmung reflektiere die Erregung des Tötens und Essens des Vaters, und die beständigen Zweifel seien nur die Reaktion darauf. Freud erwiderte Jones, in der *Traumdeutung* habe er bloß den Wunsch, den Vater zu töten, beschrieben, in *Totem und Tabu* hingegen das wirkliche Töten – «es ist immerhin ein großer Schritt vom Wunsch zur Tat».[38]

Kaum eine seiner Thesen ließ sich aufrechterhalten, Kulturanthropologen widerlegten selbst die Grundideen von der Brüderhorde und der Totemfeier. Freud vermochte schließlich darüber zu spotten, indem er *Totem und Tabu* seine «Hypothese» nannte, seine «Vision», seinen «wissenschaftlichen Mythos». Es gefiel ihm, daß ein englischer Kritiker das Buch eine «just so story» genannt hatte, «eben so eine Geschichte», eine Anspielung auf den Erzählband *Just so Stories* von Rudyard Kipling, dessen *Dschungelbuch* er einmal unter seine zehn Lieblingswerke gezählt hatte. Seinem Patienten Abram Kardiner riet er sogar, das Ganze nicht so ernst zu nehmen, er habe es sich «an einem verregneten Sonntagnachmittag ausgedacht».[39] Die Psychoanalytiker ebenso wie ihre Kritiker nahmen es hingegen ernst: Für sie war er der Alte in Wien, der Vater der Urhorde, der seine Anhänger zu Söhnen erniedrigte, die er fürchten und vertreiben, die er vernichten mußte. Und Freud war im Jahr 1913 zornig, rachsüchtig und aggressiv und gleichzeitig, als guter Analytiker, gehemmt in diesen Gefühlen, die ihm andere, Adler, Jung, aufzuzwingen schienen. Er war zeitlebens ein guter Hasser, «hart und scharf wie Stahl», wie Hanns Sachs über ihn sagte. Alfred Adler konnte er seinen «Abfall» nie vergessen. Als dieser im Juni 1937 während einer Vortagstournee in Schottland starb, schrieb Freud an Arnold Zweig: «Für einen Judenbuben aus der Wiener Vorstadt ist ein Tod in Aberdeen, Schottland, eine unerhörte Karriere und ein Beweis, wie weit er es gebracht hat. Wirklich hat ihn die Welt für den Verdienst, der Analyse widersprochen zu haben, reichlich belohnt.»

Und seine Rache an Jung würde er schon bald nehmen, nicht mehr verbrämt als kulturhistorische Spekulation, sondern in ganz direkten, scharfen Worten, vor denen ihn sogar seine Getreuen warnten. Einstweilen hatte er jedoch mit ihm über Geschäftliches zu korrespondieren, schließlich war Jung noch immer Präsident der Internationalen Psychoanalytischen Vereinigung und verantwortlich für deren Publikationen. Im September sollte in München der vierte Kongreß der Internationalen Psychoanalytischen Vereinigung stattfinden. Freud war in großer Besorgnis, ob sie überhaupt die drohende Spaltung von Zürich überleben würde. Zuzeiten fürchtete er, daß man, nachdem man ihr so oft das Grablied gesungen hatte, die Psychoanalyse diesmal wirklich begrabe, auch wenn er in seinem Selbstbewußtsein unerschütterlich blieb: «Wir sind im Besitz der Wahrheit; ich bin so sicher wie vor 15 Jahren.»[40] Wie damals, als er begann, die *Traumdeutung* zu schreiben. Dennoch, der Bruch mit den Zürchern durfte auf keinen Fall provoziert werden. Insgesamt 87 Mitglieder und Gäste reisten schließlich nach München. Freud langweilte sich; an diesem ermüdenden und unerquicklichen Kongreß war das einzig Erfreuliche, daß Lou Andreas-Salomé ihn mit Rainer Maria Rilke bekannt machte und sie bis spät in die Nacht zusammenblieben. Als Jung sich zur Wiederwahl stellte, forderte Abraham dessen Gegner auf, sich der Stimme zu enthalten. Mit dem Ergebnis von 52 zu 22 Stimmen wurde Jung erneut zum Präsidenten ernannt. Zu Jones, der sich natürlich enthalten hatte, soll er gesagt haben: «Ich dachte, Sie seien Christ.» Man schied voneinander, so Freud, ohne das Bedürfnis nach einem Wiedersehen.

Und es grollte immer mehr in ihm, es ärgerte ihn, daß Jung, wiewohl er die Redaktion des *Jahrbuchs* nicht einmal zwei Monate nach dem Münchner Kongreß niedergelegt hatte, weiterhin «unter falscher Flagge» segelte, seine unannehmbaren Anschauungen immer noch Psychoanalyse nennen, sogar als Präsident der Vereinigung auftreten konnte. Er fühlte sich genötigt, einiges richtigzustellen. Freud bastelte an seiner «Bombe». Schon im selben Herbst 1913 hatte er den Plan gefaßt, eine Geschichte der Psa. «mit freimütiger Kritik von Adler und Jung» zu verfassen. Jenes Buch, dem er das Motto «Fluctuat nec mergitur» voranstellte, das ihm schon so lange, seit der *Traumdeutung*, im Kopf herumging, sollte trotz der beiden ersten, sachlicheren Teile über die Entstehung und Frühzeit der Psychoanalyse eine wütende Polemik gegen die beiden Usurpatoren werden, die sich seiner Schöpfung bemächtigen wollten, um sie zu verwässern, umzufälschen und zu leugnen. Auch wenn der Erfinder der Psychoanalyse nicht mehr der einzige Analytiker war, konnte doch keiner besser als er selbst wissen, was jene Methode zur Erforschung des Seelenlebens von allen anderen Richtungen unterschied, die sich bloß des Namens bedienten. Das machte Freud in seiner *Geschichte der psychoanalytischen Bewegung* von vornherein klar.[41]

So scheute er sich nicht, dem Dr. Adler zu unterstellen, dieser habe sich über seine «Verfolgungen» beklagt. Ausdrücklich hatte ihn Abraham gewarnt, jenes unheilvolle Wort zu gebrauchen, das den Betroffenen als paranoid darstellte. Freud scherte sich nicht darum. Im Gegenteil, er spielte, nachdem er die bekannten Einwände und Vorwürfe gegen die «freie Psychologie» oder «Individualpsychologie» vorgebracht hatte, die Adlersche Bewegung sogar gegen die Jungsche «Modifikation» aus. Jene sei zwar radikal falsch, aber «unzweifelhaft die bedeutsamere», da sie wenigstens konsequent und kohärent sei und immer noch auf einer Trieblehre gründe. Dagegen sei Jung vage, unklar, verworren und unaufrichtig, mal von einer «ganz zahmen Abweichung» sprechend, dann wiederum eine «neue Heilsbotschaft» verkündend, in Wahrheit jedenfalls «auf dem vollen Rückzug» von der Psa. Das mochte sein gutes Recht sein, nur sollte er seine Regression nicht für etwas anderes ausgeben, als sie war, nämlich ein religiös-ethisches System, durchsetzt mit mystischen Elementen. In deutlicher Anspielung auf Jungs angeblich so illustre Herkunft vergleicht Freud dessen Lehre mit dem Emporkömmling, der sich der Abstammung von uradliger, aber ortsfremder Familie rühmt. Und als ihm nachgewiesen wird, daß seine Eltern als sehr bescheidene Leute irgendwo in der Nähe wohnen, verleugnet er sie zwar nicht, doch behauptet er, sie seien selber hochadlig, nur heruntergekommen, und verschafft sich «bei einem gefälligen Amt ein Abkunftsdokument».

So hatten Jung und seine Schweizer von Anfang an Religion und Ethik nicht sexualisieren mögen und mußten daher nun Ödipus- und Familienkomplex einen anderen, einen bloß symbolischen Sinn geben: «In Wirklichkeit aber hatte man aus der Symphonie des Weltgeschehens ein paar kulturelle Obertöne herausgehört und die urgewaltige Triebmelodie wieder einmal überhört.»[42]

Freud beruft sich sogar auf den Bericht eines Patienten, der ihm erzählt hatte, daß die «Neu-Züricher Therapie» gar keine

Rücksicht auf Vergangenheit und Übertragung nehme, sondern mit schönen moralischen Belehrungen daherkomme. Statt analytisch zu befreien, stelle sie mit jeder Stunde neue Forderungen zur Introversion und liebevollen Hingabe, zur religiösen Vertiefung etc. – wonach sich der Kranke als armer Sünder fühle, zerknirscht und mit den besten Vorsätzen, doch völlig entmutigt. Denn woher sollte er die Kraft dazu nehmen?[43] Aber genug, Freud wollte sich nicht der Befürchtung überlassen, daß der Abfall einst so bedeutender Vertreter der Bewegung ihrem Fortschritt langfristig schade. Sie würde andere Anhänger finden. Mochte das Schicksal daher den Adlers und Jungs und ihren Jüngern, denen «der Aufenthalt in der Unterwelt der Psychoanalyse zu unbehaglich» geworden war, eine «bequeme Auffahrt bescheren», damit die anderen derweil «ihre Arbeiten in der Tiefe» unbehelligt fortsetzen konnten: «Menschen sind stark, solange sie eine starke Idee vertreten; sie werden ohnmächtig, wenn sie sich ihr widersetzen.»[44]

Am 20. April 1914, noch bevor die «Bombe» gezündet hatte und Freuds Polemik im *Jahrbuch* erschienen war, reichte Jung seinen Rücktritt als Präsident der Internationalen Psychoanalytischen Vereinigung ein. Vielleicht, meinte Freud, war er schon der kleinen «Salve» erlegen, Ferenczis Kritik von *Wandlungen und Symbole der Libido*, aber es konnte ihnen im Grunde egal sein, was in Jung vorging, was er vorhatte.[45] Gleichwohl sandte er an Abraham, den er zum neuen Präsidenten vorschlug, seine «frohen Wünsche zur Junglosen Ära». Doch er hatte noch eine kleine verschlüsselte Botschaft bereit für den Mann, den er einst seinen Joshua genannt und dazu bestimmt hatte, das gelobte Land der Psychiatrie in Besitz zu nehmen. Verfaßt hatte er sie schon Anfang 1914, zur gleichen Zeit wie seine große Polemik gegen Jung und Adler, sie sollte aber nur anonym erscheinen; er wollte sie nicht namentlich zeichnen, auch wenn Abraham sicher war, daß man die «Klaue des Löwen» erkennen würde. Rank und Sachs, die Herausgeber der *Imago*, mußten sich mit der ironischen Anmerkung begnügen, daß der Autor der Studie *Der Moses des Michelangelo* ihnen persönlich bekannt sei, sich in psychoanalytischen Kreisen bewege und seine Denkweise eine gewisse Ähnlichkeit mit deren Methodologie aufweise.

Freud berief sich auf seinen Dilettantismus, einen kleinen Scherz wollte er sich auch machen, hatte aber gleichzeitig Zweifel an dieser Arbeit, deren Überlegungen sowohl der biblischen Überlieferung als auch fast allen bisherigen und den meisten nachfolgenden kunsthistorischen Deutungen von Michelangelos gewaltiger Statue in der Kirche San Pietro in Vincoli widersprachen. Das Monumentalwerk war Teil eines unvollendeten Grabdenkmals für Papst Julius II., den ehemaligen Kardinal jener römischen Kirche. Es stellt Moses als kräftigen, gebieterischen alten Mann mit mächtigem Bart dar, der mit gerunzelter Stirn dasitzt, den Blick nach links gewandt, im rechten Arm die Gesetzestafeln. Die meisten Kunstkritiker wollten in diesem gehörnten, panköpfigen Moses den zornigen Propheten erkennen, der sein Volk um das Goldene Kalb tanzen sieht und im Begriff ist, die Tafeln zu zerschmettern, die er vom Berg Sinai mitgebracht hat. Schon bei seinem ersten Rombesuch, 1901, hatte Freud diesen Moses gesehen, seither war er immer wieder in die Kirche gepilgert. 1912 aber gewann er ein neues, intensiveres Interesse an seinem Liebling, er brachte sich einen kleinen Gipsguß mit und bat Jones um Photographien und Zeichnungen. Im Herbst 1913, nach dem Münchner Kongreß, fährt Freud in Begleitung von Minna wieder nach Rom und steht in diesen «einsamen September-Wochen» täglich vor der Statue, studiert sie, mißt sie aus, findet seine im Jahr zuvor gefundene Erklärung bestätigt und fürchtet zugleich, sie verwerfen zu müssen. Aus der Haltung der rechten Hand, die in den wallenden Bart greift, aus der Darstellung der Tafeln selbst glaubt er schließen zu können, daß dieser Moses sie nicht wegwerfen wird, auf daß sie am Stein zerschellen: «Denn gerade ihretwegen hat er seinen Zorn bezwungen, zu ihrer Rettung seine Leidenschaft beherrscht.»

Der Künstler, dem es freistand, nicht ein bestimmtes Moment aus dem Leben seines Helden zu gestalten, sondern unabhängig davon «etwas Neues, Übermenschliches» in seine Figur hineinzulegen, hatte, so glaubte Freud, nicht den Beginn einer Zorneshandlung dargestellt, sondern den «Rest einer abgelaufenen Bewegung»: Da die Tafeln dem leidenschaftlich Empörten, dem ohnehin zu Jähzorn Neigenden zu entgleiten und zu zerbrechen drohten, gedachte Moses «seiner Mission und verzichtete auf die Befriedigung seines Affekts», um sie zu retten.[46] Freud hatte zu seinem kleinen Essay, dessen «Held» ihn nie mehr loslassen, dem seine letzte große Arbeit, *Der Mann Moses*, gelten sollte, «eine Beziehung wie zu einem Kind der Liebe»; so spottete er gerne.[47] Erst zehn Jahre später legitimierte er es, bekannte er sich zu seinem Moses, der die Versuchung des Zorns und der Rachsucht überwunden hatte. Der einfach sitzen blieb «in gebändigter Wut, in mit Verachtung gemischtem Schmerz»[48].

Der Trost der Frauen

Man sollte auf sein Hab und Gut nicht zu Lebzeiten verzichten, und man sollte sich davor hüten, Schmeicheleien für bare Münze zu nehmen. Das waren die beiden weisen Lehren, die Mahnungen, die man sich aus Shakespeares *König Lear,* dieser «Tragödie der Undankbarkeit», einzuschärfen hatte. Dessen war sich Freud gewiß, und er war dennoch unzufrieden mit den allzu dürren Lektionen, die weder die gewaltige, erschütternde Wirkung des Dramas erklärten noch die ungeheuerliche Vorgeschichte der Erbteilung, das grausige, die Ordnung der Welt verhöhnende Verlangen des alternden, sterbenden Mannes nach Liebe, absoluter, bedingungsloser Liebe.[1] Freud war gerade 56 geworden, als er sich, im Sommer 1912, seinen kleinen Reflexionen über den *Lear* hingab, der Kämpfe mit seinen analytischen «Söhnen» müde und ein wenig traurig, daß er seine Sophie, sein Sonntagskind, verlieren sollte; sie hatte sich mit dem Hamburger Photographen Max Halberstadt verlobt. Immerhin amüsierte ihn sein kleinen Einfall ein wenig, daß die Eingangsszene des *Lear,* da dieser sein Reich unter den Töchtern aufteilt je nach Maßgabe ihrer Liebesbeteuerungen, dasselbe bedeuten müsse wie die Wahl des Bassanio im *Kaufmann von Venedig*: «Drei Kästchen sind doch dasselbe wie drei Frauen, drei Schwestern.» Aber warum war immer die dritte die richtige Wahl? Wie im Märchen vom Aschenputtel, wie in den alten Mythen. Und so kommt er, wie er Ferenczi schreibt, «mit einigen Assoziationen» darauf, daß diese drei die Schicksalsschwestern, die Parzen sind, von denen die dritte die Todesgöttin ist?[2] Fast die ganze Geschichte hatte er in jenem Sommer 1912 schon entworfen, eine seiner schönsten, eine Geschichte von Liebe und Tod, ein wenig spielerisch und fast unscheinbar an-

gesichts seines Riesenwerks, doch hochbedeutend für die Weiterentwicklung seiner Theorien für sein künftiges Leben und
fast so etwas wie eine unerbittliche Prophezeiung.

Der Mann, der seine junge Braut einst seine Cordelia genannt
hatte, der Träumer, dem die Mutter als eine der drei Schicksalsspinnerinnen, als seine Lehrmeisterin über das Leben und das
Sterben erschienen war, mußte wieder einmal seine ganze Deu-
tungskunst bemühen, um sich der Widersprüche in seinen Analysen zu entledigen. Es war nicht schwer, die Entscheidung des
Bassanio für das dritte, das bleierne Kästchen, womit er sich
Portia und die Liebe gewinnt, zu vergleichen mit der falschen
Wahl des Lear, der die unscheinbare, wortlose Liebe seiner
jüngsten und besten Tochter nicht erkennen will. Nur warum
war jene geheimnisvolle, «vorzügliche Dritte» in den Märchen
und Sagen so oft die Schönste, die Begehrenswerteste? Warum
wählte Paris im Wettbewerb der drei Göttinnen die Aphrodite,
von der es in Offenbachs *Schöner Helena* hieß: «Und die Dritte – ja die Dritte – stand daneben und blieb stumm. Ihr mußt ich
den Apfel geben usw.»? In diesen Darstellungen konnte sich
nur ein Stück Wunschdenken widerspiegeln. Die schrecklichen
Schwestern, die ewigen Todesmahnerinnen, Klotho, die den Lebensfaden spinnt, Lachesis, die mit ihrer Schriftrolle das Los
des Menschen bestimmt, und schließlich die dritte, die unerbittliche Atropos, die den Faden durchschneidet, sie forderten die
Phantasie heraus; denn wie sollte der Mensch sein unabänder-
liches Schicksal ertragen? So wandelte sich ihm die Todesgöttin
in die Liebesgöttin, so wurden Notwendigkeit und Verhängnis
zur Wahl, «und die man wählt, ist nicht die Schreckliche, sondern die Schönste und Begehrenswerteste». Das war der größte
Triumph der Wunscherfüllung, die Überwindung des Todes in
der Imagination.[3] Warum Lear, der dem Tod Verfallene, der auf
die Liebe der Frau dennoch nicht verzichten will, am Ende den
Leichnam seiner Cordelia auf die Bühne tragen muß? Das war
nur eine Umkehrung des alten Mythos: Cordelia ist der Tod.
Dieser Lear hätte sich mit der Notwendigkeit des Sterbens befreunden müssen.

Denn die drei Parzen waren im Grunde «das Weib in seinen drei Haupterscheinungen»: Gebärerin, Genossin, Verderberin – oder «die Mutter selbst, die Geliebte, die er nach deren Ebenbild gewählt, und zuletzt die Mutter Erde, die ihn wieder aufnimmt». Aber der alte Mann «hascht vergebens nach der Liebe des Weibes, wie er sie zuerst von der Mutter empfangen; nur die dritte der Schicksalsfrauen, die schweigsame Todesgöttin, wird ihn in ihre Arme nehmen».[4] Natürlich hätte Shakespeare aus der Beziehung des Vaters zu den Töchtern weitere «fruchtbare dramaturgische Antriebe» gewinnen können, glaubte Freud, doch der Dichter verzichtete darauf um der allegorischen Wirkung willen. Das Drama ließ ihn nicht los, noch zwanzig Jahre später kommt er darauf zurück. Dem Verfasser einer Studie über den *Lear* versichert er, dieser habe vollkommen recht, wenn er die geheime Bedeutung der Tragödie in verdrängten Inzestansprüchen sehe: «Wir nehmen an, daß in den Anfängen der menschlichen Familie alle weiblichen Mitglieder dem Vater gehörten; die Töchter waren nicht weniger als die Mütter seine Sexualobjekte (…). Im Unbewußten haben diese Wünsche noch ihre ganze Stärke bewahrt.» Aber während die älteren Schwestern die schicksalhafte Liebe zum Vater überwunden hätten und ihm feindselig seien, klammere sich seine kleine Cordelia an ihn, ihre Liebe zu ihm ist ihr heiliges Geheimnis. Zugleich war Freud voller Zweifel an seiner früheren Analyse, eigentlich an der ganzen Geschichte, die allein von einem Vater und seinen drei Töchtern handelte, ohne daß die Mutter, die doch zweifellos vorhanden gewesen sein mußte, überhaupt erwähnt wurde. Dem Siebenundsiebzigjährigen erschien dies, vier Jahre nach dem Tod Amalia Freuds, ein Zug, welcher der Tragödie einen «schroffen Anstrich von Unmenschlichkeit» verlieh.[5]

Aber 1912 war ihm seine kleine Spekulation, die er im nächsten Jahr veröffentlichte, vor allem ein Trost. Selbst Ferenczi spottete, als er im Januar 1913 seine Glückwünsche zu Sophies Hochzeit entsandte, ein wenig über Freuds Trauer. Er möge sich doch den Verlust eines so lieben Familienmitglieds nicht zu sehr zu Herzen nehmen, denn er habe doch, der er ja täglich sein Ubw., sein Unbewußtes, revidiere, den «Sophie-Komplex» längst in Arbeit. Und niemals hätte sich Freud der Wahl seiner Tochter entgegengestellt, auch wenn er gerne ein wenig mehr Einfluß darauf genommen und dem jüdischen Schadchen, dem Heiratsvermittler gleich, über Ehemann und Hochzeitsdatum entschieden hätte. So hatte er einst, 1908, seine Tochter Mathilde vor einer allzu frühen Heirat gewarnt und auf das Beispiel ihrer Mutter verwiesen, die 25 war, als er sie endlich zur Frau nehmen konnte. Wenigstens bis zu ihrem 24. Lebensjahr wollte er sie daher im Haus behalten: «In unseren sozialen und materiellen Verhältnissen heiraten Mädchen mit Recht nicht in der ersten Jugend; sie werden sonst zu früh mit der Ehe fertig.»[6]

Vielleicht wollte er sie, die wieder einmal krank war und zur Kur in Meran weilte, auch nur ein wenig trösten. Mathilde hatte sich nie vollständig von den Folgen einer Blinddarmoperation erholt, die zu jener Zeit oft allzu schnell und allzu leichtfertig vorgenommen wurde; beinahe wäre sie 1905 bei dem Eingriff an inneren Blutungen gestorben. Sie brauchte ein Jahr, um sich zu erholen, und mußte danach doch wieder operiert werden, vermutlich weil sich Zysten gebildet hatten. Sie litt unter der Angst, nie wieder ganz gesund zu werden, niemals einen Ehemann zu bekommen, und fand sich häßlich. Freud schrieb ihr nach Meran, er habe längst geahnt, daß sie sich, die sonst so vernünftig war, diese Sorgen mache, doch habe er «lächelnd zugeschaut», weil sie ihm erstens schön genug erscheine und weil er zweitens wisse, «daß in Wirklichkeit längst nicht mehr die Formenschönheit über das Schicksal des Mädchens entscheidet, sondern der Eindruck ihrer Persönlichkeit». Ganz ähnliches hatte er einst seiner Verlobten Martha geschrieben, und nun versicherte er der Tochter, daß «nichts Gemeines oder Abschreckendes» in ihren Zügen liege und sie sich «noch in jedem Kreis von Menschen Respekt und Einfluß erobert» habe: «Die Verständigen unter den jungen Männern wissen doch, was sie bei einer Frau zu suchen haben, die Sanftmut, die Heiterkeit und die Fähigkeit, ihnen das Leben schöner und leichter zu machen.»[7]

Kurz danach hatte Mathilde ihm gebeichtet, daß sie schon

seit längerem eine Neigung zu dem mehr als zehn Jahre älteren Kaufmannssohn Robert Hollitscher gefaßt habe. Freud stellte sofort Nachforschungen über den Kandidaten an, dessen Mutter angeblich unheilbar geisteskrank war und der selbst nicht ganz gesund schien; er sollte außerdem verwöhnt und für den Kampf ums Dasein wenig geeignet sein. Sogar Minna wurde ausgesandt, die Familienverhältnisse der Hollitschers zu erforschen, konnte aber nichts Negatives finden. Allerdings lebten sie in eher bescheidenen Verhältnissen, daher warf Freud die Frage der Mitgift auf: Es konnte dem künftigen Schwiegersohn doch nicht gleichgültig sein, daß die Braut kein Vermögen mitbrachte. Wieviel besser wäre Mathilde doch in einer Arztfamilie aufgehoben, wo ihre Persönlichkeit, ihr Name etwas gelten würde; schließlich war sie eine Freud. Er hatte ja auch schon den rechten Kandidaten, Ferenczi. Aber selbst seine Mahnung an die jungen Leute, sich noch ein Jahr zu gedulden und zu prüfen, wurde nicht zur Kenntnis genommen. Einen Tag nach Mathildes 21. Geburtstag verlobten sie sich. Und Freud mußte akzeptieren, daß seine Tochter, auch wenn die Ehe wegen Mathildes schweren Unterleibskrankheiten kinderlos blieb, glücklich schien mit diesem Mann, gegen den er seine Vorbehalte nie ganz verlor, der ihm oft zu düster, zu misanthropisch vorkam und der im Geschäftlichen nicht tüchtig genug war, so daß er sich mehr als einmal gezwungen sah, ihn finanziell zu unterstützen.[8]

Viel besser gefiel ihm sein zweiter Schwiegersohn, Max Halberstadt. Er hatte seiner Sophie zunächst gezürnt, daß sie sich, ganz ohne die Eltern um Erlaubnis zu fragen, in Hamburg mit dem elf Jahre Älteren verlobt hatte. Schließlich war sie erst neunzehn, als sie Mathildes Beispiel nachahmte, aber was sollte er dagegen tun. Jedenfalls wollte er nicht den Haustyrannen spielen und versicherte dem jungen Mann, Martha und er hätten sich nie etwas anderes gewünscht, als daß ihre Töchter ihrer Neigung folgten. Nur vorstellen sollte er sich ihnen, ehe sie gerührt ja und amen sagten, am besten in den nächsten Wochen während ihrer Kur in Karlsbad; man hatte ja auch noch über die materiellen Angelegenheiten einiges zu besprechen. Halberstadt tat wie geheißen und wurde als sehr sympathisch und vertrauenswürdig akzeptiert, «offenbar ein ganz verläßlicher, ernsthafter, zärtlicher, feiner und doch nicht schwacher Mensch». Eine Woche nach seinem Antrittsbesuch wurde die Verlobung offiziell angezeigt.[9]

Im Frühjahr 1913, kurz nach Sophies Hochzeit, fuhr Freud mit der siebzehnjährigen Anna, seiner «kleinen, jetzt einzigen Tochter», die sich so erfreulich entwickelte und nun sein «nächster Verkehr» sein sollte, nach Venedig. Gewiß hatte Ferenczi, dem er dies schrieb, längst diese «subjektive Bedingung der ‹Kästchenwahl›» erraten. Anna sollte ihm nun Ersatz sein für alle Kinder. Seine Mathilde bereitete ihm nach ihrem Schwangerschaftsabbruch immer noch große Sorgen, «eine chronische Invalide, die sich wunderbar verhält». Und auch seine Sophie hatte im Frühjahr aus gesundheitlichen Gründen einen Abort vornehmen lassen; er mußte nun fürchten, daß seine beiden älteren Töchter kinderlos blieben. Seine Söhne führten ihr eigenes Leben, Oliver ging ganz in seiner Technik auf, Martin studierte, duellierte sich und durchtanzte die Nächte, Ernst studierte in München. So blieb nur die Kleine, sein «schwarzer Teufel», seine wunderbar unartige Tochter, und auch sie machte ihm trotz allen Vergnügens Kummer, war viel zu mager, zu bleich und litt ihrer schlechten Haltung wegen unter Rückenschmerzen, so daß auch sie zeitweilig nach Meran verschickt wurde und er ihr sogar verboten hatte, an der Hochzeit ihrer Schwester teilzunehmen. Sie sollte endlich lernen, ein wenig in den Tag hinein zu leben, sich nicht zu sehr um die Zukunft zu sorgen. Aber er wollte ihr auch neue, eifersüchtige Regungen gegen die glückliche Sophie ersparen, die Hübsche, die Lebensbegabte, die sich so rasch einen Mann erobert hatte. Immer wieder hatte sie darunter gelitten, daß die Schwester, Liebling der Mutter, bevorzugt schien in allem, hatte sie beneidet und bewundert, und dabei hatte Sophie doch wenig an ihr gelegen, sie hatte sie sogar aus dem Handarbeitskränzchen der Damen Freud hinausdrängen wollen, so daß Anna schließlich, um mit ihr konkurrieren, sie übertreffen zu können, sich zu einer fanatischen Strickerin entwickelte. Freud war sicher, daß Anna etwas vor den Eltern und vor sich selbst verbarg; sie sollte ihm nur, ohne sich zu genieren, alle Geheimnisse anvertrauen, sie sollte ja nicht ewig Kind bleiben und vor den Dingen weglaufen, vor denen sich ein erwachsenes Mädchen nicht schrecken durfte. Sie sollte sich zerstreuen, sich vergnügen, denn solange man einem Teil des Lebens und der eigenen Natur fremd bleibe, finde man sich auch «in dem gestört, worauf man sich werfen möchte»[10].

Sicherlich blieb Freud wie die meisten, wie selbst die fortschrittlichsten Männer jener Zeit, befangen in Konventionen – wie Arthur Schnitzler, der in seinen Werken die gesellschaftliche Doppelmoral bekämpfte und seine Geliebten mit peinigender Eifersucht verfolgte, oder wie Karl Kraus, der die scheinheiligen erotischen Atavismen vehement attackierte und dennoch der Sexualmythologie des 19. Jahrhunderts verhaftet blieb. Nicht anders als der vom ihm bewunderte Wedekind, der die Frau als sinnliches Wesen, als «wildes schönes Tier» verherrlichte und dämonisierte. Und dennoch war Freud, der in der Theorie so wenig von den Frauen verstand, viel nüchterner und offener als seine Zeitgenossen. Er war nicht nur stets bereit, seinen Patientinnen, den als hysterisch, degeneriert oder eben typisch weiblich Abgestempelten, zuzuhören, um ihnen wenigstens ein Stückchen innerer Freiheit zu schenken, sondern auch in vielen Fällen bemüht, ihnen zu äußerer Unabhängigkeit zu verhelfen. Der Mann, der einst John Stuart Mills Ideen über die Emanzipation der Frau deutlich abgelehnt hatte, sorgte dafür, daß sie den Platz auf der Couch gegen den auf dem Stuhl dahinter tauschen konnten: Emma Eckstein, Helene Deutsch, Joan Rivière, Ruth Mack Brunswick, Jeanne Lampl-de Groot, Eva Rosenfeld, Dorothy Burlingham – und Anna Freud. Sie waren im Grunde die ersten, die, im Gegensatz zu den meisten männlichen Analytikern der frühen Generation, durch ihre Kur auch eine Art Lehranalyse durchgemacht hatten.

1910 hatte er nachdrücklich gegen den Antrag Isidor Sadgers protestiert, keine weiblichen Mitglieder in die Vereinigung auf zunehmen: Das wäre doch eine «arge Inkonsequenz, wenn wir Frauen prinzipiell ausschlössen». Schon kurz darauf wurde die Ärztin Margarete Hilferding in die Vereinigung gewählt, heute allenfalls noch bekannt als Exehefrau des sozialdemokratischen Politikers Rudolf Hilferding, der mit Karl Kautsky das Heidelberger Programm der SPD mitentwickelt hatte, Finanzminister im Kabinett Stresemann und in der Großen Koalition unter Hermann Müller war. Sie verließ die Vereinigung ein Jahr später, um Alfred Adler zu folgen, der sie nach dem Ersten Weltkrieg für einige Jahre zur Präsidentin der Wiener Gesellschaft für Individualpsychologie machte.

Wie Margarete Hilferding beschäftigte sich ihre Kollegin Hermine Hug-Hellmuth, ebenfalls Mitglied der Vereinigung vor allem mit dem Problem der Mutter-Kind-Beziehung.[11] Freud schätzte diese promovierte Physikerin ganz besonders, die lange vor Melanie Klein die Bedeutung des Spiels für die Psychoanalyse von Kindern erkannte. Ausdrücklich lobte er in einem Brief an Karl Abraham, wie wohltuend die «strenge Erziehung einer verständigen nach Hug-Hellmuth aufgeklärten Mutter» für seinen kleinen Enkel Ernst, Sophies ersten Sohn, sei. Im selben Jahr noch stellte die zurückhaltende Frau, die ihre Dissertation über Radioaktivität geschrieben hatte, ihr skandalöses, anonym erscheinendes *Tagebuch eines halbwüchsigen Mädchens* zusammen, als dessen Herausgeberin – oder sogar Autorin – sie rasch identifiziert wurde. Man war entrüstet über die Enthüllung der sexuellen Phantasien jener angeblich so reinen jungen Wesen; das Buch wurde zum Bestseller. Freud nannte es 1919 ein «Juwel» an Klarheit und Wahrhaftigkeit, Helene Deutsch erklärte es zu einem «Klassiker der psychoanalytischen Literatur». Dennoch geriet Hermine Hug-Hellmuth beinahe in Vergessenheit. Sie hatte in ihrem Testament den Wunsch geäußert, über ihr Leben und Werk solle nichts in psychoanalytischen Publikationen erscheinen. So blieben vor allem die schrecklichen Umstände ihres Todes in Erinnerung: Hermine Hug-Hellmuth wurde 1924 von ihrem eigenen Neffen Rolf, den sie mit aufgezogen hatte, erwürgt; die Beute seiner Tat waren 2600 Kronen und eine goldene Uhr. Vor Gericht stellte er sich als Opfer ihrer Erziehungsmethoden dar und forderte sogar nach seiner Entlassung aus dem Gefängnis eine Entschädigung von der Wiener Psychoanalytischen Vereinigung, weil er für Versuche benutzt worden sei. Man interpretierte dies als Wunsch nach einer Analyse und schlug dafür eine Frau vor, Helene Deutsch. Doch er erschien zu keiner der Sitzungen, statt dessen verfolgte er sie durch die Straßen Wiens, so daß ihr Mann Felix Deutsch sogar einen Detektiv zu ihrem Schutz engagierte, bis Rolf auf Nimmerwiedersehen verschwand. Im Prozeß soll er über den Mord an seiner Tante Hermine Hug-Hellmuth gesagt haben: «Wenn man immer für alles eine Entschuldigung habe, so gewöhne man sich bald daran, an nichts etwas zu finden. Den Mord würde sie sicher als Ödipus-Komplex aufgefaßt haben.»[12]

Der Klugheit der Frauen und ihren analytischen Fähigkeiten hatte Freud schon 1907 mit seiner kleinen Studie *Der Wahn und die Träume in G. W. Jensens «Gradiva»* das schönste Denkmal gesetzt. Er nahm die nicht besonders bedeutende Novelle des heute vergessenen Autors aus dem Umkreis Wilhelm Raabes zum Anlaß, jene «Heilung durch Liebe» darzustellen, als die er seine Kur gern zu charakterisieren pflegte. Jensens «pompejanisches Phantasiestück» erzählt von einem jungen Archäologen, Norbert Hanold, der in einer römischen Antikensammlung das Halbrelief eines Mädchens entdeckt und gefesselt ist durch die Darstellung ihres ungewöhnlichen und besonders reizvollen Gangs. «Gradiva», die «Vorschreitende», nennt er jene Figur, die er sich, durch Träume angeregt, als eine Patriziertochter griechischer Herkunft vorstellt, die einst in Pompeji lebte und dort bei dem Vulkanausbruch im Jahr 79 n. Chr. verschüttet wurde. Dahin, zu den Ausgrabungsstätten, zieht es ihn unweigerlich, er muß die steinerne Geliebte wiederfinden. Und er findet die Gestalt seiner Wunschphantasien tatsächlich, nur ist das schöne Mädchen mit dem unverkennbaren Gang ganz lebendig, und sie kennen einander seit langem. Er hatte die Gespielin seiner Kindertage bloß vergessen, die nun, als junge Frau, «überlegen klug» seinen Wahn sogleich durchschaut und mit ihrer Therapie, ihrer Liebeskur beginnt. Denn nichts anderes als Liebe hatte Hanolds Krankheit ausgelöst, und Stück für Stück hebt sie dem Archäologen die verschüttete Erinnerung ans Licht, seine kindliche Neigung zu ihr, der Zoë Bertgang. Selbst der Name seiner griechischen «Gradiva» war also keine Phantasieproduktion, sondern ein Nachklang aus «prähistorischer» Zeit, «ein Triumph des Witzes, den Wahn und die Wahrheit in der nämlichen Ausdrucksform darstellen zu können» [13].

Dies kleine Stück psychoanalytischer Archäologie mußte Freud gefallen. Der Gipsabguß des von Jensen für römisch ausgegebenen Reliefs, das möglicherweise Teilstück einer Darstellung der Horen war und aus der Blütezeit der griechischen Kunst stammte, schmückte sein Ordinationszimmer, und in der zweiten Auflage der Studie wies er ausdrücklich darauf hin, daß es im vatikanischen Museum Chiaramonti als Nr. 644 zu besichtigen war; auf seiner letzten Romreise hatte er das entdeckt. In den Worten des klugen Mädchens der Novelle, «daß jemand erst sterben muß, um lebendig zu werden», fand der Archäologe der Seele eine wunderbare Analogie für die «Verdrängung, die etwas Seelisches zugleich unzugänglich macht und konserviert», gleich der Verschüttung, «wie sie Pompeji zum Schicksal geworden ist und aus der die Stadt durch die Arbeit des Spatens wieder erstehen konnte». [14] So folgt er genau und behutsam den kleinsten Regungen des Hanoldschen Wahns, seinen Träumen und Mehrdeutigkeiten, die ihm doch im Grunde alle bekannt waren. Aber dies war ein kleines Lehrstück über Psychotherapie und Übertragung, ein Portrait des Analytikers als Liebender. Denn seine Kur war doch mehr als schlichte Archäologentätigkeit; es genügte nicht, das Vergrabene wieder hervorzuheben. Aufklärung bedeutete nicht Heilung. Wie die Heldin, die dem Wahn die «hellste Klarheit» entgegenbringt, sich den Phantasien Hanolds anschmiegt und sich dann wieder über sie erhebt, müsse der Analytiker die Gefühle des Patienten erwecken. Der Prozeß der Genesung vollziehe sich in einem «Liebesrezidiv», in einem Wiederaufleben, einem Rückfall in die früheren – sexuellen – Affekte: «... und dieses Rezidiv ist unerläßlich, denn die Symptome, wegen deren die Behandlung unternommen wurde, sind nichts anderes als Niederschläge früherer Verdrängungs- und Wiederkehrkämpfe und können nur von einer neuen Hochflut der nämlichen Leidenschaften gelöst und weggeschwemmt werden.»[15] Und wenn dies gelingt, wählt die wiedererweckte Leidenschaft sich die Person des Arztes zum Objekt. Damit aber enden die Parallelen zwischen Dichtung und Wirklichkeit. Die Gradiva kann die Liebe erwidern, der Arzt kann es nicht; er ist ein Fremder gewesen und muß wieder, nach der Heilung, zum Fremden werden. Manchmal kann er seinem Patienten nicht einmal raten, wohin er seine wiedergefundene Liebesfähigkeit im Leben wenden soll. Der Therapeut muß sich der Surrogate behelfen, um sich dem Vorbild einer Liebesheilung mehr oder weniger erfolgreich zu nähern. Doch dies Lehrstück zeigte auch, wie sich die Frau aus der ihr traditionell zugedachten Rolle erhebt, wie eine an der Liebe Leidende sich der Macht der Liebe versichert. Und Freud war freimütig genug einzugestehen, welch «unvergleichbarer Zauber» von einer «edlen Frau, die sich zu ihrer Leidenschaft bekennt», trotz Neurose und Widerstand ausgehen konnte.[16]

Sabina Spielrein wurde am 11. Oktober 1911, an jenem Tag, als Margarete Hilferding mit den anderen Adler-Anhängern austrat, in die Wiener Psychoanalytische Vereinigung aufgenommen. Wiederum hatte es Protest gegeben, vor allem von Seiten Sadgers, und wiederum hatte Freud dagegengehalten: Schließlich war das Fräulein Dr. Spielrein, das ihm einst so unerwartet ins Haus gefallen war, vielen der Mitglieder bekannt. Sie hatte gerade ihre Dissertation *Über den psychologischen Inhalt eines Falls von Schizophrenie (Dementia praecox)* vorgelegt, die auf Betreiben Jungs und Bleulers im *Jahrbuch* veröffentlicht wurde. Vor den Wienern sprach sie, kurz nach ihrer Aufnahme, über *Die Destruktion als Ursache des Werdens,* ein altbekanntes Thema im Grunde; gerade erst zwei Wochen zuvor hatte der Literaturwissenschaftler und Analytiker Theodor Reik über das Verhältnis von Sexualität und Tod und die Verschmelzung von Eros und Thanatos gesprochen. Aber Spielreins einleitende Frage nach der Existenz eines «Todesinstinkts» stieß auf Unverständnis. Der russische Biologe und Immunologe Ilja Metschnikow, 1908 zusammen mit Paul Ehrlich Nobelpreisträger für Medizin und Physiologie, hatte diesen eingeführt und sich dabei von seinen Forschungen über die Syphilis und die Problematik des Alterns inspirieren lassen. Die Referentin stützte sich in ihren Ausführungen auch auf religiöse Überlieferungen und Mythologisches, auf die Siegfried-Sage und die Geschichte vom Fliegenden Holländer. Das mußte Freud, der damals begonnen hatte, an *Totem und Tabu* zu arbeiten, provozieren, das mußte er zu einem Angriff gegen den Mythomanen Jung nutzen. Dabei hatte Sabina Spielrein sich auf sein eigenes, wohlbekanntes Schema der Ambivalenz, des beständigen Neben- und Ineinanders von Liebe und Haß, berufen: Warum erzeugte der Sexualtrieb sowohl angenehme und positive Gefühle als auch negative Affekte wie Angst und Ekel? Selbst ihre biologischen Spekulationen, die zum Allgemeinwissen jener Zeit gehörten, dürften Freud nicht fremd gewesen sein – dennoch attackierte er gerade diese als «grobschematische Betrachtungsweise». Und so gestand sie in ihrem Schlußwort ein, sie habe den Fehler gemacht, Biologisches, Metaphysisches und Persönliches zu vermengen: «Man fühlt den Feind in sich selbst, es ist die eigene Liebesglut, die einen mit der eisernen Notwendigkeit zu dem zwingt, was man nicht will.» Das war einer ihrer Schlüsselsätze über die Auflösung des Ichs im Liebesakt, die zwangsläufige Selbstzerstörung. Jedenfalls war Freud der «Destruktionstrieb» des Frl. Dr. Spielrein «nicht sehr sympathisch»; er hielt ihn für persönlich bedingt, diese Frau schien, mehr als normal war, unter Ambivalenz zu leiden. Doch war sie «recht nett», mit einem «feinen Kopf» begabt, intellektuell sehr anspruchsvoll, aber er vermochte nur schwer, in ihr, die Jung gern als seine Spionin an Freuds Hof benutzt hätte, mehr zu sehen als eine Projektionsfigur seiner eigenen, so zwiespältigen Gefühle für seinen Zürcher Siegfried.[17]

Immerhin schätzte er ihre Plaudereien, ihre klugen Analysen ihrer Träume und Phantasien. Und er machte sich Sorgen um sie, die immer noch von *ihrem* Siegfried, dem imaginären Kind mit Jung, ihrem Götterabkömmling, ihrem arisch-semitischen Helden erzählte. Einmal sagte Freud zu ihr, sie könne das Kind ja haben, wenn sie es wolle – «aber es wäre viel zu schade um sie». Da war seine eigene Zuneigung zu Jung schon am Erlöschen. Und auch Sabina Spielrein begann sich immer mehr von ihrem einstigen Heroen zu distanzieren und hörte auf, von ihrem Siegfried-Kind zu träumen: «Prof. Freud ist nun derjenige, der meine Gluth erzeugt; wenn Dr. J. auch Direktor wäre, so läßt seine Liebe einen ganz kalt», schreibt sie Anfang Februar 1912; sie hatte geträumt, Jung habe Bleuler am Burghölzli abgelöst. Freud schickte ihr inzwischen Patienten, die sie allerdings kostenlos behandelte. Sie selbst hätte sich gerne von ihm analysieren lassen, doch im April verabschiedet sie sich plötzlich nach Berlin. Knapp drei Monate später war sie verheiratet mit dem jüdischen Arzt Paul Scheftel. «Fortsetzung folgt», schrieb sie dazu in ihr Tagebuch.[18]

Sie plante noch immer eine Kur bei Freud; der lehnte ab, sie sollte sich auf ihre Ehe, auf den Mann, über den sie ihm viel Freundliches geschrieben hatte, konzentrieren: «Erst der Rest, der ihm nicht gelingt, gehört der Analyse.» Im Herbst 1912 schloß sich Sabina Spielrein der Berliner Psychoanalytischen Vereinigung an. Sie publizierte ihre Arbeit über die «Destruktion», die als überspannte Abhandlung über die Unvermeidlichkeit des Sadomasochismus abgetan wurde. Aber sie blieb weiter in Briefkontakt mit Freud und mit Otto Rank, dem sie ihre Studien zur Veröffentlichung schickte; im folgenden Jahr sollten gleich fünf davon erscheinen. Und sie versuchte sogar zwischen Freud und Jung zu vermitteln, indem sie letzteren bat, seine theoretischen Differenzen mit den Wienern zu klären. Er antwortete ihr nicht. Dafür schrieb ihr Freud: Sein persönliches Verhältnis zu ihrem «germanischen Heros» sei nun definitiv in die Brüche gegangen: Jungs Benehmen war zu schlecht gewesen. Er sorgte sich wieder um sie, die ihre überstürzte Ehe mit einem kränkelnden Mann zu bereuen, sich immer noch in Sehnsucht nach Jung zu verzehren schien. Ihre Siegfried-Phantasien waren zurückgekehrt, seit sie ein Kind erwartete. Freud hoffte, daß gerade ihre Schwangerschaft ihr helfen könnte, endlich jene unglückliche Liebe zu überwinden; sie hatte nur den gebührenden Haß gegen Jung noch nicht aufgebracht. Dabei gemahnt er sie auch an ihre Herkunft: «Wir sind und bleiben Juden. Die anderen werden uns immer nur ausnützen und uns nie verstehen oder würdigen.» Sie solle also endlich ihre Phantasien von der Geburt eines arisch-semitischen Göttersöhnchens vergessen. Mit beißendem Spott erinnert er sie an den christlichen Heiland: «In seiner besten antisemitischen Zeit hat ihn der Herrgott aus bester jüdischer Rasse geboren werden lassen.» Nun, da er sich selbst endlich genesen fühlte von allen Resten seiner Vorliebe fürs Ariertum, wünscht er ihr, das Kind, sollte es ein Junge werde, möge sich zum «strammen Zionisten» entwickeln. Es wurde ein Mädchen, das sie Renata nannte, ihr «wiedergeborenes Töchterchen». Freud gratulierte: Es war doch viel besser, daß es eine «sie» geworden war – «da kann man sich den blonden Siegfried noch überlegen und bis zu seiner Zeit vielleicht ein Götzenbild zerschlagen haben».[19]

Er unterstützte sie, als sie kurz nach Ausbruch des Ersten Weltkriegs in die Schweiz zurückkehrte; als Russin hätte sie in Berlin kaum bleiben können. Sie ging zunächst nach Zürich, wo sie wieder Kontakt zu Bleuler aufnahm, dann nach Lausanne, wo sie die Psychoanalyse aufgab und in einer chirurgischen Klinik arbeitete, um etwas «wirklich Brauchbares» zu leisten. Zugleich träumte sie davon, Komponistin zu werden. 1919 fragte sie bei Freud nach, ob sie wieder in die Wiener Vereinigung aufgenommen werden könne, während sie zur nämlichen Zeit versuchte, Jungs Werke ins Russische zu übersetzen. Sie mußte Geld verdienen, das Vermögen ihrer Familie war in der Oktoberrevolution verlorengegangen. Aber sie stand schon seit 1916 wieder in Kontakt mit Jung, sie träumte wieder. Doch nun mußte sie, die Freud-Anhängerin, die es vermutlich gewagt hatte, seine Idee vom kollektiven Unbewußten zu kritisieren, all seinen Zorn, all seinen gegen Wien gerichteten Schimpf ertragen: Wie tief gingen doch, im Gegensatz zu den seinen, Freuds Lehren, «bis in die Drüsen», bis tief hinunter in den Mutterleib. «Von dort erklärt sich die Welt am besten (…). Als Hilfshypothese ist der Antisemitismus empfehlenswert und sonst noch einige kleinere Verleumdungen.» Sie selbst lebe wohl einen Teil der jüdischen Seele noch nicht, weil sie zu sehr «nach außen» schiele: «Das ist – ‹leider› – der Fluch des Juden. Sein eigenstes und tiefstes Seelenleben nennt er ‹infantile Wunscherfüllung›, er ist der Mörder seiner eigenen Propheten, sogar seines Messias.» Sie ließ sich nicht beirren, schließlich mußte er einen Großteil seiner Verdienste Freud zuschreiben, müßte ihn darum endlich in vollem Umfang anerkennen. Er schrieb zurück, Freuds Ansicht sei eine sündhafte Vergewaltigung des Heiligen, sie verbreite Finsternis, nicht Licht.[20]

Sabina Spielrein fand zurück zur Psychonanalyse, nahm sogar am Internationalen Kongreß in Den Haag 1920 teil und hielt einen Vortrag über die *Entstehung und Entwicklung der Lautsprache*. Damit hatte sie, anknüpfend an Freuds Thesen über den Autoerotismus des Kindes, aber auch an neuere Erkenntnisse aus Entwicklungspsychologie und Linguistik, ihr Forschungsgebiet für die nächsten Jahre gefunden, eine Pionierin der Kinderanalyse und der sprachwissenschaftlich orientierten Psychoanalyse. Sie arbeitet am Genfer Institut Jean-Jacques Rousseau, einem der bedeutendsten pädagogischen Zentren, hält Vorlesungen über Freud, bietet Lehranalysen an. Ihr bedeutendster «Schüler» wird der Philosoph und Psychologe Jean Piaget, Autor des Klassikers *Das Weltbild des Kindes*, mit über zwanzig Ehrendoktoraten bedacht für seine erkenntnistheoretischen und entwicklungsgeschichtlichen Beiträge. Derweil geriet seine einstige Lehrerin in Vergessenheit, blieb von ihr kaum mehr als eine Fußnote in den Werken Jungs und Freuds oder Piagets, bis man 1977 in Genf einen Koffer mit ihren Briefen und Tagebüchern entdeckte.

Obwohl sie in Genf ihre intellektuell produktivste Zeit erlebte, mehr als zehn Abhandlungen in kaum zwei Jahren veröffentlichte, gelang es ihr nicht, sich durchsetzen; man hielt trotz ihres fundierten Wissens nicht viel von Freuds «Missionarin». Als ihre kleine psychoanalytische Gruppe zusammenbrach, bat sie ihn um Intervention. Freud lehnte ab: Nichts wäre damit erreicht als eine «patriotistisch-nationale Entrüstung gegen den Alten in Wien, der sich herausnimmt, den psychoanalytischen Papst zu spielen». Er schlug ihr vor, nach Berlin zurückzukehren und an der neugegründeten Poliklinik zu arbeiten. Sie ging nach Moskau, wo man 1923, im Zuge von Lenins Neuer ökonomischer Politik, aufgeschlossen war für Experimente, auch für die Psychoanalyse. Wieder war Sabina Spielrein an der Spitze der Bewegung. Aber die russische Blüte der Psychoanalyse währte nur kurz, schon 1926 wurde unter Stalin die Moskauer Vereinigung verboten. Sabina Spielrein war bereits 1924 in ihre Geburtsstadt Rostow zurückgekehrt, im selben Jahr wurde ihre zweite Tochter Eva geboren. Sie praktizierte heimlich weiter als Analytikerin. Ihre drei Brüder kamen in den Säuberungswellen der dreißiger Jahre um. Sabina Spielrein und ihre beiden Töchter wurden zusammen mit den meisten Rostower Juden von den Nazis ermordet.[21]

Ihr später Ruhm beruhte auf den üblichen Mißverständnissen, wieder einmal war eine feministische Märtyrerin geboren, Jungs und Freuds erotisches und taktisches «Damenopfer», das sich bereitwillig dazu hergegeben, vielleicht sogar das Spiel vorangetrieben hatte. Selbst in seriöseren psychoanalytischen Forschungen wurde ihre Rolle lange Zeit fehlgedeutet, galt sie als die Frau, die Freud zu seiner Theorie über den Todestrieb inspiriert hatte. In einer Anmerkung zu *Jenseits des Lustprinzips* hatte er ihre «inhalts- und gedankenreiche», für ihn allerdings nicht völlig verständliche Arbeit über die «Destruktion», die sadistische Komponente des Sexualtriebs, erwähnt: Sie habe damit «ein ganzes Stück» seiner Spekulationen vorweggenommen.[22] Aber Sabina Spielrein hatte weder eine Theorie über primäre Grausamkeit oder ähnliches aufgestellt, noch hatte sie seine Ideen von Todestrieb und Nirwana-Prinzip antizipiert. Sie hatte lediglich darauf hingewiesen, daß sich, zumal in der Neurose, an die Sexualität manchmal Todesvorstellungen knüpfen wie jene Phantasie, in den Armen des Geliebten zu sterben.

Im Grunde war sie ihm, trotz all seiner Bemühungen, sie zu unterstützen, immer fremd geblieben, diese schüchterne Russin, die so sehr an sich selber litt. Ganz anders konnte Freud ihre Landsmännin empfangen, die 1912 nach Wien kam, um die Psychoanalyse zu studieren. Welche Ehre war es, sie nicht mehr nur als Gast wie auf dem Weimarer Kongreß, sondern in den Reihen seiner Mitarbeiter begrüßen zu können, die Frau, die mit allen Berühmtheiten der Zeit bekannt und befreundet war, der selbst der Ruhm vorauseilte als Autorin wissenschaftlicher Monographien und «moderner Frauenromane», als *femme fatale* oder, für die bösartigeren Gemüter, größte Kulturkokotte, eine Schönheit von 51 Jahren, mit dichtem lockigen Haar, in ihre üppigen Pelze gehüllt. Sie wurde seine Muse, seine Botschafterin, seine Freundin, eine Art Mitglied der Familie, Frau Lou, sein «Glückstier». Dieser «Neuzugang» in seinen Reihen konnte angesichts der Enttäuschungen, die er mit seinen «Söhnen» erlebte, nur ein gutes Omen bedeuten, eine Gewähr für den Wahrheitsgehalt seiner Lehre. Selbst der kritische Abraham mußte eingestehen, daß er einem solchen Verständnis für die Psychoanalyse noch nicht begegnet war. So hatte das «Frauenzimmer von gefährlicher Intelligenz» bald einen Sonderstatus in Wien: Zu jener Zeit, da die Fehde zwischen Freud und Adler langjährige Freundschaften zerstörte, da Ehepaare, wie sich die Frau von Hanns Sachs erinnerte, bei Gesellschaften nicht mehr nebeneinandersitzen wollten, war es ihr erlaubt, an den Veranstaltungen des Konkurrenzvereins teilzunehmen. Dennoch war Freud froh, daß sie sich schon bald völlig abwandte von Adler, diesem Mann von «spefizischer Giftigkeit», diesem schlichtweg «ekelhaften Menschen» mit seinen frauenfeindlichen Ideen. Über Jung, dessen aus romantischer Philosophie geborene Mystik ihr durchaus hätte gefallen können, urteilte sie noch schärfer; nichts als «reine Aggressivität, Ehrgeiz und Brutalität» vermochte sie in seinem Wesen zu erkennen.

Für Freud wurde sie zur Richterin in den Kämpfen der psycho-analytischen Bewegung, zur «Versteherin par excellence», mit keiner Frau außerhalb der Familie führte er eine so umfangreiche Korrespondenz.[23]

Wiewohl sie ihn zeitlebens als Lehrer bewunderte, war sie keineswegs eine kritiklose Schülerin. Sie schätzte in ihm den Rationalisten, den ruhig weiterschreitenden, rastlos arbeitenden Forschermenschen, der stets bereit war, seine Lehre zu erweitern oder zu revidieren und der alle seine Erkenntnisse «gegen den Strich» gewonnen hatte. Und der Mann, der seinem Hang zur Spekulation manchmal nur schwer widerstand, war bereit, ihre Neigung zum Metaphysischen, zum Visionären, ihre Gedankensprünge nicht nur gelassen hinzunehmen, sondern ihr gelegentlich darin zu folgen. «Meine für das Dunkel adaptierten Augen vertragen wahrscheinlich kein starkes Licht und keinen weiten Gesichtskreis». So schreibt er ihr 1916: «Doch bin ich nicht Maulwurf genug geworden, um mich an der Ahnung des Helleren und Umfassenderen zu erfreuen, oder gar, um dessen Existenz zu verleugnen.»[24] Er bewunderte ihre «Kunst der Synthese», sogar ihre mystische Feier des Lebens. Nur als er Nietzsches *Hymnus an das Leben,* das in Wahrheit von ihr verfaßte und von dem Freund etwas veränderte und vertonte Gedicht las, mußte er protestieren. Laut zitierte er ihr den letzten der Verse:

> Jahrtausende zu denken und zu leben
> Wirf deinen Inhalt voll hinein!
> Hast du kein Glück mehr übrig, mir zu geben,
> Wohlan – noch hast du deine Pein ...

Nein, da tue er nicht mit: Ihm würde «geradezu schon ein gehöriger – irreparabler Stockschnupfen vollauf genügen, mich von solchen Wünschen zu kurieren»![25]

Freud konnte zu Frauen, anders als zu Männern, eine dauerhafte, ambivalenzfreie Beziehung, eine lebenslange Freundschaft entwickeln. Lou Andreas-Salomé war nicht die einzige, fand aber den vielleicht besten, ironisch-klugen Kommentar für ihr Verhältnis: «Denn Männer raufen. Frauen danken.» Für sie war Freud, das schreibt sie ihm noch kurz vor ihrem Tod, das «Vatergesicht» über ihrem Leben. Er nannte sie manchmal, wie seine Tochter Sophie, sein «Sonntagskind» und schätzte an ihr und ihrer Arbeit das «exquisit Frauliche»; er mochte sie «merkwürdigerweise ohne Spur sexueller Anziehung». Und auch für sie sollte er nicht bloß eine weitere Perle in der exquisiten Kette ihrer Verehrer werden, deren Namen sich lesen wie ein Who's who der Kulturgeschichte jener Zeit. Sie war bekannt oder befreundet, platonisch oder auch nicht, mit Gerhart Hauptmann ebenso wie mit Frank Wedekind, mit dem Regisseur Max Reinhardt und dem Naturwissenschaftler Wilhelm Bölsche, mit Hugo von Hofmannsthal und Arthur Schnitzler – und vor allem mit Friedrich Nietzsche und Rainer Maria Rilke.

Die 1861 in Sankt Petersburg geborene Tochter des russischen Generals Gustav von Salomé war als sechstes Kind nach fünf Brüdern in jener Welt der Sicherheit aufgewachsen, die sich dem Reichtum und dem Rang ihrer Familie, aber auch deren durchaus unkonventionellen Lebensgewohntheiten verdankten. Ihr Kinderparadies nährte sich ebenso von dem Gefühl, etwas Besonderes zu sein, wie von ihren Phantasien und Tagträumen. Um sie aus einer Beziehung mit einem verheirateten Pastor zu lösen, der sie angeblich nur mit Spinoza, Kierkegaard, Fichte und Schopenhauer bekanntgemacht hatte, brachte ihre Mutter die knapp Zwanzigjährige nach Zürich. Dort studiert sie Logik, Metaphysik und Geschichte und schreibt Gedichte. Im April 1882 begegnet sie in Rom Nietzsche, der ihr durch den Philosophen Paul Rée vorgestellt wird. Dessen Heiratsantrag hatte sie zuvor abgelehnt und ihm statt dessen eine Art geschwisterliche intellektuelle Gemeinschaft vorgeschlagen; der 37jährige Nietzsche, der gerade *Die fröhliche Wissenschaft* beendet hat und, physisch und psychisch schwer krank, am *Zarathustra* schreibt, soll nun der Dritte im Bunde sein. Gemeinsam reisen sie, nachdem auch dieser ihr einen Heiratsantrag gemacht hat, nach Luzern, wo das berühmte Bild entsteht: Lou Andreas-Salomé, die Peitsche in der Hand, auf einem Wägelchen kniend, das die beiden Männer, Rée und Nietzsche, ziehen. Elisabeth Förster-Nietzsche schimpfte die Frau, die ihr Bruder ob der einzigartigen «philosophischen Offenheit», die zwischen ihnen bestand, verehrte, als liederliche, lüsterne, finnisch-jüdische Abenteurerin, so daß der verärgerte Freud die Freundin mahnte, sich dieser Lügen in ihren Memoiren endlich «auf die würdigste Weise» zu erwehren.

1886 verlobte sie sich ganz überraschend mit dem mehr als fünfzehn Jahre älteren Orientalisten Friedrich Carl Andreas; die daraus entstehende und über vierzig Jahre während Ehe wurde allerdings, so heißt es, nie vollzogen. Vielleicht war also in der Tat der dreizehn Jahre jüngere Rainer Maria Rilke der erste ihrer Liebhaber; es kamen noch andere in Frage, sogar von einer Abtreibung war die Rede. Jedenfalls war sie um die Vierzig, als sie schrieb: «Denn erst jetzt bin ich jung, erst jetzt darf ich sein, was Andere mit 18 Jahren werden: ganz ich selbst.» Die Liaison mit Rilke, die 1897 begonnen hatte, dauerte vier Jahre, ihre Freundschaft bis zu seinem Tod; noch auf dem Sterbebett soll er nach ihr verlangt haben. Vielleicht hatte er, der zeitweilig an schweren Depressionen litt, sie sogar zur Psychoanalyse gebracht. Freud mußte jedenfalls, als er sie 1911 in Weimar kennenlernte, ein wenig lachen. Sie schien ein neues Spielzeug gefunden zu haben, und ihn betrachtete sie wie den Nikolaus.[26] Aber ihr Interesse war ernst, dabei lehrte er, wie er spottete, doch nichts anderes, als anderer Leute schmutzige Wäsche zu waschen. Sie praktizierte zu Hause, in ihrem «Loufried» in Göttingen, manchmal auch in Berlin und anderen Städten. Freud wie seine Kollegen überwiesen ihr Patienten. Er schickte ihr sogar die eigene Tochter, Anna, voll des Vertrauens in diese Frau, die noch das Greulichste, wovon man redete, anstaunte wie Weihnachten.

Bald nachdem sie nach Wien gekommen war, hatte sie eine Affäre mit Victor Tausk begonnen, dem «Raubtier». Sie hielt ihn für den brillantesten unter Freuds Schülern und verteidigte den Mann, den er einst freundschaftlich und finanziell gefördert hatte und von dem er nun glaubte, er beute seine Ideen aus. Aber die Liebe zu dem verkannten, zerquälten Genie währte nur kurz. Schon im Sommer 1913 glaubte sie als gute Freudianerin, daß Tausk sich nur deshalb mit den gleichen Problemen und Themen wie der Meister befasse, weil er sich gewaltsam zum «Sohne» machen und gleichzeitig den «Vater» dafür hassen wolle. Er werde nicht fertig mit seinen inneren Kämpfen, widersprüchlichen Neigungen und bis zur Selbstauflösung gehenden tragischen Leidenschaften; das war ihre Diagnose, das rührte sie an ihm: Sein Kampf war der «Kampf der menschlichen Natur. Brudertier, Du». Im Juli 1919 beging Victor Tausk auf eine fast groteske Weise Selbstmord: Er band sich eine Vorhangschnur um den Hals und schoß sich mit seiner Armeepistole in die rechte Schläfe. Auf seine letzten Briefe hatte Lou Andreas-Salomé nicht mehr geantwortet.[27]

In ihren Romanen verfolgte sie die Idee, daß sexuelles Verlangen eine Gefahr für die Frau bedeute, sie in ihrer Individualität einenge und in den Masochismus treibe. Dabei interessierte sich die Freundin der Frauenrechtlerin und Sexualreformerin Helene Stöcker wenig für Fragen wie Gleichberechtigung, Empfängnisverhütung oder ein verbessertes Scheidungsrecht. Für sie war die Frau, die mit sich selbst eins war, als Ganzheit von Geist, Körper und Gefühl dem differenzierteren, von Unzufriedenheit getriebenen Mann einfach überlegen. So war etwa der Geschlechtsakt zwar eine Art Selbstaufgabe, konnte aber auch zu einer mystischen Verschmelzung mit dem All führen. Solche Gedanken waren für Freud kaum nachvollziehbar, doch interessierte ihn an dieser Frau und ihrem Denken ihre narzißtische Lebensbejahung. Lou Andreas-Salomé wurde für ihn zur Anregerin und zum Studienobjekt.

Das Problem des Narzißmus hatte ihn schon seit längerem, seit dem *Leonardo*, seit dem *Fall Schreber* beschäftigt, er wollte damit sowohl die Homosexualität als auch die Paranoia erklären und beschrieb dieses Phänomen als eine Phase frühkindlicher Sexualität. Nun aber ging es ihm um «libidinöse Besetzungen», und eine solche konnte auch dem eigenen Ich gelten, als eine Art «Ergänzung des Selbsterhaltungstriebs».

Nicht nur seine Schüler waren 1914 über seine *Einführung des Narzißmus*, über diese erste, die spätere große Revision vorwegnehmende Modifikation der alten Trieblehre beunruhigt. Sollten nun seine Gegner recht behalten, daß er alles, sogar die Ichtriebe, auf das Sexuelle zurückführte? Auch er war sich immer noch unsicher, da die Trieblehre ihm letztendlich nicht ohne biologische Erklärungen auszukommen schien; vielleicht würde man, wie er schon immer vermutet hatte, dereinst herausfinden, daß chemische Prozesse oder besondere Stoffe die Sexualität steuerten. Und so fühlt er sich genötigt, seine Wissenschaft wieder einmal zu rechtfertigen, sie mit der Physik zu vergleichen, «deren Grundanschauungen über Materie, Kraftzentren, Anziehung und dergleichen kaum weniger bedenklich sind als die entsprechenden der Psychoanalyse»[28]. Er quantelt herum. Seine Einführung einer Ichlibido und einer Objektlibido sei nur eine Weiterentwicklung der bisherigen Lehre von Sexual- und Ichtrieben, wozu ihn seine intime Kenntnis neurotischer oder psychotischer Vorgänge nötige. Aber auch an den organisch Kranken oder jenen, die sich nur so fühlten, den Hypochondern, hatte er erfahren, daß Leidende ihr Interesse von der Außenwelt abziehen, daß sie aufhören zu lieben, wenn sie leiden. Wie sein teurer Wilhelm Busch vom zahnschmerzkranken Dichter sagte: «Einzig in der engen Höhle des Backenzahnes weilt die Seele.»[29] Doch gerade die Liebenden wiesen ihm den Weg, die sich, wie die Männer vor allem, nach dem «Anlehnungstypus» jenen zuwenden, die an ihr erstes Objekt der Begierde, die nährende Mutter, erinnern, oder die, wie die meisten Frauen, nach dem narzißtischen Typus lieben, was sie einmal waren, was sie sind, was sie sein möchten. Selbst die so zärtlichen Eltern ließen nur ihren eigenen, längst aufgegebenen Narzißmus wiederaufleben und reproduzierten ihren – enttäuschten – kindlichen Größenwahn: Das Kind sollte es besserhaben als sie, es sollte den Notwendigkeiten des Lebens nicht unterworfen und endlich wieder Mittelpunkt der Schöpfung sein: «His Majesty the Baby».[30]

Wann und warum und unter welchen Umständen der kleine Prinz, der Kindkaiser seine Macht abgeben müsse? Sicherlich spielte dabei der «Kastrationskomplex», die Penisangst beim Knaben und der Penisneid beim Mädchen, eine entscheidende Rolle. Das stellt er einstweilen beiseite, um den Begriff des «Ich-ideals» einzuführen, jenes Ersatzes, den sich das Kind unter dem Einfluß von Eltern, Lehrern und aller anderen Personen seines Milieus für die verlorene narzißtische Vollkommenheit projiziert, vergleichbar dem Zensor des Traums, den Stimmen, die der Paranoiker hört, oder der Stimme des Gewissens, die jedem «Normalen» vertraut ist. Dies Ichideal dürfe jedoch nicht mit der Sublimierung verwechselt werden, die der Ablenkung des Triebs von der sexuellen Befriedigung gelte; gerade diejenigen, deren Gewissen, der Wächter ihres Ideals, besonders streng sei, mochten daran scheitern und sich statt dessen in Verdrängung oder krankhaften Beobachtungswahn flüchten. Dem Gedanken, daß auch der «Normale» sich seinem narzißtischen Ideal in Form der Selbstbeobachtung, der Introspektion hingebe, widmet Freud nur wenige Absätze. Ihn interessiert vielmehr das Verhältnis von Ichlibido und Objektlibido, das Liebesleben und seine Auswirkungen auf das Selbstgefühl, letzter kümmerlicher Rest des primitiven Allmachtgefühls. Dieses heischt nach beständiger Bestätigung, doch gerade die vielbeschworene Allmacht der Liebe drohe es zu schädigen: «Wer verliebt ist, wird demütig.» Das wußte er nur zu gut. Das Sehnen, Entbehren, «das Lieben an sich», setzt das Selbstgefühl herab, erst das Geliebtwerden, das Besitzen des geliebten Objekts, hebt das fragile Ich wieder an. So stellt im Grunde die Rückkehr der Libido zum Ich, ihre Verwandlung in den Narzißmus, gleichsam wieder eine glückliche Liebe dar. Andererseits entspricht auch eine reale glückliche Liebe manchmal jenem Urzustand, da sich die beiden Formen der Libido noch nicht voneinander geschieden hatten, dem Glück des Säuglings.[31]

Freud setzte in dieser Studie Lou Andreas-Salomé eine Art

Denkmal, der glücklichen Egoistin, diesem «wahrscheinlich reinsten und echtesten Typus des Weibes», und mit ihr all den schönen Frauen, die sich für ihre «sozial verkümmerte Freiheit der Objektwahl» entschädigten durch ihre Selbstgenügsamkeit: «Solche Frauen lieben, strenggenommen, nur sich selbst mit ähnlicher Intensität, wie der Mann sie liebt. Ihr Bedürfnis geht auch nicht dahin zu lieben, sondern geliebt zu werden, und sie lassen sich den Mann gefallen, welcher diese Bedingung erfüllt. Die Bedeutung dieses Frauentypus für das Liebesleben der Menschen ist sehr hoch einzuschätzen. Solche Frauen üben den größten Reiz auf die Männer aus, nicht nur aus ästhetischen Gründen, weil sie gewöhnlich die schönsten sind, sondern auch infolge interessanter psychologischer Konstellationen.» Denn sie hatten, selbstgenügsam und unzugänglich, den Reiz der Kinder und gewisser Tiere, die sich um niemanden zu kümmern schienen, wie die Katzen oder die großen Raubtiere.[32]

Für den Arzt, der es mit Neurotikern zu tun hatte, die in der Regel unter einer Verarmung des Ich litten, wurde dies zum Scheideweg. Er durfte sich ihrer Übertragungsliebe nicht hingeben, denn er hatte sie ja geradezu hervorgelockt. Er durfte sich nicht aufführen wie in jener «Szene des Hundewettrennens, (…) bei dem ein Kranz von Würsten als Preis ausgesetzt ist, und das ein Spaßvogel verdirbt, indem er eine einzelne Wurst in die Rennbahn wirft» – worüber die Hunde herfallen und den in der Ferne winkenden Siegeskranz vergessen.[33] Aber er mußte diese Liebe auch ernst nehmen, die rücksichtsloser und unbekümmerter gegen die Realität sein konnte und doch der echten Liebe allzu sehr glich. Denn stets stand zu befürchten, daß seine Kranken, vor allem seine so anziehenden und schönen Mystikerinnen, sich der Kur entzogen, um sich ein anderes erotisches Objekt, zumeist nach dem narzißtischen Typus, zu wählen und jene «Heilung durch Liebe» zu suchen, die der schwierigen analytischen vorzuziehen war.

Die Frau, die er 1912 zu behandeln begonnen hatte, «eine hochintelligente, tief neurotische Jüdin», war reizend, ein Juwel, ein «Schatz von einer Frau». Er freute sich, für diese Loe

Kann «viel Libido aufwenden zu können», er gewann sie «au-ßerordentlich lieb» und brachte für sie «ein sehr warmes Ge-fühl mit voller Sexualhemmung wie selten vorher (dank dem Alter wahrscheinlich)» auf.[34] Und setzte dabei fast seine Be-ziehung zu Ernest Jones aufs Spiel, denn in jenem erotisch-analytischen Reigen, der schon bald zwischen Wien, Budapest, Toronto und später London eröffnet wurde, war der Meister keineswegs immer der maître de plaisir. Jones hatte ihn um die Behandlung seiner Geliebten, die er seine «Frau» nannte, gebe-ten, weil er noch bei keinem anderen Patienten einen «lebendi-geren Eindruck von den im Unbewußten aufgestauten gewalti-gen Kräften» erhalten hatte als bei seiner Loe, diesem «Vulkan an Emotionen», die in einem Augenblick so niedergeschlagen und ohne Hoffnung sein konnte, daß man sich wie gelähmt fühlte, und im nächsten Moment wieder so lächelte, daß man nur zu gern alles vergaß. Freud würde sie sicher lehren, ihre «Flammen besser zu nützen»[35]. Und sie selbst willigte, so sehr sie nach den Schwierigkeiten ihres «Mannes» in London und Kanada anfänglich die Analyse verachtet hatte, nicht nur in die Behandlung ein, sondern setzte ihrerseits große Hoffnungen auf Freud, der eine Besserung ihres Zustands in Aussicht stellte. Die aus Holland stammende, reiche und großzügige Frau war eine chronisch Kranke, die mehrere Nierenoperationen hinter sich hatte und seit Jahren morphiumsüchtig war. Sogar Freud war zeitweilig unsicher, ob ihre Schmerzen, ihre Nierenbecken-entzündungen und Venenthrombosen nicht doch rein organi-scher Natur waren. Aber immerhin fing sie an, ihre tägliche Morphiumdosis zu senken, dafür hatte er sie schließlich auch einen Sommer lang, vor Beginn ihrer Kur, umschmeichelt.

Im September begann ihre Behandlung. Jones wurde derweil auf eine dreimonatige Italienreise geschickt, um die Therapie nicht zu stören. Nun gingen Briefe hin und her, von Loe an Jones, weil sie wissen wollte, was der Professor über ihre Fort-schritte zu berichten hatte, von Freud an Jones, worin er von diesem «wertvollen, besonders kostbaren Wesen» schwärmte. Loe wiederum war so freundlich, ihrem Analytiker die Briefe ihres «Mannes» zu zeigen. Als vierter im Bunde wurde Ferenczi informiert über die Kur und Jones' Benehmen, ausgerechnet der arme Ferenczi, der selbst in die unmöglichsten Liebeshändel verstrickt war, nachdem er die Tochter seiner acht Jahre älteren Gefährtin, Gizella Pálos, analysiert hatte und sie nunmehr heiraten wollte. Diese Elma hatte er sogar zu Freud geschickt, der konnte nicht allzuviel Libido für das junge Mädchen aufbringen und brach nach drei Monaten, im Frühjahr 1912, die Behandlung ab; von Ferenczis Eheplänen hielt er gar nichts. Immerhin hatte Freud über seine liebe Loe Gutes zu berichten. Nach einer Krise im November, in der sie ihren Arzt beschimpfte, schienen ihre Schmerzen ein wenig nachzulassen, man konnte also den «Hauptpunkt» in Angriff nehmen, ihre «Anaesthesia sexualis», ihre Frigidität. Inzwischen waren die Bande zwischen Analytiker und Patientin so eng geworden, daß er sie an Heiligabend zu einem kurzen Besuch en famille einlud. Jones überlegte derweil, ob er es wagen könne, ihre Fortschritte in erotischer Hinsicht einer Probe zu unterziehen.

Statt dessen würdigte er jedoch im Januar in Wien ihr Dienstmädchen Lina einer näheren Untersuchung *in sexualibus*. Freud sprach von einer Verstimmung, bei der sich die Frau, Loe, reizend benommen habe, und jubilierte, denn inzwischen litt auch diese Lina an Schmerzanfällen: Eine schönere Übertragung hatte er noch nie gesehen, das Mädchen nahm «die Nierensteine auf sich, die die Herrin verlassen haben». Diese aber war mehr als verstimmt, sie war schockiert, als sie von der Affäre erfuhr, und wollte nicht nur mit Jones, sondern auch mit Freud und der ganzen Psychoanalyse brechen. Doch ließ sie sich zu einer Fortsetzung der Therapie bewegen, schließlich unterzog sie sich dieser ja nicht wegen ihres treulosen Geliebten, sondern allein um ihrer selbst willen. Damit schien der Vorfall ganz zu Freuds und Loes Gunsten gewendet; am Ende würde man Jones noch für das «gefährliche Experiment» danken müssen, bekam dieser zu lesen. Er verschwieg, daß Loe in einem Abschiedsbrief der Analyse adieu gesagt hatte, das hatte er ohnehin nicht ganz ernst genommen, denn ihm hatte sie nicht gekündigt, ihn vielmehr als den Vater begrüßt, den sie nie wirklich gehabt habe. Wie sehr beneidete sie seine Tochter Sophie, deren Hochzeit bevorstand, während sie nur als Jones' Frau galt, nie mit ihm verheiratet war. Diese Sophie mußte doch schon glücklich sein, weil sie Freuds Tochter war; jetzt wollte Loe Kann beten um eine «weiche Stelle» in seinem Vaterherzen.[36] Das war Balsam für dies wunde, am «Sophie-Komplex» krankende Organ und für den Analytiker ein Segen, eine vollkommen geglückte positive Übertragung. Er merkte nicht, daß auch diese Patientin ihre «Heilung durch Liebe» nicht auf seiner Couch suchte. Ganz nebenbei hatte sie nämlich einen gewissen «Jones II» erwähnt und daß sie hoffe, in einem Sexualverkehr, bei dem die Liebe nicht fehle, endlich auch «Genusz» zu finden. Jones II war ein junger amerikanischer Schriftsteller und Dichter, Herbert Jones; sie nannte ihn meist Davy.[37]

Jones I, Ernest Jones, war inzwischen in London und sollte nichts von dem Rivalen erfahren, jedenfalls nicht von Freud, der den jungen Mann in Loe Kanns Leben wohl nicht ganz ernst nahm, aber doch als eine Art Helfershelfer ansah. Untreue war immer noch das beste Mittel gegen Nervosität und Hysterie. Er setzte die Analyse unbekümmert fort und bat «seinen» Jones sogar, den Kontakt zu Loe nicht abbrechen zu lassen, sondern auszuharren, bis er, Freud, von der Bühne abtreten konnte. Sein Schüler und Paladin, der Mann, der sich in Selbstanklagen erging, daß ihn wieder einmal der «Teufel der Begierde» gepackt habe und vielleicht auch die Rachsucht gegen seine liebe, frigide «Frau», erfuhr nur, daß derzeit in Wien mehr geschah, als man ihm mitteilen konnte; das sei im Augenblick unvermeidlich. Aber Loe Kann meinte es ernster mit ihrem Davy, sie fühlte sich sogar vollends glücklich, wenn nur nicht in sexuellen Dingen ihr Glück «noch stets seinen alten Umweg» nehmen müßte, «nur via das Seine wäre es zu erreichen – wenn der Weg 'mal derselbe wäre».[38] Freud jammerte, wie schwer war es doch, zwischen zwei Freunden zu stehen. Und man mußte doch Jones jetzt einweihen, ihn auf seinen Namensdoppelgänger und Nachfolger vorbereiten. Wie würde er es vertragen, «wenn seine

Frau infolge der Analyse nicht mehr seine Frau bleiben will»? Ob Freud sich eingestand, daß dies weniger auf seine ärztlichen Künste als auf Loes Eigensinn zurückzuführen war? «Sollte es darauf hinausgehen, daß die Frauen klüger sind als wir und uns mit Recht unter ihren! Willen zwingen?» Ursprünglich hatte er, in diesen Zeilen an Ferenczi, «unseren Willen» statt «ihren» geschrieben.[39]

Jedenfalls durfte man nun Jones I, diesen so wichtigen Mitarbeiter und Propagandisten, den Gründer des Geheimen Komitees, nicht zu sehr vernachlässigen. Er wurde zur Analyse nach Budapest geschickt, obwohl Ferenczi ein wenig murrte. Warum war er nicht analysiert worden, natürlich von Freud höchstpersönlich, warum hatte dieser Elma abgelehnt, so sehr, daß er sie nicht hatte heiraten können? Aber sein Fall sei doch ein ganz anderer, immerhin hatte Jones dies Juwel von einer Frau durch sieben Jahre gehabt und sie auch nicht durch Freuds Schuld verloren, vermutlich nicht einmal durch seine eigene: «Es ging seit langem nicht mehr zusammen.» Ende Mai traf Jones in Wien ein, und da er bei Loe wohnte, «seiner – ehemaligen – Frau», erfuhr er zwangsläufig von seinem glücklicheren Nebenbuhler. Kurz darauf begann er, «sehr ehrlichkeitsbeflissen», seine Analyse. Freud wiederum erleichterte sein schlechtes Gewissen mit Ratschlägen an den Therapeuten. Streng und zärtlich soll Ferenczi mit ihm sein: «Er ist ein sehr guter Mensch. Füttern Sie die Puppe, so daß eine Königin aus ihr werden kann.»[40]

Seine Patientin war wieder einmal krank und emotional aufgewühlt. Ihr Davy war Ende Mai 1913 nach Amerika zurückgekehrt. Sie ging im August mit Ernest Jones, dem sie angeboten hatte, für drei weitere Jahre seine Ausgaben zu übernehmen, nach London zurück und lebte wieder mit ihm. Sie spielte mit Selbstmordgedanken; war sie nicht ohnehin zu alt, zu krank für ihren Davy, dessen junges Leben sie verderbe? Freud hatte ihr erklärt, daß sie nicht bereit sei, ihren Gefühlen für Ernest Jones wirklich auf den Grund zu gehen und ihre Analyse fortzusetzen. Aber was wäre so schlimm, wenn sie ihren Haß auf ihn loswerden könnte und «wirklich» zu ihm zurückkehrte? Und wenn nicht? Wenigstens hätte sie dann Klarheit. Nein, viel lieber möchte sie sieben Jahre mit Davy gelebt haben und sich dann, im schlimmsten Falle, töten, mit dem Gefühl, wenigstens diese sieben Jahre, mager oder reich, mit ihm gehabt zu haben: «Ich brauchte einen solchen Anreiz, jetzt aber habe ich den Geschmack am Leben verloren.»[41] Ende November, nachdem sie Jones I das Haus eingerichtet hat, reist sie endlich nach Wien, in erbärmlichem Zustand, erschüttert von dem Abschied von dem ehemaligen Lebensgefährten; ihre Morphiumsucht hatte sich wieder verschlimmert. Freud war entschlossen, sie «energischer in Arbeit» zu nehmen. An Jones erging die Mahnung: «Cet.(erum) censeo. Seien Sie vorsichtig mit Frauen und verderben Sie diesmal Ihre Lage nicht.»[42] Er solle bloß nicht die Heirat, vielleicht mit jener Lina oder irgendeiner anderen, zu seinem nächsten Schritt machen. In Wahrheit war Freud es, der Heiratspläne schmiedete. Im Januar war Davy nach Wien zurückgekehrt, seither war seine Patientin viel braver: Die Anwesenheit ihres neuen Jones, den sie im Mai heiraten sollte, schien ihr gutzutun.

Am 24. Mai 1914 telegraphierte er Ferenczi, dieser möge einen Advokaten aufsuchen, um die «Angelegenheit Heirat Loe Kann mit Herbert Jones» zu beschleunigen. Wenn möglich sollte sie Pfingsten stattfinden, Rank und er würden als Zeugen kommen. Am 2. Juni wurde der «erste» Jones in London vor vollendete Tatsachen gestellt: «Ich bin gestern abend aus Budapest heimgekehrt, wo wir – Rank und ich und Ferenczi als Dolmetscher – Loe geholfen haben, Mrs. Herbert Jones zu werden». Er tröstete ihn, daß erstaunlicherweise ihrer beider, seine und Jones' Beziehung darunter nicht gelitten hatte. Und sein «Juwel», sein einstiger «Schatz», war «in einem solch außerordentlichen Maße anormal, daß sie einen einfachen Mann niemals glücklich machen könnte».[43] Jones hatte auf seine Art Trost gefunden, indem er das Dienstmädchen, wenigstens auf eine gewisse Zeit, zur Herrin gemacht hatte und mit Lina zusammenlebte.

Loe blieb bis Anfang Juli in Analyse. Freud war enttäuscht,

daß es ihm nicht gelang, sie von ihrer Sucht zu heilen; vermutlich hatte sie ihn zeitweilig über die Höhe ihrer Dosis belogen. Als der Krieg ausbrach, kaufte Loe Kann große Mengen Morphium, um sie fremden Armeen zu schicken, damit auch jenen Verwundeten geholfen werden konnte, die als hoffnungslose Fälle galten und darum unter schrecklichen Schmerzen starben. Außerdem schaffte sie einen gepanzerten Krankenwagen an, den Davy durch London lenkte, so daß sie selbst die Schwerverletzten aus den ausgebombten Krankenhäusern versorgen konnte. Sie hatte wieder starke Schmerzen, mußte wegen ihrer Nierensteine operiert werden, und schließlich wurde auch Davy chronisch krank.

1919 schrieb sie Freud einen langen Brief über die Empfindungen, die der Krieg in ihr ausgelöst hatte: Sie haßte alle Deutschen, sie wollte «das Haus eines Deutschen» nicht mehr betreten, deshalb auch Freud nicht besuchen, obwohl sie ihn und Anna gern gesehen hätte; aber seine Söhne waren Soldaten gewesen. Lieber wollte sie ihm in Den Haag das Haus ihres Bruders, der nach Palästina ausgewandert war, schenken, wenn er bereit wäre, dort ständig zu wohnen. Freud war ein wenig irritiert über diesen Haß, waren doch beide jüdischer Herkunft, und er schickte ihr ein kleines Holzkästchen mit Elfenbeineinlage. Sie verstand: Schön und gut, wenn er ihr mit seinem Alter drohte, aber sollte er es wagen, diese verrückte Welt zu verlassen, bevor sie sich wiedersähen, wollte sie zu Gott beten, alle Zigarren des Himmels zu zerdrücken und feucht werden zu lassen, bis sie zu stinken anfingen. Dabei hatte sie seit Kriegsbeginn eine Rolle von Zigarrenspitzen, etwa hundert, für ihn aufgehoben.

Wegen Davys Gesundheit zog sie damals aufs Land und lud Freud ein zu ihren «2 Hunden, 1 Haushahn, Hühnern, 1 Esel, 1 Katze, 2 Kätzchen & einem Haufen Mücken & Hummeln». Jones berichtete Freud, sie habe ihren Hund Trottie durch «ein offensichtlicheres Symbol ersetzt», einen Hahn, der in ihrem Schlafzimmer zu nächtigen pflegte: «Als sie einmal für eine Weile verreisen sollte, mußte er zu den Hennen in den Hühnerstall übersiedeln. Damit er sich in der ungewohnten Umgebung nicht ängstigte oder einsam fühlte, ließ sie ihr Bett in den Stall bringen und schlief dort zwei Nächte mit ihm, bis es ihm nicht mehr ungewohnt vorkam.» Anna wollte ihr 1923 oder 1924 die Schulden, die sie noch bei ihr hatten, zurückzahlen. Loe Kann schrieb wütend zurück, voll des Zorns über Freuds schreckliche Krankheit, aber auch über dies für sie beleidigende Ansinnen. Dazu legte sie ein paar getrocknete Schneeglöckchen und eine Rechnung:

«Preis dieses kleinen Geschenks (zur späteren Verwendung):
1. Gepflanzt & gepflegt von Mutter Natur:
ein kostenloses Geschenk
2. Dünger: täglich frisch und kostenlos von den Vögeln
3. Bewässerung: durch Gott und unseren alten Hund,
zum Selbstkostenpreis
4. Gepflückt von mir, mitten in der Nacht,
in dünnen Pantoffeln im nassen Gras,
im Nachthemd & im Nieselregen,
auf Kosten meiner (nicht vorhandenen) Gesundheit
Gesamtpreis: Nix. Gezeichnet. L. K. J. Zeuge HJ»[44]

Der Grosse Krieg

«Wir leben unter der Erwartung der ‹Bombe›», schrieb Freud am 22. Juni 1914 an Ferenczi. Drei Tage später war sie endlich geplatzt, aber zunächst schien niemand besonderes Interesse an seiner im neuesten *Jahrbuch* erschienenen polemischen *Geschichte der psychoanalytischen Bewegung* zu nehmen. Man mußte den Opfern wohl zwei, drei Wochen geben, um zu sehen, was sie anrichtete. Dennoch war er ungeduldig und fast ein wenig enttäuscht, auch am 28. Juni war außerhalb von Wien noch kaum eine Wirkung zu spüren. Und in der Hauptstadt selbst war man an jenem Tag «überrascht» von dem Bombenattentat von Sarajevo und dem Mord am Thronfolger Franz Ferdinand und seiner Frau Sophie, «dessen Folgen sich gar nicht absehen lassen»; aber die persönliche Teilnahme war gering.[1] Arthur Schnitzler notierte in seinem Tagebuch, nach der ersten Erschütterung wirke die Ermordung Franz Ferdinands «nicht mehr stark nach. Seine ungeheure Unbeliebtheit». Er sei eben «kein Grüßer» gewesen, schrieb Karl Kraus über ihn. Niemand war in jenem Sommer, der üppiger, schöner, ja überhaupt sommerlicher als üblich war, der auch ohne das Verhängnis, das er über Europa brachte, unvergeßlich geblieben wäre, besonders erregt oder erbittert über die Nachricht. Nach ein paar Stunden war von Trauer nichts mehr zu spüren; manche schienen sogar im stillen aufzuatmen, daß dieser Erbe, der Mann mit dem Bulldoggennacken und den starren kalten Augen, ohne Charme und ohne Freunde, dem ungleich beliebteren jungen Erzherzog Karl gewichen war.

Der alte Kaiser war ungehalten, daß man aus Pietät kurzfristig das Burgtheater gesperrt hatte; er haßte den Toten, so Stefan Zweig, von Herzen, weil er seine «Thronfolger-Ungeduld», an die Macht zu kommen, nicht taktvoll zu verbergen wußte.[2] Franz Ferdinand hatte Pläne gehabt, die Doppelmonarchie zu reformieren, sie umzubauen zu den «Vereinigten Staaten von Groß-Österreich»; Kroatien, Bosnien, Dalmatien sollten zu einem eigenen Reichsteil werden. Das empörte die Serben, die ein südslawisches Königreich unter ihrer Führung gründen wollten. Das empörte die Ungarn, weil damit ihre Union mit Kroatien staatsrechtlich aufgelöst worden wäre. Das empörte alle Kreise bei Hof, die nicht aus ihrer Beschaulichkeit gerissen werden wollten. «In der Epoche des allgemeinen Menschenjammers, der in der österreichischen Versuchsstation für den Weltuntergang die Fratze des gemütlichen Siechtums annimmt», war dieser Franz Ferdinand, so Karl Kraus, nicht die Hoffnung der Reaktion, sondern die Furcht des Fortschritts, des Liberalismus, der nichts von dem Wert einer schönen Vorstellung verloren hatte – gerade weil er sich nicht erfüllte. Franz Ferdinands Leben lag daher «wie ein Schatten auf der abscheulichen Heiterkeit dieses Staatswesens», er hatte es nicht abgesehen «auf jene unerforschte Gegend, die der Wiener sein Herz nennt».[3]

In jenen letzten Junitagen deutete in Wien nichts darauf hin, daß das Attentat von Sarajevo zu einer politischen Aktion gegen Serbien führen könnte. Die mit Waffen des militärischen Geheimdienstes ausgerüsteten Mörder, Mitglieder der Organisation «Mlada Bosna» (Junges Bosnien), waren sofort gefaßt worden: Nedeljko Cabrinović, der die Bombe auf den Wagen geworfen hatte, durch die zwei österreichische Offiziere verletzt worden waren, und Gavrilo Princip, der Franz Ferdinand und Sophie erschoß, als sie auf dem Weg ins Krankhaus zu den Verletzten waren. Die Terroristen hatten, was man damals nicht genau wußte, wenig Rückhalt in der Bevölkerung, wenngleich das Datum des Attentats, der 525. Jahrestag der Schlacht auf dem Amselfeld, hochsymbolisch war. In Wien sorgte man sich darum, wie man den Thronfolger und seine ihm nur morganatisch angetraute Gattin ohne großes Aufsehen bestatten konnte. Selbst Freud fand etwas faul an der klammheimlichen Beerdigung «dritter Klasse» in einem Provinznest.

438

Ein paar Wochen mehr noch, so Stefan Zweig, und Name und Gestalt des Thronfolgers wären aus der Geschichte verschwunden gewesen. Wen ging das ewige Geplänkel mit diesen Slawen an, das im Grunde über ein paar Handelsverträge wegen serbischer Schweinetransporte entstanden war: «Weder Banken noch Geschäfte noch Privatleute änderten ihre Dispositionen»[4]. Man fuhr in die Sommerfrische, Freud in sein geliebtes Karlsbad, um seinen Darm zu pflegen und seinen «technischen» Essay *Erinnern, Wiederholen, Durcharbeiten* zu schreiben und weiterhin auf die Wirkung «seiner Bombe» zu warten. Am 10. Juli tat ihm die Zürcher Ortsgruppe endlich den Gefallen, aus der Internationalen Vereinigung auszutreten. Anna reiste ein paar Tage später, kaum einen Monat nach dem Attentat, nach England, wo Ernest Jones sie in Southport abholte. Auch Ferenczi wollte im August nach London fahren.

Er mußte seine Reise jedoch absagen; als «Landsturmpflichtiger» durfte er Ungarn nicht mehr verlassen. Die Politik hatte sich des Attentats von Sarajevo bemächtigt, eine Kette von Ereignissen geriet in Gang, die schließlich in den Großen Krieg führten.[5] Auf diesen hatten im Grunde alle Staaten gewartet, am wenigsten vielleicht die Doppelmonarchie, die keine Hegemonieansprüche hatte, keine Territoriumszugewinne suchte, sondern seit Jahrzehnten nur um ihren Fortbestand kämpfte. So war man auf lokale Konflikte vorbereitet; schon 1912 hatte Freud fürchten müssen, daß seine Söhne in den Balkankrieg ziehen würden. Und man übersah in Wien, daß sich die Drohgebärden gegen Serbien mit schrecklichen Folgen verselbständigen sollten. Knapp vier Wochen nach dem Mord von Sarajewo, am 23. Juli, hatte die Regierung, mit der Rückendeckung Deutschlands, Serbien ein Ultimatum gesetzt, in dem die Bekämpfung der gegen Österreich-Ungarn agierenden Organisation gefordert, aber auch die serbische Souveränität in dieser Angelegenheit eingeschränkt wurde. Das war eine Provokation. Aber innerhalb der gesetzten 48 Stunden ging die serbische Regierung auf fast alles ein, verwahrte sich nur gegen eine Einschränkung der Souveränität des Landes und beschloß eine

Teilmobilmachung. Österreich fand die Zugeständnisse «unzureichend» und ordnete ebenfalls die Teilmobilmachung an; am 28. Juli wurde der Krieg erklärt.

Kaum jemand hatte bis dahin große Sympathien für die Serben, diesen «blutrünstigen» Haufen, gehegt, wie man glaubte, nun aber schlug die Stimmung um. Serbien erhielt Unterstützung von Rußland, das am 30. Juli die Generalmobilmachung beschloß. Einen Tag später, am 1. August, erklärte Deutschland dem Zarenreich den Krieg. Am selben Tag erfüllte Frankreich als Verbündeter Rußlands seine Pflicht und verkündete seinerseits die Mobilmachung, im Wissen, daß Deutschland den Krieg im Westen beginnen würde. Großbritannien hatte sich bis dahin um Schlichtung und diplomatische Verhandlungen bemüht. Nach den deutschen Drohungen gegen Belgien gab es keinen Grund mehr zu zögern. Belgien war, so der Militärhistoriker Hew Strachan, ein noch stärkeres Symbol als Serbien. Am 3. August setzte Großbritannien den Deutschen ein Ultimatum bis Mitternacht. An diesem Tag gingen nach der prophetischen Äußerung des britischen Außenministers Sir Edward Grey in ganz Europa die Lichter aus, und wir «werden sie zu unseren Lebzeiten nicht mehr angehen sehen».

Der lange erwartete und von vielen ersehnte Schritt gegen Serbien wurde in Wien mit «großem Jubel und Demonstrationen» begrüßt, berichtete Alexander Freud an seinen Bruder. Die Stimmung wurde nur ein wenig dadurch gedrückt, daß jeder Freunde und Bekannte hatte, die einberufen wurden. Auch Sigmund Freud selbst erlag kurzfristig dem patriotischen Fieber: Er fühle sich zum ersten Mal seit dreißig Jahren als Österreicher, schrieb er Abraham schon am 26. Juli. Damals, vor fast drei Dekaden, in Paris, hatte er sich so deutsch und kleinstädtisch gefunden, auf Charcots Soirée einem französischen Patrioten aber stolz erklärt, er sei weder Deutscher noch Österreicher, sondern Jude. Doch nun wollte er es «mit diesem wenig hoffnungsvollen Reich» versuchen. Er bangte nur ein wenig um den geplanten Dresdner Psychoanalytischen Kongreß. «Bleibt der Krieg auf den Balkan lokalisiert, geht es ja.» Aber man konnte ja nicht wissen, was die Russen tun würden, doch trug der «sichere Rückhalt aus Deutschland» zur ausgezeichneten Stimmung bei.[6] Er war, wie so viele, blind gegen die Gefahr des Weltenbrandes, und einstweilen war auch keiner seiner Söhne oder Schwiegersöhne persönlich betroffen. Ernst und Oliver hatte man zurückgestellt, Martin war, nach seinem Skiunfall, «glücklicher- und unverdienterweise nur noch zu einem Drittel militärpflichtig». Vielleicht würde man, so schreibt er, noch immer aus Karlsbad, am 29. Juli, in zwei Wochen «mit halber Beschämung an die Aufregung dieser Tage denken». Oder war man doch der «Entscheidung der Geschicke nahe (...), die uns seit Jahrzehnten drohen?»[7]

So unterschiedliche Zeitgenossen wie Friedrich Engels, der preußische Generalstabschef Helmuth von Moltke und der SPD-Vorsitzende August Bebel hatten den «Großen Krieg» seit Jahrzehnten prophezeit. Ungeheuer hellsichtig war die Prognose, die Engels bereits 1877 über einen «Weltkrieg von einer bisher nie gekannten Ausdehnung und Heftigkeit» abgegeben hatte: «Acht bis zehn Millionen Soldaten werden sich untereinander abwürgen.» Am Ende sollten es etwa zehn Millionen Tote und zwanzig Millionen Verwundete sein. So würden sich die «Verwüstungen des Dreißigjährigen Kriegs» auf drei, vier Jahre zusammendrängen und über den ganzen Kontinent verbreiten, auf Hungersnot und Seuchen würden «allgemeine (...) Verwilderung der Heere wie der Volksmassen; rettungslose Verwirrung (...) in Handel, Industrie und Kredit; Zusammenbruch der alten Staaten» folgen – eine Zeit, in der «die Kronen zu Dutzenden über das Straßenpflaster rollen und niemand sich findet, der sie aufhebt».

Österreich hatte eigentlich nur einen Krieg um die Vorherrschaft auf dem Balkan im Sinn gehabt und wollte die Ansicht widerlegen, die Doppelmonarchie sei ein dem Untergang geweihtes Imperium. Doch die Ereignisse folgten derart dicht aufeinander, daß man in allen Staaten hinterherhinkte, als die Krise sich offenbarte. Europa war in Ferien, kaum ein führender Politiker erfaßte das Geschehen, obwohl man in den Jahren zuvor immer wieder vor dem Ausbruch eines Krieges gestanden hatte. In all der Zeit waren der Erhalt und das Zerbrechen von Allianzen wichtiger gewesen als die Wahrung des Friedens; der gegenseitige Argwohn hatte die wechselseitige Paranoia noch geschürt. Allein Moltkes Vorgänger, Alfred von Schlieffen, hatte schon 1905 einen Kriegsplan entworfen, wonach man sich mehr auf die Westfront als auf den Osten konzentrieren sollte; der rechte deutsche Flügel sollte durch Belgien nach Frankreich einmarschieren. Und der deutsche Generalstabschef Moltke wollte daran festhalten. Seinem Kollegen in Wien, Franz Graf Conrad von Hötzendorf, hatte er bereits 1913 mitgeteilt, daß ein europäischer Krieg nicht am Bug, sondern an der Seine entschieden würde. Aber kaum jemand dachte weiter als bis zur ersten Schlacht.

Die deutsche Armee war 1914 recht unzureichend gerüstet für einen Krieg, die österreichische noch viel weniger. Dieses Heer, das sich aus zwölf Nationalitäten zusammensetzte, war allenfalls tauglich für lokale Konflikte. Doch nachdem Deutschland seine Unterstützung zugesichert hatte, mußte Wien handeln, solange es konnte. Bereits am 5. Juli war dem deutschen Kaiser beim Gabelfrühstück ein Schreiben des greisen Franz Joseph überbracht worden. Wilhelm II. trat unmißverständlich dafür ein, daß Wien agieren müsse und Deutschland hinter den Österreichern stehe, falls Rußland intervenieren sollte. Das war der sogenannte Blankoscheck, und Wien löste ihn ein.

Am 2. August konnte sich Freud den Kongreß in Dresden endgültig aus dem Kopf schlagen. Der Große Krieg war wohl als gesichert anzusehen, schrieb er Abraham. Und er wäre von Herzen dabei, wenn er nicht England auf der «unrechten Seite» wüßte, das Land seiner Sehnsucht, wo seine Brüder mit ihren Familien lebten und sein Annerl nun «sozusagen kriegsgefangen» war. Er hatte sich schon seit Beginn ihrer Reise große Sorgen um sie gemacht, dabei allerdings am meisten eine Attacke von Seiten Jones' gefürchtet, eine Art Racheakt dafür, daß er ihm seine Loe gewissermaßen weggenommen hatte. Sicherlich würde die aufpassen wie ein Drache, aber es konnte nicht schaden, daß er seine 18jährige Tochter warnte vor diesem «sehr wertvollen Mitarbeiter» und zweifellos «zärtlichen und guten Menschen», der aber doch «viel unselbständiger und anlehnungsbedürftiger» war, als man auf den ersten Blick vermutete, und eine ältere, lebenserfahrenere Frau brauchte. Schließlich habe sich Jones aus «sehr kleiner Familie und schwieriger Lebenslage» herausarbeiten müssen und über seiner wissenschaftlichen Tätigkeit «den Takt und die feineren Rücksichten» versäumt, die ein junges, eher sprödes Mädchen aus so gutem Hause erwarten durfte. Außerdem wünschten Martha und er nicht, daß sie, die bisher noch keine Anträge bekommen habe, so früh heirate, sondern sich erst ein wenig umtue, mehr sehe, lerne und erlebe, vor allem im Umgang mit Menschen. Anna interessierte sich gar nicht für Jones, selbst das beruhigte Vater Freud nicht, und so forderte er seinen zweifellos überraschten Anhänger auf, sich von diesem «begabtesten und gebildetsten» unter seinen Kindern, diesem «wertvollen Charakter», fernzuhalten: «Sie verlangt nicht, als Frau behandelt zu werden, ist noch weit entfernt von sexuellem Verlangen und lehnt Männer eher ab. Es gibt ein ausgesprochenes Einverständnis zwischen ihr und mir, daß sie nicht an Heirat oder die Vorbereitungen dazu denken sollte, bevor sie 2 oder 3 Jahre älter ist. Ich glaube nicht, daß sie den Vertrag brechen wird.» Freud fand seine Ruhe erst wieder, als Anna im Gefolge des österreichischen Gesandten über Gibraltar und Genua nach Wien zurückkehrt. Sie schrieb darüber ein kleines Prosastück, *Am Schiff*, das den Frieden auf dem Ozean beschwor: «Eine bunte, seltsam zusammengewürfelte Gesellschaft (...). Hinter ihnen liegt die eben verlassene Insel voll von kriegerischer Stimmung und unverbürgten, wilden Gerüchten; vor ihnen liegt das eigene Land, von dem sie seit Wochen so gut wie nichts gehört haben, die lähmende Ungewißheit über das Schicksal der Ihrigen und der Krieg mit all seinen Schrecken und Furchtbarkeiten.»[8]

Selbst Martin Freud empfand den Kriegseintritt Großbritanniens als «harten Schlag für unser Gefühl». Nur sein Onkel Alexander, der die Anglophilie der Familie nicht teilte, war sich stets sicher gewesen, sein guter alter Haß gegen die englische Perfidie werde wahrscheinlich recht behalten; sie würden sich nicht genieren, an die Seite von Rußland zu treten. Sigmund Freud war einen Tag nach Englands Kriegserklärung, am 5. August, nach Wien zurückgekehrt, ein wenig gereizt, ein wenig unsicher wie die meisten. Rank bat ihn, seine Bibliothek katalogisieren zu dürfen; er selbst spielte mit seinen Antiquitäten, studierte und beschrieb jedes Stück. Auch ihn hatte ja zunächst der Aufschwung der Begeisterung mitgerissen, gestand er Ferenczi: «Anstelle des Wohlstandes und der internationalen Praxis, die nun für lange Zeit abgetan sind, hoffte ich ein lebensfähiges Vaterland zu bekommen, aus dem der Sturm des Krieges die ärgsten Miasmen weggeweht hätte und in dem die Kinder vertrauensvoll leben könnten. Ich habe wie viele andere plötzliche Libido für Austria-Ungarn entdeckt ...» Allmählich aber stellte sich ein leises Unbehagen ein. Die Strenge der Zensur und das Aufbauschen von kleinsten Erfolgen erinnerten ihn an die Geschichte vom «Dätsch» – so nannten die galizischen die assimilierten deutschen Juden. Dieser kommt als moderner Mensch zu seiner orthodoxen Familie zurück und läßt sich von allen Verwandten bestaunen, bis der alte Großvater den Auftrag gibt, ihn auszukleiden: «Es findet sich dann hinter allen Schichten moderner Kleidung, daß er die Zipfel der Unterhose mit einem Hölzel zusammengeknüpft hat, weil die Bänder abgerissen sind, worauf der Großvater entscheidet, er sei doch kein ‹Dätsch›.»[9]

Seine neu entdeckte Liebe für Österreich-Ungarn hatte schon nach wenigen Wochen nachgelassen, seine «Libido für A-U» vergärte ihm in Wut, nachdem an die in Serbien kämpfenden Truppen Befehl ergangen war, in die ursprünglichen Stellungen zurückzukehren, um sich für die Rußlandfront bereitzuhalten. Und sein Sohn Martin hatte sich als Freiwilliger gemeldet, er wollte, so spottete er, die Gelegenheit nicht versäumen, ohne Glaubenswechsel über die russische Grenze zu gelangen; Juden war die Einreise ins Zarenreich nicht erlaubt. Freud war alles andere als glücklich über diese Entscheidung seines Ältesten, der bisher nur «Karrierebruchstücke», und diese zumeist mit väterlicher Hilfe, produziert hatte, dem es nach seiner Promotion zum Doktor der Rechte zu mühsam erschien, ein Jahr als unbezahlter Referendar und danach weitere sechs Jahre als Rechtsanwaltsassistent bei geringem Gehalt zu arbeiten. Um das durchzuhalten, brauchte man einen reichen und großzügigen Vater, rechtfertigte er sich und seine Träume vom Soldatspielen, die er nie ganz hatte ausleben können. Aufs erste Gefecht freute er sich wie auf eine spannende Hochtour. Ein realistischerer Mann hätte schon damals begreifen müssen, daß dieses Abenteuer nur in einer Katastrophe enden konnte. Die vorgeschriebenen Armeestiefel, die er ausgehändigt bekam, lösten sich bereits auf, als seine Kompanie bei der Eisenbahnverladung durch den Schnee zu marschieren hatte. Glücklicherweise hatte der Vater ihm Geld gegeben, so daß er sich hatte eigene anfertigen lassen können.

Freud war, trotz seiner patriotischen Wallungen für Deutschland, den «hohen Verbündeten», der Österreich nun raushauen mußte, keineswegs von jener Kriegsbegeisterung befallen, der die intellektuelle Elite wie in einem kollektiven Rausch erlag. Der Pazifist Stefan Zweig schwärmte von dem plötzlichen Enthusiasmus in Wien, von Fahnen, Bänder und Musik, von den jungen Rekruten, die im Triumph dahinmarschierten, mit ihren hellen, vor Freude und Stolz leuchtenden Gesichtern, diesen kleinen unbeachteten Menschen des Alltags, die man nun bejubelte und feierte. Er sah in diesem Aufbruch der Massen «etwas Großartiges, Hinreißendes und Verführerisches» und wollte auch später trotz allen Abscheus gegen den Krieg die Erinnerung an diese ersten Tage, an die allgemeine Verbrüderung und das scheinbare Zusammengehörigkeitsgefühl nicht missen.[10] Ein besonders eifriger Missionar der Sache war Hugo von Hofmannsthal, der zeitweise als Landsturmoffizier in Istrien war und propagandistische Gedichte veröffentlichte.

Rilke schrieb seine *Fünf Gesänge,* seine Huldigung an den Kriegsgott. Thomas Mann feierte den Krieg als «Reinigung und Befreiung»: «Wie hätte der Künstler, der Soldat im Künstler nicht Gott loben sollen für den Zusammenbruch einer Friedenswelt, die er so satt, so überaus satt hatte!» Im Grunde hatte die Literatur seit der Jahrhundertwende den Krieg erträumt, als Rebellion gegen Rationalismus und Fortschrittsdenken, aus Überdruß an der Enge und Banalität des Lebens. Im Expressionismus der Vorkriegsjahre, nachlesbar in den Tagebüchern und Gedichten von Georg Heym, Franz Werfel und Albert Ehrenstein, phantasierte man von einem gewaltsamen Stoß gegen die verachtete Zivilisation. «Wenn doch einmal etwas geschehen wollte, was nicht diesen faden Geschmack der Alltäglichkeit hinterläßt», schrieb Heym, «sei es auch nur, daß man einen Krieg begänne, er kann ungerecht sein. Der Frieden ist so faul ölig und schmierig wie eine Leimpolitur auf alten Möbeln.» Die Kriegsbegeisterung gerade der Künstler und Intellektuellen allerdings mehr als nur romantisch-vitalistischer Eskapismus, nicht bloß schiere Verblendung, man sehnte sich nach einem wirklichen Gemeinschaftserlebnis in einem als fragmentiert und beziehungslos empfundenen Leben. Der Krieg schien die Erlösung von Selbstbeobachtung und Selbstzweifel zu sein: Das «unrettbare Ich» war plötzlich, wie Stefan Zweig schrieb, «eingetan in eine Masse», es war «Volk, seine sonst unbeachtete Person hatte einen Sinn bekommen». Der religiöse Ton war charakteristisch für die meisten Reden, die von der «heiligen Zeit» sprachen und von der «wunderbaren Kraft, die in uns alle strömte». Hermann Hesse, wegen seiner Kurzsichtigkeit vom Dienst an den Waffen zurückgewiesen, dichtete: «Alle sind dem Alltag jetzt entflogen / Jeder ward ein Künstler, Held und Mann.» Richard Dehmel drängte es sogar noch mit fünfzig Jahren zu den Waffen: «Da alles ruht in Gottes Hand, wir bluten gern fürs Vaterland.» Und während Franz Marc und August Macke in diesem Krieg fielen, bemalte ihr Freund Paul Klee deutsche Flugzeuge mit Tarnfarben.

Auch in anderen Ländern wurde der Krieg zur Kulturmission. In einer Sitzung der Académie des Sciences Morales et Politiques deklarierte der Philosoph Henri Bergson den «engagierten Kampf gegen Deutschland» zum «Kampf der Zivilisation gegen die Barbarei». Freuds Lieblingsschriftsteller Anatole

France suchte einen versöhnlicheren Ton: Nach dem Sieg müßten die Franzosen die Deutschen wieder als Freunde aufnehmen. Der Siebzigjährige wurde daraufhin derart heftig attackiert, daß er seine Dienste in Uniform anbot. Selbst der notorische Pazifist Romain Rolland, das «Gewissen Europas», der wegen seines Buchs *Au-dessus de la mêlée* von seinen ältesten Freunden angegriffen würde, verlor die Geduld mit den Deutschen: Waren sie nun die Enkel Goethes oder Attilas? Für einen anderen Lieblingsautor Freuds, Rudyard Kipling, war die Lage klar: «The Hun is at the Gate!» Eine Tonlage darunter erklärte Arthur Conan Doyle den Krieg zum Kampf für das «starke, tiefe Deutschland der Vergangenheit, das Deutschland der Musik und der Philosophie» – und «gegen das jetzige monströse Deutschland von Blut und Eisen».

Das starke, tiefe Deutschland protestierte aufs schärfste. Am 4. Oktober wurde das Manifest *An die Kulturwelt!* veröffentlicht, mitverfaßt von Hermann Sudermann und dem Lustspielautor Ludwig Fulda und unterzeichnet von 93 prominenten Vertretern aus Wissenschaft und Geistesleben, darunter Max Planck, Wilhelm Röntgen und Paul Ehrlich, Ernst Haeckel, Max Reinhardt und Gerhart Hauptmann. Sie alle protestierten gegen die «Lügen» von der deutschen Kriegsschuld, von der Verletzung belgischer Neutralität, der Mißachtung des Völkerrechts und vom «sogenannten Militarismus»: «Glaubt uns, daß wir diesen Kampf zu Ende kämpfen werden als ein Kulturvolk, dem das Vermächtnis eines Goethe, eines Beethoven, eines Kant ebenso heilig sind wie sein Herd und seine Scholle.» Das war eine Art Freibrief für die Reichsregierung, die Autorität von Wissenschaft und Kunst rechtfertigte eine Politik, die sie kaum verstand. Als daraufhin im Oktober 1914 der Physiologieprofessor und Mediziner Georg Friedrich Nicolai und Albert Einstein ihr pazifistisches Gegenmanifest *Aufruf an die Europäer* verfaßten, fanden sie außer ihrem Co-Autor Wilhelm Förster, einem Überläufer aus den Reihen der 93, und dem Studenten Otto Bück keine Unterzeichner.

Victor Adler hatte bis zuletzt versucht, gegen den Krieg zu

kämpfen. Als sich am 28. Juli in Brüssel die Zweite Internationale traf, berichtete er verzweifelt vom Ausnahmezustand in seinem Land. Noch einmal hieß es «Guerre à la Guerre». Aber drei Tage, nachdem der Sozialistenführer Jean Jaurès es gewagt hatte, eine deutsch-französische Annäherung zu fordern, wurde er in einem Pariser Café von einem Fanatiker erschossen. Und schließlich stimmten die österreichischen Sozialdemokraten genau wie die deutschen den Kriegskrediten zu und schlossen sich der «Burgfriedenspolitik» an. Es war ein Mythos, geschaffen und gehegt vor allem von denen, die es sich leisten konnten, der Mittelschicht, den Intellektuellen, daß die Massen, dies Volk, das plötzlich keine Parteien mehr kennen sollte, den Krieg herbeigesehnt hätten. Der «Geist von 1914» blieb weitgehend beschränkt auf die bürgerlich-akademischen Großstädter, auf die jungen Studenten und die Universitätsprofessoren sowie die notorischen literarischen und künstlerischen Mystiker, die, erlösungssüchtig, den Widersprüchen der Moderne entfliehen wollten. Auf dem Land war die Stimmung eher düster; allenfalls war man erleichtert, daß nach Wochen quälender Ungewißheit der Krieg schließlich zur schlimmen Gewißheit wurde: Lieber ein Ende mit Schrecken. Den Schrecken ohne Ende sah man nicht voraus.

In Wien feierte Freud seinen siegreichen «Feldzug gegen die Schweizer». Aber «ob die anderen ihren Krieg siegreich beenden werden, und zwar so lange wir das Warten aushalten»? Die österreichische «Wiedergeburt» schien Anlaß zur Hoffnung zu geben, mehr noch der «deutsche Furor»; im Grunde war dies die einzige Hoffnung.[11] Daran gewann Freud einen «festen Halt» für seine Stimmung. Er lebte «von einem deutschen Sieg zum anderen», obwohl das Reich seine Sympathien als Analytiker nicht verdient hatte, vom gemeinsamen Vaterland gar nicht zu reden. In Hamburg war Freuds Schwiegersohn Max Halberstadt für den 7. September zu Kriegsdienstleistungen verpflichtet worden, gemustert wurde er erst Ende des Jahres. Abraham gehörte wegen einer früheren Lungenerkrankung zur Reserve und hatte sich für den Lazarettdienst gemeldet. Dem notorischen Optimisten schienen die Aussichten Ende August glänzend: Belgien war erledigt, Großbritannien, das englische Expeditionskorps zu Lande ebenso, die deutschen Truppen standen hundert Kilometer vor Paris. Freud war weniger siegesgewiß, die Hoffnung auf eine rasche Erledigung der Kriegssache durch katastrophale Schläge hatte er aufgegeben, im Gegensatz zu so vielen anderen, die noch immer an eine Art Spaziergang, einen raschen Sieg im Westen glaubten, sogar noch nach jener Rückzugsschlacht der Deutschen im September, die als «Wunder an der Marne» in Frankreich zur Legende wurde. Als Ernst Freud, der in München Architektur studierte, sich im Oktober freiwillig meldete, wurde er mit dem Vorwurf empfangen: «Jetzt kommen Sie zum Militär, wenn der Krieg fast vorbei ist.» Noch immer hofften viele, spätestens an Weihnachten wieder zu Hause zu sein. Wenigstens über seinen Oli war Freud beruhigt, der in Wien fortgesetzt Tätigkeit fand und endlich «arriviert» zu sein schien; er vermaß Spitalsbaracken. Um so heftiger waren seine Sorgen um die Psychoanalyse. Die Praxis ging deutlich zurück, bis zum Frühjahr 1915 würde ihn der Krieg wohl schon mehr als 40 000 Kronen kosten.

So schmeckt er in jenem Herbst 1914 noch einmal seinem Triumph über Adler und Jung nach, mit einer Art Gegenstück, einem klinischen Beispiel und Beweis zu seiner großen theoretischen Polemik. Für viele war diese Niederschrift einer Krankengeschichte, die er erst nach dem Krieg veröffentlichte, die bedeutendste seiner Fallstudien, da sie ihn auf der Höhe seines Könnens zeigt, als geduldigen und einfühlsamen Zuhörer, als klugen und risikofreudigen Analytiker. *Aus der Geschichte einer infantilen Neurose* galt jenem Mann, der als der «Wolfsmann» legendär wurde, dem reichen 23jährigen Russen Sergej Pankejeff, der ihn 1910 aufgesucht und dessen Behandlung sich so dramatisch wie hoffnungsvoll angelassen hatte, der ihm gleich in den ersten Stunden die wunderbarsten Übertragungen lieferte, ihn einen «jüdischen Schwindler» geschimpft hatte, den er am liebsten «von hinten gebrauchen», dem er «auf den Kopf scheißen» wollte. Der Patient, der in Begleitung seines Arztes und Dieners nach Wien kam, hatte bereits eine Odyssee durch Sanatorien hinter sich und einige der berühmtesten Psychiater jener Zeit, darunter Emil Kraepelin, konsultiert. Er litt, nach einer gonorrhoischen Infektion, unter völliger Teilnahmslosigkeit, und war unfähig zu arbeiten, ja eigentlich zu existieren; die Welt erschien ihm wie hinter einem Schleier. Nun konnte Freud zeigen, was die Psychoanalyse, im Gegensatz zur klassischen Psychiatrie, zu bewirken vermochte. Er mußte sich allerdings eines Tricks bedienen, um den Widerstand und die Krankheitsfixiertheit dieses Mannes, dessen «untadelige Intelligenz» wie abgeschnitten war von den ihn beherrschenden Triebkräften, zu überwinden. In der Gewißheit, daß Pankejeff eine enge Beziehung zu ihm entwickelt hatte, setzte er ihm eine Frist und kündigte ihm das Ende der Therapie auf Ende Juni 1914 an, auf genau jenen Tag, an dem an dem das Attentat von Sarajevo die Welt in die Katastrophe stürzte, den 28. des Monats, wie der «Wolfsmann» sich später erinnerte.[12]

Das Wagnis gelang, der Kranke lieferte nun in kurzer Zeit das Material, seine Hemmungen und Symptome zu lösen. Vor allem erhielt Freud jene Aufklärungen, die er über dessen infantile Neurose brauchte, überzeugt davon, daß eine solche jeder Erwachsenenneurose vorausgehen mußte, daß der Kindheitseinfluß entscheidend mitbestimmte, ob und an welcher Stelle das Individuum in der Bewältigung der realen Probleme des Lebens scheitert. Aber das theoretisch-analytische Wagnis, das Freud damit einging, derart seine Lehre von den tiefen Wurzeln der Neurose gegen die Jungs und Adlers zu untermauern, war noch viel größer als das praktische seinem Patienten gegenüber und so hoch, daß er selbst vor dem Hauptstück und dem zentralen Punkt seiner Deutungen den Leser warnt. Das könne die Stelle sein, an der diesen der Glaube verlassen müsse. Alles andere war eine mehr oder weniger konventionelle Geschichte: vom reichen und umsorgten kleinen Jungen, dessen Vater wegen seiner «Verstimmungen» zu häufigen Sanatoriumsaufenthalten genötigt ist, ebenso wie die Mutter, die an Unterleibskrankheiten leidet. Zur wichtigsten Person wird daher die

Kinderfrau, «ein ungebildetes altes Weib aus dem Volke, von unermüdlicher Zärtlichkeit». Man lebt in großem Stil auf Landgütern, einem für den Sommer, einem anderen für den Winter, wo die Kinder, Sergej und seine zwei Jahre ältere Schwester Anna, weitgehend von Gouvernanten und Hauslehrern erzogen werden. Einer dieser Damen, einer närrischen, dem Trunk ergebenen Engländerin, schreibt man es zu, daß der sanfte, freundliche Junge plötzlich «schlimm» wird, gereizt, unzufrieden und jederzeit kränkbar. Er bekommt Schreikrämpfe und Tobsuchtsanfälle und verfolgt damit sogar seine geliebte Kinderfrau, seine Nanja. Es macht ihn wütend, als er einmal zum Weihnachtstag, der zugleich sein Geburtstag ist, nicht doppelt beschenkt wird, und bald darauf entwickelt er, wie der kleine Hans, eine Tierphobie. Am meisten fürchtet er sich vor dem aufrecht stehenden und ausschreitenden Wolf im Märchenbuch, schließlich gilt seine Angst selbst Schmetterlingen, Käfern und Raupen. Zugleich macht es ihm Spaß, diese zu quälen und zu zerschneiden oder ein Pferd zu schlagen. Parallel dazu entwickelt er in jenen Kinderjahren eine klassische Zwangsneurose, er wird fromm, muß lange beten und viele Kreuze schlagen, obwohl er gleichzeitig alle möglichen gotteslästerlichen Gedanken hegt, Gott mit Kot gleichsetzt und drei Häufchen Pferdemist mit der Dreieinigkeit.[13]

Freud erfuhr, daß die Schwester, lebhaft, begabt, vorzeitig reif und von ihm als Liebling des Vaters beneidet, den Dreijährigen zu sexuellen Spielen verführte und auch sein Glied anfaßte. Als sie sich mit etwa zwanzig Jahren umbrachte, empfand er seiner Erinnerung nach keinen Schmerz, sondern freute sich darüber, daß er nun der alleinige Erbe des Vermögens war. Er übertrug statt dessen während einer Kaukasusreise all seine Trauer auf den mehr als sechzig Jahre zuvor in einem Duell umgekommenen Dichter Lermontow. Wie er als Kind auf die sexuellen Attacken der Schwester reagiert hatte? Sie blieb für ihn vor allem die Rivalin, statt ihrer wollte er seine Nanja verführen und masturbierte vor ihr, worauf sie mit der klassischen Kastrationsdrohung reagierte. In dieser Zeit regredierte er in seine analsadistischen und masochistischen Tendenzen und erkor sich in narzißtischer Identifikation den so oft abwesenden Vater zum Liebesobjekt, dessen Aufmerksamkeit er sich durch seine Schreie und Tobereien sichern wollte. Sie waren gleichsam Verführungsversuche, sollten angesichts der zu erwartenden Bestrafung aber auch seine Schuldgefühle beschwichtigen und seinen Masochismus befriedigen.

Freud war mit jener nahezu klassischen Lösung nicht zufrieden. Den passenden Dietrich für diesen Fall lieferte ihm kein äußeres Trauma, sondern ein Traum: Er wurde neben dem Irma-Traum der wohl berühmteste in der Geschichte der Psychoanalyse. Sergej Pankejeff war knapp vier Jahre alt, als er von sechs oder sieben weißen Wölfen träumte, die mit ihren großen Schwänzen und aufgestellten Ohren eher wie Füchse oder Hunde aussahen und auf dem Nußbaum vor seinem Fenster saßen. Er war schreiend aufgewacht, vor Angst, von ihnen aufgefressen zu werden. Den Baum mit den Wölfen konnte er sogar zeichnen, Pankejeff war nebenher auch Maler und hatte lange zwischen einem Jura- und einem Kunststudium geschwankt. Natürlich erinnerten ihn seine Traum-Tiere an den schrecklichen Wolf aus dem Märchenbuch, an die Geschichte vom Rotkäppchen und an die von den sieben Geißlein, aber auch an eine Erzählung seines Großvaters vom Schneider, der dem Wolf den Schwanz abreißt.[14] Er hatte sehr frühzeitig in seiner Analyse davon berichtet und war immer darauf zurückgekommen, vor allem auf die völlige Regungslosigkeit der Tiere und das nachhaltige Wirklichkeitsgefühl, das der Traum in dem Erwachenden hinterließ. Hier knüpfte Freud an und gelangte zu den Bruchstücken einer Rekonstruktion: «Eine wirkliche Begebenheit – aus sehr früher Zeit – Schauen – Unbewegtheit – Sexualproblem – Kastration – der Vater – etwas Schreckliches.»[15] Er stieß dabei auf die «Urszene», die er anfänglich, in einem Brief an Fließ von 1897, nur als eine infantile traumatisierende Erfahrung angesehen und ganz allgemein in der *Traumdeutung* als sexuelle Erregung des Kindes beschrieben hatte, die es nicht bewältigen kann, weil die Eltern darin verflochten sind. Nun aber konnte er eine ganz konkrete Darstellung jener unbewußten Erinnerungsspuren geben, die im Traum des Wolfsmanns aktiviert wurden: Als 18monatiger, an Malariaschüben leidender Knabe schlief dieser im Zimmer der Eltern und wurde Zeuge eines dreimal wiederholten *coitus a tergo*.[16]

Natürlich war sich Freud der fast zwangsläufig folgenden Einwände gegen diese Interpretation bewußt, allein die Datierung jener Szene auf ein so frühes Lebensalter des Kindes und die detaillierte Darstellung derselben mußten Kritik erregen. Doch wie immer hatte er sich mit Argumenten gewappnet: So erinnerte das erschreckende Märchenbild vom aufrechten Wolf zweifellos an die Stellung des Vaters; so hatte jene Art des Verkehrs, in der beider Geschlechtsteile zu sehen waren, die Kastrationsangst des Kindes geweckt und gleichzeitig wie den Wunsch, vom Vater geliebt, koitiert zu werden; das war seine Lösung des Ödipuskonflikts im homosexuellen Sinn. Auch sein späteres kompliziertes Liebesleben war bestimmt von der «Urszene», sein Geschmack an Frauen mit großem, auffälligem Gesäß und vor allem am *coitus a tergo*. Das Kind hatte außerdem das Beisammensein der Eltern durch eine Stuhlentleerung und sein Geschrei unterbrochen. Nun litt Freuds Patient an beständigen Darmbeschwerden, zumeist an Verstopfungen, gelegentlich passierte ihm aber auch einmal ein «Malheur». Jedenfalls bestand kein Zweifel an seiner Analfixierung, allein sein Verhältnis zum Geld deutete darauf hin. Der nach dem Tod des Vaters und eines Onkels sehr reiche Erbe konnte ebenso verschwenderisch wie geizig sein und war immer wieder in Sorge, daß seine Mutter ihn um sein Vermögen betrog.

Das Alter, in dem sein Patient die Urszene angeblich erlebt hatte, bereitete Freud keinerlei Probleme; er war überzeugt vom Reichtum des Seelenlebens und den intellektuellen Leistungen der Kinder. Allerdings konnten diese frühesten Erfahrungen in der Analyse nicht als Erinnerungen wiederbelebt werden, sondern waren Ergebnisse der Konstruktion, entweder rückwärts projizierte Phantasien des Kranken oder solche des ehrgeizigen, erfolgssüchtigen Arztes, entweder raffinierte Selbsttäuschung oder «Stumpfheit der Beurteilung». Das würde man ihm sicherlich vorwerfen, vor allem die Adlerianer und die Bande in Zürich. In Erwartung solcher Einwände ging er darum jener Frage sorgfältig nach. Vielleicht hatte der Wolfsmann nur kopulierende Tiere beobachtet, vielleicht gehörten jene Szenen von Sexualverkehr, von Verführung und Kastrationsdrohung zum – im Lamarckschen Sinne – ererbten Menschheitswissen, also auch zum Erfahrungsschatz der «Normalen». Doch war es im Grunde gleichgültig, ob die Urszene einer nachträglichen Phantasie oder unbewußter Erinnerung an reales Geschehen entsprang. Die Wirkung war die gleiche auf den Patienten, es mußte dabei bleiben, «entweder ist die von seiner Kindheitsneurose ausgehende Analyse überhaupt ein Wahnwitz, oder es ist alles so richtig, wie ich es oben dargestellt habe».[17]

Kurz vor seinem Abschied erzählte Sergej Pankejeff seinem Analytiker noch, daß er mit einer Glückshaube zur Welt gekommen sei und sich deshalb immer für ein besonderes Kind gehalten habe, dem nichts Böses geschehen könne. Erst seine gonorrhoische Infektion, diese schwere Schädigung seines Körpers, die er als Kränkung seines Narzißmus und beinahe als Kastration empfand, ließ seinen Glauben, seine Zuversicht zusammenbrechen. Seine Glückshaube war also der Schleier, «der ihn vor der Welt und ihm die Welt verhüllte». Und wie anders war diese «Wunschphantasie der Weltflucht» zu übersetzen denn als Traum, dem unglücklichen Leben zu entkommen durch die Rückkehr in den Mutterleib? Dabei war bemerkenswert, daß der Schleier nur zu zerreißen schien im Moment der mittels eines Klistiers oder einer Darmspülung ermöglichten Stuhlentleerung. Nach Freuds Theorie war das ein symbolischer Begattungsakt, bei dem das «Kotkind» – der Wolfsmann selbst – geboren wurde, und war zugleich eine «verstümmelte, zensurierte Wiedergabe der homosexuellen Wunschphantasie», ein Abkömmling der Urszene.[18]

Freud hielt den Wolfsmann zuletzt für mehr oder weniger geheilt. Sergej Pankejeff konnte nun endlich die Frau heiraten, um die er lange heiß geworben, um derentwillen er so sehr mit sich gerungen hatte, eine ehemalige Krankenschwester, Therese, die er während seines Sanatoriumaufenthalts kennengelernt hatte. 1919 nahm Freud seinen Patienten, der infolge des Krieges und der Oktoberrevolution zum Flüchtling geworden war und Heimat und Vermögen verloren hatte, wieder in Behandlung, um mit ihm in einigen Monaten das letzte, noch nicht überwundene Stück von Übertragung zu bewältigen, wie er in einer Fußnote schreibt. Ein Honorar verlangte er dafür nicht. Es sollte nicht Pankejeffs letzte Analyse gewesen sein. Mitte der zwanziger Jahre überwies Freud ihn an seine Schülerin und Freundin Ruth Mack Brunswick. Für Freud war seine *Geschichte einer infantilen Neurose* ein weiteres Lehrstück in Sachen Technik, ein Beweis für den Satz, daß die Länge des Weges, den Patient und Analytiker zurückzulegen hatten, die Fülle des Materials, das dabei zu bewältigen war, nicht in Betracht kamen gegen den Widerstand, auf den man unweigerlich traf, ihm allenfalls proportional waren: «Es ist derselbe Vorgang, wie wenn jetzt eine feindliche Armee Wochen und Monate verbraucht, um eine Strecke Landes zu durchziehen, die sonst in friedlichen Zeiten in wenigen Schnellzugsstunden durchfahren wird, und die von der eigenen Armee kurz vorher in einigen Tagen zurückgelegt wurde.»[19]

Die Psychoanalyse war im Krieg, selbst an Freuds Sprache war dies spürbar. Abraham wunderte sich in seinem Lazarett darüber, wie wenig Neurotiker es doch gab; schwere Hysterien diagnostizierte er nur bei Leuten, die bei einer Explosion bewußtlos geworden waren. Ferenczi, den ähnlich alternierende Stimmungen befielen wie Freud, bemerkte, daß auch seine Libido für «Frau Austria» sich des öfteren in ihr Gegenteil verkehrte. Im Oktober 1914 rückte er zu den ungarischen Husaren ein, legte Verbände an und schnitt Furunkel auf, ordinierte gegen Husten und Bauchschmerzen und verbrachte seine freien Nachmittage mit der Niederschrift seiner Selbstanalyse. Von Pfister, der im Gegensatz zu den anderen Schweizern der Bewegung treu geblieben war, bekam er, wie er Freud schrieb, zahme, dumme Briefe, «sonst wird vor Kanonendonner die Stimme der Psa. in der Welt nicht gehört». Einstweilen war nur Sachs wegen seiner Kurzsichtigkeit für dienstuntauglich erklärt worden, und Rank, der sich nämliches erhoffte, wehrte sich wie ein Löwe gegen sein Vaterland. Aber schon im nächsten Jahr wurde er eingezogen und mußte als Redakteur einer Zeitung in Krakau dienen, wo er sich wie ein Gefangener fühlte und zeitweise unter schweren Depressionen litt. Und wie sollte man sich überhaupt Jones gegenüber verhalten, der nun zu den «Feinden» gehörte? Ja, er war freilich ihr Feind, mit dem Freud dennoch, über die Vermittlung von Freunden und Mitarbeitern, Briefe wechselte. Er war ein wenig mißmutig, daß dieser «mit der Borniertheit der Engländer» über den Ausgang des Krieges urteilte. Und er warnte ihn davor, den Zeitungen allzusehr zu glauben; es werde viel gelogen in dieser Zeit. Sie litten unter keinen Einschränkungen, keiner Epidemie und seien guter Dinge.[20]

In Wien hatte sich schon unmittelbar nach Kriegsausbruch eine Art Militärdiktatur etabliert, die als Zivildiktatur praktiziert wurde, mit Begrenzungen der Reisemöglichkeiten und Zensur von Presse, Brief- und Telefonverkehr. Die Arbeitslosigkeit war dramatisch angestiegen wegen des zusammenbrechenden Exports, und schon nach wenigen Tagen waren Lebensmittel knapp geworden. Überhaupt hatte sich der Krieg ganz anders entwickelt als erwartet. Der überhastete Zug gegen Serbien scheiterte schon im Ansatz, noch schlimmer sah es in Galizien aus. Anfang September ging Lemberg verloren, im Oktober standen die Russen in den Karpaten und bedrohten Ungarn. Von August bis Dezember fielen fast 200 000 Soldaten, eine halbe Million war verwundet. In Berlin dachte man bereits daran, Österreich-Ungarn fallenzulassen; warum sollte sich Deutschland für «Kamerad Schnürschuh» opfern? Ohnehin hatte es sich stets um ein Zweckbündnis gehandelt, doch einen anderen Partner als die «Austerungarn», wie sie der preußische Kriegsminister taufte, gab es nicht. Also sicherte man dem österreichischen Generalstabschef Franz Graf Conrad von Hötzendorf 1915 Hilfe im Osten zu, und tatsächlich führte die Mai-

Offensive zum Durchbruch mit dem legendären Sieg von Gor-
lice-Tarnów, Lemberg wurde zurückerobert. Dort kämpfte auch
Martin Freud.

Sein Vater glaubte weiter an einen Sieg der Mittelmächte. Als
er im Herbst 1914 Sophie in Hamburg besuchte, fühlte er sich
ganz deutsch und «zum ersten Mal nicht wie in einer fremden
Stadt». Er sprach vom Erfolg «unserer Anleihe» und den Chancen «unserer Millionenschlacht» – mit einer «leisen Erinnerung
einer früheren Riesenschlacht, die nach einigen Teilerfolgen öde
auslief». Damit war natürlich seine eigene gegen Jung gemeint,
wiewohl diese schon fast einer früheren Existenz anzugehören
schien. Dennoch, das Leben ging weiter, und manchmal konnte man den Krieg sogar vergessen. In Wien war sogar der Humor wiedererwacht, ein Uniform- und Modewarengeschäft
warb für «Feldgrau, die große Mode von 1914». In jenem
Herbst mußte Freud allerdings auch die traurige Nachricht ertragen, daß sein Bruder Emanuel bei einem Eisenbahnunfall
ums Leben gekommen war. Offensichtlich war er aus dem
Abteil gefallen, in dem er allein gereist war. Es kam jedoch zu
Spekulationen, er habe Selbstmord begangen angesichts der in
England herrschenden Feindseligkeit und sogar Gewalttätigkeit
gegen Deutsche oder solche, die einen deutschen Namen trugen. Freud selbst glaubte, daß sein so lebenskräftiger Bruder, der
81 geworden war wie der Vater, den Krieg nicht ertragen habe.
Die Art, wie Emanuel zu Tode gekommen war, mußte ihn, den
zeitweiligen Eisenbahnphobiker, natürlich besonders erschüttern; trotz des traurigen Ereignisses war das seltsame Verhältnis der Freuds zu jenem Verkehrsmittel nicht ohne Ironie, dem
Alexander wirtschaftliche Existenz und Professur verdankte,
für das Oliver eine Präokkupation entwickelte, Fahr- und Rei-
sepläne erstellte, nicht nur für die ganze Familie, sondern auch
für die Schüler und Freunde des Vaters. Freuds alter Zahlenaberglaube war durch den Tod Emanuels wieder bestätigt worden, aber vermutlich würde er das Sterbedatum von Vater und
Bruder nie erreichen, wenn sich dieser Krieg noch in die Länge
ziehen sollte. Am selben Tag, da er Ferenczi vom Tod des Bru-

ders berichtete, betrauerte er den Untergang der «Emden», «an die man sich förmlich attachiert hatte»; der deutsche Hilfskreuzer war am 9. November von einem australischen Kreuzer im Indischen Ozean versenkt worden.[21]

Selbst Lou Andreas-Salomé kann ihn in jenen Tagen nicht trösten. Die ewig Lebensverliebte glaubt, daß kein persönliches Schicksal sie so hatte bluten lassen wie dieser Krieg, und hernach werde man niemals wieder froh sein. Freud antwortet ihr, er zweifle nicht daran, daß die Menschheit auch diesen Krieg überwinde, «aber ich weiß sicher, daß ich und meine Altersgenossen die Welt nicht mehr froh sehen werden». Das Traurigste daran sei, daß die Ereignisse genau den Vorstellungen der Psychoanalyse vom Menschen und seinem Benehmen entsprächen: Da «wir die gegenwärtig höchste Kultur nur mit einer enormen Heuchelei behaftet sehen, so taugen wir organisch nicht für diese Kultur. Wir haben abzutreten, und der oder das große Unbekannte hinter dem Schicksal wird ein solches Kulturexperiment einmal mit einer anderen Rasse wiederholen.» Die Wissenschaft sei nur scheintot, «aber die Humanität scheint wirklich tot zu sein».

Dennoch blieb der Prophet auf einem Auge blind. Das deutsche Volk habe sich in diesem Schlachten noch am besten benommen, tröstete er sich – «vielleicht weil es so siegesgewiß ist. Der Kaufmann vor dem Bankerott ist immer ein Betrüger.»[22] Es dauerte lange, bis der Mann, der sich selbst, der der Welt ihre Illusionen nahm, sich von dieser verabschiedete. Noch 1916 munterte er seine Tochter Sophie auf, sie solle fröhlich sein; Hindenburg habe gerade erklärt, die Aussichten ständen gut. Er hangelte sich weiter von Sieg zu Sieg, von Hoffnung zu Hoffnung, auch wenn er sich zur Nüchternheit zwingen wollte: Im Januar 1915 war Martin, ein «schmucker Korporal», an die galizische Front beordert worden, und «mit aller Klarheit» wollte der Vater sich dem Zweifel stellen, ob und wie man sich wiedersehe. Der Sohn betrachtete den Krieg nach wie vor als eine Art Sportausflug. Also konzentrierte Freud sich auf praktische Angelegenheiten. Im Traum hatte er den Sohn in einer dick gefütterten Pelzweste gesehen: Martin sollte sich vor Krankheiten schützen, man mußte vor den Epidemien beinahe mehr Respekt haben als vor den Kugeln. Cholera, Fleckfieber und Typhus wüteten, und man konnte wenigstens versuchen, dagegen ein paar, wenngleich fast lächerlich hilflose, Maßnahmen zu ergreifen. Freud schickte seinem Sohn 200 Kronen, und Martin ließ sich tatsächlich jene Traum-Weste anfertigen, die ihn während des ganzen Krieges warm hielt und ihm erst in der Gefangenschaft in Italien gestohlen wurde.[23]

Doch selbst sein «unverbesserlicher, lieber Optimist» Abraham droht gelegentlich, die Zuversicht zu verlieren. Aber, Coraggio Casimiro, meldet Wien zurück, vielleicht wird die Blokkade gegen England im Februar 1915 den ersehnten Erfolg bringen; das war in Wirklichkeit nichts anderes als der Versuch, die englische Blockade gegen Deutschland zu brechen, der Beginn des U-Boot-Kriegs. Der Ausruf «Coraggio, Casimiro», den die beiden Strategen in Berlin und Wien immer wieder zitieren, ging auf eine Anekdote Abrahams zurück: Er hatte mit zwei Führern eine Bergtour gemacht; als Proviant hatten diese rohes Fleisch mitgenommen. Nachdem sie es auf der Hütte zubereitet hatten, ermutigten sie einander gegenseitig zum Essen des übelriechenden Fleisches mit den Worten «Coraggio, Casimiro», nur Mut, und in Ungarn reitet Ferenczi tapfer für die Psychoanalyse: Auf gemeinsamen Ausflügen zu Pferde therapiert er seinen Kommandanten – das war «also die erste hippische Analyse in der Weltgeschichte»!

Freuds Herz aber ist «bei den Dardanellen, wo sich vielleicht das Schicksal Europas entscheidet», wo die Ententemächte gegen die Türkei kämpfen und nach ihrer fehlgeschlagenen Marineoperation auf der Halbinsel Gallipoli fast 180 000 Mann verlieren gegen die Truppen des Osmanischen Reichs, die allerdings fast doppelt so viele Tote haben. Sein Herz ist auf der Nordsee, die man lange nicht mehr befahren wird, es ist in dem «klassischen Land», das vermutlich in den nächsten Tagen den Krieg erklären wird. Die Stätten, die ihm am liebsten waren, sollten ihm fortan verschlossen bleiben; im Mai 1915 erklärte

Italien Östereich-Ungarn den Krieg.[24] Dennoch, Freuds Bewunderung für den «großen Bundesgenossen» Deutschland wächst täglich. Vielleicht kann er sich sogar mit den sechs bis acht Analysestunden abfinden, er war «zehn gewöhnt!» Die «schönen Siege» im Osten steigern seine Arbeitsfähigkeit, so daß er schon tief in der elften von zwölf geplanten metapsychologischen Abhandlungen steckt, im Sommer fast damit zu Ende ist.

Aber von der galizischen Front kommen, trotz militärischer Erfolge, auch schlechte Nachrichten. Ferenczis Regiment hat fürchterliche Verluste gehabt in der Bukowina; einem jungen Kadetten haben die angreifenden Tscherkessen sogar den Penis abgeschnitten und in den Mund gesteckt. Freud träumt, in der Nacht vom 8. auf den 9. Juli, vom Tod seiner Söhne, Martin voran, merkwürdigerweise ganz ohne Trauergefühl. Und so hofft er zunächst, gegen alle bösen Geister recht zu behalten. Am 21. trifft eine zehn Tage alte Karte Martins ein, der bei einem Zusammenstoß mit einer russischen Patrouille einen Streifschuß in den Arm abbekommen hat: «Also ist die Prophezeiung bereits fehlgegangen. Um so grobe Dinge handelt es sich wohl nicht.» Nein, in seinem Todestraum regte sich «der Neid gegen die Jugend, den der Gealterte im Leben gründlich erstickt zu haben glaubt».[25]

Ernest Jones hat Martin Freud später gefragt, ob er sich an jenen Vorfall erinnern könne. Wie sollte er? «Jedesmal, wenn man seinen Kopf aus dem Graben steckte, bekam man eine Kugel in die Mütze»[26], sagte er. «Die Wahrheit ist», schrieb er selbst, «daß ich damals die glücklichste Zeit meines Lebens verbrachte.» Dabei gedachte er der Definition des Vaters, daß Glück die Erfüllung eines Kinderwunsches sei. Und in seinen Kinderträumen war er der strahlende Reiter gewesen, der auf seinem wunderbaren Schlachtroß in eine befreite Stadt einzieht und «von den sehr schönen, befreiten Jungfrauen mit Blumen und Küssen willkommen geheißen» wird. Und die Wirklichkeit war noch viel bunter, die Mädchen waren noch schöner und er war «tatsächlich vollständig glücklich». Er mystifizierte den Großen Krieg nicht zu trunkener Stimmung von Rosen und

Blut, nichts war darin von Sehnsucht nach dem Ungewöhnlichen; er liebte ganz einfach, trotz Hungers und Not, die Gefahr und die Mädchen, so «feenhaft» schön, leichtsinnig und entgegenkommend.[27]

Nach dem Durchbruch im Osten, bei dem Galizien 1915 zurückerobert wurde und die Russen Russisch-Polen, Litauen, Kurland und die westliche Ukraine verloren, ein Gebiet, so groß wie Frankreich, stand man in einem völlig fremden Land: «Innerstes Rußland, ohne Abglanz mitteleuropäischer Kultur, Asien, Steppe, Sumpf, raumlose Unterwelt und eine gottverlassene Schlammwüste», faßte ein deutscher Leutnant seine Eindrücke zusammen. Und die Deutschen schätzen ihren «Kamerad Schnürschuh» dabei immer weniger, weder die militärischen Leistungen dieser so mangelhaft ausgerüsteten Truppen noch die politischen Ziele der Führung; vor allem über Polen konnte man sich nicht verständigen. Martin Freud erinnerte sich später an eine Begegnung mit einem Reiter, den er für einen Kosaken hielt und mit der Pistole bedrohte; gerade noch rechtzeitig entdeckte er, daß sein Gegner ein deutscher Ulan war. Man grüßte sich ohne Freundlichkeit, «ein Beispiel für die schwierige Partnerschaft zwischen Österreich und Deutschland».

In Lublin wurde Martin vom einfachen Kadetten zum Fähnrich befördert. Als seine Oberen ihm gratulierten, verwickelten sie ihn in eine freundliche Unterhaltung über die Juden der Stadt: «Sie werden es nicht glauben, welche Preise diese Verbrecher für alles, was unsere Männer dort kaufen, fordern. Das Beste wäre, wenn alle unsere Kanoniere in die Judenviertel gingen, um ihnen die Köpfe einzuschlagen.»[28] Das dämpfte das Glück des Eroberers. Es waren gerade die Juden gewesen, in Österreich wie in Deutschland, die den Krieg unterstützt und oft über das Maß der Pflicht hinaus ihre Kräfte dem Vaterland gewidmet hatten. Sie hofften, damit die antisemitische Hetze vom Juden als schlechten Soldaten zu widerlegen; sie hofften auf eine Zukunft ohne Parteien, ohne Glaubensgrenzen und rassistische Vorurteile. Ihr Enthusiasmus war auch geschürt worden durch die Propaganda, die geschickt die Abneigung gegen das zaristische Rußland nutzte, die Heimat der Pogrome und der Unterdrückung. Tatsächlich fand die Tapferkeit der jüdischen Soldaten sogar Anerkennung bei den Erzherzögen und den höheren Beamten der Armee; die Militärzensur unterdrückte bis 1918 antisemitische Artikel in den Zeitungen. «Kaiser Franz Joseph und nach ihm Kaiser Karl haben den Juden bei jeder sich bietenden Gelegenheit den Dank für ihr Verhalten ausgesprochen», schrieb Irene Harand, tiefgläubige Katholikin, konservative Befürworterin des Ständestaats und Begründerin der «Weltbewegung gegen Rassenhaß und Menschenmord», später kurz «Harand-Bewegung» genannt, in ihrem 1935 veröffentlichten Buch *Sein Kampf*.

In Wahrheit hatte der Antisemitismus auch während des Kriegs keine Pause gemacht. In Deutschland wurde 1916 die berüchtigte «Judenzählung» durchgeführt, zum «Nachweis der beim Heere befindlichen Juden», mit der angeblich der Vorwurf der «Drückebergerei» entkräftet werden sollte. Ihr Patiotismus wurde bitter verhöhnt, tatsächlich wurde der Krieg zu einer besonderen Katastrophe für die Juden. Es kam zur größten Einwanderungswelle jüdischer Flüchtlinge aus dem Osten, bereits 1915 hatten 340 000 Galizien verlassen, fast die Hälfte davon fand Asyl in Wien. Die ohnehin bedrohliche Lebensmittel- und Heizmaterialknappheit verschlimmerte sich, nur die alte Hetze fand neue Nahrung. An der Front brachte die Begegnung mit den Ostjuden die assimilierten jüdischen Soldaten in das alte Dilemma: Nur wenige wie Arnold Zweig, Freuds späterer Freund, brachten Sympathie auf für die zerlumpten Verwandten, die so «unverzerrbar und unablenkbar auf Güte, Herzlichkeit und Offenheit gerichtet» waren. Der Tagebuchschreiber Victor Klemperer hingegen, der als Unteroffizier im Osten diente, dankte seinem Schöpfer dafür, Deutscher zu sein: «Nein, ich gehöre nicht zu diesen Menschen, und wenn man mir hundertmal Blutsverwandtschaft mit ihnen nachwies.»

In Wien lebte Freud in der Hoffnung, «eine unparteiische Geschichtsschreibung werde dereinst den Nachweis erbringen, daß gerade diese Nation, die, in deren Sprache wir schreiben, für deren Sieg unsere Lieben kämpfen, sich am wenigsten gegen die Gesittung vergangen habe».²⁹ Noch immer schien er, inmitten der allgemeinen Barbarei, an seine Deutschen zu glauben. Gleichwohl waren die beiden im Frühjahr 1915 begonnenen Aufsätze, die später unter dem Titel *Zeitgemäßes über Krieg und Tod* zusammengefaßt wurden, ein Versuch, mit den großen Menschheitsillusionen, auch mit den eigenen, endlich fertig zu werden – und zugleich einen Halt zu finden in der Nüchternheit und Klarheit des Denkens. Man war, das gesteht er gleich im ersten Satz, irre geworden am eigenen Urteil, «von dem Wirbel dieser Kriegszeit gepackt, einseitig unterrichtet, ohne Distanz von den großen Veränderungen, die sich bereits vollzogen haben oder zu vollziehen beginnen, und ohne Witterung der sich gestaltenden Zukunft». Selbst die klarsten Geister waren verwirrt, die Wissenschaft, so schreibt er traurig, hatte ihre «leidenschaftslose Unparteilichkeit verloren», ihre Diener hatten ihr die Waffen entnommen, um den Feind zu bekämpfen.³⁰ Er meinte die Anthropologen und die Psychiater, die ihre Gegner für degeneriert und minderwertig erklärten; er dachte ganz gewiß auch an die Chemiker, Physiker und Ingenieure, die ihre Wissenschaften in den Dienst des Krieges gestellt hatten. Ende April 1915 hatten die Deutschen den Giftgaskrieg begonnen, dessen Initiator und Organisator der spätere Nobelpreisträger Fritz Haber war.

Jedenfalls war – so der Titel des ersten Aufsatzes – die *Enttäuschung des Krieges* die Zerstörung und Selbstzerstörung einer Zivilisation, an die man trotz aller warnenden Stimmen hatte glauben wollen: an das gemeinsame, neue, größere Vaterland der «Kulturvölker» mit seinen Landschaften, auf denen große historische Erinnerungen ruhten, dieses mit allen Schätzen der Kunst gefüllte Museum, durch dessen Säle man wandern konnte, um «in parteiloser Anerkennung» festzustellen, «was für verschiedene Typen von Vollkommenheit Blutmischung, Geschichte und die Eigenart der Mutter Erde (...) ausgebildet hatte».³¹ In jener so elegisch beschriebenen Welt, die nun unterging, hatte man sich den Krieg, wenn überhaupt, als eine Art «ritterlichen

Waffengang» vorgestellt, unter möglichster Vermeidung des Leidens und mit allen Rücksichten gegen die nicht kriegführenden Teile der Bevölkerung. Hatte er das, fast so naiv wie Martin, wie viele, die meisten anderen, wirklich geglaubt? Nein, er wollte abrechnen mit der Romantisierung des Krieges: Dieser Krieg war ebenso grausam, erbittert, schonungslos wie irgendein früherer, und er war blutiger und verlustreicher infolge der immer schlagkräftigeren Waffen. Und er hatte einen kaum begreiflichen Haß und Abscheu hervorgebracht: «Ja, daß eine der großen Kulturnationen so allgemein mißliebig ist, daß der Versuch gewagt werden kann, sie als ‹barbarisch› von der Kulturgemeinschaft auszuschließen, obwohl sie ihre Eignung durch die großartigsten Beitragsleistungen längst erwiesen hat.»[32] Sein Herz schlug immer noch deutsch, wie sollte es auch anders sein. Ratlos stand auch er da, ein Kulturbürger einer ihm fremd gewordenen Welt.

Aber Freud zwingt sich zu der intellektuellen Strenge, die den Glauben an die Welt von gestern, die Welt der Sicherheit als schönen Wahn entlarven mußte: Die gegenwärtige Kultur habe die Heuchelei «in außerordentlichem Umfange begünstigt». Man könne sogar behaupten, sie sei darauf aufgebaut – «es gibt also ungleich mehr Kulturheuchler als wirklich kulturelle Menschen». Vielleicht war dies sogar unerläßlich, vielleicht war dies die einzige Möglichkeit, das bisher Erreichte aufrechtzuerhalten, die einzige Hoffnung, einer neuen Generation einen besseren Weg offenzulassen. So waren Kränkung und Enttäuschung über das «Benehmen unserer Weltmitbürger» in diesem Krieg unberechtigt: «In Wirklichkeit sind sie nicht so tief gesunken, wie wir fürchten, weil sie gar nicht so hoch gestiegen waren, wie wirs von ihnen glaubten.» Nachdem die «menschlichen Großindividuen», die Völker und Staaten, die moralischen Schranken fallengelassen hatten, nahmen sie dies zur «Anregung», sich des Drucks der Kultur zu entledigen und ihren mühsam gebändigten primitiven Trieben Befriedigung zu gönnen.[33] Der Mensch ist selten im ganzen gut oder böse, das lehrte dieser Krieg. Das hatte die Psychoanalyse gelehrt, die immer wieder das Miteinander von Lieben und Hassen beobachtete; man hatte die Macht der Intelligenz überschätzt und ihre Abhängigkeit vom Gefühlsleben übersehen. Warum auch in Friedenszeiten Haß und Verachtung durchbrachen, warum der einzelne alle sittlichen Erwerbungen auslöschte und, im Rausch der Masse, nur die primitivsten und rohesten seelischen Einstellungen übrigblieben, das konnte Freud nicht erklären, noch nicht.

Er hatte einstweilen nur den Trost der Psychoanalyse zu bieten, ihre Forderung nach etwas mehr Wahrhaftigkeit und Aufrichtigkeit und die Hilfestellung, die sie dazu leisten konnte. Vielleicht würden sich dann auch die Beziehungen der Menschen untereinander wandeln. Und Aufrichtigkeit bedeutete, den Tod nicht länger zu leugnen, ihn nicht mehr aus der Wirklichkeit zu bannen. Auch das lehrte der Große Krieg, man mußte an den Tod glauben. Der moderne Mensch war im tiefsten Innern nicht anders als der Urmensch, von mörderischen Wünschen erfüllt, ein leidenschaftliches Wesen, «grausamer und bösartiger als andere Tiere». Weder das persönliche Gewissen noch seine institutionalisierten Formen, Recht, Gesetz und Umgangsregeln, änderten etwas daran: Unser «Unbewußtes mordet selbst für Kleinigkeiten». Nur hat jene «Rotte von Mördern» das Glück, daß nicht alle ihre Wünsche die Kraft besitzen, die ihnen die prähistorischen Menschen noch zuschrieben.[34] Der Krieg aber hat alle späteren Kulturentwicklungen abgestreift, und der Krieg ist nicht abzuschaffen, «solange die Existenzbedingungen der Völker so verschieden und die Abstoßungen unter ihnen so heftig sind, wird es Kriege geben müssen». Nichts anderes hatte sich nunmehr gezeigt, als daß man mit der bisherigen Einstellung zum Tod psychologisch über den eigenen Stand gelebt hat. Also besser, man hielte inne und sähe der Wahrheit ins Auge, die allein das Leben, das zu ertragen doch die erste Pflicht ist, wieder erträglich machen kann. Und wandelte, wie Freud es tut, das alte «Si vis pacem para bellum» – Wenn du den Frieden erhalten willst, so rüste zum Krieg – zeitgemäß ab: «Si vis vitam, para mortem» – Wenn du das Leben aushalten willst, richte dich auf den Tod ein.[35]

Er ahnte nicht, wie mächtig seine scheinbar so wohlfeilen Trost-
worte werden sollten. Ferenczis Prophezeiung war falsch. Die
Psychoanalyse ging nicht im Kanonendonner unter, der Krieg
wurde zu ihrem Siegeszug. Einstweilen jedoch führte Freud einen Privatkrieg um sein Lieblingskind. Er saß in seinem persönlichen Schützengraben, spekulierte und schrieb, für sich selbst
und für die «fünf Leute in der Gegenwart», die Mitglieder seines Geheimkomitees. Und nach «schweren Kämpfen durch die
erste Reihe der Rätsel und Schwierigkeiten» schien er gut voran-
zukommen. Schon im Dezember 1914 hatte er Ferenczi ver-
melden können: «Angst, Hysterie und Paranoia haben kapitu-
liert.»[1]

Das war, wie so vieles in jenen Jahren, voreiliges Triumph-
geschrei. Freud hatte sich angeschickt, Gebiete zu erobern, auf
die er schon seit den neunziger Jahren, seit seiner Freundschaft
mit Fließ, Anspruch erhob. Bereits damals hatte er von einer
«Metapsychologie» geträumt, die «hinter das Bewußtsein» führe. Der Begriff war polemisch gewählt, sein Unternehmen sollte ein Streich gegen die Metaphysik werden, ein Versuch, deren
Konstruktionen zu berichtigen und die Idee einer übersinn-
lichen Realität in die wissenschaftliche Psychologie des Unbewußten zurückzuverwandeln. Während der Arbeit schien
Freud, wie selten zuvor, voller Selbstvertrauen und Selbstironie:
Vielleicht hing seine Produktivität, schreibt er Ferenczi im
April 1915, mit seiner so großartig verbesserten Darmtätigkeit
zusammen, einer Folge des harten Kriegsbrots und seiner notwendig veränderten Einstellung zum Geld. Aber am Ende sollten von den angekündigten zwölf Abhandlungen nur fünf erscheinen, und nur die ersten drei davon in jenem Jahr. Schon

allein darum gewannen jene Aufsätze in der Geschichte der Psychoanalyse eine fast mythische Aura. Was war schiefgegangen? Hatte er die anderen sieben vernichtet? War Freud an eine Grenze gestoßen, eine innere, eine theoretische? «Kriegsgreuel, wie manches andere», nennt er seine «Metapsychologie».

«Der Fortschritt der Erkenntnis duldet aber auch keine Starrheit der Definitionen», warnt er schon im ersten Essay über *Triebe und Triebschicksale* und spricht, das Beispiel der Physik zitierend, vom stetigen Wandel inhaltlicher Festlegungen.[2] Im wesentlichen zieht er sich jedoch auf frühere Erkenntnisse zurück, auf seine Ideen vom «Trieb» als «Grenzbegriff zwischen Seelischem und Somatischem», als psychischem «Repräsentanten der aus dem Körperinnern stammenden, in die Seele gelangenden Reize» – im ökonomisch-energetischen Sinn als «Maß der Arbeitsanforderung, die dem Seelischen infolge seines Zusammenhanges mit dem Körperlichen auferlegt ist».[3] Diese Arbeit bedeute, dem Konstanzprinzip zufolge, die anlangenden Reize wieder zu beseitigen oder auf ein möglichst niedriges Niveau zu setzen. Dabei unterscheidet Freud wiederum zwischen den Ich- oder Selbsterhaltungstrieben und den Sexualtrieben, nur schränkt er diesen Dualismus nun im Sinne seiner neuen Narzißmuslehre ein, wonach auch die Ichtriebe libidinös sind. Jederzeit aber konnte es zwischen diesen Trieben zu Konflikten kommen. Der Haß scheine dabei älter als die Liebe zu sein, denn «er entspringt der uranfänglichen Ablehnung der reizspendenden Außenwelt von seiten des narzißtischen Ichs».[4]

Der zweite der Aufsätze gilt der *Verdrängung*, diesem eigentlichen Grundpfeiler der Psychoanalyse. Und doch war gerade sie, die ihrem Wesen nach in der «Abweisung und Fernhaltung von Bewußtem» bestehe, so schwer zu definieren. Denn es handelte sich um kein einmaliges Geschehen mit Dauererfolg, vielmehr könne sich die Verdrängung sowohl gegen etwas richten, das früher einmal bewußt gewesen sei, als auch gegen etwas, das gerade im Begriff sei, bewußt zu werden. Freud findet dafür das schöne Gleichnis, der Unterschied läge etwa darin, ob man einen unliebsamen Gast aus dem Salon oder dem Vorzimmer befördere oder ob man ihn, nachdem man ihn erkannt habe, erst gar nicht über die Schwelle lasse.[5] Er führt eine Reihe von Beispielen aus seiner Praxis an, die Tierphobie des kleinen Hans, die Zwangsneurose des Rattenmanns, Doras Hysterie. Aber er vermag, das gesteht er offen ein, keine theoretische Antwort darauf zu geben, warum eine Triebregung einem solchen Schicksal verfallen muß, warum sie, die doch nach Lust drängt, in Unlust verwandelt wird.

Das Verdrängte jedenfalls durfte, davon handelt der dritte Aufsatz, nicht mit dem «Unbewußten» gleichgesetzt werden; es war nur ein Teil desselben. Mit dieser Abhandlung kehrt Freud zurück zum siebten Kapitel der *Traumdeutung*, in dem er die Unterscheidung zwischen Bewußtem, Vorbewußtem und Unbewußtem getroffen hatte. Aber er kann die Existenz des letzteren nunmehr als unabdingbar formulieren, nachzuweisen an Träumen, am Hypnotismus, an Fehlhandlungen. Dies dynamische Unbewußte ist für ihn voller Widersprüche, die sich keiner Logik und keiner zeitlichen Ordnung fügen. Die Seele bleibt ein Schlachtfeld.

Freuds Stimmung war so schwankend wie eh und je in dieser ganzen Zeit, es mußte bald zu einer Kriegsentscheidung kommen, und eine friedliche schien nicht in Sicht. Aber Karlsbad ist auch in diesem Sommer 1915 behaglich, man schämt sich beinahe, sich soviel zu gönnen, denn hier ist die Kost, wenngleich auf Brotkarte, noch immer gut und auch nicht viel teurer, allein die Mehlversorgung scheint bedroht. Nur die Mode hat sich ein wenig geändert: «Offiziere mit eisernen Kreuzen statt der ladies in verrückten Gewändern.» Die Kinder zu Hause machen ihm viel Freude: Anna hat ihre Prüfung als Volksschullehrerin bestanden und auch schon einen Vertrag gehalten; sie wird Unterricht an ihrer eigenen alten Schule geben. Oli ist inzwischen diplomierter Ingenieur in fester Stellung, demnächst will er sogar heiraten, eine Medizinstudentin, Ella Haim, die er auf einer Ägyptenreise kennengelernt hat, eine sehr sympathische junge Frau, wie Freud findet. Doch wie sollte dieses ehrgeizige, aus reicher Familie stammende Mädchen die Beschwerden des Le-

bens mit einem Mann ertragen, der demnächst zum Baracken-
bauen nach Bessarabien einbestellt wird?

Sein eigenes Befinden ist eigentlich am meisten getrübt durch
die Verleihung des Nobelpreises für Medizin. Es ärgert ihn
regelrecht, daß er ausgerechnet an den Mediziner Robert Bára-
ny für seine Arbeiten über das Gleichgewichtssystem gegangen
war, den Mann, den er seinerzeit als Schüler abgewiesen hatte,
weil er ihm zu «abnorm und unsympathisch» erschienen war.
Ihm selbst läge ja nur am Preisgeld und an ein wenig Achtung,
aber wie soll man die erhalten, «wenn man 7/8 der Welt gegen
sich hat».[6] Und natürlich ist da auch die bleibende Furcht um
seine anderen Kinder, seine «Krieger». Am wenigstens gilt sie
seltsamerweise Martin, der nicht nur einen Streifschuß am Arm
abbekommen hatte, sondern dem auch die Kappe bei einem anderen Vorfall durchschossen worden ist. Außerdem hat sein
Major ihn, den einzigen Juden des Regiments, zum «Saujuden»
befördert. Er hatte ihn nicht gemeldet, der Mann hätte zuviel
Chancen gehabt, ihn durch einen geeigneten Auftrag zu beseitigen: «Das Umgebrachtwerden ist ja überhaupt nur eine Funktion der Zeit».[7] Viel mehr Sorgen bereitet Freud sein prächtiger
Ernst, der aus Galizien an die italienische Front befördert wird
und nun oberhalb von Triest friert. Während einer schweren
Beschießung hat er als einziger seines Geschützes überlebt, weil
er zu der Zeit nicht in seinem Unterstand war, und das «Höl-
lenfeuer» über Monfalcone hat seither schon wieder kräftig begonnen: «Wüßte man nur sicher, daß das Glückhaben eine kon-
stante Eigenschaft des Menschen ist!»[8] Nun war seine erste
Arbeit als Architekt wohl der Entwurf des Grabdenkmals für
seine Mannschaft.

Olivers Hochzeit fand nach seiner Einberufung im Dezember statt, es war eine typische Kriegstrauung; für Geschenke
war kein Platz in seiner Baracke in den Karpaten. Aber immerhin trafen sie anläßlich des Ereignisses mit Rainer Maria Rilke
zusammen, der in Wien für ein halbes Jahr Militärdienst leistete, bis er aus Gesundheitsgründen entlassen wurde. Ella begleitete Oliver in seinen Dienst, wurde schwanger und hatte im

März einen Abortus. Noch im Herbst, nach nicht einmal einem Jahr der Ehe, ließen sie sich wieder scheiden; sie wollte ihr Medizinstudium fortsetzen. Der alte Seher Freud hatte das Scheitern des «interessanten Eheexperiments» schon im April vorausgesagt. Eigentlich wußte er von vornherein darum: Niemals würde sich Oli neben seiner selbstbewußten Frau mit der Rolle eines Prinzgemahls begnügen. Und Ferenczi, der sich ja auch von Oliver seine Fahrpläne und Reiserouten zusammenstellen ließ, wußte das nur zu gut; da war trotz seines genialen Wesens ein gutes Stück Neurose in seiner Ordnungsliebe, seiner Sucht, die Welt zu katalogisieren. Am bedenklichsten war sein «Mangel an Schmiegsamkeit, der ihn intolerant gegen weibliche Schwächen und unfähig machen wird, eine Enttäuschung zu vertragen und ohne Schaden zu beenden»[9]. Im April, schreibt er dem Freund in Budapest, mußte er dem Sohn beibringen, «daß er seine bevorstehende Ehescheidung als einen Glücksfall zu betrachten hat». Freud selbst schien diese kurze Episode einer Ehe später fast vollständig vergessen zu haben. Zu Marie Bonaparte meinte er einmal, er sei in seinem Privatleben eher kleinbürgerlich, er sehe es nicht gerne, wenn einer seiner Söhne sich scheiden ließe oder eine seiner Töchter eine Affäre habe.

Auch im Privatleben seiner Schüler mochte er solche Wirrungen nicht. Am meisten bekam dies wieder einmal Ferenczi zu spüren, sein wichtigster Patient in jenen Jahren, der so froh darüber war, die unendliche Analyse und Selbstanalyse in Briefen und auf gelegentlichen gemeinsamen Reisen nun zumindest für einige Zeit, im September 1914 und später noch einmal für ein paar Wochen 1916, auf Freuds Couch fortsetzen zu können. Er war noch immer, trotz aller Ereignisse, hin- und hergerissen zwischen seiner langjährigen Geliebten Gizella Pálos und deren Tochter Elma. Und Freud ließ es sich nicht nehmen, den Heiratsvermittler zu spielen. Nein, er mochte diese Elma nicht, die ihm Ferenczi einst, 1912, für eine dreimonatige Behandlung aufgezwungen hatte, und er riet dem Freund mit den Worten Shakespeares: «In dieser Laun' ist kaum ein Weib zu freien!» Ferenczi selbst schien damals den Gedanken an eine Heirat mit Elma aufgegeben zu haben, sah sie als eine Kranke, zwangsverliebt in ihre Ärzte, und nahm sie wieder selbst in Behandlung: Sie mußte erst durch den «Schmelzofen der Analyse», durch den Test der «absoluten Ehrlichkeit», bevor man an Ehe denken konnte. Sie bestand das Expiment wohl nicht – und heiratete 1913 einen amerikanischen Kunsthändler, trennte sich kurz danach von ihm, ließ sich jedoch nie scheiden. Freud fühlte sich persönlich gekränkt durch Ferenczis Schwanken. Gegenüber Frau Gizella beklagte er sich, der Freund habe ihm sehr weh getan und ihn zu falschen Ratschlägen genötigt. Aber das sollte kein Vorwurf sein, es war «ein natürliches Verhängnis wie in der Ödipusgeschichte», und so sollte sie es auch nehmen: «Ich verstehe die Tragödie des Alterns, sie ist ja auch die meine. Die harte Wahrheit lautet, daß die Liebe nur für die Jugend ist und daß man verzichten muß, als Frau bereit sein muß, seine Opfer mit Undank vergolten zu sehen.» [10] Vermutlich lag Ferenczis Unentschiedenheit, seiner Grausamkeit und Härte gegen die Geliebte eine infantile Rache an der Mutter, ein fortgesetzter Kampf gegen seine Fixierung auf diese zugrunde.

Freud nahm ihn ungern in Analyse, den Mann, der sich inzwischen neben seinen üblichen Hypochondrien die Nase mit Kokaineinpinselungen und Operationen behandeln ließ, wie er selbst vor zwanzig Jahren, aber vor allem fürchtete er, seinen unentbehrlichsten Helfer, seinen «Großwesir» durch die auf der Couch enthüllten unangenehmen Wahrheiten zu verlieren. Noch im Sommer 1913, zu Ferenczis vierzigstem Geburtstag, hatte er versucht, ihn zu trösten: «Für jeden von uns nimmt das Schicksal die Gestalt einer (oder mehrerer) Frauen an, und Ihr Schicksal hat einige sehr kostbare Züge.» [11] Das galt Gizella. Ferenczi leidet weiter unter Nasenproblemen. Freud schimpft: Ob man eine Frau liebe oder nicht, müsse man auch bei verstopften Nasenlöchern entscheiden können. Aber Ferenczi schreibt weiter, all die Jahre, fast tägliche Bulletins, Berichte eines Kranken, eines Liebeskranken, der inzwischen glaubt, an Morbus Basedo zu leiden; vielleicht war er tatsächlich davon betroffen. Freud interpretiert seine Hemmung, Gizella zu heiraten, 1915 endgültig als Widerstand – gegen die Erfüllung des verdrängten Wunsches, sich der Mutter in aller Form zu bemächtigen.

Im Grunde schien Freud mehr Interesse an dieser Heirat zu haben als Ferenczi selbst. So schreibt er Anfang 1917 an Gizella, daß es, seit er sie kenne, sein dringender Wunsch gewesen sei, sie mit dem Freund vereinigt zu wissen: Er habe an dessen Verwirklichung «mit den wechselndsten Mitteln gearbeitet, direkt und indirekt, im freundschaftlichen Verkehr und durch die Analyse». Natürlich zeigte Gizella Ferenczi diesen Brief. Und der erfüllt Freud endlich seinen Wunsch: «Ihr Wille wird geschehen.» Aber erst zwei Jahre später, im März 1919, heiraten sie, eine Frau von 54 Jahren und ein Sechsundvierzigjähriger. Am selben Tag, noch vor der Zeremonie, erfahren sie, daß Gizellas ehemaliger Mann, Géza Pálos, an einem Herzschlag gestorben ist.[12] Auch Freud fand daran etwas Dämonisches. Doch kann er in seinem Gratulationsbrief seine Befriedigung darüber nicht unterdrücken, daß sie endlich ihre Vereinigung und eine «halblebenslange Ehe» durchgesetzt haben; endlich ist seine Sorge um diese beiden beschwichtigt. Auf Ferenczis innerem Kriegsschauplatz sollte es keinen Frieden geben. Zwei Monate nach der Hochzeit, im Mai, dankt er Freud für seine Sorgfalt, sein Wohlwollen – seine Liebe. Und gesteht ihm zugleich seinen nicht zu überwindenden Widerstand, ja Groll ein, daß er ihm Elma ausgeredet hatte. Aber als «getreuer ‹Sohn›» sei er dennoch allen Ratschlägen gefolgt, selbst wenn die Ehe, unter so ungewöhnlichen und tragischen Umständen geschlossen, anfänglich die «erhoffte innere Festigung» nicht brachte. Nun erschöpfe sich allmählich sein Widerstand, nun ist er bereit, den freimütigen Verkehr mit Freud wieder aufzunehmen, vielleicht sogar erst wirklich zu beginnen. Jedenfalls fühlt er sich innerlich versöhnt mit ihm, der doch, bitte, auch in Zukunft nicht die Geduld mit ihm verlieren möge. «Genüge die Andeutung, daß ich erst jetzt erfahren habe, wie sehr ich Sie vermissen kann», war Freuds Antwort.[13]

Freud war noch mürrischer denn gewöhnlich, als ihm seine Wiener im Mai 1916 zum Geburtstag, immerhin seinem sechzigsten, gratulierten; er haßte diese Feierlichkeiten ohnehin. Und sie hatten ihm so viele Blumen geschickt, daß er auf Beerdigungskränze keinen Anspruch mehr erheben könne, und Hitschmann hatte ihm eine Rede zugedacht, so rührend und preisend, daß er nunmehr verlange dürfe, dereinst ohne Grabrede beerdigt zu werden. Er fühle sich an der Schwelle zum Greisenalter, gestand er Eitingon. Er litt unter seinen üblichen Magen- und Darmbeschwerden, hatte eine schwere Grippe hinter sich und mußte wie alle Wiener Kälte und Lebensmittelmangel erdulden. Vor allem sein geliebtes Fleisch, seine bevorzugte Nahrung, mußte er entbehren. Doch am meisten quälte ihn die Tabakabstinenz, zeitweise waren die Zigarren knapp geworden. Er sei böswillig und müde geworden, schrieb er Ferenczi 1917, nachdem er am Vortag die letzte geraucht hatte, sogar Herzklopfen habe er bekommen und eine «Steigerung der seit den schmalen Tagen bemerkbaren schmerzhaften Gaumenschwellung (Carcinom? etc.)». Aber da brachte ihm ein Patient fünfzig Zigarren, er zündete sofort eine an, wurde heiter, und die Schwellung ging rapide zurück.[14]

Dennoch ging es den Freuds besser als vielen, als den meisten in Wien. Aus Ungarn halfen Ferenczi und ihr neuer Bekannter, der reiche Bierbrauer und Philanthrop Anton von Freund, mit Mehl, Brot und manchmal sogar ein paar Delikatessen, und auch aus Holland kam Unterstützung. Nach wie vor fuhr man in die Sommerfrische, 1916 nach Bad Gastein, im folgenden Jahr nach Csorbató in der Hohen Tatra. Auch den nächsten Sommer wollten sie dort verbringen, doch hatte Ferenczi Schwierigkeiten, eine Unterkunft für sie zu finden, und schlug ihnen einen anderen Ort vor, allerdings mit eher mäßiger Wohnung und Kost. Freud lehnte ab: «Ich getraue mich nicht, meine Frau in einen unbekannten ungarischen Kurort zweiten, dritten Ranges zu bringen. Sie kann so sehr unglücklich über Kleinigkeiten sein und den Humor vermissen lassen; in der Richtung liegen nun einmal ihre Unzulänglichkeiten, und auf Verschiebungswegen geht es wohl so zu, daß ich es nicht gut vertrage, von ihr dafür verantwortlich gemacht zu werden.»[15]

Seine Praxis ging gut zu jener Zeit, 1917 konnte er von einem regelrechten Patientengedränge berichten. Als dieses nachließ, fürchtete er wieder einmal den «unvermeidlichen Bankrott». Darum erschien ihm sein alter Aberglaube, der ihm das Leben auf 61 Jahre, ganz genau auf den Februar 1918 begrenzte, nun oft «recht freundlich». Er spürte immer häufiger eine Lebensunlust, fühlte sich abgenutzt von der vielen Arbeit und fing an, «die Welt abstoßend ekelhaft zu finden». Vermutlich behielt die «englische Vorhersage» recht, wenngleich nur hinsichtlich der langen Dauer des Krieges, nicht auf seinen Ausgang. Als Jones ihm berichtete, er habe elf Patienten und drei weitere Aspiranten, ein Auto und ein Haus auf dem Lande, kommentierte er nur: «Glückliches England. Das sieht nicht nach einem frühen Kriegsende aus.»

Aber dieser grämliche Greis von sechzig Jahren hielt auch in den Wintersemestern 1915/16 und 1916/17 jeden Samstagabend seine Vorlesungen, und zwar vor einem wachsenden Publikum von Ärzten und Laien, manchmal an die siebzig, darunter auch seine Töchter Anna und Mathilde. Sie wurden schließlich unter dem Titel *Vorlesungen zur Einführung in die Psychoanalyse* eines seiner erfolgreichsten Bücher, schon zu seinen Lebzeiten mit mindestens 50 000 Exemplaren verkauft und in fünfzehn Sprachen übersetzt, einschließlich Braille. Abraham pries sie als «elementar», Freud hingegen tat sie wieder einmal ab, was enthielten sie schon Neues, nur «grobes, für die Menge bestimmtes Zeug». In Wahrheit war das Buch ein Meisterwerk seiner Darstellungskunst, vom scheinbar Geringsten, Harmlosesten, den Fehlleistungen des Alltagslebens, zum Traum und schließlich zur Neurosenlehre überleitend.[16] Es wurde ein «Jahrhundertbuch», nicht nur für den Philosophen Richard Rorty, weil es für künftige Historiker die größten Veränderungen im Selbstbild der menschlichen Rasse enthielt. Rorty ordnete die *Vorlesungen* sogar in eine Reihe mit Newtons *Principia Mathematica* und Darwins *Entstehung der Arten* – denn stellvertretend

474

für Freuds ganzes Denken revolutionierte dieses Buch die traditionellen Unterscheidungen zwischen höheren und niedrigen, zwischen normalen und abnormen Bedürfnissen. Freud selbst hatte in den *Vorlesungen* eine ähnliche Charakterisierung gewagt: Zwei große Kränkungen hatte die naive Eigenliebe der Menschheit ertragen, durch die erste, mit dem Namen Kopernikus verknüpft, als sie erfahren mußte, daß die Erde nicht der Mittelpunkt des Weltalls sei; die zweite, von Darwin angeführt, als die Biologie das «angebliche Schöpfungsvorrecht des Menschen» zunichte gemacht und ihn, der vom Tier abstamme, auf «die Unvertilgbarkeit seiner animalischen Natur» verwiesen hatte. Die dritte und «empfindlichste Kränkung» aber habe die Psychoanalyse der «menschlichen Größensucht» zugefügt, «welche dem Ich nachweisen will, daß es nicht einmal Herr im eigenen Haus, sondern auf kärgliche Nachrichten angewiesen bleibt von, was unbewußt in seinem Seelenleben vorgeht». Die Psychoanalyse hatte den «Frieden der Welt» gestört.[17]

Aber während Freud sich hier, in den letzten öffentlichen Vorlesungen, die er hielt, noch ganz souverän auf seinem ureigenen Terrain bewegte, begann er zur gleichen Zeit, dessen Grenzen zu erweitern, ja sie neu zu ziehen. Schon Anfang 1915 hatte er die Idee zu *Trauer und Melancholie*, der mit der *Metapsychologischen Ergänzung zur Traumlehre* letzten seiner so geheimnisumwobenen Abhandlungen, in Grundzügen skizziert. Demnach hatte die Melancholie – heute würde man wohl von Depression sprechen – ihr Normalvorbild in der Trauer: als Reaktion auf den Verlust eines geliebten Wesens oder eines Ideals wie Vaterland, Freiheit etc. Nur schien sie durch eine «tief schmerzliche Verstimmung» gekennzeichnet zu sein, durch den Verlust der Liebesfähigkeit, Hemmung der Leistung und Herabsetzung der eigenen Person, die von Selbstvorwürfen und Selbstbeschimpfungen bis hin zur wahnhaften Erwartung von Strafe reichen konnte: «Bei der Trauer ist die Welt arm und leer geworden, bei der Melancholie ist es das Ich selbst.» Freud nennt dies eine Art «vorwiegend moralischen Kleinheitswahn», meist verbunden mit Schlaflosigkeit, Ablehnung der Nahrung und einer «psychologisch höchst merkwürdigen Überwindung des Triebes, der alles Lebende am Leben hält»[18]. Das waren prophetische Worte. Hier deutete sich bereits die große Revision der Triebtheorie an, die Einführung des Todestriebs.

Denn woher kam jene Autoaggression? Noch glaubte er, den Schlüssel in der Hand zu haben, das war die alte Ambivalenz von Liebe und Haß. Der Melancholiker spaltete einen Teil seines Ichs, das, was man gemeinhin Gewissen nennt, von sich ab und erkrankte an der Selbstzensur, die ihn sich selbst wie das verlorene Liebesobjekt behandeln ließ. Seine Klagen waren also im Grunde Anklagen, seine Selbstquälerei war ohne Zweifel auch genußreich, Befriedigung von sadistischen und Haßtendenzen: «Wir wußten zwar längst, daß kein Neurotiker Selbstmordabsichten verspürt, der solche nicht von einem Mordimpuls gegen andere auf sich zurückwendet (...).»[19] Aber erst die Analyse der Melancholie, so glaubte Freud, löste ihm das Rätsel dieses wohlbekannten Kräftespiels. Dennoch schloß er, wieder einmal über toxische Ursachen psychischer Erkrankungen spekulierend, mit der skeptischen Bemerkung, er müsse jene Untersuchung, wie jede in der Psychoanalyse, unvollendet abbrechen – «bis ihr die Ergebnisse einer anderen zu Hilfe kommen können».[20]

Sicherlich litt er selbst in jenen Jahren unter tiefen melancholischen Verstimmungen; das Leben drückte doch zu schwer auf ihn, jenes allgemeine «Unmaß von Brutalität, Grausamkeit und Verlogenheit, das sich jetzt in der Kulturwelt breitmachen darf». Als Psychoanalytiker hatte er es kaum anders erwartet, und diese Erkenntnis mutet er auch den Rezipienten seiner *Vorlesungen* zu: «Glauben Sie wirklich, daß es einer Handvoll gewissenloser Streber und Verführer geglückt wäre, all diese bösen Geister zu entfesseln, wenn die Millionen von Geführten nicht mitschuldig wären?» Er wußte sein Publikum einzuschätzen, das sich vielleicht nicht mehr mit Begeisterung, doch mit Pflichtgefühl dem Krieg stellte und ihn zu Teilen noch immer guthieß. Schließlich habe dieser Krieg doch auch das Schönste und Edelste des Menschen zum Vorschein gebracht, Heldenmut, Selbstaufopferung, soziales Fühlen. Aber, so fragt er, «getrauen Sie sich auch unter diesen Verhältnissen, für den Ausschluß des Bösen aus der seelischen Konstitution des Menschen eine Lanze zu brechen»?[21]

Selbst seine Wissenschaft der Vernunft mußte wohl vor der Barbarei kapitulieren. Was sollte in einem fragwürdigen Frieden, der ihm nach dem Kriegseintritt der USA 1917 weiter entfernt schien denn je, aus der Psychoanalyse werden, die doch Anspruch auf Internationalität erhoben hatte? Noch immer führte seine Zeitschrift dies Attribut auf der Titelseite. Er war merkwürdig uninteressiert an den Berichten, die ihm Abraham und Ferenczi von dem zunehmenden Interesse an seiner Lehre lieferten. Schon 1915 war Ferenczi aufgefordert worden, ein Memorandum über die Notwendigkeit einer Budapester Heilanstalt für die «Gehirnkrüppel» des Krieges zu verfassen, für die organisch Verletzten und Traumatisierten, die dort mit Muskel- und Sprachübungen, aber auch mit Psychotherapie behandelt werden sollten. Abraham berichtete von interessanten Erfahrungen, die er in seinem Spital mit neurotischen Erkrankungen nach Explosionen etc. machte. Rund 200 000 solcher «Kriegsneurotiker» bevölkerten die deutschen Lazarette und Sanatorien, Männer, die Tag und Nacht schrien, Krämpfe hatten und nicht aufhörten zu zittern, die zerrüttet waren von den gewaltigen Detonationen, von teilweise vierundzwanzigstündigem Trommelfeuer, von Schützengrabenerlebnis und Gaskrieg. Zunächst war man mit den Männern, denen man einen «Granatschock» attestierte, relativ milde und konventionell umgegangen, hatte sie vom Dienst befreit und zu Ruhe- und Wasserkuren geschickt. Mit der wachsenden Zahl der Erkrankungen schien jedoch ein schnelleres Vorgehen erforderlich, damit die Soldaten wieder an der Front eingesetzt werden konnten oder, falls dies nicht möglich war, wenigstens die Rente nicht zu hoch ausfiel. Nur allzuoft wurden die sogenannten «Zitterer» oder «Schüttler» als Drückeberger angesehen, die man nunmehr mit Elektroschocks, Hungerkuren, Isolationshaft oder Zwangsexerzitien traktierte. Jenen, die ihre Stimme verloren hatten, wurden Kehlkopfsonden appliziert, an denen sie oft erstickten. Todesfälle wurden ohne weiteres in Kauf genommen. Doch inzwischen begannen nicht nur aufgeklärte Ärzte, sondern auch die Regierungen, sich für Freuds Methoden – gewissermaßen als letzte Rettung – zu interessieren. Es war unmöglich, die stetig wachsende Zahl dieser bebenden Jammergestalten, deren Anblick die Bevölkerung zeitweise mehr erschütterte als die Konfrontation mit den Versehrten, den Amputierten und den Erblindeten, weiterhin als bloße Simulanten darzustellen, als «haltlose Affektmenschen», als Kriminelle oder «Entartete». Selbst Psychiater tendierten zu solchen Ansichten, wobei sie häufig auf die klassische Vererbungstheorie zurückgriffen und Polen und Juden für anfälliger befanden als die Deutschen. Gleichwohl konnte Abraham nach Wien berichten, daß auf der Kriegstagung des Deutschen Vereins für Psychiatrie und der Gesellschaft deutscher Nervenärzte in München 1916 immerhin einiges von Freuds Theorien in die offizielle Neurologie durchgesickert sei.

Freud übte sich in Gleichgültigkeit; längst hatte er aufgehört, mit Abraham über Ereignisse und Strategien zu diskutieren. 1916 war sein Schwiegersohn Max Halberstadt in Frankreich verwundet worden, was für diesen immerhin die Entlassung aus dem Kriegsdienst bedeutete. Und im November kam seine geliebte Sophie mit dem kleinen Enkel Ernst nach Wien, der «ein sehr respektables Familienmitglied» und so freundlich und amüsant sei: «Wenn bei der Entente soviel guter Wille und Einsicht zu finden wäre wie bei ihm, so hätten wir längst Frieden.» Was bedeutete dagegen schon der Tod des greisen Kaisers im November; ohnehin galt die Trauer in Österreich weniger dem alten Mann als einem Symbol, an das Freud nie geglaubt hatte. Wieder einmal hoffte er auf den Nobelpreis, vorgeschlagen hatte ihn ausgerechnet Bárány. Aber natürlich waren seine Erwartungen, wie er behauptete, eher profaner Natur: Seine «psychische Konstitution verlangt dringend das Erwerben und Geldausgeben für die Meinigen als Erfüllung meines mir wohlbekannten Vaterkomplexes».[22]

Von der Politik erwartet er nichts mehr. Als Abraham ihm im Februar 1917 von seinen Hoffnungen berichtet, die er in den «uneingeschränkten U-Boot-Krieg» gegen die Alliierten setzte, notierte Freud immerhin noch in seinem Kalender, daß die USA die diplomatischen Beziehungen zu Deutschland abgebrochen hatten. «So wartet alles ab, bis die U-Boote die Ordnung in der Welt wiederhergestellt haben – wenn ihnen dies gelingt», schreibt er an Ferenczi.[23] Sollten die Deutschen nicht innerhalb von sechs Monaten Erfolg haben, würden sie mit fürchterlichen Konsequenzen aus ihren Illusionen erwachen. Allein ein Vorfall in Wien erschütterte ihn persönlich: Hier fand der «höchst beachtenswerte» Prozeß gegen Friedrich Adler statt, nichts zeigte die innere Zerrissenheit Österreichs so sehr wie dieses Ereignis. Der Sohn Victor Adlers, habilitierter Naturwissenschaftler, Anhänger Ernst Machs und sozialdemokratischer Politiker wie der Vater, bloß radikaler in seinen Anschauungen, hatte im Oktober 1916 den Ministerpräsidenten Karl Graf Stürgkh erschossen. Eigentlich war niemand besonders betroffen vom Tod dieses Mannes, den nicht nur der Attentäter für den Krieg verantwortlich machte. Im Mai 1917 wurde Friedrich Adler, den Freud als Kind kennengelernt hatte, zum Tode verurteilt, im November jedoch zu achtzehn Jahren Kerkerhaft begnadigt und ein Jahr später, unmittelbar vor dem Zusammenbruch Österreich-Ungarns, von Kaiser Karl amnestiert und aus dem Zuchthaus entlassen.

Im Sommer desselben Jahres, 1917, fiel Freuds zwanzigjähriger Neffe Hermann Graf, der einzige Sohn seiner Lieblingsschwester Rosa, an der Tiroler Front; ihr Jammer war kaum zu beschreiben. Und von seinen eigenen «Kriegern» hatte er zu jener Zeit keine Nachricht. Sie standen, Martin und Oliver, in Italien, im «Weißen Krieg», wie die italienischen Gebirgsjäger ihn nannten, dort, wo in den irrwitzigsten Gefechten mindestens 150 000 Menschen, vermutlich mehr als 180 000 umkamen, vom Feind getötet, abgestürzt, verhungert, von Lawinen begraben. Gekämpft wurde in fast steinzeitlicher Ausrüstung, ohne warme Kleidung, ohne feste Schuhe und mit Waffen, die aus dem Mittelalter stammten: Wenn Pistolen und Karabiner versagten, griff man zu Steinen oder zur Stachelkeule, dem Morgenstern. Zugleich wurde modernste Technologie eingesetzt: Man sprengte Berge mit Minen, so schwer wie Panzer, oder unterhöhlte sie mit bis zu 24 Kilometer langen Stollensystemen: Das war der Maulwurfkrieg.

Kurz nach jenem Sommer, da Freud sich trotz der traurigen Nachrichten, trotz seiner Sorgen an den Herrlichkeiten Csorbatós erfreuen konnte, begann, im Herbst 1917, das Unternehmen, das als Zwölfte Isonzoschlacht in die Geschichte einging. Die Deutschen mochten ahnen, daß Österreich-Ungarn eigene Wege gehen wollte, daß der junge Kaiser Karl über seine Verwandten geheime Friedensverhandlungen mit England und Frankreich aufzunehmen versuchte, und so ließen sie dem ungeliebten Verbündeten unerwartete und massive Waffenhilfe zukommen. Wieder mußte Freud um Martin bangen, der an der Offensive teilnahm; Ernst war glücklicherweise zur Erholung in Wien. Aber der Angriff schien ein großartiger Erfolg; binnen weniger Tage stand die italienische Armee vor der Vernichtung. Manche nährten schon wieder die Hoffnung auf einen «Siegfrieden», aber die Isonzoschlacht wurde für die Monarchie zum Pyrrhussieg, zum Beginn von Hungerkatastrophe und Revolution. Im Dezember erklärten die USA auch Österreich-Ungarn den Krieg. In Wien gab es kaum noch Lebensmittel und fast kein Brennmaterial. Im Januar 1918 schreibt Freud in einem Brief an Abraham: «Kältetremor.» Und selbst dieser, sein liebster Optimist, gesteht, daß der Krieg an Freud wohl nicht spurlos vorübergegangen sei, wohl an keinem: «Wo mag (...) in den letzten Tagen Casimiros Mut geblieben sein?»

Er hatte alle Hoffnungen auf einen Sieg aufgegeben, aber auch die auf einen raschen Frieden. Freud glaubte inzwischen an Ernest Jones' Voraussage, der deutsche Widerstand werde den Krieg nur verlängern. Der U-Boot-Krieg war als Fehlschlag zu werten, und wenn nicht eine parlamentarische Revolution in Deutschland käme, müsse man eine Fortsetzung des Krieges bis zum Untergang erwarten. Immerhin ließ die Oktoberrevolution in Rußland ihn ein wenig auf den Frieden hoffen. Und er freute sich über die Einnahme Jerusalems durch die Briten und die Balfour-Erklärung, die den Juden eine Heimat in Palästina versprach. Ansonsten sah die Zukunft düster aus. Sein Herz schlug längst nicht mehr deutsch, er war gründlich verfeindet mit fast allem, mit seiner eigenen Arbeit ebenso wie mit Abrahams liebem Vaterland. Er konnte sich kaum vorstellen, daß er je wieder dorthin reisen wollte.

Für die Doppelmonarchie kamen selbst die Friedensverhandlungen von Brest-Litowsk zu spät; schon zu Beginn des Jahres 1918 wurde in Ungarn, Siebenbürgen und Polen gestreikt, die Unruhen weiteten sich aus auf Mähren, Böhmen, Schlesien und schließlich auch auf Wien. Die durch die Friedensschlüsse im Osten freigewordenen Truppen sollten nun nach Italien verlegt werden, aber auch in der Armee und in der Flotte kam es zu Meutereien. Dabei ging es den Streikenden nicht allein um Hungersnot und Warenwucher, sie wollten einen sofortigen Frieden ohne Rücksicht auf die Hindenburgs und Ludendorffs. Dessen große Frühjahrsoffensive, die die Deutschen bis fast vor Paris führte, mißfiel Freud deutlich; man mußte ihnen wohl einen Sieg wünschen, und das war erstens ein unangenehmer Gedanke und zweitens noch immer unwahrscheinlich. Er hegte die «schwärzesten Erwartungen», da die Friedensaussichten ihm völlig geschwunden schienen, die Österreicher als Anhängsel der Deutschen vermutlich erneut in Italien angreifen, aber auch in Frankreich mittun und sich vielleicht sogar an der «Expedition nach Mesopotamien» beteiligen müßten. Und er hatte recht, Österreich mußte sich, nachdem Kaiser Karls Geheimdiplomatie öffentlich bekannt wurde, den deutschen Kriegszielen völlig unterwerfen. Daraufhin erklärte die Entente alle weiteren Friedensgespräche für sinnlos.

In dieser Phase plante Conrad von Hötzendorf tatsächlich eine letzte Großoffensive in Italien. Freud bekennt offen seine große Angst um Martin. Noch im März, als alle seine «drei Kriegsleute» zu Hause waren, hatte er über diesen, der inzwischen Oberleutnant geworden war, nur Erfreuliches zu berichten. Er wirkte frisch und optimistisch, Ernst hingegen, der unbedingt sein Studium fortsetzen wollte, sah schlecht aus, so daß Freud den Verdacht einer Lungenerkrankung hatte. Oli litt unter einem langwierigen Ekzem und Darmstörungen und war grantig, denn keiner wußte, wohin er nach dem Urlaub geschickt werden würde. Freuds Stimmung ist tiefschwarz, er kann es nicht zu jener stillen Resignation bringen wie sein Freund Abraham, fühlt «ohnmächtige Erbitterung, oder Erbitterung über meine Ohnmacht». Er ist gerade 62 geworden, das gefürchtete Todesdatum ist also wieder einmal vorübergegangen, aber der Gedanke ans Sterben bleibt seine Obsession: «Meine Mutter wird heuer 83 Jahre alt und ist nicht mehr recht solid. Manchmal denke ich, es wird ein Stück Freiheit mehr für mich sein, wenn sie stirbt, denn die Annahme, daß man ihr mitteilen muß, ich sei gestorben, hat etwas, wovor man zurückschreckt.» Der Krieg hatte all seinen Zorn über Hilflosigkeit und Abhängigkeit wieder mobilisiert. Und wie lebte man eigentlich? «Von milden Spenden wie eine Arztensfamilie der Vorzeit. Zigarren, Mehl, Fett, Speck usw. bekommen wir entweder geschenkt oder zu unerhört mäßigen Preisen durch unsere Ungarn, Ferenczi und Eitingon obenan, dann einige Budapester Familien, die zur Psychoanalyse halten, aber auch hier habe ich solche Nährjünger gefunden. So beweist man mir, daß ich nicht umsonst gelebt habe.»[24]

Das einzige, was seine Laune in jenem Frühjahr ein wenig hob, war eine Schrift des deutschen Arztes Ernst Simmel über *Kriegsneurosen und psychisches Trauma.* Der aus Breslau stammende Autor war Mitglied des Vereins sozialistischer Ärzte und leitete ein Speziallazarett für Kriegsneurotiker in Posen. Hier schien sich endlich jemand «ohne gönnerhafte Herablassung ganz auf den Boden der Psychoanalyse» zu stellen und sich auch «in der Frage der sexuellen Ätiologie durchaus rechtschaffen» zu benehmen, wenngleich Simmel noch mit Hypnose arbeitete und der frühen Breuer-Freudschen kathartischen Methode verpflichtet blieb. Aber er war in dem Massenbetrieb seines Lazaretts auf raschen Erfolg angewiesen, und ein Jahr Schulung würde, so hoffte Freud, sicher einen guten Analytiker aus ihm machen: «Sein Benehmen ist korrekt.» Die deutsche Kriegsmedizin hatte also angebissen.[25]

Längst hatten auch in anderen Staaten, vor allem in England, Ärzte und Militärs die Bedeutung der Psychoanalyse in der Behandlung des «shell shocks» erkannt. Der bekannteste Vertreter seiner Lehren war der Arzt W. H. R. Rivers, der bereits 1915 in Lancashire ein Lazarett leitete, in dem Traumdeutung und seelische Konflikte Hauptgesprächsthemen waren, und der schließlich in das berühmte Craiglockhart Hospital am Rande Edinburghs eintrat, wo unter anderen auch die Dichter Siegfried Sassoon und Wilfred Owen behandelt wurden. Der deutschen Lesern wohl vor allem durch Pat Barkers *Niemandsland*-Trilogie bekannte Rivers hob 1917 sogar in einem Referat die Bedeutung des Krieges für die Psychoanalyse hervor: «Es ist eine wunderbare Schicksalsfügung, daß, eben als Freuds Theorie des Unbewußten und die darauf gegründete Methode der Psychoanalyse so erbittert diskutiert wurden, Ereignisse eintraten, die in riesigem Maßstab eben jene Bedingungen der Paralyse und Kontraktur, Phobie und Zwangsvorstellungen schufen, die zu erklären die Theorie eigens erdacht war. Das Schicksal meint uns zur Zeit eine beispiellose Gelegenheit zu bieten, die Richtigkeit der Freudschen Theorie vom Unbewußten zu überprüfen, sofern sie die Entstehung von seelischen und funktionellen nervösen Störungen betrifft.»[26]

In Deutschland hatte sich Ernst Simmel noch vor Erscheinen seiner kleinen Schrift mit dem Plan an das Kriegsministerium gewandt, ein psychoanalytisches Institut mit einer Klinik einzurichten, die kostenlos Ratschläge erteilen sollte, mit einem Sanatorium zur Behandlung der Patienten. Es kam zu keiner Entscheidung darüber. Dennoch entsandten auch die Deutschen im September 1918 einen offiziellen Vertreter auf den durch den energischen Abraham angeregten Internationalen Psychoanalytischen Kongreß in Budapest. Für Freud war jene Stadt nunmehr sein Zentrum der Bewegung. Das hatte weniger mit Ferenczis unermüdlichem Bemühen zu tun als mit seiner

Bekanntschaft mit Anton von Freund, dem Bierbrauer und Doktor der Philosophie, der «nicht einfach ein Reicher» war, «sondern auch ein ehrlich strebender geistig hochstehender, an der Analyse stark interessierter Mann, also so einer, den man erfinden müßte, wenn er nicht schon existierte»; Treulosigkeit schien bei ihm ausgeschlossen. Ihm war es, wie Freud an Abraham schrieb, zu danken, daß wir «materiell mächtig werden, unsere Zeitschriften unterhalten und ausbauen können, Einfluß üben, die bisherige Bettelhaftigkeit wird ein Ende haben».[27] Anton von Freund hatte sich einen Hodentumor entfernen lassen müssen und fürchtete einen Rückfall, so daß er eine Neurose entwickelte und sich von Freud behandeln ließ. Aus Dankbarkeit und Freundschaft beschloß er, sein Vermögen der Förderung der Psychoanalyse zugute kommen zu lassen. Freud, der stets um seine Publikationen, seine Bücher und Zeitschriften hatte bangen müssen, erhielt damit die Möglichkeit, einen eigenen Verlag zu gründen, auch wenn dieses Unternehmen durch das finanzielle Chaos der letzten Kriegsmonate und des schwierigen Friedens erschwert wurde.

Am 28. und 29. September trafen in Budapest zum Fünften Internationalen Psychoanalytischen Kongreß 42 Teilnehmer ein, darunter drei aus Deutschland und zwei aus Holland, alle übrigen aus Österreich-Ungarn. Auch Martha und Anna Freud und sogar Ernst, der inzwischen wegen eines Darmgeschwürs und Tuberkulose für kriegsuntauglich erklärt worden war, nahmen als Gäste daran teil; dazu kamen, drei Monate vor Kriegsende, die offiziellen Vertreter der österreichischen, der ungarischen und der deutschen Regierung. Für viele, für die meisten der Teilnehmer bedeutete dieser Kongreß auch eine Ahnung längst nicht mehr gewohnten Luxus: Man wohnte im eleganten Thermalhotel Gellért, der Magistrat richtete Empfänge, Donaufahrten und Festessen aus. Zum Präsidenten der Internationalen Vereinigung wurde Ferenczi gewählt. Freud hielt einen Vortrag über *Wege der psychoanalytischen Therapie*. Zum erstenmal sprach er nicht frei, sondern las vom Blatt ab. Vielleicht war es ihm zu wichtig, seine Visionen über die Zukunft der Psychoanalyse ganz genau zu formulieren, und selten hatte er so optimistisch geklungen: «Dann werden also Anstalten oder Ordinationsinstitute errichtet werden, an denen psychoanalytisch ausgebildete Ärzte angestellt sind, um die Männer, die sich sonst dem Trunk ergeben würden, die Frauen, die unter der Last der Entsagungen zusammenzubrechen drohen, die Kinder, denen nur die Wahl zwischen Verwilderung und Neurose bevorsteht, durch Analyse widerstands- und leistungsfähig zu erhalten. Diese Behandlungen werden unentgeltliche sein. Es mag lange dauern, bis der Staat diese Pflichten als dringende empfindet. Die gegenwärtigen Verhältnisse mögen den Termin noch länger hinausschieben, es ist wahrscheinlich, daß private Wohltätigkeit mit solchen Instituten den Anfang machen wird; aber irgendwann wird es dazu kommen müssen.»[28]

Am 29. September, dem zweiten Tag des Kongresses, kam die Nachricht, daß die Oberste Heeresleitung unter Ludendorff und Hindenburg die Aufnahme von Friedensverhandlungen gefordert habe. Freud schwelgte in Genugtuung über die schönen Budapester Tage; sein Sorgenkind, seine Lebensarbeit, schien gerettet und behütet – und selbst er würde die «besseren Zeiten, wenn auch von ferne», herankommen sehen. In Wien taktierte Kaiser Karl weiter, er wollte die Habsburgermonarchie in einen föderalistischen Staat gleichberechtigter Nationen umwandeln. Vier Tage später kam die Antwort Woodrow Wilsons: Die vierzehn Punkte hätten für Österreich-Ungarn ihre Geltung verloren, der Krieg sei erst beendet, wenn es diesen Staat nicht mehr gebe. Am 28. Oktober wird in Prag die Republik ausgerufen. Am 30. Oktober hält Freud in seinem Kalender fest: «Revolution Wien & Budapest.» In Wahrheit war die Revolution in Wien schon am 21. Oktober ausgebrochen, als eine Provisorische Nationalversammlung sich aus den drei großen Fraktionen, den liberalen und großbürgerlichen Parteien, den Christlichsozialen und den Sozialdemokraten konstituierte und einen selbständigen Staat Deutsch-Österreich forderte. Am 30. Oktober, als sich die Versammlung zu ihrer zweiten Sitzung traf, kam es überall zu Demonstrationen. Für einen Augenblick sah es tatsächlich so aus, als wollte man das russische Vorbild nachspielen. Die Leute aus den «bloßfüßigen Gründ», wie man das Proletariat in Wien seit 1848 nannte, bevölkerten die Straßen; nur daß sie diesmal Schuhe trugen, mit Sohlen aus Papier. Dazu kamen zahlreiche Soldaten, angeführt von dem Korporal Haller und dem Oberleutnant Egon Erwin Kisch. Und diese, ein Trüppchen von etwa hundert Mann, waren es, die vor dem Parlament die rote Fahne hißten und für den nächsten Tag die Gründung der «Roten Garde» beschlossen. Das war die Wiener Revolution. Am 2. November notiert Freud: «Oli zurück. Republik in Bulgarien?» Die Ungarn hatten ihn einfach nach Hause geschickt. 3. November: «Waffenstillstand in Italien. Krieg zu Ende!» 4. November: «Nobelpreis abgetan.»[29]

Am 3. November hatte Kaiser Karl die Einstellung der Kämpfe befohlen und die Forderung der Alliierten nach einer mehr oder weniger bedingungslosen Kapitulation angenommen. Aber Österreich hatte einen Waffenstillstand unterschrieben, in den erst nachträglich Fristen eingebaut wurden. Das bedeutete, daß die Monarchie 24 Stunden vor den Alliierten die Waffen niederlegte. Über 300 000 österreichische Soldaten gerieten so in italienische Gefangenschaft. Martin Freud war schon am 27. Oktober zum Kriegsgefangenen geworden; das erfuhr Freud erst knapp einen Monat später. Am 3. Dezember erhielt er eine Karte seines Sohnes aus dem Spital, es gehe ihm schon viel besser, nur der 1911 bei seinem Unfall gebrochene Fuß schmerze. Er werde wohl bald ins italienische Hinterland transportiert. Freud ließ sich nicht so leicht beruhigen und versuchte, beim Roten Kreuz Erkundigungen einzuziehen.

Aber auch um ein anderes Kind war ihm wieder einmal höchst bange. Mitte November 1918 schreibt er an Ferenczi: «Unsere Analyse hat eigentlich auch Pech gehabt. Kaum daß sie von den Kriegsneurosen aus die Welt zu interessieren beginnt, nimmt der Krieg ein Ende u. wenn wir einmal eine Quelle finden, die uns Geldmittel spendet, muß sie sofort versiegen. Pech aber ist eine der Lebenskonstanten. Unser Reich ist doch nicht von dieser Welt.»[30]

Ein unerträglicher Frieden

Am 12. November 1918 wurde die Republik Deutsch-Österreich offiziell ausgerufen. Beinahe wäre es an diesem Tag zu einem kommunistischen Putschversuch, angeführt von den Rotgardisten, gekommen. Ein Trupp mit Egon Erwin Kisch an der Spitze stürmt die *Neue Freie Presse*. Als er die Tür zu einem Vorzimmer öffnet, tritt ihm ein Mann in den Weg, ein eben erst eingestelltes Mitglied der Redaktion: sein jüngerer, konservativer Bruder Paul. Der ruft verblüfft aus: «Egon, was machst du denn da?» Darauf antwortet dieser im Kommandoton: «Im Namen der Revolution: die *Neue Freie Presse* ist besetzt. Gib mir die Schlüssel!» Aber der Bruder weigert sich, der Ältere setzt ihm die Pistole auf die Brust. Paul Kisch fügt sich mit der Replik: «Gut, ich weiche der Gewalt. Aber, ich sag's der Mama in Prag.» Kisch erzählte die Geschichte später so oft, daß er selbst daran glaubte. In Wahrheit hatte Kommandant Kisch an jenem Tag sein vor dem Parlament stehendes Trüppchen schon bei den ersten Schüssen gesammelt und im Laufschritt in die nächste Kaserne geführt. Zwar war die *Neue Freie Presse* in der Tat besetzt von Rotgardisten und Deutschmeistern, doch schon gegen 19 Uhr 30 wurde ein Flugblatt gedruckt, das den Putschversuch in eine Demonstration umdeutete: Die Diktatur des Proletariats war aufgeschoben. Friedrich Adler sprach von einer «schlechten Operette».[1]

Freud konnte seine Befriedigung über den Untergang der Monarchie kaum unterdrücken. Die Habsburger hatten «nichts als einen Dreckhaufen» hinterlassen. Doch zugleich blieb er voller Skepsis: Es war gut, daß die alte Welt gestorben war, aber die neue war noch nicht da. Noch saß Kaiser Karl in Wien, beschützt oder bewacht von seinem britischen «Ehrenkavalier», dem dahin abgestellten Oberstleutnant Strutt mit seiner kleinen Truppe. Und der beste Mann, der einzige vielleicht, der nach Freuds Meinung der Situation gewachsen gewesen wäre, Victor Adler, war einen Tag zuvor, am 11. November, plötzlich gestorben. Sein politischer Nachfolger als Führer der Linken wurde der Staatssekretär des Äußeren, der Austromarxist Otto Bauer, der Bruder von Freuds einstiger Patientin, der legendären «Dora». Staatskanzler wurde Adlers Parteifreund Karl Renner, doch fanden die Wahlen erst im Februar statt. Da gab es noch immer einen Kaiser. Wie viele andere hoffte auch Freud, obwohl weder deutsch-österreichisch noch alldeutsch gesinnt, auf den Anschluß an Deutschland; dennoch würde er dem Reich ebensowenig eine Träne hinterherweinen wie seinem eigenen Vaterland. Er hatte richtig vorausgesehen, daß dort mit blutigem Widerstand zu rechnen war, weil der «unheilbar romantische Narr» Wilhelm II., der gleich Ariosts Riesen, der erschlagen wird, aber dennoch weiterstürmt, sich mit der Revolution ebenso verrechnete wie mit dem Krieg. Auch Freud hatte sich verkalkuliert. Die Siegermächte verboten einen Anschluß an Deutschland. Der Frieden sollte für Freud verlustreicher werden als der Krieg.

Doch in jenen letzten Wochen des Jahres 1918 war er von grimmigem Humor. Dem ungarischen Patrioten Ferenczi riet er, noch bevor auch dort, am 16. November, die Republik ausgerufen wurde, seine Libido rechtzeitig vom Vaterland abzuziehen, einem Land, das sich mit «unwürdiger Hast» aus seiner Gemeinschaft mit Österreich gelöst und wo man im Zuge der «bürgerlichen Revolution» von den vielen Grafen den gescheitesten, Graf Tisza, Inbegriff der alten Ordnung, totgeschlagen, und den dümmsten, Graf Károlyi, zum Ministerpräsidenten gemacht habe. Dabei war er ja gewiß kein Anhänger des *Ancien Régime*; es hatte ihm durchaus wohlgetan, daß die Ungarn sich entschlossen, «den mythischen Glanz der Stefanskrone nicht für das Höchste im Leben einer Nation einzuschätzen». Das war wieder ein Stück Romantik weniger: «Die Menschen sind allzu voll von diesem Stoff.» Nur sollte Ferenczi sich das alles bloß nicht zu Herzen gehen lassen, sondern sich auf die Psycho-analyse konzentrieren. Deren Schicksal war ungewiß genug, trotz der finanziellen Unterstützung Anton von Freunds: «Haben wir jetzt den Wein, so fehlt uns der Becher», spottete er, frei nach Hebbel. Die geplante Verlagsgründung mußten sie erst einmal aufschieben. Und im übrigen, so fragte er Ferenczi zynisch, «ist es wahr, daß alle Kriegsneurotiker bis auf einen plötzlich gesund geworden sind?»[2] Aber er konnte nun seine regelmäßige Korrespondenz mit Jones wieder aufnehmen, und er tat dies, wie gewohnt, in Englisch. Der «arme Kerl» hatte Anfang Oktober seine Frau, mit der er gerade ein Jahr verheiratet gewesen war, verloren, und damals war es nicht einmal möglich gewesen, ihm seine Teilnahme auszudrücken. «Das Leben ist hart, wie Sie schon wissen», schreibt er ihm. Jones sollte möglichst bald kommen und sich ansehen, «was einmal Österreich war», und bei der Gelegenheit auch Annas Koffer mitbringen, den diese 1914, zu Kriegsbeginn, in England hatte zurücklassen müssen. Ihn selbst oder irgendeinen anderen könne er kaum in London erwarten, der Frieden schien aufgeschoben bis Juni oder Juli.[3]

Und er wurde in der Tat erst im September 1919 geschlossen. Bis dahin verschlimmerten sich die Verhältnisse in Österreich derart, daß Hanns Sachs Freud dringlich bat, in die Schweiz zu kommen, daß Loe Kann ihm das Haus ihres Bruders anbot und Jones ihm eine Existenz in England garantieren wollte. Er blieb auf seinem Posten, obwohl «alle vier Kriegsjahre (...) ein Scherz gegen den bitteren Ernst dieser Monate u. gewiß auch der nächsten» waren, eigentlich die schlimmsten, die sie seit Beginn des Krieges durchgemacht haben. Martin war immer noch in italienischer Gefangenschaft; in Wien nahmen sie alle «an Gesundheit und Volumen» ab. Sicherlich, das gab er nun gerne zu, wäre ein deutscher Sieg ein noch härterer Schlag für die Menschheit gewesen, «aber es ist keine Erleichterung, seine Sympathie auf seiten der Gewinner zu haben, wenn sein Wohlbefinden an die der Verlierer geheftet ist». Und als Jones die baldige Rückkehr von Geld und Lebensmitteln vorhersagte, wollte er ihm, dessen Prophezeiungen sich ja alle bewahrheitet hatten, gern glauben, aber wo würde es diese Fülle geben, in Wien oder in England?[4] Er war traurig über den Tod J. J. Putnams, dieses «liebenswürdigen und ehrlichen Menschen», und er bangte um Anton von Freund, bei dem der Krebs zurückgekehrt war. Das einzige, was ihn freute, war Anfang 1919 die Geburt seines zweiten Enkels, Heinz Rudolph Halberstadt, Heinerle oder Heinele genannt; das einzige, was ihn amüsiert, ist seine Arbeit: *Jenseits des Lustprinzips*.

Seine Haupttätigkeit jedoch widmete er den Bitt- und Bettelbriefen an die Freunde im Ausland und vor allem an seine «englische» Familie. Die Versorgung in Österreich war vollkommen zusammengebrochen. Die ganze Wirtschaft war gestützt gewesen auf die Struktur des Vielvölkerstaats: Weizen und Milch hatte man aus Ungarn bezogen, Schweinefleisch aus Kroatien, die Kohle aus Mähren und Schlesien, Überseegüter kamen über Triest. Nunmehr betrug die Wiener Brot- und Mehlration anderthalb Kilo pro Woche, und selbst das war pure Theorie. Das Brot war, so vorhanden, schimmelig, wie sich Anna Freud später erinnerte, Kartoffeln gab es nicht. Für einen Text in einer ungarischen Zeitschrift ließ sich ihr Vater daher nicht mit Geld, sondern mit einem Sack Kartoffeln bezahlen, den der Herausgeber persönlich in die Berggasse trug. Den Artikel nannte er nur seinen «Kartoffelschmarrn».[5] An Fleisch war gar nicht zu denken, viele hielten sich deshalb Kaninchen oder gingen auf Eichhörnchenjagd. Freud versuchte zu spotten, vielleicht mache ihn ja die vegetarische Kost so produktiv: «Übrigens geht man daran, in unserer Ernährungswirtschaft großzügiger zu werden. Man will die fleischlosen Wochen abschaffen und sie durch fleischlose Monate ersetzen. Ein dummer hungriger Spaß!»[6]

Die Stadt versank im Chaos. Fenster waren überall zerbrochen und mit Brettern vernagelt, Demonstrationen inzwischen an der Tagesordnung. Als während einer solchen das Parlament angegriffen wurde und das Burgtheater seine Vorstellung unterbrach, begann im Publikum ein Pfeifkonzert. Während draußen Menschen starben, brüllte man drinnen:

«Weiterspielen, weiterspielen …» Dabei drohte das Gespenst des Bolschewismus sich nur allzu rasch zu materialisieren: Am 21. März hatte Béla Kun in Ungarn die Räterepublik ausgerufen. Ferenczi klagte über die «Umlagerung so bedeutender tiefeingewurzelter Libidobesetzung, wie man sie jetzt verlangt», jetzt, da er gerade anfing, zur besitzenden Klasse zu gehören. Freud sorgte sich um Anton von Freund. Dieser würde sein Ziel, Analytiker zu werden, nun wohl nicht erreichen, denn es schien fraglich, ob man ihm seine Fabrik ließ. Hoffentlich würde er wie ein Löwe kämpfen. Wenigstens war seine Stiftung für die Psychoanalyse; bei der Bank deponiert, kein Privatgut; vielleicht könnte er selbst, Freud, über sie verfügen. Sie brauchten doch Geld für Druckkosten, Gehälter, Honorare, für ihre Bücher. Schließlich tröstet ihn ausgerechnet Ferenczi mit einer Abwandlung jenes berühmten Mottos, das Freud einst über die Geschichte ihrer Bewegung gesetzt hatte: «Fluctuant nec merguntur» – sie schwanken, aber sie gehen nicht unter. Ende April wird Ferenczi unter dem Volkskommissar für Erziehung und Bildung Georg Lukács zum ordentlichen Professor für Psychoanalyse berufen, zum ersten Universitätsprofessor in diesem Fach weltweit.

Auch Freuds Sohn Ernst hatte in München die Wirren der Räterepublik gut überstanden und sein Diplom als Architekt mit Auszeichnung erworben. Der Vater blieb bei seiner üblichen Skepsis; wieder einmal erinnerte er sich an seine Anfänge als Arzt vor nunmehr 33 Jahren. Seinerzeit hatte er sich drei Monate gegeben, im Falle des Mißlingens auswandern zu wollen: «Wäre es nicht besser gewesen, wenn das Schicksal damals nicht so freundlich gelächelt hätte? Was immer seither erreicht worden ist, Sicherheit ist nicht dabei gewesen.» Nein, seine Wissenschaft taugte zu keinem offiziellen Dasein, sie brauchte ihre Unabhängigkeit. Vielleicht müßte er jetzt sagen: «Gott schütze uns vor unseren Freunden (…). Wir sind und bleiben tendenzlos bis auf das eine: zu erforschen und zu helfen.»[7]

Selbst das Papier zum Schreiben wurde knapp. Er fand kaum einen brauchbaren Füllfederhalter. Und in seinem Zimmer war es bitterkalt. «Wir sind hier alle hungrige Bettler geworden», schreibt er im April an Jones. Aber er wollte nicht klagen. Nur mußte er Jones ein wenig schelten, der für den Fall, daß er keine Einreisemöglichkeit nach Österreich bekam, ein Treffen im Ausland vorschlug und sogar schon wieder auf einen Kongreß oder wenigstens eine Zusammenkunft des Komitees drängte: Er machte sich wohl keine Vorstellung von den Verhältnissen in Österreich, nein, von denen Europas im allgemeinen.[8] Alles hing doch von der Unterzeichnung des Friedensvertrags ab, von der Verbesserung der finanziellen Situation, der Öffnung der Grenzen. Freud wußte, daß dieser Frieden nicht günstig ausfallen konnte für Österreich. An Ferenczi hatte er schon im März bitter geschrieben, daß man sich zwar nun nicht an Deutschland anschließen, dafür aber Südtirol abtreten dürfe: «Ich bin ja kein Patriot, aber es ist peinlich zu denken, daß so ziemlich die ganze Welt Ausland sein wird.»[9]

In jenem März hatte der Kaiser endlich Wien verlassen, ohne jedoch offiziell abzudanken. Im Mai wurde die österreichische Delegation unter der Leitung Renners aufgefordert, nach Paris zu kommen. Man präsentierte ihnen nach Wochen des Wartens einen 300-Seiten-Vertrag, der, wie der französische Ministerpräsident Georges Clemenceau erklärte, noch längst nicht alle Bestimmungen enthielt. In derselben Eröffnungsrede machte er den Delegierten klar, daß sie alle Hoffnungen auf einen Anschluß an Deutschland aufzugeben hätten. Als der Übersetzer von den «Bevollmächtigten der deutsch-österreichischen Republik» sprach, mußte er sich auf Clemenceaus Anweisung korrigieren: «der österreichischen Republik». Der Inhalt des Entwurfs war schlimmer, als die größten Pessimisten erwartet hatten. Böhmen, Schlesien, das Sudetenland und Südmähren fielen an die Tschechoslowakei. Ungarn war sowieso dahin, und aus den ehemaligen Provinzen Bosnien und Herzegowina entstand Jugoslawien, das außerdem noch die deutschsprachige Südsteiermark erhielt; unklar blieb das Schicksal Kärntens. Südtirol und Trient gingen an Italien. «L'Autriche, c'est ce que reste», soll Clemenceau damals gesagt haben. Der Rest ist Österreich.

Das war im Grunde eine Metropole, Wien, mit seinen zwei Millionen Einwohnern und einem Hinterland von nur weiteren fünf Millionen. Für dieses marode Restösterreich wurde überdies der Außenhandel eingeschränkt und unter die Kontrolle des Völkerbunds gestellt; dazu kamen Reparationszahlungen, deren Höhe noch nicht festgelegt war. Die österreichische Delegation protestierte – natürlich vergeblich – dagegen, daß die Republik als alleiniger Rechtsnachfolger des Habsburgerreichs herangezogen wurde; schließlich war sie, wie all die anderen Staaten, aus dessen Konkursmasse hervorgegangen. Am 10. September 1919 wurde der Vertrag, das sogenannte «Diktat» von Saint-Germain, unterzeichnet.

Freud hatte sich noch Anfang des Jahres über den Besuch eines Amerikaners aus Wilsons Stab gefreut, der zwei Körbe Nahrungsmittel brachte, im Tausch gegen Exemplare der *Vorlesungen* und des *Alltagslebens*. Der Mann ließ ihn «Zuversicht zum Präsidenten» haben. Und sein Neffe Edward Bernays, der «Father of Spin», den er weit mehr schätzte als dessen Vater Eli, hatte den Krieg über in Woodrow Wilsons hocheffizientem Propagandaapparat, dem «Committee on Public Information», gearbeitet. Aber nach dem Vertrag von Saint-Germain, der Wilsons vierzehn Punkte ohne deren vagen und utopischen Inhalt von Selbstbestimmungsrecht und Handelsfreiheit aufnahm, war Freud so verbittert, daß er glaubte, in dem Präsidenten einen Hauptschuldigen gefunden zu haben. Als ihn Jones auf das komplexe Kräftespiel bei diesem Friedensschluß hinwies, erwiderte er nur: «Dann hätte er nicht alle diese Versprechungen machen sollen.» Er hatte so große Hoffnungen in den «amerikanischen Messias» gesetzt, der der Menschheit ein neues Zeitalter versprochen hatte, nicht golden vielleicht, aber doch eines, das von Jahr zu Jahr heller werden sollte. Nun hielt Freud ihn für den «dümmsten Narren des Jahrhunderts, wenn nicht aller Jahrhunderte (…) und wahrscheinlich auch einen der größten Verbrecher – unbewußt, dessen bin ich sicher»[10].

Freuds Horizont war in jener ersten Nachkriegszeit finster wie nie, gestand er Jones. In seinem normalerweise «fröhlichen

Pessimismus», den er selbst so eigentümlich fand, dominierte immer mehr das zweite Element. Denn auch wenn er nicht klagen wollte, er hatte Anlaß genug dazu. Zwar klangen Martins seltene Nachrichten aus der Gefangenschaft in der Nähe von Genua nicht unerfreulich, aber nach wie vor war sein Schicksal ungewiß. Anton von Freunds Zustand hatte sich derart verschlechtert, daß er eine Radiumtherapie, damals noch fast so gefährlich wie die Krankheit, die sie bekämpfen sollte, durchmachen mußte. Und in Wien wütete, wie in ganz Europa, wie auf der ganzen Welt, die Spanische Grippe, die mindestens 25 Millionen Tote forderte, viel mehr als der gesamte Krieg, mehr als die mittelalterliche Pest. In der österreichischen Hauptstadt waren die unterernährten und geschwächten Menschen besonders bedroht, um die 15 000 starben, bis die Pandemie um 1920 endlich abklang. Im März war Martha an der Grippe mit Lungenentzündung erkrankt; sie brauchte Monate, sich zu erholen. Der notwendige Sanatoriumsaufenthalt wollte finanziert werden, doch die Inflation und die ständig steigenden Preise hatten Freud fast seine ganzen Ersparnisse von damals um die 150 000 Kronen gekostet, da seine Einnahmen schon längst nicht mehr mit den Ausgaben mithalten konnten. Im Oktober 1919 schätzte er, daß seine Rücklagen nur noch für achtzehn Monate reichten. Er hatte eine Lebensversicherung in Höhe von 100 000 Kronen zu Marthas Gunsten abgeschlossen, aber auch diese war nun nichts mehr wert; nicht einmal einen Fiaker hätte man davon bezahlen können.[11] Und auch seine Söhne und Schwiegersöhne lebten nach wie vor von seiner Unterstützung; nur Oli hatte zeitweise Arbeit gefunden. Daher borgte sich Freud Geld von Eitingon. So konnte Martha in ein Sanatorium in der Nähe von Salzburg gehen, er selbst mit Minna für einen Monat zur Kur nach Bad Gastein reisen und Anna mit ihrer Freundin Margarethe Rie einen Urlaub verbringen.

Der Mann, der die Organisation seines Lebens stets seiner Frau überlassen hatte und nichts mehr haßte, als ein Bettler zu sein, erwies sich in jener Zeit als hochkompetenter und effizienter Versorger, der unermüdlich und mit peniblen Anweisungen

Freunde und Verwandte mobilisierte. Aber sie waren auch derart bedürftig, daß Martha Freud sich bei Jones aufs rührendste bedankte für die «wunderschöne Jacke», die er ihr geschickt hatte. Da sie nicht nur ihr, sondern auch Anna perfekt paßte, wollten Mutter und Tochter sie abwechselnd tragen. Zum Hauptlieferanten für den Freudschen Haushalt wurde zeitweilig sein Neffe Sam, der, wie sein Vater Emanuel zuvor, in Manchester ein wohlhabender Kaufmann geworden war. Denn noch im Oktober gab es kein Fleisch und weder genug Brot noch Milch und Kartoffeln, und Eier waren extrem teuer. Ein Hering war schon ein Genuß und willkommene Unterbrechung der gewöhnlichen Diät. Also schickte er Sam Bedarfslisten: Fett, Cornedbeef, Kakao, Tee, englische Kuchen und was sonst noch alles. Aber der Neffe sollte ja darauf achten, dies alles an die Adresse der britischen Militärmission zu senden, sonst würde er bloß die Zöllner und Bahnarbeiter füttern.[12] Auch Eli Bernays, der inzwischen ein sehr reicher Mann geworden war, half und schickte Geld, vor allem zur Versorgung von Freuds alter Mutter und ihrer Töchter.

Es schmerzte den Patriarchen Freud zu alledem, daß seine engste Familie sich nach und nach aufzulösen schien. Ernst hatte eine Beschäftigung in Berlin gefunden, Oli hielt sich bereit, für die holländische Kolonialregierung nach Ostindien zu gehen, und Minna, die noch immer leidend war und den Winter in Wien nicht ertrug, war in Deutschland, wo es ihr kaum besser ergehen mochte; nur Anna war ihnen noch geblieben. Im Herbst wurde Martin endlich aus der Gefangenschaft entlassen. Er war in ausgezeichneter Verfassung, aber das bißchen Geld, das er sich in den vier Jahren Kriegsdienst erspart hatte, reichte nicht einmal für die Besohlung von einem Paar Schuhe. Der Vater hatte ihm geschrieben, daß der Wiederaufbau in Österreich keine Fortschritte machte und seine Abwesenheit daher seine Lebenschancen wenig beeinträchtigte. Die Lage in Wien war aber weit schlimmer, als er sie sich vorgestellt hatte. Noch unerträglicher als die finanzielle Not empfand Martin die immer wieder stattfindenden Demonstrationen und Streiks, die

Parolen der «Randalierer»: «Wer wird nun die Straßen kehren? Die feinen Herren mit den goldenen Sternen werden die Straßen kehren.» Was hatte ihm all sein Wagemut gebracht? Wie die meisten ehemaligen Offiziere verbarg er seine goldenen Sterne unter einem Schal, damit man sie ihm nicht höchst unsanft abriß.

In diesem Wien verdienten die Putzfrauen, die die Krankenhaustreppen schrubbten, zwei- oder dreimal soviel wie die Chirurgen. Und wer am Morgen Geld für einen Anzug bereitgelegt hatte, konnte sich am Nachmittag nicht einmal mehr eine Weste leisten. Eine Schinkensemmel kostete zeitweise soviel wie die Jahresmiete für eine Luxuswohnung.[13] Nichts war mehr sicher. Dennoch verlobte sich Martin schon kurz nach seiner Rückkehr mit Ernestine Drucker, Esti genannt, der Tochter eines angesehenen Rechtsanwalts. Damit habe er sich von einer Gefangenschaft in die nächste begeben, kommentierte Minna kühl. Aber die noch im Dezember geschlossene Ehe, «ein mutiger Akt in jenen Zeiten», so Freud an Sam, schien zunächst gutzugehen, und schließlich konnte der Schwiegervater Martin eine Stellung bei einer Bank verschaffen. Bis dahin lebte auch er von der Unterstützung des Vaters. Aus England kamen weiterhin Carepakete, die allerdings nicht immer den Adressaten erreichten – oder zuvor schon geplündert wurden. Jedenfalls sollten Sam und seine Schwestern die Waren auch gut verpacken, damit nicht aufgrund der langen Reise sich die Margarine mit Tee und Kakao vermischte. Ohnedies war der Käse meist verschimmelt, und die Schokolade schmeckte nicht mehr, als Sam sie endlich schicken konnte; noch im Frühjahr 1920 war es verboten, Zucker und Butter zu senden.

Fast zwei Jahre lang gehen Listen über Lebensmittel zwischen Wien und Manchester hin und her; sorgfältig werden Ein- und Ausgang der Sendungen sowie ihr Inhalt vermerkt. Aber immerhin kann Freud jetzt seinem Neffen gelegentlich einen Scheck für seine Lieferungen zukommen lassen. Und man wird anspruchsvoller in der Berggasse. Anna bittet sogar um ein paar Bälle, damit sie mit ihrer Cousine Mausi, Cäcilie Graf, Rasentennis spielen kann; dafür hätte es einer Spezialsendung und besonderer Steuern bedurft, also geben sie das Tennisspiel auf. Martha wünscht sich Milch und Fleischextrakt, Kaffee und Gewürze wie Pfeffer und Zimt, Freud selbst möchte am liebsten Käse, sofern dieser ordentlich verpackt ist. Cornedbeef brauchte Sam nicht mehr zu schicken, davon gab es mittlerweile in Wien genug. Aber einen Anzugsstoffe soll der Neffe auf Marthas Anweisung hin senden, einen «weichen Shetland-Stoff – Pfeffer und Salz oder mausgrau oder tête de nègre in der Farbe», für Frühjahr und Herbst geeignet. Und noch 1922 muß Freud Sam bitten, ihm Stiefel – von der besten Qualität – zu besorgen, da das Paar, das er in Wien gekauft hatte, sofort aus den Nähten ging.[14]

Gleichwohl hatte sich die Lage im Haushalt Freud gebessert. Von einem Patienten ließ er sich «food» bringen; die Fleischkost würde sicherlich seine Produktionsfähigkeit wieder anheben. Im Juni 1920 mußte er Abraham gestehen, daß er regelrecht «verwöhnt und verdorben» sei durch die vielen Geschenke, die man ihm mache, Lebensmittel, Zigarren, Geld; aber er mußte diese Gaben doch annehmen, sonst hätte er kaum leben können. Sein Versorgungswahn, Teil seines alten «Vaterkomplexes», war für ihn auch eine Möglichkeit, sich abzulenken, sich seines grimmigen Zorns zu entledigen, daß man auf der Weltbühne nicht einmal Zuschauer, geschweige denn Schauspieler oder auch nur Chor, sondern nichts als Opfer war.[15] Als es Jones, zusammen mit seinem Assistenten, im Herbst 1919 gelang, eine Reisegenehmigung für Österreich zu erhalten, fand er Freud grau und abgemagert vor, doch schien er nichts von seiner geistigen Beweglichkeit, seinem Witz und seiner Freundlichkeit eingebüßt zu haben. Er küßte Jones und Ferenczi, der ebenfalls zu Besuch war, die beiden Männer, die er so lange, ein Jahr den einen, mehr als fünf Jahre den anderen, nicht gesehen hatte, sogar auf die Wangen. Und er spottete über die politische Lage: Nachdem er sich kürzlich mit einem eifrigen Kommunisten unterhalten habe, sei er zum Bolschewismus halb bekehrt, denn jener habe ihm gesagt, es werde zu einigen Jahren der Not und des Chaos kommen, aber danach würden Weltfriede, Wohlstand und Glück Einzug halten. Freud hatte ihm geantwortet, an die erste Hälfte glaube er.[16]

Für seinen ungarischen Freund war es ein bitterer Witz. Nach dem «unerträglichen roten Terror, der wie ein Alpdruck auf dem Gemüte lastete» und ihm dennoch eine fast einzigartige, wenngleich kaum mehr als drei Monate überdauernde Karriere als Professor beschert hatte, war er nunmehr ein Opfer des weißen Terrors. Anfang August waren die Rumänen in Budapest einmarschiert, die konterrevolutionäre Regierung unter Miklós von Horthy wurde installiert, es kam zu Massenverhaftungen und -exekutionen. Vor allem wüteten die weißen Terrorbanden gegen die Juden; Ferenczi lebte in der Hölle. Das hatte er Freud im August geschrieben. Auch sein Amt als Präsident der Internationalen Psychoanalytischen Vereinigung hatte er abgeben müssen, vorübergehend übernahm Freud selbst den Vorsitz und bestimmte Jones zu seinem Stellvertreter. Angesichts der politischen Wirren schien es klüger, den «Schwerpunkt der Psychoanalyse» nach Westen zu verlagern.

Von dort hatte Jones gute Nachrichten. Seine Analysandin Joan Rivière, eine aus einer hochgebildeten Landadelsfamilie stammende Frau, die in enger Verbindung mit der Cambridge-Elite und dem Bloomsbury-Kreis stand, hatte begonnen, die *Vorlesungen* zu übersetzen. Ursprünglich hatte Freud seinem Neffen Edward Bernays die Rechte übertragen; der hatte seinem Onkel Anfang des Jahres Zigarren zukommen lassen und dafür ein Exemplar erhalten. Sofort brachte er eine Reihe von Leuten an der Columbia University für eine Übersetzung zusammen. Auf Jones' Drängen hin versuchte Freud, ihn noch im Oktober davon abzuhalten, doch zu spät; im nächsten Jahr erschien eine reichlich fehlerhafte Übersetzung, über die er sich ärgerte, allein die Tantiemen waren willkommen. Aber vor allem hatte Jones seine Hilfe für den neuen, seit Januar 1919 bestehenden Internationalen Psychoanalytischen Verlag anzubieten. Das erste Buch, *Die Psychoanalyse und die Kriegsneurosen* mit Beiträgen von Abraham, Ferenczi, Simmel und ihm selbst sowie einem Vorwort von Freud, war im Mai erschienen, nur der Terror in Ungarn machte es immer schwieriger, Geld von Budapest nach Wien zu transferieren. Wichtiger als alle Herausgeberpläne, die sie in jenem Herbst schmiedeten, war daher für Freud Jones' Angebot, eine Viertelmillion Kronen nach England zu schmuggeln. Das «Kunststück» blieb unbelohnt, da das Geld nicht in englische Pfund umgewechselt werden sollte und schon im nächsten Jahr kaum mehr das Papier wert war, auf das es gedruckt war.[17]

In jenem Herbst 1919 wurde Freud zum ordentlichen Professor ernannt, ein «leerer Titel», denn eine Aufnahme in die Fakultät war auch damit nicht verbunden. Allerdings brachte ihm seine «Beförderung» auch keine weiteren Verpflichtungen, dafür reichlich Gratulationen. Die Errichtung der Republik, spottete er, habe nichts geändert am Respekt der Österreicher vor einem Titel. Wichtiger waren ihm seine Englischstunden. Mit einer Lehrerin wollte er seine Sprachkenntnisse aufpolieren, in Erwartung neuer Patienten aus England und Amerika, aber auch mit dem Gedanken, im Notfall, also in etwa anderthalb Jahren, wenn sein Geld aufgebraucht sei, zu emigrieren: «Meine zwei Brüder liegen bereits in englischem Boden», schreibt er Ferenczi, «vielleicht finde ich dort auch noch Platz.» Doch auch in diesem Fall hielt Jones Wort: Ende des Jahres schickte er ihm einen amerikanischen Patienten, der fünf Dollar zahlte, das waren 750 Kronen, im Gegensatz zu jenen 200, auf die Freud seine Wiener inzwischen gesteigert hatte. Und es war nur die Hälfte dessen, was er sonst den «Ausländern», natürlich in ihrer Währung, berechnete, aber der Mann war bloß zur einen Hälfte ein Amerikaner, zur anderen ein ungarischer Jude.

All seine Hoffnungen auf eine Besserung des Lebens, sollte sich der alte Skeptiker tatsächlich solche gemacht haben, waren Anfang 1920 dahin. «Können Sie sich an eine Zeit erinnern, die so voll von Tod war wie die gegenwärtige?» schreibt er im Februar in seinem Kondolenzbrief an Jones, dessen Vater gerade gestorben war.[18] Eine rhetorische Frage, so scheint es, angesichts der Millionen Toten des Krieges, der an Hunger und

Grippe in den vergangenen Monaten Verstorbenen. Aber nun ging das Sterben, das, bis auf den Verlust seines Neffen Hermann Graf, während des Krieges seine Familie gnädig verschont hatte, an seine Nächsten. Er hatte «kein rechtes Mitgefühl» empfinden können, als er im Juli 1919 vom Selbstmord seines ehemaligen Schülers Victor Tausk erfuhr, auch keine Mitschuld, genausowenig wie Lou Andreas-Salomé, die ihren einstigen Geliebten, diesen «Seelenberserker mit zartem Herzen», immer für suizidgefährdet gehalten hatte. Und schließlich hatte Tausk in einem zärtlichen und versöhnlichen Abschiedsbrief Freud seiner unverbrüchlichen Treue zur Psychoanalyse versichert, hatte niemanden angeklagt und alles auf seine eigene Unzulänglichkeit und sein verfehltes Leben geschoben.

Am 20. Januar 1920 starb Anton von Freund. Fast das ganze vergangene Jahr hatten Freud und Ferenczi zwischen Furcht und Hoffnung geschwankt, «wie in seismographischen Schwingungen». Freud fühlte sich wieder einmal sehr gealtert ob der Schicksalsdrohung, die über Toni, dem Freund, dem Gönner, schwebte. Noch im Oktober wollte er sich der Illusion hingeben, daß dessen Unterleibstumor nicht bösartig und vielleicht nur eine Wanderniere Ursache der Krankheit sei. Aber schon kurz darauf, nach einem neuerlichen Eingriff, konnte Anton von Freunds Schwager, Mann seiner Schwester Kata, der Arzt und spätere Psychoanalytiker Lajos Lévy, ihm allenfalls noch Hoffnung auf die Wirkung der Radiumbehandlung machen. Ende Dezember setzten die Ärzte in Wien die Therapie ab, der Kranke war aufgezehrt vom Fieber. Er wußte um seinen nahen Tod und ordnete an, daß der Ring, den Freud ihm als künftigem Mitglied des Komitees geschenkt hatte, an Eitingon übergehen, dieser seinen Platz einnehmen sollte. Freud hatte den Sterbenden täglich bis kurz vor seinem Ende besucht, und doch traf ihn dies wie ein Schock. Ein Trost war nur, daß Lajos Lévy den Wunsch des Schwagers nach einem gnädigen Sterben erfüllt und den «Todesengel» gespielt, ihm damit, wie die Obduktion zeigte, das Allerschlimmste erspart hatte. Und dennoch, sein Tod war ein scharfer Schmerz für Freud – und für die

Sache ein großer Verlust. Aber er war gestorben wie ein Stoiker, hatte seine Hoffnungslosigkeit mit «heldenhafter Klarheit» ertragen, «der Analyse keine Schande gemacht».[19]

Am 22. Januar wurde Anton von Freund beerdigt. Einen Tag später erhielt Freud ein Telegramm seines Schwiegersohns Max Halberstadt; Sophie war schwer erkrankt. Sein «Sonntagskind», seine gerade 26jährige, «teure blühende Sophie», starb am 25. Januar an der Spanischen Grippe. «Hinweggeweht!» schrieb er an Ferenczi. «Nichts zu sagen. Es war die typische septische Pneumonie der Grippe.» Sie war damals gerade mit dem dritten Kind schwanger; es gibt Gerüchte, ihr Tod stünde in Zusammenhang mit einem Abort, wie sie ihn schon einmal, 1913, hatte vornehmen lassen. Freud hatte sie zuletzt im September gesehen. Damals überkam ihn angesichts von Anton von Freunds Krankheit, das Gefühl, nichts mehr aufschieben zu dürfen. Nun konnten nur Oli und Ernst zusammen mit Eitingon nach Hamburg reisen und an der Einäscherung teilnehmen. Martha hatte schon gleich nach dem Telegramm versucht, zur kranken Tochter zu fahren. Das war «natürlich unmöglich», es gingen keine Züge. Erst am 29. Januar gelang es Mathilde und Robert Hollitscher, einen Zug nach Deutschland zu finden, «über dessen Natur wir strenges Geheimnis bewahren müssen», wie Freund an Ferenczi schrieb; vermutlich handelte es sich um einen Militärtransport. Er versuchte, sich dem Freund gegenüber stoisch zu zeigen. Martha sei tief erschüttert, er selbst denke: «La séance continue» – die Vorstellung geht weiter. «Aber es war ein bißchen viel für eine Woche.»[20]

Gegenüber Jones wird der Mann, der stets fürchtete, vor seiner Mutter zu sterben, deutlicher: Er hatte sein Kind verloren, wann werde er nun drankommen? Nachdem er dies erlebt hatte, wünschte er nur, es möge nicht mehr lange dauern. Aber er wollte sich, obwohl noch nicht sehr schreibfähig, sogleich in Arbeit stürzen. Auch Ferenczi sollte sich deshalb keine Sorgen um ihn machen, der so schmerzliche Todesfall hatte keine Lebenseinstellung umgeworfen. Jahrelang war er auf den Verlust der Söhne gefaßt gewesen, «nun kommt der der Tochter. Da ich im tiefsten ungläubig bin, habe ich niemanden zu beschuldigen, und ich weiß, daß es keinen Ort gibt, wo man eine Klage anbringen kann». Nein, zitiert er Schiller und Goethe, des «Dienstes ewig gleichgestellte Uhr» und des «Daseins süße Gewohnheit» werden dafür sorgen, daß alles seinen gewohnten Gang weitergeht. Und er tröstet sich mit einem Stückchen Selbstanalyse: «Ganz tief unten wittere ich das Gefühl einer tiefen, nicht verwindbaren narzißtischen Kränkung.»[21]

Mit ähnlichen Worten beschreibt er Pfister seinen Gemütszustand: Die Trauer komme wohl erst später. Aber die «unverhüllte Brutalität der Zeit», diese elende Zeit der Gefangenschaft, die es Martha und ihm nicht einmal ermöglichte, ihr armes Sonntagskind zu beerdigen, lastete schwer auf ihm. Und was sollte aus den kleinen Enkeln werden, dem sechsjährigen Ernst, dem dreizehn Monate alten Heinele, was aus dem untröstlichen Ehemann, der für das Glück von sieben Jahren so teuer zu bezahlen hatte, ein Glück, das nur zwischen den beiden war. Denn was hatten sie zu ertragen: «Krieg, Einrückung, Verwundung, Aufzehrung ihrer Habe, aber sie waren tapfer und heiter geblieben».[22] An Max, der sich einstweilen von seinen Kindern nicht trennen wollte und deshalb die Witwe seines im Krieg gefallenen Bruders ins Haus bat, schrieb er: Man müsse «das Haupt beugen unter dem Streich als hilfloser, armer Mensch, mit dem höhere Gewalten spielen». Und er forderte ihn auf, sich als seinen Sohn zu betrachten, unterschrieben hatte er den Brief mit «Papa».[23]

In Wahrheit fühlte Freud sich, trotz aller gegenteiligen Beteuerungen, trotz aller Versuche, sich mit Arbeit abzulenken, wie gelähmt: Stumpfe Notwendigkeit, stumme Ergebung, das war sein Gemütszustand. Wenn das Schicksal sich bloß an die Reihenfolge gehalten hätte: «Die Ungeheuerlichkeit, daß Kinder vor den Eltern sterben sollen, haben wir beide nicht verwunden», schreibt er im März an Ludwig Binswanger. Martha war, wie meist, offener als er. Als Katherine Jokl-Jones 1928 ihre Tochter verliert, sagt sie ihr, es seien zwar schon acht Jahre seit Sopherls Tod vergangen, aber sie sei «immer wie aufgewühlt», wenn den Freunden ähnliches widerfuhr: «Ich war ja damals genauso zerschmettert, wie Sie es heute sind, alle Sicherheit und alles Glück schien für immer verloren.» Auch Freud selbst kam nie über den Tod der Tochter hinweg. Hilda Doolittle, HD, die ebenfalls an der Spanischen Grippe erkrankt gewesen, aber davongekommen war, sagte er 1933, er habe allen Grund, sich an die Epidemie zu erinnern, da er damals seine liebste Tochter verloren hatte. Und er zeigte ihr ein kleines Medaillon, das er an seiner Uhrkette trug: «Sie ist hier.»[24]

Das Leben mußte weitergehen. Im Februar 1920 wurde in Berlin die Poliklinik «für die psychoanalytische Behandlung nervöser Leiden» eröffnet, finanziert und geleitet von Max Eitingon, mit Ernst Simmel an seiner Seite. Ernst Freud hatte die Einrichtung entworfen, so gut, rühmte Jones, daß alle voll Anerkennung waren. Die Klinik sollte der kostenlosen oder sehr günstigen Behandlung Kranker dienen sowie der psychoanalytischen Ausbildung. Die Lehranalysen übernahm Hanns Sachs, den theoretischen Unterricht und die Kontrollanalysen Eitingon. Eine ganze Generation von Analytikern wurde hier ausgebildet, darunter Franz Alexander, Alice und Michael Balint, Suzanne und Siegfried Bernfeld, Erich Fromm, Karen Horney, Melanie Klein, Sándor Rado und Freuds Übersetzerin Alix Strachey. Seine Utopie von Budapest 1918 war also Wirklichkeit geworden; das war das «Erfreulichste dieser Zeit». Auch seine Wiener wollten jetzt eine ähnliche Klinik, aber Freud war dagegen, er wußte niemanden, dem er die Leitung anvertrauen konnte, und er selber wollte diesem Projekt keine Zeit opfern. In Wahrheit war Wien für ihn längst nicht mehr das Zentrum der Psychoanalyse und daher auch nicht der passende Ort für eine Klinik: «Ein Rabe soll kein weißes Hemd anziehen.»

Im Mai 1920 heiratete sein jüngster und einstweilen erfolgreichster Sohn Ernst, das «Glückskind», Lucie Brasch, Tochter aus reicher Familie und «nach allen Anzeichen ein feines Geschöpf». Dennoch brachte Freud keinen Frohsinn mehr auf, die äußeren Zustände waren noch immer zu greulich, schrieb er Lou Andreas-Salomé. Hoffentlich würden sie einander noch wiedersehen, ehe sie beide ganz «steinalt und kleinwinzig» seien. Nach wie vor war er von Unterstützungen abhängig. Es stimmte ihn fast mißmutig, daß sein Schwager, ausgerechnet Eli, eine Million Kronen für das Kinderhilfswerk «Tivoli» spenete, in dessen Stiftungskomitee Freud saß. Selbst der großzügige Eitingon, der durch eine ebensolche Spende in den analytischen Fonds den Verlag vor dem Bankrott rettete, zog sich zeitweilig den Zorn der Freuds zu. Anna und Martha waren empört, daß er ihnen ganz unaufgefordert auch Geld für den persönlichen Bedarf geschickt hatte. Konnte der Vater etwa die Familie nicht ernähren? Freud mußte Eitingon bitten, die Anweisung rückgängig zu machen; aber er versprach, sich in der Not jederzeit wieder an ihn zu wenden, dankbar für einen solchen Freund. Schließlich waren in Amerika schon Gerüchte aufgekommen, er habe in seiner elenden Lage Selbstmord begangen; wieder einmal mußte er Mark Twain zitieren: «Stark übertrieben.» Doch nun hatte er eine traurige Bitte an den Freund, sein Sohn Oliver brauchte «aktive Therapie». Max Eitingon wollte die Behandlung nicht übernehmen, weil er sich den Freuds zu nahe fühlte. Schließlich wurde Oliver zu Franz Alexander geschickt. Freud litt unter seiner Hilflosigkeit, gerade dieser Sohn war, schrieb er Eitingon, «lange Zeit mein Stolz und meine geheime Hoffnung, bis er dann meine größte Sorge wurde, als seine analmasochistische Organisation deutlich hervortrat»[25].

Dabei hatten im Herbst 1920 Grant und Kummer gerade ein wenig nachgelassen. In der Sommerfrische in Bad Gastein hatte er die Arbeit an *Massenpsychologie und Ich-Analyse* beendet, jenem Werk, an dem er zeitweise parallel zu *Jenseits des Lustprinzips* geschrieben hatte. Und im September reiste er mit Anna nach Den Haag zum Sechsten Internationalen Psychoanalytischen Kongreß. Man hatte lange gebraucht, sich für diesen Ort zu entscheiden; Abraham hatte auf Berlin gedrängt, aber die britischen und amerikanischen Kollegen würden, kaum zwei Jahre nach Kriegsende, niemals deutschen Boden betreten, darauf hatte Freud ihn hingewiesen. Und für seine Wiener, die kein Geld hatten, war die Reise nach Berlin ebenso schwierig wie die nach Den Haag. Die holländischen Kollegen hatten jedoch Geld gesammelt für die Teilnehmer aus Österreich, Ungarn und Deutschland und einigen von ihnen eine freie Unterkunft zur Verfügung gestellt. So konnten sich ehemalige «Todfeinde» zu einem Kongreß treffen, der für Freud auch einen kleinen Triumph bedeutete. Seine Wissenschaft hatte den Krieg nicht nur überlebt, sie hatte neue Anhänger gefunden, und anders als in anderen Bereichen gab es in der Psychoanalyse sogar schon wieder eine «international scientific community»: Aus Amerika waren zwei, aus England 15 Teilnehmer gekommen, insgesamt waren es 62, dazu kamen 57 Gäste.

Er referierte über «Ergänzungen zur Traumlehre», worin er die Selbstbestrafungstendenzen und den Wiederholungszwang ansprach, jene Themen, die im Mittelpunkt seiner neuen Arbeiten standen. Für das Amüsement sorgte der Leiter eines Sanatoriums in Baden-Baden, Georg Groddeck, der sich mit den Worten vorstellte: «Ich bin ein wilder Analytiker.» So wurden gemeinhin völlig unqualifizierte Kollegen bezeichnet, die der Sache zu schaden drohten. Er hielt einen Vortrag über Psychosomatik, besser gesagt, über die Anwendung der Psychoanalyse bei organischen Krankheiten, den er durch die These veranschaulichte, daß Sehstörungen, Kurzsichtigkeit und Weitsichtigkeit, aber auch Netzhautblutungen nur Ausdruck verdrängter und unterdrückter Wünsche seien. Ernst Simmel soll daraufhin lächelnd seine dicke Brille zurechtgerückt haben. Freud, der seit einiger Zeit mit Groddeck korrespondierte und ihn wegen seiner Schrulligkeit schätzte, fragte immerhin nach, ob dies ein Scherz sei. Das war es keineswegs: Das Unbewußte konnte durch Blutungen die Netzhaut zerstören.[26] Das ließ Freud gelten; Ingeborg Bachmann, die den Naturheiler schätzte, griff diese Geschichte in ihrer Erzählung «Ihr glücklichen Augen» mit dem Untertitel «Georg Groddeck in memoriam» auf.

Die Stimmung war heiter in Amsterdam, die ausgehungerten Mitteleuropäer mußten, so Jones, den Eindruck haben, im

Schlaraffenland zu weilen. Die englische Delegation gab ein Essen für Freud und seine Tochter, bei dem diese alle mit einer charmanten kleinen Rede in sehr gutem Englisch erfreute. Zum Abschluß richteten die niederländischen Kollegen ein großes Bankett aus, «ein Diner von echt holländischer Üppigkeit», woran sich Freud noch vierzehn Jahre später erinnern sollte. Die Teilnehmer hatten allerdings verlernt zu essen: «Als die Hors d'œuvres gereicht wurden, schmeckten sie uns allen, und dann waren wir fertig, mehr konnten wir nicht nehmen.»[27] Freuds Stimmung hatte sich derart gehoben, daß er den kleinen Geldbetrag, den er in Holland erhalten hatte, Abraham für seine Kinder schenkte; sie sollten ein Fahrrad bekommen. Er hatte sogar eine kleine Englandreise mit Anna geplant, aber sie hatte nicht rechtzeitig ein Visum bekommen. Ohnehin wäre die Reise, auch nachdem sie endlich ihre Genehmigung erhalten hatte, unmöglich gewesen: Er mußte nach Berlin zu seiner Schwester. Sein Schwager Moritz, Mitzis Ehemann, der «Halb-asiate», war an einer Herzkrankheit gestorben, gerade 64 Jahre alt.

Und in Wien wartete eine wenig angenehme Angelegenheit auf ihn. Schon im Dezember 1918 war eine Kommission zur Erhebung militärischer Pflichtverletzungen gegründet worden, der auch Freuds ehemaliger Kommilitone Julius Wagner-Jauregg angehörte. Der Ausschuß sollte jene Begebenheiten bei der Behandlung von Kriegsneurotikern untersuchen, wo man die sogenannte Elektrotherapie derart grausam angewandt hatte, daß es zu Todesfällen und Selbstmorden gekommen war. Und nun stand der Professor der Psychiatrie und Leiter der psychiatrischen Abteilung des Allgemeinen Krankenhauses, Wagner-Jauregg, selbst im Mittelpunkt der Anklage. Freud war als Gutachter geladen, so daß das Verfahren schließlich zu einer Debatte über Kriegsneurosen und Psychoanalyse wurde. Er blieb, trotz der Anfeindungen seines alten Bekannten, konziliant: Gewiß hatte Wagner-Jauregg recht, seine damaligen Patienten Simulanten zu nennen, viele waren es auch, doch nur in jenem Sinne, wie alle Neurotiker unbewußte Schauspieler sind. Er gestand sogar zu, daß die Psychoanalyse, gewiß die bessere Therapie, während des Krieges außerordentlich schwierig anzuwenden gewesen wäre, schon allein wegen der Vielfalt der Sprachen in der österreichisch-ungarischen Armee, aber vor allem wegen der Forderungen der Kriegsbehörden, rasch wieder für taugliche Soldaten zu sorgen. Dennoch wandte sich die Kommission gegen Freud und die Analyse: Warum hatte er es nicht anders gemacht, warum hatte er nicht gezeigt, wie man Kriegsneurosen psychoanalytisch behandelt; man hätte ihm sofort eine Station gegeben. Die Kommission entschied zugunsten des künftigen Nobelpreisträgers Wagner-Jauregg, und Freud trat ihm nach wie vor freundschaftlich gegenüber, dem «Weltmeister der Psychiatrie»[28], dessen Portrait von 1953 den 500-Schilling-Schein zierte. Erst in jüngster Zeit wurden Unterlagen über seine Nähe zur NSDAP und seine Befürwortung der «Rassenhygiene» bekannt, als deren Propagandist er schon vor dem «Anschluß» auftrat.

Freud konnte sich die Großzügigkeit gegen den alten Freund leisten, der Prozeß beeinträchtigte nicht die Einschätzung dessen, was seine Lehre zur Behandlung der «Zitterer» geleistet hatte, was sie zur Therapie der Neurosen vermochte. Er war ja daran gewöhnt, wie unaufrichtig und bösartig dies Wien war. An den Fortschritten, welche die psychoanalytische Bewegung in der großen Restwelt machte, konnte er dennoch kein Vergnügen finden: «Die Art, wie die Menschen es annehmen und verarbeiten, hat mir keine andere Meinung von ihnen beigebracht als ihr früheres Benehmen, da sie es verständnislos ablehnten.»[29] Der Riß zwischen ihm und der Welt sollte unheilbar bleiben. Und wieder einmal ärgerten ihn besonders die Amerikaner. Er selbst hatte seinem Neffen Edward Bernays vorgeschlagen, eine Reihe von vier allgemeinverständlichen Artikeln für eine New Yorker Zeitschrift zu schreiben. Sein getreuer Propagandist, der die Lehren des Onkels so geschickt zu verarbeiten und zu vermarkten vermochte, daß er damit zum Begründer einer ganzen Industrie, der Public-Relations-Branche, wurde, verhandelte sofort mit dem *Cosmopolitan Magazine*. Für den ersten Artikel wurden Freud 1000 Dollar geboten, aber man hatte eigene Themenvorstellungen, er sollte über *The Wife's Mental Place in the Home* oder *The Husband's Mental Place in the Home* schreiben. Freud war empört und schickte eine deutliche Absage. Bernays ließ nicht locker: Eine Gruppe in New York wollte Freud 10 000 Dollar zahlen, wenn er für sechs Monate am Vormittag Patienten behandelte und am Nachmittag Vorlesungen hielt. Das Antworttelegramm lautete nur: «Not convenient.» Nein, es paßte ihm nicht, daß er seine Reise- und Aufenthaltskosten selbst bestreiten sollte; am Ende würde er, so rechnet er dem Neffen vor, erschöpft und ärmer als bisher nach Wien zurückkehren.[30] Amerika, wo er seine ersten, wo er schließlich seine größten Triumphe feierte, das «Land der Dollarbarbaren», die nun seine wichtigsten, seine zahlungskräftigsten Patienten waren, hatte für immer verspielt.

Doch freute er sich über die Anteilnahme an seinem Werk in Palästina ein wenig. Chaim Weizmann, der Wissenschaftler und Diplomat, Vorsitzender der Zionistischen Weltorganisation und 1949 erster Präsident des neuen Staates Israel, hatte Jones erzählt, daß Emigranten aus Galizien nach Palästina kamen, ohne Kleider, aber mit dem *Kapital* und der *Traumdeutung* unter dem Arm. Außerdem mußte Freud zugeben, daß sich gegen Ende 1920 seine Praxis erholt hatte: Er wäre, wenn er sich reich rechnete, Millionär. Infolge der Wertlosigkeit der Krone besaß er 2,4 Millionen, «aber ich bin nicht zur Million gekommen, sie hat sich zu mir herabgelassen».[31] In Wirklichkeit hatte er gerade ein Viertel seines Vorkriegsvermögens erwirtschaftet. Erst ein Jahr später, 1921, konnte er seinem Neffen Sam schreiben, daß er in der Tat einen Teil des verlorenen Geldes zurückgewonnen hatte und, solange er weiterzuarbeiten vermochte, sicher war, seine Familie ernähren zu können. Aber es war eine harte Zeit gewesen. Manchmal war er infolge der Inflation am Ende einer Woche schwerer Arbeit ärmer als zuvor, und es strengte ihn an, sechs Stunden am Tag englisch zu sprechen, vor allem mit den elenden Amerikanern, die so ein «abscheuliches Idiom» pflegten. Nie würde er diese «verd... Sprache» korrekt lernen. Doch er mußte seinen Söhnen Martin und Oliver und auch Max Halberstadt in Hamburg ständig weiter unter die Arme greifen, und er macht sich Sorgen um Marthas Alterssicherung. Also wollte er seine freien Plätze lieber an «Ententeleute» vergeben, statt sich von «Mittelmächte-Patienten» ernähren zu müssen; er hatte an den «westlichen Valuta» Geschmack gefunden: Das war vielleicht ein bißchen unwürdig, aber «c'est la guerre».[32]

Noch bevor das Jahr 1920 zu Ende ging, überraschte Freud die Welt mit einer Nachricht, die eigentlich keine war. Längst hatte sich in den früheren Schriften die große Revision angedeutet, daß es neben dem Eros, jenseits des Lustprinzips, noch einen anderen, gleichmächtigen Trieb geben sollte – auf eine kurze Formel gebracht: Was lebt, will sterben. Er hatte eigentlich ein «ruhiges Gewissen», als der Erscheinungstermin des kleinen Buches näher rückte, das ihm doch selbst «reichlich dunkel» vorkam und das unter seinen treuesten Anhängern Skepsis und Widerspruch erregte, unter Laien aber so populär wurde, daß er jede Menge Zuschriften und Lobhudeleien bekam; vielleicht hatte er doch «da etwas sehr Dummes gemacht». Am meisten mißfiel ihm, daß man seine düsteren Spekulationen mit dem Tod seiner Tochter Sophie in Verbindung brachte, wie es sein ungeliebter und unberufener Biograph Fritz Wittels auch prompt tun sollte. Vorausschauend hatte Freud sich schon vor dem Erscheinen von Eitingon bestätigen lassen, daß er die Arbeit an *Jenseits des Lustprinzips* viel früher begonnen und sie fast beendet hatte, als seine Sophie noch ganz blühend war; auch Ferenczi hätte dem nur zustimmen können. Und es waren doch in der Tat Gedanken darin, die ihn schon seit langem bewegten, seine Reflexionen über den Narzißmus und Sadismus, seine frühesten Ideen über Todesfurcht und Todeswunsch. Im Grunde hatte der Große Krieg, das große Schlachten, alles bestätigt, was er über Aggression und Gewalt dachte und öffentlich zu machen doch gezögert hatte.

Allein das Krankheitsbild der Kriegsneurotiker zeigte, daß die Bedeutung des Lustprinzips einzuschränken war. Warum blieben sie, obwohl sie zu vergessen suchten, auf ihr Trauma fixiert, warum wurden sie sogar in ihren nächtlichen Träumen immer wieder in die Schocksituation versetzt? Am meisten jedoch hatte ihn, dies ist das berühmteste Beispiel des Buchs, ein merkwürdiges Spiel seines kleinen Enkels Ernst beeindruckt. Als Anderthalbjähriger, ein braver Junge, der sehr an seiner Mutter Sophie hing, weinte er nicht, wenn diese für kurze Zeit fortging. Er begann jedoch, kleine Gegenstände, deren er habhaft werden konnte, in die Zimmerecke oder unters Bett zu werfen. Dabei gab er ein langgezogenes «Oooo» von sich, das von den Erwachsenen als sein kindlicher Ausdruck für «fort» identifiziert wurde. Am liebsten nahm er eine hölzerne Spule, um die ein Bindfaden gewickelt war, schleuderte sie weg, so daß sie seinem Blick entschwand, gab sein «Oooo» von sich und zog sie dann, mit großem Geschick, wieder zurück, um ihr Wiedererscheinen mit einem freudigen «da» zu begrüßen. Dies Spiel wiederholte er unermüdlich, wobei er den zweiten, den fraglos lustvolleren Akt viel seltener inszenierte als den ersten, schmerzlicheren des Verschwindens. Das Kind hatte sich, schließt Freud, aus der passiven Rolle des von der Mutter Verlassenen in eine aktive gebracht, indem es ihr Fortgehen, obwohl dies unlusterregend war, im Spiel wiederholte; es schickte, in einer Art Racheaktion, einem «Bemächtigungstrieb», die Mutter selbst weg.[33]

Erlebte er nicht ähnliches in seiner täglichen Praxis? Niemals genügte es, die Patienten zum freien Sprechen aufzufordern. Zwar standen die zentralen Elemente der Kur, Widerstand und Übertragung, durchaus noch im Einklang mit dem Lustprinzip, das bewußte oder vorbewußte Ich sollte vom Freiwerden des als unlustvoll Erlebten und daher Verdrängten verschont werden. Aber sosehr sich auch der Arzt mühte, sie zur Erinnerung zu drängen und ihnen damit die Übertragungsneurose zu ersparen, in einer bestimmten Phase der Behandlung gerieten die Kranken regelmäßig unter den Zwang, das verdrängte Erlebnis als gegenwärtiges zu wiederholen, nur allzuoft in monotoner, selbstzerstörerischer Weise eine Vergangenheit aufzufrischen, die schon damals nichts Befriedigendes enthalten haben konnte. Dieser Wiederholungszwang, diese ewige Wiederkehr des gleichen, ließ sich genausogut im Leben nicht neurotischer Menschen erkennen; regelmäßig wurden unglückliche Liebeserfahrungen neu inszeniert, Freundschaften endeten immer wieder mit Verrat, Autoritäten wurden angebetet und dann gestürzt, Frauen heirateten dreimal hintereinander Männer, die kurz nach der Hochzeit erkrankten und von ihnen zu Tode gepflegt werden mußten. Nun lehrte die Psychoanalyse, daß diese Macht des Schicksals, die so «dämonisch» schien, auf frühe Determinierungen zurückzuführen und zum großen Teil selbstbereitet war. Warum also die alte Theorie von den Neurosen, von Liebe, Haß und Ambivalenz, aufgeben? Aber nein, das nicht enden wollende Wiederholen schmerzhafter Erlebnisse, das «Fort-da-Spiel», mußte, nimmt Freud nun an, einem eigenen Gesetz «jenseits des Lustprinzips» gehorchen.

Dabei schränkte er seine nachfolgenden Hypothesen immer wieder ein, nannte sie Spekulationen, oft weit ausholende Spekulationen, die ein jeder nach seiner besonderen Einstellung würdigen oder vernachlässigen konnte. Doch er wollte versuchen, seine Idee konsequent auszubeuten, «aus Neugierde, wohin dies führen wird».[34] Es führte ihn, auf höchst verschlungenen Wegen und über riskante, ungesicherte Abzweigungen in Biologie, Gehirnanatomie, Physik und Philosophie, zu der Annahme von «konservativen» Trieben, die nach Wiederherstellung eines früheren Zustands drängten. Alles Lebende wollte zurückkehren ins Anorganische – oder, mit seinem berühmten Satz: «Das Ziel alles Lebens ist der Tod.»[35] Das klang banal, und er mußte eingestehen, daß er damit in den Hafen der Philosophie Schopenhauers eingelaufen war, für den das eigentliche Resultat und damit der Zweck allen Lebens der Tod war, während der Sexualtrieb den Willen zum Leben verkörperte.[36]

In Freuds Version erscheinen letztendlich auch die sogenannten Selbsterhaltungstriebe nur mehr als Partialtriebe, dazu bestimmt, den eigenen Todesweg des Organismus zu sichern:

Auch diese «Lebenswächter» waren ursprünglich «Trabanten des Todes». Und damit war er in der Sackgasse gelandet. Denn wie ließ sich, so fragt der Autor selbst, das Paradox erklären, daß sich der Organismus aufs heftigste dagegen sträubte, sein Lebensziel auf kurzem Wege zu erreichen. Das mußte an dem Gegensatz zwischen triebhaftem und intelligentem Streben liegen. Und wie stand es mit den mächtigen Sexualtrieben, die doch im Grunde nach Unsterblichkeit drängten, wenngleich dies nur eine Verlängerung des Todesweges bedeutete? Auch sie waren in gewissem Sinne «konservative Triebe», sogar in noch stärkerem Maße als die zuvor postulierten, da sie sich besonders resistent gegen äußere Einwirkungen zeigen. Auch sie, die Sexualtriebe, gehorchten, so Freud, dem Wiederholungszwang und dem «Streben nach Herabsetzung, Konstanterhaltung, Aufhebung der inneren Reizspannung», dem «Nirvana-Prinzip».[37] Zugleich standen sie, die auf die Verschmelzung von Keimzellen drängten, auf die Schaffung neuer Organismen, von Anfang an auch im Gegensatz zum Todestrieb und arbeiteten wider ihm. Freud war in der Tat ein hartnäckiger, ein scharfer Dualist, der den uralten Antagonismus von Eros und Thanatos aus seinen Theorien über den Ödipuskomplex und aus seiner eigenen so starken Fixierung auf den Tod neu definierte. Und er wollte noch schärfer sein, die Gegensätze nicht mehr Ich- und Sexualtriebe, sondern Lebens- und Todestriebe nennen.[38]

Mit seinem radikalen Konzept des Todestriebs versuchte er nun auch die Polarität von Liebe oder Zärtlichkeit und Haß oder Aggression zu erklären, die sich ihm aus den Sexualtrieben allein nicht mehr erschließen wollte. Wie sollte man den sadistischen, auf die Schädigung des Objekts zielenden Trieb vom «lebenerhaltenden Eros» ableiten? Sicherlich mußte sein Erklärungsmodell auf viele einen «mystischen Eindruck» machen. Aber hier konnte er auf klinische Erfahrungen verweisen, auf die Beobachtung des dem Sadismus komplementären Masochismus, der Wendung des Triebs gegen das eigene Ich. Sollte es sich dabei nicht um einen primären Vorgang handeln, ein Streben nach Selbstdestruktion, das schließlich sekundär nach außen gerichtet wird in Form des Aggressions- oder Destruktionstriebs? War sein Todestrieb nicht nur deshalb so schwer nachweisbar, weil sein Effekt durch die lebenerhaltenden Kräfte überdeckt wird? Freud bemühte immer weitere biologische und physikalische Spekulationen, aber um das Fundamentale dieses Vorgangs, seinen ungeheuer bedeutenden Platz im psychischen Geschehen, herauszustellen, mußte er schließlich, in stets neue Widersprüche sich verwickelnd, das Lustprinzip in den Dienst des Todestriebs stellen: als Wächter über jene Störenfriede, die Reize von außen, die von beiden Triebarten als Gefahren eingeschätzt werden, und die von innen, welche die Lebensaufgabe so sehr erschweren. Das war kaum mehr verständlich, und erst später sollte er dieses Problem lösen, indem er das Nirwana-Prinzip – als ökonomisches Prinzip der Verminderung von Spannungen auf Null – ganz dem Todestrieb unterordnet. Freud war sich der theoretischen Schwächen und offenen Fragen nur allzu bewußt, im Grunde war er weit über die Psychoanalyse hinausgegangen. Vieles blieb noch zu beantworten, so schließt der Text. Man mußte geduldig bleiben, auch bereit sein, einen einmal eingeschlagenen Weg wieder zu verlassen, wenn er sich als der falsche erwies: «Nur solche Gläubige, die von der Wissenschaft einen Ersatz für den aufgegebenen Katechismus fordern, werden dem Forscher die Fortbildung oder selbst die Umbildung seiner Ansichten verübeln.» Und er tröste sich angesichts der langsamen Fortschritte seiner Erkenntnisse, mit einem Wort Friedrich Rückerts: «Was man nicht erfliegen kann, muß man erhinken (...). Die Schrift sagt, es ist keine Sünde zu hinken.»[39]

So ging er den 1920 beschrittenen Weg weiter, tastend und skeptisch zwar, doch allen Stolpersteinen trotzend, die er sich selbst, die ihm die psychoanalytische Bewegung entgegenstellte. Kaum jemand mochte nach den Massakern des Krieges an der Aggressivität des menschlichen Tiers zweifeln, kaum jemand deren täglich neu sich bezeugenden Äußerungen leugnen, die Streitigkeiten, Wettkämpfe, Rivalitäten. An Freuds Postulat und seinen Beweisversuchen zweifelten fast alle. Auch er merkte, daß er in seinem Dualismus zu scharf war, daß man es selten mit reinen Triebregungen zu tun hatte, sondern durchweg mit «Legierungen (...) in verschiedenen Mengenverhältnissen». Blinde Aggression konnte libidinöse Befriedigung bereiten, und so war es überall; Eros und Todestrieb ließen sich nicht auf eigene seelische Provinzen beschränken, in Reinkultur war letzterer, wenn überhaupt, nur in der Melancholie zu erkennen, ansonsten machten ihr Zusammen- und Gegeneinanderwirken gerade die Buntheit der Lebenserscheinungen aus. Gleichwohl hielt Freud seine Spekulation für grundlegend und wies ihr auch eine wachsende Bedeutung in der klinischen Praxis zu: Der Masochismus, die negativen therapeutischen Reaktionen und das Schuldbewußtsein der Neurotiker waren ihm unverkennbare Hinweise auf eine Macht im Seelenleben, die man nach ihren Zielen Aggressions- oder Destruktionstrieb nennen und von dem ursprünglichen Todestrieb ableiten mußte.

1920 war ihm seine Arbeit, wiewohl er dies so heftig bestritt, auch ein Versuch, Trost zu finden in der Formulierung seiner Ideen, seinem Glauben an die Macht des Logos, selbst wenn dieser sich in den Dienst der scheinbar so sorglos geäußerten Annahme stellte, daß alles Lebende aus inneren Ursachen sterben müsse.[40] Aber man mußte ernst machen mit dem «Bekenntnis zur Weltfirma Fatum & Ananke». Gerade die Dichter bestätigten jenen Gedanken doch immer wieder: «Wenn man schon selbst sterben und vorher seine Liebsten durch den Tod verlieren soll, so will man lieber einem unerbittlichen Naturgesetz, der hehren ‹Ananke› erlegen sein, als einem Zufall, der sich etwa noch hätte vermeiden lassen. Aber vielleicht ist dieser Glaube an die innere Gesetzmäßigkeit des Sterbens auch nur eine der Illusionen, die wir uns geschaffen haben, ‹um die Schwere des Daseins zu ertragen›.»[41]

TOD GEGEN LEBEN

DAS ARME ICH

Im Mai 1921 feierte Freud seinen 65. Geburtstag, schon zwei Monate vorher, genau am 13. März, aber hatte er «ganz plötzlich einen Schritt ins wirkliche Altern getan», ohne einen rechten Anlaß dafür zu wissen, vielleicht nur, weil an jenem Tag sein Sohn Oliver sich verabschiedete, um nach Rumänien zu gehen. Seither hatte ihn der Todesgedanke nicht mehr verlassen, das Gefühl, daß sich «sieben Organe noch um die Ehre streiten», seinem Leben ein Ende zu bereiten.[1] Seine Freunde, derartige Klagen gewohnt, waren dennoch besorgt. Ferenczi, der erfahrene Hypochonder, diagnostizierte aus der Ferne Herzbeschwerden, verursacht durch den Nikotinmißbrauch, und riet dringlich zu einer Lockerung der allzu strengen Lebensweise. Neun, zehn oder elf Analysestunden am Tag, dazu die wissenschaftliche Tätigkeit und die vielen, vielen Zigarren, das konnte nicht gut sein, selbst wenn Freud ja immer behauptete, daß ein wenig körperliche Unlust, sein gewöhnliches «Mittelelend», ihn überhaupt erst zur Arbeit anrege. Nun sollte er sich endlich einmal ausruhen, seinen «armen Konrad» pflegen, einfach faulenzen. Freud wollte sich nicht seiner Hypochondrie hingeben, kühl überlegen wollte er ihr zuschauen, etwa so wie den Spekulationen im *Jenseits*.

Der alte Conquistador war bereit, sein Reich neu zu vermessen und unbekannte, bisher vernachlässigte Provinzen der Seele zu erobern. Den Vorkämpfen, der Umgestaltung der Triebtheorie, ließ er noch ein Intermezzo, sein «Büchlein» über *Massenpsychologie und Ich-Analyse*, folgen, ehe er sich an die große Umwälzung machte. In der Tat schien der Essay kaum mehr als eine Fingerübung, ein Versuch, Erkenntnisse aus der Individualpsychologie auf die Gesellschaft auszudehnen oder, andersherum, soziologische Theorien analytisch zu fundieren. In weiten Teilen war er schlichtweg eine kommentierende Zusammenfassung von Gustave Le Bons berühmt-berüchtigter *Psychologie der Massen,* deren populistische Thesen auch Adolf Hitler mehr oder weniger bewußt übernahm. Der Arzt, Mitbegründer der Soziologie, ein rassistischer Demagoge, politischer Antisemit und intellektueller Diener der französischen Militärklasse, hatte in seinem 1895 erschienenen Werk dargelegt, daß der einzelne, der im privaten vielleicht ein durchaus gebildetes Individuum sei, im Kollektiv zum Barbaren werden könne, einem Triebwesen ohne Verantwortungsgefühl, einem «willenlosen Automaten», kritikunfähig, intolerant und autoritätshörig, sogar gewalttätig. Die Masse war, wie auch andere Theoretiker der Zeit übereinstimmend befanden, überaus erregbar, impulsiv, leidenschaftlich, inkonsequent, nur gröberer Leidenschaften fähig, dabei außerordentlich suggestibel und heftig in ihren Urteilen, also bloß den einfachsten Argumenten zugänglich, leicht zu lenken und zu erschüttern, ohne Selbstbewußtsein und ohne Selbstachtung – kurz, so Freud, «eher das Rudel von wilden Tieren als von menschlichen Wesen».

Dies war für den Analytiker, den Tiefenpsychologen nichts Neues, dessen Augenmerk immer auch dem Verhältnis des einzelnen zu seiner Umgebung, seinen Eltern und Geschwistern, seinen Liebesobjekten, Lehrern und Ärzten zu gelten hatte, den gesellschaftlichen Institutionen und Konventionen, die ihn bestimmten. Die Individualpsychologie war stets auch ein Stück weit Sozialpsychologie, und viel mehr als deren Vordenker konnte der Analytiker zur Erklärung des Phänomens der Masse beitragen, indem er dessen Anfänge in den engeren Kreis der Familie zurückverlegte. Daher vermochte Freud trotz allen Einverständnisses nichts wirklich Neues in Le Bons Charakterisierungen zu erkennen, nichts anderes wirkte in der Psyche des Kollektivs als die unterdrückten, verdrängten, gehemmten Regungen des Unbewußten, «in dem ja alles Böse der Menschenseele in der Anlage enthalten ist». Sicherlich war die Masse auch zu großen schöpferischen Leistungen fähig, wie es die Sprache bewies, das Volkslied, die Folklore etc., aber dazu bedurfte sie stabiler Organisation. Freud, der so verächtlich vom «blöden Volk» oder vom «Gesindel» sprechen konnte, wollte erklären, was die Masse zur Masse macht; das war der Unterschied zu Le Bon.

Um das allgemeine Schwinden des Gewissens oder Verantwortungsgefühls zu erklären, konnte er gelassen zurückgreifen auf seine Erkenntnisse über das Seelenleben der Kinder und seiner Kranken, über ihre so widersprüchlichen, so übersteigerten Gefühlseinstellungen, ihre Phantasien und Illusionen. Er konnte sich berufen auf seine in *Totem und Tabu* geäußerten Spekulationen über die Urhorde. Er hatte längst dargelegt, daß das sogenannte Gewissen im Kern nichts anderes war als soziale Angst; nun konnte er deklarieren, daß nicht Suggestion oder gar Hypnose, sondern die alte Libido, der Eros, der die Welt zusammenhält, auch das Wesen der Masse bestimme.[2] Dabei ließ er sich die Gelegenheit zur Polemik gegen die «organisierten», die «künstlichen» Massen, gegen Kirche, Heer, Parteien oder politische Bewegungen, nicht entgehen. Wer trug denn Schuld an den Kriegsneurosen? Der preußische Militarismus und die deutsche Wissenschaft, befand er, die, beide gleichermaßen unpsychologisch, den Protest des gemeinen Mannes gegen die lieblose Behandlung durch seine Vorgesetzten, Hauptursache seiner Erkrankung, herausforderten: «Bei besserer Würdigung dieses Libidoanspruches hätten wahrscheinlich die phantastischen Versprechungen der 14 Punkte des amerikanischen Präsidenten nicht so leicht Glauben gefunden und das großartige Instrument wäre den deutschen Kriegskünstlern nicht in der Hand zerbrochen.»[3] Er war nicht Soziologe genug und auch kein Ökonom, die wirtschaftlichen Interessen, die in den Großen Krieg geführt hatten, zu erkennen, die Rolle der Schlotbarone scherte ihn wenig. Es wäre, so meinte er, allein durch die Gefahr nicht unbedingt zu Angst und Panik gekommen, diese Reaktionen erklärten sich letztlich erst durch die Auflösung der die Masse zusammenhaltenden Gefühlsbindungen an ihren Führer und damit auch der Beziehungen der einzelnen untereinander. Ähn-

liches galt für die Kirche, für die religiösen Massen, zusammen-
geschweißt durch die Liebe Christi und die Illusion, daß dieser
alle gleich liebe: Wenn der Glaube aber erschüttert wurde, kam
nicht Angst zum Vorschein, sondern Aggression – «die Religion der Liebe» mußte darum hart und lieblos sein gegen diejе-
nigen, die ihr nicht angehörten. Nicht anders verhielt es sich für
jede andere Massenbindung, die, wie in jenen Tagen die sozialistische, an die Stelle der religiösen trat. Schon bald würde sich
auch hier die gleiche Intoleranz gegen Außenstehende wie einst
im Zeitalter der Religionskämpfe zeigen. Manches war naiv an
diesen Äußerungen eines Unpolitischen; manches die kluge
Prophezeiung des ewig zum Außenseiter Gestempelten.[4]

Stets war Liebe begleitet von Feindseligkeit, die allerdings
zumeist der Verdrängung anheimgefallen war; das hatte die
Psychoanalyse immer gelehrt. Doch, rekurrierend auf *Jenseits
des Lustprinzips,* war für Freud nunmehr unverkennbar, daß
sich im Verhalten der Menschen eine Haßbereitschaft von ele-
mentarem Charakter kundtat. Was entfesselte diese? Er glaubte nicht an den sogenannten «Herdentrieb», über den Wilfried
Trotter ein kluges, wenn auch tendenziöses, gegen die «Hunnen» gerichtetes Buch geschrieben hatte. Nicht Angst trieb das
einsame kleine Kind zur Identifizierung mit anderen, sondern
die feindselige Regung, die das Auftreten eines Fremden, etwa
eines eifersüchtig beneideten Geschwisterchens, in ihm aufrühr-
te und die sich doch nicht ohne Schaden aufrechterhalten ließ,
wollte es sich die Liebe der Eltern bewahren. Wenn man diese
aber nicht für sich allein haben konnte, so mußte man sich mit
dem anderen zusammentun. Das setzte sich in der Schule fort,
wo die nämliche Eifersucht in ein Gemeinschafts- oder Massen-
gefühl umgewandelt wurde. Das zeigte sich in der schwärmerischen Verehrung von Mädchen oder Frauen für einen berühmten Sänger oder Pianisten: Da man den Star ohnehin nicht für
sich gewinnen konnte, schloß man sich der Menge derer an, die
ähnlich empfanden, statt einander die Augen auszukratzen.
Der Mensch war also kein Herdentier, er war «ein Hordentier,
ein Einzelwesen einer von einem Oberhaupt angeführten Hor-

de».[5] Bindungen, welche die Masse formten, waren «von der Art der zielgehemmten Triebe», die einerseits auf einen einzelnen, einen Führer, eine Idee, ein Ressentiment, gerichtet waren, zum anderen den Brüdern und Schwestern in Geist und Ungeist galten. Wie im Verliebungswahn wurde das verehrte Objekt überhöht und überschätzt, es trat an die Stelle des Ichideals, das Gewissen dankte ab. Das Ich wurde gewissermaßen aufgezehrt, und alle narzißtische Libido floß auf das neue Idealbild, alle narzißtische Kränkung durch den anderen, den Rivalen, wurde neutralisiert durch die Identifikation mit ihm.

Sein kleines Werk über die libidinöse Struktur der Masse schien ihm, wie so oft, nicht besonders gelungen; bei Romain Rolland, dem er ein Exemplar geschickt hatte, entschuldigte er sich sogar dafür. Aber Freud wußte sehr wohl, daß er mit seinen Reflexionen über Ich und Ichideal, über Identifikation und Objektwahl einen neuen Schauplatz von Konflikten aufgetan hatte. Er mußte die bisherige Scheidung zwischen einem bewußten kohärenten Ich und dem Unbewußten neu überdenken. Niemals hielt sich dieses, das kannte man ja, an irgendwelche Grenzen, sondern pochte immer wieder um Einlaß an den von Widerständen bewachten Pforten. Er mußte das ähnlich instabile Verhältnis von Ich und Ichideal neu zu fassen suchen, die beständige, in Schuld- oder Minderwertigkeitsgefühlen sich ausdrückende Spannung zwischen beiden. Und er brauchte seine Zeit dazu, erst im Sommer 1922 kündigte er Ferenczi an, daß er wieder einmal mit etwas Spekulativem beschäftigt sei, aus dem wohl ein kleines Buch werde – oder gar nichts. Über den Titel wollte er noch nichts verraten, nur so viel, daß er mit Ferenczis engem Freund Groddeck zu tun habe. Aber noch im selben Monat gesteht er Otto Rank, daß er an *Das Ich und das Es* arbeite. Den Begriff hatte er dem «wilden» Groddeck entlehnt, der ihm bereits im Frühjahr 1921 einige Kapitel seines *Buch vom Es* geschickt hatte.

Freud hatte den «Heiler von Baden-Baden» stets verteidigt, den charismatischen homme à femmes, den ebenso verrückten wie geltungssüchtigen Therapeuten, den Schriftsteller mit dem

Hang zu Obszönitäten. Ganz köstlich hatte er dessen Roman *Der Seelensucher* gefunden, dieses Buch, das nach Alfred Polgar erfüllt war von der «heil'gen Gewißheit, daß die Menschen ihre Psyche zwischen den Beinen tragen und ihre Genitalien an jeder Stelle ihres Körpers und Geistes»; ein Werk, eines Rabelais' würdig. So hatte auch Freud es empfunden. Kritischer beurteilte er, trotz allen Lobs und aller an den Autor adressierten Schmeicheleien, das *Buch vom Es*. Zwar hatte Groddeck diesen Begriff als Bezeichnung für das Unbewußte eingeführt, aber seine Auffassung desselben umfaßte weit mehr, als die klassische Psychoanalyse darunter verstand: Sein «Es» war, von romantisch-vitalistischen Vorstellungen geprägt, etwas Irrational-Unbekanntes, war Kosmos, Heiliger Geist, mit tausend Zungen redend, war wunderbar und zugleich erfüllt von mörderischen Regungen. So erschien Groddeck der Satz «Ich lebe» nur als ein Teil der eigentlichen Grundwahrheit: «Der Mensch wird vom Es gelebt.»[6]

Seine kultischen Anhänger setzten dem «Vater der Psychosomatik» später im Wald bei Baden-Baden sogar mit einem «Es-Punkt» ein Ehrenmal. Aber mit diesen Gedanken des ihm so lieben «Wilden» konnte der Rationalist Freud nichts anfangen, ein solch monistisches Weltbild war ihm fremd. Sicherlich fand auch er inzwischen seine Definition des Unbewußten überholt und unzulänglich, doch hatte er, wie er Groddeck schrieb, «ein besonderes Talent zur fragmentarischen Genügsamkeit». Das Unbewußte wollte er nur als «etwas Phänomenales» begreifen, «ein Kennzeichen in Ermangelung einer besseren Bekanntschaft, wie wenn ich sagen würde: der Herr im Havelock, dessen Gesicht ich nicht deutlich sehen kann. Was mache ich, wenn er einmal ohne dieses Kleidungsstück auftritt?[7]» So überläßt er Groddeck in seinem *Buch vom Es* lediglich die Rolle des Anregers, dem, auch wenn er sich heftig gegen die gestrenge Wissenschaft sträube, dereinst sein Platz in deren Gefüge zukomme. In Wahrheit hatte Freud kaum mehr als einen Namen, einen Begriff übernommen, der auch schon bei Karl Philipp Moritz und Lichtenberg, bei Lessing, Herder, Goethe, Jean Paul und Büchner, bei Eduard von Hartmann und, unvermeidlich, bei Schopenhauer und Nietzsche herumwaberte. Freud konnte nicht akzeptieren, daß der Mensch vom Es gelebt wurde. Ironisch machte er dies deutlich, als er Groddeck zu dessen 60. Geburtstag gratulierte: «Mein Ich und mein Es beglückwünschen Ihr Es.»

Doch genau darum ging es ihm in dieser kleinen, auf kaum vierzig Seiten die meisten seiner Theorien über den seelischen Apparat umwälzenden Schrift: Zu sehr hatte sich die pathologische Forschung bisher auf das Verdrängte konzentriert, nun wollte man mehr vom Ich erfahren. Und dieses Ich mußte weiter, mußte anders gefaßt werden als in den bisherigen Definitionen, die sich auf die Unterscheidung von Bewußt- und Unbewußtsein stützten. Das hatte die psychoanalytische Praxis gezeigt: Das Ich selbst konnte «unbewußt im eigentlichen Sinne» sein, es war keineswegs nur jene «zusammenhängende Organisation der seelischen Vorgänge in einer Person», an der das Bewußtsein hing, die die Zugänge zur Außenwelt, zur Abfuhr der Erregungen beherrschte und über alle partialen seelischen Vorgänge, sogar noch des Nachts im Traum, Kontrolle übte. Das hatte ihn der Widerstand seiner Patienten gelehrt; Bewußtes und Unbewußtes ließen sich nicht so klar voneinander trennen, wie er einst geglaubt hatte. Denn warum versagte ihr Assoziationsvermögen immer wieder, wenn sie sich dem Verdrängten annähern sollten, warum wußten sie ihr Sträuben nicht zu benennen, warum konnten sie nicht angeben, was den Fortschritt der Analyse hemmte? Obwohl man ihnen doch erklärte, daß dies unter der Herrschaft des Widerstands geschah, obwohl sie das selbst errieten? Das scheinbar bewußte Ich, von dem jener Widerstand ausging, benahm sich genauso wie das, was es verdrängt hatte.[8]

Deshalb mußte man sich von der Eigenschaft «bewußt oder nicht» zwar nicht verabschieden, war sie doch die «einzige Leuchte im Dunkel der Tiefenpsychologie», man mußte sich nur ein wenig von ihr emanzipieren. Deshalb nahm Freud Zuflucht zu dem «besseren, nicht mehr mißverständlichen Namen» des

Es, um jenes ursprüngliche, chaotische, keiner Organisation gehorchende Reservoir der Triebkräfte und Leidenschaften zu charakterisieren, das er einst das Unbewußte genannt hatte. Er fertigte sogar, um die neuen Unterscheidungen zu verdeutlichen, eine kleine Zeichnung an: Darin umhüllt das Ich als Vertreter der realen Außenwelt im Seelischen, als Repräsentant von Vernunft und Besonnenheit, das Es nicht ganz, sondern bildet nur, «so wie die Keimscheibe dem Ei aufsitzt», einen Teil seiner Oberfläche: das System der Wahrnehmungen, das Informationen von außen empfängt und gleichzeitig von innen Empfindungen und Denkvorgänge. Vom Es ist das Ich nicht scharf getrennt, strömt gewissermaßen nach unten hin mit ihm zusammen – so wie auch das Verdrängte, nunmehr nur ein Teil des Es, mit diesem zusammenfließt. Am besten ließen sich die Verhältnisse mit seiner alten Anekdote vom Sonntagsreiter beschreiben, der nicht genau weiß, wohin das Pferd ihn trägt: «Wie dem Reiter, will er sich nicht vom Pferd trennen, oft nichts anderes übrigbleibt, als es dahin zu führen, wohin es gehen will, so pflegt auch das Ich den Willen des Es in Handlung umzusetzen, als ob es der eigene wäre.»[9]

Aber dabei kommt dem Ich noch ein Gegner, manchmal sogar ein wirklicher Feind in die Quere. Auch hier greift Freud wieder auf seine klinischen Beobachtungen zurück: So schienen bei manchen Personen gerade die am höchsten bewerteten seelischen Leistungen, Selbstkritik und Gewissen, dem Bewußtsein entzogen zu sein und auf diese Weise die wichtigsten Wirkungen zu erzeugen. Ein unbewußtes Schuldgefühl spielte in vielen Neurosen eine entscheidende Rolle und widersetzte sich aufs stärkste der Heilung. Auf einer Werteskala bedeutete dies, daß «nicht nur das Tiefste, auch das Höchste am Ich (...) unbewußt» sein kann.[10] Jene «Stufe im Ich», die er schon in seiner Narzißmusschrift und in der «Massenpsychologie» eingeführt hatte, war das Ichideal oder, wie er es nun der umfassenderen Bedeutung wegen nennt, das Über-Ich – als «Erbe des Ödipuskomplexes» und damit zugleich «Ausdruck der mächtigsten Regungen und wichtigsten Libidoschicksale des Es». Das Kind, dessen frühestes erotisches Begehren der Mutterbrust gilt, identifiziert sich mit dem Vater, so führt er aus, und diese Identifikation nimmt eine negative Tönung an, wenn sich die sexuellen Wünsche nach der Mutter verstärken: Es will den Vater beseitigen, ihn ersetzen. Aber selbst wenn es gelingt, das Ichideal für die Auflösung des Ödipuskomplexes zu mobilisieren, sich für den notwendigen Verlust der ersten Liebesobjekte zu entschädigen, indem man sich mit ihnen identifiziert, ihre Normen, Gebote und Verbote in sich aufnimmt, selbst dann ist das Ich von den Qualen der Ambivalenz noch nicht erlöst. Denn das Über-Ich ist nicht bloß das Residuum der ersten Liebe, der drängenden Wünsche des Es, sondern es schließt auch eine «energische Reaktionsbildung» gegen dieselben ein. Es erschöpft sich nicht in der Mahnung: «So (wie der Vater) sollst du nicht sein», sondern umfaßt auch das Verbot: «So (wie der Vater) darfst du nicht sein».[11]

Derart neu gewappnet, konnte Freud all jenen ganz entschieden entgegentreten, die der Psychoanalyse vorwarfen, daß sie sich um das Höhere, das Moralische im Menschen nicht kümmere. All den sittlich Entrüsteten konnte er antworten: Doch, gewiß, es gibt ein solch höheres Wesen, nämlich das Ichideal oder Über-Ich, die Repräsentanz unserer Elternbeziehung: «Als Kinder haben wir diese höheren Wesen gekannt, bewundert, gefürchtet, später sie in uns selbst aufgenommen.» Aber indem das Ich durch Internalisierung seine frühesten Liebesbindungen verdrängt, unterwirft es sich gleichzeitig dem Es, als dessen Anwalt das Über-Ich auftritt. Durch diese «ausgiebige Kommunikation» des Ideals mit den unbewußten Triebregungen erweitere sich das seelische Schlachtfeld ganz beträchtlich: «Der Kampf, der in tieferen Schichten getobt hatte, durch rasche Sublimierung und Identifizierung nicht zum Abschluß gekommen war, setzt sich nun, wie auf dem Kaulbachschen Gemälde der Hunnenschlacht, in einer höheren Region fort.»[12] Der Bezug zur Historie ist nicht zufällig gewählt: Wie Freud später, in der *Neuen Folge der Vorlesungen zur Einführung in die Psychoanalyse,* darlegte, nimmt das Kind nicht allein das Vorbild der Eltern in sich auf, sein Über-Ich baut sich auch nach deren Über-Ich auf und wird so zum «Träger der Tradition», die sich von Generation zu Generation fortpflanzt. In die seelische Schlacht ziehen nicht nur all die späteren Stellvertreter des Vaters, Lehrer und andere Autoritäten, die das Über-Ich weiterformen, sie tun dies mit mächtigen Waffen, mit Erziehung, Religion, Kunst, Politik, Recht, mit dem gesamten gesellschaftlichen und kulturellen Erbe.

So ist das Ich ein «armes Ding», das nicht nur, wovor das Sprichwort warnt, zwei Herren gleichzeitig dient, sondern sogar dreien, und sehr gestrengen Herren. Seine Tyrannen sind die Außenwelt, die Libido des Es und das Über-Ich. Gerade letzteres, dies eigentliche Denkmal der einstigen Schwäche und Abhängigkeit, kann dabei, weil es die großartigsten Ideen ins Ich einführt, übermächtig werden: «Wie ein Kind unter dem Zwange stand, seinen Eltern zu gehorchen, so unterwirft sich das Ich dem kategorischen Imperativ seines Über-Ichs.»[13] Das erklärte jenes seltsam anmutende Phänomen, daß manche Patienten, sobald man ihnen Hoffnung gab und Zufriedenheit mit ihren Fortschritten ausdrückte, eine negative Reaktion zeigten; ihr Leiden verstärkte und verschlimmerte sich. Sicherlich hatte Freud dabei an den Wolfsmann gedacht, vielleicht auch an seinen Freund Ferenczi. Diese Patienten, im extremsten Fall Zwangsneurotiker und Depressive, unterliegen einem «moralischen» Druck, einem Schuldgefühl, das auf die Strafe des Leidens nicht verzichten will und in der Krankheit Befriedigung findet. Aber auch der gewöhnliche Hysteriker fühlt sich bedroht durch das Über-Ich und versucht, sich dessen durch Verdrängung zu erwehren: Das Ich wendet sich gegen seinen gestrengen Herrn, und zwar mit dengleichen Waffen, über die jener verfügt. Dabei sind, wie die Psychoanalyse immer wieder gezeigt hat, die Grenzen zwischen pathologischem und «normalem» Verhalten fließend, zwischen krankhaftem Schuldgefühl und bloßer Gewissensnot. So kommt Freud zu seinem berühmten Schluß, «daß der normale Mensch nicht nur viel unmoralischer ist, als er glaubt, sondern auch viel moralischer, als er weiß».[14]

Anders gesagt, das Es ist «ganz amoralisch», das Über-Ich «hypermoralisch», das Ich bemüht sich, moralisch zu sein. Doch je mehr und je besser der Mensch seine Aggressionen meistert, desto eher wenden sie sich nach innen: «Schon die gemeine, normale Moral hat den Charakter des hart Einschränkenden, grausam Verbietenden.» Das «arme Ich» bemüht sich, derart bedrängt, um eine Art Diplomatie, wird «liebedienerisch, opportunistisch und lügnerisch (...) etwa wie ein Staatsmann, der sich bei guter Einsicht doch in der Gunst der öffentlichen Meinung behaupten will». Denn auch zwischen den Trieben kann es «nicht unparteiisch» sein, es leistet durch Sublimierungsarbeit den Todestrieben Beistand zur Bewältigung der Libido und gerät dabei in Gefahr umzukommen, weshalb es wiederum Hilfe bei den Lebenstrieben sucht, zum Vertreter des Eros wird und geliebt werden will. Und am Ende doch nur «die eigentliche Angststätte» bleibt.[15] Einen Trost hat Freud immerhin zu bieten: Das Individuum kann Beistand finden in der Psychoanalyse, diesem wirklichen Werkzeug, «welches dem Ich die fortschreitende Eroberung des Es ermöglichen soll». Das hat er in der *Neuen Folge der Vorlesungen* auf die griffige, immer wieder zitierte Formel gebracht: «Wo Es war, soll Ich werden.»[16]

Das war ein Plädoyer für die Vernunft, kein Versprechen auf ein besseres Leben. Gerade seine negative Sicht auf die menschlichen Verhältnisse war das Fortschrittliche an Freud, so hat es nicht nur Herbert Marcuse gesehen: «Wenn er sich nicht darauf einläßt, die unmenschliche Existenz als einen vorübergehenden, negativen Aspekt der sich voran bewegenden Menschheit anzusehen, dann ist er menschlicher als die gutmütigen, duldsamen Kritiker, die seine ‹unmenschliche Kälte› gebrandmarkt haben.» Das bleibt das Provozierende an Freud. *Das Ich und das Es* war ein theoretisches Konstrukt, ein notgedrungen stellenweise vages und undeutliches Modell, das zu seiner Zeit nicht durch neurophysiologische Methoden zu verifizieren war. Man konnte seinen kleinen Text daher auch ganz anders lesen. Sein alter, «durch Gottes Gnaden Freund», der Pfarrer Pfister, der wie so viele seiner Anhänger die Theorie vom Todestrieb ablehnte, schrieb ihm 1930, er habe den Essay gerade wieder gelesen, vielleicht zum zehntenmal, und sich gefreut, «wie Sie seit dieser Schrift sich den Gärten der Menschheit zuwandten, nachdem Sie zuvor mehr nur die Fundamente und Kloaken ihrer Häuser untersucht hatten»[17]. Aber Freud, der Fortschrittszweifler, der im Leben nichts als einen fortwährenden Kampf zwischen Eros und Todestrieb erblickte, mit unbestimmbarem Ausgang, sah seine Spekulationen als «unvermeidliche Annahme» an, aus biologischen wie aus psychologischen Gründen. Auch er, der doch «weder ein Selbstquäler noch ein Bosnigel» war, hätte es gewiß tröstlicher gefunden, wenn man auf eine bessere Zukunft hoffen dürfte. Doch das wäre nur in neuerlichen Widerstreit «zwischen Illusion und (Wunscherfüllung) und Erkenntnis» ausgeartet. Es ging nicht darum, das Leben bequemer und vorteilhafter darzustellen, eine erfreulichere Ansicht zu wagen, sondern dieser «rätselhaften Wirklichkeit» näher zu kommen. Sein Todestrieb war ihm alles andere als ein «Herzensbedürfnis», sein Pessimismus ein Resultat seiner Beobachtungen und Überlegungen, der Optimismus seiner Gegner wohl eher eine «Voraussetzung». Er hatte mit seinen düsteren Theorien «eine Vernunftehe geschlossen, die anderen leben mit den ihren in einer Neigungsehe. Hoffentlich werden sie dabei glücklicher als ich».[18]

Und doch halfen allein diese Theorien, eine Wirklichkeit zu ertragen, die ihm mehr und mehr zuwider war. Nein, das Leben war nicht leicht, man konnte es nur in all seiner Härte beschreiben. Zwar hatte er inzwischen so viele Patienten, daß er nicht nur seine Kinder finanziell zu unterstützen vermochte, sondern auch Freunden und Schülern half. Er konnte, als er Lou Andreas-Salomé im Herbst 1921 in die Berggasse einlud, ihr großzügig Reisegeld anbieten: Er war durch den «Erwerb in gutem, fremdem Geld (Amerikaner, Engländer, Schweizer) relativ reich geworden», und davon wollte er auch etwas haben, wollte sich die Freude bereiten, seine Frau Lou, nach all den Jahren, wiederzusehen. Auch in der folgenden Zeit schickte er ihr immer wieder Geld, da ihre Praxis in Göttingen so wenig abwarf, obwohl sie bis zu zehn Stunden täglich Patienten empfing. Das hielt er für einen «schlecht verhüllten Selbstmordversuch»; sie sollte damit aufhören und ihre Rechnungen erhöhen. Er selbst wollte seine Stundenzahl auch beschränken, die ja nicht geringer war als die ihrige; das Geschäft drohte die Wissenschaft zu verschlingen. Auf Vorschlag seiner Tochter Anna, die «so etwas wie eine Art Mathematikerin» war, hatte er sein Behandlungsschema geändert, seinen Analysanden die Sitzungen von sechs auf fünf Stunden in der Woche reduziert, damit er alle unterbringen konnte. Sogar in seine geheiligten Ferien verfolgten ihn die Patienten. Eine Amerikanerin hätte ihm sicherlich fünfzig Dollar gezahlt für eine Stunde, wenn er sie während seines Aufenthalts auf dem Obersalzberg empfing; in New York zahlte sie ihrem Analytiker A. A. Brill für eine halbe Stunde schon zwanzig Dollar. Aber er wollte seine Zeit nicht verkaufen, die er doch so dringlich benötigte, um der «Milliarden Eindrücke» Herr zu werden, die er neun Monate lang, neun Stunden täglich von seinen Kranken aufnehmen mußte. Und er konnte es doch nie in angemessener Weise, sonst hätte er Bücherbände produzieren müssen.

Seine Patienten und Besucher fanden ihn von unverminderter Tatkraft und Leistungsfähigkeit. Er selbst klagte häufiger noch als sonst über seine Müdigkeit: Sein Interesse an den Menschen und Dingen, schrieb er Ferenczi, erschöpfe so leicht, «d. h. es wendet sich von der Gegenwart ab, will sich gern anders binden lassen, und etwas sträubt sich in mir gegen den Zwang, immer noch viel Geld zu verdienen, was doch nie genug werden kann, und dieselben psychologischen Künste fortzusetzen, die mich seit dreißig Jahren gegen die Menschenverachtung und den Weltekel aufrechtgehalten haben». Seine geheimen Sehnsüchte nach dem Orient und dem Mittelmeer und einem Leben ganz anderer Art, all diese spätkindischen, unerfüllbaren Wünsche schienen eine Lockerung des Verhältnisses zur Wirklichkeit anzudeuten.[19]

Gegenüber Jones machte er die «düsteren Aussichten der politischen Lage» für seine Müdigkeit verantwortlich.[20] Österreich schien unrettbar im Chaos versunken. Die Regierungskoalition zwischen Sozialdemokraten und Christlich-Sozialen, diese «Strindbergsche Ehe», wie die *Neue Freie Presse* sie nannte, war schon zwei Jahre zuvor, 1920, zerbrochen, und im Frühjahr 1922 kam der Moraltheologe und Prälat Ignaz Seipel an die Macht, der sich als würdiger Erbe Karl Luegers erwies. Er wetterte gegen das jüdische Großkapital, «eine gewisse Art des Händlertums» und einen Geist, der sich auch in der Politik, Presse, Wissenschaft, Literatur und Kunst breitmache, in alle Bereiche des Lebens eindringe und sich den verschiedenen Verhältnissen anpasse. Aber Seipels Programm war mehr als nur politischer Opportunismus. Er betonte, daß die «Judenfrage», behandelte man sie als Klassenfrage, unlösbar sei, wenn nicht das «Judentum» seine Existenzbedingungen von Grund auf ändere und sich völlig ins Erwerbs- und Kulturleben des Volkes eingliedere. Das aber würde, so Seipel, den «Untergang des Judentums, wie es ist», bedeuten, es wäre bloß noch eine religiöse Konfession neben anderen, und das war gewiß nicht im Sinne des katholischen Prälaten. Er schlug einen «aussichtsreicheren Weg zu einer befriedigenden Lösung der Judenfrage» vor: Diese sollten, gemäß ihrer zionistischen Tendenzen, als «nationale Minderheit» anerkannt werden, mit eigenen Unterrichts- und Erziehungsanstalten und einer eigenen Kurie in den Repräsentationsorganen. In der Lokalverwaltung könnten vielleicht sogar selbständige «Judengemeinden» installiert werden. Andernfalls sollte ein Numerus clausus für die höheren Bildungseinrichtungen eingeführt werden. Aber zweifellos würden nicht alle Juden die «Anerkennung ihrer Nationalität» anstreben, sondern wollten sich nur als «Deutsche mosaischer Religion» bekennen, und es war doch viel zu gefährlich, diese sich selbst zu überlassen, die dann weiterhin die «wirklichen Deutschen» aus ihren Stellungen verdrängten. Noch viel bedrohlicher war allerdings, daß sie auch in der Politik den Ton angeben wollten, daß die Sozialdemokraten bedingungslos jüdischer Führung folgten. Hier war sie also, die «bolschewistische Gefahr», die «jüdische Gefahr». Hier waren sie, die Juden, das «zersetzende Element», das in seiner Masse, «wohin seine

Wellen schlagen, die Felsen des Volkstums zernagt und zerstört».[21]

1926, in der zweiten Regierungsperiode Seipels, sollten die «Pflege der deutschen Art» und die Bekämpfung der «Übermacht des zersetzenden jüdischen Einflusses auf geistigem und wirtschaftlichem Gebiet» das Hauptziel sein. Ähnliche Sätze standen in den Programmen fast aller Parteien. Gleich mehrere Seiten widmeten die Großdeutschen der «Judenfrage». Und selbst die angefeindeten, die «verjudeten» Sozialdemokraten waren nicht frei von unterschwellig antisemitischen Tendenzen: Es galt als ungeschriebenes Gesetz, daß die Mehrheit ihres Vorstands aus Nichtjuden bestand. Besondere Verachtung traf wie eh und je die Ostjuden, die nach dem Krieg in Massen zugewandert waren: «Es ist furchtbar schwer, ein Ostjude in Wien zu sein», schrieb Joseph Roth, «es gibt kein schwereres Los als das eines fremden Ostjuden in Wien. Für Christlichsoziale sind's Juden. Für Deutschnationale sind sie Semiten. Für Sozialdemokraten sind sie unproduktive Elemente.» Der Schriftsteller und Publizist Hugo Bettauer, von dem heute, durch G. W. Pabsts Verfilmung mit Greta Garbo, fast nur mehr *Die freudlose Gasse* bekannt ist, veröffentlichte 1922 seinen satirisch-utopischen Roman *Die Stadt ohne Juden*. Darin legt der Kanzler, ein Mann, der sich nach dem Vorbild Luegers als Judenfreund bezeichnet, ein Gesetz zur Ausweisung der jüdischen Bevölkerung vor. Über diejenigen, die dennoch heimlich bleiben, «Juden oder Judenstämmlinge», wird die Todesstrafe verhängt. «Hinaus mit den Juden aus Österreich», tönt es in den Gassen, selbst die Arbeitermassen wählen unter dieser Parole, und als die letzten Juden aus der Stadt in riesigen Trains fortgebracht werden, bricht ein allgemeines Freudenfest aus; sogar die Wiener Philharmoniker, wenngleich in der Besetzung ein wenig reduziert, spielen dazu. Doch bald bricht die Versorgung der Stadt zusammen, die Preise steigen in immense Höhen, die Krone ist nichts mehr wert, das Theaterleben kommt zum Erliegen. Das Gesetz muß aufgehoben werden, der Bürgermeister von Wien tritt auf den Balkon, um den ersten Rückkehrer zu begrüßen: «Mein lieber

Jude!» Dieser Kolportageroman war das traurige und makabre Dokument jener Zeit, und selbst der hellsichtige Autor blickte nicht weit genug. Einmal, da heißt es: «Glauben Sie, daß die Deutschen auch solche Trottel wie wir sind und ihre Juden hinausschmeißen werden?»[22]

Es war die Zeit der Verschwörungen und Geheimbünde. Die «Deutsche Gemeinschaft» hatte Katholiken und Nationalisten zusammengeschart im Kampf gegen Bolschewismus, Judentum und Freimaurerei, was für sie im Grunde dasselbe bedeutete. Zu ihren Mitgliedern gehörten der junge Engelbert Dollfuß und der junge Arthur Seyß-Inquart, der spätere Kanzler des Austrofaschismus und der Anschluß-Bundeskanzler von 1938, der in Nürnberg als Kriegsverbrecher, einer von zehn Hauptschuldigen des NS-Regimes, zum Tode verurteilt wurde. In der «Frontkämpfervereinigung» sammelten sich ehemalige Offiziere, hinter deren pangermanischen Gedanken und antisemitischen Parolen jener Mann stand, der das Land mit in den Untergang geführt hatte, Conrad von Hötzendorf. Auf den Straßen kam es nach wie vor zu Hungerdemonstrationen und zu blutigen Zusammenstößen. Privatarmeen wurden gegründet und die ersten Heimwehrgruppen aufgestellt; selbst die Sozialdemokraten schufen sich eine offizielle Truppe, den «Republikanischen Schutzbund». Und Waffen gab es in Wien genug, überall waren große Verstecke angelegt worden. Die Regierung flehte um Kredite bei den einstigen Feinden, sie sei sonst nicht mehr imstande, den Staat aufrechtzuerhalten, an den der Großteil der Bevölkerung ohnedies nicht glaubte. Im Oktober 1922 konnte Seipel in Genf mit Vertretern der britischen, französischen, italienischen und tschechoslowakischen Regierungen endlich ein Protokoll unterzeichnen, das einen Kredit zur Sanierung der Währung vorsah. Dafür verpflichtete sich Österreich zur Ausarbeitung eines Sparprogramms und zur Verpfändung der Zölle und des Tabakmonopols – und, in einem dritten Punkt, zu der Zusage, seine staatliche Unabhängigkeit zu wahren, gemäß den Bestimmungen von Saint-Germain. Die Währungsreform sollte sich noch über zwei Jahre hinziehen; erst im März 1925 wurde die alte Krone durch den Schilling abgelöst, den «Alpendollar», wie er schon bald hieß. Im selben Oktober 1922 begann Mussolini mit 26 000 Faschisten seinen «Marsch auf Rom».

Aber es waren nicht allein die politischen Ereignisse, die dieses Jahr für Freud so sehr verdunkelten. In der Sommerfrische traf ihn die Nachricht vom Tod seiner 23jährigen Nichte Cäcilie Graf, Mausi, die er besonders gerngehabt hatte. Sie hatte sich in eine Liebesaffäre verstrickt, war schwanger geworden und hatte eine Überdosis Veronal genommen. Nachdem ihr einziger Sohn Hermann im Krieg gefallen war, hatte Rosa nun auch dieses Kind verloren. Freud war tief erschüttert über die Tragödie; seine Lieblingsschwester mußte in ein Sanatorium gebracht werden. So fuhr er im September in finsterster Stimmung zum Kongreß der Internationalen Psychoanalytischen Vereinigung nach Berlin. Dort trug er einige Gedanken aus *Das Ich und das Es* vor, aber nichts, weder die hohe Teilnehmerzahl noch das Niveau der Vorträge, vermochte seine Düsternis ein wenig aufzuhellen. Gewiß, er war zufrieden mit dem Anwachsen der Bewegung, mit den Fortschritten in Praxis und Forschung, aber nun drohten ausgerechnet jene, in deren treue Hände er sein Werk einst hatte legen wollen, seine Wächter, seine Paladine, sich in Uneinigkeit und Streit aufzureiben. Die «sieben Ringe» sollten zerbrechen. Noch im vergangenen Herbst hatte das Geheime Komitee, Abraham, Eitingon, Ferenczi, Jones, Rank, Sachs und Freud selbst, sich zu einer gemeinsamen Harzwanderung getroffen. Sie hatten Museen und Kirchen besucht und über paranoische Wahnvorstellungen diskutiert, hatten den Brocken bestiegen und den Hexentanzplatz besucht. Freud hatte sie einem Test auf Höhenangst unterworfen: Jeder mußte sich, die Hände auf dem Rücken, gegen ein Gitter lehnen und sich vorstellen, dieses sei gar nicht da. Am Ende der Tour verabschiedete er die Freunde mit den Worten: «Wir haben einiges zusammen erlebt, und das bindet die Menschen immer.»[23]

Schon kurz danach mußte er erkennen, was er immer schon

wußte, daß Bündnisse nicht hielten, nicht einmal unter den Analytikern der ersten Stunde, daß sie an Eifersucht und Aggression zerbrachen, an theoretischem Streit und persönlichen Aversionen. Das ganze Jahr 1922 über hatte er zu vermitteln zwischen Wien, London und Berlin, zu schlichten zwischen Rank auf der einen, Jones und Abraham auf der anderen Seite. Im Grunde schwelte die Auseinandersetzung zwischen Rank und Jones schon seit 1919, seit der Gründung des Internationalen Psychoanalytischen Verlags. Vielleicht war die Idee, die sie damals ausgeheckt hatten, zu gut gewesen. Sie hatten die schlauen Unternehmer spielen und «zu viele Fliegen auf einen Schlag treffen» wollen. In London sollte eine Zweigstelle des Verlags gegründet werden, zur Veröffentlichung einer Zeitschrift und für Übersetzungen der in Wien erscheinenden Schriften. Gedruckt werden sollten alle Publikationen jedoch in Österreich oder der Tschechoslowakei, wo die Kosten für Papier und Herstellung viel geringer waren als in England. Mit den damit erwirtschafteten Gewinnen wollten die großen Planer natürlich den Hauptverlag unterstützen; nur blieben diese aus. Weil Firmen aus «früheren Feindesländern» in England gar keine Zweigstellen führen durften, hatte Jones die «International Psycho-Analytical Press» gegründet, mit einem Laden, der vorwiegend deutsche Bücher verkaufen sollte, die sonst nicht erhältlich waren. Nach einem Jahr war der Laden zu, das Lager für hundert Pfund verkauft. Jones gründete unverdrossen weiter, und in seiner «International Psycho-Analytical Library Series» erschienen tatsächlich sieben Bücher, plangemäß im Ausland gedruckt. Aber erst nachdem man 1924 ein Arrangement mit Leonard Woolfs Hogarth Press getroffen hatte, begann die konsequente Publikation von Freuds Schriften in England, zunächst mit den *Collected Papers,* übersetzt von James und Alix Strachey und Joan Rivière, allesamt Mitglieder des Bloomsbury-Kreises.[24]

In Wien hatte derweil Rank als Leiter des Verlags und der «Zeitschrift» einen «heroischen Kampf» mit den endlosen Problemen der Nachkriegszeit geführt; er mußte mit so gut wie allem ganz allein fertig werden, auf komplizierten Wegen Papier und Typen beschaffen, Löhne aushandeln, die Bücher verpacken und auf die Post tragen. Vielleicht, so stichelte Jones, war das zuviel für «seine sensible Natur», vielleicht hatten die Kriegsjahre in Krakau den schüchternen und geradezu unterwürfigen jungen Mann verändert, der bei ihren Zusammenkünften stets auf dem Sprung gewesen war, seinem Meister und Förderer ein Glas Wasser zu holen oder ihm die Zigarre anzuzünden.[25] Selbst seine Wiener Freunde fanden ihn gewandelt, härter, fast gebieterisch. Sie machten dafür allerdings seine Frau, die junge Polin Beata Tola Mincer, verantwortlich. Obwohl sie später eine Freundin der Familie, vor allem der fast gleichaltrigen Anna, und sogar Mitglied der Wiener Vereinigung wurde und für ihn selbst beinahe eine Tochter war, nannte Freud sie ein «kleines polnisch-jüdisches Weibchen, das keinem sympathisch ist und keine höheren Interessen verrät».[26]

Die Schwierigkeiten zwischen Jones und Rank verstärkten sich, als jener das *International Journal of Psycho-Analysis* gründete. Zunächst schien es nur um ihre unterschiedlichen Arbeitsweisen zu gehen. In Wien arbeitete Rank «in manischer Raserei», besessen davon zu produzieren. In London las Jones übersorgfältig seine Korrekturfahnen, denn die österreichischen Setzer konnten keine ausländischen Typen besorgen, verstanden kein Englisch und spickten die Texte mit Germanismen. Schließlich begann auch noch Rank, der damals kaum Englisch sprach, die Texte zu redigieren, wochenlang gingen Fahnen hin und her. Die ersten Veröffentlichungen konnten nur mit Verspätung erscheinen. Aber Jones sah sich noch vor ganz andere Probleme gestellt. Nicht wenige verdammten in England kurz nach dem Krieg die Psychoanalyse als Ausgeburt deutscher Verderbtheit und Bestialität. Gleichzeitig hatten sich «wilde Analytiker» breitgemacht, die den Ruf der reinen Lehre zu schädigen drohten. Eine «English Psycho-Analytical Publishing Company» inserierte sogar: «Möchten Sie 1000 Pfund jährlich als Analytiker verdienen? (...) Nehmen Sie bei uns acht Lektionen, die wir Ihnen per Post zum Preis von vier Guineen pro Kurs zusenden!» Die Zeitungen berichteten über vergewaltigte und erpreßte Patientinnen; der Erzbischof von Canterbury ernannte sogar eine Kommission zur Untersuchung der *Ethics of Masturbation,* eines Buches, das ein ehemaliger Patient von Jones, ein Geistlicher, veröffentlicht hatte. Freuds unermüdlicher Agitator suchte den Kompromiß und mühte sich, für sein *Journal* halbwegs seriöse, wenn auch wissenschaftlich nicht immer klassifizierte Mitarbeiter vor allem aus England und Amerika zu gewinnen; manchmal aber veröffentlichte er auch Texte nur deshalb, weil er deren Verfasser der Bewegung verpflichten wollte. In Wien schimpfte Rank über den «transatlantischen Schund», in London wiederum grollte Jones über den kleinen Diktator, der bei Freud stets ein offenes Ohr zu finden schien.[27]

Jedenfalls fiel aller Zorn auf ihn zurück. Freud war unzufrieden mit den ersten Ausgaben des *Journal,* und noch mehr ärgerte ihn die zögerliche Publikation seiner Schriften. Wieso vergeudete dieser Jones, der schuld war am verspäteten Erscheinen der Zeitschriften, seine Zeit damit, die Übersetzungen zu revidieren? Wenn er weiter den Korrektor spielte, würde er die englische Ausgabe seiner «beiden armseligen Schriften», des *Jenseits* und der *Massenpsychologie,* wohl nicht mehr erleben. Freuds Neujahrsgruß im Januar 1922 war voller Verbitterung und kaum unterdrückter Wut: «Dieses letzte Jahr brachte eine Enttäuschung, die nicht leicht zu ertragen ist. Ich mußte entdecken, daß Sie weniger Ihre Stimmungen und Leidenschaften in der Hand haben und weniger konsequent, aufrichtig und zuverlässig sind, als ich von Ihnen berechtigterweise annehmen durfte und als es Ihre prominente Position verlangt hätte. Und obzwar Sie selbst das Komitee vorgeschlagen hatten, ließen Sie sich nicht abhalten, durch ungerechtfertigte Empfindlichkeiten seine Intimität zu gefährden.» Er schloß «mit dem Wunsch nach der vollständigen Wiederherstellung der Treue und Freundschaft» – «im Jahre 1923».[28]

Aber inzwischen hatte sich der Streit ausgeweitet nach Berlin. Dabei ging es zunächst vor allem um organisatorische Fragen. Rank wollte sich in die Geschäftsführung der Berliner Vereinigung einmischen, die er unzulänglich fand. Schließlich drohte Abraham sogar den Vorsitz niederzulegen. Selbst Ferenczi mahnte bei Freud an, Rank müsse ein wenig mehr Rücksicht nehmen. Immerhin gelang es auf dem Berliner Kongreß, die Verlagsangelegenheiten zu ordnen. Jones' «Press» sollte fortan unabhängig vom Wiener Verlag geführt werden. Freud zweifelte an ihrer Existenzfähigkeit; er gab ihnen nicht mehr als ein Jahr und entzog ihnen die Verkaufsrechte für Amerika. Die Trennung der Unternehmen war ihm nicht leichtgefallen, eine schmerzhafte Autonomie, zu der man durch die Geldsorgen und den «Hochmut und die Ungeschicklichkeit» der Engländer genötigt worden sei. Dennoch glaubte Jones, daß nach dieser, der letzten «freundschaftlichen Komiteesitzung» und nach Trennung der geschäftlichen Angelegenheiten sich das Verhältnis der Mitglieder entspannte. Die Reibereien gingen weiter. Jones und Abraham, der Präsident und der Generalsekretär der Vereinigung, fühlten sich übergangen, weil Rank wider die Statuten, doch mit Freuds Unterstützung das *Korrespondenzblatt* der Vereinigung an sich zu reißen schien. Und offenbar drohte er sogar, an der Konstition des Komitees zu rütteln. Ferenczi warnte erneut dringlich vor einem Zerwürfnis; wie bedauerlich war es doch, daß wieder einmal der arme Freud unter seinen Jüngern zu vermitteln hatte. Der nahm dies gar nicht schwer: Bei Abraham, der eigentlich korrekt und grundgütig war, handelte es sich wahrscheinlich um einen Fall von Eifersucht, die Eitingon galt, aber bei Rank sich austobte. Ernster zu nehmen war Jones, «hier liegen wirkliche Defekte in Charakter und Benehmen vor»[29]. Nein, Freud fühlte sich seinem «kleinen Rank» aufs engste verbunden. Nicht einmal Ferenczi hatte er anvertraut, was er jenem im Sommer 1922 gesagt hatte, daß er sich nämlich seit einiger Zeit nicht mehr recht gesund fühle. Das war nicht eine seiner üblichen hypochondrischen und mitunter erpresserischen Klagen gegenüber dem jüngsten und frischesten in seiner Truppe. Freud hatte Rank ausdrücklich darum gebeten, mit niemandem darüber zu sprechen. Er wollte nicht die üblichen Unaufrichtigkeiten zu hören bekommen.[30]

EINE EXISTENZ AUF KÜNDIGUNG

Am 4. November 1922 entdeckte der britische Altertumsforscher Howard Carter im «Tal der Könige» die Grabkammer des Tutenchamun. Abraham hatte Freud einige Zeitungsartikel darüber geschickt; die meisten kannte er schon, und er war sicher, daß man nun auch bald die Mumie des Königs und vielleicht auch die seiner Gemahlin, «einer Tochter unseres analytischen Pharao», des Sonnenanbeters Amenhotep oder Echnaton, entdecken würde. Aus der Schweiz hatte er gehört, daß eine von Jungs «Geisterseherinnen» behauptete, sie sei diese Königin gewesen. Nun, er hoffte, daß Tutenchamun einen besseren Geschmack gehabt hatte. Aber hauptsächlich empfand er Ärger, «nicht dabeisein zu können und überhaupt zum Styx herabzusteigen, ohne den Nil befahren zu haben».[1] Abraham versuchte, ihn zu trösten, sein 75jähriger Onkel war zur Feier seiner Goldenen Hochzeit nach Ägypten gereist und hatte sogar Kamelritte durch die Wüste gemacht. Warum sollte Freud, der doch gerade erst vor seinem 67. Geburtstag stand, nicht Anfang des nächsten Jahres ein paar Monate Ägypten genießen? Am 8. April antwortete dieser ihm: «Merkwürdig, wie sehr Sie mich noch immer – materiell wie physisch – überschätzen.» Allmählich würde sich Abraham doch an den Gedanken gewöhnen müssen, daß er sterblich und hinfällig sei.

Vielleicht befand er sich auch nur in seinem üblichen Stimmungstief, war unzufrieden mit *Das Ich und das Es,* das ihm nun «direkt unklar, künstlich zusammengesetzt und garstig in der Diktion» erschien. Nie wieder würde er sich auf solches Glatteis begeben, die Kurve hatte sich doch steil gesenkt seit dem *Jenseits.* Dabei gäbe es doch einiges, worüber man sich freuen könnte, vielleicht war man außer Übung mit der Freude gekommen, alles war so sehr mit Sorge durchsetzt. Sein Sohn Oli hatte endlich die Frau, die ihm zwei Jahre zuvor einen Korb gegeben hatte, Henny Fuchs, heiraten können. Aber dem Paar stand in Duisburg, wo der Junge eine Stelle hatte, nicht mehr als ein Zimmer zur Verfügung, und aufgrund der rückständigen Reparationen hielten die Franzosen das Ruhrgebiet seit Januar besetzt. Von der Frau war also «viel gute Stimmung und Bescheidenheit» gefordert. Die Zeiten waren immer noch schwierig genug, und keiner der Freunde sollte sich einreden, er sei noch immer frisch und unermüdlich; er war grämlich und müde. Nur sein Enkel Heinele, der prächtige kleine Kerl, der inzwischen bei Mathilde lebte, machte ihm Freude.

Bereits am 7. April hatte Freud den Mann von Helene Deutsch, den Internisten Felix Deutsch, darum gebeten, sich eine weißliche Geschwulst an seinem rechten Gaumen und Kiefer anzusehen, die er schon vor einiger Zeit entdeckt hatte. Deutsch sollte sich nur darauf gefaßt machen, etwas zu erblicken, was ihm nicht gefallen könne. Der Arzt erkannte sofort, daß es sich um ein Karzinom handelte, zog es aber vor, dies Freud zu verschweigen, und riet ihm nur dazu, die «Leukoplakie» entfernen zu lassen und mit dem Rauchen aufzuhören. Aber seine Zigarren hatten ihm im Leben doch so gute Dienste geleistet, ohne sie hätte er nie arbeiten können, er konnte nur dankbar dafür sein und war bereit, sich einer «kleinen Operation» zu unterziehen. Durchführen sollte sie der Rhinologe Markus Hajek, der Schwager von Arthur Schnitzler, ein hervorragender Forscher, aber eher mäßiger Chirurg. Auch er hatte sofort die Bösartigkeit der Geschwulst erkannt und sogar die Bemerkung gemacht, niemand könne erwarten, ewig zu leben. Dennoch wollte er die Operation ambulant durchführen, und Freud begab sich einige Tage später, Ende April, ganz ruhig und ohne seine Familie informiert zu haben, in Hajeks Station. Der «harmlose» Eingriff verlief jedoch alles andere als glatt. Der Patient verlor mehr Blut als erwartet und sollte sich auf einer Pritsche in einem winzigen Raum in der Klinik ausruhen, ein anderer stand nicht zur Verfügung. Und dieses Zimmerchen mußte er noch teilen mit einem «imbezilen Zwerg»; das war sein Glück, seine Rettung.

Man hatte inzwischen seine Familie informiert und gebeten, ihm ein paar Sachen zu bringen, falls er die Nacht über in der Klinik bleiben müsse. Martha und Anna fanden ihn dort blutüberströmt auf einem Küchenstuhl sitzend. Doch die Schwester schickte sie fort, es war keine Besuchszeit, außerdem gehe es dem Patienten bald besser. Als sie nach ein oder zwei Stunden zurückkehrten, erfuhren sie, daß eine starke Blutung eingesetzt hatte. Freud hatte um Hilfe geläutet, aber die Klingel funktionierte nicht. Der freundliche Kretin war jedoch hinausgeeilt, die Schwester zu holen, und nach einiger Zeit konnte die Blutung gestoppt werden. Anna ließ sich nun nicht mehr wegschicken; der Vater litt unter starken Schmerzen, so daß sie nach dem Spitalchirurgen verlangte, aber der ließ sich nicht aus dem Bett holen. Während der morgendlichen Visite demonstrierte Hajek den Fall vor einer Schar von Studenten und schickte Freud später am Tag nach Hause.[2]

Er informierte kurz darauf die Freunde über seine Operation, die sich nicht mehr geheimhalten ließ. Er konnte noch nicht arbeiten und kaum schlucken, aber mehr bekümmerte ihn der Verzicht auf seine geliebten Zigarren: «Meine eigene Diagnose lautete auf Epitheliom, sie wurde aber nicht gelten gelassen. Die Schuld an dieser Rebellion der Gewebe wird dem Rauchen gegeben.» Jones hielt die Geschwulst für eine lokale Beschwerde, also für eher harmlos. Allein die Tatsache, daß Freud ihm davon berichtet hatte, bereitete ihm Sorge. Am 10. Mai, vier Tage nach seinem Geburtstag, verschickte Freud optimistische Bulletins: Er konnte wieder sprechen, fast ordentlich schlucken und kauen und «in vollem Ausmaß» seiner Arbeit nachgehen. Sogar das Rauchen war ihm wieder gestattet – «in einer gewissen, mäßigen, vorsichtigen, sozusagen kleinbürgerlichen Weise», nämlich mit einer Zigarrenspitze, die der Hausarzt selbst zum Fest beigesteuert hatte. Ach ja, man hatte diesen Geburtstag gefeiert, als ob er «eine Operettendiva» wäre oder wie den letzten seines Lebens. Aber seine Prognose war gut, und er wollte es jetzt mit Abrahams optimistischer Formel versuchen, «many happy returns of the day and none of the new growth».[3]

Das entfernte Gewebe war untersucht und eindeutig für kanzerös befunden worden, ein Epithelkrebs, nur sagte ihm noch immer keiner seiner Ärzte die Wahrheit, die er längst ahnte, spätestens nachdem ihm eine Radiumtherapie verordnet worden war. «Natürlich behält die Affektion ihren Wert als Materialisation der über diesen Lebensjahren schwebenden allgemeinen Unsicherheit», schrieb er Ferenczi, doch der Freund solle sich trösten, die Aussichten seien nicht übel.[4] Neben der Behandlung mit Radiumkapseln wurden auch Röntgenbestrahlungen angesetzt, eine Therapie, mit der man zu jener Zeit allenfalls am Institut Curie in Paris hinreichende Erfahrung gemacht hatte. Zumeist wurde sie auf gut Glück durchgeführt; der Patient erlitt Gewebeschäden, schwere toxikologische Nebenwirkungen und starke Schmerzen. Noch vier Monate nach Beendigung der Therapie hatte Freud keine schmerzfreie Stunde gehabt. Aber Hajek ließ ihn sogar in die gewohnten Sommerferien fahren, erbat sich nur regelmäßige Zustandsberichte und drängte auf eine Konsultation Ende Juli zur Untersuchung der Narbe. Als Freud jedoch im Juni aus Bad Gastein anfragte, ob dies wirklich notwendig sei, antwortete jener ihm, er könne ruhig den ganzen Sommer über fortbleiben.

Aber seine Schmerzen nahmen zu, sein Allgemeinzustand verschlechterte sich immer mehr, so daß er, auf Drängen Annas, Felix Deutsch um einen Besuch bat. Der sah gleich, daß die Geschwulst zurückgekehrt und eine zweite, radikale Operation nötig war. Und noch immer sagte er Freud nicht die ganze Wahrheit. Später rechtfertigte er sich damit, dieser sei nur ungenügend darauf vorbereitet gewesen, sich der Wirklichkeit zu stellen, und hätte womöglich in eine zweite Operation auch gar nicht eingewilligt und es vorgezogen zu sterben. Aus Freuds Worten bei der ersten Konsultation im April hatte er eine Selbstmorddrohung herauszuhören geglaubt. Angeblich sagte dieser ihm, für das, was er vorhabe, brauche er nun einen Arzt, denn sollte die Krankheit bösartig sein und ihm ein langes, schwieriges Sterben bevorstehen, müsse er sehen, wie man mit Anstand aus der Welt verschwinde. Auch von seiner alten Mutter soll er gesprochen haben, die Siebenundachtzigjährige würde die Nachricht von seinem Tod sehr schwer ertragen. Nur, warum hatte ihm Deutsch damals nicht wenigstens einen besseren Arzt empfohlen? Seit dem Ersten Weltkrieg gab es in der Wiener Chirurgischen Klinik eine spezielle Abteilung für Kieferchirurgie, geleitet von Hans Pichler, und dieser sollte schließlich die notwendige Radikaloperation durchführen.

Aber auch Freuds eigenes Verhalten angesichts seiner Krankheit erscheint merkwürdig. Verständlich noch, daß er sie anfänglich gegenüber seiner Familie verschwieg. Doch warum hatte der Arzt, der umgeben war von Ärzten, sich ausgerechnet von Hajek, gegen den er selbst Bedenken hatte, operieren lassen, warum hatte er nicht seine Freunde und Tarockpartner, Oskar Rie und Julius Schnitzler, um Rat gefragt? Warum hatte er sich klaglos einer fragwürdigen Röntgen- und Radiumtherapie unterzogen? Sein späterer «Leibarzt» Max Schur glaubte, daß es an einem gewissen Fatalismus lag: Freud selbst hätte es vielleicht das Wirken des Todestriebs genannt. Noch viel mehr spekulierten die Psychosomatiker, die all seine früheren Äußerungen über sein «liebes Neugebilde», über seine Gaumenschwellungen, ja sogar seine abergläubischen Zahlenspielereien und das «Mundhöhlengleichnis» aus dem Irma-Traum von dem «weißen Schorf» im Hals der Patientin als Orakel nahmen. Gewiß, er hatte schon 1899 gegenüber Fließ jenes schreckliche Wort geäußert, er sei «ganz Karzinom» geworden, von seiner Arbeit zerfressen; kein Zweifel also, er hatte den Krebs über all die Jahre in sich getragen, im Grunde von Anfang an. Aber der Mann, der zwanzig Zigarren täglich rauchte, war kein Fatalist, das wäre eine leichtfertige Gleichsetzung seines wissenschaftlichen Determinismus mit blinder Schicksalsergebenheit; seine «Ananke» war ein Naturgesetz, nicht die blinde Macht des Zufalls. Felix Deutsch mochte er lange nicht verzeihen, daß er ihn in Unwissenheit und Unmündigkeit hatte halten wollten: «Ich habe mich stets an jede Art von Realität anpassen, selbst eine auf einer Realität beruhende Unwissenheit ertragen können», schrieb er ihm, «aber allein gelassen mit meiner subjektiven Unsicherheit, ohne (...) die Stütze der Ananke, der unerbittlichen, unausweichlichen Notwendigkeit, mußte ich der elenden Feigheit der Menschen zum Opfer fallen und zum unwürdigen Schauspiel für andere werden.»[5]

Er war bereit, sein Fatum zu tragen, trotz seiner Depressionen, seiner ewigen Todesahnungen und trotz jenes schrecklichen, fast unerträglichen Ereignisses, das ihn kurz nach seiner ersten Operation getroffen hatte. An Kata und Lajos Lewy schrieb er im Juni, über seine Krankheit gebe es nichts zu sagen, sie gehe ihm nicht sehr nahe: «Man wird sich eine Weile mit den Mitteln der modernen Medizin wehren und sich dann der Mahnung von Bernard Shaw erinnern: ‹Don't try to live for ever, you will not succeed.›»[6] Sein ganzer Kummer galt dem Kind, daß er so außerordentlich lieb gewonnen hatte und das Ende Mai an Miliartuberkulose erkrankt war, einer meist rasch zum Tode führenden Allgemeininfektion mit kleinsten Herden in fast allen Organen. Kaum einen Menschen und gewiß kein Kind, meinte er, habe er so gern gehabt wie seinen kleinen Teufel Heinele, diesen «Charakterlumpen», der alle mit seinem Charme verführte. Er hatte inzwischen fünf Enkel, und er hatte sich besonders gefreut über die Geburt von Martins Sohn, der in Gedenken an den verstorbenen Budapester Freund Anton Walter genannt worden war, er mochte Ernsts Söhne, Stephan Gabriel und Lucian Michael, denen im nächsten Jahr der dritte «Erzengel», Clement Rafael, folgen sollte. Nur gegen Annas Vorschlag, den Ältesten seiner verstorbenen Sophie, den kleinen Ernst, nach Wien zu holen, hatte er sich gesträubt. Sie wollte sich gerne um den immer ein wenig verlegen und bedrückt wirkenden Jungen kümmern, der doch ein «so reizender und hochanständiger Mensch» war, daß sie sich «einen eigenen Sohn nicht anders und besser wünschen würde». Freud hielt es nicht für gut, die beiden Halbwaisen voneinander zu trennen, aber dann war er selbst nach Hamburg gefahren, um das Heinele nach Wien zu holen. Das dreieinhalbjährige Kind war «dürr und schwächlich, nichts als Augen, Haare und Knochen», ein richtiges Kriegskind, und der Vater, Max Halberstadt, litt immer noch unter dem Tod seiner Frau; es schien besser, den Enkel in Wien ein wenig aufzupäppeln. Dort verliebten sich Mathilde und ihr Mann, die eine «selten gute Ehe» führten, aber ein wenig «im Egoismus à deux» erstarrten, sofort gründlich in den Kleinen und waren ihm ein «zärtliches Elternpaar», so daß er gute gesundheitliche Fortschritte zu machen schien.

Und wie amüsant und frühreif das Heinele war, das «geistreichste Kind dieses Alters», das Freud je gesehen hatte. Etwa zur selben Zeit, da er seine Operation bei Hajek durchmachte, wurden dem Enkel die Mandeln herausgenommen. Als die beiden Patienten das erstemal wieder zusammen waren, fragte der Kleine den Großvater: «Ich kann schon wieder Krusten essen, du auch?» Aber nur wenige Wochen später erkrankte Heinele. Am 8. Juni schrieb Anna an Lou Andreas-Salomé, die Ärzte gäben das Kind verloren, das seit zehn Tagen schwer krank war und trotz Morphin und anderer Medikamente unter rasenden Kopfschmerzen litt. Zwei Tage später sank der Kleine ins Koma, man gab ihm noch eine Woche, und eine Wiederherstellung, sagten die Doktoren, war kaum wünschenswert, auch nicht sehr wahrscheinlich, vielleicht war das sogar ein Glück. Freud glaubte, diesen Verlust kaum ertragen zu können. Nie hatte er etwas Schwereres erlebt, schien es den Freunden. Sicherlich wirkte dabei auch die Erschütterung über die eigene Erkrankung mit, er machte notgedrungen seine Arbeit, im Grunde schien ihm alles entwertet. Am 19. Juni starb Heinele, sein «liebes Kind»; es war, so Jones, das einzige Mal, daß man Freud weinen sah. Und seine Depression, die erste, die er, wie er behauptete, je gehabt habe, dauerte an. Im August klagte er bei Eitingon, er sei «noch immer im Maul gequält und von ohnmächtiger Sehnsucht nach dem lieben Kind besessen». Er war sicher, nie über den Tod des Jungen hinwegzukommen: «Er bedeutete mir die Zukunft und hat so die Zukunft mit sich genommen.»[7]

Als drei Jahre später die Binswangers ihren achtjährigen

Sohn durch tuberkulöse Meningitis verloren, weckte dies alle Erinnerung – «die ja nie eingeschlafen war». An seine Sophie, die ihm so früh hinweggestorben war, «aber dies vertrug ich merkwürdig gut». Er war damals, 1920, ohnehin zermürbt durch das Kriegselend, die Angst, einen Sohn oder gar drei Söhne zu verlieren; man war also vorbereitet und gefügig gegen das Schicksal. Der Tod von Sophies Kind hatte ihn jedoch tief getroffen: «Mir stand es für alle Kinder u. anderen Enkel, und seither, seit Heineles Tod, mag ich die Enkel nicht mehr, aber freue mich auch nicht am Leben. Es ist auch das Geheimnis der Indifferenz – Tapferkeit hat man es genannt – bei meiner eigenen Lebensgefahr.»[8] Er hatte seine Enkel weiter lieb, besonders die beiden Mädchen, Martins Tochter Sophie und Olis Eva, die wie Clemens 1924 geboren wurden. «So gibt es Wachstum und Verfall in der Familie wie bei Pflanzen, ein Vergleich, den Du beim alten Homer finden kannst», teilte er seinem Neffen Sam mit. Und dennoch glaubte er, daß ihn keines seiner sieben Enkelkinder das verlorene Heinele ersetzen könne. Als er Jones 1928 zum Tod seiner kleinen Tochter kondolierte, schrieb er ihm, er sei, damals vor fünf Jahren, als dies Kind starb, «auf Dauer lebenssatt» geworden.

In jenem Sommer 1923 traf sich das «Geheime Komitee» in San Cristoforo in den Dolomiten, nicht weit von Lavarone, wo Freud einen Teil seiner Ferien verbrachte, bevor er mit Anna nach Rom aufbrechen wollte. Er selbst nahm an der Zusammenkunft seiner alten Garde nicht teil, in der Hoffnung, daß die zerstrittenen Paladine sich auch ohne ihn wieder einigten. Er fühlte sich zu alt, langjährige Freunde aufgeben zu müssen. Aber das Zerwürfnis vertiefte sich noch mehr. Angeblich hatte Jones Rank einen «schwindelnden Juden» genannt. Dieser forderte daraufhin den Ausschluß des Walisers aus dem Komitee; das ließen die anderen, Abraham voran, nicht zu. Dennoch entschied man, daß er in der Affäre unrecht hatte, ja neurotisch sei. Stundenlang wurde geschrien und getobt. Wie in einem Tollhaus kam man sich vor, schrieb Jones seiner Frau. «Ein jüdischer Familienrat, der über einen Sünder zu Gericht sitzt, muß eine große Affäre sein, aber stell Dir vor, wie das ist, wenn alle fünf darauf bestehen, ihn auf der Stelle zu analysieren!» In dieser Situation kamen Anna Freud und Felix Deutsch nach San Cristoforo und unterrichteten das Komitee von Freuds Zustand. Jones war bestürzt, «daß F. einen echten Krebs hat, der langsam wächst & Jahre dauern kann. Er weiß es nicht, & es ist ein ganz schreckliches Geheimnis». Das Komitee konnte sich nicht einmal darüber einig werden, wie man Freud zu der notwendigen Operation drängen sollte. Sachs schlug vor, seine enge Verbindung mit Anna ins Spiel zu bringen, Rank wollte lieber auf Freuds Mutter hinweisen, und Jones befand, daß man ihn nicht bevormunden, ihm die Entscheidung nicht abnehmen dürfe. Schließlich unterstützten ihn die anderen Mediziner, Ferenczi, Abraham und Eitingon, darin. Als Jones ihm Jahre später erzählte, wie sie damals darüber diskutiert hatten, ob man ihn über seinen Zustand informieren solle oder nicht, schaute Freud ihn wütend an und fragte: «Mit welchem Recht?»[9]

Selbst Anna hatte erst in San Cristoforo die ganze Wahrheit erfahren. Sie hatte Deutsch, halb im Scherz, gefragt, ob sie mit dem Vater nicht sogar eine Woche länger in Rom bleiben könne, wenn es ihnen besonders gut gefiele. Auf keinen Fall, sie dürfte nichts dergleichen tun, das mußte sie Deutsch versprechen. Das war deutlich genug. Aber noch immer schwieg man gegenüber Freud. Seinem Bruder Alexander hatte er aus Lavarone geschrieben, seine *peau de chagrin* – jenes nach Balzacs gleichnamiger Erzählung mit jedem erfüllten Wunsch schrumpfende und schließlich todbringende Glücksleder – sei kurz geworden, «und gerade darum will ich die letzten Stückchen theuer verwenden, will Rom noch einmal sehen u Anna eine große Freude bereiten»[10]. Es war tatsächlich seine letzte Reise in die Stadt der Träume und Wünsche, das letzte Mal in seinem Leben, daß er, abgesehen von Sommeraufenthalten ganz in der Nähe der Stadt, vor dem Evil Wien verlassen sollte. Schon auf der Hinreise erlitt er einen schweren Blutsturz; wahrscheinlich hatte sich ein Stück Gewebe gelöst. Vater wie Tochter wußten, was das bedeutete. In Rom erreichte Freud ein Zeitungsausschnitt aus Chicago, in dem es hieß, er sei «slowly dying», arbeite nicht mehr, und seine Schüler gingen zu seinem «spiritual son Dr. Otto Rank». Aber die Stadt war schön wie immer. Und es gefiel ihm, für Anna, die voller Verständnis und Neugier und dabei kreuzfidel war, den Führer zu spielen. Er hatte eine herrliche Zeit in Rom, schwärmte er, mit seiner kleinen Tochter, die sich wirklich zu ihrem Vorteil entpuppt hatte.

Nach seiner Rückkehr sagte man ihm endlich die Wahrheit, die er schon so lange wußte. Er suchte Pichler auf, der eine partielle Resektion des Oberkiefers vornehmen wollte, da dort das «liebe Neugebilde» aufgetaucht war; danach sollte ihm eine Prothese angepaßt werden, um den Mundraum gegen die Nasenhöhle zu verschließen. Der Professor, der «größte Könner in diesen Dingen», versprach ihm, daß er in vier bis fünf Wochen wieder gut essen und sprechen könne. Die Wiederaufnahme seiner Analysestunden wollte er daher bis November aufschieben. Pichler hatte während des Krieges Schwerverwundete operiert, manchmal mit kühnen Methoden, die noch nicht erprobt, aber oft erfolgreich waren. Auch für Freud mußte er sich ein neues Verfahren ausdenken, nachdem er festgestellt hatte, daß außer der großen, kraterförmigen und eitrigen Neubildung am rechten Gaumen sich der Tumor auf Wange und Unterkiefer hin ausgebreitet hatte. Außerdem hatte sich infolge der ersten fahrlässigen Operation und der Nachbehandlung eine Schrumpfung eingestellt, eine Kontraktion der Mundöffnung. Der Chirurg erprobte den Radikaleingriff an einer Leiche, um herauszufinden, ob er überhaupt möglich war.

Am 4. Oktober wurden Freud unter Lokalanästhesie einige Drüsen am Hals entnommen; glücklicherweise war die Gewebeprobe negativ, der Krebs hatte sich noch nicht so weit ausgebreitet. Gut eine Woche später, am 12. Oktober, entfernte Pichler den größeren Teil des rechten Oberkiefers sowie einen beträchtlichen Teil des Unterkiefers, des rechten weichen Gaumens und der Backen- und Zungenschleimhaut. Jene Bereiche der Haut, die nicht vernäht werden konnten, wurden durch Hautverpflanzungen ersetzt, dann wurde die Prothese eingesetzt. Die mehrstündige Operation wurde wiederum unter lediglich örtlicher Betäubung durchgeführt, bloß ein paar Sedativa hatte man Freud gegeben, der, daran nicht gewöhnt, während der meisten Zeit schlief. Es gab damals noch keine Antibiotika und keine künstliche Ernährung, Flüssigkeiten wurden durch das Rektum eingeführt, Nährmittel durch den Nasenschlauch. Zwei Tage lag Freud mit hohem Fieber.[11] Aber am 19. Oktober konnte er seinem «lieben unverbesserlichen Optimisten» Abraham schreiben: «Heute Tampon erneuert, aufgestanden, den vorhandenen Rest in Kleider gesteckt (...). Wenn ich ohne Injektion schlafen kann, geh ich bald nach Hause.»[12]

Eine Woche später wurde er entlassen, sehr schwach, sehr erschöpft, unfähig zu allem. Und nun mußte er auch noch seinem Neffen Sam und seinen Nichten zum Tod ihrer Mutter Maria kondolieren. Die Nachricht hatte ihn erschüttert, wieder war ein Teil der geliebten Vergangenheit dahingegangen. Der Tod schwebte in diesem Jahr über der ganzen Familie. Im Sommer war Freuds Neffe Theodor, Teddy, der einzige Sohn seiner Schwester Mitzi, bei einem Badeunfall ertrunken. Anfang Oktober starb Eli Bernays an einer Blinddarmentzündung; das berührte Freud weniger. Eli war ein reicher Mann gewesen, hatte seiner Witwe Anna vielleicht gut eine Million hinterlassen, so daß sie nun etwas für ihre alte Mutter und ihre vier mittellosen Schwestern tun konnte. Man mußte ja in einer großen Familie immer auf Unglücksfälle rechnen, sagte er einem seiner Analysanden. Und wenn man die «Funktion des allgemeinen Helfers» hatte, war man mit Sorgen und Interessen fürs Leben beschäftigt: «Wann hat einer von uns Juden Ruhe von seiner Familie? Niemals, solange er nicht die ewige Ruhe gefunden hat.»[13]

Doch Pichlers Operation schien ihm gelungen, wie er Ferenczi schrieb, der hoffentlich keinen Anteil an den «Exzessen der Fama über (sein) Wohlbefinden» hatte: «Nun muß sich zeigen, was sie leisten wird.» Jedenfalls verfaßte er einige Zusätze zu seinem Testament, in Form eines Briefes an seinen Sohn Martin, den Juristen. Seine Hauptsorge galt Martha und Anna. Darum sollten die Kinder auf ihr «ohnehin bescheidenes Erbe» zugunsten der Mutter verzichten, und Annas Mitgift sollte vom «Pfund-Konto» auf 2000 Pfund erhöht werden. Am 7. November 1923, kaum einen Monat nach dem schweren Eingriff, bemerkte Pichler bei einer Untersuchung eine leicht eiternde Stelle; das entnommene Gewebe war malign, ergab der Befund fünf Tage später. Freud stimmte einer Operation noch am selben Nachmittag zu, bei der weitere Teile des Unterkiefers und des weichen Gaumens entfernt wurden. Er verlor viel Blut dabei, und er war ein wenig enttäuscht über seinen Arzt, an den er sich gefühlsmäßig so sehr angelehnt hatte; mit der zweiten Operation kam eine «Lockerung der homosexuellen Bindung», schrieb er Rank.[14] Aber er hatte es Pichlers radikalem Vorgehen zu verdanken, daß das ursprüngliche Karzinom nicht metastasierte und erst 1936 erneut eine bösartige Krebswucherung auftrat, erst 1939 eine, die nicht mehr operabel war.

Freud nahm den Kampf auf, der sechzehn Jahre währen sollte. Nur fünf Tage nach Pichlers Operation unterzog er sich einem weiteren Eingriff und ließ sich die Samenleiter unterbinden. Die Vasektomie oder «Vasoligatur», wie ihr Pionier, der Endokrinologe und Sexualforscher Eugen Steinach, sie nannte, sollte die unnütze Spermienbildung verhindern und den Testosteronspiegel ansteigen lassen, um den Patienten zu mehr Jugendlichkeit und Potenz zu verhelfen. Da Krebs damals für viele als eine Alterskrankheit galt, versprach die «Steinachsche Verjüngungsoperation», ein Wiederauftreten zu verhindern oder wenigstens aufzuhalten. Bis 1928 unterzogen sich allein in den USA knapp 60000 Männer diesem Eingriff. Steinach war so populär, daß er mehrfach für den Nobelpreis vorgeschlagen wurde, neben Einstein und Freud. 1931 erschienen die drei Männer sogar zusammen auf einer Karikatur, bedichtet mit den Worten:

Einstein, Freud, Steinach,
Drei Männer bilden das Staunen der Welt:
Der erste stürmte das Himmelszelt,
Der zweite der Seele Tiefen durchforscht,
Der dritte den alternden Leib entmorscht.

Und alle sind schon bei Lebenszeit
Totsicher ihrer Unsterblichkeit.
Was aber brüllt der alte Chor?
Die Juden drängen sich überall vor![15]

Selbst ein Verb wurde nach dem Namen des populären Arztes gebildet, «steinachen»; Döblin benutzte es in *Berlin Alexanderplatz,* als sei es allgemeiner Sprachgebrauch. Die UFA produzierte schon 1922 einen abendfüllenden «Steinach-Film», und der 70jährige Dichter William Butler Yeats unterzog sich noch 1934 dem Eingriff, in der Hoffnung auf Jugend und in Sorge um seine Potenz. Der Erfinder dieses Jungbrunnens wurde als Jude von den Nazis vertrieben, aber mit «Steinach I» und «Steinach II» wurden die Operationen nach wie vor bezeichnet, die nun als Zwangssterilisation an Hunderttausenden durchgeführt wurden.

Im Januar 1924 schrieb Freud an Ferenczi, er habe noch nichts von den versprochenen Wirkungen verspürt, acht Monate später bezeichnete er die Steinach-Operation als erfolglos. Aber er gab nicht auf, all diese Jahre lang, in denen das Leben nur variierte zwischen starken Beschwerden und unendlicher Qual. Essen, Rauchen und Sprechen waren bloß unter größter Anstrengung möglich. Die gewaltige Prothese, eine «Art vergrößertes Gebiß oder ein Obturator», eine Verschlußplatte, wie man sie bei Gaumenspaltungen anwandte, drückte auf den Unterkiefer, rief immer wieder Entzündungen und kaum erträgliche Schmerzen hervor. Doch ohne dieses «Ungeheuer» wäre er zu den alltäglichsten Dingen nicht mehr in der Lage gewesen. Die Prothese durfte nur zum Reinigen herausgenommen werden; allein dies und das Wiedereinsetzen war eine komplizierte Prozedur, weil Freud den Mund nicht weit genug öffnen konnte. Es dauerte lange, bis er die Technik erlernte. Einmal mühten sich Anna und er eine halbe Stunde mit dem Monstrum ab und mußten schließlich Pichler holen lassen. Immer wieder wurde versucht, die Prothese zu verbessern oder eine neue anzufertigen; Ende der zwanziger Jahre fuhr Freud deswegen sogar nach

Berlin, um sich an einen zahntechnischen Spezialisten zu wenden. Aber nie war sie ganz in Ordnung, man stellte es sich zu einfach vor, ein Stück Kiefer durch eine Prothese zu ersetzen.

Sein Sprechvermögen blieb dauerhaft beeinträchtigt, der wunderbare Redner hatte seine Stimme verloren, ihre alte Klarheit und Resonanz. Nunmehr klang sie nasal und tönern. Oft begleitete er seine Worte mit Bewegungen, die viele für maniert hielten, die in Wirklichkeit aber dazu dienten, die Prothese etwas zu verschieben und den Druck zu erleichtern. Aber immerhin reichte es fürs Gewöhnliche, immerhin war er noch zu verstehen. Er konnte kauen und schlucken, auch wenn sein Essen «keine Zuschauer» mehr vertrug. Außerdem hatte durch die Schädigung der Ohrtrompete und die ständigen Infektionen, an denen er seit der Operation litt, sein Hörvermögen nachgelassen, so daß er auf der rechten Seite ein beständiges Rauschen hörte und fast vollständig taub wurde. Da dies die Seite war, die er immer seinen Patienten zugewandt hatte, mußten Couch und Stuhl umgestellt werden.[16] Mehr als dreißig größere und kleinere Operationen, teils unter Lokalanästhesie in der Ambulanz, teils unter Vollnarkose im Sanatorium, mußte Freud erdulden. Er konnte das Rauchen nicht aufgeben, daher war der Mundbereich ständig gereizt, neue weißliche Flecken oder Knoten, gutartige oder präkanzeröse Leukoplakien mußten behandelt und entfernt werden. Neben seinem Sprechzimmer war ein kleiner Raum eingerichtet worden, wo Pichler ihn regelmäßig untersuchte.

Am 2. Januar 1924 hatte Freud seine Praxis wieder aufgenommen, und im Februar konnte er Ferenczi berichten, daß er mit «geradezu animalischer Genugtuung» endlich wieder einmal Gelder eingenommen habe. Leider war es ihm jedoch fast unmöglich, sich die Arbeitszigarre zwischen die Zähne zu stecken, nur mechanisch konnte die postoperative «Narbenenge» bekämpft werden, mit Hilfe einer Wäscheklammer.[17] Das ging vorüber, ansonsten mußte er seine Lebensweise radikal verändern. An den Sitzungen der Vereinigung konnte er nicht mehr teilnehmen, allein schon sein nachlassendes Hörvermögen machte ihm die Gesellschaft mehrerer Personen schwer erträglich; erst später richtete er monatliche Zusammenkünfte der Mitglieder in seiner Wohnung ein. Am liebsten hielt er sich, vor allem in der ersten Zeit nach der Operation, von den Menschen fern, sogar die engsten Freunde mochte er nicht sehen. Als Eitingon ihn im März besuchen wollte, konnte er sich nicht recht freuen, denn zwangsläufig müßte er ihn enttäuschen, da auch er ja zu denen gehörte, die nichts davon wissen wollten, daß er nicht mehr derselbe war. Er war müde und ruhebedürftig, und zuweilen hielt er es für das beste, die Arbeit und alle anderen Verpflichtungen aufzugeben, um «in einem stillen Winkel auf das natürliche Ende zu warten».

In diesem März mußte er nach einem schweren Infekt zum einzigen Mal in seinem ganzen bisherigen ärztlichen Leben, in 38 Jahren, die Arbeit übers Wochenende unterbrechen. Er konnte auch nicht, wie geplant, im April am Achten Internationalen Psychoanalytischen Kongreß in Salzburg teilnehmen, dort, wo einst, vor sechzehn Jahren, der allererste stattgefunden hatte. Als Jones ihn danach in Wien besuchte, war er erschrocken über sein verändertes Aussehen, seiner veränderten Stimme, «man mußte sich auch daran gewöhnen, daß er immer seine Prothese mit dem Daumen festzuhalten versuchte; allerdings wirkte diese Geste allmählich mehr wie ein Zeichen philosophischer Konzentration». Dennoch fand er, daß Freud nichts eingebüßt hatte von seiner geistigen Lebhaftigkeit und Schärfe.[18] Der war nur froh, daß nicht auch noch Abraham zu Besuch kam. Hoffentlich verstand sein «guter Casimiro» endlich, daß es sich nicht um eine vorübergehende Unpäßlichkeit handelte, «sondern um eine neues und arg erniedrigtes Niveau von Leben und Arbeit». Tief in seinem Innern empfand er «eine Art von seniler Depression, die um den Zwist zwischen irrationeller Lebenslust und verständiger Resignation zentriert ist».[19] Obwohl er «alle garstigen Realitäten gut bestanden» hatte, vertrug er die Möglichkeiten schlecht. Obwohl er immer wieder abergläubisch an ein nahes Ende gedacht hatte, kam er «mit der Existenz auf Kündigung (...) nicht zurecht».[20]

DIE UNENTBEHRLICHE TOCHTER

Die Weisheit, hatte er einst geschrieben, sollte dem alten Mann raten, sich von der Liebe zu verabschieden und sich mit dem Tod zu befreunden. Wider die Ordnung des Menschenlebens hatte er das Begehren des Lear genannt, der von seinen Töchtern Liebe verlangte, als wären sie seine Frauen, eine bedingungslose, ausschließliche Liebe, und der gerade die stumme, sprachlose Liebe seiner Jüngsten, seiner Cordelia, nicht erkannte. Nun war sie, sein Annerl, das ihn einst zu dem Aufsatz über das *Motiv der Kästchenwahl* inspiriert hatte, zu seiner unentbehrlichen Pflegerin und Hüterin geworden, seine Kleine, die sich so unvernünftig und unbeholfen geglaubt, die so eifersüchtig um seine Zuneigung gebuhlt hatte. Sie wurde die «mythische Tochter», seine Anna-Cordelia, die mit ihm einen Pakt geschlossen hatte, auch in den qualvollsten Situationen kein Gefühl zur Schau zu stellen. Seine Anna-Antigone, wie er sie manchmal nannte, die letzte, die treueste und tapferste Gefährtin des Ödipus, die den Vater in den Tod geleitete, «nicht Augenlicht, sondern Sprachrohr des immer stiller werdenden Erfinders der Redekur»; seine Moira, die letzte der drei Parzen, seine Atropos, die schließlich den Lebensfaden abschneiden sollte und die, als es für sie selbst ans Sterben ging, sich in seinen alten, viel zu großen Lodenmantel hüllte: die Erbin, die unerbittliche Wächterin über das Schicksal der Psychoanalyse.[1] Im Scherz nannte Freud sie einmal seinen «einzigen Sohn».

Als er 1925 an Eitingon schrieb, er habe, «von drei zärtlichen Frauenzimmern umringt und beobachtet», wenig Freiheit zu jammern, entsprach dies nur zum Teil der Wahrheit. Längst hatte Anna begonnen, Martha und die immer wieder kränkelnde Minna aus der Verantwortung und Versorgung für

den leidenden Freud zu verdrängen. Sie hatte beim ihm gewacht, als er nach Hajeks Operation fast verblutet wäre, sie hatte vermutlich als erste in der Familie die vollständige Wahrheit
über seine Krankheit gewußt, und sie versandte fast tägliche
medizinische Bulletins an Freunde und Kollegen über seinen
Zustand, über die Kieferresektion und die Nachbehandlung,
die Schwierigkeiten mit der Prothese, die Infektionen, die mühevollen Anstrengungen zu sprechen, zu essen. Gewiß behielt
Martha, wiewohl oft an Magenproblemen und Migräne leidend, noch immer die Kontrolle über den Haushalt, und Anna
mußte sie auf des Vaters eigenes Drängen um Erlaubnis fragen,
als sie 1920 die Zimmer mit ihrer Tante Minna tauschen wollte, mußte mit ihr, die Veränderungen ungern mochte, darum
kämpfen. Freud wollte seine Frau zu nichts zwingen, im Haus
hatte er ihr immer den Willen gelassen.[2]

Anna setzte sich durch, in dieser wie in fast allen anderen Angelegenheiten. 1923 war ihre Stellung unanfechtbar: als Krankenschwester, Sekretärin, Vertraute, Botschafterin, Kollegin,
Mitglied der Psychoanalytischen Vereinigung – und als seine
zeitweise wichtigste Patientin. Und sie wachte eifersüchtig über
ihre Beziehung zum Vater, um die sie so lange gerungen hatte.
Sie war wütend, «bös», wie sie selbst sagte, als dieser 1926 ohne
sie mit Martha nach Berlin reiste, um mit seinen Söhnen Ernst
und Oliver und deren Familien Weihnachten zu verbringen.
Wie lange hatte sie nichts unternommen, «um ihn nicht zurückzulassen, und dann wird er plötzlich unternehmungslustig und
geht mir davon, gerade wenn ich nicht beweglich bin». Das
durfte nicht sein. 1929, da er wieder nach Berlin fuhr, um sich
eine neue Prothese anfertigen zu lassen, verlegte sie die Stunden ihrer Analysepatienten, um ihn begleiten zu können: «Erst
wollte Mama an meiner Stelle fahren, aber das wollte ich
durchaus nicht.»[3]

Schon als junges Mädchen hatte sie über ihn zu wachen versucht wie eine Mutter oder eine Ehefrau, hatte sich um seine Gesundheit und seine Arbeit gesorgt. Sie hatte ihn auch nach dem
Krieg gedrängt, sich nicht für seine Praxis und seine reichen Pa-

tienten aufzuzehren: Sollten nur alle Millionärinnen ruhig verrückt bleiben, sie hatten doch sonst keine Beschäftigung. Und er hatte ihr versprechen müssen, daß er, sollte er einmal krank werden und sie nicht da sein, sie sofort rufen würde; sonst fände sie keine Ruhe. 1923, nach seiner ersten Operation, wiederholte sie ihre Bitte, noch wehrte sich Freud ein wenig: Sie sollte «nicht vorzeitig in die traurige Funktion der Pflegerin von alten, kranken Eltern kommen». Aber sie ließ ihm kaum eine andere Wahl, und er gab ihr gern nach. Er hatte sich längst so sehr an sie gewöhnt, daß er sie kaum entbehren mochte, sie schon vermißte, wenn sie nur für ein paar Wochen verreist war. Das Haus war öde und einsam ohne seine Kleine, seine einzige, «die es naturgemäß immer mehr beherrscht». Nein, er bedauerte wirklich, daß sie immer daheim bei den Alten saß, «aber andererseits, wenn sie wirklich fortginge, würde ich mich so verarmt fühlen wie z. B. jetzt, wenn ich das Rauchen aufgeben müßte».[4]

1918 hatte er begonnen, das Kind, das keine Geheimnisse vor ihm haben sollte, in Analyse zu nehmen. Er hatte sich regelrecht darauf gefreut: «Annerls Analyse wird sehr fein», schrieb er Ferenczi. Als ihn sein italienischer Kollege Edoardo Weiss 1935 um Rat bat, ob er seinen Sohn analysieren solle, antwortete Freud ihm, er halte dies für eine heikle Angelegenheit: «Bei einem jüngeren Bruder möchte es leichter gehen, bei der eigenen Tochter ist es mir gut geraten, bei einem Sohn hat es andere Bedenken.»[5] Weiss nahm Abstand von seinem Vorhaben. Freuds eigenes Unternehmen, das heute als skandalös, als eine Art Inzest betrachtet wird, war zu jener Zeit in Analytikerkreisen nicht unüblich. Zwar hatte er selbst Regeln für die Behandlung aufgestellt, aber genausogut nahm er sich das Recht, sich souverän über die Gebote der Abstinenz und Distanz hinwegzusetzen. Er hatte seine Freunde Eitingon und Ferenczi analysiert, später auch die Töchter von Oskar Rie, Marianne und Margarethe, und er hatte die Kur des kleinen Hans, die dessen Vater durchführte, überwacht, und jederzeit empfing er seine «Lieblinge» privat zu Hause. Melanie Klein, die Annas größte Konkurrentin werden sollte, hatte ihre Kinder analysiert, auch

Abraham und Jung hatten mit ihren Töchtern gearbeitet. Und wo hätte Freud seine Anna hinschicken können, nach Budapest, nach Berlin, zu seinen Schülern, die der Familie so nahestanden? Sie war doch auch an Wien gebunden, hatte eine Anstellung als Lehrerin, gab zusätzlich Privatunterricht und trug mit ihrem Gehalt in den schweren Jahren sogar zum knappen Familienbudget bei. Außerdem mußte er sich um ihre Gesundheit sorgen, nachdem sie, wie Ernst, an Tuberkulose erkrankt war. Und hätte sie sich nicht vielleicht jedem anderen Analytiker verweigert?

Ob er sich über seine eigenen zwiespältigen Gefühle im klaren war? Er wollte die Tochter so gern selbständig sehen, natürlich mit einem Mann an ihrer Seite, aber wie hatte er um sie gebangt, damals, als sie 1914 in England war, als potentielles Opfer für den rachsüchtigen Jones, den notorischen Weiberhelden. Sie hatte dessen Schmeicheleien ganz anders aufgenommen, sein Interesse galt vermutlich viel eher dem Vater als ihr selbst, daran war sie doch gewöhnt. Freuds Wunsch, sie möge nicht so früh heiraten, hatte sie wie immer voller Verunsicherung und Selbstzweifel aufgenommen. Es würde doch für die Eltern keinen Unterschied bedeuten, wenn sie nicht mehr da wäre: «Ich glaube, den Unterschied würde nur ich spüren.» Das war der alte Kummer des Kindes, das sich unerwünscht und von der Mutter nicht geliebt fühlte, ausgeschlossen von den Unternehmungen der älteren Geschwister und verachtet von der schönen Sophie. Der Vater hatte ohnehin immer so wenig Zeit. Nein, niemand hatte ihr die ersehnte Aufmerksamkeit schenken wollen, von ihr wußte man wahrscheinlich nur, daß sie «fleißig» war – «und das bin ich noch immer», bemerkte die Achtzehnjährige gegenüber einer ehemaligen Mitschülerin. Also verbarg sie sich, mit Sophies Aussehen konnte sie ohnehin nicht konkurrieren, in Dirndln und langen Kleidern. Ihr Leben lang wird sie weite, sackartige Gewänder tragen, die sie selber näht, meist von Hand; sie konnte sich während ihrer Analysestunden schließlich nicht an die Maschine setzen. Allein das Klappern ihrer Stricknadeln mußten ihre Patienten ertragen.

Sie blieb, trotz ihrer unkonventionellen Existenz und mutigen Äußerungen, das Musterkind, das sie damals so gern hatte sein wollen, brav und ordentlich, das Mädchen, das weinend nach Hause lief und sich umzog, wenn beim Spielen am Bach ihre Schürze oder ihre Strümpfe naß wurden. Dabei hatte der Vater an der Kleinen, seinem «schwarzen Teufel», gerade ihre Unartigkeit, ihre «Schlimmheit» gemocht. Ihre Zuflucht fand sie im Lesen und Schreiben; besonders gerne mochte sie Heinrich Heines *Die Grenadiere,* sein Gedicht von den beiden Soldaten, die aus russischer Gefangenschaft zurückkehren und, nachdem sie erfahren, daß das große Heer zerschlagen und Napoleon, «der Kaiser, der Kaiser gefangen» ist, ans Sterben denken: «Dann reitet mein Kaiser wohl über mein Grab / Viel Schwerter klirren und blitzen / Dann steig ich gewaffnet hervor aus dem Grab / Den Kaiser, den Kaiser zu schützen.» Solche Heldenphantasien stehen im Mittelpunkt ihrer Träume und Tagträume, die sie von 1915 an für den Vater notiert.[6]

Das Kind, geboren im selben Jahr wie seine Wissenschaft, 1895, hatte schnell begriffen, daß seine Hauptkonkurrenz im Grunde keines der Geschwister und auch nicht die Mutter war, sondern die Psychoanalyse. Wie gern wäre Anna damals als Dreizehnjährige mit ihm nach Amerika gefahren. Und sie nahm seine kleinen Lektionen, die er auch den anderen Kindern erteilte, ernst, viel ernster als die Geschwister. Sie vergaß nie, was er ihr einmal auf einem Spaziergang gesagt hatte: «Siehst du diese Häuser mit ihren schönen Fassaden? Die Dinge hinter den Fassaden sind nicht unbedingt so schön. Und so verhält es sich auch mit den Menschen.»[7] Manchmal hatte sie während der Mittwochs-Gesellschaft in einer Ecke gesessen und zuhören dürfen, hatte früh seine Werke gelesen und kommentiert und versuchte sich 1915 an der Übersetzung eines Aufsatzes von Putnam. Sie bat den Vater um Erklärungen. Was bedeutete die sogenannte «Übertragung»? Nun, das war ein technischer Ausdruck dafür, daß Patienten ihre latenten zärtlichen oder feindlichen Gefühle, die anderen galten und zumeist aus früheren Zeiten stammten, gegen den Arzt äußerten.

Er hatte Annas Interesse genossen, beruflich gefördert hatte er das Kind, das ihm geistig und körperlich vom Typus Martin erschien, das begabt war zum Träumen und Dichten, doch viel intellektueller als der Bruder, dennoch nur wenig, viel weniger, als seine Freunde Rie und Rosenberg es ihren Töchtern gegenüber taten. Anna hätte gern, wie diese, Medizin studiert; wie sehr beneidete sie Helene Deutsch in ihrem weißen Kittel, aber der Vater hatte dies verwehrt. Selbst ihre Ausbildung zur Lehrerin mißfiel ihm zeitweise. Hoffentlich würde sie bei ihrer Prüfung «wegen mangelnder Singstimme» abgewiesen werden. Das war nicht bloß zärtlicher Spott, er hätte sein kleines Mädchen einfach gern ganz zu Hause behalten; die Einsamkeit des Alters war doch so schwer zu ertragen. Anna Freud, die sich so sehr danach gesehnt hatte, seine einzige, seine wichtigste zu sein, hat zeitweise Angst; wie sollte sie sich «allein für sechs Kinder ‹ausgeben› können»?[8]

Sie bestand ihr Examen, unterrichtete am Cottage Lyceum, das sie einst selbst besucht hatte, war geschätzt wegen ihres Fleißes, ihrer Gewissenhaftigkeit und Lehrbegabung. Doch immer mehr drängte sich ihr Interesse an der Psychoanalyse in den Vordergrund, und dagegen hatte Freud nichts, dazu brauchte sie auch keine höhere Bildung, viele seiner Schüler waren Laien, keine Mediziner. Wichtiger war, daß der künftige Therapeut sich selbst einer Analyse unterzogen hatte. So betrachtet, war Annas Kur auch eine Art Lehranalyse, eine längere und gründlichere, als die meisten sie damals genossen hatten. Gleichwohl machten beide ein großes Geheimnis darum, nur die engsten Vertrauten, Ferenczi und Lou Andreas-Salomé, sollten darum wissen; natürlich blieb nichts geheim.

Und als sie damit begannen, konnte von einer Lehranalyse kaum die Rede sein. Anna litt unter beunruhigenden Träumen und Phantasien: Sie war eine Prinzessin und der Vater ein König, und man versuchte, sie durch politische Intrigen auseinanderzubringen; das war nicht schön und sehr aufwühlend, aber doch ein nahezu klassischer Familienroman. Allerdings träumte sie auch, daß sie blind sei. Sie träumt vom «Umbringen,

Schießen oder Sterben.» Sie hat jemanden getötet. Deshalb wird sie in einen Raum gebracht, wo man sie einem Menschenhaufen überläßt, Leuten, die sie zerreißen oder zum Fenster hinauswerfen wollen, bis ein älterer Herr ihr einen Gegenstand zur Verteidigung reicht. Sie wird von zwei Soldaten mit Gewehren bewacht, und dann teilt man ihr plötzlich die wahre Todesursache Napoleons mit, der, gefangen wie sie, durch ein offenes Fenster zum Klosett klettern wollte. Die Soldaten hielten das für einen Fluchtversuch und erschossen ihn, genau das werde ihr widerfahren, sollte sie zu fliehen versuchen. Und immer wieder muß sie in ihrem «unbequemen» Nachtleben den Vater verteidigen, sie will für ihn kämpfen, aber ihr Säbel ist zerbrochen. Nach dem Selbstmord von Victor Tausk kommt ihr der Gedanke, dessen Braut habe sich in der Berggasse 20 eingemietet und wolle den Vater erschießen.[9]

Sie beginnt, kleine Prosastücke zu schreiben, traurige Szenen um Ehepartner, die einander nichts mehr zu sagen haben, um einen abgewiesenen Liebenden, dessen Geliebte nicht mehr mit ihm reden will: «Alles, was ich Dir zu sagen hatte – und es war viel – sprach ich in den langen Tagen und Abenden, nachdem Du gegangen warst.» Früher hatte sie versucht, sich in «schöne Geschichten» zu retten, reich ausgeschmückte Phantasien um einen mittelalterlichen Helden. Aber nunmehr drängen sich auch in diese tröstlichen Träumereien Bilder von Gewalt. Ihr Held erscheint ihr als alter, klagender Mann, dessen Herz sich nach der Liebe verzehrt, die er einst preisgab. Sie fühlt sich hin und her gerissen, spricht von ihrem «armen Ich», das so manches Jahr als «art'ger Vogel» im Bauer saß, doch jetzt entflohen ist und wild im Schlafzimmer herumflattert. Könnte sie dies rebellische Ich nur zur Ruhe bringen mit ihren «schönen Geschichten». Natürlich reflektieren diese Phantasien, Träume und Lyrismen auch die analytische Situation: «Ich wünsche eine Stunde, einen Tag/ Mich selber loszuwerden. (…) Mein Denken einmal nur nicht mehr zu fühlen», schreibt sie in dem kleinen Prosagedicht *Nacht*, schreibt darin auch von «Sünde, die mich lockt». Was diese Sünde bedeutete, daran läßt sie in den letzten, an ein «Du» gerichteten Zeilen keinen Zweifel: «Was freut es Dich, wenn ich im Bett mich bäume, / Wenn ich die Arme breite und sie leer / Um meinen Körper fallen. – Schließ die Tür.»[10]

1919, mitten in der Analyse der Tochter, veröffentlichte Freud den kleinen Aufsatz *Ein Kind wird geschlagen*. Dies war, stellt er darin fest, eine Imagination, die ihm mit überraschender Häufigkeit, aber nur unter Zögern und Widerstand viele seiner hysterischen oder zwangsneurotischen Patienten mitgeteilt hatten. Ausdrücklich bezieht er sich auf sechs Fälle, zwei Männer, vier Frauen, konzentriert sich dabei jedoch vor allem auf «weibliche» Schlagephantasien, bei denen er drei Phasen unterscheiden zu können glaubt. Wenn die Patientinnen ihn mit dem kärglichen Satz «Ein Kind wird geschlagen» konfrontieren, so bedeutete dies zunächst nur, daß der Vater ein Kind schlug, und zwar das der Kranken verhaßte Kind. Auf einer nächsten Stufe aber phantasiert sich das Kind selbst in Rolle des Opfers, und diese Vorstellung – ich werde vom Vater geschlagen – ist in hohem Maße lustbetont. Die dritte Phase bedient sich desselben Wortlauts wie die erste, aber der Vater wird darin durch andere Personen ersetzt, auch das Kind tritt nicht mehr in Erscheinung, sondern schaut nur noch zu, wie jetzt andere, viele Kinder geschlagen werden. Nunmehr ist die «starke, unzweideutig sexuelle Erregung», die von der Phantasie ausgeht, unverkennbar, sie vermittelt onanistische Befriedigung.[11] Es war also nicht schwer, diese auf die Vaterfixierung des Mädchens zurückzuführen und auf die «Haß- und Konkurrenzeinstellung gegen die Mutter», die mit den Jahren immer stärker und deutlicher wird oder, reaktiv, sich in eine überstarke Liebesbindung verwandeln kann. Dennoch spielt in Freuds weiteren Erklärungen die Mutter kaum eine Rolle. Seiner Theorie zufolge versucht das Kind, nach und nach seiner eifersüchtigen Empfindungen gegen die Geschwister, die Liebesräuber, Herr zu werden, um dann, in der zweiten Phase, das Schuldgefühl ob der eigenen inzestuösen Wünsche in masochistische Selbstbestrafung umzuwandeln.[12] Manchmal entwickelten die kleinen Phantasten dabei einen «kunstvollen, für das Leben der Betreffenden sehr bedeutsamen Überbau von Tagträumen», die derart befriedigend seien, daß auf den onanistischen Akt verzichtet werden könne: So steht auch hinter dem «Ich werde vom Vater geschlagen» kaum verhüllt die Vorstellung «Ich werde vom Vater geliebt». In den Tagträumen seiner Patientinnen – «der eine erhob sich beinahe zum Niveau einer Dichtung» – waren die Helden immer nur junge Männer. Das Mädchen brach demnach in der dritten Phase, da es sich von der genital gemeinten inzestuösen Liebe zum Vater abwendet, leicht mit der weiblichen Rolle, es «phantasiert sich zum Manne, ohne selbst männlich aktiv zu werden, und wohnt dem Akt, welcher einen sexuellen ersetzt, nur mehr als Zuschauer bei».[13]

Freud war überzeugt, daß «man bei einer sogenannten maskulinen Frau gar nicht so tief kratzen» mußte, um ihre Weiblichkeit hervorzulocken.[14] Doch er konnte sich kaum verhehlen, daß Annerls Analyse gar nicht so fein, sondern recht schwierig wurde und daß sie weit weniger erfolgreich war, als er es sich erhofft hatte. Zwar schien sie aufzublühen in jener Zeit, intellektuell wie körperlich, die Leute glaubten sogar, sie sei gewachsen, nur weil sie sich endlich geradehielt. Aber er war sich des Problems der Übertragung und Gegenübertragung nur allzusehr bewußt, wie konnte er erwarten, daß seine Tochter, die so um ihn gekämpft hatte, die ihn so verklärte, ihren Vaterkomplex in der Analyse demolieren würde? Sie vertrug es im Grunde überhaupt nicht, diesen zu zerstören, gestand er Max Eitingon. Irgendwann sollte sie doch «das Attachement an den alten Vater gegen ein dauerhafteres eintauschen». Er suchte Hilfe bei Lou Andreas-Salomé, seine Anna dürstete, glaubte er, nach Frauenfreundschaften, nach einem Gegengewicht zur übermächtigen Vaterfigur. Und sein Plan schien aufs schönste aufzugehen. Ende 1921 wohnt Frau Lou für einige Wochen bei den Freuds, sie führt lange nächtliche Gespräche mit Anna, manchmal ist auch der Vater dabei, sie macht sie mit ihrem Freund Richard Beer-Hofmann bekannt; sie treffen auch Felix Salten und Arthur Schnitzler. Nach ihrer Abreise beginnen die beiden, die durch einen Unterschied von fast 35 Jahren getrennt sind, einen intensiven Briefwechsel, der bis zu Lou Andreas-Salomés Tod, 1937, andauert. Die Frau, die so alt ist wie Martha, wird zur bewunderten Freundin, zum Mutter- und Schwesterersatz, zur Lehrmeisterin und Analytikerin, auch wenn Anna Freud später stets bestritt, daß ihre mitunter mystisch angehauchten Gespräche und Briefe eine therapeutische Funktion hatten. Jedenfalls wäre sie ohne Frau Lous Hilfe kaum in der Lage gewesen, ihren Aufsatz über *Schlagephantasie und Tagtraum* zu schreiben, den sie am 31. Mai 1922 in der Wiener Psychoanalytischen Vereinigung vorträgt, um vom geduldeten Zaungast zum offiziellen Mitglied zu avancieren.

Sie hatte die Kritik der Wiener an ihrer «kleinen Illustration zu Professor Freuds Studie *Ein Kind wird geschlagen*» gefürchtet; allzu viele mochten um ihre «geheime» Analyse beim Vater ahnen und erkennen, daß ihre Fallgeschichte einer fünfzehnjährigen Patientin konstruiert war, und nicht einmal so geschickt, um deren wahre Identität zu verhüllen. Zu jener Zeit hatte Anna Freud noch keine Analyse durchgeführt, erst Monate später empfing sie die ersten Patienten. Zwar hatte sie 1920 ihrer schwachen Gesundheit wegen die Lehrerinnenstelle aufgegeben, und noch im selben Jahr schenkte der Vater ihr einen seiner berühmten Ringe, aber damit ging er immer großzügiger um; einen erhielt auch Olivers Frau Henny, um sie als «liebe neue Tochter» in der Familie zu begrüßen. Im Grunde waren Annas einzige «Patienten» ihre kleinen Hamburger Neffen gewesen, vor allem der so unglückliche Ernst, um dessen Vertrauen sie lange Zeit zu kämpfen hatte. Doch konnte man ihre pädagogischen Bemühungen kaum eine wirkliche Analyse nennen. Erst 1927, als er für längere Zeit nach Wien kam und dort schließlich auch den Großteil seiner Jugend verbrachte, konnte sie ihn nach allen Regeln der Kunst betreuen.

In der Tat ließen es sich seine Wiener nicht entgehen, Freuds Tochter zu kritisieren. Die «Heldin» ihrer kleinen Fallgeschichte wurde in der Diskussion sogar als «ganz abnorme Person» bezeichnet, deren «Minderwertigkeit» sich auch im realen Leben erweisen würde.[15] Aber was hatte sie schon vorgetragen?

Die Geschichte eines Mädchens, das trotz ausgiebiger Tagträumerei nie mit der Wirklichkeit in Konflikt geraten war, jedoch sehr litt unter dem inneren Kampf zwischen der erlaubten Lust der Phantasie und dem Verlangen nach sexueller Befriedigung. So waren die mittelalterlichen Rittergeschichten, die es sich ausdenkt und immer weiter fortspinnt, Abkömmlinge der ursprünglicheren Schlagephantasien, Sublimierungen des Inzestwunsches; das war ganz im Sinne und Stil Freuds. Nur einen kleinen Schritt ging Anna Freud in ihrem Falle weiter: Die «Patientin» schreibt ihre Geschichten auf, formt ihre Träumereien zu einer kurzen, spannenden Erzählung um, und indem sie sich damit nach außen, an andere wendet, verzichtet sie «auf die persönliche Lust und vollbringt (...) eine Wendung vom Autismus zum Sozialen, (...) bahnt sich so den Rückweg aus dem Phantasieleben in die Realität»[16].

Zum Glück war der Papa in der Diskussion am Ende zu Hilfe gekommen und hatte sein «kleines Mädchen» gerettet; so waren sie beide, Freud und Anna, doch recht stolz auf ihren Erfolg. Etwas Gutes schien die Analyse jedenfalls bewirkt zu haben, nicht nur in ihrer intellektuellen Entwicklung. Noch im zweiten Jahr der Kur hatte Anna immer wieder in ihren Prosabröckchen ihre Angst vor der Zukunft, vor dem Leben und der Liebe beschrieben: «Maulwürfe sind wir, die mühselig ihre Gräben ziehen durch das Innere der Zeit (...). Während wir tastend durch ein dunkles Stück Gegenwart kriechen, erblinden unsere Augen für die Helligkeit der zeitlosen Oberwelt.»[17] Sie gebrauchte dabei die gleiche Metapher, die Freud einst gegenüber Lou Andreas-Salomé gewählt hatte, um seine Arbeit, in der die großen Synthesen und Visionen keinen Platz hätten, zu beschreiben – und dennoch, so hatte er ihr damals gesagt, vermochte er sich an der Ahnung des Helleren, Umfassenderen zu erfreuen. Jetzt begann auch seine Anna, sich aus ihren Düsternissen hervorzuwagen. Wie ihre tagträumende «Patientin» aus dem Vortrag versucht sie sich als Schriftstellerin, gibt jedoch ihren Roman *Heinrich Mühsam* bald wieder auf, ihre Arbeit gehört der Psychoanalyse. Deshalb will sie auch ihre medizinischen Kenntnisse erweitern und nimmt auf Einladung von Julius Wagner-Jaureggs erstem Assistenten, Paul Schilder, einem der wenigen Psychiater in Wien, die Freuds Ideen aufgriffen, an den Vormittagsvisiten in der Psychiatrischen Klinik teil, ebenso geschockt von ihren Besuchen in der «Irrenanstalt» wie gebannt von den Kranken, ihren Äußerungen, Symptomen, Wahnbildungen. Aber im Mai 1924 muß sie «ein Stück Analysefortsetzung» beim Papa nehmen.

Sie litt wieder, und heftiger denn je, unter ihren Tagträumen; sie tobten in ihr, sogar in den Stunden, da sie ihre Patienten behandelte. Bei Lou Andreas-Salomé versuchte sie, sich über sich selbst lustig zu machen, über das nicht ganz wohlgeordnete Verhalten ihres eigenen «geehrten Innern», die «ganz unziemlich gelegentliche Vordringlichkeit der Tagträume mit einer wachsenden, auch körperlichen Intoleranz gegen die Schlagephantasien und ihre Folgen»; entbehren konnte sie jene nicht.[18] Diesmal mußte Freud zugeben, daß ihm die Analyse der Tochter, die so unvernünftig war, sich an einen alten Vater zu klammern, alles andere als leichtfiel. Er sorgte sich, wie «das Kind» das einsame Leben nach seinem Tod ertragen würde – «und ob ich ihre Libido aus dem Schlupfwinkel, wohin sie sich verkrochen, heraustreiben kann». Sogar an ihrer Begabung zweifelte er zeitweise, sie hatte ein so «außerordentliches Talent, unglücklich zu sein», war aber womöglich nicht fähig, dies produktiv zu nutzen. Auch Anna war sich der Schwierigkeiten der Kur bewußt, gerade die Nähe zum Vater verführte zu Unehrlichkeiten, obwohl sie doch ernsthaft und gründlich und mit geringerem Widerstand als zuvor arbeitete. Freud sprach offen von der «unerlaubten Verweilung in einer Situation, die nur eine vorbereitende sein sollte». Und dennoch, obwohl er immer stärker fürchtete, daß «ihr die unterdrückte Genitalität einmal einen argen Streich spielen» könnte, setzten Vater und Tochter die Analyse fort, «von mir bringe ich sie nicht los, es hilft mir auch niemand dabei».[19]

Nicht einmal die unentbehrliche Frau Lou, die Anna freimütig so manches aus ihrem nicht geringen Erfahrungsschatz preisgab. Die war ganz begeistert, daß zu den Verehrern der Freundin auch der große Schauspieler Alexander Moissi gehörte. Das war eine schöne Geschichte, in Wirklichkeit aber ging man den Männern besser aus dem Weg. Als Paul Bernays, ein entfernter Verwandter und damals außerordentlicher Professor für Mathematik in Göttingen, sie zu küssen versuchte, war sie schockiert und zornig; zwei Jahre später, 1924, besuchte er sie in Wien, aber sie verscheuchte ihn «wie ein Brummfliege». Lou Andreas-Salomé berichtete amüsiert an Freud, seine kleine Tochter habe «überhaupt bedenkliche Raserei der Leidenschaften» entfesselt, komme «jedoch gänzlich unangesengt von solchen Flammen» zu ihm: «Und ich würde mich durchaus nicht wundern, wenn beides stets von neuem geschähe, so schön ist doch für sie jedes Heimkommen.»[20] Freud war dankbar für die liebevolle Anteilnahme, hatte doch Anna, nach der Männerseite durch ihn gehemmt, auch in ihren Frauenfreundschaften bis dahin wenig Glück gehabt: Sie hatte sich langsam entwickelt, schien nicht nur im Aussehen jünger als ihre Jahreszahl. Er wünschte ihr so dringend einen guten Mann, aber, Lou konnte er es ja gestehen, manchmal fürchtete er sich sehr vor dem Verlust der Tochter.

Es mangelte nicht an Verehrern, und nicht allen begegnete sie so harsch wie Paul Bernays. Doch selbst wenn Liebe hätte entstehen können, zog sie die Freundschaft vor. Mit ihrem vier Jahre älteren Cousin Edward Bernays, in den sie einst verliebt gewesen sein soll, ging sie gern wandern. Ein wenig ernster war Hans Lampl zu nehmen, den kannte sie seit ihrer Kindheit, mit ihm hat sie die Kriegsvorlesungen des Vaters besucht, und beim Kongreß in Den Haag waren sie so fröhlich gewesen, daß sie diesen allein ins Hotel vorausgehen ließen und zusammen mit Eitingon aus *Carmen* sangen. Aber ein Jahr später hatten sich Vater und Tochter längst ihr Urteil über den jungen Mann gebildet, und der tägliche freundschaftliche Umgang mit ihm bestätigte ihr dies: Der war nicht die richtige Wahl. Fast erleichtert nahm sie es auf, daß er sich schließlich mit Freuds Lehranalysandin, der Holländerin Jeanne de Groot, verlobte. Sie war damit außerdem eine Konkurrentin losgeworden, der Vater hatte die junge Medizinerin, die 1922 zu ihm gekommen war und ihn an seine Sophie erinnerte, beinahe schon in die Familie aufgenommen. Auch der junge Siegfried Bernfeld, zeitweise Mitarbeiter Martin Bubers, der Reformpädagoge und begabte Psychoanalytiker, der einige der wichtigsten Studien über Freuds frühe Jahre schrieb, soll Gerüchten zufolge in Anna verliebt gewesen sein. Nachdem das Heim für jüdische Kriegswaisen und Straßenkinder, das er in Wien eingerichtet hatte, schließen mußte, sei er zum Zyniker geworden, befand sie. Dennoch blieb er ein Freund, mit dem sie regelmäßig über Fragen der Kinderpädagogik und -psychologie sprach. Zusammen mit seinem Kollegen Willi Hoffer bildeten sie einen informellen Arbeitskreis, dem sich auch der viel ältere August Aichhorn, Leiter eines Heims für jugendliche Straftäter, anschloß. Auch der war in Anna verliebt, aber aus Schüchternheit und aus Respekt vor ihrem Vater wagte er es nie, sich diese Neigung einzugestehen, geschweige denn, ihr etwas davon zu sagen. Erst nach dem Zweiten Weltkrieg, ein Jahr vor seinem Tod, erzählte er ihr davon. Aber auch dieser «überaus wertvolle Menschenfund», wie ihre Freundin Lou ihn nannte, hätte keine Gnade vor ihr gefunden. Er war ihr, obwohl sie ihn großartig fand und er ihr «riesig» gefiel, einfach zu gütig. Man konnte das Aichhornsche Niveau im Privatleben nicht erreichen, sie jedenfalls ganz sicher nicht, die so oft zu Antipathie, Zorn und Wut neigte.[21]

Freud mochte das Heiratsprojekt für seine kleine Tochter nicht aufgeben, dies erschien ihm, wie auch in anderen, weniger komplizierten Fällen, manchmal die beste, die einzige Lösung der Übertragungsliebe. Aber er war hin- und hergerissen, wollte sie «ebenso gerne im Haus behalten als im eigenen wissen». Sein ewiges Gejammer über Annas ausbleibendes Eheglück war auch ein Ausweichmanöver. Die Tochter war weit weniger ambivalent: Sie saß zu Hause, strickte und häkelte eine Garderobe für die Göttinger Freundin und durfte nunmehr Vaters Werke als erste lesen. Freudig hatte sie *Jenseits des Lustprinzips* studiert, besonders sympathisch war ihr dabei das Ichideal. Deutlichere Hinweise konnte sie ihrem Analytikervater kaum geben. Selbst ihr allmähliches Heraustreten ins Leben, in Beruf und Karriere, geschah ja im Schatten ihrer unaufgelösten Bindung an ihn, nur umging sie als Kinderanalytikerin seine allzu großen Fußstapfen einstweilen noch. Seine Schüler sahen klarer als Freud selbst: «Seht Euch Ihren Vater an», sagte sein Analysand Abram Kardiner, als sich die «Amerikaner» in Wien fragten, warum dieses attraktive Mädchen nicht heiratete. «Das ist ein Ideal, dem nur wenige Männer entsprechen können, und es wäre sicherlich ein Abstieg für sie, sich an einen geringeren Mann zu binden.»[22]

So war Anna Freuds Zukunft im Sommer 1923, als sie von der Krankheit des Vaters erfuhr, längst entschieden. Wenn sie jemals einen anderen Lebensentwurf gehegt haben sollte – nun konnte sie ihn nicht mehr verlassen, nun war er auf sie angewiesen. Sie hatte bloß die Sorge, daß man sie aus lauter Zukunftsangst von zu Hause wegschicken könnte; dabei hatte sie «doch ohne alle Zukunft hier schon so viel (…) wie andere ein ganzes Leben lang nicht zusammenbekommen».[23] Und zum Heiraten war sie nicht gemacht, für Lampl, der ihr wieder einmal einen Besuch machte, schon gleich gar nicht, «aber auch sonst augenblicklich nicht besser als ein Tisch oder ein Sofa oder mein eigener Schaukelstuhl». Selbst Freud hatte alle Hoffnung aufgegeben, seine Jüngste verheiraten zu können. Sie schien einfach dazu keine Neigung zu haben, schrieb er Sam nach ihrem dreißigsten Geburtstag im Dezember 1925. Nur, wer konnte sagen, «ob ihre gegenwärtigen Interessen sie in kommenden Jahren glücklich machen werden, wenn sie mit dem Leben ohne ihren Vater fertig werden muß?»

Sie waren Gefangene ihrer Wünsche und Bedürfnisse, ihr Urteil lautete auf «lebenslänglich», für alle beide, und sie hatten es selbst gefällt. Als er im nächsten Jahr, 1926, wegen seiner Herzbeschwerden ein Sanatorium aufsuchen muß, bezieht sie das Zimmer neben ihm. An Eitingon schrieb er, seine Pflegerin zerlege sich im Laufe des Tages in Frau und Tochter, nachts werde sie «wohl regelmäßig die letztere sein». Ihre Symbiose schien so vollkommen, daß sogar Ludwig Binswanger sich zu der Bemerkung verstieg, Annas Stil sei von dem des Vaters nicht mehr zu unterscheiden. Doch sie war die Erbin seiner Ideen und Gedanken, sie hatte sich ihrer bemächtigt, seine literarische Kraft konnte er ihr nicht vermachen. Peter Gay hat wohl recht, daß man dem liebevollen Beinamen «Antigone», den er ihr gab, nicht allzuviel Bedeutung beimessen dürfe: Der Entdecker des Ödipuskomplexes war ganz einfach ein gebildeter Europäer. Aber er hatte dies Kosewort nicht blind gewählt, nicht ohne Ironie hieß er die Tochter, die ihn pflegte wie eine Ehefrau, wie eine Mutter, nach ihrer mythologischen Vorfahrin, dem Kind, das sein psychoanalytischer Held mit seiner Mutter Iokaste gezeugt hatte. Jedenfalls war er stolz auf sie, die als «pädagogische Analytikerin» viel Geld damit verdiente, «ungezogene amerikanische Kinder» zu behandeln. Sie hatte sich seine Worte vom Budapester Kongreß 1918 zu Herzen genommen, seine Vision von der Psychoanalyse als einer Therapie für größere Menschenmassen, für die Kinder, «denen nur die Wahl zwischen Verwilderung und Neurose bevorsteht». Diese Idee begann immer populärer zu werden. Und – Hermine Hug-Hellmuth war bald vergessen – seine «kleine Tochter» war neben Melanie Klein die Pionierin auf dem Gebiet der Kinderanalyse.

Zugleich war er besorgt um sie, die inzwischen neben ihren zahlreichen Aufgaben für den Vater, neben ihrer Praxis, auch noch begonnen hatte, im neugegründeten Wiener Lehrinstitut zu unterrichten und sich als Kontroll- und Lehranalytikerin zu betätigen. Sie arbeitete «wirklich gut, aber wie alle Frauen immer fanatisch und macht sich sehr müde», schrieb er Ferenczi. Ihre wichtigsten Patienten, jene ungezogenen amerikanischen Kinder, waren zu der Zeit Bob und Mabbie Burlingham. Ihre Mutter Dorothy, Tochter des legendären Glaskünstlers Louis Comfort Tiffany, hatte den Sohn im Frühjahr 1925 zu Anna gebracht, und nachdem diese einer Analyse zugestimmt hatte, übersiedelte sie mit den anderen Kindern Mabbie, Tinky und Mikey nach Wien. Ihre neuen Patienten beschäftigten sie sehr, sie fühlte sich tatsächlich müde, doch weniger der Arbeit wegen, sondern von ihren Gedanken. Manchmal glaubte Anna Freud, daß sie die Kinder nicht nur gesundmachen, sondern sie gleichzeitig auch haben, wenigstens etwas von ihnen für sich haben wollte. Das war auf Dauer störend für die Arbeit, wirklich «dumm». Irritierender noch war, daß sie ganz ähnlich der Mutter der Kinder, Dorothy Burlingham, gegenüber empfand: «Merkwürdigerweise aber schäme ich mich für alle diese Dinge sehr und besonders vor Papa und erzähle ihm deshalb auch gar nichts davon.»[24]

DER PREIS DES RUHMS

Im Sommer 1924 ließ der Herausgeber der *Chicago Tribune,* Colonel Robert McCormick, ein Telegramm nach Wien aufgeben: «Offerieren Freud 25 000 Dollar oder beliebige Summe, wenn er Chicago analysiert.» Er sollte helfen, die Motive jener beiden jungen Männer, Nathan Leopold und Richard Loeb, aufzudecken, die einen Freund getötet hatten, um, wie sie sagten, den perfekten Mord zu begehen. Sie standen in einem Sensationsprozeß vor Gericht, der ganz Amerika erregte, zumal man die Mörder homosexueller Neigungen verdächtigte. Freud lehnte das Ersuchen ab, er wollte sich nicht aufgrund von Presseberichten, ohne die Möglichkeit, die Täter selbst zu sehen, als Gutachter äußern. Und eine Reise nach Amerika kam für ihn aus Gesundheitsgründen nicht in Frage. Aus demselben Grund hatte er schon die Einladung von Randolph Hearst ausgeschlagen, der sogar ein Schiff für ihn chartern wollte, damit er ungestört reisen könnte. Die reichen Verwandten und Freunde der Täter scheuten weder Mühe noch Kosten, sie vor der Todesstrafe zu retten. Während des Prozesses wurden zehn Psychoanalytiker hinzugezogen, fünf für die Verteidigung, fünf für die Anklage. Die Öffentlichkeit erfuhr «eine Menge über Phantasien, Komplexe, Neurosen, Psychosen, Fixierungen, Hemmungen, Verdrängungen und Perversionen; und sie war entschlossen, noch mehr zu erfahren». Aber Leopold und Loeb verdankten es vor allem ihrem Verteidiger, dem legendären Clarence Darrow, dem «Anwalt der Verdammten» und Streiter für die Lehren Darwins, daß sie nicht zum Tode verurteilt wurden.[1] Fünf Jahre später, 1929, schrieb der englische Autor Patrick Hamilton, berühmt durch sein Kriminalstück *Gaslight,* darüber ein Drama, *Rope,* das Alfred Hitchcock 1948 mit James Stewart in der

Hauptrolle verfilmte; der deutsche Titel war *Cocktail für eine Leiche.*

Nur wenige Monate nach den Offerten aus Chicago ließ der Hollywoodproduzent Samuel Goldwyn, der Freund und Förderer Charlie Chaplins und später auch Billy Wilders, über die *New York Times* verkünden, er wolle auf seiner Europareise Freud aufsuchen, den «größten Liebesspezialisten der Welt». 100 000 Dollar wollte er dem «Experten auf dem Gebiet der Psychoanalyse» anbieten, um ihn dazu zu bewegen, «sein Studium kaufmännisch zu verwerten und eine Geschichte für die Leinwand zu schreiben oder nach Amerika zu kommen und bei einem Großangriff auf die Herzen dieser Nation zu helfen». Schließlich war nichts so unterhaltsam wie eine große Liebesgeschichte: «Die fertigen, mit Professor Freud als Mitarbeiter produzierten Filme werden das Publikum weit stärker fesseln als alle anderen Produktionen, die heute gemacht werden, weil diese Enthüllungen der Liebe und der psychologischen Wahrheiten die tiefsten Gedanken und Empfindungen der Leute ansprechen werden, die stärker auf das Echte im Film reagieren.» Einen Monat später, am 24. Januar 1925, meldete die *New York Times* in einer Schlagzeile: «Freud weist Goldwyn ab. Wiener Psychoanalytiker ist an Filmangebot nicht interessiert.»

Hanns Sachs erzählte, daß Freuds Absage größere Aufregung in New York erregte als sein *Opus magnum*, *Die Traumdeutung*. In der Wiener Zeitung *Die Stunde* war zu lesen, er habe das Angebot aus Hollywood mit einem einzigen Satz zurückgewiesen: «Ich habe nicht die Absicht, Mr. Goldwyn zu sehen.»[2] Das Blatt berief sich auf ein Interview mit Freud – das vermutlich niemals stattgefunden hatte. Er hätte sich wohl kaum in einer Zeitung geäußert, die, finanziert von dem Inflationsmillionär und Max-Reinhardt-Gönner Camillo Castiglioni, an die primitivsten Triebe ihrer Leser appellierte und alle antisemitischen Ressentiments mobilisierte. Gegen ihren Chefredakteur Imre Békessy – den Vater Hans Habes – führte Karl Kraus einen erbitterten Kampf unter der Parole: «Hinaus aus Wien mit dem Schuft!»

Der Ruhm hatte Freud eingeholt. Die *Neue Freie Presse* erging sich in Lobpreisungen über ihn, und zu seinem 68. Geburtstag, 1924, verlieh ihm die Stadt, die er haßte, die Ehre ihres «Bürgerrechts», worauf «viel Wert gelegt werden soll» – aber es war «doch nicht so viel wie ‹Ehrenbürger›». Es mußte sich wohl auch anderen die Idee aufgedrängt haben, daß dieser Geburtstag sein letzter sei, schrieb er an Abraham, gewöhnlich pflegte die Ehre auf den siebzigsten zu warten. Punkt zwölf Uhr am 6. Mai erschienen der Stadtrat Julius Tandler, Arzt und ehemaliger Dekan der medizinischen Fakultät, und Joseph Friedjung, sozialistischer Gemeinderat von Wien und Anhänger der Psychoanalyse, um ihn in Anbetracht seiner großen Verdienste um die Wissenschaft zum «Bürger der Stadt Wien» zu ernennen. Er antwortete artig, «daß man eine solche Auszeichnung von seiten der Vaterstadt immer schätzen müßte, auch wenn sie noch so spät komme». Darauf erwiderten die beiden Abgesandten, das sei nicht ihre Schuld, da sie vorher nicht am Ruder gewesen seien. Die Ehrung ging nämlich von der sozialdemokratischen Partei aus, in der *Arbeiter-Zeitung* wurde Freud mit einem «hübschen, kleinen Artikel» gefeiert, und demnächst würde ihm auf dem Rathaus ein künstlerisch gestaltetes Diplom überreicht werden: «Man kann Schabbes davon machen», meinte er. Aber Martha war eben sehr ehrgeizig, der Frau Professor gefiel es.[3]

Er war in den frühen zwanziger Jahren vielfach um Vorträge gebeten worden, von Ärztekollegien, vom Freidenkerverein und sogar von der Polizeibehörde; nur die offizielle akademische Welt ignorierte ihn noch immer. Elias Canetti, damals Chemiestudent in Wien, erinnerte sich in *Die Fackel im Ohr*, daß es kaum ein Gespräch gab, in dem der Name Freud nicht auftauchte, «ein Name, nicht weniger komprimiert als der von Karl Kraus (…), aber (…) durch seine Bedeutung anziehender». Er war, von den «maßgeblichen Figuren der Universität (…) noch hochmütig abgelehnt», durch einige seiner Wortprägungen in den Sprachgebrauch eingegangen. Fehlleistungen zu entdecken, zu produzieren, zu erklären, auf ihre Ursachen zurückzuführen, war zu einem Gesellschaftsspiel geworden; man konnte «dabei so ausführlich wie unermüdlich von eigenen Dingen sprechen, ohne aufdringlich privat zu wirken, denn man nahm teil an der Aufklärung eines Prozesses von allgemeinem, sogar wissenschaftlichem Interesse». Das mochte immerhin noch geistreich sein, anders verhielt es sich, für Canetti, mit den Ödipuskomplexen: «Um diese raufte man sich, jeder wollte seinen, oder man warf sie auch Anwesenden an den Kopf (...). Auf irgendeine Weise kam jeder (sogar postume Söhne) zu seinem Ödipus, und zum Schluß saß die ganze Gesellschaft gleich schuldig da, potentielle Mutterliebhaber und Vatermörder, durch den mythischen Namen umnebelt, heimliche Könige von Theben.» Man stand noch unter dem Eindruck des Krieges, und man suchte eifrig nach Erklärungen für das Morden. Die Banalität des kollektiven Zwangs spiegelte sich in der Banalität der Begründungs- und Rechtfertigungsversuche: «Es war schon merkwürdig mitanzusehen, wie harmlos jeder wurde, der seinen Ödipus abbekam.» Aber Canetti, der damals über das «Rätsel der Masse» nachzudenken begann, war intellektuell redlich genug, um zuzugeben, daß ihm zu jener Zeit noch nicht bewußt war, wieviel sein so viele Jahre beanspruchendes Unternehmen, das schließlich 1960 seinen Niederschlag in *Masse und Macht* fand, der Tatsache verdankte, «daß es einen Menschen wie Freud in Wien gab, daß von ihm so die Rede war, als könnte man selbst, durch eigenen Willen und Beschluß, auf die Erklärung von Dingen kommen».[4]

Die Zeit war begierig nach Neuem, man wollte die Jugend nachholen, die der Krieg verdüstert hatte. Die Literatur des Fin de siècle oder der Dekadenz, wie Canetti sie auch nannte, war aus der Mode, «Hermann Bahr hatte ausgespielt, die Zahl seiner Rollen war zu groß gewesen, nun nahm man keine mehr ernst.» Wie er hatten sich zahlreiche Schriftsteller aus dem einstigen Kreis Jung-Wiens durch ihre Kriegspropaganda diskreditiert. Nur Schnitzler hatte sich nie dazu hergegeben, sein Ruf blieb unberührt, aber er hatte für die meisten auch keine wirkliche Bedeutung mehr.[5] Statt dessen ging die Avantgarde zu den

Lesungen von Karl Kraus und lernte seine *Letzten Tage der Menschheit* auswendig. Doch blieb Wien, das Rote Wien, was es gewesen war, weder *jeune cocotte* noch *vieille pieuse*. Man war noch immer eine Weltstadt, also interessierte man sich für alles, was es auf der Welt gab, und tat so, als ob es auch für die Welt von Bedeutung wäre, wie man darüber dachte. Man hielt, in den übriggebliebenen Kulissen des Ringstraßenprunks, fest an den alten Neigungen. Es gab mehr Theateraufführungen als je zuvor, der Kult um den 1911 verstorbenen Gustav Mahler erreichte einen Höhepunkt, aber daneben schwärmte man für den *Letzten Walzer* von Oscar Straus, für Franz Lehárs *Land des Lächelns* und für Bruno Granichstaedtens *Der Orlow*.

Am 1. April 1924, an dem Tag, als Adolf Hitler nach dem gescheiterten Bierkellerputsch vom November wegen Hochverrats zu fünf Jahren Festungshaft verurteilt wurde, titelte die *Neue Freie Presse* in ihrem Leitartikel: «Die Garçonne in Wien»: Eine Dame der Wiener Gesellschaft, Leonie Geßmann, war unter dem Verdacht, ihren Mann Albert Geßmann, Sohn des gleichnamigen Mitbegründers der Christlich-Sozialen Partei, Lueger-Freundes und ehemaligen Arbeitsministers, vergiftet zu haben, in Haft genommen worden. Die Sozialdemokraten richteten im Parlament eine Anfrage an den Prälaten Seipel, ob die auffällige Zurückhaltung der Polizei gegenüber der Presse auf die Beziehungen Geßmanns zur Partei des Vaters zurückzuführen sei. Das konnte Seipel gelassen von sich weisen: Der Mann war geschieden und lebte mit seiner zweiten Frau Leonie in einer von Kirche und Partei abgelehnten Dispensehe. Die *Neue Freie Presse* interessierte sich mehr für die moralischen Implikationen des Falls, die lesbischen Neigungen der «fleischgewordenen Garçonne», die angeblich von ihren Freundinnen erpreßt worden war, und schimpfte über den «Beigeschmack tobender Sinnlichkeit, der diese Frau Geßmann umwittert und der jetzt schon von den Unverschämten, von den Lümpchen des Geistes als Weltanschauung gepriesen wird». Wien mußte sich schützen vor dem literarischen Irrsinn, der nun ans Licht kam, mußte sich lösen aus dem Taumel.[6]

Am Abend des 1. April eröffnete das umgebaute Theater in der Josefstadt mit Max Reinhardts Goldoni-Inszenierung *Diener zweier Herren;* die eigentliche Sensation aber war der große Lüster, der aus der Mitte des Zuschauerraums zur Decke hochgezogen werden konnte. Ein paar Wochen später hatte Hugo von Hofmannsthals Stück *Der Schwierige* Premiere, mit dem sich eine ganze bürgerliche Welt identifizieren konnte, die sich in der Republik nicht zurechtfand. In der *Fackel* spottete Karl Kraus über den «neuen» Geist im Zeichen von Freud und Hofmannsthal: «Seitdem die Wiegen von den Wiener Werkstätten errichtet werden, entstammt ihnen ein blutarmes Geschlecht, welches sich durch die Buchhandlung Heller zu regenerieren sucht und für das, was ihm die Natur versagt hat, in der Psychoanalyse Ersatz findet. Leider hat es diese unterlassen, bis zu den Eindrücken vorzudringen, die das Ungeborene von der Mutter empfängt und die allein entscheidend sind (...). Selbst Hofmannsthal zum Beispiel wäre mit Vorsicht zu genießen, weil sich bei ihm unaufhörlich Bezüge ergeben und die Schwangere eine Frühgeburt tun und den alten Goethe zur Welt bringen könnte.»

Im Wiener Gemeinderat kam es in diesem Frühjahr zu wütenden Debatten. Eigentlich sollte nur über Kredite für die Einrichtung von Jugendhorten diskutiert werden, am Ende aber schlugen sich Christlich-Soziale mit Sozialdemokraten, wobei letztere schlichtweg als «Bettauer-Partei» beschimpft wurden. Der Schriftsteller Hugo Bettauer hatte im Februar eine neue Zeitschrift herausgebracht: *Er und Sie.* Schon in der ersten Ausgabe seiner «Wochenschrift für Lebenskultur und Erotik» hatte er eine sexuelle Revolution verkündet, die mehr als jede politische das Leben künftiger Generationen verändern werde. Für die Christlich-Sozialen war das Blatt des «Juden Bettauer» angefüllt «mit schamlosestem Schmutz, eine wahre Pestseuche für unser deutsches Christenvolk, besonders für die Jugend»; endlich müsse man sich zur Wehr setzen gegen die Sozialdemokraten, vor allem gegen den Bürgermeister von Wien, weil er «uns (...) einen schmutzigen jüdischen Geschäftemacher aufdrängt, der unsere Kinder mit jüdischem Gift, mit jüdischer

Schweinerei versauen will». Noch nie habe es eine solche «Flut von Pornographie» gegeben, eine «Sanierung der Seelen» sei dringend notwendig.

Nach der fünften Ausgabe war das Blatt beschlagnahmt und Bettauer des Vergehens gegen die öffentliche Sittlichkeit und die Ruhe und Ordnung angeklagt worden. Selbst der Leiter des Wiener Jugendamts, Freuds Besucher Julius Tandler, hatte erklärt, nur ein bescheidener Teil der Bevölkerung sei reif für Bettauers «Revolution»; es könnten jugendliche Triebe damit bewußt ausgenutzt werden. Im September wurde der Angeklagte jedoch in jedem Punkt freigesprochen. Er war nur ein Protagonist der Bewegung, die zu jener Zeit Ärzte, Anthropologen, Juristen, Politiker und Schriftsteller erfaßt hatte. Sie alle beschäftigten sich mit dem «Tabuthema» Sexualität, es wurden Filme gedreht und Kongresse zu Fragen der Sexualreform veranstaltet, vor allem zur Problematik des Abtreibungsparagraphen. Aufklärungsschriften erschienen, und erotische Romane wurden zu Bestsellern. Aber auf Versammlungen der Großdeutschen war Bettauer im Juni erstmals mit Mord gedroht worden; nach seinem Freispruch wurden die Forderungen nach Selbstjustiz immer lauter. Nationalsozialisten, darunter der NS-Ideologe Alfred Rosenberg, und Christlich-Soziale stilisierten ihn zum Monster: «Skrofuloses Wildschwein oder gemeine Sau, wühlt in Sumpf und Jauche, nährt sich von faulem Weiberfleisch und anderen moralischen Abfallprodukten, verbreitet pestialischen Gestank und ist daher auszurotten», nannte die rechtsextreme Zeitschrift *Der Grobian* den Mann, der *Die Stadt ohne Juden* geschrieben hatte. Am 10. März 1925 schließlich schießt der einundzwanzigjährige arbeitslose Zahntechniker Otto Rothstock auf Hugo Bettauer und wartete seelenruhig auf die Polizei; Bettauer stirbt sechzehn Tage später im Allgemeinen Krankenhaus. Rothstock wird des Mordes angeklagt, seine Verteidigung übernimmt der Anwalt Walter Riehl, Gründer der österreichischen NSDAP. Im Oktober wird der Täter von einem Wiener Geschworenengericht aufgrund des psychiatrischen Gutachtens von Julius Wagner-Jauregg für unzurech-

15 Freud auf einem Photo aus dem Jahre 1906, das seine Söhne von ihm machten, «ganz ungekünstelt und viel besser» als alle anderen.

16 Clark University, 1909. Sitzend, von links nach rechts: Freud, Stanley Hall, Jung. Stehend von links nach rechts: A. A. Brill, Jones, Ferenczi

17 Das «Komitee». Sitzend von links nach rechts: Freud, Ferenczi, Sachs. Stehend von links nach rechts: Rank, Abraham, Eitingon, Jones

18 Dritter Internationaler Psychoanalytischer Kongress in Weimar, 1911. Freud in der Mitte stehend zwischen Jung und Ferenczi

19 Lou Andreas-Salomé

20 Alfred Adler

21 Tochter Anna

22 Die Söhne Ernst, Martin und Oliver

23 Tochter Sophie

«Wann hat einer von uns
Juden Ruhe vor seiner
Familie? Niemals, solang
er nicht die ewige Ruhe
gefunden hat.»
*(Freud an einen Patienten,
1930)*

24 Martha Freud, 1919

25 Minna Bernays, Marthas Schwester

26 Freud mit Martha und Minna, seinen beiden «Müttern»

27 Freuds Mutter und Schwestern, 1925. Sitzend von links nach rechts:
Rosa Graf, Amalia Freud, Anna Bernays; dahinter Paula Winternitz, Dolfi Freud,
Marie Freud

28 Freud mit seiner Anna-Antigone in Tegel, 1928

29 Mit Bildhauer Oscar Némon, 1931

30 Annas Freundin Dorothy
Burlingham, Psychoanalytikerin
und Mitarbeiterin der Londoner
Klinik

31 Marie Bonaparte mit ihrer
Tochter, um 1930

32 Sigmund Freud an seinem Schreibtisch

nungsfähig befunden, in die Nervenheilanstalt Steinhof eingewiesen und drei Jahre später freigelassen.[7]

Aber selbst unter Wiener Intellektuellen war die tiefe Zerrissenheit jener Zeit zu spüren, zwischen Fortschrittswillen und
Sehnsucht nach der alten Welt, zwischen aufklärerischem Geist
und politischem und polemischem Konservatismus. Die Psychoanalyse habe einen katastrophalen Defekt, schrieb Egon
Friedell, «das sind die Psychoanalytiker, deren Elaborate eine
Mischung aus Talmud und Junggesellenliteratur darstellen». In
Anlehnung an Nietzsche nennt er in seiner *Kulturgeschichte
der Neuzeit* die Psychoanalyse den «Sklavenaufstand der Amo-
ral», entstanden aus dem «Herrschwunsch des Neurotikers»,
sich die Menschheit zu unterwerfen, indem er sie sich angleicht
oder – wie Friedell es in Sprache der Betroffenen ausdrückt –
«aus einer Übertragungsneurose, die ihren eigenen hypertro-
phischen Libidokomplex als ‹Welt› objektiviert, aus einem In-
stinkthaß gegen die religiösen Bewußtseinsinhalte», die der
Jude als typischer «homo irreligiosus» aus allen Mitmenschen
eliminieren wolle. Kurz und abermals mit Nietzsche gesagt,
handle es sich um ein «Parasitenattentat», einen «Vampyris-
mus bleicher unterirdischer Blutsauger», um «einen schleichen-
den Racheakt der Schlechtweggekommenen», welche die Welt
neurotisieren, sexualisieren und dämonisieren; um die «erdum-
spannende Revolte» einer heidnischen Sekte gegen das Evange-
lium. Der zum Protestantismus konvertierte Friedell stand, wie
so viele, wie Peter Altenberg, wie Otto Weininger und zeitweise auch Karl Kraus, seinem Judentum mit tiefer Ambivalenz gegenüber. Dabei war er durchaus bereit, Freud selbst «einige
außerordentliche Verdienste» zuzuerkennen, die Erkenntnis der
Fehlleistungen, die Feststellung allenfalls gradueller Unterschiede zwischen «Normalen» und Neurotikern und sogar die
Aufdeckung des Ödipuskomplexes. Aber dennoch glich der
Mann Freud für ihn dem Mann Moses. Seine Wanderung sei
nur ein Wüstengang gewesen, bis er, wider Willen, auf gelobtes
Land gestoßen sei: Der Aufklärer Freud sei am Ende «noch immer mit rein cartesianischen Mitteln zu der Erkenntnis gelangt,

daß die Seele ein geheimnisvolles Ungreifbares ist», und habe sein System des Irrationalismus auf den Methoden des Rationalismus gegründet.[8]

Nicht nur die Rezeption von Freuds Lehren in Wien zeichnete die gesellschaftlichen, politischen und kulturellen Dissonanzen der Zeit nach, auch ihre praktische Anwendung blieb davon nicht unbeeinflußt. Er hatte sich herausgehalten, als Eduard Hitschmann, Helene Deutsch, Siegfried Bernfeld und andere 1922 eine Art Poliklinik nach Berliner Vorbild, das Ambulatorium, einrichteten. Nur sechs Monate später wurde es von der städtischen Gesundheitsbehörde geschlossen, erst nach drei Monaten mühseliger Verhandlungen konnte es wiedereröffnet werden. Aber 1924 hoffte Freud auf eine neue, größere Klinik unter der Leitung Ferenczis, der womöglich auch das neue, von Helene Deutsch geplante Lehrinstitut übernehmen und Rank als Präsident der Wiener Vereinigung ablösen könnte. Die Gattin eines Bankdirektors wollte die Mittel für eine solche richtige Klinik zur Verfügung stellen, aber sie zog ihr Angebot plötzlich zurück. Er war bitter enttäuscht, damit war all seine Hoffnung dahin, daß in seiner Heimatstadt aus der Psychoanalyse noch etwas Ordentliches werden könne; wieder einmal hatte er erfahren, «daß auf dem Wiener Boden nichts wächst». Zwei Jahre später gab er dem amerikanischen Journalisten George Sylvester Viereck ein Interview. Er kannte ihn seit 1919, als dieser ihm «food» gebracht hatte, und schätzte ihn wegen seines Verständnisses der psychoanalytischen Lehren; einen «Kolumbus des Unbewußten» hatte der Mann ihn 1923 genannt. Freud wußte nicht, daß Viereck, der, in München geboren, sich für einen Enkel Kaiser Wilhelms I. oder wenigstens irgendeines anderen Hohenzollern hielt und mit Ludendorff und Hitler sympathisierte. Später befand er Hitler für ein Genie und saß wegen seiner Nazipropaganda fast den gesamten Zweiten Weltkrieg über bis 1947 in amerikanischen Gefängnissen. Freud glaubte lange an Vierecks «große Toleranz und liebenswürdige Natur», und schließlich hatte sich auch Albert Einstein von diesem Mann täuschen lassen, der ihm «fast jüdisch» erschien. In dem Interview von 1926 sagte Freud zu Viereck: «Meine Sprache ist deutsch. Meine Kultur, meine Bildung sind deutsch. Ich betrachtete mich geistig als Deutschen, bis ich die Zunahme des antisemitischen Vorurteils in Deutschland und Deutschösterreich bemerkte. Seit dieser Zeit ziehe ich es vor, mich einen Juden zu nennen.»[9]

Er freute sich, als Jones ihm mitteilte, daß Lord Arthur Balfour bei der Eröffnung der hebräischen Universität in Jerusalem ihn neben Albert Einstein und Henri Bergson als einen der drei Männer nannte, die seiner Ansicht nach das moderne Denken am meisten beeinflußt hatten. Jones sollte dem Politiker, dessen Experiment mit dem auserwählten Volk in Palästina Freud so begeistert hatte, unbedingt ein Exemplar seiner kleiner Autobiographie, seiner *Selbstdarstellung*, schicken.[10] Balfours Vergleich war in Mode. Schon Albert Cohen, Schriftsteller und Diplomat beim Völkerbund in Genf, hatte Freud damit für einen Artikel in der von ihm herausgegebenen *Revue Juive* gewinnen wollen: Einstein und er seien die bedeutendsten lebenden Juden. Der Ruf des Mannes, der zu Hause in Wien so wenig zu gelten schien, mehrte sich im Ausland stetig. Das mußte sogar der alte Skeptiker anerkennen. Ende 1925 schreibt Freud seinem Neffen in Manchester, er werde inzwischen als Berühmtheit angesehen, Schriftsteller und Philosophen, die durch Wien kämen, besuchten ihn; und die Juden in aller Welt rühmten sich seines Namens und verglichen ihn mit Einstein. Ein Jahr später trafen sie sich zum erstenmal, in Ernst Freuds Wohnung in Berlin. Sie plauderten zwei Stunden lang, obwohl Einstein so viel von Psychologie verstand wie er von Physik, aber er war «heiter, sicher und liebenswürdig». Einstein, der Glückliche, hatte es auch viel leichter gehabt als er, konnte er sich doch auf eine lange Reihe großer Vorgänger, angefangen mit Newton, stützen. Er, Freud, hatte sich «jeden Pfad durch die verworrene Wildnis allein bahnen» müssen: «Kein Wunder, daß diese Wege nicht sehr breit sind und ich nicht sehr weit gekommen bin.»[11]

Der Artikel, den er Cohen für seine *Revue* 1925 schickte, galt den *Widerständen gegen die Psychoanalyse*. Darin kommt er noch einmal auf jene große Kränkung zurück, welche die Psychoanalyse der menschlichen Eigenliebe zufügte: Sie hatte durch die Trieblehre das Individuum beleidigt, der Widerstand gegen sie war nicht intellektueller Natur, sondern stammte aus affektiven Quellen. Das erklärte die leidenschaftlichen Äußerungen ihrer Gegner wie deren logische Genügsamkeit. Am Ende des Aufsatzes wirft Freud – «in aller Zurückhaltung» – die Frage auf, «ob nicht seine eigene Persönlichkeit als Jude, der sein Judentum nie verbergen wollte, an der Antipathie der Umwelt gegen die Psychoanalyse Anteil gehabt» habe. Zwar seien derartige Argumente selten laut vorgebracht worden, aber man wurde so argwöhnisch mit der Zeit, daß eine derartige Vermutung berechtigt schien. Vielleicht war es ja auch kein Zufall, daß der erste Vertreter der neuen Lehre ein Jude war – «um sich zu ihr zu bekennen, brauchte es ein ziemliches Maß von Bereitwilligkeit, das Schicksal der Vereinsamung in der Opposition auf sich zu nehmen, ein Schicksal, das dem Juden vertrauter ist als einem anderen».[12]

Natürlich hatten immer wieder auch Juden die Psychoanalyse kritisiert. Der Reformrabbi und Zionist Stephen Wise hatte die «Mode des Freudianismus» gegeißelt als «Einsetzung neuer Götter für die alten», als «Hinuntergraben in die Abwasser unserer Stimmungen und Appetite, Träume und Leidenschaften».[13] Andere griffen zu ähnlichen Vergleichen, indem sie der Psychoanalyse ihre Wissenschaftlichkeit absprachen und sie eine, wenn auch nicht unbedingt rein jüdische Angelegenheit, so doch eine quasi–religiöse Bewegung nannten – ähnlich der von Mary Baker Eddy gegründeten Christian Science, die ja auch eine Art Therapie von Krankheiten vorsah und sie als im Grunde etwas Unwirkliches betrachtete, verursacht durch Unwissenheit und Sünde; dagegen sollte ihre Gesundbeterei helfen. Friedell selbst wies darauf hin: Er glaubte nicht ganz zu Unrecht, daß die Amerikaner die Psychoanalyse im Gegensatz zur Christian Science die «Jewish Science» nannten. So gefiel es Freud wenig, daß sein Freund Stefan Zweig Anfang der dreißiger Jahre ein Portrait-Triptychon veröffentlichte unter dem Titel *Die Heilung durch den Geist. Mesmer – Mary Baker Eddy – Freud*. Wie konnte sein Name neben dem dieser Frau stehen, die ihre Spontangenesung von den schweren Folgen eines Unfalls auf ihre Lektüre des Matthäusevangeliums und die Geschichte von der Heilung des Lahmen zurückführte und 1866 ihre «Kirche der Wissenschaft Christi» ins Leben rief. «Das Verrückte und das Frevelhafte der Begebenheit mit Mary B. E.», schrieb er Zweig, «kommt in Ihrer Darstellung nicht zur Geltung, auch nicht das unsäglich Betrübliche des amerikanischen Hintergrunds.»[14]

Ein witziger Geistlicher, erzählt Peter Gay, sagte 1926 auf einer Tagung im Staat New York, jeder dritte sei heutzutage versessen auf das Thema der Psychoanalyse: «Wenn Sie sie rasch loswerden wollen, bitten Sie sie, das Wort zu buchstabieren.» Auch Poul Bjerre, Lou Andreas-Salomés ehemaliger Geliebter, konnte berichten, daß der Freudianismus Empfindungen errege, als handle es sich nicht um eine Wissenschaft, sondern um eine neue Religion.[15] Ein Mitglied der Amerikanischen Psychoanalytischen Vereinigung forderte sogar, die amerikanische Psychiatrie müsse sich von der «Herrschaft des Papstes in Wien» befreien. Einer seiner Kollegen nannte dessen Lehre eine Voodoo-Religion mit obszönen Riten und Menschenopfern. Und nach einer Aufführung des satirischen Einakters *Suppressed Desires* behauptete ein Kritiker, die Autorin Susan Glaspell, Schriftstellerin, Theatergründerin, Freundin und Förderin von Eugene O'Neill, die zweite Frau, die den Pulitzerpreis erhielt, habe «in aller Unschuld diese höchst widerliche und heimtückische deutsche Propaganda» verbreitet.[16]

Dennoch war um Freud und die Psychoanalyse ein Kult entstanden, nicht nur in den Intellektuellen-Cercles und nicht nur unter beruflich Interessierten. Ein Heer von Laien, Erziehern, Künstlern, neugierigen Lesern verschaffte ihm eine ungeheure Popularität, «to be psyched» war in Mode. Einige seiner Fachausdrücke gingen für immer in die Alltagssprache ein. Es gab, so Clark, inzwischen sogar Limericks über die Psychoanalyse:

The girls who frequent picture palaces,
Set no store by psychoanalysis.
And though Mr. Freud
Is greatly annoyed,
They cling to their old-fashioned phalluses.

Selbst Hanns Sachs spottete in diesem Sinne liebevoll über die Lehren seines Meisters und seiner orthodoxen Schüler: Er habe den Eindruck, den er nicht aufgeben könne, daß der Penis am Knaben hänge, während Freud und Brill ihn bäten, doch endlich die Vorstellung zu akzeptieren, daß der Knabe am Penis hänge.[17] Zugleich war Sachs besorgt, er wußte genau um die Gefahren der neuen Popularität: Die Nachkriegswelt, die voller Eifer für alles war, was der Welt von gestern widersprach, mochte sich nach einer moralischen Revolution sehnen, aber eine solche erforderte eine Ideologie oder wenigstens die Ansätze einer Begründung. Dazu schien die Psychoanalyse prädestiniert, wenn man sie nur ein wenig zurechtstutzte und entschärfte. Auch Freud war sich dessen bewußt, er wollte nicht «Bannerträger auf dem Marsch zu einer neuen, besseren Ordnung» sein, sich nicht dazu machen lassen: Jene, die jetzt am lautesten «Hosianna» riefen, würden bei einer Änderung der Zeitströmung als erste «Kreuziget ihn» schreien.

So empfand er seine Popularität als «widerlich», als eine «Last», schädlich und gefährlich für die Psychoanalyse. Aber das «Gesindel» ließ sich nicht aufhalten, es hatte sich ihrer längst bemächtigt. Amerikas vermutlich einflußreichster Kritiker in der ersten Hälfte des 20. Jahrhunderts, der Journalist und Schriftsteller H. L. Mencken, spottete schon früh: «Hart auf den Fersen des Initiativrechts, der Volksbefragung, des Gary-Systems, des Kochens im Papierbeutel, der Montessori-Methode, des vers libre und der Musik des Igor Feodorowitsch Strawinsky folgt nun die Psychoanalyse, um die seßhaft mehrfach Gebärende zu verblüffen und zu beunruhigen, die in den Frauenklubs Zuflucht vor den gräßlichen Freuden des häuslichen Lebens sucht.» Die Bewohner von Greenwich Village, so ging eine Sottise, hätten die Tatsache der Prohibition nicht zur Kenntnis genommen, weil sie zu sehr damit beschäftigt waren, die Varianten der Psychoanalyse zu studieren.[18] «Das Haupt der Medusa anzublicken, ist kein Gesellschaftsspiel», hatte Hanns Sachs einmal gesagt. Nachgerade gefährlich war die Banalisierung ihrer Theorien durch die Quacksalber und Scharlatane, die selbsternannten Apostel und Profitmacher, die, nachdem sie zehn Tage Freud und gern dazu noch ein wenig Jung und Adler gelesen hatten, ein Schild aushängten und 25 Dollar für eine Sitzung forderten – «um dann einen Schraubenschlüssel in die Maschinerie des Geistes zu werfen». Selbst der kritische Rabbi Wise verteidigte Freud gegen seine neuen Jünger, die «ein Instrument von höchstem potentiellem Wert für die Menschheit (...) zu einem Vorwand für verbale Vulgarität und vorsätzliche Obszönität herabgewürdigt» hatten.[19] Und, wie der stets warnende Jones bemerkte, zumeist wurde kein Unterschied zwischen Quacksalbern und «echten Analytikern» gemacht. In London war sogar das Gerücht in die Welt gesetzt worden, die Königin habe für den Prinzen von Wales eine Psychoanalyse vereinbart, das müsse aber vor dem König geheimgehalten werden. Jones und ein Kollege schrieben daraufhin an den Privatsekretär Ihrer Majestät und wiesen auf die Gefahren eines solchen Verfahrens hin. Sie erhielten eine dankbare Empfangsbestätigung.

Selbst die seriöse New York Times brachte 1922 die Schlagzeile «Mädchen Freuds überdrüssig – Selbstmord». Die junge Frau war vom Gebäude der Zeitung in den Tod gesprungen, angeblich hatte sie Freuds Schriften studiert. In einem anderen Fall – eine Frau hatte sich mit Gas vergiftet – zitierte dieselbe Zeitung eine Ärztemeinung, «daß die Beschäftigung junger Mädchen mit der Psychoanalyse, die zu unwissend sind, um ihre wahre Bedeutung zu begreifen (...), so um sich gegriffen hat, daß ein erzieherisches Gegenmittel nötig ist, da die Anhänger der Psychoanalyse aus ihren Lehren oft nur eine trostlose Lebensanschauung ableiten». Aber kurz darauf nahm die New York Times Freud in Schutz. Viele glaubten, eine seelische

Krankheit ginge auf Verdrängung, ein Lieblingswort der Zeit, zurück, aber die Antwort darauf sei nicht ein «Tu, was dir gefällt», sondern die Sublimierung zu höheren Zwecken: «Wer immer etwas anderes tut, wer in der Psychoanalyse Zügellosigkeit, statt Freiheit findet, ist kein Anhänger Freuds.» Doch der Rummel ging weiter: Man diskutierte Freud auf Dinnerpartys, parodierte ihn im Theater und in der Presse, man wandte die Psychoanalyse bei der Einstellung von neuen Mitarbeitern in Firmen und in der Werbung an, der neuen Public-Relations-Industrie, die sich direkt auf ihn, den Onkel von Edward Bernays, berufen konnte. Seine Lehre begann, sich epidemisch zu verbreiten wie ein Schnupfen. An seinem Namen ließ sich alle Unzufriedenheit aufhängen, aller Groll gegen die herrschende Moral – und, umgekehrt, aller Zorn über die angebliche Lockerung der Sitten. Er war der Zauberer, «ein Seelenchirurg, der eine Geheimformel besaß, um über Nacht seelische Störungen zu beheben und die soziale Effizienz wiederherzustellen, das heißt Teufel auszutreiben».[20] Oder er war Satan höchstpersönlich, der zur freien Liebe und Untreue verführte, Kinder gegen die Eltern aufhetzte und die Auflösung der Gesellschaft betrieb.

Er war der Mann aus Wien, stets korrekt gekleidet, mit seiner Brille und der unvermeidlichen Zigarre, der mit seinem komischen deutschen Akzent von Sexualität sprach, und seine Lehren wurden inzwischen auch vielfach karikiert. Selten waren diese Überzeichnungen so amüsant wie die *Psychoanalyse des Struwwelpeter,* die der Priester, Bibelübersetzer und Schriftsteller Ronald A. Knox Anfang der dreißiger Jahre veröffentlichte. Die zehn Fallgeschichten galten den Protagonisten von Heinrich Hoffmanns Buch, dem «Suppenkaspar», dem «fliegenden Robert» und all den anderen. Dabei sollte die humorvolle Wissenschaftskritik des Autors vor allem die Epigonen treffen, die Freuds Methode schematisiert und trivialisiert hatten.[21] Ähnliche Absichten verfolgte der ungarische Dramatiker Ferenc (Franz) Molnár, der Autor von *Liliom,* mit seiner Kurzinhaltsangabe eines Stücks, das er nie schrieb: «Junger Mann – glücklich verheiratet mit seiner Mutter – entdeckt, daß sie gar nicht seine Mutter ist – erschießt sich.» Es erschienen Satiren zu den Sexratgebern, die en masse auf dem Markt waren; eine davon definierte den «Kernkomplex» als «Schock, verursacht durch die Entdeckung einer Person des anderen Geschlechts im wahren Licht; Beginn eines allgemeinen Zusammenbruchs». Der Titel des Werks hätte Woody Allen gefallen: «Is Sex Necessary or, Why You feel the Way you Do».[22] Dennoch waren die Verzerrungen seiner Lehre, die ironischen, die wohlgemeinten, die boshaften, für Freud leichter zu ertragen als die Beschäftigung mit seiner Person. 1924 erschien die erste Biographie über ihn. Fritz Wittels hatte ihm das Buch, das er nie gewünscht und gefordert hatte, schon vorab im Dezember 1923 geschickt. Freud bedankte sich ironisch für das Weihnachtsgeschenk, «welches sich so ausgiebig mit der beschenkten Person beschäftigt», nicht einmal unfreundlich, nicht einmal allzu indiskret. Aber die Öffentlichkeit habe kein Anrecht auf seine Person und könne auch nichts an ihm lernen, «solange mein Fall – aus mannigfachen Gründen – nicht voll durchsichtig gemacht werden kann». Hinter Wittels' ganzer Darstellung, und das erboste ihn am meisten, vermutete er die Einflüsterungen Wilhem Stekels, den er trotz seiner Defekte so lange unterstützt hatte, bis «alle Knöpfe rissen an der Hose der Geduld», wie Heine einst gesagt hatte. Er fügte seinem Schreiben an den Autor eine Liste von Korrekturen bei, die er für notwendig erachtete, sollte es eine zweite Auflage des Werks geben.[23] Auch Stekel selbst, der ihm Genesungswünsche geschickt hatte, wurde mit einem Brief bedacht, worin er der Behauptung widersprach, er habe ihn wegen wissenschaftlicher Differenzen verstoßen. Das machte sich zwar gut vor der Öffentlichkeit, aber die Wahrheit war eine andere: Allein Stekels personliche Eigenschaften – «was man als Charakter und Benehmen beschreibt» – hatten die Zusammenarbeit mit ihm unmöglich gemacht. Die Zeit hatte Freuds Haß nicht gemildert: Stekel war und blieb ein «partiell Begabter mit intellektuellem Schwachsinn und moral insanity». Noch mehr erzürnten ihn die Passagen über die «Cocaingeschichte» und die «Fließ-Episode», die ihm wirklich naheging, so sehr, daß er für Wittels noch einmal die ganze Affäre um die Bisexualität und den Plagiatsvorwurf aufrollte. Der Biograph sollte doch «mindestens so gewissenhaft sein wollen wie ein Übersetzer». Aber sagte nicht schon das Sprichwort: «Traduttore – Traditore» (Übersetzer – Verräter). Nun, vielleicht würde die Wahrheit über dies alles und auch über Stekels Lügen eines Tages herauskommen, «eines Tages, wenn ich nicht mehr da bin – denn mit mir geht auch meine Diskretion zu Grabe».

Aber was sollte er machen: «Man ist ja ein ‹großer Mann›, also ein wehrloses Objekt.»[24] Selbst in die populäre Literatur fand Freud Eingang. Neurosen seien «besonders schlaue Verbrecher», weil sie in so vielen Verkleidungen aufträten, läßt Dorothy L. Sayers 1923 in ihrem Erstling *Whose Body?* (*Ein Toter zu wenig*) einen mörderischer Chirurgen und Nervenspezialisten dozieren, der unter anderem auch ein Buch über Kriegsneurosen mitsamt einer «Antwort auf Professor Freud» verfaßt hat. Darin hatte er klargestellt, daß diese Störungen, Hysterie, Angst, Schüchternheit, natürlich physisch bedingt seien, auch wenn es da diese andere Schule gab, «aber ihre bedeutendsten Vertreter sind größtenteils Scharlatane oder Selbstbetrüger. Sie haben sich so weit darin eingeheimnißt, daß Sie, wie Sludge das Medium, allmählich schon ihren eigenen Unsinn zu glauben beginnen».[25] Vielleicht hat Freud diese Zeilen gelesen, wenn er sich in seinen schlaflosen Nächten mit Dorothy L. Sayers' Krimis ablenkte. Sicherlich hätten sie ihn amüsiert, genauso wie ihren Helden, den adligen Detektiv Lord Peter Wimsey, der unter gelegentlichen Nervenkrisen, den Folgen eines *shell shocks*, leidet.

Weit spannungsreicher war Freuds Verhältnis zu den Vertretern der «ernsten» Literatur, die sich vor ihm verneigten, sich auf ihn beriefen und sogar in die Berggasse pilgerten, um ihn zu ehren und zu preisen – oder ihn zu verleugnen und sein falsches Bildnis zu zeichnen. Er war beglückt, als ihm 1923 Romain Rolland schrieb. Es werde ihm, antwortete er, bis an sein Lebensende eine erfreuliche Erinnerung bleiben, einen Gruß mit jenem Mann zu tauschen, dessen Name «mit der köstlichsten aller schönen Illusionen» verknüpft war, «der von der Ausdehnung der Liebe auf alle Menschenkinder». Seine eigenen Schriften hatten nicht zu bieten, was Rolland seinen Lesern schenkte, «Trost und Labsal», gehörte er doch einer Rasse an, die im Mittelalter für alle Volksseuchen verantwortlich gemacht worden sei und in der Gegenwart die Schuld am Zerfall des Reiches in Österreich und die am Verlust des Krieges in Deutschland tragen solle: «Solche Erfahrungen wirken ernüchternd und machen wenig geneigt, an Illusionen zu glauben.» Einen großen Teil seines Lebens hatte er daran gearbeitet, eigene und Menschheitsillusionen zu zerstören. Aber wenn die Menschen nicht lernten, ihre Destruktionstriebe von ihresgleichen abzulenken, wenn sie Haß und Gewinnsucht nicht bändigten und den wissenschaftlichen Fortschritt in der Beherrschung der Natur immer wieder zur gegenseitigen Vernichtung ausnutzten: «Welche Zukunft steht uns da bevor»?[26]

Im Mai 1924 bat ihn Stefan Zweig um die Erlaubnis, ihn mit Romain Rolland besuchen zu dürfen. Zweig mußte bei der Begegnung mit dem «aus der Ferne verehrten Mann» für Freud den Dolmetscher spielen, da seine so schwer geschädigte Sprache für das Französische gänzlich unbrauchbar geworden sei. Als man ihn zwei Jahre später bat, für das von Maxim Gorki, Georges Duhamel und Stefan Zweig herausgegebene *Liber Amicorum* zum sechzigsten Geburtstag des französischen Nobelpreisträgers einen kleinen Beitrag zu schreiben, wurde der nüchterne Freud geradezu dithyrambisch: «Unvergesslicher, durch welche Mühen und Leiden haben Sie sich wohl zu solcher Höhe der Menschheit emporgeschwungen!» Wie sehr hatte er ihn, lange bevor er ihn persönlich kennenlernte, als Künstler und «Apostel der Menschenliebe» verehrt. Auch er selbst hing dieser doch an – «nicht aus Motiven der Sentimentalität oder der Idealförderung, sondern aus nüchternen ökonomischen Gründen, weil ich sie bei der Gegebenheit unserer Triebanlagen und unserer Umwelt für die Erhaltung der Menschenart für ebenso unerläßlich erklären mußte, wie etwa die Technik». Dafür wurde man nicht geliebt, er hatte die Menschen «nicht erfreut, getröstet, erhoben», das war nie seine Absicht gewesen, er «wollte nur forschen, Rätsel lösen, ein Stückchen Wahrheit aufdecken». Um so mehr verwundere ihn die Aufmerksamkeit, die neben seiner Lehre nun seine Person auf sich ziehe, schreibt er in seinem Dankesbrief an Rolland, der ihm zu seinem eigenen, dem siebzigsten Geburtstag, gratuliert hatte.[27] Glückwünsche waren zu jenem 6. Mai 1926 auch gekommen von Georg Brandes, Albert Einstein und der verehrten Yvette Guilbert, darüber freute er sich ganz besonders. Am meisten jedoch beglückte ihn ein Brief von Mathilde Breuer: Dieser rief all die Erinnerungen wach an die Zeit, da er sich fast zu ihrer Familie zählen durfte; ein Jahr zuvor war ihr Mann, sein einstiger Lehrer, gestorben. Insgesamt hatte er an diesem Tag den Eindruck, daß die Welt einen gewissen Respekt vor seiner Arbeit bekommen habe. «Angenommen ist die Analyse aber nur von den Analytikern.»

Dennoch fühlte er sich geschmeichelt, wenn Stefan Zweig, stellvertretend für seine ganze Generation, ihm für seine Erkenntnisse dankte, ihm von all den Anfragen, die er aus Amerika und England zu Freud und seinem Werk erhielt, berichtete und ihm schließlich sogar bekannte, er hätte seine Bücher nicht ohne ihn schreiben können. Nicht daß sie Resultate psychoanalytischer Methode wären, Freud aber hatte ihn den Mut gelehrt, an die Dinge furchtlos und ohne falsche Scham heranzugehen. Der Geehrte wiederum dankte genauso artig: Zweig richte mit der Sprache etwas aus, was ihm kein anderer nachmache. Und er nahm sich sogar die Zeit, dessen biographischen Studien, vor allem die über Dostojewski, zu kommentieren und zu kritisieren. Nein, er hielt es für unwahrscheinlich, daß Dostojewski ein klassischer Epileptiker gewesen sei, überhaupt habe es nur ein einziges Beispiel einer derartigen Erkrankung bei einem «geistig hochstehenden Menschen» gegeben, und das sei ein «Riese des Intellekts» gewesen, Hermann von Helmholtz, sein alter Hausgötze. Alle anderen, denen man Epilepsie nachsagte, seien Hysteriker, und dieser Dostojewski, das werde er in einem eigenen Aufsatz genauer ausführen, hatte ganz einfach unter dem ambivalenten Verhältnis zum Vater gelitten, «der wollüstig masochistischen Unterwerfung und der empörerischen Auflehnung». Im Grunde seien alle Eigentümlichkeiten seiner Dichtung auf «eine abnorme, für den Russen gewöhnlichere Seelenanlage, (...) eigentlich richtiger: Sexualkonstitution zurückzuführen».[28] In seiner Studie *Dostojewski und die Vatertötung* würdigte er eine Novelle von Zweig, *Vierundzwanzig Stunden aus dem Leben einer Frau*, als «kleines Meisterwerk».

Das Portrait hingegen, das Stefan Zweig ihm widmete, hatte er nicht besonders gemocht, nicht nur der Gesellschaft wegen, in die ihn der Autor stellte, Mary Baker Eddy und Mesmer. Gegen den war nicht ganz soviel einzuwenden, der war immerhin gerecht dargestellt. Allzu ausschließlich hatte er das «kleinbürgerlich korrekte Element» betont, «der Kerl ist doch etwas komplizierter». Der hatte seine Kopfschmerzen und Müdigkeiten gehabt wie jeder andere, war ein leidenschaftlicher Raucher und wollte, er wäre es noch, die Zigarre hatte doch den größten Anteil an seiner Selbstbeherrschung und Ausdauer bei der Arbeit. Der hatte bis zum Krieg und einmal noch danach für Tage oder Wochen nach Rom pilgern müssen und seiner Antiquitätensammlung, trotz aller ihm nachgesagten Anspruchslosigkeit, viele Opfer gebracht. Aber, nun gut, von der Kleinkunst her wußte er, daß das Format den Künstler zu Vereinfachungen und Auslassungen nötigte: «Dann entsteht leicht ein falsches Bild.»[29] Eine deutliche Absage erteilte er dem Freund Arnold Zweig, seinem «lieben Meister Arnold», mit dem er seit 1927 in Verbindung stand, mit dem er einen herzlichen intensiven Briefwechsel über ihrer beider Arbeit, über das Elend der politischen Verhältnisse, über gemeinsame Freunde und viel Privates pflegte. Er empfand es nachgerade als Drohung, daß dieser sein Biograph werden wollte, und er liebte ihn viel zu sehr, um solches zu gestatten: «Wer Biograph wird, verpflichtet sich zur Lüge, zur Verheimlichung, Heuchelei, Schönfärberei und selbst zur Verhehlung seines Unverständnisses, denn die biographische Wahrheit ist nicht zu haben, und wenn man sie hätte, wäre sie nicht zu brauchen.»[30]

Freud machte es den Schriftstellern nicht leicht, ihn zu lieben. Schon in dem kleinen Aufsatz *Der Dichter und das Phantasieren* hatte er sie mit den egozentrischen Tagträumern verglichen, deren Held «Seine Majestät das Ich» sei mit spielenden Kindern – denn «der Gegensatz zu Spiel ist nicht Ernst, sondern Wirklichkeit». Dennoch suchten sie die Begegnung mit ihm, André Breton, Thomas Mann, Thornton Wilder, H. G. Wells. Auch der Nobelpreisträger Rabindranath Tagore, Dichter, Maler, Pädagoge und À-la-mode-Philosoph, bat um eine Begegnung mit ihm. Er machte wohl keinen besonderen Eindruck auf Freud; als ihn kurz danach ein indischer Philosophieprofessor besuchte, schrieb er an Ferenczi: «Mein Bedarf an Indern ist vorläufig gedeckt.»[31]

Im Grunde stand die Literatur, vor allem die moderne, Freud sehr viel näher als er ihr.[32] Doch war das Verhältnis der Dichter und Schriftsteller zu seiner Person und seinen Lehren nie ganz frei von Ambivalenz, mochten sie Bewunderer, sogar Freunde sein oder schlichtweg Kritiker und Gegner. Einige Autoren hatten sich sogar analysieren lassen; selbst Rilke, der Freuds Schriften «unsympathisch und stellenweise haarsträubend» fand, hatte mit dem Gedanken gespielt. Jedenfalls hatte er sich von seiner Freundin Lou Andreas-Salomé, noch bevor diese professionelle Psychoanalytikerin und die Vertraute Freuds wurde, seine intimsten Gedanken, seine wiederkehrenden Depressionen deuten lassen. Aber er fürchtete, mit seiner Neurose auch seine Kreativität zu verlieren. Hugo von Hofmannsthal hielt den Meister «für eine absolute Mediocrität voll bornierten, provinzmäßigen Eigendünkels», aber er hatte 1902 die *Studien über Hysterie* gelesen und seine *Elektra* war danach konzipiert – wovon Freud wiederum gar nichts hielt: «Die Kunst des Dichters besteht (...) wesentlich in der Verhüllung. Das Unbewußte darf nicht ohne weiteres bewußt gemacht werden.» Angeblich soll Hofmannsthal zeitweilig Wilhelm Fließ konsultiert haben.

Auch Virginia Woolf war keineswegs begeistert von den Werken, die ihr Mann Leonard und sie in der Hogarth Press veröffentlichten. Man warf einen Blick auf die Korrekturfahnen und las, «wie Herr A. B. ein Glas rote Tinte auf das Laken seines Hochzeitsbettes goß, um seine Impotenz vor dem Dienstmädchen zu verbergen, aber er schüttete sie auf die falsche Stelle, was den Verstand seiner Frau zerrüttete – und bis heute verschüttet sie Rotwein auf dem Eßtisch». Stundenlang konnte man so weitermachen, und doch dachten diese Deutschen, «es beweise etwas – außer ihrer eigenen möwenhaften Dummheit»[33]. Kaum einer der Betroffenen mochte sich gern gefallen lassen, daß Freud den Künstler als gewitzten Neurotiker darstellte. Noch mehr scheute man die Gesellschaft der Literaten, die reihenweise sogenannte psychologische Romane produzierten. Der Kritiker des *Times Literary Supplement* spottete über einen dieser Autoren, er habe wohl «jene beiden sehr achtenswerten Herren, deren Namen man allmählich schon nicht mehr hören mag, Messrs. Jung und Freud, studiert». Diese Lektüre müsse bei ihm «den gleichen geistigen Granatenschock» ausgelöst haben, «den sie in letzter Zeit weithin unter den Romanciers verbreitet hat». In der Satire-Zeitschrift *Punch* schlug der Rezensent vor, eine noch dickere Berta zu bauen, sie vollzustopfen mit den Schriftstellern, die über Messrs. Jung und Freud brüteten, und sie ins Leere abzufeuern.[34]

Der Autor von *Winesburg, Ohio,* Sherwood Anderson, mußte sich gefallen lassen, daß man die darin dargestellten neurotischen Charaktere, ihr dumpfes Sehnen, ihre gequälten Triebe, als Erben und Abkömmlinge psychoanalytischer Theorien ansah, ja, daß man ihn selbst sogar, in positivem wie in negativem Sinn, als «Freudschen Romancier par excellence» bezeichnete. So blieb denn nur, zu behaupten, er habe Freud nie gelesen. Dagegen bekannte sich Theodore Dreiser, der Autor der *Amerikanischen Tragödie,* unumschränkt, geradezu hymnisch zu Freud. Seine Werke waren eine Enthüllung für ihn, denn sie warfen ein Licht auf seine dunkelsten Probleme und halfen ihm beim Studium des Lebens und der Menschen. Freud erinnerte ihn, mit

einem Bild, das dessen Zustimmung gefunden hätte, an einen
«Eroberer (...), der eine Stadt eingenommen hat, ihre uralten,
ehrwürdigen Kerker betritt und dort großzügig darangeht, aus
ihren düsteren, modrigen Verliesen die Gefangenen von Sche-
mas, Glaubensvorstellungen und Illusionen zu befreien, die den
Menschen Hunderte und Tausende von Jahren lang quälten und
zermürbten»[35].

So hatte auch der junge André Breton geschwärmt, der als
Medizinstudent, während er in einem psychiatrischen Krankenhaus mit «Kriegsneurotikern» arbeitete, sein Erweckungs-
erlebnis hatte: «Um dieselbe Zeit, als ich wahrnahm, wie Apol-
linaire mit den Bestien des Orpheus über den Boulevard
Saint-Germain schlenderte, entdeckte ich, daß jemand ganz für
sich allein die Nacht der Ideen, dort, wo sie am dichtesten war,
durchbrochen hatte: Sigmund Freud.» Er versuchte, Apolli-
naire, Valéry und Gide zu dem Mann zu bekehren, der in Frankreich nur wenigen Psychiatern bekannt war und der für ihn die
Welt des Geistes zu revolutionieren schien. Einem Freund
schrieb er: «Démence précoce, états crépusculaires/O poésie
allemande, Freud et Kraepelin.» Anfang der zwanziger Jahre
hatte er den so sehr Verehrten endlich besuchen können und war
enttäuscht von dem alten Zauberer – diesem erfolgreichsten
Meister moderner Scharlatanerie, der in der Berggasse, in seinem Allerheiligsten, die Kaninchen aus dem Hut zog. Ein nicht
gerade hübsches Dienstmädchen hatte Breton die Tür geöffnet,
an den Wänden des Raums, in dem er warten sollte, hingen ein
paar dürftige allegorische Kupferstiche und ein Photo des Meisters im Kreis seiner Mitarbeiter, vielleicht zehn Ärzte, Leute der
allergewöhnlichsten Sorte. Auch der Professor selbst, klein und
alt, war, so Breton, kein besonders attraktiver Mann, er bat ihn
in sein schäbiges Zimmer und gab nichts als Gemeinplätze von
sich. Er liebe Frankreich, das ihn ignoriere, nicht sehr, doch
Bretons Brief habe ihn so berührt wie kein anderer in seinem
Leben, er zähle auf die Jugend etc. etc. Und dieser Mann hatte
auf die Frage, warum sexuelle Probleme in seinen eigenen Träumen keine Rolle spielten, nur die Antwort, er halte es für sein

Recht, der unvermeidlichen Exhibition eine Grenze zu setzen.[36] Nein, Bretons Forderung nach einem reinen psychischen Automatismus, nach dem vom Verstand nicht zensierten Selbstausdruck, wie er sie in seinem «Manifest des Surrealismus» formulierte, war weit radikaler. Gleichwohl wurde Freud so etwas wie der Schutzpatron der Surrealisten, die er, gemäß seinem Kunstverständnis, für «absolute (sagen wir 95 % wie beim Alkohol) Narren» hielt. Als Helfer waren sie jedoch unentbehrlich, die «Männer der schönen Literatur», die in Frankreich seine Lehre verbreiteten, derweil die akademische Psychologie verkündete, das «génie latin» vertrage diese Denkungsart nicht. Darüber konnte er nur spotten. Als habe das «Génie teutonique (…) die Psychoanalyse gleich nach ihrer Geburt als sein liebstes Kind ans Herz gedrückt».

Das Interesse der Schriftsteller an seinem Werk war, mit dieser Vermutung hatte er sicherlich recht, vor allem durch *Die Traumdeutung* geweckt worden, in der er die Grenzen rein ärztlicher Angelegenheiten überschritten hatte. Auf Theodor W. Adorno hatte sie jedenfalls so tiefen Eindruck gemacht, daß er im amerikanischen Exil zeitweise seine Träume protokollierte beziehungsweise von seiner Frau Gretel protokollieren ließ, die seine handschriftlichen Notate teilweise manifest erotischer Trauminhalte korrigierend abschrieb. Er plante sogar, diese «authentischen» Dokumente zu veröffentlichen; wenigstens wollte er sie als Rohstoff seines Denkens nutzen und sich vielleicht selbst zum Psychoanalytiker ausbilden lassen; in Zeiten der größten Not spielte er mit dieser Idee. Doch Adornos Interesse galt vorrangig der theoretischen Erkenntnis, in die er, ohne eigene psychoanalytische Erfahrung, zeitweise übergroßes Vertrauen setzte. Es galt auch dem Mann Freud: Als Walter Benjamin 1936 bei ihm anfragte, welche Sehenswürdigkeiten er in Wien aufsuchen solle, empfahl Adorno ihm einen Gang in die Berggasse. Man könne sich wohl wenig Ergebnisse von einem Gespräch mit Freud erhoffen, aber es wäre doch interessant und wichtig, «den als Greis im höchsten Alter zu sehen, der das Bild des Vaters zerstört hat».

Freud wußte, daß man ihn auch ganz anders las. Er gab bereitwillig zu, daß er mehr als einmal einen «Schritt vom Wege» getan hatte, indem er, gefolgt von seinen Schülern, die Psychoanalyse auf Literatur und Kunst, Religion und Prähistorie, Mythologie, Volkskunde und Pädagogik angewandt hatte. Berechtigte ihn nicht seine Interpretation des Ödipuskomplexes zu solchen Grenzübertritten? Von jenem «grauenhaften Stoff» war es schließlich nur ein kleiner Schritt zur Analyse des Neurotikers Hamlet und des dichterischen und künstlerischen Schaffens überhaupt. Obwohl er beteuerte, daß seine Lehre nichts zur Erklärung künstlerischer Begabung, nichts zur künstlerischen Technik zu sagen habe, hatte er sich daran versucht, mit der *Leonardo*-Studie, mit dem *Dostojewski*-Aufsatz, mit seinen Bemerkungen zu Goethe. Seine Schüler waren noch viel weiter gegangen, so daß inzwischen jeder Laie sich anmaßte, eine Psychoanalyse künstlerischen Lebens zu riskieren. Man sollte denen, die das Genie verpathologisierten, mit dessen gesammelten Werken die Schädeldecke einschlagen, hatte Karl Kraus dekretiert. Hofmannsthal klagte vornehmer, er könne sich nicht wehren, wenn morgen ein Freudianer seine sämtlichen Arbeiten «bis aufs I-Tüpfel als infantil-erotische Halluzinationen» erkläre. Sogar Alfred Döblin, einer der genauesten Kenner der Theorie, der selbst als Psychiater tätig war und in seiner Festrede zum siebzigsten Geburtstag Freuds vor der Deutschen Psychoanalytischen Gesellschaft diesen als «Wohltäter der Menschheit» pries, warnte vor den Auswüchsen der Tiefenpsychologie: Es war «kompletter Unsinn», daß sie eine «Tiefendichtung» zur Folge habe, denn «noch immer hat Dostojewskij vor Freud gelebt, haben Ibsen und Strindberg vor Freud geschrieben»[37].

Der Einfluß der Psychoanalyse auf die Literatur des 20. Jahrhunderts ist überall zu spüren, von einer Symbiose jedoch konnte nicht die Rede sein, auch wenn es nicht mangelte an Schriftstellern, die die neue Lehre mit Leib und Seele umarmten. Erich Mühsam hatte sich einer Analyse unterzogen, genauso wie Richard Huelsenbeck, der in der Emigration in New York sogar zeitweilig unter dem Pseudonym Charles R. Hulbeck als Psychiater und Therapeut tätig war. Ernst Toller hatte nach seiner Rückkehr aus der Sowjetunion 1927 Freud selbst um Behandlung gebeten; der versuchte, den «Armen» zu Lou Andreas-Salomé zu schicken, aber der Schriftsteller wollte sich schließlich nicht von Berlin losreißen. André Gide machte eine sechswöchige Therapie bei einer ehemaligen Analysandin Freuds und Ferenczis, der «doctoresse» Eugénie Sokolnicka, um die sich Anfang der zwanziger Jahre eine ganze Gruppe von Autoren der *Nouvelle Revue Française* gesammelt hatte; sie nannten sich den «Club des Refoulés», Klub der Unterdrückten. Hermann Hesse zog es naturgemäß zu Jung und seinen Anhängern, Arnold Zweig, Hermann Broch und vermutlich auch Robert Musil ließen sich zeitweise psychoanalytisch behandeln. Letzterer hatte das Verhältnis von Kunst und Psychoanalyse, die Kooperation, die zur Konkurrenz werden konnte und die man zeitweilig ausfocht wie einen Prioritätenstreit oder einen Plagiatsprozeß, am deutlichsten beschrieben, indem er die Analyse eine «finster drohende und lockende Nachbarmacht» nannte. Manche psychoanalytischen Arbeiten seien wie Dichtungen, «Beschreibungen pathologischer Seelenabläufe (...) von einer wunderbaren Eindringlichkeit». Aber es blieben «Pseudodichtungen». Der Irrtum bestehe darin: «Gestalten eines Dichters haben keine Seele. (...) Personen eines Dichtwerks wie lebende Menschen behandeln ist die Naivität eines Affen, der in den Spiegel greift.»[38] In Kurt Tucholkys Arbeitszimmer hing ein Bild «unseren einzigen Freud», zugleich dichtete er: «Jeder Jüngling von etwas guten Manieren / geht heute mal Muttern deflorieren.»

Man kam, ob Freund, ob Feind, an dieser Nachbarmacht nicht mehr vorbei. So mochte Thomas Mann 1925 gern behaupten, sein *Tod in Venedig* sei unter dem unmittelbaren Einfluß Freuds entstanden. Zumindest ließen sich in jener Novelle von 1912, die so viele psychoanalytische Deutungen herausforderte, einige Parallelen zu *Der Wahn und die Träume in Wilhelm Jensens «Gradiva»* und eine gewisse Kenntnis von Freuds Thesen nachweisen. Auch das «Analyse»-Kapitel im *Zauberberg* deutet darauf hin, daß der Autor mehr oder weniger vertraut war mit der «Sexualtheorie». Aber der Dr. Krokowski «mit seinen glühenden Augen, seiner Wachsblässe und seinem schwarzen Bart, dazu den Mönchssandalen über grauwollenen Sokken», der in Person «den Kampf zwischen Keuschheit und Leidenschaft zu versinnbildlichen» schien, war unverkennbar als Karikatur gezeichnet. Seine «Propaganda für die Seelenzergliederung», für ihre erlösende Wirkung rückte ihn in die Nähe eines eines Verkünders einer neuen Heilslehre, der sich vor allem die Damen ergaben. Vermutlich hatte sich Thomas Mann, der sich über die großen «Vorgänger» Schopenhauer und Nietzsche der Psychoanalyse näherte, erst 1925/26 intensiver mit dem Werk Freuds beschäftigt. Nachdem er Hermann Hesses *Demian* gelesen hatte, glaubte er sogar in neidvoller Bewunderung, daß der Autor, der bereits 1916, drei Jahre vor Erscheinen seines Romans, sich einer Therapie bei einem Jung-Schüler unterzogen hatte und 1921 eine Kur bei Jung selbst machte, das psychoanalytische Element «entschieden geistiger und bedeutender» dargestellt habe, als es ihm in seinem *Zauberberg* von 1924 gelungen war. Dennoch wollte er seinen Roman trotz aller satirischen Elemente als eine Art Hommage an die Psychoanalyse angesehen wissen. Die Darstellung des Dr. Krokowski als komische Figur, die fast boshafte und allen Vorurteilen nachgebende Zeichnung erklärte er mit einer Art «Schadloshaltung für tiefere Zugeständnisse», die er im Innern seiner Werke der Psychoanalyse mache. Das war noch immer eine zweideutige Formulierung, und kaum besser ließ sich die Ambivalenz des Schriftstellers gegenüber der «wissenschaftlichen Seelenzergliederung» auf den Punkt bringen als mit den Worten Settembrinis, der, befragt, ob er schlecht auf die Analyse zu sprechen sei, erwidert: «Sehr schlecht und sehr gut, beides abwechselnd.»

Es war ausgerechnet Bertolt Brecht, der sich zum Bundesgenossen Freuds machte. Er hatte die Psychoanalyse als bürgerliche Ideologie verworfen, als Vergnügen der Privilegierten, möglichst viel Geld für die eigene Person aufzuwenden. Aber nun galt es, den *Ulysses,* vor allem den Monolog der Molly

Bloom, gegen die Kritiker zu verteidigen: «Eine Kleinbürgerin, morgens im Bett liegend, meditierte. Ihre Gedanken wurden ungeordnet, durcheinander, ineinander überfließend wiedergegeben. Das Kapitel wäre kaum geschrieben worden ohne Freud. Die Vorwürfe, die es seinem Verfasser einbrachte, waren dieselben, die Freud sich seinerzeit zutrug. Es regnete: Pornographie, krankhafte Freude am Schmutz, Überbewertung von Vorgängen unterhalb des Nabels, Unmoral und so weiter.» Ausdrücklich nimmt er Joyce gegen die Marxisten in Schutz, «die ekelerfüllt den Ausdruck Kleinbürger hinzufügten». Auch die Einwände gegen den inneren Monolog oder «stream of consciousness» – er sei formalistisch – lehnte Brecht als «oberflächlich konstruiert» ab: «Wenn Joyce denselben Monolog in die Sprechstunde eines Psychoanalytikers verlegt hätte, wäre alles in Ordnung gewesen.»[39]

Am 14. Mai 1922, einen Tag vor dem eigentlichen Jubeldatum, beglückwünscht Freud Arthur Schnitzler zu seinem Sechzigsten mit einem «Geständnis», das dieser doch, bitte, gütigst aus Rücksicht auf den Gratulanten für sich behalten und mit keinem Freund oder Fremden teilen möge. Zu intim erscheine ihm seine Antwort auf die sich ihm nunmehr aufdrängende Frage, warum er eigentlich in all den Jahren nie den Versuch gemacht habe, den näheren Umgang mit Schnitzler zu suchen und ein Gespräch mit ihm zu führen: «Ich meine, ich habe Sie gemieden aus einer Art von Doppelgängerscheu. Nicht etwa, daß ich sonst so leicht geneigt wäre, mich mit einem anderen zu identifizieren oder daß ich mich über die Differenz der Begabung hinwegsetzen wollte, die mich von Ihnen trennt, sondern ich habe immer wieder, wenn ich mich in Ihre schönen Schöpfungen vertiefe, hinter deren poetischem Schein die nämlichen Voraussetzungen, Interessen und Ergebnisse zu finden geglaubt, die mir als die eigenen bekannt waren.» Und er zählt die Gemeinsamkeiten auf, den Determinismus und die Skepsis, die so viele Pessimismus nannten, den Glauben an das Unbewußte und die Triebnatur des Menschen, die Zersetzung kultureller Konventionen und Sicherheiten und schließlich das «Haften

(...) an der Polarität von Lieben und Sterben» – all das hatte ihn mit «unheimlicher Vertrautheit» berührt: «So habe ich den Eindruck gewonnen, daß Sie durch Intuition – eigentlich aber infolge feiner Selbstwahrnehmung – alles das wissen, was ich in mühseliger Arbeit an anderen Menschen aufgedeckt habe. Ja, ich glaube, im Grunde Ihres Wesens sind Sie ein psychologischer Tiefenforscher, so ehrlich unparteiisch und unerschrocken wie nur je einer war, und wenn Sie das nicht wären, hätten Ihre künstlerischen Fähigkeiten, Ihre Sprachkunst und Gestaltungskraft freies Spiel gehabt und Sie zu einem Dichter weit mehr nach dem Wunsch der Menge gemacht. Mir liegt es nahe, dem Forscher den Vorzug zu geben.»[40]

Die Doppelgänger-Metapher, so der Schnitzler-Biograph Ulrich Weinzierl, begleitet und verfolgt Schnitzler als postumer Schatten – und ganz ähnlich verfolgt sie auch Freud. Mal hatte Schnitzler ihn vorweggenommen, mal war er dessen Lehrmeister in Psychologie oder, eine letzte Möglichkeit, sie hatten beide, gleichzeitig und unabhängig voneinander, ihre Entdeckungen gemacht. Jedenfalls war die Geschichte ihres Doppelgängertums schon kurz nachdem Freud den inzwischen so arg strapazierten Brief geschrieben hatte, in der Welt. Auch Schnitzler hatte George Viereck ein Interview gegeben. Darin soll er gesagt haben, in seinen Stücken habe er Freuds Theorie des Traums antizipiert, Freud selbst habe ihn einmal seinen «psychic twin» genannt.[41] Sicherlich hatten sie vieles gemeinsam, ihre Herkunft, ihr Studium, ihr Interesse für Hypnose und Suggestion, und beide hatten sie als Kinder, in den ersten anderthalb Jahren ihres Lebens, einen kleinen Bruder verloren. Aber sosehr das Doppelgänger-Motiv dazu verführt, verdrängten Erinnerungen und Strebungen der Protagonisten, ihren jeweils ausgeblendeten Bereichen des Ich, dem Forscher in Schnitzler, dem Dichter in Freud, nachzuspüren, es bleibt doch festzuhalten, daß jene beiden, Absender wie Adressat, es zu einem «Deck- und Schutzmanöver» gebrauchten; sie konnten nicht zueinander finden.

Freud kannte Schnitzlers Werk, mehrfach zitiert und erwähnt

er den Autor, er spielte Tarock mit seinem Bruder Julius Schnitzler, und von ihrem Schwager Markus Hajek ließ er sich operieren. Schnitzler hatte Freuds Kokainstudie rezensiert, mit aller Schärfe. Aber er schwärmte von den Charcot-Übersetzungen und rühmte ihn, so Weinzierl, nicht als Forscher und Arzt, sondern als Literaten, Unterabteilung Übersetzer: «Geradezu meisterhaft», mustergültig nannte er seine Übertragungen. Schließlich genügte ihm der Satz: «Übersetzt ist das Buch von Freud, also ausgezeichnet.» Er hatte früh die *Traumdeutung* gelesen, hatte sich von der Assoziationstechnik inspirieren lassen. Das gestand er gern zu, darum hatte er aus Anlaß von Freuds fünfzigstem Geburtstag 1906 den «verehrtesten Herrn Professor», dessen Schriften er «so mannigfache starke und tiefe Anregungen» dankte, seiner «aufrichtigsten wärmsten Verehrung» versichert. Schon damals hatte Freud dem «verehrten Herrn Kollegen» seine Verwunderung darüber bekundet, daß dieser so geheime Kenntnisse von der Seele hatte, die er selbst sich «durch mühselige Erforschung des Objekts» hatte erwerben müssen, «endlich kam ich dazu, den Dichter zu beneiden, den ich sonst bewundert». Es freute ihn sehr, daß dieser aus seinen Werken Inspiration geschöpft hatte, ja, es kränkte ihn fast, so schrieb er, daß er fünfzig Jahre alt werden mußte, «um etwas so Ehrenvolles zu erfahren».[42]

Aber die Wissenschaft durfte sich nicht die Couch mit der Literatur teilen. Und so verleugnete Freud noch 16 Jahre später, in der zaghaften Annäherung an den anderen, sein unheimlich-heimliches Alter ego, das auf jeden Fall heimlich bleiben sollte, die eigenen Anfänge, die schwierige, von Krisen stimulierte und begleitete Selbsterforschung, unterschlägt auch Schnitzlers wissenschaftliche Beschäftigung mit Hysterie und Neurose während des Studiums bei dem gemeinsamen Lehrer Theodor Meynert, seine Aufsätze und Kritiken, die er als junger Arzt und Kollege für die einschlägigen Publikationen und Fachzeitschriften verfaßte. Dennoch ging es hier nicht um Prioritäten, um Abgrenzungen; Freud wollte, im Gegenteil, auch eine Schranke aufheben, die er sich selbst gesetzt hatte. Vielleicht hatten ihn seine hochspekulativen Arbeiten der letzten Jahre, vielleicht auch die intensive Beschäftigung mit den Tagträumen und dichterischen Versuchen der Tochter – die 1920 für ein paar Monate Schnitzlers Tochter Lili unterrichtete – kühner gemacht. Kühn genug, jenes so doppeldeutige Geständnis abzulegen, in dem doch zwischen den Zeilen das Werben um den anderen zu lesen ist und die lang unterdrückte Erinnerung an eigene frühe Sehnsüchte sich andeutet, die Wünsche nach einem Leben ganz anderer Art. Am Ende des Briefes bittet Freud nachgerade um Verzeihung, daß er zu sehr in die Analyse geraten ist, «ich kann eben nicht anders. Nur weiß ich, daß die Analyse kein Mittel ist, sich beliebt zu machen»[43]. Schattenhaft taucht dahinter der junge Mann auf, der sich Geschichten in «orientalischem Gewand» erdachte, dichterische Neigungen in sich spürte und der so eifersüchtig war auf Marthas Verehrer, diese eigentlichen Feinde des wissenschaftlichen Arbeiters, die Künstler, die den Dietrich besaßen, Frauenherzen mühelos aufzuschließen – während die Kärrner der Vernunft so ratlos vor den seltsamen Zeichen des Schlosses standen. Noch in den *Vorlesungen* hatte er erklärt, daß der Dichter «durch seine Phantasie erreicht, was er vorerst nur in seiner Phantasie erreicht hatte: Ehre, Macht und Liebe der Frauen».

Als Schnitzler ein Zusammentreffen anregt, solange ihnen dazu die Zeit bleibe, lädt Freud ihn in die Berggasse ein, mit der Versicherung, außer Frau und Tochter werde kein anderer dabeisein. Der Abend verläuft, wie Schnitzler in seinem Tagebuch notiert, «sehr herzlich», man unterhält sich über die Spitals- und Militärzeit, über gemeinsame Chefs, Freud zeigt ihm seine Bibliothek und seine Antikensammlung und schenkt ihm zum Abschied eine schöne neue Ausgabe der *Vorlesungen*. Dann begleitet er seinen Gast nach Hause, da erst werden sie «wärmer und persönlicher», reden übers Altern und Sterben, und Freud gesteht ihm «gewisse Solneßgefühle» ein; vielleicht die Angst vor den Jungen, vielleicht die Sehnsucht nach Liebe, den Wunsch, noch einmal Luftschlösser zu bauen, was doch nur in Absturz und Tod enden kann. Im Sommer 1922 besucht

Schnitzler ihn in den Ferien auf dem Obersalzberg. Freud erzählt ihm von seiner Arbeit *Das Ich und das Es* und von seinem therapeutischen Spaziergang mit Mahler, damals 1910 in Holland. Schnitzler bestätigt ihm, daß der Komponist in seinem letzten Jahr mit Alma sehr glücklich war. Aber die These von Mahlers «Marien-Komplex» war ihm doch zu seltsam; würde jeder «Entdecker zum Masochisten seiner Idee»? Dabei würde Freud auch gerne «über allerlei Untiefen» seines eigenen Schaffens und Daseins erzählen, läßt es aber dann doch lieber. Seinem Sohn Heinrich schreibt er, daß er «in einem Familienkreis von riesigem Durchmesser» zu Mittag gegessen habe, sich erst später mit Freud allein unterhielt, «über alles psychoanalytische hinaus», während die anderen zehn Schwämme putzten, von denen zu genießen er ablehnte – «um nicht zu einer spätern literar-historischen Anekdote Anlaß zu geben: daß ich an giftigen Schwämmen aus der Freud'schen Küche verstorben sei»[44].

Sie begegnen sich erst im Dezember 1923 zufällig auf der Straße wieder, kurz nach Freuds Radikaloperation. Ein Jahr darauf schickt Freud ihm seine *Gesammelten psychoanalytischen Studien zu Dichtung und Kunst* – mit der Widmung: «In geziemender Schüchternheit». In jenem Jahr hatte sich Schnitzler Notizen gemacht, einiges Grundsätzliches *Über Psychoanalyse*: Nicht diese sei neu, schreibt er, «sondern Freud. So wie nicht Amerika neu war, sondern Columbus. Psychoanalyse gab es immer; jeder Arzt, jeder Dichter, jeder Staatsmann, jeder Menschenkenner mußte es sein, war es unbewußt oder automatisch.» Was war damit gewonnen, was vertan, daß sie in ein System gebracht, daß sie Mode wurde: «Psychoanalyse ist scheinbar eine leichtere, in Wirklichkeit eine schwerere Kunst, als man glaubt.» Schnitzler hatte, wie kaum ein anderer Schriftsteller in seinem Werk immer wieder psychopathologische Phänomene dargestellt, immer wieder Träume, so daß die greise Marie von Ebner-Eschenbach bei der Lektüre seines Romans *Der Weg ins Freie* gestöhnt hatte: «Nicht einmal seine Träume erläßt er uns.» Und er hatte sie aufgezeichnet, viel konsequenter als Freud selbst, mehr als 600 Träume von 1875 bis 1931, und ließ eine Sekretärin sogar ein Traumtagebuch erstellen. Aber die «psychoanalytische Seelenaufwühlerei» schien ihm manchmal geradezu immoralisch, ja verbrecherisch. Er glaubte, daß die Mehrzahl der Analytiker und Kranken die Kur, wenigstens unbewußt, dazu mißbrauchten, «erotische Anregung, wenn nicht gar sexuelle Aufregung» zu suchen: «Man denke vor allem an die Minderwertigkeit, sowohl die ethische wie die intellektuelle der meisten Menschen, zu denen nicht nur die Patienten, sondern auch die Ärzte gehören.» Das schrieb der Arzt und Dichter, der gnadenlose Seelenaufwühler, der als eifersüchtiger Tyrann seine Geliebten ausforschte und ihnen Geständnisse abpreßte, die er eigentlich gar nicht hören wollte. Nein, sie fanden nicht zusammen, Freud und Schnitzler. Die Angst vor Berührung war größer als die Sehnsucht.

Erst als Freud sich 1926 wegen seiner Herzbeschwerden im Cottage-Sanatorium aufhält, wendet er sich direkt an den Dichter: «Ich war Ihnen noch nie so nahe.» Seine – «vielleicht in jedem Sinne» – letzte Publikation legt er bei: *Hemmung, Symptom, Angst,* das Werk, das aus Streit und Verlust hervorgegangen ist, aus seiner Auseinandersetzung mit Otto Rank. Schnitzler besucht ihn im Krankenhaus, Freud bagatellisiert sein schweres Leiden. Als der Schriftsteller ihm zum siebzigsten Geburtstag gratuliert, dankt Freud ihm mit der Aufforderung: «Es soll doch nicht ein Vorrecht des Kranken bleiben, Sie öfter zu sehen.» Aber sie sehen sie sich nur einmal, zufällig, wieder. Auf Schnitzlers Glückwünsche zu seinem 72. Geburtstag, 1928, antwortet Freud mit der düsteren Anspielung: «Aber ‹Revanche› dürfte es nicht mehr geben. Ich kann nicht mehr oder ich habe es satt.» Drei Jahre später, nach seinem 75. Geburtstag, fügt er dem gedruckten Dank handschriftlich hinzu: «Gestatten Sie mir, es schon heute vorwegzunehmen, wenn ich nächstes Jahr nicht in der Lage sein sollte, Ihnen zum Schritt über die Altersgrenze Glück zu wünschen.» Er war nicht mehr dazu in der Lage. Am 21. Oktober 1931 starb Arthur Schnitzler, 69jährig an einer Gehirnblutung.[45]

TRENNUNGEN UND REVISIONEN

Im Juni 1925 unterbreitete Karl Abraham Freud ein Filmangebot. Die Ufa wollte einen populärwissenschaftlichen, psychoanalytischen Film herstellen, mit Freuds Autorisation und unter Mitarbeit und Kontrolle anerkannter Freud-Schüler. Auch wenn ihm Derartiges nicht besonders lag, mochte Abraham nicht ablehnen, da das Projekt dem «Wesen der Zeit» entsprach und bestimmt ausgeführt werde – «wenn nicht mit uns, dann von unberufener Seite». Es gab genug «wilde Analytiker» in Berlin, die sich gierig darauf stürzen würden, die hätten dann den Gewinn, die «Sache» den Schaden. Außerdem lag der Unterschied zwischen diesem «korrekten Angebot» und dem «Vorgehen des Amerikaners Goldwyn» auf der Hand. Der Plan des Films war nämlich folgender: «Der erste Teil dient der Einführung durch eindrucksvolle Einzelbeispiele, welche die Verdrängung, das Unbewußte, den Traum, Fehlhandlungen, Angst etc. illustrieren. (...) Der zweite Teil soll ein menschliches Schicksal im Lichte der Psychoanalyse darstellen und die Heilung nervöser Symptome zeigen.» Dazu sollte eine populäre Schrift über die Psychoanalyse erscheinen, am besten anhand von Fallbeispielen. Publiziert werde sie entweder von einem großen Verlag, der weite Verbreitung sichere, oder im eigenen Psychoanalytischen Verlag. Das wäre doch eine Gelegenheit, durch die dieser wieder auf einen grünen Zweig kommen könnte, versuchte Abraham zu locken, wohl ahnend, daß Freud dem Unternehmen «keine übergroße Sympathie» entgegenbringen würde.[1]

Es war ihm in der Tat nicht sehr behaglich, das «famose Projekt». Er hielt es nicht für möglich, auf der Leinwand abstrakte Dinge irgendwie respektabel zu illustrieren: «Mr. Goldwyn war wenigstens so klug, sich an die Seite unseres Gegenstandes zu halten, welche plastische Darstellung sehr wohl verträgt, nämlich die Liebe.» Wenn ihn seine Erwartungen jedoch trügen sollten, dann wäre er gegebenenfalls zu einer nachträglichen Autorisation bereit. Aber am besten tauchte sein Name gar nicht in diesem Zusammenhang auf. Die Ufa und ihre Berater Karl Abraham und Hanns Sachs waren entschlossen, das Projekt zu verwirklichen, der Film wurde gedreht. Die Regie übernahm G. W. Pabst, der im selben Jahr, 1925, dem Jahr, da der Autor ermordet wurde, mit der Verfilmung von Hugo Bettauers *Die freudlose Gasse* seinen ersten großen Erfolg hatte; die Hauptrolle, einen Chemieprofessor, der von unerklärlichen Mordgedanken gepeinigt ist, spielte Werner Krauß, berühmt durch seine Darstellung des Dr. Caligari, berüchtigt durch seine Rolle in Veit Harlans *Jud Süß*. Im August behauptete *Time* in New York, der Film *Das Geheimnis der Seele* werde von Dr. Freud bis in alle Einzelheiten überprüft. Freud blieb bei seiner Ablehnung: «Die Verfilmung läßt sich so wenig vermeiden wie – scheint es – der Bubikopf, aber ich lasse mir selbst keinen schneiden und will auch mit keinem Film in persönliche Verbindung gebracht werden.»[2]

Indes schien die Psychoanalyse vom Leinwandfieber gepackt. In Wien schrieb Siegfried Bernfeld ein eigenes Drehbuch für einen Film und bot es über den Internationalen Psychoanalytischen Verlag verschiedenen Produktionsfirmen an. Er versuchte sogar, Abraham für dieses Projekt zu gewinnen. Abraham war krank, er litt unter chronischem Husten und Atembeschwerden; eine Bronchitis, glaubte er. Während einer Vortragsreise in Holland hatte er beim Essen eine Gräte verschluckt, das sei wohl die Ursache, hatte man ihm erklärt. Den Sommer verbrachte er zur Erholung in Sils Maria, deshalb hatte Hanns Sachs den größten Teil der Arbeit an dem Ufa-Projekt übernommen. Dem ehrgeizigen Bernfeld hatte Abraham nur mitgeteilt, daß sein Vertrag mit der Ufa eine Klausel beinhalte, wonach er auf die Dauer von drei Jahren keinen anderen psychoanalytischen Film unterstützen dürfe. Es kam zur Kontroverse mit den Wienern. Im Oktober beklagte sich Abraham bei Freud, dieser hatte ihn zuvor der Schroffheit geziehen: Nun war er, Abraham, also wieder einmal in der Lage, in der er schon mehrfach gewesen war. Nie hatte es in den beinahe zwanzig Jahren, die sie einander kannten, Differenzen zwischen ihnen gegeben, es sei denn um Personen, die er – zu seinem Bedauern – kritisieren mußte.

Und jedesmal war es der gleiche Vorgang, schreibt Abraham bitter. Freud ging über alles Anfechtbare im Verhalten der Betreffenden mit Nachsicht hinweg, dagegen entlud sich auf ihn aller Tadel, der später dann als unberechtigt erkannt werden mußte: «Im Falle Jung lautete dieser Tadel ‹Eifersucht›, im Falle Rank ‹unfreundschaftliches Verhalten› und dieses Mal ‹Schroffheit›: (...) ich äußere eine Meinung, die im tiefsten Grunde die Ihrige ist, die Sie aber nicht zum Bewußtsein kommen ließen.»[3] Er hatte den schmerzhaften Punkt getroffen. Freud konstatierte, verärgert und boshaft, daß die Krankheit wohl nichts an Abrahams Benehmen geändert habe, und wollte ihn von nun an als genesen betrachten: «Damit fällt eine große Sorge von mir ab. Es macht mir keinen tiefen Eindruck, daß ich in der Filmsache doch nicht zu Ihrer Ansicht bekehrt werden kann. Manches sehe ich anders und manches weiß ich anders. Wir wollen auch dem Wiederholungszwang nicht zuviel einräumen. Bei Jung haben Sie gewiß recht gehabt, bei Rank schon nicht mehr so ganz. Die Sache ist doch anders verlaufen und wäre noch leichter vorübergegangen, wenn man sie in Berlin nicht so schwer genommen hätte.» Nein, es mußte ja nicht sein, daß Abraham immer recht hatte.[4]

Freud hatte die Affäre Rank noch nicht verwunden. Sein geschätzter Schüler, sein zuverlässiger, sein hingebungsvoller und treuer Ziehsohn, der kleine Rank, war von ihm abgefallen; das konnte er nicht glauben. Und Rank schrieb ihm so freundliche Briefe aus Amerika, er kündigte ihm sogar an, er werde nach Wien zurückkommen, um, hoffentlich, seine frühere Stellung wieder einnehmen zu können. Freud wollte nicht eingestehen, daß der Bruch zwischen ihnen beiden ein endgültiger war.

Abraham hatte allen Grund, verletzt und verbittert zu sein und ihn an den Fall Jung zu erinnern. Wie damals hatte Freud, gefangen in seinen Wünschen und unterdrückten Gefühlen, sich gegen Mahnung und Warnung verschlossen, hatte wie der Tyrann in der antiken Tragödie den Überbringer schlechter Nachrichten getadelt statt die wahren Schuldigen, hatte laviert und intrigiert und sich schließlich in die Lage gefügt, die er im Falle Rank noch bis zum Frühjahr 1926 und darüber hinaus nicht nicht recht akzeptieren wollte. Dieser Verlust traf ihn härter als alle früheren. Adler und Jung hatten, wie die meisten anderen, bereits eine Karriere vorzuweisen, waren als Ärzte und Therapeuten tätig gewesen, hatten Schriften publiziert, als sie sich Freud anschlossen. Aber für Rank hatte er, seit dieser damals, 1906, als junger Gewerbeschüler von Adler in die Mittwoch-Gesellschaft eingeführt worden war, gesorgt wie ein Vater. Und so hatte ihn Rank, der unter der Gleichgültigkeit und Verantwortungslosigkeit seines Vaters gelitten hatte, doch immer gesehen, als den idealen Vaterersatz, großzügig, aufgeschlossen, liebevoll, ermutigend. Darum hatte er nie nach jener Unabhängigkeit gestrebt, die Freuds andere psychoanalytische «Söhne» mehr oder weniger suchten. Es schien ihm zu genügen, der treueste Helfer und Mitarbeiter zu sein, der eifrige und verläßliche Sekretär. Als er 1913 wegen einer Erkrankung längere Zeit nicht arbeiten konnte, war Freud in größter Not; er mußte zittern bei dem Gedanken, sein unentbehrlicher und so intelligenter Gefährte könne für längere Zeit behindert sein. Auch um Ranks Zukunft machte er sich Gedanken: Wenn einer von ihnen einmal reich werden sollte, werde es seine Pflicht sein, in zufriedenstellender Weise für ihn zu sorgen.

Er schätzte ihn nicht nur als Gehilfen und Stellvertreter, sondern auch als inspirierenden Gesprächspartner und originellen Denker, dessen Einfluß auf seine eigenen Theorien er jederzeit zuzugestehen bereit war. Zwei Beiträge Ranks erschienen in Neuauflagen der *Traumdeutung,* und auch später nahm er dessen Anregungen immer wieder auf. Aber im Frühjahr 1923, zu Freuds 67. Geburtstag, hatte dieser ihm seine neue Arbeit über

Das Trauma der Geburt vorgelegt, sie ihm sogar gewidmet. Freud litt noch an den Folgen seiner Operation bei Hajek, natürlich hatte er gleichwohl die Studie sofort gelesen. Man mußte sicherlich gewisse Konzessionen hinsichtlich der darin enthaltenen Hypothesen machen; darum hatte ihn auch Ferenczi gebeten, der mit Rank gerade ein Buch über die Technik der Analyse geschrieben hatte. Doch würde dieser zweifellos gerne die einzelnen Kapitel mit Freud durchsprechen und sich bereit finden, «die im Enthusiasmus etwa begangenen übereilten Äußerungen» zu ändern. Freud wollte das *Trauma* jedoch gar nicht beeinflussen: «Sein Fund ist sehr großartig.»

Beide Bücher erschienen, fast gleichzeitig, Anfang 1924. Ferenczi referierte vor der Wiener Vereinigung die Hauptthesen des mit Rank verfaßten Werks *Entwicklungsziele der Psychoanalyse* – und war erschüttert, daß Freud mit ihrer «Kompaniearbeit» nicht ganz einverstanden war, darin sogar «eine Entgleisung in die längst verlassenen Bahnen des Brüderkomplexes» sehen wollte. Er war doch so froh gewesen über ihrer beider «frische, draufgängerische Initiative»; stets hatte er gefürchtet, seine Schüler und Freunde vom selbständigen Denken abzuhalten. Erst jetzt begann Freud, die mögliche Tragweite ihrer «technischen» Neuerungen zu erfassen, die letztendlich darauf hinausgingen, dem «Agieren», den aktuellen Konflikten des Patienten, mehr Platz einzuräumen, anstatt sich in mühevoller und langwieriger Arbeit der Aufdeckung von Kindheitserlebnissen zu widmen. Auch er hatte in den letzten Jahren versucht, das Ausleben unbewußter Impulse in der Analyse nicht mehr nur zu bekämpfen, sondern es für die Behandlung zu nutzen. Insofern hatte ihn diese Korrektur der klassischen Methode «bestochen», doch mißfiel ihm, daß die «aktive Therapie» eine Vernachlässigung des Verdrängten bedeutete und eine Verkürzung der Analysen: Dies versprach, ein «Weg für Handlungsreisende» zu werden.[5]

Das hatte er Rank und Sachs mitgeteilt, und letzterer trug diese Kritik weiter nach Berlin, wo Abraham, ohnedies schon erregt, auf ernste Unstimmigkeiten eingestellt war; auch Jones hatte bereits Bedenken angemeldet. Aber Freud wollte seinen eigenen Ärger herunterspielen, es handelte sich nicht um eine Auseinandersetzung, sondern nur um eine harmlose Differenz. Er gab sich doch alle Mühe, seine Autorität nicht zu mißbrauchen. Er verlangte doch nicht, daß die Freunde und Anhänger sich seiner Zustimmung zu ihren Gedanken und Arbeiten versicherten, vorausgesetzt, sie verließen den gemeinsamen Boden nicht. Und das war wohl weder bei Rank noch bei Ferenczi der Fall. Es verwunderte ihn sogar, daß deren jüngste Publikationen eine solch «unliebsame Erregung» hervorriefen, schrieb er Mitte Februar an die Mitglieder des Komitees. Er hatte Ranks Widmung akzeptiert, und damit war für ihn jeder Verdacht ausgeschlossen, er kritisiere dessen neue Gedanken. Ansonsten sollte sich niemand, schon gar nicht aus Achtung vor ihm, von eigener, freier Betätigung abhalten lassen. Bei einem halben Dutzend Männern von verschiedenem Temperament war «völlige Übereinstimmung in allen wissenschaftlichen Einzelfragen und über alle neu auftauchenden Theorien nicht möglich und nicht einmal wünschenswert». Er selbst fühlte sich im übrigen für die Rolle eines «despotischen, immer wachsamen Zensors» besonders ungeeignet, da er schwer Zugang zu anderen Denkungsweisen gewann, erst eine Beziehung zu seinen eigenen verschlungenen Wegen finden mußte: «Wenn Ihr also jedesmal bei einer neuen Idee warten wollt, bis ich sie billigen kann, so läuft sie Gefahr, unterdes recht alt zu werden.»[6]

Man sollte, das war seine Empfehlung, in der Technikdiskussion das Abweichen von der «klassischen» Methode vorläufig als ein Experiment ansehen, ein sicherlich nicht ungefährliches, vor allem für ehrgeizige Anfänger, die zu gerne glauben mochten, in vier, fünf Monaten in die tiefsten Schichten des Unbewußten eindringen und dauerhafte Veränderungen hervorbringen zu können. Seine Krankheit hatte ihn Geduld gelehrt, ein wegrasierter Bart brauchte sechs Wochen zum Nachwachsen, und die Narben hörten gar nicht auf zu schmerzen. Abraham ließ sich nicht beschwichtigen. In «wochenlanger, immer erneuerter Selbstprüfung» hatte sich seine Sorge nur verstärkt, daß es sich hier um eine «unheilvolle Entwicklung» handelte, daß es um Lebensfragen der Psychoanalyse ging – also, bitte, «von Ketzerrichterei keine Spur». Sogar ein Gutteil seines üblichen Optimismus war dahin, daran konnte Freud ermessen, wie ernst es ihm war. Der wollte die drohende Gefahr nicht sehen. Erneut wandte er sich in einem Rundbrief an die Freunde: «Es tut mir sehr leid zu glauben, daß Eure Vereinigung nach meinem Verschwinden sofort zerfallen wird, aber jedenfalls bin ich eigensüchtig genug, es verhindern zu wollen, solange ich noch da bin.»[7]

Die beiden, Ferenczi und Rank, hatten nichts, das gab ja selbst Abraham zu, von Jungs Falschheit und Brutalität, nichts von seinem «krummen Charakter», sie mochten irren, aber das war in der Wissenschaft schwer zu vermeiden. Ganz gewiß würde Rank nicht aus irgendwelchen neurotischen und egoistischen Motiven seinen Fund ausnutzen. Freud selbst hatte ihn sogar scherzend dazu beglückwünscht mit den Worten: «Daraufhin macht sich ein anderer selbständig.» Er hatte ihm herzlich für die Widmung gedankt, voll der Freude über seine «bewundernswerte Produktivität», die für ihn selbst soviel bedeute: «Non omnis moriar. (Ich werde nicht ganz sterben – Horaz – mit anderen Worten, meine Werke werden mich überleben).»[8] Das war eine seltsame Zueignung, denn Rank stellte nichts anderes als den «Kern-Komplex» in Frage, und, mehr als das, er verwarf ihn sogar. Nach seiner Hypothese war die «schmerzliche Erfahrung des Geborenwerdens, wenn das Kind durch drohende Erstickung unvermeidlich in Todesgefahr gerät, der Prototyp aller späteren Angstanfälle». Der Rest des Lebens bestand daher aus komplizierten Bemühungen, dieses Trauma zu überwinden oder aufzulösen; andernfalls drohte die Neurose. Das bedeutete, daß seelische Konflikte aus der Beziehung des Kindes zur Mutter entstanden, und der Konflikt mit dem Vater, einschließlich des Ödipuskomplexes, nur das wesentliche Trauma der Geburt verschleierte.

Rank konnte sich mit diesen Gedanken sogar auf Freud berufen, der schon 1908 den «Geburtsakt als Angstquelle» erwähnt hatte, auf das Thema immer wieder zurückkam und es mit einem besonders anschaulichen Beispiel verdeutlichte: «Der Macduff der schottischen Sage, den seine Mutter nicht geboren hatte, der aus seiner Mutter Leib geschnitten wurde, hat darum auch die Angst nicht gekannt.»[9] Nein, sein Schüler schien das gemeinsame Terrain nicht zu verlassen. Ferenczi erinnerte sich, daß Freud, kurz nachdem er von den neuen Ideen gehört hatte, zu ihm sagte, er wisse nicht, ob 33 oder 66 Prozent davon wahr seien, doch jedenfalls sei dies «seit Entdeckung der Psychoanalyse der bedeutendste Fortschritt». Allein die Konsequenz, die Rank daraus für die klinische Arbeit zog, mißfiel ihm. Die Behandlung sollte sich offenbar darauf konzentrieren, den Patienten in der Übertragungssituation das Geburtstrauma wiederholen zu lassen: Diese «Wiedergeburt» stellte die Heilung dar. Dabei wandte Rank den Kunstgriff an, den er von Freud gelernt, den dieser beim «Wolfsmann» einst gebraucht hatte. Er terminierte das Ende der Kur, um die Dauer der Behandlung zu verringern und seine Patienten die «Geburtswiederholung» entdecken zu lassen.

Aber trotz aller Bedenken war Freud in den ersten Monaten des Jahres 1924 sogar bereit, seinen analytischen Liebling Ödipus zu opfern oder wenigstens zu vernachlässigen: Nähme man den extremsten Fall an, daß Rank und Ferenczi es für falsch ansähen, beim Kernkomplex haltzumachen, und daß «die eigentliche Entscheidung (...) beim Trauma der Geburt» läge – dann hätte man eben statt der sexuellen Ätiologie der Neurose «eine physiologisch akzidentell bedingte», wie ein besonders schweres Trauma oder eine besondere Sensitivität. «Was würde da weiter für Unheil geschehen?» Einige Analytiker würden ihre Technik ändern, und wenn schon, «man könnte mit größter Gemütsruhe unter demselben Dach zusammenbleiben, und nach einigen Jahren Arbeit würde es sich herausstellen, ob die einen einen wertvollen Fund übertrieben oder die anderen ihn unterschätzt haben».[10] Doch seine Ruhe war längst dahin. Und daran war er selbst nicht unschuldig, der wieder einmal der Klatschsucht – oder seinem Hang zu psychoanalytischer Politik – erlegen war. Vielleicht wollte er in der Tat nur vermitteln, den Ziehsohn wieder enger an sich binden, als er Rank von Abrahams Verdächtigungen gegen ihn, den Jung redivivus, erzählte.

Das Gerücht verbreitete sich sofort nach Budapest, nun tobte selbst der sanfte Ferenczi: Hinter Abrahams «vorsichtiger Höflichkeit» verbergen sich maßloser Ehrgeiz und Eifersucht, das habe er immer schon gewußt, und dieser Mann besitze nicht einmal den Mut, seine Anklagen offen vorzubringen. Damit schien also das Schicksal des Komitees besiegelt.

Freud versicherte Ferenczi, sein Vertrauen in Rank sei unbedingt: «Es wäre traurig, wenn man sich nach 15–17jährigem Zusammenleben noch getäuscht finden konnte.» Natürlich brachte der Mann alle gegen sich auf, benahm sich überhaupt nicht «mit der heiteren Überlegenheit, die ihm als dem mir in so vieler Hinsicht Nächsten so wohl anstünde». Am besten, Ferenczi sollte sich nicht allzu eng mit ihm verbünden. Dennoch, Ranks Leistungen waren unschätzbar, «seine Person wäre unersetzlich», hoffentlich würde seine Gesundheit den Anstrengungen seiner geplanten Amerikareise gewachsen sein. Bitter nur, daß er ihn damit ein wenig im Stich ließ, gerade jetzt, da er «ein Invalide mit herabgesetzter Arbeitskraft und geschwächter Stimmung» geworden war, der sich keiner Mehrbelastung, keiner Sorge gewachsen fühlte. Aber so war es eben, «hin ist hin, verloren ist verloren. Ich habe das Komitee überlebt, das mein Nachfolger werden sollte, vielleicht überlebe ich noch die Internationale Vereinigung. Hoffentlich überlebt mich die Psychoanalyse».[11]

Zehn Tage vor dem Kongreß in Salzburg 1924 gab Rank in einem Rundbrief die Auflösung des Komitees bekannt; es war, mit dem Einverständnis Freuds und Ferenczis, definitiv begraben. Freud hatte zuvor Abraham getadelt ob seines wenig freundschaftlichen Benehmens, ihn gebeten, sich zurückzuhalten und den weiteren Zerfall der Bewegung zu verhindern. Er selbst empfand es, egoistisch genug, inzwischen beinahe als einen Vorteil, daß er wegen seiner Krankheit und der schweren Erkältung nicht reisen konnte. So ersparte ihm seine «Gebrechlichkeit wenigstens all das, was mit dem neuen Zwist zusammenhängt, anzuhören und zu beurteilen». Abraham und Jones wollten sich mit der Auflösung des Komitees nicht abfinden und versuchten die kollegialen Beziehungen, wenigstens zu Ferenczi, wiederherzustellen, und der schlug schließlich sogar Abraham zum Präsidenten der Vereinigung vor.[12] Rank reiste vor der Wahl nach Amerika ab. Von dort drangen bald beunruhigende Berichte nach Wien. Ranks Neuerungen wurden anscheinend von vielen jüngeren Analytikern begeistert aufgenommen; er erweckte den Eindruck, daß die «alte» Psychoanalyse überholt sei: Nicht der Vater, sondern die Mutter war verantwortlich für alle seelischen Konflikte. Eine Analyse war nunmehr in drei, vier Monaten durchzuführen, dafür konnte man auch höhere Honorare fordern. Ketzerei, rief die alte Garde. Und wiederum verteidigte Freud seinen Ziehsohn: Er stand ihm zu nahe, als daß er fürchten müßte, Rank könne in dieselbe Richtung gehen wie andere vor ihm. Derweil schien dieser sich in Amerika vor Arbeit gar nicht mehr retten zu können und lud Ferenczi ein, ihm für ein paar Monate zu helfen. Jetzt mußte Freud, ohnehin allmählich skeptisch geworden und auf dem Wege von den 66 Prozent zu den 33 Prozent Glauben an das Geburts-Trauma, sich ernsthafte Sorgen machen. Er bat Rank in einem Brief, sich nicht zu fixieren, sich einen Rückweg offenzulassen. Gegenüber Ferenczi deutete er an, daß das merkwürdige Benehmen ihres Freundes in Amerika Zeichen seiner Psychoneurose sei.

«Also wieder ein Fall, wo einer ‹am Erfolge scheitert›», lautete die Diagnose aus Budapest. Im selben Brief weist Ferenczi auf den interessanten Artikel eines Franzosen hin, eines gewissen A.-E. Narjani, der die Frigidität anatomisch, mit der Lage der Klitoris zum Scheideneingang, erklärte. Auch Freud hatte den Aufsatz erhalten, fand ihn interessant, aber das «mechanische Moment» übertrieben: «Es bleibt doch dabei, daß die Klitoris sich geweigert hat, ihre erogene Bedeutung aufzugeben.» Und was Rank anging, so scheiterte er «weniger am Erfolg als an der Unanalysiertheit». Wenn er zurückkam, mußte man das

Problem «mit liebevollen Händen» anfassen.[13] Aber nun traf ein schon Wochen zuvor geschriebener Brief aus Amerika ein, in dem Rank ihn in scharfen Worten der Verblendung zieh: Es war völliger Unsinn, ihm vorzuwerfen, er habe den Vater ausgeschaltet. Er hatte nur versucht, «ihm den richtigen Platz zuzuweisen». Freud brachte vermutlich die persönlichen Beziehungen ins Spiel, und die gehörten da überhaupt nicht hin. Warum hielt er ihm vor, er hätte seine neuen Auffassungen nie vertreten, wenn er analysiert worden wäre: «Dies mag wohl sein. Die Frage ist nur, ob das nicht sehr bedauerlich gewesen wäre. Ich kann das jedenfalls nach allem, was ich von Resultaten an analysierten Analytikern gesehen habe, nur als Glück bezeichnen.»

Es folgen die heftigsten Beschimpfungen gegen die «vorlauten Schreier» in Berlin mit ihren läppischen Plänen und Verschwörungen, Leute von «profunder Ignoranz» wie Abraham: «Vergessen wir nicht, daß die psa. Bewegung als solche eine Fiktion ist. Keine Fiktion sind die Menschen, die eine Bewegung machen, und für die Menschen, die jetzt am Werk sind, in psa. Bewegung zu machen, habe ich offengestanden gar nichts übrig.» Freud war erschüttert. Hatten die Überraschungen nie ein Ende? Niemals hätte er geglaubt, daß Rank so etwas schreiben könnte. Niemals war man auf alles vorbereitet. Nur ein böser Dämon konnte Rank diese Worte in den Mund gelegt haben, die Worte des Feindes. Er solle doch, bitte, nicht der Gefahr erliegen, seine Gefühle als Theorie in die Wissenschaft zu projizieren: «Wäre mein Kranksein weitergegangen, so hätte es Ihnen eine gewisse nicht leichte Entscheidung erspart. Da ich mich, wie es scheint, aufs Weiterleben einrichten muß, stehe ich vor einer Situation, die ich noch vor kurzem als undenkbar verworfen hätte.» Er konnte kein eigenes Verschulden in der Angelegenheit entdecken, aber auch das war kein Trost. Nein, er konnte und wollte die Hoffnung nicht aufgeben, daß der verlorene Sohn, für den seine Gefühle stets die gleichen, also unerschütterlich waren, zur ruhigen Selbstbesinnung zurückkehrte.[14]

Doch alle Zeichen standen dagegen, das wußte er; seine Nichte Lucy, sein Neffe Edward Bernays hatten ihn darüber informiert. Offenbar gab sich Rank irgendwelchen Erlöserphantasien hin, er müsse in New York, wo alles in Unordnung sei, endlich die Dinge ins Lot bringen; und alle priesen ihn, weil es sich mit seinen Modifikationen der Therapie leichter und erfolgreicher arbeiten ließ. Zugleich glaubte er, daß Freuds amerikanische Familie, vor allem Edward, der mit ihm im Interesse des Verlages zusammenarbeiten sollte, ihm feindlich gesinnt sei. Vielleicht war er also doch als «meschugge» anzusehen, vielleicht war durch seinen materiellen Erfolg einerseits und die Tatsache von Freuds Erkrankung andererseits eine latente Neurose manifest geworden. Freud wußte nicht mehr, was er von dem Mann denken sollte, den er seit vielen Jahren als «zärtlich besorgt, dienstfertig, diskret, absolut verläßlich» kannte. «Glauben Sie», fragte er Ferenczi, «daß ein Mensch in solcher Verfassung eine erlösende neue Wahrheit findet oder in solche gerät, weil er sie gefunden hat?»[15] Welches war nun der wahre Rank, der, den er so lange kannte, oder der, den ihm die Freunde zeigen wollten? Er mußte ja selbst immer öfter an die Deserteure von einst, die Abtrünnigen, denken. Rank schien in einer «Entdeckerparanoia» zu stecken, nur würde er mit seinem Fund nicht soviel Glück wie seinerzeit Adler haben, der mit seinem «Machtstreben» dem Common Sense schmeichelte.

Aber bloß keinen Skandal aus der Sache machen, am besten man behandelte die ganze Affäre als eine «Entgleisung in der Familie», die Fremde nichts anging. Oder sollte man doch an den Angestellten denken, der sich durch seine Korrektheit über Jahrzehnte großes Vertrauen erworben hatte, um dann eine Riesensumme zu veruntreuen? Hatte sich Rank von Anfang «aufgrund eines neuen Patentverfahrens, das man geheimhält», selbständig machen wollen? Die Familie war uneins, selbst Ferenczi rückte von ihm ab, und Anna hatte sich der Meinung der Berliner völlig angeschlossen, spie Feuer, wenn der Name Rank genannt wurde. Als dieser im Oktober nach Wien zurückkehrte, war Freud völlig verunsichert. Zu unaufrichtig klangen seine Erklärungen, daß er sich auf keinen Fall von der Analyse trennen wolle, seine Stellung jedoch gefährdet finde durch die «Berliner Denunziation» und daß er an seine Existenzmöglichkeit denken müsse. Deshalb wolle er auch wieder für einige Zeit nach Amerika zurückkehren. Anspielend auf des Hades' Gattin Persephone, die einen Teil des Jahres im Dunkel, den anderen im Licht verbringt, sagte ihm Freud nun ganz klar, «daß ein Redakteur und Verlagsleiter, der nur sechs Monate auf der Oberwelt zubringt, eher in die Mythologie paßt als in den analytischen Betrieb». Ein neuer Leiter des Verlags wurde bestellt, die Redaktion sollte Sandor Radó übernehmen, nur an der *Imago* sollte Rank weiter mit Sachs beteiligt bleiben. Auch in dem auf Ferenczis Vorschlag wiederhergestellten Komitee fand er keinen Platz mehr, den nahm nun Anna Freud ein.[16]

Derweil lief Rank mit einem «fürchterlich schlechten Gewissen» durch Wien; er wirkte, als sei er verprügelt worden. Man war inzwischen durch Brill über seine amerikanischen Aktivitäten noch eingehender informiert. Seine Analysanden hatten, einer nach dem anderen, behauptet, daß man Träume nicht mehr zu deuten brauche, überhaupt die ganze Sexualität los sei. Das erinnerte nur zu sehr an Jungs Amerikafahrt 1912. An Lou Andreas-Salomé schrieb Freud, Rank habe in Amerika seine «Rettungsinsel» gefunden, nachdem er seine Existenz durch die Erkrankung seines Meisters bedroht gesehen habe: «Eigentlich ist es ein Fall, daß die Ratte das sinkende Schiff verläßt.» Und Amerika versprach «reiche Dollarernte», allerdings verlor man dort auch rasch den Geschmack an Sensationen, deshalb wollte Rank wohl in Wien den «Fuß im Steigbügel» behalten.[17] Abraham diagnostizierte «eine unverkennbare Regression ins Anal-Sadistische», die sich über Jahre vorbereitet hatte, und gab Rank, «einen unserer Besten», zwar verloren, aber er war doch nur *einer* von ihnen. Die alte Garde, in die sich glücklicherweise auch Ferenczi wieder voll und ganz einreihte, war Freud geblieben; sie würde nicht nachgeben in ihrem Eifer, den lieben Herrn Professor noch recht viel Befriedigendes erleben zu lassen.

Aber dann ereignete sich, was Jones nur «ein Wunder» nennen konnte. Rank war auf seinem Weg nach New York nur bis Paris gekommen und kehrte nach kaum einer Woche nach Wien zurück, «angeblich, weil es ihm vorkam, als hätte er sich von der Frau» – seiner Gattin Tola – «nicht zärtlich genug verabschiedet, in Wirklichkeit, weil er in einer starken Depression ist».[18] Er konsultierte Freud täglich. Am 20. Dezember 1924 sandte er ein Rundschreiben an seine Kollegen, worin er sich demütigst des gegen sie begangenen Unrechts anklagte und um Verzeihung bat: Er habe eine Neurose durchgemacht, ausgelöst durch das Trauma der Krebserkrankung des Professors. Nun habe er auch Art und Mechanismus seiner Reaktion aus seiner persönlichen Kinder- und Familiengeschichte – Ödipus- und Bruderkomplex – durchgearbeitet und hoffe, bei den Kollegen gleiches «analytisches Verstehen» zu finden wie bei Freud. Das «Intermezzo mit Dr. Rank» schien glücklich vorüber. Der verlorene Sohn war zurückgekehrt und hatte Selbstkritik geübt.[19]

Freud forderte von seinen engsten Mitarbeitern, einen Strich unter die Rechnung zu machen, das Frühere zu vergessen und dem in den Schoß der Familie Zurückgekehrten neuen Kredit einzuräumen. Wie erfreulich war es doch, daß «wir nicht wieder einen von uns als Gefallenen oder Marodeur auf der Strecke liegen lassen sollen»; und sicherlich würde Rank «nach einer Zeit der Erholung wacker in unseren Reihen mitkämpfen».[20] Er glaubte nicht, daß sich je ähnliches wiederholen würde, der Mann war geheilt, als hätte er eine regelrechte Analyse durchgemacht. Nun wollte er noch einmal nach Amerika aufbrechen, um auch dort alles wiedergutzumachen. Freud hatte sein Mißtrauen völlig überwunden, vielleicht würde das bei den Freunden ein wenig länger dauern, doch sollten sie sich immer daran erinnern: «Alle Toleranz für den Kranken und Sympathie für den Genesenden.» Sie wollten nicht recht daran glauben, weder in Berlin noch in London, daß der «liebe Otto» so gründlich geheilt war, jedenfalls sollte er bis zur endgültigen Revision seiner Theorien nichts veröffentlichen und währenddessen Kritik und Aussprache mit ihnen suchen. Anfang Januar 1925 reiste Rank, im März war er wieder aus Amerika zurück, deprimiert und in elender Verfassung, doch Freud vertraute ihm weiterhin vollkommen. Sie führten «fruchtbare analytische Gespräche», und im September, beim Kongreß in Bad Homburg, versuchte Rank, sich auch den Komiteemitgliedern wieder anzunähern. Aber Abraham sah ihn auch jetzt noch als durchaus kranken Mann, der seinen Vortrag in rasendem Tempo herunterrasselte; und wieder waren alle Behauptungen aus der Luft gegriffen. Alles deutete für den erfahrenen Kliniker auf einen neuen manischen Zustand, dieses Mal eher mit euphorischem als mit reizbarem Unterton.

Freud sorgte sich viel mehr um Abrahams gesundheitlichen Zustand. Der Kongreß hatte ihn sicherlich zu sehr angestrengt, er hoffte nur, daß seine «Jugendlichkeit die Störung bald überwinden wird». Dabei war ihre Beziehung getrübt wie nie zuvor; Freud nahm ihm nicht nur sein Verhalten in der Filmangelegenheit und in Sachen Rank übel, es mißfiel ihm auch, daß sein «Casimiro» sich ausgerechnet an Fließ gewandt hatte und sich nicht nur von ihm behandeln ließ, sondern geneigt schien, dessen wirre Theorien von der Periodizität anzunehmen. Das brachte Abraham im Oktober sogar in einem Rundbrief an die Komiteemitglieder zum Ausdruck: Fließ wiege drei Professoren der inneren Medizin auf, und «in frappanter Weise» scheine sein Krankheitsverlauf die Periodenlehre zu bestätigen. Inzwischen hatte er Koliken, die Leber war schmerzhaft geschwollen. Er hielt dies für eine Störung der Gallenblase und bestand auf einer Operation, wobei man den Termin nach den Fließschen Berechnungen ansetzen sollte. Er berichtete Freud auch, daß der frühere Freund sich «wiederholt mit sehr warmer Anteilnahme» nach seinem Befinden erkundigt habe. Dieser Ausdruck der Sympathie nach zwanzig Jahren lasse ihn ziemlich kalt, war Freuds Antwort. Abraham fühlte sich Fließ gegenüber zum allergrößten Dank verpflichte, er glaubte, daß sein «Prozeß in der Lunge» ausheile.

Vielleicht wußte er selbst nicht, wie krank er war, und Fließ' diagnostische wie therapeutische Künste waren bekanntermaßen mehr als fragwürdig; vielleicht wollte er auch die Freunde

schonen, vor allem Freud, dem sein Kranksein überhaupt nicht
gefiel. Er empfand es «als eine Art von unlauterem Wettbewerb», von dem Abraham möglichst ablassen solle. Das hatte
er ihm, um Ironie bemüht, schon im Sommer geschrieben, voller Erstaunen und Mißvergnügen, daß der Bronchialinfekt noch
immer nicht abgelaufen war: «Das paßt mir nicht zu Ihnen. Ich
will Sie mir als stetig unbeirrt Fortarbeitenden vorstellen.» Und
Abraham tat ihm den Gefallen, berichtete ihm Ende Oktober
von seinen neuen Aufsätzen, gab sich gewohnt streitbereit. Damit fiel eine große Sorge von Freud ab. Wichtiger als alle Meinungsverschiedenheiten, die sich ja doch nie verhindern, sondern nur rasch überwinden ließen, war es, daß Abraham seine
Gesundheit pflegte, den Winter womöglich in einem milderen
Klima verbrachte. Jedenfalls wollte er nicht mehr um ihn bangen müssen.[21] Vier Wochen später war er mehr als beunruhigt:
«Abrahams Krankheit hält uns alle in Atem, und wir sind sehr
unglücklich darüber, daß die Nachrichten so unbestimmt und
darum so unheimlich lauten.» Inzwischen hatte Felix Deutsch
den Patienten aufgesucht. Ob er erkannte, daß Abraham Lun-
genkrebs hatte, vermutlich mit Metastasen in der Leber? Im
Lichte späterer medizinischer Erkenntnisse waren sich, laut
Jones, alle einig, daß das «undiagnostizierte Leiden» ein Krebs
war, «der in etwas mehr als sechs Monaten unaufhaltsam seinen Lauf nahm». Wenn Deutsch dies wußte, so hatte er gegenüber Freud wieder einmal geschwiegen und nur gewarnt, daß
sich der Patient in einem kritischen Zustand befinde. Man sollte auf das Schlimmste gefaßt sein. Freud wollte es nicht glauben,
er klammerte sich an Casimiros Mut und Tapferkeit: Die Aussichten waren düster, aber solange Abraham lebte, konnte man
hoffen, da es bei dieser «Affektion oft eine Genesungschance
gibt». Doch wünschte er, daß Ferenczi nach Berlin reiste und,
wenn möglich, auch Jones; er selbst fühlte sich nicht wohl genug. Er wollte die Realität nicht sehen: «Ich nehme absichtlich
davon Abstand, die Folgen auszumalen, falls dieses fatale Ereignis eintritt.» Zwei Tage später telegraphierte Sachs an Jones:
«Abrahams Zustand hoffnungslos.» Aber noch am 21. Dezem-

ber versuchte Freud, sich zu beruhigen, er hatte nichts Neues gehört, schrieb er Jones. Und die letzten Nachrichten klangen doch nicht schlecht, auch seine Analysandin und Übersetzerin Alix Strachey war schließlich von einem schweren Lungenabszeß genesen, und Abrahams Herz arbeitete gut. Er mußte seinem Brief ein Postskriptum anfügen: Deutsch hatte soeben angerufen, die Lage war verzweifelt. Karl Abraham starb, gerade 48 Jahre alt, vier Tage später, am Weihnachtstag.

Freud war zutiefst getroffen. Er konnte nur wiederholen, was Jones gesagt hatte: «Abrahams Tod ist vielleicht der größte Verlust, der uns treffen konnte, und er hat uns getroffen. Ich nannte ihn in Briefen scherzhaft meinen ‹rocher de bronze›. Ich fühlte mich sicher in dem absoluten Vertrauen, das er mir wie allen anderen einflößte.» Niemals hatte er geglaubt, daß die Differenzen der letzten Monate, der letzten Jahre mehr als eine lästige, aber doch läßliche Meinungsverschiedenheit bedeuteten. In seinem Nachruf auf Abraham wollte er ein Wort von Horaz gebrauchen: «Integer vitae scelerisque purus» – «Wer im Wandel rein und frei von Schuld ist». Das war keine solchen Anlässen vorbehaltene Übertreibung, die waren ihm immer besonders peinlich gewesen, «aber bei diesem Zitat habe ich die Empfindung, wahrhaftig zu sein».[22] Denn mit diesem Manne, so schrieb er in seinem Epitaph, «begraben wir eine der stärksten Hoffnungen unserer jungen, noch so angefochtenen Wissenschaft, vielleicht ein uneinbringliches Stück ihrer Zukunft. Unter allen, die mir auf dem dunklen Wege der psychoanalytischen Arbeit gefolgt waren, erwarb er eine so hervorragende Stellung, daß nur noch ein Name neben seinem genannt werden konnte. Das Vertrauen der Mitarbeiter und Schüler, das er in uneingeschränktem Maße besaßt hätte ihn wahrscheinlich zur Führerschaft berufen, und sicherlich wäre er ein hervorragender Führer zur Wahrheitsforschung geworden, unbeirrt durch Lob und Tadel der Menge, wie durch den lockenden Schein eigener Phantasiegebilde.»[23] Mehr vermochte er über den «Verlust des so viel jüngeren Freundes» nicht zu sagen. Es war ihm zu schwer. Noch Wochen später konnte er Abrahams

Witwe nur schreiben, er habe keinen Ersatz für ihn und keinen wirklichen Trost für sie: «Daß wir die Mißhandlungen des Schicksals resigniert ertragen müssen, wissen Sie auch; daß mir der Verlust darum besonders schmerzlich ist, weil ich denke, meiner voraussichtlich so kurzen Lebensdauer hätte er leicht erspart werden können – diese egoistische Alterseinstellung werden Sie erraten haben.»[24]

Am 24. März 1926 hatte *Geheimnisse einer Seele* Premiere. «Nicht nur ein geschickter, sondern ein bleibender Film, dieses psychoanalytische Kammerspiel», hieß es in einer Kritik, die vor allem die Traumszenen, an denen Abraham und Sachs entscheidend mitgearbeitet hatten, als «bannend, überzeugend, natürlich» pries. Lotte Eisner fand diese Sequenzen, in denen ein neutraler, weißer Hintergrund die Aufhebung der Beziehungen zur Realität bedeuten sollte, eher «süßlich (...) im Öldruckstil», aber im ganzen hatte sich der Film all jener Errungenschaften bemächtigt, die ihm der Expressionismus als Erbe anbot. Der junge Axel Eggebrecht lobte in der *Literarischen Welt* ebenso die «verhaltene Erregung des Ganzen», die «grandiose Eindringlichkeit des hier unersetzlichen Schauspielers Werner Krauß» und die herrliche Photographie: Das ergab «ein großes Kunstwerk aus Traum, Manie, Not und Erlösung – ein großes Kunstwerk aus einer psychiatrischen Krankengeschichte». Nur leider hatte ein Mitarbeiter, der sich in letzter Minute einmischte, vieles verdorben: die Filmzensur. Die Freudsche Lehre, die stand und fiel mit der Bedeutung ihrer Sexualtheorie, durfte in Büchern verbreitet, in Vorträgen erläutert und sogar in Witzen «verkomischt» werden: «Aber über den Film hat die Zensur», so Eggebrecht, «Gott sei Dank noch genug Gewalt, um zu verhindern, daß mit seiner Hilfe eine Theorie allgemein verbreitet wird, die allerdings das ganze Dasein einer Zensur als höchst traurigen Verdrängungsvorgang erläutern würde.»[25]

Kurz nach der Premiere des ihm so mißliebigen Werks, am 12. April 1926, begegnete Freud Rank zum letztenmal. Er war fertig mit ihm und mit seinen eigenen Phantasiegebilden. Nach Abrahams Tod, der für ihn eine solche Katastrophe bedeutete, schien er endlich verstanden zu haben. Rank reiste nach Paris, aber das war, glaubte Freud, «nur eine Station auf dem Weg nach Amerika». Er wollte auch nicht mehr über die Motive spekulieren: «Die Hauptsache ist doch, daß er jetzt auf sozusagen nüchternem, kaltem Weg ausgeführt hat, was er zuerst in stürmischem Krankheitsanfall erreichen wollte: die Loslösung von mir und von uns allen.» Seine Theorie vom Geburtstrauma galt ihm endgültig als Niederschlag der Neurose. Man war quitt, Freud wollte niemanden aus Dankbarkeit an sich fesseln, Rank hatte viel geschenkt bekommen und viel geleistet: «Aber wir dürfen ein Kreuz über ihn machen, Abraham hat recht behalten.»[26]

Kurz nach seiner Abreise veröffentlichte Rank sein Buch *Technik der Psychoanalyse,* worin er behauptete, der Kindheitstraum des «Wolfsmanns» stamme in Wirklichkeit aus einer späteren Lebensphase des Kranken während der Behandlung. Der Patient habe Freud hereingelegt. Die angeblichen weißen Wölfe seien in Wahrheit Entlehnungen, den Photographien von den Komiteemitgliedern nachentworfen, die in Freuds Behandlungszimmer hingen; die Wölfe waren also Analytiker. Freud bat Sergej Pankejeff um Aufklärung. Der hatte keinen Zweifel, der Traum hatte ihn während seiner ganzen Kindheit gequält, und er hatte ihn gleich zu Beginn der Analyse erzählt.[27] Jetzt war Freud wirklich fertig mit Rank, auch wenn er es zur Empörung nicht recht bringen konnte. Sollte er doch ruhig in die Irre gehen und dafür originell erscheinen, zu seinem Kreis gehörte er jedenfalls nicht mehr. Freud wußte auf seine Weise zu reagieren. Er unterzog das Phänomen der Angst einer neuen Überprüfung, eigentlich lauerte das Problem für ihn längst im Hintergrund, jetzt mußte man sich ihm stellen wegen der «Rankschen Mahnung, der Angstaffekt sei (...) eine Folge des Geburtsvorganges und eine Wiederholung der damals durchlebten Situation».[28] Schließlich hatte er das selbst einst geglaubt und behauptet, das müsse öffentlich korrigiert werden. Dennoch nahm er in seinem Aufsatz *Hemmung, Symptom, Angst* den einstigen Protegé noch immer ein wenig in Schutz. Er war kein Adler, sondern auf dem Boden der Psychoanalyse geblieben. Ranks Idee war «eine legitime Bemühung zur Lösung der analytischen Probleme», sie widersprach nicht der ätiologischen Bedeutung der Sexualtriebe. Freud selbst schränkt nun deren Rolle bei der Entstehung von Angst radikal ein. Zwar will er die frühere Theorie nicht gänzlich entwerten, daß angehäufte und nicht abgeführte sexuelle Erregung, daß der durch Abstinenz, mißbräuchliche Störungen, Ablenkungen, Coitus interruptus etc. bewirkte Libidoüberschuß sich in Angst verwandle. Doch im Prinzip tut er nichts anderes, wenn er erklärt, Angst entstehe nicht aus Verdrängung, sondern schaffe diese gerade erst. Schon das neue Modell der Psyche hatte gelehrt, daß das Ich die «eigentliche Angststätte» sei. Angst war demnach ein Affektzustand, der nur vom Ich verspürt werden kann. Das chaotische, unorganisierte Es konnte Gefahrensituationen gar nicht beurteilen, allerdings konnten sich in ihm häufig «Vorgänge vorbereiten oder vollziehen, die dem Ich Anlaß zur Angstentwicklung geben». So ließen sich die drei Hauptarten, die reale, die neurotische und die Gewissens- oder soziale Angst, auf die Abhängigkeiten des Ich zurückführen, seine dreifache Bedrohung durch die Außenwelt, durch das Es und das Über-Ich.

Dabei ist Freud durchaus bereit, das Geburtstrauma als eine Art «Urangst» anzuerkennen, als das biologische Moment, das die ersten Gefährdungen darstelle und das Bedürfnis schaffe, «geliebt zu werden, das den Menschen nicht mehr verlassen wird». Das heißt, die Angstbereitschaft ist angeboren, aber sie ist nicht unmittelbar nach der Geburt am größten, sondern tritt erst im Verlaufe der seelischen Entwicklung hervor. Das Kind, das unter dem Alleinsein, unter der Dunkelheit, dem Weggang der Mutter leide, lerne, die automatische, ungewollte Entstehung von Angst als Signal von Gefahr zu reproduzieren – in der Furcht vor dem Liebesverlust und in der Hoffnung, selbsttätig die traumatische Situation lenken zu können, das peinliche Erleben auf eine Andeutung zu beschränken: wie bei einer Impfung «durch einen abgeschwächten Krankheitsausbruch einem ungeschwächten Anfall zu entgehen». In einer nächsten, der phallischen Phase, wandle sich Trennungsangst in Kastrationsangst, die sich, mit der Entwicklung des Über-Ich und der Entmachtung der gefürchteten elterlichen Instanz, schließlich zur Gewissensangst, zur sozialen Angst umforme. Endlich bleibe als letzte die Todesangst, «die Angst vor der Projektion des Über-Ich in den Schicksalsmächten». Aber all diese Momente, so Freud, werden nicht nacheinander durchlebt und erledigt, sie lösen einander nicht ab, sondern bestehen weiter im Unbewußten und können jederzeit wieder geweckt werden. Damit war die einseitige Ansicht Ranks zurückgewiesen, andererseits hebt Freud, deutlicher als bisher, die Rolle der Mutter als der beschützenden, nährenden, sorgenden Liebesperson hervor: Im Grunde sind alle Ängste mit dem Gefühl der Trennung, der Hilflosigkeit verbunden, der Unfähigkeit, mit einer Reizüberflutung von außen wie von innen fertig zu werden.[29]

So kommt der Angst als Warnung vor drohender Gefahr eine lebenswichtige Funktion zu, als Schutz gegen Bedrängnisse; so scheint jener Affekt einen Vorzug vor allen anderen zu genießen. Nur, fragt Freud weiter, warum hilft das Erwachsenwerden nicht gegen die Wiederkehr ursprünglicher traumatischer Situationen, warum kann der erste Angstanfall – auf der Straße, in der Eisenbahn, allein im düsteren Zimmer – immer wieder belebt werden, warum versagt der seelische Apparat bei der Bewältigung gewisser Erregungsmengen? Beim Neurotiker sind die Reaktionen auf Gefahren erhöht, gewiß, aber auch für den «Normalen» ist es gleichgültig, ob diese eingebildet oder real sind. Daher stellt sich die Frage neu, was Verdrängung bedeutet, was sie leisten kann. Freud nimmt den frühen Begriff der «Abwehr» wieder auf – als «allgemeine Bezeichnung für alle die Techniken (...), deren sich das Ich in seinen eventuell zu Neurosen führenden Konflikten bedient.» Die Verdrängung hingegen wird zum Spezialfall, zur Bezeichnung vor allem der Vorgänge, die das Ich vor den Ansprüchen der Triebe schützen.[30] Und seine Methoden der Abwehr sind raffiniert und vielfältig. Schon die simple Konzentration auf eine Arbeit könne dazu dienen, alle für diese gleichgültigen Wahrnehmungen und Gefühle, aber insbesondere die störenden, gegensätzlichen Neigungen fernzuhalten. Genauso verdränge der Neurotiker seine Haßgefühle gegenüber dem Vater, gegenüber geliebten Personen. Aber woher kommt dann die Neurose, was ist ihr letztes, ihr besonderes Motiv? Freud wagt, auch diese Frage wieder aufzuwerfen, die Frage, mit der alles begann. Und er gibt mutig zu: «Nach jahrzehntelangen analytischen Bemühungen erhebt sich dieses Problem vor uns, unangetastet, wie am Anfang.»[31] Rank besprach die Studie, um noch einmal seine eigenen Theorien darzulegen. Freud mühte sich um Milde; der Krankheitsgewinn in Gestalt der materiellen Unabhängigkeit mußte für Rank sehr groß gewesen sein. Sein kühner und geistreicher Versuch war, so schreibt er noch zehn Jahre später, geboren aus der Zeit, «unter dem Eindruck des Gegensatzes von europäischem Nachkriegselend und amerikanischer ‹prosperity› konzipiert und dazu bestimmt, das Tempo der analytischen Therapie der Hast des amerikanischen Lebens anzugleichen».[32] Seine orthodoxen Schüler und Anhänger waren weniger freundlich aufgelegt. Jones beharrte darauf, daß Rank an einer Zyklothymie oder manischen Depression litt; damit konnte er sich auf Abrahams Diagnose, aber auch auf Freuds eigene Äußerungen berufen. Der Meister selbst hatte, wie im Falle Adler, wie im Falle Jung, das analytische Repertoire geliefert für derartige Verdächtigungen und Anwürfe. Die sich in seiner Nachfolge sahen, berufen oder unberufen, konnten sich, wie es in der Folge immer wieder geschah, freudianischer geben als Freud. Man mußte seinem Urteil, hatte Jones sogar gegenüber Abraham geäußert, manchmal Nachsicht angedeihen lassen, berücksichtigte man alle Faktoren, «Alter, Krankheit und die hinterhältige Propaganda näher bei ihm zu Hause». Aber selbst wenn man riskierte, sich dem Professor durch «eine zu große Treue zu seinem Werk» zu entfremden, wenn man zwischen der Psychoanalyse und persönlichen Erwägungen wählen müßte, so war es klar, daß man der Analyse den Vorrang zu geben hatte.[33]

Dem alten Taktierer in Wien mochte es nicht übel gefallen

haben, daß er die Hauptschuld an dem Zerwürfnis mit Rank den getreuesten, den gestrengsten seiner Schüler geben konnte. Und war nicht dieser selbst der déformation professionelle verfallen, der Krankheit der raschen Deutungen, der im Namen der Psychoanalyse vorgebrachten Bezichtigungen und Denunziationen? In Paris gewann er wohlhabende amerikanische Patienten und einen neuen Kreis von Anhängern, in dessen Mittelpunkt Henry Miller und Anaïs Nin standen. Miller spielte sogar, nachdem er Ranks Buch *Kunst und Künstler* gelesen hatte, mit dem Gedanken, Analytiker zu werden – wenn man den autobiographischen Aufzeichnungen der Nin Glauben schenken darf. Mehr als genug spricht dagegen. Immerhin hatte sie ihn nicht ganz falsch porträtiert, den Doktor Rank, den kleinen Mann mit den dunklen Augen hinter seinen dicken Brillengläsern, mit dem «gedrungenen Dr.-Caligari-Körper, den ungleichen Zähnen». Aber ob er ihr, seiner damaligen Analysandin, späteren Geliebten und Mitarbeiterin, wirklich gesagt hat, er halte nichts davon, die Zeit damit zu verschwenden, in das Labyrinth der Vergangenheit hinabzusteigen? Die Neurose sei «wie ein virulenter Abszeß, eine Infektion», man müße sie kräftig und in der Gegenwart anpacken. Weshalb die Tiefenpsychologie zum schlimmsten Feind der Seele geworden sei: «Sie tötet, was sie analysiert.» Bei Freud und seinen Schülern habe er genug Analysen erlebt, die nur noch «zeremoniell und dogmatisch» gewesen seien.[34] Deshalb sei er «aus der ursprünglichen Gruppe ausgestoßen worden», obwohl er doch dereinst von Freud zum Erben, zum Ehemann seiner Tochter Anna bestimmt worden sei. Er trug, so Anaïs Nin, noch immer den Ring mit der Gemme.

Mitte der dreißiger Jahre übersiedelte er endgültig nach New York, angeblich aus finanziellen Gründen, weil er in Paris nicht genug verdienen konnte, um seine anspruchsvolle Frau und seine Tochter zu unterhalten, und aus Sehnsucht nach einem neuen Leben, nach Lebendigkeit. «Eine neue Welt, eine neue Welt», soll er gemurmelt haben, als ihm Anaïs Nin in einem Klub in Harlem, inmitten der wilden und geschmeidigen «Neger», das Tanzen beizubringen versuchte. Und er wollte immer wieder dahin zurück, wollte es seinen Patienten sogar verschreiben: «Gehen Sie nach Harlem!» Aber sie müßten mit ihr gehen, mit Anaïs.[35] Tola Rank war in Paris geblieben, sie hielt Freud die Treue. Ihre Ehe mit seinem einstigen Lieblingsschüler wurde 1939 geschieden; er verheiratete sich neu und wollte nach Kalifornien ziehen, wo seine zweite Frau eine Ranch besaß. Es kam nicht dazu. Otto Rank starb Ende Oktober an einer Kehlkopfentzündung, nur wenige Wochen nach Freud.

Ob seine Theoriemethode, auf die sich später der Erfinder des «Urschreibs», Arthur Janov, und Scharlatane aller Art beriefen, etwas geleistet hatte für die Kranken? «Wahrscheinlich nicht mehr, als die Feuerwehr leisten würde, wenn sie im Falle eines Hausbrandes durch eine umgestürzte Petroleumlampe sich damit begnügte, die Lampe aus dem Zimmer zu entfernen, in dem der Brand entstanden war.»[36] Da war Freud sicher. Wie groß und bedeutend Ranks Beitrag zur Theorie war, ließ sich schwer entscheiden; es gab in der Psychoanalyse keine letzte Ursache, es ließ sich kein Bazillus isolieren. Freud hatte immer vor allzu schnellen Schlüssen, vor extremen Parteinahmen gewarnt, davor, etwa die «Schwäche des Ich gegen das Es, des Rationellen gegen das Dämonische» zum Grundpfeiler einer Weltanschauung zu machen. Das sollte den Philosophen überlassen bleiben, die ohne einen derartigen Baedeker die Lebensreise nicht ausführbar fanden. Aber auch «Lebensführer» veralteten rasch: «Wenn der Wanderer in der Dunkelheit singt, verleugnet er seine Ängstlichkeit, aber er sieht darum nicht heller.»[37]

Und was konnte gerade ihm das Leben an neuen Gaben bringen? «Doch meist Negatives, Verluste, auch an Menschen, von denen man ein Stück besessen hat.» An die «unverwüstliche Freundin», Lou Andreas-Salomé, schrieb er, der «Altersgrant» sei nunmehr endgültig bei ihm eingezogen, «die volle der Monderstarrung vergleichbare Ernüchterung, das innerliche Frieren». Aber dennoch, das war ihm Trost und Gewißheit, sein neues Buch über die Angst würde «die Wässerchen trüben». Um so besser, wie gut, «wenn die Leutchen merken, daß wir noch nicht das Recht zur dogmatischen Erstarrung haben und daß wir bereit sein müssen, den Weinberg immer wieder umzuackern». Die Psychoanalyse war unendlich lebendig, schwärmte seine Frau Lou: «Nicht nur ‹junge Wissenschaft› sondern für alle Zeit, mit dem Ältesten voran, Wissenschaft der Jungen.»[38]

EIN WEIBLICHER HOFSTAAT

Im Mai 1930 empfängt Aristide Briand, mehrfacher Ministerpräsident Frankreichs, Friedensnobelpreisträger, politische Legende schon zu Lebzeiten, einen dringlichen Brief seiner ehemaligen Geliebten. Sie erbittet die Briefe zurück, die sie ihm geschrieben hat, da sie sich in den kommenden Tagen einer Operation unterziehen muß, um deren Ausgang sie bangt. Vielleicht könne Briand ihr die Briefe selbst überbringen, sollte es ihr jedoch zu schlecht gehen, möge er sie ihrer zuverlässigen Freundin übergeben, die mit ihr im Hospital wohne, einer amerikanischen Ärztin, Madame Mack Brunswick, wie sie Schülerin von Freud. Falls sie die Operation nicht überleben sollte, sei das vertrauliche Paket bei Dr. Raymond de Saussure in Genf zu hinterlegen. Marie Bonaparte, Prinzessin Georg von Griechenland, läßt sich von dem Wiener Gynäkologen Josef von Halban die Klitoris verlegen, bereits zum zweiten Mal. Die erste Operation war erfolglos geblieben, die Stelle, an der vorher die Klitoris lag, ist immer noch überempfindlich. Marie Bonaparte will endlich von ihrer Frigidität erlöst werden. Diesmal wird Halban den Abstand zur Vagina noch mehr verringern, gleichzeitig hat er zu einer Entfernung der Gebärmutter geraten. Auf Bitten der Prinzessin ist er, begleitet von ihrem Wiener Leibarzt Max Schur, eigens nach Paris gekommen, um den Eingriff im Hôpital Américain durchzuführen. Am 31. Mai kehrt die Prinzessin ohne ihre Briefe nach Hause zurück; Briand war ihrem Drängen nicht gefolgt.[1]

Einer der heftigsten Fürsprecher des Halbanschen Verfahrens war jener A.-E. Narjani, dessen *Considérations sur les causes anatomique de la frigidité chez la femme* Freud und Ferenczi im Sommer 1924 lasen. Aufgrund einer Studie mit zweihundert zufällig ausgewählten Versuchspersonen, an denen sorgfältige Messungen vorgenommen wurden, hatte der Autor die Operation all den Frauen angeraten, die «heftig begehren», doch keine Lust verspüren, und deren Frigidität keine psychischen, sondern anatomische Gründe hatte, da bei ihnen die Klitoris zu weit entfernt war von der Vagina. Am besten man nahm den Eingriff schon in der Kindheit vor. Sonst waren diese zumeist sehr großen Frauen, wie die Recherchen ergeben hatten, dazu «verdammt, in ihrer Sinnlichkeit chronisch enttäuscht zu werden, was viele nervöse Störungen verursacht, oder (...) gezwungen, sich mit Onanieren zu begnügen, was psychisch immer unbefriedigender ist, oder sie müssen sich einen rücksichtsvolleren Liebhaber suchen». Und selbst ein solcher würde ihnen kaum zu ihrem Glück verhelfen. Dabei trat der Verfasser der Freudschen Ansicht, die klitorale Lust müsse, wenn die Frau in ihrem sexuellem Leben nicht scheitern solle, der vaginalen weichen, entschieden entgegen: Die Klitoris war das «zentrale Organ der sexuellen Lustgefühle». Ein Jahr nach Erscheinen dieses Aufsatzes, im September 1925, wurde A.-E. Narjani, natürlich niemand anderes als die Prinzessin Bonaparte, in der Berggasse erwartet. Am 28. Oktober begann ihre Kur, in ihr *Journal d'analyse* trug sie ein, mit Freuds Hilfe wolle sie «Penis und Orgasmusfähigkeit» erhalten.[2]

Der französische Analytiker René Laforgue hatte sich ihretwegen an Freud gewandt. Mit Rank zusammen hatte er im Frühjahr einen Abend in ihrem Haus verbracht und bei ihr eine «ziemlich ausgeprägte Zwangsneurose» diagnostiziert, «die zwar nicht ihre Intelligenz beeinträchtigt, aber das allgemeine Gleichgewicht ihrer Psyche etwas gestört hat». Sie wollte daraufhin Freud besuchen und sich von ihm behandeln lassen; sie hatte eine kurze, zweimonatige Lehranalyse mit täglich zwei Stunden im Sinn. Freud selbst wiederum wollte sie, auch wenn sie eine Prinzessin war, nur in Kur nehmen, wenn er ihrer ernsthaften Absichten gewiß sein konnte; eine Kurzbehandlung ohne seriöses Ziel kam nicht in Frage. Marie Bonaparte gab nicht nach. Und schon nach ein oder zwei Stunden auf der Couch war sie zu seiner «lieben Prinzessin» avanciert, «ein ganz hervorragendes, mehr als nur zur Hälfte männliches Frauenzimmer», das eine «sehr schöne Analyse» machen sollte. Sie war genauso begeistert, Freud übertraf alle ihre Erwartungen: «Man spürt, wie er mit der ganzen Menschheit mitschwingt, die er zu verstehen weiß und der man selbst als winziges Teilchen angehört.»[3]

Die Urgroßnichte Napoleons war sicherlich eine seiner ungewöhnlichsten Patientinnen, und sie wurde seine unermüdliche Vermittlerin nicht nur in Frankreich, sein «facteur de la vérité», wie Derrida sie nannte, seine Briefträgerin der Wahrheit. «Freud-a-dit» titulierte man die Vertreterin der reinen Lehre spöttisch.[4] Er hatte sie für die Psychoanalyse gewonnen, als er schon im ersten Monat ihrer Kur einen ihrer Träume auf die «Urszene» zurückführte: Als kleines Kind habe sie ein Paar beim Liebesakt beobachtet. Sie widersprach, ihre Mutter war wenige Wochen nach ihrer Geburt, 1882, an Tuberkulose gestorben. Es gab sogar Gerüchte, daß Roland Bonaparte, Offizier, Naturforscher und verarmter Enkel von Napoleons Bruder Lucien, zusammen mit seiner Mutter, der Prinzessin Pierre, seine Ehefrau ermordet habe. Marie Blanc war die Tochter des legendären François Blanc, des «Magiers von Monte Carlo», Eigentümer des Casinos und der «Société-des-Bains-de-mer», und Erbin eines riesigen Vermögens.

All dies mußte das reiche Phantasieleben des Kindes, Mimi genannt, inspirieren, so daß es sich nicht nur die Schuld am Tod der «petite-maman» gab, die Musik und Poesie so sehr geliebt hatte. Es schien verstrickt in ein Verbrechen und selbst Opfer von Vater und Großmutter, die es zu einem abgeschirmten, einsamen Leben verdammten. Man fürchtete, daß auch Mimi an Tuberkulose litt, und sollte die Kleine sterben, fiele das Vermögen an die Familie Blanc zurück. So durfte sie keine Freunde haben, erkrankte an der Angst vor Infektionen und Ansteckungen, an der Vorstellung, mit Medikamenten vergiftet zu werden. Vor ihren Phobien und nächtlichen Gespenstern flüchtete sie in Tagträume und begann Geschichten zu schreiben, ein neugieriges, wissensdurstiges Kind, das dem Vater nacheifern wollte, sich für Astronomie und Physik begeisterte. Aber Roland Bonaparte hatte wenig Interesse an dieser Tochter, die ihn anbetete. Seine Mutter, eine «wahrhafte phallische Frau», Jägerin und Reiterin, die im Stehen pissen konnte wie ein Mann, einfach mitten unter den Leuten ihre Röcke hob und die Beine spreizte, war gefürchtet wegen ihrer Zornesausbrüche. So blieb Marie Bonaparte den Gouvernanten überlassen, die ihren Ansprüchen kaum genügen konnten; aber was brauchte eine Nachfahrin des großen Kaisers auch mehr zu können als zu warten, bis ein standesgemäßer Ehemann gefunden war. Sie wollte nicht warten, sondern verliebte sich in den Sekretär des Vaters, und der begann sie und die ganze Familie zu erpressen. Die Großmutter brachte die Enkelin, die an Depressionen litt, zu einem Assistenten von Charcot. Das Mädchen war «hysterisch», was sonst. Es fürchtete, an seinem 21. Geburtstag, an dem es seine Erbschaft antreten und die letzte Zahlung an die Erpresser leisten sollte, zu sterben. Andererseits wünschte es sich, Ärztin zu werden, wohl kaum eine Karriere für eine Bonaparte. In dieser Zeit prallte die junge Frau mit dem Gesicht gegen ein Klavier; die Schnittwunde auf der Nase war so tief, daß sie eine Narbe hinterließ. Damit begann Marie Bonapartes chirurgische Karriere. Immer wieder ließ sie sich wegen der Entstellung operieren, auch der Busen mußte korrigiert werden, bis sie schließlich den Professor Halban entdeckte.

Mit 23 war sie so weit gesellschaftsfähig, daß man ihr die entsprechenden Heiratskandidaten, meist ältere, schwächelnde Herren, vorführte. Allein der Sohn des griechischen Königs, Georg Prinz von Dänemark, schien, wiewohl nicht Thronfolger, ein annehmbarer Ehemann, ein blonder, freundlicher Wikinger, ein schöner Riese und ein großer Langweiler. Die Hochzeit war ein gesellschaftliches Ereignis, die Extravaganz der Braut hatte schon vorher Schlagzeilen gemacht. Aber der Gatte war weit interessierter an seinem zehn Jahre älteren Onkel Waldemar als an der jungen Frau. Nachdem er sich von diesem in der Hochzeitsnacht hatte Mut machen lassen, seine ehelichen

Pflichten zu erfüllen, entschuldigt er sich bei seiner Frischangetrauten: «Ich hasse das so sehr wie du. Aber es muß eben sein, wenn man Kinder haben will.»[5] Ein Jahr später wird ihr Sohn Pierre geboren, danach eine Tochter, Eugénie. Marie Bonaparte langweilt sich weiter, die Ehe empfindet sie als eine «universelle, unabwendbare Krankheit», also flüchtet die Prinzessin in die Salons und lernt dort Gustave Le Bon kennen, fast siebzig, erfolgreich, berühmt, eine Vaterfigur. Seine Klischees und rassistischen Vorurteile begeistern sie, außerdem kennt er *tout Paris*, und bald empfängt sie selbst Intellektuelle, Schriftsteller, Politiker, Kipling und Poincaré darunter, zum Diner. 1916 wird sie die Geliebte des sozialistischen Politikers Aristide Briand, zwei Jahre hat der homme à femmes sie umworben; auch er könnte seines Alters, er ist 54 damals, und seiner Autorität wegen ihr idealer Vater sein. Niemand habe sie so geliebt wie er, sagt sie später, aber ihre Affäre, dieses «wunderschöne Spielzeug» ihrer unausgefüllten Phantasie, ist mehr geistiger Natur. Nach drei Jahren entdeckt sie, daß er noch eine andere Geliebte hat. Für seine Leidenschaft sei sie zu frigide gewesen, in jeder Hinsicht, sagt sie Freud. Der antwortet ihr: «Und er hatte nicht unrecht.» Ihre zweite große Liebe ist ein Arzt, eine Art älterer Bruder, der ihr gleich zu Beginn der Affäre sagt, daß er weiter mit seiner Frau schlafen werde. Während dieser Zeit, 1924, stirbt ihr Vater Roland. Sie hatte an seinem Krankenbett gewacht, ihn nur allein gelassen, um sich im Garten mit ihrem Liebhaber zu treffen. Und sie begann, ihre Recherchen über die Frigidität anzustellen. Sie las, auf Anraten von Le Bon, Freuds *Vorlesungen zur Einführung in die Psychoanalyse*. Das war, wie sie es nannte, «l'appel du père», der Ruf des zweiten Vaters Freud.

Dennoch kann sie ihm 1925 nicht glauben, seine Deutung ihres Traums kann nicht stimmen. Freud korrigiert sich, vielleicht hat die Kinderfrau die Stelle ihrer Mutter in der «Urszene» eingenommen. Sie phantasiert von ihrer Amme, die am Kamin steht und in einen Spiegel schaut und sich dabei Pomade ins Haar schmiert. Ihr Gesicht ist gelb, pferdeähnlich, Marie

Bonaparte ekelt sich vor ihr. Das genügt Freud: Vermutlich hat sie die Kinderfrau mit dem Stallburschen beobachtet. Also macht sich die ungläubige Patientin auf die Suche nach dem ehemaligen Pferdeknecht der Familie, der Mann ist mittlerweile 82 und streitet alles ab, aber was er vor sich hin plappert, scheint Freuds Analyse zu bestätigen. In Wien übergibt sie ihm die staubigen Hefte, die sie nach dem Tod des Vaters wiederentdeckt hatte, die Geschichten ihrer Kindheit, groteske, oft grausame Zaubermärchen und Gedichte in Englisch und Deutsch. Schon als Siebenjährige beherrschte sie diese Sprachen. Nach der Lektüre kann Freud genauer werden: Vermutlich hatte sie damals eine Fellatio beobachtet. Sie befragt erneut den Stallknecht, diesmal gibt er alles zu, auch daß ihr einmal ein Opiat verabreicht wurde, damit sich die Kinderfrau mit ihm beschäftigen konnte. Jetzt ist Marie Bonaparte von der Wissenschaftlichkeit der Freudschen Lehre endgültig überzeugt und kann seine weiteren Erklärungen akzeptieren: über ihre voyeuristische Lust, die tote Mutter, das unaufgelöste ödipale Dreieck, die Schuldgefühle.

Zu einer ihrer Kindergeschichten notiert sie: «Die Tatsache, daß meine Mutter starb und mein Vater überlebte, machte einen seltsamen Eindruck auf mich, der in meinem Unbewußten weiterlebt; nämlich, daß alle Frauen mehr oder weniger tot sind oder zumindest darauf zusteuern, während die Männer, die Phallusträger, unsterblich sind. In gewissen halb unbewußten, hypnotischen Zuständen staune ich manchmal darüber, daß es noch so viele Frauen auf der Erdoberfläche gibt und nicht nur Männer.» Die Vorstellung von der «Vernichtung des weiblichen Universums» war demnach der Rest einer «grandiosen ödipalen Wunschphantasie», in der sie allein mit dem Vater auf Erden war oder mit Männern, die alle Duplikate von ihm waren, Doppelgänger und Revenants. Diese Idee inspirierte auch ihre dreibändige Edgar-Allan-Poe-Studie von 1933, eine Pathographie des Dichters als ewiger Sohn, den die tote Mutter, das «ödipale Ungeheuer», nicht losläßt, den sie impotent macht; Freud schrieb ein Vorwort für seine «Freundin und Schülerin».[6]

Freud kann ihr in der Analyse ihre «männliche» Seite, ihre Identifikation mit dem Vater, aufdecken; sie wird fortan ihre Begabung nutzen, als Autorin, Organisatorin, Mäzenin und Freundin. Schon nach vier Monaten ist er sicher, daß die Prinzessin eine eifrige Mitarbeiterin der Sache werden wird, da hat sie begonnen, seine Leonardo-Studie zu übersetzen. Aber es gelingt ihm nicht, ihr Zugang zu ihrer «Weiblichkeit» zu verschaffen. Einmal sagt sie zu ihm: «Der Mann fürchtet sich vor der Frau.» Und er antwortet: «Er hat recht.» Sie hört nicht auf ihn, als er sie mahnt, die Analyse könne zwar Triebe befreien, aber gleichzeitig lehre sie, diese zu beherrschen. Marie Bonaparte will nicht, wie die Anna-Tochter, eine altruistische Zuschauerin sein. Also läßt sie sich 1927 zum erstenmal von Halban operieren; «Narjani» nennt sie den Eingriff. Freud beglückwünscht sie zu ihrem «Heroismus», hat aber keine Zeit, sie zu besuchen. Ihr «Honigmond mit der Analyse» schien zu Ende, die Operation war eine Dummheit. Marie Bonaparte war offenbar entschlossen, jenes Diktum bitter ernst zu nehmen, das er einst, das Wort ihres großen Vorfahren variierend, über Gestalt und Lage der Geschlechtsorgane – «inter urinas et faeces» – und deren Bedeutung für das Liebesleben und schließlich über den Unterschied zwischen Mann und Frau im allgemeinen ausgesprochen hatte: «Die Anatomie ist das Schicksal.»[7] Die Vorstellung, daß die Frigidität biologisch bedingt sei, wird für sie zur fixen Idee. Auch Ruth Mack Brunswick kann sie nicht davon abbringen. Die amerikanische Freundin, die «auf ihre Onanie stolzer war als auf zehn Doktortitel», hatte ihr technischen Unterricht gegeben. 1929, nach vier Jahren Analyse bei Freud und einer Art Therapie bei Rudolf Loewenstein, einem Schüler von Hanns Sachs und späteren Pionier der Ich-Psychologie, der zeitweise ihr Liebhaber, ihr «Löwe» war, schreibt Marie Bonaparte: «Die Analyse hat mir den Frieden, den Geist des Herzens gegeben und die Fähigkeit zu arbeiten, aber nichts in körperlicher Hinsicht. Ich denke an eine zweite Operation. Muß ich auf Sexualität verzichten? Nur arbeiten, schreiben, analysieren? Doch die vollkommene Keuschheit erschreckt mich.»[8]

Auch der zweite Eingriff, dem sie sich bei Halban 1930 unterzieht, bleibt ohne Erfolg. Ein Jahr später läßt sie sich erneut operieren, und noch 1933 wirbt sie in ihrem Artikel *Les deux frigidités de la femme* weiter für die Chirurgie, die, in Kombination mit der Psychoanalyse, die einzig erfolgreiche Behandlung der durch Klitorisfixierung bedingten Frigidität sei – bis die Hormonforschung eines Tages den Mann vermännlichen und die Frau verweiblichen könne. Zeitweise betreibt sie fast so etwas wie eine Art Biopolitik. Jomo Kenyatta, der damals in Europa weilt, befragt sie über Initiationsriten und Beschneidung. Und sie untersucht die Geschlechtsteile weiblicher Leichen. Selbst in ihrer wohl meistgelesenen Studie über die «Weibliche Sexualität» von 1951 vertritt sie ihre merkwürdige Mixtur aus Psychologie und Biologie; danach unterscheidet sie drei Typen von Frauen, die «revendicatrices», die den fehlenden Penis reklamieren, sich auf die Klitoris fixieren und ein männliches Benehmen zeigen, die «acceptatrices», die Angepaßten, die den Wunsch nach dem Penis durch den Wunsch nach dem Kind ersetzen, und die Verzichtenden, die «renonciatrices», heilige Jungfern, die alle sexuelle Rivalität aufgegeben haben. Als sie gegen Ende ihres Lebens eine Liste ihrer großen Fehler aufstellt, steht darauf auch der «Irrtum Freud»: Er hatte ihrer Meinung nach seine Macht überschätzt, die Macht der Therapie. «Die Macht der Ereignisse aus der Kindheit (...). Es liegt vielmehr in den Tiefen des mütterlichen Leibes, daß die Natur aus mir, wegen meines Geschlechts, eine gescheiterte Frau gemacht hat – doch zum Ausgleich, wegen meines Gehirns, fast einen Mann.»[9]

Das war die Frau, die seine Helferin und Botschafterin wurde, seine Briefträgerin, die in feudalistischer Willkür über sein Erbe verfügte und von Anfang an entschlossen war, sich seiner zu bemächtigen. Gleich in den ersten Stunden ihrer Analyse hatte sie ihm gestanden, daß sie ihn liebe. Er sprach von seiner Krankheit: Deshalb dürfe sie sich nicht zu sehr an ihn binden. Aber ein solches Bekenntnis noch mit siebzig Jahren hören zu dürfen! Ein andermal sagte er, daß er, obwohl er sie erst seit drei Wochen kenne, ihr mehr erzähle als anderen in zwei Jah-

ren: «Ich muß noch hinzufügen, daß ich kein guter Menschenkenner bin (...) Nein, wirklich nicht. Ich schenke mein Vertrau-
en und bin dann enttäuscht. Vielleicht werden auch Sie mich
enttäuschen». Da ergreift sie seine Hand: «Mein lieber Freund,
nein, ich werde Sie nicht enttäuschen.» Vier Monate danach gesteht er ihr, «nur ihr allein», daß er, bevor sie zu ihm kam,
nichts mehr vom Leben erwartet habe. Das war kurz nach dem
Tod Abrahams, und er wußte damals bereits, daß er seinen Rank
verlieren würde. Sie verspricht ihm, in ihr habe er eine Schülerin
gefunden, die nicht nachgeben werde. Und sie hielt ihr Versprechen, nach ihrem Ermessen, sie adoptierte ihn, ihren «großen
Meister Freud», zum Vater. Für ihn blieb sie die «Prinzessin»,
obwohl sie ihn gebeten hatte, sie Marie oder Mimi zu nennen.
So hatte er Martha einst genannt, sein «Prinzeßchen», so erwies er ihr nun seine ironische Referenz, dieser hervorragenden,
dieser einzigartigen Patientin, Ihrer Königlichen Hoheit, deren
Wünschen man nicht zu widersprechen pflegte.

Sie wachte, nicht minder eifersüchtig als Anna und zeitweise
in Konkurrenz mit ihr, über ihren «Vater». Erfreut notiert sie
seine Bemerkung, Lou Andreas-Salomé sei nur ein Spiegel, sie
besitze nicht ihre Männlichkeit, nicht ihre Aufrichtigkeit, nicht
ihren Stil. Er neigte zu Indiskretionen, sie zu Übertreibungen;
ihre Notizen sind mit Vorsicht zu lesen. Wohl möglich, daß er
ihr sagte, sie sei überhaupt nicht prüde, und niemand verstehe
das besser als er, obwohl er in seinem Privatleben doch eher
kleinbürgerlich sei. Möglich auch, daß seine Prinzessin ihm daraufhin ihren nackten Busen zeigte und erklärte, er müsse sexuell überdurchschnittlich sein. Davon werde sie nichts erfahren,
antwortet er. «Vielleicht nicht zu sehr.»[10] Vermutlich hätte er
zu keiner anderen jenes berühmte Wort sagen können: «Was
will das Weib?» Diese große Frage habe er trotz dreißig Jahre
langen Forschens in der Seele der Frauen nicht beantworten
können.

Als sie darüber nachdenkt, mit ihrem Sohn Pierre, der inzwischen bei ihrem Liebhaber Löwenstein in Analyse ist, Inzest zu
begehen, rät Freud ab: Sicherlich war es denkbar, daß jemand

dies ohne Schaden tat, der sich dem Einfluß menschheitsgeschichtlicher Veränderungen ganz entzogen hatte. Aber man konnte nie sicher sein. Und dann litt man doch unter Schuldgefühlen. Dennoch, die Psychoanalyse ist für sie kein Spielzeug, kein Experiment mehr. Sie ist die unermüdliche Förderin der «Sache», so wie sie sie versteht, ist maßgeblich beteiligt an der Gründung der «Société Psychanalytique de Paris» Ende 1926 und höchst ungeduldig, nun selbst ihre ersten Behandlungen durchzuführen, diesen wunderbaren Beruf zu ergreifen. Einen anderen gibt es ja nicht, wenn man einmal mit der Psychoanalyse in Berührung gekommen ist, «wann werde ich endlich selbst lebendige Menschen analysieren – ich hätte beinahe ‹ermorden› geschrieben?»[11]

Ihre Patienten läßt sie gern von einem Chauffeur abholen, bei schönem Wetter finden die Sitzungen im Garten statt, sie liegt dann auf einer Chaiselongue hinter der Couch und häkelt; vielleicht hat sie diese Leidenschaft von Anna übernommen. Einem Exhibitionisten im Bois de Boulogne sagt sie: «Stecken Sie das alles wieder weg. Das ist überhaupt nicht interessant.» Und steckt ihm ihre Karte zu, er soll am nächsten Tag zu ihr kommen. Es mangelt nicht an Anekdoten über die Analytikerin Bonaparte, die Freud im Sommer 1933, nach Ferenczis Tod, sogar für die Vizepräsidentschaft der Internationalen Vereinigung vorschlug. Schließlich konnte man mit ihr nach außen Staat machen, aber vor allem war sie «eine Person von hoher Intelligenz, von männlicher Arbeitskraft, hat schöne Arbeiten gemacht, ist der Sache voll ergeben, bekanntlich auch in der Lage, materiellen Beistand zu leisten». Mehrfach hat sein «Energieteufel» den Psychoanalytischen Verlag vor dem Bankrott gerettet; sie war praktisch, liebenswürdig und verträglich, also ein «erfreulicher Mitarbeiter».[12] Eine Frau, die noch in ihren späteren Jahren von einem Essen im Buckingham Palace – durch ihre Heirat war sie die Tante des Herzogs von Edinburgh und mit der halben Hocharistokratie verwandt und verschwägert – zu einer Vorlesung über die weibliche Sexualität in der Britischen Psychoanalytischen Vereinigung eilte.

Die Prinzessin Georg von Griechenland und Dänemark, gewohnt, sich ihre Konventionen selber zu schaffen, beanspruchte ganz souverän die Hauptrolle in Freuds weiblichem Hofstaat, der sich in jenen Jahren immer mehr vergrößerte. Ebenso selbstverständlich beharrte sie auf ihrem Platz in der Familie Freud, verbrachte ihre Abende bei ihnen, folgte ihnen in die Sommerferien. Sie lud Martin nach Saint-Tropez ein, wo er beim Diner am Tisch saß, unter lauter Königlichen Hoheiten der einzige Bürgerliche. Sie schrieb später das Vorwort zu seinem Gedenkbuch an den Vater; «kongenial» nannte er darin die Freundschaft zwischen der in Luxus aufgewachsenen Prinzessin und dem «alten Juden», der «in einem der häßlichsten Viertel Wiens als Sohn einer verarmten Familie ohne irgendeine soziale Stellung» groß geworden war. Mit Martha war sie so vertraut, daß das Prinzeßchen von einst der Prinzessin gestanden haben soll, das Werk ihres Mannes habe sie überrascht, ja gekränkt, weil es so freizügig von Sexualität handle; sie habe es deshalb fast absichtlich nicht kennenlernen wollen. Auch so entstehen Legenden, später wurde bekanntlich behauptet, Freuds Frau halte sein Schaffen für Pornographie, und der dies verbreitete, war Marie Bonapartes guter Freund René Laforgue. Doch drehte sich im engeren wie im erweiterten Familienkreis ohnehin alles um das «teure Oberhaupt». Mit Freud teilte die Prinzessin seine Leidenschaft für Antiquitäten, sie half ihm, seine Sammlung zu vergrößern, einige der besten Stücke verdankte er ihren Anregungen und ihren Geschenken. Und sie weckte eine neue Neigung in ihm. Sie liebte Hunde, vor allem Chows. Er mochte Annas Schäferhund Wolf, war stets besorgt, wenn das Tier sich selbst überlassen war, knipste ihm das Licht an, wenn er es im Dunkeln fand. Zu seinem siebzigsten Geburtstag bekam Freud ein Photo von ihm mit einem Gedicht, in dem Wolf ihm seine Glückwünsche überbrachte. Aber seine ganze Liebe gehört den Chows, die Annas Freundin Dorothy Burlingham und Marie Bonaparte ihm schenkten. Sie wurden zu seinen ständigen Begleitern. Auch an seinen Analysen waren sie beteiligt, das mußten die Patienten akzeptieren. Hilda Doolittle war verärgert, daß während einer Stunde seine ganze Aufmerksamkeit dem Hund zu gelten schien. Er behauptete sogar, er brauche niemals auf die Uhr sehen, um das Ende der Sitzung anzukündigen, denn wenn seine Hündin Jo-Fi aufstand und gähnte, wußte er, daß sie vorbei war. Nur einmal habe Jo-Fi sich um eine Minute geirrt, natürlich auf Kosten des Patienten.[13]

Ernst Simmel erinnerte sich, daß Freud einmal während eines Besuchs in seinem Sanatorium in Tegel auf einen angeketteten Wachhund zuging und trotz der Warnung, das Tier sei gefährlich, ihn losmachte, freundlich tätschelte und sich die Hand lecken ließ: «Wenn Sie Ihr Leben lang an der Kette gelegen hätten», sagte er zu Simmel, «würden Sie auch bösartig sein.»[14] Als sein erster Chow Lün starb, der der unglücklichen Eva Rosenfeld auf dem Bahnhof davongelaufen und überfahren worden war, trauerte er um ihn wie um ein verlorenes Kind. Das Gefühl für Hunde sei ohnehin das gleiche wie das für Kinder, sagte er einem Patienten, nur gebe es da keine Ambivalenz, keine Spur von Feindseligkeit. Seine Umgebung spottete leise über seine fast närrische Liebe zu den Tieren. Als Felix Deutsch einmal einen der Chows aus dem Freud-Burlingham-Clan zu hüten hatte, entwickelte das Tier alle Symptome einer Scheinschwangerschaft: So etwas konnte nur dem Hund eines Analytikers passieren. Sie fehlten ihm, wenn er nur für kurze Zeit von ihnen getrennt war, fast so wie die Zigarre. Man wurde den Respekt «vor solchen Tierseelen» nicht los. War seine Jo-Fi, die Schwester seiner verlorenen Lün, nicht ein «ein entzückendes Geschöpf?», schrieb er Lou Andreas-Salomé. «So interessant, auch als Frauenzimmer, wild, triebhaft, zärtlich, intelligent».[15]

Freud hatte die Frauen nie, wie so oft behauptet, ihrer Sexualität beraubt; deren Unterdrückung führte sie doch gerade in die Neurose, das hatten ihn schon seine ersten Patientinnen gelehrt. Aufs schärfste widersprach er der populären Theorie des deutschen Nervenarztes und berüchtigten Hirnvermessers Paul Julius Möbius vom «physiologischen Schwachsinn» des Weibes. Die Frauen litten, mehr als die Männer, «unter der Härte des frühen Verbots, ihr Denken an das zu wenden, was sie am meisten interessiert hätte, nämlich an die Probleme des Geschlechtslebens» – und «solange außer der sexuellen Denkhemmung die religiöse und die von ihr abgeleitete loyale auf die frühen Jahre des Menschen einwirken, können wir wirklich nicht sagen, wie er eigentlich ist»[16]. Dennoch blieben ihm die Frauen, die sich in seiner Praxis oft häufiger und bereitwilliger einstellten als die Männer, ein «dark continent», den zu kartographieren er erst nach dem Tod seiner Mutter, 1930, versuchte, vor allem mit den beiden Studien *Über die weibliche Sexualität* und *Die Weiblichkeit*.

Das zentrale Problem war dabei für ihn, wie das Mädchen, dessen erstes Liebesobjekt doch wie bei den Buben die Mutter ist, den Weg zum Vater findet, wie es schließlich die zweite große Aufgabe bewältigt, von der Klitoris als leitender Genitalzone zur Vagina zu finden. Allein die Fragestellung erscheint heute abstrus oder wenigstens skurril. Aber Freud gab ehrlich zu, daß er seine Einsichten vor allem an Frauen mit starker Vaterfixierung gewann. Da er so ungern, wie er Hilda Doolittle gestanden hatte, die Rolle der Mutter in der Übertragungssituation übernahm, immer wieder überrascht und schockiert darüber war, fiel es ihm schwer, diese früheste Bindung des Mädchens zu erfassen. «Altersgrau, schattenhaft, kaum wiederbelebbar» erschien ihm die Beziehung zur Mutter. Schließlich glaubte er, herausgefunden zu haben, daß die präödipale Phase des Mädchens länger andauerte als angenommen, bis ins vierte, bis ins fünfte Jahr, und damit zu besonderer Bedeutung aufrückte, «eine Überraschung, ähnlich wie auf anderem Gebiet die Aufdeckung der minoisch-mykenischen Kultur hinter der griechischen».[17] Doch der Archäologe der weiblichen Seele förderte fast nur wertlose Scherben zutage. Ausgehend von der Hypothese der Bisexualität, nahm er an, daß das Geschlechtsleben der Frau in zwei Phasen zerfalle, eine erste klitoriale, das heißt männliche, und eine zweite eigentlich weibliche, das heißt vaginale. Immerhin war Freud überzeugt, daß wenigstens eine Zeitlang beim Mädchen die gleichen libidinösen Kräfte wirken wie beim männlichen Kind. Dann aber kamen biologische Faktoren ins Spiel, die sie von ihren anfänglichen Zielen ablenken und selbst aktive, in jedem Sinne männliche Strebungen in die Bahnen der Weiblichkeit leiten.

Das sollte nicht bedeuten, ausdrücklich betont er es noch einmal, daß das Mädchen intellektuell rückständig war, oft war es sogar intelligenter, lebhafter, der Außenwelt mehr zugewandt als der gleichaltrige Knabe und mindestens ebenso aggressiv, keineswegs ein unterworfenes, untätiges Wesen. Allein die sozialen Ordnungen drängten es in diese Rolle, und «es mag ein großes Stück Aktivität notwendig sein, um ein passives Ziel durchzusetzen».[18] Die Abwendung des Mädchens von der Mutter beginne, so Freud, mit dem Kastrationskomplex, der Entdeckung seines Penismangels, für den es diese verantwortlich mache, den es ihr nicht verzeihen kann. Das war der Wendepunkt in seiner Frühgeschichte, es neigt sich dem Vater zu. Demnach verläuft die Entwicklung von Junge und Mädchen gerade umgekehrt: Unter dem Eindruck der Kastrationsdrohung überwinde, verdränge, zerstöre der Junge den Ödipuskomplex und setze als sein Erbe ein strenges Über-Ich ein. Das aus der Mutterbindung vertriebene Mädchen aber laufe «in die Ödipussituation wie in einen Hafen ein», verbleibe darin unbestimmt lange und baue den Komplex spät und oft nur unvollkommen ab, so daß auch die Bildung seines Über-Ich darunter leiden muß: Es «kann nicht die Stärke und die Unabhängigkeit erreichen, die ihm seine kulturelle Bedeutung verleihen und – Feministen hören es nicht gern, wenn man auf die Auswirkung dieses Moments für den durchschnittlichen weiblichen Charakter hinweist».[19]

Doch was hatten die Frauen zur Kulturgeschichte beigetragen? Wenig genug. Allein, eine Technik hatten sie zumindest erfunden, die des Flechtens und Webens; das kannte er aus seinem eigenen Haushalt nur allzugut. Sie ahmten damit, das erschien ihm das unbewußte Motiv ihrer Fingerkünste, die Natur nach, die mit der Geschlechtsreife die Genitalbehaarung zur Verhüllung wachsen ließ: «Der Schritt, der dann noch zu tun war, bestand darin, die Fasern aneinander haften zu machen, die am

Körper in der Haut staken und nur miteinander verfilzt waren.» Immerhin überließ Freud es seinen Lesern, diesen Einfall als zu phantastisch zurückzuweisen und den Einfluß des Penismangels auf die Gestaltung der Weiblichkeit als fixe Idee anzusehen: Dann war er «natürlich wehrlos».[20]

Er erkannte die gesellschaftlichen Benachteiligungen der Frauen, verstand den Groll auf die Mutter, die ja das Mädchen nicht nur all der Vorteile des Knaben beraubt, sondern seine kindliche Masturbation durch die Funktionen der Hygiene erst angeregt hatte, um sie dann zu verbieten und die Tochter bis zur Heirat in Keuschheit zu halten. Er hatte versucht zu helfen, die Strenge der kulturellen Sexualmoral, das Tabu der Virginität zu mildern, hatte mit seiner Redekur den Frauen einen Raum gegeben, kein Zimmer für sie allein, doch einen Ort, sicher und intim. Aber er war und blieb der Sohn seiner Zeit, nur daß er sich statt des furchterregenden kastrierenden Weibes, wie es die Dichter und Künstler entwarfen, die Frau als kastrierten Mann erschuf. Das Sexualschicksal dieses homme manqué war noch weit schwieriger zu bewältigen als das des kindlichen Ödipus. Es konnte in einer Hemmung, in Abstinenz oder Frigidität enden, das «kleine Weib» konnte aber auch an seiner Männlichkeit festhalten, an der Hoffnung, noch einmal einen Penis zu kommen. Manchmal führte dieser «Männlichkeitskomplex» in manifeste Homosexualität. Erst der dritte, der komplizierteste Weg mündete «in die normal weibliche Endgestaltung», die jedoch keineswegs ein Versprechen auf Glück bedeutete. So konnte in der Ehe der Mutterkonflikt wiederbelebt werden, gerade in den Fällen, da der Mann nach dem Vatervorbild gewählt worden war; von all den anderen Risiken, von der Forderung nach vaginaler Lust ganz zu schweigen. Und selbst wenn diese Gefahren überwunden waren, erschien die Frau von dreißig Jahren, im Gegensatz zu ihrem jugendlichen, eher unfertigen Mann im nämlichen Alter, oft erschreckend in ihrer «psychischen Starrheit und Unveränderlichkeit» – «als hätte die schwierige Entwicklung zur Weiblichkeit die Möglichkeit der Person erschöpft».[21]

Freud wußte oder ahnte, wie weit entfernt er von einer Lösung des Rätsels Weib war. Seinem Publikum konnte er nur empfehlen, sich an die eigenen Lebenserfahrungen zu halten oder sich an die Dichter zu wenden, wenn es nicht warten wollte, bis die Wissenschaft ihm bessere und tiefere Auskünfte geben konnte. Widersprüche kamen rasch, am heftigsten von Karen Horney, die ihm seine «männliche Tendenz» vorwarf, von Ernst Simmel, der seine Ansichten verzerrt nannte, und sogar von Jones, der die Frau nicht als verunglückten Mann ansehen wollte. Aber Freud war gewappnet und stand zur Verteidigung parat: War es nicht der Wunsch, den ersehnten Penis doch noch zu bekommen, der das gereifte Weib in die Analyse trieb, manchmal in der Erwartung, danach einen intellektuellen Beruf ausüben zu können? Wenn die Damen also den männlichen Analytiker des Vorurteils ziehen, dann brauchte er ihnen, ganz höflich, nur zu sagen: «Das gilt nicht für Sie. Sie sind eine Ausnahme, in diesem Punkt mehr männlich als weiblich.»

Seine «Töchter» waren keine farblosen Geschöpfe, in seinem Schatten verblaßt, keine Opfer seiner väterlichen Autorität, sondern gemessen an den Konventionen der Zeit unabhängig und engagiert. Einige hatten bereits eine Art Karriere hinter sich, wie die Medizinerinnen Jeanne de Groot und Ruth Mack Brunswick; sie suchten in Wien nicht nur Abhilfe von ihren dringlichsten Problemen, sondern auch berufliche Weiterbildung. Seine Anna war dabei, eine Autorität auf dem Gebiet der Kinderanalyse zu werden, und auch Eva Rosenfeld, sein besonderer Liebling, die Nichte seiner verehrten Yvette, machte ihren Weg, einen vielleicht weniger glanzvollen, doch konnte sie am Ende von sich sagen: «Ich machte keine Karriere, aber ich machte mir einen Namen.» Sicherlich vermochte keine dieser Frauen, wiewohl zumeist finanziell unabhängig, aus angesehenen Familien stammend, oft attraktiv, intellektuell wie körperlich anziehend, es mit dem Glamour einer Prinzessin Bonaparte aufzunehmen. Aber Wien staunte, wenn Dorothy Burlingham, geborene Tiffany, schlank, sportlich und schick mit ihrem dunklen Bob à la Louise Brooks, im Gefolge ihrer Kinder auftauchte, die, hübsch und fast ein wenig zu attraktiv in ihrer modischen Kleidung aussahen, als kämen sie direkt aus Hollywood. Oder wenn sie die ganze Bande mitsamt Hunden, Anna und dem Professor im offenen Automobil durch die Stadt kutschierte. Doch auch Dorothy Burlingham war gekommen zu lernen, zunächst mehr über sich und ihre unglückliche Ehe; später wurde sie Kinderanalytikerin. Ihre Arbeit mit blinden Kindern wurde für Oliver Sachs zum Vorbild.[22]

Nun waren Mitte der zwanziger Jahre berufstätige Frauen keine seltenen Wesen mehr, im Gegenteil, aber eine wirkliche Karriere war nur wenigen beschert, und so bot gerade die Psychoanalyse ihnen wie kein anderer Bereich die Möglichkeit zu Aufstieg und Unabhängigkeit, auch jenen, die keine akademische Bildung genossen hatten. Helene Deutsch, einst Freuds Vorkämpferin, die «schöne Helena», brillant und attraktiv, die begabteste seiner Schülerinnen, war zu der Zeit bereits eine «Veteranin» und befand sich als Präsidentin des Lehrinstituts auf dem Höhepunkt ihrer bisherigen Laufbahn. Die aus Galizien stammende jüngste von drei Töchtern eines erfolgreichen Rechtsanwalts, 1884 geboren, hatte es durchgesetzt, als eine der ersten Frauen in Wien 1907 zum Medizinstudium zugelassen zu werden. Bei der Prüfung in innerer Medizin sprach der Professor sie, ihren Mädchennamen gebrauchend, konsequent mit «Herr Rosenbach» an. Auch sie, die zeitweilige Assistentin von Wagner-Jauregg, hatte sich, als sie 1918, inzwischen mit Felix Deutsch verheiratet und Mutter einer Sohns, ihre «didaktische Analyse» bei Freud begann, zeitweilig zur «Familie» gehörig gefühlt. Manchmal ging sie vor ihren Analysestunden in die Privatwohnung der Freuds, um der kränkelnden Martha eine Kanne Ziegenmilch zu bringen. Auf der Couch phantasierte sie, der Professor sei in sie verliebt, und mußte weinen bei dem Gedanken, was seine arme Frau nun tun werde. Sie war überzeugt, daß er Martha um ihretwillen verlassen werde. Freud schlief derweil ein; sie wiederholte sich zu oft und erzählte zu ausführlich von ihren Problemen beim Stillen. Manchmal unterbrach er sie auch, wenn er wegen seiner Prostatabeschwerden die Toilette aufsuchen mußte. Nach knapp einem Jahr, 1919, beendete er ihre Analyse, weil er ihren Platz für den «Wolfsmann» brauche. Inoffiziell blieb sie seine «Assistentin», schon drei Monate nach Beginn ihrer eigenen Behandlung schickte er ihr ausgerechnet Victor Tausk als Patienten. 1923 wandte sie sich, weil ihr die Kur bei Freud als unzureichend erschien, an Karl Abraham zur Nachbehandlung.[23] Zurück in Wien betrieb sie die Gründung des Ambulatoriums und des Lehrinstituts, versammelte jeden Samstagabend eine Gruppe von Analytikerehepaaren zu ihrem «Kartenclub zur schwarzen Katze» – und beklagte, mehr oder wenig laut, die Verknöcherung, die Starrheit der analytischen Technik: Diese könne nicht durch regelmäßigen Drill erlernt werden und biete keine Gewähr auf Heilung. In ihren privaten Briefen sprach sie sogar vom «Phantom der Freudschen Methode», dem Schwindel, der darin bestand, «wissenschaftlichen und materiellen» Gewinn aus der Therapie zu beziehen, ganz bewußt, wie selbst der Professor es tat, eher unbewußt wie jene anderen, denen es ein Bedürfnis ihres Egos war, «die alleinseligmachende Psychoanalyse zum Schlachtruf erheben» zu können. Es mochte ihr nicht gefallen haben, daß inzwischen, trotz ihrer weit größeren klinischen Erfahrung und ihrer erfolgreichen Bemühungen um den Fortschritt der Lehre, jüngere Analytikerinnen ihren Platz an der Sonne einnahmen, daß Freud die Arbeiten einer Jeanne Lampl-de Groot oder Ruth Mack Brunswick mehr zu würdigen schien als die ihrigen. Streit und Entfremdung zwischen ihrem Mann und ihrem einstigen Lehrer und Ersatzvater trugen ihr übriges dazu bei, den Professor mit kritischeren Augen zu sehen. Die «Schöne Helena» war, als sie 1934 nach Boston emigrierte, des Klimas in Wien müde, des «dumpfen, narzißtischen Brütens um den eigenen intellektuellen Nabel herum», das vielleicht gut sein mochte für «Freuds Genie und Annas Hingabe an die väterliche Idee», für die anderen jedoch zu einer «schweren Massenneurose» geworden sei.[24]

Aber sie beschäftigte sich weiter mit Freud, nahm in ihrem wohl berühmtesten Buch über die *Psychologie der Frau* sogar das Motiv der Kästchenwahl noch einmal auf. Sie war wie er überzeugt davon, daß die Wahl des Vaters zumeist die dritte Tochter traf, «als Objekt seiner sublimierten Sehnsucht». Denn von dieser dritten ging auch, das war ihre Deutung, eine sichtlich geringere Inzestgefahr aus als von ihren beiden älteren Schwestern: «Cinderella – die jüngste – ist in ihrer Unscheinbarkeit und Hilflosigkeit mehr als die anderen der väterlichen Liebe bedürftig sowie seines Schutzes vor den Aggressionen der Mutter und der älteren Schwestern.»[25] Helene Deutsch hatte in den meisten ihrer Einschätzungen recht behalten.

Krank und immer öfter melancholisch, genoß Freud die Aufmerksamkeiten seines Hofstaats. Er war kein Lear, der nach Liebe verlangte, die ihm nicht zukam. Das hatte er nicht nötig, seine «Töchter» buhlten, wie einst die «Söhne», um seine Gunst. Nur war ihre Liebe beständiger, schien allen Rivalitäten zu trotzen. Selbst Anna vermochte, wenigstens zeitweise, die Eifersucht auf die «Schwestern» zu bändigen, diese Konkurrentinnen im wissenschaftlichen wie im häuslichen Leben. Manche hatte sie ihm selbst zugeführt, wie ihre Freundinnen Eva Rosenfeld und Dorothy Burlingham, mit den anderen versuchte sie sich zu befreunden oder zu verbünden. Das war ihre Lösung, eine im Sinne des Vaters nahezu klassische: Wenn man den verehrten Mann, den Star, schon nicht für sich allein haben konnte, das hatte er einst in der *Massenpsychologie* geschrieben, schloß man sich mit den anderen zusammen, statt einander die Augen auszukratzen. Also mietete man in den Sommerferien einfach fünf Häuser, eines für die Freuds, die anderen für Marie Bonaparte, Ruth Mack Brunswick, Dorothy Burlingham und Eva Rosenfeld. Nur sein «Tarockanien» war Freud nicht bereit, unter den Töchtern aufzuteilen. Als die Prinzessin mit ihm Karten spielen wollte, verweigerte er ihr dies Ansinnen, das war zu intim. Das blieb, so er gesundheitlich dazu in der Lage war, den alten Freunden vorbehalten, und nachdem er diese an den Tod verloren hatte, mußten die Kinder, Martin und Anna, und manchmal auch Tante Minna ihm als Partner herhalten.

Jeanne Lampl-de Groot, die eine der führenden Vertreterinnen der Psychoanalyse in den Niederlanden wurde, hatte früh die problematische Beziehung zwischen Patientin und männlichem Therapeuten erkannt, da dieser zum Vaterersatz werde und es ihr unmöglich mache, sich aus der positiven Ödipuseinstellung zu lösen. Und Freud schloß sich dieser Ansicht immer mehr an, der «alte Taube», wie er seine Briefe an sie, die zeitweilig zu seiner engsten Vertrauten und Wächterin über seine Zigarrenration wurde, zu unterzeichnen pflegte, hatte verstanden. Als er Eva Rosenfeld 1929 in Analyse nahm, sagte er ihr ausdrücklich: «Ihr Pech ist, daß ich wie Ihr Vater bin.» Doch er konnte es nicht lassen, und sie wollten es ja nicht anders, seine Lieblinge, seine wechselnden Favoritinnen, die ihm ihr Intimleben so bereitwillig anvertrauten. Selten mochten sie sich dabei mit den paar Stunden auf der Couch begnügen. Auch Ruth Mack, Tochter eines angesehenen amerikanischen Juristen und hervorragend ausgebildete Ärztin, wollte eigentlich nur eine Lehranalyse bei ihm machen. Sie war, als sie 1922 nach Wien kam, verheiratet mit einem Herzspezialisten, die Ehe war schwierig und ein geeigneterer Kandidat bereits in Sicht: Mark Brunswick, fünf Jahre jünger als sie, ein musikalisches Wunderkind, schüchtern und emotional ein wenig unterentwickelt. Also nahm Freud auch ihn in Behandlung, flickte ihn so weit zusammen, daß Ruth Mack ihn 1928, mit seinem Segen und einem von seinem Sohn Martin aufgesetzten Ehevertrag, zum Mann nehmen konnte. Ihre Tochter nannte sie nach Freuds Ältester Mathilde.

Sie befand sich in jenem Jahr erneut in Analyse. Das war nicht unüblich, im Gegenteil, Freud hielt es für erforderlich, daß jeder Therapeut sich zur Kontrolle periodisch, etwa alle fünf Jahre, einer Folgekur unterziehen sollte. Aber Ruth Mack Brunswick, längst eine Freundin, ein Mitglied der Familie, drohte eine unberechenbare Patientin zu werden, mit organischen Komplikationen, Magen- und Gallenproblemen, über deren Ursache und Charakter sich Freud nicht ganz klar war. Dennoch schätzte er die Ärztin so sehr, daß er sie, neben Max

Schur, in seinem eigenen Fall konsultierte, hielt von ihren analytischen und therapeutischen Fähigkeiten so viel, daß er ihr den «Wolfsmann» zur Nach- und Weiterbehandlung überwies. Sie schien ihn nicht zu enttäuschen, sie übernahm es sogar, für Sergej Pankejeff finanziell zu sorgen, indem sie ihn zu ihrer Patientin und Freundin Muriel Gardiner schickte, einer reichen jungen Amerikanerin, die Russisch lernen wollte. Auch mit ihren theoretischen Arbeiten beeindruckte sie Freud, ausdrücklich erwähnte er in *Die Weiblichkeit* ihre Untersuchung über eine Neurose, die auf die Fixierung im präödipalen Stadium zurückging; Ruth Mack Brunswick hatte diesen Begriff Jahre vor ihm gebraucht. Ihr persönliches Verhältnis war zu dieser Zeit schon nicht mehr ungetrübt, die Frau, die er zu seiner Gesandten in Amerika hatte machen wollen, war zu einer Dauerpatientin geworden, abhängig von Schmerzmitteln, immer wieder in privaten Turbulenzen. 1937 war sie wahrscheinlich morphiumsüchtig, im selben Jahr wurde ihre Ehe geschieden, nach sechs Monaten heirateten Mark Brunswick und sie erneut; auch diesem Versuch war keine Dauer vergönnt. Freud hatte ihn ohnehin nicht gebilligt. Er war enttäuscht über seinen therapeutischen Mißerfolg, in all der Zeit, in den beinahe sechzehn Jahren, da sie sich, mit wenigen Unterbrechungen, in seiner Behandlung befand, schien er nichts erreicht zu haben, ihr Zustand war problematischer denn je. Sie hielt fast tyrannisch an der alten Vertrautheit fest, die er einst nicht nur zugelassen, sondern auch so sehr genossen hatte. Er war ihres fordernden Verhaltens müde, ihrer Eifersucht auf Anna, mit der sie um die Anwärterschaft auf seine Betreuung und Pflege konkurrierte. Als sie ihn nach seiner Emigration 1938 in London aufsuchte, wehrte er sie ab, unterstellte ihr sogar das «ewig weibliche» Bedürfnis, den Vater sterben zu sehen. Warum konnte sie nicht, wie andere seiner Schülerinnen, ihren eigenen Weg machen? In Amerika praktizierte sie weiter, einer ihrer Patienten war Robert Fließ, der Sohn von Freuds einstigem Freund, doch litt sie unter Arbeitsblockaden. Ihre Sucht wurde immer stärker, zeitweise begab sie sich in Analyse bei Hermann Nunberg. Im Januar 1946 wollte sie, obwohl ihr Bettruhe verordnet war, an einer Party für die Prinzessin Bonaparte teilnehmen. Am nächsten Morgen stürzte Ruth Mark Brunswick, vermutlich unter Drogen, im Badezimmer und erlitt eine Schädelfraktur. Die offizielle Todesursache lautete: Herzversagen durch Lungenentzündung.[26] Eva Rosenfeld hatte sich von Freuds Warnung nicht beeindrucken lassen. Sie kam, begeistert, einen Vaterersatz gefunden zu haben, zunächst für zwei Monate an sechs Tagen in der Woche zur Therapie, später nur noch an den Sonntagvormittagen und während der Sommerferien. Am liebsten wäre sie auf einem Eselskarren zu ihm gepilgert, ganz, ganz langsam, um sich all den Vorahnungen und Erinnerungen hinzugeben. Ihr Vater Theodor Rosenfeld war Theaterimpresario in Berlin gewesen, Mitbegründer der Freien Bühne, hatte zeitweise ein Vermögen verdient, das er dazu verwendete und verschwendete, Gerhart Hauptmann und Yvette Guilbert in Amerika bekanntzumachen. Er starb 1907, als sie gerade 15 war. Sie begann, in einem Waisenhaus zu arbeiten, und heiratete 1911 ihren Cousin Valentin, Valti genannt. Der Jurist hatte während des Studiums Freuds Vorlesungen gehört und bei diesem angefragt, ob er eine so enge Verwandte zur Frau nehmen könne. Die Antwort lautete ja, nur müsse sich das junge Paar damit abfinden, die gemeinsamen Eigenschaften bei den Kindern verstärkt wiederzufinden. Alles sah nach Glück und Erfolg aus. Oskar Kokoschka bat Eva Rosenfeld, ihm Modell zu stehen, Adolf Loos richtete ihr Haus ein.[27] Es wurde später die erste Station des S. Fischer Verlags im Exil, hier wohnten Gottfried und Brigitte Bermann Fischer von 1936 bis 1938.

Als sie 1924 Anna Freud kennenlernte, hatte sie zwei ihrer vier Kinder verloren und in der Wohnung, die stets belebt war von Gespräch und Musik, eine Art «Forschungsstation» eingerichtet; junge Mädchen sollten hier Hauswirtschaft lernen, manche wohnten sogar bei ihr. Anna suchte damals eine Unterbringung für eine schwierige junge Patientin, später nahm Eva Rosenfeld auch ihren Neffen Ernst Halberstadt auf. Die beiden

Frauen hatten sich sofort angefreundet; zeitweise klingen ihre Briefe wie die Liebender oder der Liebe Bedürftiger. Anna begann, ihre junge Tochter Mädi zu analysieren, Eva half Martha bei den Urlaubsvorbereitungen und verkehrte regelmäßig in der Berggasse. Ihr Sohn, der sich später Victor Ross nannte, erinnerte sich gern an den Freudschen Haushalt, der weder Altar noch Labor war, sondern ein wirkliches Daheim mit trostspendenden Ritualen und Mahlzeiten, zu denen die Familie und loyale Mitglieder der psychoanalytischen Bewegung zusammenkamen. Anna war fast so untröstlich wie Eva Rosenfeld selbst, als die fünfzehnjährige Mädi 1927 bei einem Bergunfall ums Leben kam: «Ich wollte, ich hätte eine kleine Tochter, die würde ich mit Dir teilen», schrieb sie ihr, die sich, wie gewohnt, in Arbeit rettete. Im Hof ihres Hauses richtete sie, zum Gedenken an Mädi, zusammen mit Anna Freud und ihrer amerikanischen Freundin, eine Zwergschule ein, an der nach modernsten pädagogischen Methoden die jungen Burlinghams und noch eine Handvoll anderer Kinder unterrichtet wurden, darunter der Sohn Ernst Simmels und Nijinskis Tochter Kyra; als Lehrer wurden Peter Blos und Erik Erikson engagiert.

Aber das Verhältnis zwischen Anna und Eva Rosenfeld wurde zunehmend schwieriger, sie neidete ihr die Beziehung zu Dorothy Burlingham, da war Anna sicher, sie war mehr oder wenig schuld am Tod von Freuds erstem Chow, sie mußte in Analyse beim «Papa». Der spürte rasch die Intensität ihrer Vater-Übertragung, seine Patientin erschien ihm bänglich und gehemmt seiner Krankheit wegen, so daß er sie mahnen mußte: «Wir haben nur ein Ziel und nur eine Treue, die gegenüber der Psychoanalyse. Wenn Sie gegen diese Regel verstoßen, verletzen Sie etwas viel Wichtigeres als alle Rücksichten, die Sie mir schulden.»[28] Und er erklärte ihr, daß sie ihren Vater vermutlich gehaßt hätte, wäre er länger am Leben gewesen.

1936 bat Eva Rosenfeld ihn um eine vierwöchige Intensivbehandlung. Sie war, nachdem sie fünf Jahre in Berlin als Analytikerin praktiziert hatte, nach England emigriert. Sie hatte drei Kinder verloren, nun verlor sie ihr Land und ihre Sprache; all die alten Nöte flammten wieder auf. Freud wies sie ab, vier Wochen würden für eine wirkliche Analyse nicht genügen. Außerdem war sie inzwischen wohl in England mit Melanie Klein gut bekannt geworden, und sie kannte ja seine Einstellung zu deren Theorien, nein, Eva Rosenfeld sollte das Stück Arbeit, das vor ihr lag, ohne Hilfe, wenigstens ohne seine Hilfe zustande bringen. Sie begann eine Analyse bei der Klein, die, mit Unterbrechungen, von 1938 bis 1941 dauerte und letztendlich daran scheiterte, daß sie sich hin- und hergerissen fühlte zwischen den Lagern, zwischen der alten Freundin Anna und deren schärfster Kritikerin. Die Klein warf ihr Mangel an Gehorsam vor, sie habe ihre Analyse um Annas willen geopfert. Und diese dankte es ihr nicht einmal. Zwar blieb sie eine Art Freundin, doch mehr aus Gewohnheit denn aus Loyalität. Als Eva Rosenfeld ihr zum 75. Geburtstag, 1970, einen Aufsatz über die Brontës widmete, wurde sie wegen der Irrtümer und Tippfehler zurechtgewiesen. Am schärfsten kritisierte Anna sie, als sie in einem BBC-Interview von ihren Erinnerungen an Freud erzählte: Wenn sie heute Anekdoten preisgab, warum dann nicht morgen Briefe? Am 15. September 1975, zwei Jahre vor ihrem Tod, schrieb Eva Rosenfeld ihr, sie wolle sich im Kalender acht Tage weiterdenken, auf den 23. des Monats, der einzig und allein einem Gedanken gewidmet war: «Es war der letzte in Deines Vaters Leben, dann fing die Unsterblichkeit an ...»[29]

Noch 1927 hatte sich Anna gegenüber der Wiener Freundin ein wenig herablassend über Dorothy Burlingham geäußert, die so gerne ganz zu ihnen gehören wollte. Aber sie fuhr mit Dorothy in die Ferien an die oberitalienischen Seen, und ihrem Vater versicherte sie, daß sie die angenehmste und ungetrübteste Kameradschaft gefunden habe. Zwei Jahre später schrieb Freud an Ludwig Binswanger: «Unsere Symbiose mit einer amerikanischen Familie (ohne Mann), deren Kinder meine Tochter mit fester Hand analytisch großzieht, befestigt sich immer mehr, so daß auch unsere Bedürfnisse für den Sommer gemeinsam sind.»[30] Noch im selben Herbst 1929 bezog Dorothy Burlingham mit ihren vier Kindern Bobby, Mabbie, Tinky und Mikey eine Wohnung in der Berggasse 19. Sie war, vier Jahre älter als Anna, aufgewachsen wie eine Prinzessin, in den Traumpalästen, die ihr Vater, Louis Comfort Tiffany, geschaffen hatte. Von «arabischen Nächten in New York» hatte Alma Mahler-Werfel geschwärmt angesichts eines seiner dekorativen Wunderwerke. Wie Anna war Dorothy das jüngste von sechs Kindern. Eine Schwester war früh an Scharlach gestorben, wie Anna fühlte sie sich vernachlässigt und ungeliebt, ausgeschlossen von den Vergnügungen der Älteren; «Me-too» wurde sie spöttisch genannt. Sie war gerade dreizehn Jahre alt, als ihre Mutter, Louis Tiffanys zweite Frau, hochgebildet, sozial engagiert und für ihre Zeit beinahe eine Feministin, an Unterleibskrebs starb. Der Vater, launenhaft, exzentrisch, herrschsüchtig, hatte nach dem Tod seiner Frau angefangen zu trinken, der Palast, den er ihr erbaut hatte und den sie nie liebte, sein Xanadu mit ungeheurem orientalischem Prunk, wurde für die Kinder zum Mausoleum, ein Tadsch Mahal.

Auf ihre Ausbildung wurde wenig Wert gelegt, nur dank der Vermittlung einer Verwandten durfte Dorothy ein Internat besuchen. In jener «Zeit der Unschuld» wurde nichts anderes erwartet als eine standesgemäße Heirat, und Robert Burlingham, Harvardabsolvent, Mediziner, hatte einen Stammbaum vorzuweisen, der bis auf die Pilgrim Fathers zurückging. Sie heirateten 1914, noch vor der Hochzeit hatte er vermutlich seinen ersten Nervenzusammenbruch; er war, wie später diagnostiziert wurde, manisch depressiv. Ihr erstes Kind, Robert, kränkelte viel, litt unter Allergien und Asthma. Sie übergab ihn, wie damals üblich, wechselnden Kinderfrauen. In rascher Folge wurden drei weitere Kinder geboren, Mary, Katrina und schließlich, 1921, Michael. Da wußte Dorothy Burlingham bereits, daß ihre Ehe am Ende war. Aus dem vielversprechenden Arzt war, mehr oder weniger, ein Dauerpatient geworden, dessen Zusammenbrüche und Stimmungsschwankungen sie nur allzusehr an den Vater erinnerten. Und sie mußte an ihre Kinder denken. Ein Cousin, Professor am MIT, interessierte sich für die inzwischen so populär gewordene Psychoanalyse, seine Frau wollte eine Lehranalyse bei Ferenczi machen. Also reiste Dorothy Burlingham, diese in den Augen der Verwandten ihres Mannes exzentrische, abnormale Person, mit den Kindern in die Schweiz. Sie hatte von Anna Freuds Arbeit gehört und war bereit, sich selbst einer Analyse zu unterziehen; dazu wurde Theodor Reik auserkoren.[31] Als nach dem Sohn auch Mabbie zu Anna in Behandlung kam, näherten sich die beiden Frauen einander immer mehr an. «Da das arme Herz durchaus etwas haben muß», schrieb Freud an Lou Andreas-Salomé, «hängt es sich an eine der einander ablösenden Freundinnen», nach Eva Rosenfeld nun also an eine «recht sympathische Amerikanerin, unglückliche Jungfrau». Er machte sich weiter Sorgen um seine Anna – was sollte aus ihr werden, wenn er nicht mehr da wäre? Sie war «prächtig, gut und geistig selbständig», aber sie hatte «kein Sexleben (...) Was wird sie ohne Vater anfangen?»[32]

Aber Anna Freud hatte ihre Familie gefunden. Sie ging ganz auf in ihrer Freundschaft mit Dorothy, der Jungfrau mit den vier Kindern und einem Ehemann, der, zwischen seinen Anfällen, um seine Familie kämpfte. Nur die «schlimmen» Kinder selbst, vor allem die beiden ältesten, zeigten nach wie vor ein ganz unklares Gemenge von Symptomen, Ängsten, Nervositäten, Unaufrichtigkeiten und kindlich perversen Handlungen. Robert oder Bobby, der besonders am Vater hing, beging immer wieder kleine und größere Diebstähle. Seine zwei Jahre jüngere Schwester Mabbie hatte sich in der Liebeswahl zwischen den getrennt lebenden Eltern für die Mutter entschieden, aber sie weinte viel und klammerte sich an eine der Analyse nicht gut gesinnte Kinderfrau. So stellte Anna ihre beiden Patienten, neben anderen Fällen, 1926/27 in ihren *Vier Vorträgen über Kinderanalyse* vor. Sie nutzte ihre Darlegung vor allem, um sich von Melanie Klein abzugrenzen, die keinen Unterschied zwischen erwachsenen und kindlichen Analysanden machte. An die Stelle der freien Assoziation setzte sie ihre Spieltechnik. Das lehnte Anna Freud ab: Das Kind sei nicht, wie der Erwachsene, bereit, «eine Neuauflage seiner Liebesbeziehungen vorzunehmen, weil (...) die alte Auflage noch nicht vergriffen ist». Es durchlebe sie nicht wie der Neurotiker in der Phantasie, sondern in der Wirklichkeit. So müsse sich der Analytiker mit den Eltern Liebe oder Haß des Kindes teilen, müsse es, am besten in engem Kontakt mit diesen, vielleicht sogar mit den Lehrern, vorbereiten und erobern. Da man nicht mit Übertragungen arbeiten könne, müsse man neben der analytischen Absicht auch eine pädagogische verfolgen.

Freud war stolz auf Annas *Vorträge,* wenngleich ihre Ansichten, wie er Eitingon schrieb, mit denen der Klein verglichen, «konservativ, ja reaktionär» zu nennen waren, «aber es steht zu vermuten, daß sie recht hat». Er hatte auf ihre Arbeit nur insoweit Einfluß genommen, als er ihre polemischen Äußerungen gegen Melanie Klein einschränkte. In der Tat schien diese seinen Ideen viel näher zu stehen, hatte sie nur radikalisiert. Nach ihrer Theorie war das Über-Ich nicht Abkömmling des Ödipuskomplexes, vielmehr entwickelten sich beide zur gleichen Zeit, gegen Ende des ersten, Anfang des zweiten Lebensjahres, wenn das Kind vom Stillen entwöhnt werde und aus Angst vor dem Verlust der nährenden Mutter aggressive und sadistische Regungen zeige, ein selbstsüchtiger Wilder, ein kleiner Kannibale. Die spitzzüngige Alix Strachey vermutete hinter der Rivalität der beiden Analytikerinnen nicht nur professionelle, sondern auch persönliche Gründe. Sie hatte die Klein, «eine Art extrem heterosexueller Semiramis in piekfeinem Kostüm, die darauf wartet, besprungen zu werden», in Berlin kennengelernt, ihr Material, über das hitziger und emotionaler als gewöhnlich diskutiert wurde, schien überwältigend. Natürlich müßte Anna Freud dagegen opponieren, «diese offene oder heimliche Sentimentale», mit der man sich einmal über ihre «Hochnäsigkeit» unterhalten müßte: Vermutlich lehnte sie die Klein einfach ab, weil sie sie für eine «gewöhnliche Frau» hielt.[33]

Für Dorothy Burlinghams Kinder wurde Anna zu einer Art Über-Mutter. Sie waren ständig unter Beobachtung und zur Selbstbeobachtung angehalten. Dorothy befand sich inzwischen, seit 1927, bei Freud in Analyse. Sie war mit Theodor

Reik nicht zufrieden gewesen, dessen Praxis und Arbeitsfähigkeit zu jener Zeit darunter litten, daß er, der Laie, der Literaturwissenschaftler, nicht nur von Bürokraten der Wiener Stadtverwaltung «der unbefugten Ausübung ärztlicher Praxis» be schuldigt, sondern auch noch von einem früheren amerikanischen Patienten wegen Kurpfuscherei angeklagt worden war. Aber im Grunde kam für die Frau, die unter ihrem Vater so sehr gelitten hatte, ohnehin nur Freud als Analytiker in Betracht, der Mann, der seiner Tochter alles gegeben hatte, was sie vermißte, Zuneigung, Bildung, die Möglichkeit einer eigenen Karriere. Ob Anna durch ihn in ihrer emotionalen und sexuellen Entwicklung gehemmt und sogar behindert wurde, egal, das spielte, sollte sich Dorothy Burlingham dessen bewußt gewesen sein, keine Rolle. Ihr ging es nicht anders. Anna war an einer Ehe nicht interessiert, ihre Ehe war gescheitert, vielleicht von Anfang an zum Scheitern verurteilt gewesen. So wurde Freud zum wichtigsten Mann in ihrer beider Leben. Fast zwölf Jahre lang, bis zu seinem Tod, blieb Dorothy, deren Vater nach einer Reise einst mit Genugtuung notiert hatte, daß an Bord seines Schiffes keine Juden gewesen waren, bei dem «wunderbaren, weisen und teuren» Mann in Analyse.

Anna und Dorothy Burlingham setzten sich energisch für Eva Rosenfelds Schulprojekt ein, sie hatten auch die Lehrer gewählt, den Biologiestudenten Peter Blos und seinen Freund, den Künstler Erik Erikson. Beide wurden später berühmte Analytiker, Blos mit seinem Standardwerk über die Adoleszenz, Erikson als der vermutlich wichtigste Vertreter der nachfreudianischen Psychotherapie, auf den Begriffe wie «Lebenszyklus», «Urvertrauen», «Identitätskrise» zurückgehen, und beide durchliefen Anna Freuds ganz persönliche Schulung; Erikson ließ sich von ihr auch analysieren. Für sie war die «Streichholzschachtel-Schule» in Hietzing ihr erstes großes analytisch-pädagogisches Experiment, eine Art Vorlauf für die Hampstead War Nurseries und Child Therapy Clinic, die sie in der Emigration gründete. Für Dorothy Burlingham, die von den Schülern «mother» genannt wurde, war es ein erster Schritt in eine berufliche Zukunft. Für Ernst Halberstadt aber, der, nachdem sein Vater sich wiederverheiratet hatte, unter psychosomatischen Störungen litt und als eine Art emotionaler und geistiger Adoptivsohn Annas in Wien lebte, war die Schule, in der «soviel Einfühlung, Verständnis und Offenheit» gelehrt wurde, vor allem eine Traumwelt, mit wunderbaren Spielen und den Burlingham-Kindern als Helden, dem hochmusikalischen Bob, diesem geborenen Charmeur, und Mabbie, die wunderbar zeichnen und malen konnte. Auch für ihn fing damals, in Eva Rosenfelds Hof, alles an; als Kinderanalytiker nannte er sich später W. Ernst Freud.

Dorothy Burlingham hörte zu jener Zeit Annas Vorlesungen am Lehrinstitut und nahm an ihrem Seminar teil. Die beiden Frauen kamen und gingen immer zusammen, so daß sie allmählich in Wien als die amerikanische Freundin bekannt wurde; eine eindrucksvolle, aber auch steife und distanzierte Person, die sich hinter einem Wall von Zurückhaltung und Diskretion verbarg. Anna Freud war streng darauf bedacht, daß man ihr neues Leben nicht als homosexuell bezeichnete; sie mochte es nicht einmal, wenn man sie nunmehr zufrieden nannte, und es empörte sie, wenn die Rede auf Dorothys Reichtum kam. So trieben sie einen Kult der Einfachheit, trugen Selbstgestricktes; jeder Kellner in einem Restaurant, stichelte Eva Rosenfeld, mußte an ihrer auffallend uneleganten Kleidung sofort erkennen, daß die beiden zusammengehörten. Vermutlich hatten sie nie eine sexuelle Beziehung miteinander. Marie Bonaparte nannte Anna die «Vestalin», und Arnold Zweig wußte von Freud, daß sie ihre Sexualität fast vollkommen sublimiert habe. Sie hatten jene ideale Freundschaft gefunden, bei der die eine in der anderen sich spiegelte und sie ergänzte, sie waren einander die ersehnte, die entbehrte Schwester, Zwillingen gleich.

Aber im Sommer 1929 kam Robert Burlingham zusammen mit seinem Vater Charles Culp Burlingham nach Europa. CCB, wie er genannt wurde, ein einflußreicher Jurist und Politiker, der einst die White Star Line in den Entschädigungsprozessen nach dem Untergang der «Titanic» verteidigt hatte, wollte auf seine Enkel nicht verzichten. Anna wurde zu Gesprächen gebeten, in denen sie über die Fortschritte ihrer Schützlinge zu berichten hatte. Freud selbst mußte Auskunft geben über seine Analysandin Dorothy. Angeblich war er sich nicht ganz sicher, ob es sich um einen Fall von Hysterie oder Zwangsneurose handelte, jedenfalls war sie eine schwierige Patientin und die Gegenwart ihres Ehemanns eine der Behandlung nicht zuträgliche Versuchung, da sie hin- und hergerissen schien zwischen ihrem physischen Bedürfnis, zu ihm zurückzukehren, und ihrer Fähigkeit zur Selbstbeherrschung. Sie hatte außerdem Angst, Mann und Schwiegervater könnten die Kinder kidnappen. Aber sie seien doch Gentlemen, sagte CCB. Freud antwortete: «Dr. Burlingham ist ein Gentleman, Sie sind ein Anwalt.»[34]

Dorothys Gesundheit litt unter den Kämpfen mit ihrem Mann. Anna war jedoch sicher, daß sie ihre ambivalente Haltung überwinden und sich endgültig von Robert Burlingham lösen würde. Die Kinder waren jetzt so strahlend und blühend, von Bob könnte man Werbephotos machen: «Vor der Analyse (...) und danach.» Aber ihr kleiner Held, das Erfolgsprodukt ihrer Kunst, war in Wahrheit nach wie vor schwierig, ein Egoist, und Mabbie fühlte sich verunsichert zwischen ihren beiden «Müttern». Beständig legten sie einander Rechenschaft ab über Unbewußtes, Freud, Anna, Dorothy und die Kinder. Um der labyrinthischen Introspektion in der Berggasse zu entkommen, floh man aufs Land. Wie einst Marie Antoinette und ihre Hofdamen, die im Petit Trianon die Schäferinnen spielten, kauften sie einen Bauernhof nicht weit von Wien und kleideten sich in Tracht. Die Töchter von Sigmund Freud und Louis Comfort Tiffany schafften sich eine Kuh und Hühner an und bestellten ihren Garten. Das Landleben brachte alles auf eine einfache Formel, sogar psychische Dinge. Anna Freud hatte bekommen, was sie sich im Traum einst wünschte: «Er(d)beer, Hochbeer, Eier(s)peis, Papp» – und Gurken, Bohnen, Tomaten und Erbsen dazu.

Robert Burlingham stürzte sich 1939 aus seiner Wohnung im vierzehnten Stockwerk.

JENSEITS ALLER ILLUSIONEN

GLAUBENSBEKENNTNIS EINES UNGLÄUBIGEN

«Im Nobelpreis übergangen» notiert Freud am 31. Oktober 1929 in sein neu begonnenes Tagebuch. «Kürzeste Chronik» hatte er es überschrieben, mit der bitteren Ironie des schon seit mehr als sechs Jahren vom Krebs Gezeichneten. Aber er wollte sich auch auf knappe Kalenderanmerkungen beschränken, getreu jenem Wort seines lieben Goethe: «Mach es kurz! Am Jüngsten Tag ist's nur ein Furz.» Das hatte er schon in seiner *Geschichte der psychoanalytischen Bewegung* zum Motto gewählt für das Kapitel über den Abfall Adlers und Jungs. Was gab es auch festzuhalten über ein Leben, das mehr oder weniger nur ein Überleben war, ein ihm unerträgliches «Leben für die Gesundheit». Mit seinem Leibarzt Max Schur, dem analytisch geschulten Internisten, der ihm von Marie Bonaparte empfohlen worden war, hatte er einen Pakt geschlossen: Er konnte viel Schmerzen ertragen und haßte alle Narkotika, doch wenn es einmal soweit war, sollte er ihn sich nicht unnötig quälen lassen.[1]

Es mochte Zufall sein, daß er seine Chronik ausgerechnet mit dem Notat seiner «Niederlage» begann, seit langem ärgerte er sich über die Preis-Frage. Doch es gefiel ihm auch, daß sich wieder einmal bestätigte, was er schon seit den Kriegsjahren, seit er zum erstenmal dafür vorgeschlagen worden war, in spöttischem Ingrimm prophezeit hatte, er werde ihn wohl nicht mehr erleben. Sein Name war immer wieder genannt worden, und jedesmal war er gründlich durchgefallen. 1928 und noch einmal 1930 hatte der junge deutsche Psychoanalytiker Heinrich Meng eine regelrechte Kampagne für Freud geführt, und Unterstützer wie Alfred Döblin und Jacob Wassermann gefunden, auch Eugen Bleuler, Bertrand Russell, A. S. Neill und Lytton Strachey, der berühmtere Bruder seines Übersetzers James Strachey, hatten den Antrag gezeichnet, ebenso wie die späteren Nazisympathisanten Hans Pfitzner und Knut Hamsun. Nur die Brüder Mann, Heinrich wie Thomas, zierten sich ein wenig, allenfalls käme doch wohl der Nobelpreis für Medizin in Frage, man dürfe der Literatur nicht ihre wichtigste Auszeichnung entziehen. Mit einem ähnlichen, bloß in die entgegengesetzte Richtung zielenden Argument verweigerte Albert Einstein seine Unterschrift, ihm erschien es zweifelhaft, ob ein Psychologe, über dessen Lehre er gar kein Urteil fällen könne, den Preis für Medizin erhalten solle. Den Nobelpreis für Literatur erhielt 1929, lange erwartet, Thomas Mann.[2]

Aber, gut oder nicht gut, vergessen sollte man es, wichtiger war die «erste Tarockpartie» nach der Sommerpause am 2. November, waren die Konzerte seiner geliebten Yvette, mit der er Tee im Bristol trank. «Sie wissen, wir stehen sehr gut zueinander», schrieb er Ferenczi. Neben ihrem Portrait besaß er auch eine Originallithographie von Toulouse-Lautrecs *Columbine à Pierrot.* Jedenfalls gefielen ihm die Konzerte dieser großen Seelenkennerin weit besser als Thomas Manns ihm gewidmeter Essay. Dieser Aufsatz, über *Die Stellung Freuds in der modernen Geistesgeschichte,* den ihm der Autor «in großer Verehrung» übersandt hatte, machte eher den Eindruck, als habe er ein Stück über die Romantik parat gehabt und es dann von vorne und hinten mit Psychoanalyse «fourniert – wie die Tischler sagen; die Masse ist aus anderem Holz».[3]

Er schien nun tatsächlich ganz überzogen von jener «Kruste von Unempfindlichkeit», die er sich schon vor Jahren zugelegt haben wollte: Ein magerer, stets würdevoll und altmodisch gekleideter Mann mit seltsam teilnahmslosem Blick. So erscheint er auf Photos jener Zeit, umgeben von seinem weiblichen Komitee, mit Anna, mit seinen geliebten Chows. Er hatte ja stets ein wenig starr gewirkt auf Bildern, das war sein offizielles, sein Photographiergesicht, er hatte es nie gemocht, sich zu exponieren, und sollte er sich nun, gequält von seiner Krankheit, von der schrecklichen Prothese, der Öffentlichkeit preisgeben? Er hatte nicht aufgehört zu kämpfen, war sogar auf Drängen seines

Sohnes Ernst dem guten Pichler untreu geworden und hatte den berühmten Berliner Professor für Zahnmedizin, Hermann Schröder, aufgesucht. Und niemals hätte er, für den Theorie und Praxis stets eins waren, sich verkrustet gegen die Realität, wiewohl diese seinen Respekt nicht verdiente, niemandes Respekt. Eine Woche nach Beginn seiner «Chronik», am 7. November 1929, notiert er lapidar «Antisemit. Unruhen».

Fast die gesamten zwanziger Jahre über hatten Auseinandersetzungen zwischen jüdischen und national gesinnten Studenten die Universität beherrscht, so wie schon in den Jahrzehnten zuvor, als Freud dort studiert und gelehrt hatte, als Martin der kämpferischen Kadimah beigetreten war. An jenem Morgen des 7. November hatten die Rechtsgerichteten die Vorlesung des jüdischen Anatomieprofessors und Stadtrats Julius Tandler unterbrochen, der Aufruhr ergriff andere Teile der Universität, man kämpfte auf der Straße weiter. Sicherlich hatte Freud diesen Vorfall auch notiert, weil er Tandler, den Mann, der ihm einst die Ehre des Bürgerrechts überbracht hatte, kannte und schätzte. Doch er wußte, daß jene Unruhen anders, gefährlicher, verheerender waren als in den Dekaden zuvor. Antisemitische Krawalle, Kämpfe zwischen Rechten und Linken beherrschten ganz Österreich. Das Land stand seit 1927 am Rande des Bürgerkriegs. «Dieser Sommer ist eigentlich katastrophal, als ob ein großer Komet am Himmel stünde», hatte Freud am 16. Juli 1927 aus der Sommerfrische auf dem Semmering an Ferenczi geschrieben. «Jetzt hören wir von Aufruhr in Wien, sind fast abgeschnitten und ohne sichere Kenntnis, was dort vorgeht und was daraus werden wird. Es ist eine faule Sache.»[4]

Einen Tag zuvor hatte in Wien der Justizpalast in Flammen gestanden. Es war an diesem 15. Juli überall zu Demonstrationen und Streiks gekommen, Protesten gegen das sogenannte Urteil von Schattendorf. Dort, in dem burgenländischen Ort, hatten sechs Monate zuvor die Sozialdemokraten zu einer Versammlung aufgerufen, die Frontkämpfervereinigung gab daraufhin die Parole aus, «es den Sozis schon zu zeigen»; diese

riefen ihren Schutzbund zu Hilfe. Aus einem Gasthaus, dessen
Wirt ebenso wie seine Söhne Frontkämpfer waren, fielen Schüsse; einer der Schutzbündler, ein Kriegsinvalide, wurde getötet,
ein kleiner Junge ebenso, ein anderes Kind und vier Schutzbündler wurden verletzt. Im Prozeß spricht man die Täter, vertreten
durch Walter Riehl, jenen Nazi-Anwalt, der auch den Mörder
Hugo Bettauers verteidigt hatte, schließlich frei: Die Schutzbündler hätten das Wirtshaus angegriffen, bevor die Schüsse
gefallen seien.

Am Mittag des 15. Juli dringen die gegen das Schandurteil
Demonstrierenden in den Justizpalast ein, an vier Stellen beginnt das Gebäude zu brennen, die Feuerwehr wird daran ge-
hindert einzugreifen. Der Kanzler Seipel trägt in sein Tagebuch
ein: «Ausbruch der Revolution wegen des Ausgangs des Schat-
tendorfer Prozesses.» Als die Polizei eintrifft, war es dem sozialdemokratischen Bürgermeister und dem Schutzbund bereits gelungen, der Feuerwehr den Weg zu bahnen; dennoch schießen
die mit Karabinern bewaffneten Polizisten in die Menge. Elias
Canetti, für den dies zum Schlüsselerlebnis wurde, erinnerte sich
an einen Mann, der jammernd rief: «Die Akten verbrennen!»
Aber es wurden doch Menschen niedergeschossen!

Am Ende jenes Tages waren 85 Demonstranten und vier Polizisten tot. Eva Rosenfelds Mann Valti verteidigte in den anschließenden Prozessen eine Gruppe von Sozialisten, was ihn
seine bürgerliche Karriere kostete und in den dreißiger Jahren
unter dem Kanzler Dollfuß sogar für eine Weile in Schutzhaft
brachte.[5] Martin Freud behauptete später, die Familie sei damals neutral geblieben, unfähig zu entscheiden, welches das
kleinere Übel war, die Sozialisten, die unter kommunistischem
Einfluß standen, oder die Konservativen, die sich stark an Na-
zitheorien anlehnten. Sein Vater, der «Liberale vom alten
Schlag», mußte sich in einer heftigen Diskussion den Vorwurf
gefallen lassen, nicht Partei zu ergreifen. Nein, man sollte weder schwarz noch rot, weder Faschist noch Sozialist sein: «Man
sollte fleischfarben sein.»[6]

Freud hatte andere Kämpfe zu führen in jenen Jahren. Er war

entschlossen, die «Laienanalytiker», die Nichtärzte, gegen ihre als Mediziner ausgebildeten Kollegen zu verteidigen. Bereits 1924 war er von einem österreichischen Sanitätsrat in dieser Angelegenheit um ein Gutachten gebeten worden, ein Jahr später mußte er seinen Protegé Theodor Reik, der ganz ordentlich seine Lehranalyse bei Karl Abraham gemacht hatte, gegen das Berufsverbot verteidigen, nur dank der Hilfe eines Anwalts und seines Mentors konnte er weiterpraktizieren. 1926 jedoch, als sein amerikanischer Patient zu ruinieren drohte, sah Freud sich gezwungen zu handeln und schrieb innerhalb eines Monats eine glanzvolle Polemik in Dialogform über *Die Frage der Laienanalyse,* zugleich eine der klarsten und populärsten Einführungen in seine Lehre. Er fühlte sich Reik persönlich verpflichtet, der fünfzehn Jahre zuvor mit seiner Dissertation über Flauberts *Versuchung des heiligen Antonius* zu ihm gekommen war und dem er, wie Rank, wie seiner eigenen Tochter, von einem geplanten Medizinstudium abgeraten hatte. Und schließlich waren einige der hervorragendsten Analytiker keine Mediziner: der Anwalt Hanns Sachs, der Pfarrer Oskar Pfister, der Pädagoge Siegfried Bernfeld, die Literatin Lou Andreas-Salomé – also keine dahergelaufenen Individuen, sondern Personen von akademischer Bildung und einzelne Frauen von großer Lebenserfahrung und überragender Persönlichkeit. Auch innerhalb der Internationalen Psychoanalytischen Vereinigung war es inzwischen zu Auseinandersetzungen über die sogenannten Laien gekommen. In New York hatte man sich, unter der Führung Brills, ausdrücklich gegen sie ausgesprochen; die Praxis der Psychotherapie sollte allein den Ärzten, den Doktoren der Medizin, vorbehalten sein. In London kämpfte Jones, Realpolitiker wie immer, entschlossen gegen selbsternannte Therapeuten, die die Psychoanalyse in Verruf bringen könnten. Da er es überdies gewagt hatte, Melanie Kleins Ansichten zu unterstützen und Kritik an Anna Freuds Theorien zu üben, sprach Freud gegenüber Eitingon von einem Feldzug des «walisischen Lügners», mit dem Ziel, sich von Europa unabhängig zu machen und sich sein eigenes angloamerikanisches Reich zu schaffen.[7]

Nachdem die Anklagen gegen Reik fallen gelassen wurden, titelte die *New York Times:* «Amerikaner verliert Prozeß gegen Freud/Entdecker der Psychoanalyse sagt, sie kann ohne Rücksicht auf medizinische Wissenschaft Gutes tun.»[8] Das hatte Freud keineswegs behauptet. Vielmehr hatte er in jenem fiktiven Dialog mit einem neugierigen, aber eher ablehnenden Gesprächspartner genaue Kriterien aufgestellt, wonach der potentielle Patient sich zuerst einer medizinischen Diagnostik zu unterziehen habe. Auch während der Behandlung sollte bei unklaren physischen Symptomen ein Arzt hinzugezogen werden. Mochte der Therapeut selbst Mediziner sein, so mußte ihn allein das Phänomen der Übertragung daran hindern, den Patienten körperlich zu untersuchen. Freuds «erfundenes» Gegenüber in Sachen Laienanalyse war in Wahrheit Julius Tandler; an ihn hatte er sich wegen Reik gewandt, und obwohl er ihn im persönlichen Gespräch nicht von seinen Ansichten hatte überzeugen können, lobte er in seinem Aufsatz die nicht gewöhnliche Integrität des Mannes, der im Roten Wien das Wohlfahrts- und Sozialwesen so sehr gefördert hatte. Und auch Tandler war beeindruckt von seinem Gesprächspartner: Ein «harter Mensch» war dieser Freud, unheimlich bei einem so alten Menschen «diese vitale Kraft, die sexuelle Kraft, dieses Durchblutetsein von Säften». Ein Mensch, der sich in keine Ordnung fügte, nur sein eisernes Gesetz übte. «Wäre er kein Jude, wäre er vielleicht Bismarck.»[9]

Vor allem nutzte Freud die Dialogform, um, in mehrfachen Kapriolen, eine großartige Vision von der Ausbildung künftiger Analytiker zu entwerfen. Denn waren nicht gerade die Mediziner oft «Kurpfuscher», die nach einem langen Studium sich ohne die nötigen Erkenntnisse und Erfahrungen der Analyse zuwandten, mit der sich wie es schien schnell Geld verdienen ließ? Mißbrauchten sie ihr Diplom nicht einfach als «Kaperbrief»? Niemand sollte zum Fach des Therapeuten zugelassen werden, der sich dazu nicht die Berechtigung erworben hatte, durch eine Lehranalyse, durch theoretischen Unterricht. Die ersten, leichteren Fälle sollte der Kandidat unter der Aufsicht erfahrener Kollegen übernehmen und dabei den Gedankenaustausch in den psychoanalytischen Gesellschaften pflegen. Zwei Jahre würde diese Ausbildung mindestens umfassen, am besten war sie durchzuführen am Berliner oder Wiener Institut. Wie konnte man dann noch jemanden, solchermaßen unterwiesen und geschult, einen Laien auf dem Gebiet der Psychoanalyse nennen? Wozu brauchte er Kenntnisse über die Fußwurzelknochen oder über die Konstitution der Kohlenwasserstoffe? Solange er lebte, wollte Freud sich dagegen wehren, daß die Psychoanalyse von der Medizin verschluckt werde. Nichts wäre schlimmer, als wenn sie «ihre endgültige Ablagerung im Lehrbuch der Psychiatrie finde, im Kapitel Therapie, neben Verfahren wie hypnotische Suggestion, Autosuggestion, Persuasion, die, aus unserer Unwissenheit geschöpft, ihre kurzlebigen Wirkungen der Trägheit und Feigheit der Menschenmassen danken».[10]

Noch war es eine Utopie, aber vielleicht gäbe es dereinst eine eigenständige psychoanalytische Hochschule, wo neben der Tiefenpsychologie, dem Hauptstück, auch Biologie, insbesondere die Kunde vom Sexualleben, gelehrt würde, und dazu Kulturgeschichte, Mythologie, Religionspsychologie, all die Fächer und Bereiche, ohne die der Analytiker einen großen Teil seines Materials nicht versteht. Umgekehrt könnte sich die Psychoanalyse, wie sie es bereits ganz ansehnlich bewiesen hatte, den Wissenschaften unentbehrlich machen, «die sich mit der Entstehungsgeschichte der menschlichen Kultur und ihrer großen Institutionen wie Kunst, Religion und Gesellschaftsordnung beschäftigen». Ihren praktischen Nutzen und ihre Bedeutung für die Pädagogik mußte man ja kaum noch hervorheben. Welch präventive Wirkung konnte man durch die Einsicht in die oft unscheinbaren Kinderneurosen erreichen. Nein, er hatte nicht einzelne Fälle im Sinn, ihm ging es um die Erziehung des Menschengeschlechts: «Unsere Kultur übt einen fast unerträglichen Druck auf uns aus, sie verlangt nach einem Korrektiv.» Warum sollte nicht sogar einer der häßlichen Amerikaner auf die Idee kommen, «es sich ein Stück Geld kosten zu lassen, um die social workers seines Landes analytisch zu schulen und eine Hilfstruppe zur Bekämpfung der kulturellen Neurosen aus ihnen zu machen». Aha, er habe also eine «neue Art von Heilsarmee» im Sinn, läßt er seinen Advocatus diaboli ironisch einwenden. Ja, wieso eigentlich nicht, nur zöge der Strom der Lernbegierigen, die dann nach Europa fluteten, an Wien vorbei, wo die analytische Entwicklung einem «frühzeitigen Verbottrauma» erlegen sei.[11]

Damit war Freuds sophistisches Lehrstück noch nicht zu Ende. In einem Nachtrag von 1927 schreibt er dem Laienanalytiker das Ansehen eines «weltlichen Seelsorgers» zu, dessen Klientel sich nicht länger mehr «durch die Aufnahme in die katholische, protestantische oder sozialistische Gemeinschaft» entlasten müsse, sondern sich mit Hilfe des Therapeuten aus dem eigenen Innern bereichern könne. Er war noch immer bereit, sich an die Spitze seiner heilenden Heerscharen zu stellen. Auch er war doch eigentlich kein richtiger Arzt, das sagte ihm nach 41jähriger ärztlicher Tätigkeit seine Selbsterkenntnis. Er hatte in frühen Jahren nie die Neigung verspürt, leidenden Menschen zu helfen, war auch nicht besonders sadistisch veranlagt, hatte als Kind nie «Doktor» gespielt, seine «infantile Neugier» war andere Wege gegangen. Allein die Umstände und das Mahnwort seines verehrten Lehrers Brücke hatten ihn dazu genötigt, diesen Beruf zu ergreifen. Doch hatte sein «Mangel an der richtigen ärztlichen Disposition» seinen Patienten wohl nicht sehr geschadet: «Denn der Kranke hat nicht viel davon, wenn das therapeutische Interesse beim Arzt affektiv überbetont ist.»[12]

Der Mann, der sein Metier so gern dem des Operateurs verglich, der Seelenchirurg, empfand es, das durfte er nun bekennen, als seinen größten «Lebenstriumph», auf solchem Umweg wieder zu dem übermächtigen Bedürfnis seiner Jugend zurückgekehrt zu sein. Etwas von den Rätseln dieser Welt zu verstehen, etwas zu ihrer Lösung beizutragen, dazu hatte es ihn damals gedrängt, dazu drängte ihn nun die Zeit immer mehr. Er mußte endlich an die großen Fragen der Menschheit rühren. Sein lieber Freund Pfister hatte erkannt, wie sehr sein unscheinbares Büchlein über die Laienanalyse aus der Tiefe sprudelte. Er hatte sich gefreut über dies «gütige Geschenk»; wenn nur auch seine Brüder, statt sich in ihr dummes Priestergezänk zu verrennen, sich mehr um das Wohl ihrer Gemeinde und ihr eigenes sorgten. Der gute Pfarrer, Musterexemplar eines weltlichen Seelsorgers, vermochte nicht zwischen den Zeilen zu lesen. Dafür bekam er es von Freud noch einmal ganz deutlich gesagt, mit Buch und Brief: «Ich weiß nicht, ob Sie das geheime Band zwischen der ‹Laienanalyse› und der ‹Illusion› erraten haben. In der ersten will ich die Analyse vor den Ärzten, in der anderen vor den Priestern schützen.»[13] Pfister reagierte auf diese «Kriegserklärung» mit gewohnter Großherzigkeit und Gelassenheit: Ein geistesmächtiger Gegner der Religion nutze ihr sicherlich mehr als tausend nichtsnutziger Anhänger. Außerdem waren die Ansichten, die Freud in seinem neuesten Werk, *Die Zukunft einer Illusion,* vortrug, ihm nicht ganz unbekannt. Den zentralen Gedanken hatte jener schon 1905 in Stichworten notiert: «Religion als Zwangsneurose – Privatreligion.» Seither war er immer wieder darauf zurückgekommen. Der Essay von 1927 aber war mehr als nur die lange drängende Aufarbeitung und Bündelung seiner Ideen, war mehr als eine Religionskritik. *Die Zukunft einer Illusion* war Freuds Glaubensbekenntnis. Und noch einmal ein Versuch, sich selbst – und vielleicht ein paar anderen – Mut zu machen in düsterer Zeit. Er hielt es, wieder einmal, für sein schlechtestes Buch, die Arbeit eines alten Mannes.

Nur schienen seine Selbstanklagen diesmal nicht ganz unberechtigt. Denn der Aufsatz beginnt als breitangelegte Kulturkritik – aus der er sich, wie er gleich zu Anfang betont, eilig flüchten will in das kleine Teilgebiet, dem bisher seine Aufmerksamkeit galt und dem nun bloß sein Ort im großen Ganzen zugewiesen werden soll. Ausdrücklich verschmäht Freud dabei die wertkonservative, vor allem von dem «unpolitischen» Thomas Mann populär gemachte Unterscheidung zwischen Kultur und Zivilisation. Für ihn bedeutet Kultur schlichtweg all das, worin sich das menschliche Leben über seine animalischen Bedingungen erhebt, also das Wissen und Können, das sich der Mensch erworben hat, die Natur zu beherrschen und ihr Güter zur Befriedigung seiner Bedürfnisse abzugewinnen, und dazu die Einrichtungen, welche die Verteilung dieser Güter und die gesellschaftlichen Beziehungen regeln. Aber die Kultur, auf die der einzelne so sehr angewiesen ist, verlange ihm schwere Opfer ab; obwohl sie ihm notwendig ist, bleibe er daher virtuell stets ihr Feind. Während in der Beherrschung der Natur ständig Fortschritte gemacht wurden, war eine ähnliche Entwicklung in der Regelung der zwischenmenschlichen Angelegenheiten kaum zu erwarten, so daß nicht einmal das bisher Erreichte verteidigenswert scheint. An das «Goldene Zeitalter» einer gerechten Verteilung von Gütern, einer Aufhebung von Zwang und Triebunterdrückung mag Freud nicht glauben – wenngleich er versichert, daß es ihm fernliegt, «das große Kulturexperiment zu beurteilen, das gegenwärtig in dem weiten Land zwischen Europa und Asien angestellt wird». Nein, dazu fehle ihm die Sachkenntnis und die Fähigkeit, über dessen Ausführbarkeit zu entscheiden, «die Zweckmäßigkeit der angewandten Methoden zu überprüfen oder die Weite der unvermeidlichen Kluft zwischen Absicht und Durchführung zu messen». Der «unpolitische» Freud war der Ansicht, daß der Zwang zur Kulturarbeit die «Beherrschung der Masse durch eine Minderheit» erforderte, «denn die Massen sind träge und uneinsichtig, sie lieben den Triebverzicht nicht».

Er war jedoch alles andere als ein Reaktionär. Wo waren jene vorbildlichen Individuen, jene «Personen von überlegener Einsicht (...), die sich zur Beherrschung ihrer eigenen Triebwünsche aufgeschwungen haben», wo waren die Führer, die nicht der Verführung der Macht erlagen? Bei allen Menschen waren destruktive, antisoziale und antikulturelle Tendenzen vorhanden, damit mußte man rechnen, das war eine Tatsache. Menschen waren mit den mannigfaltigsten Triebanlagen ausgestattet, durch früheste Kindheitserlebnisse geformt. Sie zum Besseren zu erziehen, hieß ihnen neuen Zwang aufzuerlegen. Doch bestreitet Freud nicht, daß es seit jenen prähistorischen Tagen einen Fortschritt gegeben hat: Der äußere Zwang wurde zum

Über-Ich verinnerlicht. Aber auch die unendlich vielen, die vor Mord oder Inzest zurückschreckten, versagten sich doch nicht, wenn sie dabei nur straffrei davonkamen, die Befriedigung ihrer Habgier, ihrer Aggressionslust, ihrer sexuellen Begierden auf Kosten anderer. Und hat eine Kultur die Unterdrückung der anderen, der Mehrheit zur Voraussetzung, «und dies ist bei allen gegenwärtigen Kulturen der Fall», wie sollte man da die Feindseligkeit der Armen und Unterdrückten nicht verstehen?[14]

Nur wäre der Mensch ohne die diktatorische Macht der Zivilisation hilflos der Natur preisgegeben, die längst nicht bezwungen war. Spotteten doch die Elemente allem Zwang, die Erde, die bebte, das Wasser, das im Aufruhr alles überflutete, der Sturm, die Krankheiten und «endlich das schmerzliche Rätsel des Todes, gegen den bisher kein Kräutlein gefunden wurde und wahrscheinlich keines gefunden werden wird». Das Leben ist schwer zu ertragen, für die Menschheit im ganzen wie für den einzelnen. So hat man sich aus dem Verlangen nach Trost, dem Bedürfnis, die eigene Hilflosigkeit und die Unvollkommenheiten der Kultur erträglich zu machen, einen «Schatz von Vorstellungen» geschaffen, aufgehäuft aus dem Material der Erinnerungen, der eigenen und der der Menschheitsgeschichte. So ist die Idee in die Welt gekommen, das Leben diene einem höheren Zweck. Aber die religiösen Vorstellungen, die aus ihren primitiven Anfängen, der Sehnsucht nach dem schützenden Vater, sich zu Lehrsätzen und Dogmen entwickelt hatten, beruhten nicht auf Erfahrung, nicht auf Denkleistungen. Sie waren Illusionen, «Erfüllungen der ältesten, dringendsten Wünsche der Menschheit», und «das Geheimnis ihrer Stärke ist die Stärke dieser Wünsche». Sie beschwichtigten die Angst vor den Gefahren des Lebens, sie erfüllten das Verlangen nach einer Gerechtigkeit, die auf Erden nicht zu finden sei. Sie versprachen die Einlösung von Wünschen über den Tod hinaus.[15]

Freud sah sie nicht als Irrtümer oder Täuschungen an, all diese Vorstellungen waren aus menschlichen Begehrlichkeiten entstanden. Manche waren den Wahnideen nahe, doch nicht wie diese unbedingt im Widerspruch mit der Realität, allein, mit dem Verstand weder zu beweisen noch zu widerlegen. Man konnte an sie glauben oder nicht, nur sollte man sich nicht darüber hinwegtäuschen, daß man die Wege des korrekten Denkens verließ: «Die Unwissenheit ist die Unwissenheit.» Gerade in Fragen der Religion machten sich die Menschen «aller möglichen Unaufrichtigkeiten und intellektuellen Unarten schuldig». Natürlich wußte Freud, daß seine Polemik gegen die Religion wohlfeil war. Vorüber waren die Zeiten, da solche Äußerungen «eine gute Beschleunigung der Gelegenheit» waren, «eigene Erfahrungen über das jenseitige Leben zu machen». Er würde nicht einmal verfolgt, nicht verbannt werden wie ein Voltaire. Allenfalls würde sein Buch in eine Sprache nicht übersetzt, in einem Land nicht verbreitet werden, natürlich gerade in einem solchen, «das sich des Hochstands seiner Kultur sicher fühlte». Andere wiederum könnten ihm, der doch stets die Übermacht der Triebe betont hatte, seine skandalöse Inkonsequenz vorwerfen, wenn er die Menschheit ihrer «kostbaren Wunschbefriedigung» beraubte, um sie dafür mit karger intellektueller Kost abzuspeisen. Hatte der Mensch nicht «andere imperative Bedürfnisse, die nie durch die kühle Wissenschaft befriedigt werden können»? Seine kategorische Antwort war nein. Denn darum allein ging es ihm, um das «psychologische Ideal, den Primat des Intellekts».[16]

Wer nun gar behaupten sollte, seine Schöpfung, die Psychoanalyse, sei eben doch eine Weltanschauung oder wolle eine solche bilden: Nein, nochmals nein! Es handelte sich um «eine Forschungsmethode, ein parteiloses Instrument, wie die Infinitesimalrechnung». Wieviel leichter hatten es doch die Physiker und Mathematiker, die auf sicherem Grund standen! Er hingegen schwebte in der Luft, geistiges Geschehen war so schwer meßbar. So brauchte ihn der Wahrheitswert der Religion wohl kaum zu scheren, schließlich bedienten sich gerade deren Verteidiger seiner Erkenntnisse über das Seelenleben, um die affektive Bedeutung ihres Hätschelkindes herauszustreichen. Aber, *tant pis* für die Religion, wenn die Psychoanalyse nun doch noch ein Argument gegen sie fände![17] Das war schon der Mühe wert, all die Begründungen ihrer Fürsprecher, all die Thesen und Dogmen noch einmal auf den Prüfstein zu legen. Hatte die Religion die Menschen sittlicher gemacht? Nein, immer ließen sich Vorschriften veräußerlichen, Absichten vereiteln – wenn Gott allein stark und gut war, konnte der Mensch schwach und sündig sein. Gewiß hatte es zuzeiten geholfen, daß man das Verbot zu morden als Gottes Gebot mit besonderer Feierlichkeit umkleidete. Aber inzwischen hatte man den Heiligenschein von einigen wenigen großen Verboten auf Gesetze und Verordnungen ausgedehnt, denen er schlecht zu Gesicht stand. Wäre es nicht menschlicher, ganz auf ihn zu verzichten, die soziale Notwendigkeit der Kulturvorschriften erkennbar zu machen? Doch wenn, so der *advocatus Dei*, die religiösen Vorstellungen nicht nur Wunscherfüllungen wären, sondern auch historische Reminiszenzen enthielten? Nein, das waren nur Kinderneurosen, verdrängte Triebansprüche, ähnlich denen in der Vorgeschichte der Menschheit. So war die ganze Religion eine Art allgemeine Zwangsneurose, der gläubigen Menschheit die Wahrheit zu entstellen. So wie man dem Kind vom Storch erzählt.

Doch, noch einmal, wie konnte gerade die Psychoanalyse, die den Menschen als von seinen Leidenschaften und Trieben gelenkt fand, an die Macht des Intellekts appellieren? War nicht das große historische Experiment schon einmal gescheitert, die Anbetung der Vernunft in der Französischen Revolution? Man brauchte wohl nicht besonders neugierig zu sein, wie das russische Experiment ausging. Aber es gab ja kein anderes Mittel, die Triebe zu beherrschen, als die Intelligenz. Was konnte man von Menschen erwarten, die unter Denkverboten standen, narkotisiert waren durch die Religion, schon von früher Kindheit an, da ihre sexuelle Natur betäubt und geleugnet werden mußte? Daher plädiert der Determinist Freud für die «Erziehung zur Realität», zu Nüchternheit und Verantwortlichkeit: «Der Mensch kann nicht ewig Kind bleiben.» Vielleicht würde dann die Kultur keinen mehr erdrücken, vielleicht dürfte man dann ohne Bedauern «mit einem unserer Unglaubensgenossen», mit Heinrich Heine, sagen:

Den Himmel überlassen wir
Den Engeln und den Spatzen.[18]

Aber was hatte Freud statt der Illusionen zu bieten? Nur seinen traurigen Gott Logos, der, viel weniger mächtig als seine Vorgänger, von den großen Wünschen – «Menschenliebe und Einschränkung des Leidens» – vermutlich nur einen kleinen Teil verwirklichen könnte, soweit die Natur, die «Ananke» es gestattete. Und das auch nur «sehr allmählich, erst in unabsehbarer Zukunft und für neue Menschenkinder». Denn «eine Entschädigung für uns, die wir schwer am Leben leiden, verspricht er nicht».[19]

Eindringlich beschwört Freud den alten aufklärerischen Glauben an die Wissenschaft und damit an die Möglichkeit, durch sie etwas über die Realität der Welt zu erfahren, «wodurch wir unsere Macht steigern und wonach wir unser Leben einrichten können». Mochte er noch so oft betont haben, wie kraftlos der Intellekt im Vergleich zum Triebleben sei: «Aber es ist doch etwas Besonderes um diese Schwäche; die Stimme des Intellekts ist leise, aber sie ruht nicht, ehe sie sich Gehör verschafft hat.» Am Ende, «nach unzählig oft wiederholten Abweisungen», würde man sie verstehen, das wollte er gern glauben. Vielleicht war auch die Wissenschaft eine Illusion, doch hatte sie nicht durch ihre großen und bedeutsamen Erfolge den Beweis erbracht, daß sie keine ist? Er war nicht blind gegen ihre Bedingungen und Bedingtheiten. Gerade die Subjektivität allen Denkens, die Beschränkung der Wissenschaft, die Endlichkeit ihrer Resultate gibt ihm Hoffnung auf ihre pragmatische Kraft, ihren Sieg über alle Ideologien: «Nein, unsere Wissenschaft ist keine Illusion. Eine Illusion aber wäre es zu glauben, daß wir anderswoher bekommen könnten, was sie uns nicht geben kann.»[20]

Er war der alte Skeptiker geblieben, der sich in einer immer mehr sich verdunkelnden Welt den Optimismus der Verzweiflung leistete. Oskar Pfister konnte ihm ruhig nachloben, sein wissenschaftlicher Religionsersatz sei «im Wesentlichen der Aufklärungsgedanke des 18. Jahrhunderts in stolzer moderner

Auffrischung». Sein «écrasez l'infame» mochte nicht viel bedeuten, gewiß, aber seine leise Stimme erhob sich auch gegen all jene, Ideologen und Politker, die sich nur zu gerne der Religion – oder dessen, was sie daraus machten – als Instrumentarium, als Propagandamittel und Hetzwerkzeug bedienten und die ihre gläubigen Anhänger fanden, zahlreicher denn je, triebhafter, mörderischer. Keiner von all denen würde diese Stimme hören.

Vermutlich hatte Pfister sogar recht, daß die Menschen, denen die Psychoanalyse «diese ausgeplünderte Welt» als höchste Erkenntnis vorführte, daß diese «armen Leute sich lieber in die Klause ihrer Krankheit flüchteten, als in diese schauerliche Eiswüste zögen».[21] Aber als der Freund in seiner Entgegnung, *Die Illusion einer Zukunft,* ihn seines unberechtigten Optimismus, seines Aberglaubens an die Macht des Wissens zu überführen suchte, entgegnete Freud nur, wie zum Teufel Pfister es denn anstelle, alles, was man in der Welt erlebte und zu erwarten hatte, mit dem Postulat einer sittlichen Weltordnung zusammenzubringen?

Die Wissenschaft, die Analyse war ihm, wie in den Jahren des Großen Krieges, ein Trost, die einzige Rettungsmöglichkeit gegen die eigenen, ewigen Schmerzen, gegen das allgemeine Krebsgeschwür der Demagogie und des Massenwahns. Das hatte Pfister wiederum sehr genau verstanden, Freud war eben «in der Nähe pathologischer Religionsformen» aufgewachsen, die er für Religion ansah. Sein Mentor wollte sich nicht, jedenfalls nicht direkt, über Parteien und Prälaten äußern, nicht über Ideologen und Pseudowissenschaftler. Nur eine Andeutung macht er in seinem Aufsatz: «Als Illusion kann man die Behauptung gewisser Nationalisten bezeichnen, die Indogermanen seien die einzige kulturfähige Menschenrasse.»[22] Gegenüber Arnold Zweig wurde er Ende 1927 direkter: «In der Frage des Antisemitismus habe ich wenig Lust, Erklärungen zu suchen, verspüre ich eine starke Neigung, mich meinen Affekten zu überlassen, und fühle mich in der ganz unwissenschaftlichen Einstellung bestärkt, daß die Menschen so durchschnittlich und im großen ganzen doch elendes Gesindel sind.»[23]

Die politische Bedeutung seiner *Zukunft einer Illusion* erkannten zumindest die sowjetischen Zensoren, die zunächst eine Übersetzung verhinderten. Erst 1930 erschien das Buch, der letzte Titel, bevor Stalin die Psychoanalyse als «bürgerlich-individualistisch» einstufte und endgültig verbot. Und natürlich waren sich auch die Antisemiten einig, ein Jude war nicht befugt, über den christlichen Glauben zu urteilen. Das war nicht allein die Meinung der Straße, sondern auch in akademischen Kreisen zu hören. Die Stimme des Intellekts war noch viel leiser, als er geglaubt hatte. Die *New York Times* titelte schlagzeilerisch: «Religion dem Untergang geweiht/Versichert Freud. Sagt, sie sei an dem Punkt angelangt, wo sie der Wissenschaft weichen muß.» Seine Anhänger seien darüber verärgert, sie beklagten das Buch des «Meisterpsychoanalytikers», weil es eine Spaltung innerhalb der Bewegung verursache. Freud war wütend über den Artikel, weil darin seine freundschaftliche Kontroverse mit Pfister, angeblich Oberhaupt der protestantischen Kirche in Zürich, dramatisiert wurde – und weil man ihn mit Vornamen «Sigismund» hieß.[24] Ferenczi gestand er, das Buch komme ihm kindisch vor, analytisch schwach und als Selbstbekenntnis unpassend. Sein Grimm galt doch auch im Grunde nicht dem lieben Gott, schrieb er Lou Andreas-Salomé sondern «der gütigen Vorsehung und sittlichen Weltordnung, deren er sich allerdings schuldig gemacht hat».[25]

Er verspürte eine zunehmende «merkwürdige Intoleranz» auch gegenüber seinen Patienten, vielleicht eine Folge seiner «immer deutlicher gewordenen Parteinahme für den Primat des Intellekts, der Ausdruck einer Feindseligkeit gegen das Es»? Oder plagte ihn nur wieder sein allen bekannter «Altersgrant»?[26] Im Frühjahr, am 1. April 1928, war sein Freund und Tarockpartner Ludwig Rosenberg gestorben; noch am Abend zuvor hatte er ihn besucht. Zum Abschied hatte er gesagt: «Diesen Monat haben wir also umgebracht.» Freud fühlte sich fast unerträglich müde. Wegen einer Bindehautentzündung konnte er kaum lesen, und das «Prothesenelend» hatte sich noch verschlimmert. Selbst dem erstrangigen Schröder in Berlin gelang es nicht, ihm das Leben angenehmer zu machen, allenfalls eine leichte Besserung dankte er ihm. Immerhin konnte er sich während seines Berlinaufenthalts an seinem Sohn Ernst erfreuen, der sich vor Arbeit gar nicht retten konnte. 1926 hatte er sogar ein Haus für Chaim Weizmann in Palästina gebaut. Und sein Sorgensohn Oli schien glücklich in seiner bescheidenen Position. Am Ende seiner Berliner Zeit hatte er sogar einen kurzen Rundflug über die Stadt gemacht, das war «erregend und recht angenehm».[27] Aber was bedeutete das alles, wenn er mit seiner lieben Lou, die ihn besucht hatte, sich kaum mehr unterhalten konnte. Sie sprach so leise, daß er mit seinem geschädigten Gehör ihre Worte fast nicht vernahm, und wegen seiner eigenen reduzierten Sprechfähigkeit war auch er für sie nur schwer zu verstehen. Das wirkte «trotz aller Bereitschaft zur Resignation verstimmend und man verstummt». Dazu litt er unter Herzbeschwerden, fast der größte Teil seiner Aktivität ging daran, ihm das zur täglichen Arbeit nötige Quantum Gesundheit zu erhalten, «ein wahres Mosaik therapeutischer Maßnahmen, um verschiedene Organe zu diesem Zweck brauchbar zu machen». Nichts vermochte seinen Horizont zu erhellen. In Wien war man wohl endgültig auf dem absteigenden Ast; vielleicht war Österreich verloren, wenn es nicht doch noch zum «Anschluß» an Deutschland kam.

Aber im Sommer 1929 schreibt Freud innerhalb von nur vier Wochen den ersten Entwurf einer Arbeit, die er zunächst *Das Unglück in der Kultur* nennt, eine angenehme Zerstreuung, nicht mehr, lauter «banalste Wahrheiten (...) neu entdeckt». Man konnte schließlich nicht den ganzen Tag rauchen und Karten spielen, im Gehen war er nicht mehr sehr ausdauernd, und das meiste, was er las, interessierte ihn nicht. Das Buch, das er schließlich, etwas milder, *Das Unbehagen in der Kultur* nannte, wurde eines seiner erfolgreichsten, die Auflage von 12 000 Exemplaren war im ersten Jahr vergriffen. Dabei schien er beinahe recht zu haben, ganz neue Ideen enthielt es nicht, knüpfte zunächst an die *Illusion* an, mit einer ehrerbietigen Replik auf Romain Rollands Ideen über den Ursprung der Religion. Dieser unerbittliche Menschenfreund glaubte, obwohl weitgehend mit seinem Urteil einverstanden, Freud habe den Ursprung religiösen Empfindens nicht gewürdigt, jenes «ozeanische Gefühl» von Ewigkeit, von Entgrenzung und Allverbundenheit, das ihn selbst, das Millionen anderer trage. Nein, Freud konnte ein solches Gefühl in sich nicht entdecken, nur in der Liebe schienen sich ihm die Grenzen von Ich und Objekt aufzuheben. Aber die Liebe war, wie er schon so oft gesagt hatte, ein fast pathologischer Zustand, ähnlich der Neurose oder psychotischen Erkrankungen, wo sich alle Grenzen verwischten. Nun konnte es natürlich sein, daß sich etwas vom allerfrühesten Seelenleben erhalten hatte, das Ich-Gefühl entwickelte sich erst allmählich, der Säugling mußte durch die Trennung von der Mutter nach und nach begreifen, daß es etwas außerhalb seiner selbst gibt. Genaueres ließ sich nicht darüber sagen, vor allem aber konnte man daraus keinen Zusammenhang mit der Religion ableiten. Doch, mit den Worten Schillers, «es freue sich, wer da atmet im rosigen Licht». Er blieb bei seiner Gottlosigkeit: Die Religion war infantil, wirklichkeitsfremd, eine Wahnidee. Für die meisten anderen ging es, da dies Leben zuviel Schmerzen, Enttäuschungen, unlösbare Aufgaben brachte, wohl nicht ohne Hilfskonstruktionen. Der Mensch war zu sehr bedroht, von Verfall und Auflösung des Körpers, von der Außenwelt und ihren zerstörenden Kräften und schließlich durch seine Beziehung zu seinen Mitmenschen, die für ihn vielleicht schmerzlichste Gefährdung. So kommt Freud zu seinem berühmten, seinem radikalen Diktum: «... die Absicht, daß der Mensch ‹glücklich› sei, ist im Plan der Schöpfung nicht enthalten».[28]

Deshalb suchten die Menschen nach Linderungsmöglichkeiten, einem ermäßigten Glück, das in der Verhinderung von Leid bestand: in Rausch und Selbstintoxikation, in Eremitentum, orientalischen Lebensweisheiten und Yogapraktiken, im Genuß von Kunst und Schönheit, in der Liebe, im Massenwahn der Religion – und in der Arbeit, einer allerdings nur wenigen, besonders Begabten zugänglichen Methode. Und selbst für diese, fügt Freud traurig hinzu, «kann sie nicht vollkommen

Leidensschutz gewähren, sie schafft ihnen keinen für die Pfeile des Schicksals undurchdringlichen Panzer und sie pflegt zu versagen, wenn der eigene Leib die Quelle des Leidens wird.»[29] Schließlich beginnen die Menschen auf ihrer vergeblichen Suche nach Glück zu glauben, an ihrem Elend trage die Kultur schuld, sogar Wissenschaft und Technik machten sie trotz deren enormer Fortschritte dafür verantwortlich. Dabei waren ihre Erfindungen, Telefon, Kamera, Motoren, die von den Kulturpessimisten geschmäht wurden, «die Erfüllung aller – nein, der meisten – Märchenwünsche» in einer Welt, in der der Mensch zuerst als schwaches Tierwesen, als hilfloser Säugling auftrat. Beinahe all die Macht, die er einst den Göttern zuschrieb, hatte er nun erlangt, war selbst Gott geworden, «sozusagen eine Art Prothesengott, recht großartig, wenn er all seine Hilfsorgane anlegt».[30] Da sie jedoch nicht mit ihm verwachsen waren, machten sie ihm stets zu schaffen, es blieb nur der Trost, daß ferne Zeiten hier einen noch größeren Fortschritt brachten. Aber alles, was die Wissenschaft den Menschen gebracht hatte, die Bezähmung von Naturgewalten, die Pflege der Stadtanlagen, also Schönheit, Reinlichkeit und Ordnung, all die höheren psychischen Tätigkeiten, die intellektuellen und künstlerischen Leistungen, die sozialen Beziehungen, all das war doch, in den meisten Fällen, Ersatz und Sublimierung: Die Kultur ist aufgebaut auf Triebverzicht.

Dies fing schon mit den Beschränkungen des Eros an, der doch ihr eigentlicher Ursprung war, weil er die Menschen zur Bildung von Familien, von Freundschaften anregte. Nur widersetzte sich die so gefährdete, die nach Ausschließlichkeit verlangende Liebe den Regeln, die ihnen die Kultur mit ihren Einschränkungen aufzwang, ihren Tabus, ihrer Forderung nach Monogamie, ihrer Verdammung von «Perversionen». Eine der eindringlichsten «sogenannten Idealforderungen», die christliche Nächstenliebe, die vielleicht älter als das Christentum selbst war, das sich so stolz darauf berief, erscheint Freud völlig unrealistisch: «Meine Liebe ist etwas mir Wertvolles, das ich nicht ohne Rechenschaft verwerfen darf (…). Ich tue sogar unrecht damit, denn meine Liebe wird von all den Meinen als Bevorzugung geschätzt, es ist ein Unrecht an ihnen, wenn ich den Fremden ihnen gleichstelle.»[31] Noch schlimmer verhielt es sich mit der «Weltliebe». Sollte man den anderen lieben wie das Insekt, wie den Regenwurm? Es würde dann wohl kaum viel Liebe auf den Fremden entfallen. Ohnehin gebührte diesem, nach allem, was recht ist, eher Feindschaft, sogar Haß, jedenfalls kaum Liebe, nicht einmal Rücksicht. Der Mensch war kein sanftes, liebebedürftiges Wesen, zu seinen Triebneigungen gehörte auch die zur Aggression, es galt das alte Wort *homo homini lupus*. Wer könnte das bestreiten, wer hätte den Mut, dies zu leugnen, nach allen Erfahrungen des Lebens und der Geschichte? Nach den Greueln der Völkerwanderung, nach den Einbrüchen der Hunnen, nach Dschingis-Khan, nach der Eroberung Jerusalems durch die frommen Kreuzritter, nach den Schrecken des Großen Krieges?

Die Kulturgesellschaft, wegen dieser «primären Feindseligkeit» beständig vom Verfall bedroht, mußte alles aufbieten, um der Aggression Grenzen zu setzen. Dabei hatte sie bisher nicht viel erreicht. So ist für Freud auch der Kommunismus als «Weg zur Erlösung vom Übel» eine Illusion, eine Idealisierung der menschlichen Natur. Der Mensch sollte von Grund auf gut, nur durch den Besitz verdorben sein? Alle Feindseligkeit sollte aus der Welt sein, wenn man nur das Privateigentum abschaffte? Darüber wollte er nicht urteilen, bloß anmerken, daß «wer in seiner Jugend das Elend der Armut verkostet, die Gleichgiltigkeit der Besitzenden erfahren hat», wohl vor dem Verdacht geschützt war, den Bestrebungen, die Besitzungleichheit zu bekämpfen, kein Verständnis und kein Wohlwollen entgegenzubringen. Als Psychologe aber mußte er einwenden, daß mit der Kollektivierung des Eigentums der Aggressionslust zwar eines ihrer Werkzeuge entzogen sein mochte, ein starkes sogar, wenn auch nicht das stärkste, sie aber dennoch wie schon seit Urzeiten weiter die Welt beherrschte. Das zeigte sich bereits im Kinderzimmer, wo Mißgunst, Feindseligkeit und das Buhlen um sexuelle Vorrechte den Bodensatz aller zärtlichen Beziehungen bildeten, «vielleicht mit alleiniger Ausnahme, der einer Mutter zu ihrem männlichen Kind». Selbst wenn man jedes Anrecht auf dingliche Güter hinwegräumte, selbst wenn man das erotische Leben vollkommen befreite und die Bindung an die Familie, die Keimzelle der Kultur, auflöste, so mochte unter Umständen die kulturelle Entwicklung sich neue Wege bahnen, der unzerstörbare Drang der menschlichen Natur würde ihr in jedem Falle folgen. Es mochte sogar gelingen, eine größere Zahl von Menschen in Liebe aneinander zu binden – «wenn nur andere für die Äußerung der Aggression übrigbleiben». Er hatte dies einst den «Narzißmus der kleinen Differenzen» genannt, «eine bequeme und relativ harmlose Befriedigung der Aggressionsneigungen». Doch bitterer klingt kein Satz in diesem Essay: «Das überallhin versprengte Volk der Juden hat sich in dieser Weise anerkennenswerte Verdienste um die Kulturen seiner Wirtsvölker erworben; leider haben alle Judengemetzel des Mittelalters nicht ausgereicht, dieses Zeitalter friedlicher und sicherer für seine christlichen Genossen zu gestalten (…). Es war auch kein unverständlicher Zufall, daß der Traum einer germanischen Weltherrschaft zu seiner Ergänzung den Antisemitismus aufrief.»[32]

Was würden wohl die Sowjets anfangen, nachdem sie ihre Bourgeoisie ausgerottet hatten? Zu zweifacher Triebunterdrückung gezwungen, zur Beherrschung seiner Libido wie seiner Aggression angehalten, war es dem Menschen so schwer, glücklich zu werden. Es erschien nur recht, die Kultur zu kritisieren, sie zu bekämpfen. Aber das Heil war nicht in der Befreiung der Massen zu suchen, die barbarische Natur des Menschen ließ sich nicht durch irgendwelche Reformversuche korrigieren. Das war «allgemein Bekanntes» aus der Trieblehre. Zwar hatte auch er sich lange gesträubt gegen die Annahme eines Todes- oder Destruktionstriebs, er wußte, wie sehr man ihn dafür kritisierte: «Denn die Kindlein, sie hören es nicht gerne, wenn die angeborene Neigung des Menschen zum ‹Bösen›, zur Aggression, Destruktion und damit auch zur Grausamkeit erwähnt wird.» Doch die ganze Kulturentwicklung war im Grunde nichts als der Kampf zwischen Eros und Tod, Lebenstrieb und Destruktionstrieb; das war der wesentliche Inhalt des Lebens. «Und diesen Streit der Giganten wollen unsere Kinderfrauen beschwichtigen mit dem ‹Eiapopeia vom Himmel›! Deshalb erwähnten die Menschen den Teufel zur Entschuldigung des allmächtigen und allgütigen Gottes?» Er würde «dabei dieselbe ökonomisch entlastende Rolle übernehmen, wie der Jude in der Welt des arischen Ideals».[33]

Aber wie konnte es der Kultur gelingen, den allgegenwärtigen Aggressionstrieb zu hemmen? Sie hatte immerhin, wie die Analyse lehrte, einen Verbündeten im Ich selbst, das Über-Ich, das die Aggression verinnerlichte, sie in Form des Schuldbewußtseins gegen das eigene Selbst statt gegen den Fremden wendete. Der Mensch erfuhr sich als hilflos, abhängig von anderen, er fürchtet sich vor dem Liebesverlust wie das kleine Kind. Nur trat für den Erwachsenen an die Stelle der Eltern die Gesellschaft. So entsprang sein Schuldgefühl der Angst vor der Autorität und der vor dem Über-Ich, und gegen diese Angst konnte kein Triebverzicht helfen. Vor dem Gewissen galten böse Tat und böse Absicht gleich, so daß es immer neue Einschränkungen verlangte. Es blieb dabei: Der Preis für den Kulturfortschritt war «in der Glückseinbuße durch die Erhöhung des Schuldgefühls» zu zahlen. Doch der Mann, der kein Prophet sein wollte, der keinen Trost mehr zu bringen wußte, nach welchem doch alle, die wildesten Revolutionäre und die bravsten Frommgläubigen, verlangten, dieser Freud versuchte, am Ende, seinen Lesern und sich selbst ein wenig Mut zu machen: Schließlich war es die Schicksalsfrage der Menschheit, ob und inwieweit sie es in der Kulturentwicklung dazu bringen würde, des Aggressions- und Selbstvernichtungstriebs Herr zu werden. Wissenschaftlicher und technischer Fortschritt machten es inzwischen den Menschen leicht, einander bis auf den letzten Mann zu vernichten. Aber darum wußten sie auch, darum waren sie von Unruhe und Unglück und Angststimmung befallen: «Und nun ist zu erwarten, daß die andere der beiden ‹himmlischen Mächte›, der ewige Eros, eine Anstrengung machen wird, um sich im Kampf mit seinem ebenso unsterblichen Gegner zu behaupten.»³⁴ Freud brachte sein Buch am 29. Oktober 1929 in die Druckerei, dem «Schwarzen Dienstag», ein paar Tage nach dem Zusammenbruch der Börse. Die Weltwirtschaftskrise, die Große Depression hatte begonnen. 1931, in der zweiten Auflage, fügte er einen neuen Schlußsatz hinzu, eine vorsichtige Frage, die in Wahrheit eine Prognose war. Er glaubte nicht mehr recht an einen Sieg des Eros im Kampf der Giganten: «... wann den Erfolg und Ausgang voraussehen?»

Abschied von Gestern

Ende Juli 1930 erhielt Freud die offizielle Benachrichtigung, daß ihm in diesem Jahr der Goethe-Preis zugesprochen worden war. Vor ihm war die 1927 gestiftete Auszeichnung an Stefan George, Albert Schweitzer und den Philosophen Leopold Ziegler gegangen. In dem Begründungsschreiben, das der Sekretär des Kuratoriums, der Schriftsteller und Essayist Alfons Paquet, an Freud richtete, wurden die «umwälzenden Wirkungen» seiner Forschungen «auf die gestaltenden Kräfte» der Zeit gewürdigt: «In streng naturwissenschaftlicher Methode, zugleich in kühner Deutung der von Dichtern geprägten Gleichnisse» habe er «einen Zugang zu den Triebkräften der Seele gebahnt und dadurch die Möglichkeit geschaffen, Entstehen und Aufbau vieler Kulturformen in ihrer Wurzel zu verstehen und Krankheiten zu heilen.» Aber er habe auch die Vorstellungskraft der Künstler und Seelsorger, der Geschichtsschreiber und Erzieher verändert und bereichert, indem er gleich Mephistopheles alle Schleier schonungslos zerriß, dabei unersättlich und ehrfürchtig wie Faust vor den im Unbewußten schlummernden bildnerisch-schöpferischen Gewalten. Neben dem Gelehrten ehre man so den Schriftsteller, den Kämpfer. Es hatte etliche Auseinandersetzungen um den derart Gepriesenen gegeben, schließlich hatte es sogar der Fürsprache Alfred Döblins bedurft, Vertreter der Sektion Dichtung der Preußischen Akademie der Künste. Freud dankte freundlich, er sei durch öffentliche Ehrungen nicht verwöhnt und habe sich so eingerichtet, daß er sie entbehren könnte. Dennoch erwärme gerade dieser Preis die Phantasie und räume die Demütigung weg, «die sonst durch solche Auszeichnungen mitbedingt wird». Zur Feier nach Frankfurt könne er nicht kommen, seine Tochter Anna, die ohnehin angenehmer anzusehen und anzuhören sei, werde ihn, mit einigen Sätzen zu Goethes Beziehung zur Psychoanalyse, vertreten.[1]

In jenen paar Sätzen, einer kleinen Studie natürlich, vergleicht er Goethe und Leonardo, den Renaissancemenschen, der seine Kunst durch seinen Forscherdrang erdrückte, und den anderen, den Klassiker in Weimar, dem die Synthese gelang. Und er rechtfertigt die Bemühungen der Biographen, auch der Psychoanalytiker, etwas mehr über das Leben dieser Giganten zu erfahren: Hatte sich Goethe nicht selbst in psychologischen Kunststücken geübt, hatte er nicht in seiner *Iphigenie* eine Katharsis dargestellt? Aber die Biographen, welche ihrem Publikum den Heros näherbringen wollten, ihn vermenschlichen, sie mochten ihn verehren und, ein legitimes Bedürfnis, zugleich auch ein wenig erniedrigen: «Das ist ein psychologisches Verhängnis (...) und muß sich auch auf unser Verhältnis zu den großen Männern, deren Lebensgeschichte wir erforschen wollen, fortsetzen.» So endet er mit einer Art Selbstbetrachtung im Spiegel seines Helden: Goethe war als Dichter nicht nur ein großer Bekenner, «sondern auch trotz der Fülle autobiographischer Aufzeichnungen ein sorgsamer Verhüller».[2]

Der Preis hatte ihn, obwohl er eher eine Verbeugung vor der Person als eine Beurteilung ihrer Leistung darin sah, tatsächlich gefreut, allzu verlockend war die Phantasie einer näheren Beziehung zu Goethe, bekannte er Arnold Zweig. Er sprach sogar von einem Höhepunkt in seinem bürgerlichen Leben. Doch für eine «Versöhnung mit der Zeitgenossenschaft» war es reichlich spät, die Psychoanalyse würde sich wohl erst lange nach seiner Zeit durchsetzen. Aber von den 10000 Reichsmark Preisgeld konnte er Lou Andreas-Salomé 1000 Mark schicken, die sie nur ja annehmen sollte, damit er auf diese Weise «das Unrecht, das bei der Verleihung des Preises begangen wurde, ein Stück wieder abbauen» durfte. Er konnte seine Verwandten beschenken und vor allem seinem Sohn Oliver, der nicht genug verdiente, mit einem monatlichen Unterstützungsfonds helfen. Jones machte sich Hoffnungen. Frankfurt könnte sich als Schritt nach

Stockholm erweisen; Freud winkte ab. Im November notierte er in der «Chronik»: «Im Nobelpreis endgiltig übergangen.»

In den Zeitungen hatte man nach der Goethe-Preisverleihung berichtet, er läge im Sterben: «So bringen sie mich eiligst um», schrieb er Jones. Er hatte wieder ein Jahr der Schmerzen und Verluste hinter sich gebracht. Im Februar hatte sich seine Nichte Martha Gertrud, Mitzis Tochter, die sich als Künstlerin und Kinderbuchillustratorin Tom Seidmann-Freud nannte, umgebracht. Sie hatte seit dem Herbst des vergangenen Jahres, seit dem Selbstmord ihres Mannes Jacob (Jankef) Seidmann, der den bevorstehenden Bankrott seines Verlagsunternehmens nicht hatte ertragen können, unter schweren Depressionen gelitten. Freud glaubte, daß sie, bei aller Begabung, mehr als halb verrückt war, und sorgte sich vor allem um ihre kleine Tochter Angela. Anna hatte sie sogar adoptieren wollen, dagegen hatte sich die Mutter noch vor ihrem Tod gewehrt, sie wollte nicht, daß ihre Tochter der Psychoanalyse ausgesetzt werde, und Freud selbst hielt das Wiener Klima für nicht besonders bekömmlich für ein ohnehin schwächliches Mädchen.[3] Er dachte an sein geliebtes Heinele. Er litt wieder unter Herzbeschwerden, so daß er sich sogar das «freie Rauchen» verbot, sich auf drei Zigarren beschränken wollte und sich wie ein anderer Mensch fühlte: «Nur daß dieser andere auch die fehlenden Zigarren sehr vermißt.» Schließlich mußte er wieder ins Sanatorium und nun zeitweise das Rauchen völlig einstellen, es ging ihm bald besser, aber die Abstinenz war «ein Stück Autonomie, wie es der Fuchs vollbringt, wenn er sich in der Falle ein Bein abbeißt»[4]. Zwei Wochen nach seiner Entlassung rauchte er schon die erste, «schüchterne» Zigarre.

Wieder einmal war er nach Berlin gereist, um, ohne große Hoffnung, seine Prothese verbessern zu lassen. Aber Anna war zärtlich wie immer, und Berlin war schön in diesem Jahr. Man reiste nach Hiddensee, wo Ernst ein Haus besaß; man besuchte Caputh, wo Einstein sein Segelboot hatte. Und Freud traf sich mit William Christian Bullitt, ehemals Berater im Stab Woodrow Wilsons, Journalist und Diplomat, der in deutschen Archiven für ein Buch über die Pariser Friedenskonferenzen von 1919 recherchierte. Er hatte selbst daran teilgenommen, er kannte Clemenceau und Lloyd George persönlich. Der alte Wilson-Hasser Freud war sofort begeistert von der Idee, mit Bullitt an einer Studie über jenen «dümmsten Narren des Jahrhunderts» zu arbeiten.

Erst im Juli war er wieder zurück, zu seinem gewohnten Sommeraufenthalt, diesmal am Grundlsee, wo Martha mit ihrer üblichen Energie eine Wohnung gefunden hatte; Gott sei Dank reiste man nicht nach Reichenau oder Ischl, das war für ihn gleichbedeutend mit Huhn und Blumenkohl. Aber er mußte nach Ischl in diesem Sommer, gleich mehrfach. Seine 95jährige Mutter litt an Brand in den Beinen und wurde, ihrer Schmerzen wegen, fast ständig unter Morphium gehalten. Trotzdem hatte sie auf ihrem gewohnten Kuraufenthalt bestanden und sich auf einer Bahre zum Zug tragen lassen, wo sie von einem Arzt betreut wurde. In Ischl wurde sie im Ambulanzwagen zu ihrer Unterkunft gebracht, aber sobald sie dort war, raffte sie sich für eine Weile auf, saß auf ihrem Balkon, um den Anblick der Berge zu genießen und das Wissen, der älteste Sommergast zu sein.[5] Am 24. August, an jenem Tag, als ihm von einem Frankfurter Stadtrat die Goethe-Preisurkunde und der willkommene Scheck überbracht wurde, nahm Freud, wie er in der «Chronik» notierte, Abschied von ihr. Paul Federn brachte sie zurück nach Wien. Am 12. September starb Amalia Freud «friedlich in ihrem Schlafzimmer» – «mit 95 hat sie es wohl verdient, erlöst zu werden».

Freud fühlte vor allem eine Art Erleichterung. Der Beerdigung blieb er fern, er ließ sich, wie in Frankfurt, von Anna vertreten. Als er im Jahr zuvor Eitingon zum Tod seiner Mutter kondolierte, schrieb er ihm, dieser Verlust müsse «etwas ganz Merkwürdiges, mit anderem Unvergleichbares sein und Erregungen wecken, die schwer zu fassen sind». Er selbst empfand nun an der Oberfläche einen «Zuwachs an persönlicher Freiheit», er hatte ja den Gedanken, daß er vor ihr stürbe und Amalia Freud die Nachricht vom Tod ihres «goldigen Sigi» hinnehmen müßte, nie gut ertragen erkönnen. «Gewiß, there is no saying, was ein solches Ereignis in tieferen Schichten anstellen mag», schrieb er an Jones. Doch nein, er empfand keine Trauer, keinen Schmerz, was vielleicht mit den Umständen zusammenhing, mit ihrem hohen Alter, ihrer Hilflosigkeit am Ende, da war nur jenes Gefühl der Befreiung: «Ich durfte ja nicht sterben, solange sie am Leben war, und jetzt darf ich.»[6]

Jetzt, nach ihrem Tod, konnte Freud sich ein Stück weiter auf den *dark continent* bewegen, sich über seine Mutter äußern, wenn auch verhüllt und getarnt wie immer. Dennoch taucht in seinen Mutmaßungen *Über die weibliche Sexualität* von 1931 die Frage auf, die er längst geklärt zu haben schien: Wie es nämlich dem Knaben möglich werde, an seiner «intensiven Mutterbindung unangefochten festzuhalten». Die Antwort war rasch gegeben: Er entledigte sich der Ambivalenz gegen die Mutter, indem er seine feindseligen Gefühle auf den Vater richtete. Aber dann kamen die Zweifel: Man hatte die präödipale Phase der Knaben noch nicht eingehend genug studiert, man hatte diese eben erkannten Vorgänge noch gar nicht wirklich durchschaut. Deutlicher wird er in der zweiten, 1933 veröffentlichten Schrift *Die Weiblichkeit*, worin er die Ursachen der Feindseligkeit gegen die Mutter untersuchte. Er sprach dabei allein von den Gefühlen der Mädchen. Doch durften seine Äußerungen Anspruch auf Allgemeingültigkeit und persönliche Erfahrung erheben. Die Anklage gegen die Mutter flammt demnach auf, wenn das nächste Kind in der Kinderstube erscheint, der Konkurrent um Nahrung und Liebe, «und merkwürdigerweise ist das Kind auch bei einer Altersdifferenz von nur 11 Monaten nicht zu jung, um diesen Sachverhalt zur Kenntnis zu nehmen». Er war siebzehn Monate alt, als sein Bruder Julius geboren wurde. Sicherlich hatte er ähnliches schon früher geäußert, jedoch selten in solch radikaler Form: «Aber nicht allein die Milchnahrung mißgönnt das Kind dem unerwünschten Eindringling und Rivalen, sondern ebenso alle anderen Zeichen der mütterlichen Fürsorge. Es fühlt sich entthront, beraubt, in seinen Rechten geschädigt, wirft einen eifersüchtigen Haß auf die Geschwisterchen und entwickelt einen Groll auf die ungetreue Mutter.» Meist verändert es sich in seinem Benehmen, wird «schlimm», reizbar, unfolgsam, regrediert in seiner Reinlichkeitserziehung. All das, er gibt es selbst zu, war natürlich längst bekannt, «aber wir machen uns selten die richtige Vorstellung von der Stärke dieser eifersüchtigen Regungen, von der Zähigkeit, mit der sie haften bleiben, sowie von der Größe ihres Einflusses auf die spätere Entwicklung». Zumal dieser Eifersucht immer neue Nahrung zugeführt wird, sich bei jedem neuen Geschwisterchen die feindselige Erregung wiederholt. Daran änderte sich auch nichts, wenn das Kind der erklärte Liebling der Mutter war: Die «Liebesansprüche des Kindes sind unmäßig, fordern Ausschließlichkeit, lassen keine Teilung zu».[7] Dennoch wollte er zu gerne glauben, daß all diese Momente, die Zurücksetzungen, die Enttäuschungen, die Eifersucht, die der Knabe genauso wie das Mädchen erleben muß, ihn der Mutter nicht entfremden. Er blieb dabei, daß allein das Verhältnis des Sohnes zur Mutter jene uneingeschränkte, ambivalenzfreie Befriedigung bringe, nach welcher dieser auch im späteren Leben, in der Ehe immer wieder suche. Das war Wunschtraum und Selbstdarstellung, das war seine Grabrede für Amalia Freud.

Das Buch mit Bullitt war eine willkommene Abwechslung in seiner Krankenexistenz, nachdem er sich im Oktober einer neuerlichen Operation hatte unterziehen müssen, in deren Folge er eine Lungenentzündung bekam. Aber jetzt hatte sein reger amerikanischer Rechercheur, der auch sein Patient wurde, 1500 Seiten Notizen gebracht. Anfang Dezember 1930 gab er Arnold Zweig einen Hinweis auf seine neue Arbeit. Eigentlich wollte er ja gar nichts mehr schreiben, doch nun verfaßte er die Einleitung zum Werk eines anderen. Er durfte noch nicht sagen, um was es sich handelte, «zwar auch eine Analyse, aber dabei höchst gegenwärtig, beinahe politisch». Da war die Arbeit, laut Eintrag in seine «Chronik», eigentlich schon beendet. Doch ist die Geschichte ihrer Entstehung und Publikation fast so verworren und verwirrend wie die Beziehung zwischen den beiden Autoren. Freud erhoffte sich von dem Buch vor allem eine Finanzspritze für den wieder einmal in Not geratenen Verlag. Er sprach sogar von «glänzenden Aussichten», aber im April 1931 war das Buch allenfalls halb fertig. Erst ein Jahr später erklärte Bullitt die Arbeit für abgeschlossen, doch mußte das Manuskript überarbeitet und gekürzt werden. Ende 1932 fragte Freud schließlich ein wenig ungeduldig an, wann das Werk denn an die Öffentlichkeit geschickt werden könne. Es erschien erst 1967, im Jahr von Bullitts Tod. Er hatte gewartet, bis Woodrow Wilsons Witwe gestorben und seine eigene politische Karriere zu Ende war.

Es gab noch andere gute Gründe zu warten. Die Studie über Thomas Woodrow Wilson war die «Karikatur der angewandten Analyse», konzentriert auf die verdrängte Feindseligkeit des Sohnes gegen den Vater, den Reverend Wilson, und die intensive und vollständige Verehrung dieses gottgleichen Mannes, in dessen Nachfolge der Sohn die Welt erlösen wollte. Nur so konnte er die ungeheure infantile Wut unterdrücken: Ödipus à Versailles. Vermutlich hatte Freud weit mehr zu dem Werk beigetragen als die Einleitung.[8] Einem Journalisten hatte er 1934 gesagt, er habe eine alles andere als günstige Beurteilung Wilsons geschrieben, die wegen besonderer Umstände nicht erscheinen könne; da war von seinem Mitarbeiter und zeitweiligen Patienten Bullitt gar nicht die Rede. Vielleicht hatte dieser das Buch auch nach Freuds Tod wiederum umgeschrieben. Nichts ist klar in dieser Affäre, außer Freuds Haß auf Amerika, auf die Prediger und Propheten, wie dieser Präsident einer gewesen war, der so viel versprochen hatte und so wenig hielt, der Schuld trug an den Bedingungen der Pariser Verträge und damit letztendlich an der katastrophalen Lage seines Landes. Im November 1930 hatten in Österreich die letzten freien Wahlen stattgefunden.

Einen Tag vor seinem 75. Geburtstag, 1931, wurde Freud aus dem Krankenhaus entlassen. Bereits im Februar hatte Max Schur eine neue verdächtige Stelle entdeckt, und Pichlers Untersuchung hatte bestätigt, daß es sich um eine präkanzeröse Geschwulst handelte, die rasch wuchs. Er drängte auf eine Operation, obwohl Freud weitere Eingriffe nicht mehr durchleiden, das «Bösartigwerden» riskieren wollte. Statt dessen hatte er sich nach der Möglichkeit einer Radiumtherapie erkundigt, und Marie Bonaparte wandte sich an die damals größte Autorität auf diesem Gebiet, einen Professor am Institut Curie. Dieser riet, solange die Malignität nicht erwiesen war, von Behandlung ab. Schließlich suchte Freud einen Wiener Radiologen auf, Guido Holzknecht, Förderer der Psychoanalyse und ein anderer jener Pioniere der Röntgentechnik, die durch die hohe Strahlendosis, mit der sie arbeiteten, selbst an Krebs erkrankten. Holzknecht war deswegen der rechte Arm amputiert worden. Er hielt die Operation ebenfalls für notwendig, ihm stand am nächsten Tag seine fünfundzwanzigste bevor. Freud hatte genug. Aber einen Tag nach der Konsultation bei diesem «wirklichen Helden» ließ er sich operieren; wieder wurde ein großer Teil des Gaumens entfernt, dazu mußte Haut aus dem Oberarm transplantiert werden. Die histologische Untersuchung bestätigte Pichlers Verdacht. Die «Sicherheit», die Freud acht Jahre genossen hatte, war dahin.[9]

Er war bloß froh, an seinem Geburtstag zu Hause zu sein; so war es leichter und schöner für seine Pflegerinnen. Von den Freunden und Kollegen hatte er allein Ferenczi gesehen, «für zwei Minuten». Nur widerstrebend hatte Freud, der seine Geburtstage nie mochte, es zugelassen, daß eine Kollekte unter ihnen veranstaltet wurde, aber der Verlag brauchte wieder einmal dringend Geld. Also mußte er es wohl ertragen, «sich anstrudeln, ärgern, in Verlegenheit bringen lassen», denn leider ging es ja nicht an, «daß man ein Geschenk annimmt und seine persönliche Beteiligung an der Übernahme absagt», nach dem Motto: «Legen Sie's nur hin, ich werd' es mir dann schon holen.» Er war sicher, daß «die Aggression, die mit der Zärtlichkeit des Gebers legiert ist», ihre Befriedigung verlangte: «Schwächere ältere Leute, die bei solchen Anlässen zu ihrer Überraschung erfahren, wie hoch sie von ihren jüngeren Zeitgenossen eingeschätzt werden, pflegen dabei von der Überfülle der Gefühle überwältigt zu werden und den Nachwirkungen bald darauf zu erliegen. Umsonst ist bekanntlich nichts, auch von einem zu langen Leben muß man hohe Steuern zahlen.»[10]

Aber er war dankbar für die 50 000 Reichsmark, die zusammengekommen waren; damit konnte wieder ein Teil der Schulden abbezahlt werden. Und er freute sich über den Wald von herrlichen Blumen in der Berggasse, über die griechische Vase, die ihm Marie Bonaparte geschickt hatte – «schade, daß man sie nicht ins Grab mitnehmen kann». Er freute sich über den Gruß von Romain Rolland, zu dem er trotz aller Verschiedenheit eine so «geheimnisvolle Anziehung» verspürte, und ganz besonders über Albert Einsteins Worte. Der hatte ihm geschrieben, er lese nun jeden Dienstag mit einer befreundeten Dame seine Werke und bewundere «die Schönheit und Klarheit» seiner Prosa: «Außer Schopenhauer gibt es für mich keinen, der so schreiben kann und konnte.» Aber als «Dickhäuter» schwanke er zwischen Glauben und Unglauben.[11]

Fünf Tage nach seinem Geburtstag nahm Freud seine Arbeit wieder auf, mit einer Stunde vormittags und einer nachmittags; das «Leben für seine Gesundheit unter Denkmalschutz» war sonst kaum erträglich. Er wurde in diesem Jahr vielfach geehrt, mit Grußadressen und Briefen von überallher, mit Banketten und Festveranstaltungen. Die Universität London lud ihn ein, die jährliche Huxley Lecture zu halten. Er bewunderte den Arzt und Biologen, «Darwin's bulldog», wie er genannt wurde, und vor ihm war diese Ehre im deutschsprachigen Raum nur Rudolf Virchow 1898 zugekommen. So hatte sich, das mußte er zugeben, das «Benehmen der Mitwelt (…) zu einer immerhin noch widerwilligen Anerkennung gewandelt». Aber wie gleichgültig war das «etwa im Vergleich zu einer erträglichen Prothese, die nicht Selbst- und Hauptzweck der Existenz sein sollte». Seine Damen, Ruth Mack Brunswick und Marie Bonaparte, hatten ihn gedrängt, einen berühmten Harvard-Professor hinzuzuziehen, der an seiner Prothese drei Wochen lang arbeitete. Am Ende war die neue «Bestie» auch nicht viel besser als die alte, und das ganze hatte 6000 Dollar gekostet, das ärgerte ihn am meisten.[12] Natürlich mußte er die Einladung aus London absagen, er konnte an keiner der Ehrungen mehr teilnehmen, nicht einmal an jener, die ihn vielleicht am meisten berührte. Seine Geburtsstadt Freiberg ließ eine Gedenkplakette an dem Haus Schlossergasse 117 anbringen, in dem er vor 75 Jahren zur Welt gekommen war, wo er die ersten Jahre seines Lebens verbracht hatte. In seinem Dankesschreiben erwähnte er, daß es ihm in seinem Alter nicht leichtfalle, sich in jene Frühzeit zu versetzen, daß aus deren reichem Inhalt ihm nur wenige Erinnerungen geblieben waren. Aber des einen war er gewiß: «... tief in mir überlagert, lebt noch immerfort das glückliche Freiberger Kind, der erstgeborene Sohn einer jugendlichen Mutter, der aus dieser Luft, diesem Boden die ersten unauslöschlichen Eindrücke empfangen hat».[13]

Das waren nicht nur höfliche Worte, und zur Sentimentalität neigte er niemals. Sein Lebensgefühl war, wie er Arnold Zweig schrieb, «in eigentümlicher Weise» schwächer geworden. Er hatte zu viele Verluste zu ertragen, zu viele Abschiede; die Welt, die sein Leben gewesen war, begann um ihn herum langsam zu erlöschen. Im Februar war, knapp sechs Jahre nach ihrem Mann, Mathilde Breuer gestorben, die Frau, die ihm einst sein erstes Praxisschild gestiftet hatte. Im September starb Oskar Rie, der letzte der Jugendfreunde; Königstein war bereits 1924 gestorben, die Erinnerung an Rosenbergs Tod 1928 war noch ganz nahe. Es war wohl «ein unabwendbares Schicksal, seine alten Freunde sterben zu sehen», schrieb er an Marie Bonaparte. «Genug wenn man nicht dazu verurteilt wird, die Jugend zu überleben.»[14] Er hatte Rie über 45 Jahre gekannt, fast ein Menschenleben lang, und diese Freundschaft als gesicherten Besitz betrachtet, vielleicht habe er, Freud, manchen etwas geben können, aber von Rie habe ihn das Schicksal immer nur annehmen lassen. Einer der traurigsten Abschiede stand ihm noch bevor.

«Wenn ich über September 31 aushalte, ist es wirklich lang genug. Dauere ich aber länger, so wollte ich nicht, daß ein anderer als Sie die Nachrede hält», hatte er Ferenczi im vergangenen Sommer geschrieben.[15] In jenem September 1931 freute er sich, endlich wieder ein «Lebens- und Liebeszeichen» von dem

Freund zu erhalten, der so lange, fast zwei Monate, nicht geschrieben hatte, der sich ihm entfernte, hoffentlich nicht entfremdete. Er wollte es als Schicksal hinnehmen, wußte nicht um persönliche Schuld und hatte auch niemanden anderen in letzter Zeit vorgezogen. Aber er mochte und konnte nicht glauben, daß Ferenczis neue Arbeiten, seine «Läuterungsarbeit», wie dieser selbst sie nannte, zu einem Ziel führten: «Es mag bei Ihnen eine neue, dritte Pubertät sein, nach deren Abklingen Sie wohl die Reife erreicht haben werden.»[16] Er hatte wieder den väterlichen Ton angeschlagen, dessen Ferenczi zuzeiten so sehr bedurfte, gegen den er immer wieder so heftig aufbegehrte. Freud wollte ihre nahezu symbiotische Beziehung nicht aufgeben, er durfte nicht auch diesen Freund – und, wenn Ferenczi es denn unbedingt wollte, Sohn – verlieren.

Aber sie hatten sich, das konnte er nicht übersehen, in der Tat voneinander entfernt, waren sich fremd geworden, vielleicht schon damals, als Ferenczi mit Rank zusammenarbeitete, oder schon viel früher, als er endlich in die Ehe mit Gizella Pálos eingewilligt hatte. 1926, als Freud wieder einmal unter seinen Herzbeschwerden litt, hatte der Freund angeboten, ihn zu analysieren. Der Mann, der alljährlich zu Groddeck pilgerte und sich diesem eng verbunden fühlte, glaubte, daß es sich um eine psychosomatische Erkrankung handle. Und er hoffte, was ihm damals, 1910, in Sizilien und in all den Jahren danach nie recht gelungen war, Freuds Herz jetzt ganz für sich zu gewinnen. Dies war nun der Anlaß, es ihm endlich zu sagen, «daß ich es eigentlich tragisch finde, daß Sie, der Sie die Welt mit der Psychoanalyse beschenkten, so schwer – ja gar nicht – in der Lage sind, sich jemandem anzuvertrauen». Freud lehnte Ferenczis «rührenden Vorschlag» ab, seine Hauptangst war die vor einer nutzlosen, vor einer womöglich sogar seine Lieben schädigenden Existenz. Sicherlich gab es eine psychische Wurzel, «aber vergessen wir nicht, auch das Sterben hat seine psychische Wurzel, und es bleibt recht zweifelhaft, ob gerade die durch Analyse beherrscht werden kann, endlich, ob man nicht mit siebzig Jahren ein Recht auf Ruhe jeder Art hat».[17]

Im übrigen standen anatomischer Befund und toxische Ätiologie fest, und wie Ferenczi sehr wohl wußte, mochte er nicht mit überzärtlichen und überempfindlichen Gefühlsregungen überschüttet werden, die allenfalls dem leiblichen Vater gebührten. Außerdem ließ sich das Verhältnis von Analytiker und Analysiertem nicht einfach umkehren. Aber es war Freud bänglich zumute, als der Freund damals, 1926, eine Einladung auf fast zehn Monate nach Amerika annahm. Jedenfalls mußte er sich, bevor er ins «Land der Dollarbarbaren» aufbrach, verpflichten, oft genug zu schreiben. Nach den Erlebnissen mit Jung, mit Rank war Amerika, war «Dollarien» beinahe zu einem Synonym für Trennung und künftige Abfallbewegung geworden. Auch Ferenczi gedachte der ersten Amerikareise, ihrer «Argonautenfahrt», da er so eifersüchtig war auf Jung. Doch er schrieb regelmäßig, so oft er konnte, besuchte Freuds Familie in New York, von Edward Bernays war er ganz begeistert und kümmerte sich sogar um Dorothy Burlinghams familiäre Schwierigkeiten. Freud war zufrieden, besonders erfreute ihn der Klatsch über Rank, der zur gleichen Zeit auf Vortragsreise ging, und über Adler, der sich vor Angeboten kaum retten konnte, soviel Reklame machte er. Ob Ferenczi auch gelesen hatte, wie Adler den Faschismus in Italien erklärte? Natürlich mit Mussolinis «infantiler Minderwertigkeit und seinem Streben, diese zu kompensieren». Todsicher, er hätte diese Erklärung auch gegeben, «wenn Mussolini in Italien z. B. eine homosexuelle Gesellschaftsordnung eingeführt hätte, nach der der normale Koitus mit Gefängnis bestraft wird, oder ein trappistisches Regime, in dem das Reden als unpatriotisch verboten ist».[18]

Dennoch, nach dessen Rückkehr findet Freud den Freund reservierter als zuvor: «Verdammtes Land!» Ferenczi glaubt, daß die Reise, mit dieser ganzen Flut von Vorträgen und Einladungen, «nur eine Flucht aus der Welt der Realität» war, aber real ist der Dollar, jetzt kann er sich hoffentlich mehr der Wissenschaft widmen. Er arbeitet seit längerem an einer Modifikation der psychoanalytischen Technik, die mehr «Elastizität» erfordere, «Einfühlung» in den Patienten. «Takt» nennt er dies Abweichen von der Abstinenzregel. Noch folgt ihm Freud darin, mahnt nur vorsichtig. Aber Ferenczi führt seine Experimente weiter, aus Einfühlung wird «intensives Mitfühlen», alles andere, notiert er in seinem *Klinischen Tagebuch*, sei Heuchelei. Jetzt ist Freud alarmiert, will sein «Paladin und Geheimer Großwesir» eine «neue oppositionelle Analyse» schaffen? Oder ist er nur enttäuscht, daß man ihm nicht die Präsidentschaft der Internationalen Vereinigung angetragen hat? Ja, das hat Ferenczi in der Tat gekränkt, und mehr noch schmerzt ihn, daß Freud ihn bei seinem letzten Besuch grau und vorzeitig gealtert fand. Doch befindet er sich keineswegs in der Opposition, nur glaubt er immer weniger an die klassische psychoanalytische Theorie seelischer Erkrankungen; diese erscheint ihm «reaktionär». Er zweifelt zwar nicht an der infantilen Sexualität, fragwürdig sind ihm der Ödipuskomplex und die Folgen; schließlich kehrt er sogar zu Freuds einstiger Verführungstheorie zurück. Seinem Meister wirft er vor, ihn nur unzureichend analysiert, seine «negativen Gefühle und Phantasien» nicht durchschaut und zur Abreaktion gebracht zu haben. Er will sich nicht länger als Patient fühlen und wünscht sich von Freud eine offene Aussprache unter «bewährten Freunden».[19]

Obwohl bemüht, die heikle Balance ihrer Beziehung aufrechtzuerhalten, sieht sich dieser Ende 1931 genötigt, die «Differenz» zwischen ihnen beiden zu erörtern, die sich «auf ein Kleinstes, ein Detail der Technik, zugespitzt» habe. Ferenczi küßt nämlich seine Patienten und läßt sich von ihnen küssen. Das hat Freud von einer Kranken gehört, die sich damit brüstete, «Papa Ferenczi» jederzeit zu solchen Zärtlichkeiten auffordern zu können. Und der gibt seinerseits gern zu, daß er die «Steifigkeit» der Behandlung gelockert habe und im Rahmen der «mutuellen Analyse» nicht nur den Austausch von Gefühlen zulasse, sondern auch Einzelheiten aus seiner eigenen Vergangenheiten, aus seinem Unbewußten preisgebe. Nein, Freud ist gewiß nicht prüde oder spießig; zu Zeiten des Nibelungenlieds war der Kuß «eine harmlose Begrüßung». Aber die waren vorbei, und man lebte ja nicht in Rußland, wo von Staats wegen volle Sexualfreiheit galt, und der Kuß bedeutete «eine unverkennbar erotische Aktivität», die dem Patienten zu versagen ist. Was wäre nun gar, wenn Ferenczi diese technische Revolution veröffentlichte? Unabhängige Denker in der Technik, Radikale würden sich sagen: «Warum beim Kuß stehenbleiben? Gewiß erreicht man noch mehr, wenn man das ‹Abtätscheln› dazunimmt, das ja auch noch keine Kinder macht? (…) und bald werden wir das ganze Repertoire des Demiviergetums und der petting-parties in die Technik der Analyse aufgenommen haben, mit dem Erfolg einer großen Steigerung des Interesses an der Analyse bei Analytikern und Analysierten.» Vielleicht würde «Godfather Ferenczi» dann auf die Szene blicken, die er geschaffen hat, und sich wünschen, mit seiner «Technik der Mutterzärtlichkeit» doch vor dem Kuß haltgemacht zu haben.[20]

Beide versuchen sie, ihre alte Freundschaft zu bewahren; einen so langen Weg hatten sie miteinander zurückgelegt, «immer Hand in Hand», das sollte doch für die kurze Strecke, die noch zu gehen blieb, nicht anders sein. Dennoch wittert Freud, wie in allen früheren Fällen, eine persönliche Feindseligkeit. Und dessen ist er sich vollends gewiß, als ihn Ferenczi vor dem Psychoanalytischen Kongreß 1932 aufsucht, um ihm seinen Aufsatz über seine neue Technik vorzulegen, ja aufzudrängen. Freud bittet ihn, die Publikation zurückzuziehen, überhaupt für eine Weile von Veröffentlichungen abzusehen. Ferenczi klagt, Freud jammert: Jeder, der ihm einmal nahegestanden, habe ihn verlassen, er habe sich daran gewöhnt. Aber offensichtlich habe Ferenczis «regressive intellektuelle und affektive Entwicklung» einen körperlichen Hintergrund. Man solle an ihn denken wie an ein krankes Kind, hatte ihm Gizella geschrieben: Er litt vermutlich an perniziöser Anämie.

In seinem *Tagebuch* analysierte er Freud schließlich doch noch – als den Mann, der sich von potentiellen Vatermördern umgeben sah und deshalb seinen psychoanalytischen «Söhnen» nicht erlauben konnte, erwachsen zu werden; der solche Angst vor Verrat und Tod hatte, weil er einst den Vater, Jacob Freud, ermorden wollte. Deshalb mußte er die Theorie vom Ödipuskomplex entwickeln, mußte dabei zugleich die Rolle der Frau in der Sexualtheorie vernachlässigen, um die Mutter idealisieren zu können. Es fielen Worte von Freuds «relativer Impotenz», von seinem Kastrationskomplex.[21] Die andere Seite, deren Wortführer Ernest Jones, Ferenczis ehemaliger Analysand, wurde, war kaum origineller, sie berief sich auf die gewohnte, die immer taugliche Diagnose, es handle sich um einen Fall von Paranoia; tatsächlich konnte eine unbehandelte perniziöse Anämie zu ähnlichen Symptomen führen. Freud mahnte den Freund, sich gut zu pflegen, alles andere konnte warten. Aber das Urteil dieses Mannes, der sich nur langsam von seinem «nervösen Zusammenbruch» zu erholen schien, war ungetrübt; viel klarer als Freud sah Ferenczi die politische Lage: Am 29. März 1933, einen Monat nach dem Reichstagsbrand, mahnte er ihn dringlich, nach England zu emigrieren, wo es doch auch ausgezeichnete Chirurgen und Zahnärzte gab; er selbst wollte in die Schweiz gehen. Freud wehrte ab, er fühlte sich zu alt, zuwenig beweglich, abhängig von seinen Behandlungen, wollte auch seinen Besitz nicht im Stich lassen. Selbst wenn er jünger und gesünder wäre, würde er wahrscheinlich bleiben: Vielleicht war das Leben «in der Bedrückung für uns Juden (…) reichlich unbequem», aber wäre das nicht auch das Leben in der Fremde? Und es war doch nicht sicher, «daß das Hitlerregime auch Österreich überwältigen wird; möglich ist es freilich, aber alle glauben, daß es hier nicht die Höhe der Brutalität erreichen wird wie in Deutschland».[22]

Zwei Monate später, am 22. Mai 1933, kurz vor seinem sechzigsten Geburtstag, starb Sándor Ferenczi, der begabteste und phantasievollste unter den Analytikern der ersten Generation, über zwanzig Jahre lang Freuds treuester Gefährte. Wieder einer, der wichtigste von allen, der ein Stück der alten Zeit mit sich genommen hatte. Eine andere, neue würde dann wohl mit seinem eigenen Abtreten beginnen. Er wollte sich damit trösten, daß Ferenczis Tod, der nicht unerwartet kam, eine Art «Erlösung» für den Kranken bedeutete, der unter so schweren motorischen Störungen litt, daß er zuletzt nicht mehr stehen und gehen konnte; sein «Wahn» war vermutlich viel ärger gewesen, als alle wußten. So war er nun dem «schrecklichen Zerfall» entzogen, dem Degenerationsprozeß, der sein Leben wahrscheinlich schon jahrelang überschattet hatte. Dennoch war der Schmerz über den Verlust dieses Mannes, der ihnen, den Freunden und der Bewegung «schon seit Jahren (...) abgestorben war», kaum erträglich. Es blieb ein «verworrenes Gefühl».[23] Der Nachruf wurde ihm schwer, fast zwei Wochen arbeitete Freud an dem kurzen Text, er mußte immer wieder auch an den Tod Karl Abrahams denken. Das Wünschen, so beginnt er, war wohlfeil, deshalb beschenkte man einander «freigebig mit den besten und wärmsten Wünschen». Allen voran stand der eines langen Lebens. Aber wie ging doch die bekannte orientalische Anekdote vom Sultan, der sich von zwei Weisen das Horoskop erstellen läßt? Der eine pries ihn glücklich, weil die Sterne sagten, daß er alle Verwandten vor ihm sterben sehen werde. Er wurde hingerichtet. Der andere Seher las in den Sternen, daß der Sultan alle Verwandten überleben werde. Er wurde reich belohnt.[24]

FINIS AUSTRIAE

Am 25. Juli 1934 drangen 154 Mann einer SS-Standarte, verkleidet in Uniformen des österreichischen Bundesheers, ins Kanzleramt am Ballhausplatz ein und erschossen Engelbert Dollfuß. Freud vermerkt, so lapidar wie gewöhnlich, den Tod des Kanzlers und den «Putsch im Ballhaus», der durch das Eingreifen von Polizei und Armee rasch in sich zusammengebrochen war. Und am Brenner standen Mussolinis Truppen bereit, einen Einmarsch der Deutschen zu verhindern. Martin Freud polierte seine Orden und sein Paradeschwert, er fand sich prächtig aussehend in der Uniform, die er sich bei einem Altkleiderhändler besorgt hatte, um in militärischem Ornat Dollfuß die letzte Ehre zu erweisen. Man hatte dem ermordeten Kanzler ein Heldenbegräbnis bereitet, aber nur wenige Wiener, glaubte sich Martin zu erinnern, waren gekommen. Die meisten dachten sozialistisch und waren dem Dollfuß-Regime feindlich gesinnt; viele waren Nazis, die bedauerten, daß der Putsch mißlungen war. Die Familie Freud war «während dieses zweiten Bürgerkriegs alles andere als neutral», so Martin. «All unsere Sympathien lagen bei Kanzler Dollfuß und seinem Nachfolger Schuschnigg.»[1] Das galt für den Sohn, für den Vater weit weniger. Allenfalls gab sich Freud, wie viele, selbst Intellektuelle und Schriftsteller, der Hoffnung hin, die österreichische Variante des Faschismus, der autoritäre Ständestaat, könnte die Annexion verhindern.

Auch in Österreich hatten die Nazis von der Weltwirtschaftskrise profitiert, wenngleich nicht in jenem Maße wie in Deutschland. Auch dort, in jenem ohnehin verelendeten Land, standen seit 1929 Männer mit Schildern auf der Straße, «Nehme jede Arbeit an», und eine nicht enden wollende Kette von Bettlern zog von Haus zu Haus, manchmal klingelte es alle fünf Minuten. 1931 waren über 330 000 Arbeitslose gemeldet, fünfzehn Prozent der erwerbsfähigen Bevölkerung. Noch einmal versuchte die österreichische Regierung, wenigstens eine Zollunion mit Deutschland zu erreichen, aber Frankreich legte sein Veto ein: Österreich dürfe ohne Zustimmung des Völkerbunds seine Unabhängigkeit nie aufgeben. Als im Mai die Creditanstalt, die größte Handelsbank, zusammenbricht, gelingt es nur durch Intervention der Regierung, mit Auslandsanleihen und mit Hilfe der Rothschilds den Bankrott abzuwenden. Aristide Briand stellt sogar einen Plan auf zur Sanierung des Landes, doch die Bedingung bleibt, daß Österreich auf jede «Kombination» wirtschaftlicher oder politischer Art mit Deutschland verzichte. Otto Bauer spricht nach dieser erneuten, endgültigen Absage an den «Anschluß» von einem Versuch, «Österreich ähnlich den afrikanischen Negerstämmen unter französische Kolonialherrschaft zu stellen». Im November 1931 veröffentlichte die *Neue Freie Presse* einen Brief Freuds an Julius Tandler, der in Wien die Winterhilfe organisierte.[2] Freud empfahl eine «tägliche Selbstbesteuerung der Erwerbenden». Er selbst wolle jeden Tag, Sonntage und Krankenzeiten ausgenommen, zwanzig Schilling für die Winterhilfe abgeben. Die Zeitung versah seinen Brief mit dem optimistischen Zusatz, hoffentlich fänden sich viele, «die sich ihrer sozialen Pflichten in einem so hohen Maße bewußt werden, wie dieser internationale Wiener Gelehrte».[3]

Er verdiente genug, bei einem Honorar von 25 Dollar pro Stunde, Martin arbeitete inzwischen im Verlag, so hatten all seine Söhne glücklicherweise eine Anstellung. Nur die Schwiegersöhne lebten von seiner Unterstützung, Robert Hollitscher, der in seinem Geschäft keinen Groschen verdiente, und Max Halberstadt, der «müde gegen den Zusammenbruch des Lebens in Hamburg» kämpfte.[4] 1932, da waren fast 22 Prozent arbeitslos, machten die Nazis einen Propagandaaufmarsch auf der Ringstraße: «500 000 Arbeitslose, 400 000 Juden – Ausweg sehr einfach, wählt Nationalsozialisten.» Sie, die bisher über kein Mandat verfügten, wurden gewählt, zogen mit fünfzehn Abgeordneten in SA- und SS-Uniformen als drittstärkste Partei in den Wiener Gemeinderat ein. Wieder einmal kam es auf den Straßen und in der Universität zu schweren Auseinandersetzungen, Studenten und Professoren mußten mit Hilfe der Feuerwehr über Leitern einen von den Nazis besetzten Hörsaal verlassen. Die Regierung erließ ein Uniformverbot, um sie wenigstens aus dem Straßenbild zu verdrängen; SA- und SS-Einheiten marschierten daraufhin mit nacktem Oberkörper durch die Stadt. Die «morsche Demokratie» Österreich, wie Goebbels sie nannte, war am Ende: Im Mai wurde der Christlich-Soziale Engelbert Dollfuß Bundeskanzler, mit einer Mehrheit von einer Stimme. Wie Brüning in Deutschland regierte der «Millimetternich» – so nannte man den nicht besonders großen Mann spöttisch – schon bald mit Notverordnungen. Und im März 1933 konnte er, nach Streit und verunglückter Abstimmung, die «Selbstauflösung des Parlaments» verkünden, Neuwahlen sollte es nicht mehr geben. Um den Einfluß der österreichischen Nazis einzudämmen, suchte er Rückhalt bei Mussolini, der ihm zu einer Art Konkurrenzfaschismus riet: Man müsse Hitler «überhitlern».

Die «Vaterländische Front» als Einheitspartei «aller patriotischen österreichischen Bürger» wurde gegründet, dazu ein «Freiwilliges Schutzkorps», FS genannt, ähnlich uniformiert wie die SS, nur in dunklem Blau. Statt unterm Hakenkreuz trat man unter dem «Kruckenkreuz» an. Vor allem aber versicherte sich Dollfuß der Unterstützung der katholischen Kirche, die neue Verfassung, die er zwei Monate vor seinem Tod erließ, sollte auf «Gottes Willen» beruhen. Die Regierung verbot die Kommunistische Partei, dann den Schutzbund, schließlich auch die NSDAP; es wurden Lager eingerichtet, in denen zunächst Kommunisten und Nationalsozialisten festgehalten wurden, bald auch Sozialdemokraten. Im Februar 1934 notiert Freud «Generalstreik» in sein Tagebuch. Die Regierung hatte den Befehl ausgegeben, bei dem trotz Verbots weiterhin existierenden Schutzbund nach Waffen zu suchen. Die Gegenwehr war schlecht organisiert, die Parteiführung hatte zur Zurückhaltung gemahnt, aber der Schutzbund wollte Widerstand leisten. Doch der Generalstreik blieb mehr oder weniger aus. Um so schneller handelte die Exekutive, das Standrecht wurde verhängt, die Sozialdemokratische Partei für aufgelöst erklärt, die Wiener Führungsspitze verhaftet. Etwa 250 Tote gab es beim Schutzbund und in der Zivilbevölkerung, auf seiten der Exekutive 125, über 1000 wurden verletzt. 10 000 Sozialdemokraten wurden festgenommen, neun Führer des «Aufstands» hingerichtet. Otto Bauer floh mit zahlreichen anderen in die Tschechoslowakei, wo er eine Art Untergrundbewegung zu organisieren versuchte. In Österreich füllten sich die Lager. Es war der erste bewaffnete Widerstand gegen den Faschismus, ein kurzer, blutiger Bürgerkrieg.

Hilda Doolittle, HD, die einst von Ezra Pound Geförderte, die Mitbegründerin des Imagismus, die 1933 und 1934 bei Freud in Analyse war, erinnerte sich, daß in jenen Jahren, da die Schatten länger wurden und die Flut anstieg, die Vorzeichen noch in beinahe komischem Gewand erschienen. Manchmal ergoß sich ein koketter, konfettiartiger Regen vom Himmel, vergoldete Papierhakenkreuze und schmale bedruckte Papierstreifen, wie man sie an Weihnachten aus Knallbonbons zog. Die Sprüche waren kurz und klar: «Hitler gibt Brot», «Hitler gibt Arbeit». Der Hotelportier fegte alles weg. Aber es gab noch andere Hakenkreuze, aus Kreide, und HD folgte ihnen die Berggasse hinunter – «als wären sie speziell mir zuliebe auf das Pflaster gemalt worden. Sie führten zur Tür des Professors.» Vielleicht auch weiter, eine andere Straße hinunter. Diese Hakenkreuze konnte niemand wegfegen, niemand schrubbte die kreidenen Totenkopfzeichen vom Gehweg. Auch Gewehre sah sie überall, fast altmodischer Art wie auf Bildern aus dem Amerikanischen Bürgerkrieg: «Dies war eine Art Bürgerkrieg. Keiner wollte ihn mir erklären.» Der Professor war irritiert, sie pünktlich zu ihrer Stunde zu sehen. Keiner seiner Patienten war an diesem Tag gekommen, warum nur hatte sie das Hotel verlassen? Und wie sah es draußen aus? Still, kein Mensch war unterwegs, «ansonsten sieht alles nicht viel anders aus als gewohnt». Aber er konnte sich nicht beruhigen: «Warum sind Sie nur gekommen?»[5] In jenem Februar 1934 schreibt auch er von einem «Bürgerkrieg», der eine Woche dauerte, und persönlich hatte man nicht besonders zu leiden, nur einen Tag war man ohne elektrisches Licht. Allein die Stimmung war schrecklich, wie bei einem Erdbeben. Er konnte, obwohl die Aufständischen sicherlich zum besten Teil der Bevölkerung gehörten, keine Sympathie für sie empfinden. Ein Erfolg wäre ohnehin von kurzer Dauer gewesen und hätte nur einen militärischen Einmarsch zur Folge gehabt. Und diese Männer waren Bolschewisten, vom Kommunismus war kein Heil zu erwarten, also gewährte man keiner der beiden Seiten seine Sympathie. In Wahrheit war der Anteil der Kommunisten an dem Aufstand gering, der viel größere der Sozialdemokraten unglücklich und ehrenhaft, die Zerschlagung der Opposition gegen den Nationalsozialismus aber sollte in die Katastrophe führen. Ob die Deutschen damals wirklich eine Invasion gewagt hätten? Nach Ansicht der Historiker sicherlich nicht. Martha schrieb an ihre Schwiegertochter Lucie: «Nicht einmal während des Kriegs haben wir so etwas mitgemacht.»[6]

Erinnerungen sind trügerisch, und Martin Freud hatte die Haltung des Vaters gewiß falsch eingeschätzt, irritierend naiv scheint sie gleichwohl. In seinem kurzen, vom Völkerbund, Abteilung «geistige Zusammenarbeit», initiierten Briefwechsel mit Einstein über die Frage «Warum Krieg?» hatte Freud 1932, weitgehend unter Wiederholung seiner Thesen aus dem *Unbehagen,* sein Bekenntnis zum Pazifismus auf eine Art «konstitutionelle Intoleranz, eine Idiosynkrasie gleichsam in äußerster Vergrößerung» zurückgeführt: Man mußte sich gegen den Krieg empören, man vertrug ihn einfach nicht mehr, nicht nur seine Grausamkeiten, sondern auch die «ästhetischen Erniedrigungen». Aber wie lange mußte man warten, «bis auch die Anderen Pazifisten werden»? Es war nicht zu sagen, doch vielleicht war es «keine utopische Hoffnung».[7] Nein, den Friedensnobelpreis würde er für diese Äußerungen nicht bekommen, hatte er gespottet. Einstein hatte ihm gedankt, indem er sich als «Wurm an der Angel» bezeichnete, «der den wunderbaren Fisch zum Anbeißen» gebracht habe.[8] Die Zeit hatte sie beide überholt, als die Broschüre Anfang 1933 erschien. In Deutschland begann der große Exodus, auch der der Psychoanalytiker; Hanns Sachs, Franz Alexander, Karen Horney gingen schon 1932 nach Amerika. Die meisten anderen folgten ihnen kurz danach. Nur Eitingon wählte, wie auch Arnold Zweig, Palästina zum Exil.

In der Schule hatte man seinen Enkel Clemens als Juden Freud geschimpft, das war bitter. Seine Söhne emigrierten 1933, Ernst nach England, Oliver nach Frankreich. Man verbrannte seine Bücher mit den Worten: «Gegen die seelenzerfasernde Überschätzung des Trieblebens, für den Adel des menschlichen Geistes! Ich überantworte den Flammen die Schriften von Sigmund Freud.» Er spottete sarkastisch über die «tollen Zeiten»: «Was wir für Fortschritte machen! Im Mittelalter hätten sie mich verbrannt, heutzutage begnügen sie sich damit, meine Bücher zu verbrennen.»[9] Wenigstens brannte er in bester Gesellschaft, zusammen mit Einstein, Thomas und Heinrich Mann, Arthur Schnitzler, Stefan Zweig, Arnold Zweig, Bertolt Brecht etc. etc. Die Freunde drängten ihn, Wien zu verlassen. Man schlug ihm vor, in die Schweiz zu gehen, nach Frankreich, England, Amerika, sogar nach Argentinien. Er lehnte ab: Wenn sie ihn totschlügen, nun gut, das war eine Todesart wie eine andere; aber wahrscheinlich war das auch ein bißchen «billige Prahlerei». Seine Prinzessin hatte ihn nach Frankreich eingeladen, er war entschlossen, davon keinen Gebrauch zu machen. Die Gewalttätigkeiten in Deutschland schienen doch nachzulassen. Allerdings hatte die Unterdrückung und Vertreibung der Juden noch kaum begonnen: «Man darf nicht übersehen, daß Judenverfolgung und Einschränkung der geistigen Freiheit die einzigen Punkte des Hitler-Programms sind, die sich durchführen lassen. Alles übrige ist ja Phrase und Utopie.» Also saß er weiter zu Haus und versicherte der Prinzessin, in Österreich würde es nicht zu solchen Exzessen wie in Deutschland kommen: «Unser Volk ist nicht ganz so brutal».[10]

Als ihn 1933 der italienische Psychiater Edoardo Weiss mit dem Vater einer besonders schwierigen Patientin besuchte, bat dieser, ein enger Freund Mussolinis, ihn nach der Konsultation, dem Diktator eines seiner Bücher zu widmen. Weiss war höchst verlegen, wie sollte sich Freud zu diesem Ansinnen stellen? Er wählte, unter all seinen Werken, *Warum Krieg?*. Seine Widmung lautete: «Von einem alten Mann, der im Machthaber den Kulturhelden erkennt.» Weiss glaubte, daß Freud damit auf Mussolinis großangelegte archäologische Ausgrabungen anspielte, an denen er sehr interessiert war. Immerhin gab es bis in die späten dreißiger Jahre in Italien keinen offiziellen Antisemitismus, Mussolini war der Mann, der Österreich vor Hitler zu schützen schien; manchmal war auch Freud nicht gefeit gegen Illusionen und Wunschphantasien. Er glaubte, die Nazibewegung werde durch die Rechtsdiktatur gebunden, was zwar eine Unterdrückung der Sozialdemokraten und sicherlich auch der Juden bedeute, aber das Leben verlief schließlich ruhig weiter, trotz aller Aufläufe und Prozessionen, von denen die Zeitungen schrieben.[11]

Und selbst wenn auf Mussolini kein Verlaß war, selbst wenn der «Intrigant M.» beim ersten Treffen in Venedig im Juni 1934 Österreich an den «Räuberhauptmann H.»[12] verkauft hatte, so würden die anderen Mächte einen Anschluß nie gestatten. Es erwies sich also nunmehr als Glück, worüber man bisher geklagt hatte. Jetzt klammerte man sich an den verhaßten Vertrag von Saint-Germain, der doch ausdrücklich die Rechte der Minderheiten garantierte. Niemals würde Frankreich mit seinen Verbündeten ähnliches zulassen wie in Deutschland, niemals eine gesetzliche Judenverfolgung dulden: «Auf solche Art wiegen wir uns in – relative – Sicherheit.» Und einstweilen hatte Mussolini Wort gehalten, Dollfuß' Nachfolger Kurt von Schuschnigg klammerte dich weiterhin an die italienischen Faschisten, zugleich erlangte er beim Völkerbund eine Deklaration Frankreichs und Großbritanniens für die Unabhängigkeit Österreichs. Ansonsten setzte er die Politik seines Vorgängers fort, die große Verhaftungswelle gegen Sozialdemokraten und Sozialisten ging weiter. Auch Bruno Kreisky wurde damals wegen Teilnahme an einer illegalen Tagung des Hochverrats angeklagt und zu einem Jahr Kerkerhaft verurteilt. Schuschniggs einzig große Neuerung war der Versuch einer Restauration der Monarchie, sein Österreich sollte festgefügt sein in Tradition und Gottesgnadentum. Daran glaubte auch Joseph Roth in seinem Pariser Exil, nur diese beiden Institutionen, die katholische Kirche und die politische Potenz der Habsburger, würden Europa vor dem Untergang retten; er wollte deswegen sogar bei Schuschnigg vorsprechen. Der Kanzler hob die Landesverweisung der kaiserlichen Familie auf, Otto von Habsburg war klug genug, das Rückkehrangebot nicht anzunehmen. Auch Freud glaubte an den Schutz der katholischen Kirche, diese Institution, «bisher die unerbittliche Feindin der Denkfreiheit und des Fortschritts zur Erkenntnis der Wahrheit», würde Österreich retten, wenn auch unsicher war, wie lange. Jedenfalls würde er nicht weichen, obwohl die Situation der Türkenbelagerung von 1683 glich, obwohl die Welt zu einem großen Zuchthaus wurde, und «die ärgste Zelle ist Deutschland. Was in der österreichischen Zelle geschehen wird, ist ganz ungewiß.» [13]

Dennoch, da war er sicher, diese Welt war dem Untergang geweiht. Der «Unpolitische» wagte sogar eine Prophezeiung, die nicht ganz richtig und nicht ganz falsch war: In Deutschland habe man mit der Todfeindschaft gegen den Bolschewismus begonnen und werde, wie paradox, mit etwas enden, was von ihm nicht zu unterscheiden sei, nur daß man in Rußland vielleicht doch noch revolutionäre Ideale habe, im Hitlerismus bloß mittelalterlich-reaktionäre. Aber was waren das für Ideale in der Sowjetunion, die hundert Millionen Menschen in grausamster Weise der Denkfreiheit beraubten? Ein erstaunliches Bündnis von Fortschritt und Barbarei, da empfand er es geradezu «als Erleichterung von einer drückenden Sorge», daß in Deutschland «der Rückfall in nahezu vorgeschichtliches Barbarentum fast ganz ohne Anlehnung an irgendeine fortschrittliche Idee vor sich gehen kann». Er hatte nichts von seinem grimmigen Witz verloren, nichts von seiner Schärfe. Wie armselig war doch die Phantasie der Dichter: Shakespeare ließ in seinem «Sommernachtstraum» eine Frau sich in einen Esel verlieben. Darüber wunderte sich das Publikum. Nun stelle man sich vor, daß ein Volk von 65 Millionen ...[14] Den sogenannten Röhm-Putsch, die Ermordung des SA-Chefs und anderer SA-Männer am 30. Juni 1934, feierte er mit wütendem Sarkasmus; nun brachten also Nazis Nazis um. Er mußte an jenen ersten Nachkriegskongreß der Psychoanalytischen Vereinigung in Den Haag denken, wo man sie so üppig bewirtet hatte; nur waren die des Essens entwöhnten Mitteleuropäer schon nach den Hors d'œuvres satt. Jetzt war er längst nicht satt: «Nach den Nachrichten vom 30. Juni», schrieb er Arnold Zweig, «hatte ich nur die Empfindung: was, nach der Vorspeise soll ich vom Tisch aufstehen! Und dann kommt nichts nach! Ich bin noch hungrig.»[15]

Sein Appetit wurde nicht gestillt, es kam nichts nach, nichts als warten, hoffen, bangen, ausharren. Freud mußte den Untergang der Psychoanalyse in Deutschland mit ansehen, mußte erleben, daß der Mann, der einst sein Kronprinz war, Carl Gustav Jung, die Macht ergriff, die ihm nun dargeboten wurde. Schon wenige Wochen nach Hitlers Machtergreifung durfte kein Jude mehr Mitglied einer medizinischen Vereinigung sein. Felix Boehm, der Schriftführer der DPG, der Deutschen Psychoanalytischen Gesellschaft, ein Nichtjude, spezialisiert auf Forschungen über Homosexualität, schlug daher vor, daß Eitingon zurücktrat und alle noch in Deutschland verbliebenen Juden freiwillig die Vereinigung verließen. Auf diese Weise konnte man vielleicht ein Verbot der Psychoanalyse verhindern, und er bat Freud um sein Einverständnis mit dieser Taktik. Der war dagegen, jedoch bereit, Boehm die Präsidentschaft zu überlassen, um ein möglicherweise noch rigoroseres Vorgehen der Nazis zu verhindern. Eitingon erinnerte Freud an die Geschichte von den beiden Ministern, die Franz von Papen erklärt hatten, daß sie nur der Gewalt weichen würden. Dieser fragte höflich, welche Art von Gewalt sie vorzögen.[16] Im Januar 1937 fuhr Boehm noch einmal zu Freud; die Gesellschaft sollte dem Deut-

schen Institut für Psychologische Forschung und Psychotherapie angeschlossen werden, das von einem Vetter Hermann
Görings, dem Nervenarzt Matthias Heinrich Göring, geleitet
wurde. Nachdem er Boehm drei Stunden angehört hatte, unterbrach ihn Freud, er hatte genug: «Die Juden haben für ihre
Überzeugungen jahrhundertelang gelitten. Jetzt ist die Zeit gekommen, da unsere christlichen Kollegen für die ihrigen zu
dulden haben. Ich lege keinen Wert darauf, daß mein Name in
Deutschland erwähnt wird, solange mein Werk dort richtig vertreten wird.»[17]

Die «Arbeitsgruppe A», wie sich die verbliebenen Analytiker
nannten, da sogar der Begriff «Psychoanalyse» verboten war,
wurde von Vetter Göring darauf verpflichtet, *Mein Kampf* mit
allem wissenschaftlichen Ernst durchzuarbeiten und als Grundlage anzuerkennen. Ihr zweiter Führer war Jung, der Präsident
der überstaatlichen Allgemeinen Ärztlichen Gesellschaft für
Psychotherapie und Herausgeber des neuen *Zentralblatts für
Psychotherapie* wurde. Bereits 1933 hatte er verkündet, «die
einsichtigen Leuten schon längst bekannten Verschiedenheiten
der germanischen und der jüdischen Psychologie» sollten im
Dienste und zur Förderung der Wissenschaft nicht mehr ver-
wischt werden. Ein Jahr später wurde er deutlicher: «Das ari-
sche Unbewußte hat ein höheres Potential als das jüdische; das
ist der Vorteil einer dem Barbarischen noch nicht ganz entron-
nenen Jugendlichkeit.» Daher fand er es «einen schweren Fehler», daß man bislang «jüdische Kategorien (...) ohne Unterschied auf Christen, Germanen und Slawen verwandte». So habe
man «das kostbarste Geheimnis des germanischen Menschen,
seinen schöpferisch ahnungsvollen Seelengrund, als kindisch-
banalen Sumpf erklärt» – und ihn, den Warner, jahrzehntelang
des Antisemitismus verdächtigt. All diese Verdächtigungen sei-
en von Freud ausgegangen, der die germanische Seele nicht
kenne, «so wenig wie alle seine germanischen Nachbeter sie
kannten».[18] Nein, die germanische Seele sei, so Jung, «alles andere als der Kehrichtkübel unerfüllbarer Kinderwünsche und
unerledigter Familienressentiments». Möge also «die gewaltige

Erscheinung des Nationalsozialismus, auf den eine ganze Welt mit erstaunten Augen blickt», sie eines Besseren belehren. 1938, in einem Interview mit einem amerikanischen Journalisten, gab Jung nicht nur eine Sympathieerklärung für Mussolini ab, sondern lieferte auch eine Kurzanalyse Hitlers, der für ihn in die «Kategorie der wahrhaft mystischen Medizinmänner» gehörte, «eine Art spirituelles Gefäß, ein Halbgott oder, besser gesagt, ein Mythos». Nach dem Krieg war sein Halbgott ein «größenwahnsinniger Psychopath», eine «psychotische Vogelscheuche und kein menschliches Wesen».[19] Jung hatte nur versucht, jüdischen Kollegen zu helfen und sie zu retten. Das behaupteten viele andere auch. Wilhelm Stekel schrieb an Chaim Weizmann, Jung habe «judenrein gemordet», nun sollte die Universität Jerusalem der Hort der Psychoanalyse werden. Der Mann, der seinen Zürcher Siegfried auch deshalb umworben hatte, um seine Erfindung vor antisemitischen Verdächtigungen und Anwürfen zu schützen, schwieg. Freud reagierte auf seine Weise, mit seinem letzten großen Werk, *Der Mann Moses*.

Die Psychoanalyse, sein einstiges «Sorgenkind», war längst ein Weltkind geworden, zwar nicht mit dem Nobelpreis gekrönt, doch mit höchsten Ehren bedacht. 1936, zu seinem achtzigsten Geburtstag, wurde Freud zum korrespondierenden Mitglied der Royal Society ernannt, für die Namen wie Newton und Darwin standen. Stefan Zweig und Thomas Mann hatten eine Glückwunschadresse verfaßt, unterzeichnet von 191 Künstlern und Schriftstellern, darunter H. G. Wells, Romain Rolland, Virgina Woolf. Darin grüßten sie den «schöpferischen Initiator eines neuen und tieferen Wissens vom Menschen», priesen ihn mit jenen Worten, die einst Nietzsche für Schopenhauer gefunden hatte, als «den Mann und Ritter mit erzenem Blick», dessen Fragen an die Menschheit nie mehr zum Schweigen zu bringen, dessen Begriffe und Termini schon als selbstverständlich in die Sprache eingegangen seien: «Und wenn eine Tat unseres Geschlechtes, so wird, wir sind dessen gewiß, seine Erkenntnistat der Seelenkunde unvergeßbar bleiben».[20] Dazu hielt Thomas Mann einen Vortrag, den er Freud ein paar Wochen später zu Hause in der Berggasse vorlas. Aus Princeton schrieb ihm Einstein, daß er nun endlich, glücklich, den Wahrheitswert von Freuds großer und schöner Idee erkannte habe. Er wünschte keine Antwort, die Freude über die Gelegenheit zu diesem Briefe genüge ihm vollkommen. Freud antwortete natürlich, angetan von dieser Wendung in Einsteins Urteil; vielleicht würde er, der soviel Jüngere, wenn er sein Alter erreicht habe, sein Anhänger geworden sein: «Nebenbei, meinen Sie nicht, daß man mich viel besser behandelt hätte, wenn meine Lehren einen größeren Prozentsatz von Irrtum und Tollheit in ihre Zusammensetzung aufgenommen hätten?»[21]

Er hatte sich, wie immer, gegen jegliche Feiern gesträubt, am heftigsten gegen ein Gedenkbuch, das Jones plante. Allenfalls wollte er ein Album mit Photos der Mitglieder annehmen, aber auch das mißfiel ihm schließlich, allein wegen der «ästhetischen Ungeheuerlichkeit, etwa 400 Bilder von zumeist häßlichen Leuten» ertragen zu müssen. Überhaupt waren die Zeiten zum Feiern nicht geeignet. Freud wurde in der ganzen Welt umjubelt, in New York, in London, in Paris. Nur das Wiener Psychologische Institut wußte nicht, wie und womit es ihm gratulieren sollte. Schließlich entschied man sich für einen Strauß von Bergblumen und schickte einen Angehörigen des Lehrkörpers los, Alpenprimeln zu pflücken. Ein junges Mädchen überreichte sie ihm. Selbst der Unterrichtsminister übersandte einen förmlichen Glückwunsch, und dann wurde, so schrieb Freud Arnold Zweig, «den Zeitungen bei Strafe der Konfiskation verboten, diesen Akt der Teilnahme im Inland bekanntzumachen». Er glaubte, daß die Einstellung der Welt zu seinem Werk kaum freundlicher sei als vor zwanzig Jahren; das war falsch, und das wußte er. Aber «die Wahrheit ist nicht gangbar, die Menschen verdienen sie nicht.» Er wollte «kein happy end wie im Kinostück».

Die alten Narben und Wunden sollten nicht mit dem Trostpflästerchen Ruhm bedeckt werden. Und sie rissen in diesem Jahr 1936 alle noch einmal auf. Ein Berliner Kunsthändler hatte sich nämlich an Marie Bonaparte gewandt, von Wilhelm Fließ' Witwe hatte er Briefe und Manuskripte Freuds erhalten, die sie ursprünglich der Preußischen Staatsbibliothek übergeben wollte. Aber nach der Verbrennung von Freuds Werken hatte sich Ida Fließ entschlossen, sie zu verkaufen, und ihr Händler wollte diese Dokumente, für die er angeblich bereits Angebote aus Amerika bekommen hatte, nicht einem ungewissen Schicksal überlassen. Die Prinzessin kaufte 250 Briefe von Freud an Wilhelm Fließ und mehrere von Breuer für 12 000 Francs. Freud war erschüttert: «Unsere Korrespondenz war die intimste, die Sie sich denken können», schrieb er ihr. «Es wäre höchst peinlich gewesen, wenn sie in fremde Hände gefallen wäre.» Er wollte sich mit der Hälfte an ihren Unkosten beteiligen, er hätte die Briefe ja ohnehin erwerben müssen, wäre der Händler an ihn herangetreten: «Ich möchte nichts davon zur Kenntnis der sogenannten Nachwelt kommen lassen.» Natürlich würde seine Prinzessin ihn nicht daran hindern, die Dokumente zu vernichten, aber vielleicht war Freud sich seiner Größe gar nicht bewußt: «Sie gehören der Geschichte des menschlichen Denkens wie Plato, sagen wir, oder Goethe», schrieb sie ihm. «Was wäre für uns arme Nachwelt verlorengegangen, wenn die Gespräche Goethes mit Eckermann vernichtet worden wären oder die Dialoge von Plato, diese letzten aus Pietät vor Sokrates' Figur (…), damit die Nachwelt nicht erfahre, daß Sokrates sich der Päderastie mit Phaidros und Alkibiades gewidmet hatte?» Und in seinen Briefen konnte ja nichts von der Art sein! Nichts, daß ihn verkleinlichen könnte. Sie bot ihm an, sie aufzubewahren, in einer Staatsbibliothek, in Genf, wo Krieg und Revolution kaum zu befürchten seien, und für achtzig bis hundert Jahre nach seinem Tod für die Öffentlichkeit sperren zu lassen, so daß seine Familie vor Klatsch und Verletzungen bewahrt werde. Auch sie selbst wolle sich daran halten, nur einen Brief habe sie bisher angeschaut und nichts Kompromittierendes darin gefunden. Freud war beruhigt, wer sollte sich in 80 oder 100 Jahren noch für diese Briefe interessieren? Er erzählte ihr eine seiner Anekdoten: «Ein Jäger hat einen Auerhahn erlegt. Er fragt einen Freund, wie er ihn zubereiten solle. Der Freund antwortet, er solle ihn rupfen, ausnehmen und dann ein Loch in die

Erde graben. In das Loch gebe man Tannenzweige, lege den Vogel darauf, bedecke ihn nochmals mit Zweigen und schütte alles mit Erde zu. ‹Und dann?› fragt der Jäger. ‹Nach zwei Wochen holst du ihn aus der Erde heraus.› ‹Und dann?› ‹Dann wirfst du ihn auf den Mist.›»[22]

Aber es gelang ihm nicht, den Freund von einst, den paranoiden Fließ, so einfach loszuwerden. Er schaute sich die Briefe an, einige fehlten, vor allem solche, die sich auf ihren Streit am Achensee und das Ende ihrer Freundschaft bezogen. Wie sollte er jenen Riß vergessen, der sich in jenen Jahren zwischen ihm und der Welt aufgetan hatte? Was bedeuteten ihm da Jubelfeiern? Damals hatte er sich völlig isoliert gefühlt, wie sollte er sich in einer Welt fühlen, in der Verfolgung und Haß an der Tagesordnung waren? Er freute sich über die Glückwünsche der Kadimah, Martins Studentenverbindung, und unterschrieb seinen Dank: «Freud, der gern zu ihren alten Herren gehört hätte.» Daraufhin fragte man bei Martin an, ob sein Vater denn eine Ehrenmitgliedschaft annehme. Der war begeistert, und im September erschien eine Delegation, um ihm die rot-purpurgoldene Schärpe zu überreichen. Ob er sie denn anlegen dürfe? Sie hatten nicht gewagt, ihn darum zu bitten. Er war das sechste Ehrenmitglied seit Gründung der Kadimah 1882.[23] Nie hatte Freud sein Judentum verleugnet, war nie auf die Idee gekommen zu konvertieren; nur einmal vielleicht, kurz vor seiner Hochzeit, aber doch nur, weil ihm vor dem Ritual grauste. Als ihn seine Loge, die B'nai B'rith, 1926 zu seinem siebzigsten Geburtstag geehrt hatte, schrieb er: «Weil ich Jude war, fand ich mich frei von vielen Vorurteilen, die andere im Gebrauch ihres Intellekts beschränkten, als Jude war ich darauf vorbereitet, in die Opposition zu gehen.» Das war nicht nur pathetischer Dank, die jüdische Version des antisemitischen Vorurteils von den – durch Religion und «Rasse» – Intellektuellen per se, das war für ihn eine Existenzform, das war seine Art des Widerstands. Als Arnold Zweig sich einmal verschrieb, seinen Chow falsch benannte, wurde er korrigiert: «Meine Jofie hält auf Exaktheit und will nicht von Ihnen Zofie genannt werden, Jo wie Jud.»[24]

1934 hatte er mit jener Arbeit begonnen, die ihm zur Obsession wurde, *Der Mann Moses und die monotheistische Religion*, seiner Auseinandersetzung mit dem eigenen, mit dem Judentum im allgemeinen. Er fühlte sich dazu veranlaßt durch die neuen Verfolgungen, angesichts derer man sich doch fragen mußte, «wie der Jude geworden ist und warum er sich diesen unsterblichen Haß zugezogen hat». Naheliegender wäre es gewesen, darüber nachzudenken, was mit den Deutschen und ihren Gefolgsleuten los war, warum sie sich ihrem mörderischen Wahnsinn hingaben. Freud wollte zu den Ursprüngen vordringen, und er fand für ihn im jüdischen Monotheismus und dem damit verbundenen Überlegenheitsgefühl. Sie lagen im Ägypten des Echnaton, seines «analytischen» Pharaos Amenhotep IV. Sein Moses war in Übereinstimmung mit Historikern und Altertumsforschern ein Ägypter aus jener Zeit, der, vermutlich selbst eine hochgestellte Persönlichkeit, von Echnaton den Monotheismus übernommen hatte. So glaubte er, die Formel gefunden zu haben: «Moses hat den Juden geschaffen.» Ursprünglich wollte er die Arbeit einen «historischen Roman» nennen. Aber dies traf nur auf den ersten Teil zu, der zweite und der dritte, mühselig und langwierig, wie er meinte, sollten theoretischer Art sein. Daran scheiterte das Unternehmen einstweilen. Wie hätte er in Wien, wo die katholische Kirche nun noch mächtiger war und man ihres Schutzes bedurfte, einen Essay veröffentlichen können, in dem sie kritisiert, wieder einmal als Zwangsneurose dargestellt wurde? Er hätte seine Kollegen, er hätte die Psychoanalyse gefährdet, die im Laufe seines Lebens überallhin gekommen war und doch noch immer kein Heim hatte, «das wertvoller für sie wäre als eben die Stadt, wo sie geboren und herangewachsen ist»[25].

Aber seine Arbeit bestand auch nicht vor seiner eigenen Zensur, er war unsicher, vielleicht sollte man die «historischen Romane» lieber Thomas Mann überlassen, der zur gleichen Zeit an seiner Tetralogie *Joseph und seine Brüder* arbeitete. Nein, das ganze war ein «Martyrium», es war ohnedies traurig genug, daß man die Welt vom «Judenstandpunkt» beurteilen mußte. Er hatte trotz aller Versuche, sich Mut zu machen, keinen Zweifel mehr, daß auch die «armen österreichischen Juden einen Teil der Rechnung» würden zahlen müssen. Doch war er weiterhin entschlossen, in Wien zu bleiben. Sicherlich entsprang seine Abneigung, die Stadt zu verlassen, die er nie mochte und mit der er sich durch die schönste Haßliebe verbunden fand, der Angst des alten Mannes vor Entwurzelung und ungewissem Neubeginn. Und er teilte seine politische Naivität mit vielen, mit einem großen Teil des verblendeten Bildungsbürgertums, das an einen vorübergehenden Spuk glaubte, den Kerl aus Braunau gar nicht ernst nehmen wollte. 1936 sprach Freud sogar davon, den Untergang des Naziregimes noch zu erleben, Deutschland wieder zugänglich zu finden. Gleichzeitig war er sicher, daß Österreichs Weg in den Nationalsozialismus unaufhaltsam sei. Er wünschte sich, wie Ernst in England zu leben und wie Jones nach Rom reisen zu können. Er war hin- und hergerissen, der Mann, der in seiner Jugend die Demütigung seines Vaters durch einen Antisemiten nicht ertragen zu können glaubte, der Psychoanalytiker, der wußte, wie dünn jene Schicht der Sublimierungen war, die seine Zeitgenossen von den Barbaren trennte. Aber das Leben schien irgendwie weiterzugehen, für die Freuds wie für so viele andere. Man rettete sich in Normalität.

Er hatte noch immer vier oder fünf Analysestunden am Tag. Seine Werke wurden weiterhin übersetzt, sogar ins Japanische, ins Chinesische, ins Hebräische, was ihn besonders freute. Nach wie vor kam die Welt zu ihm, sein Freund Eitingon, seine Prinzessin, sein «getreuer Wahlsohn» Arnold Zweig, sein «lieber Meister Arnold»; es kamen William Bullitt, H. G. Wells, Thomas Mann und Thornton Wilder. Doch nur allzuoft war er dieser Welt überdrüssig. Er trauerte um die Frau, der alle «weiblichen, vielleicht die meisten menschlichen Schwächen fremd» waren; Lou Andreas-Salomé war am 5. Februar 1937 gestorben. Er hatte wieder mehrere schwere Operationen durchlitten, hatte Radiumbestrahlungen bekommen, zeitweise konnte er wegen seiner Herzbeschwerden nicht mehr Treppen steigen.

Er hatte «Hausarrest». Müde und zornig über seine Ohnmacht, erschienen ihm seine großen kulturkritischen Arbeiten der letzten Jahre belanglos, bloß ein «Stück regressiver Entwicklung», auf das man gut hätte verzichten können. Nach dem «lebenslangen Umweg über die Naturwissenschaften, Medizin und Psychotherapie» sei er bloß zurückgekehrt zu den kulturellen und philosophischen Problemen, die den «kaum zum Denken erwachten Jüngling» einst fesselten. Am besten, er schraubte seine Ansprüche an sein Werk ebenso zurück wie die auf eine bessere Prothese.

Er sehe auf der Büste, die der Bildhauer Oskar Nemon von ihm gemachte hatte, zu bösartig aus, sagte man ihm. Aber er war «böse, böse auf die Menschheit». Was waren die Menschen schon anders als ein «Wolfsrudel, einfach ein Wolfsrudel». Sie jagten diejenigen, «die ihnen Gutes tun möchten». Und was sollte nur aus seinen Kindern, aus seinen Enkeln werden? Seine drei «Erzengel» waren in Sicherheit in England, zum Glück. Aber wie würde Oliver, dieser «hochbegabte Alleswisser, musterhafte Arbeiter», mit seiner so braven Frau, seinem reizenden Töchterchen Eva, die Emigration ertragen, wie sich einen Lebensunterhalt verschaffen? Er bat Arnold Zweig, bei einem Frankreichbesuch nach ihm zu sehen. Der Freund konnte ihm seine Befürchtungen nur traurig bestätigen, Oliver war wieder einer, der «zu fair» empfand, um sich anpassen zu können; es war «fast erschütternd zu bemerken, wie auch er am lebendigsten und wärmsten wurde, wenn er von seinen Kriegsjahren sprach». Wie all die Männer seiner Generation und in seiner Lage, die jetzt noch einmal von vorne beginnen sollten, die mit dem Erwerbsleben nicht zurechtkamen und sich in die Erinnerung flüchteten, in jene Zeit, «in der der Mensch als Ganzes oder noch besser der Mann als Junge nur seine Person einzusetzen brauchte, um mit den Ansprüchen fertigzuwerden, die die Gesellschaft an ihn stellte».[26] Freud war dankbar für diese seinem Sohn gewidmeten, liebevollen Zeilen. Aber was sollte aus den anderen werden, die mit ihm in Wien ausharrten, aus Martha und der Dauerkranken, Minna, aus Mathilde und ihrem so lebensuntüchtigen Mann, aus Martin, dessen Ehe mit der «bösartig meschuggenen, im ärztlichen Sinne verrückten» Esti wohl am Ende war und der nicht ohne Frauen, nicht ohne all die Abenteuer, die er sich in Wien, zeitweise sogar mit den Patientinnen des Vaters gestattete, leben konnte? Was aus seiner Anna-Tochter, die ihn niemals verlassen würde?

Manchmal schien er, der seit so vielen Jahren unter der Todesandrohung lebte, seltsam gleichgültig gegen das Schicksal seiner Nächsten, schien die «Kruste von Unempfindlichkeit» ihn vollkommen überzogen zu haben. Oder glaubte er wirklich, daß es noch eine Rettung für sie in diesem Land geben konnte? Die Zeichen waren schwer zu deuten, selbst für den Mann, der die großen Illusionen der Menschheit zerstört hatte. Er war, trotz seiner dem widersprechenden Bulletins, alles andere als resigniert, er kannte nicht die falsche Versöhnlichkeit des Alters, das hatte Arnold Zweig richtig gesehen. Er war zornig und wütend, aber er nahm sich, der so oft ungeduldig war mit seinem Patientengesindel, der so oft als intolerant beschrieben wurde, die Zeit, einer verzweifelten Frau aus Amerika ausführlich zu antworten. Ihr Sohn sei homosexuell, das sei doch kein Laster, schrieb er ihr, keine Erniedrigung, keine Krankheit. Große Männer, die Größten, Plato, Michelangelo, Leonardo, seien homosexuell gewesen. Es sei vielmehr eine Ungerechtigkeit, Homosexualität als Verbrechen zu verfolgen, eine Grausamkeit. Eine Analyse könne die sexuelle Orientierung ihres Sohnes kaum ändern, sie könne ihm nur, wenn er unglücklich, innerlich zerrissen oder gehemmt sei, Harmonie, Seelenfrieden, Leistungsfähigkeit wiedergeben. Allerdings müsse der junge Mann schon nach Wien kommen, wenn er von ihm behandelt werden wolle. Er habe nicht die Absicht wegzugehen. Die Frau schickte den Brief später anonym an Alfred Kinsey, «den Brief eines großen, guten Mannes», dem sie dankbar war. Freud war ganz einfach, ohne jede Altersmilde, der geblieben, der er – fast – immer war, ein Mann, der kühl und distanziert wirkte, dem jedoch nichts zu klein, zu gewöhnlich oder gar unrein war.

Und es steckte doch, trotz Schmerzen, Zorn, Sorgen, «noch

so viel Genußfähigkeit» in ihm, «also Unzufriedenheit mit der notgedrungenen Resignation». Hilda Doolittle war fast erschrocken, sie hatte Angst, als er eines Tages «vorschriftswidrig genug» mit der Hand, mit der Faust auf das Kopfende der Couch schlug, «des altmodischen Pferdehaarsofas, das mehr Geheimnisse gehört hat als je der Beichtstuhl eines volkstümlichen römisch-katholischen Beichtvaters auf dem Gipfel des Erfolgs». Der Professor hämmerte darauf wie ein Kind mit dem Breilöffel auf den Tisch und sagte zu ihr: «Das Schlimme ist – ich bin ein alter Mann –, Sie halten es nicht für der Mühe wert, mich zu lieben.» Vielleicht war dies nur eine seiner üblichen, regelwidrigen analytischen Provokationen, aber er hatte seine Fähigkeit zu lieben nie eingebüßt. Er schwärmte von seiner Anna, seinen Enkeln, seinen unvermeidlichen Chows, von seinen Antiquitäten und vom Frühling in Wien. Er erzählte HD, wie sehr er Gardenien mochte, so zart und bezaubernd; in Rom hatte er sich einst eine gekauft und voller Glück angesteckt. In Wien konnte Hilda Doolittle keine Gardenien für ihn finden. So schenkt sie ihm Orchideen zum Geburtstag, wie alle anderen. Schade, daß sie nie Haus und Garten, die sie für den Sommer in Grinzing mieteten, gesehen hatte, den schönsten Platz, «ein rechter Tagtraum». Meist mußte er im Rollstuhl in den Garten geschoben werden, und dennoch, «man kann dem nicht entgehen, daß man der Worte in dem Frühlingslied (von Uhland) gedenkt: ‹Die Welt wird schöner mit jedem Tag›».[27]

Im Februar 1938 hielt Kurt von Schuschnigg seine berühmte Rede vor dem Parlament: «Bis in den Tod Rot-Weiß-Rot! Österreich.» Bei einem Treffen in Berchtesgaden hatte ihm Hitler mit dem Einmarsch gedroht und ihn gezwungen, den Naziführer Arthur Seyß-Inquart zum Sicherheits- und Innenminister zu machen. Seit 1936, seit durch den Abessinienkrieg die beiden faschistischen Staaten enger zusammengerückt waren und die Achse Berlin–Rom sich bildete, war der Kanzler zu immer neuen Kompromissen gezwungen worden. Auf Anraten Mussolinis, der nicht länger Lust empfand, Österreichs Beschützer zu spielen, hatte Schuschnigg versucht, sich mit Hitler zu verständigen. Schon im Juli 1936 unterzeichnete er mit dessen Gesandten Franz von Papen ein Abkommen, wonach die inhaftierten Putschisten von 1934 freigelassen und Nazis ins Kabinett aufgenommen werden mußten. Freud hatte dazu nur notiert: «Verständigung mit Deutschland.» Ein Jahr später saß Seyß-Inquart bereits im Staatsrat. Ende 1937 hatte Freud fast alle Hoffnung aufgegeben: «Die Regierung hier ist eine andere, aber das Volk ist dasselbe, in der Anbetung des Antisemitismus durchaus einig mit den Brüdern im Reiche. Die Kehle wird uns immer enger zugeschnürt, wenn wir auch nicht erwürgt werden.»[28] Er irrte, nicht im ersten, doch im zweiten Teil seiner Prognose. Er wollte auch noch nach Schuschniggs dramatischer Ansprache glauben, die «in ihrer Art brave und tapfere Regierung» sei «gegenwärtig energischer in der Abwehr der Nazis als zuvor». Aber diese Regierung tat nichts, die Sozialisten hatten sich bereit erklärt zu kämpfen, eine Million Arbeiter wollten ihr Land verteidigen. Otto von Habsburg hatte Schuschnigg nach dem Berchtesgadener Treffen eindringlich ermahnt, das Heer zu stärken, sich mit den Sozialisten zu versöhnen und die Westmächte um Hilfe zu ersuchen; er war sogar bereit, die Kanzlerschaft zu übernehmen und den Widerstand, auch international, zu organisieren. Anna bemerkte in jenen Tagen nur, ganz Wien sei in Panikstimmung, «wir machen die Panik nicht mit».

Vielleicht, so schrieb sie Jones, sei es für ihre Familie ja auch einfacher als für andere, die beweglicher seien, «wir brauchen nicht viele Entschlüsse zu überdenken, denn es kommen für uns kaum welche in Betracht». Für den 13. März setzte Schuschnigg eine Volksabstimmung über die Unabhängigkeit Österreichs an. Am 9. März notierte Freud: «Schuschnigg in Innsbruck.» Dort hatte er eine Rede gehalten, die mit den Worten Andreas Hofers endete – «Männer, die Stunde hat geschlagen». Freud nannte ihn einen «anständigen, mutigen, charaktervollen Mann», nachdem er vor einer Gruppe jüdischer Industrieller versichert hatte, daß die Juden in Österreich nichts zu fürchten hätten. Und wenn nichts half, dann half immer noch Beten: «Die katholische Kirche ist sehr stark und wird großen Widerstand leisten.» Das schrieb der Autor der *Zukunft einer Illusion;* der Titel von Oskar Pfisters Gegenschrift schien richtiger: *Die Illusion einer Zukunft.*[29]

Am 11. März wurde die Volksabstimmung abgesagt, nach einem Ultimatum Görings mußte Schuschnigg zugunsten Seyß-Inquarts zurücktreten. Wir weichen der Gewalt, sagte er in seiner Abschiedsrede, und er forderte die Armee auf, den einmarschierenden Deutschen keinen Widerstand zu leisten: «Gott schütze Österreich.» Als erste treffen, am 12. März 1938, Himmler und Heydrich ein, Stunden später beginnt der Einmarsch, Transportflugzeuge bringen SS-Einheiten und Gestapoleute, insgesamt marschieren 100 000 Wehrmachtssoldaten und 16 000 Mann an Polizeikräften ein. Am 12. März schreibt Freud in die «Chronik»: «Finis Austriae».

Tod in London

Freud hatte sich getäuscht, all die Jahre. Seine österreichischen Antisemiten wüteten noch schlimmer gegen die Juden, als die deutschen es bisher getan hatten. Und die Kirche gab dabei mit den Ton an, von den Kanzeln herab wurde Hitler verherrlicht. Noch ehe die deutschen Truppen in Wien standen, wurden Geschäfte und Häuser geplündert, zum Gaudium des Mobs mußten Juden mit bloßen Händen oder mit Zahnbürsten die Parolen wegschrubben, die noch von Schuschniggs Kampf um die Volksabstimmung übrig waren. Der Mord an der Stadt wurde durch ihren Selbstmord erleichtert, schrieb Alfred Polgar. Mitunter mußten die Juden sogar den deutschen Wachen dankbar sein, weil diese den Pöbel zurückhielten. Viele begingen Selbstmord, wie Egon Friedell, der sich aus dem Fenster stürzte. Auch die Frau des «Wolfsmanns» brachte sich in dieser Zeit um. Sie war nichtjüdischer Herkunft, aber sie hatte seit längerem unter Depressionen gelitten, sie konnte dies Wien der verzweifelten Menschen, die sich selbst töteten, bevor sie in die Hände der Nazis gerieten, nicht mehr ertragen. Sogar Anna Freud hatte, als die Lage für sie und die Familie aussichtslos schien, an Selbstmord gedacht. Wäre es nicht besser, wenn sie sich alle das Leben nähmen? «Warum?» hatte ihr Vater gesagt. «Weil sie gerne möchten, daß wir das tun?»

Am 15. März stürmten SA-Männer, «kaum mehr als Banditen», den Verlag, ungefähr ein Dutzend, «eine seltsame Mischung äußerst schlecht gekleideter Kerle», so erinnerte sich Martin. «Man sollte ihn auf der Stelle erschießen», meinte einer der Kerle. Sie begnügten sich schließlich damit, Martin Freud auf einem Bürostuhl festzuhalten. Ernest Jones, der nach einem Telefonat mit Dorothy Burlingham sofort nach Wien gekommen war, fand ihn unter Bewachung in einer Ecke, während die nationalsozialistischen «Amtspersonen» das Bargeld zählten, das sie in einer Schublade gefunden hatten. Sie waren kaum beeindruckt, als er darum ersuchte, sich mit der britischen Botschaft in Verbindung zu setzen. Aber nach einer Stunde ließen sie ihn gehen, so daß Jones einen ranghöheren Nazi informieren konnte, und Anna, die inzwischen im Verlag eingetroffen war, und Martin schließlich freikamen.

Auch die Freuds zu Hause hatten Besuch erhalten, allerdings von einer straffer organisierten SA-Gruppe. Sechstausend Schilling waren gestohlen worden und die Pässe beschlagnahmt. Allein Marthas Haltung und Disziplin verhinderten Schlimmeres. Sie hatte die Männer wie gewöhnliche Besucher gebeten, ihre Gewehre im Vorraum abzustellen, wie Schirme, und Platz zu nehmen. Sie lehnten ab. Daraufhin legte sie ihr Haushaltsgeld auf den Tisch: «Wollen die Herren sich nicht bedienen?» Anna öffnete schließlich den Safe. Freud selbst setzte sich nur still in einen Sessel. Einer der «Besucher» sprach ihn sogar mit «Herr Professor» an. Auch nachdem Martha ihm erklärt hatte, wieviel Geld die SA-Männer mitgenommen hatten, blieb er ruhig; so viel hatte er niemals für einen einzelnen Besuch genommen. Und aus Österreich weggehen? Ein Soldat verläßt seinen Posten nicht. Jones erinnerte ihn an den überlebenden Zweiten Offizier der «Titanic», der, befragt, warum er sein Schiff verlassen habe, antwortete: Nicht er habe die «Titanic», sie habe ihn verlassen.[1]

Am 22. März kamen die SS-Männer und die Gestapo, um die Wohnung in der Berggasse systematisch zu durchsuchen. Und wieder war es Martha, die ihnen entgegentrat. Als sich einer der Männer an ihrem Wäscheschrank zu schaffen machte, teilte sie ihm höchst indigniert mit, was sie von einem solchen Benehmen im Haus einer Dame hielt. Aber diesmal wurde Anna ins Gestapohauptquartier mitgenommen. Auch Martin war schon mehrfach verhört worden, beide hatten sich von Max Schur Veronal geben lassen. Marie Bonaparte, die inzwischen in Wien war, verlangte, mitverhaftet zu werden. In jenen Tagen pflegte die Prinzessin Georg von Griechenland und Dänemark, wie das Hausmädchen Paula Fichtl erzählte, in ihrem Pelzmantel auf der Treppe vor dem Haus zu sitzen, um seine Bewohner zu bewachen. Freud ging an diesem 22. März im Zimmer auf und ab und rauchte ununterbrochen; es war sein schlimmster Tag. Anna mußte auf dem Flur der Gestapozentrale auf ihr Verhör warten. Sie wußte, daß die größte Gefahr darin bestand, daß man sie dort «vergaß», um sie schließlich mit anderen Gefangenen zusammenzutreiben, zu deportieren, zu ermorden. Die Gestapo glaubte damals, so Martin, einer «Terrororganisation jüdischer Ex-Soldaten» auf der Spur zu sein. Was es bedeute, Mitglied einer internationalen Vereinigung zu sein, wurde Anna gefragt, als sie endlich doch, als letzte, verhört wurde. Vermutlich hatte Dorothy Burlingham inzwischen den amerikanischen Generalkonsul in Wien, John Wiley, informiert, der längst in das diplomatische Ballett um Freud involviert war. Am Abend um sieben Uhr konnte er an seinen Außenminister telegraphieren: «Anna Freud freigelassen.»[2]

Jetzt war Freud entschlossen zu gehen, nach England, um seine Familie, vor allem die seines Sohns Ernst, aber auch Sam und die Seinen wiederzusehen – und «to die in freedom», um in Freiheit zu sterben. Am 28. März notiert er: «Ausreise scheint ermöglicht.» Vielleicht hatte er gar nicht gewußt, in welcher Gefahr er die ganze Zeit schwebte, Himmler und Goebbels hatten von Anfang an vor, ihn und die ganze Analytikerbande ins Gefängnis zu werfen. Vielleicht hatte Göring – unter dem Einfluß seines Psychiater-Vetters – zur Mäßigung geraten, und im Außenministerium war man besorgt über die Reaktion der westlichen Welt. Die verhielt sich, immer noch unter dem Trauma des Großen Krieges, nach wie vor abwartend, zumindest in den offiziellen Kreisen. Ludwig Binswanger hatte Freud in den Märztagen «eingeladen», falls er einmal der «Luftveränderung» bedürfe, und berichtet ihm von der Hilfsbereitschaft der Schweizer Freunde. Anscheinend gab es sogar, zumindest bei Annas Verhaftung, eine Intervention des «Kulturheroen» Mussolini, viele Gerüchte waren damals in Umlauf. Aus Paris wachte William Bullitt mit Hilfe seines «örtlichen Agenten» John Copper Wiley über Freud, und der hatte seinem Außenminister schon am 15. März gekabelt, er fürchte, trotz Alter und Krankheit sei Freud in Gefahr. Die Nachricht wurde an Roosevelt weitergegeben. So wurde der amerikanische Botschafter in Berlin mobilisiert, die Angelegenheit «persönlich und informell» mit den deutschen Behörden zu besprechen. Und diesem gelang es, dem Staatssekretär des Auswärtigen Amts, Ernst von Weizsäcker, klarzumachen, welche Bedeutung eine «gute Behandlung» Freuds in Amerika, in der Welt haben würde. Weizsäcker war bereit zu helfen. Es sollte versucht werden, Freud mit seiner Familie nach Paris ausreisen zu lassen, «wo, wie der Präsident informiert ist, Freunde bereit sind, ihn aufzunehmen». Der Alte in Wien wollte unbedingt nach England, und zwar mit einer ganzen Karawane, Frau, Schwägerin, Anna-Tochter, Martin mit Familie, Mathilde mit Mann, dazu mit seinem Enkel Ernst Halberstadt, seinem Leibarzt mit Frau und zwei kleinen Kindern und der Hausgehilfin Paula Fichtl, insgesamt waren es sechzehn Personen und ein Hund. Sein Bruder Alexander hatte sich mit Frau und Sohn gleich nach dem «Anschluß» in die Schweiz in Sicherheit gebracht und emigrierte später nach Kanada. Nur die vier Schwestern blieben, von den Brüdern großzügig alimentiert, in Wien zurück. Was sollte den alten Frauen schon geschehen?[3]

In London lief Ernest Jones Schlittschuh. Seinem Club gehörte auch der Minister des Inneren, Samuel Hoare, an, und so war es ihm, unterstützt durch ein Empfehlungsschreiben der Royal Society, gelungen, Einreise- und Arbeitsbewilligung für den gesamten Freud-Clan sowie eine bestimmte Anzahl seiner Schüler zu erwirken. Das war zu einer Zeit, da noch immer Arbeitslosigkeit herrschte, nur wenigen Flüchtlingen vergönnt. Sie brauchten einen Bürgen, der für ihren Unterhalt garantierte, die Erlaubnis zu arbeiten erhielten sie selten. Die Welt glaubte zu großen Teilen noch immer nicht an die Nazigreuel. Der damalige Vorsitzende der Royal Society, der Physiker William Henry Bragg, der zusammen mit seinem Sohn 1915 den Nobelpreis erhalten hatte, fragte Jones, ob er denn wirklich meine, daß die Deutschen so feindselig gegen die Juden seien. Aber nun würde Freud also in das Land reisen, das er stets geliebt hatte.[4] In einem Brief an seinen Sohn Ernst verglich er sich «mit dem alten Jakob, den seine Kinder auch im hohen Alter nach Ägypten mitgenommen haben»; demnächst würde man das bei Thomas Mann lesen. Doch hoffentlich folgte nicht darauf wie dereinst ein Auszug aus Ägypten: «Es ist Zeit, daß Ahasver irgendwo zur Ruhe kommt.»[5]

Die Wiener Psychoanalytische Gesellschaft war schon einen Tag nach dem «Anschluß» aufgelöst worden, den Mitgliedern wurde empfohlen zu emigrieren. Freud hatte allen die Hand gegeben und gesagt, daß nun nichts mehr getan werden könne. Das neue Zentrum der Bewegung sollte der Ort sein, wo er sich niederließ. Vielen half die junge Amerikanerin Muriel Gardiner, die den «Wolfsmann» durch ihre Sprachstunden einst so großzügig unterstützt hatte. Auch jetzt ermöglichte sie ihm, der nach dem Tod seiner Frau völlig verzweifelt war, eine Reise nach London zu ihrer beider Analytikerin Ruth Mack Brunswick. Sie hatte seit 1934 in der sozialistischen Untergrundbewegung gearbeitet, Leute versteckt, ihnen zur Flucht verholfen. Ohne es zu wissen, sollte sie Lillian Hellman als Vorbild für ihren Roman *Pentimento* dienen, der unter dem Titel *Julia* verfilmt wurde. Die meisten Wiener gingen, wie ihre deutschen Kollegen, nach Amerika und machten eine zweite Karriere, die mitunter viel bedeutender als die erste war. Die Tochter von Oskar Rie, Marianne Kris, würde von ihrer berühmtesten Patientin Marilyn Monroe im Testament großzügig bedacht, das Geld ging an Anna Freuds Hampstead Clinics. Die alte Freundin hatte der Kris gelegentlich aus der Ferne mit Ratschlägen bei der Analyse der Monroe geholfen und sie während der Dreharbeiten zu *Der Prinz und die Tänzerin* in London zu einer Kurzbehandlung empfangen.

In Wien mußten die Freuds, obwohl sie nunmehr gerettet schienen, noch über zwei Monate ausharren. Die Nazis verlangten Lösegeld, zwanzig Prozent ihres Besitzes als «Reichsfluchtsteuer», nur dafür erhielt man die zur Ausreise notwendige «Unbedenklichkeitserklärung». Das Eigentum war längst beschlagnahmt, ebenso wie Bankkonto und Bargeld. Nun mußte noch der Verlag liquidiert werden. Man verlangte sogar den Vorrat von Freuds *Gesammelten Schriften*, den Martin in die Schweiz geschafft hatte. Die Kosten für den Rücktransport wurden ihm in Rechnung gestellt, jetzt konnten die Bücher ordnungsgemäß verbrannt werden. Marie Bonaparte half, mit Geld, mit Unerschrockenheit, mit ihrer ganzen souveränen Unbekümmertheit – und mit einem Buch. Um sich die schreckliche Zeit des Wartens und der Ungewißheit zu vertreiben, übersetzten Anna und ihr Vater das kleine Bändchen der Prinzessin über ihren geliebten goldhaarigen Chow «Topsy» zu Ende. Außerdem versuchte Freud, weiter am *Moses* zu arbeiten. Dazwischen sortierte er seine Bücher und Antiquitäten, ordnete seine Papiere. Wie er es mehrmals in seinem Leben getan hatte, wollte er Briefe und Dokumente einfach wegwerfen oder vernichten. Marie Bonaparte und Anna fischten vieles wieder aus dem Papierkorb. Die Prinzessin nahm auch das Konvolut der Fließ-Briefe, das sie in der Rothschild-Bank in Wien deponiert hatte, an sich und brachte die Dokumente in die dänische Gesandtschaft in Paris.

Am 5. Mai konnte Minna als erste der Familie ausreisen. Weil sie gerade wieder eine Augenoperation hinter sich hatte und ihr Allgemeinzustand so schlecht war, holte Dorothy Burlingham sie ab. Sie hatte Österreich gleich nach dem «Anschluß» verlassen, da nach dem neuen Gesetz alle Ausländer verpflichtet waren, ihr Guthaben in Reichsmark umzutauschen. Sie glaubte, von ihrem neuen Domizil in der Schweiz aus den Freuds eher helfen zu können. An diesem 5. Mai, einen Tag vor seinem Geburtstag, den er diesmal gar nicht gelten lassen, lieber auf einen 6. Juni, Juli, August, jedenfalls auf ein Datum nach der Befreiung verschieben wollte, notierte Freud in der «Chronik»: «Verhandlungen mit der Gestapo.» Wieder ging es um den Verlag, noch ausstehende Schulden mußten beglichen werden. Martin durfte als Geschäftsführer die Räume nicht mehr betreten, so mußte wieder Anna alles erledigen, wie sie überhaupt das meiste, Verhandlungen, Behördengänge, zu übernehmen hatte. Ohnehin hielten sich die Frauen viel besser in dieser Zeit, «die Männer wie Robert und Martin waren unbrauchbar, halb närrisch».[6] Wenigstens bekamen sie alle kurz nach Freuds Geburtstag ihre Pässe wieder. Weil er glaubte, ein sicherer Kandidat fürs Konzentrationslager zu sein, gewiß hatten die Nazis irgendwelche belastenden Dokumente gefunden, reiste Martin Freud sofort ab, nach Paris, um dort mit seiner Frau und seinen beiden Kindern zusammenzutreffen. Sein Vater war sicher, daß der Sohn Frau und Tochter zurücklassen und mit Anton Walter nach London gehen werde. Er behielt recht. In Paris hatte Esti einen Band mit Schriften Freuds gefunden, aber statt der erwarteten Texte enthielt er nur Photographien von Frauen, sicherlich waren einige davon Geliebte Martins. Das war das Ende einer unglücklichen Ehe. Esti Freud emigrierte mit ihrer Tochter Sophie nach Amerika.[7]

Zehn Tage nach Martin konnten auch Mathilde und ihr Mann ausreisen. Freud wartete noch immer auf seine «Unbedenklichkeitserklärung». Er lebte in jenen Tagen in einem Gefühl der Unwirklichkeit, man war nicht hier und noch nicht dort, war zwischen Tür und Angel, «wie jemand, der den Raum verlassen möchte, aber seinen Rock eingeklemmt findet». Er begann, Abschied zu nehmen, ließ sich noch einmal auf den Kobenzl fahren, so wunderschön in der Frühlingspracht, und wartete weiter. «Man wäre auch nicht erstaunt, wenn es hundert Jahre so weitergeht», bemerkte Anna. Die einzige gute Nachricht war, daß seine Antiquitätensammlung freigegeben war, und endlich, am 2. Juni, kam der erlösende Steuerbescheid. Anna kaufte sofort Fahrkarten für den Orientexpreß nach Paris. Vor ihrer Abreise mußten die Freuds noch eine Erklärung unterzeichnen, daß sie nicht mißhandelt worden seien. Freud fügte den Kommentar hinzu: «Ich kann die Gestapo jedermann auf das beste empfehlen.»[8]

Nur sein Leibarzt machte ihm noch Probleme, der so ungeschickt war, sich eine Blinddarmentzündung zuzuziehen. Die junge Kinderärztin Josefine Stroß mußte an die Stelle von Max Schur treten. So konnte sich am 4. Juni der Troß endlich in Bewegung setzen. Freud hatte Schwierigkeiten an der Grenze befürchtet, aber hinter der Rheinbrücke bei Kehl war man frei. Und in Paris warteten sie schon, die Verwandten, die Freunde, sein Sohn Ernst und sein Neffe Harry, Marie Bonaparte, der unvermeidliche Bullitt, dazu zahlreiche Journalisten; ein herzlicher, etwas lärmender Empfang. In Maries Haus konnte er sich ausruhen, und sie gab ihm einen Teil seines Vermögens zurück, Goldmünzen, die er in der Inflationszeit gesammelt hatte. Sie hatte sie für ihn herausgeschmuggelt. Sie schenkte ihm neue griechische Terrakottafiguren und konnte ihm eine alte überreichen, auch die hatte sie aus Wien mitgenommen, sein Lieblingsstück, das immer direkt vor ihm auf seinem Schreibtisch gestanden hatte, seine Athene. Aber vor allem konnte Marie Bonaparte den Emigranten in den wenigen Stunden vor ihrer Weiterreise etwas von ihrer Würde und Stimmung wiedergeben – so fuhren sie, «stolz und reich unter dem Schutz der Athene», nach England ab. In der Nacht träumte Freud, in Pevensey zu landen, dem Ort, an dem einst 1066 William der Eroberer gelandet war. In London wurde der alte Conquistador, der Eroberer unbekannter Provinzen der Seele, enthusiastisch empfangen, zahlreiche Ehrungen harrten seiner, und doch: «Das Triumphgefühl der Befreiung vermengt sich zu stark mit der Trauer, denn man hat das Gefängnis, aus dem man entlassen wurde, immer noch sehr geliebt.»[9]

Aber er freute sich, seiner Martha jene Stadt zu zeigen, das «schöne London», von dem er ihr einst so geschwärmt hatte, wo sie nun in der Tat im Triumph einzogen. Das lag nicht nur an den Berichten in den Zeitungen. Es kamen von überallher Briefe und Telegramme, Geschenke und Blumen, sie schwammen in Blumen. Sie waren, schrieb er Eitingon, «mit einem Schlag populär in London geworden». Der Bankdirektor begrüßte sie, er wisse alles über Freud; der Taxichauffeur bemerkte zu Anna: «Oh, it's Dr. Freud's place.» Und die Post beförderte schon nach wenigen Tagen Briefe, die nur vage oder falsch adressiert

waren, zu der Wohnung in der Nähe von Regent's Park, weitere
Massen von Briefen, von Autogrammjägern, Narren, Verrückten und Frommen, von wissenschaftlichen Gesellschaften, jüdischen «associations». Ein Brief kam sogar aus Ohio, wo man
ihm Asyl bieten wollte. Die Welt, England war nicht über Nacht
zur Psychoanalyse bekehrt worden, und gerade hier gab es in
allen Klassen einen mehr als latenten Antisemitismus, aber man
bewunderte den Mut des alten, krebskranken Mannes, der nur
durch die Bemühungen seiner Freunde überzeugt werden konnte, aus seinem Land zu fliehen. Die Freuds mußten sogar im
Manchester Guardian richtigstellen, daß sie keineswegs unter
Hausarrest gestanden hatten, sondern zu den wenigen Juden
gehörten, die recht anständig behandelt worden waren. Jetzt
erfuhr Freud endlich ganz genau, zum ersten Mal und spät in
seinem Leben, was es bedeutete, weltberühmt zu sein.[10]

Der Garten der provisorischen Wohnung, die sie bezogen
hatten, war wieder so schön, mit einem weiten Blick über Park
und Stadt. Bei seinem ersten Gang durch seine neue kleine Welt,
erzählte Jones, warf Freud die Arme hoch und sagte: «Ich bin
fast versucht, ‹Heil Hitler› auszurufen.»[11] Ja, es war so wunderschön wie in seiner Erinnerung und noch mehr, dies England,
«ein gesegnetes, ein glückliches Land, von wohlwollenden, gast-
freundlichen Menschen bewohnt». Dennoch empfand er tief
drinnen den Schmerz des Emigranten, er litt unter dem «Verlust der Sprache, in der man gelebt und gedacht hat und die
man bei aller Mühe zur Einfühlung durch eine andere nie wird
ersetzen können». Der Mann, der perfekt im Englischen war,
der über Jahre seine Analysen in dieser Sprache durchgeführt
hatte, glaubte sogar, daß ihm sonst vertraute Mittel des Aus-
drucks versagten; und sein «Es» wollte sich dagegen sträuben,
die gewohnte gotische Schrift aufzugeben. Dabei hatte er oft
genug gehört, daß er kein Deutscher sei. Dabei war er selbst ja
froh, daß er kein Deutscher mehr zu sein brauchte.[12] Doch niemals verließen ihn die Sorgen. Er vermißte seinen Chow, der
wegen der Bestimmungen gegen die Tollwut für sechs Monate
in einem Quarantänezwinger im Westen Londons bleiben

mußte. Schon vier Tage nach seiner Ankunft besuchte er ihn, obwohl die Fahrt lang und anstrengend war für einen Mann seines Alters. Er bangte um Minna, die eine Lungenentzündung hatte und sich später in einem Sanatorium erholen mußte. Aber am meisten bekümmerte ihn das Schicksal der in Wien verbliebenen Schwestern. Er versuchte, gar nicht darüber zu sprechen oder zu schreiben. «Wenn nicht die Gedanken immer die umkreisen würden, die man zurückgelassen, könnte man restlos glücklich sein», schrieb Martha an eine ihrer Schwägerinnen. Welche Ehre machte diese Stadt, «überwältigend in ihrer Ausdehnung und Großartigkeit», sich daraus, «unseren bescheidenen geliebten Alten zu beherbergen».[13]

Bei aller Sorge, war sie es, Martha, die sich am schnellsten einlebte, eine Frau von 77 Jahren, die nie auf Wien zurückblickte, die, so Jones, wie eine Siebenundzwanzigjährige auf ihr neues Leben schaute, sich ganz selbstverständlich durch die riesige Stadt bewegte, um ihre Einkäufe zu machen und ihrem Alten wie immer das Leben bequem zu erhalten – obwohl sie sich eigentlich wie «ein Bauer» in der großen Metropole fühlte. Auch die anderen hatten sich in ihrem neuen Leben eingerichtet, Ernst ohnehin, sein «tower of strength», der nun schon fünf Jahre hier lebte, mit seiner großartigen Frau Lux und den drei Jungen, die auf ein für besonders fortschrittlich geltendes Internat gingen, die in England Karriere machen sollten, Clement als Sportreporter, Entertainer, Parlamentsabgeordneter und Autor, Lucian als einer der berühmtesten Maler der Gegenwart. Martin und Robert trugen den Kopf wieder oben, und Mathilde zeigte sich «so tüchtig wie Anna in Wien»; sie eröffnete später ein Bekleidungsgeschäft. Oliver hatte derweil in Nizza eine bescheidene Existenz in einem Photoladen gefunden, was wenigstens seinen Drang zum Basteln befriedigte; so konnte man auch über ihn beruhigt sein. Und im September bezogen die Freuds endlich ihre neue, ihre letzte Wohnung, das Haus in Hampstead, 20 Maresfield Gardens, das Ernst für sie hergerichtet hatte, mit einem Sprechzimmer, dessen Glastür auf den großen, üppigen Garten ging, und sogar einem Lift für den kranken Vater. Inzwischen waren auch alle Möbel, Bücher und Antiquitäten eingetroffen, und das Dienstmädchen Paula arrangierte seine geliebten Gegenstände auf dem Schreibtisch in der gleichen Ordnung wie in Wien.

Freud selbst war mit Anna erst gut zehn Tage nach den anderen eingezogen. Wieder hatte er sich einer Operation unterziehen müssen, an der Narbe hatte Schur eine verdächtige Stelle entdeckt. Man hatte sogar Pichler aus Wien geholt, damit er den Eingriff vornahm. Jones besuchte Freud im Krankenhaus und sah ihn zum erstenmal ohne Bart, man hatte ihn rasiert, weil der Eingriff von außen, durch die Wange durchgeführt wurde. Es war die ärgste Operation seit 1923, obwohl die Ärzte ihm versicherten, er werde sich in sechs Wochen erholen. Nach drei Monaten empfand er noch keine Besserung; er wurde immer gebrechlicher. Doch begann er trotz der Schmerzen schon kurz nach der Operation wieder zu arbeiten, wenigstens drei Stunden täglich. So wie er es immer gehalten hatte. Das war sein einziges Analgetikum.

Die Welt kam, wie damals in Wien, wieder zu ihm. Kollegen, sogar Bibelforscher, Freunde und Bewunderer, Stefan Zweig und H. G. Wells, der glaubte, helfen zu müssen. Vielleicht brauchte Freud Geld? Vielleicht konnte man ihm helfen, die Staatsbürgerschaft zu erlangen, seine «kindliche Phantasie» zu verwirklichen! Das Bemühen war vergebens.[14] Am meisten rührte ihn der Besuch seines Neffen Sam, den er vor dreißig Jahren zuletzt gesehen hatte. Andere waren vor ihm dagewesen, aber diesen Besuch vermerkt Freud als ersten in der «Chronik». Es kam Chaim Weizmann, Zweig brachte einen jungen Spanier mit «treuherzig fanatischen Augen» und einer «unleugbar technischen Meisterschaft» mit: Salvador Dalí, der sogleich eine Skizze von ihm machte. Freuds Schädel erschien ihm dabei wie eine Schnecke. Und der Professor wollte ihm offenbar gar nicht zuhören, starrte ihn nur an und rief Zweig zu, er habe noch nie so einen Prototyp des Spaniers gesehen: «Was für ein Fanatiker!»[15] Aber er hatte ihm gefallen, der junge Mann, der ihn beinahe ein wenig mit den Surrealisten aussöhnte, die er bislang so sehr verachtet hatte; vielleicht wäre es interessant, die Entstehung eines Bildes analytisch zu erforschen. Schließlich besuchte ihn eine ganz besondere Delegation, die gewöhnlich nur zum König beordert wurde. Drei Sekretäre der Royal Society kamen, dem Kranken das offizielle Ehrenregister zu bringen, damit er seinen Namen darein setzen konnte. Sie ließen ihm ein Faksimile zurück, mit den «signatures von J Newton to Charles Darwin», die würde er Arnold Zweig bei seinem Besuch zeigen können: «Gute Gesellschaft!» Nur hatte er, der gewöhnlich mit «Freud» unterzeichnete, sich als «Sigm. Freud» einschreiben müssen, allein ein Lord durfte, so hatte man ihn belehrt, mit seinem Familiennamen ohne weitere Zusätze zeichnen: «Im ganzen ein abenteuerliches Land.»[16]

Sein wichtigster Gast in all der Zeit war und blieb Moses, der ihn quälte «wie ein unerlöster Geist». Zu Dalí hatte er den rätselhaften Satz gesagt: «Moses ist das Fleisch der Sublimation.» Mitte Juli 1938 war der dritte Teil der Arbeit abgeschlossen, und Ende des Monats konnte Anna einen Auszug auf dem Internationalen Psychoanalytischen Kongreß in Paris vortragen. Nun drängte er auf das Erscheinen des Buchs, das er in Wien nicht hatte publizieren wollen. Katherine Jones, die es ins Englische übersetzte, sollte sich beeilen. Er wollte das «letzte Stück» seiner Arbeit an die Öffentlichkeit bringen, obwohl er wußte, daß das Buch auch die Juden ärgern und ihren Feinden neue Munition liefern würde. Sein ganzes langes Leben war er für das eingetreten, was er für die wissenschaftliche Wahrheit hielt, selbst wenn sie unbequem war. Er konnte nicht «mit einem Akt der Verleugnung abschließen».

Es hatte in der Tat Bitten gegeben, von einer Veröffentlichung abzusehen. Und es hagelte schließlich Beschimpfungen von zumeist anonymen Briefschreibern: Er spiele Goebbels und den anderen Nazibestien nur in die Hände. Bedauerlich, daß er nicht in sein Grab gehen konnte, ohne sich zu blamieren, der alte Schwachkopf. Bedauerlich, daß die Gangster in Deutschland ihn nicht in ein Konzentrationslager gesteckt hatten, denn dort gehöre er hin, hieß es in einem Brief.[17] Aber auch die seriöse Kritik äußerte sich bedenklich, beruhte seine wissenschaftliche Wahrheit doch allein auf der Hypothese, daß Moses ein Ägypter war, daß er von Echnaton den Monotheismus übernahm und nach dessen Tod und der Abschaffung seiner Religion, vor die Wahl gestellt zu widerrufen oder ins Exil zu gehen, sich mit einem Haufen rückständiger Einwanderer verband, denen er die Grundgedanken des Pharao beibringen wollte. Er erwählte sich sein Volk, das ihm die Befreiung aus der Knechtschaft damit dankte, daß es ihn ermordete. So war Freud wieder bei seinen alten Theorien angelangt, von Totem und Tabu, von der Urhorde und vom Vatermord, von Schuldbewußtsein und Reue, von der neurotischen Struktur der Religion. Darin lag für ihn die Ursache, daß die Juden, nach einer Latenzperiode, den Monotheismus des Moses annahmen, mit seinen strikten Regeln, seinem strengen Bilderverbot und der Vorstellung eines so großartigen Gottes: Wer an ihn glaubte, mußte sich gehoben fühlen, hatte Anteil an seiner Größe, war auserwählt. Das erklärte, nach Freud, «jüdische Charaktereigenschaften», das Selbstvertrauen, die Zähigkeit, das geistige Interesse, aber auch den moralischen Masochismus, das unersättliche Schuldgefühl, noch von dem schlechten Gewissen herrührend, den Vater Moses getötet zu haben. Das erklärte letztendlich den Erfolg des Christentums, das ja auch in nichts anderem als einem Mord seinen Ursprung hatte. Nur hatte der geniale Paulus, eigentlicher Schöpfer der christlichen Ideologie, das vorherrschende Schuldbewußtsein Erbsünde genannt und an die Stelle der Erinnerung an den Mord und den Mordwunsch die Phantasie der Sühne, die Erlösungsbotschaft gesetzt. Den Juden aber, die den Messias nicht anerkannten, war der Weg der Entsühnung versperrt worden, sie hatten sich eines weiteren Mordes schuldig gemacht, sie blieben die ewig Schuldigen. Welch grandioses Reservoir an Möglichkeiten, sie zu denunzieren, zu verfolgen, zu morden, hatten sie damit den Antisemiten jeder Couleur geschaffen![18]

Der Mann Moses war, das hatten alle, die das Buch kritisierten und den Autor beschimpften, nicht darin lesen wollen, auch ein Selbstbekenntnis, das stolze Bekenntnis eines Atheisten zum Judentum: Es war Freud wichtig gewesen, nicht allein über die Herkunft der jüdischen Religion, sondern auch über ihr Wesen zu schreiben, über die Vorstellung eines entmaterialisierten Gottes. Das auserwählte Volk war so zu seinem größten Schatz gelangt, zur Erkenntnis von der Notwendigkeit und der Macht des Wissens: «Die Juden behielten die Richtung auf geistige Interessen bei, das politische Unglück der Nation lehrte sie, den einzigen Besitz, der ihnen geblieben war, ihr Schrifttum, seinem Werte nach einzuschätzen.»[19] Das war Freuds Vermächtnis, ein Kassiber in das große Zuchthaus, die Welt der Barbaren, die Bücher vernichteten und bald darauf Menschen. Als *Der Mann Moses* im März 1939 in dem Amsterdamer Exilverlag Allert de Lange auf deutsch erschien, bemerkte er zu Hanns Sachs: «Ein ganz würdiger Abgang, glaube ich.»

Er wußte, daß sein Roman zu Ende ging. Das Abschiednehmen hatte schon im Herbst, nach seiner letzten schweren Operation, begonnen, vielleicht schon früher. Im Sommer 1938 hatte er ein neues Testament aufgesetzt, dessen Treuhänder Anna, Ernst und Martin waren. Diesem letzten Willen zufolge sollten Antiquitätensammlung und Bücher über Psychologie und Psychoanalyse an Anna übergehen; 1943 überschrieben die Brüder ihr auch das Grundstück Maresfield Gardens. Marthas Unterhalt sollte gesichert werden durch einen Fonds, der gebildet wurde aus dem unbeweglichen Vermögen, dessen Gesamtwert sich damals auf rund 23 000 Pfund belief, und den Rest seines Privatvermögens mit dem Nettowert von 16 000 Pfund. Minna sollte eine jährliche Rente von 300 Pfund erhalten. Die Urheberrechte an seinen Büchern gingen in Treuhänderschaft an seine Enkel.[20] Auch für sein ewiges Sorgenkind, die Analyse, hatte er Maßnahmen treffen können. Er fand, nachdem die Nazis seinen Verlag aufgelöst hatten, in dem Schriftsteller John Rodker, der auch James Joyce und T. S. Eliot veröffentlichte, einen neuen Verleger und Gründer der «Imago Publishing Company», wo eine Zeitschrift, die *American Imago,* erschien und mit der Herausgabe der deutschsprachigen *Gesammelten Werke* begonnen wurde, Ersatz für die vernichteten *Gesammelten Schriften*. Für den *Moses* hatte er einen Vertrag mit der New Yorker Verlegerin Blanche Knopf abgeschlossen; sie mußte ihm zusichern, daß der Titel nicht geändert wurde. Auch um mögliche inhaltliche Revisionen hatten sie zäh gekämpft, er hatte sich durchgesetzt. Und noch einmal faßte er seine Lehre zusammen, in seinem *Abriß der Psychoanalyse*. Wiewohl die Abhandlung unvollendet blieb, war dies Resümee und Ausblick: «Die Zukunft mag uns lehren, mit besonderen chemischen Stoffen die Energiemengen und deren Verteilungen im psychischen Apparat direkt zu beeinflussen. Vielleicht ergeben sich noch ungeahnte andere Möglichkeiten der Therapie; vorläufig steht uns nichts besseres zu Gebote als die psychoanalytische Technik, und darum sollte man sie trotz ihrer Beschränkungen nicht verachten.»[21]

Er hatte seine Dinge gerichtet. Es blieb die Sorge um die Schwestern in Wien. Am 30. September 1938 schreibt er nur «Friede» in die «Chronik». Tatsächlich hatten damals, wie er, viele gehofft, daß durch das Münchener Abkommen, mit dem Neville Chamberlain und Edouard Daladier Hitler die Tschechoslowakei opferten, die Kriegsgefahr gebannt sei. Aber der «Friedensrausch» war rasch vorbei, die peinliche Wahrheit zeigte sich; man war dankbar «für das bißchen Frieden», aber freuen konnte man sich nicht. Arnold Zweig hatte gleich begriffen, daß die «Pießmacher», wie er sie nannte, schon bald den Preis zahlen würden, den sie jetzt andere zahlen ließen: «Die Demokratien benehmen sich dabei wie die Blattläuse; sie lassen sich melken.» Er hatte seinen «liebsten Vater Freud», dank einer Tantiemenzahlung aus der Sowjetunion, in jenem Herbst besuchen können. Er fand ihn krank und erschöpft, doch von «unablässiger Urteilskraft», in seinem schönen Haus, umgeben von all seinen «schönen kleinen Göttern».[22] Ein anderer Besucher, Arthur Koestler, behauptete später, Freud habe seinen Krebs tabuisiert, es vorgezogen, «mit einem durchsichtigen Schleier vor den Augen in das Dunkel einzutreten». Mit Marie Bonaparte scherzte Freud darüber, was für ein Pech es sei, daß ausgerechnet er, der so gern Krebse esse, am Krebs leide.[23]

Am 10. November, notiert er nur «Pogroms in Germany». Mehr wollte er zur Reichskristallnacht, zu den «††† Nachrichten aus Deutschland» nicht sagen. Inzwischen hatte Marie Bonaparte alle Anstrengungen unternommen, Freuds Schwestern nach Frankreich zu bringen. Vergeblich. Als ihn Ende Januar 1939 Leonard und Virginia Woolf besuchten, wagten sie die Vermutung, es hätte vielleicht keinen Hitler gegeben, wenn die Alliierten den Krieg verloren hätten. Freud widersprach aufs heftigste: «Hitler und die Nazis wären gekommen und noch viel schlimmer gewesen, wenn Deutschland den Krieg gewonnen hätte.» Es war ein schwieriges Gespräch, erinnerte sich Leonard Woolf, mit einem Mann, der nicht nur ein Genie war, sondern auch außerordentlich nett, von großer Güte und dahinter großer Kraft, doch umgeben von Düsternis, ein halb erloschener Vulkan. Seine Frau, wie immer scharfzüngiger, fand ihn zusammengeschrumpft, ein sehr alter Mann «mit den hellen Augen eines Affen». Immerhin hatten sie ihn auch ein wenig amüsieren können, mit der Geschichte von einem Mann, der einige Bücher gestohlen hatte, darunter eines von Freud. Er wurde zu einer Geldstrafe verurteilt, aber der Richter wünschte, er könnte ihm auferlegen, sämtliche Werke Freuds zu lesen. Ja, seine Bücher hatten ihn berüchtigt, nicht berühmt gemacht, meinte Freud.[24]

Der «phantastische Mann», mit dem die Woolfs den Tee genommen hatten, war zu Tode krank. Max Schur hatte Anfang Februar Jones' Schwager, den Chirurgen Wilfred Trotter, zu Rate gezogen. Er empfahl lediglich eine weitere Beobachtung der verdächtigen neuen Schwellung. Schur war sicher, daß es sich um eine bösartige Geschwulst handelte, und wandte sich auf Anraten der Prinzessin an das Institut Curie. Ende Februar reiste Marie Bonaparte selbst mit dem Direktor und führenden Spezialisten an, Dr. Antoine Lacassagne. Biopsie und Röntgenaufnahme ergaben, daß es sich um einen typischen Epithelialkrebs handelte. Eine Operation war nicht möglich, da die Geschwulst zu dicht bei der Augenhöhle lag. An Eitingon schrieb Freud, es handele sich wirklich um einen «Versuch des Carcinoms (...), sich wieder an meine Stelle zu setzen». Sechzehn Jahre lange hatte er seine Existenz mit dem «lieben alten Carcinom» geteilt: «Wer damals der Stärkere sein würde, konnte man natürlich nicht vorhersagen.» Nun schwankte man zwischen den «verschiedenen Möglichkeiten der Verteidigung». Man entschied sich für eine Röntgentherapie. Er litt unter den täglichen Bestrahlungen, hatte Schwindelgefühle und Kopfschmerzen, Blutungen im Mund, die Barthaare fielen ihm aus. Dabei weigerte er sich nach wie vor, stärkere Schmerzmittel als Aspirin zu nehmen – er wollte nicht betäubt sein. Sein Londoner Röntgenarzt schrieb an Lacassagne: Was Freud wirklich brauche, sei eine psychologische Behandlung, die es ihm ermögliche, «mit einem anderen Medikament einen ähnlichen Pakt zu schließen wie den, den er mit Aspirin hat».

Schließlich kamen zu den äußerlichen Röntgenbehandlungen auch noch Radiumbestrahlungen von innen, «immerhin schonender (...) als – Kopfabschneiden, was die andere Alternative gewesen wäre». Es war «eben ein Weg zum unvermeidlichen Ende wie ein anderer, wenngleich nicht der, den man sich gerne ausgesucht hätte».[25] Zwar sagten ihm die Ärzte, das Karzinom schrumpfe, doch er glaubte nicht daran, er hatte es niemals gemocht, betrogen zu werden. Trotz seiner Schmerzen, trotz der fast unerträglichen Nebenwirkungen der Behandlungen führte er seine vier Analysen durch, setzte seine umfangreiche Korrespondenz fort, die sich nach dem Erscheinen des *Moses* – im März bei Allert de Lange, im Mai bei Knopf – noch vervielfältigt hatte. Er freute sich an seinem Garten, wo man ihm die Hollywoodschaukel aus Grinzing aufgestellt hatte. Zu seinem Geburtstag war natürlich seine Prinzessin mit ihrer Tochter gekommen, und seine geliebte Yvette schenkte ihm ein neues Portrait mit der Widmung: «De tout mon cœur au grand Freud.»

Das Radium fraß ihn, unter Schmerzen und Vergiftungserscheinungen, regelrecht auf, und so mußte er Marie Bonaparte, die er eigentlich über den Tod ihres Hundes trösten wollte, schon zwei Monate später schreiben, «meine Welt ist wieder, was sie früher war, eine kleine Insel Schmerz, schwimmend auf einem

Ozean von Indifferenz».²⁶ Max Schur hatte wegen eines Visumantrags im April nach Amerika reisen müssen. Als er nun, im Juli, zurückkam, fand er Freud in viel schlechterem Zustand. Die Wangenhaut war verfärbt, der Bart größtenteils verloren, und in Richtung der Augenhöhle schien sich ein neuer Tumor gebildet zu haben, etwas oberhalb der alten Wucherung: «Der Knochen war äußerst weich», so Schur, «und es war ein übler Geruch vorhanden.» Noch immer wollte Freud sich keine Opioide oder wenigstens Barbiturate geben lassen. Er wartete auf den endgültigen Abschied. Hanns Sachs kam aus Boston, um ihn noch einmal zu sehen. Er kam in eine Stadt, die sich auf den Krieg vorbereitete, der unvermeidlich war, wie jeder wußte. Aber man sprach darüber wie über den Besuch beim Zahnarzt. Ähnlich erschien ihm die Stimmung bei den Freuds, alles so friedlich und ruhevoll, doch «wie hinter einem dünnen Vorhang» stand die Wirklichkeit, «immerwährender Schmerz, Leiden und das Gespenst des Todes». Nur Freud, sehr krank und unfaßbar alt aussehend, lehnte jegliche Erleichterung durch Selbsttäuschung ab, er wollte nicht der Held seines eigenen Dramas sein. Lieber wollte er, auch wenn er nur unter Qualen sprechen konnte, über die Lage der Analyse in Amerika reden, über einzelne Probleme, über bestimmte Therapeuten. Zum Abschied drückte er Hanns Sachs die Hand und sagte: «Ich weiß, daß ich wenigstens *einen* Freund in Amerika habe.»²⁷

Am 1. August 1939 schloß Freud offiziell seine Praxis, nach 53 Jahren. In jenem Monat kam sein Neffe Harry, um Lebewohl zu sagen; er wollte in die USA und Weihnachten wieder zurück sein. «Ich glaube nicht, daß du mich dann noch wiederfindest», sagte ihm Freud. Aus Frankreich kam seine Lieblingsenkelin Eva. Schur erinnerte sich, mit welcher Zärtlichkeit er von ihr Abschied nahm. Sie starb, während ihre Eltern die gefährliche Flucht über die Pyrenäen unternahmen, 1944 in Nizza an den Folgen eines Aborts. Es besuchten ihn Ruth Mack Brunswick und, natürlich, die Prinzessin. Meist lag er dann in seiner Schaukel im Garten. Sein Arbeitsraum war inzwischen in ein Krankenzimmer verwandelt worden, ein Bett wurde hineingestellt, damit er auf die Blumen und Bäume schauen konnte. Ende des Monats informierte Martha, vorsichtig und rücksichtsvoll wie immer, ihre Schwägerinnen in Wien, daß es dem «geliebten Alten» gar nicht gutgehe. Rosa konnte nur berichten, daß sie, eine Woche vor Kriegsbeginn, ihre französischen Visa trotz aller Bemühungen Marie Bonapartes noch nicht erhalten hatten. Freuds Schwestern, Mitzi, Rosa, Pauli, Dolfi, kamen im Konzentrationslager um.

Seine «Kürzeste Chronik» endet am 25. August mit einem einzigen Wort: «Kriegspanik.» Als am 3. September Frankreich und England den Deutschen den Krieg erklärten, trug man sein Bett in den «sicheren» Teil des Hauses. Auch seine Sammlung und seine Bücher versuchte man, in Sicherheit zu bringen, ein Unternehmen, das er, so Schur, «mit einem gewissen Interesse» verfolgte. Am meisten schmerzte ihn, daß wegen des üblen Geruchs, der aus der Wunde drang, sein Chow sich weit weg von ihm in eine Zimmerecke verkrochen hatte. Aber noch immer wahrte er seine Selbstdisziplin, war freundlich, war interessiert an allem. Als Schur – der inzwischen im Haus wohnte – und er eine Radiosendung hörten, in der es hieß, dies werde der letzte Krieg sein, kommentierte er nur trocken: «Mein letzter Krieg.» Und er versuchte, obwohl ihm auch das fast unmöglich geworden war, noch immer zu lesen: Balzacs *La peau de chagrin,* von jenem glücksverheißenden Stückchen «Eselshaut», das mit jedem erfüllten Wunsch schrumpft. Einst hatte Freud über seinen sterbenden Vater geschrieben: Er schrumpfe stetig ein bis zu einem großen Termin. Zu Schur sagte er, dies sei jetzt das richtige Buch für ihn, er meine, weil es vom Einschrumpfen und Verhungern handle.

Am 19. September ließ man Jones kommen, damit er Abschied nehmen konnte. Der Krebs hatte sich durch die Wangen gefressen, es bestand die erhöhte Gefahr einer Sepsis. Freud döste vor sich hin, in äußerster Erschöpfung. Als Jones ihn beim Namen rief, öffnete er kurz die Augen, hob die Hand und ließ sie fallen, «mit einer überaus bedeutungsvollen Geste, in der so vieles lag: Grüße, Lebewohl, Resignation».[28] Am 21. September saß Max Schur an Freuds Bett, der Todkranke erinnerte ihn an ihr erstes Gespräch, an ihren Pakt: «Sie haben mir damals versprochen, mich nicht im Stich zu lassen, wenn es soweit ist. Das ist jetzt nur noch Quälerei und hat keinen Sinn mehr.» Schur hatte sein Versprechen nicht vergessen, aber er sollte zuvor mit Anna über Freuds Entscheidung sprechen: Wenn sie es für richtig hielt, sollte er ein Ende machen. All das sagte Freud ohne Selbstmitleid, «in vollem Bewußtsein der Realität». Anna wollte das Ende immer noch hinausschieben. Schur konnte sie schließlich überzeugen, daß es sinnlos sei, die Qualen ihres Vaters zu verlängern. Noch am selben Tag injizierte er Freud 30 Milligramm Morphium, und dieser versank in tiefen Schlaf.[29] Am nächsten Tag wiederholte Schur die Injektion, Freud fiel in ein Koma, aus dem er nicht mehr erwachte. Sigmund Freud starb um drei Uhr morgens, am 23. September 1939, an Yom Kippur.

Anhang

Anmerkungen

Siglen

Häufig zitierte Werke werden mit folgenden Siglen angeführt:

Briefe: Sigmund Freud, *Briefe 1873–1939*. Ausgew. und hg. von Ernst und Lucie Freud. S. Fischer Verlag, Frankfurt a. M. 1968, 1998.

Clark, *Freud*: Ronald W. Clark, *Sigmund Freud*. Aus dem Englischen von Joachim A. Clark. S. Fischer Verlag, Frankfurt a. M. 1985.

GW: Sigmund Freud, *Gesammelte Werke. Chronologisch geordnet,* unter Mitwirkung von Marie Bonaparte, Prinzessin Georg von Griechenland, hg. von Anna Freud, E. Bibring, W. Hoffer, E. Kris und O. Isakower, 18 Bde. und ein unnum. Nachtragsband. Imago Publishing Co., London 1940–1952. Bd. 18: Frankfurt a. M. 1968. Seit 1960 die gesamte Edition bei S. Fischer Verlag, Frankfurt a. M.

F/Abraham: Sigmund Freud, Karl Abraham, *Briefe 1907–1926*. Hg. von Hilda C. Abraham und Ernst L. Freud. S. Fischer Verlag, Frankfurt a. M. 1965.

F/Ferenczi: Sigmund Freud, Sándor Ferenczi, *Briefwechsel 1908–1933*. 6 Bde., Bd. I/1 und II/2 hg. von Ernst Falzeder, Eva Brabant und Patrizia Giampieri-Deutsch, Bd. II/1, II/2, III/1, III/2 hg. von Ernst Falzeder und Eva Brabant unter Mitarbeit von Patrizia Giampieri-Deutsch. Wiss. Leitung von André Haynal, Transkription von Ingeborg Meyer-Palmedo. Böhlau Verlag, Wien/Köln/Weimar 1993–2005.

F/Fließ: Sigmund Freud, *Briefe an Wilhelm Fließ 1887–1904*. Hg. von Jeffrey Moussaieff Masson. Bearbeitung der deutschen Fassung von Michael Schröter, Transkription von Gerhard Fichtner. S. Fischer Verlag, Frankfurt a. M. 1999.

F/Jung: Sigmund Freud, C. G. Jung, *Briefwechsel*. Hg. von William McGuire und W. Sauerländer. S. Fischer Verlag, Frankfurt a. M. 1974.

F/Pfister: Sigmund Freud, Oskar Pfister, *Briefe 1909–1939*. Hg. von Ernst L. Freud und Heinrich Meng. S. Fischer Verlag, Frankfurt a. M. 1963.

F/Salomé: Sigmund Freud, Lou Andreas-Salomé, *Briefwechsel*. Hg. von Ernst L. Freud. S. Fischer Verlag, Frankfurt a. M. 1966.

F/Silberstein: Sigmund Freud, *Jugendbriefe an Eduard Silberstein 1871–1881*. Hg. von Walter Boehlich. S. Fischer Verlag, Frankfurt a. M. 1989.

Gay, *Freud*: Peter Gay, *Freud. Eine Biographie für unsere Zeit.* Fischer Taschenbuch Verlag, Frankfurt a. M. 1995.

Jones, I, II, III: Ernest Jones, *Das Leben und Werk von Sigmund Freud.* Bd. I, *Die Entwicklung zur Persönlichkeit und die großen Entdeckungen 1856–1900* (übers. von Katherine Jones); Bd. II, *Jahre der Reife 1901–1919* (übers. von Gertrud Meili-Dworetzki und Katherine Jones); Bd. III, *Die letzte Phase 1919–1939* (übers. von Gertrud Meili-Dworetzki und Katherine Jones. Verlag Hans Huber, Bern/Stuttgart 1960–1962.

Der Verlag dankt dem S. Fischer Verlag, Frankfurt a. M., dem Verlag Hans Huber, Bern/Stuttgart und dem Böhlau Verlag, Wien, für die freundliche Abdruckgenehmigung aus den entsprechenden Werken, und Paul Marsh, London, für die freundschaftlichen Ratschläge.

Der Stoff zum Träumen

Frühe Unordnung

1 *Die Traumdeutung*, GW II/III, S. 198.
2 *Selbstdarstellung*, GW XIV, S. 34.
3 Marianne Krüll, *Freud und sein Vater. Die Entstehung der Psychoanalyse und Freuds ungelöste Vaterbindung.* C. H. Beck Verlag, München 1979, S. 118 f., 121 f.
4 Martin Freud, *Mein Vater Sigmund Freud.* Mattes Verlag, Heidelberg 1999, S. 12 f.
5 Judith Bernays Heller, «Freuds Mutter und Vater». Übers. von Cornelia Stoll, in: *Luzifer-Amor. Zeitschrift zur Geschichte der Psychoanalyse*, 2. Jg. Heft 3 (1989), S. 146–151, S. 148 f.
6 F/Fließ, 2. Nov. 1896, S. 108, und 15. Juli 1896, S. 206.
7 Martin Freud, *Mein Vater Sigmund Freud*, S. 12.
8 Marianne Krüll, *Freud und sein Vater*, S. 144 f., 305.
9 *Über Deckerinnerungen*, GW I, S. 553.
10 *Brief an den Bürgermeister der Stadt Príbor*, GW XIV, S. 561.
11 *Eine Kindheitserinnerung aus «Dichtung und Wahrheit»*, GW XII, S. 26.
12 F/Fließ, 15. Okt. 1897, S. 291 f.; *Psychopathologie des Alltagslebens*, GW IV, S. 58 f.
13 Christfried Tögel/Michael Schröter, «Jacob Freud mit Familie in Leipzig (1859). Erzählung und Dokumente», in: *Luzifer-Amor. Zeitschrift zur Geschichte der Psychoanalyse.* 17 Jg. Heft 33 (2004), S. 8–32, S. 10 f.
14 Christfried Tögel/Michael Schröter, «Jacob Freud mit Familile in Leipzig (1859)», S. 17.
15 F/Fließ, 3. Dez. 1897, S. 310.
16 Martin Freud, *Mein Vater Sigmund Freud*, S. 23.
17 *Über Deckerinnerungen*, GW I, S. 542.

18 Gerhard Roth, *Eine Reise in das Innere von Wien. Essays.* S. Fischer Verlag, Frankfurt a. M. 1991, S. 49.
19 Arthur Schnitzler, *Jugend in Wien. Eine Autobiographie.* Fischer Taschenbuch Verlag, Frankfurt a. M. 1981, S. 20.
20 *Jones,* I, S. 36 f.
21 *Die Traumdeutung,* GW II/III, S. 178.
22 Anna Freud-Bernays, *Eine Wienerin in New York. Die Erinnerungen der Schwester Sigmund Freuds.* Hg. von Christfried Tögel. Aufbau-Verlag, Berlin 2004, S. 215.
23 *Jones,* I, S. 38.
24 *F/Silberstein,* 18. Sep. 1874, S. 74 f.
25 *Zur Psychologie des Gymnasiasten,* GW X, S. 205 f.
26 *Nachruf auf Professor S. Hammerschlag* (1904), GW Nachtragsband, S. 733.
27 Freud an Martha Bernays, 13. Dez. 1883, zit. nach: *Jones,* I, S. 198.
28 *Die Traumdeutung,* GW II/III, S. 203.
29 Freud an Martha Bernays, 2. Feb. 1886, in: *Briefe,* S. 208.
30 Zit. nach Marianne Krüll, *Freud und sein Vater,* S. 194.
31 *Die Traumdeutung,* GW II/III, S. 144.
32 *Die Traumdeutung,* GW II/III, S. 199.
33 Arthur Schnitzler, *Jugend in Wien,* S. 319.
34 Zit. nach: Robert S. Wistrich, *Die Juden Wiens im Zeitalter Kaiser Franz Josephs.* Böhlau Verlag, Wien/Köln/Weimar 1999, S. 225.
35 Carl E. Schorske, *Wien. Geist und Gesellschaft im Fin de Siècle.* S. Fischer Verlag, Frankfurt a. M. 1982, S. 31.
36 Martin Freud, *Mein Vater Sigmund Freud,* S. 31 f.
37 Carl E. Schorske, *Wien,* S. 43.

Liebeleien und die Mühen der Adoleszenz
1 *Über Deckerinnerungen,* GW I, S. 543.
2 *F/Silberstein,* 4.Sep. 1872, S. 24.
3 *F/Silberstein,* 4. Sep. 1872, S. 22 f.
4 *Über Deckerinnerungen,* GW I, S. 547.
5 *F/Silberstein,* 20. Aug. 1873, S. 52 f.
6 *F/Silberstein,* 1. Okt. 1875, S. 152 f.
7 *F/Silberstein,* Freuds undatierter *Entwurf zum Hochzeitscarmen,* S. 215.
8 *F/Silberstein,* Nachwort des Herausgebers, S. 237.
9 Freud an Martha Bernays, 7. Feb. 1884, in: *Briefe,* S. 103.
10 *F/Silberstein,* 18. Sep. 1874, S. 73.
11 *F/Silberstein,* 9. Sep. 1875, S. 143.
12 *F/Silberstein,* 17. Jan. 1875, S. 96.
13 *F/Silberstein,* 22. Aug. 1874, S. 64 f.
14 *F/Silberstein,* 13. März 1875, S. 114.
15 *F/Silberstein,* 27. Feb. 1875, S. 106 f.
16 Freud an Julie Braun-Vogelstein, 30. Okt. 1927, in: *Briefe,* S. 393.
17 *F/Silberstein,* 7. März 1875, S. 111.

Der ewige Student
1 Freud an Emil Fluß, 16. Juni 1873, in: *Briefe*, S. 5 f.
2 *Selbstdarstellung*, GW XIV, S. 34.
3 *Nachwort zur «Frage der Laienanalyse»*, GW XIV, S. 290.
4 *Jones*, I, S. 57.
5 *F/Silberstein*, 7. März 1875, S. 109.
6 *F/Silberstein*, 15. März 1875, S. 117 f.
7 *F/Silberstein*, 8. Nov. 1874, S. 82.
8 *F/Silberstein*, 15. März 1875, S. 118.
9 *F/Silberstein*, 13. Aug. 1874, S. 59.
10 *F/Silberstein*, 27. März 1875, S. 121.
11 *Die Traumdeutung*, GW II/III, S. 218.
12 *F/Silberstein*, 11. April 1875, S. 126.
13 *F/Silberstein*, 7. März 1875, S. 111.
14 *F/Silberstein*, 11. April 1875, S. 126 f.
15 *Selbstdarstellung*, GW XIV, S. 34 f.
16 *Jones*, I, S. 84.
17 Freud an Emil Fluß, 18. Sep. 1872, zit. nach: Gay, *Freud*, S. 29.
18 Robert S. Wistrich, Die Juden Wiens, S. 179 f.
19 *F/Silberstein*, 9. Sep. 1875, S. 143 f.
20 *F/Silberstein*, 9. Sep. 1875, S. 144.
21 *F/Silberstein*, 5. April 1876, S. 160 f.
22 *Selbstdarstellung*, GW XIV, S. 35.
23 *Die Traumdeutung*, GW II/III, S. 425.
24 Siegfried Bernfeld/Suzanne Cassirer Bernfeld, *Bausteine der Freud-Biographik*. Suhrkamp Verlag, Frankfurt a. M. 1981, S. 121 f.
25 *Jones*, I, S. 75 f.
26 *Jones*, I, S. 65.
27 Arthur Schnitzler, *Jugend in Wien*, S. 128.
28 Freud an Martha Bernays, 15. Nov. 1883, in: *Briefe*, S. 81.
29 *Selbstdarstellung*, GW XIV, S. 35.

Hoffen, werben, kämpfen, warten
1 Freud an Martha Bernays, 19. Juni 1882, in: *Briefe*, S. 18 f.
2 *Jones*, I, S. 131 f.
3 Freud an Martha Bernays, 2. und 3. Aug. 1882, 15. März 1884, zit. nach: *Jones*, I, S. 128 f.
4 Freud an Martha Bernays, 2. Feb. 1886, in: *Briefe*, S. 207 f.
5 Freud an Martha Bernays, 18. Aug. 1882, in: *Briefe*, S. 37.
6 Freud an Martha Bernays, 23. Aug. 1882, in: *Briefe*, S. 31.
7 Freud an Martha Bernays, 23. Aug. 1882, in: *Briefe*, S. 30.
8 Siehe dazu Katja Behling, *Martha Freud: Die Frau des Genies*. Aufbau Taschenbuch Verlag, Berlin 2002.
9 Siehe *Jones*, I, S. 140.
10 Freud an Martha Bernays, 11. Juli 1882, zit. nach: *Jones*, I, S. 139.
11 Freud an Martha Bernays, 29. Aug. 1883, in: *Briefe*, S. 56 f.

12 Siehe Peter Gay, *Die Macht des Herzens. Das 19. Jahrhundert und die Erforschung des Ich*. Siedler Verlag Taschenbuch, Berlin 1999, S. 399.
13 *Jones*, I, S. 147 f.
14 Freud an Martha Bernays, 16. Dez. 1883, in: *Briefe*, S. 84 f.
15 Freud an Martha Bernays, 9. Sept. 1883, zit. nach: *Jones*, I, S. 234.
16 Freud an Martha Bernays, 14. Aug. 1882, in: *Briefe*, S. 33.
17 Freud an Minna Bernays, 21. Feb. 1883, in: *Briefe*, S. 36 f.
18 Siehe *Jones*, I, S. 146 f.
19 Freud an Martha Bernays, 30. Juni und 1. Juli 1883, zit. nach: *Jones*, I, S. 157.
20 Freud an Martha Bernays, 6. Sep. und 1. Juli 1882, zit. nach: *Jones*, I, S. 145.
21 Freud an Martha Bernays, 27. Dez. 1883, zit. nach: *Jones*, I, S. 146.
22 Freud an Martha Bernays, 15. Nov. 1883, in: *Briefe*, S. 81 f.
23 Freud an Martha Bernays, 2. April 1884, zit. nach: *Jones*, I, S. 200.
24 Freud an Martha Bernays, 15. Nov. 1884, in: *Briefe*, S. 83.

WEGE ZUM RUHM

Ein Zaubermittel
1 Freud an Martha Bernays, 21. April 1884, in: *Briefe*, S. 114.
2 Siehe *Jones*, I, S. 193.
3 Freud an Martha Bernays, 7. Jan. 1885, in: *Briefe*, S. 137.
4 *F/Fließ*, 27. April 1898, S. 340.
5 Freud an Martha Bernays, 14. Aug. 1882, in: *Briefe*, S. 32.
6 Freud an Martha Bernays, 25. Okt. 1883, in: *Briefe*, S. 79 f.
7 Freud an Martha Bernays, 29. März 1884, in: *Briefe*, S. 108.
8 Siegfried Bernfeld/Suzanne Cassirer Bernfeld, *Bausteine der Freud-Biographik*, S. 199 f.
9 Freud an Martha Bernays, 2. Juni 1884, zit. nach: *Jones*, I, S. 109.
10 Siegfried Bernfeld/Suzanne Cassirer Bernfeld, *Bausteine der Freud-Biographik*, S. 205.
11 Siegfried Bernfeld/Suzanne Cassirer Bernfeld, *Bausteine der Freud-Biographik*, S. 230
12 Freud an Martha Bernays, 27. Juni 1882, 28. April 1885, in: *Briefe*, S. 22, 145.
13 *Jones*, I, S. 116.
14 Freud an Martha Bernays, 28. Okt. 1883, zit. nach: *Jones*, I, S. 115.
15 Christfried Tögel, «... und gedenke die Wissenschaft auszubeuten». *Sigmund Freuds Weg zur Psychoanalyse*. edition diskord, Tübingen 1994, S. 140.
16 Freud an Carl Koller, 6. Jan.1885, in: *Briefe*, S. 136.
17 *Selbstdarstellung*, GW XIV, S. 36.

Pariser Leben
1 Freud, an Martha Bernays, 18. und 20. Jan. 1886, in: *Briefe*, S. 199 f.

2 Christfried Tögel, «...und gedenke die Wissenschaft auszubeuten», S. 53.
3 Freud an Martha Bernays, 8., 19. und 20. Juni 1885, in: *Briefe*, S. 153 f.
4 Freud an Martha Bernays, 28. April 1885, in: *Briefe*, S. 144 f.
5 Freud an Minna Bernays, 3. Dez. 1885, in: *Briefe*, S. 191 f.
6 Freud an Martha Bernays, 8. Nov. 1885, in: *Briefe*, S. 183 f.
7 Freud an Martha Bernays, 24. Nov. 1885, in: *Briefe*, S. 190.
8 Zit. nach Clark, *Freud*, Sigmund Freud, S. 87.
9 Annette Meyhöfer, STERN Nr. 24, 4. Juni 1998; Elaine Showalter, *Hystorien. Hysterische Epidemien im Zeitalter der Medien*. Berlin Verlag, Berlin 1997, S. 26 f.
10 *F/Silberstein*, 3. Feb. 1880, S. 203 f.; Christfried Tögel, «...und gedenke die Wissenschaft auszubeuten», S. 65 f.; Andreas Mayer, *Mikroskopie der Psyche. Die Anfänge der Psychoanalyse im Hypnose-Labor*. Wallstein Verlag, Göttingen 2002, S. 114 f.
11 Henry F. Ellenberger, *Die Entdeckung des Unbewußten*. Diogenes Taschenbuch Verlag, Zürich 1985, S. 157.
12 *Charcot*, GW I, S. 22 f.
13 Freud an Martha Bernays, 2. Febr. 1886, in: *Briefe*, S. 206 f.

Wiener Hysterie
1 Zit. nach Gay, *Freud*, S. 67.
2 Freud an Martha Bernays, 6. Mai 1886, in: *Briefe*, S. 223.
3 Freud an Martha Bernays, 10. und 19. März 1886, in: *Briefe*, S. 218 f., S. 221.
4 Freud an Martha Bernays, 16. Juni 1886, zit. nach: *Jones*, I, S. 179.
5 Siehe *Jones*, I, S. 167 f.
6 Siehe *Jones*, I, S. 181.
7 Freud an Josef Breuer, 1. Sep. 1886, in: *Briefe*, S. 225 f.
8 Emmeline Bernays an Freud, 27. Aug. 1886, zit. nach: *Jones*, I, S. 180 f.
9 Freud an Emmeline Bernays, 15. Sep. 1886, zit. nach: *Jones*, I, S. 183.
10 Freud an Martha Bernays, 10. Feb. 1886, in: *Briefe*, S. 216.
11 Siegfried Bernfeld/Suzanne Cassirer Bernfeld, *Bausteine der Freud-Biographik*, S. 185 f.
12 *Selbstdarstellung*, GW XIV, S. 39.
13 Siegfried Bernfeld/Suzanne Cassirer Bernfeld, *Bausteine der Freud-Biographik*, S. 187.
14 Elaine Showalter, *Hystorien*, S. 98 f.
15 Elaine Showalter, *Hystorien*, S. 102 f.
16 Elaine Showalter, *Hystorien*, S. 100.
17 Elaine Showalter, *Hystorien*, S. 102 f.
18 *Selbstdarstellung*, GW XIV, S. 39.
19 *Selbstdarstellung*, GW XIV, S. 39 f.
20 *Selbstdarstellung*, GW XIV, S. 41.
21 *Studien über Hysterie*, GW I, S. 250.

22 Siehe Lisa Appignanesi/John Forrester, *Die Frauen Sigmund Freuds.* dtv, München 1996, S. 123 f.
23 Zit. aus Freuds «Vorrede des Übersetzers» nach Christfried Tögel, «...und gedenke die Wissenschaft auszubeuten», S. 81.
24 Andreas Mayer, *Mikroskopie der Psyche*, S. 68 f.
25 Andreas Mayer, *Mikroskopie der Psyche*, S. 73 f.
26 Andreas Mayer, *Mikroskopie der Psyche*, S. 80 f.
27 *Selbstdarstellung*, GW XIV S. 41.
28 *Studien über Hysterie*, GW I, S. 123.
29 Siehe Lisa Appignanesi/John Forrester, *Die Frauen Sigmund Freuds*, S. 129.

Krankennovellen
1 Siehe Lisa Appignanesi/John Forrester, *Die Frauen Sigmund Freuds*, S. 105 f.
2 *Selbstdarstellung*, GW XIV, S. 44 f.
3 Lisa Appignanesi/John Forrester, *Die Frauen Sigmund Freuds*, S. 109 f.
4 *Selbstdarstellung*, GW XIV, S. 45.
5 Lisa Appignanesi/John Forrester, *Die Frauen Sigmund Freuds*, S. 114.
6 Stefan Zweig, *Über Sigmund Freud. Porträt, Briefwechsel, Gedenkworte.* Fischer Taschenbuch Verlag, Frankfurt a. M. 1994, S. 162.
7 Martha Bernays an Freud, 2. Nov. 1883, zit. nach: Lisa Appignanesi/John Forrester, *Die Frauen Sigmund Freuds*, S. 116.
8 *Zur Geschichte der psychoanalytischen Bewegung*, GW IX, S. 50 f.
9 *Studien über Hysterie*, GW I, S. 108.
10 Lisa Appignanesi/John Forrester, *Die Frauen Sigmund Freuds*, S. 130 f.
11 *Studien über Hysterie*, GW I, S. 138 f. Freud verlegt den Besuch in der Schweiz auf das Jahr 1890. Zu Datierungsproblemen vgl. Christfried Tögel, «...und gedenke die Wissenschaft auszubeuten», S. 134 f.
12 Mentona Moser, *Unter den Dächern von Morcote. Meine Lebensgeschichte.* Dietz Verlag, Berlin 1987, S. 93.
13 Lisa Appignanesi/John Forrester, *Die Frauen Sigmund Freuds*, S. 139 f.
14 Lisa Appignanesi/John Forrester, *Die Frauen Sigmund Freuds*, S. 145.
15 Mentona Moser, *Unter den Dächern von Morcote*, S. 272 f.
16 *Studien über Hysterie*, GW I, S. 181 f.
17 Lisa Appignanesi/John Forrester, *Die Frauen Sigmund Freuds*, S. 236 f.
18 Lisa Appignanesi/John Forrester, *Die Frauen Sigmund Freuds*, S. 239
19 *Studien über Hysterie*, GW I, S. 222.
20 *Studien über Hysterie*, GW I, S. 226.
21 Lisa Appignanesi/John Forrester, *Die Frauen Sigmund Freuds*, S. 158.
22 *Studien über Hysterie*, GW I, S. 227.
23 *Studien über Hysterie*, GW I, S. 86.
24 *Studien über Hysterie*, GW I, S. 85.

25 *Studien über Hysterie*, GW I, S. 194 f.
26 *Selbstdarstellung*, GW XIV, S. 52 f.
27 *Studien über Hysterie*, GW I, S. 312.

Der einzige andere: Wilhelm Fließ
 1 Freud an Josef Breuer, 3. Mai 1889, in: *Briefe*, S. 235.
 2 *Selbstdarstellung*, GW XIV, S. 43 f.
 3 F/*Fließ*, 18. Dez. 1892, S. 24.
 4 *Studien über Hysterie*, GW I, S. 77.
 5 F/*Fließ*, 8. Nov. 1895, S. 154 f.
 6 Josef Breuer an Wilhelm Fließ, 5. Juli 1895, zit. nach: *Jones*, I, S. 287.
 7 F/*Fließ*, 16. Jan. 1898, S. 320 f.
 8 F/*Fließ*, 22. Jan. 1898, S. 322 f.
 9 *Zur Geschichte der psychoanalytischen Bewegung*, GW X, S. 52 f.
10 Freud an Minna Bernays, 17. April 1893, zit. nach: F/*Fließ*, Manuskript C/1, Anm. 2, S. 33 f.
11 Siehe *Jones*, I, S. 340 f.
12 F/*Fließ*, 30. Juli 1898, S. 350.
13 F/*Fließ*, 21. Mai 1894, S. 66.
14 F/*Fließ*, 3. Jan. 1899, S. 371.
15 F/*Fließ*, 7. Feb. 1894 und 19. April 1894, S. 60 f.
16 F/*Fließ*, 29. Aug. 1894, S. 89.
17 F/*Fließ*, 22. Juni 1894, S. 79.
18 F/*Fließ*, 19. April 1894, S. 63.
19 F/*Fließ*, 22. Juni 1894, S. 80.
20 Martin Freud, *Mein Vater Sigmund Freud*, S. 28 f.
21 Freud an Martha Bernays, 1. April 1884, zit. nach: *Jones*, I, S. 172.
22 Freud an Emmeline und Minna Bernays, 21. und 24. Okt. 1887, in: *Briefe*, S. 232 f.
23 F/*Fließ*, 24. März 1898, S. 334.
24 F/*Fließ*, 3. Juli 1899, S. 392.
25 Peter Gay, *Das Zeitalter des Doktor Arthur Schnitzler. Innenansichten des 19. Jahrhunderts*. S. Fischer Verlag, Frankfurt a. M. 2002, S. 78 f.
26 *Die ‹kulturelle› Sexualmoral*, GW VII, S. 157.
27 F/*Fließ*, 11. Dez. 1893, S. 56.
28 F/*Fließ*, 29. Dez. 1899, S. 432 f.

Verführungen
 1 Lisa Appignanesi/John Forrester, *Die Frauen Sigmund Freuds*, S. 191.
 2 F/*Fließ*, 8. März 1895, S. 117.
 3 F/*Fließ*, 4. und 25. Mai 1895, S. 116, S. 130.
 4 *Die Traumdeutung*, GW II/III, S. 110 f.
 5 F/*Abraham*, 8. Jan. und 9. Jan. 1908, S. 32, 34.
 6 F/*Fließ*, 12. Juni 1900, S. 458.
 7 F/*Fließ*, 12. Juni 1895, S. 134.
 8 F/*Fließ*, 15. Okt. 1895, S. 146.

9 Freud an Martha Bernays, 20. Jan. 1886, in: *Briefe*, S. 202; Jeffrey M. Masson, *Was hat man dir, du armes Kind, getan? Oder: Was Freud nicht wahrhaben wollte*. Kore Verlag, Freiburg i. Br. 1995, S. 87.
10 *F/Fließ*, 2. Nov. 1895, S. 153, 1. Jan. 1896, Manuskript «Die Abwehr-neurosen», S. 169 f.
11 *F/Fließ*, 3. und 8. Dez. 1895, S. 159 f.
12 *F/Fließ*, 2. April 1896, S. 190.
13 *Zur Ätiologie der Hysterie*, GW I, S. 426 f., 449.
14 *Zur Ätiologie der Hysterie*, GW I, S. 439.
15 *F/Fließ*, 26. April 1896, S. 193.

EINE REVOLUTION DES SEELENLEBENS

Der unbekannte Patient

1 *F/Fließ*, 30. Juni und 15. Juli 1896, S. 202–206.
2 *F/Fließ*, 29. Sep. 1896, S. 210.
3 *F/Fließ*, 2. Nov. 1896, S. 212 f.
4 Freud an Jones, 12. Feb. 1920, zit. nach: Gay, *Freud*, S. 439.
5 *Die Traumdeutung*, Vorwort zur 2. Auflage, GW II/III, S. X.
6 Peter Gay, *Die Macht des Herzens*, S. 179 f.
7 *F/Fließ*, 8. Feb. 1897, S. 245.
8 *F/Fließ*, 11. Jan. 1897, S. 234.
9 *F/Fließ*, 17. und 24. Jan. 1897, S. 237 f.
10 *F/Fließ*, 6. und 17. Dez. 1896, S. 217 f.
11 *F/Fließ*, 16. und 31. Mai, 22. Juni und 7. Juli 1897, S. 259 ff.
12 *F/Fließ*, 21. Sep. 1897, S. 283 f.
13 *Abriss der Psychoanalyse*, GW XVII, S. 113.
14 *F/Fließ*, 21. Sep. 1897, S. 285.
15 *F/Fließ*, 21. Sep. 1897, S. 286.
16 *F/Fließ*, 3., 15. und 27. Okt. 1897, S. 287 f.
17 *F/Fließ*, 15. Okt. 1897, S. 293.
18 *F/Fließ*, 22. Dez. 1897, S. 312 f.
19 *F/Fließ*, 19. Feb. 1899, S. 377.
20 *F/Fließ*, 19. Feb. 1899, S. 377.
21 *F/Fließ*, 5. Dez. 1898, S. 368.
22 *F/Fließ*, 6. Aug. 1899, S. 400 ff.

Die Macht der Träume

1 *Die Traumdeutung*, GW II/III, S. 613.
2 *Die Traumdeutung*, GW II/III, S. 110.
3 Siehe Waldemar Fromm/Christina Scher, «Der Traum, die Künste und die Wissenschaften». In: *literaturkritik.de* Ausg. 4, April 2004, 6. Jg. S. 12–22, S. 14 (http://www.literaturkritik.de).
4 Waldemar Fromm/Christina Scher, «Der Traum, die Künste und die Wissenschaften», S. 14; *Die Traumdeutung*, GW II/III, S. 554.
5 Arthur Schnitzler, *Paracelsus*. In: Arthur Schnitzler, *Das dramatische*

Werk, 8 Bde., Fischer Taschenbuch Verlag, Frankfurt a. M. 1979, Bd. 2, S. 240.

6 *Die Traumdeutung,* GWII/III, S. 99.
7 *Die Traumdeutung,* GWII/III, S. 135.
8 *Die Traumdeutung,* GWII/III, S. 166.
9 *Die Traumdeutung,* GWII/III, S. 304 f.
10 *Die Traumdeutung,* GWII/III, S. 424 f., S. 484 f.
11 *Die Traumdeutung,* GWII/III, S. 489.
12 *Die Traumdeutung,* GWII/III, S. 472 f.
13 *Die Traumdeutung,* GWII/III, S. 221.
14 *Die Traumdeutung,* GWII/III, S. 214 f.
15 *Die Traumdeutung,* GWII/III, S. 430 f.
16 *Die Traumdeutung,* GWII/III, S. 572 f.
17 *Die Traumdeutung,* GWII/III, S. 437 f.
18 *F/Jung,* 16. April 1909, S. 243.
19 *Die Traumdeutung,* GW II/III, S. 270.
20 *Die Traumdeutung,* GW II/III, S. 239.
21 *Die Traumdeutung,* GW II/III, S. 589 f.
22 *Die Traumdeutung,* GW II/III, S. 210 f.
23 *Über den Traum,* GW II/III, S. 649 f., S. 668.

In unentdeckten Provinzen des Seelenlebens
1 *F/Fließ,* 5. und 7. Nov., 21. Dez. 1899, 8. Jan. 1900, S. 419 f.
2 *F/Fließ,* 27. Aug. 1899, S. 404.
3 *F/Fließ,* 1. Feb. und 7. Mai 1900, S. 437, 453.
4 *F/Fließ,* 11. März 1900, S. 443.
5 *F/Fließ,* 23. März, 7. und 16. Mai 1900, S. 444, 453 f.
6 *F/Fließ,* 23. März, 4. April. 1900, S. 446 f.
7 *F/Fließ,* 11. Okt. 1899, 10. Juli 1900, S. 416, 463.
8 *F/Fließ,* 27. Aug. 1899, S. 404; *Psychopathologie des Alltagslebens,* GW IV, S. 270 f.
9 *Psychopathologie des Alltagslebens,* GW IV, S. 238.
10 *Die Traumdeutung,* GW II/III, S. 620.
11 *F/Fließ,* 19. Feb. 1899, S. 377.
12 *Vorlesungen zur Einführung in die Psychoanalyse,* GW XI, S. 307 f.
13 *Das Unbewußte,* GW X, S. 273.
14 *Die Traumdeutung,* GW II/III, S. 455 f.
15 *F/Jung,* 14. und 17. Feb. 1911, S. 433, 436.
16 *F/Fließ,* 24. März 1901, Anm. 1, S. 483.
17 Siehe *Jones,* I, S. 418.
18 Henry F. Ellenberger, *Die Entdeckung des Unbewußten,* S. 1045; *F/Fließ,* 24. März 1901, 17. Jan. 1902, S. 483, Anm. 1, S. 500, Anm. 2 und 3; Lydia Marinelli/Andreas Mayer, *Träume nach Freud. Die «Traumdeutung» und die Geschichte der psychoanalytischen Bewegung.* Verlag Turia und Kant, Wien 2002, S. 24 f.
19 Arthur Schnitzler, *Tagebuch 1893–1902.* Verlag der Österreichischen Akademie der Wissenschaften, Wien 1989, S. 325.

20 Arthur Schnitzler, *Der Schleier der Beatrice*, in: *Das dramatische Werk*, 8 Bde., Fischer Taschenbuch Verlag, Frankfurt a. M. 1979, Bd. 4
21 *F/Fließ*, 26. Nov. und 9. Dez. 1899, S. 427, 429.
22 Siehe Lydia Marinelli/Andreas Mayer, *Träume nach Freud*, S. 21 f., 137 f.

Die Eroberung Roms
1 *F/Fließ*, 10. Juli 1900, Anm. 1; siehe auch Janet Malcolm, *Vater, lieber Vater... Aus dem Sigmund Freud-Archiv*. Ullstein Verlag, Berlin, Frankfurt a. M. 1986, S. 115 f.
2 *F/Fließ*, 1. Aug. 1899, S. 400.
3 *F/Fließ*, 14. Okt. 1900, S. 469.
4 *F/Fließ*, 25. Nov. 1900, S. 472.
5 *F/Fließ*, 7. Aug. 1901, S. 491 f.
6 Freud, *Unser Herz zeigt nach dem Süden. Reisebriefe 1895–1923*. Hg. von Christfried Tögel unter Mitarbeit von Michael Molnar. Aufbau-Verlag, Berlin 2002, S. 133–148.
7 *F/Fließ*, 19. Sep. 1901, S. 493 f.
8 *Die Traumdeutung*, GW II/III, S. 202.
9 *F/Fließ*, 11. März 1902, S. 501 f.
10 Freud an Elise Gomperz, 8. Dez. 1901, in: *Briefe*, S. 257 f.
11 *Psychopathologie des Alltagslebens*, GW IV, S. 120.
12 *F/Fließ*, 11. März 1902, S. 502 f.
13 Siehe Gay, *Freud*, S. 199 f.; *Jones*, II, S. 19 f.

Eine kleine Welt von Glück
1 Freud, An die Mitglieder des Vereins B'nai B'rith, 6. Mai 1926, in: *Briefe*, S. 380 f.
2 Hanns Sachs, *Freud. Meister und Freund*. Ullstein Verlag, Berlin, Frankfurt a. M. 1982, S. 35 f.
3 Siehe Clark, *Freud*, S. 244.
4 Hanns Sachs, *Freud*, S. 42.
5 Martin Freud, *Mein Vater Sigmund Freud*, S. 32.
6 *F/Pfister*, 13. Juni 1909, S. 22.
7 Martin Freud, *Mein Vater Sigmund Freud*, S. 51 f.
8 Martin Freud, *Mein Vater Sigmund Freud*, S. 61 f.
9 Martin Freud, *Mein Vater Sigmund Freud*, S. 49 f.
10 *F/Fließ*, 21. Sep. 1899, S. 411.
11 Siehe Gay, *Freud*, S. 184 f.
12 *F/Fließ*, 9. Nov. 1899, S. 423.
13 *Psychopathologie des Alltagslebens*, GW IV, S. 187.
14 *Die Traumdeutung*, GW II/III, S. 443 f.
15 Siehe Gay, *Freud*, S. 674 f.
16 Martin Freud, *Mein Vater Sigmund Freud*, S. 76 f., 38 f., 41 f.
17 *F/Pfister*, 12. Dez. 1939, S. 159.
18 Siehe Gay, *Freud*, S. 75; Paul Roazen, *Sigmund Freud und sein Kreis*. Gustav Lübbe Verlag, Bergisch Gladbach 1976, S. 75.

19 *F/Salomé*, undatierte Tagebuch-Eintragung von Andreas-Salomé, S. 270.
20 *Die «kulturelle Sexualmoral» und die moderne Zivilisation*, GW VII, S. 156 f.
21 *Beiträge zur Psychologie des Liebeslebens II, Über die allgemeinste Erniedrigung des Liebeslebens*, GW VIII, S. 85 f.
22 *Die «kulturelle Sexualmoral» und die moderne Zivilisation*, GW VII, S. 159.
23 *Die Weiblichkeit*, in: *Neue Folgen der Vorlesungen zur Einführung in die Psychoanalyse*, GW XV, S. 143.
24 *Drei Abhandlungen zur Sexualtheorie*, GW V, S. 129.
25 *Beiträge zur Psychologie des Liebeslebens II, Über die allgemeinste Erniedrigung des Liebeslebens*, GW VIII, S. 86.
26 Lisa Appignanesi/John Forrester, *Die Frauen Sigmund Freuds*, S. 63.
27 Siehe Kurt R. Eissler, *Psychologische Aspekte des Briefwechsels zwischen Freud und Jung*. Jahrbuch der Psychoanalyse Beiheft 7. Verlag Frommann–Holzboog, Stuttgart/Bad Cannstatt 1982, S. 146 f.; Lisa Appignanesi/John Forrester, *Die Frauen Sigmund Freuds*, S. 72 f.; Peter Gay, *Freud entziffern*. S. Fischer Verlag, Frankfurt a. M. 1992, S. 188 f.
28 Paul Ferris, *Dr. Freud. A Life*. Counterpoint Press, Washington D. C. 1999, S. 175.
29 Lisa Appignanesi/John Forrester, *Die Frauen Sigmund Freuds*, S. 75.
30 Freud an James J. Putnam, 8. Juli 1915, in: *Briefe*, S. 321.
31 *Das Unbehagen in der Kultur*, GW XIV, S. 434.
32 *F/Fließ*, 16. Juli und 28. Mai 1899, S. 320, 387.

Reisen in die Vergangenheit
1 Freud, *Unser Herz zeigt nach dem Süden. Reisebriefe 1895–1923*, S. 189 f.
2 Siehe Gay, *Freud*, S. 196.
3 Stefan Zweig, *Über Sigmund Freud*, 17. Feb. 1931, S. 154.
4 Siehe Clark, *Freud*, S. 223.
5 Siehe *Jones*, II, S. 103 f.
6 Christfried Tögel/Lieselotte Pouh, *Sigmund Freud, Felix Salten und Karl Lueger. Ein neuentdeckter Brief Sigmund Freuds* (http://www.freud-biographik.de).
7 *Psychopathologie des Alltagslebens*, GW IV, S. 236.
8 Gay, *Freud entziffern*, S. 110 f.
9 Siehe Erwin Schrödinger, *Die Natur und die Griechen*. Diogenes Taschenbuch Verlag, Zürich 1989, S. 36 f.
10 *Konstruktionen in der Analyse*, GW XVI, S. 45.
11 *Bruchstück einer Hysterieanalyse*, GW V, S. 169.
12 *Bemerkungen über einen Fall von Zwangsneurose*, GW VII, S. 400.
13 *F/Ferenczi* III/1, 30. März 1922, S. 133.
14 Robert S. Wistrich, *Die Juden Wiens*, S. 471.

15 Siehe Steven Beller, *Wien und die Juden 1867–1938*. Böhlau Verlag, Wien/Köln/Weimar 1993, S. 232.

16 Arthur Schnitzler, *Jugend in Wien*, S. 142.

17 Siehe Robert S. Wistrich, *Die Juden Wiens*, S. 194.

18 Siehe Robert S. Wistrich, *Die Juden Wiens*, S. 416.

19 Siehe Robert S. Wistrich, *Die Juden Wiens*, S. 373.

20 Robert S. Wistrich, *Die Juden Wiens*, S. 467.

21 Robert S. Wistrich, *Die Juden Wiens*, S. 468.

22 Robert S. Wistrich, *Die Juden Wiens*, S. 468.

23 *Die Traumdeutung*, GW II/III, S. 625.

GRÜNDERJAHRE

Das Ende der Kinderunschuld

1 Freud, *Unser Herz zeigt nach dem Süden. Reisebriefe 1895–1923*, S. 175 f.; Brief an Romain Rolland (Eine Erinnerungsstörung auf der Akropolis), GW XVI, S. 250 f.

2 *F/Fließ*, 23. und 27. Juli 1904, S. 508 ff., Anm. 11.

3 Siehe *Jones*, I, S. 341.

4 *Drei Abhandlungen zur Sexualtheorie*, Vorwort zur 4. Auflage, GW V, S. 93.

5 Siehe *Jones*, II, S. 394 f.

6 *Drei Abhandlungen zur Sexualtheorie, I. Die sexuellen Abirrungen*, GW V, S. 61.

7 *Drei Abhandlungen zur Sexualtheorie, I. Die sexuellen Abirrungen*, GW V, S. 37 f., S. 48, Anm. 1.

8 *Drei Abhandlungen zur Sexualtheorie, I. Die sexuellen Abirrungen*, GW V, S. 71.

9 *Drei Abhandlungen zur Sexualtheorie, I. Die sexuellen Abirrungen*, GW V, S. 51.

10 *Drei Abhandlungen zur Sexualtheorie, I. Die sexuellen Abirrungen*, GW V, S. 71.

11 *Drei Abhandlungen zur Sexualtheorie, Zusammenfassung*, GW V, S. 134.

12 *Drei Abhandlungen zur Sexualtheorie, II. Die infantile Sexualität*, GW V, S. 88.

13 *Drei Abhandlungen zur Sexualtheorie, II. Die infantile Sexualität*, GW V, S. 91 u. ö.

14 *Drei Abhandlungen zur Sexualtheorie, III. Die Umgestaltungen der Pubertät*, GW V, S. 108.

15 *Drei Abhandlungen zur Sexualtheorie, III. Die Umgestaltungen der Pubertät*, GW V, S. 112 f.

16 *Drei Abhandlungen zur Sexualtheorie, III. Die Umgestaltungen der Pubertät*, GW V, S. 125 ff.

17 Fritz Wittels, zit. nach Clark, *Freud*, S. 267.

18 Siehe Clark, *Freud*, S. 221.

Ein denkwürdiger Fall
1 F/Fließ, 25. Jan. 1901, S. 476.
2. *Bruchstück einer Hysterie-Analyse*, GW V, S. 165.
3 *Bruchstück einer Hysterie-Analyse*, GW V, S. 279.
4 F/Fließ, 30. Jan. 1901, S. 477 f.
5 *Bruchstück einer Hysterie-Analyse*, GW V, S. 184 ff.; siehe Lisa Appignanesi/John Forrester, *Die Frauen Sigmund Freuds*, S. 203 f.
6 *Bruchstück einer Hysterie-Analyse*, GW V, S. 184.
7 *Bruchstück einer Hysterie-Analyse*, GW V, S. 187
8 *Bruchstück einer Hysterie-Analyse*, GW V, S. 190.
9 *Bruchstück einer Hysterie-Analyse*, GW V, S. 195 f.
10 *Bruchstück einer Hysterie-Analyse*, GW V, S. 204.
11 *Bruchstück einer Hysterie-Analyse*, GW V, S. 207 f.
12 *Bruchstück einer Hysterie-Analyse*, GW V, S. 220 f.
13 *Bruchstück einer Hysterie-Analyse*, GW V, S. 224.
14 *Bruchstück einer Hysterie-Analyse*, GW V, S. 240.
15 *Bruchstück einer Hysterie-Analyse*, GW V, S. 273.
16 *Bruchstück einer Hysterie-Analyse*, GW V, S. 281.

In der Schule bei Freud
1 *Jones*, II, S. 27.
2 Gay, *Freud*, S. 200 f.
3 Siehe *Jones*, II, S. 22 f.
4 Hanns Sachs, *Freud*, S. 47.
5 *Freud im Gespräch mit seinen Mitarbeitern. Aus den Protokollen der Wiener Psychoanalytischen Vereinigung.* Hg. von Ernst Federn. Fischer Taschenbuch Verlag, Frankfurt a. M. 1984, S. 35 f.
6 Hanns Sachs, *Freud*, S. 53.
7 Clark, *Freud*, S. 250 f.
8 Martin Freud, *Mein Vater Sigmund Freud*, S. 118 f.
9 Sigmund Freud–Ludwig Binswanger. *Briefwechsel 1908 – 1938.* Hg. von Gerhard Fichtner. S. Fischer Verlag, Frankfurt a. M. 1992, S. XXXVI.
10 Siehe John Kerr, *Eine höchst gefährliche Methode. Freud, Jung und Sabina Spielrein.* Kindler Verlag, München 1994, S. 53 ff.
11 Siehe Lydia Marinelli/Andreas Mayer, *Träume nach Freud*, S. 26 f., 144 f.
12 Siehe John Kerr, *Eine höchst gefährliche Methode*, S. 158.
13 F/Jung, 25. Sep. 1907, S. 99.
14 Siehe *Jones*, II, S. 197, S. 49.
15 F/Jung, 27. Aug. 1907, S. 88.
16 F/Abraham, 8. Okt. 1907, S. 24.
17 F/Jung, 3. Mai 1908, S. 161.
18 Siehe Gay, *Freud*, S. 210 f.
19 F/Jung, 18. Juli 1908, S. 183.
20 Siehe Lisa Appignanesi/John Forrester, *Die Frauen Sigmund Freuds*, S. 309 f.

21 Siehe Gay, *Freud*, S. 213 f.
22 *F/Jung*, Freud an Jung 17. und 18. Feb. 1908; Jung an Freud, 20. Feb. 1908, S. 132 f.
23 *F/Jung*, 3. Feb. 1908, S. 161 f.; *F/Abraham*, 3. Feb. 1908, S. 47; 23. Juli 1908, S. 57.

Der Kronprinz: C. G. Jung
1 Freud, *Unser Herz zeigt nach dem Süden. Reisebriefe 1895–1923*, S. 237 f., 250 f. (Manuskript vom 13. Sep. 1908).
2 *F/Jung*, 15. Okt. 1908, S. 191.
3 *F/Abraham*, 26. Dez. 1908, S. 73.
4 *F/Abraham*, 10. Nov. 1908, S. 65.
5 Siehe John Kerr, *Eine höchst gefährliche Methode*, S. 452.
6 *F/Jung*, Jung an Freud, 4. Sep. und 11. Sep 1907; Freud an Jung, 19. Sep. 1907, S. 92 ff.
7 Siehe John Kerr, *Eine höchst gefährliche Methode*, S. 211.
8 Siehe Lisa Appignanesi/John Forrester, *Die Frauen Sigmund Freuds*, S. 283.
9 *F/Jung*, 31. März 1907, S. 26 f.
10 *F/Jung*, 24. Mai 1907, S. 54.
11 *F/Jung*, Jung an Freud, 28. Okt. und 2. Nov. 1907, S. 104 f.; Freud an Jung, 15. Nov. 1907, S. 108 f.
12 *F/Jung*, 18. Aug. 1907.
13 *F/Jung*, Freud an Jung, 17. Feb. 1908, S. 134; Jung an Freud, 20. Feb. 1908, S. 135.
14 *F/Jung*, 30. Dez. 1908, S. 213 f.
15 *F/Jung*, 17. Jan. 1909, S. 216 f.
16 *F/Jung*, 7. März 1909, S. 22 f.
17 *F/Jung*, 9. März 1909, S. 232 f.
18 *F/Jung*, Jung an Freud, 2.April/12. April 1909; Freud an Jung, 16 April 1909, S. 238 f.
19 *F/Jung*, 7. Juni 1909, S. 254 f.
20 *Bemerkungen über die Übertragungsliebe*, GW X, S. 315.
21 *F/Jung*, 18. Juni 1909, S. 147.
22 *F/Jung*, 30. Juni 1909. S. 263.

Zwei Musterpatienten
1 *F/Jung*, 12. Nov. 1908, S. 198; 30. Juni 1909, S. 263.
2 *Analyse der Phobie eines fünfjährigen Knaben*, GW VII, S. 276 f.
3 *Analyse der Phobie eines fünfjährigen Knaben*, GW VII, S. 278 f.
4 *Analyse der Phobie eines fünfjährigen Knaben*, GW VII, S. 307.
5 *Analyse der Phobie eines fünfjährigen Knaben*, GW VII, S. 335.
6 *Nachschrift zur Analyse des Kleinen Hans*, GW XIII, S. 431 f.
7 *Bemerkungen über einen Fall von Zwangsneurose*, GW VII, S. 381 f.
8 *Bemerkungen über einen Fall von Zwangsneurose*, GW VII, S. 388.
9 *Bemerkungen über einen Fall von Zwangsneurose*, GW VII, S. 390 f.
10 *Bemerkungen über einen Fall von Zwangsneurose*, GW VII, S. 407.

11 *Bemerkungen über einen Fall von Zwangsneurose*, GW VII, S. 421.
12 *Bemerkungen über einen Fall von Zwangsneurose*, GW VII, S. 423 f.
13 *Bemerkungen über einen Fall von Zwangsneurose*, GW VII, S. 426 f.
14 *Bemerkungen über einen Fall von Zwangsneurose*, GW VII, S. 433 f.
15 *Bemerkungen über einen Fall von Zwangsneurose*, GW VII, S. 438.
16 *Bemerkungen über einen Fall von Zwangsneurose*, GW VII, S. 450 f.
17 *Bemerkungen über einen Fall von Zwangsneurose*, GW VII, S. 460.
18 *Bemerkungen über einen Fall von Zwangsneurose*, GW VII, S. 463.

In großer Mission

1 Freud, *Unser Herz zeigt nach dem Süden. Reisebriefe 1895 – 1923*, S. 297–306.
2 E. L. Doctorow, *Ragtime*. Rowohlt Taschenbuch Verlag, Reinbek bei Hamburg 1989, S. 42.
3 Siehe *Jones*, II, S. 80.
4 Freud, *Unser Herz zeigt nach dem Süden. Reisebriefe 1895–1923*, S. 285 f.; vgl. dazu auch Gay, *Freud*, S. 239 sowie C. G. Jung, *Erinnerungen, Träume und Gedanken*. Aufgez. und hg. von Aniela Jaffé. Walter Verlag, Zürich/Düsseldorf 2001, S. 160 f.
5 C. G. Jung, *Erinnerungen, Träume, Gedanken*, S. 162.
6 Freud, *Unser Herz zeigt nach dem Süden. Reisebriefe 1895–1923*, S. 289.
7 E. L. Doctorow, *Ragtime*, S. 40.
8 Siehe Clark, *Freud*, S. 299.
9 Siehe Clark, *Freud*, S. 303.
10 Siehe Lisa Appignanesi/John Forrester, *Die Frauen Sigmund Freuds*, S. 264.
11 Siehe Clark, *Freud*, S. 308 f., Gay, *Freud*, S. 241 f.
12 Siehe Clark, *Freud*, S. 297, 308 f.
13 Freud, *Unser Herz zeigt nach dem Süden. Reisebriefe 1895–1923*, S. 307–310; Vgl. Jones, *Freud*, II, S. 79; E. L. Doctorow, *Ragtime*, S. 43.
14 Siehe *Jones*, II, S. 81.
15 E. L. Doctorow, *Ragtime*, S. 40.
16 *F/Jung*, 11. Nov. 1909, S. 285 f.
17 *F/Jung*, 15. Nov. 1909, S. 289.

VÄTER UND SÖHNE

Uneinigkeit und Streit

1 *F/Ferenczi*, I/1, 5. Feb. 1910, S. 205 f.
2 *F/Jung*, 11. Feb. 1910, S. 324.
3 *F/Jung*, 13. Feb. 1910, S. 326; 6. März 1910, S. 331.
4 Siehe John Kerr, *Eine höchst gefährliche Methode*, S. 339 f.
5 *Die zukünftigen Chancen der psychoanalytischen Therapie*, GW VIII, S. 104 f.

6 Siehe Gay, *Freud*, S. 250; John Kerr, *Eine höchst gefährliche Metho-de*, S. 340 f.

7 *F/Ferenczi*, I/1, 3. April 1910, S. 235.

8 *F/Ferenczi*, I/1, 5. April 1910, S. 238 f.

9 *F/Ferenczi*, I/1, 12. April 1910, S. 241.

10 Siehe Clark, *Freud*, S. 326 f.

11 Zit. nach *F/Ferenczi*, I/1, 12. April 1910, S. 243, Anm. 6.

12 Siehe *Jones*, II, S. 166 f.; *F/Jung*, 11. Nov. 1909, S. 285.

13 *F/Jung*, 10. Aug. 1910, S. 378 f.

14 *F/Jung*, Jung an Freud, 11. Aug. 1910, S. 380 f.; Freud an Jung, 14. Aug. 1910, S. 383; Freud an Jung, 31. Okt. 1910, S. 404.

15 Freud, *Unser Herz zeigt nach dem Süden. Reisebriefe 1895–1923*, S. 333 f.

16 *F/Jung*, 24. Sep. 1910, S. 390.

17 *F/Jung*, 24. Sep. 1910, S. 390.

18 *F/Ferenczi*, I/1, 6. Okt. 1910, S. 312 f.

19 *F/Ferenczi*, I/1, 12. Okt. 1910, S. 316.

20 Siehe Gay, *Freud*, S. 253.

21 *Zur Geschichte der psychoanalytischen Bewegung*, GW X, S. 97.

22 *F/Pfister*, 26. Feb. 1911, S. 47.

23 *F/Jung*, 24. März 1911, S. 446.

24 *Zur Geschichte der psychoanalytischen Bewegung*, GW X, S. 102.

25 Siehe Gay, *Freud*, S. 235.

26 *F/Ferenczi*, I/1, 16. Dez. 1910, S. 339.

27 *F/Jung*, 27. April 1911, S. 462.

28 *F/Jung*, 14. März 1911, S. 446.

29 *Jones*, II, S. 168.

30 *F/Abraham*, 3. Nov. 1912, S. 127.

31 *F/Jung*, 11. Nov. 1912, S. 571 f.

Homosexualität, Paranoia und die Wiederkehr der Vergangenheit

1 *Eine Kindheitserinnerung des Leonardo da Vinci*, GW VIII, S. 128.

2 *Eine Kindheitserinnerung des Leonardo da Vinci*, GW VIII, S. 194.

3 *Eine Kindheitserinnerung des Leonardo da Vinci*, GW VIII, S. 198.

4 *Psychoanalytische Bemerkungen über einen autobiographisch be-schriebenen Fall von Paranoia (Dementia Paranoides)*, GW VIII, S. 248.

5 *Psychoanalytische Bemerkungen über einen autobiographisch be-schriebenen Fall von Paranoia (Dementia Paranoides)*, GW VIII, S. 252.

6 *Psychoanalytische Bemerkungen über einen autobiographisch be-schriebenen Fall von Paranoia (Dementia Paranoides)*, GW VIII, S. 258.

7 *Psychoanalytische Bemerkungen über einen autobiographisch be-schriebenen Fall von Paranoia (Dementia Paranoides)*, GW VIII, S. 264 f.

8 *F/Fließ*, 24. Jan. 1895, Manuskript H, Paranoia, S. 107.

9 *F/Jung*, 22. April 1910, S. 343.
10 *Psychoanalytische Bemerkungen über einen autobiographisch beschriebenen Fall von Paranoia (Dementia Paranoides)*, GW VIII, S. 280 f.
11 *Psychoanalytische Bemerkungen über einen autobiographisch beschriebenen Fall von Paranoia (Dementia Paranoides)*, GW VIII, S. 281.
12 *F/Jung*, 2. Sept. 1907, S. 91.
13 *Psychoanalytische Bemerkungen über einen autobiographisch beschriebenen Fall von Paranoia (Dementia Paranoides)*, GW VIII, S. 286 f.
14 *Psychoanalytische Bemerkungen über einen autobiographisch beschriebenen Fall von Paranoia (Dementia Paranoides)*, GW VIII, S. 291.
15 *Psychoanalytische Bemerkungen über einen autobiographisch beschriebenen Fall von Paranoia (Dementia Paranoides)*, GW VIII, S. 283.
16 *Psychoanalytische Bemerkungen über einen autobiographisch beschriebenen Fall von Paranoia (Dementia Paranoides)*, GW VIII, S. 307 f.
17 *F/Ferenczi*, I/1, 6. Okt. 1910, S. 312 f.
18 *F/Ferenczi*, I/1, 16. Dez. 1910, S. 338.
19 *F/Jung*, 3. Dez. 1910, S. 417.
20 *F/Jung*, 3. Dez. 1910, S. 419.
21 *Psychoanalytische Bemerkungen über einen autobiographisch beschriebenen Fall von Paranoia (Dementia Paranoides)*, GW VIII, S. 315.

Ohnmacht und Rache

1 *F/Ferenczi*, I/1, 19. Okt. 1911, S. 412 f.
2 *F/Jung*, Freud an Jung, 12. Feb. 1911; Jung an Freud, 14. Feb. 1911, S. 431 f.
3 *F/Jung*, 6. Nov. 1911, S. 503 f.
4 Martin Freud, *Mein Vater Sigmund Freud*, S. 174 f.
5 Martin Freud, *Mein Vater Sigmund Freud*, S. 179 f.
6 *F/Ferenczi*, I/1, 17. Nov. 1911, S. 423.
7 *F/Jung*, 12. Nov. 1912, S. 508.
8 *F/Jung*, 31. Dez. 1911, S. 526 f.
9 *F/Jung*, 3. März 1912, S. 544.
10 *F/Jung*, 5. März 1912, S. 545 f.
11 *F/Jung*, 8. Mai 1912, S. 557.
12 *F/Jung*, 18. Juli 1912, S. 556.
13 Siehe Clark, *Freud*, S. 366 f.
14 *F/Jung*, 11. Nov. 1912, S. 571 f.
15 Siehe *Jones*, II, S. 186 f.; Gay, *Freud*, S. 262 f.; Clark, *Freud*, S. 364 f.
16 *F/Ferenczi*, I/2, 28. Juli 1912, S. 116 f.
17 *F/Ferenczi*, I/2, 6. Aug. 1912, S. 118.

18 *F/Ferenczi*, I/2, 26. Nov. 1912, S. 157 f.
19 Siehe *Jones*, I, S. 370, II, S. 179 f.
20 C. G. Jung, *Erinnerungen, Träume, Gedanken*, S. 161.
21 Siehe *Jones*, I, S. 370; Freud–Binswanger, *Briefwechsel 1908–1938*, 1. Jan. 1913, S. 123; *F/Jung*, 29. Nov. 1912, S. 581.
22 Freud–Binswanger, *Briefwechsel 1908–1938*, 16. Dez. 1912, S. 119.
23 *F/Jung*, 3. Dez. 1912, S. 583 f.
24 *F/Jung*, 5. Dez. 1912, S. 587 f.
25 *F/Jung*, ca. 11.-14. Dez. 1912, S. 592.
26 *F/Jung*, Freud an Jung, 16. Dez. 1912; Jung an Freud, 18. Dez. 1912, S. 593 f.
27 *F/Ferenczi*, I/2, 23. Dez. 1912, S. 172.
28 *F/Ferenczi*, I/2, 26. Dez. 1912, S. 175 f.
29 *F/Jung*, Freud an Jung, 3. Jan. 1913; Jung an Freud, 3. und 6. Jan. 1913, S. 598 f.
30 Siehe *Jones*, II, S. 417 f.
31 *F/Ferenczi*, I/1, 30. Nov. 1911, S. 426 f.
32 *Totem und Tabu*, GW IX, S. 37 f.
33 *Totem und Tabu*, GW IX, S. 91.
34 *Totem und Tabu*, GW IX, S. 169 f.
35 *Totem und Tabu*, GW IX, S. 172 f.
36 *Totem und Tabu*, GW IX, S. 173.
37 *Totem und Tabu*, GW IX, S. 188, 194.
38 Siehe *Jones*, II, S. 416 f.
39 Siehe Clark, *Freud*, S. 401 f.
40 Siehe *Jones*, II, S. 182.
41 *Zur Geschichte der psychoanalytischen Bewegung*, GW X, S. 44.
42 *Zur Geschichte der psychoanalytischen Bewegung*, GW X, S. 105–108.
43 *Zur Geschichte der psychoanalytischen Bewegung*, GW X, S. 109 f.
44 *Zur Geschichte der psychoanalytischen Bewegung*, GW X, S. 113.
45 *F/Ferenczi*, I/2, 24. April 1914, S. 297.
46 *Der Moses des Michelangelo*, GW X, S. 194.
47 Siehe *Jones*, II, S. 432 f.
48 *Der Moses des Michelangelo*, GW X, S. 194.

Der Trost der Frauen
1 *Das Motiv der Kästchenwahl*, GW X, S. 35 f.
2 *F/Ferenczi*, I/2, 23. Juni 1912, S. 103.
3 *Das Motiv der Kästchenwahl*, GW X, S. 34.
4 *Das Motiv der Kästchenwahl*, GW X, S. 37.
5 Siehe Lisa Appignanesi/John Forrester, *Die Frauen Sigmund Freuds*, S. 24.
6 Freud an Mathilde Freud, in: *Briefe*, 26. März 1908, S. 286 f.
7 Freud an Mathilde Freud, in: *Briefe*, 26. März 1908, S. 286 f.
8 Siehe Günter Gödde, *Mathilde Freud. Die älteste Tochter Sigmund Freuds in Briefen und Selbstzeugnissen*. Psychosozial-Verlag, Gießen 2003, S. 157 f.

9 Siehe Lisa Appignanesi/John Forrester, *Die Frauen Sigmund Freuds*, S. 82 f.

10 Siehe Elisabeth Young-Bruehl, *Anna Freud. Eine Biographie*. 2 Bde., Wiener Frauenverlag, Wien 1988 und 1995, Bd. 1, S. 78 f.

11 Siehe Lisa Appignanesi/John Forrester, *Die Frauen Sigmund Freuds*, S. 264.

12 Siehe auch Henrike Leonhardt, *Kalenderblatt 9*. Sep. 2004, br-online (http://www.br-online.de/wissen-bildung/kalenderblatt/2004/09/kb20040909.html).

13 *Der Wahn und die Träume in W. Jensens «Gradiva»*, GW VII, S. 112.

14 *Der Wahn und die Träume in W. Jensens «Gradiva»*, GW VII, S. 65.

15 *Der Wahn und die Träume in W. Jensens «Gradiva»*, GW VII, S. 118 f.

16 *Bemerkungen über die Übertragungsliebe*, GW X, S. 319.

17 Siehe John Kerr, *Eine höchst gefährliche Methode*, S. 434 f.; siehe Lisa Appignanesi/John Forrester, *Die Frauen Sigmund Freuds*, S. 294 f.

18 Siehe Lisa Appignanesi/John Forrester, *Die Frauen Sigmund Freuds*, S. 300 f.; John Kerr, *Eine höchst gefährliche Methode*, S. 465 f.

19 Siehe Lisa Appignanesi/John Forrester, *Die Frauen Sigmund Freuds*, S. 301 f.

20 John Kerr, *Eine höchst gefährliche Methode*, S. 563 f.

21 Siehe Lisa Appignanesi/John Forrester, *Die Frauen Sigmund Freuds*, S. 306 f.

22 *Jenseits des Lustprinzips*, GW XIII, S. 59.

23 Siehe Lisa Appignanesi/John Forrester, *Die Frauen Sigmund Freuds*, S. 328 f.; Gay, *Freud*, S. 220 f., 273.

24 *F/Salomé*, 25. Mai 1916, S. 50.

25 Siehe Lisa Appignanesi/John Forrester, *Die Frauen Sigmund Freuds*, S. 336.

26 Lisa Appignanesi/John Forrester, *Die Frauen Sigmund Freuds*, S. 351.

27 Lisa Appignanesi/John Forrester, *Die Frauen Sigmund Freuds*, S. 359; Lou Andreas-Salomé, *In der Schule bei Freud. Tagebuch eines Jahres 1912/1913*. Hg. von Ernst Pfeiffer. Kindler Taschenbücher, München 1965, S. 128 f.

28 *Zur Einführung des Narzißmus*, GW X, S. 142.

29 *Zur Einführung des Narzißmus*, GW X, S. 148 f.

30 *Zur Einführung des Narzißmus*, GW X, S. 157.

31 *Zur Einführung des Narzißmus*, GW X, S. 165 f.

32 *Zur Einführung des Narzißmus*, GW X, S. 155.

33 *Bemerkungen über die Übertragungsliebe*, GW X, S. 318 f.

34 *F/Ferenczi*, I/2, 23. Juni 1912, S. 102; 9. Juli 1913, S. 235.

35 Siehe Lisa Appignanesi/John Forrester, *Die Frauen Sigmund Freuds*, S. 313.

36 Siehe Lisa Appignanesi/John Forrester, *Die Frauen Sigmund Freuds*, S. 313 f.

37 Siehe Lisa Appignanesi/John Forrester, *Die Frauen Sigmund Freuds*, S. 315 f.

38 Siehe Lisa Appignanesi/John Forrester, *Die Frauen Sigmund Freuds*, S. 317.
39 *F/Ferenczi*, I/2, 4. Mai 1913, S. 214 f.
40 *F/Ferenczi*, I/2, 8. Juni 1913, S. 224.
41 Siehe Lisa Appignanesi/John Forrester, *Die Frauen Sigmund Freuds*, S. 319.
42 Siehe Gay, *Freud*, S. 214.
43 Siehe Lisa Appignanesi/John Forrester, *Die Frauen Sigmund Freuds*, S. 322 f.
44 Siehe Lisa Appignanesi/John Forrester, *Die Frauen Sigmund Freuds*, S. 324 f.

DER GROSSE KRIEG

Unter Strategen
1 *F/Ferenczi*, I/2, 22. Juni und 28. Juni 1914, S. 308 f.
2 Stefan Zweig, *Die Welt von Gestern. Erinnerungen eines Europäers.* Fischer Taschenbuch Verlag, Frankfurt a. M. 1974, S. 160.
3 Karl Kraus, «Franz Ferdinand und die Talente», in: Karl Kraus, *Ausgewählte Werke*, 3 Bde., Bd. 1, *Grimassen 1902 – 1914*, Verlag Volk und Welt, Berlin 1977, S. 557 f.
4 Stefan Zweig, *Die Welt von Gestern*, S. 162.
5 Siehe *Enzyklopädie Erster Weltkrieg*. Hg. Gerhard Hirschfeld et.al. Verlag Ferdinand Schöningh, Paderborn 2003; Hew Strachan, *Der Erste Weltkrieg. Eine neue illustrierte Geschichte*. C. Bertelsmann, München 2004.
6 *F/Abraham*, 26. Juli 1914, S. 180.
7 *F/Abraham*, 29. Juli 1914, S. 181.
8 Siehe Elisabeth Young-Bruehl, *Anna Freud*, Bd. 1, S. 96 f.; Günter Gödde, *Mathilde Freud*, S. 164 f.; siehe Gay, *Freud*, S. 487 f.
9 *F/Ferenczi*, II/1, 23. Aug. 1914, S. 65 f.
10 Stefan Zweig, *Die Welt von Gestern*, S. 165.
11 Siehe *Jones*, II, S. 207.
12 *Aus der Geschichte einer infantilen Neurose*, GW XII, S. 29 f.; siehe auch Muriel Gardiner (Hg.), *Der Wolfsmann vom Wolfsmann. Erinnerungen, Berichte, Diagnosen*. Mit einem Vorwort von Anna Freud und einem Nachtrag Ruth Mack Brunswick. S. Fischer Verlag, Frankfurt a. M. 1972, S. 17 ff.
13 *Aus der Geschichte einer infantilen Neurose*, GW XII, S. 39 f.
14 *Aus der Geschichte einer infantilen Neurose*, GW XII, S. 54 f.
15 *Aus der Geschichte einer infantilen Neurose*, GW XII, S. 60.
16 *Aus der Geschichte einer infantilen Neurose*, GW XII, S. 63 f.
17 *Aus der Geschichte einer infantilen Neurose*, GW XII, S. 85.
18 *Aus der Geschichte einer infantilen Neurose*, GW XII, S. 133 f.
19 *Aus der Geschichte einer infantilen Neurose*, GW XII, S. 34.
20 Siehe *Jones*, II, S. 211.

21 *F/Ferenczi*, II/I, 11. Nov. 1914, S. 82 f.
22 *F/Salomé*, 25. Nov. 1914, S. 22 f.
23 Martin Freud, *Mein Vater Sigmund Freud*, S. 190 f.
24 *F/Abraham*, 4. März 1915, S. 205.
25 *F/Ferenczi*, II/1, 10. und 21. Juli 1915, S. 126 f., 133; *Die Traumdeutung*, GW II/III, S. 566.
26 Siehe *Jones*, II, S. 218.
27 Martin Freud, *Mein Vater Sigmund Freud*, S. 192 f.
28 Martin Freud, *Mein Vater Sigmund Freud*, S. 196 f.
29 *Zeitgemäßes über Krieg und Tod*, GW X, S. 329.
30 *Zeitgemäßes über Krieg und Tod*, GW X, S. 324 f.
31 *Zeitgemäßes über Krieg und Tod*, GW X, S. 327.
32 *Zeitgemäßes über Krieg und Tod*, GW X, S. 329.
33 *Zeitgemäßes über Krieg und Tod*, GW X, S. 336.
34 *Zeitgemäßes über Krieg und Tod*, GW X, S. 345 f., 351 f.
35 *Zeitgemäßes über Krieg und Tod*, GW X, S. 354 f.

Der Siegeszug der Psychoanalyse
 1 *F/Ferenczi*, II/1, 15. Dez. 1914, S. 94.
 2 *Triebe und Triebschicksale*, GW X, S. 211.
 3 *Triebe und Triebschicksale*, GW X, S. 214.
 4 *Triebe und Triebschicksale*, GW X, S. 231.
 5 *Die Verdrängung*, GW X, S. 255.
 6 *F/Ferenczi*, II/1, 31. Okt. 1915, S. 153.
 7 *F/Ferenczi*, II/1, 17. Okt. 1915, S. 148 f.
 8 *F/Ferenczi*, II/1, 31. Okt. 1915, S. 152 f.
 9 *F/Ferenczi*, II/1, 6. Dez. 1915, S. 162.
10 *F/Ferenczi*, I/1, 17. Dez. 1911, S. 431.
11 *F/Ferenczi*, I/2, 9. Juli 1913, S. 235.
12 *F/Ferenczi*, II/1, Einleitung von Axel Hoffer, S. 11 f.
13 *F/Ferenczi*, II/1, Ferenczi an Freud, 23. Mai 1919; S. 238 f.; Freud an Ferenczi, 10. Jul. 1919, S. 246.
14 *F/Ferenczi*, II/2, 6. Nov. 1917, S. 112.
15 *F/Ferenczi*, II/2, 2. Juli 1918, S. 156.
16 Gay, *Freud*, S. 415 f.
17 *Vorlesungen zur Einführung in die Psychoanalyse*, GW XI, S. 294 f.
18 *Trauer und Melancholie*, GW X, S. 431 f.
19 *Trauer und Melancholie*, GW X, S. 438 f.
20 *Trauer und Melancholie*, GW X, S. 446.
21 *Vorlesungen zur Einführung in die Psychoanalyse*, GW XI, S. 147.
22 *F/Abraham*, 18. Dez. 1916, S. 232.
23 *F/Ferenczi*, II/2, 16. Feb. 1917, S. 39.
24 *F/Abraham*, 29. Mai 1918, S. 259 f.
25 *F/Abraham*, 17. Feb. 1918, S. 255 f.
26 Siehe Clark, *Freud*, S. 434 f.
27 *F/Abraham*, 27. Aug. 1918, S. 262.
28 *Wege der psychoanalytischen Therapie*, GW XII, S. 193.

29 Siehe Gay, *Freud*, S. 424.

30 *F/Ferenczi*, II/2, 17. Nov. 1918, S. 187.

Ein unerträglicher Frieden

1 Siehe zu den politisch-historischen Ereignissen: Hugo Portisch, *Österreich I. Die unterschätzte Republik. Ein Buch zur gleichnamigen Fernsehdokumentation von Hugo Portisch und Sepp Rieff*. Verlag Kremayr & Scheriau, Wien 1989; Hellmut Andics, *Neue Österreichische Geschichte*, 4. Bde., Herder, Wien 1962.

2 *F/Ferenczi*, II/2, Freud, 3., 9., 17. Nov. 1918, S. 181 f.

3 Siehe *Jones*, II, S. 243.

4 *F/Ferenczi*, II/2, 24. Jan. 1919, S. 208; siehe *Jones*, II, S. 246 f.

5 Siehe Gay, *Freud*, S. 428.

6 *F/Ferenczi*, II/2, 17. März 1919, S. 214.

7 *F/Ferenczi*, II/2, 20. April 1919, S. 229.

8 Siehe *Jones*, III, S. 19 f.; siehe Gay, *Freud*, S. 429 f.

9 *F/Ferenczi*, II/2, 17. März 1919, S. 214.

10 Siehe Clark, *Freud*, S. 535; siehe Gay, *Freud*, S. 622 f.

11 Siehe *Jones*, III, S. 15 f.

12 *Lettres de famille de Sigmund Freud et des Freuds de Manchester 1911–1938*. Hg. und aus dem Englischen übersetzt von Claude Vincent. Presses Universitaires de France, Paris 1996, 27. Okt. 1919, S. 6 f.; siehe auch Gay, *Freud*, S. 430 f.

13 Martin Freud, *Mein Vater Sigmund Freud*, S. 199.

14 *Lettres de famille de Sigmund Freud et des Freuds de Manchester 1911–1938*, 7. Feb. 1920 und folgende, S. 15 f.

15 Siehe *Jones*, III, S. 19; Sigmund Freud – Max Eitingon. *Briefwechsel 1906–1939*. 2 Bde., hg. von Michael Schröter, edition diskord, Tübingen 2004, Bd. 1, 9. Mai 1919, S. 152 ff.

16 Siehe *Jones*, III, S. 30.

17 Siehe *Jones*, III, S. 48 f.

18 Siehe Gay, *Freud*, S. 439.

19 *F/Ferenczi*, III/1, 21. Jan. 1920, S. 47 f.; siehe auch Gay, *Freud*, S. 441; *Jones*, III, S. 32 f.

20 *F/Ferenczi*, III/2, 29. Jan. 1920, S. 50.

21 Siehe *Jones*, III, S. 33 f.; *F/Ferenczi*, III/2, 4. Februar 1920, S. 51.

22 *F/Pfister*, 27. Jan. 1920. S. 77 f.

23 Freud an Max Halberstadt, 25. Jan. 1920, in: *Briefe*, S. 343 f.

24 Freud–Binswanger, *Briefwechsel 1908–1938*, 14. März 1920, S. 169; siehe Gay, *Freud*, S. 441; Hilda Doolittle (HD), *Huldigung an Freud. Rückblick auf eine Analyse*. Ullstein Verlag, Frankfurt a. M./Berlin/Wien 1976, S. 146.

25 Sigmund Freud – Max Eitingon. *Briefwechsel 1906 – 1939*, 13. Dez. 1920, S. 225; siehe Elisabeth Young-Bruehl, *Anna Freud*, Bd. 1, S. 165.

26 Siehe Clark, *Freud*, S. 455.

27 Sigmund Freud – Arnold Zweig. *Briefwechsel*. Hg. von Ernst L. Freud. S. Fischer Verlag, Frankfurt a. M. 1984, 15. Juli 1934, S. 96 f.

28 Siehe *Jones*, III, S. 36 f.; siehe Ronald W. Clark, *Freud*, S. 456 f.
29 *F/Pfister*, 25. Dez. 1920, S. 82.
30 Siehe *Jones*, III, S. 44 f.
31 *F/Ferenczi*, III/1, 28. Nov. 1920, S. 89 f.
32 *Lettres de famille de Sigmund Freud et des Freuds de Manchester 1911–1938*, 4. Dez. 1921, S. 47; Gay, *Freud*, S. 437.
33 *Jenseits des Lustprinzips*, GW XIII, S. 11 f.
34 *Jenseits des Lustprinzips*, GW XIII, S. 23.
35 *Jenseits des Lustprinzips*, GW XIII, S. 40.
36 *Jenseits des Lustprinzips*, GW XIII, S. 53.
37 *Jenseits des Lustprinzips*, GW XIII, S. 60.
38 *Jenseits des Lustprinzips*, GW XIII, S. 57.
39 *Jenseits des Lustprinzips*, GW XIII, S. 69.
40 *Jenseits des Lustprinzips*, GW XIII, S. 40.
41 *Jenseits des Lustprinzips*, GW XIII, S. 47.

TOD GEGEN LEBEN

Das arme Ich
1 *F/Ferenczi*, III /1, 8. Mai 1921, S. 107 f.
2 *Massenpsychologie und Ich-Analyse*, GW XIII, S. 100.
3 *Massenpsychologie und Ich-Analyse*, GW XIII, S. 103.
4 *Massenpsychologie und Ich-Analyse*, GW XIII, S. 107 f.
5 *Massenpsychologie und Ich-Analyse*, GW XIII, S. 135.
6 Zitiert nach Ludger Lütkehaus: «Der Nabel der Welt», in: *literaturkritik.de*. Ausg. 1, Januar 2000, 2. Jg., S. 57–60, S. 58 (http://www.literaturkritik.de); Gay, *Freud*, S. 459 f.
7 Siehe Clark, *Freud*, S. 489 f.
8 *Das Ich und das Es*, GW XIII, S. 243 f.
9 *Das Ich und das Es*, GW XIII, S. 251 f.
10 *Das Ich und das Es*, GW XIII, S. 254 f.
11 *Das Ich und das Es*, GW XIII, S. 262–264.
12 *Das Ich und das Es*, GW XIII, S. 264, 267.
13 *Das Ich und das Es*, GW XIII, S. 277 f.
14 *Das Ich und das Es*, GW XIII, S. 281 f.
15 *Das Ich und das Es*, GW XIII, S. 284–287.
16 *Neue Folge der Vorlesungen zur Einführung in die Psychoanalyse*, GW XV, S. 86.
17 *F/Pfister*, 5. Sep. 1930, S. 147.
18 *F/Pfister*, 7. Feb. 1930, S. 144.
19 *F/Ferenczi*, III/1, 30. März 1922, S. 133.
20 Siehe Gay, *Freud*, S. 469.
21 Gerhard Botz/Ivar Oxaal/Michael Pollack (Hg.), *Eine zerstörte Kultur. Jüdisches Leben und Antisemitismus in Wien seit dem 19. Jahrhundert*. Verlag Obermayer, Buchloe 1990, S. 221 f., S. 247 f.
22 Hugo Bettauer, *Die Stadt ohne Juden. Ein Roman von Übermorgen.*

Bd. 4 der *Gesammelten Werke* (Reprint der Originalausgabe). Verlag Hannibal, Salzburg 1980, S. 143.

23 Siehe *Jones*, III, S. 103.
24 *Jones*, III, S. 52 f.
25 *Jones*, III, S. 63.
26 Freud an Abraham, 25. Dez. 1918, zit. nach *F/Ferenczi*, II/2, 27. Nov. 1918, Anm. 1, S. 192.
27 Siehe *Jones*, III, S. 65 f.
28 Siehe *Jones*, III, S. 69.
29 *F/Ferenczi*, III/1, 23. Nov. 1922, S. 146 f.
30 Siehe Clark, *Freud*, S. 206.

Eine Existenz auf Kündigung
 1 *F/Abraham*, 4. März 1923, S. 311.
 2 Siehe Max Schur, *Sigmund Freud. Leben und Sterben*. Suhrkamp Taschenbuch Verlag, Frankfurt a. M. 1982, S. 470 f.; *Jones*, III, S. 113 f.; Gay, *Freud*, S. 471 f.
 3 Siehe Gay, *Freud*, S. 471; *F/Salomé*, 10. Mai 1923, S. 136; *F/Abraham*, 10. Mai 1923, S. 315.
 4 *F/Ferenczi*, III/1, 10. Mai 1923, S. 163.
 5 Siehe Max Schur, *Sigmund Freud*, S. 425.
 6 Max Schur, *Sigmund Freud*, S. 425 f.
 7 Siehe Gay, *Freud*, S. 474.
 8 Sigmund Freud–Ludwig Binswanger, *Briefwechsel 1908–1938*, 15. Dez. 1926, S. 208.
 9 Siehe Gay, *Freud*, S. 476 f.; *Jones*, III, S. 117.
10 Siehe *F/Ferenczi*, III/2, 1. Aug. 1923, Anm. 1, S. 172.
11 Siehe Max Schur, *Sigmund Freud*, S. 499 f.
12 *F/Abraham*, 19. Okt. 1923, S. 318.
13 Siehe Gay, *Freud*, S. 483.
14 Gay, *Freud*, S. 479.
15 Siehe *Sigmund Freud. Sein Leben in Bildern und Texten*. Hg. von Ernst Freud, Lucie Freud und Ilse Grubrich-Simitis. Suhrkamp Verlag, Frankfurt a. M. 1976, S. 258.
16 Siehe *Jones*, III, S. 120.
17 *F/Ferenczi*, III/1, 4. Feb. 1923, S. 185 f.
18 Siehe *Jones*, III, S. 127 f.
19 *F/Abraham*, 4. Mai 1924, S. 335.
20 *F/Salomé*, 13. Mai 1924, S. 148.

Die unentbehrliche Tochter
 1 Siehe Lisa Appignanesi/John Forrester, *Die Frauen Sigmund Freuds*, S. 372.
 2 Siehe Gay, *Freud*, S. 481.
 3 Elisabeth Young-Bruehl, *Anna Freud*, Bd. 1, S. 178 f.
 4 *F/Salomé*, 13. März 1922, S. 124.
 5 Siehe Elisabeth Young-Bruehl, *Anna Freud*, Bd. 1, S. 163.

6 Elisabeth Young-Bruehl, *Anna Freud*, Bd. 1, S. 67 f.
7 Elisabeth Young-Bruehl, *Anna Freud*, Bd. 1, S. 73.
8 Elisabeth Young-Bruehl, *Anna Freud*, Bd. 1, S. 89.
9 Siehe Lisa Appignanesi/John Forrester, *Die Frauen Sigmund Freuds*, S. 107 f.
10 Elisabeth Young-Bruehl, *Anna Freud*, Bd. 1, S. 125 f.
11 *Ein Kind wird geschlagen*, GW XII, S. 203 f.
12 *Ein Kind wird geschlagen*, GW XII, S. 206 f.
13 *Ein Kind wird geschlagen*, GW XII, S. 210 f., 219–221.
14 Freud an Jones 23. März 1922, zit. nach Lisa Appignanesi/John Forrester, *Die Frauen Sigmund Freuds*, S. 489.
15 Siehe Elisabeth Young-Bruehl, *Anna Freud*, Bd. 1, S. 154.
16 Anna Freud, «Schlagephantasie und Tagtraum», in: *Die Schriften der Anna Freud*. Bd. 1, 1922–1936. Fischer Taschenbuch Verlag, Frankfurt a. M. 1987, S. 159.
17 Siehe Elisabeth Young-Bruehl, *Anna Freud*, Bd. 1, S. 135.
18 Elisabeth Young-Bruehl, *Anna Freud*, Bd. 1, S. 176; siehe auch «... als käm ich heim zu Vater und Schwester». *Lou Andreas-Salomé – Anna Freud. Briefwechsel 1919–1937*. 2 Bde. Hg. von Daria A. Rothe und Inge Weber. Wallstein Verlag, Göttingen 2001, Bd. 1, 5. Mai 1924, S. 303 f.
19 Siehe Gay, *Freud*, S. 495.
20 F/Salomé, 6. Mai 1922, S. 126.
21 Siehe Elisabeth Young-Bruehl, *Anna Freud*, Bd. 1, S. 137–146.
22 Siehe Gay, *Freud*, S. 493.
23 «.... als käm ich heim zu Vater und Schwester». *Lou Andreas-Salomé – Anna Freud. Briefwechsel 1919 – 1937*, Bd. 1, 4. Dez. 1924, S. 384 f.
24 Siehe Elisabeth Young-Bruehl, *Anna Freud*, Bd. 1, S. 191 f.

Der Preis des Ruhms
1 Siehe *Jones*, III, S. 128 f.; Clark, *Freud*, S. 461; Gay, *Freud*, S. 509 f.
2 Siehe *Jones*, III, S. 141; Clark, *Freud*, S. 519 f.; Gay, *Freud*, S. 510.
3 F/Abraham, 4. Mai 1924, S. 335; Freud an Oliver und Henny Freud, 7. Mai 1924, zit. nach F/Ferenczi, III/1, 25. Mai 1924, Anm. 1, S. 217 f.
4 Elias Canetti, *Die Fackel im Ohr. Lebensgeschichte 1921–1931*. Carl Hanser Verlag, München/Wien 1985, S. 137–140.
5 Elias Canetti, *Die Fackel im Ohr*, S. 136.
6 Siehe Hellmut Andics, *Der Staat, den keiner wollte. Neue Österreichische Geschichte*. Bd. 3. Herder, Wien 1962, S. 91 f.
7 Siehe Klemens Kaps, «Skrofuloses Wildschwein», in: *DATUM* 03/05 (http://www.datum.at/0305/stories/784105/); siehe auch Joachim Riedl (Hg.), *Wien, Stadt Juden. Die Welt der Tante Jolesch*. Paul Zsolnay Verlag, Wien 2004, S. 164 f.
8 Egon Friedell, *Kulturgeschichte der Neuzeit*. 2 Bde., dtv, München 1991, Bd. 2, S. 518–522.

9 Siehe Gay, *Freud*, S. 504; siehe auch Niels M. Johnson, *George Sylvester Viereck. Poet and Propagandist*. Books at Iowa 9, Nov. 1968.

10 Siehe *Jones*, III, S. 136.

11 Siehe *Jones*, III, S. 160.

12 *Die Widerstände gegen die Psychoanalyse*, GW XIV, S. 110.

13 Siehe Gay, *Freud*, S. 506.

14 Stefan Zweig, *Über Sigmund Freud*, S. 153 f.

15 Siehe Gay, *Freud*, S. 507.

16 Siehe Clark, *Freud*, S. 465.

17 Clark, *Freud*, S. 462.

18 Clark, *Freud*, S. 462.

19 Clark, *Freud*, S. 465.

20 Clark, *Freud*, S. 468 f., 463.

21 Ronald A. Knox, *Psychoanalyse des Struwwelpeters. 10 Fallgeschichten*. Europäische Verlagsanstalt, Hamburg 1993.

22 Siehe Gay, *Freud*, S. 514.

23 Freud an Fritz Wittels, 18. Dez. 1923, in: *Briefe*, S. 363 f.

24 Freud an Fritz Wittels, 15. Aug. 1924, in: *Briefe*, S. 368 f.

25 Dorothy L. Sayers, *Ein Toter zuwenig*. Aus dem Englischen von Otto Bayer, Rowohlt Taschenbuch Verlag, Reinbek bei Hamburg 1990, S. 125 f.

26 Freud an Romain Rolland, 4. März 1923, in: *Briefe*, S. 359 f.

27 Freud an Romain Rolland, 20. Jan. und 13. Mai 1926, in: *Briefe*, S. 379, 385.

28 Freud an Stefan Zweig, 19. Okt. 1920, in: *Briefe*, S. 348 f.

29 Stefan Zweig, *Über Sigmund Freud*, S. 154.

30 Sigmund Freud–Arnold Zweig. *Briefwechsel*, 31. Mai 1936, S. 137.

31 Siehe *Jones*, III, S. 157.

32 Siehe zum folgenden Thomas Anz, «Psychoanalyse in der literarischen Moderne. Ein Forschungsbericht und Projektentwurf», in: *Die Literatur und die Wissenschaft 1770–1930*. Hg. von Karl Richter, Jörg Schönert und Michael Titzmann. Verlag Metzler und Poeschel, Stuttgart 1997, S. 377–413; sowie Thomas Anz, «Psychoanalyse und literarische Moderne. Zu den Anfängen einer dramatischen Beziehung», in: *literaturkritik.de*. Ausg. 3, März 2003, 5. Jg., S. 10–20 (http://www.literaturkritik.de).

33 Siehe Clark, *Freud*, S. 471.

34 Clark, *Freud*, S. 474.

35 Clark, *Freud*, S. 475.

36 André Breton, «Interview with Professor Freud», in: Hendrik M. Ruitenbeek (Hg.), *Freud as we knew him*. Wayne State University Press, Detroit 1973, S. 63 f.

37 Zit. nach Thomas Anz, «Psychoanalyse in der literarischen Moderne», S. 384.

38 Zit. nach Thomas Anz, «Psychoanalyse in der literarischen Moderne», S. 389, 403.

39 Zit. nach Thomas Anz, «Psychoanalyse in der literarischen Moderne», S. 388.
40 Freud an Arthur Schnitzler, 14. Mai 1922, in: *Briefe*, S. 359 f.
41 Ulrich Weinzierl, *Arthur Schnitzler. Lieben Träumen Sterben*. S. Fischer Verlag, Frankfurt a. M. 1994, S. 69.
42 Ulrich Weinzierl, *Arthur Schnitzler*, S. 64 f.
43 Freud an Arthur Schnitzler, 14. Mai 1922, in: *Briefe*, S. 358.
44 Ulrich Weinzierl, *Arthur Schnitzler*, S. 72–74.
45 Ulrich Weinzierl, *Arthur Schnitzler*, S. 80–88.

Trennungen und Revisionen

 1 *F/Abraham*, 7. Jun. 1925, S. 356.
 2 *F/Ferenczi*, III/2, 14. Aug. 1925, S. 49.
 3 *F/Abraham*, 27. Okt. 1925, S. 370.
 4 *F/Abraham*, 5. Nov. 1925, S. 370 f.
 5 *F/Ferenczi*, III/1, 4. Feb. 1924, S. 184 f.
 6 *F/Abraham*, 15. Feb. 1924, S. 320 f.
 7 *F/Abraham*, Abraham an Freud, 21. Feb. 1824, Freud an Abraham, 25. Feb. 1924, S. 324 f.
 8 Siehe Clark, *Freud*, S. 507.
 9 *Beiträge zur Psychologie des Liebeslebens, I. Über einen besonderen Typus der Objektwahl beim Manne*, GW VIII, S. 76.
10 *F/Abraham*, 4. März 1924, S. 328.
11 *F/Ferenczi*, III/1, 20. März 1924, S. 191 f.
12 Siehe *Jones*, III, S. 86 f.
13 *F/Ferenczi*, III/1, 6. Aug. 1924, S. 226.
14 *F/Ferenczi*, III/1, 27. Aug. 1924, Anm. 1 und 2, S. 231 f.
15 *F/Ferenczi*, III/1, 29. Aug. 1924, S. 232.
16 *F/Ferenczi*, III/1, 26. Okt. 1924, S. 253 f.
17 *F/Salomé*, 17. Nov. 1924, S. 157.
18 *F/Ferenczi*, III/1, 28. Nov. 1924, S. 258.
19 *F/Ferenczi*, III/1, 21. Dez. 1924, Anm. 1, S. 267.
20 Siehe Gay, *Freud*, S. 538.
21 *F/Abraham*, Freud an Abraham, 21. Juni 1925; Abraham an Freud, 8. Sep. und 19. Okt. 1920; Freud an Abraham, 5. Nov. 1925, S. 358–371.
22 Siehe *Jones*, III, S. 143; Gay, *Freud*, S. 541 f.
23 *Karl Abraham*, GW XIV, S. 564.
24 *F/Abraham*, 17. Jan. 1926, S. 371.
25 Axel Eggebrecht, in: *Die literarische Welt* Nr. 15, 2. Jg., 9. April 1926, S. 7.
26 *F/Ferenczi*, III/2, 23. April 1926, S. 87; siehe auch Gay, *Freud*, S. 543.
27 *F/Ferenczi*, III/2, 6. Juni 1926, S. 91 f.
28 *Hemmung, Symptom, Angst*, GW XIV, S. 194.
29 *Hemmung, Symptom, Angst*, GW XIV, S. 166 f.
30 *Hemmung, Symptom, Angst*, GW XIV, S. 195 f.
31 *Hemmung, Symptom, Angst*, GW XIV, S. 180.

32 *Die endliche und die unendliche Analyse*, GW XVI, S. 60.
33 Siehe Gay, *Freud*, S. 534.
34 Anaïs Nin, *Die Tagebücher der Anaïs Nin*. 3 Bde., hg. und eingel. von Gunther Stuhlmann, aus dem Amerikanischen von Herbert Zand, dtv, München 1985–1988, Bd. 1, S. 298 f.
35 Anaïs Nin, *Tagebücher*, Bd. 1, S. 14.
36 *Die endliche und die unendliche Analyse*, GW XVI, S. 60.
37 *Hemmung, Symptom, Angst*, GW XIV, S. 123.
38 *F/Salomé*, Freud an Andreas-Salomé, 11. Mai 1927 und 13. Mai 1926, S. 178, 181; Andreas-Salomé an Freud, 3. Mai 1926, S. 177.

Ein weiblicher Hofstaat
 1 Siehe Célia Bertin, *Die letzte Bonaparte. Freuds Prinzessin. Ein Leben*. Kore Verlag, Freiburg i.Br. 1989, S. 320 f.
 2 Siehe Lisa Appignanesi/John Forrester, *Die Frauen Sigmund Freuds*, S. 462 f.
 3 Lisa Appignanesi/John Forrester, *Die Frauen Sigmund Freuds*, S. 464 f.
 4 Lisa Appignanesi/John Forrester, *Die Frauen Sigmund Freuds*, S. 451.
 5 Lisa Appignanesi/John Forrester, *Die Frauen Sigmund Freuds*, S. 454–461, siehe auch Célia Bertin, *Die letzte Bonaparte*, S. 47–190.
 6 Lisa Appignanesi/John Forrester, *Die Frauen Sigmund Freuds*, S. 467–470.
 7 *Beiträge zur Psychologie des Liebeslebens II, Über die allgemeinste Erniedrigung des Liebeslebens*, GW VIII, S. 90; *Der Untergang des Ödipuskomplexes*, GW XIII, S. 400.
 8 Lisa Appignanesi/John Forrester, *Die Frauen Sigmund Freuds*, S. 552.
 9 Lisa Appignanesi/John Forrester, *Die Frauen Sigmund Freuds*, S. 473.
10 Célia Bertin, *Die letzte Bonaparte*, S. 285–287.
11 Célia Bertin, *Die letzte Bonaparte*, S. 309.
12 Siehe Lisa Appignanesi/John Forrester, *Die Frauen Sigmund Freuds*, S. 475.
13 Martin Freud, *Mein Vater Sigmund*, S. 203 f.
14 Siehe Clark, *Freud*, S. 544.
15 *F/Salomé*, 8. Mai 1930, S. 205.
16 *Die Zukunft einer Illusion*, GW XIV, S. 371.
17 *Über die weibliche Sexualität*, GW XIV, S. 519.
18 *Neue Folgen der Vorlesungen zur Einführung in die Psychoanalyse, Die Weiblichkeit*, GW XV, S. 123 f.
19 *Neue Folgen der Vorlesungen zur Einführung in die Psychoanalyse, Die Weiblichkeit*, GW XV, S. 138 f.
20 *Neue Folgen der Vorlesungen zur Einführung in die Psychoanalyse, Die Weiblichkeit*, GW XV, S. 140.
21 *Neue Folgen der Vorlesungen zur Einführung in die Psychoanalyse, Die Weiblichkeit*, GW XV, S. 144 f.
22 Lisa Appignanesi/John Forrester, *Die Frauen Sigmund Freuds*, S. 391.
23 Lisa Appignanesi/John Forrester, *Die Frauen Sigmund Freuds*, S. 436 f.

24 Lisa Appignanesi/John Forrester, *Die Frauen Sigmund Freuds*, S. 444f.

25 Lisa Appignanesi/John Forrester, *Die Frauen Sigmund Freuds*, S. 423.

26 Siehe Paul Roazen, *Sigmund Freud und sein Kreis*, S. 415–420.

27 Victor Ross, «Eva Marie Rosenfeld (1892–1977): Persönliche Erinnerung an eine mutige Frau», in: Anna Freud, *Briefe an Eva Rosenfeld*. Hg. von Peter Heller, Übers. der Einf. und Anm. von Sabine Baumann. Stroemfeld/Nexus, Frankfurt a. M. 1994 (nexus 18), S. 33–58, S. 34f.

28 Siehe *Jones*, III, S. 185.

29 Victor Ross, «Eva Marie Rosenfeld (1892 – 1977): Persönliche Erinnerung an eine mutige Frau», in: Anna Freud, *Briefe an Eva Rosenfeld*, S. 54f.; Anna Freud – Rosenfeld, *Briefe an Eva Rosenfeld*, 15. September 1975, S. 212.

30 Freud–Binswanger, *Briefwechsel 1908 – 1938*, 11. Jan. 1929, S. 220.

31 Siehe dazu Michael John Burlingham, *The last Tiffany. A Biography of Dorothy Tiffany Burlingham*. Atheneum/Macmillan Publishing, New York 1989, S. 156f.

32 Gay, *Freud*, S. 608f.

33 Siehe Lisa Appignanesi/John Forrester, *Die Frauen Sigmund Freuds*, S. 399.

34 Michael John Burlingham, *The last Tiffany*, S. 200f.

JENSEITS ALLER ILLUSIONEN

Glaubensbekenntnis eines Ungläubigen

1 Sigmund Freud, *Tagebuch 1929–1939. Kürzeste Chronik*. Hg. von Michael Molnar, Stroemfeld Verlag, Frankfurt a. M. 1996, siehe Einführung S. 11–28; S. 73f.

2 Sigmund Freud, *Tagebuch 1929–1939*, S. 73; siehe Gay, *Freud*, S. 512f.

3 Sigmund Freud, *Tagebuch 1929–1939*, S. 79f.

4 F/*Ferenczi*, III/2, 16. Juli 1927, S. 156.

5 Siehe dazu Hugo Portisch, *Österreich*, S. 286f.; Elias Canetti, *Die Fackel im Ohr*, S. 275; Victor Ross, «Eva Marie Rosenfeld (1892 – 1977): Persönliche Erinnerung an eine mutige Frau», in: Anna Freud, *Briefe an Eva Rosenfeld*, S. 43 (dort mit der falschen Jahreszahl 1928).

6 Martin Freud, *Mein Vater Sigmund Freud*, S. 210; siehe Clark, *Freud*, S. 551.

7 Siehe Elisabeth Young-Bruehl, *Anna Freud*, Bd. 1, S. 248.

8 Siehe Gay, *Freud*, S. 522.

9 Siehe Sigmund Freud, *Tagebuch 1929–1939*, S. 201.

10 *Die Frage der Laienanalyse*, GW XIV, S. 262f., 279f., 283.

11 *Die Frage der Laienanalyse*, GW XIV, S. 283–286.

12 *Nachwort zur «Frage der Laienanalyse»*, GW XIV, S. 290–293.

13 F/Pfister, 25. Nov. 1928, S. 136.
14 Die Zukunft einer Illusion, GW XIV, S. 326–333.
15 Die Zukunft einer Illusion, GW XIV, S. 336 f., S. 352 f.
16 Die Zukunft einer Illusion, GW XIV, S. 355–358, 371.
17 Die Zukunft einer Illusion, GW XIV, S. 359 f.
18 Die Zukunft einer Illusion, GW XIV, S. 373 f.
19 Die Zukunft einer Illusion, GW XIV, S. 377 f.
20 Die Zukunft einer Illusion, GW XIV, S. 377, 380.
21 F/Pfister, 24. Nov. 1927, S. 123 f.
22 Die Zukunft einer Illusion, GW XIV, S. 353.
23 Sigmund Freud–Arnold Zweig. Briefwechsel, 2. Dez. 1927, S. 11.
24 Siehe Gay, Freud, S. 601 f.; Sigmund Freud, Tagebuch 1929–1939,
   14. April 1930, S. 115.
25 F/Salomé, 11.Dez. 1927, S. 188.
26 Siehe Gay, Freud, S. 603 f.
27 Lettres de famille de Sigmund Freud et des Freuds de Manchester
   1911–1938. Hg. und aus dem Englischen übersetzt von Claude Vincent. Presses Universitaires de France, Paris 1996, 6. Dez. 1928 (in einigen Quellen irrtümlicherweise auf 1930 datiert).
28 Das Unbehagen in der Kultur, GW XIV, S. 422- 434.
29 Das Unbehagen in der Kultur, GW XIV, S. 438.
30 Das Unbehagen in der Kultur, GW XIV, S. 450 f.
31 Das Unbehagen in der Kultur, GW XIV, S. 468.
32 Das Unbehagen in der Kultur, GW XIV, S. 471 f., 474.
33 Das Unbehagen in der Kultur, GW XIV, S. 479–481.
34 Das Unbehagen in der Kultur, GW XIV, S. 506.

Abschied von Gestern

 1 Goethe-Preis 1930, Brief an Dr. Alfons Paquet, GW XIV, Anm. 1,
   S. 545 f.
 2 Goethe-Preis 1930, GW XIV, Ansprache im Frankfurter Goethe-
   Haus, S. 548 f.
 3 Siehe Sigmund Freud, Tagebuch 1929–1939, 8. und 28. Feb. 1930,
   S. 96, 103.
 4 F/Ferenczi, III/2, 7. Mai 1930, S. 239.
 5 Siehe Judith Bernays-Heller, «Freuds Mutter und Vater», S. 151.
 6 Siehe Jones, III, S. 184 f.; siehe Gay, Freud, S. 644 f.
 7 Neue Folgen der Vorlesungen zur Einführung in die Psychoanalyse,
   Die Weiblichkeit, GW XV, S. 131 f.
 8 Siehe Sigmund Freud, Tagebuch 1929–1939, 17. Okt. und 4. Dez.
   1930, S. 147, S. 152; Sigmund Freud–Arnold Zweig. Briefwechsel,
   7. Dez. 1930, S. 37; siehe Gay, Freud, S. 628 f.
 9 Siehe Jones, III, S. 189 f.; Sigmund Freud, Tagebuch 1929–1939,
   22. April 1931, S. 67 f.
10 Siehe Jones, III, S. 188 f.
11 Siehe Gay, Freud, S. 646.
12 Siehe Jones, III, S. 194 f.

13 *Brief an den Bürgermeister der Stadt Príbor*, GW XIV, S. 561.
14 Sigmund Freud, *Tagebuch 1929–1939*, 17. Sep. 1931, S. 186.
15 *F/Ferenczi*, III/2, 5. Juli 1930, S. 242.
16 *F/Ferenczi*, III/2, 18. Sep. 1931, S. 268.
17 *F/Ferenczi*, III/2, 26. Feb. 1926, S. 80; 27. Feb. 1926, S. 82.
18 *F/Ferenczi*, III/2, 26. Jan. 1927, S. 132.
19 *F/Ferenczi*, III/1, Einleitung von Judith Dupont, S. 9–40; *F/Ferenczi*, III/2, Einleitung von André Haynal, S. 9–40.
20 *F/Ferenzi*, III/2, 13. Dez. 1931, S. 272f.
21 Siehe Gay, *Freud*, S. 653f.
22 *F/Ferenczi*, III/2, 2. April 1933, S. 303.
23 Freud– JeanneLampl-de Groot, 26. Mai 1933, zit. in: Sigmund Freud, *Tagebuch 1929–1939*, S. 263f.
24 *Sándor Ferenczi*, GW XVI, S. 267.

Finis Austriae
 1 Martin Freud, *Mein Vater Sigmund Freud*, S. 212f.
 2 Zu den politisch-historischen Ereignissen siehe Hugo Portisch, *Österreich I*.
 3 Sigmund Freud, *Tagebuch 1929–1939*, 29. Nov. 1931, S. 200.
 4 Siehe Gay, *Freud*, S. 663
 5 Hilda Doolittle, *Huldigung an Freud*, S. 84–87.
 6 Siehe Sigmund Freud, *Tagebuch 1929–1939*, 12. Feb. 1934, S. 291f.
 7 *Warum Krieg?*, GW XVI, S. 26.
 8 Armin Hermann, *Einstein. Der Weltweise und sein Jahrhundert*. Eine Biographie. Piper Verlag, München/Zürich 1994, S. 386.
 9 Siehe Sigmund Freud, *Tagebuch 1929–1939*, 11. Mai 1933, S. 261; siehe *Jones*, III, S. 218.
10 Siehe *Jones*, III, S. 211.
11 *Jones*, III, S. 216f.
12 Siehe Sigmund Freud, *Tagebuch 1929–1939*, 25. Juli 1934, S. 304.
13 Siehe *Jones*, III, S. 211, 217.
14 Siehe Clark, *Freud*, S. 552.
15 Sigmund Freud–Arnold Zweig, *Briefwechsel*, 15. Juli 1834, S. 96f.
16 Siehe Sigmund Freud, *Tagebuch 1929–1939*, 17. April 1933, S. 258.
17 Siehe *Jones*, III, S. 224.
18 Siehe Clark, *Freud*, S. 554f.
19 Siehe Jeffrey M. Masson, *Die Abschaffung der Psychotherapie. Ein Plädoyer*. Aus dem Amerikanischen von Hans-Jürgen Baron von Koskull, C. Bertelsmann, München 1991, S. 132, 136, 138.
20 Siehe *Jones*, III, S. 245.
21 *Jones*, III, S. 243.
22 *F/Fließ*, Einleitung von Jeffrey M. Masson, S. XII-XXVI.
23 Siehe Clark, *Freud*, S. 561 f.; siehe Sigmund Freud, *Tagebuch 1929–1939*, 6. Sep. 1936, S. 366.
24 Freud, An die Mitglieder des Vereins B'nai B'rith, in: *Briefe*, 6. Mai

1926, S. 381 f.; Sigmund Freud–Arnold Zweig, *Briefwechsel*, 17. Juni
1936, S. 141.
25 *Der Mann Moses und die monotheistische Religion*, GW XVI, S. 158.
26 Sigmund Freud–Arnold Zweig, *Briefwechsel*, 21. Jan. 34, S. 67 f.
27 Sigmund Freud–Arnold Zweig, *Briefwechsel*, 13. Feb. 1935 und
16. Mai 1937, S. 112, 153; Hilda Doolittle, *Huldigung an Freud*, S. 46 f.
28 Sigmund Freud-Arnold Zweig, *Briefwechsel*, 20. Dez. 1937, S. 163 f.
29 Siehe Gay, *Freud*, S. 693.

Tod in London

1 Siehe Martin Freud, *Mein Vater Sigmund Freud*, S. 226 f.; siehe *Jones*,
III, S. 259 f.
2 Siehe Martin Freud, *Mein Vater Sigmund Freud*, S. 231 f.; siehe
Clark, *Freud*, S. 571, siehe Sigmund Freud, *Tagebuch 1929–1939*,
22. März 1938, S. 413.
3 Siehe Clark, *Freud*, S. 568 f.; siehe Gay, *Freud*, S. 700 f.; siehe Max
Schur, *Sigmund Freud*, S. 583 f.
4 Siehe *Jones*, III, S. 263 f.
5 *Jones*, III, S. 267.
6 Siehe Sigmund Freud, *Tagebuch 1929–1939*, 5. Mai 1938, S. 419 f.
7 Sophie Freud, *Meine drei Mütter und andere Leidenschaften*. dtv,
München 1992, S. 318 f.
8 Siehe Gay, *Freud*, S. 706 f.
9 Siehe *Jones*, III, S. 270 f.
10 Siehe Clark, *Freud*, S. 578; siehe Gay, *Freud*, S. 709 f.
11 Siehe *Jones*, III, S. 271.
12 Siehe Gay, *Freud*, S. 711.
13 Siehe Clark, *Freud*, S. 579.
14 Clark, *Freud*, S. 189; siehe Sigmund Freud, *Tagebuch 1929–1939*,
24. Juli 1939, S. 468.
15 Siehe *Jones*, III, S. 278; siehe Clark, *Freud*, S. 580 f.
16 Sigmund Freud–Arnold Zweig, *Briefwechsel*, 28. Juni 1938, S. 173
(Freud schreibt in diesem Brief von «zwei Sekretären», nach Jones'
Darstellung sind es drei, siehe *Jones*, III, S. 277).
17 Siehe Gay, *Freud*, S. 728.
18 *Der Mann Moses und die monotheistische Religion*, GW XVI,
S. 192–197.
19 *Der Mann Moses und die monotheistische Religion*, GW XVI, S. 222.
20 Siehe Sigmund Freud, *Tagebuch 1929 – 1939*, 17. und 28. Juli 1938,
S. 434, 437.
21 *Abriss der Psychoanalyse*, GW XVII, S. 108.
22 Sigmund Freud–Arnold Zweig, *Briefwechsel*, 16. Okt. und 8. Nov.
1938, S. 178 f.
23 Siehe *Jones*, III, S. 279 f.
24 Siehe Gay, *Freud*, S. 720 f.
25 Siehe Sigmund Freud, *Tagebuch 1929–1939*, 10. Feb., 26. Feb.,
28. Feb., 3. März, 9. März, 15. März 1939, S. 458–462.

26 Siehe Sigmund Freud, *Tagebuch 1929–1939*, 2. Juli 1939, S. 466.
27 Hanns Sachs, *Freud*, S. 170–174.
28 Siehe *Jones*, III, S. 289 f.
29 Siehe Gay, *Freud*, S. 733 und Anm. 271, S. 820f.

Literaturverzeichnis

Sigmund Freud: Werke und Briefe

Gesammelte Werke. Chronologisch geordnet, unter Mitwirkung von Marie Bonaparte, Prinzessin Georg von Griechenland, hg. von Anna Freud, E. Bibring, W. Hoffer, E. Kris und O. Isakower, 18 Bde. und ein unnum. Nachtragsband. Imago Publishing Co., London, 1940–1952. Bd. 18: Frankfurt a. M. 1968. Seit 1960 die gesamte Edition bei S. Fischer Verlag, Frankfurt a. M.

Briefe 1873–1939. Ausgew. und hg. von Ernst und Lucie Freud. S. Fischer Verlag, Frankfurt a. M. 1968, 1998.

Brautbriefe. Briefe an Martha Bernays aus den Jahren 1882–1886. Hg. von Ernst L. Freud. Fischer Taschenbuch Verlag, Frankfurt a. M. 1988.

Sigmund Freud, Anna Freud, *Briefwechsel 1904–1938.* Hg. von Ingeborg Meyer-Palmedo. S. Fischer Verlag, Frankfurt a. M. 2006.

Lettres de famille de Sigmund Freud et des Freuds de Manchester 1911–1938. Hg. und aus dem Englischen übers. von Claude Vincent. Presses Universitaires de France, Paris 1996.

Unser Herz zeigt nach dem Süden. Reisebriefe 1895–1923. Hg. von Christfried Tögel unter Mitarbeit von Michael Molnar. Aufbau-Verlag, Berlin 2002.

Sigmund Freud, Karl Abraham, *Briefe 1907–1926.* Hg. von Hilda C. Abraham und Ernst L. Freud. S. Fischer Verlag, Frankfurt a. M. 1965.

Sigmund Freud, Lou Andreas-Salomé, *Briefwechsel.* Hg. von Ernst Pfeiffer. S. Fischer Verlag, Frankfurt a. M. 1966.

Sigmund Freud, Ludwig Binswanger, *Briefwechsel 1908 – 1938.* Hg. von Gerhard Fichtner. S. Fischer Verlag, Frankfurt a. M. 1992.

Sigmund Freud, Max Eitingon, *Briefwechsel 1906 – 1939.* 2 Bde., hg. von Michael Schröter. edition diskord, Tübingen 2004.

Sigmund Freud, Sándor Ferenczi, *Briefwechsel 1908 – 1933.* 6 Bde., hg. von Eva Brabant, Ernst Falzeder, Patrizia Giampieri-Deutsch unter der wissenschaftlichen Leitung von André Haynal. Transkription von Ingeborg Meyer- Palmedo. Böhlau Verlag, Wien / Köln/ Weimar 1993–2005.

Sigmund Freud, *Briefe an Wilhelm Fließ 1887 – 1904.* Hg. von Jeffrey Moussaieff Masson. Bearbeitung der deutschen Fassung von Michael

Schröter, Transkription von Gerhard Fichtner. S. Fischer Verlag, Frankfurt a. M. 1999.

The Complete Correspondence of Sigmund Freud and Ernest Jones 1908– 1939. Hg. Von R. Andrew Paskauskas. Harvard University Press, Cambridge, Mass./London 1993; die englischsprachige Ausgabe erschien mit einem Zusatzband, der die deutschsprachigen Brieftexte Freuds im Originalwortlaut enthält, in einer Bearbeitung von Ingeborg Meyer-Palmedo im S. Fischer Verlag, Frankfurt a. M. 1993.

Sigmund Freud, C. G. Jung, *Briefwechsel.* Hg. von William McGuire und Wolfgang Sauerländer. S. Fischer Verlag, Frankfurt a. M. 1974.

Sigmund Freud, Oskar Pfister, *Briefe 1909 – 1939.* Hg. von Ernst L. Freud und Heinrich Meng. S. Fischer Verlag, Frankfurt a. M. 1963.

Sigmund Freud, *Jugendbriefe an Eduard Silberstein 1871 – 1881.* Hg. von Walter Boehlich. S. Fischer Verlag, Frankfurt a. M. 1989.

Sigmund Freud, Arnold Zweig, *Briefwechsel.* Hg. von Ernst L. Freud. S. Fischer Verlag, Frankfurt a. M. 1984.

Freud im Gespräch mit seinen Mitarbeitern. Aus den Protokollen der Wiener Psychoanalytischen Vereinigung. Hg. von Ernst Federn. Fischer Taschenbuch Verlag, Frankfurt a. M. 1984.

Sigmund Freud, *Tagebuch 1929–1939. Kürzeste Chronik.* Hg. und eingel. von Michael Molnar. Stroemfeld Verlag, Frankfurt a. M. 1996.

AUSGEWÄHLTE LITERATUR ZU FREUD UND SEINER ZEIT

Andics, Hellmut, *Der Staat, den keiner wollte, Österreich 1918 – 1938.* Herder, Wien 1962.

Andics, Hellmut, *Österreich 1804–1975.* 4 Bde., Goldmann Taschenbuch Verlag, München 1980.

Andreas-Salomé, Lou, *In der Schule bei Freud. Tagebuch eines Jahres 1912/1913.* Hg. von Ernst Pfeiffer. Niehans, Zürich 1958; Kindler Taschenbücher, München 1965.

Andreas-Salomé, Lou, *Lebensrückblick.* Neu durchges. Ausgabe. Aus dem Nachlaß hg. von Ernst Pfeiffer. Insel Verlag, Frankfurt a. M. 1968.

Anz, Thomas, «Psychoanalyse in der literarischen Moderne. Ein Forschungsbericht und Projektentwurf», in: *Die Literatur und die Wissenschaft 1770 – 1930.* Hg. von Karl Richter, Jörg Schönert und Michael Titzmann. Verlag Metzler und Poeschel, Stuttgart 1997.

Anz, Thomas, «Psychoanalyse und literarische Moderne. Zu den Anfängen einer dramatischen Beziehung», in: *literaturkritik.de.* Ausg. 3, März 2003, 5. Jg. (http://www.literaturkritik.de).

Anzieu, Didier, *Freuds Selbstanalyse und die Entdeckung der Psychoanalyse.* Verlag Internationale Psychoanalyse, München/Wien 1990.

Appignanesi, Lisa/Forrester, John, *Die Frauen Sigmund Freuds.* List, München/Leipzig 1994; dtv, München 1996.

Assmann, Jan, *Moses der Ägypter. Entzifferung einer Gedächtnisspur.* Fischer Taschenbuch Verlag, Frankfurt a. M. 2003.

Behling, Katja, *Zu Tisch bei Sigmund Freud*. Verlag Christian Brandstätter, Wien 2000.

Behling, Katja, *Martha Freud: Die Frau des Genies*. Aufbau Taschenbuch Verlag, Berlin 2002.

Beller, Steven, *Wien und die Juden 1867 – 1938*. Böhlau Verlag, Wien/ Köln/Weimar 1993.

Bernays, Edward, *Biographie einer Idee*. Econ Verlag, Düsseldorf/Wien 1967.

Bernays Heller, Judith, «Freuds Mutter und Vater», übers. von Cornelia Stoll, in: *Luzifer-Amor. Zeitschrift zur Geschichte der Psychoanalyse*, 2. Jg. Heft 3 (1989).

Bernfeld, Siegfried/Cassirer Bernfeld, Suzanne, *Bausteine der Freud-Biographik*. Suhrkamp Verlag, Frankfurt a. M. 1981.

Berthelsen, Detlef, *Alltag bei Familie Freud. Die Erinnerungen der Paula Fichtl*. Hoffmann & Campe, Hamburg 1987; dtv, München 1989.

Bertin, Célia, *Die letzte Bonaparte. Freuds Prinzessin. Ein Leben*. Kore Verlag, Freiburg i.Br. 1989.

Bettauer, Hugo, *Die Stadt ohne Juden. Ein Roman von Übermorgen*. Bd. 4 der *Gesammelten Werke* (Reprint der Originalausgabe), Verlag Hannibal, Salzburg 1980.

Binswanger, Ludwig, *Erinnerungen an Sigmund Freud*. Francke Verlag, Bern 1956.

Botz, Gerhard/Oxaal, Ivar/Pollak, Michael (Hg.), *Eine zerstörte Kultur. Jüdisches Leben und Antisemitismus in Wien seit dem 19. Jahrhundert*. Verlag Obermayer, Buchloe 1990.

Breger, Louis, *Freud: darkness in the midst of vision*. John Wiley &Sons, New York 2001.

Breton, André, «Interview with Professor Freud», in: Hendrik M. Ruitenbeek (Hg.), *Freud as we knew him*. Wayne State University Press, Detroit 1973.

Burgdorff, Stephan/Wiegrefe, Klaus (Hg.), *Der 1. Weltkrieg. Die Urkatastrophe des 20. Jahrhunderts*. Deutsche Verlags-Anstalt, München und SPIEGEL-Buchverlag, Hamburg 2004.

Burlingham, Michael John, *The last Tiffany. A Biography of Dorothy Tiffany Burlingham*. Atheneum/Macmillan Publishing, New York 1989.

Canetti, Elias, *Die Fackel im Ohr. Lebensgeschichte 1921 – 1931*. Carl Hanser Verlag, München/Wien 1985.

Canetti, Elias, *Masse und Macht*. Fischer Taschenbuch Verlag, Frankfurt a. M. 1982.

Carotenuto, Aldo (Hg.), *Sabina Spielrein. Tagebuch einer heimlichen Symmetrie. Sabina Spielrein zwischen Jung und Freud*. Kore Verlag, Freiburg im Breisgau 1986.

Clark, Ronald W., *Sigmund Freud*. Aus dem Englischen von Joachim A. Clark, S. Fischer Verlag, Frankfurt a. M. 1985.

Doctorow, E. L., *Ragtime*. Rowohlt Taschenbuch Verlag, Reinbek bei Hamburg 1989.

Doolittle, Hilda (HD), *Huldigung an Freud. Rückblick auf eine Analyse.* Ullstein Verlag, Frankfurt a. M./Berlin/Wien 1976.

Eggebrecht, Axel, «Psychoanalytischer Film», in: *Die literarische Welt.* Nr. 15, 2. Jg., 9. April 1926.

Eissler, Kurt R., *Psychologische Aspekte des Briefwechsels zwischen Freud und Jung.* Jahrbuch der Psychoanalyse Beiheft 7. Verlag Frommann – Holzboog, Stuttgart/Bad Cannstatt 1982.

Ellenberger, Henry F., *Die Entdeckung des Unbewußten.* Diogenes Taschenbuch Verlag, Zürich 1985.

Engelman, Edmund, *Sigmund Freud. Wien IX. Berggasse 19.* Verlag C. Brandstätter, Wien 1993.

Ferenczi, Sándor–Georg Groddeck, *Briefwechsel 1921–1933.* Fischer Taschenbuch Verlag, Frankfurt a. M. 1986.

Ferris, Paul, *Dr. Freud. A Life.* Counterpoint Press, Washington D. C. 1999.

Flem, Lydia, *Der Mann Freud.* Campus Verlag; Frankfurt a. M./New York 1993.

Freud, Anna, *Die Schriften der Anna Freud.* Band I. 1922–1936. Fischer Taschenbuch Verlag, Frankfurt a. M. 1987.

Freud, Anna, *Briefe an Eva Rosenfeld.* Hg. von Peter Heller, übers. der Einf. und Anm. von Sabine Baumann. Stroemfeld/Nexus, Frankfurt a. M. 1994 (nexus 18).

Freud, Anna, «… als käm ich heim zu Vater und Schwester». *Lou Andreas-Salomé – Anna Freud. Briefwechsel 1919–1937.* 2 Bde., hg. von Daria A. Rothe und Inge Weber. Wallstein Verlag, Göttingen 2001.

Freud, Ernst/Freud, Lucie/Grubrich-Simitis, Ilse (Hg.), *Sigmund Freud. Sein Leben in Bildern und Texten.* Mit einer biographischen Skizze von K. R. Eissler. Suhrkamp Verlag, Frankfurt a. M. 1976.

Freud, Martin, *Mein Vater Sigmund Freud.* Mattes Verlag, Heidelberg 1999.

Freud, Sophie, *Meine drei Mütter und andere Leidenschaften.* Claassen, Düsseldorf 1989; dtv, München 1992.

Freud, W. Ernest, *Remaining in Touch.* Edition Déjà-vu, Frankfurt a. M. 2003.

Freud-Bernays, Anna, *Eine Wienerin in New York. Die Erinnerungen der Schwester Sigmund Freuds.* Hg. von Christfried Tögel. Aufbau-Verlag, Berlin 2004.

Friedell, Egon, *Kulturgeschichte der Neuzeit.* 2 Bde., dtv, München 1991.

Fromm, Erich, *Sigmund Freud. Seine Persönlichkeit und seine Wirkung.* Ullstein, Berlin 1981; dtv, München 1995.

Fromm, Waldemar/Christina Scherer, «Der Traum, die Künste und die Wissenschaften», in: *literaturkritik.de.* Ausg. 4, April 2004, 6. Jg. (http://www.literaturkritik.de).

Gardiner, Muriel (Hg.), *Der Wolfsmann vom Wolfsmann. Erinnerungen, Berichte, Diagnosen.* Mit einem Vorwort von Anna Freud und einem Nachtrag Ruth Mack Brunswick. S. Fischer Verlag, Frankfurt a. M. 1972.

Gay, Peter, *Freud. Eine Biographie für unsere Zeit*. Fischer Taschenbuch Verlag, Frankfurt a.M. 1995.

Gay, Peter, *Freud entziffern*. S. Fischer Verlag, Frankfurt a.M. 1992.

Gay, Peter, *Die Macht des Herzens. Das 19. Jahrhundert und die Erforschung des Ich*. Siedler Taschenbuch, Berlin 1999.

Gay, Peter, *Das Zeitalter des Doktor Arthur Schnitzler. Innenansichten des 19. Jahrhunderts*. S. Fischer Verlag, Frankfurt a.M. 2002.

Gödde, Günter, *Mathilde Freud. Die älteste Tochter Sigmund Freuds in Briefen und Selbstzeugnissen*. Psychosozial-Verlag, Gießen 2003.

Hamann, Brigitte, *Hitlers Wien. Lehrjahre eines Diktators*. Piper Taschenbuch Verlag, München 1998.

Heller, Judith Bernays, «Freuds Mutter und Vater». Übers. von Cornelia Stoll, in: *Luzifer-Amor. Zeitschrift zur Geschichte der Psychoanalyse*, 2. Jg. Heft 3., edition diskord, Tübingen 1989.

Hermann, Armin, *Einstein. Der Weltweise und sein Jahrhundert. Eine Biographie*. Piper Verlag, München, Zürich 1994.

Hirschfeld, Gerhard/Krumeich, Gerd/Renz, Irina (Hg.): *Enzyklopädie Erster Weltkrieg*. Verlag Ferdinand Schöningh, Paderborn 2003.

Israels, Han, *Der Fall Freud. Die Geburt der Psychoanalyse aus der Lüge*. Europäische Verlagsanstalt: Hamburg 1999.

Jones, Ernest, *Das Leben und Werk von Sigmund Freud*. 3 Bde., Bd. I, *Die Entwicklung zur Persönlichkeit und die großen Entdeckungen 1856–1900* (übers. von Katherine Jones); Bd. II, *Jahre der Reife 1901–1919* (übers. von Gertrud Meili-Dworetzki und Katherine Jones); Bd. III, *Die letzte Phase 1919 – 1939* (übers. von Gertrud Meili-Dworetzki und Katherine Jones). Verlag Hans Huber, Bern/Stuttgart 1960–1962.

Jones, Ernest, *Free Associations. Memoirs of a Psychoanalyst*. Basic Books, New York 1959.

Jung, C.G., *Erinnerungen, Träume und Gedanken*. Aufgez. und hg. von Aniela Jaffé. Walter Verlag, Zürich/Düsseldorf 2001.

Junker, Helmut, *Unter Übermenschen: Freud & Ferenczi. Die Geschichte einer Beziehung in Briefen*. edition diskord, Tübingen 1997.

Kaps, Klemens, «Skrofuloses Wildschwein», in: *DATUM* 03/05 (http://www.datum.at/0305/stories/784105/).

Kerr, John, *Eine höchst gefährliche Methode. Freud, Jung und Sabina Spielrein*. Kindler Verlag, München 1994.

Knox, Ronald A., *Psychoanalyse des Struwwelpeters. 10 Fallgeschichten*. Europäische Verlagsanstalt, Hamburg 1993.

Köhler, Thomas, *Freuds Psychoanalyse. Eine Einführung*. Verlag Kohlhammer, Stuttgart /Berlin /Köln 1995.

Köhler, Thomas, *Abwege der Psychoanalyse-Kritik. Zur Unwissenschaftlichkeit der Anti-Freud-Literatur*. Fischer Taschenbuch Verlag, Frankfurt a.M. 1989.

Kollbrunner, Jürg, *Der kranke Freud*. Klett-Cotta, Stuttgart 2001.

Kraus, Karl, *Ausgewählte Werke*. 3 Bde., Verlag Volk und Welt, Berlin 1977.

Krüll, Marianne, *Freud und sein Vater. Die Entstehung der Psychoanalyse und Freuds ungelöste Vaterbindung.* C. H. Beck Verlag, München 1979.

Laplanche, J./Pontalis, J.-B., *Das Vokabular der Psychoanalyse.* Suhrkamp Taschenbuch Verlag, Frankfurt a. M. 1972.

Leonhardt, Henrike, Kalenderblatt 9. Sept. 2004, br-online (http://www.br-online.de/wissen-bildung/kalenderblatt/2004/09/kb20040909.html).

Lohmann, Hans-Martin, *Sigmund Freud.* Rowohlt Taschenbuch Verlag, Reinbek bei Hamburg 1998.

Lütkehaus, Ludger, «Der Nabel der Welt», in: *literaturkritik.de.* Ausg. 1, Januar 2000, 2. Jg. (http://www.literaturkritik.de).

Malcolm, Janet, *Vater, lieber Vater... Aus dem Sigmund Freud-Archiv.* Ullstein Verlag, Berlin, Frankfurt a. M. 1986.

Mann, Thomas, *Der Zauberberg.* 2 Bde., Fischer Taschenbuch Verlag, Frankfurt a. M. 1977.

Mannoni, Octave, *Freud.* Rowohlt Taschenbuch Verlag, Reinbek bei Hamburg 1993.

Marcuse, Ludwig, *Sigmund Freud.* Heyne Taschenbuch Verlag, München 1982.

Marcuse, Ludwig, *Obszön. Geschichte einer Entrüstung.* Diogenes Taschenbuch Verlag, Zürich 1984.

Marinelli, Lydia/Mayer, Andreas, *Träume nach Freud. Die «Traumdeutung» und die Geschichte der psychoanalytischen Bewegung.* Verlag Turia und Kant, Wien 2002.

Markus, Georg, *Sigmund Freud und das Geheimnis der Seele.* Ullstein Sachbuch, Berlin 1991.

Masson, Jeffrey Moussaieff, *Die Abschaffung der Psychotherapie. Ein Plädoyer.* Aus dem Amerik. von Hans-Jürgen Baron von Koskull, C. Bertelsmann Verlag, München 1991.

Masson, Jeffrey Moussaieff, *Was hat man dir, du armes Kind, getan? Oder: Was Freud nicht wahrhaben wollte.* Kore Verlag, Freiburg i. Br. 1995.

Mayer, Andreas, *Mikroskopie der Psyche. Die Anfänge der Psychoanalyse im Hypnose-Labor.* Wallstein Verlag, Göttingen 2002.

Moser, Mentona, *Unter den Dächern von Morcote. Meine Lebensgeschichte.* Dietz Verlag, Berlin 1987.

Nagera, Humberto (Hg.), *Psychoanalytische Grundbegriffe. Eine Einführung in Sigmund Freuds Terminologie und Theoriebildung.* S. Fischer Verlag, Frankfurt a. M. 1974.

Newton, Peter M., *Freud. From Youthful Dream to Mid-Life Crisis.* The Guilford Press, New York 1995.

Nin, Anaïs: *Die Tagebücher der Anaïs Nin.* Hg. und eingel. von Gunther Stuhlmann, aus dem Amerik. von Herbert Zand, Bd. 1 – 3. Nymphenburger, München 1979; dtv, München 1985–1988.

Nitzschke, Bernd, *Das Ich als Experiment. Essays über Sigmund Freud und die Psychoanalyse im 20. Jahrhundert.* Verlag Vandenhoeck & Ruprecht, Göttingen 2000.

Portisch, Hugo, *Österreich I. Die unterschätzte Republik. Ein Buch zur gleichnamigen Fernsehdokumentation von Hugo Portisch und Sepp Riff.* Verlag Kremayr & Scheriau, Wien 1989.

Rattner, Josef, *Alfred Adler.* Rowohlt Taschenbuch Verlag, Reinbek bei Hamburg 2000.

Riedl, Joachim (Hg.), *Wien, Stadt der Juden. Die Welt der Tante Jolesch.* Paul Zsolnay Verlag, Wien 2004.

Roazen, Paul, *Brudertier. Sigmund Freud und Victor Tausk. Die Geschichte eines tragischen Konflikts.* Hoffmann und Campe Verlag, Hamburg 1973.

Roazen, Paul, *Meeting Freud's Family.* University of Massachusetts Press, Amherst 1993.

Roazen, Paul, *Sigmund Freud und sein Kreis.* Gustav Lübbe Verlag, Bergisch Gladbach 1976.

Roazen, Paul, *Wie Freud arbeitete.* Psychosozial-Verlag, Gießen 1999.

Robert, Marthe, *Die Revolution der Psychoanalyse. Leben und Werk von Sigmund Freud.* Fischer Taschenbuch Verlag, Frankfurt a. M. 1970.

Ross, Victor, «Eva Marie Rosenfeld (1892 – 1977): Persönliche Erinnerung an eine mutige Frau», in: Anna Freud, *Briefe an Eva Rosenfeld.* Hg. von Peter Heller, Übers. der Einf. und Anm. von Sabine Baumann, Stroemfeld/Nexus, Frankfurt a. M. 1994 (nexus 18).

Roth, Gerhard, *Eine Reise in das Innere von Wien. Essays.* S. Fischer Verlag, Frankfurt a. M. 1991.

Roth, Michael S. (Hg.), *Freud. Conflict and Culture.* Vintage Books, New York 1998.

Rubin, Gabrielle, *Le roman familial de Freud.* Editions Payot, Paris 2002.

Sachs, Hanns, *Freud. Meister und Freund.* Ullstein Verlag, Berlin, Frankfurt a. M. 1982.

Sartre, Jean-Paul, *Freud. Das Drehbuch.* Rowohlt Taschenbuch Verlag, Reinbek bei Hamburg 1995.

Sayers, Dorothy L., *Ein Toter zuwenig.* Aus dem Engl. von Otto Bayer, Rowohlt Taschenbuch Verlag, Reinbek bei Hamburg 1990.

Scheidt, Jürgen vom (Hg.), *Der unbekannte Freud. Neue Interpretationen seiner Träume durch E. H. Erikson, A. Grinstein, H. Politzer, L. Rosenkötter, M. Schur u. a.* Kindler Verlag, München 1974.

Schneider, Peter, *Sigmund Freud.* dtv, München 2003.

Schnitzler, Arthur, *Das dramatische Werk.* 8 Bde., Fischer Taschenbuch Verlag, Frankfurt a. M. 1979.

Schnitzler, Arthur, *Das erzählerische Werk.* 7 Bde., Fischer Taschenbuch Verlag, Frankfurt a. M. 1979.

Schnitzler, Arthur, *Jugend in Wien. Eine Autobiographie.* Fischer Taschenbuch Verlag, Frankfurt a. M. 1981.

Schnitzler, Arthur, *Tagebuch 1893 – 1902.* Verlag der Österreichischen Akademie der Wissenschaften, Wien 1989.

Schorske, Carl E., *Wien. Geist und Gesellschaft im Fin de Siècle.* S. Fischer Verlag, Frankfurt a. M. 1982.

Schrödinger, Erwin, *Die Natur und die Griechen.* Diogenes Taschenbuch Verlag, Zürich 1989.

Schur, Max, *Sigmund Freud. Leben und Sterben.* Suhrkamp Taschenbuch Verlag, Frankfurt a. M. 1982.

Showalter, Elaine, *Hystorien. Hysterische Epiden.ien im Zeitalter der Medien.* Berlin Verlag, Berlin 1997.

Starobinski, Jean/Grubrich-Simitis, Ilse/Solms, Mark, *Hundert Jahre «Traumdeutung» von Sigmund Freud. Drei Essays.* Fischer Taschenbuch Verlag, Frankfurt a. M. 2000.

Strachan, Hew, *Der Erste Weltkrieg.* C. Bertelsmann Verlag, München 2004.

Sulloway, Frank, *Freud. Biologe der Seele. Jenseits der psychoanalytischen Legende.* Edition Maschke, Köln-Lövenich 1982.

Tögel, Christfried, *Berggasse – Pompeji und zurück. Sigmund Freuds Reisen in die Vergangenheit.* edition diskord, Tübingen 1989.

Tögel, Christfried, *Freud für Eilige.* Aufbau-Verlag, Berlin 2005.

Tögel, Christfried, *«… und gedenke die Wissenschaft auszubeuten». Sigmund Freuds Weg zur Psychoanalyse.* edition diskord, Tübingen 1994.

Tögel, Christfried (Hg.), *«Die Biographen aber sollen sich plagen …» Beiträge zum 140. Geburtstag Sigmund Freuds.* Österreichisches Ost- und Südosteuropainstitut. Sofia 1906 (http://www.freud-biographik.de/frdpro.htm).

Tögel, Christfried/Pouh, Liselotte, *Sigmund Freud, Felix Salten und Karl Lueger. Ein neuentdeckter Brief Sigmund Freuds.* (http://www.freud-biographik.de).

Tögel, Christfried/Schröter, Michael, *«Jacob Freud mit Familie in Leipzig (1859). Erzählung und Dokumente»,* in: *Luzifer-Amor. Zeitschrift zur Geschichte der Psychoanalyse.* 17 Jg. Heft 33 (2004).

Vocelka, Karl, *Österreichische Geschichte.* Verlag C. H. Beck, München 2005.

Weinzierl, Ulrich, *Arthur Schnitzler. Lieben Träumen Sterben.* S. Fischer Verlag, Frankfurt a. M. 1994.

Wistrich, Robert S., *Die Juden Wiens im Zeitalter Kaiser Franz Josephs.* Böhlau Verlag, Wien/Köln/ Weimar 1999.

Young-Bruehl, Elisabeth, *Anna Freud. Eine Biographie.* 2 Bde., Wiener Frauenverlag, Wien 1988 und 1995.

Zweig, Arnold, *«Die Natur des Menschen und Sigmund Freud. Zu Freuds 100. Geburtstag»,* in: *Früchtekorb. Jüngste Ernte.* Greifenverlag, Rudolstadt 1961.

Zweig, Stefan, *Über Sigmund Freud. Porträt, Briefwechsel, Gedenkworte.* Fischer Taschenbuch Verlag, Frankfurt a. M. 1994.

Zweig, Stefan, *Die Welt von Gestern. Erinnerungen eines Europäers.* Fischer Taschenbuch Verlag, Frankfurt a. M. 1974.

PERSONENREGISTER

*Halbfette Seitenangaben verweisen auf ausführlichere
Textpassagen.*

Eckstein, Emma (alias «Traum-
Irma») 138 ff., 144 ff., 158 f.,
176, 389, 409, 452
Edison, Thomas Alva 77
Eggebrecht, Axel 620
Ehrenstein, Albert 446
Ehrlich, Paul 274, 414, 447
Einstein, Albert 347, 447, 549,
578, 588, 662, 686, 692,
704 f., 711, 708, 715, 728,
737
Eisner, Lotte 620
Eitingon, Max 295 f., 473, 482,
494, 501, 503 f., 509, 533,
537, 544, 552, 546, 553, 555,
561, 567, 665, 687, 705, 708,
728, 737
Eliot, T. S. 393, 736
«Elisabeth von R.» *siehe* Weiss,
Ilona
Ellenbogen, Wilhelm 244
Ellis, Havelock 205, 260, 262
«Emmy von N.» *siehe* Moser,
Fanny
Engels, Friedrich 250, 349, 441
Erb, Wilhelm Heinrich 102
Erikson, Erik 650, 655
Eulenburg, Philipp Fürst zu 314
Exner (von Erwarten), Sigmund
54, 208

Federn, Paul 286, 288, 687
Ferdinand III., Kaiser 18
Ferenczi, Sándor 216, 301 ff., 319,
330 ff., 334, 336, 341 ff., 345,
351 ff., 357 f., 368, 372, 375 f.,
381, 384 ff., 389 ff., 396, 400,
405, 407 f., 428, 430 f., 437,
439, 444, 455, 457, 459 f.,
466, 470 ff., 477, 479, 482 ff.,
488 f., 491 f., 497 ff., 501, 509,
517 f., 521, 526, 529, 533,
537 f., 541, 546, 548, 550 f.,
555, 558, 568, 578, 590, 595,
607 ff., 611 f., 614 f., 637, 652,
662 f., 676, **691–698**
Ferstel, Heinrich von 211

–, Marie von 209, 211
Fichte, Johann Gottlieb 44, 421
Fichtl, Paula 724
Fischer, Samuel 303
Flaubert, Gustave 241, 374, 665
Flechsig, Paul (Emil) 75, 365 ff.,
370
Fleischl-Marxow, Ernst von 51,
54, 75, 79 f., 82, 142, 178 f.,
236
Fließ, Conrad 136
–, Ida (geb. Bondy) 127, 711 f.
–, Robert 648
–, Wilhelm 124 ff., 130, 133,
135 ff., 140, 142, 145, 147,
158 ff., 162 f., 165, 167 ff.,
178 ff., 190 f., 193, 196, 204 ff.,
209, 211 f., 221, 228, 231,
256 ff., 261, 264, 271, 274,
297, 314, 316, 338, 346, 353,
357, 363, 369, 372, 374, 388,
466, 590, 617, 711 ff., 726
Fluß, Emil 47
–, Gisela 34 ff.
–, Ignaz 16, 34
Fontane, Theodor 101, 155, 370
Forel, Albert 156, 292, 342
–, Auguste 112, 334
Förster, Wilhelm 447
Förster-Nietzsche, Elisabeth 375,
422
Fraenkel, Baruch 303
France, Anatole 77, 240, 447
Franz Ferdinand, Erzherzog 437 f.
Franz Joseph, Kaiser 30, 162, 211,
291, 442, 462
Frazer, James George 393
Freud, Sigmund passim
–, Adolfine («Dolfi»; Schwester)
21, 74, 217, 221, 739
–, Alexander (Bruder) 21, 66, 75,
96, 153, 177, 202, 206, 209 f.,
219, 235, 255, 342, 378, 440,
443, 457, 546, 724
–, Amalia (geb. Nathanson; Mut-
ter) 11 ff., 19, 21 f., 24, 38,
210, 217 f., 405, 542, 687 ff.

BILDNACHWEIS